Yale Language Series

D0881480

Modern
English-Hebrew
Dictionary

Avraham Zilkha

Yale University Press   New Haven and London

Publisher: Mary Jane Peluso
Editorial Assistant: Emily Saglimbeni
Manuscript Editor: Margaret Otzel
Marketing Manager: Mary Coleman
Marketing Assistant: Michelle Schrag
Production Coordinator: Maureen Noonan

Library of Congress Cataloging-in-Publication Data

Zilkha, Avraham.
    Modern English-Hebrew dictionary / Avraham Zilkha,
        p. cm. -- (Yale language series)
    ISBN 0-300-09004-8 (cloth : alk. paper) -- ISBN 0-300-09005-6 (pbk. : alk. paper)
    1. English language--Dictionaries--Hebrew. I. Title. II. Series.

PJ4833 .Z57 2002
423'.924--dc21   2001026830

A catalogue record for this book is available from the British Library.

The paper in this book meets the guidelines for permanence and durability of the
Committee on Production Guidelines for Book Longevity of the Council on Library
Resources.

Printed in the United States of America.

10   9   8   7   6   5   4   3   2   1

PREFACE

This dictionary was written as a user-friendly reference tool that addresses a common problem in bilingual dictionaries: translating words which have multiple meanings in a way that enables the user to make a distinction between them.

Traditional dictionaries present the different meanings in a sequence and leave it to the user to make a choice. Thus, as teachers of Hebrew in English-speaking institutions know, students who use dictionaries often come up with incorrect translations, resulting in sentences such as "קשה לי לראות בלי כוסות" for *"it is difficult for me to see without glasses"* or "אני נוסע הביתה בשביל שֶבֶר הקפיץ" for *"I am traveling home for the spring break"* (these are actual examples).

In this dictionary, different meanings are identified by breaking up the English words into sub-entries before the translation is given. For example, in the noun *letter* or the verb *draw*, the user can easily match the English with the corresponding Hebrew meanings.

For the purpose of ease and clarity, this is not intended to be an English-English-Hebrew dictionary, which would have been bulky and time-consuming to use. Hence, what appears in parentheses should be viewed as a clue only, guiding the user to the most common usage of the word.

The vocabulary contained in this volume was selected from a database of contemporary American English. It is not claimed to be "complete", as no dictionary of a living language can be, but it does include words and expressions which fairly represent the language of today. A large number of abbreviations and computer terminology is also included.

To keep pace with the ongoing expansion of contemporary Hebrew vocabulary, the translations provided in this dictionary are based on current usage in the media and recent decisions by Israel's Academy of the Hebrew Language, as well as on professional literature.

Although it was written primarily for English speakers, this dictionary is equally useful for native speakers of Hebrew, for whom explanation of terms such as *executive privilege* is provided.

Avraham Zilkha
The University of Texas at Austin
June 2001

I wish to thank my wife Katherine for her patience, help, and encouragement.

Notes

a. Hebrew spelling in this dictionary is *plene* (כתיב מלא), fully vocalized, with the *schwa mobile* (שווא נע) marked as well. The utilization of the *Vav* and the *Yod* as vowel letters is in line with the common spelling in Israel. Variations in utilizing the *Yod* reflect the inconsistency found in its use in closed syllables (i.e., those ending with consonants), particularly in the Hebrew press.

b. Hebrew verbs are listed by stem rather than by root. They denote the past tense, third person, singular. Prepositional linkage between a verb and the following object is included. Thus, הִשְׁתַּמֵשׁ בּ- stands for *use*, and עָלָה עַל for *surpass*. Hebrew verbs separated by semicolons correspond to the English transitive vs. intransitive verbs.

c. Hebrew nouns and adjectives are listed in the conventional masculine singular. Since gender is generally predictable, only cases of irregular gender markers are indicated, along with the plural form, e.g., חַלּוֹן ז. (חַלּוֹנוֹת), or אֶבֶן נ. (אֲבָנִים).

d. Compounds, such as *bulletin board*, *machine gun*, or *common sense*, are listed by the second component.

e. Parenthesized words in italics, such as (*law*), refer to the usage in a particular field.

Abbreviations

adj.	adjective
adv.	adverb
comp.	computer terminology
conj.	conjunction
gram.	grammar
interj.	interjection
n.	noun
p.	past tense
pl.	plural of
pn.	plural noun
pp.	past participle
prep.	preposition
pron.	pronoun
vi.	verb, intransitive
vt.	verb, transitive
.ז	זכר (masculine)
.נ	נקבה (feminine)

A

A	הָאוֹת הָרִאשׁוֹנָה בָּאָלֶפְבֵּית הָאַנְגְלִי
a indefinite article	סִימוּן שֵׁם עֶצֶם יָחִיד לֹא מְיוּדָע
A-1	סוּג א׳
AAA (anti-aircraft artillery)	תּוֹתְחֵי נ״מ
aardvark n.	אוֹכֵל נְמָלִים
aback adv.	אֲחוֹרָה
abacus n.	חֶשְׁבּוֹנִיָּיה
abandon n.	הִתְפָּרְקוּת, הַתָּרַת רֶסֶן
abandon vt.	נָטַשׁ, עָזַב
abandonment n.	נְטִישָׁה, עֲזִיבָה
abase vt.	הִשְׁפִּיל
abasement n.	הַשְׁפָּלָה
abash vt.	בִּייֵשׁ, הֵבִיךְ
abashed adj.	מְבוּיָישׁ, נָבוֹךְ
abate vi.; vt.	פָּחַת; הִפְחִית
abatement n.	הַפְחָתָה
abbey n.	כְּנֵסִייָה, מִנְזָר
abbot n.	אַב מִנְזָר
abbreviate vt.	קִיצֵּר
abbreviation n.	קִיצּוּר, רָאשֵׁי תֵיבוֹת
ABC 1. (alphabet)	אָלֶפְבֵּית
2. (basics)	יְסוֹדוֹת, עֶקְרוֹנוֹת
abdicate vi.; vt.	וִיתֵּר עַל שְׂרָרָה
abdication n.	וִיתּוּר עַל שְׂרָרָה
abdomen n.	בֶּטֶן
abdominal adj.	שֶׁל הַבֶּטֶן
abduct vt.	חָטַף
abduction n.	חֲטִיפָה
aberration n.	סְטִייָה, עִיווּת
abhor vt.	תִיעֵב
abhorrence n.	תִיעוּב
abhorrent adj.	נִתְעָב, מְתוֹעָב
abide vi.	צִייֵת ל-
ability n.	יְכוֹלֶת
abject adj. 1. (miserable)	עָלוּב, אוּמְלָל
2. (despicable)	נִבְזֶה, שָׁפָל
abjuration n.	הִתְכַּחֲשׁוּת; הִימָּנְעוּת
abjure vt. 1. (recant)	חָזַר בּוֹ, הִתְכַּחֵשׁ ל-
2. (refrain)	נִמְנַע מ-
ablaze adj.	בּוֹעֵר, אֲחוּז-לֶהָבוֹת
able adj. 1. (capable of)	יָכוֹל, מְסוּגָּל ל-
2. (skillful)	מְיוּמָּן, מוּכְשָׁר
able-bodied	בַּעַל כּוֹשֶׁר גּוּפָנִי
abloom adj.	פּוֹרֵחַ, בִּפְרִיחָה
ablution n.	טְבִילָה, הִיטָּהֲרוּת
ABM (antiballistic missile)	טִיל נֶגֶד טִילִים
abnormal adj.	בִּלְתִּי-נוֹרְמָאלִי, חָרִיג
aboard adv.	עַל הַסִּיפּוּן, בְּתוֹךְ
abode n.	מָעוֹן, מִשְׁכָּן
abode p. abide	
abolish vt.	בִּיטֵּל
abolition n.	בִּיטּוּל
A-bomb n. (atomic bomb)	פְּצָצַת אָטוֹם
abominable adj.	נִתְעָב, מְתוֹעָב
abominate vt.	תִיעֵב
abomination n.	תִיעוּב, מַעֲשֶׂה תוֹעֵבָה
aboriginal adj.	יָלִיד, בֶּן-הַמָּקוֹם
abort vi.; vt. 1. (terminate)	הִפְסִיק
2. (stop pregnancy)	הִפִּיל(ה)
abortion n. 1.	הַפְסָקָה
2.	הַפָּלָה
abortive adj.	נֵפֶל, כּוֹשֵׁל
abound vi.	נִמְצָא בְּשֶׁפַע
about prep. 1. (relating to)	אוֹדוֹת, עַל
2. (around)	בִּסְבִיבוֹת
about to	עוֹמֵד ל-
about adv. (approximately)	בְּעֶרֶךְ
above prep.	מֵעַל ל-
above all	מֵעַל לַכּוֹל, יוֹתֵר מִכּוֹל
above adv.	לְמַעְלָה, לְעֵיל
abracadabra n.	אַבְּרָקָדַבְּרָא (מִילַת קֶסֶם)
abrade vt.	שִׁיפְשֵׁף, גֵּירֵד
Abraham n.	אַבְרָהָם

1

abrasive *adj.* מְחוּספָּס, גַס
abreast *adj.* 1. (side by side) זֶה לְצַד זֶה
2. (well-informed) מוּדָע ל-, מְעוּדכָּן ב-
abridge *vt.* קִיצֵר, צִימצֵם
abridged *adj.* מְקוּצָר
abroad *adv.* חוּץ לָאָרֶץ
abrogate *vt.* בִּיטֵל
abrogation *n.* בִּיטוּל
abrupt *adj.* פִּתאוֹמִי
abruptness *n.* פִּתאוֹמִיוּת
abscess *n.* מוּרסָה
absence *n.* 1. (being away) הֵיעָדְרוּת
2. (lack of) הֶעדֵר, חוֹסֶר
absent *adj.* נֶעדָר, נִפקָד
absent-minded מְפוּזָר
absent-mindedness פִּיזוּר נֶפֶש
absentee *n.* נִפקָד, נֶעדָר
absenteeism *n.* נִפקָדוּת, הֵיעָדְרוּת
absolute *adj.* מוּחלָט
absolutely *adv.* בְּהֶחלֵט, לְגַמרֵי
absolution *n.* מְחִילָה
absolve *vt.* מָחַל ל-
absorb *vt.* 1. (soak up, take) סָפַג
2. (take in, e.g., immigrants) קָלַט
absorbed *adj.* שָקוּעַ ב-, עָסוּק ב-
absorbency *n.* סְפִיגוּת
absorbent *adj.* סָפִיג
absorber *n.* בּוֹלֵם, סוֹפֵג
shock absorber בּוֹלֵם זַעֲזוּעִים
absorption *n.* 1. סְפִיגָה
2. קְלִיטָה
abstain *vi.* נִמנַע
abstention *n.* הִימָנְעוּת
abstinence *n.* הִתנַזְרוּת
abstinent *n.* מִתנַזֵר
abstract *n.* תַמצִית, תַקצִיר
abstract *adj.* מוּפשָט
abstraction *n.* הַפשָטָה
absurd *adj.* מְגוּחָך, שְטוּתִי, אַבּסוּרדִי
absurdity *n.* שְטוּת, אַבּסוּרדִיוּת
abundance *n.* שֶפַע
abundant *adj.* מָצוּי בְּשֶפַע, שוֹפֵעַ
abuse *n.* 1. (misuse) נִיצוּל, שִימוּש לְרָעָה
2. (maltreatment) הִתעַלְלוּת
chemical abuse שִימוּש לְרָעָה בְּסַמִים
abuse *vt.* 1. נִיצֵל, הִשתַמֵש לְרָעָה ב-
2. הִתעַלֵל ב-
abused *adj.* קוֹרבַּן הִתעַלְלוּת
abuser *n.* מִתעַלֵל
abusive *adj.* מַעֲלִיב, פּוֹגֵעַ, גַס
abut *vt.* גָבַל ב-
abysmal *adj.* 1. (deep) תְהוֹמִי, עָמוֹק
2. (terrible) נוֹרָא
abyss *n.* תְהוֹם נ׳ (תְהוֹמוֹת)
AC (air conditioning) מִיזוּג אֲוִויר
AC (alternating current) זֶרֶם חִילוּפִין
AC/DC 1. (electric current) זֶרֶם חִילוּפִין/יָשִיר
2. (bisexual) דוּ-מִינִי
academia *n.* הַתְחוּם הָאָקָדֵמִי
academic *adj.* 1. (of a college) אָקָדֵמִי
2. (theoretical) עִיוּנִי, תֵיאוֹרֶטִי
academician *n.* אָקָדֵמַאי
academy *n.* אָקָדֶמיָה
accede *vi.* 1. (agree) נַעֲנָה ל- , הִסכִּים
2. (assume office) נִכנַס לְתַפקִיד
accelerate *vt.* הֵאִיץ, הֵחִיש
acceleration *n.* הֶאָצָה; תְאוּצָה
accelerator *n.* 1. (gas pedal) דַוושַת דֶלֶק
2. (*physics*) מֵאִיץ
accent *n.* 1. (pronunciation) מִבטָא
2. (stress, emphasis) הַדגָשָה, הַטעָמָה
acute accent סִימַן הַהַטעָמָה [׳]
accent *vt.* הִדגִיש, הִטעִים
accentuate *vt.* הִדגִיש, הִטעִים
accentuation *n.* הַדגָשָה, הַטעָמָה
accept *vt.* 1. (receive, admit) קִיבֵּל
2. (agree to) הִסכִּים ל-, קִיבֵּל עַל עַצמוֹ
3. (approve) אִישֵר

4. (resign oneself to) הִשְׁלִים עִם

acceptable *adj.* קָבִיל; מְסַפֵּק; מִתְקַבֵּל עַל הַדַּעַת

acceptance *n.* 1. קַבָּלָה; הִתְקַבְּלוּת

2. הַסְכָּמָה

access *n.* גִּישָׁה

access *vt.* 1. (gain access) הִשִּׂיג גִּישָׁה

2. (*comp.*) הִתְחַבֵּר לְמָקוֹר מֵידָע

accessibility *n.* נְגִישׁוּת

accessible *adj.* נָגִישׁ

accession *n.* כְּנִיסָה לְתַפְקִיד

accessory *n.* 1. (object) אֵבְזָר, אֲבִיזָר

2. (collaborator) סַייְעָן

accident *n.* 1. (mishap) תְּאוּנָה

2. (unexpected happening) מִקְרֶה

accidental *adj.* מִקְרִי

accidentally *adv.* בְּמִקְרֶה

acclaim *n.* תְּשׁוּאוֹת, שְׁבָחִים

acclaim *vt.* הֵרִיעַ ל-, הִילֵּל

acclaimed *adj.* מְהוּלָּל, בַּעַל-מוֹנִיטִין

acclamation *n.* תְּשׁוּאוֹת

by acclamation (הַצְבָּעָה) בִּמְחִיאוֹת כַּפַּיִים

acclimate *vt.* אִיקְלֵם

acclimatize *vt.; vi.* אִיקְלֵם; הִתְאַקְלֵם

acclivity *n.* מַעֲלֶה, שִׁיפּוּעַ

accommodate *vt.*

1. (provide lodging) אִיכְסֵן, אֵירֵחַ

2. (have room for) הֵכִיל

3. (take into account) לָקַח בְּחֶשְׁבּוֹן, הִתְחַשֵּׁב בּ-

4. (adapt to) סִיגֵּל, הִתְאִים ל-

accommodating *adj.* גָּמִישׁ; מוּכָן לַעֲזוֹר

accommodation *n.* הִסְתַּגְּלוּת

accommodations *n.* אִיכְסוּן, אֵירוּחַ

accompaniment *n.* לִיוּוּי

accompany *vt.* לִיוָּה

accomplice *n.* שׁוּתָּף לַעֲבֵירָה

accomplish *vt.* הִשִּׂיג, הִגְשִׁים

accomplished *adj.* בַּעַל-הֶישֵּׂגִים

accomplishment *n.* הֶישֵּׂג

accord *n.* הֶסְכֵּם

accord *vt.* 1. (grant) הֶעֱנִיק

2. *vi.* (agree) הִסְכִּים

accordance *n.* הַתְאָמָה

in accordance with בְּהֶתְאֵם ל-, לְפִי

according to *prep.* לְפִי, עַל-פִּי

accordingly *adv.* 1. (therefore) לְפִיכָךְ, לָכֵן

2. (fitly) בְּהֶתְאֵם (-לְכָךְ)

accordion *n.* אַקּוֹרְדְיוֹן, מַפּוּחִית יָד

accordionist *n.* נַגַּן אַקּוֹרְדְיוֹן, אַקּוֹרְדְיוֹנִיסְט

accost *vt.* פָּנָה בִּדְבָרִים

account *n.* 1. (money deposited, financial statement) חֶשְׁבּוֹן ז׳ (חֶשְׁבּוֹנוֹת)

2. (report) דִּין וְחֶשְׁבּוֹן, דִּיוּוּחַ

3. (description) תֵּיאוּר

on account עַל הַחֶשְׁבּוֹן

on account of בִּגְלַל, בְּשֶׁל

charge account חֶשְׁבּוֹן אַשְׁרַאי

checking account חֶשְׁבּוֹן צֶ׳קִים

expense account חֶשְׁבּוֹן הוֹצָאוֹת

savings account חֶשְׁבּוֹן חִיסָּכוֹן

account *vi.* הִסְבִּיר, נָתַן דִּין וְחֶשְׁבּוֹן

accountability *n.* נְטִילַת אַחֲרָיוּת

accountable *adj.* אַחֲרַאי, נוֹשֵׂא בְּאַחֲרָיוּת

accountant *n.* מְנַהֵל חֶשְׁבּוֹנוֹת, רוֹאֵה חֶשְׁבּוֹן

accounting *n.* חֶשְׁבּוֹנָאוּת, הַנְהָלַת חֶשְׁבּוֹנוֹת, רְאִיַּית חֶשְׁבּוֹן

accredit *vt.* 1. (grant credentials) הִסְמִיךְ, הֶעֱנִיק הַסְמָכָה

2. (attribute) יִיחֵס, שִׁיֵּיךְ ל-

accreditation *n.* הַסְמָכָה

accredited *adj.* מוּכָּר, מְאוּשָּׁר, מוּסְמָךְ

accretion *n.* גְּדִילָה

accrual *n.* הִצְטַבְּרוּת

accrue *vi.* הִצְטַבֵּר, גָּדַל

accrued *adj.* מִצְטַבֵּר

accruement *n.* הִצְטַבְּרוּת, גִּידּוּל

acculturate *vt.* תִּירְבֵּת

acculturation *n.* תִירבּוּת
accumulate *vt.; vi.* צָבַר, אָגַר ; הִצטַבֵּר
accumulation *n.* צְבִירָה, אֲגִירָה ;
הִצטַבְּרוּת
accuracy *n.* דִיוּק, דַייקָנוּת
accurate *adj.* מְדוּיָיק
accursed *adj.* מְקוּלָל, אָרוּר
accusation *n.* הַאֲשָׁמָה
accusative *n. (gram.)* יַחֲסַת הַפָּעוּל
accusatory *adj.* מַאֲשִׁים
accuse *vt.* הֶאֱשִׁים
accused *n.* נֶאֱשָׁם
accuser *n.* מַאֲשִׁים
accustom *vt.* הִרגִיל
accustomed *adj.* מוּרגָל בּ-, רָגִיל ל-
ace *n.* 1. (champion) אַלוּף
2. (in playcards) אָס
ace *vt.* הִשִׂיג צִיוּן מְעוּלֶה
acerbate *vt.* 1. (make sour) הֶחֱמִיץ
2. (aggravate) הֶחֱמִיר
acerbic *adj.* חָמוּץ, חָרִיף
acerbity *n.* חֲמִיצוּת, חֲרִיפוּת
acetate *n.* אַצֶטָט (חוֹמֶר סִינתֵטִי)
acetone *n.* אָצֶטוֹן
ache *n.* כְּאֵב
ache *vi.* כָּאַב
achievable *adj.* נִיתָן לְהַשָׂגָה
achieve *vt.* הִשִׂיג
achievement *n.* הֶישֵׂג
achiever *n.* בַּעַל-הֶישֵׂגִים
Achilles heel עֲקֵב אָכִילֶס, נְקוּדַת תוּרפָּה
aching *adj.* כּוֹאֵב
achromatic *adj.* חֲסַר-צֶבַע
acid *n.* 1. (sour substance) חוּמצָה
2. (LSD) סַם ל.ס.ד.
chloric acid חוּמצַת כְלוֹר
citric acid חוּמצַת לִימוֹן
sulfuric acid חוּמצָה גוֹפרִיתִית
acidic *adj.* חוּמצָתִי
acidification *n.* הַחמָצָה

acidify *vt.; vi.* הֶחמִיץ
acidity *n.* חוּמצָתִיוּת
acknowledge *vt.* 1. (admit) הוֹדָה בּ-
2. (recognize) הִכִּיר בּ-
3. (appreciate) הִבִּיעַ הַעֲרָכָה
acknowledgment *n.* 1. הוֹדָאָה
2. הַכָּרָה
3. הַבָּעַת הַעֲרָכָה
acme *n.* שִׂיא
acne *n.* חֲטָטִים, פִּצעֵי בַּגרוּת
acorn *n.* בַּלוּט, אִיצטְרוּבָּל
acoustic *adj.* אָקוּסטִי, קוֹלִי
acoustics *n.* אָקוּסטִיקָה (אֵיכוּת הַקוֹל)
acquaint *vt.* 1. (make familiar) עָשָׂה הַכָּרָה
2. (provide with knowledge) הִקנָה יֶדַע, וִידֵעַ
acquaintance *n.* 1. (person) מַכָּר
2. (knowledge) הֶיכֵּרוּת, יֶדַע
acquiesce *vi.* הִסכִּים בִּשתִיקָה
acquiescence *n.* הַסכָּמָה בִּשתִיקָה
acquire *vt.* רָכַשׁ, הִשִׂיג
acquisition *n.* רְכִישָׁה, רֶכֶשׁ
acquisitive *adj.* אוֹהֵב לֶאֱגוֹר, רְכוּשָׁנִי
acquisitor *n.* רוֹכֵשׁ
acquit *vt.* זִיכָּה, פָּטַר מֵאַשמָה
acquittal *n.* זִיכּוּי
acre *n.* אַקר
acreage *n.* שֶׁטַח אֲדָמָה
acrid *adj.* מָרִיר, צוֹרֵב
acridity *n.* מְרִירוּת, צְרִיבוּת
acrimony *n.* מְרִירוּת, חֲרִיפוּת
acrimonious *adj.* מַר, חָרִיף
acrobat *n.* לוּלִייָן, אַקרוֹבָּט
acrobatics *n.* לוּלִייָנוּת, אַקרוֹבָּטִיקָה
acronym *n.* רָאשֵׁי תֵיבוֹת, קִיצוּר
acrophobia *n.* בַּעַת גְבָהִים
across *prep.* מֵעֵבֶר ל-
across *adv.* 1. (from end to end) מִקָצֶה
אֶל קָצֶה
2. (transversely) לָרוֹחַב
acrylic *n.* אַקרִילָן

act *n.* 1. (deed)	מַעֲשֶׂה, פְּעוּלָּה
2. (pretension)	הַעֲמָדַת פָּנִים, הַצָּגָה
3. (statute)	תַּקָּנָה, חוֹק
4. (in opera or play)	מַעֲרָכָה
5. (in a show)	קֶטַע
be in on the act	הָיָה שׁוּתָּף בָּעִנְיָן
get into the act	הִכְנִיס עַצְמוֹ לָעִנְיָן
get one's act together	סִידֵּר עִנְיָנָיו, הִתְאַרְגֵּן
in the act	בִּשְׁעַת מַעֲשֶׂה, בִּפְעוּלָּה
high-wire act	פְּעוּלָּה מְסוּכֶּנֶת
act *vi.* 1. (do)	פָּעַל
2. (play)	שִׂיחֵק
3. (behave)	הִתְנַהֵג, נָהַג
4. (pretend)	הֶעֱמִיד פָּנִים
act up	לֹא תִּיפְקֵד אוֹ פָּעַל כַּשּׁוּרָה
act upon (take action)	נָקַט פְּעוּלָּה
acting *n.* 1. (actor's performance)	מִשְׂחָק
2. (pretense)	הַעֲמָדַת פָּנִים
acting *adj.* (serving temporarily)	מְמַלֵּא מָקוֹם
action *n.* 1. (deed)	פְּעוּלָּה, מַעֲשֶׂה
2. (activity)	פְּעִילוּת
3. (combat)	קְרָב
affirmative action	הַעֲדָפָה מְתַקֶּנֶת
class action	תְּבִיעָה יִיצוּגִית
actions *pn.* (behavior)	הִתְנַהֲגוּת
activate *vt.*	הִפְעִיל, הִכְנִיס לִפְעוּלָּה
activation *n.*	הַפְעָלָה
active *adj.*	פָּעִיל
activism *n.*	פְּעַלְתָנוּת, אַקְטִיבִיזְם
activist *n.*	פָּעִיל, פְּעַלְתָן
activity *n.*	פְּעִילוּת
actor *n.*	שַׂחְקָן
actress *n.*	שַׂחְקָנִית
actual *adj.*	מַעֲשִׂי, מַמָּשִׁי
actuality *n.*	מְצִיאוּת, מַמָּשׁוּת
actualization *n.*	מִימּוּשׁ, הַגְשָׁמָה
actualize *vt.*	מִימֵּשׁ, הִגְשִׁים
actually *adv.*	לְמַעֲשֶׂה, בְּעֶצֶם
actuary *n.*	שַׁמַּאי בִּיטּוּחַ

actuate *vt.*	הִפְעִיל, הֵנִיעַ
actuation *n.*	הַפְעָלָה, הֲנָעָה
acuity *n.*	חֲרִיפוּת שִׂכְלִית
acupuncture *n.*	דִּיקּוּר
acute *adj.* 1. (sharp)	חָרִיף, חַד
2. (severe)	חָמוּר, קְרִיטִי
acuteness *n.* 1.	חֲרִיפוּת
2.	חוּמְרָה
A.D. (anno Domini)	לַסְּפִירָה
ad *n.*	מוֹדָעָה
classified ad	מוֹדָעַת לוּחַ
want ad	מוֹדָעַת "דְּרוּשִׁים"
ad hoc	אַד הוֹק, לְעִנְיָן מְסוּיָּם
ad infinitum	לְלֹא סוֹף, לָנֶצַח
ad lib *n.*	אִילְתּוּר, אִימְפְּרוֹבִיזַצְיָה
ad lib *vt.*	אִילְתֵּר
ad nauseam *adv.*	עַד לְזָרָא
adage *n.*	אִימְרָה, פִּתְגָּם
adagio *n.*	אָדַגִ'יוֹ (מוּזִיקָה אִיטִית)
Adam *n.*	אָדָם הָרִאשׁוֹן
adamant *adj.*	נָחוּשׁ בְּדַעְתּוֹ, עִיקֵּשׁ
adapt *vt.*; *vi.* 1. (adjust)	סִיגֵּל; הִסְתַּגֵּל
2. (reshape)	עִיבֵּד
adaptation *n.* 1.	סִיגּוּל; הִסְתַּגְּלוּת
2.	עִיבּוּד
adapter, adaptor *n.*	מַתְאֵם
add *vt.* 1. (include more)	הוֹסִיף
2. (sum)	חִיבֵּר, סִיכֵּם
3. (say further)	הוֹסִיף, הוֹסִיף וְאָמַר
add-on	תּוֹסֶפֶת
add up to	הִצְטַבֵּר, הִסְתַּכֵּם בְּ-
doesn't add up	לֹא נִרְאֶה הֶגְיוֹנִי
added *adj.*	נוֹסָף
addendum *n.*	תּוֹסֶפֶת, נִסְפָּח
adder *n.*	אֶפְעֶה
addict *n.*	מִתְמַכֵּר
drug addict	מָכוּר לְסַמִּים, נַרְקוֹמָן
addicted *adj.*	מָכוּר לְ-, מִתְמַכֵּר
addiction *n.*	הִתְמַכְּרוּת
addictive *n.*	מְמַכֵּר

addition *n.* 1. (adding) הוֹסָפָה
2. (supplement) תּוֹסֶפֶת
3. (summing numbers) חִיבּוּר
additional *adj.* נוֹסָף
additionally *adv.* נוֹסָף עַל כָּךְ, בְּנוֹסָף לְכָךְ
additive *n.* תּוֹסָף
addle *vt.*; *vi.* בִּילְבֵּל; הִתְבַּלְבֵּל
address 1. (location) כְּתוֹבֶת, מַעַן
2. (speech) נְאוּם
keynote address נְאוּם מֶרְכָּזִי
public-address (system) מַעֲרֶכֶת רַמְקוֹלִים
address *vt.* 1. (mail) מִיעֵן
2. (speak to) נָאַם בִּפְנֵי
3. (direct) הִפְנָה אֶל
4. (refer to) הִתְיַיחֵס ל-
addressee *n.* נִמְעָן
adduce *vt.* הִצִּיג, הִגִּישׁ
adept *adj.* מְיוּמָן, מוּמְחֶה
adeptness *n.* מְיוּמָנוּת, מוּמְחִיוּת
adequacy *n.* 1. (suitability) הַתְאָמָה
2. (sufficiency) כַּמּוּת מַסְפֶּקֶת
adequate *adj.* 1. מַתְאִים, הוֹלֵם
2. מְסַפֵּק, מַסְפִּיק
adequately *adv.* בְּמִידָּה מַסְפֶּקֶת
adhere *vi.* דָּבַק בּ-, נִצְמַד אֶל
adherence *n.* דְּבֵיקוּת
adhesive *n.* חוֹמֶר דָּבִיק, דֶּבֶק
adhesive *adj.* דָּבִיק
adhesiveness *n.* דְּבִיקוּת
adipose *adj.* שַׁמְנוּנִי, שׁוּמָנִי
adjacent *adj.* סָמוּךְ, צָמוּד
adjective *n.* תּוֹאַר הַשֵּׁם, שֵׁם תּוֹאַר
adjoin *vt.* הָיָה סָמוּךְ ל-, גָּבַל בּ-
adjoining *adj.* סָמוּךְ, קָרוֹב ל-
adjourn *vt.* סִיֵּים פְּגִישָׁה, נָעַל יְשִׁיבָה
adjournment *n.* סִיּוּם, נְעִילָה
adjudge *vt.* פָּסַק, קָבַע
adjudicate *vt.* פָּסַק, קָבַע
adjudication *n.* פְּסִיקָה מִשְׁפָּטִית
adjunct *adj.* נִסְפָּח, נִלְוֶוה

adjust *vt.* 1. (make fit) כִּיווֵן, הִתְאִים
2. (determine insurance settlement) קָבַע תַּשְׁלוּם בִּיטּוּחַ
3. *vi.* (adapt) הִסְתַּגֵּל, הִתְרַגֵּל
adjustable *adj.* מִתְכַּוונֵן
adjuster *n.* (of insurance claims) מַעֲרִיךְ
adjustment *n.* 1. כִּיוונוּן, הַתְאָמָה
2. קְבִיעַת תַּשְׁלוּם בִּיטּוּחַ
3. הִסְתַּגְּלוּת, הִתְרַגְּלוּת
adjutant *n.* שָׁלִישׁ, עוֹזֵר
administer *vt.* 1. (manage) נִיהֵל
2. (dispense) נָתַן, סִיפֵּק
administration *n.* 1. נִיהוּל, מִינְהָל
2. מַתָּן
3. (government) מִימְשָׁל, אַדְמִינִיסְטְרַצְיָה
administrative *adj.* מִנְהָלִי, אַדְמִינִיסטְרָטִיבִי
administrator *n.* מִנְהָלָן, אַדְמִינִיסטְרָטוֹר
admirable *adj.* רָאוּי לְהַעֲרָצָה
admiral *n.* אַדְמִירָל
admiralty *n.* אַדְמִירָלִיוּת
admiration *n.* הַעֲרָצָה, הִתְפַּעֲלוּת
admire *vt.* הֶעֱרִיץ, הִתְפַּעֵל מ-
admirer *n.* מַעֲרִיץ
admissibility *n.* קְבִילוּת
admissible *adj.* קָבִיל
admission *n.* 1. (acceptance) קַבָּלָה
2. (acknowledgment, confession) הוֹדָאָה
3. (entry) כְּנִיסָה
admit *vt.* 1. קִיבֵּל
2. הוֹדָה בּ-
3. הִכְנִיס, נָתַן לְהִכָּנֵס
admittedly *adv.* יֵשׁ לְהוֹדוֹת שֶׁ-
admix *vt.* עִירְבֵּב
admonish *vt.* 1. (caution) הִזְהִיר, הִתְרָה בּ-
2. (reprove) נָזַף בּ-
admonishment *n.* 1. אַזְהָרָה, הַתְרָאָה
2. נְזִיפָה
admonitory *adj.* הַתְרָאָתִי
ado *n.* מְהוּמָה

adobe *n.*	לְבֵנָה נ. (לְבֵנִים), חֵימָר
adolescence *n.*	גִיל הָהִתבַּגְרוּת
adolescent *adj.*	מִתבַּגֵר
adopt *vt.* 1. (take as one's own)	אִימֵץ
2. (vote to accept)	קִיבֵּל
3. (choose)	בָּחַר
adopted *adj.*	מְאוּמָץ
adoption *n.* 1.	אִימוּץ
2.	קַבָּלָה
3.	בְּחִירָה
adoptive *adj.*	מְאַמֵץ
adorable *adj.*	חָמוּד
adoration *n.*	הַעֲרָצָה
adore *vt.*	הֶעֱרִיץ
adorn *vt.*	קִישֵׁט
adornment *n.*	קִישוּט
adrenaline *n.*	אַדרֶנָלִין
adrift *adj.*	נִסחָף בַּזֶרֶם
adroit *adj.*	כִּשרוֹנִי, מְיוּמָן
adulate *vt.*	הֶחֱנִיף ל-
adulation *n.*	חֲנוּפָּה
adult *n.*	בַּגִיר, מְבוּגָר
adulterate *vt.*	מָהַל, פִּיגֵל
adulteration *n.*	מְהִילָה, פִּיגוּל
adultery *n.*	נִיאוּף
adulthood *n.*	בַּגרוּת
advance *n.* 1. (progress)	הִתקַדְמוּת
2. (promotion)	קִידוּם, הַעֲלָאָה
3. (payment)	מִקדָמָה
in advance	מֵרֹאש, לְמַפרֵעַ
advance 1. *vi.*	הִתקַדֵם
2. *vt.*	קִידֵם, הֶעֱלָה
3.	שִילֵם מִקדָמָה
advanced *adj.*	מִתקַדֵם
advancement *n.*	קִידוּם
advantage *n.*	תוֹעֶלֶת, יִתרוֹן
take advantage	נִיצֵל
advantage *vt.*	הוֹעִיל ל-
advantageous *adj.*	מוֹעִיל
advent *n.*	הוֹפָעָה, בִּיאָה
adventitious *adj.*	חִיצוֹנִי, זָר
adventure *n.*	הַרפַּתקָה
adventurer *n.*	הַרפַּתקָן
adventurous *adj.*	הַרפַּתקָנִי
adverb *n.*	תוֹאַר הַפּוֹעַל
adverbial *adj.*	שֶל תוֹאַר הַפּוֹעַל
adversarial *adj.*	עוֹיֵן
adversary *n.*	יָרִיב, אוֹיֵב
adverse *adj.*	מַזִיק, שְלִילִי
adversity *n.*	מְצוּקָה, צָרָה
advertise *vt.*	פִּירסֵם
advertisement *n.*	פִּירסוֹמֶת, מוֹדָעָה
advertiser *n.*	מְפַרסֵם
advice *n.*	עֵצָה
advisability *n.*	כְּדָאִיוּת
advisable *adj.*	כְּדָאִי, רָצוּי
advise *vt.* 1. (give advice)	יָעַץ ל-
2. (inform)	הוֹדִיעַ ל-
advisement *n.*	עִיוּן, שִיקוּל
advising *n.*	יִיעוּץ
advisory *adj..*	מְייָעֵץ
advocacy *n.*	תְמִיכָה, סַנֵיגוֹרְיָה
advocate *n.* 1. (lawyer)	סַנֵיגוֹר, עוֹרֵךְ דִין
2. (proponent)	תוֹמֵךְ, חָסִיד
devil's advocate	טוֹעֵן בְּשֵם הַצַד שֶכְּנֶגֶד
advocate *vt.*	צִידֵד בּ-, הִטִיף לְמַעַן
aegis *n.*	חָסוּת
aerate *vt.*	אִיווֵרר
aeration *n.*	אִיוורוּר
aerial *n.*	אַנטֶנָה
aerial *adj.*	אֲוִירִי
aerobatics *n.*	לַהֲטוּטֵי טִיסָה, אֵירוֹבָּטִיקָה
aerobics *n.*	הִתעַמְלוּת אֵירוֹבִּית
aerodynamic *adj.*	אֵירוֹדִינָמִי
aerodynamics *n.*	אֵירוֹדִינָמִיקָה
aeronautic *adj.*	אֵירוֹנָאוּטִי
aeronautics *n.*	מַדַע הַתְעוּפָה
aeroplane *n.*	אֲווִירוֹן, מָטוֹס
aerosol *n.*	תַרסִיס
aerospace *n.*	הֶחָלָל

aesthetic *adj.* אֶסתֵטִי
aesthetics *n.* אֶסתֵטִיקָה
afar *adv.* מֵרָחוֹק
affability *n.* חֲבִיבוּת, חוֹם לֵב
affable *adj.* חָבִיב, חַם-לֵב
affair *n.* 1. (matter) עִנייָן
2. (incident) פָּרָשָׁה
3. (romance) רוֹמָן, פָּרָשַׁת אֲהָבִים
affect *vt.* 1. (influence) הִשפִּיעַ עַל
2. (move emotionally) רִיגֵשׁ, נָגַע לַלֵב
3. (pretend) הֶעֱמִיד פָּנִים
affected *adj.* מְלָאכוּתִי
affecting *adj.* מְרַגֵשׁ, נוֹגֵעַ לַלֵב
affectation *n.* מְלָאכוּתִיוּת, הַעֲמָדַת פָּנִים
affectedly *adv.* בְּאוֹפֶן מְלָאכוּתִי
affection *n.* חִיבָּה
affectionate *adj.* רוֹחֵשׁ חִיבָּה, יְדִידוּתִי
affiance *vt.* הִתאָרֵס עִם
affidavit *n.* תַּצהִיר, הַצהָרָה בִּשבוּעָה
affiliate *vt.; vi* סִינֵף, צֵירֵף ; הִסתַנֵף,הִצטָרֵף
affiliation *n.* קֶשֶׁר ; צֵירוּף
affinity *n.* זִיקָה, קִירבָה
affirm *vt.* 1. (confirm) אִישֵׁר
2. (declare) הִצהִיר
affirmation *n.* 1. אִישוּר
2. הַצהָרָה
affirmative *adj.* חִיוּבִי
affirmatively *adv.* בְּחִיוּב
affix *n.* תְּחִילִית אוֹ סִיוֹמֶת
affix *vt.* הִצמִיד, הִדבִּיק
afflict *vt.* יִיסֵר, גָרַם סֵבֶל ל-
affliction *n.* יִיסוּרִים, סֵבֶל
affluence *n.* 1. (wealth) אֲמִידוּת, עוֹשֶׁר
2. (abundance) שֶׁפַע
affluent *adj.* אָמִיד, עָשִׁיר
afford *vt.* 1. (bear the cost) הִרשָׁה לְעַצמוֹ
2. (give) נָתַן, הֶעֱנִיק
afforest *vt.* יִיעֵר
afforestation *n.* יִיעוּר

affray *n.* קְטָטָה, תִגרָה
affront *n.* עֶלבּוֹן
aficionado *n.* חָסִיד, מַעֲרִיץ, אוֹהֵד
afield *adv.* הַרחֵק מ-
afire *adj.* בּוֹעֵר, עוֹלֶה בָּאֵשׁ
aflame *adj.* עוֹלֶה בַּלֶהָבוֹת
afloat *adj.* 1. (floating) צָף
2. (flooded) מוּצָף
3. (surviving financially) הֶחֱזִיק מַעֲמָד
afoot *adv.* 1. (on foot) רַגלִי
2. (in progress) בִּפעוּלָה, בְּעִיצוּמוֹ
aforementioned *adj.* הַנִזכָּר לְעֵיל
aforesaid *adj.* הַנֶאֱמָר לְעֵיל
aforethought *adj.* שֶׁבְּמַחֲשָׁבָה תְחִילָה
afraid *adj.* פּוֹחֵד, חוֹשֵׁשׁ
afresh *adv.* מֵחָדָשׁ
after *prep.* 1. (later than) אַחֲרֵי, לְאַחַר
2. (behind) אַחֲרֵי, מֵאֲחוֹרֵי
3. (in the same manner) לְפִי, עַל-פִּי
4. (in pursuit of) בְּעִקבוֹת, בְּחִיפּוּשׂ אַחֲרֵי
after all אַחֲרֵי הַכּוֹל
after *conj.* אַחֲרֵי שֶׁ-, לְאַחַר שֶׁ-
afterbirth *n.* שִׁלְיָה
aftereffect *n.* תְגוּבָה
afterglow *n.* זַהֲרוּרִית
afterlife *n.* הָעוֹלָם הַבָּא
aftermath *n.* תוֹצָאָה
afternoon *n.* אַחֲרֵי/אַחַר הַצָהוֹרַיִים
aftershave *n.* קוֹלוֹן גִילוּחַ
aftershock *n.* זַעֲזוּעַ אֲדָמָה
aftertaste *n.* טַעַם לְווַאי
afterthought *n.* מַחֲשָׁבָה שְׁנִייָה
afterward(s) *adv.* אַחַר-כָּךְ, לְאַחַר מִכֵּן
afterworld *n.* הָעוֹלָם הַבָּא
again *adv.* שׁוּב, עוֹד פַּעַם
against *prep.* 1. (in opposition to) נֶגֶד
2. (contrary to) בְּנִיגוּד ל-
3. (in front of) מוּל, לְעוּמַת
agape *adj.* פְּעוּר-פֶּה
agate *n.* בָּרֶקֶת

age 1. (duration of life)	גִיל
2. (period)	תְקוּפָה, עִידָן
age-old	עַתִיק
Dark Ages	חֲשֵׁכַת יְמֵי הַבֵּינַיִים
Ice Age	עִידַן הַקֶרַח
Iron Age	עִידַן הַבַּרְזֶל
middle age	גִיל הָעֲמִידָה
Middle Ages	יְמֵי הַבֵּינַיִים
Stone Age	תְקוּפַת הָאֶבֶן
age *vt.*; *vi.* 1. (make/get old)	הִזקִין ; הִזדַקֵן
2. (mature)	הִבשִׁיל
aged *adj.* 1. (old)	זָקֵן, קָשִׁישׁ
2. (of the age of)	בְּגִיל
3. (brought to ripeness)	הוּבָא לְבַשֵׁילוּת
ageism *n.*	אַפלָיָה בִּגלַל גִיל
ageless *adj.*	נִצחִי, לֹא מִתייַשֵׁן, לֹא מִזדַקֵן
agency *n.*	סוֹכְנוּת
news agency	סוֹכְנוּת יְדִיעוֹת
agenda *n.*	סֵדֶר יוֹם, סֵדֶר פְּעוּלוֹת
agent *n.* 1. (representative)	סוֹכֵן
2. (substance)	חוֹמֶר
customs agent	עֲמִיל מֶכֶס
double agent	סוֹכֵן כָּפוּל
secret/undercover agent	סוֹכֵן חֲשָׁאִי
agglomerate *vt.*; *vi.*	צָבַר ; הִצטַבֵּר
agglomeration *n.*	צְבִירָה
agglutinate *vt.*	הִצמִיד
agglutination *n.*	הַצמָדָה
aggrandize *vt.*	הֶאֱדִיר
aggrandizement *n.*	הַאֲדָרָה
aggravate *vt.* 1. (irritate)	הִרגִיז
2. (make worse)	הֶחֱמִיר, הֶחֱרִיף
aggravated *adj.* (*law*)	בְּנסִיבּוֹת מַחֲמִירוֹת
aggravating *adj.*	מַרגִיז
aggravation *n.* 1.	הַרגָזָה
2.	הַחמָרָה, הַחרָפָה
aggregate *n.*	סִכּוּם, סַךְ הַכּוֹל
aggregate *adj.*	כּוֹלֵל
aggregate *vt.*	סִיכֵּם, קִיבֵּץ
aggregation *n.*	סִיכּוּם
aggression *n.*	תוֹקְפָנוּת
aggressive *adj.* 1. (offensive)	תוֹקְפָנִי
2. (intense)	נִמרָץ, אַגרֶסִיבִי
aggressor *n.*	תוֹקְפָן
aggrieve *vt.*	פָּגַע בּ-, צִיעֵר
aghast *adj.*	נִדהָם, מְזוּעזָע
agile *adj.*	זָרִיז, קַל-תְנוּעָה
agility *n.*	זְרִיזוּת
aging *n.*	הִזדַקְנוּת
aging *adj.*	מִזדַקֵן
agitate *vt.* 1. (shake)	נִיעֵר, טִילטֵל
2. (stir up people)	הִתסִיס, הֵסִית
agitation *n.* 1.	נִיעוּר, טִילטוּל
2.	הַתסָסָה, הֲסָתָה
agitator *n.*	מֵסִית
agleam *adj.*	זוֹרֵחַ
aglitter *adj.*	נוֹצֵץ
aglow *adj.*	זוֹהֵר, לוֹהֵט
agnostic *n.*	אַגנוֹסטִי (מְפַקְפֵּק בְּקִיוּם אֱלוֹהִים)
ago *adv.*	לִפנֵי
long ago	לִפנֵי זְמַן רַב
agog *adj.*	נִרגָשׁ
agonize *vt.*; *vi.*	יִיסֵר ; הִתייַסֵר
agonizing *adj.*	מְייַסֵר, גוֹרֵם סֵבֶל
agony *n.*	יִיסוּרִים, סֵבֶל
agoraphobia *n.*	אָגוֹרָפוֹבּיָה (פַּחַד מִמְקוֹמוֹת פְּתוּחִים)
agrarian *adj.*	אַגרָרִי, חַקלָאִי
agree *vi.* 1. (consent)	הִסכִּים
2. (fit)	תָאַם, הִתאִים ל-, הָלַם
agreeable *adj.* 1.	נוֹטֶה לְהַסכִּים
2.	תוֹאֵם
3. (pleasing)	נָעִים
agreement *n.* 1. (consent)	הַסכָּמָה
2. (accord)	הֶסכֵּם
3. (compatibility)	תְאִימוּת, הַתאָמָה
agricultural *adj.*	חַקלָאִי
agriculture *n.*	חַקלָאוּת
agronomist *n.*	אַגרוֹנוֹם

agronomy *n.* אַגרוֹנוֹמְיָה, חַקלָאוּת
aground *adv.* עַל שִׂרטוֹן
ahead *adv.* 1. (forward) קָדִימָה
2. (in advance) מֵרֹאשׁ
ahead of לִפנֵי
be ahead הָיָה בָּרֹאשׁ, הוֹבִיל
get ahead הִצלִיחַ
go ahead הִתקַדֵּם, הִמשִׁיךְ
go-ahead רְשׁוּת
aid *n.* סִיוּעַ, עֶזרָה
first aid עֶזרָה רִאשׁוֹנָה
hearing aid מַכשִׁיר שְׁמִיעָה
visual aids עֲזָרִים חֲזוּתִיִּים
aid *vt.* סִייֵעַ, עָזַר לְ-
aide *n.* עוֹזֵר
AIDS (acquired immune deficiency syndrome) מַחֲלַת הָאֵיידס
ail *vi.* 1. (feel ill) חָלָה
2. *vt.* (cause pain) הִכאִיב
ailing *adj.* חוֹלֶה
ailment *n.* מַחֲלָה
aim *n.* כַּוָּונָה, מַטָּרָה
aim *vt.*; *vi.* כִּיוֵּן ; הִתכַּוֵּון
aimless *adj.* חֲסַר-מַטָּרָה
ain't: am/is/are not
air *n.* 1. (gas) אֲוויר
2. (atmosphere, aura) אֲווירָה
air-condition הִתקִין מִיזוּג אֲוויר
air-conditioned מְמוּזָג
air conditioner מַזגָן
air-to-surface אֲוויר-קַרקַע
by air בְּדֶרֶךְ הָאֲוויר
fresh air אֲוויר צַח
hot air (empty talk) דִּיבּוּר סְרָק
off the air לֹא בְּשִׁידּוּר
on the air בְּשִׁידּוּר
up in the air לֹא וַדָּאִי, לֹא בָּטוּחַ
air *vt.* 1. (ventilate) אִיווֵרר
2. (broadcast) שִׁידֵּר
3. (express publicly) הִשמִיעַ

up in the air לֹא וַדָּאִי, לֹא בָּטוּחַ
airbrush *n.* מַרסֵס צֶבַע
aircraft *n.* מָטוֹס, כְּלִי טַיִס
airdrop *n.* הַצנָחָה
airdrop *vt.* הִצנִיחַ
airduct *n.* צִינוֹר אִיוורוּר
airfare *n.* דְּמֵי טִיסָה
airfield *n.* שְׂדֵה תְּעוּפָה
airflow *n.* זְרִימַת אֲוויר
airlift *n.* רַכֶּבֶת אֲווירִית
airlift *vt.* הֵטִיס
airline *n.* חֶברַת תְּעוּפָה
airliner *n.* מְטוֹס נוֹסְעִים
airmail *n.* דּוֹאַר אֲוויר
airmail *vt.* שָׁלַח בְּדוֹאַר אֲוויר
airman *n.* אִישׁ חֵיל אֲוויר
airplane *n.* מָטוֹס, אֲווירוֹן
airport *n.* נְמַל אֲוויר,שְׂדֵה תְּעוּפָה
airpower *n.* כּוֹחַ אֲווירִי
airship *n.* סְפִינַת אֲוויר
airspace *n.* מֶרחָב אֲווירִי
airstrike *n.* הַפצָצָה אֲווירִית
airstrip *n.* מַסלוּל הַמרָאָה
airborne *adj.* 1. (carried by air) מוּטָס
2. (in flight) בָּאֲוויר
airtight *adj.* 1. (leak proof) אָטוּם
2. (solid) מוּצָק
airtime *n.* זְמַן שִׁידּוּר
airwaves *pn.* גַּלֵּי הָאֶתֶר
airway *n.* נְתִיב אֲוויר
airy *adj.* אֲווירִי, אַוורִירִי
aisle *n.* מַעֲבָר
ajar *adj.* פָּתוּחַ בְּמִקצָת
a.k.a. (also known as) הַיָּדוּעַ בְּכִינּוּי
akin *adj.* דּוֹמֶה לְ-
Akkadian *adj.* אַכָּדִי, אַכָּדִית
alabaster *n.* בַּהַט
a la carte בְּנִפרָד, לְפִי הַתַּפרִיט
a la mode לְפִי הָאוֹפנָה
alacrity *n.* 1. (eagerness) לְהִיטוּת

2. (briskness) זְרִיזוּת
alarm *n.* 1. (warning) אַזְעָקָה
2. (concern) דְאָגָה, חֲרָדָה
3. (warning device) מַכשִיר אַזעָקָה
alarm *vt.* 1. התרִיעַ, הִזהִיר
2. הִדאִיג, הֶחֱרִיד
false alarm אַזעָקַת שָווא
alarming *adj.* מַדאִיג, מְעוֹרֵר דְאָגָה
alarmist *n.* בְּהַלתָן
alas! *interj.* אֲבוֹי!
albeit *conj.* אִם כִּי, אַף-עַל-פִּי שֶ-
albino *n.* לַבקָן
album *n.* 1. (photo) אַלבּוֹם
2. (recording) תַקלִיט, אַלבּוֹם
albumen, albumin *n.* חֶלבּוֹן בֵּיצָה
alchemy *n.* אַלכִּימְיָה
alcohol *n.* (flammable liquid) כּוֹהֶל
2. (liquor) מַשקֶה חָרִיף, אַלכּוֹהוֹל
alcoholic *n.* שַתיָין, אַלכּוֹהוֹלִיסט
alcoholic *adj.* אַלכּוֹהוֹלִי
alcoholism *n.* שַתייָנוּת
alcove *n.* גוּמחָה
alderman *n.* חֲבֵר מוֹעֶצֶת עִירִיָיה
ale *n.* בִּירָה לְבָנָה
ginger ale מַשקֶה זַנגבִיל
alert *n.* אַתרָעָה; כּוֹנְנוּת
on the alert בְּכוֹנְנוּת, עַל הַמִשמָר
alert *adj.* עֵירָנִי, דָרוּך
alert *vt.* הִתרִיעַ, הִזעִיק
alertness *n.* עֵירָנוּת, דְרִיכוּת
alfalfa *n.* אַספֶּסֶת
algae *pn.* אַצוֹת
algebra *n.* אַלגֶבּרָה
alias *n.* שֵם בָּדוּי, כִּינוּי
alibi *n.* אַלִיבִּי
alien *n.* 1. (stranger, foreigner) זָר
2. (space creature) חַייזָר
alien *adj.* זָר
alienable *adj.* נִיתָן לְהַעֲבָרָה
alienate *vt.* 1. (cause indifference) נִיכֵּר
2. (transfer property) הֶעֱבִיר
alienated *adj.* מְנוּכָּר
alienation *n.* 1. נִיכּוּר
2. הַעֲבָרָה
alight *adj.* 1. (burning) דוֹלֵק
2. (illuminated) מוּאָר
align *vt.* 1. (adjust) יִישֵר
2. (ally oneself) הִתחַבֵּר, הִתקַשֵר
alignment *n.* 1. יִישוּר
2. הִתחַבְּרוּת, הִתקַשְרוּת
3. (political bloc) מַעֲרָך
alike *adj.* דוֹמֶה
alike *adv.* בְּאוֹפֶן דוֹמֶה, כְּאֶחָד
alimentary *adj.* הֲזָנָתִי
alimony *n.* דְמֵי מְזוֹנוֹת
alive *adj.* 1. (living) חַי, בַּחַיִים
2. (energetic, lively) מָלֵא חַיִים
alkaline *adj.* אַלקָאלִי
all *n.* הַכּוֹל
all *adj.* כּוֹל הַ-, כּוֹל
all but 1. (almost) כִּמעַט
2. (except for) הַכּוֹל מִלְבַד
all in all בְּסַך הַכּוֹל
all-out כּוֹלֵל
all over 1. (everywhere) בְּכוֹל מָקוֹם
2. (finished) הַכּוֹל נִגמַר
at all כְּלָל, בִּכלָל
Allah *n.* אַללָה
allegation *n.* טַעֲנָה
allege *vt.* טָעַן
allegedly *adv.* לִכאוֹרָה, לְפִי הַטַעֲנָה
alleger *n.* טוֹעֵן
allegiance *n.* נֶאֱמָנוּת, אֱמוּנִים
allegiant *adj.* נֶאֱמָן
allegorical *adj.* מְשָלִי, אַלֶגוֹרִי
allegory *n.* מָשָל, אַלֶגוֹרְיָה
allegro *n.* אַלֶגרוֹ
allergic *adj.* רָגִיש ל-, אַלֶרגִי
allergy *n.* רְגִישוּת, אַלֶרגִיָה
alleviate *vt.* הֵקֵל, הֵפִיג

alleviation *n.* הֲקָלָה, הֲפָגָה
alley *n.* סִמְטָה
bowling alley אוּלָם מִשְׂחַק כַּדּוֹרֶת
alliance *n.* בְּרִית, הִתְקַשְּׁרוּת
allied *adj.* קָשׁוּר ל-, בַּעַל-בְּרִית
alligator *n.* תַּנִּין
allocate *vt.* הִקְצָה, הִקְצִיב
allocation *n.* הַקְצָאָה, הַקְצָבָה
allomorph *n.* אָלוֹמוֹרְף
allophone *n.* אָלוֹפוֹן
allot *vt.* הִקְצָה, הִקְצִיב
allotment *n.* הַקְצָאָה, הַקְצָבָה
allow *vt.* 1. (permit) הִרְשָׁה, הִתִּיר
2. (allocate) הִקְצָה
allowable *adj.* מוּתָּר
allowance *n.* 1. (allotment) הַקְצָאָה
2. (discount) הֲנָחָה
3. (pocket money) דְּמֵי כִּיס
alloy *n.* סַגְסוֹגֶת, מֶסֶג
allude *vi.* רָמַז
allure *vt.* פִּיתָּה
allurement *n.* פִּיתּוּי
alluring *adj.* מְפַתֶּה, מוֹשֵׁךְ
allusion *n.* רְמִיזָה, רֶמֶז
allusive *adj.* מְרַמֵּז
alluvium *n.* מִשְׁקָע
ally *n.* בַּעַל-בְּרִית
ally *vt.; vi.* אִיחֵד ; הִתְאַחֵד, הִתְקַשֵּׁר
alma mater *n.* הַמּוֹסָד שֶׁבּוֹ (מִישֶׁהוּ) לָמַד
almanac *n.* לוּחַ שָׁנָה, אַלְמָנָךְ
almighty *adj.* אַדִּיר, כּוֹל יָכוֹל
the **Almighty** *n.* אֱלוֹהִים
almond *n.* 1. (nut) שָׁקֵד
2. (tree) שְׁקֵדִיָּיה
almost *adv.* כִּמְעַט
alms *pn.* צְדָקָה, נְדָבוֹת
aloe vera צֶמַח אָלוֹוֶרָה
aloft *adv.* לְמַעְלָה, גָּבוֹהַּ
alone *adv.* 1. (by oneself) לְבַד
2. (only) בִּלְבַד, רַק
leave alone הִנִּיחַ ל-, עָזַב
let alone (not to mention) שֶׁלֹּא לְהַזְכִּיר
along *prep.* לְאוֹרֶךְ
along *adv.* קָדִימָה
all along כּוֹל הַזְּמַן
alongside *prep.* לְצַד
aloof *adj.* מִתְבַּדֵּל, מְסוּיָיג
aloofness *n.* הִתְבַּדְּלוּת
aloud *adv.* בְּקוֹל רָם
alpha *n.* אַלְפָא
alphabet *n.* אָלֶפְבֵּית
alphabetical *adj.* אָלֶפְבֵּיתִי
alphabetically *adv.* לְפִי סֵדֶר אָלֶפְבֵּיתִי
alphabetize *vt.* סִידֵּר לְפִי אָלֶפְבֵּית
alphanumeric *adj.* שֶׁל אוֹתִיּוֹת וּמִסְפָּרִים
Alpine, alpine *adj.* שֶׁל הָאַלְפִּים ; הֲרָרִי
already *adv.* כְּבָר
alright *adv.* בְּסֵדֶר, כַּשּׁוּרָה
also *adv.* גַּם
altar *n.* מִזְבֵּחַ ז׳ (מִזְבְּחוֹת)
alter *vt.* שִׁינָּה
alteration *n.* שִׁינּוּי ; תִּיקּוּן
altercation *n.* רִיב
alternate *n.* חֲלוּפִי, תַּחְלִיף
alternate *adj.* בָּא לְסֵירוּגִין
alternate *vt.; vi.* הֶחֱלִיף לְסֵירוּגִין ; הִתְחַלֵּף
alternately *adv.* לְסֵירוּגִין, חֲלִיפוֹת
alternative *n.* חֲלוּפָה, בְּרֵירָה, אַלְטֶרְנָטִיבָה
alternatively *adv.* לַחֲלוּפִין
alternator *n.* גֶּנֶרָטוֹר
although *conj.* לַמְרוֹת שֶׁ-, אִם כִּי
altimeter *n.* מַד-גּוֹבַהּ
altitude *n.* גּוֹבַהּ
alto *n.* אַלְט
altogether *adv.* בְּסַךְ הַכּוֹל, בְּסִיכּוּם
altruism *n.* דְּאָגָה לַזּוּלַת
altruistc *adj.* נוֹבֵעַ מִדְּאָגָה לַזּוּלַת
aluminum *n.* חֲמָרָן, אָלוּמִינְיוּם
alumna *n.* בּוֹגֶרֶת מוֹסָד
alumnus *n.* בּוֹגֵר מוֹסָד

alveolar *adj.* (עִיצוּר) שִׁינִי
always *adv.* תָּמִיד
AM (amplitude modulation) אֵי-אֶם
a.m. (ante meridiem) לִפְנֵי הַצָּהֳרַיִים
am *see* be
amalgam *vt.* מֶסֶג, תִּצְרוֹפֶת
amalgamate *vt.*; *vi.* מִיזֵג ; הִתְמַזֵּג
amalgamation *n.* מִיזּוּג, הִתְמַזְּגוּת
amass *vt.* צָבַר, רִיכֵּז
amassment *n.* צְבִירָה, רִיכּוּז
amateur *n.* חוֹבֵב
amateurish *adj.* חוֹבְבָנִי
amateurism *n.* חוֹבְבָנוּת
amatory *adj.* עוֹרֵג
amaze *vt.* הִפְלִיא, הִתְמִיהַּ, הִדְהִים
amazed *adj.* נִדְהָם
amazement *n.* תַּדְהֵמָה
amazing *adj.* מַפְלִיא, מַתְמִיהַּ, מַדְהִים
ambassador *n.* שַׁגְרִיר
ambassadorship *n.* מִשְׂרַת שַׁגְרִיר
amber *n.* עִנְבָּר
ambiance, ambience *n.* אֲוִירָה
ambidextrous *adj.* כָּשִׁיר בִּשְׁתֵּי יָדָיו
ambient *adj.* אוֹפֵף, מַקִּיף
ambiguity *n.* עִירְפּוּל, דּוּ-מַשְׁמָעוּת
ambiguous *adj.* מְעוּרְפָּל, דּוּ-מַשְׁמָעִי
ambition *n.* שְׁאַפְתָנוּת, אַמְבִּיצְיָה
ambitious *adj.* שְׁאַפְתָן, אַמְבִּיצְיוֹנֶר
ambivalence *n.* דּוּ-עֶרְכִּיּוּת
ambivalent *adj.* דּוּ-עֶרְכִּי
amble *n.* קֶצֶב אִיטִי
amble *vi.* הָלַךְ לְאִיטוֹ
ambulance *n.* אַמְבּוּלַנְס
ambulatory *adj.* שֶׁל הֲלִיכָה
ambush *n.* מַאֲרָב
ambush *vt.* אָרַב לְ-
ambusher *n.* אוֹרֵב
ameliorate *vt.*; *vi.* שִׁיפֵּר ; הִשְׁתַּפֵּר
amelioration *n.* שִׁיפּוּר ; הִשְׁתַּפְּרוּת
amen *interj.* אָמֵן

amenable *adj.* 1.(agreeable) נוֹטֶה לְהַסְכִּים
2. (accountable) נוֹשֵׂא בְּאַחֲרָיוּת
amend *vt.* שִׁינָּה, תִּיקֵּן
amendment *n.* שִׁינּוּי, תִּיקּוּן
amends *pn.* פִּיצּוּיִים
make amends כִּיפֵּר, הִכָּה עַל חֵטְא
amenity *n.* תְּנָאֵי נוֹחוּת
America *n.* אָמֶרִיקָה
American *n.*; *adj.* אָמֶרִיקָאִי, אָמֶרִיקָנִי
Americanism *n.* אָמֶרִיקָנִיּוּת
Americanization *n.* אָמֶרִיקָנִיזַצְיָה
Americanize *vt.* הָפַךְ לְאָמֶרִיקָנִי
Amharic *n.* אַמְהָרִית
amiable *adj.* חָבִיב, יְדִידוּתִי
amicable *adj.* יְדִידוּתִי
amid, amidst *prep.* בְּקֶרֶב, תּוֹךְ כְּדֵי
amiss *adj.* לָקוּי, פָּגוּם
amity *n.* יְדִידוּת
ammeter *n.* מַד-אַמְפֵּר
ammo *n.* תַּחְמוֹשֶׁת
ammonia *n.* אַמּוֹנְיָה
ammunition *n.* תַּחְמוֹשֶׁת
amnesia *n.* שִׁיכָּחוֹן
amnesty *n.* חֲנִינָה
amoeba *pn.* חִילוּפִית, אָמֶבָּה
amok *see* amuck
among, amongst *prep.* בֵּין, בְּקֶרֶב
amoral *adj.* חֲסַר-מוּסָר, בִּלְתִּי-מוּסָרִי
amorality *n.* אִי-מוּסָרִיּוּת
amorous *adj.* שֶׁל אַהֲבָה
amorphous *adj.* חֲסַר-צוּרָה
amorphousness *n.* חוֹסֶר-צוּרָה
amortization *n.* פְּחָת, אָמוֹרְטִיזַצְיָה
amortize *vt.* פָּרַע חוֹב בְּתַשְׁלוּמִים
Amos *n.* עָמוֹס
amount *n.* 1. (sum) סְכוּם
2. (quantity) כַּמּוּת
amount *vi.* הִסְתַּכֵּם בְּ-
amour *n.* פַּרְשִׁיַּית אֲהָבִים
amp, ampere *n.* אַמְפֵּר

amphibian *n.* (animal) דוחַי
amphibious *adj.* אַמפִיבִּי , יַמִי-יַבַּשתִי
amphitheater *n.* אַמפִיתֵיאַטרוֹן
ample *adj.* 1. (enough) מַספִּיק
2. (spacious) נִרחָב, מְרוּוָח
amplifier *n.* מַגבֵּר, מַגבִּיר קוֹל
amplify *vt.* הִגבִּיר
ampule *n.* שְׁפוֹפֶרֶת, אַמפּוּלָה
amputate *vt.* קָטַע, כָּרַת
amputation *n.* קְטִיעָה, כְּרִיתָה
amputee *n.* קִיטֵעַ, גִידֵם
amuck *adj.* אֲחוּז-טֵירוּף
run amuck הִתרוֹצֵץ בְּהֶתקֵף טֵירוּף
amulet *n.* קָמֵיעַ ז׳ (קְמֵיעוֹת)
amuse *vt.* שִׁיעֲשַׁע, בִּידֵר
amusement *n.* שַׁעֲשׁוּעַ, בִּידוּר
amusing *adj.* מְשַׁעֲשֵׁעַ, מְבַדֵחַ
an *indefinite article* סִימוּן שֵׁם עֶצֶם יָחִיד לֹא מְיוּדָע
anachronism *n.* דָבָר מְיוּשָׁן, אָנַכרוֹנִיזם
anachronistic *adj.* מְיוּשָׁן, אָנַכרוֹנִיסטִי
anagram *n.* שִׁיבּוּשׁ אוֹתִיוֹת
anal *adj.* שֶׁל פִּי הַטַבַּעַת, אָנָלִי
analgesia *n.* שִׁיכּוּךְ כְּאֵב
analgesic *adj.* מְשַׁכֵּךְ כְּאֵב
analog *n.* אָנָלוֹגִי
analogous *adj.* מַקבִּיל
analogy *n.* הֶיקֵשׁ, הַקבָּלָה, הַשווָאָה
analysis *n.* נִיתוּחַ, אָנָלִיזָה
in the final analysis בְּסוֹפוֹ שֶׁל דָבָר
systems analysis נִיתוּחַ מַעֲרָכוֹת
analyst *n.* 1. (one who analyzes) מְנַתֵחַ
2. (psychoanalyst) פְּסִיכוֹלוֹאָנָלִיטִיקָן
systems analyst מְנַתֵח מַעֲרָכוֹת
analytical *adj.* נִיתוּחִי, אָנָלִיטִי
analyze *vt.* נִיתֵחַ
anarchist *n.* אָנַרכִיסט
anarchy *n.* הֶפקֵרוּת, אָנַרכִיָה
anathema *n.* 1. (excommunication) נִידוּי, חֵרֶם
2. (loathed person) מְנוּדֶה, מְתוֹעָב
anatomy *n.* אָנָטוֹמִיָה
ancestor *n.* אָב קַדמוֹן
ancestral *adj.* שֶׁל הָאָבוֹת הַקַדמוֹנִים
ancestry *n.* יִיחוּס, שַׁלשֶׁלֶת הַמִשפָּחָה
anchor *n.* 1. (of a ship) עוֹגֶן
2. (broadcaster) שַׁדרָן
anchor *vi.; vt.* 1. עָגַן ; עִיגֵן
2. שִׁידֵר
anchorage *n.* מַעֲגָן
anchorman *n.* שַׁדרָן, מַגִישׁ שִׁידוּר
anchovy *n.* עַפיָין
ancient *adj.* עַתִיק, קַדמוֹן
ancillary *adj.* מִשׁנִי, כָּפוּף ל-
and *conj.* וְ-
andante *n.* אַנדַנטֶה
androgen *n.* הוֹרמוֹן זַכרִי
androgynous *adj.* דוּ-מִינִי
android *n.* רוֹבּוֹט דְמוּי-אָדָם
anecdote *n.* מַעֲשִׂיָיה
anemia *n.* חוֹסֶר-דָם, אָנֶמִיָה
sickle cell anemia אֲנֶמִיָה חֶרמֵשִׁית
anemic *adj.* סוֹבֵל מֵחוֹסֶר-דַם
anesthesia *n.* אַלחוּשׁ, הַרדָמָה
anesthesiologist *n.* רוֹפֵא מַרדִים
anesthetic *n.* סַם הַרדָמָה
anesthetize *vt.* אִילחֵשׁ, הִרדִים
aneurysm *n.* מִפרֶצֶת
anew *adv.* מֵחָדָשׁ
angel *n.* מַלאָךְ
angelical *adj.* מַלאָכִי
anger *n.* כַּעַס, רוֹגֶז
anger *vt.* הִכעִיס, הִרגִיז
angina *n.* דַלֶקֶת גָרוֹן, אַנגִינָה
angina pectoris תְעוּקַת הַלֵב
angioplasty *n.* אַנגִיוֹפּלַסטִיקָה (הַחדָרַת בָּלוֹן לִכלֵי הַדָם)
angle *n.* זָווִית
acute angle זָווִית חַדָה
obtuse angle זָווִית קֵהָה

right angle זָווִית יְשָׁרָה
Anglo *n.* אַנגלִי
Anglo-Saxon אַנגלוֹ-סַקסִי
angry *adj.* כּוֹעֵס
anguish *n.* יִיסוּרִים, סֵבֶל
anguish *vi.* הִתייַסֵר, סָבַל
angular *adj.* זָווִיתִי
anhydrous *adj.* אַל-מֵימִי
aniline *n.* אָנִילִין
animal *n.* חַיָה, בַּעַל-חַי
domestic animal חַיַת בַּיִת
wild animal חַיַת פֶּרֶא
animate *n.* חַי, מָלֵא תְנוּעָה
animate *vt.* הֶחיָה, הִנפִּיש
animation *n.* הַנפָּשָׁה, אָנִימַציָה
animosity *n.* עוֹיְנוּת, אֵיבָה
ankle *n.* קַרסוֹל
anklet *n.* 1. (ornament) עֶכֶס
2. (sock) גַרבִּית
annals *pn.* רְשוּמוֹת, דִברֵי הַיָמִים
annex *n.* 1. (addition) תוֹסֶפֶת
2. (building) אֲגַף בְּבִניָין
annex *vt.* סִיפַּח
annexation *n.* סִיפּוּחַ
annihilate *vt.* הִשמִיד
annihilation *n.* הַשמָדָה
annihilator *n.* מַשמִיד
anniversary *n.* יוֹם הַשָנָה
wedding anniversary יוֹם הַשָנָה לַנִישׂוּאִין
annotate *vt.* הוֹסִיף הֶעָרוֹת
annotated *adj.* מוֹעָר
annotation *n.* הֶעָרוֹת, פֵּירוּש
announce *vt.* הוֹדִיעַ, הִכרִיז
announcement *n.* הוֹדָעָה
announcer *n.* 1. (one who announces) מוֹדִיעַ
2. (broadcaster) קַריָין
annoy *vt.* הִרגִיז, הִטרִיד
annoyance *n.* הַרגָזָה, הַטרָדָה, מִטרָד
annoying *adj.* מַרגִיז, מַטרִיד

annual *n.* שְנָתוֹן
annual *adj.* שְנָתִי
annually *adv.* פַּעַם בְּשָנָה
annuity *n.* קִיצבָּה שְנָתִית
annul *vt.* בִּיטֵל
annular *adj.* טַבַּעתִי
annulment *n.* בִּיטוּל
annunciation *n.* בְּשוֹרָה
anode *n.* אָנוֹדָה (בְּחַשמַל)
anodization *n.* צִיפּוּי
anodize *vt.* צִיפָּה (בְּאֶמצָעוּת חַשמַל)
anoint *vt.* מָשַח
anointment *n.* מְשִיחָה
anomaly *n.* סְטִיָיה, חֲרִיגָה
anonymous *adj.* עֲלוּם-שֵם, אַלמוֹנִי
anonymously *adv.* בְּעִילוּם שֵם
anopheline *n.* יַתוּש הָאָנוֹפֶלֶס
anorak *n.* מְעִיל
anorexia *n.* אָנוֹרֶקסְיָה, אוֹבדַן הַתֵיאָבוֹן
anorexia nervosa הַרעָבָה עַצמִית
anorexic *adj.* חוֹלֶה אָנוֹרֶקסְיָה
another *adj.* 1. (different) אַחֵר, שוֹנֶה
2. (additional) עוֹד, נוֹסָף
ANSI (American National Standards Institute) מְכוֹן הַתְקָנִים (ארה״ב)
answer *n.* תְשוּבָה, מַעֲנֶה
answer *vi.*; *vt.* עָנָה ל-, הֵשִיב
ant *n.* נְמָלָה
white ant טֶרמִיט
antacid *n.* נוֹגֵד חוּמצָה
antagonism *n.* עוֹיְנוּת, יְרִיבוּת
antagonist *n.* יָרִיב, מִתנַגֵד
antagonistic *adj.* עוֹיֵן
antagonize *vt.* עוֹרֵר אֵיבָה
antecedent *n.* 1. (preceding) קוֹדֵם
2. *(gram.)* קוֹדְמָן
antedate *vt.* קָדַם לְתַאֲרִיךְ
antelope *n.* דִישוֹן
antenna *n.* 1. (aerial) אַנטֶנָה
2. (of an insect) מָחוֹש

anterior *adj.* קוֹדֵם
anteroom *n.* חֲדַר-כְּנִיסָה
anthem *n.* הִימְנוֹן
anthill *n.* תֵּל נְמָלִים
anthological *adj.* אַנתוֹלוֹגִי
anthology *n.* קוֹבֶץ, מִקְרָאָה, אַנתוֹלוֹגְיָה
anthropoid *n.* קוֹף דְּמוּי-אָדָם
anthropological *adj.* אַנתרוֹפּוֹלוֹגִי
anthropologist *n.* אַנתרוֹפּוֹלוֹג
anthropology *n.* אַנתרוֹפּוֹלוֹגְיָה
anti- אַנטִי-, נֶגֶד
anti-Semitic *adj.* אַנטִישֵׁמִי, שׂוֹנֵא יְהוּדִים
anti-Semitism *n.* אַנטִישֵׁמִיוּת
antibiotic *n.* אַנטִיבִּיוֹטִיקָה
antibody *n.* נוֹגְדָן
antic *n.* תַּעֲלוּל
anticipate *vt.* צִיפָּה ל-, צָפָה מֵרֹאשׁ
anticipation *n.* צִיפִּיָּה
anticlerical *adj.* אַנטִי-כְּנֵסִיָּתִי
anticlimactic *adj.* מְאַכזֵב
anticlimax *n.* סִיוּם מְאַכזֵב
anticline *n.* סֶלַע מְקוּמָּר
antidepressant *n.* תְּרוּפָה נֶגֶד דִיכָּאוֹן
antidote *n.* תְּרוּפַת-נֶגֶד
antifreeze *n.* מוֹנֵעַ קְפִיאָה
antigen *n.* אֶנְגֶד
antihero *n.* אַנטִי-גִיבּוֹר
antihistamine *n.* אַנטִי-הִיסטָמִין
antinuke *adj.* מִתנַגֵּד לְאֶנֶרגְיָה גַרעִינִית
antipathy *n.* חוֹסֶר-אַהֲדָה, סְלִידָה
antiperspirant *n.* מוֹנֵעַ הֲזָעָה
antiquary *n.* מוּמחֶה לְעַתִיקוֹת
antiquate *vt.* יִישֵּׁן
antiquated *adj.* מְיוּשָּׁן
antique *adj.* 1. (ancient) עַתִּיק
2. (old-fashioned) מְיוּשָּׁן
antiquity *n.* יְמֵי קֶדֶם
antiquities *pn.* עַתִּיקוֹת
antiseptic *n.* חוֹמֶר חִיטּוּי
antisocial *adj.* מִתבַּדֵּל, לֹא חַברוּתִי
antistatic *adj.* מוֹנֵעַ חַשמַל סְטָטִי
antithesis *n.* נִיגּוּד, אַנטִי-תֵזָה
antitrust *adj.* נֶגֶד מוֹנוֹפּוֹל
antonym *n.* הֵפֶךְ (מִילָּה הֲפוּכַת-מַשמָעוּת)
anus *n.* פִּי הַטַּבַּעַת
anvil *n.* סַדָּן
anxiety *n.* חֲרָדָה, דְּאָגָה
anxious *adj.* 1. (worried) חָרֵד, דוֹאֵג
2. (eager) מִשתוֹקֵק
any *adj.* 1. (every) כּוֹל
2. (some) אֵיזֶה, אֵיזֶשֶׁהוּ
any *pron.* (anyone) כּוֹל אֶחָד
any *adv.* (at all) בִּכלָל
any longer עוֹד, מִכָּאן וְאֵילָךְ
anybody, anyone *pron.* כּוֹל אֶחָד; מִי שֶׁלֹּא יִהיֶה
anyhow *adv.* בְּכוֹל אוֹפֶן
anymore *adv.* יוֹתֵר, עוֹד
anyplace *adv.* בְּכוֹל מָקוֹם
anything *pron.*; *n.* כּוֹל דָּבָר; מַשֶּׁהוּ
anytime *adv.* בְּכוֹל עֵת, בְּכוֹל זְמַן שֶׁהוּא
anyway *adv.* מִכּוֹל מָקוֹם, בֵּין כֹּה וָכֹה
anywhere *adv.* בְּכוֹל/בְּשׁוּם מָקוֹם
aorta *n.* אַב הָעוֹרְקִים
apace *adv.* בְּקֶצֶב מָהִיר
apart *adv.* 1. (separately) בְּנִפרָד, בְּמֶרחָק
2. (into pieces) לַחֲלָקִים
apart from מִלְּבַד, חוּץ מ-
apartheid *n.* הַפרָדָה גִזעִית
apartment *n.* דִּירָה
efficiency/studio apartment דִּירַת חֶדֶר
apathetic *adj.* אָדִישׁ
apathy *n.* אֲדִישׁוּת
ape *n.* קוֹף
go ape הִשתַּגֵּעַ
ape *vt.* חִיקָּה
aperture *n.* מִפתָּח, פֶּתַח
apex *n.* שִׂיא, חוֹד
aphrodisiac *n.* שִׁיקּוּי אַהֲבָה

aphrodisiac *adj.* מְעוֹרֵר תְּשׁוּקָה מִינִית
apiary *n.* כַּוֶּרֶת
apiece *adv.* לִיחִידָה, לְכוֹל אֶחָד
apocalypse *n.* חֲזוֹן אַחֲרִית הַיָּמִים
Apocrypha *n.* הַסְּפָרִים הַחִיצוֹנִים
apolitical *adj.* בִּלְתִּי-פּוֹלִיטִי
apologetic *adj.* מִתְנַצֵּל, מִצְטַדֵּק
apologist *n.* סַנֵּיגוֹר
apologize *vi.* הִתְנַצֵּל
apology *n.* הִתְנַצְּלוּת
Apostle *n.* מִתַּלְמִידֵי יֵשׁוּ
apostrophe *n.* גֵּרֵשׁ
apothecary *n.* רוֹקֵחַ
apothegm *n.* פִּתְגָּם, מֵימְרָה
appall *vt.* הִדְהִים, הֶחֱרִיד
appalling *adj.* מַדְהִים, מַחֲרִיד
apparatus *n.* מַנְגָּנוֹן
apparel *n.* לְבוּשׁ, תִּלְבּוֹשֶׁת
apparent *adj.* גָּלוּי, בָּרוּר, נִרְאֶה לָעַיִן
apparently *adv.* כַּנִּרְאֶה
appeal *n.* 1. (plea) פְּנִיָּיה
2. (request) בַּקָּשָׁה
3. (attraction) מְשִׁיכָה
4. (*law*) עִירְעוּר
sex appeal סֶקְס-אַפִּיל, מְשִׁיכָה מִינִית
United Jewish Appeal הַמַּגְבִּית הַיְּהוּדִית הַמְאוּחֶדֶת
appeal *vi.* 1. פָּנָה
2. בִּיקֵּשׁ
3. מָשַׁךְ
4. *vt.* עִירְעֵר עַל
appealing *adj.* מוֹשֵׁךְ
appear *vi.* 1. (show up) הוֹפִיעַ
2. (stand before a court) הִתְיַיצֵּב
3. (seem) נִרְאָה
appearance *n.* הוֹפָעָה
appease *vt.* פִּייֵּס
appeaser *n.* פַּיְיסָן
appeasement *n.* פַּיְיסָנוּת, פִּיּוּס
appellant *n.* עוֹתֵר, מְעַרְעֵר

appellate *adj.* שֶׁל עִירְעוּרִים
appellation *n.* כִּינּוּי, תּוֹאַר
append *vt.* הוֹסִיף, צֵירֵף
appendectomy *n.* כְּרִיתַת הַתּוֹסֶפְתָּן
appendicitis *n.* דַּלֶּקֶת הַתּוֹסֶפְתָּן
appendix *n.* 1. (body organ) תּוֹסֶפְתָּן
2. (supplement) נִסְפָּח, תּוֹסֶפֶת
appetite *n.* תֵּיאָבוֹן
appetizer *n.* מְתַאֲבֵן
appetizing *adj.* מְעוֹרֵר תֵּיאָבוֹן
applaud *vi.* 1. (clap) מָחָא כַּף, הֵרִיעַ
2. *vt.* (praise) שִׁיבֵּחַ
applause *n.* תְּשׁוּאוֹת, מְחִיאוֹת כַּפַּיִים
apple *n.* תַּפּוּחַ (-עֵץ)
apple of one's eye בָּבַת עַיִן
Adam's apple פִּיקַּת הַגַּרְגֶּרֶת
applejack *n.* יֵין תַּפּוּחִים
applesauce *n.* רֶסֶק תַּפּוּחִים
appliance *n.* מַכְשִׁיר חַשְׁמַל בֵּיתִי
applicable *adj.* יָשִׂים, נִיתָּן לְיִישׂוּם
applicant *n.* פּוֹנֶה, מְבַקֵּשׁ
application *n.* 1. (petition, request) פְּנִיָּיה, בַּקָּשָׁה
2. (usage) יִישּׂוּם
3. (form) טוֹפֶס בַּקָּשָׁה
4. (ointment) מִשְׁחָה
applicator *n.* יַשָּׂם, אַפְּלִיקָטוֹר
applied *adj.* שִׁימּוּשִׁי, מַעֲשִׂי
appliqué *n.* קִישּׁוּט בַּד עַל בַּד
apply *vi.* 1. (make a request) הִגִּישׁ בַּקָּשָׁה, פָּנָה
2. (be pertinent) חָל עַל
3. *vt.* (assign; make use) יִישֵּׂם, הֶחִיל; הִפְעִיל
4. (spread on) מָרַח
appoint *vt.* מִינָּה
appointee *n.* בַּעַל-מִינּוּי
appointment *n.* 1. (assignment) מִינּוּי
2. (engagement) פְּגִישָׁה
doctor's appointment תּוֹר לְרוֹפֵא

apportion *vt.* חִילֵק לְמָנוֹת, הִקְצָה
apposite *adj.* הוֹלֵם, מַתְאִים
apposition *n. (gram.)* תְּמוּרָה
appraisal *n.* 1. (determining quality) הַעֲרָכָה
2. (assessing value) שׁוּמָה, אוֹמְדַן עֵרֶךְ
appraise *vt.* הֶעֱרִיךְ
appraiser *n.* מַעֲרִיךְ
appreciable *adj.* נִיכָּר
appreciate *vt.* 1. (value) הֶעֱרִיךְ
2. *vi.* (increase) עָלָה בְּעֶרְכּוֹ, הִתְייַקֵּר
appreciation *n.* 1. הַעֲרָכָה
2. עֲלִייָה בָּעֵרֶךְ, הִתְייַקְּרוּת
appreciative *adj.* מָלֵא הַעֲרָכָה
apprehend *vt.* 1. (arrest) עָצַר, תָּפַס
2. (understand) הֵבִין, תָּפַס
3. (fear) חָשַׁשׁ, דָּאַג
apprehension *n.* 1. עֲצִירָה, מַעֲצָר, תְּפִיסָה
2. הֲבָנָה, תְּפִיסָה
3. חֲשָׁשׁ, דְּאָגָה
apprehensive *adj.* חוֹשֵׁשׁ, דּוֹאֵג
apprentice *n.* שׁוּלְיָה, חָנִיךְ
apprenticeship *n.* חֲנִיכוּת
apprise *vt.* הוֹדִיעַ לְ-
approach *n.* גִּישָׁה
approach *vi.* נִיגַּשׁ, הִתְקָרֵב אֶל
approbation *n.* אִישּׁוּר
appropriate *adj.* מַתְאִים, הוֹלֵם
appropriate *vt.* 1. (allocate) הִקְצָה, הִקְצִיב
2. (take away) הִפְקִיעַ
appropriation *n.* 1. הַקְצָאָה, הַקְצָבָה
2. הַפְקָעָה
approval *n.* 1. (ratification) אִישּׁוּר
2. (consent) הַסְכָּמָה
approve *vt.* 1. אִישֵּׁר
2. הִסְכִּים לְ-
approximate *adj.* קָרוֹב, בְּעֵרֶךְ
approximate *vt.* הָיָה קָרוֹב לְ-
approximately *adv.* בְּעֵרֶךְ, בְּקֵירוּב
APR (annual percentage rate) שִׁיעוּר רִיבִּית שְׁנָתִי

apricot *n.* מִשְׁמֵשׁ
April *n.* אַפְּרִיל
apron *n.* סִינָר
apropos *adj.* מַתְאִים, קוֹלֵעַ
apropos *adv.* אַגַּב
apt *adj.* 1. (likely to) מְסוּגָּל, עָשׂוּי לְ-
2. (suitable) מַתְאִים, הוֹלֵם
3. (gifted) מְחוּנָּן, מַבְרִיק
aptitude *n.* כִּישָׁרוֹן ז׳ (כִּישְׁרוֹנוֹת), יְכוֹלֶת
aqua *n.* 1. (water) מַיִם
2. (color) כָּחוֹל-יְרַקְרַק
aquamarine *n.* (gem) תַּרְשִׁישׁ
aquaplane *n.* מַגְלֵשׁ מַיִם
aquarium *n.* אַקְוַואריוּם
Aquarius *n.* מַזַּל דְּלִי
aquatic *adj.* מֵימִי
aqueduct *n.* מוֹבִיל מַיִם
aqueous *adj.* מֵימִי
aquifer *n.* אַקוִויפֶר (מַאֲגַר מַיִם תַּת-קַרְקָעִי)
aquiline *adj.* נִשְׁרִי
Arab *n.*; *adj.* עַרְבִי, עֲרָבִי
arabesque *n.* 1. (ornament) קִישּׁוּט עַרְבִי
2. (*music*) עֲרַבֶּסְקָה
Arabic *n.* (language) עַרְבִית, עֲרָבִית
arachnid *n.* מִמִּשְׁפַּחַת הָעַכָּבִישִׁים
Aramaic *n.* (language) אֲרָמִית
arbiter *n.* בּוֹרֵר
arbitrage *n.* סַחַר בִּנְייָרוֹת עֵרֶךְ
arbitrament *n.* בּוֹרְרוּת
arbitrariness *n.* שְׁרִירוּת
arbitrary *adj.* שְׁרִירוּתִי
arbitrate *vt.*; *vi.* תִּיוֵּךְ ; שִׁימֵּשׁ כְּבוֹרֵר
arbitration *n.* בּוֹרְרוּת
arbitrator *n.* בּוֹרֵר
arbor *n.* עֵץ
arboretum *n.* גַּן בּוֹטָנִי
arc *n.* קֶשֶׁת
arcade *n.* 1. (passageway) סְטָיו
2. (for game machines) מוֹעֲדוֹן לְמְכוֹנוֹת מִשְׂחָקִים

arcane *adj.* סוֹדִי, חֲשָׁאִי
arch *n.* קֶשֶׁת, קִימוּר
arch *vt.*; *vi.* קִימֵּר ; הִתְקַמֵּר
arch- רָאשִׁי
archaeological *adj.* אַרְכֵיאוֹלוֹגִי
archaeologist *n.* אַרְכֵיאוֹלוֹג
archaeology *n.* אַרְכֵיאוֹלוֹגְיָה
archaic *adj.* עַתִּיק, מְיוּשָּׁן
archaism *n.* מִילָּה אוֹ דָּבָר מְיוּשָּׁנִים
archangel *n.* רֹאשׁ הַמַּלְאָכִים
archbishop *n.* אַרְכִיבִּישׁוֹף
archdeacon *n.* מִישְׁנֶה לְבִּישׁוֹף
archdiocese *n.* תְּחוּם הָאַרְכִיבִּישׁוֹף
arched *adj.* מְקוּשֶּׁת
archenemy *n.* אוֹיֵב רָאשִׁי
archer *n.* קַשָּׁת
archery *n.* קַשָּׁתוּת
archetype *n.* אַבְטִיפּוּס
archfiend *n.* הַשָּׂטָן
archipelago *n.* אַרְכִיפֶּלָגוֹ (קְבוּצַת אִיִּים)
architect *n.* אַדְרִיכָל, אַרְכִיטֶקְט
architectural *adj.* אַרְכִיטֶקְטוֹנִי
architecture *n.* אַדְרִיכָלוּת, אַרְכִיטֶקְטוּרָה
archival *adj.* אַרְכִיוֹנִי
archive *n.* גִּנְזָךְ, אַרְכִיוֹן
archivist *n.* אַרְכִיבָר
archrival *n.* יָרִיב רָאשִׁי
archway *n.* מַעֲבָר מְקוּמָר
arctic *adj.* שֶׁל הַקּוֹטֶב, אַרְקְטִי
ardent *adj.* נִלְהָב
ardor *n.* הִתְלַהֲבוּת, לַהַט
arduous *adj.* קָשֶׁה, מְפָרֵךְ
arduously *adv.* בְּקוֹשִׁי, בְּמַאֲמָץ רַב
are *see* be
area *n.* שֶׁטַח, אֵיזוֹר
aren't: are not
arena *n.* זִירָה
argosy *n.* סְפִינַת סוֹחֵר
argot *n.* עָגָה
arguable *adj.* נָתוּן לְוִיכּוּחַ
argue *vi.* 1. (debate) הִתְוַכֵּחַ
2. (claim) טָעַן
argument *n.* 1. וִיכּוּחַ
2. טַעֲנָה
argumentation *n.* טִיעוּן, הַנְמָקָה
argumentative *adj.* וַכְּחָנִי, פּוֹלְמוּסִי
aria *n.* אַרְיָה
arid *adj.* צָחִיחַ, יָבֵשׁ
aridity *n.* צְחִיחוּת, יוֹבֶשׁ
Aries *n.* מַזַּל טָלֶה
arise *vi.* 1. (get up) קָם, הִתְעוֹרֵר
2. (come up) עָלָה
aristocracy *n.* אֲצוּלָה, אָרִיסְטוֹקְרַטְיָה
aristocrat *n.* אָצִיל, אָרִיסְטוֹקְרָט
arithmetic *n.* חֶשְׁבּוֹן ז׳ (חֶשְׁבּוֹנוֹת)
arithmetical *adj.* חֶשְׁבּוֹנִי, אָרִיתְמֶטִי
ark *n.* תֵּיבָה
Ark of the Covenant אֲרוֹן הַבְּרִית
arm *n.* 1. (limb) זְרוֹעַ נ׳ (זְרוֹעוֹת)
2. (weapon) נֶשֶׁק
small arms נֶשֶׁק קַל
tone arm זְרוֹעַ שֶׁל פַּטִּיפוֹן
up in arms דָּרוּךְ לַקְּרָב
arm *vt.* חִימֵּשׁ, צִיֵּיד
armada *n.* צִי מִלְחָמָה
armadillo *n.* חֲפַרְפֶּרֶת שִׁרְיוֹן
Armageddon *n.* הַר מְגִידּוֹ (זִירַת מִלְחֶמֶת הַטּוֹב נֶגֶד הָרָע)
armament *n.* חִימּוּשׁ
armature *n.* שִׁרְיוֹן
armchair *n.* כּוּרְסָה
armed *adj.* חָמוּשׁ, מְזוּיָּין
armful *n.* מְלֹא הַזְּרוֹעַ
armistice *n.* שְׁבִיתַת נֶשֶׁק
armoire *n.* אָרוֹן גָּדוֹל
armor *n.* שִׁרְיוֹן
armored *adj.* מְשׁוּרְיָין
armory *n.* נַשְׁקִיָּה, מַחְסַן נֶשֶׁק
armpit *n.* בֵּית שֶׁחִי
armrest *n.* מִשְׁעֶנֶת יָד

army *n.* צָבָא ז׳ (צְבָאוֹת)
aroma *n.* בְּסוֹמֶת, נִיחוֹחַ
aromatic *adj.* רֵיחָנִי
arose *p.* arise
around *adv.* 1. (in a circle) מְסָבִיב
 2. (in the vicinity) בַּסְבִיבָה
around *prep.* 1.(encircling) סְבִיב, מְסָבִיב ל-
 2. (approximately) בִּסְבִיבוֹת, קָרוֹב ל-
all-around מְגוּוָן, רַב-שִׁימוּשִׁי
arousal *n.* הִתְעוֹרְרוּת
arouse *vt.* עוֹרֵר
arpeggio *n.* תַּצְלִיל מְקוּטָע
arraign *vt.* הֵבִיא לִפְנֵי שׁוֹפֵט
arraignment *n.* הֲבָאָה לִפְנֵי שׁוֹפֵט
arrange *vt.* 1. (put in order, settle) סִידֵּר
 2. (adapt music) עִיבֵּד
arrangement *n.* 1. סִידּוּר
 2. עִיבּוּד
arrant *adj.* מוּבְהָק, גָּמוּר
arras *n.* שְׁטִיחַ קִיר, טָפֵּט
array *n.* 1. (order) מַעֲרָךְ
 2. (large number) מִספָּר גָּדוֹל
 3. (finery) בִּגְדֵי פְּאֵר
array *vt.* סִידֵּר, עָרַךְ
arrear(s) *n.* פִּיגּוּר בְּתַשְׁלוּם
arrest *n.* מַעֲצָר; עֲצִירָה
cardiac arrest דּוֹם לֵב
false arrest מַעֲצָר שָׁווא
arrest *vt.* עָצַר, תָּפַס
arresting *adj.* מְצוֹדֵד, מְרַתֵּק
arrhythmia *n.* דּוֹפֶק לֹא סָדִיר
arrival *n.* הַגָּעָה
arrive *vi.* הִגִּיעַ, בָּא
arrogance *n.* יְהִירוּת, שַׁחֲצָנוּת
arrogant *adj.* יָהִיר, שַׁחֲצָן
arrogate *vt.* תָּבַע לְעַצְמוֹ
arrogation *n.* תְּבִיעָה
arrow *n.* חֵץ
arrowhead *n.* רֹאשׁ חֵץ
arroyo *n.* נַחַל אַכְזָב, וָאדִי

arsenal *n.* מַאֲגַר נֶשֶׁק
arsenic *n.* זַרְנִיךְ
arson *n.* הַצָּתָה בְּזָדוֹן
arsonist *n.* מַצִּית בְּזָדוֹן
art *n.* אוֹמָנוּת
fine art אוֹמָנוּת יָפָה
martial art אוֹמָנוּת לְחִימָה
pop art אוֹמָנוּת פּוֹפ
arteriosclerosis *n.* טָרֶשֶׁת עוֹרְקִים
artery *n.* 1. (blood vessel) עוֹרֵק
 2. (traffic route) עוֹרֵק תְּנוּעָה/תַחבּוּרָה
artful *adj.* עַרמוּמִי, פִּיקֵחַ
arthritis *n.* שִׁיגָּרוֹן, דַּלֶּקֶת מִפְרָקִים
artichoke *n.* חַרשָׁף, אַרטִישׁוֹק
article *n.* 1. (essay) מַאֲמָר
 2. (item) פְּרִיט, חֵפֶץ
 3. (clause in document) סָעִיף
definite article (*gram.*) הֵא הַיִּידוּעַ/הַיְדִיעָה
feature article מַאֲמָר עִיקָּרִי
articulate *adj.* 1. (speech) בָּרוּר, בָּהִיר
 2. (speaker) צַח-לָשׁוֹן
articulate *vt.* בִּיטֵּא בִּבְהִירוּת
articulation *n.* חִיתּוּךְ דִּיבּוּר
artifact *n.* חֵפֶץ אוֹמָנוּתִי
artifice *n.* תַּעֲלוּל, תַּחבּוּלָה
artificial *adj.* 1. (not natural) מְלָאכוּתִי
 2. (not genuine) מְעוּשֶּׂה
artificiality *n.* מְלָאכוּתִיּוּת
artillery *n.*1. (cannons) אַרטִילֶרְיָה, תּוֹתָחִים
 2. (military force) חֵיל תּוֹתְחָנִים
 3. (gunnery) תּוֹתְחָנוּת
artisan *n.* אוּמָן, בַּעַל-מִקְצוֹעַ
artisanship *n.* אוּמָנוּת, מִקְצוֹעִיּוּת
artist *n.* אוֹמָן
con artist נוֹכֵל
artistic *adj.* אוֹמָנוּתִי
artistry *n.* מַעֲשֵׂה אוֹמָנוּת
artless *adj.* אֲמִיתִּי, טִבעִי
Aryan *n.* אָרִי
as *adv.* 1. (like) כְּ-, כְּמוֹ; כְּפִי שֶׁ-

2. (while) כְּשֶׁ-, בְּשָׁעָה שֶׁ-
as for בַּאֲשֶׁר לְ-
as if כְּאִילוּ
as is כְּפִי/כְּמוֹת שֶׁהוּא
as it were כְּפִי שֶׁנֶּאֱמַר
as of הָחֵל מִ-
as to בַּאֲשֶׁר לְ-, לְגַבֵּי
ASAP (as soon as possible) בְּהֶקְדֵּם הָאֶפְשָׁרִי
asbestos *n.* אַזְבֶּסְט
ascend *vi.* עָלָה, הִתְרוֹמֵם
ascendancy *n.* עֲלִיָּיה
ascendant *n.* שַׁלִּיט
ascendant, ascending *adj.* עוֹלֶה
ascension *n.* עֲלִיָּיה
ascent *n.* 1. (going up) עֲלִיָּיה
2. (upward slope) מַעֲלֶה
ascertain *vt.* וִידֵּא
ascertainment *n.* וִידּוּא
ascetic *n.* סַגְּפָן, מִתְנַזֵּר
ASCII (American standard code for information interchange) קוֹד הָאוֹתִיּוֹת בְּמַחְשֵׁב
ascorbic acid וִיטָמִין C
ascot *n.* עֲנִיבָה, צָעִיף
ascribe *vt.* יִיחֵס לְ-, שִׁיֵּיךְ
ascription *n.* יִיחוּס, שִׁיּוּךְ
aseptic *adj.* לֹא אָלוּחַ, נָקִי מֵחַיְדָּקִים
asexual *adj.* חֲסַר-מִין, לֹא מִינִי
ash *n.* 1. (burned residue) אֵפֶר
2. (tree) עֵץ הַמֵּילָה
ashamed *adj.* מִתְבַּיֵּישׁ, נָבוֹךְ
ashen *adj.* אָפוֹר
Ashkenazi *n.; adj.* אַשְׁכְּנָזִי
ashore *adv.* אֶל הַחוֹף
ashtray *n.* מַאֲפֵרָה
ashy *adj.* אָפוֹר, אֲפַרְפַּר
Asia *n.* אַסְיָה
Asian *n.; adj.* אַסְיָיתִי
aside *adv.* הַצִּידָּה, בַּצַּד
aside from מִלְּבַד, חוּץ מִ-

asinine *adj.* 1. (stupid) טִיפְּשִׁי
2. (resembling an ass) דְּמוּי-חֲמוֹר
ask *vt.* 1. (put a question) שָׁאַל
2. (request) בִּיקֵּשׁ
3. (invite) הִזְמִין
ask for בִּיקֵּשׁ
askew *adj.* נָטוּי, נוֹטֶה הַצִּידָּה
asleep *adj.* יָשֵׁן, רָדוּם
sound asleep בְּשֵׁינָה עֲמוּקָה
asocial *adj.* לֹא חַבְרוּתִי
asp *n.* אֶפְעֶה
asparagus *n.* אַסְפָּרָגוּס
aspect *n.* הֶיבֵּט, פָּן
aspen *n.* עֵץ צַפְצָפָה
asperity *n.* חִיסְפּוּס, גַּסּוּת
aspersion *n.* הַשְׁמָצָה
asphalt *n.* זֶפֶת, אַסְפַלְט
asphyxiate *vt., vi.* חָנַק ; נֶחֱנַק
asphyxiation *n.* חֶנֶק
aspirate *vt.* הָגָה אֶת הַצְּלִיל ה'
aspiration *n.* שְׁאִיפָה
aspire *vi.* שָׁאַף לְ-
aspirin *n.* אַסְפִּירִין
aspiring *adj.* שׁוֹאֵף
ass *n.* 1. (donkey) חֲמוֹר
2. (stupid) מְטוּמְטָם
3. (butt) תַּחַת, יַשְׁבָן
assail *vt.* תָּקַף
assailant *n.* תּוֹקֵף
assailment *n.* תְּקִיפָה
assassin *n.* רוֹצֵחַ, מִתְנַקֵּשׁ
assassinate *vt.* רָצַח, הִתְנַקֵּשׁ בְּחַיֵּי
assassination *n.* רֶצַח, הִתְנַקְּשׁוּת
assault *n.* 1. (physical attack) תְּקִיפָה
2. (onslaught) מִתְקָפָה
assault *vt.* תָּקַף, הִתְנַפֵּל על
assay *vt.* בָּדַק, בָּחַן
assemblage *n.* הִתְאַסְּפוּת, הִתְקַבְּצוּת
assemble *vt.; vi.* 1. (gather) אָסַף, כִּינֵּס ; הִתְאַסֵּף, הִתְכַּנֵּס

2. (put together) הִרכִּיב
assembly *n.* 1. אֲסֵיפָה, עֲצֶרֶת
2. הַרכָּבָה
assent *n.* הַסכָּמָה
assent *vi.* הִסכִּים
assert *vt.* הִכרִיז בְּתוֹקֶף, עָמַד עַל
assert oneself עָמַד עַל שֶׁלּוֹ, הִפגִין הֶחלֵטִיוּת
assertion *n.* טַעֲנָה
assertive *adj.* דַּעתָן, תַּקִיף
assess *vt.* הֶעֱרִיךְ, אָמַד
assessment *n.* הַעֲרָכָה, שׁוּמָה
assessor *n.* שַׁמַּאי, מַעֲרִיךְ
asset *n.* נֶכֶס, קִניָין
liquid assets רְכוּשׁ נָזִיל
asseverate *vi.* הִצהִיר, טָעַן
asseveration *n.* הַצהָרָה, טַעֲנָה
asshole *n.* 1. (anus) פִּי הַטַּבַּעַת
2. (jerk) נִבזֶה
assiduous *adj.* שַׁקדָן, מַתמִיד
assign *vt.* 1. (give task) הִטִיל עַל, מִינָּה לְתַפקִיד
2. (allocate) הִקצָה
assignment *n.* 1. מַטָּלָה, מְשִׂימָה
2. הַקצָאָה
assimilate *vt.*; *vi.* בּוֹלֵל, הִטמִיעַ; הִתבּוֹלֵל, נִטמַע
assimilated *adj.* מִתבּוֹלֵל
assimilation *n.* הִתבּוֹלְלוּת, טְמִיעָה
assist *vt.* עָזַר, סִייַּע ל-
assistance *n.* עֶזרָה, סִיוּעַ
assistant *n.* עוֹזֵר, אָסִיסטֶנט
associate *n.* שׁוּתָּף, עָמִית
associate *vt.*; *vi.* חִיבֵּר, קִישֵׁר; הִתחַבֵּר, הִתקַשֵּׁר
association *n.* 1. (connection) הִתחַבְּרוּת, הִתקַשְּׁרוּת, קֶשֶׁר
2. (organization) אֲגוּדָה, עֲמוּתָה
Bar Association לִשׁכַּת עוֹרְכֵי הַדִּין
assonance *n.* דִּמיוֹן צְלִילִים

assort *vt.* סִיווּג, מִייֵּן
assorted *adj.* מְגוּוָּן
assortment *n.* מִבחָר, מִגוָון, אוֹסֶף
assuage *vt.* 1. (ease) שִׁיכֵּךְ, הִרגִיעַ
2. (satisfy) סִיפֵּק
assume *vt.* 1. (suppose) הִנִּיחַ
2. (take upon oneself) קִיבֵּל עַל עַצמוֹ
3. (take over duties) נִכנַס לְתַפקִיד
assumedly *adv.* לִכאוֹרָה, כְּאִילוּ
assumption *n.* 1. (supposition) הַנָּחָה, הַשׁעָרָה
2. (taking over duties) נְטִילַת תַּפקִיד
assurance *n.* 1. (promise) הַבטָחָה
2. (self-confidence) בִּיטָחוֹן עַצמִי
assure *vt.* הִבטִיחַ, וִידֵּא
Assyria *n.* אַשּׁוּר
asterisk *n.* כּוֹכָבִית, הַסִּימָן [*]
asteroid *n.* שֶׁבֶר כּוֹכָב, אַסטֶרוֹאִיד
asthma *n.* קַצֶּרֶת
astigmatism *n.* אַסטִיגמָטִיוּת
astonish *vt.* הִדהִים
astonished *adj.* נִדהָם
astonishing *adj.* מַדהִים
astonishment *n.* תַּדהֵמָה
astound *vt.* הִדהִים
astounding *adj.* מַדהִים
astral *adj.* כּוֹכָבִי
astray *adv.* לֹא בַּדֶּרֶךְ הַנְּכוֹנָה
go astray סָטָה מִן הַדֶּרֶךְ
astride *adv.* בְּפִישׂוּק רַגלַיִים
astrolabe *n.* אַצטרוֹלָב
astrologer *n.* אַסטרוֹלוֹג, אִיצטַגנִין
astrological *adj.* אַסטרוֹלוֹגִי
astrology *n.* אַסטרוֹלוֹגיָה
astronaut *n.* אִישׁ חָלָל, אַסטרוֹנָאוּט
astronomical *adj.* 1. (of astronomy) אַסטרוֹנוֹמִי
2. (huge) עָצוּם
astronomy *n.* אַסטרוֹנוֹמיָה, חֵקֶר הַיְּקוּם
astrophysical *adj.* אַסטרוֹפִיזִי

astrophysics *n.* אַסטרוֹפִיזִיקָה
astute *adj.* פִּיקֵחַ
astuteness *n.* פִּיקְחוּת
asylum *n.* 1. (refuge) מִקלָט
2. (institution for caring) בֵּית-מַחֲסֶה
insane asylum בֵּית חוֹלֵי נֶפֶש
asymmetric *adj.* לֹא סִימֶטרִי
asymmetry *n.* אִי-סִימֶטרִיוּת
at *prep.* בְּ-, אֵצֶל
be at it הָיָה עָסוּק בַּדָבָר
ate *p.* eat
atelier *n.* סַדנָא, סְטוּדיוֹ
atheism *n.* שְלִילַת אֱלוֹהִים, כְּפִירָה
atheist *n.* כּוֹפֵר בֵּאלוֹהִים, אַתֵיאִיסט
Athens *n.* אָתוּנָה
athlete *n.* סְפּוֹרטַאי
athletic *n.* אַתלֵטִי
athletics *n.* אַתלֵטִיקָה
athwart *adv.* מִצַד אֶל צַד
atilt *adj.* אֲלַכסוֹנִי, נָטוּי
atilt *adv.* בַּאֲלַכסוֹן
atlas *n.* אַטלָס
ATM (automated teller machine) כַּספּוֹמָט
atmosphere *n.* 1. (of earth) אַטמוֹספֵירָה
2. (mood) אֲוִוירָה
atmospheric *adj.* אַטמוֹספֵירִי
atom *n.* גַרעִין, אָטוֹם
atomic *adj.* גַרעִינִי, אָטוֹמִי
atomizer *n.* מַרסֵס
atone *vi.* כִּיפֵּר עַל
atonement *n.* כִּיפּוּר, כַּפָּרָה
Day of Atonement יוֹם כִּיפּוּר
atop *adv.* מֵעַל לְ-
atrium *n.* אוּלָם שְקוּף-תִקרָה
atrocious *adj.* זְווֹעָתִי, מְתוֹעָב
atrocity *n.* זְוָועָה, מַעֲשֶה תוֹעֵבָה
atrophy *n.* הִתנַוונוּת, הִתכַּלוּת
atrophy *vi.* הִתנַוֵון, הִתכַּלָה
attach *vt.* 1. (join) צֵירֵף, הִצמִיד
2. (attribute) יִיחֵס
3. (confiscate) עִיקֵל
4. *vi.* (bind emotionally) נִקשַר רִגשִית
attaché *n.* נִספָּח
attachment *n.* 1. צֵירוּף, הַצמָדָה
2. יִיחוּס
3. עִיקוּל
4. קֶשֶר רִגשִי
5. (supplementary part) נִספָּח
attack *n.* 1. (assault) הַתקָפָה, מִתקָפָה
2. (onset of illness) הֶתקֵף
sneak attack הַתקָפַת פֶּתַע
attack *vt.* תָקַף, הִתקִיף
attacker *n.* תוֹקֵף
attain *vt.* הִשִׂיג, הִגשִים
attainable *adj.* נִיתָן לְהַשָׂגָה
attainment *n.* הַשָׂגָה, הֶישֵׂג
attempt *n.* 1. (try) נִיסָיוֹן
2. (assault on one's life) נִיסיוֹן הִתנַקְשוּת
attempt *vt.* נִיסָה
attend *vt.* 1. (be present) נָכַח בּ-
2. (take care of) טִיפֵּל בּ-
3. (serve) שֵירֵת
4. (pay attention) שָׂם לֵב
5. (study at) לָמַד בּ-
attendance *n.* נוֹכְחוּת
attendant *n.* שָרָת, מְטַפֵּל
flight attendant דַיָל, דַיֶילֶת
attention *n.* תְשוּמֶת לֵב
pay attention שָׂם לֵב
attention! (*military*) עֲמוֹד דוֹם!
attentive *adj.* קַשוּב
attenuate *vt.* צִימצֵם, הֶחֱלִיש
attenuation *n.* צִימצוּם, הַחלָשָה
attest *vt.* הֵעִיד עַל, אִימֵת
attestation *n.* עֵדוּת, אִימוּת
attic *n.* עֲלִיַית גַג
attire *n.* תִלבּוֹשֶת, לְבוּש
attitude *n.* יַחַס, עֶמדָה
attorney *n.* עוֹרֵך דִין, פְּרַקלִיט
attorney general 1. תוֹבֵעַ כְּלָלִי

2. (in Israel) הַיּוֹעֵץ הַמִּשְׁפָּטִי לַמֶּמְשָׁלָה
district attorney תּוֹבֵעַ מְחוֹזִי
attract *vt.* מָשַׁךְ
attraction *n.* 1. (appeal) מְשִׁיכָה
2. (attractive event) אַטְרַקְצְיָה
attractive *adj.* מוֹשֵׁךְ
attribute *n.* 1. (characteristic) תְּכוּנָה, תּוֹאַר
2. (*gram.*) לְוַואי
attribute *vt.* יִיחֵס
attribution *n.* יִיחוּס
attributive *adj.* מְיַיחֵס, מְתָאֵר
attrition *n.* הַתָּשָׁה, שְׁחִיקָה
attune *vt.* הִתְאִים, כִּיווְנֵן
atypical *adj.* לֹא טִיפּוּסִי
auburn *adj.* עַרְמוֹנִי
auction *n.* מְכִירָה פּוּמְבִּית
auction (off) *vt.* מָכַר בִּמְכִירָה פּוּמְבִּית
auctioneer *n.* כָּרוֹז בִּמְכִירָה פּוּמְבִּית
audacious *adj.* 1. (insolent) חָצוּף
2. (daring) נוֹעָז
audacity *n.* 1. חוּצְפָּה
2. הֶעָזָה
audible *adj.* שָׁמִיעַ
audience *n.* 1. (spectators, listeners) קָהָל
2. (official interview) רֵאָיוֹן רִשְׁמִי
audio *adj.* שְׁמִיעָתִי, קוֹלִי
audiocassette *n.* קַלֶּטֶת קוֹל
audiology *n.* מַדַּע הַשְּׁמִיעָה
audiophile *n.* חוֹבֵב סְטֶרֵיאוֹ
audiotape *n.* סֶרֶט קוֹל
audiotape *vt.* הִקְלִיט
audiovisual *adj.* אוֹרְקוֹלִי, חֲזוּתִי-שְׁמִיעָתִי
audit *n.* בִּיקּוֹרֶת חֶשְׁבּוֹנוֹת, בְּדִיקָה
audit *vt.* 1. (examine) בָּדַק חֶשְׁבּוֹנוֹת
2. (attend a class) שָׁמַע שִׁיעוּר
audition *n.* מִבְחַן בָּמָה
audition *vi.* נִיגַּשׁ לְמִבְחַן בָּמָה
auditor *n.* 1. (examiner) מְבַקֵּר חֶשְׁבּוֹנוֹת
2. (non-registered student) שׁוֹמֵעַ חוֹפְשִׁי
auditorium *n.* אוּלָם ז׳ (אוּלָמוֹת)

auditory *adj.* שְׁמִיעָתִי
auger *n.* מַקְדֵּחַ
augment *vt.* הִגְדִּיל
augmentation *n.* הַגְדָּלָה
augur *n.* מַגִּיד עֲתִידוֹת
augur *vi.*; *vt.* נִיבָּא אֶת הֶעָתִיד, נִיחֵשׁ
augury *n.* 1. (prediction) נִיחוּשׁ הֶעָתִיד
2. (omen) סִימָן לַבָּאוֹת
August *n.* אוֹגוּסְט
aunt *n.* דּוֹדָה
aura *n.* הִילָה
aural *adj.* שְׁמִיעָתִי, שֶׁל הָאוֹזֶן
aurally *adv.* בִּשְׁמִיעָה, דֶּרֶךְ הָאוֹזֶן
aureole *n.* הִילָה
auricle *n.* אוֹזֶן חִיצוֹנִית
aurora *n.* נוֹגַהּ, זוֹהַר
auspice(s) *n.* חָסוּת
auspicious *adj.* מַבְטִיחַ
Aussie *n.* אוֹסְטְרָלִי
austere *adj.* 1. (strict) קַפְּדָנִי, מַחְמִיר
2. (modest) צָנוּעַ; פָּשׁוּט
austerity *n.* צֶנַע; פַּשְׁטוּת
austral *adj.* דְּרוֹמִי
authentic *adj.* אֲמִיתִי, אוֹתֶנְטִי
authenticate *vt.* אִימֵּת
authentication *n.* אִימּוּת
author *n.* 1. (writer) מְחַבֵּר, כּוֹתֵב
2. (literary writer) סוֹפֵר
author *vt.* חִיבֵּר, כָּתַב
authoritarian *adj.* 1. (dictatorial) רוֹדָנִי
2. (based on authority) סַמְכוּתִי
authoritative *adj.* 1. (having authority) סַמְכוּתִי
2. (reliable) מְהֵימָן, מוּסְמָךְ
authorities *pn.* שִׁלְטוֹנוֹת
authority *n.* 1. (power) סַמְכוּת
2. (administration) רָשׁוּת
3. (expert) בַּר-סַמְכָא, מוּמְחֶה
local authority רָשׁוּת מְקוֹמִית
authorization *n.* הַסְמָכָה, הַרְשָׁאָה

authorize *vt.* הִסְמִיךְ, נָתַן רְשׁוּת
authorized *adj.* מוּרְשֶׁה, מוּסְמָךְ
autism *n.* אוֹטִיזם
autistic *adj.* אוֹטִיסְטִי
auto *n.* אוֹטוֹ, מְכוֹנִית
auto- אוֹטוֹ-, עַצְמִי
autobiographical *adj.* אוֹטוֹבְּיוֹגְרָפִי
autobiography *n.* אוֹטוֹבְּיוֹגְרַפְיָה
autocracy *n.* שִׁלְטוֹן יָחִיד
autocrat *n.* שַׁלִּיט יָחִיד
autodidact *n.* אוֹטוֹדִידַקְט, לוֹמֵד בְּעַצְמוֹ
autograph *n.* חֲתִימָה
autograph *vt.* חָתַם עַל
autoimmune *adj.* שֶׁל חִיסּוּן עַצְמִי
automaker *n.* יַצְרַן רֶכֶב
automate *vt.* מִיכֵּן
automated *adj.* מְמוּכָּן
automatic *adj.* אוֹטוֹמָטִי
automaton *n.* רוֹבּוֹט
automobile *n.* מְכוֹנִית, רֶכֶב
automotive *adj.* שֶׁל רֶכֶב
autonomous *adj.* אוֹטוֹנוֹמִי
autonomy *n.* אוֹטוֹנוֹמְיָה, שִׁלְטוֹן עַצְמִי
autopsy *n.* נְתִיחָה לְאַחַר הַמָּוֶת
autumn *n.* סְתָיו
autumnal *adj.* סְתָווִי
auxiliary *adj.* 1. (supplementary) נוֹסָף, -עֵזֶר
2. (secondary) מִשְׁנִי
avail *n.* תּוֹעֶלֶת, שִׁימּוּשׁ
to no avail לַשָּׁווְא, לְלֹא תּוֹעֶלֶת
avail *vt.* הוֹעִיל ל-
availability *n.* זְמִינוּת
available *adj.* זָמִין, מוּכָן
avalanche *n.* מַפּוֹלֶת שְׁלָגִים
avant-garde *adj.* אָוַונְגַּרְד, חַדְשָׁנִי
avarice *n.* תַּאֲוַות בֶּצַע
avenge *vt.* נָקַם
avenger *n.* נוֹקֵם
avenue, ave. *n.* שְׂדֵירָה
average *n., adj.* מְמוּצָּע, בֵּינוֹנִי
average *vt.; vi.* חִישֵּׁב מְמוּצָּע ; הִסְתַּכֵּם בִּמְמוּצָּע שֶׁל
averse *adj.* סוֹלֵד מ-
aversion *n.* סְלִידָה
avert *vt.* מָנַע
avian *adj.* שֶׁל עוֹפוֹת
aviary *n.* כְּלוּב צִיפּוֹרִים
aviation *n.* תְּעוּפָה
aviator *n.* טַיָּיס
avid *adj.* נִלְהָב
avionics *n.* אֶלֶקְטְרוֹנִיקָה תְּעוּפָתִית
avocado *n.* אָבוֹקָדוֹ
avocation *n.* עִיסּוּק צְדָדִי
avoid *vt.* 1. (prevent) מָנַע
2. (shun) נִמְנַע מ-, הִתְחַמֵּק מ-
avoidable *adj.* נִמְנָע, נִיתָּן לְהִמָּנַע מִמֶּנּוּ
avoidance *n.* הִימָּנְעוּת מ-
avow *vt.* הִצְהִיר עַל, הוֹדָה ב-
avowal *n.* הַצְהָרָה, הוֹדָאָה
avowed *adj.* מוּצְהָר, מוּשְׁבָּע
avuncular *adj.* שֶׁל דּוֹד
AWACS (airborne warning and control system) מַעֲרֶכֶת אַזְהָרָה וּבַקָּרָה מוּטֶּסֶת
await *vt.* חִיכָּה ל-
awake *vi.* הִתְעוֹרֵר
awake *adj.* עֵר
awaken *vt.; vi.* הֵעִיר, עוֹרֵר ; הִתְעוֹרֵר
awakening *n.* הִתְעוֹרְרוּת
award *n.* פְּרָס, מַעֲנָק
award *vt.* 1. (grant) הֶעֱנִיק
2. (give as legally due) פָּסַק ל-
aware *adj.* מוּדָע ל-
be/become aware הָיָה מוּדָע ל-, חָשׁ
awareness *n.* מוּדָעוּת
awash *adj.* מוּצָף מַיִם
away *adj.* לֹא נִמְצָא, לֹא בַּבַּיִת
away *adv.* 1. (far from) רָחוֹק מ-
2. (in another direction) לְכִיווּן אַחֵר
awe *n.* יִרְאַת כָּבוֹד

awesome *adj.* נוֹרָא, עָצוּם
awhile *adv.* לִזמַן מָה
awestruck *adj.* מָלֵא יִראָה
awful *adj.* אָיוֹם, נוֹרָא
awkward *adj.* 1. (embarrassing) מֵבִיךְ, לֹא נוֹחַ
2. (clumsy) מְגוּשָּׁם
awl *n.* מַרצֵעַ
awning *n.* סוֹכֵךְ, גַגוֹן
awoke *p.* awake
AWOL (absent without leave) נִפקָד, נֶעדָר לְלֹא רְשוּת
awry *adj.*; *adv.* לֹא יָשָר ; מְשוּבָּש
go awry נָטָה הַצִּידָה ; הִשתַבֵּש
ax, axe *n.* גַרזֶן
ax to grind מֵנִיעַ אִישִי
ax, axe *vt.* כָּרַת, חִיסֵל
axial *adj.* צִירִי
axiom *n.* מוּשׂכָּל רִאשוֹן, הַנָחַת יְסוֹד
axis *n.* צִיר
axle *n.* סֶרֶן
aye *adv.* הֵן, כֵּן
azimuth *n.* אָזִימוּת
azure *adj.* תָכוֹל, תְכֶלֶת הַשָמַיִים

B

B	הָאוֹת הַשְּׁנִיָּיה בָּאָלֶפְבֵּית הָאַנגְלִי
B.A. (Bachelor of Arts)	ב"א, בּוֹגֵר בְּמַדְעֵי הָרוּחַ
baa *n.*	פְּעִיָּה
baa *vi.*	פָּעָה
Baal *n.*	בַּעַל (אֵל קָדוּם)
babble *n.* 1. (blab)	פִּיטפּוּט
2. (mumble)	מִילמוּל
babble *vi.* 1.	פִּיטפֵּט
2.	מִילמֵל
babe *n.* 1. (baby)	תִינוֹק ז׳ (תִינוֹקוֹת)
2. (young woman)	חֲתִיכוֹנֶת
baboon *n.*	בַּבּוּן
baby *n.* 1. (infant)	תִינוֹק ז׳ (תִינוֹקוֹת)
2. (small)	קָטָן
3. (sweetheart)	מוֹתֶק, בּוּבָּה
baby *vt.*	פִּינֵק
babyhood *n.*	יַנקוּת
babysit *vt.*; *vi.*	שָׁמַר עַל תִינוֹק ; עָבַד כְּשמַרטָף
babysitter *n.*	שְׁמַרטָף
Babylon *n.*	בָּבֶל
Babylonian *adj.*	בַּבלִי
baccalaureate *n.*	תְעוּדַת בַּגרוּת/ב"א
bachelor *n.* 1. (unmarried)	רַווָק
2. (degreed)	בַּעַל תוֹאַר ב״א
confirmed bachelor	רַווָק מוּשבָּע
bachelorhood *n.*	רַווָקוּת
back *n.* 1. (of body)	גַב
2. (of chair)	מִסעָד, גַב
3. (rear)	חֵלֶק אֲחוֹרִי
back *adj.* 1. (rear)	אֲחוֹרִי
2. (previous)	קוֹדֵם
back *vt.* 1. (support)	תָמַך ב-, נָתַן גִיבּוּי
2. (move back)	הֵזִיז אֲחוֹרָה
back away	נָסוֹג
back down	וִיתֵר עַל עֶמדָתוֹ, נָסוֹג
back off *vi.*	נָסוֹג
back off!	זוּז מִמֶנִי!
back out	חָזַר בּוֹ
back up 1. (support)	נָתַן גִיבּוּי
2. (move backwards)	נָסַע אֲחוֹרָה
3. (copy)	גִיבָּה, הֶעתִיק
back *adv.*	אֲחוֹרָה, לְאָחוֹר
back and forth	הָלוֹך וָשוֹב
backache *n.*	כְּאֵב גַב
backbench *n.*	סַפסָל אֲחוֹרִי
backbone *n.*	עַמוּד שִׁידרָה
backdoor *n.*	דֶלֶת אֲחוֹרִית
backdrop *n.*	צִיוּר רֶקַע, תַפאוּרַת רֶקַע
backer *n.*	תוֹמֵך
backfire *n.* 1. (in engine)	הַצָתָה מוּקדֶמֶת
2. (undesirable reaction)	תוֹצָאָה הֲפוּכָה
backfire *vi.* 1.	נִיצַת מוּקדָם
2.	הֵבִיא לְתוֹצָאָה הֲפוּכָה
backgammon *n.*	שֵׁש בֵּש
background *n.*	רֶקַע
backing *n.*	גִיבּוּי, תְמִיכָה
backlash *n.* 1. (recoil)	רְתִיעָה
2. (negative reaction)	תְגוּבָה שְׁלִילִית
backless *adj.*	חֲסַר-גַב
backlight *n.*	אוֹר אֲחוֹרִי
backlog *n.*	עֲבוֹדָה מִצטַבֶּרֶת
backpack *n.*	תַרמִיל גַב
backpay *n.*	תַשלוּם פִּיגוּרִים
backpedal *vi.*	דִיווֵשׁ לְאָחוֹר
backrest *n.*	מִשעֶנֶת גַב, מִסעָד
backside *n.*	יַשבָן, עַכּוּז
backslide *vi.*	חָזַר לְסוּרוֹ
backspace *n.*	מַקַש הַחזָרָה
backspace *vi.*	הֵזִיז לְאָחוֹר
backstage *n.*	אֲחוֹרֵי הַקְלָעִים
backstroke *n.*	שְׂחִיַית גַב
backtrack *vi.*	חָזַר בּוֹ, נָסוֹג

backup *n.* 1. (support) תִימוּכִין
2. (copy) גִיבּוּי
3. (accumulation) הִצטַבְּרוּת
4. (reserve) רֶזֶרבָה
backward *adj.* 1. (reversed) הָפוּך
2. (undeveloped) נֶחשָל, מְפַגֵר
backwardness *n.* נֶחשָלוּת, פִּיגוּר
backwards *adv.* 1. (to the back) אֲחוֹרָה, לְאָחוֹר
2. (in reverse) לְהֵיפֶך, בִּמהוּפָּך
backwoods *n.* מָקוֹם נִידָח
backyard *n.* חָצֵר אֲחוֹרִית
bacon *n.* קוֹתֶל חָזִיר
bacteria *pn.* חַיידַקִים
bacterial *adj.* שֶל חַיידַקִים, בַּקטֶריָאלִי
bacteriologic *adj.* בַּקטֶריוֹלוֹגִי
bacteriologist *n.* בַּקטֶריוֹלוֹג, מוּמחֶה לְחַיידַקִים
bacteriology *n.* בַּקטֶריוֹלוֹגיָה
bad *n.* רָע
bad *adj.* 1. (not good) רָע, גָרוּעַ
2. (wicked) מְרוּשָע
3. (faulty) מְקוּלקָל, פָּגוּם
4. (not healthy) חוֹלֶה, פָּגוּעַ
5. (naughty) שוֹבָב
bad *adv.* בְּאוֹפֶן גָרוּעַ
too bad חֲבָל
badge *n.* תָג, סֶמֶל
badger *n.* גִירִית
badger *vt.* הֵצִיק ל-, הִטרִיד
badly *adv.* 1. (seriously) בְּאוֹפֶן חָמוּר
2. (very much) מְאוֹד
badmouth *vt.* הִשמִיץ, הִלעִיז עַל
badness *n.* רוֹעַ
baffle *vt.* בִּילבֵּל, הֵבִיך
baffled *adj.* מְבוּלבָּל, נָבוֹך
bafflement *n.* בִּילבּוּל, מְבוּכָה
baffling *adj.* מְבַלבֵּל, מֵבִיך
bag *n.* 1. (for carrying) תִיק, יַלקוּט
2. (for collecting or storing) שַׂק, שַׂקִית
air bag כָּרִית אֲוִויר
doggy bag שַׂקִית לִשאֵרִיוֹת אוֹכֶל
duffel bag תַרמִיל בַּד
grab bag תִיק לְהַגרָלַת מַתָנוֹת
mixed bag מִגוּוָן, דְבָרִים שוֹנִים
punching bag שַׂק אִיגרוּף
sleeping bag שַׂק שֵינָה
tea bag שַ קִית תֵה
bag *vt.* אָרַז בְּשַׂק, אָסַף
bagel *n.* כַּעַך, בֵּייגֶל
bagful *n.* מְלוֹא הַשַׂק
baggage *n.* מִטעָן, כְּבוּדָה
bagger *n.* מְמַלֵא שַׂקִים
baggy *adj.* תָפוּחַ, תָלוּי בְּרִישוּל
bagpipes *pn.* חֵמֶת חֲלִילִים
bagpiper *n.* נַגַן חֵמֶת חֲלִילִים
baguette *n.* 1. (gem) אֶבֶן חֵן
2. (bread) בָּגֶט, לֶחֶם מוֹאֳרָך
bail *n.* עַרבוּת כַּספִּית
bail *vt.* שִיחרֵר בְּעַרבוּת
bail out 1. (jump out) צָנַח מִמָטוֹס
2. (rescue) חִילֵץ מִצָרָה, הִצִיל
3. (*law*) שִיחרֵר בְּעַרבוּת
bailer, bailor *n.* עָרֵב
bailiff *n.* סַדרַן בֵּית-מִשפָּט
bait *n.* פִּיתָיוֹן
bait *vt.* 1. (lure) פִּיתָה
2. (torment) הִצִיק, הִכאִיב ל-
bake *vt.*; *vi.* אָפָה ; נֶאֱפָה
baker *n.* אוֹפֶה
bakery *n.* מַאֲפִייָה
baklava *n.* בַּקלָאוָה
balalaika *n.* בָּלָלַייקָה
balance *n.* 1. (equilibrium) שִיווּי מִשקָל
2. (scales) מֹאזנַיִים, מִשקָל
3. (remainder) יִתרָה
4. (*accounting*) מַאֲזָן
balance of payment מַאֲזַן תַשלוּמִים
balance of power מַאֲזַן כּוֹחוֹת
in the balance עַל כַּף הַמֹאזנַיִים

off balance	לְלֹא שִׁיוּוּי מִשְׁקָל
on balance	בְּהִתְחַשֵּׁב בַּכּוֹל, בְּסַךְ הַכּוֹל
balance *vt.*; *vi.* 1. (maintain equilibrium)	אִיזֵן ; הִתְאַזֵּן
2. (weigh)	שָׁקַל
3. (equalize)	הִשְׁוָוה
balanced *adj.*	מְאוּזָּן, יַצִּיב
balcony *n.* 1. (of house)	מִרְפֶּסֶת, גְּזוּזְטְרָה
2. (theater gallery)	יָצִיעַ
bald *adj.* 1. (hairless)	קֵרֵחַ
2. (plain)	גָּלוּי, לְלֹא מַסְוֶוה
bald *vi.*	הִקְרִיחַ
balderdash *n.*	שְׁטוּיוֹת
balding *adj.*	מַקְרִיחַ
baldness *n.*	קָרְחוּת, פַּדַּחַת
bale *n.*	חֲבִילָה, צְרוֹר
balk *vi.*	סֵירֵב לְהַמְשִׁיךְ
balky *adj.*	עַקְשָׁן
ball *n.* 1. (spherical object)	כַּדּוּר
2. (dance party)	נֶשֶׁף
3. (testicle)	בֵּיצָה נ׳ (בֵּיצִים)
have a ball	הִשְׁתַּעֲשֵׁעַ, עָשָׂה כֵּיף
on the ball	מוּכְשָׁר, מַתְאִים
ballad *n.*	בַּלָּדָה
ballerina *n.*	בַּלֶּרִינָה
ballet *n.*	בַּלֶּט
ballistic *adj.*	בַּלִּיסְטִי
ballistics *n.*	בַּלִּיסְטִיקָה
balloon *n.* 1. (inflatable ball)	בַּלּוֹן
2. (of hot air)	כַּדּוּר פּוֹרֵחַ
trial balloon	כַּדּוּר נִיסָּיוֹן
balloon *vt.*; *vi.*	נִיפַּח ; הִתְנַפֵּחַ
balloonist *n.*	טַיַּיס כַּדּוּר פּוֹרֵחַ
ballot *n.* 1. (voting slip)	פֶּתֶק הַצְבָּעָה
2. (list of canidates)	רְשִׁימַת מוּעֲמָדִים
ballpark *n.*	מִגְרַשׁ בֵּייסְבּוֹל
ballroom *n.*	אוּלַם רִיקּוּדִים/נְשָׁפִים
ballyhoo *n.*	פִּירְסוֹמֶת צַעֲקָנִית
balm *n.*	צוֹרִי
balmy *adj.*	נָעִים
baloney *n.* 1. (bologna)	נַקְנִיק מְעוּשָּׁן
2. (nonsense)	שְׁטוּיוֹת
balsam *n.*	שְׂרָף
balustrade *n.*	מַעֲקֶה
bamboo *n.*	חִזְרָן
ban *n.*	אִיסּוּר, חֵרֶם
ban *vt.*	אָסַר
banal *adj.*	נָדוֹשׁ, שָׁחוּק, בָּנָאלִי
banana *n.*	בָּנָנָה
go bananas	הִשְׁתַּגֵּעַ
band *n.* 1. (group)	חֲבוּרָה, קְבוּצָה
2. (musical ensemble)	תִּזְמוֹרֶת, לַהֲקָה
3. (strip)	פַּס, רְצוּעָה, אֶגֶד
4. (ring)	טַבַּעַת
5. (frequency range)	תְּחוּם תְּדָרִים
rubber band	גּוּמִייָה
band *vi.*	הִתְלַכֵּד, חָבַר
bandage *n.*	אֶגֶד, תַּחְבּוֹשֶׁת
bandana *n.*	מִטְפַּחַת רֹאשׁ
bandit *n.*	שׁוֹדֵד
bandmaster *n.*	מְנַצֵּחַ תִּזְמוֹרֶת
bandoleer, bandolier *n.*	חֲגוֹרַת כַּדּוּרִים
bandsaw *n.*	מַסּוֹר סֶרֶט
bandstand *n.*	בִּימַת תִּזְמוֹרֶת
bandwagon *n.*	קְרוֹן נַגָּנִים
bandwidth *n.* 1. (frequency range)	טְוָוח תְּדָרִים
2. (*comp.*)	רוֹחַב פַּס
bandy *vt.* 1. (trade, exchange)	הֶחֱלִיף
2. (strike)	הִכָּה, חָבַט בּ-
bane *n.* 1. (spoiler)	הַרְסָן, מְקוֹר רָע
2. (poison)	רַעַל
bang *n.* 1. (blow)	חֲבָטָה, מַכָּה
2. (explosion)	מַפָּץ, בּוּם
3. (thrill)	רֶטֶט, הִתְרַגְּשׁוּת
bang *vt.*	חָבַט, הָלַם בּ-
bangle *n.*	צָמִיד ; אֶצְעָדָה
banish *vt.* 1. (exile)	הִגְלָה
2. (send away)	סִילֵּק, גֵּירֵשׁ
banishment *n.* 1.	הַגְלָיָה

2. סִילּוּק, גֵּירוּשׁ

banister *n.* מַעֲקֶה

banjo *n.* בַּנְג'וֹ

bank *n.* 1. (financial institution) בַּנְק

2. (riverside) גָּדָה

3. (slope) מִדְרוֹן, שִׁיפּוּעַ

4. (pile) עֲרֵימָה

data bank מַאֲגַר נְתוּנִים

piggy bank קוּפְסַת חִיסָּכוֹן

West Bank (of the Jordan) הַגָּדָה הַמַּעֲרָבִית

bank *vi.* הֶחֱזִיק חֶשְׁבּוֹן (בְּבַנְק)

bank on סָמַךְ עַל

banker *n.* בַּנְקַאי

banking *n.* בַּנְקָאוּת

banknote *n.* שְׁטָר בַּנְקָאִי; שְׁטַר כֶּסֶף

bankroll *vt.* מִימֵן

bankroller *n.* מְמַמֵּן

bankrupt *n.* פּוֹשֵׁט רֶגֶל

bankrupt *vt.* גָּרַם/הֵבִיא לִפְשִׁיטַת רֶגֶל

bankrupt *adj.* חֲסַר-כּוֹל

bankruptcy *n.* פְּשִׁיטַת רֶגֶל

banner *n.* דֶּגֶל, כְּרָזָה, שֶׁלֶט

banquet *n.* סְעוּדָה חֲגִיגִית

bantam *n.* תַּרְנְגוֹל

bantamweight *n.* מִתְאַגְרֵף בְּמִשְׁקַל תַּרְנְגוֹל

banter *n.* חִילּוּפֵי עֲקִיצוֹת, הִתְלוֹצְצוּת

baptism *n.* טְבִילָה; הַטְבָּלָה

Baptist *n.* בַּפְּטִיסְט

baptize *vt.* הִטְבִּיל

bar *n.* 1. (rod) מוֹט, סוֹרֵג

2. (barrier) מַחְסוֹם, חֲסִימָה

3. (drinking place) בָּאר, מִסְבָּאָה

4. (strip) פַּס, רְצוּעָה

5. (solid piece) חֲפִיסָה

6. (of gold or silver) מְטִיל

7. (*law*) מִשְׁפְּטָנוּת

behind bars מֵאֲחוֹרֵי הַסּוֹרְגִים

menu bar (*comp.*) סַרְגֵל תַּפְרִיט

snack bar מִזְנוֹן

space bar מַקַּשׁ רֶוַח

bar *vt.* חָסַם, מָנַע מ-

barb *n.* חוֹד, קֶרֶס

barbarian *n.* בַּרְבָּרִי, פֶּרֶא, לֹא מְתוּרְבָּת

barbaric *adj.* אַכְזָרִי, פִּרְאִי, לֹא תַּרְבּוּתִי

barbarity *n.* אַכְזָרִיּוּת, זְוָועָה

barbarous *adj.* אַכְזָרִי, בַּרְבָּרִי

barbecue *n.* 1. (grilled meat) צְלִי אֵשׁ

2. (stove) אַסְכָּלָה

3. (outdoor meal) מִפְגַּשׁ צְלִי אֵשׁ

barbecue *vt.* צָלָה בָּאֵשׁ

barbed *adj.* דּוֹקְרָנִי

barber *n.* סַפָּר

barber *vi.* עָבַד כְּסַפָּר, סִיפֵּר

barbershop *n.* מִסְפָּרָה

barbiturate *n.* בַּרְבִּיטוּרָט (סַם מַרְדִּים)

bard *n.* מְשׁוֹרֵר (קַדְמוֹן)

bare *adj.* 1. (uncovered) חָשׂוּף, גָּלוּי

2. (plain) פָּשׁוּט, לְלֹא קִישּׁוּט

3. (mere) רַק

bare *vt.* חָשַׂף, גִּילָּה

bareback *adj.* לְלֹא אוּכָּף

barefoot *adj.* יָחֵף

bareheaded *adj.* גְּלוּי-רֹאשׁ

barely *adv.* בְּקוֹשִׁי, כִּמְעַט שֶׁלֹּא

barf *vi.* הֵקִיא

bargain *n.* 1. (deal) עִיסְקָה

2. (inexpensive purchase) מְצִיאָה

plea bargain עִיסְקַת טִיעוּן

bargain *vi.* הִתְמַקֵּחַ

bargain for צִיפָּה לְ-, שִׁיעֵר

barge *n.* דּוֹבְרָה, אַרְבָּה

barge *vi.* הִתְפָּרֵץ, נִדְחַף

baritone *n.* בָּרִיטוֹן

barium *n.* בַּרְיוּם

bark *n.* 1. (of a dog) נְבִיחָה

2. (of a tree) קְלִיפַּת עֵץ

bark *vi.* נָבַח

barker *n.* נַבְחָן

barley *n.* שְׂעוֹרָה נ׳ (שְׂעוֹרִים)

barmaid *n.* מוֹזֶגֶת, מֶלְצָרִית
barman *n.* מוֹזֵג, בָּארמָן
Bar Mitzvah בַּר-מִצווָה
barn *n.* אָסָם
barnacle *n.* דַג הַשַבלוּל
barnyard *n.* חֲצַר מֶשֶק
barograph *n.* בָּרוֹמֶטֶר רוֹשֵם
barometer *n.* מַד לַחַץ אֲווִיר, בָּרוֹמֶטֶר
barometric *adj.* בָּרוֹמֶטרִי
baron *n.* 1. (aristocrat) רוֹזֵן, בָּרוֹן
2. (tycoon) אֵיל-
baroness *n.* רוֹזֶנֶת, בָּרוֹנִית
baroque *n.* סִיגנוֹן הַבָּרוֹק
barrack(s) *n.* קְסַרקטִין
barrage *n.* 1. (artillery fire) מַטָח, הַפגָזָה
2. (outpouring) מָטָר ז׳ (מְטָרוֹת)
barrage *vt.* הִפגִיז, הִמטִיר
barratrous *adj.* מְחַרחֵר רִיב, אִיש מָדוֹן
barratry *n.* חִירחוּר רִיב
barrel *n.* 1. (container) חָבִית
2. (part of a gun) קָנֶה
pork barrel הַקצָבָה פּוֹלִיטִית
barrel *vi.* נָע בִּמהִירוּת
barren *adj.* 1. (unproductive) לֹא פּוֹרֶה
2. (sterile) עָקָר, עֲקָרָה
barrette *n.* מַכבֵּנָה, סִיכַּת רֹאש
barricade *n.* מִתרָס, מַחסוֹם
barricade *vt.* סָגַר בְּמַחסוֹם
barricade oneself הִתבַּצֵר
barrier *n.* מַחסוֹם, חַיִץ
barring *prep.* פְּרַט ל- ,חוּץ מ-
barrister *n.* פְּרַקלִיט
barroom *n.* מִסבָּאָה, בָּאר
barrow *n.* עֶגלַת יַד, מְרִיצָה
bartender *n.* מוֹזֵג, בָּארמָן
barter *n.* סְחַר חֲלִיפִין
barter *vt.* עָסַק בִּסחַר חֲלִיפִין
basal *adj.* בְּסִיסִי
basalt *n.* בַּזֶלֶת
basaltic *adj.* בַּזַלתִי

base *n.* בָּסִיס
air base בְּסִיס חֵיל אֲווִיר
first base (*baseball*) תַחֲנָה רִאשוֹנָה
home base (*baseball*) מֶרכַּז פְּעִילוּת
off base שָגוּי, טוֹעֶה
base *adj.* שָפָל, בָּזוּי
base *vt.* 1. (establish) בִּיסֵס
2. (station) הִצִיב, מִיקֵם
baseball *n.* כַּדוּר בָּסִיס, בֵּייסבּוֹל
baseboard *n.* פַּס עֵץ (בְּתַחתִית קִיר)
baseless *adj.* חֲסַר-יְסוֹד
baseline *n.* קַו הַתחָלָה
basement *n.* מַרתֵף
bash *n.* מַכָּה חֲזָקָה, מַהֲלוּמָה
bash *vt.* 1. (beat) הִכָּה בְּחוֹזקָה, הָלַם בּ-
2. (criticize) מָתַח בִּיקוֹרֶת קָשָה
bashful *adj.* בַּיישָן
bashfulness *n.* בַּיישָנוּת
BASIC (beginner's all-purpose symbolic instruction code) שְׂפַת תִיכנוּת
basic *adj.* בְּסִיסִי, יְסוֹדִי
basically *adv.* בִּיסוֹדוֹ שֶל דָבָר, בְּעִיקָר
basics *pn.* יְסוֹדוֹת, דְבָרִים בְּסִיסִיִים
basil *n.* רֵיחָן
basin *n.* 1. (wash sink) כִּיוֹר
2. (bowl) קְעָרָה, גִיגִית
3. (land formation) אַגָן, בִּקעָה
basis *n.* בָּסִיס, יְסוֹד ז׳ (יְסוֹדוֹת)
bask *vi.* הִתעַנֵג
basket *n.* סַל
basketball *n.* כַּדוּרסַל
basketful *n.* מְלוֹא הַסַל
basketry *n.* קְלִיעַת סַלִים
bass *n.* בַּס
double bass בַּטנוּן
bassinet *n.* עֲרִיסַת תִינוֹק
bassoon *n.* בַּסוֹן
bassoonist *n.* נַגַן בַּסוֹן
bastard *n.* 1. (illegitimate child) מַמזֵר, יֶלֶד לֹא חוּקִי

2. (despicable person) מְנוּוָל, נִבְזֶה
bastardize *vt.* הִשְׁפִּיל, הוֹרִיד רָמָה
baste *vt.* 1. (moisten) מָרַח (בָּשָׂר) בְּשֶׁמֶן
2. (sew) הִכְלִיב
3. (beat) הִכָּה
bastion *n.* מָעוֹז, מִבְצָר
bat *n.* 1. (animal) עֲטַלֵּף
2. (club) מַחְבֵּט
bat *vt.* חָבַט
Bat Mitzvah בַּת-מִצְוָה
batch *n.* אַצְוָה, קְבוּצָה
bath *n.* 1. (wash) רַחְצָה, אַמְבַּטְיָה
2. (tub) אַמְבָּט
take a bath הִתְרַחֵץ
bathe *vt.*; *vi.* רָחַץ ; הִתְרַחֵץ
bathhouse *n.* בֵּית-מֶרְחָץ
bathing *n.* רַחְצָה, רְחִיצָה
bathrobe *n.* חֲלוּק רַחְצָה
bathroom *n.* חֲדַר-אַמְבַּטְיָה, בֵּית-שִׁימוּשׁ
bathtub *n.* אַמְבָּט
baton *n.* 1. (staff) מַטֶּה ז׳ (מַטּוֹת), אַלָּה
2. (conductor's wand) שַׁרְבִיט (-נִיצּוּחַ)
battalion *n.* גְּדוּד
batter *n.* 1. (flour mixture) תַּבְלִיל, דְּלִילָה
2. (player) חוֹבֵט
batter *vt.* הִכָּה, הָלַם בּ-
battered *adj.* מוּכֶּה
battery *n.* 1. (electric cells, dry) סוֹלְלָה
2. (electric cells, in liquid) מַצְבֵּר
3. (artillery) סוֹלְלַת תּוֹתָחִים
4. (*law*) תְּקִיפָה
rechargeable battery סוֹלְלָה נְטַעֶנֶת
solar battery סוֹלְלַת שֶׁמֶשׁ
battle *n.* קְרָב ז. (קְרָבוֹת), מַעֲרָכָה
battlefield *n.* שְׂדֵה קְרָב
battlefront *n.* חֲזִית קְרָב
battleground *n.* שְׂדֵה מַעֲרָכָה
battle *vt.* נִלְחַם, נֶאֱבַק בּ-
battlement *n.* מַעֲקֶה מָגֵן
battleship *n.* אוֹנִיַּית קְרָב

batty *adj.* מוּפְרָע, קוּקוּ
bauble *n.* תַּכְשִׁיט זוֹל
baud *n.* בּוֹד (יְחִידַת מְהִירוּת אֶלֶקְטְרוֹנִית)
bawdy *adj.* גַּס, וּולְגָארִי
bawl *n.* צְרִיחָה, צְעָקָה
bawl *vi.* צָרַח, צָעַק
bay *n.* 1. (body of water) מִפְרָץ
2. (recess in wall) גּוּמְחָה
3. (howl) יְלָלָה
bayonet *n.* כִּידוֹן
bayonet *vt.* דָּקַר בְּכִידוֹן
bayoneted *adj.* מְכוּדָן
bayou *n.* פֶּלֶג נָהָר, אֲגַם
bazaar *n.* בָּזָאר, שׁוּק
bazooka *n.* בָּזוּקָה
B.C./B.C.E. (Before Christian Era) לִפְנֵי הַסְפִירָה
be *vi.* הָיָה
be on to זָמַם (לַעֲשׂוֹת)
be up to הָיָה מוּכָן/הִתְכּוֹנֵן (לַעֲשׂוֹת)
so be it יְהִי כָּךְ, שֶׁיִּהְיֶה
beach *n.* שְׂפַת יָם
beach *vt.* גָּרַר לַחוֹף
beachhead *n.* מְקוֹם נְחִיתָה
beacon *n.* מַשּׂוּאָה, אוֹר מַנְחֶה
bead *n.* חָרוּז
beads *pn.* מַחֲרוֹזֶת
beagle *n.* כֶּלֶב בִּיגֶל
beak *n.* מַקּוֹר
beaker *n.* כּוֹס גְּדוֹלָה, גָּבִיעַ
beam *n.* 1. (long, thick bar) קוֹרָה
2. (ray) קֶרֶן נ׳ (קַרְנַיִים), אֲלוּמַּת אוֹר
3. (radio broadcast) שִׁידּוּר
high beam אוֹר גָּבוֹהַּ
low beam אוֹר נָמוּךְ
beam *vt.* 1. (emit light) קָרַן, הִקְרִין
2. (broadcast) שִׁידֵּר
3. (smile) חִייֵּךְ בְּאוֹשֶׁר
beaming *adj.* קוֹרֵן, זוֹהֵר
bean *n.* שְׁעוּעִית ; קִטְנִית

green bean	שְׁעוּעִית יְרוּקָה
kidney bean	שְׁעוּעִית
lima bean	שְׁעוּעִית לִימָה
beanstalk *n.*	גִבעוֹל הַקְטנִית
bear *n.*	דוֹב
grizzly bear	דוֹב חוּם
teddy bear	דוּבּוֹן
bear *vt.* 1. (carry, sustain)	נָשָׂא
2. (give birth)	יָלְדָה)
3. (produce)	הֵנִיב
4. (endure, tolerate)	סָבַל
bear down	הִשתַדֵל יוֹתֵר
bear fruit	הֵנִיב פְּרִי
bear in mind	לָקַח בַּחֶשבּוֹן, הָיָה מוּדָע ל-
bear out	אִישֵר
bear up	עָמַד בּ-
bear with	הָיָה סַבלָנִי כְּלַפֵּי
bear witness	הֵעִיד
bring to bear	יִישֵׂם, הִפעִיל
bearable *adj.*	נִסבָּל
beard *n.*	זָקָן
bearded *adj.*	מְזוּקָן
bearer *n.* 1. (of banknote)	מוֹכָּ"ז (מוֹסֵר כְּתָב זֶה)
2. (carrier)	נוֹשֵׂא, מוֹבִיל
bearing *n.* 1. (metal ball)	מֵיסָב
2. (relation)	קֶשֶר
3. (behavior)	הִתנַהֲגוּת
bearish *adj.*	צוֹפֶה יְרִידָה בַּבּוּרסָה
beast *n.*	חַיַית פֶּרֶא
beastliness *n.*	חַייָתִיוּת, בְּהֵמִיוּת
beastly *adj.*	חַייָתִי
beat *n.* 1. (strike)	מַכָּה, נְקִישָה
2. (pulsation)	פְּעִימָה, דְפִיקָה
3. (musical rhythm)	מִקצָב, קֶצֶב
beat *vt.* 1. (strike)	הִכָּה, הִרבִּיץ ל-
2. (pulsate)	פָּעַם, דָפַק
3. (overcome, defeat)	נִיצַח, גָבַר עַל
4. (do before someone else)	הִקדִים
beat down	הִכנִיעַ

beat an egg	טָרַף בֵּיצָה
beat it!	תִסתַלֵק! עוּף מִפֹּה!
beat off	הָדַף
beat up	הִכָּה קָשוֹת, הִרבִּיץ מַכּוֹת
beat-up	שָבוּר, מְרוּטָש
beats me!	אֲנִי לֹא תוֹפֵס, לֹא בָּרוּר לִי
beaten *adj.*	מוּכֶּה
beater *n.*	מַטרֵף ; מַחבֵּט
beatification *n.*	קִידוּש הַמֵת
beatify *vt.*	קִידֵש הַמֵת
beatitude *n.*	בְּרָכָה
beatnik *n.*	בִּיטנִיק
beau *n.*	מְחַזֵר, מְאַהֵב
beautician *n.*	קוֹסמֶטִיקַאי, מוּמחֶה לְיוֹפִי
beautification *n.*	יִיפּוּי
beautiful *adj.*	יָפֶה, יְפֵהפֶה, יְפֵה-תוֹאַר
beautify *vt.*	יִיפָּה
beauty *n.*	יוֹפִי
beaver *n.*	בּוֹנֶה
became *p.* become	
because *conj.*	כִּי, מִפְּנֵי שֶ-
because of	בִּגלַל
beckon *vt.*	אוֹתֵת
become *vi.*	הָפַך ל-, נַעֲשָׂה, הָיָה ל-
become of	קָרָה ל-
becoming *adj.* 1. (suitable)	מַתאִים, הוֹלֵם
2. (pleasing)	נָעִים, מוֹשֵך
bed *n.* 1. (furniture)	מִיטָה
2. (for plants)	עֲרוּגָה
3. (river bottom)	קַרקָעִית, תַחתִית
bunk bed	מִיטַת קוֹמוֹת
double bed	מִיטָה זוּגִית
flower bed	עֲרוּגַת פְּרָחִים
trundle bed	מִיטָה עַל גַלגַלִים
bedaub *vt.*	הִכתִים, הִכפִּיש
bedazzle *vt.*	הִפלִיא, הִדהִים
bedding *n.*	כְּלֵי מִיטָה, מַצָעִים
bedeck *vt.*	קִישֵט, יִיפָּה
bedevil *vt.*	בִּילבֵּל, הֵבִיך
bedfellow *n.* 1. (bed partner)	שוּתָף לְמִיטָה

2. (associate) שוּתָף
bedlam *n.* מְהוּמָה
Bedouin *n.* בֶּדוּאִי, נַוָּד
bedpan *n.* סִיר לַיְלָה, עָבִיט
bedpost *n.* עַמּוּד מִיטָה
bedraggle *vt.* הִכְפִּיש
bedridden *adj.* רָתוּק לְמִיטָה
bedrock *n.* סֶלַע יְסוֹד
bedroom *n.* חֲדַר-מִיטּוֹת, חֲדַר-שֵׁינָה
bedside *n.* לְיַד הַמִּיטָה
bedsore *n.* פֶּצַע מִשְׁכָּבָה
bedspread *n.* כִּיסוּי מִיטָה
bedtime *n.* שְׁעַת שֵׁינָה
bee *n.* 1. (insect) דְּבוֹרָה נ׳ (דְּבוֹרִים)
2. (competition) תַּחֲרוּת
spelling bee תַּחֲרוּת אִיוּת
beechnut *n.* עֶפֶץ הָאָשׁוּר
beef *n.* בְּשַׂר בָּקָר
beef up *vt.* תִּיגְבֵּר, חִיזֵּק
beefsteak *n.* אוּמְצָה
beefy *adj.* שְׁרִירִי; בַּשְׂרָנִי
beehive *n.* כַּוֶּורֶת
beekeeper *n.* מְגַדֵּל דְּבוֹרִים
beeline *n.* דֶּרֶךְ יְשָׁרָה
been *pp.* be
beep *n.* צִיפְצוּף
beep *vi.* צִיפְצֵף
beeper *n.* אִיתוּרִית, בִּיפֶּר
beer *n.* בִּירָה
draft beer בִּירָה מֵחָבִית
root beer בִּירָה שְׁחוֹרָה
beet *n.* סֶלֶק
beetle *n.* חִיפּוּשִׁית
befall *vt.* קָרָה, אֵירַע לְ-
befit *vt.* הִתְאִים לְ-, הָלַם
before *prep.* לִפְנֵי
before long בְּעוֹד זְמַן קָצָר
before *adv.* לִפְנֵי כֵן, קוֹדֶם
beforehand *adv.* מֵרֹאשׁ, בְּעוֹד מוֹעֵד
befoul *vt.* הִכְתִּים, לִיכְלֵךְ
befriend *vt.* הִתְיַידֵּד עִם
befuddle *vt.* בִּילְבֵּל
beg *vt.* 1. (plead) הִתְחַנֵּן
2. *vi.* (ask for donation) קִיבֵּץ נְדָבוֹת
began *p.* begin
beget *vt.* הוֹלִיד
beggar *n.* קַבְּצָן
begin *vt.* הִתְחִיל
to begin with קוֹדֶם כּוֹל, רֵאשִׁית כּוֹל
beginner *n.* מַתְחִיל
beginning *n.* הַתְחָלָה, רֵאשִׁית
begrudge *vt.* 1. (envy) קִינֵּא בְּ-
2. (be reluctant) הִיסֵּס לָתֵת
beguile *vt.* רִימָּה, הוֹלִיךְ שׁוֹלָל
begun *pp.* begin
behalf *n.* תּוֹעֶלֶת
on behalf of מִטַּעַם
behave *vi.* הִתְנַהֵג, נָהַג
behavior *n.* הִתְנַהֲגוּת
behavioral *adj.* הִתְנַהֲגוּתִי
behead *vt.* עָרַף, כָּרַת רֹאשׁ
behemoth *n.* עֲנָק
behest *n.* 1. (command) פְּקוּדָה
2. (request) בַּקָּשָׁה
behind *n.* אֲחוֹרַיִים, יַשְׁבָן
behind *prep.* מֵאֲחוֹרֵי, אַחֲרֵי
behind *adv.* מֵאָחוֹר, בְּפִיגּוּר
behold *vt.* הִבְחִין בְּ-, רָאָה
behold! הִנֵּה!
beholden *adj.* אֲסִיר-תּוֹדָה
beholder *n.* מִסְתַּכֵּל, רוֹאֶה
behoove *vt.* חִייֵּב, הִצְרִיךְ
beige *adj.* בֶּז׳
being *n.* 1. (existence) הֲוָיָה, מְצִיאוּת
2. (creature) יְצוּר, יֵשׁוּת
human being בֶּן-אָדָם
belated *adj.* מְאוּחָר, מְאַחֵר
belatedly *adv.* בְּאִיחוּר
belch *vi.* גִּיהֵק
beleaguer *vt.* כִּיתֵּר, שָׂם תַּחַת מָצוֹר

beleaguered *adj.* מְכוּתָר; נָתוּן בְּצָרָה
belfry *n.* מִגדַל פַּעֲמוֹנִים
belie *vt.* סָתַר
belief *n.* 1. (faith) אֱמוּנָה
2. (opinion) דֵעָה
believable *adj.* אָמִין, מְהֵימָן
believe *vt.* הֶאֱמִין בּ-/לְ-
believer *n.* מַאֲמִין
belittle *vt.* זִילזֵל בּ-, הִמעִיט בְּעֶרֶך שֶל
bell *n.* פַּעֲמוֹן
bellboy *n.* נַעַר שְלִיחוּיוֹת
belle *n.* יְפֵהפִיָיה
belles-lettres סִפרוּת יָפָה
bellhop *n.* נַעַר שְלִיחוּיוֹת
bellicose *adj.* לוֹחֲמָנִי, אִיש מָדוֹן
bellicosity *n.* לוֹחֲמָנוּת
belligerence *n.* לוֹחֲמָה
belligerent *n.* צַד לוֹחֵם; לוֹחֲמָנִי
belligerent *adj.* לוֹחֲמָנִי, תוֹקְפָנִי
bellow *n.* נַהֲמָה, שְאָגָה
bellow *vi.* נָהַם, שָאַג
bellows *pn.* מַפּוּחַ
bellwether *n.* מוֹבִיל, מַנהִיג
belly *n.* בֶּטֶן, כָּרֵס, כֶּרֶס
go belly up פָּשַט רֶגֶל
bellyache *n.* כְּאֵב בֶּטֶן
bellybutton *n.* טַבּוּר
bellyful *n.* כַּמוּת מוּפרֶזֶת
belong *vi.* הָיָה שַייָך לְ-, הִשתַייֵך לְ-
belongings *pn.* חֲפָצִים
beloved *adj.* אָהוּב, יָקָר
below *prep.* תַחַת, מִתַחַת לְ-
below *adv.* לְמַטָה
belt *n.* חֲגוֹרָה
belt-tightening הִידוּק חֲגוֹרָה, חַסְכָנוּת
safety/seat belt חֲגוֹרַת בְּטִיחוּת
belt *vt.* חָגַר
belted *adj.* חָגוּר חֲגוֹרָה
beltway *n.* כְּבִיש מַקִיף
bemoan *vt.* קוֹנֵן עַל, בִּיכָּה
bemuse *vt.* בִּילבֵּל
bemused *adj.* מְבוּלבָּל
bench *n.* 1. (seat) סַפסָל
2. (judge's seat) דוּכַן שוֹפֵט
benchmark *n.* 1. (measure) אַמַת מִידָה
2. (*comp.*) מוֹדֵד בִּיצוּעִים
bend *n.* כִּיפּוּף, עִיקוּל
bend *vt.*; *vi.* 1. (curve) כּוֹפֵף, עִיקֵם; הִתכּוֹפֵף
2. (yield) וִיתֵר, נִכנַע
bend over backward עָשָה וִיתוּרִים
beneath *prep.* מִתַחַת לְ-, לְמַטָה מִ-
benediction *n.* בְּרָכָה
benefaction *n.* צְדָקָה
benefactor *n.* תוֹרֵם, נַדבָן
beneficial *adj.* מוֹעִיל
beneficiary *n.* מוּטָב; יוֹרֵש
benefit *n.* 1. (advantage) תוֹעֶלֶת, יִתרוֹן
2. (payment) קִיצבָּה, גִימלָה
3. (charity show) מוֹפָע צְדָקָה
fringe benefit הֲטָבָה נוֹסֶפֶת
benefit *vt.*; *vi.* הוֹעִיל לְ-; הֵפִיק תוֹעֶלֶת, הִרוִויחַ
benevolence *n.* נְדִיבוּת, רוֹחַב לֵב
benevolent *adj.* נָדִיב
benign *adj.* 1. (gentle, kind) עָדִין, טוֹב-לֵב
2. (harmless) לֹא מַזִיק
3. (not malignant) שָפִיר
bent *p.* bend
bent *adj.* כָּפוּף, עָקוֹם
be bent on הָיָה נָחוּש בְּדַעתוֹ
benumb *vt.* הִקהָה אֶת הַחוּשִים
benzine *n.* בֶּנזִין
bequeath *vt.* הוֹרִיש, הֶעֱבִיר
bequeathal *n.* הוֹרָשָה, הַעֲבָרָה
bequest *n.* יְרוּשָה, עִיזָבוֹן
berate *vt.* נָזַף, גָעַר בּ-
bereave *vt.* שִכֵּל, אִיבֵּד
bereaved *adj.* שַכּוּל
bereavement *n.* שְכוֹל

bereft *p.; pp.* bereave
bereft *adj.* חֲסַר-, נְטוּל-
beret *n.* כּוּמְתָּה
berry *n.* גַּרְגֵּר, עֲנָבָה
berserk *adj.* אֲחוּז-טֵירוּף
go berserk הִשְׁתּוֹלֵל
berth *n.* מִיטָּה; תָּא שֵׁינָה
beseech *vt.* הִפְצִיר בּ- , הִתְחַנֵּן
beset *vt.* 1. (attack) תָּקַף
2. (harass) הִטְרִיד
3. (surround) הִקִּיף, כִּיתֵּר
beside *prep.* לְצַד, לְיַד
beside the point לֹא שַׁיָּיךְ לָעִנְיָין
be beside oneself יָצָא מִכֵּלָיו
besides *adv.* חוּץ מִזֶּה, נוֹסָף עַל כָּךְ
besiege *vt.* שָׂם בְּמָצוֹר, כִּיתֵּר
besieged *adj.* נָצוּר
besiegement *n.* מָצוֹר
besmirch *vt.* הִכְתִּים, לִיכְלֵךְ
bespeak *vt.* הֵעִיד עַל
best *adj.; n.* הַטּוֹב בְּיוֹתֵר, הֲכִי טוֹב
all the best! כֹּל טוּב!
at best בְּמִקְרֶה הַטּוֹב בְּיוֹתֵר, לְכוֹל הַיּוֹתֵר
at one's best בְּמֵיטָבוֹ
bestial *adj.* 1. (beastly) חַיָּיתִי, פִּרְאִי
2. (brutal) אַכְזָרִי
bestiality *n.* 1. (beastliness) חַיָּיתִיּוּת, בְּהֵמִיּוּת
2. (sex with animals) מִשְׁכַּב בְּהֵמָה
bestir *vt.* הִמְרִיץ
bestow *vt.* הֶעֱנִיק ל-
bestowal *n.* הַעֲנָקָה
bet *n.* הִימּוּר, הִתְעָרְבוּת
bet *vi.* הִימֵּר, הִתְעָרֵב
you bet בְּוַדַּאי
betray *vt.* בָּגַד בּ-
betrayal *n.* בְּגִידָה
betrayer *n.* בּוֹגֵד
betroth *vt.* אֵירֵס
betrothal *n.* אֵירוּסִין
betrothed *adj.* אָרוּס
better *adj.* (of higher quality) יוֹתֵר טוֹב
2. (more) יוֹתֵר
better off בְּמַצָּב יוֹתֵר טוֹב
for the better לְטוֹבָה
better *vt.* 1. (improve) שִׁיפֵּר
2. (surpass) עָלָה עַל
betterment *n.* שִׁיפּוּר
between *prep.* בֵּין
between a rock and a hard place בֵּין הַפַּטִּישׁ וְהַסַּדָּן
bevel *n.* שִׁיפּוּעַ
bevel *vt.* הִקְצִיעַ בְּשִׁיפּוּעַ
beverage *n.* מַשְׁקֶה ז׳ (מַשְׁקָאוֹת)
bevy *n.* לַהַק צִיפּוֹרִים
beware *vi.* נִזְהַר, נִשְׁמַר
bewilder *vt.* בִּילְבֵּל
bewildered *adj.* מְבוּלְבָּל, נָבוֹךְ
bewildering *adj.* מְבַלְבֵּל
bewilderment *n.* בִּילְבּוּל, מְבוּכָה
bewitch *vt.* כִּישֵּׁף
bewitched *adj.* מְכוּשָּׁף
beyond *prep.* מֵעֵבֶר ל-
bezel *n.* חוֹד מְשׁוּפָּע
bi- דּוּ-
bi-annual דּוּ-שְׁנָתִי, פַּעֲמַיִים בְּשָׁנָה
bias *n.* דֵּעָה קְדוּמָה, נְטִיָּיה לְצַד אֶחָד
biased *adj.* מְשׁוּחָד, חַד-צְדָדִי
bib *n.* לְבוּבִית, סִינָר לְתִינוֹק
Bible *n.* תַּנַ״ךְ, מִקְרָא
biblical *adj.* תְּנָכִ״י, מִקְרָאִי
bibliophile *n.* חוֹבֵב סְפָרִים
bibliographic *adj.* בִּיבְּלִיוֹגְרָפִי
bibliography *n.* בִּיבְּלִיוֹגְרָפְיָה
bicarbonate *n.* דּוּ-פַּחְמָה
bicentennial *adj.* יוֹבֵל מָאתַיִים
biceps *n.* קִיבּוֹרֶת, שְׁרִיר הַזְּרוֹעַ
bicker *vi.* רָב, הִתְקוֹטֵט
bicycle *n.* אוֹפַנַּיִים
bicyclist *n.* רוֹכֵב אוֹפַנַּיִים

bid *n.* 1. (price offer)	הַצָּעַת מְחִיר
2. (attempt)	נִיסָּיוֹן
bid *vt.* 1. (offer)	הִצִּיעַ מְחִיר
2. (command)	צִיוּוָה
bid farewell	נִפְרַד לְשָׁלוֹם
bidder *n.*	מַצִּיעַ מְחִיר
bide *vi.*	חִיכָּה, הִמְתִּין
bide one's time	חִיכָּה לְשָׁעַת כּוֹשֶׁר
bidet *n.*	אַסְלָה
biennial *adj.*	דּוּ-שְׁנָתִי
bifocal *adj.*	דּוּ-מוֹקְדִי
big *adj.*	גָּדוֹל
big-hearted	רְחַב-לֵב
bigamist *n.*	בִּיגָמִיסְט
bigamy *n.*	נִישּׂוּאֵי כֶּפֶל, בִּיגַמְיָה
Bigfoot *n.*	בִּיג פוּט, יְצוּר אַגָּדִי
bigmouth *n.*	פַּטְפְּטָן, רַכְלָן
bigot *n.*	לֹא סוֹבְלָנִי
bigotry *n.*	אִי-סוֹבְלָנוּת ; אַפְלָיָה גִזְעִית אוֹ דָתִית
bike *n.*	אוֹפַנַּיִים
dirt bike	אוֹפַנּוֹעַ עָפָר
bike *vi.*	רָכַב עַל אוֹפַנַּיִים
biker *n.*	רוֹכֵב אוֹפַנַּיִים
bikini *n.*	בִּיקִינִי
bilateral *adj.*	דּוּ-צְדָדִי
bile *n.*	מִיץ הַמָּרָה
bilingual *adj.*	דּוּ-לְשׁוֹנִי
bilingualism *n.*	דּוּ-לְשׁוֹנִיּוּת
bilk *vt.*	הוֹנָה, רִימָּה
bill *n.* 1. (currency)	שְׁטָר, שְׁטַר כֶּסֶף
2. (itemized charges)	חֶשְׁבּוֹן
3. (beak)	מַקּוֹר
4. (*law*)	הַצָּעַת חוֹק
bill of exchange	שְׁטַר חֲלִיפִין
bill of lading	תְּעוּדַת מִשְׁלוֹחַ
Bill of Rights	מְגִילַּת זְכוּיוֹת הָאֶזְרָח
bill of sale	שְׁטַר מֶכֶר
bill *vt.*	הִגִּישׁ חֶשְׁבּוֹן ל-
billboard *n.*	לוּחַ מוֹדָעוֹת

billet *n.*	אַכְסַנְיַת חַיָּילִים
billfold *n.*	אַרְנָק
billiards *pn.*	בִּילְיָארְד
billion *n.*; *adj.*	מִילְיָארְד
billionaire *n.*	מִילְיָארְדֶר
billionth *n.*	חֵלֶק הַמִּילְיָארְד
billow *n.*	נַחְשׁוֹל , גַּל מַיִם
billy-goat *n.*	תַּיִשׁ
bimbo *n.*	יְפֵהפִיָּיה קַלַּת-דַּעַת
bimonthly *adj.*	דּוּ-חוֹדְשִׁי
bin *n.*	מְכָל, מֵיכָל, חָבִית
binary *adj.*	שְׁנִיוֹנִי, בִּינָארִי
binaural *adj.*	דּוּ-אוֹזְנִי
bind *n.* 1. (tie, connection)	קֶשֶׁר
2. (difficult situation)	צָרָה
bind *vt.* 1. (tie)	קָשַׁר
2. (fasten)	הִידֵּק
3. (oblige)	חִיֵּיב
4. (enclose a book)	כָּרַךְ
binder *n.* 1. (of books)	כּוֹרֵךְ סְפָרִים
2. (folder)	אוֹגְדָן, קְלָסֵר
bindery *n.*	כְּרִיכִיָּיה
binding *n.*	כְּרִיכָה
binding *adj.*	מְחַיֵּיב
binge *n.*	סִיפּוּק תְּשׁוּקָה
binge *vi.*	סִיפֵּק תְּשׁוּקָה
bingo *n.*	מִשְׂחַק הַבִּינְגוֹ
binnacle *n.*	תֵּיבַת מַצְפֵּן
binoculars *pn.*	מִשְׁקֶפֶת
biochemical *adj.*	בִּיוֹכִימִי
biochemistry *n.*	בִּיוֹכִימְיָה
biodegradable *adj.*	מִתְפָּרֵק
biofeedback *n.*	מָשׁוֹב בִּיוֹלוֹגִי
biographical *adj.*	בִּיוֹגְרָפִי
biography *n.*	בִּיוֹגְרַפְיָה, קוֹרוֹת חַיִּים
biological *adj.*	בִּיוֹלוֹגִי
biologist *n.*	בִּיוֹלוֹג
biology *n.*	בִּיוֹלוֹגְיָה
bionic *adj.*	בִּיוֹנִי (בַּעַל אֵיבָרִים אֶלֶקְטְרוֹנִיִּים)
biophysical *adj.*	בִּיוֹפִיזִי

biophysics *n.*	בִּיוֹפִיזִיקָה
biopsy *n.*	בִּיוֹפְּסְיָה, בְּדִיקַת רִקְמָה
biorhythm *n.*	בִּיוֹרִיתְמוּס
biosphere *n.*	בִּיוֹסְפֵירָה
bipartisan *adj.*	דוּ-מִפְלַגְתִּי
bipartisanship *n.*	דוּ-מִפְלַגְתִּיּוּת
bipartite *adj.*	דוּ-צְדָדִי
biplane *n.*	מָטוֹס דוּ-כְּנָפִי
bipod *n.*	דוּרֶגֶל
bipolar *adj.*	דוּ-קוֹטְבִּי
birch *n.*	עֵץ הַלִּיבְנֶה
bird *n.*	צִיפּוֹר
birdbath *n.*	אֲגַן מַיִם לְצִיפּוֹרִים
birdcage *n.*	כְּלוּב צִיפּוֹרִים
birdie *n.*	צִיפּוֹר קְטַנָּה
birdseed *n.*	גַּרְעִינִים לְצִיפּוֹרִים
birdwatcher *n.*	צַפָּר
birth *n.*	לֵידָה, יְלוּדָה
give birth	יָלַד(ה)
birthday *n.*	יוֹם הוּלֶדֶת
birthmark *n.*	סִימַן לֵידָה
birthplace *n.*	מְקוֹם לֵידָה
birthrate *n.*	שִׁיעוּר יְלוּדָה
birthright *n.*	זְכוּת מִלֵּידָה
birthstone *n.*	אֶבֶן יוֹם הוּלֶדֶת
biscuit *n.*	עוּגִיָּה, בִּיסְקְוִיט
bisect *vt.*	חָתַךְ, חָצָה לִשְׁנַיִים
bisection *n.*	חֲצִיָּה לִשְׁנַיִים
bisexual *adj.*	דוּ-מִינִי
bisexuality *n.*	דוּ-מִינִיּוּת
bishop *n.*	הֶגְמוֹן, בִּישׁוֹף
bisque *n.*	מָרָק סָמִיךְ
bit *n.* 1. (small piece)	חֲתִיכָה קְטַנָּה
2. (a little)	מְעַט, קְצָת
3. (drill tip)	חוֹד מַקְדֵּחַ
4. (of a bridle)	רֶסֶן
5. (*comp.*)	סִיבִית, בִּיט, יְחִידַת אִינְפוֹרְמַצְיָה
bit by bit	בְּהַדְרָגָה, טִיפִּין טִיפִּין
bit *p.* bite	
bitch *n.* 1. (canine)	כַּלְבָּה
2. (spiteful woman)	שְׁתַלְטָנִית; מְרוּשַׁעַת
3. (unpleasant matter)	דָּבָר לֹא נָעִים
bitch *vi.*	רָטַן, הִתְלוֹנֵן
bitchy *adj.*	רַטְנוּנִי
bite *n.* 1. (with teeth)	נְשִׁיכָה, נְגִיסָה
2. (of insect)	עֲקִיצָה
3. (of snake)	הַכָּשָׁה, נְשִׁיכָה
4. (food)	חֲטִיף
bite *vt.* 1.	נָשַׁךְ, נָגַס בְּ-
2.	עָקַץ
3.	הִכִּישׁ, נָשַׁךְ
bite the bullet	נָהַג בְּאוֹמֶץ
biting *adj.* 1. (stinging)	צוֹרֵב
2. (sarcastic)	עוֹקְצָנִי
bitmap *n.*	מַפַּת סִיבִיּוֹת
bitten *pp.* bite	
bitter *adj.*	מַר, מָרִיר
bittern *n.*	אֲנָפָה
bitterness *n.*	מְרִירוּת
bittersweet *adj.*	מָתוֹק-מָרִיר
bitty *adj.*	קְטַנְטַן
bivalent *adj.*	דוּ-עֶרְכִּי
biweekly *n.* (publication)	דוּ-שְׁבוּעוֹן
biweekly *adj.*	דוּ-שְׁבוּעִי
biweekly *adv.* 1. (twice a week)	פַּעֲמַיִים בְּשָׁבוּעַ
2. (every two weeks)	פַּעַם בִּשְׁבוּעַיִים
biyearly *adv.* 1.(twice a year)	פַּעֲמַיִים בְּשָׁנָה
2. (every two years)	פַּעַם בִּשְׁנָתַיִים
bizarre *adj.*	מְשׁוּנֶּה, מוּזָר
blab, blabber *n.*	פִּיטְפּוּט, קִישְׁקוּשׁ
blab, blabber *vi.*	פִּיטְפֵּט, קִישְׁקֵשׁ
blabbermouth *n.*	פַּטְפְּטָן, קַשְׁקְשָׁן
black *adj.*	שָׁחוֹר
black and white	שָׁחוֹר-לָבָן
in the black	בְּמַאֲזָן חִיּוּבִי
black *vt.*	הִשְׁחִיר
black out 1. (darken)	הֶאֱפִיל
2. (conceal)	הֶעֱלִים, הִסְתִּיר

3. *vi.* (become unconscious) אִיבֵּד אֶת הַהַכָּרָה
blackberry *n.* אוּכְמָנִית
blackbird *n.* שַׁחֲרוּר
blackboard *n.* לוּחַ ז׳ (לוּחוֹת)
blacken *vt.* הִשְׁחִיר
blackhead *n.* פִּצְעוֹן שָׁחוֹר
blackjack *n.* מִשְׂחַק עֶשְׂרִים וְאֶחָד
blacklist *n.* רְשִׁימָה שְׁחוֹרָה
blacklist *vt.* הִכְנִיס לִרְשִׁימָה שְׁחוֹרָה
blackmail *n.* סְחִיטָה, סַחְטָנוּת
blackmail *vt.* סָחַט מ-
blackmailer *n.* סַחְטָן
blackness *n.* שְׁחוֹר
blackout *n.* 1. (of light) חִישָׁכוֹן, הַאֲפָלָה
2. (of information) אִיפּוּל
3. (unconsciousness) אִיבּוּד הַכָּרָה
blacksmith *n.* נַפָּח, מַסְגֵּר
blacktop *n.* זֶפֶת, אַסְפַלְט
bladder *n.* שַׁלְפּוּחִית הַשֶּׁתֶן
blade *n.* 1. (cutting part) לַהַב
2. (sword) חֶרֶב
3. (flat part of an oar) כַּף מָשׁוֹט
razor blade סַכִּין גִּילּוּחַ
roller blades גַּלְגִּילִיּוֹת לַהַב
shoulder blade שִׁכְמָה, עֶצֶם הַכָּתֵף
blah *adj.* מְשַׁעֲמֵם
blame *n.* אַשְׁמָה, הַאֲשָׁמָה
blame *vt.* הֶאֱשִׁים, הִטִּיל אַשְׁמָה
blameworthy *adj.* רָאוּי לְגִינּוּי
blanch *vt.* הִלְבִּין
bland *adj.* 1. (pleasant) נָעִים, נוֹחַ
2. (spiceless) תָּפֵל
3. (dull) מְשַׁעֲמֵם, לֹא מְעַנְיֵין
blank *n.* 1. (empty space) חָלָל רֵיק
2. (document, form) טוֹפֶס
blank *vt.* מָחַק
blank *adj.* (empty) רֵיק
2. (expressionless) חֲסַר-הַבָּעָה
blanket *n.* שְׂמִיכָה, מַעֲטֶה
security blanket מֵפִיג חֲרָדוֹת
blanket *vt.* כִּיסָּה
blanket *adj.* כּוֹלֵל, מַקִּיף
blare *n.* תְּרוּעָה
blare *vi.* הִשְׁמִיעַ תְּרוּעָה
blasé *adj.* אָדִישׁ
blaspheme *vt.* חִילֵּל אֶת הַשֵּׁם
blasphemy *n.* חִילּוּל הַשֵּׁם, חִילּוּל קוֹדֶשׁ
blast *n.* 1. (explosion) פִּיצּוּץ
2. (of air) פֶּרֶץ
3. (of sound) תְּרוּעָה
full blast מְלוֹא הַכּוֹחַ
blast *vt.* 1. (blow up) פּוֹצֵץ
2. (burst) פָּרַץ
3. (criticize) בִּיקֵּר קָשׁוֹת
blasted *adj.* אָרוּר, מְקוּלָּל
blastoff *n.* זִינּוּק, שִׁילּוּחַ
blatant *adj.* בּוֹטֶה
blaze *n.* 1. (fire) לֶהָבָה, לַהַט
2. (glare) זוֹהַר
blaze *vi.* 1. לָהַט, בָּעַר
2. זָהַר
blazer *n.* מְעִיל סְפּוֹרְט
blazing *adj.* לוֹהֵט
bleach *n.* חוֹמֶר הַלְבָּנָה
bleach *vt.* הִלְבִּין
bleak *adj.* קוֹדֵר, עָגוּם
bleakness *n.* קַדְרוּת, עַגְמוּמִיּוּת
blear *vt.* טִישְׁטֵשׁ
bleary *adj.* מְטוּשְׁטָשׁ
bleat *n.* פְּעִיָּה, גְּעִיָּה
bleat *vi.* פָּעָה, גָּעָה
bled *p.* bleed
bleed *vi.* זָב דָּם, דִּימֵּם
bleeder *n.* חוֹלֵה דַּמֶּמֶת
bleeding *n.* דִּימּוּם
bleep *n.* צִיפְצוּף
bleep *vi.* צִיפְצֵף
blemish *n.* פְּגָם, מוּם
blemish *vt.* פָּגַם

blend *vt.; vi.*	עִירְבֵּב ; הִתְעַרְבֵּב
blender *n.*	מַמְחֶה, בְּלֶנְדֶר
bless *vt.*	בֵּירַךְ
bless you! 1. (be blessed)	תְּבוֹרָךְ!
2. (gesundheit)	לַבְּרִיאוּת!
blessed *adj.*	בָּרוּךְ, מְבוֹרָךְ
blessing *n.*	בְּרָכָה
blew *p.* blow	
blight *n.*	שִׁידָּפוֹן
blighted *adj.*	שָׁדוּף
blimp *n.*	סְפִינַת אֲווִיר
blind *n.*	תְּרִיס
venetian blind	תְּרִיס רְפָפוֹת
blind *adj.*	עִיוֵּר
blind *vt.* 1. (cause blindness)	עִיוֵּר
2. (dazzle)	סִינווֵר
blindfold *vt.*	קָשַׁר עֵינַיִים
blindly *adv.*	בְּעֵינַיִים עֲצוּמוֹת, בְּצוּרָה עִיוֶורֶת
blink *vi.* 1. (of an eye)	מִיצְמֵץ, הֵנִיד עַפְעָף
2. (of light)	הִיבְהֵב
blinker *n.*	הַבְהָב
blintz *n.*	בְּלִינְץ
bliss *n.*	אוֹשֶׁר
blissful *adj.*	מְאוּשָּׁר
blister *n.*	יַבֶּלֶת, בּוּעָה
fever blister	אֲבַעְבּוּעַת חוֹם
water blister	שַׁלְבּוּק
blithe *adj.*	שָׂמֵחַ, עַלִּיז
blitz *n.*	מִתְקֶפֶת בָּזָק
blizzard *n.*	סוּפַת שֶׁלֶג
bloat *vi.*	תָּפַח, הִתְנַפֵּחַ
bloated *adj.*	תָּפוּחַ, מְנוּפָּח
blob *n.*	בּוּעָה, שַׁלְפּוּחִית
bloc *n.*	גּוּשׁ פּוֹלִיטִי
block *n.* 1. (solid piece)	גּוּשׁ
2. (section)	בְּלוֹק
3. (cube)	קוּבִּיָּיה
4. (obstacle)	מַחְסוֹם
5. (city section)	גּוּשׁ בִּנְייָנִים, בְּלוֹק
chopping block	קֶרֶשׁ חִיתוּךְ
cinder block	לְבֵנָה חֲלוּלָה
stumbling block	אֶבֶן נֶגֶף
sun block	מִשְׁחַת שִׁיזּוּף
block *vt.*	חָסַם, סָתַם
blockade *n.*	הֶסְגֵּר
blockade *vt.*	הִטִּיל הֶסְגֵּר
blockage *n.*	חֲסִימָה, סְתִימָה
blockbuster *n.* (movie)	סֶרֶט שׁוֹבֵר קוּפּוֹת
blockhead *n.*	סָתוּם, מְטוּמְטָם
blond *adj.*	בְּלוֹנְדִינִי
blood *n.*	דָּם
bad blood	אֵיבָה
blue blood	אָצִיל, אֲרִיסְטוֹקְרָט
bloodbath *n.*	מֶרְחַץ דָּמִים
bloodcurdling *adj.*	מַקְפִּיא דָּם, מְסַמֵּר שֵׂיעָר
bloodhound *n.*	כֶּלֶב גִּישׁוּשׁ
bloodletting *n.*	הַקָּזַת דָּם
bloodline *n.*	יִיחוּס
bloodshed *n.*	שְׁפִיכוּת דָּמִים
bloodshot *adj.*	אָדוֹם מִדָּם
bloodstain *n.*	כֶּתֶם דָּם
bloodstream *n.*	מַחֲזוֹר הַדָּם
bloodsucker *n.*	מוֹצֵץ דָּם
bloodthirsty *adj.*	צְמֵא דָּם
bloody 1. (bleeding)	שׁוֹתֵת דָּם
2. (bloodstained)	מְגוֹאָל בְּדָם
3. (full of bloodshed)	עָקוֹב מִדָּם
4. (damned)	אָרוּר
bloom *n.*	פְּרִיחָה, לִיבְלוּב
bloom *vi.*	פָּרַח, לִיבְלֵב
blooming *adj.*	פּוֹרֵחַ, מְלַבְלֵב
blooper *n.*	טָעוּת טִיפְּשִׁית
blossom *n.*	פְּרִיחָה
blossom *vi.*	פָּרַח
blot *n.* 1. (spot, stain)	כֶּתֶם
2. (blemish)	פְּגַם, דוֹפִי
blot *vt.* 1. (stain)	הִכְתִּים
2. (absorb)	סָפַג
blotter *n.* 1. (blotting paper)	נְייָר סוֹפֵג

2. (journal) יוֹמָן
blouse *n.* חוּלְצָה
blow *n.* 1. (exhalation) נְשִׁיפָה
2. (air/wind blast) מַשָּׁב
3. (strike) מַכָּה, מַהֲלוּמָה
blow-by-blow בִּפְרָטֵי פְּרָטִים
deal a blow הִנְחִית מַכָּה
blow *vi.* 1. (exhale) נָשַׁף
2. (of air/wind) נָשַׁב(ה), נִישֵּׁב
3. *vt.* (inflate) נָשַׁף, נִיפֵּחַ
4. *vt.*; *vi.* (explode) פּוֹצֵץ ; הִתְפּוֹצֵץ
blow away *vt.*; *vi.* הֵעִיף ; עָף
blow (someone) away הָרַג בִּירִיָּה
blow-dry יִיבֵּשׁ
blow it קִילְקֵל, פִּישֵׁל
blow off עָף
blow off steam שִׁיחְרֵר מֶתַח
blow one's cool יָצָא מִגִּדְרוֹ
blow one's mind שִׁיגֵּעַ
blow one's top יָצָא מִכֵּלָיו, רָתַח מִזַּעַם
blow out *vt.*; *vi.* 1. (extinguish) כִּיבָּה ; נִכְבָּה
2. (erupt) הִתְפָּרֵץ
blow over חָלַף
blow the whistle הִלְשִׁין עַל שְׁחִיתוּת
blow up *vt.*; *vi.* 1. (explode) פּוֹצֵץ ; הִתְפּוֹצֵץ
2. (enlarge) הִגְדִּיל
blowhard *n.* רַבְרְבָן
blowjob *n.* מְצִיצַת זַיִן
blowout *n.* 1. (punctured tire) נֶקֶר, תֶּקֶר
2. (eruption) הִתְפָּרְצוּת
3. (big event) אֵירוּעַ גָּדוֹל, חִינְגָּה
blowtorch *n.* מַבְעֵר
blowup *n.* 1. (explosion) הִתְפּוֹצְצוּת ; הִתְפָּרְצוּת
2. (photo enlargement) הַגְדָּלָה
blowzy *adj.* פָּרוּעַ
blubber *n.* הִתְיַיפְּחוּת, בֶּכִי
blubber *vi.* הִתְיַיפֵּחַ, בָּכָה
bludgeon *n.* אַלָּה
bludgeon *vt.* הִיכָּה בְּאַלָּה

blue *adj.* כָּחוֹל
navy blue כָּחוֹל כֵּהֶה
out of the blue מִמָּקוֹר לֹא צָפוּי ; פִּתְאוֹם
bluebell *n.* פַּעֲמוֹנִית
blueberry *n.* אוֹכְמָנִית
bluebonnet *n.* דְּגָנִיָּה
blueprint *n.* תַּרְשִׁים, תּוֹכְנִית
blues *n.* 1. (music) מוּזִיקַת בְּלוּז
2. (depression) דִּיכָּאוֹן, עַצְבוּת
bluff *n.* 1. (hoax) בְּלוֹף, תַּרְמִית
2. (cliff) צוּק
bluff *vi.* בִּילֵף, רִימָּה
bluffer *n.* בַּלְפָן, רַמַּאי
bluish *adj.* כְּחַלְחַל
blunder *n.* שְׁגִיאָה חֲמוּרָה, פַּשְׁלָה
blunder *vi.* שָׁגָה, פִּישֵׁל
blunt *adj.* 1. (dull) קֵהֶה
2. (direct) בּוֹטֶה, יָשָׁר לָעִנְיָין
bluntly *adv.* בְּלָשׁוֹן בּוֹטָה, דּוּגְרִי
blur *n.* טִישְׁטוּשׁ, עִימְעוּם
blur *vi.* טִישְׁטֵשׁ, עִימְעֵם
blurb *n.* הַמְלָצָה (עַל עֲטִיפַת סֵפֶר)
blurred, blurry *adj.* מְטוּשְׁטָשׁ, מְעוּמְעָם
blurt (out) *vt.* פָּלַט (בְּלִי כַּוָּונָה)
blush *n.* סוֹמֶק, אַדְמוּמִיּוּת
blush *vi.* הִסְמִיק, הֶאְדִּים
blushing *adj.* סָמוּק, אָדוֹם
bluster *n.* 1. (storm) סְעָרָה
2. (loud, empty threat) אִיוּם סְרָק קוֹלָנִי
bluster *vi.* סָעַר, רָעַשׁ
boar *n.* חֲזִיר בָּר
board *n.* 1. (wood) לוּחַ ז׳ (לוּחוֹת), קֶרֶשׁ
2. (meals) אֲרוּחוֹת
3. (administrators) מוֹעָצָה
4. (side of a ship) יַרְכְּתֵי אוֹנִיָּה
board of directors מוֹעֶצֶת מְנַהֲלִים
across the board מַקִּיף, כְּלָלִי, חָל עַל הַכּוֹל
bulletin board לוּחַ מוֹדָעוֹת
circuit board לוּחַ חַשְׁמַלִּי מוּלְחָם
diving board מַקְפֵּצָה

on board	בְּמָטוֹס אוֹ בְּאוֹנִיָּיה
board *vt.* 1. (cover with wood)	כִּיסָּה בְּלוּחוֹת עֵץ
2. (go aboard)	עָלָה לְ-
boarder *n.*	מִתאַכסֵן (בִּפנִימִייָה)
boarding *n.*	עֲלִייָה לְמָטוֹס/אוֹנִייָה/רַכֶּבֶת
boardroom *n.*	חֲדַר-מְנַהֲלִים, חֲדַר יְשִׁיבוֹת
boardwalk *n.*	טַייֶּלֶת
boast *n.*	הִתרַברְבוּת
boast *vi.*	הִתרַבְרֵב, הִתפָּאֵר
boastful *adj.*	רַברְבָנִי, יָהִיר
boat *n.*	סִירָה, סְפִינָה
miss the boat	אֵיחֵר אֶת הָרַכֶּבֶת
boating *n.*	שַׁיִט בְּסִירָה
boatswain *n.*	רַב-מַלָּחִים
bob *n.* 1. (motion)	תְּנוּעָה חֲטוּפָה
2. (haircut)	תִּספּוֹרֶת קְצָרָה
bob *vi.*	נָע לְמַעלָה וּלְמַטָּה
bob up	הוֹפִיעַ פִּתאוֹם
bobbin *n.*	אַשׁוּוָה, סְלִיל חוּטִים
bobby *n.*	שׁוֹטֵר בְּרִיטִי
bobcat *n.*	חֲתוּל פֶּרֶא, חֲתוּל בָּר
bobtail *n.*	זָנָב קָצָר/קָצוּץ
bode *vt.*	בִּישֵּׂר, נִיבָּא
bodice *n.*	חֵלֶק עֶליוֹן שֶׁל שִׂמלָה
bodily *adj.*	גּוּפָנִי
bodkin *n.*	מַחַט עָבָה
body *n.* 1. (of the living)	גּוּף
2. (of the dead)	גּוּפָה, גְוִויָּה
3. (group)	קְבוּצָה
4. (main part)	עִיקָּר
celestial body	גֶּרֶם שְׁמֵימִי
bodyguard	שׁוֹמֵר רֹאשׁ
bodysurfing *n.*	גְּלִישָׁה עַל גַּלִּים
bodywork *n.*	פַּחָחוּת רֶכֶב
bog *n.*	אֲדָמָה בּוֹצִית, בִּיצָה
bog *vi.*	שָׁקַע
be bogged down	נִתקַע
bogey, bogy *n.*	רוּחַ רָעָה
bogeyman, bogyman *n.*	שֵׁד מַזִּיק
boggle *vi.* 1. (hesitate)	הִיסֵּס, נִרתַּע
2. *vt.* (overwhelm)	הִדהִים
bogus *adj.*	מְזוּיָּיף, מְפוּבּרָק
bohemian *n.*	בּוֹהֶמִי
boil *n.* 1. (act or condition of boiling)	רְתִיחָה
2. (furuncle)	פֻּרוּנקֶל
boil *vi.*; *vt.*	רָתַח; הִרתִיחַ, שָׁלַק
boil down to	הִסתַּכֵּם בְּ-, הִתמַצָּה בְּ-
boil over	גָּלַשׁ
boiler *n.*	דּוּד חִימּוּם
boiling *adj.*	רוֹתֵחַ
bold *adj.* 1. (courageous)	נוֹעָז, אַמִּיץ
2. (impudent)	חָצוּף, עַז-פָּנִים
3. (print style)	עָבֶה
boldface *n.*	אוֹתִיּוֹת עָבוֹת
boldness *n.* 1.	הֶעָזָה, אוֹמֶץ
2.	חוּצפָּה, עַזּוּת פָּנִים
bole *n.*	גֶּזַע עֵץ
bolero *n.*	בּוֹלֶרוֹ
bologna *n.*	נַקנִיק מְעוּשָּׁן
boloney *n.*	שְׁטוּיּוֹת
Bolshevik *n.*	בּוֹלשֶׁבִיק
bolster *vt.*	חִיזֵּק, תָּמַךְ בְּ-
bolt *n.* 1. (on a door)	בְּרִיחַ
2. (screw)	בּוֹרֶג
3. (lightning)	בָּרָק, חֲזִיז
bolt *vt.*	סָגַר עַל בְּרִיחַ
bolt *vi.*	זִינֵּק
bomb *n.*	פְּצָצָה
A-bomb (atomic bomb)	פִּצצַת אָטוֹם
cluster bomb	פִּצצַת מִיצרָר
H-bomb (hydrogen bomb)	פִּצצַת מֵימָן
nuclear bomb	פְּצָצָה גַּרעִינִית
hydrogen bomb	פִּצצַת מֵימָן
bomb *vt.* 1. (attack with bomb)	הִפצִיץ
2. (fail)	נִכשַׁל, פִּישֵׁל
bombard *vt.*	הִפגִיז
bombardment *n.*	הַפגָּזָה
bombastic *adj.*	מְנוּפָּח, בּוֹמבַּסטִי
bomber *n.* 1. (airplane)	מַפצִיץ

2. (person) מַפעִיל פְּצָצוֹת
stealth bomber מָטוֹס חַמקָן
bomblet *n.* פְּצָצָה קְטַנָּה
bombshell *n.* 1. (bomb) פְּצָצָה
2. (shocking surprise) חֲדָשָׁה מַרעִישָׁה
bon appetit! בְּתֵיאָבוֹן!
bon voyage! נְסִיעָה טוֹבָה! דֶרֶך צְלֵיחָה!
bona fide 1. (in good faith) בְּתוֹם לֵב
2. (genuine) אֲמִיתִי
bonanza *n.* מְקוֹר עוֹשֶׁר
bonbon *n.* סוּכָּרִייָה, מַמתָק
bond *n.* 1. (connection) קֶשֶׁר
2. (certificate of debt) אִיגֶרֶת חוֹב
3. (adhesive) דֶבֶק
4. (*law*) שְׁטַר הִתחַייְבוּת, עֲרוּבָּה
junk bond אִיגֶרֶת חוֹב פְּחוּתַת-עֵרֶך
bond *vt.*; *vi.* 1. (connect) קָשַׁר ; נִקשַׁר
2. (glue) הִדבִּיק ; נִדבַּק
3. (give surety) נָתַן עַרבוּת, הִתחַייֵב
bondage *n.* שִׁעבּוּד, עַבדוּת
bondsman *n.* עָרֵב
bone *n.* עֶצֶם נ׳ (עֲצָמוֹת)
bone of contention סֶלַע מַחֲלוֹקֶת
funny bone חוּש הוּמוֹר
bonehead *n.* מְטוּמטָם, סָתוּם
bonfire *n.* מְדוּרָה
bongo *n.* תוֹף
bonkers *adj.* מְשוּגָע, מְטוֹרָף
bonnet *n.* מִצנֶפֶת, שָׁבִיס
bonsai *n.* עֵץ נַנָסִי, בּוֹנסַאי
bonus *n.* בּוֹנוּס, תוֹסֶפֶת
bony *adj.* גַרמִי ; רָזֶה
boo! בּוּז!
boo *vt.* קָרָא קְרִיאַת בּוּז/גְנַאי
boo-boo *n.* טָעוּת טִיפְּשִׁית
boobs *pn.* שָׁדַיִים, צִיצִים
boodle *n.* 1. (bribe) שוֹחַד
2. (loot) סְחוֹרָה גְנוּבָה
book *n.* סֵפֶר ; פִּנקָס
comic book חוֹבֶרֶת סִיפּוּר בְּצִיוּרִים
reference book סֵפֶר עֵזֶר
savings book פִּנקַס חִיסָכוֹן
scrap book סֵפֶר מִזכָּרוֹת
books *pn.* (financial records) סִפרֵי חֶשבּוֹנוֹת
book *vt.* 1. (register) רָשַׁם
2. (reserve) הִזמִין מָקוֹם/אָדָם
3. (enter a charge) רָשַׁם תְלוּנָה
bookcase *n.* כּוֹנָנִית
booked up *adj.* מוּזמָן, תָפוּס, שָׁמוּר
bookend *n.* תוֹמֵך סְפָרִים
bookie *n.* סוֹכֵן הִימוּרִים
bookish *adj.* אוֹהֵב קְרִיאָה, תוֹלַעַת סְפָרִים
bookkeeper *n.* מְנַהֵל חֶשבּוֹנוֹת
bookkeeping *n.* הַנהָלַת חֶשבּוֹנוֹת
booklet *n.* סִפרוֹן, חוֹבֶרֶת
bookmark *n.* סִימָנִייָה
bookmobile *n.* סִפרִייָה נַייֶדֶת
bookseller *n.* מוֹכֵר סְפָרִים
bookshelf *n.* מַדַף סְפָרִים
bookstore *n.* חֲנוּת סְפָרִים
bookworm *n.* תוֹלַעַת סְפָרִים
boom *n.* 1. (pole) מוֹט ז׳ (מוֹטוֹת)
2. (prosperity) שִׂיגשׂוּג , גֵאוּת כַּלכָּלִית
3. (sound) קוֹל רַעַם, בּוּם
baby boom עֲלִייָה בְּשִׁיעוּר הַיְלוּדָה
sonic boom בּוּם עַל-קוֹלִי
boom *vi.* שִׂיגשֵׂג, פָּרַח
boomerang *n.* בּוּמֶרַנג
booming *adj.* מְשַׂגשֵׂג, פּוֹרֵחַ
boon *n.* בְּרָכָה ; תוֹעֶלֶת
boondocks *n.* אֵיזוֹר נִידָח
boondoggle *n.* עֲבוֹדָה חַסרַת-עֶרֶך
boorish *adj.* גַס-רוּחַ
boost *n.* 1. (push) דְחִיפָה, עִידוּד
2. (increase) גִידוּל, עֲלִייָה
boost *vt.* 1. דָחַף קָדִימָה, עוֹדֵד
2. הִגדִיל, הֶעֱלָה
booster *n.* 1. (boosting device) מַגבֵּר
2. (promoter) מְקַדֵם, תוֹמֵך
boot *n.* 1. (footwear) מַגָף

2. (kick)	בְּעִיטָה
3. (computer startup)	תִּיחוּל, הַפְעָלַת מַחְשֵׁב
to boot *adv.*	בְּנוֹסָף לְכָךְ
give the boot	פִּיטֵּר
boot *vt.* 1. (kick)	בָּעַט בּ-
2. (put boots on)	הִלְבִּישׁ מַגָּפַיִים ; סִינְדֵּל
3. (start a computer)	תִּיחֵל, הִפְעִיל מַחְשֵׁב
bootblack *n.*	מְצַחְצֵחַ נַעֲלַיִים
bootee, bootie *n.*	נַעֲלֵי תִּינוֹק
booth *n.*	בִּיתָן, דּוּכָן
telephone booth	תָּא טֶלֶפוֹן
bootlegger *n.*	מַבְרִיחַ מַשְׁקָאוֹת
bootlegging *n.*	מִסְחָר לֹא חוּקִי בְּמַשְׁקָאוֹת
bootless *adj.*	חֲסַר-תּוֹעֶלֶת
bootlick *vt.*	לִיקֵק ל-, הֶחֱנִיף
bootlicker *n.*	לַקְקָן, חַנְפָן
booty *n.*	שָׁלָל, בִּיזָה
booze *n.*	מַשְׁקֶה חָרִיף
boozer *n.*	שַׁתְיָין
boozing *n.*	שַׁתְיָינוּת
bop *n.*	מַכָּה
bop *vt.*	הִכָּה
borax *n.*	בּוֹרַקְס
bordello *n.*	בֵּית-זוֹנוֹת
border *n.*	גְּבוּל, קָצֶה
border *vi.*	גָּבַל בּ-
borderland *n.*	אֵיזוֹר סְפָר
borderline *n.*	קַו גְּבוּל
bore *n.* 1. (a dull one)	אָדָם/דָּבָר מְשַׁעֲמֵם
2. (hole)	חוֹר
bore *vt.* 1. (cause boredom)	שִׁיעֲמֵם
2. (drill)	קָדַח
bore *p.* bear	
boreal *adj.*	צְפוֹנִי
bored *adj.*	מְשׁוּעֲמָם
boredom *n.*	שִׁיעֲמוּם
boring *adj.*	מְשַׁעֲמֵם
born: *pp.* bear	
born *adj.*	נוֹלָד ; מִלֵּידָה
born-again	חוֹזֵר לַדָּת, חוֹזֵר בִּתְשׁוּבָה

borough *n.*	רוֹבַע
borrow *vt.* 1. (receive money)	לָוָה
2. (receive an object)	שָׁאַל
borrower *n.* 1.	לוֹוֶה
2.	שׁוֹאֵל
borscht *n.*	בּוֹרשט, חֲמִיצַת סֶלֶק
bosom *n.*	חֵיק
boss *n.*	בּוֹס, מַעֲבִיד, מְנַהֵל
boss *vt.*	נָתַן פְּקוּדוֹת
botany *n.*	בּוֹטָנִיקָה
botch *n.*	עֲבוֹדָה קְלוֹקֶלֶת
botch *vt.*	קִילְקֵל, נִכְשַׁל בּ-
both *adj.*	שְׁנֵי הַ-
both *conj.*	גַּם... וְגַם...
bother *n.*	טִירְחָה, טִירְדָּה
bother *vt.*; *vi.*	הִטְרִיחַ, הִטְרִיד ; טָרַח
bottle *n.*	בַּקְבּוּק
bottle *vt.*	מִילֵּא בְּבַקְבּוּק
bottleneck *n.*	צַוָּאר בַּקְבּוּק
bottom *n.*	תַּחְתִּית
bell-bottom	מִכְנְסֵי פַּעֲמוֹן
bottom out	הִגִּיעַ לַתַּחְתִּית
botulism *n.*	בּוֹטוּלִיזְם, הַרְעָלַת מָזוֹן
boudoir *n.*	חֶדֶר שֶׁל אִישָּׁה
bouffant *adj.*	מְנוּפָּח
bough *n.*.	עָנָף
bought *p.*; *pp.* buy	
bouillon *n.*	מָרָק דָּלִיל
boulder *n.*	סֶלַע
boulevard *n.*	שְׂדֵירָה
bounce *vi.*; *vt.* 1. (rebound)	נִיתֵּר, קָפַץ ; הִקְפִּיץ
2. (return check)	הֶחֱזִיר; הוּחְזַר
bouncer *n.*	שׁוֹמֵר שַׁעַר בְּמוֹעֲדוֹן לַיְלָה
bound *n.* 1. (leap)	זִינּוּק, קְפִיצָה
2. (limit)	תְּחוּם, גְּבוּל
out of bounds	מִחוּץ לַתְּחוּם
bound *vt.* 1.	זִינֵּק, קָפַץ
2.	תָּחַם, הִגְבִּיל
bound *adj.* 1. (tied)	קָשׁוּר, כָּפוּת

2. (covered book) כָּרוּךְ
3. (obliged) מוּכרָח, מְחוּיָיב
4. (destined) מוּעָד ל-
bound *p.* bind
boundary *n.* תְּחוּם, גְבוּל ז׳ (גְבוּלוֹת)
bounteous, bountiful *adj.* שׁוֹפֵעַ
bounty *n.* 1. (reward) פְּרָס
2. (generous gift) מַתָּנָה נְדִיבָה
bouquet *n.* זֵר
bourbon *n.* וִיסקִי
bourgeois *adj..* בּוּרגָנִי
bourgeoisie *n.* בּוּרגָנוּת
bout *n.* 1. (contest) תַּחֲרוּת
2. (period) תְּקוּפָה
boutique *n.* חֲנוּת אוֹפנָה, בּוּטִיק
bovine *adj.* 1. (cow-like) דְמוּי-פָּרָה
2. (dull) מְשַׁעֲמֵם
bow *n.* 1. (for arrow or violin) קֶשֶׁת
2. (of a ship) חַרטוֹם סְפִינָה
bow *n.* (bend) קִידָה
bow *vi.* קָד, הִשתַחֲוָוה
bow out פָּרַשׁ, נָסוֹג
bowel(s) *n.* מֵעַיִים, קְרָבַיִים
bower *n.* סוּכָּה, מָקוֹם מוּצָל
bowknot *n.* קֶשֶׁר לוּלָאָה
bowl *n.* 1. (dish) קְעָרָה
2. (ball) כַּדוּר
3. (amphitheater) אַמפִיתֵיאַטרוֹן
dust bowl אֵיזוֹר צָחִיחַ
bowl *vi.* שִׂיחֵק כַּדוֹרֶת
bowlegged *adj.* עֲקוֹם-רַגלַיִים
bowler *n.* מְשַׂחֵק כַּדוֹרֶת
bowling *n.* מִשֹחַק כַּדוֹרֶת
bowling green מִגרַשׁ כַּדוֹרֶת
bowman *n.* קַשָּׁת
bowsprit *n.* מוֹט בְּחַרטוֹם סְפִינָה
bowstring *n.* מֵיתָר
box *n.* 1. (case) קוּפסָה, אַרגָז
2. (compartment) תָּא
3. (fist blow) מַכַּת אֶגרוֹף, בּוֹקס
ballot box קַלפִּי
boom box רַדיוֹ-טֵייפּ נַייָד
ice box צֵידָנִית
music box תֵּיבַת נְגִינָה
Pandora's box תֵּיבַת פַּנדוֹרָה
safety deposit box כַּסֶפֶת בַּנק
voice box גָרוֹן ז׳ (גְרוֹנוֹת)
window box אֲדָנִית
box *vt.* 1. (put in a box) שָׂם בְּקוּפסָה
3. *vi.* (fight) הִתאַגרֵף
box in (confine) סָגַר
boxcar *n.* קְרוֹן מִטעָן
boxer *n.* 1. (fighter) מִתאַגרֵף
2. (dog) כֶּלֶב בּוֹקסֶר
boxing *n.* אִיגרוּף
boy *n.* יֶלֶד
bus boy עוֹזֵר מֶלצַר
boycott *n.* חֵרֶם
boycott *vt.* הֶחֱרִים
boyfriend *n.* חָבֵר, יָדִיד אִינטִימִי
boyhood *n.* יַלדוּת
bra *n.* חֲזִייָה
brace *n.* מִשעָן, תּוֹמֵךְ
brace *vt.* הִידֵק, חִיזֵק
brace up צָבַר כּוֹחַ, הִתכּוֹנֵן לִקרַאת
bracelet *n.* צָמִיד
bracket *n.* 1. (support) מִשעָן, תּוֹמֵךְ מַדָף
2. (enclosure) סוֹגֵר
3. (grouping) קְבוּצָה
square brackets סוֹגרַיִים מְרוּבָּעִים
bracket *vt.* 1. (put in brackets) שָׂם בְּסוֹגרַיִים
2. (group together) כָּלַל בִּקבוּצָה אַחַת
brackets *pn.* סוֹגרַיִים מְרוּבָּעִים
brackish *adj.* 1. (salty) (מַיִם) מְלוּחִים
2. (disgusting) מַגעִיל
brad *n.* מַסמֵר
brag *vi.* הִתרַברֵב, הִשוויץ
braggart *n.* רַברְבָן, שְׁוויצֶר
braid *n.* צַמָּה, מִקלַעַת

braid *vt.* קָלַע צַמָּה
braided *adj.* קָלוּעַ
Braille *n.* כְּתַב בְּרֵייל
brain *n.* מוֹחַ ז׳ (מוֹחוֹת)
brains *pn.* שֵׂכֶל, מִישְׂכָּל
brain *vt.* רוֹצֵץ גוּלגוֹלֶת
brainchild *n.* רַעְיוֹן מְקוֹרִי
brainstorm *n.* רַעְיוֹן פִּתאוֹמִי
brainteaser *n.* חִידָה מְסוּבֶּכֶת
braintrust *n.* טְרָאסְט מוֹחוֹת
brainwash *vt.* עָשָׂה שְׁטִיפַת מוֹחַ
brainwashing *n.* שְׁטִיפַת מוֹחַ
brainy *adj.* פִּיקֵחַ
braise *vt.* טִיגֵן
brake *n.* בַּלָּם, מַעֲצוֹר
air brake בֶּלֶם אֲוִויר
brake *vt.* בָּלַם, עָצַר
bran *n.* סוּבִּין
branch *n.* 1. (of a tree) עָנָף
2. (division) סְנִיף, שְׁלוּחָה
executive branch רָשׁוּת מְבַצַּעַת
branch *vi.* הִסתָּעֵף
brand *n.* 1. (kind) סוּג מִסחָרִי
2. (mark) סִימָן, אוֹת נ׳ (אוֹתוֹת)
3. (branding iron) בַּרזֶל כְּוִויָּה
4. (burning wood) אוּד
brand *vt.* 1. (mark) סִימֵן
2. (mark with disgrace) הִדבִּיק אוֹת קָלוֹן
brandish *vt.* נִיפְנֵף, נוֹפֵף בּ-
brandy *n.* בְּרַנְדִי
brash *adj.* חוּצפָּן
brashness *n.* חוּצפָּנוּת
brass *n.* 1. (metal) פְּלִיז
2. (musical instrument) כְּלִי נְשִׁיפָה
3. (high-ranking) בְּכִירִים
top brass פִּיקוּד גָבוֹהַּ
brassiere *n.* חֲזִייָה
brat *n.* יֶלֶד מְפוּנָק
bravado *n.* רַבְרְבָנוּת
brave *adj.* 1. (courageous) אַמִּיץ
2. (fine-looking) נָאֶה
brave *vt.* עָמַד בְּאוֹמֶץ מוּל
bravery *n.* אוֹמֶץ לֵב
bravo! הֵידָד!
bravura *n.* בִּיצוּעַ מַזהִיר
brawl *n.* קְטָטָה
brawl *vi.* הִתקוֹטֵט
brawn *n.* שְׁרִיר מְפוּתָּח
brawny *adj.* שְׁרִירִי
bray *n.* נְעִירָה
bray *vi.* נָעַר
braze *vt.* הִלחִים
brazen *adj.* 1. (shameless) חֲסַר-בּוּשָׁה
2. (brassy) נְחוּשׁתִּי
Brazil nut אֱגוֹז בְּרָזִיל
breach *n.* 1. (violation) הֲפָרָה
2. (hole, gap) פִּירצָה
3. (breakup of relations) נִיתּוּק
breach *vt.* 1. הֵפֵר
2. פָּרַץ
bread *n.* לֶחֶם
pocket bread פִּיתָּה
bread *vt.* צִיפָּה בְּפֵירוּרֵי לֶחֶם
breadbasket *n.* (אֵיזוֹר) סַפַּק חִיטָּה
breadcrumb *n.* פֵּירוּר לֶחֶם
breaded *adj.* מְצוּפֶּה בְּפֵירוּרֵי לֶחֶם
breadth *n.* 1. (width) רוֹחַב
2. (extent) הֶיקֵף
breadwinner *n.* מְפַרנֵס
break *n.* 1. (separation into pieces) שֶׁבֶר
2. (pause, intermission) הַפסָקָה
3. (interval between school terms) חוּפשָׁה
4. (escape) בְּרִיחָה
5. (violation) הֲפָרָה
6. (opening) פֶּתַח, פִּירצָה
station break הַפסָקַת פִּירסוֹמֶת
break *vt.*; *vi.* 1. (crack) שָׁבַר; נִשׁבַּר
2. (pause, stop) הִפסִיק; עָשָׂה הַפסָקָה
3. *vt.* (violate) הֵפֵר
4. (disclose) הוֹדִיעַ

5. (decipher) פִּיעֲנַח
break away הִתְנַתֵּק, נִיתַּק
break down 1. (malfunction) הִתְקַלְקֵל
2. (collapse) הִתְמוֹטֵט
3. (itemize) פֵּירֵט
break even גָּמַר בְּתֵיקוּ (בְּלִי רֶווַח אוֹ הֶפְסֵד)
break in 1. (enter illegally) פָּרַץ
2. (begin use) עָשָׂה הֲרָצָה
break new ground חִידֵּשׁ
break off נִיתֵּק קֶשֶׁר
break out 1. (burst) פָּרַץ
2. (escape) בָּרַח מ-
break rank פָּרַשׁ
break through פָּרַץ, הִבְקִיעַ
break up 1. (end a relationship) נִפְרַד
2. (dismantle) פֵּירֵק
breakable *adj.* שָׁבִיר
breakage *n.* שֶׁבֶר, שְׁבִירָה
breakdown *n.* 1. (malfunction) קִילְקוּל
2. (collapse) הִתְמוֹטְטוּת
3. (disintegration) הִתְפּוֹרְרוּת
4. (itemization) פֵּירוּט
nervous breakdown הִתְמוֹטְטוּת עֲצַבִּים
breaker *n.* 1. (that breaks) שׁוֹבֵר
2. (wave) גַּל, נַחְשׁוֹל
circuit breaker מַפְסֵק זֶרֶם רָאשִׁי
breakfast *n.* אֲרוּחַת בּוֹקֶר
continental breakfast אֲרוּחַת בּוֹקֶר קַלָּה
breakfront *n.* אָרוֹן ז׳ (אֲרוֹנוֹת)
breakneck *adj.* פָּזִיז
breakout *n.* 1. (outbreak) הִתְפָּרְצוּת
2. (escape) בְּרִיחָה
breakthrough *n.* 1. (dramatic achievement) פְּרִיצַת דֶּרֶךְ
2. (breaking through) הַבְקָעָה
breakup *n.* 1. (dissolution) הִתְפָּרְקוּת
2. (end of a relationship) הִיפָּרְדוּת
breakwater *n.* שׁוֹבֵר גַּלִּים
breast *n.* 1. (chest) חָזֶה ז׳ (חָזוֹת)
2. (female organ) שַׁד ז׳ (שָׁדַיִים)
3. (bosom) חֵיק
breast-fed יוֹנֵק
breast-feed הֵינִיקָה
breaststroke *n.* שְׂחִיַּית חָזֶה
breastwork *n.* קִיר מָגֵן, בִּיצּוּר
breath *n.* נְשִׁימָה
catch one's breath הִתְאוֹשֵׁשׁ
breathe *vi.* נָשַׁם
breathe easy נָשַׁם לִרְווָחָה
breathtaking *adj.* עוֹצֵר נְשִׁימָה, מַרְהִיב
breather *n.* הַפְסָקָה
bred *p.* breed
breed *n.* מִין, גֶּזַע
breed *vt.* 1. (raise) גִּידֵּל
2. (bring about) גָּרַם ל-
3. *vi.* (reproduce) הִתְרַבָּה, הוֹלִיד
breeder *n.* מְגַדֵּל חַיּוֹת
breeding *n.* (good manners) נִימּוּסִים
breeze *n.* 1. (wind) רוּחַ קַלָּה, מַשָּׁב
2. (easy task) עֲבוֹדָה קַלָּה
breeze *vi.* נָע בְּקַלִּילוּת
breezeway *n.* מַעֲבָר מְקוֹרֶה
brethren *pn.* אַחִים
brevity *n.* קוֹצֶר
brew *n.* שֵׁיכָר, בִּירָה
brew *vt.* בִּישֵּׁל שֵׁיכָר
brewage *n.* בִּישּׁוּל שֵׁיכָר
brewery *n.* מִבְשָׁלָה, מִבְשֶׁלֶת שֵׁיכָר
briar, brier *n.* חוֹחַ
bribe *n.* שׁוֹחַד
bribe *vt.* שִׁיחֵד
brick *n.* לְבֵנָה נ׳ (לְבֵנִים)
brickbat *n.* 1. (brick piece) שֶׁבֶר לְבֵנָה
2. (criticism) בִּיקּוֹרֶת חֲרִיפָה
bricklayer *n.* מַנִּיחַ לְבֵנִים
bricklaying *n.* הַנָּחַת לְבֵנִים
bridal *adj.* שֶׁל כְּלוּלוֹת
bride *n.* כַּלָּה
bridegroom *n.* חָתָן
bridesmaid *n.* שׁוֹשְׁבִינָה

bridge *n.*	גֶשֶׁר
suspension bridge	גֶשֶׁר חֲבָלִים
bridge *vt.*	גִישֵׁר
bridgehead *n.*	רֹאשׁ גֶשֶׁר
bridgework *n.*	גֶשֶׁר שִׁינַיִים
bridle *n.*	רֶסֶן, מוֹשְׁכוֹת
bridlepath *n.*	מִשְׁעוֹל רְכִיבָה
brief *n.* 1. (summary)	תַקְצִיר
2. (underpants)	תַחתוֹנִים
3. (*law*)	תַצהִיר
brief *adj.*	קָצָר
brief *vt.*	תִידרֵךְ, דִיוֵוחַ ל-
briefcase *n.*	תִיק מִסמָכִים
briefing *n.*	תִידרוּךְ, תַדרִיךְ
briefly *adv.* 1. (in short)	בְּקִיצוּר, בִּקְצָרָה
2. (for a short time)	לִזמַן קָצָר
brig *n.* 1. (boat)	סְפִינַת מִפרָשׂ
2. (prison)	בֵּית-כֶּלֶא צְבָאִי
brigade *n.*	חֲטִיבָה, בְּרִיגָדָה
brigadier *n.*	בְּרִיגָדִיר, תַת-אַלוּף
brigadier general	אַלוּף
brigand *n.*	שׁוֹדֵד
bright *adj.* 1. (in color)	בָּהִיר
2. (in light)	בָּהִיר, זוֹהֵר
3. (intelligent)	מַברִיק, פִּיקֵחַ
brighten *vt.*	הֵאִיר, הִבהִיר
brightener *n.*	מַבהִיר
brilliance *n.*	זוֹהַר, בָּרָק
brilliant *adj.*	מַברִיק
brim *n.*	שָׂפָה, קָצֶה
brim *vt.*; *vi.*	מִילֵא/הִתמַלֵא עַד הַשָּׂפָה
brimstone *n.*	גוֹפרִית
brindled *adj.*	מְנוּמָר
brine *n.*	מֵי מֶלַח
bring *vt.*	הֵבִיא
bring about	הֵבִיא ל-, גָרַם ל-
bring around	שִׁיכנֵעַ
bring back	הֶחֱזִיר
bring down	הוֹרִיד, הִפִּיל
bring forth	יָצַר, הוֹלִיד
bring forward	הִגִישׁ
bring in	הִכנִיס, הֵבִיא
bring off	הִשִּׂיג
bring on	הֵבִיא ל-
bring out	גִילָה, חָשַׂף
bring up 1. (raise)	גִידֵל
2. (mention)	הִזכִּיר, הֵבִיא לְדִיוּן
brink *n.*	סַף, קָצֶה ז׳ (קְצָווֹת)
brinkmanship *n.*	הֲלִיכָה עַל הַסַף
brioche *n.*	עוּגִייָה מְתוּקָה
briquet, briquette *n.*	פֶּחָם דָחוּס
brisk *adj.* 1. (quick)	זָרִיז, מָלֵא מֶרֶץ
2. (refreshing)	מְעוֹרֵר, מְרַעֲנֵן
brisket *n.*	בְּשַׂר חָזֶה
briskness *n.*	זְרִיזוּת
bristle *n.*	זִיף, שֵׂיעָר מְסוּמָר
bristle *vt.*	סִימֵר
Brit, British *n.*; *adj.*	בְּרִיטִי
Britannia *n.*	בְּרִיטַנְיָה
brittle *adj.*	פָּרִיךְ
brittleness *n.*	פְּרִיכוּת
broach *vt.*	נִיקֵב
broad *n.* (woman)	בַּחוּרָה, אִישָׁה
broad *adj.*	רָחָב
broad-minded	רְחַב-אוֹפֶק
broadcast *n.* 1. (transmission)	שִׁידוּר
2. (spread)	פִּיזוּר
broadcast *vt.* 1.	שִׁידֵר
2.	פִּיזֵר
broadcaster *n.*	שַׁדרָן
broadcloth *n.*	בַּד צָפוּף
broaden *vt.*; *vi.*	הִרחִיב; הִתרַחֵב
broadside *n.*	צַד הָאוֹנִיָּיה
broadside *vt.*	נָגַח בַּצַד
broadside *adv.*	בַּצַד
brocade *n.*	רִיקמָה
broccoli *n.*	בְּרוֹקוֹלִי
brochette *n.*	שַׁפּוּד
brochure *n.*	חוֹבֶרֶת
broil *n.*	צְלִי

broil *vt.*	צָלָה
broiled *adj.*	צָלוּי
broiler *n.* 1. (cooker)	אַסכָּלָה
2. (chicken)	עוֹף לִצלִייָה
broke *adj.*	מְרוּשָשׁ, חֲסַר-כּוֹל
go for broke	הִימֵר עַל כּוֹל הַקוּפָּה
broke *p.* break	
broken *adj.* 1. (fragmented, cracked)	שָבוּר
2. (out of order)	מְקוּלקָל
3. (discontinuous)	מְקוּטָע
brokenhearted *adj.*	שְבוּר-לֵב
broker *n.* 1. (agent)	סוֹכֵן, בְּרוֹקֶר
2. (mediator)	מְתַווֵךְ
broker *vt.*	תִיוֵוךְ
brokerage *n.* 1. (firm)	סוֹכְנוּת בּוּרסָה
2. (fee)	דְמֵי תִיווּךְ
bromine *n.*	בְּרוֹם
bronchial *adj.*	שֶל הַסִימפוֹנוֹת
bronchitis *n.*	דַלֶקֶת הַסִימפוֹנוֹת
bronchus *n.*	סִימפוֹנָה
bronco *n.*	סוּס בָּר
bronze *n.*	אָרָד, בְּרוֹנזָה
brooch *n.*	סִיכַּת קִישוּט
brood *n.*	אֶפרוֹחִים
brood *vi.* 1. (hatch)	דָגַר
2. (meditate)	הִירהֵר בְּקַדרוּת
brook *n.*	פֶּלֶג מַיִם
broom *n.*	מַטאֲטֵא
broomstick *n.*	מוֹט מַטאֲטֵא
broth *n.*	מָרָק דָלִיל
brothel *n.*	בֵּית-זוֹנוֹת
brother *n.*	אָח
brother-in-law	גִיס
brotherhood *n.*	אַחֲווָה
brought *p.* bring	
brouhaha *n.*	מְהוּמָה
brow *n.*	גַבָּה
brown *adj.*	חוּם
brown *vt.*	הִשחִים
brownie *n.*	חוּמִית
brownout *n.*	הַפסָקַת חַשמַל חֶלקִית
browse *vi.*	דִיפדֵף, עִילעֵל
browser *n.*	דַפדְפָן
bruin *n.*	דוֹב
bruise *n.*	חַבּוּרָה
bruise *vt.*	חָבַל, פָּגַע בּ-
bruised *adj.*	חָבוּל
brunch *n.*	אֲרוּחַת בּוֹקֶר מְאוּחֶרֶת
brunette *n.*	כְּהַת-שֵׂיעָר
brunt *n.*	מִשקָל, עוֹל
brush *n.* 1. (tool)	מִברֶשֶת, מִכחוֹל
2. (bushes)	שִׂיחִים
brush *vt.*	הִברִיש
brush off	דָחָה, בִּיטֵל
brush up	רִיעֲנֵן
brusque *adj.*	מְחוּספָּס, לֹא מְנוּמָס
Brussels sprouts	כְּרוּב נִיצָנִים
brutal *adj.*	אַכזָרִי, בְּרוּטָאלִי
brutalization *n.*	הִתאַכזְרוּת
brutalize *vt.*	הִתאַכזֵר אֶל
brute *n.* 1. (animal)	פֶּרֶא
2. (person)	אַכזָר
B.S. (Bachelor of Science)	בּוֹגֵר בְּמַדְעֵי הַטֶבַע
BS see **bullshit**	
bubble *n.*	בּוּעָה
bubble *vi.*	בִּיעבֵּעַ
bubbly *adj.*	מְבַעבֵּעַ
bubo *n.*	דַלֶקֶת הַלִימפָה
bubonic plague	מַגֵיפַת דַלֶקֶת הַלִימפָה
buccaneer *n.*	שוֹדֵד יָם
buck *n.* 1. (deer)	צְבִי (צְבָאִים)
2. (dollar)	דוֹלָר
pass the buck	הִתנַעֵר מֵאַחֲרָיוּת
bucket *n.*	דְלִי
buckeye *n.*	עַרמוֹן
buckle *n.* 1. (clasp)	אַבזָם
2. (bend)	כִּיפּוּף, עִיקוּם
buckle *vt.* 1. (tighten)	הִידֵק
2. *vi.* (succumb)	נִכנַע

buckle up חָגַר חֲגוֹרַת בְּטִיחוּת
buckram *n.* אָרִיג גַּס
buckskin *n.* עוֹר צְבִי
buckteeth *n.* שִׁינֵּי שָׁפָן
buckwheat *n.* כּוּסֶמֶת
bucolic *adj.* שֶׁל רוֹעִים, פַּסטוֹרָאלִי
bud *n.* נֶבֶט, נִיצָן
taste bud פְּטמִית טַעַם
bud *vi.* נָבַט
Buddhism *n.* בּוּדהִיזם
buddy *n.* חָבֵר, יָדִיד
budge *vi.*; *vt.* זָז ; הֵזִיז
budget *n.* תַּקצִיב
budget *vt.* תִּיקצֵב
budgetary *adj.* תַּקצִיבִי
buff *n.* 1. (leather) עוֹר צְהַבהַב
2. (fan) חוֹבֵב, שׁוֹחֵר
buff *vt.* צִיחצֵחַ, שִׁיפשֵׁף
buffalo *n.* תְּאוֹ, שׁוֹר בָּר, בּוּפָאלוֹ
water buffalo תְּאוֹ מַיִם
buffer *n.* 1. (separator) חַיִץ
2. (*comp.*) חוֹצֵץ
buffet *n.* 1. (sideboard) מִזנוֹן
2. (food counter) דוּכָן אוֹכֶל
buffet *n.* (blow) מַכָּה, מַהֲלוּמָה
buffet *vt.* הִכָּה, הָלַם בּ-
buffoon *n.* 1. (joker) לֵיצָן, מוּקיוֹן
2. (fool) שׁוֹטֶה
bug *n.* 1. (insect) חֶרֶק, ג'וּק
2. (listening device) מַכשִׁיר הַאֲזָנָה
3. (defect) פְּגָם
bug *vt.* 1. (install a listening device) שָׁתַל מַכשִׁיר הַאֲזָנָה
2. (annoy) הִטרִיד, נִידנֵד ל-
bug-eyed בַּעַל עֵינַיִים בּוֹלְטוֹת
buggy *n.* כִּרכָּרָה קְטַנָּה
dune buggy רֶכֶב לִנסִיעָה בְּחוֹל
bugle *n.* חֲצוֹצְרָה
build *n.* מִבנֵה גוּף
build *vt.* בָּנָה
build up 1. (develop) פִּיתֵּחַ
2. (accumulate) צָבַר, רִיכֵּז
building *n.* 1. (construction) בְּנִיָּה
2. (structure) בִּניָין, מִבנֶה
body building פִּיתּוּחַ שְׁרִירִים
buildup *n.* גִּידוּל, צְבִירָה
military buildup רִיכּוּז כּוֹחוֹת
built *p.*; *pp.* build
built-in חֵלֶק מֵהַמִּבנֶה, בִּלתִּי-נִפרָד
bulb *n.* 1. (lamp) נוּרָה
2. (flower) פְּקַעַת
light bulb נוּרַת חַשמַל
bulge *n.* בְּלִיטָה, נְפִיחוּת
bulge *vi.* בָּלַט
bulging, bulgy *adj.* בּוֹלֵט
bulimia *n.* בּוּלִימִיָה, אֲכִילָה חוֹלָנִית
bulimic *adj.* חוֹלֵה בּוּלִימִיָה
bulk *n.* 1. (size, volume) גּוֹדֶל, נֶפַח
2. (major part) מַרבִּית, רוֹב
in bulk בְּתִפזוֹרֶת
bulky *adj.* בַּעַל-נֶפַח
bull *n.* שׁוֹר, פַּר
bulldog *n.* כֶּלֶב בּוּלדוֹג
bulldoze *vt.* דָחַף/הָרַס בְּדַחפּוֹר
bulldozer *n.* דַחפּוֹר
bullet *n.* כַּדוּר, קָלִיעַ
bullet-proof חֲסִין-קְלִיעִים
tracer bullet קְלִיעַ/כַּדוּר נוֹתֵב
bulletin *n.* עָלוֹן
bullfight *n.* מִלחֶמֶת שְׁווָרִים
bullfighter *n.* לוֹחֵם שְׁווָרִים
bullfrog *n.* צְפַרדֵּעַ גְּדוֹלָה
bullheaded *adj.* קְשֵׁה עוֹרֶף, עַקשָׁן
bullhorn *n.* רַמקוֹל גָּדוֹל
bullion *n.* מְטִיל זָהָב/כֶּסֶף
bullish *adj.* צוֹפֶה עֲלִיָּיה בַּבּוּרסָה
bullock *n.* פַּר מְסוֹרָס
bullshit *n.* שְׁטוּיוֹת, קִישקוּשׁ, בַּבְלָ"ט
bullshit *vi.*; *vt.* קִישקֵשׁ ; "סִיבֵּן"
bulwark *n.* חוֹמַת מָגֵן

bully *n.* בִּרְיוֹן
bully *vt.* הִפְחִיד, אִיֵּם עַל
bulwark *n.* חוֹמַת מָגֵן
bum *n.* בַּטְלָן
bumble *vi.* נָע בְּגַמְלוֹנִיּוּת
bumblebee *n.* דְּבוֹרָה גְּדוֹלָה
bump *n.* 1. (blow) חֲבָטָה, מַכָּה
2. (bulge) בְּלִיטָה, נְפִיחוּת
goose bumps עוֹר מְסוּמָר
bump *vt.*1. (strike, collide) חָבַט, הִתְנַגֵּשׁ בּ-
2. (kick out) סִילֵּק
bump into נִתְקַל בּ-
bump off הָרַג
bumper *n.* פָּגוֹשׁ
bumper *adj.* שׁוֹפֵעַ
bumpkin *n.* כַּפְרִי פָּשׁוּט
bumptious *adj.* יָהִיר
bumpy *adj.* מָלֵא חֲתַחַתִּים, מְטַלְטֵל
bun *n.* לַחְמָנִיָּה
bunch *n.* 1.(cluster) צְרוֹר, אֶשְׁכּוֹל
2. (group) קְבוּצָה
bundle *n.* צְרוֹר ז׳ (צְרוֹרוֹת), חֲבִילָה
bundle *vt.* צָרַר, אָרַז
bundle up לָבַשׁ בְּגָדִים חַמִּים
bung *n.* מְגוּפָה
bungalow *n.* בִּיתָן, בַּיִת קָטָן
bunghole *n.* פִּי חָבִית
bungle *n.* כִּישָּׁלוֹן, פַּשְׁלָה
bungle *vt.* קִילְקֵל, לֹא הִצְלִיחַ
bungler *n.* לֹא-יוּצְלַח, שְׁלוּמִיאֵל
bunion *n.* תְּפִיחוּת בְּבוֹהֶן הָרֶגֶל
bunk *n.* 1. (bed) דַּרְגָּשׁ, יָצוּעַ
2. (nonsense) שְׁטוּיוֹת
bunker *n.* מִקְלָט, בּוּנְקֶר
bunkhouse *n.* צְרִיף
bunny *n.* שָׁפָן
bunt *n.* נְגִיחָה
bunt *vt.* נָגַח
buoy *n.* מָצוֹף
buoy *vt.* 1. (keep afloat) הֶחֱזִיק בְּצִיפָה
2. (encourage) עוֹדֵד
buoyancy *n.* כּוֹשֶׁר צִיפָה
burden *n.* נֵטֶל, עוֹמֶס
burden *vt.* הִכְבִּיד עַל, הֵטִיל עוֹמֶס
bureau *n.* 1. (office) לִשְׁכָּה, מִשְׂרָד
2. (chest) שִׁידָּה
bureaucracy *n.* בִּירוֹקְרַטְיָה, פְּקִידוּת
bureaucrat *n.* בִּירוֹקְרָט, פָּקִיד
burette *n.* מַבְחֵנָה
burg *n.* עִיר קְטַנָּה
burgeon *vi.* צָמַח, הִתְפַּתֵּחַ
burger *n.* הַמְבּוּרְגֶר
burglar *n.* פּוֹרֵץ
burglarize *vt.* פָּרַץ ל-
burglary *n.* פְּרִיצָה
burgundy *n.* יֵין בּוּרְגוּנְדִי
burgundy *adj.* אָדוֹם-סְגַלְגַּל כֵּהֶה
burial *n.* קְבוּרָה
burl *n.* קֶשֶׁר
burlap *n.* בַּד יוּטָה
burlesque *n.* בִּידּוּר הַבּוּרְלֶסְקָה
burn *n.* (injury) כְּוִויָּה
burn *vt.*; *vi.* 1. (destroy with fire) שָׂרַף ; נִשְׂרַף
2. *vi.* (catch fire) בָּעַר
3. (emit light) דָּלַק
4. *vt.* (injure with heat) כָּוָה, גָּרַם כְּוִויָּה
5. (cause burning sensation) צָרַב
burn down *vt.*; *vi.* שָׂרַף ; נִשְׂרַף
burn up זָעַם
burned-out תָּשׁוּשׁ
burner *n.* מַבְעֵר
on the back burner בַּעֲדִיפוּת נְמוּכָה
burning *adj.* בּוֹעֵר
burnish *vt.* צִיחְצֵחַ
burnoose *n.* גְּלִימָה
burnout *n.* 1. (combustion) בְּעֵירָה
2. (fatigue) עֲיֵיפוּת, תְּשִׁישׁוּת
burnt *adj.* שָׂרוּף
burnt *pp.* burn
burp *n.* גִּיהוּק

burp *vi.* גִּיהֵק
burr *n.* 1. (husk) קְלִיפָּה קוֹצָנִית
2. (tool) מַקְדֵּחַ
burro *n.* חֲמוֹר קָטָן
burrow *n.* שׁוּחָה
burrow *vt.* חָפַר
bursa *n.* כִּיס
bursar *n.* גִּזְבָּר
burst *n.* 1. (outbreak) פֶּרֶץ, הִתְפָּרְצוּת
2. (rapid bullets) צְרוֹר ז׳ (צְרוֹרוֹת)
burst *vi.* פָּרַץ ; הִתְפּוֹצֵץ
bury *vt.* קָבַר
bury the hatchet סָלַח, הִשְׁלִים
bus *n.* אוֹטוֹבּוּס
bus *vt.* הִסִּיעַ בְּאוֹטוֹבּוּס
busby *n.* כּוֹבַע פַּרְוָוה צְבָאִי
bush *n.* 1. (plant) שִׂיחַ
2. (land) סוֹבֶךְ, אַדְמַת שִׂיחִים
bushed *adj.* תָּשׁוּשׁ, עָיֵיף
bushel *n.* בּוּשֶׁל, 8 גָּלוֹנִים
bushing *n.* תּוֹתָב
bushman *n.* שׁוֹכֵן יְעָרוֹת
bushy *adj.* עָבוֹת, סָבוּךְ
business *n.* עֵסֶק
monkey business עֵסֶק מְפוּקְפָּק
show business עִסְקֵי שַׁעֲשׁוּעִים
businesslike *adj.* עִנְיָינִי, מַעֲשִׂי
businessman *n.* אִישׁ עֲסָקִים
buss *vt.* נִישֵּׁק
bussing *n.* הַסָּעַת תַּלְמִידִים
bust *n.* 1. (breast) חָזֶה
2. (sculpture) פֶּסֶל חֲצִי גוּף
3. (business failure) פְּשִׁיטַת רֶגֶל, כִּישָּׁלוֹן
4. (arrest) מַעֲצָר
go bust פָּשַׁט רֶגֶל
bust *vt.*1. (break) שָׁבַר
2. (arrest) עָצַר
3. (raid) פָּשַׁט עַל
4. *vi.* (burst) הִתְפּוֹצֵץ
5. (go bankrupt) פָּשַׁט רֶגֶל, נִכְשַׁל

bustle *n.* פְּעִילוּת, הֲמוּלָה
bustling *adj.* הוֹמֶה, מָלֵא פְּעִילוּת
busy *adj.* 1. (active, occupied) עָסוּק
2. (in use) תָּפוּס
busybody *n.* חַטְטָן
but *conj.* (on the contrary) אֲבָל, אַךְ
but *prep.* (other than) מִלְּבַד
butane *n.* גַּז
butcher *n.* 1. (slaugterer) שׁוֹחֵט, קַצָּב
2. (murderer) רוֹצֵחַ
butcher *vt.* 1. שָׁחַט, טָבַח
2. רָצַח
butler *n.* רֹאשׁ הַמְשָׁרְתִים
butt *n.* 1. (end) בָּדָל
2. (buttock) יַשְׁבָן, תַּחַת
3. (rifle end) קַת
butt *vt.* נָגַח בּ-
butt in הִתְעָרֵב בְּשִׂיחָה
butt out! אַל תִּתְעָרֵב!
butter *n.* חֶמְאָה
peanut butter חֶמְאַת בּוֹטְנִים
butter *vt.* מָרַח בְּחֶמְאָה
buttercup *n.* נוּרִית
butterfly *n.* פַּרְפַּר
buttermilk *n.* חוּבְצָה
buttock *n.* יַשְׁבָן
button *n.* כַּפְתּוֹר
button *vt.* כִּיפְתֵּר
buttress *n.* מִשְׁעָן, תּוֹמֵךְ
buy *n.* קְנִיָּיה
buy *vt.* קָנָה
buy off שִׁיחֵד
buy out רָכַשׁ חֶבְרָה
buy time הִרְוִיחַ זְמַן
buyback *n.* רְכִישַׁת חֶבְרָה אֶת מְנָיוֹתֶיהָ
buyer *n.* 1. (purchaser) קוֹנֶה
2. (purchasing agent) קַנְיָין
buyout *n.* רְכִישַׁת חֶבְרָה
buzz *n.* 1. (hum) זִימְזוּם
2. (phone call) צִילְצוּל

buzz *vi.* 1. זִימְזֵם
2. צִילְצֵל אֶל
3. *vt.* (fly low over) טָס נָמוּךְ מֵעַל
buzz off!. תִסתַלֵק!
buzzard *n.* אַיָיה
buzzer *n.* זַמְזָם
buzzword *n.* מִילָה אוֹפנָתִית
b/w (black and white) שָחוֹר-לָבָן
by *prep.* 1. (next to) עַל-יַד
2. (done by) עַל-יְדֵי
3. (written by) מֵאֵת
4. (by way of) דֶרֶךְ
5. (not later than) עַד
6. (according to) לְפִי
7. (in marking size) עַל
by and by בֶּעָתִיד הַקָרוֹב
by and large בְּדֶרֶךְ כְּלָל
bye!, bye-bye! שָלוֹם! לְהִתרָאוֹת!
bygone *adj.* מַה שֶעָבַר
bylaw *n.* חוֹק עֵזֶר
bypass *n.* 1. (road) כְּבִיש עוֹקֵף
2. (surgical procedure) מַעֲקָף
bypass *vt.* עָקַף
byproduct *n.* תוֹצָר לְוָואִי
bystander *n.* מַשקִיף מִן הַצָד
byte *n.* בַּיְיט (יְחִידַת זִיכָּרוֹן בְּמַחשֵב)

C

C הָאוֹת הַשְּׁלִישִׁית בָּאָלֶפְבֵּית הָאַנגלִי

cab *n.* 1. (taxi) מוֹנִית

2. (driver's cabin) תָּא נֶהָג

cabaret *n.* קַבָּרֶט

cabbage *n.* כְּרוּב

cabby *n.* נֶהַג מוֹנִית

cabin *n.* 1. (cottage) בִּקתָה, בִּיתָן

2. (ship/airplane compartment) תָּא, קַבִּינָה

cabinet *n.* 1. (furniture) אָרוֹן ז׳ (אֲרוֹנוֹת), שִׁידָה

2. (government) מֶמשָׁלָה, קַבִּינֶט

filing cabinet תִּיקִייָה, אֲרוֹן תִּיקִים

cabinetmaker *n.* נַגַּר רְהִיטִים

cable *n.* 1. (wire) כֶּבֶל

2. (telegram) מִברָק

coaxial cable כֶּבֶל שָׁזוּר

cable *vt.* הִברִיק ל-, שָׁלַח מִברָק

caboodle *n.* חֲבוּרָה

caboose *n.* קָרוֹן מְאַסֵּף

cache *n.* 1. (hiding place) מַחבּוֹא, מַטמוֹן

2. (*comp.*) מַטמוֹן זִיכָּרוֹן

cachet *n.* חוֹתָם

cackle *n.* קִירקוּר

cackle *vi.* קִירקֵר

cacophony *n.* תַּצרוּם

cactus *n.* צַבָּר, קַקטוּס

cad *adj.* גַּס-רוּחַ

cadaver *n.* גוּפָה, גְוִויָּה

caddie *n.* מִנשָׂא, נוֹשֵׂא כְּלֵי גוֹלף

caddy *n.* קוּפסָה

cadence *n.* מִקצָב

cadenza *n.* תֶּנַח, קָדֶנצָה

cadet *n.* 1. (in army) צוֹעֵר, חָנִיךְ

2. (in air force) פֶּרַח טַיִס

cadge *vi.* קִיבֵּץ נְדָבוֹת

cadger *n.* קַבְּצָן

cadre *n.* גַּרעִין צֶוֶות, קָאדֶר

caesar *n.* קֵיסָר

caesarean *adj.* קֵיסָרִי

cafe *n.* בֵּית-קָפֶה

cafe au lait קָפֶה הָפוּךְ

cafeteria *n.* קָפֶטֶריָה

caffeine *n.* קָפֶאִין

caftan *n.* שִׂמלַת קַפטָן

cage *n.* כְּלוּב

rib cage בֵּית-הֶחָזֶה

cage *vt.* שָׂם בִּכלוּב

cahoots *pn.* שׁוּתָפוּת

Cain *n.* קַיִן

cairn *n.* גַּלעֵד

caisson *n.* תֵּיבַת צְלִילָה

cajole *vt.* שִׁידֵל, פִּיתָּה

cajolery *n.* פִּיתּוּי, דִּברֵי חֲנוּפָּה

Cajun *n.* יְלִיד לוּאִיזִיָאנָה (מִמּוֹצָא צַרפָתִי)

cake *n.* עוּגָה

pound cake עוּגַת בֵּיצִים

cake *vi.* נִקרַשׁ

calaboose *n.* בֵּית-סוֹהַר, קָלָבּוּשׁ

calamitous *adj.* מֵמִיט אָסוֹן

calamity *n.* אָסוֹן, פּוּרעָנוּת

calcification *n.* הִסתַיידוּת

calcified *adj.* מְסוּייָד

calcify *vt.* סִייֵד

calcium *n.* סִידָן

calculate *vt.* חִישֵׁב

calculated *adj.* מְחוּשָׁב

calculation *n.* חִישׁוּב, שִׁיקוּל

calculative *adj.* חִישׁוּבִי

calculator *n.* מַחשְׁבוֹן, מַחשֵׁב כִּיס

calculus *n.* חֶשׁבּוֹן

differential calculus חֶשׁבּוֹן דִיפֶרֶנצִיָאלִי

caldera *n.* לוֹעַ הַר גַּעַשׁ

calendar *n.* 1. (yearly) לוּחַ שָׁנָה

2. (schedule) לוּחַ זְמַנִים

calf *n.* 1. (young bull/cow) עֵגֶל
2. (leg) סוֹבֶךְ הַשּׁוֹק
calfskin *n.* עוֹר עֵגֶל
caliber *n.* 1. (diameter) קוֹטֶר
2. (prominence) שִׁיעוּר קוֹמָה, קָלִיבֶּר
calibrate *vt.* כִּייֵל
calibration *n.* כִּיוּל
caliph *n.* כָּלִיף
call *n.* 1. (cry, shout) קְרִיאָה, צְעָקָה
2. (phone connection) צִילצוּל, שִׂיחַת טֶלֶפוֹן
3. (visit) בִּיקוּר
4. (summon) זִימּוּן
on call בְּתַפְקִיד, בְּתוֹרָנוּת
close call הִינָּצְלוּת מִסַּכָּנָה
collect call שִׂיחַת גּוֹבַיינָא
conference call שִׂיחַת וְעִידָה
long-distance call שִׂיחָה בֵּינְעִירוֹנִית
roll call קְרִיאַת שֵׁמוֹת, מִפְקַד נוֹכְחוּת
call *vt.* 1. (name) כִּינָּה, קָרָא ל- (בְּשֵׁם)
2. (telephone) צִילְצֵל ל-
3. (summon) זִימֵּן
4. *vi.* (cry out) קָרָא, צָעַק
call back הֶחֱזִיר
call for הִצְרִיךְ
call in טִילְפֵּן
call off בִּיטֵּל
call out קָרָא
call up 1. (telephone) צִילְצֵל, טִילְפֵּן ל-
2. (military mobilization) גִּייֵּס
call upon הִפְצִיר בּ-, דָּרַשׁ מ-
caller *n.* מְטַלְפֵּן
calligraphy *n.* כְּתִיבָה תַּמָּה, קָלִיגְרַפְיָה
calliper *n.* מַד קוֹטֶר
callous *adj.* קָשׁוּחַ
callousness *n.* קְשִׁיחוּת
callup *n.* גִּיּוּס
calm *n.* רְגִיעָה, שֶׁקֶט, שַׁלְוָה
calm *adj.* רָגוּעַ, שָׁקֵט, שָׁלֵו
calm *vt.* הִשְׁקִיט, הִרְגִּיעַ
calm down *vt.*; *vi.* הִרְגִּיעַ; נִרְגַּע
calming *adj.* מַרְגִּיעַ
calmness *n.* רְגִיעָה, שֶׁקֶט
caloric *adj.* קָלוֹרִי
calorie *n.* קָלוֹרְיָה
calumet *n.* מִקְטֶרֶת
calypso *n.* רִיקּוּד קָלִיפְּסוֹ
calyx *n.* גְּבִיעַ הַפֶּרַח
cam *n.* פִּיקָה
camcorder *n.* מַסְרֵטַת וִידֵאוֹ
camel *n.* גָּמָל
camellia *n.* פֶּרַח הַקָּמֶלְיָה
cameo 1. (gem) תַּכְשִׁיט
2. (brief appearance) הוֹפָעָה קְצָרָה
camera *n.* 1. (photo device) מַצְלֵמָה
2. (chamber) לִשְׁכָּה
in camera (*law*) בִּדְלָתַיִים סְגוּרוֹת
on camera מוּל הַמַּצְלֵמָה
candid camera מַצְלֵמָה נִסְתֶּרֶת
video camera מַסְרֵטַת וִידֵאוֹ
cameraman *n.* צַלָּם
camisole *n.* תַּחְתּוֹנִית
camouflage *n.* הַסְוָואָה
camouflage *vt.* הִסְוָוה
camp *n.* מַחֲנֶה ז׳ (מַחֲנוֹת)
boot camp מַחֲנֵה טִירוֹנִים
concentration camp מַחֲנֵה רִיכּוּז
detention camp מַחֲנֵה מַעֲצָר
extermination camp מַחֲנֵה הַשְׁמָדָה
camp *vi.* חָנָה, הִתְמַקֵּם בְּמַחֲנֶה
campaign *n.* 1. (battle) מַעֲרָכָה
2. (drive, operation) מַסָּע ז׳ (מַסָּעוֹת)
election campaign מַעֲרֶכֶת בְּחִירוֹת, קַמְפֵּיין
campaign *vi.* 1. לָחַם
2. נִיהֵל מַסָּע
camper *n.* (camping person) חוֹנֶה
2. (vehicle) מְכוֹנִית מַחֲנָאוּת, קָרָוָואן
campfire *n.* מְדוּרָה
campground, campsite *n.* אֲתַר מַחֲנָאוּת
camping *n.* מַחֲנָאוּת
campus *n.* קִרְיָה, קַמְפּוּס

camshaft *n.*	מוֹט, פִּיקָה
can *n.* 1. (receptacle)	פַּח, פַּחִית
2. (airtight food container)	קוּפְסָה
trash can	פַּח אַשְׁפָּה
can *vt.*	שִׁימֵּר בְּפַחִית
can *vi.*	יָכוֹל, מְסוּגָל לְ-
can't: cannot	
Canaan *n.*	כְּנַעַן
canal *n.*	תְּעָלָה
root canal	טִיפּוּל/סְתִימַת שׁוֹרֶשׁ
canary *n.*	קַנָרִית
canasta *n.*	מִשְׂחַק קָנַסְטָה
cancel *vt.*	בִּיטֵּל
cancer *n.*	סַרְטָן
cancerous *adj.*	סַרְטָנִי
candelabra *n.*	פָּמוֹט
candescence *n.*	בּוֹהַק
candescent *adj.*	בּוֹהֵק
candid *adj.*	כֵּן, כֵּנֶה, גְּלוּי-לֵב
candidacy *n.*	מוּעֲמָדוּת
candidate *n.*	מוּעֲמָד
candidness *n.*	כֵּנוּת, גִּילוּי-לֵב
candle *n.*	נֵר ז׳ (נֵרוֹת)
candlelight *n.*	אוֹר נֵר
candlepower *n.*	יְחִידַת אוֹר
candlestick *n.*	פָּמוֹט
candor *n.*	גִּילוּי לֵב
candy *n.*	סוּכָּרִיָּיה, מַמְתָּק
cane *n.* 1. (stem)	קָנֶה, מַקֵּל ז׳ (מַקְלוֹת)
2. (walking stick)	קְנֵה הֲלִיכָה
sugar cane	קְנֵה סוּכָּר
cane *vt.*	הִלְקָה
canine *n.*	כֶּלֶב, מִמִּשְׁפַּחַת הַכְּלָבִים
canine *adj.*	כַּלְבִּי
canister *n.*	קוּפְסָה
canker *n.*	כִּיב, פֶּצַע
canned *adj.*	מְשׁוּמָּר בְּפַחִית
cannery *n.*	בֵּית-חֲרוֹשֶׁת לְשִׁימּוּרִים
cannibal *n.*	אוֹכֵל אָדָם, קָנִיבָּל
cannibalism *n.*	קָנִיבָּלִיּוּת

cannibalize *vt.*	הוֹצִיא חֲלָקִים מִמְּכוֹנָה
cannon *n.*	תּוֹתָח
cannonade *n.*	הַפְגָּזַת תּוֹתָחִים
cannonball *n.*	קְלִיעַ תּוֹתָח
cannot *vi.*	לֹא יָכוֹל
canny *adj.* 1. (careful)	זָהִיר
2. (shrewd)	מְמוּלָּח, פִּיקֵחַ
canoe *n.*	בּוּצִית
canoe *vi.*	שָׁט בְּבוּצִית
canon *n.* 1. (principle, rule)	עִיקָּרוֹן, כְּלָל
2. (holy books)	קָנוֹן, סִפְרֵי קוֹדֶשׁ
3. (priest)	כּוֹמֶר
canonization *n.*	קִידּוּשׁ, קָנוֹנִיזַצְיָה
canonize *vt.*	קִידֵּשׁ
canopy *n.*	חוּפָּה, אַפִּרְיוֹן
cant *n.* 1. (hypocritical talk)	הִתְחַסְּדוּת
2. (jargon)	עָגָה
cantaloupe *n.*	מֶלוֹן
cantankerous *adj.*	רַגְזָן, מְחַרְחֵר רִיב
canteen *n.* 1. (store)	שֶׁקֶם, קַנְטִינָה
2. (drinking container)	מֵימִיָּיה
canter *n.*	דְּהִירָה קַלָּה
canter *vi.*	דָּהַר קַלּוֹת
canticle *n.*	שִׁיר, הִימְנוֹן
Canticles *n.* (*Bible*)	שִׁיר הַשִּׁירִים
canton *n.*	מָחוֹז
cantonal *adj.*	מְחוֹזִי
cantor *n.*	חַזָּן
cantorial *adj.*	שֶׁל חַזָּנוּת
canvas *n.*	בְּרֶזֶנְט, בַּד צִיּוּר
canvass *vt.* 1. (examine)	בָּדַק, בָּחַן
2. (count votes)	סָפַר קוֹלוֹת
canyon *n.*	עֵמֶק, מַכְתֵּשׁ, קֶנְיוֹן
cap *n.* 1. (hat)	כִּיפָּה, כּוֹבַע
2. (cover)	מִכְסֶה
3. (tooth crown)	כֶּתֶר
4. (upper limit)	תִּקְרָה
cap *vt.* 1. (cover)	כִּיסָּה
2. (outdo)	עָלָה עַל
capability *n.*	יְכוֹלֶת, כִּישָׁרוֹן

capable *adj.* מוּכשָׁר
capable of מְסוּגָל ל-
capacious *adj.* מְרוּוָח
capacitor *n.* קַבָּל
capacity *n.* 1. (ability) יְכוֹלֶת
2. (volume) תְּפוּסָה, קִיבּוֹלֶת
3. (official position) תַּפקִיד, מַעֲמָד
cape *n.* 1. (garment) שִׁכמִייָה
2. (land) כֵּף, לְשׁוֹן יַבָּשָׁה
caper *n.* 1. (leap) קְפִיצָה, דִילוּג
2. (prank) תַּעֲלוּל
3. (theft) גְנֵיבָה, שׁוֹד
capillary *adj.* נִימִי
capital *n.* 1. (city) (עִיר) בִּירָה
2. (wealth) הוֹן
venture capital הוֹן סִיכּוּן, הַשׁקָעָה נוֹשֵׂאת סִיכּוּן
capital *adj.* 1. (main) עִיקָּרִי, רָאשִׁי
2. (punishable by death) שֶׁדִינוֹ מָוֶות
capitalism *n.* קַפִּיטָלִיזם
capitalist *n.* קַפִּיטָלִיסט
capitalization *n.* הִיוּוּן
capitalize *vt.* 1. (write in caps) כָּתַב בְּאוֹת גְדוֹלָה
2. (convert to capital) הִיוֵון
capitalize on נִיצֵל
capitol *n.* קַפִּיטוֹל
capitulate *vi.* נִכנַע
capitulation *n.* כְּנִיעָה
caplet *n.* קַפּלִייָה
cappuccino *n.* קַפּוּצִ׳ינוֹ
capriccio *n.* קַפּרִיצִ׳יוֹ
caprice *n.* גַּחֲמָה, קַפּרִיזָה
capricious *adj.* גַּחֲמָנִי, קַפּרִיזִי
capriole *n.* נִיתוּר, דִילוּג
capsize *vi.* הִתהַפֵּך
capstan *n.* מָנוֹף
capstone *n.* גוּלַּת כּוֹתֶרֶת
capsulate *vt.* שָׂם בִּכמוּסָה
capsule *n.* 1. (drug) כְּמוּסָה, גְלוּלָה
2. (spacecraft cabin) תָּא חֲלָלִית
captain *n.* 1. (commander) מְפַקֵּד
2. (pilot) קַבַּרנִיט
3. (ship commander) רַב-חוֹבֵל
4. (military rank) סֶרֶן
5. (*sports*) קַפּטֶן
captainship *n.* פִּיקוּד
caption *n.* כִּיתוּב, כְּתוּבִית
caption *vt.* כִּיתֵב, רָשַׁם כְּתוּבִית
captivate *vt.* הִקסִים, שָׁבָה אֶת הַלֵב
captivating *adj.* מַקסִים, שׁוֹבֵה לֵב
captive *n.* שָׁבוּי
captor *n.* שׁוֹבֶה
capture *n.* תְּפִיסָה, לְכִידָה
capture *vt.* 1. (by army) שָׁבָה
2. (by police) לָכַד, תָּפַס
3. (take hold) תָּפַס
car *n.* 1. (automobile) מְכוֹנִית
2. (of railroad) קָרוֹן ז׳ (קְרוֹנוֹת)
cable car רַכֶּבֶל
compact car מְכוֹנִית קְטַנָּה
dining car קְרוֹן מִסעָדָה
sleeping car קְרוֹן שֵׁינָה
squad car מְכוֹנִית שִׁיטוּר, נַייֶדֶת
carafe *n.* קַנקַן
caramel *n.* קָרָמֶל
carat *n.* קָרָט
caravan *n.* 1. (convoy) שַׁייָרָה
2. (van) מְגוּרוֹן, קָרוֹן ז׳ (קְרוֹנוֹת)
caravel, caravelle *n.* אוֹנִייָה קְטַנָּה
carbine *n.* רוֹבֶה קַל
carbohydrate *n.* פַּחמֵימָה
carbon *n.* פַּחמָן
carbonate *n.* פַּחמָה
carbonated *adj.* מוּגָז
carburetor *n.* מְאַייֵד, קַרבּוּרָטוֹר
carcass *n.* גְוִוייָה
carcinogen *n.* חוֹמֶר מְסַרטֵן
carcinoma *n.* קַרסִינוֹמָה, גִידוּל מַמאִיר
card *n.* 1. (cut paper or plastic) כַּרטִיס

2. (game piece)	קְלָף
card-carrying	בַּעַל כַּרְטִיס חָבֵר
business card	כַּרְטִיס בִּיקּוּר
call card	כַּרְטִיס טֶלֶפוֹן
calling card	כַּרְטִיס בִּיקּוּר
charge card	כַּרְטִיס חִיּוּב
credit card	כַּרְטִיס אַשְׁרַאי
drawing card	אַטְרַקְצִיָּה הֲמוֹנִית
green card	כַּרְטִיס תּוֹשָׁב קֶבַע (ארה״ב)
greeting card	כַּרְטִיס בְּרָכָה
playing cards	קְלָפִים
punch card	כַּרְטִיס נִיקּוּב
report card	גִּילָּיוֹן צִיּוּנִים
trump card	קְלָף חָזָק
cardamon *n.*	הֵל
cardboard *n.*	קַרְטוֹן
cardiac *adj.*	שֶׁל הַלֵּב
cardigan *n.*	אֲפוּדָּה סְרוּגָה
cardinal *n.*	חַשְׁמָן, קַרְדִּינָל
cardinal *adj.*	עִיקָּרִי, רָאשִׁי
cardio-	שֶׁל הַלֵּב
cardiogram *n.*	קַרְדְּיוֹגְרָם
cardiologist *n.*	רוֹפֵא לֵב
cardiology *n.*	רְפוּאַת לֵב
cardiopulmonary *adj.*	שֶׁל הַלֵּב וְהָרֵיאוֹת
cardiovascular *adj.*	שֶׁל הַלֵּב וּכְלֵי הַדָּם
care *n.* 1. (treatment)	טִיפּוּל
2. (attention)	תְּשׂוּמֶת לֵב, הַשְׁגָּחָה
3. (concern)	אִיכְפַּתִיּוּת
care of	אֵצֶל, בְּאֶמְצָעוּת
intensive care	טִיפּוּל נִמְרָץ
take care	נִזְהַר
take care!	שְׁמוֹר עַל עַצְמְךָ!
take care of	טִיפֵּל בּ-
care *vi.* 1.	טִיפֵּל בּ-, דָּאַג ל-
2.	שָׂם לֵב, הִשְׁגִּיחַ
3.	אִיכְפַּת לוֹ
care a hoot	לֹא אִיכְפַּת לוֹ
careen *vi.*; *vt.*	נָטָה ; הִטָּה הַצִּידָּה
career *n.*	קַרְיֶירָה

carefree *adj.*	חֲסַר-דְּאָגָה
careful *adj.* 1. (cautious)	זָהִיר
2. (thorough)	יְסוֹדִי, קַפְּדָנִי ; קַפְּדָן
carefulness *n.*	זְהִירוּת
caregiver *n.*	מְטַפֵּל, סוֹעֵד
caregiving *n.*	טִיפּוּל, סִיעוּד
careless *adj.*	חֲסַר-זְהִירוּת, רַשְׁלָן
carelessness *n.*	חוֹסֶר-זְהִירוּת, רַשְׁלָנוּת
caress *n.*	לִיטוּף
caress *vt.*	לִיטֵּף
caret *n.*	סִימַן הַהֲגָהָה ^
caretaker *n.*	מְטַפֵּל, מַשְׁגִּיחַ ; שַׁמָּשׁ
careworn *adj.*	אֲכוּל-דְּאָגוֹת
carfare *n.*	דְּמֵי נְסִיעָה
cargo *n.*	מִטְעָן
caricature *n.*	קָרִיקָטוּרָה
caricaturist *n.*	צַיַּיר קָרִיקָטוּרוֹת
caries *n.*	רִיקָּבוֹן, עַשֶּׁשֶׁת
carillon *n.*	פַּעֲמוֹנֵי מוּזִיקָה
caring *adj.*	דּוֹאֵג לַאֲחֵרִים
carjacking *n.*	חֲטִיפַת מְכוֹנִית
carjacker *n.*	חוֹטֵף מְכוֹנִית
carload *n.*	תְּכוּלַת מְכוֹנִית
carminative *n.*	תְּרוּפָה נֶגֶד גַּזִּים
carmine *n.*	אַרְגָּמָן
carnage *n.*	טֶבַח, קֶטֶל
carnal *adj.*	חוּשָׁנִי, גּוּפָנִי
carnation *n.*	פֶּרַח הַצִּיפּוֹרֶן
carnival *n.*	קַרְנָבָל
carnivore *n.*	חַיַּית טֶרֶף, אוֹכֵל בָּשָׂר
carnivorous *adj.*	שֶׁל אוֹכְלֵי בָּשָׂר
carol *n.*	שִׁיר הַלֵּל (לְחַג הַמּוֹלָד)
carol *vi.*	שָׁר שִׁיר הַלֵּל
carousel *n.*	סְחַרְחֶרֶת, קָרוּסֶלָה
carp *n.*	קַרְפִּיוֹן
carp *vi.*	מָצָא דּוֹפִי
carpal *n.*	שֶׁל מִפְרַק כַּף הַיָּד
carpenter *n.*	נַגָּר
carpentry *n.*	נַגָּרוּת
carpet *n.*	שָׁטִיחַ

carpet *vt.* כִּיסָּה בְּשָׁטִיחַ
carport *n.* סְכָכַת מְכוֹנִית
carpus *n.* מִפְרַק כַּף הַיָּד
carrel *n.* פִּינַּת עִיּוּן (בְּסִפְרִייָה)
carriage *n.* כִּרְכָּרָה
baby carriage עֶגְלַת תִּינוֹק
carrier *n.* 1. (one that carries) נוֹשֵׂא
2. (transporter) מוֹבִיל, חֶבְרַת הוֹבָלָה
3. (transmitter of disease) נַשָּׂא
letter/mail carrier דַּוָּור
aircraft carrier נוֹשֵׂאת מְטוֹסִים
carrion *n.* פֶּגֶר
carrot *n.* גֶּזֶר
carry *vt.* 1. (bear) נָשָׂא
2. (transport) הוֹבִיל
carry away רִיגֵּשׁ
carry forward הֶעֱבִיר
carry-on *n.* מִטְעַן יָד
carry on 1. (conduct) בִּיצַּע
2. (continue) הִמְשִׁיךְ
carry on (with) נִיהֵל אֲהָבִים
carry-out *n.* מָנָה לַאֲכִילָה בַּבַּיִת
carry out בִּיצַּע
carry over דָּחָה (בַּזְּמַן)
carry the day נִיצַּח
carry through בִּיצַּע, הִשְׁלִים
carsick *adj.* סוֹבֵל מִבְּחִילָה בִּנְסִיעָה
carsickness *n.* בְּחִילָה בִּנְסִיעָה
cart *n.* עֲגָלָה
cart *vt.* סָחַב, הוֹבִיל
cartage *n.* הוֹבָלָה
carte blanche חוֹפֶשׁ פְּעוּלָּה
cartel *n.* אִיגּוּד, קַרְטֵל
cartilage *n.* סְחוּס
cartographer *n.* צַיַּיר מַפּוֹת
cartography *n.* צִיּוּר מַפּוֹת
carton *n.* קוּפְסַת קַרְטוֹן
cartoon *n.* 1. (humorous drawing) קָרִיקָטוּרָה
2. (animated film) סֶרֶט מְצוּיָּיר
cartoonist *n.* צַיַּיר קָרִיקָטוּרוֹת
cartridge *n.* 1. (cassette) מַחְסָנִית
2. (firearm) תַּרְמִיל
cartwheel *n.* גַּלְגַּל עֲגָלָה
carve *vt.* גִּילֵּף, חָרַת
carve out חָתַךְ
cascade *n.* 1. (waterfall) מַפַּל מַיִם
2. (*comp.*) דֵּירוּג
case 1. (box) קוּפְסָה
2. (occurrence) מִקְרֶה
3. (situation) מַצָּב
4. (*law*) תִּיק, עִנְיָין
5. (*gram.*) יַחֲסָה
attaché case תִּיק מִסְמָכִים, תִּיק גֵ'יימְס בּוֹנְד
in any case בְּכוֹל אוֹפֶן, בְּכוֹל מִקְרֶה
caseload *n.* תִּיקִים בְּטִיפּוּל
caseworker *n.* עוֹבֵד סוֹצְיָאלִי
cash *n.* כֶּסֶף מְזוּמָן, מְזוּמָנִים
petty cash כֶּסֶף לְהוֹצָאוֹת קְטַנּוֹת
cash *vt.* פָּדָה, הֶחֱלִיף לִמְזוּמָן
cash in עָשָׂה רֶווַח
cashew *n.* אֱגוֹז קָשִׁיו
cashier *n.* קוּפַּאי
cashier *vt.* פִּיטֵּר
cashless *adj.* לְלֹא מְזוּמָנִים
cashmere *n.* צֶמֶר קַשְׁמִיר
casing *n.* 1. (covering) עֲטִיפָה
2. (framework) מִסְגֶּרֶת
casino *n.* מוֹעֲדוֹן הִימּוּרִים, קָזִינוֹ
cask *n.* חָבִית
casket *n.* אֲרוֹן מֵתִים
casserole *n.* קְדֵירָה ; תַּבְשִׁיל קְדֵירָה
cassette *n.* 1. (recording case) קַלֶּטֶת
2. (cartridge) מַחְסָנִית
cassock *n.* גְּלִימַת כְּמָרִים
cast *n.* 1. (throw) הַשְׁלָכָה, זְרִיקָה
2. (mold) יְצִיקָה
3. (team of actors) צֶוֶות שַׂחְקָנִים
4. (surgical plaster) גֶּבֶס

5. (hue) גּוֹוָן
cast *vt.* 1. הִשְׁלִיךְ, זָרַק
2. יָצַק
3. קָבַע תַּפְקִידִים לְשַׂחְקָנִים
4. גִּיבֵּס
cast aside דָּחָה, הִשְׁלִיךְ הַצִּידָה
cast out גֵּירֵשׁ
castanet *n.* קַסְטַנְיֵיטָה
castaway *n.* נִיצוֹל אוֹנִיָּה טוֹבַעַת
caste *n.* מַעֲמָד חֶבְרָתִי
castigate *n.* 1. (condemn) גִּינָּה
2. (punish) הֶעֱנִישׁ
castigation *n.* 1. גִּינּוּי
2. עוֹנֶשׁ
castle *n.* 1. (fortress) טִירָה
2. (in chess) צְרִיחַ
castoff *adj.* זָרוּק ; מְנוּדֶּה
castor *n.* גַּלְגִּילוֹן רָהִיטִים
castrate *vt.* סֵירַס
castrated *adj.* מְסוֹרָס
castration *n.* סֵירוּס
casual *adj.* 1. (by chance) מִקְרִי, אַקְרָאִי
2. (occasional) מִזְדַּמֵּן, שֶׁמֵּעֵת לְעֵת
3. (informal) פָּשׁוּט, לֹא פוֹרְמָלִי
4. (apathetic) אָדִישׁ
5. (offhand) מְאוּלְתָּר, שִׁטְחִי
casuals *pn.* (clothes) לְבוּשׁ יוֹמְיוֹמִי
casualty *n.* אֲבֵידָה, קוֹרְבָּן
casus belli עִילָּה לְמִלְחָמָה
cat *n.* חָתוּל
alley cat חֲתוּל רְחוֹב
copy cat חַקְיָין
cataclysm *n.* אָסוֹן טֶבַע אַדִּיר
catacomb *n.* מְעָרַת קְבָרִים
catalepsy *n.* שִׁיתּוּק
catalog, catalogue *n.* קָטָלוֹג
catalog *vt.* קִיטְלֵג
cataloger *n.* מְקַטְלֵג
catalysis *n.* זֵירוּז
catalytic converter מֵמִיר גַּזִּים רְעִילִים
catalyze *vt.* זֵירֵז
catamaran *n.* רַפְסוֹדָה
catapult *n.* מַרְגֵמָה, בָּלִיסְטְרָה
cataract *n.* 1. (eye disease) יָרוֹד, תְּבַלּוּל
2. (waterfall) אֶשֶׁד
catastrophe *n.* אָסוֹן
catcall *n.* צְעָקַת גְּנַאי
catch *n.* 1. (capture) תְּפִיסָה
2. (latch) תֶּפֶס
3. (something caught) שָׁלָל
4. (tricky condition) מִילְכּוּד, עוֹקֶץ
catch-22 מִילְכּוּד
catch *vt.* 1. (capture, seize) תָּפַס
2. (apprehend) לָכַד
3. (comprehend) תָּפַס
catch on נָפוֹץ, נַעֲשָׂה פּוֹפּוּלָרִי
catch up הִתְעַדְכֵּן, חִיסֵּל פִּיגּוּר
catch up with הִדְבִּיק, הִשִּׂיג
catcher *n.* תּוֹפֵס
catching *adj.* 1. (contagious) מִידַּבֵּק
2. (attractive) מוֹשֵׁךְ
catchup *n.* קֶטְשׁוֹפּ
catchword *n.* סִיסְמָה
catchy *adj.* 1. (appealing) מוֹשֵׁךְ
2. (deceptive) מַטְעֶה
categorical *adj.* מוּחְלָט, פַּסְקָנִי
categorize *vt.* סִיוּוֵג
category *n.* סוּג, קָטֶגוֹרְיָה
cater *vt.* 1. (provide food) הִסְעִיד
2. (attend to) שִׁימֵּשׁ, דָּאַג ל-
caterer *n.* מַסְעִיד
catering *n.* הַסְעָדָה
caterpillar *n.* זַחַל
catfish *n.* שְׂפַמְנוּן
catharsis *n.* הִיטַּהֲרוּת, הִזְדַּכְּכוּת
cathartic *adj.* מְטַהֵר
cathedral *n.* קָתֶדְרָלָה
catheter *n.* צַנְתָּר
catheterize *vt.* צִינְתֵּר
catheterization *n.* צִינְתּוּר

cathode *n.* קָתוֹדָה
Catholic *n.* קָתוֹלִי
catnap *n.* תְּנוּמָה קַלָּה
catsup *n.* קֶטשׁוֹפּ
cattle *n.* בָּקָר
dairy cattle פָּרוֹת חוֹלְבוֹת
catwalk *n.* מַעֲבָר מוּגְבָּהּ
Caucasian *n.* בֶּן קַווקָז ; לָבָן
caucus *n.* כֶּנֶס מִפְלַגְתִּי
caudal *adj.* זְנָבִי
caught *p.*; *pp.* catch
cauldron *n.* קְדֵירָה, סִיר
cauliflower *n.* כְּרוּבִית
caulk *vt.* אָטַם, סָתַם סְדָקִים
caulking *n.* חוֹמֶר אִיטוּם
causal *adj.* סִיבָּתִי
causation *n.* סִיבָּתִיוּת
causative *adj.* גּוֹרֵם
cause *n.* 1. (reason) סִיבָּה, גּוֹרֵם
2. (goal) מַטָּרָה
3. (interest) עִניָין
4. (*law*) עִילָּה לְתבִיעָה
cause celebre פָּרָשָׁה מְפוּרסֶמֶת
cause *vt.* גָּרַם, הֵבִיא ל-
causeless *adj.* חֲסַר-סִיבָּה
causerie *n.* שִׂיחָה קַלָּה
causeway *n.* כְּבִישׁ מוּגבָּהּ, גֶּשֶׁר נָמוּךְ
caustic *adj.* צוֹרֵב, שׂוֹרֵף
cauterization *n.* צְרִיבָה
cauterize *vt.* צָרַב
caution *n.* 1. (carefulness) זְהִירוּת
2. (warning) אַזהָרָה
caution *vt.* הִזהִיר
cautious *adj.* זָהִיר
cavalcade *n.* תַּהֲלוּכָה
cavalier *n.* 1. (courtly man) אָצִיל, אַבִּיר
2. (rider) פָּרָשׁ
cavalier *adj.* יָהִיר
cavalry *n.* חֵיל פָּרָשִׁים
cavalryman *n.* אִישׁ חֵיל פָּרָשִׁים

cave *n.* מְעָרָה
cave in 1. (collapse) הִתמוֹטֵט
2. (surrender) נִכנַע
caveman *n.* שׁוֹכֵן מְעָרוֹת
caveat *n.* אַזהָרָה
caveat emptor עַל הַקּוֹנֶה לְהִזָּהֵר
cavern *n.* מְעָרָה גְּדוֹלָה
caviar *n.* קַוויָאר, בֵּיצֵי דָגִים
cavil *vi.* חִיפֵּשׂ פְּגָמִים
cavity *n.* 1. (hole) חוֹר
2. (hollow space) חָלָל
cavort *vi.* כִּירכֵּר
caw *n.* צְרִיחַת עוֹרֵב
CB (citizens' band) מַכשִׁיר אַלחוּט
CC (cubic centimeter) סֶנטִימֶטֶר מְעוּקָּב
CD 1. (certificate of deposit) תְּעוּדַת חִיסָכוֹן
2. (compact disc) תַּקלִיטוֹר
CD drive כּוֹנַן תַּקלִיטוֹרִים
CD-ROM תַּקלִיטוֹר מַחשֵׁב
C.E. (Christian Era) לְסְפִירַת הַנּוֹצרִים
cease *n.* הַפסָקָה, הֲפוּגָה
cease-fire הַפסָקַת אֵשׁ
cease *vi.*; *vt.* פָּסַק, נִפסַק, חָדַל ; הִפסִיק
cecum *n.* הַמְּעִי הֶעָקוּם
cedar *n.* אֶרֶז
cede *vt.* וִיתֵּר עַל
ceiling *n.* תִּקרָה
glass ceiling הַגבָּלַת קִידוּם
celebrate *vt.* חָגַג
celebrated *adj.* יְדוּעַ-שֵׁם
celebration *n.* חֲגִיגָה
celebrator *n.* חוֹגֵג
celebrity *n.* יְדוּעָן, סֶלֶבּרִיטָאִי
celery *n.* כַּרפַּס
celestial *adj.* שְׁמֵימִי
celibacy *n.* הִתנַזְּרוּת מִיַּחֲסֵי מִין
celibate *n.* מִתנַזֵּר מִיַּחֲסֵי מִין
cell *n.* תָּא
dry cell סוֹלְלָה יְבֵשָׁה
red blood cell כַּדּוּרִית אֲדוּמָּה

solar cell תָּא סוֹלָרִי
white blood cell כַּדּוּרִית לְבָנָה
cellar *n.* מַרְתֵּף
cellblock *n.* גּוּשׁ תָּאֵי מַעֲצָר
cellmate *n.* חָבֵר לְתָא מַעֲצָר
cello *n.* צֶ'ילוֹ
cellophane *n.* נְיַיר צֶלוֹפָן
cellphone *n.* טֶלֶפוֹן סֶלוּלָרִי
cellular *adj.* תָּאִי, סֶלוּלָרִי
cellulite *n.* גּוּשֵׁי שׁוּמָן (מִתַּחַת לָעוֹר)
celluloid *n.* צֶלוּלוֹיד
cellulose *n.* צֶלוּלוֹזָה
Celsius *n.* צֶלְזִיוּס
cembalist *n.* נַגַּן צֶ'מְבָּלוֹ
cembalo *n.* צֶ'מְבָּלוֹ
cement *n.* 1. (concrete) מֶלֶט, בֶּטוֹן
2. (adhesive) דֶּבֶק
cement *vt.* מִילֵּא/כִּיסָּה בְּמֶלֶט ; חִיזֵּק
cemetery *n.* בֵּית-קְבָרוֹת
cenotaph *n.* מַצֶּבֶת זִיכָּרוֹן
censor *n.* צֶנְזוֹר
censor *vt.* צִינְזֵר
censorship *n.* צֶנְזוּרָה
censure *n.* גִּינּוּי, בִּיקּוֹרֶת
censure *vt.* גִּינָּה
census *n.* מִיפְקַד תּוֹשָׁבִים
cent *n.* סֶנְט
centenarian *n.* בֶּן מֵאָה
centenary *adj.* שֶׁל מֵאָה שָׁנִים
centennial *n.* יוֹבֵל מֵאָה
center *n.* מֶרְכָּז
center of mass מֶרְכַּז כּוֹבֶד
nerve center מֶרְכַּז עֲצַבִּים
shopping center מֶרְכַּז קְנִיּוֹת
centerfold *n.* עַמּוּד אֶמְצָעִי
centerpiece *n.* קִישּׁוּט מֶרְכָּזִי
centigrade *n.* צֶלְזְיוּס
centigram *n.* סֶנְטִיגְרָם
centiliter *n.* סֶנְטִילִיטֶר
centimeter *n.* סֶנְטִימֶטֶר

centipede *n.* מַרְבֵּה רַגְלַיִים
central *adj.* מֶרְכָּזִי
centrality *n.* מֶרְכָּזִיּוּת
centralization *n.* רִיכּוּז
centralize *vt.* רִיכֵּז
centre *n.* מֶרְכָּז
centrifugal *adj.* צֶנְטְרִיפוּגָלִי
centrifuge *n.* צֶנְטְרִיפוּגָה
centrism *n.* מְתִינוּת פּוֹלִיטִית
centrist *n.* מָתוּן, אִישׁ מֶרְכָּז
century *n.* מֵאָה (שָׁנִים)
CEO (chief executive officer) מְנַהֵל רָאשִׁי
cephalic *adj.* שֶׁל הָרֹאשׁ
ceramic *n.* קֶרָמִיקָה
cereal *n.* 1. (grain) דָּגָן
2. (food preparation) דַּיְיסָה
cerebral *adj.* מוֹחִי
cerebrum *n.* מוֹחַ
cerement *n.* תַּכְרִיךְ
ceremonial *adj.* טִקְסִי
ceremonious *adj.* חֲגִיגִי
ceremony *n.* טֶקֶס
cerise *n.* אָדוֹם כֵּהֶה
certain *adj.* 1. (sure) בָּטוּחַ, וַדָּאִי
2. (specific) מְסוּיָּם
certainly *adv.* בְּוַודַּאי
certainty *n.* וַדָּאוּת
certificate *n.* תְּעוּדָה, אִישּׁוּר
death certificate תְּעוּדַת פְּטִירָה
certification *n.* הַתְעָדָה, הַסְמָכָה
certified *adj.* מוּסְמָךְ, מוּרְשֶׁה, מְאוּשָּׁר
certify *vt.* 1. (authorize) הִתְעִיד, הִסְמִיךְ
2. (confirm) אִישֵּׁר
certitude *n.* וַדָּאוּת
cerulean *adj.* תָּכוֹל
cerumen *n.* שַׁעֲוַות הָאוֹזֶן
cervical *adj.* שֶׁל פִּי הָרֶחֶם
cervix *n.* פִּי הָרֶחֶם
cesarean *adj.* קֵיסָרִי
cessation *n.* הַפְסָקָה

cession *n.*	וִיתּוּר
cesspool *n.*	בּוֹר שְׁפָכִים
cf. (compare)	הַשְׁוֵה , עַיֵּין
chafe *vt.*; *vi.* 1. (rub)	שִׁיפְשֵׁף ; הִשְׁתַּפְשֵׁף
2. (be irritated)	הִתְרַגֵּז, הִתְעַצְבֵּן
chaff *n.*	חָצִיר
chagrin	רוֹגֶז
chain *n.*	שַׁרְשֶׁרֶת
chain *vt.*	כָּבַל בְּשַׁרְשֶׁרֶת
chair *n.* 1. (seat)	כִּסֵּא
2. (chairman)	יוֹשֵׁב רֹאשׁ
3. (academic position)	קָתֶדְרָה
easy chair	כִּיסֵּא נוֹחַ
electric chair	כִּיסֵּא חַשְׁמַלִּי
rocking chair	כִּיסֵּא נַדְנֵדָה
swivel chair	כִּיסֵּא מִסְתּוֹבֵב
wheel chair	כִּיסֵּא גַלְגַּלִּים
chair *vt.*	יָשַׁב רֹאשׁ
chairman, chairperson *n.*	יוֹשֵׁב רֹאשׁ
chaise *n.*	כִּרְכָּרָה
chaise longue	כִּיסֵּא נוֹחַ
Chaldean *n.*; *adj.*	כַּשְׂדִּי
chalet *n.*	בִּקְתָּה שְׁוֵויצָרִית
chalice *n.*	גָּבִיעַ
chalk *n.*	גִּיר
chalkboard *n.*	לוּחַ כְּתִיבָה
chalky *adj.*	גִּירִי
challenge *n.*	אֶתְגָּר
challenge *vt.*	אִיתְגֵּר, הִצִּיג אֶתְגָּר בִּפְנֵי
chamber *n.*	לִשְׁכָּה, חֶדֶר
chamber of commerce	לִשְׁכַּת מִסְחָר
gas chamber	תָּא גַּזִּים
chamberlain *n.*	חַצְרָן
chambermaid *n.*	חַדְרָנִית
chameleon *n.*	זִיקִית
chamois *n.*	יָעֵל
champ *n.*	אַלּוּף
champ *vt.*	לָעַס
champagne *n.*	שַׁמְפַּנְיָה
champion *n.* 1. (top winner)	אַלּוּף
2. (supporter)	תּוֹמֵךְ
champion *vt.*	תָּמַךְ בְּ- , נֶאֱבַק לְמַעַן
championship *n.*	אַלִּיפוּת
chance *n.* 1. (opportunity)	הִזְדַּמְּנוּת, סִיכּוּי
2. (likelihood)	אֶפְשָׁרוּת
by chance	בְּמִקְרֶה
stand a chance	הָיָה לוֹ סִיכּוּי
chancellor *n.* 1. (state official)	קַנְצְלֶר
2. (university administrator)	נָגִיד
chancellorship *n.*	מִשְׂרַת הַקַּנְצְלֶר
chancre *n.*	עַגֶּבֶת
chancy *adj.*	מְסוּכָּן, לֹא בָּטוּחַ
chandelier *n.*	נִבְרֶשֶׁת
chandler *n.*	יַצְרָן/מוֹכֵר נֵרוֹת
change *n.* 1. (alteration)	שִׁינּוּי
2. (substitution)	הַחְלָפָה, הֲמָרָה
3. (money)	עוֹדֶף
4. (transformation)	מַעֲבָר
change of clothes	בְּגָדִים לְהַחְלָפָה
change of life	בְּלוֹת, הַפְסָקַת הַוֶּסֶת
small change	כֶּסֶף קָטָן
change *vt.*; *vi.* 1.	שִׁינָּה ; הִשְׁתַּנָּה
2.	הֶחֱלִיף, הֶחֱלִיף בְּגָדִים ; הִתְחַלֵּף
3.	פָּרַט
change hands	עָבַר מִיָּד לְיָד
change into	הָפַךְ לְ-
change one's mind	שִׁינָּה אֶת דַּעְתּוֹ
change one's tune	שִׁינָּה אֶת עֶמְדָּתוֹ
changeling *n.*	יֶלֶד מוּחְלָף
changeover *n.*	תְּמוּרָה, שִׁינּוּי
channel *n.* 1. (waterway)	תְּעָלָה
2. (riverbed)	אָפִיק
3. (strait)	מֵיצָר
4. (conduit)	צִינּוֹר
5. (communication access)	עָרוּץ
channel *vt.*	תִּיעֵל, הִפְנָה, כִּיוֵּן
chant *n.*	זֶמֶר, שִׁיר
chant *vt.*	זִימֵּר, שָׁר
chanteuse *n.*	זַמֶּרֶת
chantey *n.*	שִׁיר מַלָּחִים

Chanukah *n.* חֲנוּכָּה
chaos *n.* תּוֹהוּ וָבוֹהוּ, אִי-סֵדֶר
chaotic *adj.* פָּרוּעַ, חֲסַר-סֵדֶר
chap *n.* 1. (crack) סֶדֶק
2. (fellow) בָּחוּר
chap *vt.*; *vi.* סָדַק (אֶת הָעוֹר) ; נִסדַק
chaparral *n.* חוּרשָׁה
chapeau *n.* כּוֹבַע
chapel *n.* חֲדַר תְּפִילָה
chaperon *n.* בֶּן-לְוָיָה, מַשגִּיחַ
chaplain *n.* אִישׁ כְּמוּרָה
chaplet *n.* (wreath) עֲטֶרֶת רֹאשׁ
chapter *n.* 1. (book section) פֶּרֶק
2. (branch) סְנִיף
char *vt.*; *vi.* חָרַךְ ; נֶחֱרַךְ
character *n.* (features, nature) אוֹפִי, טֶבַע
2. (peculiar person) טִיפּוּס
3. (graphic symbol) תָּו, אוֹת
4. (in literature) דְּמוּת
out of character לֹא הוֹלֵם אֶת אוֹפיוֹ
characteristic *adj.* אוֹפיָינִי
characterize *vt.* 1. (distinguish) אִיפיֵין
2. (describe) תֵּיאֵר
characterless *adj.* חֲסַר-אוֹפִי
charade *n.* 1. (game) מִשׂחַק נִיחוּשׁ
2. (pretense) הַעֲמָדַת פָּנִים
charbroil *vt.* צָלָה עַל פֶּחָם
charcoal *n.* פֶּחָם
chard *n.* עֲלֵי סֶלֶק
charge *n.* 1. (accusation) הַאֲשָׁמָה
2. (cost) מְחִיר
3. (debit) חִיוּב
4. (load) טְעִינָה
5. (attack) הִסתָּעֲרוּת, הִתנַפְּלוּת
6. (control) שְׁלִיטָה
7. (explosive) מִיטעַן נֶפֶץ
cover charge דְּמֵי כְּנִיסָה
in charge אַחֲרַאי
depth charge מִיטעַן עוֹמֶק
roadside charge מִיטעַן צַד
service charge דְּמֵי שֵׁירוּת
take charge נָטַל שְׁלִיטָה
charge *vt.* 1. הֶאֱשִׁים
2. גָּבָה מְחִיר
3. חִייֵב
4. טָעַן
5. הִסתָּעֵר, הִתנַפֵּל עַל
charger *n.* מַטעֵן
chariot *n.* כִּרכָּרָה
charisma *n.* כָּרִיזמָה, קֶסֶם
charismatic *adj.* כָּרִיזמָטִי, בַּעַל-קֶסֶם
charitable *adj.* 1. (of charity) שֶׁל צְדָקָה
2. (generous) נָדִיב
charity *n.* צְדָקָה
charlatan *n.* נוֹכֵל
charm *n.* 1. (attractive quality) קֶסֶם, חֵן
2. (amulet) קָמֵיעַ
charming *adj.* מַקסִים, בַּעַל-חֵן
chart *n.* טַבלָה, תַּרשִׁים
pie chart תַּרשִׁים פְּלָחִים
chart *vt.* הֵכִין טַבלָה, תִּיכנֵן
charter *n.* 1. (constitution) אֲמָנַת יְסוֹד
2. (bill of rights) כְּתַב זְכוּיוֹת
3. (authorization) תְּעוּדַת זִיכָּיוֹן, הַסמָכָה
4. (lease) שֶׂכֶר, חֲכִירָה
charter *vt.* 1. (grant a charter) הֶעֱנִיק זִיכָּיוֹן
2. (lease) חָכַר, שָׂכַר
charwoman *n.* מְנַקָּה, עוֹבֶדֶת נִיקָיוֹן
chase *n.* רְדִיפָה, מִרדָף
wild-goose chase מַאֲמָץ שָׁווא
chase *vt.* רָדַף אַחֲרֵי
chaser *n.* רוֹדֵף
chasm *n.* בֶּקַע, תְּהוֹם
chassis *n.* שִׁלדָה
chaste *adj.* 1. (modest) צָנוּעַ
2. (celibate) מִתנַזֵּר מִמִּין
chasten *vt.* 1. (punish) נָזַף בּ-
2. (restrain) רִיסֵן
3. (purify) טִיהֵר
chastise *vt.* גִּינָה

chat *n.* 1. (light conversation) שִׂיחָה קַלָּה
2. (*internet*) צָ׳אט
chat *vi.* שׂוֹחַח
chateau *n.* אַרְמוֹן ; טִירָה
chattel *n.* נֶכֶס מִיטַּלְטֵל
chatter *n.* פִּיטְפּוּט
chatter *vi.* 1. (jabber) פִּיטְפֵּט
2. (click) נָקַשׁ
chatterbox *n.* פַּטְפְּטָן
chauffeur *n.* נֶהָג פְּרָטִי
chauvinism *n.* לְאוּמָנוּת קִיצוֹנִית, שׁוֹבִינִיזְם
chauvinist *n.* לְאוּמָנִי קִיצוֹנִי, שׁוֹבִינִיסְט
male chauvinist מַפְלֵה נָשִׁים
cheap *adj.* 1. (inexpensive) זוֹל
2. (of inferior quality) בְּאֵיכוּת יְרוּדָה
3. stingy קַמְצָן
cheapen *vt.* 1. (make cheaper) הוֹזִיל
2. (degrade) הִשְׁפִּיל, בִּיזָּה
cheaply *adv.* בְּזוֹל
cheapness *n.* זוֹלוּת
cheapskate *n.* קַמְצָן
cheat *vt.* רִימָּה
cheater *n.* רַמַּאי
check *n.* 1. (money note) הַמְחָאָה, צֶ׳יק
2. (restaurant bill) חֶשְׁבּוֹן
3. (inspection) בְּדִיקָה
4. (stoppage) בְּלִימָה
5. (squares) רִיבּוּעִים
6. (*chess*) שַׁח!
cashier's/certified check הַמְחָאָה בַּנְקָאִית
rain check הַבְטָחָה לְמוֹעֵד יוֹתֵר מְאוּחָר
spot check בְּדִיקַת מִידְגָּם
security check בִּידּוּק, בְּדִיקָה בִּיטְחוֹנִית
traveler's check הַמְחָאַת נוֹסְעִים
check *vt.* 1. (examine) בָּדַק
2. (mark) סִימֵּן
3. (stop) בָּלַם
check in נִרְשַׁם בִּכְנִיסָה ; נִכְנַס
check out שִׁילֵּם חֶשְׁבּוֹן מָלוֹן/חֲנוּת ; עָזַב
check over בָּדַק
checkbook *n.* פִּנְקַס הַמְחָאוֹת
checker *n.* 1. (examiner) בּוֹדֵק
2. (cashier) קוּפַּאי
3. (square) מִשְׁבֶּצֶת
checkers *pn.* דַּמְקָה
checkerboard *n.* לוּחַ דַּמְקָה
checkered *adj.* מְשׁוּבָּץ
checkmate *n.* מָט
checkoff *n.* נִיכּוּי דְּמֵי חֲבֵרוּת
checkout *n.* 1. (leaving) פִּינּוּי חֶדֶר בְּמָלוֹן
2. (testing) בְּדִיקָה
3. (payment counter) דוּכַן קוּפָּה
checkpoint *n.* נְקוּדַת בִּיקּוֹרֶת
checkrein *n.* מוֹשְׁכוֹת
checkup *n.* בְּדִיקָה
cheddar *n.* גְּבִינָה צְהוּבָּה
cheek *n.* לֶחִי
cheekbone *n.* עֶצֶם הַלֶּחִי
cheeky *adj.* חָצוּף
cheep *n.* צִיּוּץ
cheep *vi.* צִיֵּיץ
cheer *n.* קְרִיאַת עִידּוּד
cheers! לְחַיִּים!
cheer *vt.* הֵרִיעַ לְ-
cheerful *adj.* עַלִּיז
cheerleader *n.* מְעוֹדֵד קְבוּצַת סְפּוֹרְט
cheese *n.* גְּבִינָה
cottage cheese גְּבִינַת קוֹטֶג׳
cream cheese גְּבִינַת שַׁמֶּנֶת
Swiss cheese גְּבִינָה שְׁוֵויצָרִית
cheeseburger *n.* הַמְבּוּרְגֶר עִם גְּבִינָה
cheesecake *n.* עוּגַת גְּבִינָה
cheesecloth *n.* אָרִיג גַּס
cheesy *adj.* דְּמוּי-גְבִינָה
cheetah *n.* בַּרְדְּלָס
chef *n.* אַשַּׁף מִטְבָּח
chemical *n.* חוֹמֶר כִּימִי
chemical *adj.* כִּימִי
chemist *n.* כִּימַאי

chemistry *n.* כִימִיָה
chemotherapy *n.* כִימוֹתֶרַפְּיָה, רִיפּוּי כִימִי
chenille *n.* חוּט רִיקְמָה
cherish *vt.* הוֹקִיר
cherry *n.* דוּבְדְבָן
cherub *n.* חָרוּב
chess *n.* שַחְמָט
chessboard *n.* לוּחַ שַחְמָט
chessman *n.* כְּלִי שַחְמָט
chest *n.* 1. (part of body) חָזֶה
2. (box) שִידָה
chesterfield *n.* מְעִיל
chestnut *n.* עַרְמוֹן
chevalier *n.* אַבִּיר, אָצִיל
chevron *n.* סִימַן דַרְגָה
chew *n.* לָעַס
chew out נָזַף, גָעַר בּ-
chew the cud הֶעֱלָה גֵירָה
chewable, chewy *adj.* לָעִיס
chic *adj.* אוֹפְנָתִי, מְהוּדָר
chick *n.* 1. (young chicken) פַּרְגִית, אֶפְרוֹחַ
2. (young woman) צְעִירוֹנֶת
chicanery *n.* תַחְבּוּלָה, הוֹנָאָה
Chicano *n.* אֲמֶרִיקָאִי מִמוֹצָא מֶקְסִיקָנִי
chicken *n.* תַרְנְגוֹלֶת, בְּשַׂר עוֹף
chicken-hearted מוּג-לֵב, פַּחְדָן
chicken (out) *vi.* נִרְתַע מִפַּחַד
chickenpox *n.* אֲבַעְבּוּעוֹת רוּחַ
chickpea *n.* חִמְצָה, חוּמוּס
chicle *n.* שְׂרָף (לְגוּמִי לְעִיסָה)
chicory *n.* עוֹלֶש
chide *vt.* גָעַר בּ-
chief *n.* מַנְהִיג, רֹאש
chief of staff רֹאש מַטֶה כְּלָלִי
chief *adj.* עֶלְיוֹן, עִיקָרִי
chiefly *adv.* בְּעִיקָר
chieftain *n.* רֹאש שֶבֶט
chiffon *n.* אֲרִיג מֶשִי
child *n.* יֶלֶד
childbearing *n.* לֵידָה
childbirth *n.* לֵידָה
childish *adj.* יַלְדוּתִי
childless *adj.* חֲשׂוּךְ-יְלָדִים
children *pn.* יְלָדִים
chili *n.* פִּילְפֵּל אָדוֹם
chill *n.* צִינָה, צְמַרְמוֹרֶת
chill *vt.; vi.* קֵירֵר ; הִתְקָרֵר
chiller *n.* סֶרֶט אֵימָה
chilling *adj.* מְצַמְרֵר, מְעוֹרֵר צְמַרְמוֹרֶת
chilly *adj.* קָרִיר, צוֹנֵן
chime *n.* פַּעֲמוֹנִים
chimney *n.* אֲרוּבָּה
chimp, chimpanzee *n.* שִימְפַּנְזָה
chin *n.* סַנְטֵר
China *n.* (country) סִין
china *n.* (porcelain) חַרְסִינָה
bone china חַרְסִינָה עֲדִינָה
chine *n.* עַמוּד שִידְרָה
chink *n.* סֶדֶק
chinky *adj.* סָדוּק
chip *n.* 1. (of wood) גְזִיר עֵץ
2. (game disk) אֲסִימוֹן
bargaining chip קְלַף מִיקוּחַ
potato chip טוּגָן, צִ׳יפְּס
chip *vt.; vi.* שָבַר חֲתִיכָה ; נִשְבַּר
chip in תָרַם
chipmunk *n.* סְנָאִי מְפוּסְפָּס
chips *pn.* צִ׳יפְּס
chiropractor *n.* כִּירוֹפְּרַקְטוֹר (מוּמְחֶה לְעַמוּד הַשִידְרָה)
chirp *n.* 1. (of a bird) צִיוּץ
2. (of an insect) צִירְצוּר
chirp *vi.* צִיֵיץ
2. צִירְצֵר
chisel *n.* מַפְסֶלֶת, אִזְמֵל
chisel *vt.* סִיתֵת, חָרַט בְּאִזְמֵל
chit *n.* (note) פֶּתֶק
chitchat *n.* שִיחָה קַלָה
chivalry *n.* אַבִּירוּת
chive *n.* בְּצַלְצַל, בָּצָל יָרוֹק

chloride *n.*	כְּלוֹרִיד
chlorinate *vt.*	טִיהֵר בִּכְלוֹר
chlorine *n.*	כְּלוֹר
chock *n.*	יָתֵד, טְרִיז
chocolate *n.*	שׁוֹקוֹלָד
choice *n.* 1. (selection)	בְּחִירָה
2. (alternative)	בְּרֵירָה
choice *adj.*	מוּבְחָר, מְשׁוּבָּח
choir *n.*	מַקְהֵלָה
choke *n.* 1. (choking)	חֶנֶק, חֲנִיקָה
2. (engine device)	מַשְׁנֵק
choke *vt.; vi.*	חָנַק ; נֶחֱנַק
choke off	הִשְׁתִּיק
choke up	נֶחֱנַק מֵהִתְרַגְּשׁוּת
choker *n.* (neckpiece)	מַחֲרוֹזֶת צַוָּאר
choking *n.*	חֲנִיקָה, חֶנֶק
choking *adj.*	מַחֲנִיק
choler *n.*	כַּעַס, חֵימָה
cholera *n.*	כּוֹלֶרָה, חוֹלִירַע
cholesterol *n.*	כּוֹלֶסְטֶרוֹל
chomp *vi.*	לָעַס
choose *vt.* 1. (select)	בָּחַר בּ-, בֵּרֵר
2. (prefer)	הֶעֱדִיף
chooser *n.*	בּוֹרֵר, בּוֹחֵר
choosiness *n.*	בַּרְרָנוּת
choosy *adj.*	בַּרְרָן
chop *n.* 1. (blow)	מַכָּה, מַהֲלוּמָה
2. (meat)	נֶתַח בָּשָׂר
chop *vt.*	חָטַב, גָּדַע, קִצֵּץ
chopped *adj.*	קָצוּץ
chopper *n.* 1. (chopping device)	מַקְצֵץ
2. (helicopter)	מַסּוֹק, הֶלִיקוֹפְּטֶר
choppers *pn.*	שִׁינַּיִים
chopstick *n.*	מַקֵּל אֲכִילָה (סִינִי)
choral *adj.*	מַקְהֵלָתִי
chorale *n.*	שִׁיר מַקְהֵלָה
chord *n.* 1. (string)	מֵיתָר
2. (musical tones)	תַּצְלִיל
chore *n.*	עֲבוֹדָה שִׁיגְרָתִית
choreographer *n.*	כּוֹרֵיאוֹגְרָף
choreography *n.*	כּוֹרֵיאוֹגְרַפְיָה
chortle *n.*	צְחוֹק רָם
chorus *n.*	מַקְהֵלָה
chose *p.* choose	
chosen *adj.*	נִבְחָר
chow *n.* 1. (dog)	כֶּלֶב סִינִי
2. (food)	אוֹכֶל
chowder *n.*	מְרַק סָמִיךְ
clam chowder	מְרַק צְדָפוֹת
Christ *n.*	יֵשׁוּ, יְשׁוּעַ
christen *vt.* 1. (baptize)	הִטְבִּיל לְנַצְרוּת
2. (dedicate)	חָנַךְ
Christendom *n.*	הָעוֹלָם הַנּוֹצְרִי
Christian *adj.; n.*	נוֹצְרִי
Christianity *n.*	נַצְרוּת
Christmas *n.*	חַג הַמּוֹלָד
chromatic *adj.*	צִבְעוֹנִי
chrome *n.*	כְּרוֹם
chromosome *n.*	כְּרוֹמוֹזוֹם
chronic *adj.*	כְּרוֹנִי, מִתְמַשֵּׁךְ
chronicle *n.*	קוֹרוֹת, תּוֹלְדוֹת
chronicle *vt.*	רָשַׁם קוֹרוֹת
Chronicles *n.* (*Bible*)	דִּבְרֵי הַיָּמִים
chronological *adj.*	כְּרוֹנוֹלוֹגִי, לְפִי סֵדֶר הַזְּמַנִּים
chronology *n.*	רְשִׁימַת אֵירוּעִים, סֵדֶר זְמַנִּים
chronometer *n.*	מַד-זְמַן
chubbiness *n.*	שְׁמַנְמַנּוּת
chubby *adj.*	שְׁמַנְמַן
chuck *n.* 1. (beef)	בְּשַׂר עוֹרֶף
2. (clamping tool)	מֶלְחָצַיִים
chuck *vt.*	זָרַק, הִשְׁלִיךְ
chuckhole *n.*	שֶׁקַע, בּוֹר
chuckle *n.*	צִיחְקוּק
chuckle *vi.*	צִיחְקֵק
chug *n.*	טִירְטוּר מָנוֹעַ
chug *vi.* 1. (make sound)	טִירְטֵר
2. (drink)	גָּמַע
chum *n.*	חָבֵר

chummy *adj.* חֲבֵרוּתִי, יְדִידוּתִי
chump *n.* טִיפֵּשׁ
chunk *n.* נֶתַח, גוּשׁ
chunky *adj.* עָבֶה
chunnel *n.* מִנְהָרָה תַּת-יַמִּית
church *n.* כְּנֵסִיָּיה
churchman *n.* אִישׁ כְּנֵסִיָּיה, כּוֹמֶר
churl *n.* גַּס-רוּחַ
churn *n.* מַחְבֵּצָה
churn *vt.* חָבַץ, עִירְבֵּל
churn out יִיצֵּר בְּשֶׁפַע
chute *n.* 1. (inclined shaft) מִגְלָשׁ
2. (waterfall) אֶשֶׁד
3. (parachute) מִצְנָח, מַצְנֵחַ
chutzpah *n.* חוּצְפָּה
CIA (Central Intelligence Agency) סִי.אַיי.אֵיי, סוֹכְנוּת הַבִּיּוּן הַמֶּרְכָּזִית (אַרהַ"ב)
cider *n.* מִיץ פֵּירוֹת
cigar *n.* סִיגָר
cigarette *n.* סִיגַרִיָּיה
cinch *n.* חֲגוֹרַת אוּכָּף
cincture *n.* חֲגוֹרָה
cinder *n.* גַּחֶלֶת
cindery *adj.* שָׂרוּף כְּאֵפֶר
cinema *n.* 1. (motion pictures) קוֹלנוֹעַ
2. (movie theater) בֵּית-קוֹלנוֹעַ
cinematic *adj.* קוֹלנוֹעִי
cinematography *n.* צִילּוּם קוֹלנוֹעִי
cinnamon *n.* קִינָּמוֹן
cipher *n.* 1. (zero) אֶפֶס
2. (secret writing) צוֹפֶן, כְּתַב סְתָרִים
cipher *vt.* כָּתַב בְּצוֹפֶן
circa *prep.* בְּעֵרֶךְ, בִּסְבִיבוֹת
circle *n.* 1. (round shape) עִיגּוּל, מַעְגָּל
2. (group) חוּג, קְבוּצָה
traffic circle כִּיכָּר נ. (כִּיכָּרוֹת)
vicious circle מַעְגַּל קְסָמִים
circle *vt.* הִקִּיף, חָג
circuit *n.* מַעְגָּל
closed circuit מַעְגָּל סָגוּר
integrated circuit מַעְגָּל מְשׁוּלָּב
short circuit קֶצֶר
circuitry *n.* מַעְגָּל חַשְׁמַלִּי
circular *n.* חוֹזֵר
circular *adj.* עִיגּוּלִי
circulate *vi.* 1. (go around) הִסְתּוֹבֵב, חָג
2. (flow in a closed system) זָרַם בְּמַחֲזוֹר
3. *vt.* (distribute) הֵפִיץ
circulation *n.* 1. (movement) מַחֲזוֹר
2. (distribution) תְּפוּצָה
blood circulation מַחֲזוֹר הַדָּם
circulatory *adj.* מַחֲזוֹרִי; שֶׁל מַחֲזוֹר הַדָּם
circumcise *vt.* מָל
circumciser *n.* מוֹהֵל
circumcision *n.* (בְּרִית) מִילָה
circumference *n.* הֶיקֵּף
circumferential *adj.* הֶיקֵּפִי
circumflex *n.* סִימַן הַהִיגּוּי ^
circumlocution *n.* גִּיבּוּב מִילִּים
circumnavigate *vt.* הִקִּיף
circumpolar *adj.* סְבִיב הַקּוֹטֶב
circumscribe *vt.* 1. (circle) הִקִּיף
2. (limit) הִגְבִּיל, תָּחַם
circumsolar *adj.* סְבִיב הַשֶּׁמֶשׁ
circumspect *adj.* זָהִיר, שָׁקוּל
circumstance *n.* נְסִיבָּה
extenuating circumstances *(law)* נְסִיבּוֹת מְקִילוֹת
circumstantial *adj.* נְסִיבָּתִי
circumvent *vt.* 1. (bypass) עָקַף
2. (evade) הִתְחַמֵּק מ-
circumvention *n.* 1. עֲקִיפָה
2. הִתְחַמְּקוּת
circus *n.* קִרְקָס
cirrhosis *n.* שַׁחֶמֶת
cistern *n.* מְכַל מַיִם
citadel *n.* מְצוּדָה, מִבְצָר
citation *n.* 1. (quotation) צִיטָטָה
2. (summon) הַזְמָנָה לְבֵית-מִשְׁפָּט
3. (commendation) צִיּוּן לְשֶׁבַח

cite *vt.* 1.	צִיטֵט
2.	זִימֵן לְבֵית-מִשְׁפָּט
3.	צִיֵּין לְשֶׁבַח
citification *n.*	עִיוּר
citify *vt.*	עִיֵּר, הָפַךְ לְעִירוֹנִי
citizen *n.*	אֶזְרָח
honorary citizen	אֶזְרַח כָּבוֹד
senior citizen	קָשִׁישׁ
citizenry *n.*	צִיבּוּר הָאֶזְרָחִים
citizenship *n.*	אֶזְרָחוּת
citron *n.*	אֶתְרוֹג
citrus *n.*	פְּרִי הָדָר
city *n.*	עִיר נ. (עָרִים)
inner city	פְּנִים הָעִיר ; שְׁכוּנוֹת עוֹנִי
civic *adj.*	אֶזְרָחִי
civil *adj.* 1. (of citizens)	אֶזְרָחִי
2. (polite)	אָדִיב
civilian *n.*	אֶזְרָח
civilian *adj.*	אֶזְרָחִי
civility *n.*	אֲדִיבוּת
civilization *n.*	תַּרְבּוּת, צִיבִילִיזַצְיָה
civilize *vt.*	תִּירְבֵּת, חִינֵּךְ
civilized *adj.*	מְתוּרְבָּת, נָאוֹר
clack *vi.* 1. (make sound)	נָקַשׁ
2. (chatter)	פִּיטְפֵּט
clacker *n.*	פַּטְפְּטָן
clad *adj.* 1. (dressed)	לָבוּשׁ
2. (coated)	מְצוּפֶּה, עָטוּי
iron-clad	מוּצָק
claim *n.* 1. (allegation)	טַעֲנָה
2. (demand)	תְּבִיעָה
lay claim to	טָעַן בַּעֲלוּת עַל
claim *vt.* 1.	טָעַן
2.	תָּבַע
3. (take)	לָקַח
claimant *n.*	תּוֹבֵעַ
clairvoyance *n.*	רְאִיָּיה חַדָּה
clam *n.*	צִדְפָּה
clambake *n.*	פִּיקְנִיק עַל הַחוֹף
clamber *vi.*	טִיפֵּס עַל אַרְבַּע

clammy *adj.*	לַח וְדָבִיק
clamor *n.*	זְעָקָה, מְחָאָה קוֹלָנִית
clamor *vi.*	זָעַק
clamp *n.*	מַלְחֶצֶת
clamp *vt.*	הִידֵּק בְּמַלְחֶצֶת
clamp down	דִּיכֵּא
clan *n.*	שֵׁבֶט, חֲמוּלָה
clandestine *adj.*	חֲשָׁאִי
clang *n.*	צִילְצוּל
clang *vi.*	צִילְצֵל
clank *n.*	צְלִיל מַתַּכְתִּי
clap *n.*	מְחִיאוֹת כַּפַּיִים
clap *vi.* 1. (applaud)	מָחָא כַּף
vt. 2. (strike)	הִיכָּה, סָטַר
clapboard *n.*	קֶרֶשׁ לְצִיפּוּי בָּתִּים
clapper *n.* (bell tongue)	עִנְבָּל
claptrap *n.*	דִּיבּוּר סְרָק
claret *n.*	יַיִן אָדוֹם
clarification *n.*	הַבְהָרָה
clarify *vt.*	הִבְהִיר
clarinet *n.*	קְלַרְנִית, קְלָרִינֶט
clarinetist *n.*	נַגַּן קְלַרְנִית
clarion *adj.*	(קוֹל) רָם
clarity *n.*	בְּהִירוּת
clash *n.*	הִתְנַגְּשׁוּת
clash *vi.*	הִתְנַגֵּשׁ
clasp *n.*	אַבְזָם, תֶּפֶס
clasp *vt.* 1. (fasten)	הִידֵּק
2. (grasp)	לָפַת, תָּפַס
class *n.* 1. (group of students)	כִּיתָּה
2. (social rank)	מַעֲמָד (מַעֲמָדוֹת)
3. (quality, type)	סוּג, מִין
4. (graduating group)	מַחֲזוֹר
5. (elegance)	אֶלֶגַנְטִיּוּת
cabin class	מַחְלָקָה שְׁנִיָּיה
extension classes	לִימוּדֵי חוּץ
first class 1. (top quality)	סוּג א׳
2. (in transportation)	מַחְלָקָה רִאשׁוֹנָה
high class	חֶבְרָה גְּבוֹהָה
middle class	מַעֲמָד בֵּינוֹנִי

second class	מַחלָקָה שְנִייָה
second-class (second-rate)	מַמדרֵגָה שְנִייָה
upper class	מַעֲמָד עֶליון
working class	מַעֲמַד הַפּוֹעֲלִים
classic *n.* 1. (writer)	סוֹפֵר מוֹפֵת, קְלַסִיקוֹן
2. (traditional event)	מִקרֶה קְלַסִי
classic *adj.* 1. (of highest class)	מְעוּלֶה
2. (of established model)	מוֹפתִי
classical *adj.*	קְלַסִי
classicist *n.*	בָּקִי בְּספרוּת קְלַסִית
classics *pn.*	תַרבּוּת יָוָון וְרוֹמִי
classified *adj.*	מְסוּוָג
classify *vt.*	סִיווֵג, מִייֵן
classless *adj.*	חֲסַר-מַעֲמָדוֹת
classmate *n.*	חָבֵר לַכִּיתָה/לַלִימוּדִים
classroom *n.*	חֲדַר-כִּיתָה
classy *adj.*	נָאֶה, אֶלֶגַנטִי
clatter *n.*	הֲמוּלָה
clausal *adj.*	פִּיסקָתִי
clause *n.* 1. (article)	סָעִיף
2. (*gram.*)	מִשפָּט טָפֵל
relative clause (*gram.*)	פְּסוּק זִיקָה
subordinate clause (*gram.*)	פָּסוּק מְשוּעבָּד
claustrophobia *n.*	בַּעַת סֶגֶר
clavicle *n.*	עֶצֶם הַבְּרִיחַ
clavier *n.*	מִקלֶדֶת
claw *n.*	צִיפּוֹרֶן (צִיפּוֹרנַיִים)
claw *vt.*	קָרַע בְּצִיפּוֹרנַיִים
clay *n.*	חֵימָר, טִיט
clean *adj.* 1. (free from dirt)	נָקִי
2. (pure)	טָהוֹר
3. (empty)	רֵיק, פָּנוּי
clean-cut	מוּגדָר הֵיטֵב, מְסוּדָר
come clean	הוֹדָה בְּאַשמָה
clean *vt.*	נִיקָה
clean out	רוֹקֵן
clean up	נִיקָה
cleaner *n.* 1. (cleaning person)	מְנַקֶה, עוֹבֵד נִיקָיוֹן
2. (cleaning machine)	מְכוֹנַת נִיקוּי

3. (cleaning substance)	חוֹמֶר נִיקוּי
4. (laundry)	מִכבָּסָה (לְנִיקוּי יָבֵש)
vacuum cleaner	שוֹאֵב אָבָק
cleanliness *n.*	נִיקָיוֹן
cleanse *vt.* 1. (clean)	נִיקָה
2. (purify)	טִיהֵר
cleanup *n.*	נִיקוּי
clear *adj.* 1. (unclouded)	בָּהִיר, צַח
2. (evident, understood)	בָּרוּר
3. (free of impediment)	צָלוּל, נָקִי
4. (unobstructed, vacant)	פָּנוּי
clear-cut	בָּרוּר, מוּחלָט
all clear	אוֹת אַרגָעָה
clear *vt.* 1. (clarify)	הִבהִיר, בֵּירֵר
2. (remove, vacate)	פִּינָה
3. (absolve)	נִיקָה מֵאַשמָה
4. (give permission)	נָתַן רְשוּת/אִישוּר
5. (approve, accept)	אִישֵר
clear away	עָזַב, הִסתַלֵק
clear out	פִּינָה, רוֹקֵן
clear up	הִבהִיר
clearance *n.* 1. (removal)	פִּינוּי
2. (space)	מִרווָח, רֶוַוח
3. (authorization)	מִרשֶה, הַרשָאָה
clearly *adv.*	בְּבֵירוּר
cleat *n.*	זִיז
cleavage *n.* 1. (split)	פִּיצוּל
2. (breasts' hollow)	שֶסַע הַשָדַיִים
cleave *vt.*; *vi.* 1. (split)	פִּיצֵל; הִתפַּצֵל
2. (adhere)	דָבַק בּ-
cleaver *n.*	סַכִּין קַצָבִים
clef *n.*	מַפתֵחַ (בְּמוּזִיקָה)
cleft *adj.*	שָסוּעַ
cleft *p.*; *pp.* cleave	
clemency *n.*	רַחֲמִים
clement *adj.*	רַחֲמָן
clench *vt.*	קָמַץ
clergy *n.*	כְּמוּרָה
clergyman *n.*	אִיש דָת, כּוֹמֶר
cleric *n.*	כּוֹמֶר

clerical *adj.* 1. (of an office) מִשְׂרָדִי, פְּקִידוּתִי
2. (of the clergy) שֶׁל כְּמוּרָה
clericalism *n.* כּוֹחַ הַכְּמוּרָה, קְלֶרִיקָלִיזם
clerk *n.* פָּקִיד
clever *adj.* פִּיקֵחַ
cleverness *n.* פִּיקְחוּת
clew *n.* פְּקַעַת חוּטִים
cliché *n.* קְלִישָׁאָה, דָּבָר נָדוֹשׁ
click *n.* נְקִישָׁה, קְלִיק
click *vt.* הִקִּישׁ, הִקְלִיק
client *n.* לָקוֹחַ
clientele *n.* צִיבּוּר לָקוֹחוֹת
cliff *n.* צוּק, סֶלַע תָּלוּל
cliffhanger *n.* סִידְרַת מֶתַח
climactic *adj.* שֶׁל שִׂיא
climate *n.* אַקְלִים
climatologist *n.* מוּמְחֶה לְאַקְלִים
climatology *n.* חֵקֶר הָאַקְלִים
climax *n.* 1. (peak) שִׂיא, פִּיסְגָּה
2. (orgasm) אוֹרְגַזְמָה
climax *vi.* הִגִּיעַ לְשִׂיא
climb *n.* 1. (ascent) טִיפּוּס
2. (slope) מַעֲלֶה
climb *vt.* טִיפֵּס
clinch *vt.* 1. (secure a nail) הִידֵּק
2. (embrace) חִיבֵּק
clincher *n.* גּוֹרֵם מַכְרִיעַ
cling *vi.* נֶאֱחַז בּ-
clinic *n.* מִרְפָּאָה, קְלִינִיקָה
outpatient clinic מִרְפָּאַת חוּץ
clinical *adj.* קְלִינִי
clink *n.* נְקִישָׁה
clink *vi.* נָקַשׁ
clinker *n.* פְּסוֹלֶת פֶּחָם
clip *n.* 1. (fastener) מְהַדֵּק, אֶטֶב
2. (video segment) קְלִיט, קְלִיפּ
clip *vt.* 1. (cut) גָּזַר, קָצַץ
2. (fasten) הִידֵּק
clipboard *n.* 1. (writing board) לוּחַ אֶטֶב
2. (*comp.*) לוּחַ גְּזִירִים
clipper *n.* 1. (cutter) קוֹצֵץ, מִגְזָזַיִים
2. (fast boat) סְפִינָה מְהִירָה
clipping *n.* גְּזִיר
clique *n.* חֲבוּרָה
clitoris *n.* דַּגְדְּגָן
cloak *n.* גְּלִימָה, אַדֶּרֶת
cloakroom *n.* מֶלְתָּחָה
clobber *vt.* 1. (strike) הִכָּה
2. (defeat) הֵבִיס
cloche *n.* כּוֹבַע פַּעֲמוֹן
clock *n.* שָׁעוֹן
alarm clock שָׁעוֹן מְעוֹרֵר
around the clock יוֹמָם וָלַיְלָה, לְלֹא הֶפְסֵק
clock *vt.* מָדַד זְמַן
clockwise *adv.* בְּכִיווּן הַשָּׁעוֹן
clockwork *n.* מַנְגְּנוֹן שָׁעוֹן
clod *n.* 1. (lump) גּוּשׁ
2. (stupid person) מְטוּמְטָם
clodhopper *n.* גַּס, מְגוּשָּׁם
clog *n.* סְתִימָה
clog *vt.* סָתַם
cloister *n.* 1. (covered walk) אַכְסַדְרָה, סְטָיו
2. (monastery) מִנְזָר
clone *n.* שֶׁבֶט, הֶעְתֵּק גֶּנֶטִי
clone *vt.* שִׁיבֵּט
cloning *n.* שִׁיבּוּט
clop *n.* קוֹל פַּרְסָה
clop *vi.* הִשְׁמִיעַ קוֹל פַּרְסָה
close *n.* סְגִירָה ; סִיּוּם
close *adj.* קָרוֹב
close-knit מְלוּכָּד
close-minded לֹא מִתְפַּשֵּׁר
close to קָרוֹב אֶל, עַל-יַד
close-up תַּקְרִיב, צִילּוּם מִקָּרוֹב
closed-captioned בְּצֵירוּף כִּיתּוּב
close *vt.; vi.* 1. (shut) סָגַר ; נִסְגַּר
2. (end) סִיֵּים ; הִסְתַּיֵּים
close down סָגַר, חִיסֵּל פְּעִילוּת
close in הִתְקָרֵב

close out	עָשָׂה מְכִירַת חִיסוּל
closefisted *adj.*	קַמְצָנִי
closeness *n.*	קִירְבָה
closet *n.*	אָרוֹן ז׳ (אֲרוֹנוֹת)
water closet	בֵּית-שִׁימוּשׁ
closet *vt.*	סָגַר בְּחֶדֶר
closure *n.*	סֶגֶר, סְגִירָה
clot *n.*	קָרִישׁ, גּוּשׁ
blood clot	קְרִישׁ דָּם
cloth *n.*	אָרִיג, בַּד
clothe *vt.*	הִלְבִּישׁ, כִּיסָּה
clothes *pn.*	בְּגָדִים
baggy clothes	בְּגָדִים מֵעַל לַמִּידָּה
maternity clothes	בִּגְדֵי הֵירָיוֹן
clothesline *n.*	חֶבֶל כְּבִיסָה
clothespin *n.*	אֶטֶב, מְהַדֵּק כְּבִיסָה
clothier *n.*	סוֹחֵר בְּגָדִים
clothing *n.*	הַלְבָּשָׁה, לְבוּשׁ
cloud *n.*	עָנָן
cloud *vt.* 1. (obscure)	עִירְפֵּל, טִישְׁטֵשׁ
2. (sully)	הֶעִיב עַל, הִכְפִּישׁ
cloudburst *n.*	שֶׁבֶר עָנָן
cloudless *adj.*	לְלֹא עֲנָנִים, בָּהִיר
cloudy *adj.* 1. (with clouds)	מְעוּנָּן
2. (not clear)	מְעוּרְפָּל
clout *n.* 1. (blow)	מַכָּה, מַהֲלוּמָה
2. (influence)	הַשְׁפָּעָה
clove *n.*	שֵׁן שׁוּם
cloven *adj.*	שָׁסוּעַ, מְפוּצָּל
clover *n.*	תִּלְתָּן
cloverleaf *n.*	מֶחְלָף כְּבִישִׁים
clown *n.*	לֵיצָן, מוּקְיוֹן
clown *vi.*	הִתְנַהֵג כְּלֵיצָן
cloy *vt.*	פִּיטֵּם
club *n.* 1. (stick)	אַלָּה
2. (group, meeting place)	מוֹעֲדוֹן
country club	מוֹעֲדוֹן שָׂדֶה, קַנְטְרִיקְלַבּ
fan club	מוֹעֲדוֹן מַעֲרִיצִים
yacht club	מוֹעֲדוֹן יָאכְטוֹת
clubfoot *n.*	כַּף רֶגֶל עֲקוּמָה

clubhouse *n.*	מוֹעֲדוֹן
cluck *n.*	קִירְקוּר
cluck *vi.*	קִירְקֵר
clue *n.*	רֶמֶז, סִימָן
clue *vt.*	נָתַן רֶמֶז
clump *n.*	גּוּשׁ
clumsiness *n.*	גַּמְלוֹנִיּוּת
clumsy *adj.*	גַּמְלוֹנִי, מְגוּשָּׁם
clung *p.; pp.* cling	
clunk *n.*	קוֹל עָמוּם
clunk *vi.*	הִשְׁמִיעַ קוֹל עָמוּם
clunker *n.*	מְכוֹנִית יְשָׁנָה, טָרַנְטָה
clunky *adj.*	מְגוּשָּׁם
cluster *n.*	צְרוֹר ז׳ (צְרוֹרוֹת), אֶשְׁכּוֹל ז׳ (אֶשְׁכּוֹלוֹת)
cluster *vt.; vi.*	קִיבֵּץ ; הִתְקַבֵּץ
clutch *n.* 1. (mechanical device)	מַצְמֵד
2. (grasp)	אֲחִיזָה
3. (hatch of eggs)	בֵּיצִים לִדְגִירָה
clutch *vt.*	אָחַז בְּחוֹזְקָה
clutter *n.*	עִירְבּוּבְיָה, אִי-סֵדֶר
clutter *vt.*	זָרַק בְּעִירְבּוּבְיָה
C/O (care of)	אֵצֶל
Co. (company)	חֶבְרָה
co-	שׁוּתָף, עוֹזֵר
co-author	מְחַבֵּר שׁוּתָף
co-ed	חִינּוּךְ מְעוֹרָב
co-host	עוֹזֵר לְמַנְחֶה
co-op	קוֹאוֹפֶּרָטִיב
co-opt	הִטְמִיעַ
co-star	כִּיכֵּב יַחַד
co-worker	חָבֵר לַעֲבוֹדָה
coach *n.* 1. (carriage)	כִּרְכָּרָה
2. (railroad car)	קָרוֹן ז׳ (קְרוֹנוֹת)
3. (motorbus)	אוֹטוֹבּוּס
4. (airline section)	מַחְלֶקֶת נוֹסְעִים
5. (trainer)	מְאַמֵּן, מַדְרִיךְ
6. (tutor)	מוֹרֶה פְּרָטִי
coach *vt.*	אִימֵּן, הִדְרִיךְ
coachman *n.*	עֶגְלוֹן

coagulant *adj.*	חוֹמֶר מַקְרִישׁ
coagulate *vt.*; *vi.*	הִקְרִישׁ ; נִקְרַשׁ
coagulation *n.*	קְרִישָׁה, הִתְקָרְשׁוּת
coal *n.*	פֶּחָם
coalesce *vi.*	הִתְמַזֵּג
coalescence *n.*	הִתְמַזְגוּת
coalition *n.*	קוֹאָלִיצְיָה
coarse *adj.*	גַּס, מְחוּסְפָּס
coast *n.* 1. (seashore)	חוֹף
2. (slide)	מוֹרָד
coastal *adj.*	חוֹפִי
coaster *n.* (plate)	תַּחְתִּית
coastline *n.*	קַו חוֹף
coat *n.* 1. (jacket)	מְעִיל
2. (cover)	כִּיסּוּי, צִיפּוּי
coat of arms	שֶׁלֶט אַבִּירִים
coat *vt.*	כִּיסָּה, צִיפָּה
coated *adj.*	מְצוּפֶּה
coating *n.*	שִׁיכְבָה, צִיפּוּי
coax *vt.*	שִׁידֵּל
coaxial *adj.*	בַּעַל צִיר מְשׁוּתָּף
cob *n.*	אֶשְׁכּוֹל תִּירָס
cobbler *n.* 1. (shoe repairman)	סַנְדְלָר
2. (fruit pie)	פַּשְׁטִידַת פֵּירוֹת
cobblestone *n.*	אֶבֶן רִיצוּף עֲגוּלָה
cobra *n.*	נְחַשׁ קוֹבְּרָה
cobweb *n.*	קוּר עַכָּבִישׁ
cocaine *n.*	קוֹקָאִין
coccus *n.*	חַיידַק כַּדּוּרִי
cock *n.* 1. (rooster)	תַּרְנְגוֹל
2. (gun hammer)	נוֹקֵר
3. (faucet)	בֶּרֶז
4. (penis)	זַיִן
cock *vt.*	דָּרַךְ (נֶשֶׁק)
cockade *n.*	סֶרֶט קִישּׁוּט
cockamamie *adj.*	שְׁטוּתִי
cockatiel *n.*	צִיפּוֹר קוֹקָטִיל
cocker spaniel	כֶּלֶב סְפַּנְיֶיל
cockerel *n.*	תַּרְנְגוֹל צָעִיר
cockeyed *adj.*	פּוֹזֵל
cockfight *n.*	קְרַב תַּרְנְגוֹלִים
cockiness *n.*	יְהִירוּת
cockle *n.*	צִדְפָּה
cockpit *n.*	תָּא טַיָּיס
cockroach *n.*	מַקָּק, תִּיקָן, ג׳וּק
cockscomb *n.*	כַּרְבּוֹלֶת
cocktail *n.* 1. (drink)	קוֹקְטֵייל
2. (mixed fruit)	תַּעֲרוֹבֶת פֵּירוֹת
Molotov cocktail	בַּקְבּוּק מוֹלוֹטוֹב
cocky *adj.*	יָהִיר
cocoa *n.*	קָקָאוֹ
coconut *n.*	קוֹקוּס
cocoon *n.*	פְּקַעַת מֶשִׁי
COD (cash on delivery)	תַּשְׁלוּם בְּעֵת הַמְּסִירָה
cod *n.*	דַּג בַּקָּלָה
coddle *vt.* 1. (pamper)	פִּינֵּק
2. (boil)	שָׁלַק
code *n.* 1. (signal)	צוֹפֶן, קוֹד
2. (laws)	קוֹבֶץ חוּקִים
area code	קִידוֹמֶת, אֵיזוֹר חִיּוּג
bar code	קוֹד פַּסִּים
ZIP (Zone Improvement Program) code	מִיקּוּד
code *vt.*	הִצְפִּין, סִימֵּן בְּצוֹפֶן
codeine *n.*	קוֹדָאִין
codex *n.*	כְּתַב קוֹדֶשׁ עַתִּיק
codger *n.*	אִישׁ מְשׁוּנֶּה
codicil *n.*	נִספָּח לְצַוָּואָה
codification *n.*	עֲרִיכַת חוּקִים
codify *vt.*	עָרַךְ חוּקִים
coed *n.*	תַּלְמִידַת מוֹסָד מְעוֹרָב
coeducation *n.*	חִינּוּךְ מְעוֹרָב
coefficient *n.*	מְקַדֵּם
coequal *adj.*	שְׁוֵוה-דַּרְגָּה
coequality *n.*	שִׁוויוֹן בְּדַרְגָּה
coerce *vt.*	כָּפָה עַל, אִילֵּץ
coercion *n.*	כְּפִיָּה, אִילּוּץ
coercive *adj.*	כְּפִיָּתִי
coeval *adj.*	בֶּן אוֹתוֹ גִּיל

coexist *vi.* חַי יַחַד
coexistence *n.* דו-קִיּוּם
coffee *n.* קָפֶה
coffeecake *n.* עוּגַת קָפֶה
coffeepot *n.* קוּמקוּם קָפֶה
coffer *n.* כַּסֶפֶת
coffin *n.* אֲרוֹן מֵתִים
cog *n.* שֵׁן גַלגַל
cogency *n.* כּוֹחַ שִׁיכנוּעַ
cogent *adj.* מְשַׁכנֵעַ
cogitate *vi.* הִירהֵר
cogitation *n.* הִירהוּר
cognac *n.* מַשקֶה קוֹניָאק
cognate *n.* קָרוֹב בְּמוֹצָא
cognition *n.* הַכָּרָה
cognitive *adj.* הַכָּרָתִי
cognizance *n.* 1. (awareness) מוּדָעוּת
2. (*law*) סַמכוּת שִׁיפוּטִית
cognomen *n.* שֵׁם מִשפָּחָה
cogwheel *n.* גַלגַל שִׁינַיִים
cohabit *vi.* חַי כְּזוּג נָשׂוּי
cohabitation *n.* חַיִים כְּזוּג נָשׂוּי
cohere *vi.* נִצמַד, נִדבַּק
coherence *n.* בְּהִירוּת
coherent *adj.* בָּהִיר, הֶגיוֹנִי
cohesion *n.* הִתלַכְּדוּת
cohesive *adj.* מְלוּכָּד
cohort *n.* חָבֵר, עָמִית
coiffure *n.* תִסרוֹקֶת
coil *n.* סְלִיל, לִיפּוּף
coil *vt.* לִיפֵּף
coin *n.* מַטבֵּעַ ז׳ (מַטבְּעוֹת)
coin *vt.* טָבַע
coinage *n.* 1. (coining) טְבִיעָה, הַטבָּעָה
2. (new word) מַטבֵּעַ לָשׁוֹן
coincide *vi.* חָפַף, חָל בְּאוֹתוֹ זְמַן
coincidence *n.* צֵירוּף מִקרִים
coital *adj.* הִזדַווְגוּתִי
coitus *n.* הִזדַווְגוּת
cola *n.* קוֹלָה

colander *n.* מְסַנֶנֶת
cold *n.* 1. (lack of heat) קוֹר
2. (illness) הִצטַנְנוּת
catch a cold הִצטַנֵן
out in the cold לְלֹא עֶזרָה, זָנוּחַ
cold *adj.* קַר
cold-blooded חֲסַר-רֶגֶשׁ
cold-hearted אָדִישׁ
feel cold קַר לוֹ
cold *adv.* לְגַמרֵי
coldness *n.* קוֹר
coleslaw *n.* סָלַט כְּרוּב
colic *n.* כְּאֵב בֶּטֶן
coliseum *n.* אַמפִיתֵיאַטרוֹן
colitis *n.* דַלֶקֶת הַמְעִי הַגַס
collaborate *vi.* שִׁיתֵף פְּעוּלָה
collaboration *n.* שִׁיתוּף פְּעוּלָה
collaborator *n.* מְשַׁתֵף פְּעוּלָה
collage *n.* קוֹלָז׳
collapse *n.* הִתמוֹטְטוּת, קְרִיסָה
collapse *vi.* הִתמוֹטֵט, קָרַס
collar *n.* צַווָארוֹן
collarbone *n.* עֶצֶם הַבְּרִיחַ
collard *n.* כְּרוּב
collate *vt.* סִידֵר עַמוּדִים
collateral *n.* עֵירָבוֹן
collation *n.* סִידוּר עַמוּדִים
colleague *n.* עָמִית
collect *n.* 1. (gather) אָסַף
2. (take payment) גָבָה
collective *n.* קוֹלֶקטִיב, מִפעָל שִׁיתוּפִי
collective *adj.* קִיבּוּצִי, קוֹלֶקטִיבִי
collectively *adv.* בְּמשוּתָף
collectivism *n.* קוֹלֶקטִיבִיוּת
colleen *n.* בַּחוּרָה
college *n.* מִכלָלָה, קוֹלֶג׳
community college מִכלָלָה קְהִילָתִית
Electoral College גוּף הַבּוֹחֲרִים (אֶת נְשִׂיא אַרהַ״בּ)
junior college מִכלָלָה דו-שְׁנָתִית

collegium *n.* 1. (executive council) מוֹעֶצֶת מְנַהֲלִים
2. (association) אֲגוּדָה
collide *vi.* הִתְנַגֵּשׁ בּ-
collier *n.* כּוֹרֵה פֶּחָם
colliery *n.* מִכְרֵה פֶּחָם
collinear *adj.* בְּאוֹתוֹ קַו יָשָׁר
collision *n.* הִתְנַגְּשׁוּת
collocate *vt.* סִידֵּר יַחַד
collocation *n.* קוֹלוֹקַצְיָה
colloquial *adj.* מְדוּבָּר, בִּשְׂפַת הַדִּיבּוּר
colloquium *n.* סֶמִינָר, יוֹם עִיּוּן
collude *vi.* שִׁיתֵּף פְּעוּלָה, חָבַר
collusion *n.* קְנוּנְיָה
cologne *n.* מֵי קוֹלוֹן
colon *n.* 1. (intestine) הַמְּעִי הַגַּס
2. (puncuation mark) נְקוּדָתַיִים
colonel *n.* קוֹלוֹנֶל, אַלּוּף מִשְׁנֶה
lieutenant colonel סְגַן אַלּוּף
colonial *adj.* קוֹלוֹנְיָאלִי
colonialism *n.* קוֹלוֹנְיַאלִיזם
colonialist *n.* קוֹלוֹנְיַאלִיסְט
colonization *n.* הִתְיַישְּׁבוּת, הִתְנַחֲלוּת
colonize *vt.* יִישֵּׁב, יִיסֵּד מוֹשָׁבָה
colonizer *n.* מִתְיַישֵּׁב, מְיַיסֵּד מוֹשָׁבָה
colonnade *n.* שׁוּרַת עַמּוּדִים
colony *n.* מוֹשָׁבָה
color *n.* צֶבַע, גּוֹוֶן
in flying colors בְּהַצְלָחָה גְּדוֹלָה
off-color לֹא בַּצֶּבַע הַנָּכוֹן
primary color צֶבַע יְסוֹד
color *vt.* צָבַע
colorant *n.* חוֹמֶר צֶבַע
coloration *n.* צְבִיעָה
coloratura *n.* סִילְסוּל קוֹל
colorblind *adj.* עִיוֵּור-צְבָעִים
colored *adj.* צִבְעוֹנִי
colorfast *adj.* בְּצֶבַע יַצִּיב, לֹא דוֹהֶה
colorful *adj.* סַסְגּוֹנִי
coloring *n.* 1. (applying color) צְבִיעָה
2. (substance) חוֹמֶר צְבִיעָה
colorless *adj.* חֲסַר-צֶבַע
colossal *adj.* עָצוּם, כַּבִּיר
colosseum *n.* קוֹלוֹסֵיאוּם
colossus *n.* פֶּסֶל עֲנָק
colostrum *n.* חֲלַב לֵידָה
colt *n.* סְיָיח
column *n.* 1. (pillar) עַמּוּד
2. (page formation; troops) טוּר
fifth column גַּיִיס חֲמִישִׁי
columnist *n.* בַּעַל-טוּר
coma *n.* תַּרְדֶּמֶת
comatose *adj.* נָתוּן בְּתַרְדֶּמֶת
comb *n.* מַסְרֵק
comb *vt.; vi.* סָרַק, סֵירֵק; הִסְתָּרֵק
combat *n.* קְרָב
combat *vt.* נִלְחַם, נֶאֱבַק בּ-
combatant *n.* צַד לוֹחֵם
combative *adj.* שָׂשׂ לַקְּרָב
comber *n.* סוֹרֵק
combination *n.* שִׁילּוּב, תַּעֲרוֹבֶת, צֵירוּף
combine *n.* 1. (association) אֲגוּדָה
2. (harvesting machine) קְצַרְדָּשׁ, קוֹמְבַּיְין
combo *n.* תַּעֲרוֹבֶת, שִׁילּוּב
combustibility *n.* דְּלִיקוּת
combustible *n.* חוֹמֶר דָּלִיק
combustible *adj.* דָּלִיק
combustion *n.* בְּעֵירָה
come *n.* 1. (arrive) בָּא, הִגִּיעַ
2. (have orgasm) גָּמַר, הִגִּיעַ לְאוֹרְגַזְמָה
come about קָרָה
come across 1. (bump into) נִתְקַל בּ-
2. (seem) נִרְאָה, עָשָׂה רוֹשֶׁם כּ-
come after 1. (follow) בָּא בְּעִקְבוֹת
2. (pursue) רָדַף אַחֲרֵי
come along 1. (accompany) נִלְוָוה אֶל
2. (proceed) הִתְקַדֵּם
come apart הִתְפָּרֵק
come around שִׁינָּה אֶת דַּעְתּוֹ
come at הִתְנַפֵּל עַל

come back	חָזַר, שָׁב
come by 1. (visit)	בָּא לְבִיקוּר
2. (get possession)	קִיבֵּל
come down	יָרַד
come down on	נָזַף בּ-, יָרַד עַל
come down to	הִסתַכֵּם בּ-
come down with	חָלָה בּ-
come forward	הִתייַצֵּב
come in	נִכנַס
come into 1. (inherit)	יָרַשׁ
2. (acquire)	רָכַשׁ
come of age	הִתבַּגֵּר
come off	יָצָא
come on 1. (begin)	הִתחִיל
2. (turn on)	נִדלַק
3. (make a pass at)	״הִתחִיל״ עִם
come on!	נוּ כְּבָר! מַהֵר!
come out	יָצָא
come over	בָּא לְבַקֵּר
come through (endure)	יָצָא בְּשָׁלוֹם, הֶחֱזִיק מַעֲמָד
come to 1. (total)	הִסתַכֵּם בּ-
2. (regain conciousness)	הִתאוֹשֵׁשׁ
come up	עָלָה
come up with	הֵבִיא, סִיפֵּק
come upon	מָצָא/גִילָה בְּמִקרֶה
comeback *n.*	חֲזָרָה, שִׁיבָה
comedian *n.*	קוֹמִיקַאי, בַּדחָן
comedienne *n.*	קוֹמִיקָאִית
comedy *n.*	קוֹמֶדיָה
situation comedy	קוֹמֶדיַת מַצָּבִים
stand-up comedy	מִצחָק
comely *adj.*	נָאֶה, מוֹשֵׁך
comestible *adj.*	אָכִיל
comet *n.*	כּוֹכָב שָׁבִיט
cometary *adj.*	שֶׁל כּוֹכָב שָׁבִיט
comeuppance *n.*	עוֹנֶשׁ הוֹלֵם
comfit *n.*	מַמתָק
comfort *n.* 1. (ease)	נוֹחוּת
2. (solace)	נֶחָמָה
comfort *vt.*	נִיחֵם, הֵקֵל עַל
comfortable *adj.*	נוֹחַ
comforter *n.*	שְׂמִיכָה
comforting *adj.*	מְנַחֵם
comfy *adj.*	נוֹחַ
comic *n.*	בַּדחָן, קוֹמִיקַאי
comic, comical *adj.*	מְבַדֵּחַ, קוֹמִי
comics *pn.*	עֲלִילוֹן
comma *n.*	פְּסִיק
command *n.* 1. (military)	פִּיקוּד
2. (control)	שְׁלִיטָה
commandant *n.*	מְפַקֵּד
commandeer *vt.*	הֶחרִים, הִפקִיעַ
commander *n.*	מְפַקֵּד
commander in chief	מְפַקֵּד עֶליוֹן
commandment *n.*	צַו ; דִיבֵּרָה
Ten Commandments (*Bible*)	עֲשֶׂרֶת הַדִּבְּרוֹת
commando *n.*	קוֹמַנדוֹ
commemorate *vt.*	הִנצִיחַ
commemoration *n.*	הַנצָחָה
commence *vt.*; *vi.*	הִתחִיל
commencement *n.* 1. (beginning)	הַתחָלָה
2. (ceremony)	טֶקֶס הַעֲנָקַת תְּעוּדוֹת
commend *vt.*	שִׁיבַּח
commendable *adj.*	רָאוּי לְשֶׁבַח
commendation *n.*	צִיוּן לְשֶׁבַח
commendatory *adj.*	מְשַׁבֵּחַ, מְהַלֵּל
commensurate *adj.*	בַּעַל מִידוֹת זֵהוֹת
comment *n.*	הֶעָרָה
comment *vi.*	הֵעִיר
commentary *n.*	פַּרשָׁנוּת
commentator *n.*	פַּרשָׁן
commerce *n.*	מִסחָר
commercial *n.*	פִּירסוֹמֶת
commercial *adj.*	מִסחָרִי
commercialization *n.*	מִיסחוּר
commercialize *vt.*	מִיסחֵר
commingle *vi.*	הִתמַזֵּג
commiserate *vt.*	הִשׁתַתֵּף בְּצַעַר
commissar *n.*	מְפַקֵּחַ

commissary *n.* מִזנוֹן
commission *n.* 1. (perpetration) בִּיצוּעַ
2. (granting authority) הַסמָכָה
3. (fee) עֲמָלָה
4. (committee) וַעֲדָה
in commission בְּתַפקִיד
on commission לְפִי עֲמָלָה
out of commission 1. (not in service) לֹא בְּתַפקִיד
2. (not in working condition) לֹא כָּשִׁיר
commission *vt.* 1. (authorize) הִסמִיךְ
2. (assign duty) הִטִיל תַפקִיד
commissioner *n.* נָצִיב, מְמוּנֶה
commit *vt.* 1. (do, perform) בִּיצֵעַ
2. (obligate) חִייֵב
3. (confine) הִכנִיס לְמוֹסָד סָגוּר
committee *n.* 1. (representative group) וַעַד
2. (delegated group) וַעֲדָה
commode *n.* 1. (toilet) אַסלָה
2. (chest) שִׁידָה
commodity *n.* סְחוֹרָה, מִצרָךְ
commodore *n.* קְצִין יָם
common *adj.* 1. (ordinary) רָגִיל
2. (joint) מְשׁוּתָף
3. (general) כְּלָלִי
4. (vulgar) גַס
commons (dining room) חֲדַר-אוֹכֶל
in common בִּמשׁוּתָף
commonalty *n.* פְּשׁוּטֵי הָעָם
commoner *n.* לֹא אָצִיל, מִפְּשׁוּטֵי הָעָם
commonly *adv.* בְּדֶרֶךְ כְּלָל
commonplace *n.* דָבָר רָגִיל
commonwealth *n.* קְהִילִייָה
commotion *n.* מְהוּמָה
communal *adj.* 1. (shared) מְשׁוּתָף
2. (of a community) קְהִילָתִי, צִיבּוּרִי
commune *n.* קְבוּצָה, קוֹמוּנָה
communicate *vi.* 1. (interchange) תִיקשֵׁר
2. (transmit) הֶעֱבִיר, מָסַר

communication *n.* 1. (connection) קֶשֶׁר, קוֹמוּנִיקַציָה
2. (media) תִקשוֹרֶת
communicator *n.* מְתַקשֵׁר
communion *n.* שוּתָפוּת
Holy Communion טֶקֶס אֲכִילַת לֶחֶם הַקוֹדֶשׁ
communique *n.* הוֹדָעָה רִשמִית
communism *n.* קוֹמוּנִיזם
communist *n.* קוֹמוּנִיסט
community *n.*1. (group) קְהִילָה
2. (similarity) דִימיוֹן
communize *vt.* הָפַךְ לְשִיתוּפִי
commutation *n.* הֲמָרָה, הַמתָקָה
commute *n.* נְסִיעָה
commute *vi.* 1. (travel) נָסַע הָלוֹךְ וָשוֹב
2. *vt.* (exchange) הֵמִיר
3. (reduce penalty) הִמתִיק עוֹנֶש
commuter *n.* נוֹסֵעַ
compact *n.* 1. (powder case) פוּדרִייָה
2. (agreement) הֶסכֵּם
3. (small car) מְכוֹנִית קְטַנָה
compact *adj.* צָמוּם, קוֹמפַּקטִי
compact *vt.* דָחַס, רִיכֵּז
compactness *n.* רִיכּוּז, קוֹמפַּקטִיוּת
compactor *n.* דוֹחֵס
companion *n.* בֶּן-לְוָויָה
company *n.* 1. (business firm; companionship) חֶברָה
2. (troupe) לַהֲקָה
3. (military unit) פְּלוּגָה
4. (guests) אוֹרְחִים
parent company חֶברַת אֵם
comparable *adj.* דוֹמֶה, נִיתָן לְהַשׁוָואָה
comparative *adj.* 1. (relating to) הַשׁוָואָתִי
2. *(gram.)* עֶרֶךְ הַהַפלָגָה
compare *vt.* הִשׁוָוה
comparison *n.* הַשׁוָואָה
compartment *n.* תָא, מָדוֹר
glove compartment תָא נְייָרוֹת בִּמכוֹנִית
compartmentalization *n.* מִידוּר

compartmentalize *vt.* מְידֵר

compass *n.* 1. (directional device) מַצְפֵּן

2. (drawing tool) מְחוּגָה

compass *vt.* 1. (encircle) הִקִּיף, סוֹבֵב

2. (attain) הִגְשִׁים, הִשִּׂיג

compassion *n.* רַחֲמִים

compassionate *adj.* רַחֲמָן

compatibility *n.* תְּאִימוּת

compatible *adj.* תּוֹאֵם

compatriot *n.* בֶּן אוֹתָה אֶרֶץ

compeer *n.* עָמִית, שְׁוֵוה-מַעֲמָד

compel *vt.* אִילֵץ, הִכְרִיחַ, חִייֵב

compelling *adj.* 1. (demanding) מְחַייֵב

2. (forceful) חָזָק

3. (convincing) מְשַׁכְנֵעַ

compendium *n.* תַּקְצִיר, תַּמְצִית

compensate *vt.* פִּיצָה

compensation *n.* פִּיצּוּי

compensatory *adj.* מְפַצֶּה

compete *vi.* הִתְחָרָה, הִתְמוֹדֵד

competence *n.* 1. (ability) יְכוֹלֶת

2. (skill) מְיוּמָנוּת

3. (legal qualification) כְּשִׁירוּת

competent *adj.* 1. מְסוּגָּל ל-

2. מְיוּמָן

3. כָּשִׁיר

competition *n.* תַּחֲרוּת

competitor *n.* מִתְחָרֶה, יָרִיב

compile *vt.* אָסַף, לִיקֵּט

compilation *n.* אוֹסֶף, לֶקֶט

complacence, complacency *n.* שְׂבִיעוּת רָצוֹן עַצְמִית

complacent *adj.* שְׂבַע רָצוֹן מֵעַצְמוֹ

complain *vi.* הִתְלוֹנֵן

complainant *n.* (*law*) קוֹבֵל

complainer *n.* מִתְלוֹנֵן

complaint *n.* 1. (dissatisfaction) תְּלוּנָה

2. (*law*) קוּבְלָנָה

complement *n.* מַשְׁלִים

complement *vt.* הִשְׁלִים

complementary *adj.* מַשְׁלִים

complete *adj.* שָׁלֵם, מָלֵא

complete *vt.* הִשְׁלִים, סִייֵּם

completely *adv.* לְגַמְרֵי

completeness *n.* שְׁלֵמוּת

completion *n.* הַשְׁלָמָה, סִיּוּם

complex *n.* 1. (emotional syndrome) תַּסְבִּיךְ

2. (set of buildings) מַעֲרֶכֶת בִּנְייָנִים

inferiority complex תַּסְבִּיךְ נְחִיתוּת

complex *adj.* מוּרְכָּב, מְסוּבָּךְ

complexion *n.* מִרְקַם פָּנִים

compliance *n.* צִיּוּת, הֵיעָנוּת

complicate *vt.* סִיבֵּךְ

complicated *adj.* מְסוּבָּךְ

complicity *n.* שׁוּתָּפוּת לַעֲבֵירָה

compliment *n.* מַחֲמָאָה

complimentary *adj.* 1. (conveying a compliment) מַחֲמִיא

2. (free) חִינָּם

comply *vi.* צִייֵּת, נַעֲנָה ל-

component *n.* רְכִיב, מַרְכִּיב

comport *vi.* הִתְנַהֵג

compose *vt.* 1. (constitute) הִיוָוה, הָיָה מוּרְכָּב מ-

2. (write) חִיבֵּר

3. (create music) הִלְחִין

4. (typeset) סִידֵּר

5. (calm) הִרְגִּיעַ

composed *adj.* רָגוּעַ, שָׁלֵו

composer *n.* מַלְחִין, קוֹמְפּוֹזִיטוֹר

composite *n.* תִּרְכּוֹבֶת

composite *adj.* מוּרְכָּב

composition *n.* 1. (constitution) הֶרְכֵּב

2. (piece of work) יְצִירָה

3. (essay) חִיבּוּר

compositor *n.* (typesetter) סַדַּר דְּפוּס

compost *n.* זֶבֶל אוֹרְגָנִי

composure *n.* קוֹר רוּחַ

compote *n.* לִפְתָּן

compound *n.* 1. (combined parts) תִּרְכּוֹבֶת

2. (word combination) צֵרֶף
3. (enclosed area) מִתְחָם
compound *adj.* מוּרכָּב
compound *vt.* 1. (combine) צֵירֵף, חִיבֵּר
2. (increase) הִגבִּיר
comprehend *vt.* 1. (understand) הֵבִין, תָּפַס
2. (include) כָּלַל
comprehensive *adj.* כּוֹלֵל, מַקִּיף
compress *n.* תַּחבּוֹשֶׁת
compress *vt.* דָּחַס
compressor *n.* מַדחֵס, קוֹמפְּרֶסוֹר
comprise *vt.* כָּלַל
compromise *n.* פְּשָׁרָה
compromise *vt.; vi.* 1. (settle) פִּישֵׁר ; הִתפַּשֵׁר
2. *vt.* (put at risk) סִיכֵּן
compromiser *n.* פַּשְׁרָן
comptroller *n.* מְבַקֵּר, מְפַקֵּחַ
compulsion *n.* 1. (impulse) דַּחַף
2. (coersion) כְּפִיָּיה
compulsive *adj.* כְּפִיָּיתִי
compulsory *adj.* שֶׁל חוֹבָה
compunction *n.* נְקִיפוֹת מַצפּוּן
compute *adj.* חִישֵׁב
computer *n.* מַחשֵׁב
desktop computer מַחשֵׁב שׁוּלחָנִי
laptop/notebook computer מַחשֵׁב נַיָּיד
computerization *n.* מִיחשׁוּב
computerize *vt.* מִיחשֵׁב
computerized *adj.* מְמוּחשָׁב
comrade *n.* חָבֵר
comradeship *n.* חֲבֵרוּת
con *n.* 1. (opposite opinion) טַעֲנַת-נֶגֶד
2. (convict) אָסִיר
3. (swindle) הוֹנָאָה, רַמָּאוּת
con *vt.* הוֹנָה, רִימָּה
con *adv.* נֶגֶד
concatenate *vt.* חִיבֵּר בְּשַׁרשֶׁרֶת
concatenation *n.* חִיבּוּר בְּשַׁרשֶׁרֶת
concave *adj.* קָעוּר
concavity *n.* קְעִירוּת

conceal *adj.* הִסתִּיר
concealment *n.* הַסתָּרָה
concede *vt.* 1. (acknowledge) הוֹדָה
2. (give up) וִיתֵּר עַל
conceit *n.* יְהִירוּת
conceited *adj.* יָהִיר
conceivable *adj.* מִתקַבֵּל עַל הַדַּעַת
conceive *vt.* 1. (form an idea) הָגָה, חָשַׁב
2. (become pregnant) הָרְתָה, נִכנְסָה לְהֵירָיוֹן
concentrate *vt.; vi.* רִיכֵּז ; הִתרַכֵּז
concentrated *adj.* מְרוּכָּז
concentration *n.* רִיכּוּז ; הִתרַכְּזוּת
concentric *adj.* בַּעַל מֶרכָּז מְשׁוּתָּף
concept *n.* מוּשָּׂג, רַעיוֹן
conception *n.* 1. (pregnancy) הִתעַבְּרוּת, כְּנִיסָה לְהֵירָיוֹן
2. (concept, idea) תְּפִיסָה, קוֹנסֶפּצִיָה
conceptualization *n.* הַמשָׂגָה
conceptualize *vt.* הִמשִׂיג, גִּיבֵּשׁ מוּשָּׂג
concern *n.* 1. (worry) דְּאָגָה
2. (commercial company) קוֹנצֶרן
concern *vt.* 1. (cause worry) הִדאִיג, הִטרִיד
2. (relate to) הָיָה קָשׁוּר, נוֹגֵעַ ל-
concerned *adj.* מוּדאָג
concerning *prep.* בְּקֶשֶׁר ל-, בְּנוֹגֵעַ ל-
concert *n.* 1. (music) קוֹנצֶרט
2. (agreement) הַסכָּמָה, תֵּיאוּם
in concert בְּיַחַד, בִּמשׁוּתָּף
concerted *adj.* מְתוֹאָם, מְשׁוּתָּף
concertina *n.* מַפּוּחִית יָד
concertmaster *n.* נַגָּן רָאשִׁי
concerto *n.* קוֹנצֶ׳רטוֹ
concession *n.* 1. (act of conceding) וִיתּוּר
2. (franchise) זִיכָּיוֹן ז׳ (זִיכיוֹנוֹת)
concessionaire *n.* בַּעַל-זִיכָּיוֹן
concierge *n.* שָׁרָת
conciliate *vt.* פִּייֵּס, הִשׁלִים
conciliation *n.* פִּיּוּס, הַשׁלָמָה
conciliatory *adj.* פַּייְסָנִי

concise *adj.* מְתוּמְצָת, מְקוּצָר
conclave *n.* פְּגִישָׁה חֲשָׁאִית
conclude *vt.* 1. (end) סִיֵּים
2. (infer) הִסִּיק
conclusion *n.* סִיּוּם
2. מַסְקָנָה
foregone conclusion מַסְקָנָה מִתְבַּקֶּשֶׁת
conclusive *adj.* מוּחְלָט, מַכְרִיעַ
concoct *vt.* 1. (prepare) הֵכִין תַּבְשִׁיל
2. (contrive) הִמְצִיא
concoction *n.* 1. הֲכָנַת תַּבְשִׁיל
2. הַמְצָאָה
concomitant *adj.* חָל בּוֹ-זְמַנִית, צָמוּד
concord *n.* הַתְאָמָה, הַסְכָּמָה
concordance *n.* 1. (agreement) הַתְאָמָה
2. (reference book) קוֹנְקוֹרְדַנְצְיָה
concourse *n.* 1. (gathering) הִתְקַהֲלוּת
2. (open space) רַחֲבָה
concrete *n.* בֶּטוֹן
reinforced concrete בֶּטוֹן מְזוּיָּין
concrete *adj.* 1. (actual) מַמָּשִׁי, מוּחָשִׁי
2. (particular) מְסוּיָּם
concretion *n.* הִתְקַשּׁוּת, הִתְגַּבְּשׁוּת
concubine *n.* פִּילֶגֶשׁ
concupiscence *n.* תַּאֲוָוה מִינִית
concur *vi.* 1. (agree) הִסְכִּים
2. (occur simultaneously) חָפַף, קָרָה בְּאוֹתוֹ זְמַן
concurrence *n.* 1. הַסְכָּמָה, תְּמִימוּת דֵּעִים
2. חֲפִיפָה
concurrent *adj.* חוֹפֵף, בְּאוֹתוֹ זְמַן
concussion *n.* זַעֲזוּעַ מוֹחַ
condescend *vi.* הִשְׁפִּיל עַצְמוֹ
condemn *vt.* 1. (deplore) גִּינָּה
2. (sentence) דָּן, הִרְשִׁיעַ
3. (confiscate) הִפְקִיעַ
4. (declare unfit for use) פָּסַל לְשִׁימּוּשׁ
condemnable *adj.* רָאוּי לְגִינּוּי
condemnation *n.* 1. גִּינּוּי
2. הַרְשָׁעָה
3. הַפְקָעָה
4. פְּסִילָה
condensation *n.* עִיבּוּי, הִתְעַבּוּת
condense *vt.; vi.* עִיבָּה, תִּימְצֵת; הִתְעַבָּה
condenser *n.* 1. (condenses vapor) מְעַבֶּה
2. (condenses light) רַכָּז אוֹר
condescend *vi.* הִשְׁפִּיל אֶת עַצְמוֹ
condign *adj.* רָאוּי, הוֹלֵם
condiment *n.* תַּבְלִין
condition *n.* 1. (situation) מַצָּב
2. (prerequisite) תְּנַאי
condition *vt.* 1. (adapt) סִיגֵּל, הִתְאִים
2. (stipulate) הִתְנָה
conditional *adj.* מוּתְנֶה
conditionally *adv.* עַל תְּנַאי
conditioner *n.* (for hair) מְיַיצֵּב שֵׂיעָר
air conditioner מַזְגָן (-אֲוִויר)
condo *n.* דִּירָה בְּבַיִת מְשׁוּתָּף
condole *n.* נִיחֵם, הִבִּיעַ צַעַר
condom *n.* כּוֹבָעוֹן, קֶנְדּוֹם
condominium *n.* 1. (apartment) דִּירָה, יְחִידַת דִּיוּר
2. (joint sovereignty) רִיבּוֹנוּת מְשׁוּתֶּפֶת
condone *vt.* מָחַל, הֶעְלִים עַיִן
condor *n.* עוֹף דּוֹרֵס
conduce *vi.* הֵבִיא ל-
conducive *adj.* מֵבִיא ל-
conduct *n.* 1. (management) נִיהוּל
2. (behavior) הִתְנַהֲגוּת
disorderly conduct הִתְפָּרְעוּת, הֲפָרַת סֵדֶר
conduct *vt.* 1. (manage) נִיהֵל
2. (lead an orchestra) נִיצַּח
3. (transmit) הוֹלִיךְ, הֶעֱבִיר
conduct oneself הִתְנַהֵג
conductibility *n.* מוֹלִיכוּת
conductible, conductive *adj.* מוֹלִיךְ
conduction *n.* הוֹלָכָה
conductor *n.* 1. (orchestra leader) מְנַצֵּחַ
2. (in public vehicle) כַּרְטִיסָן
3. (conducting substance) מוֹלִיךְ

conduit *n.* צִינוֹר ז. (צִינוֹרוֹת)
cone *n.* חָרוּט, קוֹנוּס
coney *n.* שָׁפָן
confabulate *vi.* שׂוֹחֵחַ
confabulation *n.* שִׂיחָה קַלָּה
confection *n.* מִרְקַחַת, מַמְתָּק
confectionery *n.* מִגְדָּנִיָּה, חֲנוּת מַמְתָּקִים
confederacy *n.* קוֹנְפֶדֶרַצְיָה
confederate *n.* בַּעַל-בְּרִית
confederation *n.* בְּרִית
confer *vi.* 1. (meet) נוֹעַד לְדִיּוּן
2. *vt.* (bestow) הֶעֱנִיק
conference *n.* 1. (meeting) וְעִידָה
2. (association) אִיגּוּד
news/press conference מְסִיבַּת עִיתּוֹנָאִים
conferencing *n.* וִיעוּד
conferral *n.* הַעֲנָקָה
confess *vi.* הוֹדָה, הִתְוַדָּה
confession *n.* הוֹדָאָה, וִידּוּי
confetti *pn.* גְּזָרֵי נְיָיר
confidant *n.* אִישׁ סוֹד
confide *vi.* גִּילָּה סוֹד
confidence *n.* 1. (trust) אֵימוּן
2. (certitude) בִּיטָּחוֹן
confident *adj.* בָּטוּחַ
confidential *adj.* סוֹדִי
confidentiality *n.* סוֹדִיּוּת
configuration *n.* תְּצוּרָה
configure *vt.* עִיצֵּב תְּצוּרָה
confine *n.* תְּחוּם
confine *vt.* תָּחַם, הִגְבִּיל
confirm *vt.* אִישֵּׁר, אִימֵּת
confirmation *n.* אִישּׁוּר
confirmed *adj.* 1. (verified) מְאוּשָּׁר
2. (inveterate) מוּשְׁבָּע
confinement *n.* מַעֲצָר, רִיתּוּק
solitary confinement מַעֲצָר בּוֹדֵד
confiscate *vt.* הֶחְרִים
confiscation *n.* הַחְרָמָה
conflagration *n.* שְׂרֵיפָה, בְּעֵירָה

conflict *n.* סִיכְסוּךְ, מַאֲבָק
conflict *vi.* סָתַר
conflicting *adj.* סוֹתֵר, מְנוּגָּד
confluence *n.* זְרִימָה בְּיַחַד
conform *vi.* 1. (comply) צִיֵּית לְמוּסְכָּמוֹת
2. (become similar) הִתְאִים עַצְמוֹ
conformist *n.* הוֹלֵךְ בַּתֶּלֶם
conformity *n.* צִיּוּת לְמוּסְכָּמוֹת
confound *vt.* בִּילְבֵּל
confraternity *n.* אֲגוּדָּה
confrere *n.* עָמִית
confront *vt.* הִתְעַמֵּת
confrontation *n.* עִימּוּת
confuse *vt.* בִּילְבֵּל
confused *adj.* מְבוּלְבָּל
confusing *adj.* מְבַלְבֵּל
confute *vt.* סָתַר, הִפְרִיךְ
congeal *vt.; vi.* הִקְרִישׁ, הִקְפִּיא ; נִקְרַשׁ, קָפָא
congealment *n.* קְרִישָׁה, קְפִיאָה
congenial *adj.* חָבִיב, חַבְרוּתִי
congeniality *n.* חֲבִיבוּת, חַבְרוּתִיּוּת
congenital *adj.* מוּלָּד, מִלֵּידָה
congested *adj.* צָפוּף, דָּחוּס
congestion *n.* 1. (crowding) צְפִיפוּת
2. (excess fluid) עוֹדֶף נוֹזְלִים
conglomerate *n.* תַּאֲגִיד, גּוּשׁ
congratulate *vt.* בֵּירֵךְ
congratulation *n.* בְּרָכָה, אִיחוּלִים
congratulatory *adj.* מְבָרֵךְ
congregate *vi.* הִתְקַהֵל, הִתְכַּנֵּס
congregation *n.* 1. (gathering) הִתְקַהֲלוּת
2. (religious group) קְהִילָּה, עֵדָה דָּתִית
congress *n.* קוֹנְגְרֶס
congressional *adj.* שֶׁל הַקּוֹנְגְרֶס
congruent, congruous *adj.* תּוֹאֵם, מַתְאִים
conic *adj.* קוֹנִי
conifer *n.* עֵץ מַחַט
coniferous *adj.* מַחֲטָנִי

conjectural *adj.*	מְשׁוֹעָר
conjecture *n.*	הַשְׁעָרָה, נִיחוּשׁ
conjoin *vt.*; *vi.*	אִיחֵד ; הִתְאַחֵד
conjugal *adj.*	שֶׁל נִישׂוּאִין
conjugate *vt.* 1. (inflect verbs)	הִטָּה
2. (join together)	זִיוֵּג
conjugation *n.* 1.	הַטָּיָה, נְטִיָּיה
2.	זִיוּוּג
conjunct *adj.*	מְחוּבָּר
conjunction *n.* 1. (joining)	צֵירוּף, חִיבּוּר
2. (*gram.*)	מִילַּת חִיבּוּר
conjunctive *adj.*	חִיבּוּרִי
conjuncture *n.*	צֵירוּף נְסִיבּוֹת
conjure *vi.*	כִּישֵּׁף
conk *n.*	מַכָּה עַל הָרֹאשׁ
conk *vt.*	הִכָּה עַל הָרֹאשׁ
connect *vt.*; *vi.*	קִישֵּׁר, חִיבֵּר ; הִתְקַשֵּׁר, הִתְחַבֵּר
connection *n.*	קֶשֶׁר
connective *n.* (*gram.*)	מִילַּת קִישׁוּר
connector *n.*	מְחַבֵּר, מְקַשֵּׁר
conniption *n.*	הֶתְקֵף זַעַם
connive *vi.*	זָמַם, קָשַׁר קֶשֶׁר
conniver *n.*	זוֹמֵם, קוֹשֵׁר
connoisseur *n.*	מֵבִין ; אֲנִין-טַעַם
connote *vt.*	רִימֵּז
connubial *adj.*	שֶׁל נִישׂוּאִין
conquer *vt.*	כָּבַשׁ
conquerer *n.*	כּוֹבֵשׁ
conquest *n.*	כִּיבּוּשׁ
consanguine *n.*	שְׁאֵר בָּשָׂר
conscience *n.*	מַצְפּוּן
conscienceless *n.*	חֲסַר-מַצְפּוּן
conscientious *adj.*	מַצְפּוּנִי
conscious *adj.* 1. (aware)	מוּדָע
2. (alert)	בְּהַכָּרָה
3. (intentional)	מְכוּוָּן
consciously *adv.*	בְּיוֹדְעִין, מִתּוֹךְ הַכָּרָה
consciousness *n.*	הַכָּרָה, תּוֹדָעָה
conscript *n.*	מְגוּיָּיס
conscript *vt.*	גִּיֵּיס
conscription *n.*	גִּיּוּס
consecrate *vt.* 1. (sanctify)	קִידֵּשׁ
2. (dedicate)	הִקְדִּישׁ, חָנַךְ
consecration *n.* 1.	קִידּוּשׁ
2.	הַקְדָּשָׁה, חֲנוּכָּה
consecutive *adj.*	עוֹקֵב, רָצוּף
consecutively *adv.*	בְּזֶה אַחַר זֶה
consensual *adj.*	מוּסְכָּם
consensus *n.*	הַסְכָּמָה כְּלָלִית, קוֹנְצֶנְזוּס
consent *n.*	הַסְכָּמָה
consent *vi.*	הִסְכִּים
consequence *n.*	תּוֹצָאָה
consequent *adj.*	נוֹבֵעַ מ-, בָּא אַחֲרֵי
consequential *adj.*	תּוֹצָאָתִי
consequently *adv.*	כְּתוֹצָאָה מִכָּךְ
conservation *n.*	שִׁימּוּר
conservational *adj.*	שִׁימּוּרִי
conservatism *n.*	שַׁמְרָנוּת
conservative *n.*	שַׁמְרָן
conservative *adj.*	שַׁמְרָנִי
conservator *n.* 1. (one in charge)	אַחֲרַאי
2. (guardian)	אַפּוֹטְרוֹפּוֹס
conservatory *n.* 1. (greenhouse)	חֲמָמָה
2. (music school)	קוֹנְסֶרְבָטוֹרְיוֹן
conserve *n.*	רִיבָּה
conserve *vt.* 1. (preserve)	שִׁימֵּר
2. *vi.* (economize)	חָסַךְ
consider *vt.* 1. (think carefully)	שָׁקַל
2. (regard as)	חָשַׁב ל-
3. (take into account)	לָקַח בְּחֶשְׁבּוֹן, הִתְחַשֵּׁב בּ-
considerable *adj.*	נִיכָּר
considerate *adj.*	מִתְחַשֵּׁב בַּזּוּלַת
consideration *n.*	שִׁיקּוּל ; הִתְחַשְּׁבוּת
take into consideration	הִתְחַשֵּׁב בּ-
consign *vt.*	הִפְקִיד, מָסַר
consignment *n.*	הַפְקָדָה, מְסִירָה
on consignment	תַּשְׁלוּם לְאַחַר הַמְּכִירָה
consist *vi.*	הָיָה מוּרְכָּב מ-

consistency *n.* 1. (uniformity) עִקבִיוּת
2. (density, viscosity) סְמִיכוּת, צְמִיגוּת
consistent *adj.* עִקבִי, עָקִיב
consistory *n.* מוֹעֶצֶת כְּנֵסִייָה
consolation *n.* תַנחוּמִים, נֶחָמָה
consolatory *adj.* מְנַחֵם, שֶל נִיחוּמִים
console *n.* 1. (cabinet) אָרוֹן ז׳ (אֲרוֹנוֹת)
2. (control panel) לוּחַ בַּקָרָה
console *vt.* נִיחֵם
consolidate *vt.* גִיבֵּש, אִיחֵד
consolidation *n.* גִיבּוּש, אִיחוּד
consonance *n.* הַתאָמָה, הַרמוֹנְיָה
consonant *n.* עִיצוּר
consort *n.* בֶּן-זוּג
consortium *n.* אִיגוּד
conspicuous *adj.* בּוֹלֵט, בָּרוּר
conspiracy *n.* קְנוּנְיָה, קֶשֶר
conspirator *n.* קוֹשֵר
conspire *vi.* קָשַר קֶשֶר, עָשָׂה קְנוּנְיָה
constable *n.* שוֹטֵר
constabulary *adj.* מִשטַרתִי
constant *adj.* רָצוּף, תְמִידִי
constantly *adv.* בִּתמִידוּת, לְלֹא הֶפסֵק
constellation *n.* מַעֲרֶכֶת כּוֹכָבִים
consternation *n.* תַדהֵמָה
constipate *vt.* גָרַם לַעֲצִירוּת
constipation *n.* עֲצִירוּת
constituency *n.* 1. (voters) צִיבּוּר בּוֹחֲרִים
2. (district) אֵיזוֹר בְּחִירָה
constituent *n.* 1. (voter) בּוֹחֵר
2. (component) מַרכִּיב
constitute *vt.* הִיוָוה
constitution *n.* 1. (fundamental laws) חוּקָה
2. (composition) הֶרכֵּב
constitutional *adj.* חוּקָתִי
constrain *vt.* 1. (compel) אִילֵץ, הִכרִיחַ
2. (restrain) רִיסֵן, הִגבִּיל
constraint *n.* רִיסוּן, מִגבָּלָה
constrict *vt.* כִּיוֵוץ, דָחַס
constriction *n.* כִּיווּץ, דְחִיסָה

constrictor *n.* חַנָק, נָחָש חוֹנֵק
construct *n.* צֶרֶף, מִבנֶה
construct *vt.* בָּנָה, הֵקִים
construction *n.* 1. (act of building) בְּנִייָה
2. (structure) מִבנֶה, בִּניָין
under construction בִּבנִייָה
constructive *adj.* מוֹעִיל, קוֹנסְטרוּקטִיבִי
construe *vt.* פֵּירֵש
consul *n.* צִיר, קוֹנסוּל
consular *adj.* קוֹנסוּלָרִי
consulate *n.* צִירוּת, קוֹנסוּלִיָה
consult *vt.* נוֹעַץ בּ-, הִתיַיעֵץ עִם
consultant *n.* יוֹעֵץ
consultation *n.* הִתיַיעֲצוּת
consulting *n.* יִיעוּץ
consume *vt.* 1. (use up) צָרַךְ
2. (destroy) כִּילָה
consumer *n.* צַרכָן
consumerism *n.* הֲגָנַת הַצַרכָן, צַרכָנוּת
consummate *vt.* 1. (fulfill) מִימֵש, הִגשִים
2. (complete) הִשלִים
consumption *n.* 1. (using up) צְרִיכָה
2. (tuberculosis) שַחֶפֶת
contact *n.* 1. (connection) קֶשֶר, מַגָע
2. (person) אִיש קֶשֶר
visual contact קֶשֶר עַיִן
contacts *pn.* עַדשוֹת מַגָע
contact *vt.* הִתקַשֵר עִם
contagion *n.* הִידַבְּקוּת בְּמַחֲלָה
contagious *adj.* מִידַבֵּק
contain *vt.* 1. (hold) הֵכִיל, כָּלַל
2. (limit) הִגבִּיל, רִיסֵן
container *n.* מְכָל, מֵיכָל
containment *n.* הַגבָּלָה, רִיסוּן
contaminant *n.* חוֹמֶר מְזַהֵם
contaminate *vt.* זִיהֵם
contaminated *adj.* מְזוֹהָם
contamination *n.* זִיהוּם
contemn *vt.* בָּז ל-
contemplate *vt.* 1. (consider) שָקַל

2. (intend) הִתְכַּוֵּן ל-
contemporaneous *adj.* בּוֹ-זְמַנִי
contemporary *n.* בֶּן-זְמַנּוֹ, בֶּן-גִּילוֹ
contemporary *adj.* בֶּן-זְמַנֵּנוּ, שֶׁל הַזְּמַן הַזֶּה
contempt *n.* בּוּז, בִּיזָּיוֹן
contempt of court בִּיזָּיוֹן/זִילוּת בֵּית-הַמִּשְׁפָּט
contemptible *adj.* נִבְזֶה, רָאוּי לְבוּז
contemptuous *adj.* בָּז, רוֹחֵשׁ בּוּז
contend *vi.* 1. (argue) טָעַן
2. (compete) הִתְמוֹדֵד
contender *n.* מִתְמוֹדֵד
content *n.* 1. (what is contained) תּוֹכֶן, תְּכוּלָה
2. (satisfaction) שְׂבִיעוּת רָצוֹן
content *adj.* מְרוּצֶה, שְׂבַע-רָצוֹן
contention *n.* 1. (argument) טַעֲנָה
2. (dispute) מַחֲלוֹקֶת
contentious *adj.* 1. (person) פּוּלְמוּסָן
2. (matter) שָׁנוּי/נָתוּן בְּמַחֲלוֹקֶת
contentment *n.* שְׂבִיעוּת רָצוֹן
conterminous *adj.* גּוֹבֵל בּ-, בְּאוֹתוֹ תְּחוּם
contest *n.* תַּחֲרוּת, הִתְמוֹדְדוּת
contest *vt.* 1. (compete) הִתְמוֹדֵד
2. (dispute) עִירְעֵר עַל, הִתְנַגֵּד ל-
contestant *n.* מִתְחָרֶה
contestation *n.* 1. הִתְמוֹדְדוּת
2. עִירְעוּר, הִתְנַגְּדוּת
context *n.* הֶקְשֵׁר
contiguous *adj.* סָמוּךְ, נוֹגֵעַ
continence *n.* שְׁלִיטָה עַל הַצְּרָכִים
continent *n.* יַבֶּשֶׁת
the Continent יַבֶּשֶׁת אֵירוֹפָּה
continent *adj.* שׁוֹלֵט בַּעֲשִׂיַּית צְרָכָיו
continental *adj.* יַבַּשְׁתִּי
contingency *n.* 1. (possibility) אֶפְשָׁרוּת
2. (chance) מִקְרֶה, מִקְרִיּוּת
contingent *adj.* 1. (dependent on) מוּתְנֶה, תָּלוּי בּ-
2. (possible) אֶפְשָׁרִי
3. (accidental) מִקְרִי
continual *adj.* מִתְמַשֵּׁךְ, רָצוּף
continually *adv.* בִּרְצִיפוּת, לְלֹא הֶפְסֵק
continuance *n.* 1. (duration) הַמְשָׁכָה, מֶשֶׁךְ
2. (*law*) דְּחִיָּיה
continuation *n.* הַמְשָׁכָה, הֶמְשֵׁךְ
continue *vt.* הִמְשִׁיךְ
continued *adj.* מְמוּשָׁךְ, מִתְמַשֵּׁךְ
continuity *n.* רְצִיפוּת, הֶמְשֵׁכִיּוּת
continuous *adj.* רָצוּף, מְמוּשָׁךְ
continuum *n.* רֶצֶף
contort *vt.; vi.* עִיוֵּות, עִיקֵּם; הִתְעַוֵּות, הִתְעַקֵּם
contortion *n.* עִיוּוּת, עִיקּוּם; הִתְעַוְּתוּת, הִתְעַקְּמוּת
contour *n.* מִתְאָר, קַו מִתְאָר
contour *vt.* שִׂירְטֵט קַוֵּי מִתְאָר
contra- נֶגֶד
contraband *n.* סְחוֹרָה מוּבְרַחַת
contrabass *n.* קוֹנְטְרָבָּס
contraception *n.* מְנִיעַת הֵירָיוֹן
contraceptive *n.* אֶמְצָעִי מְנִיעָה
contract *n.* חוֹזֶה
contract *vt.* 1. (oblige by contract) הִתְחַיֵּיב בְּחוֹזֶה
2. (shorten) קִיצֵּר
3. (get a disease) נִדְבַּק בּ-
4. *vi.* (tighten) הִתְכַּוֵּוץ
contraction *n.* הִתְכַּוְּוצוּת
contractor *n.* קַבְּלָן
contractual *adj.* חוֹזִי
contradict *vt.* סָתַר, הָיָה נֶגֶד
contradiction *n.* סְתִירָה
contradictory *adj.* סוֹתֵר
contrail *n.* שׁוֹבֵל אֵדִים (שֶׁל מָטוֹס)
contraindication *n.* הוֹרָאָה הֲפוּכָה
contralto *n.* קוֹנְטְרַאלְטוֹ
contraption *n.* אֲבִיזָר, מַכְשִׁיר
contrapuntal *adj.* קוֹנְטְרָפּוּנְקְטִי
contrariwise *adv.* נַהֲפוֹךְ הוּא, אַדְרַבָּא

contrary *n.* הֵיפֶךְ, נִיגוּד
on the contrary לְהֵיפֶךְ
contrary *adj.* מְנוּגָד
contrast *n.* נִיגוּד
contrast *vt.* נִיגֵד, הִשׁוָוה
contravene *vt.* הֵפֵר
contravention *n.* הֲפָרָה
contribute *vt.* 1. (donate) תָּרַם
2. (publish) כָּתַב, פִּירסֵם
3. *vi.* (be a factor) הָיוָה גוֹרֵם
contribution *n.* תְּרוּמָה
contributor *n.* תּוֹרֵם
contrite *adj.* מָלֵא חֲרָטָה
contrition *n.* חֲרָטָה
contrivance *n.* מְזִימָה, תַּחבּוּלָה
contrive *vt.* 1. (plan) תִּיכנֵן, תִּיחבֵּל
2. (scheme) זָמַם
control *n.* 1. (domination) שְׁלִיטָה
2. (supervision) פִּיקוּחַ
3. (restraint) רִיסוּן
4. (command) בַּקָרָה
out of control לֹא נִיתָן לִשׁלִיטָה, פָּרוּעַ
pest control הַדבָּרַת חֲרָקִים
remote control 1. (control from
a distance בַּקָרָה מֵרָחוֹק
2. (electronic controller) שַׁלָט רָחוֹק
under control בִּשׁלִיטָה
control *vt.* 1. (dominate) שָׁלַט בּ-
2. (supervise) פִּיקֵחַ עַל
3. (restrain) רִיסֵן
controllable *adj.* נִיתָן לְפִיקוּחַ/לְרִיסוּן
controller *n.* 1. (auditor) מְבַקֵר
2. (controlling device) בַּקָר
air traffic controller פַּקַח טִיסָה
remote controller שַׁלָט (-רָחוֹק)
controlling *adj.* שְׁתַלטָן
controversy *n.* מַחֲלוֹקֶת
controversial *adj.* נָתוּן/שָׁנוּי בְּמַחֲלוֹקֶת
controvert *vt.* חָלַק עַל, הִתוַוכֵּחַ עִם
contumacious *adj.* מַרדָן
contumelious *adj.* גַס-רוּחַ, חָצוּף
contumely *n.* גַסוּת, חוּצפָּה
contuse *vt.* חָבַל בּ-
contusion *n.* חַבּוּרָה, חַבָּלָה
conundrum *n.* חִידָה לְשׁוֹנִית
conurbation *n.* אֵיזוֹר עִירוֹנִי
convalesce *vi.* הֶחלִים, הִבְרִיא
convalescence *n.* אַחלָמָה, הַברָאָה
convect *vt.* הוֹלִיךְ חוֹם
convection *n.* הוֹלָכַת חוֹם
convector *n.* מוֹלִיךְ חוֹם
convene *vt.; vi.* כִּינֵס ; הִתכַּנֵס
convenience *n.* נוֹחוּת, נוֹחִיוּת
convenient *adj.* נוֹחַ
convent *n.* מִנזָר
conventicle *n.* פְּגִישָׁה חֲשָׁאִית
convention *n.* 1. (conference) וְעִידָה, כֶּנֶס
2. (custom) נוֹהַג, מוּסכָּמָה
3. (agreement) אֲמָנָה, הֶסכֵּם
conventional *n.* מְקוּבָּל, מוּסכָּם, רָגִיל
converge *vi.* נִפגַשׁ, הִתלַכֵּד
convergence *n.* פְּגִישָׁה, הִתלַכְּדוּת
conversant *n.* בָּקִי
conversation *n.* שִׂיחָה
conversational *adj.* דִיבּוּרִי, שֶׁל שִׂיחָה
conversationalist *n.* אִישׁ שִׂיחָה
converse *adj.* הָפוּךְ
converse *vi.* שׂוֹחַח
conversely *adv.* לְהֵיפֶךְ, בִּמהוּפָּךְ
conversion *n.* הֲמָרָה, הֲסָבָה
convert *n.* מוּמָר, גִיוֹר
convert *vt.* 1. (change) הֵמִיר, הֵסֵב
2. (change one's religion) הֵמִיר דָתוֹ
converter *n.* מֵמִיר, מַחלֵף
convertible *n.* (car) מְכוֹנִית פְּתוּחָה
convertible *adj.* נִיתָן לַהֲמָרָה
convex *adj.* קָמוּר
convey *vt.* מָסַר, הֶעֱבִיר
conveyance *n.* הַעֲבָרָה
conveyor *n.* (belt) מַסוֹעַ

convict *n.* אָסִיר
convict *vt.* הִרשִׁיעַ
conviction *n.* 1. (guilty verdict) הַרשָׁעָה
2. (belief) אֱמוּנָה
convince *vt.* שִׁיכנֵעַ
convinced *adj.* מְשׁוּכנָע
convincing *adj.* מְשַׁכנֵעַ
convivial *adj.* שָׂמֵחַ, עַלִּיז
convocation *n.* כֶּנֶס, עֲצֶרֶת
convoke *vt.* כִּינֵס
convoluted *adj.* 1. (coiled) מְפוּתָל
2. (complicated) מְסוּבָּךְ
convolution *n.* פִּיתוּל
convoy *n.* שַׁייָרָה
convulse *vt.* הִרעִיד
convulsion *n.* עֲווִית, פִּירפּוּר
coo *vi.* הָמָה כְּיוֹנָה
cook *n.* טַבָּח
cook *vt.*; *vi.* בִּישֵׁל; הִתבַּשֵׁל
cook up בָּדָה, הִמצִיא
cookbook *n.* סֵפֶר בִּישׁוּל
cooker *n.* סִיר בִּישׁוּל
pressure cooker סִיר לַחַץ
cookery *n.* מְלֶאכֶת הַבִּישׁוּל
cookie *n.* עוּגִייָה
cookout *n.* בִּישׁוּל בַּחוּץ
cool *n.* 1. (coldness) קְרִירוּת
2. (calm) קוֹר רוּחַ
cool *adj.* 1. (cold) קָרִיר
2. (calm) קַר-רוּחַ, רָגוּעַ
3. (indifferent) אָדִישׁ
4. (great; attractive) נֶהדָר, "מַגנִיב"
cool *vt.*; *vi.* קֵירֵר; הִתקָרֵר
cool it! הֵרָגַע!
coolant *n.* חוֹמֶר צִינּוּן
cooler *n.* 1. (cooling container) מַקרֵר, מְכַל קֵירוּר
2. (drink) מַשׁקֶה קַר
3. (jail) כֶּלֶא, מַחבּוֹשׁ
water cooler מֵיקֵר

coolness *n.* קְרִירוּת
co-op *n.* חֲנוּת קוֹאוֹפֶּרָטִיבִית
coop *n.* לוּל
coop *vt.* סָגַר (בְּמָקוֹם צַר)
cooped up מְסוּגָר
cooperate *vi.* שִׁיתֵּף פְּעוּלָה
cooperation *n.* שִׁיתוּף פְּעוּלָה
cooperative *n.* אֲגוּדָה שִׁיתוּפִית, קוֹאוֹפֶּרָטִיב
cooperative *adj.* 1. (in cooperation) שִׁיתוּפִי
2. (willing to cooperate) מְשַׁתֵּף פְּעוּלָה
co-opt *vt.* 1. (take in) צֵירֵף (כְּחָבֵר)
2. (win over) הִשׁתַּלֵּט (בְּאֶמצָעוּת הַטמָעָה), הִטמִיעַ
coordinate *n.* נְקוּדַּת צִיוּן, קוֹאוֹרדִינָטָה
coordinate *adj.* בְּאוֹתָהּ דַרגָה/רָמָה
coordinate *vt.* תֵּיאֵם
coordination *n.* תֵּיאוּם
coordinator *n.* מְתָאֵם, רַכָּז
cop *n.* שׁוֹטֵר
cop *vt.* גָּנַב
cop out הִתחַמֵּק
cope *vi.* הִתמוֹדֵד, הִתגַּבֵּר עַל
copier *n.* מַעתִּיק, מְכוֹנַת הַעתָּקָה
copilot *n.* טַייַס מִשׁנֶה
copious *adj.* שׁוֹפֵעַ
copout *n.* הִתחַמְּקוּת
copper *n.* נְחוֹשֶׁת
copperhead *n.* נָחָשׁ אַרסִי
copse *n.* חוּרשַׁת שִׂיחִים
copter *n.* מַסּוֹק
copula *n.* (*gram.*) אוֹגֵד
copulate *vi.* הִזדַּווֵג
copulation *n.* הִזדַּווְגוּת
copy *n.* 1. (duplicate) הֶעתֵק
2. (imitation) חִיקּוּי
3. (of a book) עוֹתֶק
4. (of a periodical) גִּילָּיוֹן ז׳ (גִּילְיוֹנוֹת)
hard copy תַּדפִּיס מַחשֵׁב
Xerox copy הֶעתֵק מְצוּלָּם

copy *vt.* 1. (duplicate) הֶעְתִּיק
2. (imitate) חִיקָּה
copybook *n.* מַחְבֶּרֶת
copycat *n.* חַקְיָין, מַעְתִּיק
copycat *vt.* חִיקָּה, הֶעְתִּיק מ-
copyright *n.* זְכוּת יוֹצְרִים
copyright *vt.* רָשַׁם זְכוּת יוֹצְרִים
coracle *n.* סִירַת נְצָרִים
coral *n.* אַלְמוֹג
corbel *n.* זִיז, בְּלִיטָה בַּקִּיר
cord *n.* 1. (rope, string) חֶבֶל, חוּט
2. (quantity of wood) עֵץ הַסָּקָה (3.62 מ״ק)
extension cord חוּט מַאֲרִיךְ
spinal cord חוּט שִׁדְרָה
umbilical cord חֶבֶל טַבּוּר
vocal cords מֵיתְרֵי קוֹל
cord *vt.* קָשַׁר בְּחֶבֶל
cordial *adj.* לְבָבִי
cordiality *n.* לְבָבִיּוּת
cordillera *n.* שַׁרְשֶׁרֶת הָרִים
cordless *adj.* נַיָּיד, פּוֹעֵל עַל סוֹלְלוֹת
cordon *n.* חֲגוֹרַת הֲגָנָה
cordon *vt.* הִקִּיף
cordovan *n.* עוֹר רַךְ
core *n.* 1. (of a fruit) לֵב (הַפְּרִי)
2. (essential part) לִיבָּה, מֶרְכָּז
to the core לְגַמְרֵי, עַד הַיְסוֹד
coreligionist *n.* בֶּן אוֹתָהּ דָּת
cork *n.* 1. (material) שַׁעַם
2. (stopper) פְּקָק
cork *vt.* פָּקַק
corkscrew *n.* מַחְלֵץ, חוֹלֵץ פְּקָקִים
corm *n.* פְּקַעַת
corn *n.* 1. (plant) תִּירָס
2. (skin growth) יַבֶּלֶת
corn on the cob אֶשְׁכּוֹל תִּירָס שָׁלוּק
corn *vt.* שִׁימֵּר בְּמֵי מֶלַח
cornbread *n.* לֶחֶם תִּירָס
corncob *n.* אֶשְׁכּוֹל תִּירָס
cornea *n.* קַרְנִית

corneal *adj.* שֶׁל הַקַּרְנִית
corner *n.* פִּינָּה, זָווִית
corner *vt.* 1. (push to a corner) דָּחַק לַפִּינָּה
2. (gain control) הִשְׁתַּלֵּט עַל
cornerstone *n.* אֶבֶן פִּינָּה
cornet *n.* קוֹרְנִית
cornflakes *pn.* פְּתִיתֵי תִּירָס
cornice *n.* כַּרְכּוֹב
cornmeal *n.* קֶמַח תִּירָס
cornstalk *n.* גִּבְעוֹל תִּירָס
cornstarch *n.* עֲמִילַן תִּירָס
corny *adj.* מְיוּשָּׁן, נָדוֹשׁ
corolla *n.* כּוֹתֶרֶת פֶּרַח
corollary *n.* תּוֹצָאָה
corona *n.* הִילָּה
coronary *adj.* כְּלִילִי, שֶׁל עוֹרֶק הַלֵּב
coronation *n.* הַכְתָּרָה
coroner *n.* חוֹקֵר מִקְרֵי מָוֶות
coronet *n.* נֵזֶר
corporal *n.* רַב-טוּרַאי
lance corporal טוּרַאי רִאשׁוֹן
corporal *adj.* גּוּפָנִי
corporate *adj.* מְאוּגָּד, שֶׁל חֶבְרָה
corporation *n.* תַּאֲגִיד, חֶבְרָה
corporeal *adj.* גַּשְׁמִי, חוֹמְרִי
corps *pn.* חַיִל
diplomatic corps סֶגֶל דִּיפְּלוֹמָטִי
Marine Corps חֵיל הַנְּחָתִים, מָרִינְס
corpse *n.* גּוּפָה, גְּוִויָּה
corpulence *n.* שׁוֹמֶן
corpulent *adj.* שָׁמֵן
corpus *n.* 1. (body) גּוּף
2. (writings) קוֹבֶץ, קוֹרְפּוּס
corpus delicti רְאָיָה מָהוּתִית (בְּמַעֲשֵׂה רֶצַח)
corpuscle *n.* חֶלְקִיק, גּוּפִיף
corral *n.* מִכְלָאָה לִבְהֵמוֹת
correct *adj.* 1. (right) נָכוֹן
2. (proper) נָאוֹת, קוֹרֶקְטִי
politically correct מִתְחַשֵּׁב בִּרְגִישׁוּת פּוֹלִיטִית

correct *vt.* 1. (make right) תִּיקֵן
2. (punish) הֶעֱנִיש
correction *n.* 1. תִּיקּוּן
2. עֲנִישָׁה, הַעֲנָשָׁה
correctness *n.* הִתְנַהֲגוּת הוֹלֶמֶת
political correctness הִתְחַשְּׁבוּת בִּרְגִישׁוּת פּוֹלִיטִית; דְּגִילָה בְּתִיקּוּנִים חֶבְרָתִיִּים
correlate *vt.* תֵּיאֵם, הֵבִיא לַהֲדָדִיּוּת
correlation *n.* מִתְאָם, קֶשֶׁר הֲדָדִי
correlative *adj.* קָשׁוּר בְּאוֹפֶן הֲדָדִי
correspond *vi.* 1. (match) הִקְבִּיל ל-
2. (exchange letters) הִתְכַּתֵּב
correspondence *n.* 1. הַקְבָּלָה
2. הִתְכַּתְּבוּת
correspondent *n.* (reporter) כַּתָּב
corresponding *adj.* מַקְבִּיל
corridor *n.* פְּרוֹזְדוֹר, מִסְדְּרוֹן
corrigendum *n.* טָעוּת
corroborate *vt.* אִישֵׁר, אִימֵּת
corroboration *n.* אִישּׁוּר, אִימּוּת
corroborative *adj.* מְאַמֵּת
corrode *vt.*; *vi.* שִׁיתֵּךְ, אִיכֵּל; הִתְאַכֵּל
corrosion *n.* שִׁיתּוּךְ, אִיכּוּל
corrosive *adj.* מְשַׁתֵּךְ, מְאַכֵּל
corrugate *vt.*; *vi.* עָשָׂה קְפָלִים; הָפַךְ לְגַלִּי
corrugated *adj.* גַּלִּי
corrupt *adj.* 1. (depraved) מוּשְׁחָת
2. (defective) פָּגוּם
corrupt *vt.* הִשְׁחִית, קִילְקֵל
corruption *n.* שְׁחִיתוּת
corsage *n.* צְרוֹר פְּרָחִים
corsair *n.* שׁוֹדֵד יָם
corset *n.* מָחוֹךְ
cortege *n.* 1. (retinue) פָּמַלְיָה
2. (procession) תַּהֲלוּכָה
cortex *n.* קְלִיפָּה
coruscate *vi.* נִיצְנֵץ, הִבְרִיק
coruscation *n.* נִיצְנוּץ
corvette *n.* אוֹנִיַּית מִלְחָמָה
cosign *vt.* חָתַם בְּמשׁוּתָּף
cosignatory *n.* חוֹתֵם שׁוּתָּף
cosmetic *n.* תַּכְשִׁיר יוֹפִי
cosmetic *adj.* מְיַיפֶּה, שֶׁל יוֹפִי, קוֹסְמֶטִי
cosmetics *pn.* קוֹסְמֶטִיקָה
cosmetologist *n.* מוּמְחֶה לְקוֹסְמֶטִיקָה
cosmetology *n.* מִקְצוֹעַ הַקּוֹסְמֶטִיקָה
cosmic *adj.* (of the universe) שֶׁל הַיְקוּם
2. (vast) עָצוּם
cosmogony *n.* חֵקֶר הִתְהַוּוּת הַיְקוּם
cosmology *n.* חֵקֶר הַיְקוּם
cosmonaut *n.* טַיָּיס חָלָל רוּסִי
cosmopolitan *n.* קוֹסְמוֹפּוֹלִיטָן
cosmopolitan *adj.* שֶׁל כּוֹל הָעוֹלָם, קוֹסְמוֹפּוֹלִיטִי
cosmos *n.* הַיְקוּם
cost *n.* מְחִיר, עֲלוּת
cost-effective מִשְׁתַּלֵּם, רְווֹחִי
cost-of-living יוֹקֶר מִחְיָה
cost-of-living allowance תּוֹסֶפֶת יוֹקֶר
cost-of-living index מַדַּד יוֹקֶר מִחְיָה
cost-plus עֲלוּת פְּלוּס רֶוַוח
cost *vt.* עָלָה
costar *n.* שַׂחְקָן-מִשְׁנֶה
costar *vi.* כִּיכֵּב בְּיַחַד אוֹ כְּשַׂחְקָן-מִשְׁנֶה
costless *adj.* חִינָּם, לְלֹא מְחִיר
costly *adj.* יָקָר
costume *n.* תִּלְבּוֹשֶׁת
cot *n.* 1. (bed) מִיטָּה מִתְקַפֶּלֶת
2. (sheath) נַרְתִּיק, אֶצְבָּעוֹן
cotangent *n.* קוֹטַנְגֶּנְס
cote *n.* 1. (for birds) שׁוֹבָךְ
2. (for sheep) דִּיר
cottage *n.* צְרִיף, קוֹטֶג'
cotter *n.* יָתֵד, פִּין
cotton *n.* 1. (fiber) צֶמֶר גֶּפֶן
2. (plant, fabric) כּוּתְנָה
cottonseed *n.* זֶרַע כּוּתְנָה
cottontail *n.* שָׁפָן
cottonwood *n.* עֵץ צַפְצָפָה
couch *n.* סַפָּה

studio couch סַפַּת מִיטָה

cougar *n.* קוּגָר

cough *n.* שִׁיעוּל

whooping cough שַׁעֶלֶת

cough *vi.* הִשְׁתַּעֵל

could *p.* can

couldn't: could not

council *n.* מוֹעָצָה

city council מוֹעֶצֶת עִיר

Security Council מוֹעֶצֶת הַבִּיטָחוֹן

councilman, councilor *n.* חֲבֵר מוֹעָצָה

counsel *n.* 1. (advice) עֵצָה, יִיעוּץ

2. (consultation) הִתְיַיעֲצוּת

3. (lawyer) עוֹרֵךְ דִין

counsel *vt.* יָעַץ, יִיעֵץ לְ-

counselor, counsellor *n.* 1. (adviser) יוֹעֵץ

2. (lawyer) עוֹרֵךְ דִין

count *n.* 1. (number) סְפִירָה, מִנְיָן

2. (nobility title) רוֹזֵן

3. (*law*) סְעִיף אִישׁוּם

blood count סְפִירַת דָם

body count סְפִירַת נִפְגָעִים

count *vt.* 1. (number) סָפַר, מָנָה

2. (consider) לָקַח בְּחֶשְׁבּוֹן

count down סָפַר לְאָחוֹר

count in (include) כָּלַל, לָקַח בְּחֶשְׁבּוֹן

count on/upon סָמַךְ עַל

count out (exclude) לֹא כָּלַל, לֹא לָקַח בְּחֶשְׁבּוֹן

count *vi.* (have value) נֶחְשַׁב

countdown *n.* סְפִירָה לְאָחוֹר

countenance *n.*1. (facial expression) הַבָּעַת פָּנִים, אֲרֶשֶׁת

2. (approval) הַסְכָּמָה, אִישׁוּר

countenance *vt.* הִסְכִּים לְ-, אִישֵׁר

counter *n.* 1. (counting device) מוֹנֶה

2. (table) דֶלְפֵּק, דוּכָן

over-the-counter 1. (drug) לְלֹא מִרְשַׁם רוֹפֵא

2. (stock) (נִסְחָר) מִחוּץ לַבּוּרְסָה

under the counter מִתַּחַת לַשּׁוּלְחָן

counter *adj.* נֶגְדִי, מְנוּגָד

counter *vt.* יָצָא נֶגֶד, הִתְנַגֵד לְ-

counteract *vt.* בִּיצַע פְּעוּלַת-נֶגֶד

counteraction *n.* פְּעוּלַת-נֶגֶד

counterattack *n.* הַתְקָפַת-נֶגֶד

counterattack *vi.* יָצָא בְּהַתְקָפַת-נֶגֶד

counterbalance *n.* מִשְׁקַל-נֶגֶד

countercharge *n.* הַאֲשָׁמַת-נֶגֶד

counterclaim *n.* טַעֲנַת-נֶגֶד

counterclockwise *adv.* נֶגֶד כִּיווּן הַשָּׁעוֹן

counterculture *n.* תַּרְבּוּת אַנְטִי-מִמְסַדִית

counterespionage *n.* רִיגוּל נֶגְדִי

counterfeit *n.* זִיוּף

counterfeit *adj.* מְזוּיָף

counterfeit *vt.* זִיֵיף

counterindication *n.* הוֹרָאַת-נֶגֶד

counterinsurgency *n.* סִיכּוּל הִתְקוֹמְמוּת

counterintelligence *n.* בִּיוּן נֶגְדִי

countermand *n.* בִּיטוּל פְּקוּדָה

countermeasure *n.* אֶמְצָעֵי-נֶגֶד

counteroffensive *n.* מִתְקֶפֶת-נֶגֶד

counterpane *n.* כִּיסוּי מִיטָה

counterpart *n.* מַקְבִּיל

counterplot *n.* קֶשֶׁר נֶגְדִי

counterpoint *n.* קוֹנְטְרַפּוּנְקְט

counterpoise *n.* מִשְׁקַל-נֶגֶד

counterproductive *adj.* נוֹגֵד אֶת הַמַּטָרָה

counterrevolution *n.* הֲפֵיכַת-נֶגֶד

countersign *vt.* הוֹסִיף חֲתִימַת אִימוּת

countersignature *n.* חֲתִימַת אִימוּת

countersink *n.* שֶׁקַע לְבוֹרֶג

counterspy *n.* מְרַגֵל נֶגְדִי

countertenor *n.* טֶנוֹר גָבוֹהַּ

counterweight *n.* מִשְׁקַל-נֶגֶד

countess *n.* רוֹזֶנֶת

countless *adj.* לְאֵין/לְלֹא סְפוֹר

country *n.* 1. (land) אֶרֶץ נ׳ (אֲרָצוֹת)

2. (state) מְדִינָה

3. (rural area) אֵיזוֹר כַּפְרִי

country and western מוּזִיקָה עֲמָמִית

countryman *n.* 1. (compatriot) בֶּן אוֹתָהּ אֶרֶץ
2. (villager) בֶּן כְּפָר
countryside *n.* אֵיזוֹר כַּפְרִי
county *n.* מָחוֹז ז׳ (מְחוֹזוֹת)
coup *n.* 1. (government overthrow) הֲפִיכָה
2. (stratagem) תַּכְסִיס מוּצְלָח
coup d'etat הֲפִיכַת שִׁלְטוֹן
couple *n.* זוּג ז׳ (זוּגוֹת), צֶמֶד
a couple of אֲחָדִים, מְעָטִים
couple *vt.* זִיוֵּג, אִיחֵד
couplet *n.* צֶמֶד חֲרוּזִים
coupling *n.* מְקַשֵׁר, מַצְמֵד
coupon *n.* תְּלוּשׁ
courage *n.* אוֹמֶץ
courageous *adj.* אַמִּיץ
courier *n.* רָץ, שָׁלִיחַ
course *n.* 1. (route) מַסְלוּל
2. (direction) כִּיווּן
3. (academic class) קוּרְס
4. (meal portion) מָנָה
in due course בְּבוֹא הָעֵת, בַּזְּמַן הַנָּכוֹן
in the course of בְּמַהֲלַךְ
of course כַּמּוּבָן, בְּוַדַּאי
collision course מַסְלוּל הִתְנַגְּשׁוּת
extension courses לִימוּדֵי חוּץ
courser *n.* סוּס מָהִיר
court *n.* 1. (tribunal) בֵּית-מִשְׁפָּט
2. (yard) חָצֵר נ׳ (חֲצֵרוֹת)
3. (sports area) מִגְרָשׁ
4. (royal residence) חֲצַר מַלְכוּת
court of appeals בֵּית-מִשְׁפָּט לְעִירְעוּרִים
court-martial *n.* בֵּית-מִשְׁפָּט צְבָאִי
circuit court בֵּית-מִשְׁפָּט אֲזוֹרִי נַיָּיד
district court בֵּית-מִשְׁפָּט מְחוֹזִי
motor court מְלוֹנוֹעַ
rabbinic court בֵּית-דִּין רַבָּנִי
supreme court בֵּית-מִשְׁפָּט עֶלְיוֹן
court *vt.* חִיזֵּר אַחֲרֵי
court-martial *vt.* הֶעֱמִיד לְדִין צְבָאִי

courteous *adj.* אָדִיב, מְנוּמָּס
courtesy *n.* אֲדִיבוּת, נִימוּס
courtesan *n.* זוֹנַת צַמֶּרֶת
courthouse *n.* בִּנְיַן בֵּית-מִשְׁפָּט
courtier *n.* חַצְרָן
courtly *adj.* אֲצִילִי
courtship *n.* חִיזּוּר
courtyard *n.* חָצֵר
couscous *n.* קוּסְקוּס
cousin *n.* דּוֹדָן
couture *n.* אוֹפְנַת נָשִׁים
couturier *n.* מְעַצֵּב אוֹפְנָה
cove *n.* מִפְרָצוֹן
covenant *n.* אֲמָנָה
covenant *vi.* הִתְחַיֵּיב
cover *n.* 1. (overlay) כִּיסּוּי
2. (lid) מִכְסֶה
3. (shelter) מַחֲסֶה
4. (book binding) כְּרִיכָה
take cover תָּפַס מַחֲסֶה
under cover בַּחֲשַׁאי, בְּהֶסְתֵּר
cover *vt.* 1. (place over; defray cost) כִּיסָּה
2. (protect) חִיפָּה עַל
3. (report news) סִיקֵּר
cover tracks הִסְתִּיר עֲקֵבוֹת
cover up חִיפָּה עַל, הִסְתִּיר
coverage *n.* סִיקּוּר
covert *adj.* חֲשָׁאִי, סוֹדִי
coverup *n.* חִיפּוּי, הַסְתָּרָה
covet *vt.* חָמַד
cow *n.* פָּרָה
coward *n.* פַּחְדָן, מוּג-לֵב
cowardice *n.* פַּחְדָנוּת
cowboy *n.* בּוֹקֵר, קָאוּבּוֹי
cower *vi.* הִתְכַּוֵּוץ מִפַּחַד
cowhide *n.* עוֹר פָּרָה
cowl *n.* בַּרְדָּס
cowlick *n.* קְווּצַת שֵׂיעָר
coworker *n.* חָבֵר לַעֲבוֹדָה
coy *adj.* מִצְטַנֵּעַ

coyness *n.* הִצְטַנְּעוּת
coyote *n.* זְאֵב עֲרָבוֹת
cozen *vt.* רִימָּה, הוֹנָה
coziness *n.* חֲמִימוּת
cozy *adj.* חָמִים
CPA (certified public accountant) רוֹאֶה חֶשְׁבּוֹן מוּסְמָךְ
CPI (consumer price index) מַדַּד הַמְּחִירִים לַצַּרְכָן
CPR (cardiopulmonary resuscitation) הַחְיָאַת הַלֵּב
CPU (central processing unit) יע״מ (יְחִידַת עִיבּוּד מֶרְכָּזִית)
crab *n.* סַרְטָן
crabby *adj.* נִרְגָּז, רַטְנוּנִי
crabgrass *n.* יַבְּלִית
crack *n.* 1.(snapping sound) קוֹל נֶפֶץ, פִּיצוּחַ
2. (fissure) סֶדֶק, שֶׁבֶר
3. (witty remark) הֶעָרָה שְׁנוּנָה
4. (try) נִיסָּיוֹן ז׳ (נִיסְיוֹנוֹת)
5. (cocaine) קְרָאק
crack *adj.* מְעוּלֶה
crack *vi.* 1. (make sound) הִשְׁמִיעַ קוֹל פִּיצוּחַ
2. (break down) הִתְמוֹטֵט
3. *vt.; vi.* (break) סָדַק, שָׁבַר ; נִסְדַּק, נִשְׁבַּר
crack down on פָּעַל בְּתַקִּיפוּת נֶגֶד
crack up הִתְמוֹטֵט
crackdown *n.* פְּעוּלָה תַּקִּיפָה, דִּיכּוּי
cracker *n.* רָקִיק, קְרֶקֶר
crackerjack *adj.* מְצוּיָּן
crackle *n.* קוֹל נֶפֶץ
crackle *vi.* הִשְׁמִיעַ קוֹל נֶפֶץ
crackpot *n.* מוּזָר, תִּמְהוֹנִי
crackup *n.* הִתְמוֹטְטוּת
cradle *n.* עֲרִיסָה
craft *n.* 1. (skilled work) אוּמָּנוּת, מְלָאכָה
2. (airplane/ship) מָטוֹס/אוֹנִיָּיה
craft *vt.* יָצַר
craftsman *n.* אוּמָּן
crafty *adj.* עַרְמוּמִי
crag *n.* צוּק
cram *vt.* 1. (stuff) דָּחַס
2. (gorge) זָלַל
3. (study hard) לָמַד בְּשַׁקְדָנוּת
cramp *n.* 1. (spasm) הִתְכַּוְּוצוּת שְׁרִירִים
2. (clamp) מַלְחֶצֶת
cramp *vt.* גָּרַם לְהִתְכַּוְּוצוּת
cramped *adj.* צָפוּף
cramps *pn.* כְּאֵב בֶּטֶן
cranberry *n.* אוּכְמָנִית
crane *n.* 1. (lifting device) עֲגוּרָן
2. (bird) עָגוּר
whooping crane עָגוּר
cranium *n.* גּוּלְגּוֹלֶת
crank *n.* 1. (lever) אַרְכּוּבָּה
2. (person) רוֹטֵן, רַטְנוּנִי
crank *vt.* סוֹבֵב אַרְכּוּבָּה, הִתְנִיעַ
crank out יִיצֵּר
crankcase *n.* בֵּית-אַרְכּוּבָּה
crankshaft *n.* גַּל אַרְכּוּבָּה
cranky *adj.* רַגְזָן, נִרְגָּן
cranny *n.* נָקִיק, סֶדֶק
crap *n.* חָרָא ; שְׁטוּיוֹת
craps *pn.* מִשְׂחַק קוּבִּיּוֹת
crap *vi.* חִירְבֵּן
crappy *adj.* מְחוּרְבָּן
crapshoot *n.* מִשְׂחָק בְּקוּבִּיּוֹת
crash *n.* 1. (smash) הִתְרַסְּקוּת, הִתְנַפְּצוּת
2. (collision) הִתְנַגְּשׁוּת
3. (collapse) הִתְמוֹטְטוּת
4. (of airplane) נְפִילָה
crash *vt.; vi.*1. רִיסֵּק, נִיפֵּץ ; הִתְרַסֵּק, הִתְנַפֵּץ
2. *vi.* הִתְנַגֵּשׁ
3. הִתְמוֹטֵט
4. נָפַל
crash *adj.* (intensive) מְזוֹרָז
crass *adj.* גַּס, מְחוּסְפָּס
crate *n.* אַרְגָּז מִשְׁלוֹחַ

crate *vt.* שָׁלַח בְּאַרְגָּז
crater *n.* 1. (land depression) מַכְתֵּשׁ
2. (volcano mouth) לוֹעַ הַר גַּעַשׁ
cravat *n.* עֲנִיבָה
crave *vt.* הִשְׁתּוֹקֵק לְ-
craven *adj.* פַּחְדָן, מוּג-לֵב
craving *n.* תְּשׁוּקָה עַזָּה
crawl *n.* זְחִילָה
crawl *vi.* זָחַל
crayon *n.* עֶפְרוֹן צִיּוּר
craze *n.* שִׁיגָּעוֹן אוֹפְנָתִי
craze *vt.*; *vi.* שִׁיגֵּעַ ; הִשְׁתַּגֵּעַ
crazed *adj.* מְשׁוּגָּע
craziness *n.* שִׁיגָּעוֹן, טֵירוּף
crazy *adj.* מְשׁוּגָּע, מְטוֹרָף
creak *n.* חֲרִיקָה
creak *vi.* חָרַק
creaky *adj.* חוֹרֵק
cream *n.* 1. (milk product) שַׁמֶּנֶת
2. (ointment) מִשְׁחָה, קְרֶם
3. (color) צֶבַע קְרֶם
ice cream גְּלִידָה
sour cream שַׁמֶּנֶת
whipped cream קַצֶּפֶת
creamer *n.* 1. (small pitcher) כַּד קָטָן
2. (cream substitute) תַּחְלִיף חָלָב
creamery *n.* מַחְלָבָה
creampuff *n.* 1. (pastry) פַּחְזָנִית
2. (car) מְכוֹנִית בְּמַצָּב טוֹב
crease *n.* קֶמֶט, קֶפֶל
crease *vt.*; *vi.* קִימֵּט, קִיפֵּל ; הִתְקַמֵּט
create *n.* יָצַר, בָּרָא
creation *n.* יְצִירָה, בְּרִיאָה
the Creation *n.* בְּרִיאַת הָעוֹלָם
creationism *n.* הָאֱמוּנָה בִּבְרִיאַת הָעוֹלָם
creative *adj.* יְצִירָתִי, יוֹצֵר
creativity *n.* יְצִירָתִיּוּת
creator *n.* יוֹצֵר
the Creator הַבּוֹרֵא, אֱלוֹהִים
creature *n.* יְצוּר, בְּרִיָּיה
credence *n.* אֵימוּן
credentials *pn.* 1. (qualifications) תְּעוּדַת כִּישׁוּרִים
2. (diplomatic papers) כְּתַב הָאֲמָנָה
credenza *n.* מִזְנוֹן, כּוֹנָנִית
credibility *n.* אֲמִינוּת
credible *adj.* אָמִין, רָאוּי לְאֵימוּן
credit *n.* 1. (deferred payment) אַשְׁרַאי
2. (commendation) הַעֲרָכָה
3. (accrued student work) קְרֶדִיט
4. (positive account balance) זְכוּת
5. (trust) אֵימוּן
6. (honor) כָּבוֹד
on credit בְּהַקָּפָה
credits *pn.* (names of contributors) מִכְבָּד
credit *vt.* 1. (add to account) זִיכָּה חֶשְׁבּוֹן
2. (attribute to) זָקַף לִזְכוּת
3. (trust) הֶאֱמִין בְּ-
creditor *n.* נוֹשֶׁה, בַּעַל-חוֹב
credulous *adj.* תָּמִים
creed *n.* אֱמוּנָה
creek *n.* נַחַל
creel *n.* סַל נְצָרִים
creep *n.* שֶׁרֶץ, גּוֹעֲלִי
creep *vi.* זָחַל
creeps *pn.* פַּחַד
creepy *adj.* מַפְחִיד
cremate *vt.* שָׂרַף גּוּפָה
cremation *n.* שְׂרֵיפַת גּוּפָה
crematorium *n.* מִשְׂרָפָה
Creole *n.* (דּוֹבֵר) צָרְפָתִית מִלּוּאִיזְיָאנָה
crepe *n.* אֲרִיג קְפָלִים
crept *p.* creep
crescent *n.* סַהַר
crest *n.* 1. (peak) פִּסְגָּה, שִׂיא
2. (rooster's comb) כַּרְבּוֹלֶת
crest *vi.* הִגִּיעַ לְשִׂיא
crestfallen *adj.* מְדוּכָּא, מְאוּכְזָב
cretin *n.* מְפַגֵּר
crevasse *n.* בְּקִיעַ, סֶדֶק

crevice *n.*	סֶדֶק
crew *n.*	צֶוֶות
air crew	צֶוֶות אֲוִויר
land crew	צֶוֶות קַרְקַע
crewcut *n.*	תִסְפּוֹרֶת קְצָרָה
crib *n.*	מִיטַת תִינוֹק
crick *n.*	הִתְכַּוְּוצוּת שְׁרִירֵי הָעוֹרֶף
cricket *n.* 1. (insect)	צְרָצַר
2. (game)	קְרִיקֶט
crier *n.* 1. (weeper)	בַּכְיָין
2. (announcer)	כָּרוֹז
crime *n.*	פֶּשַׁע, פְּלִילִים
capital crime	פֶּשַׁע מִמַּדְרֵגָה רִאשׁוֹנָה
criminal *n.*	פּוֹשֵׁעַ
criminal *adj.*	פְּלִילִי
criminalize *vt.*	הוֹצִיא אֶל מִחוּץ לַחוֹק
criminologist *n.*	קְרִימִינוֹלוֹג, חוֹקֵר פֶּשַׁע
criminology *n.*	קְרִימִינוֹלוֹגְיָה, חֵקֶר הַפֶּשַׁע
crimp *n.*	סִילְסוּל
crimp *vt.*	סִילְסֵל
crimson *n.*	אַרְגָּמָן
cringe *vi.*	נִרְתַּע, הִתְכַּוֵּוץ
crinkle *n.*	קֶמֶט
crinkle *vt.*	קִימֵט
cripple *n.*	נָכֶה
cripple *vt.* 1. (cause disability)	גָּרַם נָכוּת
2. (impair)	פָּגַע בּ-
crisis *n.*	מַשְׁבֵּר
crisp *adj.* 1. (brittle)	פָּרִיךְ
2. (clear)	בָּרוּר
crispness *n.*	פְּרִיכוּת
crisscross *n.*	תִצְלוֹבֶת, שְׁתִי וָעֵרֶב
crisscross *vt.*	עָבַר הָלוֹךְ וָשׁוֹב
criterion *n.*	אֶבֶן בּוֹחַן, קְרִיטֶרְיוֹן
critic *n.*	מְבַקֵּר
critical *adj.* 1. (judgmental)	בִּיקוֹרְתִּי
2. (crucial)	גּוֹרָלִי, קְרִיטִי
criticism *n.*	בִּיקוֹרֶת
criticize *vt.*	בִּיקֵּר, מָתַח בִּיקוֹרֶת
critique *n.*	מַאֲמַר בִּיקוֹרֶת
critter *n.*	יְצוּר
croak *n.*	קִירְקוּר
croak *vi.*	קִירְקֵר
crochet *n.*	סְרִיגָה (בְּמַחַט כְּפוּפָה)
crock *n.*	כְּלִי חֶרֶס
crocodile *n.*	תַּנִּין
crocus *n.*	כַּרְכּוֹם
croissant *n.*	לַחְמָנִיַּת סַהַר, קְרוּאָסָן
crone *n.*	זְקֵנָה בָּלָה
crook *n.* 1. (bend)	עִיקּוּל
2. (dishonest person)	נוֹכֵל
crooked *adj.*	עָקוֹם
croon *vi.*	שָׁר, זִימֵּר
crooner *n.*	זַמָּר
crop *n.*	יְבוּל
crop-dust	רִיסּוּס שָׂדוֹת
crop up	צָץ לְפֶתַע
crop *vt.*	קָצַץ, גָּזַז
croquette *n.*	כּוּפְתָּה
crosier *n.*	שַׁרְבִיט
cross *n.* 1. (crucifix)	צְלָב
2. (hybrid)	תַּעֲרוֹבֶת, כִּלְאַיִים
cross-country	מִקְצֵה הָאָרֶץ אֶל קָצֶהָ
cross-cultural	חוֹצֶה תַרְבּוּיוֹת
cross-examination	חֲקִירַת שְׁתִי וָעֵרֶב
cross-examine	חָקַר שְׁתִי וָעֵרֶב
cross-eye	פְּזִילָה
cross-eyed	פּוֹזֵל
cross-reference	מַרְאֵה-מָקוֹם מְצוּלָּב
cross-section	חֲתַךְ רוֹחַב
cross *vt.*	חָצָה, עָבַר
crossbar *n.*	פַּס רוֹחַב, מוֹט, מַשְׁקוֹף
crossbones *pn.*	עֲצָמוֹת מְצוּלָּבוֹת
crossbow *n.*	קֶשֶׁת
crossbowman *n.*	קַשָּׁת
crossbreed *n.*	בֶּן-כִּלְאַיִים
crossbreed *vt.*	הִכְלִיא
crosscurrent *n.*	זֶרֶם נֶגְדִּי
crosscut *n.*	חֲתַךְ רוֹחַב
crossfire *n.* 1. (shooting)	אֵשׁ צוֹלֶבֶת

2. (debate) וִיכּוּחַ נוֹקֵב

crosshatch *vt.* סִימֵן בְּקַוֵּוי שְׁתִי וָעֵרֶב

crossing *n.* 1. (intersection) הִצְטַלְבוּת

2. (street crossing) מַעֲבַר חֲצִייָה

pedestrian crossing מַעֲבָר לְהוֹלְכֵי רֶגֶל

crossover *n.* מְקוֹם מַעֲבָר, גֶּשֶׁר

crossroads *n.* צוֹמֶת, פָּרָשַׁת דְּרָכִים

crosswalk *n.* מַעֲבַר חֲצִייָה

crosswise *adv.* לָרוֹחַב

crotch *n.* מִפְשָׂעָה

crotchet *n.* רַעְיוֹן מוּזָר

crouch *vi.* הִשְׁתּוֹפֵף

croup *n.* אַסְכָּרָה

croupier *n.* קוּפַּאי קָזִינוֹ

crouton *n.* קוּבִּיַּית לֶחֶם קָלוּי

crow *n.* 1. (bird) עוֹרֵב

2. (rooster cry) קְרִיאַת תַּרְנְגוֹל

crow *vi.* קָרָא, קִירְקֵר

crowbar *n.* מוֹט הֲרָמָה

crowd *n.* הָמוֹן, קָהָל

crowd *vi.* הִצְטוֹפֵף

crowded *adj.* צָפוּף, דָּחוּס

crowding *n.* צְפִיפוּת

crown *n.* כֶּתֶר

crown *vt.* הִכְתִּיר

crucial *adj.* מַכְרִיעַ, קְרִיטִי

crucible *n.* 1. (melting pot) כּוּר הִיתּוּךְ

2. (severe trial) מִבְחָן קָשֶׁה

crucifix *n.* צְלָב

crucifixion *n.* צְלִיבָה

cruciform *n.* דְּמוּי-צְלָב

crucify *vt.* צָלַב

crude *n.* נֵפְט גּוֹלְמִי

crude *adj.* 1. (raw) גּוֹלְמִי

2. (rough, vulgar) גַּס, לֹא מְעוּדָּן

crudeness *n.* גַּסּוּת

cruel *adj.* אַכְזָרִי

cruelty *n.* אַכְזְרִיּוּת

cruet *n.* בַּקְבּוּקוֹן

cruise *n.* שַׁיִט

cruiser *n.* 1. (warship) סַיֶּירֶת קְרָב

2. (pleasure boat) סְפִינַת נוֹפֶשׁ

cruise *vi.* שָׁט

crumb *n.* פֵּירוּר

crumble *vt.; vi.* פּוֹרֵר ; הִתְפּוֹרֵר

crummy *adj.* עָלוּב, מְחוּרְבָּן

crumpet *n.* לַחְמָנִיָּיה קְלוּיָה

crumple *vt.* קִימֵט

crunch *n.* 1. (chewing) לְעִיסָה רַעֲשָׁנִית

2. (shortage) מַחְסוֹר

3. (critical situation) מַצָּב קְרִיטִי

crunch *vt.* לָעַס בְּקוֹל, כָּתַשׁ

crunchy *adj.* פָּרִיךְ

crusade *n.* מַסַּע צְלָב

crusader *n.* צַלְבָּן

crush *n.* 1. (crushing) מְעִיכָה

2. (big crowd) הָמוֹן

3. (infatuation) אַהֲבָה חֲטוּפָה

4. (drink) מַשְׁקֵה פֵּירוֹת

crush *vt.* מָעַךְ, מָחַץ

crushable *adj.* מָעִיךְ

crushing *adj.* מוֹחֵץ

crushproof *n.* אַל-מַעַךְ

crust *n.* קְרוּם, קְלִיפָּה

crust *vi.* הִתְכַּסָּה בִּקְרוּם, הִתְקַשָּׁה

crustacean *n.* סַרְטָן

crutch *n.* 1. (cane) קַב ז׳ (קַבַּיִים)

2. (crotch) מִפְשָׂעָה

crux *n.* עִיקָּר

cry *n.* 1. (weep) בְּכִי, בֶּכִי

2. (shout) זְעָקָה

3. (call) קְרִיאָה

cry *vi.* 1. בָּכָה

2. זָעַק

3. קָרָא

crybaby *n.* בַּכְיָין

crypt *n.* כּוּךְ קְבוּרָה

cryptic *adj.* סוֹדִי

cryptography *n.* צוֹפֶן, כְּתַב סְתָרִים

crystal *n.* 1. (quartz) גָּבִישׁ

2. (clear glass) בְּדוֹלַח
crystallization *n.* גִיבּוּש ; הִתגַבְּשוּת
crystallize *vt.; vi.* גִיבֵּש ; הִתגַבֵּש
C-section (Cesarean section) נִיתוּחַ קֵיסָרִי
CT (computerized tomography) צִילוּם מְמוּחשָב (שֶל הַגוּף)
cub *n.* גוּר
cubbyhole *n.* תָא
cube *n.* קוּבִּייָה
cubic *adj.* מְעוּקָב
cubical *adj.* דְמוּי-קוּבִּייָה
cubicle *n.* חַדרוֹן, תָא
cuckold *n.* בַּעַל מְרוּמֶה
cuckold *vt.* בָּגְדָה בְּבַעֲלָהּ, הִצמִיחָה קַרנַיִים
cuckoo *n.* 1. (bird) קוּקִייָה
2. (a fool) טִיפֵּש
cucumber *n.* מְלָפְפוֹן
cud *n.* גֵירָה
chew the cud הֶעֱלָה גֵירָה
cuddle *n.* הִתרַפְּקוּת
cuddle *vi.* הִתרַפֵּק
cuddly *adj.* נָעִים לְחִיבּוּק
cudgel *n.* אַלָּה
cue *n.* אוֹת נ׳ (אוֹתוֹת), סִימָן
cue *vt.* רָמַז, נָתַן סִימָן
cuff *n.* חֵפֶת
off the cuff בְּאוֹפֶן מְאוּלתָר
cuff *vt.* סָטַר
cufflink *n.* כַּפתוֹר חֲפָתִים
cuisine *n.* סִיגנוֹן בִּישוּל, סוּג מִטבָּח
cul-de-sac רְחוֹב לְלֹא מוֹצָא
culinary *adj.* שֶל בִּישוּל
cull *vt.* בָּרַר
culminate *vi.* הִגִיעַ לְשִׂיא
culmination *n.* שִׂיא, פִּסגָה
culpability *n.* אַשמָה
culpable *adj.* רָאוּי לְגִינוּי
culprit *n.* אָשֵם בַּמַעֲשֶׂה, עֲבַריָין
cult *n.* 1. (group) כַּת
2. (worship) פּוּלחָן
cultic *adj.* פּוּלחָנִי
cultist *n.* מִשתַיֵיךְ לְכַת
cultivate *vt.* 1. (work the land) עִיבֵּד
2. (foster) טִיפֵּחַ
cultivation *n.* 1. עִיבּוּד
2. טִיפּוּחַ
culture *n.* 1. (civilization) תַרבּוּת
2. (microorganism) תַרבִּית
culture *vt.* 1. תִירבֵּת
2. גִידֵל בְּתַרבִּית
culvert *n.* תְעָלָה, מִפלַש מַיִם
cum *n.* פְּלִיטַת זֶרַע
cum laude בְּהִצטַייְנוּת
cumber *vt.* עִיכֵּב, הִכבִּיד
cumbersome *adj.* מְסוּרבָּל, מְגוּשָם
cumin *n.* כַּמוֹן
cummerbund *n.* אַבנֵט
cumulative *adj.* מִצטַבֵּר
cumulus *n.* עֲנַן קוּמוּלוּס
cuneiform *n.* כְּתַב יְתֵדוֹת
cunning *n.* עוֹרמָה, פִּיקְחוּת
cunning *adj.* עָרוּם, עַרמוּמִי
cup *n.* סֵפֶל, גָבִיעַ
cupboard *n.* אָרוֹן ז׳ (אֲרוֹנוֹת), מִזנוֹן
cupcake *n.* עוּגִית דְמוּיַת-סֵפֶל
cupidity *n.* חַמדָנוּת, תַאֲוַות בֶּצַע
cupola *n.* כִּיפַּת גַג
cur *n.* (base person) מְנוּוָל, שָפָל
curative *adj.* מְרַפֵּא
curator *n.* אוֹצֵר
curb *n.* 1. (sidewalk edge) שְׂפַת מִדרָכָה
2. (restraint) רֶסֶן
curb *vt.* רִיסֵן
curbstone *n.* אֶבֶן שָׂפָה
curd *n.* חָלָב קָרוּש
curdle *vi.* נִקרַש
cure *n.* תְרוּפָה, מַרפֵּא
cure *vt.* 1. (heal) רִיפֵּא
2. (preserve) שִימֵר

3. (process) עִיבֵּד
cure-all מְרַפֵּא הַכּוֹל, תְּרוּפַת פֶּלֶא
curettage *n.* גְּרִידָה
curfew *n.* עוֹצֶר
curio *n.* חֵפֶץ אוֹמָנוּתִי
curiosity *n.* 1. (desire to know) סַקְרָנוּת
2. (strangeness) דָּבָר מוּזָר
curious *adj.* 1. (eager to know) סַקְרָן
2. (strange) מוּזָר
curl *n.* תַּלְתַּל
curl *vt.; vi.* תִּילְתֵּל, סִילְסֵל ; הִסְתַּלְסֵל
curler *n.* מְתַלְתֵּל שֵׂיעָר
curlicue *n.* קַו מְסוּלְסָל
curmudgeon *n.* רַע-מֶזֶג
currant *n.* צִימוּק
currency *n.* מַטְבֵּעַ ז׳ (מַטְבְּעוֹת)
foreign currency מַטְבֵּעַ חוּץ/זָר
current *n.* 1. (stream) זֶרֶם
2. (trend) מְגַמָּה
current *adj.* נוֹכְחִי, עַכְשָׁוִוי, שׁוֹטֵף
currently *adv.* כַּיּוֹם, בַּזְּמַן הַזֶּה
curricular *adj.* שֶׁל תּוֹכְנִית לִימוּדִים
curriculum *n.* תּוֹכְנִית לִימוּדִים
curry *n.* קָרִי
curse *n.* קְלָלָה
curse *vt.* קִילֵּל
cursive *n.* כְּתַב יָד רָצוּף
cursor *n.* סַמָּן
cursory *adj.* שִׁטְחִי
curst *adj.* מְקוּלָּל
curt *adj.* קְצַר-דִּיבּוּר
curtail *vt.* צִימְצֵם, הִפְחִית
curtailment *n.* צִימְצוּם, הַפְחָתָה
curtain *n.* וִילוֹן ז׳ (וִילוֹנוֹת), מָסָךְ
Iron Curtain מָסַךְ הַבַּרְזֶל
curtain *vt.* כִּיסָּה בְּווִילוֹן
curtsy *n.* קִידָּה
curvaceous *adj.* חֲטוּבַת-גִּיזְרָה
curvature *n.* עַקְמוּמִיּוּת
curve *n.* 1. (bent line) עִיקּוּם, פִּיתּוּל
2. (road bend) סִיבּוּב, פְּנִיָּיה
3. (graphic illustration) עֲקוּמָּה
4. (body shape) חַמּוּק
curve *vt.; vi.* 1. (bend) עִיקֵּם ; הִתְעַקֵּם
2. (grade on a curve) הִשְׁתַּמֵּשׁ בַּעֲקוּמָּה
curved *adj.* מְעוּקָּם, כָּפוּף
cushion *n.* כַּר, רְפִיד
cushion *vt.* 1. (provide with a cushion) רִיפֵּד
2. (reduce impact) רִיכֵּךְ
cushy *adj.* נוֹחַ
cusp *n.* קָצֶה חַד
cuspid *n.* נִיב
cuss *n.* קְלָלָה
cuss *vt.* קִילֵּל
custard *n.* רַפְרֶפֶת
custodian *n.* 1. (caretaker) אַפּוֹטְרוֹפּוֹס, מְמוּנֶּה
2. (janitor) שַׁמָּשׁ, חַצְרָן
custodianship *n.* אַפּוֹטְרוֹפְּסוּת
custody *n.* 1. (guardianship) מִשְׁמוֹרֶת
2. (detention) מַעֲצָר
custom *n.* מִנְהָג, נוֹהַג
customs *pn.* מֶכֶס
custom *adj.* (עָשׂוּי) לְפִי הַזְמָנָה
customarily *adv.* כַּנָּהוּג, בְּדֶרֶךְ כְּלָל
customary *adj.* נָהוּג, מְקוּבָּל
customer *n.* לָקוֹחַ
customhouse *n.* בֵּית-מֶכֶס
customization *n.* הַתְאָמָה אִישִׁית
customize *vt.* הִתְאִים אִישִׁית
cut *n.* 1. (incision) חֲתָךְ, חִיתּוּךְ
2. (cut-off piece) נֵתַח, חֲתִיכָה
3. (clothing style) גִּיזְרָה
4. (reduction) הַפְחָתָה, הוֹרָדָה, צִימְצוּם
5. (share) חֵלֶק
cut-and-dried יָדוּעַ מֵרֹאשׁ, שִׁיגְרָתִי
cut-rate מוּזָל, נִמְכָּר בְּהַנָּחָה
a cut above עוֹלֶה עַל, יוֹתֵר טוֹב מ-
cut *vt.* 1. (slice) חָתַךְ
2. (clip) גָּזַר, גָּזַז

3. (reduce) הִפחִית, הוֹרִיד
4. (be absent from) נֶעדַר מ-
cut back צִימצֵם, הִפחִית
cut corners חָסַךְ בְּהוֹצָאוֹת
cut down צִימצֵם, הִגבִּיל
cut down to size הֶעמִיד בִּמקוֹמוֹ
cut in נִדחַק, דָחַף אֶת עַצמוֹ
cut it out! תַפסִיק!
cut loose הִשתַחרֵר
cut off 1. (sever) כָּרַת, גָדַע
2. (disconnect) נִיתֵק
3. (discontinue) הִפסִיק
cut one's losses יָצָא מֵעֵסֶק מַפסִיד
cut out 1. (excise) קָצַץ, חָתַךְ
2. (stop) הִפסִיק
cut out for מַתאִים ל-
cut short קִיצֵר
cut up בִּיתֵר, קָצַץ
cutback *n.* קִיצוּץ, צִימצוּם
cute *adj.* חָמוּד
cuteness *n.* חוֹמֶד
cutlery *n.* כְּלֵי שוּלחָן, סַכּוּ"ם
cutlet *n.* נֶתַח, קְצִיצָה
cutoff *n.* נִיתוּק, הַפסָקָה
cutout *n.* 1. (separated part) גְזִיר
2. (electric switch) מַפסֵק
cutter *n.* 1. (cutting device) מַחתֵךְ
2. (boat) סְפִינָה חַד-מִפרָשִׂית
cutthroat *n.* רוֹצֵחַ
cutthroat *adj.* רַצחָנִי, אַכזָרִי
cutting *n.* (plant piece) גָזִיר
cutting *adj.* חַד
CV (curriculum vitae) קוֹרוֹת חַיִים
cyan *n.* כָּחוֹל יְרַקרַק
cyanide *n.* צִיאָנִיד
cyanosis *n.* כִּיחָלוֹן
cyberspace *n.* מֶרחַב הָאִינטֶרנֶט
cyclamate *n.* צִיקלָמָט
cycle *n.* 1. (periodic repetition) מַחֲזוֹר
2. (period) תְקוּפָה
3. (bicycle) אוֹפַנַיִים
cycle *vi.* 1. (move/occur in a cycle) נָע/אֵירַע בְּמַחֲזוֹרִיוּת
2. (ride a bike) רָכַב עַל אוֹפַנַיִים
cyclist *n.* רוֹכֵב אוֹפַנַיִים
cyclone *n.* סוּפַת צִיקלוֹן
cylinder *n.* גָלִיל, צִילִינדֶר
cymbal *n.* מְצִילָה
cynic *n.* צִינִיקָן
cypher *n.* סִיפְרָה
cypher *vt.* כָּתַב בְּצוֹפֶן
cypress *n.* בְּרוֹש
Cyprus *n.* קַפרִיסִין
cyst *n.* שַלחוּף
cystic fibrosis לַיֶיפֶת
czar *n.* צָאר

D

D — הָאוֹת הָרְבִיעִית בָּאָלֶפְבֵּית הָאַנגלִי
3D (three-dimensional) — תְלַת-מְמַדִי
in 3D — בִּשלוֹשָה מְמַדִים
DA (district attorney) — תוֹבֵעַ מְחוֹזִי
dab *n.* — נְגִיעָה קַלָה
dabble *vt.* 1. (splash) — הִתִיז מַיִם
2. (undertake) — עָסַק בְּתַחבִּיב
dachshund *n.* — כֶּלֶב תַחַש
Dacron *n.* — דַקרוֹן
dad, daddy *n.* — אַבָּא
daffodil *n.* — נַרקִיס
daffy *adj.* — מְשוּגָע
dagger *n.* — פִּגיוֹן
dahlia *n.* — דָלִייָה
daily *n.* — יוֹמוֹן, עִיתוֹן יוֹמִי
daily *adj.* — יוֹמִי, יוֹמיוֹמִי
daily *adv.* — יוֹם יוֹם, מִדֵי יוֹם
dainty *n.* — מַעֲדָן
dainty *adj.* — טָעִים, עָרֵב לָחֵך
daiquiri *n.* — קוֹקטֵיל דַייקִירִי
dairy *n.* 1. (production site) — מַחלָבָה
2. (shop) — חֲנוּת לְמוּצְרֵי חָלָב
dairy *adj.* — חֲלָבִי
daisy *n.* — פֶּרַח הַחִינָנִית
dale *n.* — עֵמֶק, בִּקעָה
dally *vi.* — הִתמַהמֵהַ
dalmatian *n.* — כֶּלֶב מְנוּמָר
dam *n.* — סֶכֶר
dam *vt.* — בָּלַם, סָגַר
damage *n.* — נֶזֶק
damages *pn.* — פִּיצוּיִים, דְמֵי נְזִיקִין
punitive damages — פִּיצוּיֵי עוֹנְשִין
damage *vt.* — הִזִיק, גָרַם נֶזֶק ל-
Damascus *n.* — דַמֶשֶׂק
damask *n.* — אָרִיג דַמַשקִי
dame *n.* — אִישָה נ׳ (נָשִים), גְבֶרֶת
grande dame — גְבִירָה
damn *adj.* — אָרוּר
damn well — הֵיטֵב
damn *vt.* — קִילֵל
damn it! — לַעֲזָאזֵל!
damnation *n.* 1. (curse) — קְלָלָה
2. (condemnation to hell) — עוֹנֶש גֵיהִנוֹם
damned *adj.* — אָרוּר, מְקוּלָל
damp *adj.* — רָטוֹב, לַח
dampen *vt.* 1. (wet) — הִרטִיב
2. (depress) — דִיכֵּא
damper *n.* 1. (plate) — עַמעֶמֶת
2. (depressor) — מַשבִּית שִׂמחָה
dampness *n.* — רְטִיבוּת, לַחלוּחִית
damsel *n.* — עַלמָה
damson *n.* — שְזִיף דַמֶשֶׂק
dance *n.* — רִיקוּד
belly dance — רִיקוּד בֶּטֶן
folk dance — רִיקוּד עַם
square dance — רִיקוּד כַּפרִי
tap dance — רִיקוּד סְטֶפְּס
dance *vi.* — רָקַד
dancer *n.* — רַקדָן
dandelion *n.* — צֶמַח שֵן הָאֲרִי
dandruff *n.* — קַשקַשִׂים
dandy *n.* 1. (fop) — גַנדְרָן
2. (very good) — מְצוּייָן
dandy *adj.* — מְגוּנדָר ; נָאֶה
Dane *n.* — דֶנִי
Great Dane — כֶּלֶב עֲנָק דֶנִי
danger *n.* — סַכָּנָה
dangerous *adj.* — מְסוּכָּן
dangle *vt.*; *vi.* — נוֹדֵד, טִילטֵל ; הִתנוֹדֵד, נִיטַלטֵל
dangling *adj.* — מִתנוֹדֵד, תָלוּי וְעוֹמֵד
Daniel *n.* — דָנִיאֵל
Danish *adj.* — דֶנִי
dank *adj.* — טָחוּב, לַח

dapple *vt.* נִימֵר
dare *n.* הֶעָזָה, אֶתגָר
dare *vi.* 1. (have courage) הֵעֵז
2. *vt.* (challenge) אִיתגֵר, קָרָא תִיגָר
daredevil *n.* אָדָם נוֹעָז
daring *adj.* נוֹעָז
dark *n.* חוֹשֶךְ, אֲפֵילָה
dark *adj.* 1. (lightless) חָשוּךְ, אָפֵל
2. (in color) כֵּהֶה
3. (dismal) קוֹדֵר
4. (mysterious) מִסתוֹרִי, חֲשָאִי
darken *vt.* הֶחשִיךְ
darkness *n.* חוֹשֶךְ, אֲפֵילָה
darkroom *n.* חֲדַר פִּיתוּחַ (צִילוּם)
darling *n.*1. (loved, dear) אָהוּב, חָמוּד
2. (favorite) מוּעֲדָף
darn *vt.* אִיחָה
darn *adv.* (damn) לַעֲזָאזֵל
dart *n.* 1. (leap) זִינוּק
2. (arrow) חֵץ
3. (game) מִשׂחַק זְרִיקַת חֵץ
dart *vi.* זִינֵק
Darwinism *n.* תוֹרַת דַרווִין
dash *n.* 1. (rush) זִינוּק, גִיחָה
2. (small amount) מְעַט, קַמצוּץ
3. (punctuation mark) מַקָף, קַו מַפרִיד
dash *vi.* זִינֵק
dashboard *n.* לוּחַ מַחֲווָנִים
dashing *adj.* 1. (gallant) נוֹעָז, אַמִיץ
2. (splendid) נֶהֱדָר
dastard *adj.* מוּג-לֵב
data *pn.* נְתוּנִים
database *n.* מַסַד נְתוּנִים
date *n.* 1. (calendar) תַאֲרִיךְ
2. (fruit) תָמָר
3. (engagement) פְּגִישָה
4. (companion) בֶּן/בַּת זוּג
blind date פְּגִישָה עִיוֶורֶת (עִם אָדָם לֹא מוּכָּר)
effective date תַאֲרִיךְ תְחוּלָה
out of date מְיוּשָן, לֹא בָּאוֹפנָה
to date עַד כֹּה
up-to-date מְעוּדכָּן
date *vt.*1. (fix date) תִיאֲרֵךְ, קָבַע תַאֲרִיךְ
2. (go out with) יָצָא עִם
dated *adj.* 1. (marked with date) מְתוֹאֲרָךְ
2. (old-fashioned) מְיוּשָן
dateline *n.* תַאֲרִיךְ וּמָקוֹם (בְּכַתָבָה)
dative *n.* (*gram.*) יַחֲסַת הַמוּשָׂא הֶעָקִיף
datum *n.* נָתוּן, פְּרָט
daub *vt.* מָרַח
daughter *n.* בַּת נ׳ (בָּנוֹת)
daughter-in-law כַּלָה (אֵשֶת הַבֵּן)
daunt *vt.* הִפחִיד, הִרתִיעַ
daunting *adj.* מַפחִיד, מַרתִיעַ
dauphin *n.* יוֹרֵש עֶצֶר צָרְפָתִי
davenport *n.* סַפָּה גְדוֹלָה
David *n.* דָוִיד
dawdle *vi.* הִתבַּטֵל
dawn *n.* שַחַר, זְרִיחָה
dawn *vi.* הִפצִיעַ, זָרַח
dawn on הִתבָּרֵר לְ-
day *n.* 1. (between nights) יוֹם ז. (יָמִים)
2. (24 hours) יְמָמָה
day in day out מִדֵי יוֹם בְּיוֹמוֹ
day of rest יוֹם מְנוּחָה, שַבָּת
day-to-day מִדֵי יוֹם, יוֹמִי
call it a day סִיֵים יוֹם עֲבוֹדָה
field day יוֹם סְפּוֹרט
Judgment Day יוֹם הַדִין
Labor Day חַג הָעֲבוֹדָה
May Day הָאֶחָד בְּמַאי
the other day לַאַחֲרוֹנָה, לֹא מִזְמַן
Valentine's Day חַג הָאַהֲבָה
Veterans Day יוֹם הַחַיָיל
daybed *n.* מִיטַת סַפָּה
daybreak *n.* עֲלוֹת הַשַחַר
daydream *n.* חֲלוֹם בְּהָקִיץ
daydream *vi.* חָלַם בְּהָקִיץ
daycare *n.* מְעוֹן יוֹם
daylight *n.* אוֹר יוֹם

daylong *adj.*	בְּמֶשֶׁךְ יוֹם, לְיוֹם שָׁלֵם
daytime *n.*	שְׁעוֹת הַיּוֹם
daze *vt.*	הֵימֵם
dazed *adj.*	מְהוּמָּם
dazing *adj.*	מְהַמֵּם
dazzle *n.*	סִינווּר
dazzle *vt.*	סִינווֵר
dazzling *n.*	מְסַנווֵר
db (decible)	דֶצִיבֶּל
DC (direct durrent)	זֶרֶם יָשִׁיר
D-day	יוֹם הָאֶפֶס, תַּאֲרִיךְ הַיַּעַד (שֶׁל מִבְצָע צְבָאִי)
DDS (doctor of dental surgery)	רוֹפֵא שִׁינַּיִים
DDT (dichloro diphenyl trichloroethane)	דִי דִי טִי
de facto	לְמַעֲשֶׂה
de jure	לַהֲלָכָה, בְּאוֹפֶן חוּקִי
de luxe	לוּקסוּס
de-escalate *vt.*	הוֹרִיד תְּאוּצָה, הִפְחִית
de-escalation *n.*	הוֹרָדַת תְּאוּצָה, הַפְחָתָה
deacon *n.*	פְּקִיד כְּנֵסִיָּיה
deactivate *vt.*	הִפְסִיק, עָצַר פְּעִילוּת
deactivation *n.*	הַפְסָקָה, עֲצִירַת פְּעִילוּת
dead *adj.* 1. (deceased)	מֵת
2. (inoperative)	לֹא פּוֹעֵל
dead in the water	מְשׁוּתָּק
deadbeat *n.*	מִשְׁתַּמֵּט (מִתַּשְׁלוּם חוֹב)
deadbolt *n.*	מַנְעוּל
deaden *vt.*	שִׁיכֵּךְ
deadline *n.*	מוֹעֵד אַחֲרוֹן
deadlock *n.*	קִיפָּאוֹן, מָבוֹי סָתוּם
deadly *adj.*	קַטְלָנִי
deadness *n.*	מָוֶות
deadpan *adj.*	חֲסַר-הַבָּעָה
deadwood *n.*	עוֹבֵד מְיוּתָּר
deaf *adj.*	חֵרֵשׁ
deafness *n.*	חֵרְשׁוּת
deal *n.* 1. (business transaction)	עִיסְקָה
2. (matter)	עִנְיָין
big deal	עִנְיָין גָּדוֹל
big deal!	חוֹכְמָה גְּדוֹלָה!
good/great deal of	הַרְבֵּה מְאוֹד
package deal	עִיסְקַת חֲבִילָה
raw deal	יַחַס לֹא הוֹגֵן
deal *vi.* 1. (engage in)	עָסַק בּ-
2. (trade in)	סָחַר בּ-
3. *vt.* (distribute cards)	חִילֵּק קְלָפִים
deal with 1. (have dealings with)	הִתְעַסֵּק עִם
2. (cope)	הִתְמוֹדֵד עִם
dealer *n.* 1. (merchant)	סוֹחֵר, סוֹכֵן
2. (in game of cards)	מְחַלֵּק קְלָפִים
drug dealer	סוֹחֵר סַמִּים
junk dealer	סוֹחֵר גְּרוּטָאוֹת
dealership *n.*	סוֹכְנוּת
dealings *pn.*	עִנְיָינִים, יְחָסִים
dealt *p.* deal	
dean *n.* 1. (college administrator)	דֵּיקָן
2. (clergy)	כּוֹמֶר
3. (senior member)	בָּכִיר, זְקַן-
deanship *n.*	מִשְׂרַת דֵּיקָן
dear *adj.*	יָקָר, יַקִּיר
dearly *adv.* 1. (at great cost)	בְּיוֹקֶר
2. (very much)	הַרְבֵּה מְאוֹד
dearness *n.*	יַקְרוּת
dearth *n.*	מַחְסוֹר
death *n.*	מָוֶות, מִיתָה
deathbed *n.*	עֶרֶשׂ מָוֶות
deathblow *n.*	מַהֲלוּמַת מָוֶות
deathtrap *n.*	מַלְכּוֹדֶת מָוֶות
debacle *n.*	כִּישָּׁלוֹן ז׳ (כִּישְׁלוֹנוֹת)
debar *vt.*	אָסַר עַל
debark *vi.*	יָרַד מֵאוֹנִיָּיה
debarkation *n.*	יְרִידָה מֵאוֹנִיָּיה
debarment *n.*	אִיסּוּר
debase *vt.*	הִשְׁפִּיל
debasement *n.*	הַשְׁפָּלָה
debatable *adj.*	נָתוּן לְוִיכּוּחַ
debate *n.*	דִּיוּן, וִיכּוּחַ
debate *vt.*	דָּן בּ-, הִתְוַוכֵּחַ

debauch *vt.* הִשְׁחִית
debauchery *n.* שְׁחִיתוּת, פְּרִיצוּת
debilitate *vt.* הֶחֱלִישׁ, הִתִּישׁ
debilitated *adj.* חַלָּשׁ, תָּשׁוּשׁ
debilitating *adj.* מַחֲלִישׁ, מַתִּישׁ
debilitation *n.* הַחְלָשָׁה, הַתָּשָׁה
debility *n.* חוּלְשָׁה, תְּשִׁישׁוּת
debit *n.* חִיּוּב
debit *vt.* חִיֵּב
debonair *n.* מְעוּדָּן
debrief *vt.* תִּיחְקֵר
debris *n.* שְׁבָרִים
debt *n.* חוֹב ז׳ (חוֹבוֹת)
bad debt חוֹב אָבוּד
debtless *n.* חֲסַר-חוֹב
debtor *n.* בַּעַל-חוֹב
debug *vt.* 1.(remove listening device) סִילֵּק מַכשִׁיר צִיתוּת
2. (*comp.*) דִּיבֵּג, סִילֵּק פְּגָמִים
debunk *vt.* חָשַׂף כָּזָב
debut *n.* הוֹפָעָה רִאשׁוֹנָה
debutante *n.* מוֹפִיעָה לָרִאשׁוֹנָה
decade *n.* עָשׂוֹר
decadence *n.* הִתנַוְונוּת
decadent *adj.* מִתנַוֵון
decaf, decaffeinated *adj.* נְטוּל-קָפֶאִין
decagon *n.* מְעוּשָּׂר
decal *n.* תְּמוּנָה מוּטבַּעַת
decalcification *n.* הֲסָרַת סִיד
decalcified *adj.* נְטוּל-סִיד
decalcify *vt.* הֵסִיר סִיד
decaliter *n.* עֲשָׂרָה לִיטֶרִים
Decalogue *n.* עֲשֶׂרֶת הַדִּיבְּרוֹת
decameter *n.* דֶּקָמֶטֶר
decamp *vi.* עָזַב מַחֲנֶה
decant *vt.* מָזַג
decantation *n.* מְזִיגָה מִכְּלִי לִכלִי
decanter *n.* כְּלִי יַיִן דֶּקוֹרָטִיבִי
decapitate *vt.* עָרַף, כָּרַת רֹאשׁ
decapitated *adj.* עָרוּף
decapitation *n.* עֲרִיפָה, כְּרִיתַת רֹאשׁ
decay *n.* רִיקָבוֹן, הִתנַוְונוּת
decay *vi.* נִרקַב, הִתנַוֵון
decayed *adj.* רָקוּב ; מְנוּוָן
deceased *adj.* נִפטָר, מֵת
decedent *n.* (*law*) נִפטָר
deceit *n.* רַמָּאוּת, מִירמָה
deceitful *adj.* מְרַמֶּה, מָלֵא מִירמָה
deceive *vt.* רִימָּה, הִטעָה, הוֹלִיךְ שׁוֹלָל
deceiver *n.* רַמַּאי
decelerate *vt.* הֵאֵט
deceleration *n.* הֶאָטָה
December *n.* דֶּצֶמבֶּר
decency *n.* הֲגִינוּת
decent *adj.* 1. (honest) הוֹגֵן, הָגוּן
2. (modest) צָנוּעַ
3. (proper) הוֹלֵם, יָאֶה, נָכוֹן
decentralization *n.* בִּיזּוּר
decentralize *vt.* בִּיזֵּר
decentralized *adj.* מְבוּזָּר
deception *n.* רַמָּאוּת
deceptive *adj.* מַטעֶה, מוֹלִיךְ שׁוֹלָל
decibel *n.* דֶּצִיבֶּל
decide *vt.* 1. (make up one's mind) הֶחלִיט
2. (choose between sides) פָּסַק, הִכרִיעַ
decided *adj.* מוּחלָט, בָּרוּר, נֶחֱרָץ
decidedly *adv.* בְּהֶחלֵט, בְּאוֹפֶן מוּחלָט
deciduous *adj.* נָשִׁיר
decigram *n.* דֶּצִיגרָם
decimal *adj.* עֶשׂרוֹנִי
decimate *vt.* הִשמִיד
decimation *n.* הַשמָדָה
decimeter *n.* דֶּצִימֶטֶר
decipher *vt.* פִּיעֲנַח
deciphered *adj.* מְפוּעֲנָח
decipherer *n.* מְפַעֲנֵחַ
decision *n.* 1. (resolution) הַחלָטָה
2. (ruling) פְּסִיקָה
decisive *adj.* הֶחלֵטִי, מַכרִיעַ

decisiveness *n.* הֶחלֵטִיוּת
deck *n.* 1. (of a ship) סִיפּוּן
2. (platform) מִשטָח
3. (floor) קוֹמָה
4. (pack of cards) חֲפִיסַת קְלָפִים
5. (tape recorder) רְשַמקוֹל, טֵייפּ
cassette deck רְשַמקוֹל לְקַלֶטוֹת
deck *vt.* קִישֵט
declaim *vt.* דִיקלֵם
declamation *n.* דִיקלוּם
declaration *n.* הַצהָרָה, הַכרָזָה
declarative *adj.* הַצהָרָתִי
declare *vt.* הִצהִיר, הִכרִיז
declassification *n.* הֲסָרַת סִיווּג
declassified *adj.* לֹא מְסוּוָג
declassify *vt.* הֵסִיר סִיווּג
declension *n.* *(gram.)* הַטָיָה
decline *n.* יְרִידָה
decline *vi.* 1. (go down) יָרַד, פָּחַת
2. *vt.* (refuse) דָחָה, סֵירֵב
3. *(gram.)* הִיטָה
declivity *n.* יְרִידָה, שִיפּוּעַ
decode *vt.* פִּיעֲנֵחַ קוֹד
decoded *adj.* מְפוּעֲנָח
decoder *n.* מְפַעֲנֵחַ, מַכשִיר פִּיעֲנוּחַ
decolonization *n.* דֶה-קוֹלוֹנִיזַציָה, מַתַן עַצמָאוּת לְמוֹשָבוֹת
decolorization *n.* הֲסָרַת צֶבַע
decommission *vt.* הוֹצִיא/שִיחרֵר מִשֵירוּת
decompose *vi.* נִרקַב, הִתפָּרֵק
decomposed *adj.* רָקוּב, מִתפָּרֵק
decomposition *n.* הֵירָקְבוּת, הִתפָּרְקוּת
decompress *vt.* שִיחרֵר לַחַץ אֲוויר
decompression *n.* שִיחרוּר לַחַץ אֲוויר
decongestant *n.* תְרוּפָה נֶגֶד נַזֶלֶת
decontaminant *n.* חוֹמֶר מְטַהֵר
decontaminate *vt.* טִיהֵר מִזִיהוּם
decontamination *n.* טִיהוּר מִזִיהוּם
decontrol *n.* בִּיטוּל פִּיקוּחַ
decontrol *vt.* בִּיטֵל פִּיקוּחַ

decor *n.* סִיגנוֹן עִיצוּב
decorate *vt.* 1. (adorn) קִישֵט
2. (award a medal) הֶעֱנִיק עִיטוּר ל-
decoration *n.* 1. קִישוּט
2. עִיטוּר, אוֹת הִצטַיְינוּת
decorative *adj.* קִישוּטִי, דֶקוֹרָטִיבִי
decorator *n.* מְעַצֵב
interior decorator מְעַצֵב פְּנִים
decoy *n.* פִּיתָיוֹן
decrease *vi.; vt.* פָּחַת ; הִפחִית
decreasing *adj.* הוֹלֵךְ וּפוֹחֵת
decree *n.* צַו
decree nisi *(law)* צַו עַל תְנַאי
decree *vt.* צִיוָה, הוֹצִיא צַו
decrepit *adj.* בָּלֶה
decriminalization *n.* הֲפִיכָה לְחוּקִי
decriminalize *vt.* הִתִיר, הָפַךְ לְחוּקִי
decry *vt.* גִינָה, בִּיקֵר קָשוֹת
dedicate *vt.* 1. (devote) הִקדִיש
2. (consecrate) חָנַךְ
dedicated *adj.* מָסוּר
dedication *n.* 1. מְסִירוּת
2. הַקדָשָה
deduce *vt.* הִקִיש
deduct *vt.* נִיכָּה
deductible *adj.* בַּר-נִיכּוּי
deduction *n.* 1. (subtraction) נִיכּוּי
2. (conclusion) אִיפרוּט, מַסקָנָה
itemized deductions נִיכּוּיִים מְפוֹרָטִים
deed *n.* 1. (act) מַעֲשֶׂה
2. (certificate of ownership) שְטַר בַּעֲלוּת
deed of trust כְּתַב נֶאֱמָנוּת
deed *vt.* הֶעֱבִיר בַּעֲלוּת
deem *vt.* חָשַב, רָאָה לְנָכוֹן
deemphasize *vt.* הוֹרִיד אֶת הַדָגֵש מ-
deep *adj.* עָמוֹק
deep down בְּעוֹמֶק נַפשוֹ
deep-rooted/seated מוּשרָש עָמוֹק
deepen *vt.; vi.* הֶעֱמִיק
deeply *adv.* עֲמוּקוֹת ; בְּעוֹמֶק רַב

deer *n.* צְבִי, אַיָּל
deerskin *n.* עוֹר צְבִי
deescalate *vi.* הִפְחִית
deescalation *n.* הַפְחָתָה
deface *vt.* הִשְׁחִית
defacement *n.* הַשְׁחָתָה
defalcate *vt.* מָעַל בּ-
defalcation *n.* מְעִילָה
defamation *n.* הַשְׁמָצָה
defame *vt.* הִשְׁמִיץ
defamer *n.* מַשְׁמִיץ
default *n.* 1. (failure to act) מֶחדָל, אִי-פְּעוּלָה
2. (*comp.*) בְּרֵירַת מֶחדָל
default *vi.* לֹא עָמַד בְּהִתחַייְבוּת
defeat *n..* תְבוּסָה, מַפָּלָה
defeat *vt.* 1. (win over) הֵבִיס, גָבַר עַל
2. (frustrate) הִכשִׁיל, סִיכֵּל
defeatism *n.* תְבוּסתָנוּת
defeatist *n.* תְבוּסתָן
defecate *vi.* עָשָׂה צְרָכָיו
defecation *n.* עֲשִׂייַת צְרָכִים
defect *n.* פְּגָם, מוּם, לִיקוּי
birth defect מוּם מִלֵידָה
defect *vi.* עָרַק
defection *n.* עֲרִיקָה
defective *adj.* פָּגוּם, לָקוּי
defector *n.* עָרִיק
defend *vi.* 1. (protect) הֵגֵן עַל
2. (represent in court) סִינגֵר עַל
defendant *n.* נֶאֱשָׁם, נִתבָּע
defender *n.* 1. מֵגֵן
2. סַנֵיגוֹר
public defender סַנֵיגוֹר מְמוּנֶה
defense *n.* 1. הֲגָנָה, הִתגוֹנְנוּת
2. סַנֵגוֹרְיָה
civil defense הֲגָנָה אֶזרָחִית
defenseless *adj.* חֲסַר-מָגֵן
defensible *adj.* בַּר-הֲגָנָה
defensive *n.* מִגנָנָה
defensive *adj.* 1. (for defense) הֲגָנָתִי
2. (rejecting criticism) דוֹחֶה בִּיקוֹרֶת
defer *vt.* דָחָה
deference *n.* יַחַס כָּבוֹד
deferential *adj.* מַבִּיעַ כָּבוֹד
deferment *n.* דְחִייָה
defiance *n.* אִי-צִיוּת, הַתרָסָה
defiant *adj.* סַרבָן, מִתנַגֵד
deficiency *n.* חֶסֶר, מַחסוֹר
deficient *adj.* חָסֵר, לָקוּי
deficit *n.* גֵירָעוֹן ז׳ (גֵירעוֹנוֹת)
defile *vt.* זִיהֵם, לִיכלֵך
defilement *n.* זִיהוּם, לִיכלוּך
define *vt.* הִגדִיר
definer *n.* מַגדִיר
definite *adj.* מוּגדָר, מוּחלָט
definitely *adv.* בְּהֶחלֵט
definition *n.* הַגדָרָה
definitive *adj.* סוֹפִי, מוּחלָט
deflate *vi.*; *vt.* 1. (release air) שִׁיחרֵר אֲווִיר
2. *vt.* (reduce prices) צִימצֵם מַחֲזוֹר הַכֶּסֶף
deflation *n.* 1. הוֹצָאַת אֲווִיר
2. דֶפלָצְיָה
deflect *vt.* הִטָה
deflection *n.* הַטָיָה
defogger *n.* מֵסִיר אֵדִים
defoliant *n.* מַשִׁיר עָלִים
defoliate *vt.* הִשִׁיר עָלִים
defoliation *n.* הַשָׁרַת עָלִים
deforestation *n.* כְּרִיתַת יַעַר
deform *vt.* עִיוֵות צוּרָה
deformed *adj.* מְעוּוָת, בַּעַל-מוּם
deformity *n.* עִיווּת צוּרָה, מוּם
defraud *vt.* הוֹנָה, רִימָה
defray *vt.* שִׁילֵם
defrayal *n.* תַשלוּם הוֹצָאוֹת
defrost *vt.* הִפשִׁיר
defroster *n.* מַפשֵׁר
deft *adj.* זָרִיז
deftness *n.* זְרִיזוּת

defunct *adj.* בָּטֵל, לֹא קַיָּם יוֹתֵר

defuse *vt.* 1. (deactivate a bomb) פֵּירֵק

2. (calm) הִרגִיעַ

defusion *n.* 1. פֵּירוּק

2. הַרגָעָה

defy *vt.* הִתרִיס כְּנֶגֶד, אִיתגֵר

degenerate *adj.* מְנוּוָן

degenerate *vi.* הִתנַוֵון

degeneration *n.* הִתנַוְונוּת

degradation *n.* הַשפָּלָה, בִּיזּוּי

degrade *vt.* הִשפִּיל, בִּיזָּה

degrading *adj.* מַשפִּיל, מְבַזֶּה

degree *n.* 1. (of angle, temperature) מַעֲלָה

2. (step, rank) דַּרגָה

3. (extent) מִידָּה

4. (academic title) תּוֹאַר

bachelor's degree תּוֹאַר בּוֹגֵר, ב״א

master's degree תּוֹאַר מוּסמָךְ, מ״א

doctoral degree תּוֹאַר דוֹקטוֹר

dehumanization *n.* שְׁלִילַת צֶלֶם אֱנוֹשׁ

dehumanize *vt.* שָׁלַל צֶלֶם אֱנוֹשׁ

dehumidification *n.* הֲסָרַת לַחוּת

dehumidifier *n.* מֵסִיר לַחוּת

dehumidify *vt.* הֵסִיר לַחוּת

dehydrate *vt. vi.* יִיבֵּשׁ ; הִתייַבֵּשׁ

dehydrated *adj.* מְיוּבָּשׁ

dehydration *n.* הִתייַבְּשׁוּת

deice *vt.* הֵסִיר קֶרַח

deification *n.* הַאֲלָהָה, הֲפִיכָה לְאֵל

deify *vt.* הֶאֱלִיהַּ, הָפַךְ לְאֵל

deign *vi.* הִשפִּיל עַצמוֹ

deity *n.* אֱלוֹהוּת

déja vu תְּחוּשָׁה שֶׁל חֲוָויָה חוֹזֶרֶת

deject *vt.* דִּיכֵּא

dejection *n.* דִּיכָּאוֹן

delay *n.* עִיכּוּב, הַשהָיָה

delay *vt.* עִיכֵּב, הִשהָה

delectable *adj.* טָעִים, עָרֵב לַחֵךְ

delegate *n.* נָצִיג, שָׁלִיחַ, צִיר

delegate *vt.* 1. (send) שָׁלַח, שִׁיגֵּר

2. (assign duties) הִפקִיד בִּידֵי-

delegation *n.* 1. מִשלַחַת

2. הַפקָדָה

delete *vt.* הִשמִיט, מָחַק

deletion *n.* הַשמָטָה, מְחִיקָה

deli, delicatessen *n..* מַעֲדָנִייָה

deliberate *adj.* מְחוּשָׁב, מְכוּוָן

deliberate *vi.* דָּן, שָׁקַל

deliberately *adv.* בְּכַוָונָה

deliberation *n.* דִּיוּן

delicacy *n.* 1. (delicate quality) עֲדִינוּת

2. (food) מַעֲדָן

delicate *adj.* 1. (mild, soft) עָדִין

2. (frail) שַׁברִירִי

delicious *adj.* טָעִים

delight *n.* תַּעֲנוּג, שִׂמחָה

delight *vt.* גָּרַם תַּעֲנוּג, שִׂימַּח

delighted *adj.* שָׂמֵחַ

delightful *adj.* מְהַנֶּה, מְשַׂמֵּחַ

delimit *vt.* תָּחַם

delimitation *n.* תִּיחוּם

delineate *vt.* שִׂירטֵט

delineation *n.* שִׂירטוּט

delinquency *n.* עֲבַריָינוּת

juvenile delinquency עֲבַריָינוּת נוֹעַר

delinquent *adj.* 1. (non-abiding) עֲבַריָין

2. (overdue) מְפַגֵּר בְּתַשלוּם

delirium *n.* הֲזָיָה

delirious *adj.* הוֹזֶה, בְּמַצַּב הֲזָיָה

deliver *vt.* 1. (hand over) מָסַר

2. (distribute) חִילֵּק

3. (give birth) יָלְדָה

4. (assist at birth) יִילֵּד

5. (set free) שִׁיחרֵר, גָּאַל

6. (transfer) הֶעֱבִיר

deliver a blow הִנחִית מַכָּה

deliverance *n.* גְּאוּלָּה, יְשׁוּעָה

deliverer *n.* גּוֹאֵל, מוֹשִׁיעַ

delivery *n.* 1 מְסִירָה

2. חֲלוּקָה

3. לֵידָה
special delivery מְסִירָה מְיוּחֶדֶת (בַּדּוֹאַר)
dell *n.* עֵמֶק צַר
delta *n.* דֶלְתָּה
delude *vt.* הִשְׁלָה, הִטְעָה
deluge *n.* מַבּוּל, שִׁיטָפוֹן ז׳ (שִׁיטפוֹנוֹת)
deluge *vt.* הֵצִיף
delusion *n.* אַשְׁלָיָה, דִמיוֹן שָׁווא
delusional *adj.* אַשְׁלָיָתִי, דִמיוֹנִי
deluxe *adj.* מְפוֹאָר, לוּקסוּס
delve *vt.* חִיטֵט בּ-, חִיפֵּשׂ
demagnetization *n.* הֲסָרַת מַגנֶטִיוּת
demagnetize *vt.* הֵסִיר מַגנֶטִיוּת
demagogue *n.* דֶמָגוֹג
demagoguery *n.* דֶמָגוֹגיָה
demand *n.* 1. (requirement) דְרִישָׁה
2. (strong request) תְבִיעָה
3. (desire to buy) בִּיקוּשׁ
on demand לְפִי דְרִישָׁה
demand *vt.* 1. דָרַשׁ
2. תָּבַע
3. (need) הִצרִיךְ
demanding *adj.* דוֹרֵשׁ מַאֲמָץ
demarcate *vt.* תָּחַם, קָבַע גְבוּל
demarcation, demarkation *n.* תִּיחוּם, קְבִיעַת גְבוּל
demean *vt.* הִשׁפִּיל
demeaning *adj.* מַשׁפִּיל
demeanor *n.* הִתנַהֲגוּת
demented *adj.* מְטוֹרָף
dementia *n.* טֵירוּף (-דַעַת)
demerit *n.* אַשְׁמָה
demigod *n.* חֲצִי אֵל
demilitarization *n.* פֵּירוּז
demilitarize *vt.* פֵּירֵז
demise *n.* 1. (death) מָוֶת, פְּטִירָה
2. (end) סוֹף
3. (transfer of estate) הוֹרָשָׁה
demise *vi.* מֵת, נִפטַר
demitasse *n.* סִפלוֹן

demo *n.* דוּגמָא, מִדגָם
demobilization *n.* שִׁיחרוּר מְגוּייָסִים
demobilize *vt.* שִׁיחרֵר מְגוּייָסִים
democracy *n.* דֶמוֹקרַטיָה
democrat *n.* דֶמוֹקרָט
democratic *adj.* דֶמוֹקרָטִי
democratization *n.* דֶמוֹקרָטִיזַציָה
democratize *vt.* הָפַךְ לְדֶמוֹקרַטיָה
demographic *adj.* דֶמוֹגרָפִי, עוֹסֵק בְּאוּכלוּסִיָה
demography *n.* דֶמוֹגרַפיָה
demolish *vt.* הָרַס
demolition *n.* הֲרִיסָה
demon *n.* שֵׁד
demonization *n.* יְצִירַת תַדמִית מְרוּשַׁעַת
demonize *vt.* צִייֵר כִּדמוּת מְרוּשַׁעַת
demonstrable *adj.* בַּר-הוֹכָחָה
demonstrate *vt.* 1. (show) הֶרְאָה, הוֹכִיחַ
2. (give example) הִדגִים
3. *vi.* (protest or support in public) הִפגִין
demonstration *n.* 1. הוֹכָחָה
2. הַדגָמָה
3. הַפגָנָה
demonstrative *adj.* הַפגָנָתִי
demonstrator *n.* מַפגִין
demoralization *n.* דֶמוֹרָלִיזַציָה, עִירעוּר הַמוֹרָל
demoralize *vt.* עִירעֵר אֶת הַמוֹרָל
demote *vt.* הוֹרִיד בְּדַרגָה
demotion *n.* הוֹרָדָה בְּדַרגָה
demure *adj.* צָנוּעַ
den *n.* 1. (lair) מְאוּרָה
2. (lion's dwelling) גוֹב
3. (room) חֲדַר-מִשׁפָּחָה
denial *n.* 1. (of a claim) הַכחָשָׁה
2. (of a privilege) שְׁלִילָה
3. (of a request) דְחִיָּה
4. (of a doctrine) כְּפִירָה בּ-
denigrate *vt.* הִשׁמִיץ
denigration *n.* הַשׁמָצָה

denim *n.*	בַּד ג'ינס
denomination *n.* 1. (religious group)	עֵדָה דָתִית
2. (currency)	עֵרֶךְ נָקוּב
denominational *adj.*	עֲדָתִי
denominator *n.*	מְכַנֶּה
common denominator	מְכַנֶּה מְשוּתָף
denote *vt.* 1. (signal)	סִימֵן, צִיֵּן
2. (indicate)	הִצְבִּיעַ עַל
denounce *vt.*	גִינָּה
denouncement *n.*	גִינּוּי
dense *adj.* 1. (crowded)	צָפוּף
2. (thick)	סָמִיךְ
density *n.* 1.	צְפִיפוּת
2.	סְמִיכוּת
dent *n.* 1. (depression)	שֶׁקַע, גּוּמָה
2. (effect)	הַשְׁפָּעָה
dent *vt.*	עָשָׂה שֶׁקַע
dental *adj.*	שֶׁל שִׁינַּיִים, שִׁינִּי
dentifrice *n.*	תַּמְרוּק שִׁינַּיִים
dentine *n.*	דֶּנְטִין, חוֹמֶר הַשִּׁינַּיִים
dentist *n.*	רוֹפֵא שִׁינַּיִים
dentistry *n.*	רְפוּאַת שִׁינַּיִים
dentures *pn.*	שִׁינַּיִים תּוֹתָבוֹת
denunciate *vt.*	גִּינָּה, הוֹקִיעַ
denunciation *n.*	גִּינּוּי, הוֹקָעָה
deny *vt.* 1. (a claim)	הִכְחִישׁ
2. (a privilege)	שָׁלַל מ-
3. (a request)	דָּחָה
4. (a doctrine)	כָּפַר בּ-
deodorant *n.*	דֶּאוֹדוֹרַנְט, מֵפִיג רֵיחַ
deodorize *vt.*	הֵפִיג רֵיחַ
deodorizer *n.*	מֵפִיג רֵיחַ
depart *vi.*	עָזַב, יָצָא מ-
departed *adj.* (deceased)	הַמָּנוֹחַ, הַנִּפְטָר
department *n.*	מַחְלָקָה, אֲגַף
departmental *adj.*	מַחְלַקְתִּי
departure *n.*	יְצִיאָה, עֲזִיבָה
depend *vi.* 1. (be contingent)	הָיָה תָלוּי בּ-, מוּתְנֶה בּ-
2. (rely)	סָמַךְ עַל
dependable *adj.*	אָמִין, מְהֵימָן
dependence, dependency *n.*	תְּלוּת
chemical dependency	תְּלוּת בְּסַמִּים
dependent *n.*	נִתְמָךְ
dependent on	תָּלוּי בּ-
dependent *adj.*	מוּתְנֶה, תָּלוּי בּ-, כָּפוּף ל-
depict *n.*	תֵּיאֵר, צִיֵּיר
depiction *n.*	תֵּיאוּר, צִיּוּר
depilatory *n.*	מֵסִיר שֵׂיעָר
deplane *vi.*	יָרַד מִמָּטוֹס
deplete *vt.*	הֵרִיק, רוֹקֵן, דִּילְדֵל
depletion *n.*	הֲרָקָה, דִּילְדוּל
deplorable *adj.*	רָאוּי לְגִינּוּי ; מְצַעֵר
deplore *vt.* 1. (condemn)	גִּינָּה
2. (regret)	הִצְטַעֵר עַל
deploy *vt.; vi.*	פָּרַס ; הִתְפָּרֵס
deployment *n.*	פְּרִיסָה ; הִתְפָּרְסוּת
depopulate *vt.*	צִימְצֵם אוּכְלוּסִיָּה
depopulation *n.*	צִימְצוּם אוּכְלוּסִיָּה
deport *vt.*	גֵּירֵשׁ
deportation *n.*	גֵּירוּשׁ
deportee *n.*	מְגוֹרָשׁ
depose *vt.* 1. (take testimony)	גָּבָה עֵדוּת מ-
2. (remove from office)	הִדִּיחַ
deposit *n.* 1. (money)	פִּיקָדוֹן ז׳ (פִּיקְדוֹנוֹת)
2. (sediment)	מִשְׁקָע, מִרְבָּץ
time deposit	פִּיקָדוֹן לִזְמַן קָצוּב
deposit *vt.* 1.	הִפְקִיד
2. (lay)	שָׂם, הִנִּיחַ
deposition *n.* 1.	עֵדוּת
2.	הַדָּחָה
depositor *n.*	מַפְקִיד
depository *n.*	מַחְסָן, מְקוֹם הַפְקָדָה
depot *n.* 1. (warehouse)	מַחְסָן
2. (station)	תַּחֲנָה
deprave *vt.*	הִשְׁחִית, קִילְקֵל
depraved *adj.*	מוּשְׁחָת
depreciate *vi.; vt.*	יָרַד בְּעֶרְכּוֹ, פָּחַת ; הִפְחִית
depreciation *n.*	יְרִידָה בָּעֶרֶךְ, פְּחָת

depress *vt.* 1. (sadden) דִּיכֵּא
2. (press) לָחַץ עַל
3. (weaken) הֶחֱלִישׁ, הֵבִיא לְשֵׁפֶל
depressed *adj.* מְדוּכָּא, בְּדִיכָּאוֹן
depressing *adj.* מְדַכֵּא
depression *n.* 1. (dejection) דִּיכָּאוֹן
2. (economic decline) שֵׁפֶל כַּלְכָּלִי
3. (low area) שֶׁקַע
deprivation *n.* קִיפּוּחַ
deprive *vt.* קִיפַּח, שָׁלַל מִ-
deprived *adj.* מְקוּפָּח
deprogram *vt.* שִׁיחְרֵר מִשְּׁטִיפַת מוֹחַ
depth *n.* עוֹמֶק
deputize *vt.* מִינָּה לִמְמַלֵּא מָקוֹם
deputy *n.* מְמַלֵּא מָקוֹם
derail *vt.* הוֹרִיד מִן הַפַּסִּים
derailment *n.* הוֹרָדָה מִן הַפַּסִּים
deranged *adj.* מְטוֹרָף
derby *n.* מֵירוֹץ סוּסִים
demolition derby תַּחֲרוּת הִתְנַגְּשׁוּת מְכוֹנִיּוֹת
derelict *adj.* עָזוּב, מוּזְנָח
deride *vt.* לִגְלֵג עַל, לָעַג לְ-
derision *n.* לִיגְלוּג, לַעַג
derisive *adj.* לִגְלְגָנִי
derivation *n.* גְּזִירַת מִילָּה
derivative *adj.* נִגְזָר, מִילָּה נִגְזֶרֶת
derive *vt.* הֵפִיק
derma *n.* עוֹר ז׳ (עוֹרוֹת)
dermatitis *n.* דַּלֶּקֶת עוֹר
dermatologist *n.* רוֹפֵא עוֹר
dermatology *n.* רְפוּאַת עוֹר
derogatory *adj.* מַעֲלִיב, פּוֹגֵעַ
derrick *n.* מִגְדַּל קִידּוּחַ
derriere *n.* אֲחוֹרַיִים, יַשְׁבָן
derringer *n.* אֶקְדַּח דֶּרִינְגֶ׳ר
dervish *n.* דַּרְוִויש
desalinate *vt.* הִתְפִּיל
desalinated *adj.* מוּתְפָּל
desalination *n.* הַתְפָּלָה
descend *vi.* 1. (go down) יָרַד
2. (come from ancestry) הָיָה צֶאֱצָא שֶׁל
descendent *n.* צֶאֱצָא
descent *n.* 1. (going down) יְרִידָה
2. (ancestry) מוֹצָא
describe *vt.* תֵּיאֵר
description *n.* תֵּיאוּר
descriptive *adj.* תֵּיאוּרִי
desecrate *vt.* חִילֵּל
desecration *n.* חִילּוּל
desegregate *vt.* בִּיטֵּל הַפְרָדָה
desegregation *n.* בִּיטּוּל הַפְרָדָה
desensitize *vt.* הֵפִיג רְגִישׁוּת
desensitized *adj.* חֲסַר-רְגִישׁוּת
desert *n.* מִדְבָּר ז׳ (מִדְבָּרִיּוֹת)
desert *vt.* 1. (abandon) נָטַשׁ
2. (leave without permission) עָרַק
deserter *n.* עָרִיק
desertion *n.* 1. נְטִישָׁה
2. עֲרִיקָה
deserve *vt.* הָיָה רָאוּי לְ-, הִגִּיעַ לוֹ
desiccate *vt.* יִיבֵּשׁ
desiccation *n.* יִיבּוּשׁ
desideratum *n.* צוֹרֶךְ, דָּבָר רָצוּי
design *n.* 1. (plan) תִּיכְנוּן, תּוֹכְנִית
2. (artistic arrangement) עִיצּוּב
3. (sketch) תַּרְשִׁים
4. (intention) כַּוָּונָה
interior design עִיצּוּב פְּנִים
design *vt.* 1. תִּיכְנֵן
2. עִיצֵּב
designate *n.* 1. (appoint) יִיעֵד, הוֹעִיד
2. (indicate) צִיֵּין
designation *n.* 1. יִיעוּד
2. צִיּוּן
designer *n.* מְעַצֵּב
desirable *adj.* 1. (advisable) רָצוּי
2. (arousing desire) מְעוֹרֵר תְּשׁוּקָה
desire *n.* 1. (wish) רָצוֹן, מִשְׁאָלָה, חֵשֶׁק
2. (sexual passion) תְּשׁוּקָה
desire *vt.* 1. רָצָה, הִשְׁתּוֹקֵק לְ-

2. חָשַׁק בּ-
desist *vi.* הִפְסִיק, חָדַל
desk *n.* שׁוּלְחָן ז׳ (שׁוּלְחָנוֹת), שׁוּלְחַן כְּתִיבָה
copy desk שׁוּלְחַן עֲרִיכָה
desktop *n.* (*comp.*) שׁוּלְחַן עֲבוֹדָה
desktop *adj.* שׁוּלְחָנִי
desolate *adj.* שׁוֹמֵם
desolation *n.* שְׁמָמָה
despair *n.* יֵיאוּשׁ
despair *vi.* הִתְיָיאֵשׁ
desperado *n.* פּוֹשֵׁעַ מְסוּכָּן
desperate *adj.* 1. (in despair) מְיוֹאָשׁ
2. (hopeless) נוֹאָשׁ, חָמוּר
desperately *adv.* נוֹאָשׁוֹת
desperation *n.* יֵיאוּשׁ
despicable *adj.* נִבְזֶה, נִתְעָב
despise *vt.* בָּז ל-, תֵּיעֵב
despite *prep.* לַמְרוֹת, עַל אַף
despondency *n.* יֵיאוּשׁ, דִּיכָּאוֹן
despondent *adj.* מְדוּכְדָּךְ
despot *n.* עָרִיץ, רוֹדָן
despotic *adj.* עָרִיץ, רוֹדָנִי
despotism *n.* עֲרִיצוּת, רוֹדָנוּת
dessert *n.* קִינּוּחַ סְעוּדָה, מָנָה אַחֲרוֹנָה
destabilization *n.* עִירְעוּר
destabilize *vt.; vi.* עִירְעֵר ; הִתְעַרְעֵר
destination *n.* יַעַד, מְחוֹז חֵפֶץ
destine *vt.* יִיעֵד
destined *adj.* מְיוּעָד ל-, נִגְזַר עָלָיו
destiny *n.* גּוֹרָל ז׳ (גּוֹרָלוֹת)
destitute *adj.* חֲסַר-כּוֹל
destroy *vt.* הָרַס, הִשְׁמִיד
destroyer *n.* מַשְׁחֶתֶת
destruct *vt.; vi.* הָרַס, הִשְׁמִיד ; נֶהֱרַס
destruction *n.* הֶרֶס, חוּרְבָּן
destructive *adj.* הַרְסָנִי
detach *vt.* נִיתֵּק, תָּלַשׁ
detachable *adj.* נִיתָּן לְהַפְרָדָה, נִתְלָשׁ
detached *adj.* מְנוּתָּק, נִפְרָד
detachment *n.* 1. (disconnection) נִיתּוּק
2. (military unit) פְּלוּגָה
detail *n.* פְּרָט
detail *vt.* פֵּירֵט
detailed *adj.* מְפוֹרָט
detain *vt.* עָצַר, עִיכֵּב
detainee *n.* עָצִיר
detainment *n.* עֲצִירָה, עִיכּוּב
detect *vt.* גִּילָּה
detective *n.* בַּלָּשׁ
detector *n.* גַּלַּאי
lie detector מְכוֹנַת אֱמֶת, גַּלַּאי שֶׁקֶר
mine detector גַּלַּאי/מְגַלֵּה מוֹקְשִׁים
detention *n.* מַעֲצָר
deter *vt.* הִרְתִּיעַ
detergent *n.* חוֹמֶר נִיקּוּי/כְּבִיסָה
deteriorate *vi.* נִתְדַּרְדֵּר
deterioration *n.* הִידַּרְדְּרוּת
determinate *adj.* מוּחְלָט
determination *n.* 1. (decision) קְבִיעָה
2. (firmness of purpose) נְחִישׁוּת, הֶחְלֵטִיּוּת
determine *vt.* הֶחְלִיט, קָבַע
determined *adj.* נָחוּשׁ בְּדַעְתּוֹ
determiner *n.* (*gram.*) מַגְדִּיר
deterrence *n.* הַרְתָּעָה
deterrent *n.* גּוֹרֵם מַרְתִּיעַ
deterrent *adj.* מַרְתִּיעַ
detest *vt.* תֵּיעֵב, שָׂנָא
dethrone *vt.* הֵדִיחַ מִכֵּס הַמְּלוּכָה
dethroned *adj.* מוּדָּח
dethronement *n.* הַדָּחָה
detonate *vt.; vi.* פּוֹצֵץ ; הִתְפּוֹצֵץ
detonation *n.* פִּיצּוּץ ; הִתְפּוֹצְצוּת
detonator *n.* נַפָּץ
detour *n.* מַעֲקָף
detour *vt.* עָקַף
detoxify *vt.* הֵסִיר רַעֲלָן
detract *vt.* גָּרַע מ-
detraction *n.* גְּרִיעָה
detractor *n.* מַשְׁמִיץ

detrain *vi.* יָרַד מֵרַכֶּבֶת
detriment *n.* נֶזֶק, פְּגִיעָה
detrimental *adj.* מַזִּיק, פּוֹגֵעַ
deuce *n.* 1. (in cards) נְקוּדָתַיִים
2. (in tennis) שִׁיוויוֹן
Deuteronomy *n.* (*Bible*) סֵפֶר דְּבָרִים
devaluate, devalue *vt.* פִּיחֵת
devaluation *n.* פִּיחוּת
devastate *vt.* 1. (destroy) הָרַס, הֶחֱרִיב
2. (stun) הִימֵם
devastating *adj.* הַרסָנִי
devastation *n.* הֶרֶס, חוּרבָּן
develop *vt.; vi.* פִּיתַּח ; הִתפַּתֵּחַ
developed *adj.* מְפוּתָּח
developer *n.* 1. (businessman) קַבְּלָן
2. (film chemical) חוֹמֶר פִּיתּוּחַ
development *n.* פִּיתּוּחַ, הִתפַּתְּחוּת
deviate *vi.* סָטָה
deviation *n.* סְטִייָה
device *n.* 1. (instrument) מַכשִׁיר
2. (scheme) תַּכסִיס, תַּחבּוּלָה
devil *n.* 1. (Satan) שָׂטָן
2. (mischievous) שׁוֹבָב
devilish *adj.* שְׂטָנִי, מְרוּשָׁע
deviltry *n.* 1. (wickedness) שְׂטָנִיּוּת, רִשעוּת
2. (mischief) שׁוֹבָבוּת
devious *adj.* עוֹקֵף, לֹא יָשָׁר
devise *vt.* תִּיכְנֵן
devitalization *n.* שְׁלִילַת חִיּוּנִיּוּת
devitalize *vt.* שָׁלַל חִיּוּנִיּוּת
devoid *adj.* חֲסַר-, נֶעדַר-, מְשׁוּלָל-
devolve *vi.; vt.* עָבַר ל- ; הֶעֱבִיר
devolvement *n.* מַעֲבָר ; הַעֲבָרָה
devote *vt.* הִקדִּישׁ
devoted *adj.* מָסוּר, נֶאֱמָן
devotee *n.* חָסִיד נֶאֱמָן
devotion *n.* 1. (loyalty) מְסִירוּת
2. (adherence to religion) אֲדִיקוּת
devour *vt.* טָרַף, זָלַל
devout *adj.* אָדוּק

dew *n.* טַל
dewberry *n.* פֶּטֶל
dewdrop *n.* אֶגֶל טַל
dewy *adj.* טָלוּל, מְכוּסֶה טַל
dexterity *n.* זְרִיזוּת יָדַיִים, מְיוּמָנוּת
dexterous *adj.* זְרִיז יָדַיִים, מְיוּמָּן
dextrose *n.* סוּכַּר פֵּירוֹת
diabetes *n.* סוּכֶּרֶת
diabetic *n.* חוֹלֵה סוּכֶּרֶת
diabolic *adj.* שְׂטָנִי
diacritic *adj.* מַבחִין
diacritical mark/point סִימָן הִיגּוּי
diagnose *vt.* אִיבחֵן
diagnosis *n.* אִיבחוּן
diagnostic *adj.* אִיבחוּנִי
diagonal *n.* אֲלַכסוֹן
diagonal *adj.* אֲלַכסוֹנִי
diagram *n.* תַּרשִׁים, דִּיאַגרָמָה
dial *n.* 1. (instrument face) לוּחַ מַכשִׁירִים
2. (rotary) חוּגָה
dial *vt.* חִייֵג
dialect *n.* נִיב, דִּיאָלֶקט
dialectic *adj.* נִיבִי, דִּיאָלֶקטִי
dialer *n.* חַייגָן, מְחַייֵג
dialogue *n.* דּוּ-שִׂיחַ, דִּיאָלוֹג
dialysis *n.* דִּיאָלִיזָה
diameter *n.* קוֹטֶר
diametric *adj.* קוֹטרִי
diametrically *adv.* לְגַמרֵי
diametrically opposed מְנוּגָּד לְגַמרֵי
diamond *n.* 1. (gem) יַהֲלוֹם
2. (geometric shape) מְעוּיָּן
diaper *n.* חִיתּוּל
diaphragm *n.* 1. (body part) סַרעֶפֶת
2. (lens part) צַמצָם
diarrhea *n.* שִׁילשׁוּל
diary *n.* יוֹמָן
diaspora *n.* גּוֹלָה, תְּפוּצָה
diastole *n.* הִתרַחֲבוּת הַלֵּב
diatribe *n.* הַתקָפָה מִילּוּלִית, בִּיקּוֹרֶת קָשָׁה

dibble *n.*	כְּלִי חֲפִירָה
dice *n.*	קוּבִּיָּה
dice *vt.*	חָתַךְ לְקוּבִּיּוֹת
dicer *n.*	קוֹצֵץ יְרָקוֹת
dichotomy *n.*	פִּיצּוּל לִשְׁנַיִים, נִיגּוּד
dick *n.*	שְׁמוֹק, זַיִן
dicker *vi.*	הִתְמַקֵּחַ
dickey *n.*	חֲזִית חוּלְצָה
dictate *vt.*	הִכְתִּיב
dictation *n.*	הַכְתָּבָה
dictator *n.*	רוֹדָן, דִיקְטָטוֹר
dictatorial *adj.*	רוֹדָנִי
dictatorship *n.*	רוֹדָנוּת, דִיקְטָטוּרָה
diction *n.*	חִיתּוּךְ דִיבּוּר
dictionary *n.*	מִילּוֹן
dictum *n.*	מֵימְרָה
did *p.* do	
didactic *adj.*	דִידַקְטִי, לִימּוּדִי
diddle *vt.*	רִימָּה
die *n.*	מִטְבָּעָה
die *vi.*	מֵת, גָּוַוע
die down	שָׁכַךְ, דָעַךְ
die off	מֵתוּ בָּזֶה אַחַר זֶה
die out	נִכְחַד
diehard *adj.*	קָשׁוּחַ, לֹא מִתְפַּשֵּׁר
diesel *n.*	דִיזֶל
diet *n.*	דִיאֶטָה
diet *vi.*	עָשָׂה דִיאֶטָה
dietetic *adj.*	דִיאֶטֶטִי
dietician *n.*	מוּמְחֶה לִתְזוּנָה
differ *vi.*	הָיָה שׁוֹנֶה
differ with	חָלַק עַל
difference *n.* 1. (in form)	הֶבְדֵּל
2. (in quantity)	הֶפְרֵשׁ
different *adj.*	שׁוֹנֶה, נִבְדָּל
differential *n.*	הֶפְרֵשִׁיּוּת
differentiate *vt.*	הִבְדִּיל, הִבְחִין
differentiation *n.*	הַבְדָּלָה, הַבְחָנָה
differently *adv.*	בְּאוֹפֶן שׁוֹנֶה, אַחֶרֶת
difficult *adj.*	קָשֶׁה

difficulty *n.*	קוֹשִׁי
diffident *adj.*	חֲסַר בִּיטָּחוֹן עַצְמִי
diffraction *n.*	הִשְׁתַּבְּרוּת
diffuse *vt.*	פִּיזֵּר, הֵפִיץ
diffusion *n.*	פִּיזּוּר, הֲפָצָה
dig *n.* 1. (thrust)	נְעִיצָה, תְּקִיעָה
2. (excavation)	אֲתַר חֲפִירוֹת
dig *vt.* 1. (penetrate soil)	חָפַר
2. (poke)	תָּקַע , נָעַץ
3. (understand)	הֵבִין, תָּפַס
dig in	הִתְחַפֵּר
dig into	חָדַר ל-
dig out	הוֹצִיא
dig up	גִּילָּה, חָשַׂף
digest *n.*	תַּמְצִית, קִיצּוּר
digest *vt.; vi.*	עִיכֵּל ; הִתְעַכֵּל
digestion *n.*	עִיכּוּל
digger *n.*	חוֹפֵר
gold digger	רוֹדֶפֶת גְּבָרִים עֲשִׁירִים
digit *n.* 1. (numeral)	סִיפְרָה
2. (finger)	אֶצְבַּע נ׳ (אֶצְבָּעוֹת)
double digit	דוּ-סִיפְרָתִי
digital *adj.* 1.	סִיפְרָתִי, דִיגִיטָלִי
2.	בְּאֶצְבָּעוֹת
digitalis *n.*	אֶצְבְּעוֹנִית
digitize *vt.*	סִיפְרֵת, הָפַךְ לְסִיפְרָתִי
dignified *adj.*	מְכוּבָּד
dignify *n.*	הֶאֱצִיל כָּבוֹד עַל
dignitary *n.*	נִכְבָּד, רַם-מַעֲלָה
dignity *n.*	הַדְרָה
digress *vi.*	סָטָה מֵהַנּוֹשֵׂא
digression *n.*	סְטִיָּיה מֵהַנּוֹשֵׂא
dike *n.* 1. (embankment)	דַּיֵק, סוֹלְלַת עָפָר
2. (ditch)	תְּעָלָה
dilapidated *adj.*	מוּזְנָח
dilation *n.*	הַרְחָבָה, הִתְרַחֲבוּת
dilate *vt.; vi.*	הִרְחִיב ; הִתְרַחֵב
dilemma *n.*	בְּעָיָה, דִילֶמָּה
dilettante *n.*	חוֹבֵב אוֹמָּנוּת
diligence *n.*	חֲרִיצוּת, שַׁקְדָנוּת

diligent *adj.* חָרוּץ, שַׁקְדָן
dill *n.* שָׁמִיר
dilly-dally *vi.* בִּיזְבֵּז זְמַן, הִתְמַזְמֵז
diluent *n.* חוֹמֶר מְדַלֵּל
dilute *vt.* מָהַל, דִּילֵּל
dilution *n.* מְהִילָה, דִּילּוּל
dim *adj.* עָמוּם
dim *vt.; vi.* עִימֵּם, עִימְעֵם ; הִתְעַמְעֵם
dime *n.* מַטְבֵּעַ 10 סֶנְט ; גְּרוּשׁ
dimension *n.* מֵמַד
dimensional *adj.* מֵמַדִּי
diminish *vi.; vt.* פָּחַת ; הִפְחִית
diminishing *adj.* פּוֹחֵת וְהוֹלֵךְ
diminutive *n. (gram.)* צוּרַת הַקְטָנָה
diminutive *adj.* קְטַנְטַן
dimmer *n.* עַמְעָם
dimness *n.* אַפְלוּלִית
dimple *n.* גּוּמַּת חֵן
din *n.* רַעַשׁ, שָׁאוֹן
din *vi.* הִרְעִישׁ
dinar *n.* דִּינָר
dine *vi.* סָעַד, אָכַל אֲרוּחָה
diner *n.* 1. (dining person) סוֹעֵד
2. (restaurant) מִסְעָדָה קְטַנָּה
dinette *n.* שׁוּלְחָן וְכִיסְאוֹת אוֹכֶל
ding *n.* צְלִיל
dingbat *n.* דֶּבִּיל, טוּמְטוּם
ding-dong *n.* צְלִיל פַּעֲמוֹן
dinghy *n.* סִירָה קְטַנָּה
dingy *adj.* מְלוּכְלָךְ
dinner *n.* אֲרוּחַת עֶרֶב
dinnerware *n.* כְּלֵי אוֹכֶל
dinosaur *n.* דִּינוֹזָאוּר
diocese *n.* מְחוֹז הַבִּישׁוֹף
diode *n.* שְׁפוֹפֶרֶת רַדְיוֹ
diopter *n.* תִּשְׁבּוֹרֶת
dioxide *n.* דּוּ-תַּחְמוֹצֶת
dioxin *n.* חוֹמֶר רָעִיל
dip *n.* 1. (immersion) טְבִילָה
2. (depression) שֶׁקַע
3. (slope) שִׁיפּוּעַ
4. (decline) יְרִידָה
5. (sauce) מִיטְבָּל, דִּיפּ
dip *vt.; vi.* 1. (immerse, plunge) טָבַל
2. (lower) הִנְמִיךְ
3. *vi.* (go down) יָרַד, שָׁקַע
diphtheria *n.* אַסְכָּרָה, דִּיפְתֶרְיָה
diphthong *n.* דּוּ-תְּנוּעָה, דִּיפְתוֹנג
diploma *n.* תְּעוּדָה, דִּיפְּלוֹמָה
diplomacy *n.* דִּיפְּלוֹמַטְיָה
diplomat *n.* דִּיפְּלוֹמָט
diplomatic *adj.* דִּיפְּלוֹמָטִי
dipolar *adj.* דּוּ-קוֹטְבִּי
dipole *n.* אַנְטֶנָּה דּוּ-קוֹטְבִּית
dipper *n.* (cup) מַצֶּקֶת
Big Dipper הַדּוּבָּה הַגְּדוֹלָה
Little Dipper הַדּוּבָּה הַקְּטַנָּה
dipsomania *n.* מַחֲלַת שִׁיכְּרוּת
dipsomaniac *n.* חוֹלֵה שִׁיכְּרוּת
dipstick *n.* מוֹדֵד שֶׁמֶן (בְּמָנוֹעַ)
dire *adj.* הֲרֵה-אָסוֹן
direct *adj.* יָשִׁיר, יָשָׁר
direct *vt.* 1. (show how) הִדְרִיךְ, הִנְחָה
2. (instruct, order) הוֹרָה לְ-
3. (aim) כִּיווֵּן
4. (refer, send) הִפְנָה, שָׁלַח
5. (manage) נִיהֵל
6. (guide on stage/in a movie) בִּיֵּים
direction *n.* כִּיווּן
directionless *adj.* חֲסַר-כִּיווּן
directive *n.* הוֹרָאָה, הַנְחָיָה
directly *adv.* יְשִׁירוֹת, בְּאוֹפֶן יָשִׁיר
director *n.* 1. (manager) מְנַהֵל
2. (of a play/movie) בַּמַּאי
director-general מְנַהֵל כְּלָלִי
directorship *n.* הַנְהָלָה
directory *n.* 1. (listing) מַדְרִיךְ
2. *(comp.)* מָדוֹר, רְשִׁימַת קְבָצִים
dirt *n.* 1. (filth) לִיכְלוּךְ
2. (soil) עָפָר

dirt-cheap בְּזִיל הַזּוֹל
dirty *adj.* 1. (unclean) מְלוּכלָךְ
2. (obscene) גַּס
dirty *vt.* לִיכלֵךְ
disability *n.* 1. (inability) אִי-יְכוֹלֶת
2. (physical impairment) נָכוּת, לָקוּת
disable *vt.* שָׁלַל יְכוֹלֶת, שִׁיתֵּק
disabled *n.* נָכֶה
disadvantage *n.* חִיסָרוֹן, מִגרַעַת
at a disadvantage בְּעֶמדָה נְחוּתָה
disadvantage *vt.* גָּרַם נֶזֶק/הֶפסֵד
disadvantaged *adj.* חֲסַר-אֶמצָעִים, מְקוּפָּח
disaffection *n.* חוֹסֶר-אַהֲדָה
disagree *vi.* 1. (dispute) חָלַק עַל, לֹא הִסכִּים
2. (be incompatible) לֹא תָּאַם
disagreeable *adj.* בִּלתִּי-נָעִים
disagreement *n.* 1. מַחֲלוֹקֶת, אִי-הַסכָּמָה
2. אִי-תְּאִימוּת, שׁוֹנִי
disallow *vt.* דָּחָה, פָּסַל, לֹא הִרשָׁה
disappear *vi.* 1. (vanish) נֶעֱלַם
2. (cease to exist) נִכחַד
disappearance *n.* הֵיעָלְמוּת
disappoint *vt.* אִיכזֵב, הִכזִיב
disappointed *adj.* מְאוּכזָב
disappointing *adj.* מְאַכזֵב
disappointment *n.* אַכזָבָה
disapproval *n.* הִסתַּייְגוּת, אִי-הַסכָּמָה
disapprove *vt.* הִסתַּייֵג מ-, לֹא הִסכִּים
disarm *vt.* פֵּירֵק נֶשֶׁק
disarmament *vt.* פֵּירוּק נֶשֶׁק
disarray *n.* בִּילבּוּל, אִי-סֵדֶר
disassemble *vt.* פֵּירֵק
disassembly *n.* פֵּירוּק
disassociate *vt.* הִפרִיד
disassociate oneself הִתנַעֵר מ-
disassociation *n.* הַפרָדָה
disaster *n.* אָסוֹן ז׳ (אֲסוֹנוֹת)
disasterous *adj.* הֲרֵה-אָסוֹן

disavow *vt.* הִכחִישׁ, כָּפַר בּ-
disavowal *n.* הַכחָשָׁה, כְּפִירָה
disband *vt.; vi.* פֵּירֵק ; הִתפָּרֵק
disbandment *n.* פֵּירוּק ; הִתפָּרְקוּת
disbar *vt.* שָׁלַל רִישָׁיוֹן (מְעוֹרֵךְ דִּין)
disbarment *n.* שְׁלִילַת רִישָׁיוֹן
disbelief *n.* אִי-אֵימוּן ; אִי-אֱמוּנָה
disbelieve *vt.* לֹא הֶאֱמִין בּ-
disbeliever *n.* לֹא מַאֲמִין, כּוֹפֵר
disburse *vt.* שִׁילֵּם הוֹצָאוֹת
disbursement *n.* תַּשלוּם הוֹצָאוֹת
disc *n.* 1.(round object) דִּיסקִית
2. (of the spine) דִּיסקוּס
discard *vt.* הִשׁלִיךְ
discern *vt.* הִבחִין בּ-
discerning *adj.* מַבחִין, בַּעַל חוּשׁ שִׁיפּוּט
discharge *n.* 1. (ejection) פְּלִיטָה
2. (release) שִׁיחרוּר
3. (unloading) פְּרִיקָה
4. (payment of debt) סִילּוּק חֶשבּוֹן
honorable discharge שִׁיחרוּר בְּכָבוֹד (מִן הַצָּבָא)
discharge *vt.; vi.* 1. פָּלַט ; נִפלַט
2. *vt.* שִׁיחרֵר
3. פָּרַק
4. סִילֵּק חֶשבּוֹן
disciple *n.* תַּלמִיד
disciplinarian *n.* מַאֲמִין בְּמִשׁמַעַת
disciplinary *adj.* מִשׁמַעתִּי
discipline *n.* 1. (obedience) מִשׁמַעַת
2. (punishment) עוֹנֶשׁ
3. (branch of learning) תְּחוּם לִימּוּד
discipline *vt.* 1. (educate) חִינֵּךְ לְמִשׁמַעַת
2. (punish) הֶעֱנִישׁ
disclaim *vt.* 1. (deny) הִכחִישׁ, הִתנַעֵר מ-
2. (*law*) וִיתֵּר עַל זְכוּת
disclaimer *n.* הִתנַעֲרוּת מֵאַחֲרָיוּת
disclose *vt.* גִּילָּה
disclosure *n.* גִּילּוּי
disco *n.* דִּיסקוֹטֶק

discolor *vt.* שִׁינָּה/קִילְקֵל צֶבַע
discoloration *n.* שִׁינּוּי/קִילְקוּל צֶבַע
discomfort *n.* אִי-נוֹחוּת; כְּאֵב קַל
discomfort *vt.* גָּרַם אִי-נוֹחוּת
disconcert *vt.* בִּילְבֵּל, הֵבִיךְ
disconcerting *adj.* מְבַלְבֵּל, מֵבִיךְ
disconnect *vt.* נִיתֵּק
disconnection *n.* נִיתּוּק
discontent *n.* אִי שְׂבִיעוּת רָצוֹן, הִתְמַרְמְרוּת
discontent *adj.* לֹא שְׂבַע רָצוֹן, מְמוּרְמָר
discontinuation *n.* הַפְסָקָה
discontinue *vt.; vi.* הִפְסִיק; נִפְסַק
discontinuous *adj.* מְקוּטָּע, לֹא רָצוּף
discord *n.* 1. (disagreement) מַחֲלוֹקֶת
2. (disharmony) צְרִיר, חוֹסֶר-הַרְמוֹנְיָה
discotheque *n.* דִּיסְקוֹטֶק
discount *n.* הֲנָחָה
discount *vt.* 1. (reduce price) הוֹזִיל מְחִיר, מָכַר בַּהֲנָחָה
2. (disregard) הִתְעַלֵּם מ-
discourage *vt.* הִרְתִּיעַ
discouragement *n.* הַרְתָּעָה
discourse *n.* שִׂיחַ
discourse *vi.* שָׂח
discourteous *adj.* לֹא מְנוּמָּס, גַּס
discover *vt.* גִּילָּה, מָצָא
discoverer *n.* מְגַלֶּה
discovery *n.* תַּגְלִית
discredit *n.* חוֹסֶר-אֲמִינוּת
to one's discredit לִגְנוּתוֹ
discredit *vt.* פָּגַע בָּאֲמִינוּת שֶׁל
discreet *adj.* זָהִיר, דִּיסְקְרֶטִי
discrepancy *n.* סְתִירָה,אִי-הַתְאָמָה
discretion *n.* שִׁיקּוּל דַּעַת
discretionary *adj.* לְפִי שִׁיקּוּל דַּעַת
discriminate *vi.* 1. (treat differently) הִפְלָה לְטוֹבָה/לְרָעָה
2. (distinguish) הִבְחִין
discrimination *n.* 1. אַפְלָיָה
2. אַבְחָנָה
discriminatory *adj.* מַפְלֶה
discursive *adj.* קוֹפֵץ מִנּוֹשֵׂא לְנוֹשֵׂא
discus *n.* דִּיסְקוּס
discuss *vt.* דָּן בּ-, דִּיסְקֵס
discussant *n.* מִשְׁתַּתֵּף בְּדִיוּן
discussion *n.* דִּיוּן
disdain *n.* בּוּז
disdain *vt.* בָּז ל-
disease *n.* מַחֲלָה, חוֹלִי
communicable disease מַחֲלָה מִידַּבֶּקֶת
mental disease מַחֲלַת נֶפֶשׁ/רוּחַ
social disease מַחֲלַת מִין
diseased *adj.* חוֹלֶה, נָגוּעַ בְּמַחֲלָה
disembark *vi.* יָרַד מֵאוֹנִיָּיה
disembarkation *n.* יְרִידָה מֵאוֹנִיָּיה
disenchant *vt.* הֵפִיג אַשְׁלָיָה, אִיכְזֵב
disenchanted *adj.* מְפוּכָּח מֵאַשְׁלָיָה
disenchanting *adj.* מְאַכְזֵב
disenchantment *n.* אַכְזָבָה, הִתְפַּכְּחוּת מֵאַשְׁלָיָה
disengage *vt.; vi.* שִׁיחְרֵר, נִיתֵּק; נִיתֵּק מַגָּע
disengagement *n.* נִיתּוּק, הַפְרָדָה
disentangle *vt.* הִתִּיר מִסְבָּךְ
disentanglement *n.* הַתָּרָה מִסְבָּךְ
disfavor *n.* חוֹסֶר-אַהֲדָה
disfiguration *n.* הַשְׁחָתַת צוּרָה
disfigure *vt.* הִשְׁחִית צוּרָה
disfranchise *vt.* שָׁלַל זְכוּיוֹת
disfranchised *adj.* מְשׁוּלַּל-זְכוּיוֹת, מְקוּפָּח
disfranchisement *n.* שְׁלִילַת זְכוּיוֹת, קִיפּוּחַ
disfunction *n.* אִי-תִיפְקוּד
disgorge *vi.* 1. (vomit) הֵקִיא
2. (discharge) פָּלַט
disgorgement *n.* 1. הֲקָאָה
2. פְּלִיטָה
disgrace *n.* חֶרְפָּה, בּוּשָׁה
disgrace *vt.* הֵמִיט חֶרְפָּה, בִּיֵּישׁ

disgraceful *adj.*	מַחפִּיר, מֵבִיש
disgruntled *adj.*	מְמוּרמָר
disgruntlement *n.*	הִתמַרמְרוּת
disguise *n.*	מַסוֶוה, תַחפּוֹשֶׂת
disguise *vt.*	הִסוָוה, הִסתִיר
disgust *n.*	גוֹעַל, שְׁאָט נֶפֶש
disgust *vt.*	הִגעִיל
disgusted *adj.*	חָש גוֹעַל
disgusting *adj.*	מַגעִיל, גוֹעֲלִי
dish *n.* 1. (plate)	צַלַחַת
2. (cooked food)	תַבשִיל
side dish	מָנָה צְדָדִית
soap dish	סַבּוֹנִיָיה
dish *vt.*	הִגִיש בְּצַלַחַת
dish out	חִילֵק, הֵפִיץ
disharmony *n.*	אִי-הַתאָמָה, דִיסהַרמוֹנְיָה
dishcloth *n.*	מַטלִית כֵּלִים
dishearten *vt.*	יִיאֵש, רִיפָּה יָדַיִים
disheartening *adj.*	מְיָיאֵש, מְרַפֶּה יָדַיִים
dishevel *vt.*	פָּרַע
disheveled *adj.*	פָּרוּעַ, מְרוּשָל
dishonest *adj.*	לֹא יָשָר, לֹא הָגוּן
dishonesty *n.*	אִי-יוֹשֶר, חוֹסֶר-הֲגִינוּת
dishonor *n.*	חֶרפָּה, קָלוֹן
dishonor *vt.* 1. (bring shame)	הֵמִיט חֶרפָּה
2. (refuse a check)	סֵירֵב לְכַבֵּד (הַמְחָאָה)
dishwasher *n.*	מֵדִיחַ כֵּלִים
disillusion *n.*	הִתפַּכְּחוּת מֵאַשלָיָה, אַכזָבָה
disillusioned *adj.*	מְאוּכזָב, מְפוּכָּח
disinclination *n.*	אִי-נְטִיָיה, אִי-נְכוֹנוּת
disinclined *adj.*	לֹא נוֹטֶה
disinfect *vt.*	חִיטֵא
disinfectant *n.*	חוֹמֶר חִיטוּי
disinfection *n.*	חִיטוּי
disingenuous *adj.*	לֹא גְלוּי-לֵב, לֹא יָשָר
disinherit *vt.*	נִישֵל מִירוּשָה
disintegrate *vt.; vi.*	פּוֹרֵר; הִתפּוֹרֵר
disintegration *n.*	הִתפּוֹרְרוּת
disinter *vt.*	הוֹצִיא מִן הַקֶבֶר
disinterested *adj.*	לֹא מְעוּניָין, אָדִיש

disinterment *n.*	הוֹצָאָה מִן הַקֶבֶר
disjoint *vt.*	פֵּירֵק
disk *n.*	דִיסק, דִיסקִית
floppy disk	תַקלִיטוֹן גָמִיש
hard disk	כּוֹנָן קָשִיחַ
diskette *n.*	תַקלִיטוֹן, דִיסקֶט
dislike *n.*	חוֹסֶר-חִיבָּה, אִי-אַהֲדָה
dislike *vt.*	לֹא חִיבֵּב
dislocate *vt.* 1. (displace)	הוֹצִיא, עָקַר מִמְקוֹמוֹ
2. (move a bone)	נָקַע
dislocation *n.* 1.	הוֹצָאָה/עֲקִירָה מֵהַמָקוֹם
2.	נֶקַע
dislodge *vt.*	הוֹצִיא, חִילֵץ
dislodgement *n.*	הוֹצָאָה מֵהַמָקוֹם, חִילוּץ
disloyal *adj.*	בִּלתִי-נֶאֱמָן
disloyalty *n.*	אִי-נֶאֱמָנוּת
dismal *adj.*	עָגוּם, עָצוּב
dismantle *vt.*	פֵּירֵק
dismantlement *n.*	פֵּירוּק
dismay *n.* 1. (fear)	פַּחַד
2. (shock)	תַדהֵמָה
dismay *vt.* 1.	הִפחִיד
2.	הִדהִים
dismember *vt.*	בִּיתֵר
dismemberment *n.*	בִּיתוּר
dismiss *n.* 1. (let go)	שִיחרֵר, שִילַח
2. (fire)	פִּיטֵר
3. (*law*)	בִּיטֵל
dismissal *n.* 1.	שִיחרוּר
2.	פִּיטוּרִים
3.	בִּיטוּל
dismount *vi.*	יָרַד
disobedience *n.*	אִי-צִיוּת, הֲפָרַת פְּקוּדָה
civil disobedience	מֶרִי אֶזרָחִי
disobedient *adj.*	לֹא צַייתָן, חֲסַר-מִשמַעַת
disobey *vt.*	לֹא צִייֵת ל-
disoblige *vt.* 1. (refuse)	סֵירֵב לְהֵיעָנוֹת
2. (offend)	הֶעֱלִיב, פָּגַע בּ-
disorder *n.* 1. (disarray)	אִי-סֵדֶר, מְהוּמָה

2. (disease) מַחֲלָה
disorderly *adj.* 1. (disorganized) לֹא מְסוּדָּר
2. (unruly) פָּרוּעַ
disorganization *n.* חוֹסֶר-אִירגוּן, אִי-סֵדֶר
disorganized *adj.* לֹא מְסוּדָּר
disorientation *n.* בִּילבּוּל, אִי-הִתמַצְאוּת
disoriented *adj.* מְבוּלבָּל, חֲסַר חוּשׁ הִתמַצְאוּת
disown *vt.* הִתכַּחֵשׁ ל-
disparage *vt.* זִילזֵל, פָּגַע בּ-
disparagement *n.* זִילזוּל, פְּגִיעָה
disparaging *adj.* מְזַלזֵל, פּוֹגֵעַ
disparate *adj.* שׁוֹנֶה
disparity *n.* שׁוֹנִי, הֶבדֵל
dispassionate *adj.*1. (unemotional) קַר-רוּחַ
2. (unbiased) לֹא מְשׁוּחָד
dispatch *n.* 1. (sending off) שִׁיגוּר
2. (message) שֶׁדֶר
dispatch *vt.* שָׁלַח, שִׁיגֵר
dispel *vt.* הֵפִיג, פִּיזֵר
dispensable *adj.* שֶׁנִיתָּן לְוִיתּוּר, לֹא חִיוּנִי
dispensary *n.* חֲדַר-תְּרוּפוֹת
dispensation *n.* 1. (giving) מַתָּן, חֲלוּקָה
2. (release) פְּטוֹר מֵחוֹבָה
dispense *vt.* נָתַן, חִילֵּק
dispense of נִפטַר מ-, וִיתֵּר עַל
dispenser *n.* מְנַפֵּק
dispersal *n.* פִּיזּוּר ; הִתפַּזְּרוּת
disperse *vt.; vi.* פִּיזֵּר ; הִתפַּזֵּר
dispirited *adj.* מְדוּכָּא
displace *vt.* עָקַר, הֶעֱבִיר מִמְּקוֹמוֹ
displacement *n.*1. (transfer) עֲקִירָה, הַעֲבָרָה
2. (volume) נֶפַח
display *n.* תְּצוּגָה
display *vt.* הִצִּיג, הֶרְאָה, חָשַׂף
displease *vt.* גָּרַם מוֹרַת רוּחַ, הִרגִּיז
displeasure *n.* מוֹרַת רוּחַ, רוֹגֶז
disposable *adj.* לְשִׁימוּשׁ חַד-פַּעֲמִי
disposal *n.* סִילּוּק
at one's disposal עוֹמֵד לִרשׁוּת/לְשִׁימוּשׁ
dispose *vt.* סִידֵּר, עָרַךְ
dispose of נִפטַר מ-, סִילֵּק
disposed to נוֹטֶה ל-, מַסכִּים ל-
disposer *n.* מְסַלֵּק אַשׁפָּה
disposition *n.* 1. (arrangement) סִידּוּר, מַעֲרָךְ
2. (temperament) מֶזֶג, אוֹפִי
dispossess *vt.* נִישֵּׁל
dispossessed *adj.* מְנוּשָּׁל
dispossession *n.* נִישּׁוּל
disproportion *n.* חוֹסֶר-פּרוֹפּוֹרצְיָה
disproportionate *adj.* לֹא בְּיַחַס הַנָּכוֹן
disproval *n.* הַפרָכָה, הֲזָמָה
disprove *vt.* הִפרִיךְ, הֵזִים
disputant *n.* (*law*) בַּעַל-דִּין
dispute *n.* סִיכסוּךְ, מַחֲלוֹקֶת
dispute *vt.* חָלַק עַל
disputed *adj.* שָׁנוּי בְּמַחֲלוֹקֶת
disqualification *n.* פְּסִילָה
disqualify *vt.* פָּסַל
disquiet *n.* אִי-שֶׁקֶט, דְּאָגָה
disquiet *vt.* הִדאִיג
disregard *n.* 1. (inattention) הִתעַלְּמוּת
2. (disrespect) זִילזוּל
disregard *vt.* 1. הִתעַלֵּם מ-
2. זִילזֵל בּ-
disrepair *n.* מַצָּב שֶׁל הַזְנָחָה
disreputable *adj.* יָדוּעַ לְשִׁמצָה, לֹא מְכוּבָּד
disrepute *n.* שֵׁם רָע
disrespect *n.* חוֹסֶר-כָּבוֹד, זִילזוּל
disrespectable *adj.* לֹא מְכוּבָּד
disrespectful *adj.* חֲסַר-נִימוּס, מְזַלזֵל
disrobe *vt.; vi.* פָּשַׁט בְּגָדִים ; הִתפַּשֵּׁט
disrupt *vt.* שִׁיבֵּשׁ, הִפרִיעַ ל-
disruption *n.* שִׁיבּוּשׁ, הַפרָעָה
dissatisfaction *n.* אִי שְׂבִיעוּת רָצוֹן, מוֹרַת רוּחַ
dissatisfied *adj.* לֹא מְרוּצֶּה
dissatisfy *vt.* לֹא הִשׂבִּיעַ רָצוֹן

dissatisfying *adj.* לֹא מַשְׂבִּיעַ רָצוֹן
dissect *vt.* בִּיתֵּר, נִיתַּח
dissection *n.* בִּיתּוּר, נְתִיחָה
dissemble *vt.* הִסְתִּיר, הֶעֱמִיד פָּנִים
disseminate *vt.* הֵפִיץ
dissemination *n.* הֲפָצָה
dissension, dissent *n.* מַחֲלוֹקֶת; סֵירוּב
dissent *vi.* חָלַק עַל
dissertation *n.* עֲבוֹדַת דּוֹקטוֹר, דִּיסֶרְטַצְיָה
disservice *n.* נֶזֶק, שֵׁירוּת דּוֹב
dissident *n.* מִתְנַגֵּד, פּוֹרֵשׁ
dissimilar *adj.* שׁוֹנֶה
dissimilarity *n.* שׁוֹנִי
dissimilation *n.* שׁוֹנִי, הֶבדֵּל
dissipate *vt.; vi.* פִּיזֵּר, הֵפִיג; הִתְפַּזֵּר, נָמוֹג
dissipation *n.* פִּיזּוּר, הֲפָגָה; הִתְפַּזְּרוּת
dissociate *vi.* הִתְנַעֵר, הִתְנַתֵּק מ-
dissociation *n.* הִתְנַעֲרוּת, נִיתּוּק
dissoluble *adj.* מָסִיס
dissolute *adj.* מוּפקָר, מוּשְׁחָת
dissolution *n.* 1. (breakup) פֵּירוּק, בִּיטּוּל
2. (turning to liquid) הֲמַסָּה; הִתמוֹסְסוּת
dissolve *vt.; vi.* 1. פֵּירַק, בִּיטֵּל; הִתְפָּרֵק, הִתְבַּטֵּל
2. הֵמִיס; הִתמוֹסֵס
dissonance *n.* צְרִיר, צְרִימָה
dissonant *adj.* צְרִירִי, צוֹרְמָנִי
dissuade *vt.* הֵנִיא מ-, הִרְתִּיעַ
dissuasion *n.* הֲנָאָה, הַרְתָּעָה
distal *adj.* מְרוּחָק מִן הַמֶּרְכָּז/הַמָּקוֹר
distance *n.* מֶרְחָק
distance *vt.* הִרְחִיק
distant *adj.* 1. (far) מְרוּחָק, רָחוֹק
2. (aloof) מְסוּיָּיג, קָרִיר
distasteful *adj.* דּוֹחֶה, לֹא נָעִים
distend *vt.; vi.* נִיפֵּחַ; הִתְנַפֵּחַ
distill *vt.* זִיקֵּק
distillate *n.* תַּזְקִיק
distillation *n.* זִיקּוּק
distilled *adj.* מְזוּקָּק
distillery *n.* מִזְקָקָה (לְמַשְׁקָאוֹת חֲרִיפִים)
distinct *adj.* 1. (clear) בָּרוּר, מוּבְהָק
2. (different) נִבְדָּל, נִפְרָד
distinction *n.* 1. (distinguishing) הַבְחָנָה, הַבְדָּלָה
2. (excellence) הִצְטַיְּינוּת
distinctive *adj.* מַבְחִין, אוֹפְיָינִי
distinctly *adv.* בְּבֵירוּר
distinguish *vt.* הִבְחִין, הִבְדִּיל
distinguishable *adj.* נִיתָּן לְהַבְחָנָה
distinguished *adj.* 1. (excellent) מִצְטַיֵּין
2. (dignified) נִכְבָּד
distort *vt.* 1. (twist) עִיווֵּת, עִיקֵּם
2. (misrepresent facts) סִילֵּף
distortion *n.* 1. עִיווּת
2. סִילּוּף
distract *vt.* הִסִּיחַ אֶת הַדַּעַת
distraction *n.* הַסָּחַת דַּעַת
distractive *adj.* מַסִּיחַ אֶת הַדַּעַת
distraught *adj.* שָׁבוּר נַפְשִׁית
distress *n.* צַעַר, סֵבֶל, מְצוּקָה
in distress בִּמְצוּקָה
distress *vt.* צִיעֵר, גָּרַם סֵבֶל
distressed *adj.* נָתוּן בְּצַעַר, בִּמְצוּקָה
distressing *adj.* מְצַעֵר, גּוֹרֵם סֵבֶל
distribute *vt.* חִילֵּק, הֵפִיץ
distribution *n.* חֲלוּקָה, הֲפָצָה, תְּפוּצָה
distributor *n.* 1. (dealer) מֵפִיץ
2. (engine part) מַפלֵג
district *n.* מָחוֹז ז׳ (מְחוֹזוֹת), נָפָה
distrust *n.* אִי-אֵימוּן, חֲשָׁד
distrust *vt.* חָשׁ אִי-אֵימוּן, לֹא בָּטַח בּ-
distrusting *adj.* חַשְׁדָן, חַשְׁדָנִי
disturb *vt.* 1. (interrupt) הִפְרִיעַ ל-
2. (mess up) בִּילְבֵּל סֵדֶר
3. (trouble) הִדְאִיג
disturb the peace הִפְרִיעַ אֶת הַסֵּדֶר, הִתְפָּרֵעַ
disturbance *n.* 1. (interruption) הַפְרָעָה
2. (commotion) מְהוּמָה, הִתְפָּרְעוּת

disturbed *adj.*	מוּפְרָע
disturbing *adj.*	מַדְאִיג
disunite *vt.*	פִּילֵג, הִפְרִיד
disunited *adj.*	מְפוּלָג
disunity *n.*	פִּילוּג, פֵּירוּד
ditch *n.*	תְּעָלָה, חֲפִירָה
ditch *vt.* 1. (dig)	חָפַר תְּעָלָה
2. (discard)	הִשְׁלִיךְ, זָרַק
ditto *n.*	אוֹתוֹ הַדָּבָר, כַּנַּ"ל
ditty *n.*	שִׁיר פָּשׁוּט
diva *n.*	זַמֶּרֶת רָאשִׁית
divalent *adj.*	דוּ-עֶרְכִּי
divan *n.* 1. (sofa)	דַּרְגָּשׁ, סַפָּה
2. (room)	אוּלָם, דִּיוָאן
dive *n.*	צְלִילָה
dive *vi.*	צָלַל
diverge *vi.* 1.(branch off)	הִסְתָּעֵף
2. (deviate)	סָטָה
divergence *n.* 1.	הִסְתַּעֲפוּת
2.	סְטִיָּיה
diverse *adj.*	מְגוּוָּן, שׁוֹנֶה
diversification *n.*	גִּיוּון
diversify *vt.*	גִּיוֵּון
diversion *n.*	הַסָּחָה, הַטָּיָה
diversity *n.*	רַבְגּוֹנִיּוּת, גִּיוּון
divert *vt.*	הִטָּה, הֵסִיט, הִסִּיחַ אֶת הַדַּעַת
diverticulitis *n.*	סַעֶפֶת
divertimento *n.*	דִּיבֶרְטִימֶנְטוֹ
divest *vt.* (an investment)	מָכַר, חִיסֵּל הַשְׁקָעָה
divestment *n.*	מְכִירָה, חִיסּוּל הַשְׁקָעָה
divide *n.* 1. (division)	חֲלוּקָה, חִילּוּק
2. (ridge)	פָּרָשַׁת מַיִם
continental divide	קַו פָּרָשַׁת מַיִם
divide *vt.; vi.*1. (cut/go into parts)	חִילֵּק ; הִתְחַלֵּק
2. (separate)	פִּילֵג, הִפְרִיד ; הִתְפַּלֵּג
dividend *n.*	רֶוַוח, דִּיבִידֶנְד
divider *n.* 1. (separator)	מְחִיצָה
2. (*math*)	מְחַלֵּק
divination *n.*	הַגָּדַת עֲתִידוֹת
divine *adj.* 1. (godly)	אֱלוֹהִי
2. (excellent)	מְעוּלֶּה, מְצוּיָּן
diving *n.*	צְלִילָה
skin diving	שְׂחִיָּיה תַּת-מֵימִית, צְלִילָה
divinity *n.*	אֱלוֹהוּת
divisible *adj.*	מִתְחַלֵּק, נִיתָּן לַחֲלוּקָה
division *n.* 1. (dividing)	חֲלוּקָה
2. (military unit)	חֲטִיבָה, דִּיבִיזְיָה
3. (*math*)	חִילּוּק
divisional *adj.*	חֲטִיבָתִי
divisive *adj.*	מְפַלֵּג, פַּלְגָנִי
divisiveness *n.*	פַּלְגָנוּת
divisor *n.*	מְחַלֵּק
divorce *n.*	גֵּירוּשִׁין, גֵּט
divorce *vt.* 1. (dissolve marriage)	הִתְגָּרֵשׁ מ-
2. (separate)	הִפְרִיד
divorced *n.*	גָּרוּשׁ
divorcee *n.*	גְּרוּשָׁה
divulge *vt.*	גִּילָּה
divulgence *n.*	גִּילּוּי
dizziness *n.*	סְחַרְחוֹרֶת
dizzy *adj.*	מְסוּחְרָר, סְחַרְחַר
dizzy *vt.*	סִיחְרֵר, גָּרַם סְחַרְחוֹרֶת
dizzying *adj.*	מְסַחְרֵר
DJ (disc jockey)	תַּקְלִיטָן, מַגִּישׁ תּוֹכְנִית מוּזִיקָה
DMZ (demilitarized zone)	אֵיזוֹר מְפוּרָז
DNA (deoxyribonucleic acid)	דִּי.אֶן.אֵי, הַחוֹמֶר הַתּוֹרַשְׁתִּי בַּגּוּף
do *vt.* 1. (carry out)	עָשָׂה, בִּיצֵּעַ
2. (arrange)	סִידֵּר
3. (suffice)	הִסְפִּיק
do away with	חִיסֵּל, נִפְטַר מ-
do drugs	הִשְׁתַּמֵּשׁ בְּסַמִּים
do in	הִכָּה, חִיסֵּל
do without	הִסְתַּדֵּר בְּלִי
do-gooder	אִידֵיאָלִיסְט
do-it-yourself	עֲשֵׂה בְּעַצְמְךָ
doable *adj.*	נִיתָּן לְבִיצּוּעַ
Doberman *n.*	כֶּלֶב דּוֹבֶּרְמָן

doc *n.* דוֹקטוֹר
docile *adj.* צַייתָן
docility *n.* צַייתָנוּת
dock *n.* 1. (pier; loading platform) רָצִיף
2. (in a courtroom) תָא נֶאֱשָמִים
dry dock מִבדוֹק צָף
dock *vi.* 1. (arrive at a dock) נִכנַס לְרָצִיף
2. (join in space) הִתחַבֵּר
3. *vt.* (cut off) קִיצֵץ
docket *n.* יוֹמַן בֵּית-מִשפָּט
dockworker *n.* עוֹבֵד רָצִיף/מִספָּנָה
dockyard *n.* מִספָּנָה
doctor *n.* 1. (physician) רוֹפֵא
2. (academic title) דוֹקטוֹר
witch doctor רוֹפֵא אֱלִיל
doctor *vt.* 1. (care for) טִיפֵּל בּ-
2. (tamper with) שִינָה, זִייֵף
doctorate *n.* תוֹאַר דוֹקטוֹר
doctrinaire, doctrinarian *n.* דוֹקטרִינָר, פּוֹעֵל לְפִי הֲלָכָה
doctrine *n.* דוֹקטרִינָה, הֲלָכָה
docudrama *n.* דְרָמָה תִיעוּדִית
document *n.* מִסמָך, תְעוּדָה
document *vt.* תִיעֵד
documentary *n.* סֶרֶט תִיעוּדִי
documentary *adj.* תִיעוּדִי
dodder *vi.* רָעַד
dodge *n.* הִתחַמְקוּת, הִשתַמְטוּת
dodge *vt.* הִתחַמֵק, הִשתַמֵט מ-
dodger *n.* מִשתַמֵט, חַמקָן
dodo *n.* צִיפּוֹר מְגוּשֶמֶת
doe *n.* אַיָלָה
doer *n.* אִיש מַעֲשֶׂה
doeskin *n.* עוֹר אַיָלָה
doesn't: does not
doff *vt.* הֵסִיר
dog *n.* כֶּלֶב
dog eat dog תַחֲרוּת חַסרַת-רַחֲמִים
guide dog כֶּלֶב עִיוְורִים
dog *vt.* עָקַב אַחֲרֵי
dogcatcher *n.* לוֹכֵד כְּלָבִים מְשוֹטְטִים
dogfight *n.* 1. (between dogs) קְרַב כְּלָבִים
2. (aerial battle) קְרַב אֲווִירִי
dogfish *n.* כָּרִיש כַּלבִּי
doggerel *n.* חָרוּז שְטוּתִי
doggy *n.* כֶּלֶב
doghouse *n.* מְלוּנַת כְּלָבִים
dogleg *n.* עִיקוּל חַד
dogma *n.* אֱמוּנָה, דוֹגמָה
dogmatic *adj.* דוֹגמָטִי, פַּסקָנִי
dogtrot *n.* פְּסִיעָה
dogwood *n.* צֶמַח הַקַרנִית
doing *n.* מַעֲשֶׂה, עֲבוֹדָה, עֲשִׂיָיה
doldrums *n.* דִיכדוּך, רוּחַ נְכָאִים
dole *n.* נְדָבָה, צְדָקָה
on the dole מְקַבֵּל סַעַד
doll *n.* בּוּבָּה
dollar *n.* דוֹלָר
dolly *n.* עֶגלַת הוֹבָלָה
dolomite *n.* דוֹלוֹמִיט
dolphin *n.* דוֹלפִין
dolt *adj.* טִיפֵּש
domain *n.* תְחוּם רִיבּוֹנוּת
eminent domain זְכוּת הַפקָעָה
public domain רְשוּת הָרַבִּים
dome *n.* כִּיפָּה
domed *adj.* מְקוּמָר
domestic *n.* עוֹזֵר/עוֹזֶרֶת בַּיִת
domestic *adj.* 1. (of the home/family) בֵּיתִי, מִשפַּחתִי
2. (of/within the country) פְּנִים-אַרצִי
domesticate *vt.* בִּייֵת
domesticated *adj.* מְבוּיָית
domestication *n.* בִּיוּת
domicile *n.* מְקוֹם מְגוּרִים
dominance *n.* שְלִיטָה
dominant *adj.* שוֹלֵט, חוֹלֵש, דוֹמִינַנטִי
dominate *vt.* שָלַט בּ-, חָלַש עַל
domination *n.* שְלִיטָה
domineer *vt.* רָדָה בּ-

domineering *adj.* שְׁתַלְטָן, שְׁתַלְטָנִי
dominion *n.* 1. (sovereignty) רִיבּוֹנוּת, שִׁלְטוֹן
2. (territory) תְּחוּם שִׁלְטוֹן, דוֹמִינְיוֹן
domino *n.* דוֹמִינוֹ
donate *vt.* תָּרַם, נִידֵּב
donation *n.* תְּרוּמָה, נְדָבָה
done *pp.* do
done *adj.* גָּמוּר
be done with גָּמַר, סִיֵּים
donkey *n.* חֲמוֹר
donor *n.* תּוֹרֵם
donut *n.* סוּפְגָּנִיָּה
doodad *n.* חֵפֶץ, הַמַּה שְּׁמוֹ
doodle *n.* שִׁירְבּוּט
doodle *vi.* שִׁירְבֵּט
doom *n.* 1. (fate) גּוֹרָל מַר
2. (destruction) חוּרְבָּן, אֲבַדּוֹן
doom *vt.* דָּן לַאֲבַדּוֹן
doomed *adj.* אָבוּד
doomsayer *n.* רוֹאֶה שְׁחוֹרוֹת
doomsday *n.* יוֹם הַדִּין, סוֹף הָעוֹלָם
door *n.* דֶּלֶת, פֶּתַח
French door דֶּלֶת שְׁמָשׁוֹת
trap door דֶּלֶת בְּרִצְפָּה/בְּתִקְרָה
behind closed doors בִּדְלָתַיִים סְגוּרוֹת
doorjamb *n.* מְזוּזָה
doorkeeper *n.* שׁוֹעֵר, שׁוֹמֵר סַף
doorknob *n.* יְדִית דֶּלֶת
doorman *n.* שׁוֹעֵר
doormat *n.* אַסְקוּפִּית, מַחְצֶלֶת מִפְתָּן
doorstep *n.* סַף דֶּלֶת
doorway *n.* פֶּתַח
dooryard *n.* חֲצַר כְּנִיסָה
dope *n.* 1. (drug) סַם, סַמִּים
2. (person) מְטוּמְטָם
dope *vt.* סִימֵּם
dopy *adj.* מְסוּמָּם; מְטוּמְטָם
dorm, dormitory *n.* מְעוֹן סְטוּדֶנְטִים
dormancy *n.* תַּרְדֵּמָה, אִי-פְּעִילוּת
dormant *adj.* רָדוּם
dorsal *adj.* שִׁטְחִי
dory *n.* דּוּגִית
DOS (disk operating system) דּוֹס (מַעֲרֶכֶת הַפְעָלַת מַחְשֵׁב)
dosage *n.* מִינּוּן
dose *n.* מָנָה, מְנַת תְּרוּפָה
dose *vt.* מִינֵּן
dossier *n.* תִּיק אִישִׁי
dot *n.* נְקוּדָה
on the dot בְּדִיּוּק
dot *vt.* נִיקֵּד
dot down רָשַׁם
dotage *n.* רִפְיוֹן שֵׂכֶל זִקְנָתִי
dotted *adj.* מְנוּקָּד
double *n.* כָּפִיל
double *adj.* 1. (twofold) כָּפוּל
2. (for two) זוּגִי
double barrelled דּוּ-קָנִי
double cross בָּגַד בּ-
double crosser בּוֹגֵד
double dating יְצִיאָה לְבִילּוּי דּוּ-זוּגִי
double dealing הוֹנָאָה
double decker 1. (bus) אוֹטוֹבּוּס דּוּ-קוֹמָתִי
2. (sandwich) כָּרִיךְ כָּפוּל
double dipping קַבָּלַת שָׂכָר כָּפוּל
double edged כְּפוּל-לַהַב
double entendre אֲמִירָה דּוּ-מַשְׁמָעִית
daily double זְכִיָּיה כְּפוּלָה (בְּהִימּוּרִים)
on the double מִיָּיד
double *vt.; vi.* כָּפַל, הִכְפִּיל; הוּכְפַּל
double for (someone) מִילֵּא מָקוֹם, שִׁימֵּשׁ כָּפִיל
double up הִתְחַלֵּק בִּמְגוּרִים
doublet *n.* זוּג דּוֹמֶה
doubt *n.* סָפֵק
beyond any doubt מֵעַל לְכוֹל סָפֵק
no doubt לְלֹא סָפֵק
doubt *vt.* הִטִּיל סָפֵק, פִּיקְפֵּק בּ-
doubtful *adj.* 1. (causing doubt) מוּטָל בְּסָפֵק

2. (uncertain)	מְסוּפָּק
doubtless *adj.*	וַדָּאִי
doubtless *adv.*	בְּלִי סָפֵק
douche *n.*	זֶרֶם מַיִם, מִקְלַחַת
douche *vt.*	שָׁטַף
dough *n.* 1. (mixture)	בָּצֵק, עִיסָּה
2. (money)	כֶּסֶף
play dough	טִינִית, פְּלַסְטֶלִינָה
doughnut *n.*	סוּפְגָנִיָּה
dour *adj.*	קוֹדֵר
douse *vt.*	שָׁפַךְ, הִתִּיז
dove *n.*	יוֹנָה
dovish *adj.*	יוֹנִי, מָתוּן
dowdy *adj.*	מְרוּשָּׁל
dowel *n.*	פִּין
dower *n.*	יְרוּשָּׁה מִבַּעַל
down *n.* 1. (feathers)	פְּלוּמָה
2. (grassy land)	אַדְמַת דֶּשֶׁא
down *adj.* 1. (sad, depressed)	עָצוּב, מְדוּכָּא
2. (inoperative)	לֹא פּוֹעֵל, מְקוּלְקָל
down and out	חֲסַר-כּוֹל
down to	עַד
down-to-earth	פְּרַקְטִי, מְצִיאוּתִי
down with!	הַלְאָה! בּוּז ל-!
be down with	חָלָה בּ-
down *adv.* 1. (below)	לְמַטָּה
2. (cash payment)	תַּשְׁלוּם רִאשׁוֹן
down *vt.*	הִפִּיל, הוֹרִיד
downbeat *n.*	הֶדֶה יוֹרֵד (בְּמוּזִיקָה)
downcast *adj.*	מְדוּכָּא
downer *n.*	מְדַכֵּא
downfall *n.*	נְפִילָה, מַפָּלָה
downgrade *vt.*	הוֹרִיד בְּדַרְגָּה, הִנְמִיךְ
downhill *adv.*	בְּמִדְרוֹן, כְּלַפֵּי מַטָּה
downhearted *adj.*	עָצוּב, מְדוּכָּא
downplay *vt.*	הִמְעִיט בַּחֲשִׁיבוּת
downpour *n.*	גֶּשֶׁם שׁוֹטֵף
downright *adj.*	מוּחְלָט
downright *adv.*	לַחֲלוּטִין, בְּאוֹפֶן מוּחְלָט
downscale *n.*	לַאֲנָשִׁים לֹא אֲמִידִים

downside *n.*	צַד שְׁלִילִי, חִיסָּרוֹן
downsize *vt.*	קִיטֵּן, צִימְצֵם
downsizing *n.*	קִיטּוּן, צִימְצוּם
downstairs *n.*	קוֹמָה תַּחְתּוֹנָה
downstairs *adv.*	לְמַטָּה
downstream *n.*	בְּמוֹרַד הַנָּהָר
downswing *n.*	תְּנוּפָה כְּלַפֵּי מַטָּה
downtown *n.*	מֶרְכַּז עִיר, רוֹבַע מִסְחָרִי
downtrodden *adj.*	מְקוּפָּח, עָשׁוּק
downturn *n.*	יְרִידָה
downward *adj.*	יוֹרֵד
downward(s) *adv.*	כְּלַפֵּי מַטָּה
dowry *n.*	נְדוּנְיָה
doze *n.*	תְּנוּמָה קַלָּה
doze (off) *vi.*	נִימְנֵם
dozen *n.*	תְּרֵיסָר
baker's dozen	שְׁלוֹשָׁה עָשָׂר
dozens of	עֲשָׂרוֹת-
DPI (dots per inch)	נְקוּדוֹת לְאִינְץ'
Dr. 1. (Doctor)	דּוֹקְטוֹר
2. (Drive)	רְחוֹב
drab *n.*	חַדְגּוֹנִיּוּת
drab *adj.*	חַדְגּוֹנִי, מְשַׁעֲמֵם
draconian *adj.*	דְּרָקוֹנִי, אַכְזָרִי, נוּקְשֶׁה
draft *n.* 1. (preliminary text)	טְיוּטָה
2. (sketch)	שִׂירְטוּט, תַּרְשִׁים
3. (enlistment)	גִּיוּס
4. (air)	רוּחַ פְּרָצִים
5. (payment order)	מִמְשָׁךְ בַּנְקָאִי
on draft	מֵחָבִית
draft *vt.* 1.	נִיסַּח טְיוּטָה
2.	שִׂירְטֵט
3.	גִּייֵּס
draftee *n.*	מְגוּיָּס
draftsman *n.*	שַׂרְטָט
drafty *adj.*	פָּרוּץ לָרוּחַ
drag *n.* 1. (pull)	סְחִיבָה, גְּרִירָה
2. (dull thing)	דָּבָר מְשַׁעֲמֵם
3. (burden)	מַעֲמָסָה
4. (street)	רְחוֹב ז' (רְחוֹבוֹת)

drag *vt.* סָחַב, גָּרַר
drag on מָשַׁךְ/נִמְשַׁךְ בְּלִי סוֹף
drag one's feet/heels הִתְמַהְמֵהַּ, הִתְמַזְמֵז
draggy *adj.* מְשַׁעֲמֵם
dragnet *n.* מִכְמוֹרֶת
dragon *n.* דְּרָקוֹן
dragonfly *n.* שַׁפִּירִית
dragoon *n.* פָּרָשׁ חָמוּשׁ
drain *n.* 1. (pipe) צִינּוֹר/תְּעָלַת נִיקּוּז, בִּיב
2. (depletion) אֲזִילָה, הִתְרוֹקְנוּת
brain drain בְּרִיחַת מוֹחוֹת
go down the drain הִתְבַּזְבֵּז, הָלַךְ לְאִיבּוּד
drain *vt.* 1. (draw off liquid) שָׁאַב
2. (exhaust assets) רוֹשֵׁשׁ, רוֹקֵן
3. (exhaust strength) הִתִּישׁ
drainage *n.* נִיקּוּז, בִּיּוּב
drainpipe *n.* צִינּוֹר בִּיּוּב
drake *n.* בַּרְוָז
drama *n.* דְּרָמָה
dramatic *adj.* דְּרָמָטִי, רַגְשָׁנִי
dramatization *n.* 1. (making into a drama) הַמְחָזָה
2. (showing in a dramatic manner) דְּרָמָטִיזַצְיָה, הַצָּגָה דְּרָמָטִית
dramatize *vt.* 1. הִמְחִיז
2. הִצִּיג בְּאוֹפֶן דְּרָמָטִי
drank: *p.* drink
drape *n.* וִילוֹן ז׳ (וִילוֹנוֹת)
drape *vt.* כִּיסָּה
drapery *n.* בַּדֵּי וִילוֹנוֹת
drastic *adj.* נִמְרָץ, דְּרַסְטִי
draught *n.* רוּחַ פְּרָצִים
draw *n.* 1. (pull) מְשִׁיכָה
2. (attraction) אַטְרַקְצְיָה, מוֹקֵד מְשִׁיכָה
3. (tie) תֵּיקוּ
draw *vt.* 1. (pull; attract) מָשַׁךְ
2. (sketch) שִׂירְטֵט, צִיֵּיר
3. (evoke) עוֹרֵר, הֵבִיא ל-
4. (pull out) הוֹצִיא
5. (take out a weapon) שָׁלַף
6. (withdraw funds) מָשַׁךְ
7. (inhale) נָשַׁם
8. (receive) קִיבֵּל
draw apart הִרְחִיק זֶה מִזֶּה
draw aside לָקַח הַצִּידָּה
draw attention מָשַׁךְ תְּשׂוּמֶת לֵב
draw away הִתְרַחֵק מ-
draw a check כָּתַב הַמְחָאָה
draw a conclusion הִסִּיק מַסְקָנָה
draw a curtain סָגַר וִילוֹן
draw to a close הִגִּיעַ לְסִיּוּם
draw down הוֹרִיד
draw in מָשַׁךְ
draw the line קָבַע אֶת הַגְּבוּל
draw a lot or straws הִפִּיל גּוֹרָל
draw near הִתְקָרֵב
draw on שָׁאַב מ-
draw out מָשַׁךְ, הֶאֱרִיךְ
draw a tie סִיֵּים בְּתֵיקוּ
draw up נִיסַּח, עָרַךְ
draw water שָׁאַב מַיִם
drawback *n.* חִיסָּרוֹן, מִגְרַעַת
drawbridge *n.* גֶּשֶׁר זָחִיחַ
drawer *n.* מְגֵירָה, מְגִירָה
drawing *n.* 1. (sketch) שִׂירְטוּט, צִיּוּר
2. (lottery) הַגְרָלָה
drawl *n.* הַאֲרָכַת הֲבָרוֹת
drawl *vi.* דִּיבֵּר בַּהֲבָרוֹת מִתְאָרְכוֹת
drawn *pp.* draw
drawn *adj.* עָיֵיף, מָתוּחַ
drawstring *n.* חוּט מְתִיחָה
dread *vt.* פָּחַד מ-
dreadful *adj.* מַפְחִיד, אָיוֹם, נוֹרָא
dream *n.* חֲלוֹם ז׳ (חֲלוֹמוֹת)
dream *vi.*; *vt.* חָלַם
dreamer *n.* חוֹלְמָן, בַּעַל-חֲלוֹמוֹת
dreamland *n.* אֶרֶץ חֲלוֹמוֹת
dreary *adj.* עָצוּב, קוֹדֵר
dredge *n.* מַחְפֵּר
dredge *vt.* נִיקָּה בְּמַחְפֵּר

dreidel *n.* סְבִיבוֹן

drench *vt.* הִרְטִיב

dress *n.* 1. (woman's garment) שִׂמְלָה

2. (clothing) לְבוּשׁ

full dress לְבוּשׁ חֲגִיגִי, בִּגְדֵי יִיצוּג

wedding dress שִׂמְלַת כְּלוּלוֹת

dress *vt.*; *vi.* 1. (put on clothes) הִלְבִּישׁ; הִתְלַבֵּשׁ

2. (cover a wound) חָבַשׁ

dress up הִתְלַבֵּשׁ יָפֶה

dress (something) up קִישֵּׁט, יִיפָּה

dresser *n.* שִׁידָה

dressing *n.* 1. (cover for wounds) תַּחְבּוֹשֶׁת

2. (sauce) רוֹטֶב

window dressing 1. (display) תְּצוּגָה (בְּחַלּוֹן רַאֲוָה)

2. (facade) אֲחִיזַת עֵינַיִים

dressmaker *n.* תּוֹפֶרֶת

dressy *adj.* אֶלֶגַנְטִי, מְגוּנְדָּר

drew *p.* draw

dribble *vi.* 1. (drool) נָטַף רִיר

2. (drip) טִיפְטֵף

3. (bounce a ball) כִּידְרֵר

drier *n.* מְייַבֵּשׁ

drift *n.* סַחַף

drift *vi.* 1. (be swept away) נִסְחַף

2. (stray) סָטָה

drifter *n.* שׁוֹטְטָן, נַוָּד

drill *n.* 1. (exercise) תַּרְגִּיל

2. (hole maker) מַקְדֵּחָה

drill *vt.* 1. תִּירְגֵּל

2. קָדַח

drillmaster *n.* מַדְרִיךְ

drink *n.* מַשְׁקֶה ז׳ (מַשְׁקָאוֹת)

alcoholic drink מַשְׁקֶה חָרִיף

soft drink מַשְׁקֶה קַל

drink *vt.* שָׁתָה

drinker *n.* שַׁתְיָין

drip *vi.* טִיפְטֵף

drivable *adj.* תָּקִין לִנְהִיגָה

drive *n.* 1. (trip) נְסִיעָה, סִיבּוּב

2. (road) דֶּרֶךְ נ׳ (דְּרָכִים), רְחוֹב ז׳ (רְחוֹבוֹת)

3. (motivation) דַּחַף

4. (energy) מֶרֶץ

5. (campaign) מַסָּע, מִיבְצָע

6. (computer device) כּוֹנָן

disk drive כּוֹנַן דִּיסְקֶטִים

four-wheel drive הֲנָעָה קִדְמִית וַאֲחוֹרִית

drive *vt.* 1. (operate a vehicle) נָהַג, נָסַע בְּ-

2. (transport) הִסִּיעַ

3. (cause) הֵבִיא לְ-, דָּחַף אֶל-

4. (force into) תָּקַע בְּ-, הֶחְדִּיר

5. (operate) הִפְעִיל, הֵנִיעַ

drive at חָתַר לְ-, הִתְכַּוֵּון

drive-in סַע פְּנִימָה

drivel *vi.* פִּיטְפֵּט שְׁטוּיוֹת

driven: *pp.* drive

driver *n.* 1. (operator of a vehicle) נֶהָג, נַהָג

2. (*comp.*) מְנַהֵל הֶתְקֵן

back-seat driver מְנַדֵּב עֵצוֹת

driveway *n.* שְׁבִיל פְּרָטִי

drizzle *n.* גֶּשֶׁם דַּק, טִיפְטוּף

drizzle *vi.* טִיפְטֵף

drone *n.* דַּבּוּר

drone *vi.* זִימְזֵם

drool *vi.* הִזִּיל רִיר

droop *vi.* נִתְלָה בְּרִפְיוֹן

droopy *adj.* מְדוּלְדָּל, רָפֶה

drop *n.* 1. (of liquid) טִיפָּה

2. (fall) נְפִילָה

3. (decline) יְרִידָה

4. (candy) סוּכָּרִייָה

drop in the bucket טִיפָּה בַּיָּם

cough drop סוּכָּרִייָה נֶגֶד שִׁיעוּל

drop 1. *vi.* נָטַף, טִיפְטֵף

2. *vi.*; *vt.* נָפַל; הִפִּיל

3. יָרַד; הוֹרִיד

drop behind פִּיגֵּר

drop by/in קָפַץ לְבִיקּוּר

drop dead צָנַח וּמֵת

drop it! עֲזוֹב!, תַּפְסִיק מִזֶּה!
drop a line שְׁלַח מִכְתָּב קָצָר
drop-off מוֹרָד תָּלוּל
drop off הוֹרִיד
drop out נָשַׁר, עָזַב
droplet *n.* טִיפּוֹנֶת
dropout *n.* 1. (one who quits school) נוֹשֵׁר, שֶׁלֹּא סִיֵּם לִימוּדָיו
2. (*comp.*) נְשִׁירַת מֵידָע
dropper *n.* מַטֵּף, מְטַפְטֵף
drought *n.* בַּצּוֹרֶת
drove: *p.* drive
drove *n.* 1. (of animals) עֵדֶר
2. (of people) הָמוֹן נוֹהֵר
drown *vi.*; *vt.* טָבַע ; הִטְבִּיעַ
drowsiness *n.* נִימְנוּם
drowsy *adj.* מְנוּמְנָם
drub *vt.* הִיכָּה, הָלַם בּ-
drudge *n.* פּוֹעֵל לֹא מְיוּמָּן
drudge *vi.* עָסַק בַּעֲבוֹדָה חַדְגוֹנִית
drudgery *n.* עֲבוֹדָה חַדְגוֹנִית
drug *n.* 1. (medicine) תְּרוּפָה
2. (narcotic) סַם
drug *vt.* סִימֵּם
druggist *n.* רוֹקֵחַ
drugstore *n.* בֵּית-מִרְקַחַת
drum *n.* 1. (musical instrument) תּוֹף
2. (barrel) חָבִית
drum *vi.*. תּוֹפֵף
drum up גִּייֵּס
drumbeat *n.* תִּיפּוּף
drummer *n.* מְתוֹפֵף
drumstick *n.* 1. (for a drum) מַקֵּל תִּיפּוּף
2. (bird's leg) שׁוֹק עוֹף
drunk, drunken *adj.* שִׁיכּוֹר, שָׁתוּי
drunkard *n.* שַׁתְיָין
drunkenness *n.* שִׁיכְּרוּת
Druze *n.* דְּרוּזִי
dry *adj.* יָבֵשׁ
bone-dry יָבֵשׁ מְאוֹד

dry *vt.*; *vi.* יִיבֵּשׁ ; הִתְיַיבֵּשׁ
dry up אָזַל, נִגְמַר
dryer *n.* מְיַיבֵּשׁ
blow dryer מְיַיבֵּשׁ שֵׂיעָר
dryness *n.* יוֹבֶשׁ
drywall *n.* קִיר גֶּבֶס
dual *adj.* זוּגִי, דוּ-
dub *vt.* 1. (nickname) כִּינָּה
2. (add soundtrack) דִּיבֵּב
dubbed *adj.* מְדוּבָּב
dubbing *n.* דִּיבּוּב
dubious *adj.* מְפוּקְפָּק
duchess *n.* דוּכָּסִית
duchy *n.* דוּכָּסוּת
duck *n.* בַּרְוָז
lame duck פּוֹלִיטִיקַאי בְּסוֹף כְּהוּנָּתוֹ
duck *vi.* הִתְכּוֹפֵף, הִתְחַמֵּק מִפְּגִיעָה
duckbill *n.* בַּרְוָזָן
duckboard *n.* קֶרֶשׁ מַעֲבָר
duckling *n.* בַּרְוָזוֹן
duct *n.* צִינּוֹר
dud *n.* פִּצְצַת נֵפֶל ; כִּישָּׁלוֹן
dude *n.* 1. (guy) בַּרְנָשׁ
2. (a dandy) מְגוּנְדָּר
due *n.* חוֹב ז׳ (חוֹבוֹת), מַה שֶּׁמַּגִּיעַ
due *adj.* 1. (payable) מַגִּיעַ, חָל מוֹעֵד פֵּירָעוֹנוֹ
2. (expected) אָמוּר לְהַגִּיעַ
3. (proper) רָאוּי
due to עֵקֶב, בִּגְלַל
duel *n.* דוּ-קְרָב
duel *vt.* נִלְחַם בְּדוּ-קְרָב
dues *pn.* דְּמֵי חָבֵר
duet *n.* דוּאִית, דוּאֶט
dug: *p.*; *pp.* dig
dug-in מְחוּפָּר
dugout *n.* חֲפִירָה
du jour שֶׁל הַיּוֹם
duke *n.* רוֹזֵן, דוּכָּס
dulcet *adj.* עָרֵב, נָעִים

dulcimer *n.*	כְּלִי מֵיתָר/פְּרִיטָה
dull *adj.* 1. (not sharp)	קֵהֶה
2. (not bright)	עָמוּם, לֹא בָּהִיר
3. (uninteresting)	חַדגוֹנִי, מְשַׁעֲמֵם
dull *vt.*	הִקְהָה
dullard *n.*	מְטוּמטָם
dullness *n.* 1.	קֵהוּת
2.	עֲמִימוּת
3.	חַדגוֹנִיוּת
duly *adv.*	כָּרָאוּי, בַּזְּמַן הַנָּכוֹן
dumb *adj.* 1. (mute)	אִילֵם
2. (stupid)	מְטוּמטָם
dumbbell *n.* 1. (weight)	מִשקוֹלֶת
2. (person)	טִיפֵּש
dumbness *n.* 1.	אִילְמוּת, אֵלֶם
2.	טִיפְּשוּת
dumfound *vt.*	הִדהִים, הִימֵם
dummy *n.* 1. (figure)	דֶּמֶה, גוֹלֶם
2. (person)	מְטוּמטָם, גוֹלֶם
dump *n.* 1. (garbage site)	מִזבָּלָה
2. (dirty place)	מָקוֹם מוּזנָח, "חוֹר"
ammunition dump	מַחסַן תַחמוֹשֶׁת
garbage dump	מִזבָּלָה
dump *vt.* 1. (throw away)	זָרַק, הִשלִיךְ
2. (sell cheap)	מָכַר בְּזִיל הַזּוֹל
dumpling *n.*	כּוּפתָה
dumpster *n.*	מְכַל אַשפָּה
dumpy *adj.*	גוּץ
dun *vt.*	תָבַע תַשלוּם חוֹב
dunce *n.*	מְטוּמטָם
dune *n.*	חוֹלִית, דְיוּנָה
dung *n.*	זֶבֶל, גְלָלִים
dungaree *n.*	בַּד כּוּתנָה גַס ; בֶּגֶד עֲבוֹדָה
dungeon *n.*	צִינוֹק, בּוֹר כֶּלֶא
dunghill *n.*	עֲרֵימַת זֶבֶל, מַדמֵנָה
dunk *vt.*	טָבַל
duo *n.* 1. (duet)	דוּאִית, דוּאֶט
2. (pair)	צֶמֶד, זוּג
duodenum *n.*	תְרֵיסַריוֹן
dupe *n.*	פֶּתִי
dupe *vt.*	שִׁיטָה בְּ-, "סִידֵר"
duplex *n.*	בַּיִת דוּ-מִשפַּחתִי
duplicate *n.*	הֶעתֵק
duplicate *vt.* 1. (copy)	שִׁיכפֵּל, הֶעתִיק
2. (repeat)	חָזַר עַל
duplication *n.*	שִׁיכפּוּל, הֶעתֵק
duplicator *n.*	מְכוֹנַת שִׁיכפּוּל
duplicity *n.*	צְבִיעוּת
durability *n.* 1. (ability to last)	אִי-הִתבַּלּוּת
2. (resistance to wear)	עֲמִידוּת
durable *adj.* 1.	בַּר-קְיָמָא, יַצִיב, לֹא מִתבַּלֶּה
2.	עָמִיד
duration *n.*	מֶשֶׁךְ זְמַן
duress *n.*	לַחַץ, כְּפִייָה
during *prep.*	בְּמֶשֶׁךְ
durum *n.*	חִיטָה קָשָׁה, דוּרוּם
dusk *n.*	בֵּין הָעַרבַּיִים
dusky *adj.*	אַפלוּלִי
dust *n.*	אָבָק
dust *vt.*	אִיבֵּק, נִיקָה מֵאָבָק
duster *n.*	מַטלִית
dustpan *n.*	יָעֶה
dusty *adj.*	מְאוּבָּק
Dutch *adj.;n.*	הוֹלַנדִי
dutiful *adj.*	צַייתָן
duty *n.* 1. (obligation)	חוֹבָה
2. (function)	תַפקִיד
3. (service)	שֵירוּת
4. (tax)	מֶכֶס
active duty	שֵירוּת פָּעִיל
off duty	לֹא בְּתַפקִיד
on duty	בְּתַפקִיד, בְּתוֹרָנוּת
duty-bound	חַייָב, מְחוּיָיב
duty-free	פָּטוּר מִמֶּכֶס
DVD (digital video disc)	תַקלִיטוֹר וִידֵיאוֹ
dwarf *n.*	גַמָד, נַנָס
dwarf *vt.*	גִימֵד
dwell *vi.*	גָר, הִתגוֹרֵר
dwell over	הִתעַכֵּב עַל, הִרבָּה לַעֲסוֹק בְּ-
dweller *n.*	תוֹשָׁב, שוֹכֵן

dwelling *n.*	בַּיִת, מְגוּרִים
DWI (driving while intoxicated)	נָהַג בִּהְיוֹתוֹ שִׁיכּוֹר
dwindle *vi.*	הִתְדַלְדֵל
dye *n.*	צֶבַע
dye *vt.*	צָבַע
dyestuff *n.*	חוֹמֶר צְבִיעָה
dynamic *adj.*	נִמְרָץ, דִינָמִי
dynamics *n.*	דִינָמִיקָה
dynamite *n.*	חוֹמֶר נֶפֶץ, דִינָמִיט
dynamite *vt.*	פּוֹצֵץ
dynamo *n.*	דִינָמוֹ
dynamometer *n.*	מַד-כּוֹחַ, דִינָמוֹמֶטֶר
dynastic *adj.*	שׁוֹשַׁלְתִּי
dynasty *n.*	שׁוֹשֶׁלֶת
dysentery *n.*	דִיזֶנְטֶרְיָה
dysfunction *n.*	תִּיפְקוּד לָקוּי
dysfunctional *adj.*	סוֹבֵל מִתִּיפְקוּד לָקוּי
dyslectic *adj.*	דִיסְלֶקְסִי, מִתְקַשֶׁה בִּקְרִיאָה
dyslexia *n.*	דִיסְלֶקְסְיָה, קְשָׁיֵי קְרִיאָה
dyspepsia *n.*	הַפְרָעוֹת בָּעִיכּוּל
dystrophy *n.*	דִיסְטְרוֹפְיָה, נִיוּוּן
muscular dystrophy	נִיוּוּן שְׁרִירִים

E

E הָאוֹת הַחֲמִישִׁית בָּאָלֶפְבֵּית הָאַנגלִי
etc. (et cetera) וְכוּלֵי, וְכוּ׳
each *adj.* כּוֹל, כּוֹל אֶחָד
each other זֶה אֶת זֶה, אֶחָד אֶת הַשֵּׁנִי
eager *adj.* לָהוּט, מִשְׁתּוֹקֵק
eagerness *n.* לְהִיטוּת
eagle *n.* נֶשֶׁר
eaglet *n.* נֶשֶׁר צָעִיר
ear *n.* 1. (hearing organ) אוֹזֶן נ׳ (אוֹזנַיִים)
2. (spike) שִׁיבּוֹלֶת
dog ear קִיפּוּל בְּסֵפֶר
play it by ear פָּעַל עַל-פִּי הַנְסִיבּוֹת
earache *n.* כְּאֵב אוֹזנַיִים
eardrum *n.* תּוֹף הָאוֹזֶן
earl *n.* רוֹזֵן
earlobe *n.* תְּנוּךְ הָאוֹזֶן
early *adj.* מוּקדָם
early *adv.* 1. (before expected time) מוּקדָם
2. (soon) בְּהֶקדֵם
earmark *n.* סִימַן זִיהוּי
earmark *vt.* יִיעֵד
earmuff *n.* כִּיסּוּי אוֹזנַיִים
earn *vt.*1. (gain, profit) הִרוִויחַ
2. (make wages) הִשׂתַּכֵּר
3. (merit) זָכָה ל-, הָיָה רָאוּי ל-
earnest *n.* 1. (pledge) הַבטָחָה, הִתחַייְבוּת
2. (advance payment) עֵירָבוֹן, דְמֵי קְדִימָה
earnest *adj.* רְצִינִי
in earnest בִּרצִינוּת
earnings *pn.* 1. (wages) שָׂכָר
2. (gains, profits) רְווָחִים
earphone *n.* אוֹזנִייָה
earpiece *n.* אֲפַרכֶּסֶת
earplug *n.* אוֹטֵם אוֹזנַיִים
earring *n.* עָגִיל
earshot *n.* טְווַח שְׁמִיעָה
earsplitting *adj.* מַחֲרִישׁ אוֹזנַיִים
earth *n.* 1. (planet) כַּדּוּר הָאָרֶץ
2. (ground) אֲדָמָה
3. (soil) עָפָר
earthenware *n.* כְּלֵי חֶרֶס
earthling *n.* תּוֹשַׁב כַּדּוּר הָאָרֶץ
earthly *adj.* שֶׁל הָעוֹלָם הַזֶּה
earthmoving *n.* עֲבוֹדוֹת עָפָר
earthquake *n.* רְעִידַת אֲדָמָה, רַעַשׁ
earthshaking *adj.* מַרעִישׁ, מְזַעֲזֵעַ
earthwork *n.* בִּיצוּרִים
earthworm *n.* תּוֹלַעַת
earwax *n.* שַׁעֲוַות הָאוֹזֶן
ease *n.*1. (lack of difficulty) קַלּוּת
2. (comfort) נוֹחוּת
at ease נוֹחַ, בְּנוֹחַ
with ease בְּקַלּוּת, בְּנָקֵל
ease *vt.* הֵקֵל
easel *n.* כַּן צִיּוּר
easement *n.* זְכוּת שִׁימּוּשׁ בְּקַרקַע
east *n.* מִזרָח
Far East הַמִּזרָח הָרָחוֹק
Middle East הַמִּזרָח הַתִּיכוֹן
Near East הַמִּזרָח הַקָּרוֹב
Easter *n.* חַג הַפַּסחָא
easterly *adj.* מִמִּזרָח; כְּלַפֵּי מִזרָח
eastern *adj.* מִזרָחִי
eastward *adv.* מִזרָחָה
easy *adj.* קַל
easy chair כִּיסֵּא נוֹחַ
take it easy לֹא הִתרַגֵּשׁ
easygoing *adj.* 1. (relaxed) נִינוֹחַ, לֹא קַפְּדָן
2. (careless) רַשׁלָן
eat *vt.* 1. (consume food) אָכַל
2. (corrode) אִיכֵּל
eatery *n.* מִזלָלָה, מִסעָדָה
eaves *pn.* כַּרכּוֹב גַּג
eavesdrop *vi.* צוֹתֵת, הֶאֱזִין בְּסֵתֶר

ebb *n.* יְרִידָה
ebb *vi.* יָרַד
ebony *n.* הוֹבְנָה
ebullient *adj.* נִרְגָּשׁ, נִלְהָב
eccentric *adj.* 1. (odd) מוּזָר
2. (off-center) לֹא מֶרְכָּזִי
Ecclesiastes *n.* (*Bible*) סֵפֶר קוֹהֶלֶת
ecclesiastic *n.* כּוֹמֶר
echelon *n.* 1. (level) דֶּרֶג, רָמָה
2. (formation) מַעֲרָךְ
echo *n.* הֵד, תְּהוּדָה
echo *vi.* 1. (reverberate) הִידְהֵד
2. *vt.* (repeat) חָזַר עַל
eclectic *adj.* לַקְטָן; מְלוּקָט
eclipse *n.* 1. (*astronomy*) לִיקּוּי
2. (decline, fall) יְרִידָה, נְפִילָה
3. (dimming) הַאֲפָלָה
eclipse *vt.* הֶאֱפִיל
ecliptic *n.* מַסְלוּל הַשֶּׁמֶשׁ
ecologic *adj.* אֶקוֹלוֹגִי, שֶׁל אֵיכוּת הַסְּבִיבָה
ecology *n.* אֶקוֹלוֹגְיָה, אֵיכוּת הַסְּבִיבָה
economic *adj.* כַּלְכָּלִי
economical *adj.* חֶסְכוֹנִי
economics *n.* כַּלְכָּלָה
home economics כַּלְכָּלַת בַּיִת
economist *n.* כַּלְכְּלָן
economize *vi.* חָסַךְ
economy *n.*1. (economic conditions) כַּלְכָּלָה
2. (thrift) חִיסָּכוֹן
ecosystem *n.* מַעֲרֶכֶת הָאֶקוֹלוֹגְיָה
ecstasy *n.* הִתְלַהֲבוּת, אֶקְסְטָזָה
ecumenical *adj.* כְּלַל-נוֹצְרִי, אֶקוּמֶנִי
ecumenism *n.* אַחְדוּת הַכְּנֵסִיָּיה
eczema *n.* גָּרָב
eddy *n.* מְעַרְבּוֹלֶת
eddy *vi.* הִתְעַרְבֵּל
edema *n.* בַּצֶּקֶת
Eden *n.* עֵדֶן
Garden of Eden גַּן עֵדֶן
edge *n.* קָצֶה, סַף, שָׂפָה
on edge מָתוּחַ, עַצְבָּנִי; חֲסַר-סַבְלָנוּת
on the edge בְּמַצָּב לֹא בָּטוּחַ
cutting edge לַהַב, חוּרְפָּה
edge *vt.* 1. (trim) קָצַץ
2. *vi.* (move gradually) הִתְקַדֵּם בְּהַדְרָגָה
edger *n.* מַקְצֵצָה
edginess *n.* מֶתַח, עַצְבָּנוּת
edging *n.* שׁוּלַיִים, קָצֶה
edgy *adj.* 1. (tense) מָתוּחַ, עַצְבָּנִי
2. (sharp-edged) חַד
edible *adj.* אָכִיל
edict *n.* צַו
edifice *n.* בִּנְיָין
edify *vt.* חִינֵּךְ
edit *vt.* עָרַךְ
edition *n.* מַהֲדוּרָה, הוֹצָאָה
editor *n.* עוֹרֵךְ
editorial *n.* מַאֲמַר מַעֲרֶכֶת
editorial *adj.* שֶׁל עֲרִיכָה
editorialize *vt.* שִׁירְבֵּב אֶת דַּעְתּוֹ הָאִישִׁית
educate *vi.* חִינֵּךְ, לִימֵּד
educated *adj.* מַשְׂכִּיל
education *n.* חִינּוּךְ, הַשְׂכָּלָה
higher education הַשְׂכָּלָה גְּבוֹהָה
educational *adj.* חִינּוּכִי
educator *n.* מְחַנֵּךְ
educe *vt.* הִסִּיק
eel *n.* צְלוֹפָח
eerie *adj.* 1. (frightening) מַפְחִיד
2. (mysterious) מִסְתּוֹרִי
efface *vt.* מָחַק
effacement *n.* מְחִיקָה
effect *n.* 1. (influence) הַשְׁפָּעָה
2. (result) תּוֹצָאָה
3. (impression) רוֹשֶׁם, אֶפֶקְט
domino/ripple effect תְּגוּבַת שַׁרְשֶׁרֶת
greenhouse effect הִתְחַמְּמוּת הָאַטְמוֹסְפֵירָה
in effect 1. (in essence) לְמַעֲשֶׂה, בִּיסוֹדוֹ שֶׁל דָּבָר
2. (in force) בְּתוֹקֶף

side effect תּוֹפָעַת לְוַואי
special effect פַּעֲלוּל
take effect נִכְנַס לְתוֹקֶף
effects *pn.* (belongings) חֲפָצִים, מִטַּלְטְלִין
effect *vt.* הֵבִיא ל-, גָּרַם
effective *adj.* 1. (producing results) יָעִיל, אֶפֶקְטִיבִי
2. (in force) תָּקֵף, בְּתוֹקֶף
3. (impressive) מַרְשִׁים
effectiveness *n.* יְעִילוּת
effectual *adj.* יָעִיל
effectuate *vt.* הֵבִיא ל-, גָּרַם
effeminate *adj.* נָשִׁי
effervesce *vi.* תָּסַס, בִּיעְבֵּעַ
effervescence *n.* תְּסִיסָה, בִּיעְבּוּעַ
effervescent *adj.* תּוֹסֵס, מְבַעְבֵּעַ
effete *adj.* מְנוּוָּן, בָּלֶה
efficacy *adj.* יְעִילוּת, אֶפֶקְטִיבִיוּת
efficiency *n.* 1. (effectiveness) יְעִילוּת
2. (apartment) דִּירַת חֶדֶר
efficient *adj.* יָעִיל
effigy *n.* בּוּבָּה, דְּמוּת
efflorescent *adj.* פּוֹרֵחַ
effluence *n.* זְרִימָה
effort *n.* מַאֲמָץ
effrontery *n.* חוּצְפָּה
effulgent *adj.* זוֹהֵר, קוֹרֵן
effusion *n.* הִשְׁתַּפְּכוּת
e.g. ("exempli gratia", for example) לְמָשָׁל
egalitarian *n.* דּוֹגֵל בְּשִׁוְויוֹן
egg *n.* 1. (of a bird) בֵּיצָה נ׳ (בֵּיצִים)
2. (ovum) בֵּיצִית
hard-boiled egg בֵּיצָה קָשָׁה
nest egg כֶּסֶף שָׁמוּר (לִשְׁעַת הַצּוֹרֶךְ)
scrambled egg בֵּיצָה מְקוּשְׁקֶשֶׁת
soft-boiled egg בֵּיצָה רַכָּה
eggbeater *n.* מַטְרֵף
egghead *n.* מַשְׂכִּיל, אִינְטֶלֶקְטוּאָל
eggnog *n.* מַשְׁקֵה חֶלְמוֹן
eggplant *n.* חָצִיל
eggshell *n.* קְלִיפַּת בֵּיצָה
ego *n.* הָ״אֲנִי״, אֶגוֹ
alter ego הָ״אֲנִי״ הָאַחֵר
egocentric *adj.* מְרוּכָּז בְּעַצְמוֹ, אֶגוֹצֶנְטְרִי
egoism *n.* אָנוֹכִיּוּת, אֶגוֹאִיזְם
egoist *n.* אָנוֹכִיִּי, אֶגוֹאִיסְט
egoistic *adj.* אָנוֹכִיִּי
egomaniac *adj.* עָסוּק בְּעַצְמוֹ, אֶגוֹמַנְיָאק
egotism *n.* אָנוֹכִיּוּת
egregious *adj.* רָע
egress *n.* יְצִיאָה
Egypt *n.* מִצְרַיִם
Egyptology *n.* חֵקֶר מִצְרַיִם הָעַתִּיקָה
eight *n.*; *adj.* שְׁמוֹנֶה, שְׁמוֹנָה
eighteen *n.*;*adj.* שְׁמוֹנֶה-עֶשְׂרֵה, שְׁמוֹנָה-עָשָׂר
eighteenth *adj.* הַשְּׁמוֹנֶה-עֶשְׂרֵה
eighth *n.* שְׁמִינִית
eighth *adj.* שְׁמִינִי
eighties *pn.* שְׁנוֹת הַשְּׁמוֹנִים
eighty *n.*; *adj.* שְׁמוֹנִים
either *pron.*; *adj.* אֶחָד מִן הַשְּׁנַיִם
either...or... אוֹ...אוֹ...
either *adv.* גַּם כֵּן
ejaculate *vt.*; *vi.* פָּלַט, הִשְׁפִּיךְ
ejaculation *n.* פְּלִיטָה, הַשְׁפָּכָה
eject *vt.* 1. (push out) פָּלַט
2. (expel) גֵּירֵשׁ
3. *vi.* (escape from an aircraft) נִפְלַט מִמָּטוֹס
ejection *n.* 1. פְּלִיטָה
2. גֵּירוּשׁ
EKG (electrocardiogram) רֶלַ״ח (רִשְׁמַת לֵב חַשְׁמַלִּית)
elaborate *adj.* מְפוֹרָט, מוּרְכָּב
elaborate *vi.* פֵּירֵט
elaboration *n.* פֵּירוּט
elapse *vi.* עָבַר, חָלַף
elastic *adj.* גָּמִישׁ
elasticity *n.* גְּמִישׁוּת
elate *vt.* שִׂימֵּחַ
elated *adj.* שָׂמֵחַ, בְּמַצַּב רוּחַ מְרוֹמָם

elation *n.* הִתרוֹמְמוּת רוּחַ
elbow *n.* מַרפֵּק
rub elbows הִתרוֹעֵעַ
elbowroom *n.* מִרווָח, מֶרחָב פְּעוּלָה
elder *n.* זָקֵן, קָשִׁיש
elder *adj.* 1. (old) מְבוּגָר
2. (senior) בָּכִיר
elderly *n.* קָשִׁיש
eldest *adj.* הַמְבוּגָר בְּיוֹתֵר
elect *adj.* נִבחָר
elect *vt.* 1. (choose) בָּחַר
2. (prefer) הֶעֱדִיף
election *n.* בְּחִירָה, בְּחִירוֹת
elections *pn.* בְּחִירוֹת
electioneer *vi.* עָבַד לְמַעַן מוּעֲמָד
elective *n.* קוּרס בְּחִירָה
elective *adj.* שֶׁל בְּחִירָה
elector *n.* בּוֹחֵר
electoral *adj.* שֶׁל בְּחִירוֹת
electorate *n.* צִיבּוּר הַבּוֹחֲרִים
electric, electrical *adj.* חַשמַלִי
electrician *n.* חַשמְלַאי
electricity *n.* חַשמַל
electrify *vt.* 1.(supply electricity) חִישמֵל
2. (thrill) הִרטִיט, הִימֵם
electrifying *adj.* מְחַשמֵל, מְהַמֵם
electro- אֶלֶקטְרוֹ-
electrocardiogram *see* EKG
electrocute *vt.* חִישמֵל לְמָוֶות
electrocution *n.* הִתחַשמְלוּת
electrode *n.* אֶלֶקטְרוֹדָה
electrolysis *n.* אֶלֶקטְרוֹלִיזָה
electromagnet *n.* מַגנֵט חַשמַלִי
electron *n.* אֶלֶקטְרוֹן
electronic *adj.* אֶלֶקטְרוֹנִי
electronics *n.* אֶלֶקטְרוֹנִיקָה
electroplate *vt.* צִיפָּה עַל-יְדֵי חַשמַל
electrostatic *adj.* אֶלֶקטְרוֹסטָטִי
elegance *n.* הִידוּר, חֵן, אֶלֶגַנטִיוּת
elegant *adj.* הָדוּר, אֶלֶגַנטִי

elegy *n.* קִינָה
element *n.*1. (basic matter) יְסוֹד ז׳ (יְסוֹדוֹת)
2. (component) גּוֹרֵם, מַרכִּיב
the elements *pn.* יְסוֹדוֹת הַטֶבַע
elementary *adj.* יְסוֹדִי, בְּסִיסִי, אֶלֶמֶנטָרִי
elephant *n.* פִּיל
elephantine *adj.* 1. (huge) עֲנָקִי
2. (clumsy) מְגוּשָׁם
elevate *vt.* הֵרִים, הִגבִּיהַּ
elevation *n.* 1. (raising) הֲרָמָה, הַגבָּהָה
2. (altitude) גּוֹבַהּ
3. (high ground) רָמָה
elevator *n.* מַעֲלִית
grain elevator סִילוֹ
eleven *n.* אַחַת-עֶשׂרֵה, אַחַד-עָשָׂר
eleventh *adj.* הָאַחַד-עָשָׂר
elf *n.* שֵׁדוֹן
elicit *vt.* 1. (bring out) הוֹצִיא, הֵפִיק
2. (evoke) עוֹרֵר
elide *vt.* הִשמִיט
eligibility *n.* כְּשִׁירוּת
eligible *adj.* כָּשִׁיר, רָאוּי
eliminate *vt.* 1. (omit) הִשמִיט
2. (get rid of) נִפטַר מ-, חִיסֵל
3. (excrete) הִפרִיש
elimination *n.* 1. הַשמָטָה
2. חִיסוּל
3. הַפרָשָׁה
elite *n.* עִילִית, אֶלִיטָה
elitism *n.* אֶלִיטִיזם
elitist *n.* אֶלִיטִיסט
elixir *n.* סַם הַחַיִים
elk *n.* דִישׁוֹן
ellipse *n.* אֶלִיפְּסָה
ellipsis *n.* הַשמָטַת מִילָה
ellipsoid *n.* גּוּף סְגַלגַל
elliptic, elliptical *adj.* סְגַלגַל
elm *n.* עֵץ הַבּוּקִיצָה
elocution *n.* אוּמָנוּת הַנְאוּם
elongate *vt.* הֶאֱרִיךְ

elongated *adj.*	מוֹאֳרָךְ
elope *vi.*	בָּרַח (עִם אָהוּב)
elopement *n.*	בְּרִיחָה
eloquence *n.*	צַחוּת לָשׁוֹן
eloquent *adj.*	צַח-לָשׁוֹן
else *adj.* 1. (other)	אַחֵר
2. (additional)	עוֹד
else *adv.*	אַחֶרֶת
elsewhere *adv.*	בְּמָקוֹם אַחֵר
elucidate *vt.*	הִבהִיר, הִסבִּיר
elucidation *n.*	הַבהָרָה, הַסבָּרָה
elude *vt.*	הִתחַמֵק מ-
elusive *adj.*	חֲמַקמַק, חַמקָן
elves *p.* elf	
e-mail *n.* (electronic mail)	דוֹאַר אֶלֶקטרוֹנִי
e-mail *vt.*	שָׁלַח בְּדוֹאַר אֶלֶקטרוֹנִי
emaciate *vt.*; *vt.*	רָזָה ; הִרזָה
emaciation *n.*	רָזוֹן, הַרזָיָיה
emanate *vi.*	נָבַע, יָצָא מ-
emancipate *vt.*	שִׁיחרֵר
emancipation *n.*	שִׁיחרוּר, אֶמַנצִיפַּציָה
emasculate *vt.* 1. (castrate)	סֵירַס
2. (weaken)	הֶחלִישׁ
emasculation *n.* 1.	סֵירוּס
2.	הַחלָשָׁה
embalm *vt.*	חָנַט
embalment *n.*	חֲנִיטָה
embank *vt.*	הִקִיף בְּסוֹלְלָה
embankment *n.*	סוֹלְלַת עָפָר, דָיֵיק
embargo *n.*	חֵרֶם, אֶמבַּרגוֹ
embargo *vt.*	הִטִיל חֵרֶם
embark *vi.* 1. (board)	עָלָה לְמָטוֹס/לְאוֹנִיָיה
2. (start)	הִתחִיל
embarkation *n.*	עֲלִיָיה לְמָטוֹס/לְאוֹנִיָיה
embarrass *vt.*	הֵבִיךְ
embarrassed *adj.*	נָבוֹךְ
embarrassing *adj.*	מֵבִיךְ
embarrassment *n.*	מְבוּכָה
embassy *n.*	שַׁגרִירוּת
embattle *vt.*	הֵכִין לַקְרָב
embattled *adj.*	נָתוּן לְהַתקָפָה
embed *vt.*	שִׁיבֵּץ
embedded *adj.*	מְשׁוּבָּץ, מוּסגָר
embellish *vt.*	קִישֵׁט, יִיפָּה
embellishment *n.*	קִישׁוּט, יִיפּוּי
ember *n.*	גַחֶלֶת
embezzle *vt.*	מָעַל בּ-
embezzlement *n.*	מְעִילָה
embezzler *n.*	מוֹעֵל
embitter *vt.*	גָרַם מְרִירוּת
embittered *adj.*	מְמוּרמָר
embitterment *n.*	מְרִירוּת
emblazon *vt.*	קִישֵׁט
emblazonment *n.*	קִישׁוּט
emblem *n.*	סֵמֶל
embodiment *n.*	הִתגַלְמוּת
embody *vt.*	גִילֵם, הִמחִישׁ
embolden *vt.*	עוֹדֵד
embolism *n.*	תַסחִיף
embolus *n.*	סְחִיף
emboss *vt.*	הִבלִיט, קִישֵׁט בְּתַבלִיט
embrace *vt.* 1. (hug)	חִיבֵּק
2. (adopt)	אִימֵץ
embracement *n.*	חִיבּוּק
embrocate *vt.*	מָרַח בְּמִשׁחָה
embroider *vt.*	רָקַם
embroidery *n.*	רִיקמָה
embroil *vt.*	סִיבֵּךְ בִּמרִיבָה
embryo *n.*	עוּבָּר
emcee *n.*	מַנחֶה טֶקֶס
emcee *vt.*	הִנחָה טֶקֶס
emerald *n.*	בָּרֶקֶת
emerald *adj.*	יָרוֹק כֵּהֶה
emerge *vi.*	הוֹפִיעַ, הִתגַלָה, הֵגִיחַ
emergence *n.*	הוֹפָעָה, הִתגַלוּת
emergency *n.*	שְׁעַת חֵירוּם
state of emergency	מַצַב חֵירוּם
emeritus *n.*	בְּדִימוֹס
emigrant *n.*	מְהַגֵר
emigrate *vi.*	הִיגֵר

emigration *n.* הֲגִירָה
eminence *n.* מַעֲמָד רָם
eminent *adj.* רָם-מַעֲלָה, בּוֹלֵט
emir *n.* אֲמִיר
emirate *n.* נְסִיכוּת, אֲמִירוּת
emissary *n.* שָׁלִיחַ
emission *n.* פְּלִיטָה
emit *vt.* פָּלַט
emotion *n.* רֶגֶשׁ, אֶמוֹצְיָה
emotional *adj.* רִגְשִׁי, אֶמוֹצְיוֹנָלִי
empanel *vt.* הִכְנִיס לִרְשִׁימַת הַמּוּשְׁבָּעִים
empathize *vi.* הִזְדַּהָה רִגְשִׁית
empathy *n.* הִזְדַּהוּת רִגְשִׁית
emperor *n.* קֵיסָר
emphasis *n.* דָּגֵשׁ, הַדְגָּשָׁה
emphasize *vt.* הִדְגִּישׁ
emphysema *n.* נַפַּחַת
empire *n.* אִימְפֶּרְיָה
empirical *adj.* נִיסְיוֹנִי
emplacement *n.* עֶמְדָּה, מוּצָב
employ *vt.* 1. (hire) הֶעֱסִיק, הֶעֱבִיד
2. (make use of) הִשְׁתַּמֵּשׁ בּ-, הִפְעִיל
employee *n.* עוֹבֵד
employer *n.* מַעֲסִיק, מַעֲבִיד
employment *n.* תַּעֲסוּקָה, עֲבוֹדָה
emporium *n.* חֲנוּת, מֶרְכַּז קְנִיּוֹת
empower *vt.* הִסְמִיךְ, יִיפָּה כּוֹחוֹ
empowerment *n.* הַסְמָכָה, יִיפּוּי כּוֹחַ
empress *n.* קֵיסָרִית
emptiness *n.* רֵיקָנוּת
empty *adj.* רֵיק
empty-handed בְּיָדַיִים רֵיקוֹת
empty *vt.; vi.* הֵרִיק, רוֹקֵן ; הִתְרוֹקֵן
empyrean *n.* הָרָקִיעַ הָעֶלְיוֹן
EMS (emergency medical service) שֵׁירוּת חֵירוּם רְפוּאִי
emulate *vt.* חִיקָּה
emulation *n.* חִיקּוּי
emulsion *n.* תַּחֲלִיב, אֶמוּלְסְיָה
en masse *adv.* כְּגוּף אֶחָד, בְּיַחַד

en route *adv.* בַּדֶּרֶךְ
enable *vt.* אִיפְשֵׁר
enact *vt.* 1. (make into law) חוֹקֵק
2. (act out) גִּילֵּם, הִצִּיג
enactment *n.* 1. חֲקִיקָה
2. גִּילּוּם
enamel *n.* אֲמַייל
enamel *vt.* צִיפָּה בְּאֲמַייל
enamor *vt.* שָׁבָה לֵב, הִקְסִים
encamp *vi.* חָנָה, הִתְמַקֵּם
encampment *n.* מַחֲנֶה ז׳ (מַחֲנוֹת)
encase *vt.* סָגַר בְּקוּפְסָה
encephalitis *n.* דַּלֶּקֶת מוֹחַ
enchant *vt.* 1. (charm) הִקְסִים
2. (bewitch) כִּישֵּׁף
enchanting *adj.* מַקְסִים
enchantment *n.* קֶסֶם, כִּישּׁוּף
enchilada *n.* אֶנְצִ׳ילָדָה
encipher *vt.* כָּתַב בְּצוֹפֶן
encipherment *n.* כְּתִיבָה בְּצוֹפֶן
encircle *vt.* הִקִּיף, כִּיתֵּר
encirclement *n.* הַקָּפָה, כִּיתּוּר
enclave *n.* מוּבְלַעַת
enclose *vt.* 1. (include) צֵירֵף
2. (close in) גִּידֵּר מִסָּבִיב, הִקִּיף
enclosure *n.* גִּידּוּר, הַקָּפָה
encode *vt.* הִצְפִּין בְּקוֹד
encoded *adj.* מוּצְפָּן
encompass *vt.* הִקִּיף, כָּלַל
encore *n.* הַדְרָן
encounter *n.* 1. (meeting) פְּגִישָׁה מִקְרִית
2. (clash) הִיתָּקְלוּת
encounter *vt.* 1. פָּגַשׁ
2. נִתְקַל בּ-
encourage *vt.* עוֹדֵד
encouragement *n.* עִידּוּד
encroach *vi.* הִסִּיג גְּבוּל, פָּלַשׁ
encroachment *n.* הַסָּגַת גְּבוּל, פְּלִישָׁה
encrust *vt.* כִּיסָּה בְּקְרוּם
encrypt *vt.* קוֹדֵד

encryption *n.* קִידוּד
encumber *vt.* הֶעֱמִיס עַל, הִכְבִּיד
encyclopedia *n.* אֶנְצִיקְלוֹפֶּדְיָה
end *n.* 1. (finish) סוֹף, סִיּוּם
2. (edge, extremity) קָצֶה
3. (aim) תַּכְלִית, מַטָּרָה
4. (outcome) תּוֹצָאָה
an end by itself מַטָּרָה בִּפְנֵי עַצְמָהּ
dead end מָבוֹי סָתוּם, (דֶּרֶךְ) לְלֹא מוֹצָא
in the end בְּסוֹפוֹ שֶׁל דָּבָר
make ends meet הִסְתַּדֵּר עִם הַמְּעַט שֶׁיֵּשׁ
end *vt.*; *vi.* גָּמַר, סִיֵּם; נִגְמַר, הִסְתַּיֵּם
end up with גָּמַר בְּ-, הָיָה לוֹ בַּסּוֹף
endanger *vt.* סִיכֵּן
endangered *adj.* בְּסַכָּנַת הַכְחָדָה
endangerment *n.* סִיכּוּן
endear *vt.* חִיבֵּב עַל
endearment *n.* חִיבָּה; הַבָּעַת חִיבָּה
endeavor *n.* מַאֲמָץ
endeavor *vi.* הִשְׁתַּדֵּל
endemic *adj.* מְיוּחָד לְ-
ending *n.* 1. (conclusion) סוֹף, סִיּוּם
2. (suffix) סִיּוֹמֶת
endless *adj.* אֵינְסוֹפִי
endlessly *adv.* בְּלִי סוֹף
endocrine *adj.* שֶׁל הַפְרָשָׁה פְּנִימִית
endodontics *n.* טִיפּוּל שׁוֹרֶשׁ
endodontist *n.* מוּמְחֶה לְטִיפּוּל שׁוֹרֶשׁ
endogenous *adj.* מִמָּקוֹר פְּנִימִי
endorse *vt.* 1. (support) תָּמַךְ בְּ-
2. (sign) חָתַם עַל, הֵסֵב
endorsement *n.* 1. תְּמִיכָה
2. חֲתִימָה, הֲסָבָה
endoscope *n.* אֶנְדּוֹסְקוֹפּ
endow *vt.* הֶעֱנִיק, הִקְדִּישׁ
endowment *n.* תְּרוּמָה, הַקְדָּשָׁה
endue *vt.* הֶעֱנִיק, סִיפֵּק
endurance *n.* כּוֹחַ סֵבֶל
endure *vt.* 1. (bear) נָשָׂא, סָבַל
2. *vi.* (hold out) הֶחֱזִיק מַעֲמָד
enema *n.* חוֹקֶן
enemy *n.* אוֹיֵב
energetic *adj.* בַּעַל-מֶרֶץ
energize *vt.* הִמְרִיץ
energizer *n.* מַמְרִיץ
energy *n.* 1. (vigor) מֶרֶץ
2. (source of power) אֶנֶרְגְיָה
nuclear energy אֶנֶרְגְיָה גַּרְעִינִית
solar energy אֶנֶרְגְיַת הַשֶּׁמֶשׁ
enervate *vt.* הֶחֱלִישׁ, הִתִּישׁ
enfeeble *vt.* הֶחֱלִישׁ
enfold *vt.* עָטַף
enforce *vt.* 1. (strengthen) חִיזֵּק
2. (compel obedience) אָכַף
enforcement *n.* 1. חִיזּוּק
2. אֲכִיפָה
enfranchise *vt.* הֶעֱנִיק זְכוּת
engage *vt.* 1. (employ) הֶעֱסִיק
2. (draw into) מָשַׁךְ
3. *vt.*; *vi.* (interlock) שִׁילֵּב; הִשְׁתַּלֵּב
4. *vi.* (pledge) הִתְחַיֵּב
engaged *adj.* 1. (busy) עָסוּק, נָתוּן בְּ-
2. (betrothed) מְאוֹרָס
engagement *n.* 1. (meeting) פְּגִישָׁה
2. (betrothal) אֵירוּסִין
3. (battle) קְרָב ז׳ (קְרָבוֹת)
engaging *adj.* מוֹשֵׁךְ, מַקְסִים
engender *vt.* הֵבִיא לְ-, הוֹלִיד
engine *n.* 1. (motor) מָנוֹעַ
2. (locomotive) קַטָּר
fire engine כַּבָּאִית, מְכוֹנִית כִּיבּוּי
engineer *n.* 1. (trained in engineering) מְהַנְדֵּס
2. (train driver) נֶהַג קַטָּר
engineer *vt.* תִּיכְנֵן
engineering *n.* הַנְדָּסָה
England *n.* אַנְגְלִיָּה
English *adj.* אַנְגְלִי; (שָׂפָה) אַנְגְלִית
engorge *vt.* זָלַל
engorgement *n.* זְלִילָה

engrave vt.	חָרַט, גִּילֵף	enrich vt.	הֶעֱשִׁיר
engraving n.	תַּחֲרִיט, גְּלוֹפָה	enriched adj.	מוֹעֲשָׁר
engross vt. 1. (occupy)	הֶעֱסִיק	enrichment n.	הַעֲשָׁרָה
2. (write clearly)	כָּתַב בְּבֵירוּר	enroll vt.; vi.	רָשַׁם ; נִרְשַׁם
engulf vt.	הֵצִיף, הִקִּיף	enrollment n.	הַרְשָׁמָה
enhance vt. 1. (augment)	הִגְדִּיל, הִגְבִּיר	ensemble n. 1. (group)	לַהֲקָה
2. (improve)	שִׁיפֵּר	2. (set)	מַעֲרֶכֶת, מִכְלוֹל
enhancement n. 1.	הַגְדָּלָה, הַגְבָּרָה	enshrine vt.	קִידֵּשׁ ; שָׁמַר בְּמָקוֹם קָדוֹשׁ
2.	שִׁיפּוּר	enshrinement n.	קִידּוּשׁ
enigma n.	חִידָה, תַּעֲלוּמָה	enshroud vt.	עָטַף, אָפַף
enigmatic adj.	אֲפוּף-סוֹד, מִסְתּוֹרִי	ensign n.	דֶּגֶל
enjoin vt. 1. (command)	צִיוָּה, חִיֵּיב	ensile vt.	אִיחְסֵן בְּסִילוֹ
2. (forbid)	אָסַר עַל	enslave vt.	שִׁעְבֵּד
enjoy vt.	נֶהֱנָה מִ-	enslavement n.	שִׁעְבּוּד
enjoyable adj.	מְהַנֶּה	ensnare vt.	לָכַד
enjoyment n.	הֲנָאָה	ensnarement n.	לְכִידָה
enlarge vt.	הִגְדִּיל, הִרְחִיב	ensue vi.	בָּא אַחֲרֵי
enlargement n.	הַגְדָּלָה, הַרְחָבָה	ensure vt.	וִידֵּא, הִבְטִיחַ
enlighten vt.	הֵאִיר עֵינַיִם, הִבְהִיר לְ-	entail vt. 1. (require)	דָּרַשׁ, הִצְרִיךְ
enlightened adj.	נָאוֹר	2. (limit inheritance)	הִגְבִּיל יְרוּשָׁה
enlightenment n.	הֶאָרָה ; נְאוֹרוּת	entangle vt.	סִיבֵּךְ
the Enlightenment	תְּנוּעַת הַהַשְׂכָּלָה	entanglement n.	תִּסְבּוֹכֶת, הִסְתַּבְּכוּת
enlist vt.; vi.	גִּייֵּס ; הִתְגַּייֵּס	entente n.	הֶסְכֵּם בֵּינְלְאוּמִי
enlistment n.	גִּיּוּס ; הִתְגַּייְּסוּת	enter vi.; vt. 1. (go/bring in)	נִכְנַס אֶל ; הִכְנִיס
enliven vt.	הֶחֱיָה, הִכְנִיס חַיִּים בְּ-	2. (write in)	רָשַׁם
enlivenment n.	הַחְיָאָה	enter into	הִצְטָרֵף לְ-, הִשְׁתַּתֵּף בְּ-
enmesh vt.	לָכַד	enter on	הֵחֵל בְּ-
enmeshment n.	לְכִידָה	enteric adj.	שֶׁל הַמְּעַיִים
enmity n.	אֵיבָה	enteritis n.	דַּלֶּקֶת מֵעַיִים
enormity n. 1. (heinousness)	זְוָּעָה, תִּיעוּב	enterprise n. 1. (project)	מִפְעָל
2. (magnitude)	גּוֹדֶל	2. (initiative)	יוֹזְמָה
enormous adj.	עָצוּם	3. (business firm)	עֵסֶק, חֶבְרָה
enough adj.; pron.	מַסְפִּיק	free enterprise	יוֹזְמָה חוֹפְשִׁית
enough adv.	דַּי, לְמַדַּי	private enterprise	יוֹזְמָה פְּרָטִית
enquire vi.	חָקַר, שָׁאַל	entertain vt. 1. (amuse)	בִּידֵּר, שִׁיעֲשַׁע
enquiry n.	חֲקִירָה	2. (receive guests)	אֵירַח
enrage vt.	הִכְעִיס, עוֹרֵר זַעַם	3. (consider)	שָׁקַל
enraged adj.	כּוֹעֵס, נִזְעָם	entertainer n.	בַּדְרָן
enragement n.	כַּעַס, זַעַם	entertainment n.	בִּידּוּר
enrapture vt.	עִינֵּג, גָּרַם הֲנָאָה לְ-	enthrall vt.	רִיתֵּק

enthrone *vt.* הִמְלִיךְ
enthronement *n.* הַמְלָכָה
enthuse *vt.; vi.* הִלְהִיב ; הִתְלַהֵב
enthusiasm *n.* הִתְלַהֲבוּת
enthusiastic *adj.* נִלְהָב
entice *vt.* פִּיתָּה
enticement *n.* פִּיתּוּי
entire *adj.* 1. (complete) שָׁלֵם
2. (whole) כּוּלוֹ
entirely *adv.* לְגַמְרֵי, לַחֲלוּטִין
entirety *n.* כְּלָל
in its entirety בִּכְלָלוּתוֹ, בִּשְׁלֵמוּתוֹ
entitle *vt.* 1. (give a right) זִיכָּה ל-, נָתַן זְכוּת
2. (name) נָתַן שֵׁם, כִּינָּה
entitled *adj.* 1. זַכַּאי ל-
2. מְכוּנֶה, בְּשֵׁם
entitlement *n.* זְכוּת, זַכָּאוּת
entity *n.* יֵשׁוּת, קִיּוּם
entomb *vt.* קָבַר
entombment *n.* קְבוּרָה
entomologist *n.* מוּמְחֶה לַחֲרָקִים
entomology *n.* חֵקֶר חֲרָקִים
entourage *n.* פָּמַלְיָה
entrails *pn.* קְרָבַיִים
entrain *vi.; vt.* עָלָה/הֶעֱלָה לְרַכֶּבֶת
entrance *n.* כְּנִיסָה
entrant *n.* מִשְׁתַּתֵּף בְּתַחֲרוּת
entrap *vt.* הִפִּיל בַּפַּח, לָכַד
entrapment *n.* מִילְכּוּד, מַלְכּוֹדֶת
entreat *vi.* בִּיקֵּשׁ, הִפְצִיר
entreaty *n.* בַּקָּשָׁה, פֶּטִיצְיָה
entrée *n.* 1. (meal) מָנָה עִיקָּרִית
2. (admittance) זְכוּת כְּנִיסָה
entrench *vi.* 1. (dig in) הִתְחַפֵּר
2. *vt.* (fortify) בִּיצֵּר
entrenchment *n.* הִתְחַפְּרוּת
entrepreneur *n.* יַזָּם
entrepreneurship *n.* יוֹזְמָה עִסְקִית
entrust *vt.* הִפְקִיד בִּידֵי
entry *n.* 1. (going in, entrance) כְּנִיסָה
2. (registered item) רִישּׁוּם
3. (headword) עֵרֶךְ, מִילַּת מַפְתֵּחַ
entwine *vt.* שָׁזַר, שִׁילֵּב
enumerate *vt.* סָפַר, מָנָה
enumeration *n.* סְפִירָה
enunciate *vt.* 1. (pronounce) בִּיטֵּא, הִבִּיעַ
2. (proclaim) הִכְרִיז
enunciation *n.* 1. בִּיטּוּי
2. הַכְרָזָה
enure *vt.* הִרְגִּיל
envelope *n.* מַעֲטָפָה
envenom *vt.* הִרְעִיל
enviable *adj.* מְעוֹרֵר קִנְאָה
envious *adj.* מְקַנֵּא, מָלֵא קִנְאָה
environment *n.* סְבִיבָה
environmentalist *n.* עוֹסֵק בְּאֵיכוּת הַסְּבִיבָה
envisage *vt.* חָזָה, רָאָה
envision *vt.* דִּימָּה לְעַצְמוֹ
envoy *n.* 1. (representative) נָצִיג, צִיר
2. (messenger) שָׁלִיחַ
envy *n.* קִנְאָה
envy *vt.* קִינֵּא בּ-
enzyme *n.* תַּסָּס, אֶנְזִים
eon *n.* תְּקוּפָה אֲרוּכָּה
ephemeral *adj.* בֶּן-חֲלוֹף
epic *n.* שִׁיר עֲלִילָה
epic *adj.* אֶפִּי, שֶׁל עֲלִילַת גְּבוּרָה
epicene *adj.* שֶׁל זָכָר וּנְקֵבָה
epicenter *n.* מוֹקֵד רְעִידַת אֲדָמָה
epicure *n.* אֲנִין-טַעַם
epicurean *adj.* רוֹדֵף תַּעֲנוּגוֹת
epidemic *n.* מַגֵּיפָה
epidemical *adj.* מַגֵּיפָתִי
epidermis *n.* שִׁכְבַת הָעוֹר הָעֶלְיוֹנָה
epidural *n.* זְרִיקָה בְּעַמּוּד הַשִּׁידְרָה
epiglottis *n.* מִכְסֵה הַקָּנֶה, הַלָּשׁוֹן הַקְּטַנָּה
epigram *n.* מִכְתָּם
epigraph *n.* כְּתוֹבֶת חֲקוּקָה
epigraphy *n.* פִּיעֲנוּחַ/חֵקֶר כְּתוֹבוֹת

epilepsy *n.* מַחֲלַת הַנְּפִילָה
epilogue *n.* אַחֲרִית דָּבָר, אֶפִּילוֹג
epiphany *n.* גִּילּוּי, הִתְגַּלּוּת
episode *n.* 1. (event) אֵירוּעַ, אֶפִּיזוֹדָה
2. (part of a TV series) פֶּרֶק
epistle *n.* אִיגֶּרֶת
epitaph *n.* כְּתוֹבֶת עַל מַצֵּבָה
epithet *n.* תּוֹאַר
epitome *n.* הִתְגַּלְּמוּת, תַּמְצִית
epitomize *vt.* גִּילֵּם, מִיצָּה
epoch *n.* תְּקוּפָה, עִידָּן
epoxy *n.* דֶּבֶק אֶפּוֹקְסִי
epsy *vt.* הִבְחִין בּ-
equable *adj.* אָחִיד, יַצִּיב
equal *adj.* שָׁוֶה, שְׁוֵה-עֵרֶךְ
equal *vt.* הִשְׁתַּוָּה, הָיָה שָׁוֶה ל-
equality *n.* שִׁוְויוֹן
equalization *n.* הַשְׁוָאָה
equalize *vt.*; *vi.* 1. (make/be equal) הִשְׁוָה; הִשְׁתַּוָּה ל-
2. (balance) אִיזֵּן
equalizer *n.* מְאַזֵּן
equally *adv.* בְּמִידָּה שָׁוָה
equanimity *n.* קוֹר רוּחַ
equate *vt.* הִשְׁוָה
equation *n.* מִשְׁוָאָה
equator *n.* קַו הַמַּשְׁוֶה
equestrian *n.* פָּרָשׁ, רוֹכֵב
equiangular *n.* שְׁוֵה-זָוִוית
equilateral *n.* שְׁוֵה-צְלָעוֹת
equilibrium *n.* שִׁיוּוּי מִשְׁקָל
equine *adj.* שֶׁל סוּס
equip *vt.* צִייֵּד
equipment *n.* צִיּוּד
equitable *adj.* הוֹגֵן, צוֹדֵק
equitation *n.* רְכִיבָה עַל סוּס
equity *n.* 1. (fairness) הֲגִינוּת, צֶדֶק
2. (funds) הוֹן
equivalent *adj.* שְׁוֵה-עֵרֶךְ
equivocal *adj.* 1. (ambiguous) דּוּ-מַשְׁמָעִי
2. (dubious) מְפוּקְפָּק
equivocate *vi.* דִּיבֵּר בִּמְעוּרְפָּל
ER (emergency room) חֲדַר מִיּוּן
era *n.* עִידָּן, תְּקוּפָה
Christian/Common Era הַסְּפִירָה, סְפִירַת הַנּוֹצְרִים
eradicate *vt.* עָקַר, חִיסֵּל
eradication *n.* עֲקִירָה, חִיסּוּל
erasable *adj.* מָחִיק
erase *vt.* 1. (rub out) מָחַק
2. (eliminate) מָחָה, הִשְׁמִיד
eraser *n.* מַחַק, מוֹחֵק
erasure *n.* מְחִיקָה
erect *adj.* זָקוּף
erect *vt.* 1. (construct) הֵקִים, בָּנָה
2. (raise up) זָקַף
erection *n.* 1. (construction) הֲקָמָה, בְּנִייָה
2. (sexual function) זִיקְפָּה
have an erection עָמַד לוֹ
erelong *adv.* בְּקָרוֹב
eremite *n.* נָזִיר
ergonomics *n.* אֶרְגּוֹנוֹמִיקָה, הַתְאָמַת כֵּלִים לָעוֹבֵד
erode *vt.*; *vi.* 1. (sweep away) סָחַף; נִסְחַף
2. (eat into) שָׁחַק, כִּירְסֵם; נִשְׁחַק
erogenous *adj.* רָגִישׁ לְגֵירוּי מִינִי
erosion *n.* 1. סַחַף
2. שְׁחִיקָה, כִּירְסוּם
erotic *adj.* מְגָרֶה, אֶרוֹטִי
erotica *n.* סִפְרוּת מִין
err *vi.* שָׁגָה, טָעָה
errand *n.* יְצִיאָה לְסִידּוּרִים
errant *adj.* 1. (stray) תּוֹעֶה
2. (wandering) מְשׁוֹטֵט
errata *pn.* טָעֻיּוֹת דְּפוּס
erratic *adj.* לֹא יַצִּיב, לֹא סָדִיר
erroneous *adj.* מוּטְעֶה
erroneously *adv.* בְּטָעוּת
error *n.* טָעוּת, שְׁגִיאָה
clerical error טָעוּת כְּתִיבָה

typographical error טָעוּת דְפוּס
ersatz *n.* חִיקוּי, תַחֲלִיף
erstwhile *adv.* לְפָנִים, בֶּעָבָר
eruct *vi.* גִיהֵק
erudite *adj.* מְלוּמָד
erudition *n.* לַמדָנוּת
erupt *vi.* פָּרַץ, הִתפָּרֵץ
eruptive *adj.* מִתפָּרֵץ
eruption *n.* הִתפָּרְצוּת
escalate *vt.*; *vi.* הִסלִים ; הִתגַבֵּר
escalation *n.* הַסלָמָה
escalator *n.* דְרַגנוֹעַ, מַדרֵגוֹת נָעוֹת
escapade *n.* הַרפַּתקָה
escape *n.* 1. (flight) בְּרִיחָה
2. (refuge from worry) מִפלָט
fire escape מַדרֵגוֹת/יְצִיאַת חֵירוּם
escape *vi.* בָּרַח, נִמלַט
escapee *n.* אָסִיר נִמלָט
escapism *n.* בְּרִיחָה מֵהַמְצִיאוּת
eschew *vt.* נִמנַע מ-
escort *n.* מְלַוֶוה, לִיווּי
escort *vt.* לִיוָוה
escritoire *n.* מַכתֵבָה
escrow *n.* פִּיקָדוֹן (בִּידֵי צַד שְלִישִי)
Eskimo *n.* אֶסקִימוֹ
esophagus *n.* וֶשֶט
esoteric *adj.* סָתוּם, מוּבָן לִמעַטִים
ESP (extrasensory perception) תְפִיסָה עַל-חוּשִית
especial *adj.* מְיוּחָד
especially *adv.* בִּמיוּחָד, בְּיִיחוּד
Esperanto *n.* שְׂפַת אֶספֶּרַנטוֹ
espionage *n.* רִיגוּל
esplanade *n.* טַייֶלֶת
espousal *n.* 1. (support) דְגִילָה
2. (marriage) נִישׂוּאִין
espouse *vt.* 1. דָגַל בּ-
2. הִתחַתֵן עִם
espresso *n.* קָפֶה אֶספּרֶסוֹ
esprit *n.* חַיוּת

espy *vt.* הִבחִין בּ-
esquire *n.* תוֹאַר כָּבוֹד
Esq., Esquire *n.* הַנִכבָּד
essay *n.* 1. (composition) מַסָה, מַאֲמָר
2. (attempt) נִיסָיוֹן
essayist *n.* מַסַאי, מְחַבֵּר מַסוֹת
essence *n.* 1. (fundamental nature) עִיקָר
2. (extract) תַמצִית
3. (scent) נִיחוֹחַ
in essence בְּעִיקָרוֹ שֶל דָבָר
essential *adj.* 1. (basic) עִיקָרִי, יְסוֹדִי
2. (indispensable) חִיוּנִי
establish *vt.* 1. (found) הֵקִים, כּוֹנֵן, יִיסֵד
2. (make firm) בִּיסֵס
established *adj.* מְבוּסָס, מְמוּסָד
establishment *n.* 1. (foundation) הֲקָמָה, כִּינוּן
2. (institution) מוֹסָד
3. (business) בֵּית-עֵסֶק
4. (power structure) מִמסָד
estate *n.* 1. (landed property) אֲחוּזָה
2. (possessions) רְכוּש
3. (of a deceased) עִיזָבוֹן ז׳ (עִזבוֹנוֹת)
4. (social class) מַעֲמָד ז׳ (מַעֲמָדוֹת)
real estate נִכסֵי דְלָא נָיידֵי, נַדלָ״ן
esteem *n.* הַעֲרָכָה, הוֹקָרָה
esteem *vt.* הֶעֱרִיךְ, הוֹקִיר
Esther *n.* אֶסתֵר
estimate *n.* אוּמדָן, הַעֲרָכָה
estimate *vt.* אָמַד, הֶעֱרִיךְ
estrange *vt.* נִיכֵּר, הִרחִיק
estranged *adj.* (נָשׂוּי) שֶחַי בְּנִפרָד
estrangement *n.* נִיכּוּר
estrogen *n.* אֶסטרוֹגֶן
etc., et cetera וְכוּ׳, וְכוּלֵי, וְכַדוֹמֶה
etch *vt.* חָרַת
etching *n.* חֲרִיתָה
eternal *adj.* נִצחִי
eternally *adv.* לְעוֹלָם, לָעַד
eternity *n.* נֶצַח, נִצחִיוּת

ethanol *n.* כּוֹהֶל
ether *n.* אֶתֶר
ethic *n.* מוּסָר
ethical *adj.* מוּסָרִי
ethics *pn.* תּוֹרַת הַמִּידּוֹת, אֶתִיקָה
Ethiopia *n.* אֶתיוֹפְּיָה, חַבַּשׁ
ethnic *adj.* עֲדָתִי, אֶתנִי
ethnicity *n.* עֲדָתִיוּת, אֶתנִיוּת
ethnography *n.* אֶתנוֹגרַפְיָה, תֵּיאוּר תַּרבּוּיוֹת
ethnology *n.* אֶתנוֹלוֹגיָה, חֵקֶר גְּזָעִים
ethology *n.* חֵקֶר הִתנַהֲגוּת בַּעֲלֵי-חַיִּים
ethos *n.* תְּכוּנוֹת
etiology *n.* חֵקֶר סִיבּוֹת
etiquette *n.* כְּלָלֵי הִתנַהֲגוּת
etude *n.* אֶטיוּד
etymology *n.* גִּיזָּרוֹן, אֶטִימוֹלוֹגיָה
eucalyptus *n.* עֵץ הָאֶקָלִיפּטוּס
eulogize *vt.* הִספִּיד
eulogy *n.* הֶספֵּד
eunuch *n.* סָרִיס
euphemism *n.* לָשׁוֹן נְקִיָּיה
euphoria *n.* הִתרוֹמְמוּת רוּחַ, אוּפוֹרְיָה
eureka! מָצָאתִי!
Europe *n.* אֵירוֹפָּה
euthanasia *n.* הֲמָתַת חֶסֶד
evacuate *vt.* פִּינָּה
evacuation *n.* פִּינּוּי
evacuee *n.* מְפוּנֶּה
evade *vt.* הִתחַמֵּק מ-
evaluate *n.* הֶעֱרִיךְ
evaluation *n.* הַעֲרָכָה
evaluator *n.* מַעֲרִיךְ
evanesce *vi.* הִתנַדֵּף
evangelical *adj.* שֶׁל הַנַּצרוּת
evangelism *n.* הַטָּפָה לַנַּצרוּת
evangelize *vi.* הִטִּיף לַנַּצרוּת
evaporate *vt.*; *vi.* אִידָּה; הִתאַדָּה, הִתנַדֵּף
evaporation *n.* אִידּוּי; הִתאַדּוּת, הִתנַדְּפוּת
evaporator *n.* מְאַיֵּיד

evasion *n.* הִתחַמְּקוּת
evasive *adj.* חַמקָן, חֲמַקמַק
evasiveness *n.* חַמקָנוּת
eve *n.* עֶרֶב, הָעֶרֶב שֶׁלִּפנֵי
Eve *n.* חַוָּוה
even *adj.* 1. (level) מְאוּזָּן, יָשָׁר
2. (smooth) חָלָק
3. (parallel) מַקבִּיל
4. (equal) שָׁוֶוה
5. (uniform) אָחִיד, סָדִיר
break even גָּמַר לְלֹא רֶוַוח אוֹ הֶפסֵד
get even הִתנַקֵּם, סָגַר חֶשׁבּוֹן
even *adv.* אֲפִילּוּ
even as בְּאוֹתוֹ זְמַן שֶׁ-
even though אַף עַל פִּי שֶׁ-, אִם כִּי
evenhanded *adj.* חֲסַר מַשּׂוֹא פָּנִים
evening *n.* עֶרֶב
event *n.* אֵירוּעַ, מְאוֹרָע, מִקרֶה
eventful *adj.* מָלֵא אֵירוּעִים
eventless *adj.* חֲסַר-אֵירוּעִים
eventual *adj.* שֶׁבָּא בַּסּוֹף, סוֹפִי
eventuality *n.* אֶפשָׁרוּת, מִקרֶה
eventually *adv.* בְּסוֹפוֹ שֶׁל דָּבָר
ever *adv.* 1. (at any time) אֵי-פַּעַם
2. (always) בְּכׇל עֵת, תָּמִיד
ever and again מִדֵּי פַּעַם
ever since מֵאָז
everglade *n.* אַדמַת בִּיצָה
evergreen *n.* צֶמַח לֹא נָשִׁיר
everlasting *adj.* בַּר-קְיָמָא, נִצחִי
evermore *adv.* לָנֶצַח, לְעוֹלָם וָעֶד
every *adj.* כּוֹל
every now and then מִדֵּי פַּעַם, לִפעָמִים
every other כּוֹל שֵׁנִי
every so often מֵעֵת לְעֵת
everybody, everyone *pron.* כּוֹל אֶחָד
everyday *adj.* יוֹמְיוֹמִי, שִׁגרָתִי
everyplace *adv.* בְּכוֹל מָקוֹם
everything *n.* הַכּוֹל
everywhere *adv.* בְּכוֹל מָקוֹם

evict *vt.* 1. (expel)	גֵּירֵשׁ
2. (throw out a tenant)	פִּינָּה
eviction *n.* 1.	גֵּירוּשׁ
2.	פִּינּוּי
evidence *n.* 1. (proof)	רְאָיָה, הוֹכָחָה
2. (*law*)	עֵדוּת
circumstantial evidence	רְאָיָה נְסִיבָּתִית
evidence *vt.*	הֶרְאָה, הִצְבִּיעַ עַל
evident *adj.*	בָּרוּר
evidently *adv.*	בָּרוּר שֶׁ-, בְּלִי סָפֵק
evil *n.*	רֶשַׁע, רִשְׁעוּת
evil *adj.*	מְרוּשָּׁע, רָע
evildoer *n.*	עוֹשֶׂה רָע
evince *vt.*	הֶרְאָה, הִפְגִּין
eviscerate *vt.*	הוֹצִיא קְרָבַיִים
evisceration *n.*	הוֹצָאַת קְרָבַיִים
evoke *vt.*	עוֹרֵר
evolution *n.*	הִתְפַּתְּחוּת, אֶבוֹלוּצְיָה
evolutionary *adj.*	הִתְפַּתְּחוּתִי, אֶבוֹלוּצְיוֹנִי
evolve *vt.*; *vi.*	פִּיתַּח; הִתְפַּתֵּחַ
evolvement *n.*	הִתְפַּתְּחוּת
evulsion *n.*	עֲקִירָה
ewer *n.*	קַנְקַן
ex-	לְשֶׁעָבַר
ex *n.*	בַּעַל/אִישָּׁה לְשֶׁעָבַר
ex officio	בְּתוֹקֶף הַתַּפְקִיד
ex post facto	בְּדִיעֲבַד
exacerbate *vt.*	הֶחְמִיר, הֶחְרִיף
exacerbation *n.*	הַחְמָרָה, הַחְרָפָה
exact *adj.*	מְדוּיָּיק
exact *vt.*	גָּבָה, תָּבַע
exactitude, exactness *n.*	דִּיוּק, דַּיְיקָנוּת
exactly *adv.*	בְּדִיוּק
exaggerate *vt.*	הִגְזִים, הִפְרִיז
exaggeration *n.*	הַגְזָמָה, הַפְרָזָה
exalt *vt.*	הִילֵּל, רוֹמֵם
exaltation *n.*	הַלֵּל, שֶׁבַח
exam *n.*	מִבְחָן, מִבְדָּק
examination *n.* 1. (test)	בְּחִינָה
2. (inspection; checkup)	בְּדִיקָה
qualifying examination	בְּחִינַת כְּשִׁירוּת
examine *vt.* 1.	בָּחַן
2.	בָּדַק
examiner *n.*	בּוֹחֵן
example *n.*	דּוּגְמָא
exasperate *vt.*	הִכְעִיס, הִרְגִּיז
exasperation *n.*	כַּעַס, רוֹגֶז
excavate *vt.*	חָפַר
excavation *n.*	חֲפִירָה
exceed *vt.*	עָלָה עַל, עָבַר עַל
exceeding *adj.*	בִּלְתִּי-רָגִיל
exceedingly *adv.*	בְּמִידָּה רַבָּה
excel *vi.*	הִצְטַיֵּין
excellence *n.*	מְצוּיָּינוּת, הִצְטַיְּינוּת
Excellency *n.*	הוֹד מַעֲלָה
excelsior *n.*	נְסוֹרֶת עֵץ
except *prep.*	חוּץ מ-, מִלְּבַד
except that	אֶלָּא שֶׁ-
except *vt.*	הוֹצִיא מִן הַכְּלָל
exception *n.*	דָּבָר יוֹצֵא דוֹפֶן, חֲרִיגָה
take exception	הִתְנַגֵּד ל-
exceptional *adj.*	יוֹצֵא מִן הַכְּלָל
excerpt *n.*	מוּבָאָה, קֶטַע
excerpt *vt.*	בָּחַר קֶטַע
excess *n.* 1. (surplus)	עוֹדֶף
2. (overindulgence)	הַפְרָזָה
in excess of	מֵעַל ל-, יוֹתֵר מ-
excess *adj.*	-יֶתֶר, עוֹדֵף
excessive *adj.*	מוּפְרָז
excessively *adv.*	יֶתֶר עַל הַמִּידָּה
exchange *n.* 1. (swap)	הַחְלָפָה, חִילּוּפִין
2. (conversion)	הֲמָרָה
stock exchange	בּוּרְסָה, שׁוּק מְנָיוֹת
telephone exchange	מֶרְכָּזִיָּיה
exchange *vt.* 1.	הֶחֱלִיף
2.	הֵמִיר
exchequer *n.*	אוֹצַר מְדִינָה
excise *n.*	בְּלוֹ
excise *vt.*	כָּרַת
excision *n.*	כְּרִיתָה

excitable *adj.*	מִתרַגֵש בְּקַלוּת
excite *vt.* 1. (arouse feeling)	רִיגֵש, הִלהִיב
2. (stimulate)	עוֹרֵר
excited *adj.*	נִרגָש, נִלהָב, מְרוּגָש
excitement *n.*	הִתרַגְשוּת, הִתלַהֲבוּת
exciting *adj.*	מְרַגֵש, מַלהִיב
exclaim *vi.*	קָרָא, צָעַק
exclamation *n.*	קְרִיאָה
exclude *vt.* 1. (leave out)	לֹא כָּלַל
2. (bar)	מָנַע
3. (expel)	הוֹצִיא, סִילֵק
excluding *prep.*	לֹא כּוֹלֵל, לְמַעֵט
exclusion *n.* 1.	אִי-הַכלָלָה
2.	מְנִיעָה
3.	הַרחָקָה, סִילוּק
exclusive *adj.* 1. (not shared)	בִּלעָדִי
2. (single)	יְחִידִי
3. (selective in admission)	אֶקסקלוּסִיבִי
exclusivity *n.*	בִּלעָדִי
excommunicate *vt.*	נִידָה, הִטִיל חֵרֶם
excommunication *n.*	נִידוּי, חֵרֶם
excoriate *vt.*	גִינָה
excoriation *n.*	גִינוּי
excrement *n.*	צוֹאָה
excremental *adj.*	צוֹאָתִי
excrescence *n.*	גִידוּל
excreta *pn.*	הַפרָשוֹת
excrete *vt.*	הִפרִיש
excretion *n.*	הַפרָשָה
excruciating *adj.*	עַז, חָרִיף
exculpate *vt.*	זִיכָּה מֵאַשמָה
exculpation *n.*	זִיכּוּי מֵאַשמָה
excursion *n.*	טִיוּל
excuse *n.*	תֵירוּץ, הַצדָקָה
excuse *vt.* 1. (forgive)	סָלַח ל-
2. (exempt)	פָּטַר מ-
execrable *adj.*	נִתעָב
execrate *vt.*	תִיעֵב, שָׂנֵא
execute *vt.* 1. (carry out)	בִּיצַע, הוֹצִיא לַפּוֹעַל
2. (put to death)	הוֹצִיא לַהוֹרֵג
execution *n.* 1.	בִּיצוּעַ, הוֹצָאָה לַפּוֹעַל
2.	הוֹצָאָה לַהוֹרֵג
executioner *n.*	תַלייָן
executive *n.*	מְנַהֵל
executive *adj.*	מִנהָלִי, מְבַצֵעַ
executor *n.*	מוֹצִיא לַפּוֹעַל, מְבַצֵעַ צַוָואָה
executrix *n.*	מְבַצַעַת צַוָואָה
exegesis *n.*	פַּרשָנוּת
exemplar *n.* (copy)	עוֹתֶק
exemplary *adj.*	מוֹפתִי
exemplification *n.*	הַדגָמָה, דוּגמָא
exemplify *vt.*	הִדגִים, שִימֵש דוּגמָא
exempt *vt.*	פָּטַר
exempt *adj.*	פָּטוּר
exercise *n.* 1. (drill)	תַרגִיל, תִירגוּל
2. (putting into use)	הַפעָלָה, שִימוּש
3. (workout)	הִתעַמְלוּת
exercises *pn.* (ceremony)	טֶקֶס
exercise *vt.* 1.	תִירגֵל
2.	הִפעִיל, הִשתַמֵש ב-
3. *vi.*	הִתעַמֵל
exert *vt.* 1. (put forth)	הִפעִיל
2. (strain oneself)	הִתאַמֵץ
exhale *vt.*	נָשַף
exhaust *n.* 1. (emission)	פְּלִיטָה
2. (pipe)	מַפלֵט
exhaust *vt.* 1. (wear out)	הִתִיש, עִייֵף
2. (deplete)	כִּילָה, רוֹקֵן
3. (study thoroughly)	מִיצָה
exhausted *adj.*	תָשוּש, סָחוּט
exhaustion *n.* 1.	תְשִישוּת, אֲפִיסַת כּוֹחוֹת
2.	כִּילוּי
3.	מִיצוּי
exhaustible *adj.*	אָזִיל
exhausting *adj.*	מַתִיש, מְעַייֵף
exhibit *n.* 1. (display)	תְצוּגָה
2. (displayed item)	מוּצָג
exhibit *vt.*	הֶראָה, הִפגִין, הִצִיג
exhibition *n.*	תַעֲרוּכָה

exhibitionism *n.* (showoff) רַאַוותָנוּת
2. (self-exposure) דַחַף לְחַשׂפָנוּת
exhibitionist *n.* 1. רַאַוותָן
2. חַשׂפָן
exhibitor *n.* מַצִיג (בְּתַעֲרוּכָה)
exhilarate *vt.* שִׂימַח
exhort *vt.* הִטִיף
exhumation *n.* הוֹצָאָה מֵהַקֶבֶר
exhume *vt.* הוֹצִיא מֵהַקֶבֶר
exigency *n.* דְחִיפוּת, דְרִישָׁה מִיָידִית
exiguous *adj.* זָעוּם
exilarch *n.* רֹאשׁ הַגוֹלָה, רֵישׁ גָלוּתָא
exile *n.* גָלוּת, גוֹלָה
exile *vt.* הִגלָה
exilic *adj.* שֶׁל הַגוֹלָה, גָלוּתִי
exist *vi.* 1. (be) הָיָה, נִמצָא
2. (live) חַי
3. (be sustained) הִתקַיֵים
existence *n.* 1. יֵשׁוּת, הִימָצְאוּת
2. חַיִים
3. קִיוּם, הִתקַיְימוּת
existential *adj.* קִיוּמִי
existentialism *n.* קִיוּמִיוּת, אֶקסִיסטֶנצִיָאלִיזם
existing *adj.* קַיָים, נִמצָא
exit *n.* יְצִיאָה, מוֹצָא
exit *vt.*; *vi.* יָצָא מ-
exocrine *n.* הַפרָשָׁה חִיצוֹנִית
exodus *n.* יְצִיאָה הֲמוֹנִית
Exodus *n.* 1. (*Bible*) סֵפֶר שְׁמוֹת
2. (Israelites' departure from Egypt) יְצִיאַת מִצרַיִים
exogenous *adj.* מִמָקוֹר חִיצוֹנִי
exonerate *vt.* נִיקָה מֵאַשׁמָה, זִיכָּה
exoneration *n.* נִיקוּי מֵאַשׁמָה, זִיכּוּי
exorbitant *adj.* מוּפרָז, מוּפקָע
exorcise *vt.* גֵירֵשׁ שֵׁדִים
exorcision *n.* גֵירוּשׁ שֵׁדִים
exorcist *n.* מְגָרֵשׁ שֵׁדִים
exotic *adj.* אֶקזוֹטִי

expand *vt.*; *vi.* 1. (stretch out) הִרחִיב ; הִתרַחֵב, הִתפַּשֵׁט
2. (give more detail) הִרחִיב אֶת הַדִיבּוּר
expanse *n.* מֶרחָב, שֶׁטַח נִרחָב
expansion *n.* הַרחָבָה ; הִתרַחֲבוּת, הִתפַּשְׁטוּת
expansionism *n.* מְדִינִיוּת הִתפַּשְׁטוּת
expansionist *n.* דוֹגֵל בְּהִתפַּשְׁטוּת
expansive *adj.* נִרחָב
expatiate *vi.* הִרחִיב אֶת הַדִיבּוּר
expatiation *n.* הַרחָבַת הַדִיבּוּר
expatriate *n.* מְהַגֵר, גוֹלֶה
expatriate *vi.*; *vt.* גָלָה ; הִגלָה
expatriation *n.* הַגלָיָה
expect *vt.* צִיפָּה ל-
expectancy *n.* צִיפִּיָיה
life expectancy תּוֹחֶלֶת חַיִים
expectant *adj.* 1. (anticipating) מְצַפֶּה
2. (pregnant) הָרָה
expectation *n.* צִיפִּיָיה
expected *adj.* צָפוּי
expecting (pregnant) הָרָה
expectorate *vi.*; *vt.* יָרַק
expediency *n.* תּוֹעַלתִיוּת, כְּדָאִיוּת
expedient *adj.* תּוֹעַלתִי, כְּדָאִי
expedite *vt.* זֵירֵז, הֵחִישׁ
expedition *n.* 1. (journey) מַסָע ז׳ (מַסָעוֹת)
2. (travelers) מִשלַחַת
3. (promptness) זְרִיזוּת
expeditionary *adj.* שֶׁל מִשלַחַת, -מִשלוֹחַ
expeditious *adj.* זָרִיז, מָהִיר
expel *vt.* 1. (force out) גֵירֵשׁ
2. (eject) פָּלַט
expend *vt.* 1. (spend) הוֹצִיא
2. (use up) כִּילָה
expendable *adj.* לֹא חִיוּנִי, שֶׁנִיתָן לְווִיתּוּר
expenditure *n.* הוֹצָאָה כַּספִּית
expense *n.* עֲלוּת, מְחִיר
at the expense of עַל חֶשׁבּוֹן
expenses *pn.* הוֹצָאוֹת

expensive *adj.* יָקָר
experience *n.* 1. (accumulated skill) נִיסָיוֹן ז׳ (נִיסיוֹנוֹת)
2. (event) חֲוָויָה
experience *vt.* הִתנַסָה בּ-, חָוָוה
experienced *adj.* מְנוּסֶה, בַּעַל-נִיסָיוֹן
experiment *n.* נִיסוּי
experiment *vi.* עָרַךְ נִיסוּי
experimental *adj.* נִיסיוֹנִי
expert *n.* מוּמחֶה
expertise *n.* מוּמחִיוּת
expiate *vt.* כִּיפֵּר עַל
expiration *n.* פְּקִיעָה
expire *vi.* 1. (end) פָּקַע, פָּג תוֹקפּוֹ
2. (breathe out) נָשַׁף
3. (die) מֵת
explain *vt.* הִסבִּיר
explanation *n.* הֶסבֵּר
explanatory *adj.* מַסבִּיר, מְבָאֵר
expletive *n.* מִילָה גַסָה
explicate *vt.* הִסבִּיר, פֵּירַשׁ
explication *n.* הֶסבֵּר, פֵּירוּשׁ
explicit *adj.* מְפוֹרָשׁ, בָּרוּר
explicitly *adv.* בְּפֵירוּשׁ
explode *vt.*; *vi.* פּוֹצֵץ ; הִתפּוֹצֵץ
exploit *n.* מַעֲשֶׂה נוֹעָז
exploit *vt.* נִיצֵל
exploitative *adj.* נַצלָנִי
exploiter *n.* נַצלָן
exploitation *n.* נִיצוּל
exploration *n.* 1. (investigation) חֲקִירָה
2. (tour) סִיוּר
exploratory *adj.* לְצוֹרכֵי חֲקִירָה, לְגִישׁוּשׁ
explore *vt.* 1. חָקַר, גִישֵׁשׁ
2. סִייֵר בּ-
explosion *n.* פִּיצוּץ, הִתפּוֹצְצוּת
population explosion הִתפּוֹצְצוּת אוּכלוּסִין
explosive *n.* חוֹמֶר נֶפֶץ
explosive *adj.* נָפִיץ, טָעוּן חוֹמֶר נֶפֶץ
exponent *n.* 1. (expositor) פַּרשָׁן
2. *(math)* מַעֲרִיךְ
export *n.* יְצוּא
export *vt.* יִיצֵא
exportation *n.* יִיצוּא
exporter *n.* יְצוּאָן
exposé *n.* כַּתָבָה חוֹשׂפָנִית
expose *vt.* חָשַׂף, גִילָה
expose oneself חָשַׂף עֶרוָותוֹ
exposition *n.* 1. (explanation) הֶסבֵּר, הַבהָרָה
2. (exhibition) תַּעֲרוּכָה
expositor *n.* פַּרשָׁן
expository *adj.* מְבָאֵר, מַסבִּיר
ex post facto בְּדִיעֲבַד, לְאַחַר מַעֲשֶׂה
expostulate *vi.* מָחָה, טָעַן נֶגֶד
expostulation *n.* מְחָאָה
exposure *n.* חֲשִׂיפָה
double exposure צִילוּם כָּפוּל
indecent exposure חֲשִׂיפַת עֶרוָוה
expound *vt.* הִסבִּיר, הִבהִיר
express *n.* שֵׁירוּת מִשלוֹחַ מָהִיר
express *adj.* 1. (rapid) מָהִיר, אֶקספְּרֶס
2. (explicit) בָּרוּר, מְפוֹרָשׁ
express *vt.* 1. (enunciate) בִּיטֵא, הִבִּיעַ
2. (squeeze out) סָחַט
3. (send) שָׁלַח בְּאֶקספְּרֶס
expression *n.* בִּיטוּי, מַבָּע, הַבָּעָה
expressionism *n.* אֶקספְּרֶסיוֹנִיזם
expressive *adj.* מָלֵא הַבָּעָה
expresso *n.* אֶספְּרֶסוֹ
expressway *n.* כְּבִישׁ מָהִיר
expropriate *vt.* הִפקִיעַ
expropriation *n.* הַפקָעָה
expulsion *n.* גֵירוּשׁ
expunge *vt.* 1. (erase) מָחַק
2. (annihilate) הִשמִיד
expurgate *vt.* טִיהֵר
expurgation *n.* טִיהוּר
exquisite *adj.* 1. (excellent) מְעוּלֶה
2. (beautiful) יְפֵהפֶה, רַב-חֵן

3. (intense) עַז, חָרִיף

extant *adj.* קַיָּם

extemporaneous *adj.* מְאוּלְתָּר

extempore *adv.* בְּאִילְתּוּר

extemporize *vt.; vi.* אִילְתֵּר

extend *vt.* 1. (draw out) הֶאֱרִיךְ, הִרְחִיב

2. (offer) הוֹשִׁיט, הֶעֱנִיק

3. *vi.* (stretch out) הִשְׂתָּרֵעַ

extended *adj.* 1. (widened) מוּרְחָב

2. (prolonged) מְמוּשָׁךְ

extension *n.* 1. (expansion) הִתְפַּשְּׁטוּת, הִתְרַחֲבוּת; הַרְחָבָה

2. (extra time) אַרְכָּה, הַאֲרָכָה

3. (addition) תּוֹסֶפֶת

4. (additional telephone; academic unit) שְׁלוּחָה

5. (*comp.*) סִיוֹמֶת

extensive *adj.* נִרְחָב, מַקִּיף

extent *n.* הֶיקֵּף, מִידָּה

extenuate *vt.* הֵקֵל, הִפְחִית בַּחֲשִׁיבוּת

exterior *n.* חִיצוֹנִיּוּת, הַצַּד הַחִיצוֹנִי

exterior *adj.* חִיצוֹנִי

exterminate *vt.* הִשְׁמִיד

extermination *n.* הַשְׁמָדָה

exterminator *n.* מַשְׁמִיד חֲרָקִים

external *adj.* חִיצוֹנִי

extinct *adj.* 1. (no longer exists) נִכְחָד, לֹא קַיָּם עוֹד

2. (extinguished) כָּבוּי

extinction *n.* הַכְחָדָה, כְּלָיָה

extinguish *vt.* כִּיבָּה

extinguisher *n.* מְכַבֶּה

fire extinguisher מַטְפֶּה

extinguishment *n.* כִּיבּוּי

extirpate *vt.* 1. (uproot) עָקַר

2. (destroy) הִשְׁמִיד

extirpation *n.* 1. עֲקִירָה

2. הַשְׁמָדָה

extol *vt.* הִילֵּל, שִׁיבַּח

extolment *n.* הַלֵּל, שֶׁבַח

extort *vt.* סָחַט

extorter *n.* סַחְטָן

extortion *n.* סַחְטָנוּת, סְחִיטָה

extortionist *n.* סַחְטָן

extra *n.* 1. (addition) תּוֹסֶפֶת

2. (actor) נִיצָּב, סְטָטִיסְט

3. (newspaper edition) הוֹצָאָה מְיוּחֶדֶת

extra *adj.* נוֹסָף, יוֹתֵר מֵהַדָּרוּשׁ

extra- מִחוּץ לְ-, מֵעֵבֶר לְ-

extract *n.* 1. (concentrate) תַּמְצִית

2. (excerpt) קֶטַע, מוּבָאָה

extract *vt.* 1. (pull out) עָקַר

2. (derive) הֵפִיק, הוֹצִיא

3. (excerpt) בָּחַר קֶטַע (מִיצִירָה)

extraction *n.* 1. עֲקִירָה

2. הֲפָקָה, הוֹצָאָה

3. (ancestry) מוֹצָא, יוּחֲסִין

extractor *n.* מַסְחֵטָה

extracurricular *adj.* מִחוּץ לְתוֹכְנִית הַלִּימוּדִים

extradite *vt.* הִסְגִּיר

extradition *n.* הַסְגָּרָה

extramarital *adj.* מִחוּץ לַנִּישׂוּאִין

extramural *adj.* מִחוּץ לַמּוֹסָד

extraneous *adj.* חִיצוֹנִי, מִן הַחוּץ, לֹא שַׁיָּיךְ

extraordinary *adj.* יוֹצֵא מִן הַכְּלָל

extrapolate *vt.* אָמַד, שִׁיעֵר

extrapolation *n.* אוֹמְדָן

extrasensory *adj.* עַל-חוּשִׁי

extraterrestrial *adj.* חוּצָן, מֵהֶחָלָל הַחִיצוֹן

extraterritorial *adj.* מִחוּץ לַגְּבוּלוֹת

extravagance *n.* פַּזְרָנוּת, בַּזְבְּזָנוּת

extravagant *adj.* פַּזְרָנִי, בַּזְבְּזָנִי

extravaganza *n.* מוֹפָע רַאַוותָנִי

extravehicular *adj.* מִחוּץ לַחֲלָלִית

extreme *n.* דָּבָר קִיצוֹנִי

extreme *adj.* קִיצוֹנִי

extremely *adv.* בְּצוּרָה קִיצוֹנִית, מְאוֹד

extremism *n.* קִיצוֹנִיּוּת

extremist *n.* קִיצוֹנִי, קַנַּאי

extremity *n.*1. (extreme condition)	קִיצוֹנִיּוּת
3. (limbs)	גַּפַּיִים
extricate *vt.*	חִילֵץ
extrication *n.*	חִילּוּץ
extrinsic *adj.* 1. (external)	חִיצוֹנִי
2. (not essential)	טָפֵל, שׁוּלִי
extrovert *n.*	מוּחצָן
extrude *vt.*	דָחַף הַחוּצָה
exuberance *n.* 1. (enthusiasm)	הִתלַהֲבוּת
2. (abundance)	שֶׁפַע
exuberant *adj.*	נִלהָב
2.	שׁוֹפֵעַ
exult *vi.*	צָהַל
exultance *n.*	צוֹהֳלָה
exultant *adj.*	צוֹהֵל, שָׂמֵחַ
eye *n.* 1. (vision organ)	עַיִן נ. (עֵינַיִים)
2. (hole of a needle)	קוּף
an eye for an aye	עַיִן תַחַת עַיִן
black eye	"פָּנָס" בָּעַיִן
bull's eye	בּוּל
evil eye	עַיִן הָרָע
lay eyes on	רָאָה, הִתבּוֹנֵן בּ-
naked eye	עַיִן בִּלתִי-מְזוּיֶיֶנֶת
private eye	בַּלָש פְּרָטִי
see eye to eye	הִסכִּים עִם
set eyes on	שָׂם עַיִן עַל
watery eye	עַיִן דוֹמַעַת
eye *vt.*	הִבִּיט עַל, הִתבּוֹנֵן בּ-
eyeball *n.*	גַלגַל הָעַיִן
eyedropper *n.*	טַפטֶפֶת
eyebrow *n.*	גַבָּה
raise eyebrows	גָרַם לְהִשתָאוּת
eyeful *n.*	מְלוֹא הָעַיִן
eyeglasses *pn.*	מִשקָפַיִים
eyelash *n.*	רִיס
eyelet *n.*	לוּלָאָה
eyelid *n.*	עַפעַף ז. (עַפעַפַּיִים)
eyepiece *n.*	עֵינִית
eyesight *n.*	רְאִיָיה
eyesore *n.*	דָבָר מְכוֹעָר
eyestrain *n.*	עֲיֵיפוּת הָעַיִן
eyetooth *n.*	נִיב עֶליוֹן
eyewash *n.* (deception)	אֲחִיזַת עֵינַיִים
eyewitness *n.*	עֵד רְאִיָיה
Ezekiel *n.*	יְחֶזקֵאל
Ezra *n.*	עֶזרָא

F

F הָאוֹת הַשִּׁשִּׁית בָּאָלֶפְבֵּית הָאַנְגְּלִי

fable *n.* מָשָׁל

fabric *n.* 1. (cloth) בַּד, אָרִיג

2. (structure) מִבְנֶה

fabricate *vt.* 1. (make) יִיצֵּר

2. (fake) בָּדָה, הִמְצִיא, פִּיבְּרֵק

fabrication *n.* 1. יִיצּוּר

2. בְּדָיָה, זִיּוּף

fabulous *adj.* נִפְלָא, נֶהְדָר, אַגָּדִי

facade *n.* 1. (building front) חֲזִית בִּנְיָן

2. (deceptive appearance) מַרְאֶה מַטְעֶה, הַעֲמָדַת פָּנִים

face *n.* פָּנִים, פַּרְצוּף

face-off עִימּוּת

lose face הוּשְׁפַּל, הִתְבַּזָּה

on the face of it עַל פְּנֵי הַדְּבָרִים

save face הִצִּיל אֶת כְּבוֹדוֹ

straight face פָּנִים חַסְרֵי-הַבָּעָה

face *vt.* 1. (be in front of) הָיָה מוּל

2. (encounter) עָמַד בִּפְנֵי

face up to הִתְמוֹדֵד עִם

facelift *n.* 1. (surgery) מְתִיחַת עוֹר הַפָּנִים

2. (renovation) שִׁיפּוּץ

faceless *adj.* חֲסַר-זֶהוּת

facet *n.* הֶיבֵּט, פָּן

facetious *adj.* מִתְבַּדֵּחַ, מִתְלוֹצֵץ

facial *n.* טִיפּוּל פָּנִים

facial *adj.* שֶׁל הַפָּנִים

facile *adj.* קַל

facilitate *vt.* הֵקֵל

facility *n.* מִתְקָן

correctional facilty בֵּית-סוֹהַר

facsimile *n.* שִׁיעְתּוּק, פַקְסִימִילְיָה

fact *n.* עוּבְדָה

fact-finding בֵּירוּר הָעוּבְדוֹת

fact of life עוּבְדַת חַיִּים

in fact לְמַעֲשֶׂה

faction *n.* 1. (group) סִיעָה, פֶּלֶג

2. (dissention) מַחֲלוֹקֶת פְּנִימִית

factional *adj.* סִיעָתִי, כִּיתָתִי

factionalism *n.* סִיעָתִיּוּת, כִּיתָתִיּוּת

factitious *adj.* מְלָאכוּתִי, מְעוּשֶׂה

factor *n.* גּוֹרֵם

factor *vt.* פֵּירֵק לְגוֹרְמִים

factor in לָקַח בְּחֶשְׁבּוֹן

factory *n.* בֵּית-חֲרוֹשֶׁת

factual *adj.* עוּבְדָתִי

faculty *n.* 1. (ability) כּוֹשֶׁר שִׂכְלִי, יְכוֹלֶת

2. (academic division) פָּקוּלְטָה

3. (teaching staff) חֶבֶר מוֹרִים, צֶוֶת הוֹרָאָה

fad *n.* אוֹפְנָה חוֹלֶפֶת, שִׁיגָּיוֹן

fade *vi.* 1. (lose color) דָּהָה

2. (lose brightness) דָּעַךְ, הִתְעַמֵּם

3. (disappear) נָמוֹג, נֶעֱלַם

fade-in הִתְגַּבְּשׁוּת תְּמוּנָה

fade-out דְּהִיַּית תְּמוּנָה

faded *adj.* דָּהוּי

fag, faggot *n.* הוֹמוֹ

Fahrenheit *n.* פָּרֶנְהַייט

fail *n.* כִּישָּׁלוֹן ז׳ (כִּישְׁלוֹנוֹת)

fail-safe אַל-כֶּשֶׁל, אָמִין

without fail בְּוַודָּאוּת

fail *vi.* 1. (be unsucessful) נִכְשַׁל

2. (break down) הִתְקַלְקֵל

3. (collapse) הִתְמוֹטֵט, פָּשַׁט רֶגֶל

4. *vt.* (cause failure) הִכְשִׁיל

5. (disappoint) הִכְזִיב

fail to לֹא (עָשָׂה)

failing *n.* פְּגָם, חִיסָּרוֹן ז׳ (חֶסְרוֹנוֹת)

failing *adj.* כּוֹשֵׁל, רוֹפֵף

failing *prep.* בְּהֶעְדֵּר, בְּלִי

failure *n.*1. (lack of success) כֶּשֶׁל, כִּישָּׁלוֹן ז׳ (כִּישְׁלוֹנוֹת)

2. (inaction) אִי-עֲשִׂיָּה, מֶחדָּל

3. (bankruptcy)	פְּשִׁיטַת רֶגֶל
faint *n.*	עִילָּפוֹן
faint *adj.* 1. (feeble)	חַלָּשׁ
2. (lacking brightness)	קָלוּשׁ
faint-hearted	רַךְ-לֵב, מוּג-לֵב, פַּחְדָן
faint *vi.*	הִתְעַלֵּף
fair *n.*	יָרִיד
fair *adj.* 1. (just)	הוֹגֵן, צוֹדֵק
2. (bright, light)	בָּהִיר
3. (moderate)	בֵּינוֹנִי
fair and square	בַּהֲגִינוּת
fair-minded	הוֹגֵן, לֹא מְשׁוּחָד
fairground *n.*	מִגְרַשׁ יְרִידִים
fairly *adv.* 1. (justly)	בַּהֲגִינוּת
2. (rather)	לְמַדַּי
fairness *n.*	הֲגִינוּת
fairy *n.*	פֵּיָה, יְצוּר אַגָּדִי זָעִיר
fairyland *n.*	אֶרֶץ קְסוּמָה
fait accompli	עוּבְדָּה מוּגְמֶרֶת
faith *n.* 1. (trust)	אֵימוּן
2. (loyalty)	נֶאֱמָנוּת
3. (religion)	אֱמוּנָה, דָּת
in good faith	בְּתוֹם לֵב
faithful *n.*	מַאֲמִין
faithful *adj.*	נֶאֱמָן
faithfully *adv.*	בְּנֶאֱמָנוּת
fake *n.*	זִיּוּף
fake *adj.*	מְזוּיָּף, מְעוּשֶּׂה
fake *vt.*	זִיֵּף
falafel *n.*	פָלָאפֶל
falcon *n.*	בַּז
fall *n.* 1. (drop, collapse)	נְפִילָה
2. (decline)	יְרִידָה
3. (slope)	מִדְרוֹן ז׳ (מִדְרוֹנוֹת)
4. (water)	מַפָּל
5. (autumn)	סְתָיו
fall *vi.* 1.	נָפַל
2.	יָרַד
fall afoul	הִתְנַגֵּשׁ
fall apart	הִתְפָּרֵק, הִתְמוֹטֵט
fall asleep	נִרְדַּם
fall back	נָסוֹג
fall back on	נֶעֱזַר בּ-
fall behind	פִּיגֵּר
fall down	נָפַל
fall flat	נִכְשַׁל
fall for 1. (be decieved)	הָלַךְ שׁוֹלָל, הִתְפַּתָּה
2. (love)	הִתְאַהֵב בּ-
fall from grace	אִיבֵּד יוּקְרָה
fall in love	הִתְאַהֵב בּ-
fall into line	הָלַךְ בַּתֶּלֶם
fall off	פָּחַת, יָרַד
fall on deaf ears	לֹא קִיבֵּל מַעֲנֶה
fall over backward	עָשָׂה מֵעַל לַדָּרוּשׁ
fall prey to	נָפַל קוֹרְבָּן
fall short	לֹא סִיפֵּק ; לֹא הִסְפִּיק
fall through	נִכְשַׁל
fall upon	תָּקַף
fallacious *adj.*	כּוֹזֵב, מַטְעֶה
fallacy *n.*	שֶׁקֶר, כָּזָב
fallibility *n.*	יְכוֹלֶת לִטְעוֹת
fallible *adj.*	עָלוּל לִטְעוֹת
fallout *n.*	נְפוֹלֶת, נְשׁוֹרֶת
fallow *n.*	שְׂדֵה בּוּר
fallow *vt.*	חָרַשׁ
false *adj.* 1. (untrue)	כּוֹזֵב, שִׁקְרִי
2. (fake)	מְזוּיָּף
falsehood *n.*	כָּזָב, שֶׁקֶר
falsification *n.*	זִיּוּף, סִילּוּף
falsify *vt.*	זִיֵּף, סִילֵּף
falter *vi.* 1. (move unsteadily)	הִתְנוֹדֵד
2. (hesitate)	הִיסֵּס
faltering *adj.* 1.	מִתְנוֹדֵד, לֹא יַצִּיב
2.	הַסְסָנִי
fame *n.*	מוֹנִיטִין, תְּהִילָּה
famed *adj.*	מְפוּרְסָם
familial *adj.*	מִשְׁפַּחְתִּי
familiar *n.*	אָדָם מוּכָּר
familiar *adj.* 1. (common)	שָׁכִיחַ, מוּכָּר
2. (knowledgeable)	בָּקִי, מַכִּיר

3. (too personal) חוֹפְשִׁי מִדַּי
familiarity *n.* 1. שְׁכִיחוּת
2. הֶיכֵּרוּת, בְּקִיאוּת
3. חוֹפְשִׁיוּת יְתֵרָה
familiarize *vt.* הֵבִיא לִידִיעַת, וִידֵּעַ
family *n.* מִשְׁפָּחָה
nuclear family מִשְׁפָּחָה בְּסִיסִית (הוֹרִים וִילָדִים)
single-parent family מִשְׁפָּחָה חַד-הוֹרִית
famine *n.* רָעָב
famish *vi.*; *vt.* רָעַב ; הִרְעִיב
famous *adj.* מְפוּרְסָם
fan *n.* 1. (ventilator) מְאַוורֵר, מְנִיפָה
2. (admirer) אוֹהֵד, מַעֲרִיץ
3. (devotee) חָסִיד, חוֹבֵב
fan *vt.* 1. (blow air) אִיווֵרֵר
2. (stir) לִיבָּה
fanatic *n.* קַנַּאי
fanatical *adj.* קַנָּאִי
fanaticsm *n.* קַנָּאוּת
fanciful *adj.* דִּמְיוֹנִי, לֹא מְצִיאוּתִי
fancy *n.* 1. (imagination) דִּמְיוֹן
2. (illusion) אַשְׁלָיָה, דִּמְיוֹן שָׁווא
fancy *adj.* מְהוּדָּר, מְקוּשָּׁט
fancy *vt.* 1. (imagine) דִּימָּה לְעַצְמוֹ
2. (like) אָהַב
fanfare *n.* 1. (trumpet blow) תְּרוּעַת חֲצוֹצְרָה
2. (spectacular show) הַצָּגַת רַאֲווָה
fang *n.* נִיב
fantasia *n.* פַנְטַסְיָה
fantasize *vi.* הָזָה, שָׁקַע בְּאַשְׁלָיָה
fantastic *adj.* דִּמְיוֹנִי, פַנְטַסְטִי
fantasy *n.* הִיזָּיוֹן
FAQ (frequently asked questions) שְׁאֵלוֹת שְׁכִיחוֹת
far *adj.* רָחוֹק, מְרוּחָק
far away רָחוֹק מְאוֹד
far cry שׁוֹנֶה בְּהַרְבֵּה
far-fetched מוּגְזָם, לֹא סָבִיר
far-flung 1. (remote) מְרוּחָק
2. (widespread) נָפוֹץ
far-off מְרוּחָק
far-out יוֹצֵא מִן הַכְּלָל
far-reaching מַרְחִיק לֶכֶת
as far as עַד ; עַד כַּמָּה שֶׁ-
by far בְּמִידָּה רַבָּה
so far עַד כֹּה
so far so good עַד כֹּה הַכּוֹל בְּסֵדֶר
far *adv.* הַרְחֵק, רָחוֹק
faraway *adj.* רָחוֹק, מְרוּחָק
farce *n.* מַחֲזֶה הִיתּוּלִי, פָּארסָה
farcical *adj.* הִיתּוּלִי, מְגוּחָךְ
fare *n.* דְּמֵי נְסִיעָה
fare *vi.* הִסְתַּדֵּר
farewell *n.* פְּרֵידָה
farina *n.* סוֹלֶת
farm *n.* חַוָּוה, מֶשֶׁק חַקְלָאִי
dairy farm חַוַּות פָּרוֹת
farm *vt.* עִיבֵּד אֲדָמָה
farmer *n.* אִיכָּר, חַקְלַאי
farmhouse *n.* בֵּית חַוָּוה
farming *n.* חַקְלָאוּת
farmland *n.* אֲדָמָה חַקְלָאִית
farmstead *n.* חַוָּוה, מֶשֶׁק
farsighted *adj.* מַרְחִיק רְאוּת
fart *n.* נֹאד, פְּלוֹץ
fart *vi.* הִפְלִיץ, תָּקַע נֹאד
farther *adj.* יוֹתֵר רָחוֹק
farthest, farthermost *adj.* הָרָחוֹק בְּיוֹתֵר
fascinate *vt.* הִקְסִים, רִיתֵּק
fascinated *adj.* מוּקְסָם
fascinating *adj.* מַקְסִים, מְרַתֵּק
fascism *n.* פָשִׁיזְם
fascist *n.* פָשִׁיסְט
fascistic *adj.* פָשִׁיסְטִי
fashion *n.* 1. (vogue) אוֹפְנָה
2. (manner) אוֹפֶן, דֶּרֶךְ
high fashion אוֹפְנָה עִילִּית
fashion *vt.* עִיצֵּב
fashionable *adj.* אוֹפְנָתִי, נָהוּג

fast *n.* צוֹם
fast *vi.* צָם
fast *adj.* 1. (quick) מָהִיר
2. (unchangeable) יַצִּיב, קָבוּעַ
fast *adv.* מַהֵר, בִּמְהִירוּת
fasten *vt.* הִידֵק
fastener *n.* מְהַדֵּק
fastidious *adj.* בַּרְרָן
fat *n.* שׁוּמָן
fat *adj.* 1. (plump) שָׁמֵן
2. (containing fat) שָׁמֵן, שׁוּמָנִי, דָּשֵׁן
fatal *adj.* 1. (fateful) גּוֹרָלִי
2. (causing death) קַטְלָנִי
fatalism *n.* פָטָלִיזם, הַשְׁלָמָה עִם הַגּוֹרָל
fatalist *n.* פָטָלִיסט, מַשְׁלִים עִם הַגּוֹרָל
fatality *n.* מִקְרֵה מָוֶת
fate *n.* גּוֹרָל ז׳ (גּוֹרָלוֹת)
seal one's fate חָרַץ אֶת גּוֹרָלוֹ
fateful *adj.* גּוֹרָלִי
fathead *n.* מְטוּמטָם
father *n.* אָב ז׳ (אָבוֹת)
father-in-law חוֹתֵן, חָם
Holy Father הָאַפִּיפְיוֹר
father *vt.* 1. (procreate) הוֹלִיד
2. (found) יָסַד, יִיסֵד
fatherhood *n.* אַבְהוּת
fatherland *n.* מוֹלֶדֶת
fatherless *adj.* חֲסַר-אָב
fatherly *adj.* אַבָּהִי
fathom *n.* יְחִידַת אוֹרֶךְ
fathom *vt.* 1. (measure depth) מָדַד עוֹמֶק
2. (comprehend) הֵבִין, תָּפַס, יָרַד לָעוֹמֶק
fatigue *n.* עֲיֵיפוּת, לֵיאוּת
fatness *n.* שׁוֹמֶן
fatten *vt.* הִשְׁמִין, פִּיטֵּם
fattening *adj.* מַשְׁמִין
fatty *adj.* שַׁמְנוּנִי, שׁוּמָנִי
fatuity *n.* אִיוֶּולֶת
fatuous *adj.* אֱוִילִי
faucet *n.* בֶּרֶז

fault *n.* 1. (culpability) אַשְׁמָה
2. (defect) פְּגָם
3. (geological fracture) שֶׁבֶר
at fault אָשֵׁם
fault *vt.* 1. (blame) הֶאֱשִׁים
2. *vi.* (err) טָעָה, שָׁגָה
faultless *adj.* לְלֹא פְּגָם, לְלֹא דוֹפִי
faulty *adj.* פָּגוּם, לָקוּי
fauna *n.* עוֹלַם הַחַי
faux pas טָעוּת בְּנִימוּסֵי חֶבְרָה
favor *n.* 1. (gracious act) טוֹבָה
2. (partiality) הַעֲדָפָה, מַשּׂוֹא פָּנִים
3. (advantage) יִתְרוֹן
4. (gift) מַתָּנָה לְאוֹרְחִים
be out of favor סָר חִינּוֹ
in favor of בְּעַד, לְטוֹבַת
favor *vt.* הֶעֱדִיף
favorable *adj.* חִיּוּבִי, אוֹהֵד
favorite *n.* מוּעֲדָף, חָבִיב
favoritism *n.* מַשּׂוֹא פָּנִים, פְּרוֹטֶקְצְיָה
fawn *n.* עוֹפֶר
fawn *vi.* הִתְרַפֵּס
fax *n.* מְכוֹנַת פַקס
fax *vt.* שָׁלַח בְּפַקס, פִיקְסֵס
FBI (Federal Bureau of Investigation) אֶף.בִּי.אַיי (הַבּוֹלֶשֶׁת הַפֶדֶרָלִית בְּאַרְהַ״בּ)
fealty *n.* נֶאֱמָנוּת
fear *n.* פַּחַד, חֲשָׁשׁ
fear *vt.* פָּחַד, חָשַׁשׁ מ-
fearful *adj.* פּוֹחֵד, חוֹשֵׁשׁ
fearsome *adj.* מַפְחִיד, אֵימְתָנִי
feasibility *n.* אֶפְשָׁרוּת, סְבִירוּת
feasible *adj.* אֶפְשָׁרִי, נִיתָּן לְמִימּוּשׁ
feast *n.* 1. (sumptuous meal) סְעוּדָה חֲגִיגִית
2. (religious festival) חַג
feat *n.* מַעֲשֵׂה גְּבוּרָה
feather *n.* נוֹצָה
feather *vt.* רִיפֵּד בְּנוֹצוֹת
featherweight *n.* מִשְׁקַל נוֹצָה
feature *n.* 1. (characteristic) תְּכוּנָה, מְאַפְיֵין

2. (face) קְלַסְתֵר פָּנִים

3. (movie) סֶרֶט בְּאוֹרֶךְ מָלֵא

feature *vt.* 1. (present) הִצִּיג

2. (depict) תֵּיאֵר

3. (give prominence) הִבְלִיט

febrile *adj.* קוֹדֵחַ מֵחוֹם

February *n.* פֶבְּרוּאָר

feces *pn.* צוֹאָה

fed *p.* feed

fed up נִמְאַס לוֹ

federal *adj.* פֶדֶרָלִי

federate *vi.* הִתְאַחֵד לְפֶדֶרַצְיָה

federation *n.* פֶדֶרַצְיָה, אִיחוּד

Feds *pn.* הַשִּׁלְטוֹנוֹת הַפֶדֶרָלִיִּים (ארה״ב)

fee *n.* 1. (payment for service) שָׂכָר

2. (charge) תַּשְׁלוּם

feeble *adj.* חָלוּשׁ

feeble-minded מְפַגֵּר בְּשִׂכְלוֹ

feed *n.* 1. (animal food) מָזוֹן לְחַיּוֹת, מִסְפּוֹא

2. (supply line) צִינּוֹר אַסְפָּקָה

chicken feed סְכוּם זָעוּם

feed *vi.*; *vt.* 1. (take/give food) אָכַל, נִיזּוֹן; הֶאֱכִיל, הֵזִין

2. (supply) סִיפֵּק

3. (flow) זָרַם; הִזְרִים

feedback *n.* מָשׁוֹב

feeder *n.* מַאֲכִיל, מִיתְקַן הֲזָנָה

feedstuff *n.* מִסְפּוֹא

feel *n.* 1. (sense) הַרְגָּשָׁה, תְּחוּשָׁה

2. (touch) מִישּׁוּשׁ, מַגָּע

feel *vt.* 1. הִרְגִּישׁ, חָשׁ

2. מִישֵּׁשׁ, נָגַע בּ-

3. *vi.* (seem) נִרְאָה

4. (think) חָשַׁב

feel for חָשׁ צַעַר עַל

feel like הִתְחַשֵּׁק לוֹ

feel out בָּחַן, בָּדַק

feeler *n.* 1. (exploratory talk) דִּבְרֵי גִישּׁוּשׁ

2. (sensor) מָשׁוֹשׁ, מָחוֹשׁ

feeling *n.* 1. (sense) הַרְגָּשָׁה, תְּחוּשָׁה

2. (emotion) רֶגֶשׁ ז׳ (רְגָשׁוֹת)

gut feeling תְּחוּשָׁה פְּנִימִית, תְּחוּשַׁת בֶּטֶן

feet *pl.* foot

cold feet חוֹסֶר-אוֹמֶץ

drag one's feet הִתְמַהְמַהּ, הִתְמַזְמֵז

feign *vt.* הֶעֱמִיד פָּנִים, הִטְעָה

feint *n.* הַטְעָיָה, פְּעוּלַת הַסָּחָה

feint *vt.* הִטְעָה, הִסִּיחַ

feisty *adj.* רַגְזָן

felicitate *vt.* אִיחֵל, בֵּירַךְ

felicitation *n.* אִיחוּלִים, בְּרָכוֹת

felicitous *adj.* הוֹלֵם, מַתְאִים, קוֹלֵעַ

felicity *n.* אוֹשֶׁר

feline *n.* חָתוּל; מִמִּשְׁפַּחַת הַחֲתוּלִים

fell *p.* fall

fell *vt.* הִפִּיל, מוֹטֵט

fell *adj.* הַרְסָנִי, קַטְלָנִי

fellatio *n.* מְצִיצַת זַיִן

fellow *n.* 1. (young man) בָּחוּר

2. (associate) עָמִית

3. (mate) חָבֵר

4. (peer) שְׁוֵה-דַּרְגָּה

5. (academy member) חֲבֵר אָקָדֶמְיָה

fellowship *n.* 1. (companionship) חֲבֵרוּת

2. (grant) מַעֲנָק

3. (association) אֲגוּדָה

felon *n.* פּוֹשֵׁעַ, עֲבַרְיָן

felony *n.* פֶּשַׁע, עֲבֵירָה חֲמוּרָה

felt *n.* לֶבֶד

felt *p.* feel

female *n.* נְקֵבָה

feminine *adj.* 1. (womanly) נָשִׁי

2. (*gram.*) מִין נְקֵבָה

femininity *n.* נָשִׁיּוּת

feminism *n.* פֶמִינִיזְם

feminist *n.* פֶמִינִיסְט

femme fatale אִישָׁה מְפַתָּה

femur *n.* עֶצֶם הַיָּרֵךְ

fen *n.* אַדְמַת בִּיצָה

fence *n.* גָּדֵר נ׳ (גְּדֵרוֹת)

mend fences אִיחָה אֶת הַקֶּרַע
picket fence גֶּדֶר יְתֵדוֹת
fence *vt.* 1. (enclose) גִּידֵּר
2. *vi.* (practice swordmanship) עָסַק בְּסַיִף
fencing *n..* 1. (enclosure) גִּידּוּר ; חוֹמֶר גִּידּוּר
2. (swordmanship) סַיִף, סִיּוּף
fend *vt.* הָדַף
fender *n.* פָּגוֹשׁ, כָּנָף
fender-bender הִתְנַגְּשׁוּת מְכוֹנִיּוֹת קַלָּה
fennel *n.* שׁוּמָר
feral *adj.* פִּרְאִי, חַיְיָתִי
ferment *vi.*; *vt.* תָּסַס ; הִתְסִיס
fermentation *n.* תְּסִיסָה ; הַתְסָסָה
fermented *adj.* תּוֹסֵס
fern *n.* שָׁרָךְ
ferocious *adj.* פִּרְאִי, אַכְזָרִי
ferret *n.* סַמּוּר
ferret *vt.* לָכַד, תָּפַס
ferroconcrete *n.* בֶּטוֹן מְזוּיָּן
ferrous *adj.* מֵכִיל בַּרְזֶל
ferrule *n.* טַבַּעַת חִיזּוּק
ferry *n.* מַעְבּוֹרֶת
ferry *vt.* הוֹבִיל בְּמַעְבּוֹרֶת
ferryboat *n.* סְפִינַת מַעְבּוֹרֶת
fertile *adj.* פּוֹרֶה
fertility *n.* פּוֹרִיּוּת
fertilize *vt.* 1. (impregnate) הִפְרָה, עִיבֵּר
2. (make fertile) דִּישֵּׁן, זִיבֵּל
fertilizer *n.* דֶּשֶׁן, זֶבֶל
fertilization *n.* 1. הַפְרָיָה
2. דִּישּׁוּן, זִיבּוּל
fervent, fervid *adj.* 1. (ardent) נִלְהָב
2. (very hot) לוֹהֵט
fervor *n.* 1. (excitement) הִתְלַהֲבוּת
2. (intense heat) לַהַט
fester *n.* כִּיב, פֶּצַע מוּגְלָתִי
fester *vi.* הִפְרִישׁ מוּגְלָה
festival *n.* פֶּסְטִיבָל, חֲגִיגָה
festive *adj.* חֲגִיגִי
festivity *n.* חֲגִיגָה, מְאוֹרָע חֲגִיגִי
feta *n.* גְּבִינָה לְבָנָה
fetal *adj.* שֶׁל עוּבָּר
fetch *n.* הֵבִיא
fetching *adj.* מוֹשֵׁךְ, מַקְסִים
fete *n.* מְסִיבָּה, חֲגִיגָה
fetid *adj.* מַסְרִיחַ, מַבְאִישׁ
fetish *n.* נוֹשֵׂא לְהַעֲרָצָה ; גַּרְיָין מִינִי
fetter *n.* אָזִיק, שַׁרְשֶׁרֶת
fetter *vt.* כָּבַל
fettle *n.* מַצַּב בְּרִיאוּת
fetus *n.* עוּבָּר
feud *n.* מְרִיבָה, סִיכְסוּךְ
blood feud סִיכְסוּךְ דָּמִים
feud *vi.* רָב, הִתְקוֹטֵט
feudal *adj.* פֵּיאוֹדָלִי
feudalism *n.* פֵּיאוֹדָלִיזְם
fever *n.* 1. (high temperature) חוֹם
2. (disease) קַדַּחַת
3. (craze) שִׁיגָּעוֹן ז׳ (שִׁיגְעוֹנוֹת)
scarlet fever שָׁנִית
few *n.* מְעָטִים
few *adj.* מְעַט, מְעָטִים, אֲחָדִים
fey *adj.* מְכוּשָּׁף, מוּזָר
fez *n.* תַּרְבּוּשׁ
fiancé *n.* אָרוּס
fiancée *n.* אֲרוּסָה
fiasco *n.* כִּישָּׁלוֹן חָרוּץ, בִּיזָּיוֹן ז׳ (בִּיזְיוֹנוֹת)
fiat *n.* צַו, פְּקוּדָּה
fiber *n.* סִיב, חוֹמֶר סִיבִי, לִיף
fiberboard *n.* לוּחַ סִיבִית
fiberglass *n.* סִיבֵי זְכוּכִית, פַּייבַּרגְלָס
fibrillation *n.* פִּירְפּוּר
atrial fibrillation פִּירְפּוּר חַדְרֵי הַלֵּב
fibrosis *n.* לַיְיֶפֶת
fibrous *adj.* סִיבִי, לִיפִי
fickle *adj.* הֲפַכְפַּךְ
fickleness *n.* הֲפַכְפָּכוּת
fiction *n.* 1. (literary work) סִיפּוֹרֶת
2. (invention) בִּדְיוֹן, פִּיקְצִיָּה

science fiction	מַדָּע בִּדְיוֹנִי
fictional *adj.*	בָּדוּי, דִמְיוֹנִי
fictitious *adj.*	בָּדוּי, פִיקְטִיבִי
fiddle *n.*	כִּינוֹר ז׳ (כִּינוֹרוֹת)
fiddle *vi.* 1. (play fiddle)	נִיגֵן בְּכִינוֹר
2. (waste time)	בִּיזְבֵּז זְמַן
fiddler *n.*	כַּנָּר
fidelity *n.* 1. (loyalty)	נֶאֱמָנוּת
2. (accuracy)	דִיוּק
high fidelity	הַקְלָטָה אֵיכוּתִית
fidget *n.*	חוֹסֶר-מְנוּחָה, עַצְבָּנוּת
fidget *vi.*	נָע בְּעַצְבָּנוּת
fiduciary *n.*	אַפּוֹטְרוֹפּוֹס, נֶאֱמָן
field *n.* 1. (cultivated land)	שָׂדֶה ז׳ (שָׂדוֹת)
2. (area)	שֶׁטַח
3. (play area)	מִגְרָשׁ
visual field	שְׂדֵה רְאִיָּה
fieldwork *n.*	עֲבוֹדַת שָׂדֶה
fiend *n.*	שֵׁד, רוּחַ רָעָה
fierce *adj.* 1. (savage)	אַכְזָרִי
2. (intense)	עַז
fiery *adj.*	בּוֹעֵר, לוֹהֵט
fiesta *n.*	חֲגִיגָה
fifteen *n.*; *adj.*	חֲמֵשׁ-עֶשְׂרֵה, חֲמִישָּׁה-עָשָׂר
fifteenth *adj.*	הַחֲמֵשׁ-עֶשְׂרֵה, הַחֲמִישָּׁה-עָשָׂר
fifth *n.*	חֲמִישִׁית
fifth *adj.*	חֲמִישִׁי
fifties *pn.*	שְׁנוֹת הַחֲמִישִּׁים
fiftieth *adj.*	הַחֲמִישִּׁים
fifty *n.*; *adj.*	חֲמִישִּׁים
fifty-fifty	חֵצִי-חֵצִי
fig *n.*	תְּאֵנָה נ׳ (תְּאֵנִים)
fight *n.* 1. (battle)	קְרָב ז׳ (קְרָבוֹת)
2. (quarrel)	קְטָטָה, רִיב
3. (struggle)	מַאֲבָק
fight *vi.*; *vt.* 1.	לָחַם; נִלְחַם בּ-
2.	הִתְקוֹטֵט, רָב
3.	נֶאֱבַק
fight off	הִתְגוֹנֵן מִפְּנֵי, הָדַף
fighter *n.* 1. (warrior)	לוֹחֵם
2. (combat aircraft)	מְטוֹס קְרָב
3. (boxer)	מִתְאַגְרֵף
figment *n.*	הַמְצָאָה, בְּדוּתָה
figurative *adj.*	צִיּוּרִי, מוּשְׁאָל
figure *n.* 1. (shape)	צוּרָה, גִיזְרָה
2. (image)	דְמוּת
3. (diagram)	תַּרְשִׁים, דִיאַגְרָמָה
4. (number)	מִסְפָּר, סִיפְרָה
figure of speech	בִּיטּוּי
public figure	אִישׁ צִיבּוּר
figure *vt.* 1. (calculate)	חִישֵׁב
2. (depict)	תֵּיאֵר, צִיֵּיר
figure in	כָּלַל
figure on (plan to)	תִּיכְנֵן ל-
figure out	חִישֵׁב, פָּתַר
it figures	זֶה לֹא מַפְתִּיעַ
figurehead *n.*	מַנְהִיג חֲסַר-סַמְכוּיוֹת
figurine *n.*	צַלְמִית, פִּסְלוֹן
filament *n.*	פְּתִיל, חוּט לַהַט
filch *vt.*	גָּנַב, "סָחַב"
file *n.* 1. (folder)	תִּיק
2. (smoothing tool)	פְּצִירָה, מָשׁוֹף
3. (line of people)	טוּר (-עוֹרְפִּי)
4. (*comp.*)	קוֹבֶץ
batch file (*comp.*)	קוֹבֶץ אֲצוּוָה
on file	מְתוּיָּק
file *vt.* 1. (put in a file)	תִּיֵּיק
2. (smooth)	פָּצַר, שִׁיֵּיף
3. (submit)	הִגִּישׁ
4. *vi.* (march)	צָעַד בְּטוּר
filial *adj.*	שֶׁל בֵּן/בַּת
filibuster *n.*	נְאוּם מְמוּשָּׁךְ (לְעִיכּוּב חֲקִיקָה)
filibuster *vi.*	עִיכֵּב חֲקִיקָה
filigree *n.*	רִיקְמַת זָהָב/כֶּסֶף
fill *n.*	מִילּוּי
fill *vt.*; *vi.*	מִילֵּא; הִתְמַלֵּא
fill in 1. (write information)	מִילֵּא פְּרָטִים
2. (take one's place)	מִילֵּא מָקוֹם
fill out	מִילֵּא פְּרָטִים
fill up	מִילֵּא/הִתְמַלֵּא לְגַמְרֵי

filler *n.* חוֹמֶר מִילוּי
fillet *n.* 1. (meat) פִילֶה, סְטֵייק
2. (ribbon) סֶרֶט
fillet mignon סְטֵיק בָּשָׂר
filling *n.* 1. (food filler) מִילוּי
2. (tooth repair) סְתִימָה
fillip *n.* תַּמְרִיץ, דְחִיפָה
filly *n.* סוּסָה צְעִירָה
film *n.* 1. (photographic strip) סֶרֶט צִילוּם
2. (movie) סֶרֶט קוֹלְנוֹעַ
3. (thin layer) שִׁיכְבָה דַקָּה, קְרוּם
film *vt.* הִסְרִיט
filmmaking *n.* הַסְרָטָה, תַּעֲשִׂיַּית סְרָטִים
filmstrip *n.* סְרְטוֹן שְׁקוּפִיּוֹת
filter *n.* מַסְנֵן, פִילְטֶר
filter *vt.*; *vi.* סִינֵן ; חִילְחֵל, הִסְתַּנֵּן
filth *n.* זוּהֲמָה, טִינוֹפֶת
filthy *adj.* מְטוּנָּף, מְזוֹהָם
filtrate *n.* נוֹזֵל מְסוּנָּן
filtrate *vt.*; *vi.* סִינֵן ; הִסְתַּנֵּן
filtration *n.* סִינּוּן
fin *n.* סְנַפִּיר
finagle *vt.* הִשִּׂיג בְּמִירְמָה
final *n.* 1. (examination) בְּחִינַת גְּמָר
2. (contest) -גְּמָר
final *adj.* סוֹפִי, אַחֲרוֹן
finale *n.* סִיּוּם
finalist *n.* מִתְחָרֶה בְּשָׁלָב הַגְּמָר
finalize *vt.* הֵבִיא לְסִיכּוּם, סִיֵּים, הִשְׁלִים
finally *adv.* בְּסוֹף, סוֹף סוֹף
finance *n.* כְּסָפִים
finance *vt.* מִימֵן
financial *adj.* כַּסְפִּי, פִּינַנְסִי
financier *n.* אִישׁ כְּסָפִים, אֵיל הוֹן
finch *n.* פְּרוּשׁ, צִיפּוֹר שִׁיר
find *n.* מְצִיאָה, תַּגְלִית
find *vt.* מָצָא
find out גִילָה, מָצָא
finding *n.* מִימְצָא
fine *n.* קְנָס ז׳ (קְנָסוֹת)
fine *vt.* קָנַס
fine *adj.* 1. (excellent) מְצוּיָּן, מְעוּלֶּה
2. (thin) דַּק
3. (delicate, refined) מְעוּדָּן
4. (nice) נָאֶה
5. (pure) טָהוֹר
finery *n.* בִּגְדֵי פְּאֵר
finesse *n.* עֲדִינוּת, טַקְט
finger *n.* אֶצְבַּע נ׳ (אֶצְבָּעוֹת)
index finger הָאֶצְבַּע הַמּוֹרָה
ring finger קְמִיצָה
finger *vt.* 1. (touch) נָגַע בָּאֶצְבַּע
2. (*music*) אִיצְבֵּעַ
fingerboard *n.* צַוָּאר כְּלִי מֵיתָר
fingering *n.* (*music*) מִיקּוּם הָאֶצְבַּע
fingernail *n.* צִיפּוֹרֶן
fingerprint *n.* טְבִיעַת אֶצְבַּע
fingerprint *vt.* לָקַח טְבִיעַת אֶצְבַּע
fingertip *n.* קְצֵה הָאֶצְבַּע
finicky *adj.* בַּרְרָן
finish *n.* 1. (end) סִיּוּם, גְּמָר
2. (final coating) גִימּוּר
finish *vt.*; *vi.* גָּמַר, סִיֵּים ; נִגְמַר, הִסְתַּיֵּים
finite *adj.* סוֹפִי, מוּגְבָּל
fink *n.* 1. (strikebreaker) מֵפֵר שְׁבִיתָה
2. (informer) מַלְשִׁין
Finnish *n.*; *adj.* פִינִי, פִינְלַנְדִי
fiord *n.* פְיוֹרְד, מִפְרָץ
fir *n.* אַשׁוּחַ
fire *n.* 1. (flame) אֵשׁ
2. (uncontrolled burning) שְׂרֵיפָה, דְלֵיקָה
3. (shooting) יְרִי
catch fire נִדְלַק, נִיצַּת
on fire בּוֹעֵר
set on fire הִצִּית, הִבְעִיר
under fire נָתוּן לְהַתְקָפָה, תַּחַת אֵשׁ
fire *vt.* 1. (set on fire) הִבְעִיר, הִצִּית
2. (dismiss) פִּיטֵר
3. (shoot) יָרָה בּ-
firearm *n.* כְּלִי יְרִי, נֶשֶׁק חַם

firebomb *n.*	בַּקְבּוּק/פְּצָצַת תַּבְעֵרָה
firebrand *n.*	אוּד
firebreak *n.*	שְׁבִיל חוֹסֵם אֵשׁ
firebrick *n.*	לְבֵנָה שְׂרוּפָה
firebug *n.*	מַצִּית בְּזָדוֹן
firecracker *n.*	חֲזִיז, קַפְּצוֹנִים
firefighter *n.*	כַּבַּאי
firefly *n.*	גַחלִילִית
firehouse *n.*	תַּחֲנַת כִּיבּוּי אֵשׁ
fireman *n.*	כַּבַּאי
fireplace *n.*	אָח
fireplug *n.*	בֶּרֶז כִּיבּוּי
firepower *n.*	עוֹצמַת אֵשׁ
fireproof *adj.*	חֲסִין-אֵשׁ
fireside *n.*	לְיַד אָח, בַּבַּיִת
fireside *adj.*	בֵּיתִי
firetrap *n.*	מַלכּוֹדֶת אֵשׁ
firewall *n.* 1. (fireproof wall)	קִיר חוֹסֵם אֵשׁ
2. (*comp.*)	מַעֲרֶכֶת הֲגָנָה
firewood *n.*	עֲצֵי הַסָּקָה
fireworks *pn.*	זִיקוּקִין דִּי-נוּר
firm *n.*	חֶברָה, פִירמָה
law firm	מִשׂרַד עוֹרכֵי דִין
firm *adj.* 1. (solid, not soft)	מוּצָק
2. (unyielding)	אֵיתָן, תַּקִּיף
3. (fixed, unchangeable)	קָבוּעַ, יַצִּיב
firmament *n.*	כִּיפַּת הַשָּׁמַיִים
firmness *n.* 1.	מוּצָקוּת
2.	אֵיתָנוּת, תַּקִּיפוּת
3.	קְבִיעוּת, יַצִּיבוּת
firmware *n.*	קוּשׁחָה
first *adj.*	רִאשׁוֹן
first and foremost	בָּרֹאשׁ וּבָרִאשׁוֹנָה
first-born	בְּכוֹר
first of all	קוֹדֶם כּוֹל, רֵאשִׁית כּוֹל
first-rate	מְעוּלֶה, רִאשׁוֹן בְּמַעֲלָה
at first	תְּחִילָה
first *adv.*	תְּחִילָה, קוֹדֶם כּוֹל, רֵאשִׁית
firsthand *adj.*; *adv.*	מִמָּקוֹר רִאשׁוֹן
firstly *adv.*	קוֹדֶם כּוֹל, רֵאשִׁית

fiscal *adj.*	פִיסקָלִי, כַּספִּי, שֶׁל כַּספֵּי הָאוֹצָר
fish *n.*	דָג; בְּשַׂר דָגִים
fish *vt.*	דָג
fisherman *n.*	דַיָּיג
fishery *n.*	דַיִג, תַּעֲשִׂיַּית דָגִים
fisheye *n.*	עֲדָשַׁת עֵין דָג
fishhook *n.*	חַכָּה
fishmeal *n.*	קֶמַח דָגִים
fishnet *n.*	מִכמוֹרֶת
fishy *adj.*	מְפוּקפָּק, חָשׁוּד
fission *n.*	בִּיקוּעַ, הִתפַּצְּלוּת
fissure *n.*	סֶדֶק, בְּקִיעַ
fist *n.*	אֶגרוֹף
fistfight *n.*	קְרַב אֶגרוֹפִים, קְטָטָה
fistful *n.*	חוֹפֶן, מְלוֹא הַיָּד
fistula *n.*	חָרִיץ
fit *n.* 1. (suitability)	הַתאָמָה
2. (attack)	הֶתקֵף, הִתפָּרְצוּת
fit *adj.* 1. (suitable)	מַתאִים, הוֹלֵם
2. (healthy)	בָּרִיא
fit *vt.;vi.* 1. (suit)	הִתאִים; הָלַם
2. (equip)	הִתקִין, סִיפֵּק
fitness *n.*	בְּרִיאוּת, כּוֹשֶׁר גוּפָנִי
fitting *n.* 1. (trying on clothes)	מְדִידַת בְּגָדִים
2. (item, part)	אַבזָר, חֵלֶק
fitting *adj.*	מַתאִים, הוֹלֵם
five *n.*; *adj.*	חָמֵשׁ, חֲמִישָּׁה
fivefold *n.*	פִּי חָמֵשׁ
fix *n.* 1. (repair)	תִּיקּוּן
2. (predicament)	צָרָה
3. (drug injection)	מְנַת סַם
fix *vt.* 1. (repair)	תִּיקֵּן
2. (make stable)	הִידֵּק, קָבַע
3. (set)	קָבַע
fix up 1. (refurbish)	שִׁיפֵּץ
2. (arrange)	סִידֵּר
fixate *vt.*	קִיבֵּעַ
fixation *n.*	קִיבָּעוֹן
fixed *adj.*	קָבוּעַ
fixer *n.* 1. (arranger)	מְסַדֵּר עִניָינִים

2. (*photog.*) (חוֹמֶר) מְיַיצֵּב
fixings *pn.* תוֹסָפוֹת
fixity *n.* קְבִיעוּת, קֶבַע
fixture *n.* אֲבִיזָר קָבוּעַ
fizz *n.* קוֹל תְּסִיסָה
fizz *vi.* הִשְׁמִיעַ קוֹל תְּסִיסָה
fizzle *n.* 1. (hiss) קוֹל תְּסִיסָה
2. (failure) כִּישָׁלוֹן ז' (כִּישְׁלוֹנוֹת)
fizzle *vi.* 1. תָּסַס
2. נִכְשַׁל
fl. oz. (fluid ounce) אוּנְקִיַּית נוֹזֵל
flab *n.* בָּשָׂר רוֹפֵס
flabbergast *vt.* הִדְהִים
flabbergasted *adj.* נִדְהָם, מוּכֵּה-תַדְהֵמָה
flabbiness *n.* רִפְיוֹן בָּשָׂר
flabby *adj.* רוֹפֵס, רָפוּי
flaccid *adj.* רָפוּי, מְדוּלְדָּל
flag *n.* דֶּגֶל
flag-waving הַפְגָּנַת פַּטְרִיּוֹטִיּוּת
flag *vt.* אוֹתֵת בְּדֶגֶל
flagellate *vt.* הִלְקָה, הִצְלִיף בּ-
flagon *n.* קַנְקַן
flagpole *n.* תּוֹרֶן
flagrant *adj.* מַחְפִּיר
flagship *n.* אוֹנִיַּית דֶּגֶל
flagstaff *n.* תּוֹרֶן
flagstone *n.* אֶבֶן רִיצוּף
flail *n.* מַחְבֵּט דַּיִשׁ
flail *vt.* חָבַט, דָּשׁ
flair *n.* כִּישָׁרוֹן טִבְעִי
flak *n.* 1. (anti-aircraft fire) אֵשׁ נֶגֶד מְטוֹסִים
2. (harsh criticism) בִּיקּוֹרֶת חֲרִיפָה
flake *n.* פְּתִית
flaky *adj.* עָשׂוּי פְּתִיתִים
flamboyance *n.* רַאַוותָנוּת
flamboyant *adj.* רַאַוותָנִי, צַעֲקָנִי
flame *n.* 1. (fire) לֶהָבָה, שַׁלְהֶבֶת
2. (passion) תְּשׁוּקָה, תַּאֲוָוה
3. (sweetheart) אָהוּב
go up in flames עָלָה בְּלֶהָבוֹת/בָּאֵשׁ

flame *vi.* 1. (burn) בָּעַר, דָּלַק
2. *vt.* (harass via internet) הִטְרִיד, הֵצִיק
flamenco *n.* רִיקּוּד פְלָמֶנְקוֹ
flamethrower *n.* לַהֲבִיוֹר
flamingo *n.* פְלָמִינְגוֹ
flammable *adj.* דָּלִיק
flange *n.* אוֹגֶן
flank *n.* 1. (side) צַד (צְדָדִים)
2. (*military*) אֲגַף
flank *vt.* תָּקַף/הֵגֵן מֵהַצַּד
flannel *n.* פְלָנֶל
flap *n.* 1. (hanging piece) דַּשׁ, שָׂפָה
2. (light blow) חֲבָטָה קַלָּה, טְפִיחָה
3. (fluttering) רִיפְרוּף, נִיפְנוּף
flap *vt.* 1. (wave) רִיפְרֵף, נִיפְנֵף
2. (strike) חָבַט, טָפַח
flare *n.* 1. (burst) הִתְלַקְּחוּת, הִתְפָּרְצוּת
2. (flame) לֶהָבָה
3. (light/fire signal) פְּצָצַת תְּאוּרָה
4. (outward expansion) הִתְרַחֲבוּת הַחוּצָה
flare *vi.* הִתְלַקַּח, הִתְפָּרֵץ
flareup *n.* הִתְפָּרְצוּת
flash *n.* 1. (light burst) הֶבְזֵק, רֶשֶׁף
2. (split-second) חֶלְקִיק שְׁנִיָּיה
3. (photo light) מַבְזֵק
4. (sudden thought) הַבְרָקָה
5. (flashlight) פָּנַס כִּיס
6. (brief news) מִבְזָק
hot flash גַּל חוֹם (בַּגּוּף)
flash *vt.* 1. (emit light) הִיבְהֵב, הִבְזִיק
2. (flaunt) הִצִּיג לְרַאֲוָוה
3. (display briefly) הֶרְאָה בְּחָטָף
4. *vi.* (sparkle) נִיצְנֵץ, הִיבְהֵב
5. (appear suddenly) צָץ לְפֶתַע
flash *adj.* (sudden) פִּתְאוֹמִי
flashback *n.* הֶחְזֵר לְאָחוֹר
flashbulb *n.* נוּרַת מַבְזֵק
flashcube *n.* קוּבִיַּית מַבְזֵק
flasher *n.* 1. (blinker) מְאוֹתֵת, פָּנַס אִיתּוּת
2. (exhibitionist) חוֹשְׂפָן

flashflood *n.* שִׁיטָפוֹן פִּתְאוֹמִי

flashgun *n.* מַבְזֵק נִפְרָד

flashing *adj.* מְנַצְנֵץ, מְהַבְהֵב

flashlight *n.* פְּנַס כִּיס

flashpoint *n.* נְקוּדַת הִתְלַקְּחוּת

flashy *adj.* 1. (brilliant) זוֹהֵר, מַבְרִיק

2. (gaudy) רַאַוותָנִי

flask *n.* אֲבִיק

flat *n.* 1. (level area) מִשְׁטָח

2. (punctured tire) תֶּקֶר, נֶקֶר

3. (*music*) נַחַת, בֶּמוֹל

4. (apartment) דִּירָה

flat *adj.* 1. (level) שָׁטוּחַ, מְאוּזָּן

2. (stretched out) שָׂרוּעַ

3. (absolute) מוּחְלָט

4. (fixed) קָבוּעַ, אָחִיד

5. (matte) לֹא מַבְרִיק

6. (dull, lacking flavor) תָּפֵל

flatbed *n.* מַשָּׂאִית חַסֶּרֶת-דְּפָנוֹת

flatbed *adj.* שָׁטוּחַ

flatboat *n.* סִירָה שְׁטוּחַת-תַּחְתִּית

flatcar *n.* קְרוֹן רַכֶּבֶת חֲסַר-דְּפָנוֹת

flatfoot *n.* כַּף רֶגֶל שְׁטוּחָה

flatly *adv.* בְּפַסְקָנוּת, בְּאוֹפֶן מוּחְלָט

flatten *vt.* שִׁיטַּח, יִישֵּׁר

flatter *vt.* הֶחֱנִיף, הֶחֱמִיא

flattop *n.* (haircut) תִּסְפּוֹרֶת שְׁטוּחָה

flatulent *adj.* מָלֵא גַּזִּים, נָפוּחַ

flatus *n.* גַּז מֵעַיִים

flatware *n.* כְּלֵי אוֹכֶל

flaunt *vt.* הִצִּיג לְרַאֲווָה; נוֹפֵף בּ-

flautist *n.* חֲלִילָן

flavor *n.* 1. (taste) טַעַם

2. (characteristic quality) מְאַפְיֵין

flavor *vt.* נָתַן טַעַם, תִּיבֵּל

flavoring *n.* תִּיבּוּל, תַּבְלִין

flaw *n.* פְּגָם, לִיקּוּי

flaw *vt.* פָּגַם

flawed *adj.* פָּגוּם, לָקוּי

flawless *adj.* מוּשְׁלָם, לְלֹא דּוֹפִי

flax *n.* פִּשְׁתָּה, פִּשְׁתָּן

flay *vt.* פָּשַׁט עוֹר

flea *n.* פַּרְעוֹשׁ

fleck *n.* כֶּתֶם

fleck *vt.* הִכְתִּים

fled *p.* flee

fledge *vi.* כִּיסָּה בְּנוֹצוֹת

fledgling *n.* גּוֹזָל

fledgling *adj.* חֲסַר-נִיסָּיוֹן

flee *vi.*; *vt.* בָּרַח, נִמְלַט מ-

fleece *n.* צֶמֶר כְּבָשִׂים

fleece *vt.* 1. (shear) גָּזַז

2. (defraud) רִימָּה, הוֹנָה

fleecing *n.* גֵּז, גִּיזָּה

fleet *n.* צִי

fleet *adj.* חָטוּף, מָהִיר

fleet *vi.* חָלַף מַהֵר

fleeting *adj.* חוֹלֵף

flesh *n.* בָּשָׂר

flesh and blood 1. (human) בָּשָׂר וָדָם

2. (offspring) צֶאֱצָא

in the flesh אִישִׁית, בִּכְבוֹדוֹ וּבְעַצְמוֹ

raw flesh בָּשָׂר חָשׂוּף, חֲסַר-עוֹר

fleshy *adj.* בְּשָׂרִי, בַּשְׂרָנִי

flew *p.* fly

flex *vt.* כּוֹפֵף, עִיקֵּם

flex one's muscles הִפְגִּין שְׁרִירִים

flexibility *n.* גְּמִישׁוּת

flexible *adj.* גָּמִישׁ

flexure *n.* כִּיפּוּף, כְּפִיפָה

flick *n.* מַכָּה קַלָּה

skin flick סֶרֶט עֵירוֹם

flick *vt.* הִכָּה קַלּוֹת

flick a finger עָשָׂה תְּנוּעַת אֶצְבַּע מְגוּנָּה

flicker *n.* הִיבְהוּב, נִיצְנוּץ

flicker *vi.* הִיבְהֵב, נִיצְנֵץ

flier, flyer *n.* 1. (pilot) טַיָּיס

2. (airline passenger) נוֹסֵעַ אֲווִיר

3. (pamphlet) עָלוֹן, חוֹבֶרֶת

flight *n.* 1. (act of flying) טִיסָה

2. (escape)	בְּרִיחָה
3. (stairs)	מַדרֵגוֹת
4. (group)	לַהַק
charter flight	טִיסַת שֶׂכֶר
maiden flight	טִיסַת בְּכוֹרָה
flimflam *n.*	רַמָּאוּת, תַחבּוּלָה
flimflam *vt.*	רִימָּה
flimsy *adj.*	קָלוּשׁ
flinch *n.*	הִתכַּוְוצוּת
flinch *vi.*	הִתכַּוֵוץ
fling *n.*	הִתעַנְגוּת
fling *vt.*	הִשלִיךְ
flint *n.*	חַלָּמִישׁ, צוֹר
flip *n.* 1. (tap)	מַכָּה קַלָּה, טְפִיחָה
2. (somersault)	הִתהַפְּכוּת, סַלטָה
flip-flop	הֲפִיכַת דֵעָה, שִׁינוּי עֶמדָה
flip *vt.*; *vi.* 1. (turn over)	הָפַךְ ; הִתהַפֵּךְ
2 *vt.* (toss)	זָרַק בָּאֲוִויר
3. (flick)	הִכָּה קַלּוֹת, טָפַח
flip a coin	הֵטִיל מַטבֵּעַ (בְּהַגרָלָה)
flip one's lid	אִיבֵּד אֶת הָעֶשׁתוֹנוֹת
flippancy *n.*	חוֹסֶר-רְצִינוּת, זַלזְלָנוּת
flippant *adj.*	לֹא רְצִינִי, זַלזְלָן
flipper *n.*	סְנַפִּיר
flirt *n.*	מְפַלטֶרֶט, מִשׁתַעֲשֵׁעַ בָּאֲהַבהָבִים
flirt *vi.* 1. (be amorous)	פְלִירטֵט, הִשׁתַעֲשֵׁעַ בַּאֲהַבהָבִים
2. (toy with)	שִׂיחֵק, הִשׁתַעֲשֵׁעַ בּ-
flirtatious *adj.*	מְפַלטֶרֶט, אוֹהֵב "לְהִתעַסֵק"
flit *vi.*	נָע בִּמהִירוּת, רִיפרֵף
float *n.* 1. (floating object)	מָצוֹף
2. (parade display)	מְכוֹנִית תְצוּגָה
float *vi.*	צָף, רִיחֵף
floating *adj.*	צָף, מְרַחֵף, לֹא קָבוּעַ
flock *n.* 1. (animals)	עֵדֶר
2. (congregation)	צֹאן מַרעִית
flock *vi.*	נָהַר, הִתקַהֵל
floe *n.*	קֶרַח צָף
flog *vt.*	הִלקָה, הִצלִיף
flood *n.*	שִׁיטָפוֹן ז. (שִׁיטפוֹנוֹת), שֶׁטֶף
The Flood (*Bible*)	הַמַבּוּל
flood *vt.*	הֵצִיף, שָׁטַף
floodgate *n.*	שַׁעַר בְּסֶכֶר
floodlight *n.*	זַרקוֹר
floodplain *n.*	שֶׁטַח מוּעָד לְשִׁיטפוֹנוֹת
floor *n.* 1. (ground)	רִצפָּה
2. (story, level)	קוֹמָה
3. (bottom surface)	קַרקָעִית, תַחתִית
ground floor	קוֹמַת קַרקַע
take the floor	קִיבֵּל רְשׁוּת הַדִיבּוּר
floor *vt.* 1. (tile floor)	הִתקִין רִצפָּה, רִיצֵף
2. (knock down)	הִפִּיל
3. (stun)	הִימֵם, הִדהִים
flooring *n.*	חוֹמֶר רִיצוּף
floozy *n.*	אִישָׁה זוֹלָה, פְּרוּצָה
flop *n.* 1. (heavy movement)	תְנוּעָה מְרוּשֶׁלֶת
2. (failure)	כִּישָׁלוֹן, פַשלָה
flop *vi.* 1.	נָע בְּרִישׁוּל
2.	נִכשַׁל
flophouse *n.*	מָלוֹן זוֹל
floppy *adj.*	גָמִישׁ
flora *n.*	צִמחִיָיה מְקוֹמִית
floral *adj.*	פִּרחוֹנִי
florescence *n.*	פְּרִיחָה, לִיבלוּב
florescent *adj.*	פּוֹרֵחַ, מְלַבלֵב
florid *adj.* 1. (flushed)	אֲדַמדָם
2. (ornate)	מְקוּשָׁט
florist *n.*	מוֹכֵר פְּרָחִים
floss *n.*	סִיב, חוּט
dental floss	חוּט שִׁינַּיִים
floss *vt.*	נִיקָה בְּחוּט שִׁינַּיִים
flossy *adj.* 1. (resembling floss)	סִיבִי
2. (showy)	רַאַוותָנִי
flotation *n.*	צִיפָה, הֲשָׁטָה
flotilla *n.*	שַׁיֶיטֶת
flotsam *n.*	שְׂרִידִים ; שְׁבָרִים
flounder *n.*	דַג הַסַנדָל
flounder *vi.*	נָע בִּכבֵדוּת
flour *n.* 1. (ground wheat)	קֶמַח
2. (powder)	אַבקָה

flour *vt.* טָחַן
flourish *vi.* פָּרַח, שִׂיגְשֵׂג
floury *adj.* דְמוּי-קֶמַח
flout *vt.* לָעַג, בָּז ל-
flow *n.* זְרִימָה, זֶרֶם
flow *vi.* זָרַם
flower *n.* פֶּרַח
flower *vi.* פָּרַח, לִיבְלֵב
flowerpot *n.* עָצִיץ
flowery *adj.* פִּרחוֹנִי, מָלֵא פְּרָחִים
flown *pp.* fly
flu *n.* שַׁפַּעַת
flub *vi.* נִכְשַׁל, פִּישֵׁל
fluctuate *vi.* הִתנוֹדֵד, עָלָה וְיָרַד
fluctuation *n.* תְנוּדָה
flue *n.* מַעֲשֵׁנָה, אֲרוּבָּה
fluency *n.* שֶׁטֶף, רַהַט דִיבּוּר
fluent *adj.* רָהוּט, בַּעַל שֶׁטֶף דִיבּוּר
fluff *n.* פְּלוּמָה, מוֹך
fluffy *adj.* פְּלוּמָתִי, רַך
fluid *n.* נוֹזֵל
fluid *adj.* 1. (flowing) נוֹזְלִי
2. (not fixed) נָזִיל
fluidity *n.* נְזִילוּת
fluke *n.* 1. (chance) מַזָל, מִקְרֶה
2. (whale tail) זְנַב לִווְיָתָן
flume *n.* עָרוּץ
flummox *vt.* בִּילְבֵּל
flung *p.* fling
flunk *vi.*; *vt.* נִכְשַׁל בִּבְחִינָה ; הִכשִׁיל
flunky *n.* מְשָׁרֵת
fluorescence *n.* קְרִינַת אוֹר
fluoridate *vt.* הוֹסִיף פְלוּאוֹרִיד
fluoride *n.* פְלוּאוֹרִיד
flurry *n.* 1. (of snow) סוּפַת שֶׁלֶג
2. (of wind) פֶּרֶץ רוּחַ
3. (commotion) מְהוּמָה
flush *n.* 1. (flow) שֶׁטֶף מַיִם, זֶרֶם
2. (blush) סוֹמֶק, אַדמוּמִית
3. (excitement) הִתרַגְשׁוּת
flush *vt.* 1. שָׁטַף
2. הֶאְדִים, הִסמִיק
3. הִתרַגֵשׁ
flush a toilet הוֹרִיד אֶת הַמַיִם
flush *adj.* 1. (reddish) אֲדַמדַם, סָמוּק
2. (in the same plane) בְּאוֹתוֹ מִישׁוֹר
3. (aligned) מְיוּשָׁר
4. (abundant) שׁוֹפֵעַ
fluster *vt.* עִיצְבֵּן, הִרגִיז
flute *n.* חָלִיל
flutist *n.* חֲלִילָן
flutter *n.* רִיפרוּף
flutter *vi.* רִיפרֵף
flux *n.* 1. (flow) זֶרֶם, שֶׁטֶף, זְרִימָה
2. (soldering material) חוֹמֶר רִיתוּךְ
flux *vi.* 1. (flow) זָרַם
2. *vt.*; *vi.* (melt) הִתִּיךְ, רִיתֵּךְ ; הוּתַּךְ, רוּתַּךְ
fly *n.* 1. (insect) זְבוּב
2. (flying) מָעוֹף
3. (flap) דָשׁ
4. (front of trousers) "חֲנוּת"
on the fly בָּאֲוויר
fly *vi.*; *vt.* 1. (move using wings) עָף ; הֵעִיף
2. (travel by air) טָס ; הֵטִיס
fly-by-night עֵסֶק לֹא אָמִין, חוֹלֵף
flyby *n.* טִיסָה מִקָרוֹב
flyer *see* **flier**
flyspeck *n.* נְקוּדָה קְטַנָה
flyway *n.* מַסלוּל נְדִידָה (שֶׁל צִיפּוֹרִים)
flyweight *n.* מִשׁקַל נוֹצָה
flywheel *n.* גַלגַל תְנוּפָה
FM (frequency modulation) אֶף-אֶם
foal *n.* סְיָיח
foam *n.* 1. (bubbles) קֶצֶף
2. (spongy rubber) גוּמאֲווִיר
foam *vi.*; *vt.* קָצַף, הֶעֱלָה קֶצֶף ; הִקצִיף
fob *n.* שַׁרשֶׁרֶת קִישׁוּט
focal *adj.* מוֹקְדִי
focus *n.* 1. (central point) מוֹקֵד, פוֹקוּס
2. (optical sharpness) חַדוּת

in focus חַד

out of focus מְטוּשְׁטָשׁ

focus *vt.*; *vi.* 1. (bring/go to center) מִיקֵד ; הִתמַקֵד בּ-

2. (concentrate) רִיכֵּז ; הִתרַכֵּז בּ-

3. (sharpen an image) חִידֵד

fodder *n.* מִספּוֹא, חָצִיר

foe *n.* אוֹיֵב, יָרִיב

fog *n.* עֲרָפֶל

fog *vt.*; *vi.* עִירפֵּל ; הִתעַרפֵּל

foggy *adj.* עַרפִּלִי, מְעוּרפָּל

foible *n.* חוּלשָׁה, נְקוּדַת תוּרפָּה

foil *n.* 1. (thin sheet of metal) רְדִיד, נְייַר מַתֶכֶת

2. (sword) סַיִף

foil *vt.* סִיכֵּל, מָנַע

foist *vt.* רִימָה, הוֹנָה

fold *n.* 1. (pleat) קֶפֶל, קִיפּוּל, קֶמֶט

2. (multiple) פִּי-

fold *vt.*; *vi.* קִיפֵּל ; הִתקַפֵּל

folder *n.* 1. (of papers) תִיק

2. (*comp.*) תִיקִייָה

foliage *n.* עַלוָוה

folio *n.* דַף מְקוּפָּל

folk(s) *n.* 1. (people) אֲנָשִׁים

2. (relatives) קְרוֹבִים

folk *adj.* עֲמָמִי

folklore *n.* פוֹלקלוֹר, תַרבּוּת עֲמָמִית

folksy *adj.* עֲמָמִי, פָּשׁוּט

folktale *n.* סִיפּוּר עַם

follicle *n.* זְקִיק

follow *vt.* 1. (come after) בָּא אַחֲרֵי, בָּא בְּעִקבוֹת

2. (be guided by) הָלַך אַחֲרֵי

3. (pursue) עָקַב אַחֲרֵי

4. (obey) נָהַג לְפִי, צִייֵת ל-

5. (understand) הֵבִין

follow suit עָשָׂה אוֹתוֹ הַדָבָר, נָהַג בְּאוֹתוֹ אוֹפֶן

follow through הִמשִׁיך

follow-up מַעֲקָב

as follows כְּדִלהַלָן, כְּדִלקַמָן

follower *n.* חָסִיד, מַעֲרִיץ

following *adj.* הַבָּא, שֶׁלְאַחַר מִכֵּן

following *prep.* לְאַחַר, בְּעִקבוֹת

followup *adj.* שֶׁל הֶמשֵׁך

folly *n.* טִיפְּשׁוּת

foment *vt.* טִיפַּח, עוֹדֵד

fond *adj.* חִיבֵּב, חָשׁ חִיבָּה אֶל

fondle *vt.* לִיטֵף, גִיפֵּף

fondue *n.* מַטעַם גְבִינָה מוּתֶכֶת

font *n.* 1. (print letter) גוֹפָן

2. (water receptacle) אֲגַן מַיִם

3. (fount) מַעיָין

food *n.* אוֹכֶל, מָזוֹן ז׳ (מְזוֹנוֹת)

food for thought חוֹמֶר לְמַחֲשָׁבָה

canned food שִׁימוּרִים, אוֹכֶל מְשׁוּמָר

fast food אוֹכֶל מִמְזנוֹן מָהִיר

junk food אוֹכֶל מוּכָן דַל-תְזוּנָה

foodstuff *n.* דִברֵי מַאֲכָל

fool *n.* טִיפֵּשׁ, שׁוֹטֶה

fool *vt.* הִיתֵל בּ-, שִׁיטָה בּ-

fool around 1. (putter) הִתבַּטֵל

2. (trifle) הִשׁתַעֲשַׁע

fool away בִּיזבֵּז, פִּיזֵר

foolery *n.* שְׁטוּת, טִיפְּשׁוּת

foolhardy *adj.* פָּזִיז, נִמהָר

foolish *adj.* טִיפְּשִׁי, שְׁטוּתִי

foolishness *n.* טִיפְּשׁוּת

foolproof *adj.* בָּטוּחַ מִפְּנֵי כִּישָׁלוֹן

foot *n.* 1. (leg part; measure) כַּף רֶגֶל, רֶגֶל נ׳ (רַגלַיִים)

2. (bottom) תַחתִית

set foot in דָרַך בּ-

foot *vi.* 1. (walk on foot) הָלַך בָּרֶגֶל

2. *vt.* (pay) שִׁילֵם

footage *n.* 1. (length) אוֹרֶך בְּרֶגֶל

2. (film piece) קֶטַע מִסרֶט

football *n.* כַּדוּרֶגֶל

footer *n.* כּוֹתֶרֶת תַחתוֹנָה

footfall *n.* קוֹל צְעָדִים

foothill *n.* גִבעָה לְמַרגְלוֹת הַר

foothold *n.* דְרִיסַת רֶגֶל, אֲחִיזָה
footing *n.* 1. (foundation) בָּסִיס, יְסוֹד (יְסוֹדוֹת)
 2. (foothold) מִדְרַךְ רֶגֶל
footlights *pn.* אוֹרוֹת בִּימָה
footlocker *n.* אֲרוֹנִית
footnote *n.* הֶעָרַת שׁוּלַיִים
footprint *n.* טְבִיעַת רֶגֶל, עִקְבָה
footrest *n.* הֲדוֹם
footsore *adj.* סוֹבֵל מִכְּאֵב רֶגֶל
footstep *n.* צַעַד, פְּסִיעָה
in the footsteps of בְּעִקְבוֹת
footstool *n.* שְׁרַפְרַף, הֲדוֹם
footwear *n.* הַנְעָלָה
fop *n.* גַּנְדְּרָן
for *prep.* 1. (with the purpose of) בִּשְׁבִיל, כְּדֵי
 2. (for the benefit of) לְמַעַן, בִּשְׁבִיל
 3. (in place of) תְּמוּרַת, בְּעַד
 4. (at the price of) בְּ-, בִּמְחִיר שֶׁל
 5. (during) בְּמֶשֶׁךְ, לִתְקוּפָה שֶׁל
 6. (because of) בִּגְלַל, מִפְּנֵי
 7. (to the extent of) לְאוֹרֶךְ
 8. (as) כְּ-, בְּתוֹר
 9. (in favor of) בְּעַד, לְטוֹבַת
as for בַּאֲשֶׁר לְ-
for *conj.* כִּי
forage *n.* מִסְפּוֹא
forage *vi.* פִּישְׁפֵּשׁ, חִיפֵּשׂ
foray *n.* הִסְתָּעֲרוּת, פְּשִׁיטָה
foray *vi.* הִסְתָּעֵר, פָּשַׁט עַל
forbear *vt.* נִמְנַע מִ-
forbid *vt.* אָסַר, מָנַע
forbidden *adj.* אָסוּר
forbidding *adj.* מְאַיֵּם, מַפְחִיד
force *n.* 1. (power) כּוֹחַ ז׳ (כּוֹחוֹת), עוֹצְמָה
 2. (military branch) חַיִל ז׳ (חֵילוֹת)
air force חֵיל אֲוִויר
in force (in effect) תָּקֵף, בַּר-תּוֹקֶף
armed forces חֵילוֹת מְזוּיָינִים
artillery force חֵיל תּוֹתְחָנִים
centrifugal force כּוֹחַ צֶנְטְרִיפוּגָלִי
expeditionary force חֵיל מִשְׁלוֹחַ
task force כּוֹחַ מְשִׂימָה
force *vt.* 1. (compel) הִכְרִיחַ, אִילֵץ
 2. (break open) פָּרַץ
force-feed הֶאֱכִיל בְּכוֹחַ
forceful *adj.* חָזָק, תַּקִּיף
forceps *pn.* מֶלְקָחַיִים
forcibly *adv.* בְּכוֹחַ, בִּכְפִייָה
ford *n.* מַעֲבָר מַיִם רְדוּדִים
fore *n.* חֵלֶק קִדְמִי
fore *adj.* קִדְמִי, חֲזִיתִי
forearm *n.* זְרוֹעַ נ׳ (זְרוֹעוֹת), אַמַּת הַיָּד
forebade *p.* forbid
forebear *n.* אָב קַדְמוֹן
forebode *vt.* חָזָה מֵרֹאשׁ, נִיבָּא רָעוֹת
foreboding *adj.* מְבַשֵּׂר רָעוֹת
forecast *n.* תַּחֲזִית
weather forecast תַּחֲזִית מֶזֶג אֲוִויר
forecast *vt.* חָזָה מֵרֹאשׁ, צָפָה
forecaster *n.* חַזַּאי
foreclose *vt.* 1. (take away) עִיקֵּל
 2. (bar) מָנַע
foreclosure *n.* עִיקּוּל
forefather *n.* אָב קַדְמוֹן
forefinger *n.* הָאֶצְבַּע הַמּוֹרָה
forefront *n.* חֲזִית
forego *vt.* 1. (give up) וִיתֵּר עַל
 2. *vi.* (precede) הִקְדִּים
foregone *adj.* צָפוּי מֵרֹאשׁ
foreground *n.* רֶקַע קִדְמִי, קַדְמָה
forehand *n.* חֲבָטַת פְּנִים הַיָּד
forehead *n.* מֵצַח
foreign *adj.* זָר, שֶׁל חוּץ
foreigner *n.* אֶזְרָח זָר, נוֹכְרִי
foreleg *n.* רֶגֶל קִדְמִית
forelock *n.* בְּלוֹרִית
foreman *n.* 1. (head laborer) מְנַהֵל עֲבוֹדָה
 2. (jury head) רֹאשׁ חֶבֶר מוּשְׁבָּעִים
foremost *adj.* חָשׁוּב בְּיוֹתֵר, רִאשׁוֹן בְּמַעֲלָה

forenoon *n.* לִפְנֵי הַצָּהֳרַיִים
forensic *adj.* מִשְׁפָּטִי
forensics *n.* רְפוּאָה מִשְׁפָּטִית
foreordain *vt.* קָבַע מֵרֹאשׁ
foreplay *n.* מִיזמוּז מַקדִים
forerunner *n.* 1. (predecessor) קוֹדֵם
2. (harbinger) מְבַשֵׂר
foresee *vt.* חָזָה מֵרֹאשׁ, צָפָה
foreseeable *adj.* נִראֶה לָעַיִן, צָפוּי
foreshadow *vt.* בִּישֵׂר
foreshore *n.* חֲזִית חוֹף
foreshorten *vt.* קִיצֵר
foresight *n.* רְאִייַת הַנוֹלָד
foreskin *n.* עוֹרלָה
forest *n.* יַעַר ז׳ (יְעָרוֹת)
rain forest יַעַר טְרוֹפִּי
forest *vt.* יִיעֵר
forestall *vt.* סִיכֵּל, מָנַע
forestation *n.* יִיעוּר
forestry *n.* יִיעוּר ; אַדמַת יַעַר
foretaste *n.* רֶמֶז לַבָּאוֹת
foretell *vt.* חָזָה מֵרֹאשׁ
forethought *n.* מַחֲשָׁבָה תְחִילָה
forever *adv.* לְעוֹלָם, לָעַד
forevermore *adv.* מֵעַתָּה וְעַד עוֹלָם
forewarn *vt.* הִזהִיר מֵרֹאשׁ
foreword *n.* הַקדָמָה, פֶּתַח דָבָר
forfeit *n.* קְנָס ז׳ (קְנָסוֹת), כּוֹפֶר
forfeit *vt.* חִילֵט, הִפסִיד בְּהַפקָעָה
forfeiture *n.* חִילוּט, הֶפסֵד
forgather *vi.* הִתאַסֵף
forgave *p.* forgive
forge *vt.* 1. (make) עָשָׂה, יִיצֵר
2. (fake) זִיֵיף
forger *n.* זַייְפָן
forgery *n.* זִיוּף
forget *vt.* שָׁכַח
forgetful *adj.* שַׁכחָן
forgive *vt.* סָלַח, מָחַל ל-
forgo *vt.* וִיתֵר עַל

forgot *p.* forget
forgotten *pp.* forget
forgotten *adj.* נִשׁכָּח, שָׁכוּחַ
fork *n.* 1. (utensil) מַזלֵג ז׳ (מַזלְגוֹת)
2. (bifurcation) מִסעָף
forklift *n.* מַלגֵזָה
forlorn *adj.* עָזוּב, מִסכֵּן
form *n.* 1. (shape) צוּרָה
2. (image) דְמוּת
3. (document) טוֹפֶס
4. (mold) תַבנִית
form *vt.; vi.* 1. (shape) צָר, עִיצֵב ; הִתגַבֵּשׁ
2. (constitute) הִיוָוה
3. (arrange) סִידֵר
4. (establish) הֵקִים
formal *n.* תִלבּוֹשֶׁת לְפִי הַנוֹהַל
formal *adj.* 1. (official) רִשׁמִי, לְפִי הַנוֹהַל
2. (ceremonial) טִקסִי
3. (nominal) פוֹרמָלִי
formalist *n.* פּוֹעֵל לְפִי הַמְקוּבָּל
formality *n.* נוֹהַל מְקוּבָּל, פוֹרמָלִיוּת
formalization *n.* הֲפִיכָה לְרִשׁמִי
formalize *vt.* הָפַךְ לְרִשׁמִי
format *n.* תַבנִית, מַתכּוֹנֶת
format *vt.* 1. (arrange) סִידֵר
2. (*comp.*) אִיתחֵל
formation *n.* 1. (creation) הִיוָוצְרוּת, הִתגַבְּשׁוּת
2. (establishment) הֲקָמָה
3. (arrangement of troops) מַעֲרָךְ, פְּרִיסָה
formative *adj.* הִתפַּתְחוּתִי
former *adj.* קוֹדֵם
formerly *adv.* לְשֶׁעָבַר, לְפָנִים
formica *n.* פוֹרמַייקָה
formidable *adj.* נוֹרָא, מַפחִיד
formless *adj.* חֲסַר-צוּרָה
formula *n.* נוּסחָה
baby formula מְזוֹן תִינוֹקוֹת
formulate *vt.* נִיסַח
formulation *n.* נִיסוּחַ

fornicate *vi.* נָאַף
fornication *n.* נִיאוּף, זְנוּת
fornicator *n.* נוֹאֵף, זַנַּאי
forsake *vt.* 1. (abandon) נָטַשׁ, זָנַח, עָזַב
2. (give up) וִיתֵּר עַל
forsaken *adj.* זָנוּחַ, נָטוּשׁ
forsook *p.* forsake
forswear *vt.* כָּפַר/הִכְחִישׁ בִּשְׁבוּעָה
fort *n.* מִבְצָר, מְצוּדָה
forte *adj.* חָזָק
forth *adv.* קָדִימָה, הָלְאָה
forthcoming *adj.* 1. (upcoming) הַבָּא
2. (cooperative) מוּכָן לְשַׁתֵּף פְּעוּלָה
forthright *adj.* יָשִׁיר
forthright *adv.* יְשִׁירוֹת, יָשָׁר לָעִנְיָן
forthwith *adv.* מִיָּד, תֵּיכֶף
forties *pn.* שְׁנוֹת הָאַרְבָּעִים
fortieth *adj.* הָאַרְבָּעִים
fortification *n.* בִּיצוּר, חִיזּוּק
fortify *vt.* 1. (strengthen) בִּיצֵּר, חִיזֵּק
2. (enrich) הֶעֱשִׁיר
fortitude *n.* כּוֹחַ עֲמִידָה
fortnight *n.* שְׁבוּעַיִים
fortnightly *adj.* דּוּ-שְׁבוּעִי
fortress *n.* מִבְצָר, מָעוֹז
fortuitous *adj.* 1. (accidental) מִקְרִי
2. (lucky) בַּר-מַזָּל
fortuity *n.* מִקְרֶה
fortunate *adj.* בַּר-מַזָּל
fortunately *adv.* לְמַרְבֵּה הַמַּזָּל
fortune *n.* 1. (luck) מַזָּל
2. (wealth) עוֹשֶׁר, הוֹן
soldier of fortune שְׂכִיר חֶרֶב
fortuneteller *n.* מַגִּיד עֲתִידוֹת
forty *n.*; *adj.* אַרְבָּעִים
forum *n.* בָּמָה, פוֹרוּם
forward *n.* (*sports*) חָלוּץ
forward *adj.* 1. (in the front) קִדְמִי
2. (advanced) מִתְקַדֵּם
3. (of the future) עֲתִידִי
forward *vt.* 1. (send) שָׁלַח הָלְאָה
2. (advance) קִידֵּם
forward *adv.* קָדִימָה, הָלְאָה
forwent *p.* forgo
fossil *n.*; *adj.* מְאוּבָּן
fossilization אִיבּוּן ; הִתְאַבְּנוּת
fossilize *vt.*; *vi.* אִיבֵּן ; הִתְאַבֵּן
foster *n.* אוֹמֵן, מְאַמֵּץ
foster *vt.* טִיפֵּחַ, גִּידֵּל
fought *p.*; *pp.* fight
foul *n.* 1. (collision) הִתְנַגְּשׁוּת
2. (*sports*) עֲבֵירָה
foul *adj.* 1. (offensive) מַגְעִיל, דּוֹחֶה
2. (smelly) מַסְרִיחַ
3. (filthy) מְטוּנָּף
4. (obscene) גַּס
foul-mouthed מְנַבֵּל פֶּה
foul *vt.* טִינֵּף, זִיהֵם
foul up נִכְשַׁל
found *p.*; *pp.* find
found *vt.* הֵקִים, יִיסֵּד, כּוֹנֵן
foundation *n.* 1. (act of founding) יִיסּוּד
2. (basis) יְסוֹד ז׳ (יְסוֹדוֹת), בָּסִיס
3. (endowment) קֶרֶן נ׳ (קְרָנוֹת)
founder *n.* מְיַיסֵּד
founder *vi.* 1. (sink) שָׁקַע
2. (fail) נִכְשַׁל
3. (stumble) מָעַד
foundling *n.* אֲסוּפִי, יֶלֶד נָטוּשׁ
foundry *n.* בֵּית-יְצִיקָה
fountain *n.* 1. (spring) מַעְיָין ז׳ (מַעְיָינוֹת)
2. (decorative water stream) מִזְרָקָה
3. (source) מָקוֹר ז׳ (מְקוֹרוֹת)
soda fountain דּוּכַן מַשְׁקָאוֹת קַלִּים
fountainhead *n.* מְקוֹר מַיִם
four *n.*; *adj.* אַרְבַּע, אַרְבָּעָה
fourscore *n.* שְׁמוֹנִים
foursome *n.* רְבִיעִיָּה, שְׁנֵי זוּגוֹת
foursquare *adj.* 1. (square) רִיבּוּעִי
2. (firm) מוּצָק

fourteen *n.*; *adj.* אַרְבַּע-עֶשְׂרֵה, אַרְבָּעָה-עָשָׂר
fourteenth *adj.* הָאַרְבָּעָה-עָשָׂר
fourth *n.* רֶבַע
fourth *adj.* רְבִיעִי
fowl *n.* עוֹף ז׳ (עוֹפוֹת)
fox *n.* שׁוּעָל
foxglove *n.* צֶמַח הָאֶצְבְּעוֹנִית
foxhole *n.* שׁוּחָה
foyer *n.* אוּלַם כְּנִיסָה
fractal *n.* צוּרָה גֵיאוֹמֶטְרִית
fraction *n.* 1. (small part) חֵלֶק קָטָן, חֶלְקִיק
2. (*math*) שֶׁבֶר
common fraction שֶׁבֶר פָּשׁוּט
complex fraction שֶׁבֶר מוּרְכָּב
decimal fraction שֶׁבֶר עֶשְׂרוֹנִי
improper fraction שֶׁבֶר מְדוּמֶּה
proper fraction שֶׁבֶר אֲמִיתִּי
simple fraction שֶׁבֶר פָּשׁוּט
fractious *adj.* 1. (unruly) מַרְדָנִי
2. (cranky) רַגְזָן
fracture *n.* שֶׁבֶר, סֶדֶק
fracture *vt.* שָׁבַר, סָדַק
fragile *adj.* 1. (breakable) שָׁבִיר
2. (flimsy) שַׁבְרִירִי, חַלָּשׁ
fragility *n.* 1. שְׁבִירוּת
2. שַׁבְרִירִיּוּת, חוּלְשָׁה
fragment *n.* 1. (part) חֵלֶק, קֶטַע
2. (broken-off piece) רְסִיס
fragment *vt.*; *vi.* שָׁבַר ; נִשְׁבַּר לִרְסִיסִים
fragmentary *adj.* מְקוּטָּע
fragrance *n.* נִיחוֹחַ, בּוֹשֶׂם
fragrant *adj.* מְבוּשָּׂם, בַּעַל רֵיחַ נָעִים
frail *adj.* חַלָּשׁ, שַׁבְרִירִי
frailty *n.* חוּלְשָׁה, שַׁבְרִירִיּוּת
frame *n.* 1. (enclosing structure) מִסְגֶּרֶת
2. (one of moving pictures) תְּמוּנִית
frame-up הַעֲלָלָה, עֲלִילַת שָׁוְא
frame *vt.* 1. (enclose) מִיסְגֵּר, שָׂם בְּמִסְגֶּרֶת
2. (formulate) נִיסַּח
3. (accuse falsely) הֶעֱלִיל עַל

framework *n.* מִסְגֶּרֶת
franc *n.* פְרַנְק
France *n.* צָרְפַת
franchise *n.* זִיכָּיוֹן ז׳ (זִיכְיוֹנוֹת)
franchise *vt.* הֶעֱנִיק זִיכָּיוֹן
francophone *n.* דּוֹבֵר צָרְפָתִית
frangible *adj.* שָׁבִיר
frank *n.* 1. (postal mark) חוֹתֶמֶת פְּטוֹר
2. (frankfurter) נַקְנִיקִיָּה
frank *vt.* שָׂם חוֹתֶמֶת פְּטוֹר
frank *adj.* גְּלוּי-לֵב, כֵּן
frankfurter *n.* נַקְנִיקִיָּה
frankincense *n.* שְׂרַף רֵיחָנִי
frankness *n.* גִּילוּי-לֵב, כֵּנוּת
frantic *adj.* מְטוֹרָף, מְבוֹהָל
fraternal *adj.* 1. (brotherly) שֶׁל אָח
2. (of a fraternity) שֶׁל אֲגוּדַּת אַחִים
fraternity *n.* 1. (brotherhood) אַחֲוָה
2. (association) אֲגוּדַּת אַחִים
fraternize *vi.* הִתְרוֹעֵעַ
fratricide *n.* רֶצַח אָח
fraud *n.* 1. (deceptive act) הוֹנָאָה, רַמָּאוּת
2. (deceitful person) רַמַּאי, נוֹכֵל
fraudulent *adj.* הוֹנָאָתִי, שֶׁל תַּרְמִית
fraught *adj.* גָּדוּשׁ
fray *n.* קְטָטָה, מְרִיבָה
fray *vt.*; *vi.* שָׁחַק ; נִשְׁחַק
frazzle *vt.*; *vi.* הִתִּישׁ ; הוּתַּשׁ
freak *n.* אָדָם/דָּבָר מְשׁוּנֶּה, לֹא טִבְעִי
freak *vi.*; *vt.* נִבְהַל, נִדְהַם ; הִבְהִיל, הִדְהִים
freak out נִדְהַם
freaky *adj.* מוּזָר, לֹא נוֹרְמָלִי
freckle *n.* נֶמֶשׁ
freckled *adj.* מְנוּמָּשׁ
free *adj.* 1. (having liberty; not bound) חוֹפְשִׁי
2. (not occupied) פָּנוּי
3. (without cost) חִינָּם, לְלֹא תַּשְׁלוּם
free-for-all תַּחֲרוּת לְלֹא כְּלָלִים
free of charge בְּחִינָּם
for free בְּחִינָּם

free *vt.* שִׁיחְרֵר
freebase *n.* קוֹקָאִין נָקִי
freebee, freebie *n.* מַתַּת חִינָּם
freedom *n.* חוֹפֶשׁ, חֵירוּת
freeform *n.* צוּרָה חוֹפְשִׁית
freehold *n.* בַּעֲלוּת לִצְמִיתוּת
freelance *n.* עַצְמָאִי, לֹא קָשׁוּר לְמַעֲבִיד
freeloader *n.* טַפִּיל, חַי עַל חֶשְׁבּוֹן הַזּוּלַת
freeman *n.* אֶזְרָח חוֹפְשִׁי
Freenet *n. (comp.)* רֶשֶׁת (גִישָׁה) חוֹפְשִׁית
freestanding *adj.* עוֹמֵד בִּפְנֵי עַצְמוֹ, לֹא מְחוּבָּר
freestyle *n.* סִיגְנוֹן חוֹפְשִׁי
freeway *n.* כְּבִישׁ מָהִיר
freewheeling *adj.* נָע/פּוֹעֵל בְּחוֹפְשִׁיּוּת
freewill *adj.* מֵרָצוֹן חוֹפְשִׁי
freeze *n.* 1. (freezing) הַקְפָּאָה, קִיפָּאוֹן
2. (frost) כְּפוֹר, קָרָה
deep freeze הַקְפָּאָה עֲמוּקָה
freeze *vi.; vt.* קָפָא; הִקְפִּיא
freeze out חָסַם
freezer *n.* מַקְפִּיא, תָּא הַקְפָּאָה
freight *n.* 1. (cargo) מִיטְעָן
2. (train) רַכֶּבֶת מַשָּׂא
3. (transportation) הוֹבָלָה
freighter *n.* אוֹנִיַּית מַשָּׂא
French *n.; adj.* צָרְפַתִּי
frenetic *adj.* אֲחוּז-טֵירוּף
frenzy *n.* הִשְׁתּוֹלְלוּת, טֵירוּף
frequency *n.*1. (rate of occurrence) תְּדִירוּת
2. (electric cycles) תֶּדֶר
high frequency תֶּדֶר גָּבוֹהַּ
low frequency תֶּדֶר נָמוּךְ
frequent *adj.* תָּדִיר, תָּכוּף
frequent *vt.* בִּיקֵּר בִּתְכִיפוּת
frequently *adv.* לְעִתִּים קְרוֹבוֹת
fresco *n.* צִיּוּר קִיר
fresh *adj.* 1. (new; not stale) טָרִי, רַעֲנָן
2. (impudent) חָצוּף
freshen *vt.; vi.* רִיעֲנֵן; הִתְרַעֲנֵן

freshet *n.* שִׁיטָפוֹן
freshman *n.* תַּלְמִיד הַשָּׁנָה הָרִאשׁוֹנָה
freshwater *adj.* שֶׁל מַיִם מְתוּקִים
fret *n.* 1. (irritation) רוֹגֶז
2. (worry) דְּאָגָה
3. (erosion) שְׁחִיקָה, סַחַף
4. (guitar ridge) סָרִיג
fret *vt.* 1. הִרְגִּיז
2. הִדְאִיג
3. שָׁחַק, סָחַף
fretful *adj.* נִרְגָּז
fretwork *n.* פִּיתּוּחַ עֵץ
friar *n.* חָבֵר בְּמִסְדָּר קָתוֹלִי
fricative *n.* עִיצּוּר חוֹכֵךְ
friction *n.* חִיכּוּךְ
Friday *n.* יוֹם שִׁישִּׁי
fridge *n.* מְקָרֵר
friend *n.* חָבֵר, יָדִיד
friendly *adj.* יְדִידוּתִי
fries, French fries *pn.* טוּגָנִים, צִ׳יפְּס
frigate *n.* פְרִיגָטָה, אוֹנִיַּית קְרָב
fright *n.* פַּחַד, אֵימָה
stage fright אֵימַת הַצִּיבּוּר
frighten *vt.* הִפְחִיד, הִבְהִיל, הֵטִיל אֵימָה
frightened *adj.* נִפְחָד, מְבוֹהָל
frightful *adj.* מַפְחִיד, נוֹרָא
frigid *adj.* קַר, צוֹנֵן
frigidity *n.* קוֹר, צִינָּה
frill *n.* 1. (lace) שׁוֹבֶל
2. (luxury) מוֹתָרוֹת
fringe *n.* 1. (margin, edge) שׁוּלַיִים, קָצֶה
2. (ornamental border) גְּדִיל, צִיצִית
frippery *n.* קִישּׁוּט רַאַוותָנִי
frisbee *n.* צַלַּחַת פְּרִיסְבִּי
frisk *vt.* עָרַךְ חִיפּוּשׂ גּוּפָנִי
frisky *adj.* מָלֵא חַיִּים
fritter *n.* לְבִיבָה מְטוּגֶּנֶת
fritter *vt.* בִּיזְבֵּז, פִּיזֵּר
frivolous *adj.* קַל-עֵרֶךְ, שְׁטוּתִי
frizz *n.* סִילְסוּל שֵׂיעָר

frizz *vt.* סִילְסֵל
frizzle *vt.* טִיגֵן
fro *adv.* מִן, מִ-
frock *n.* 1. (dress) שִׂמְלָה
2. (robe) גְלִימָה
frog *n.* צְפַרְדֵעַ
frogman *n.* אִישׁ צְפַרְדֵעַ
frolic *n.* שׁוֹבְבוּת
frolic *vi.* הִשְׁתוֹבֵב
from *prep.* מִן, מִ-
front *n.* 1. (forward part) חֲזִית, חֵלֶק קִדְמִי
2. (forehead) מֵצַח
3. (appearance) חֲזוּת
4. (cover, disguise) מַסוֶוה, הִתְחַזוּת
in front of לִפְנֵי, מוּל
up front (תַשְׁלוּם) מֵרֹאשׁ
frontage *n.* שֶׁטַח קִדְמִי
frontal *adj.* חֲזִיתִי, קִדְמִי
frontally *adv.* מִלְפָנִים, מִקָדִימָה
frontier *n.* גְבוּל ז׳ (גְבוּלוֹת), סְפָר
frontispiece *n.* שַׁעַר סֵפֶר מְעוּטָר
frontline *n.* קַו חֲזִית
frontrunner *n.* מוּעֲמָד מוֹבִיל
frost *n.* כְּפוֹר, צִינָה
frost *vt.* 1. (cover with frost) כִּיסָה בִּכְפוֹר
2. (make opaque) עִימֵם
3. (cover with icing) זִיגֵג, צִיפָּה עוּגָה
frostbite *n.* כְּוִויַת קוֹר
frosting *n.* זִיגוּג, צִיפּוּי עוּגָה
frosty *adj.* קָפוּא, מְכוּסֶה כְּפוֹר
froth *n.* קֶצֶף
froth *vt.* כִּיסָה בְּקֶצֶף
froufrou *n.* רִיפְרוּף מֶשִׁי
froward *adj.* סַרְבָן, עַקְשָׁן
frown *n.* מַבָּט זוֹעֵף
frown *vi.* קִימֵט מֵצַח
frowsy *adj.* מְרוּשָׁל, מְלוּכְלָךְ
froze *p.* freeze
frozen *adj.* קָפוּא, מוּקְפָּא
fructify *vt.; vi.* הִפְרָה ; הֵנִיב פְּרִי
frugal *adj.* חַסכָן
frugality *n.* חַסכָנוּת
fruit *n.* פְּרִי ז׳ (פֵּירוֹת)
fruitcake *n.* עוּגַת פֵּירוֹת
fruitful *adj.* פּוֹרֶה, מֵנִיב פֵּירוֹת
fruition *n.* הַגשָׁמָה, מִימוּשׁ
fruitless *adj.* 1. (not bearing fruit) חֲסַר-פְּרִי
2. (unproductive) עָקָר, חֲסַר-תוֹצָאָה
fruity *adj.* בְּטַעַם פֵּירוֹת
frump *n.* אִישָׁה מְרוּשֶׁלֶת
frustrate *vt.* 1. (thwart) סִיכֵּל
2. (cause frustration) תִיסכֵּל
frustrated *adj.* מְתוּסכָּל
frustrating *adj.* מְתַסכֵּל
frustration *n.* תִיסכּוּל, מַפַּח נֶפֶשׁ
fry *n.* טִיגוּן
fry *vt.; vi.* טִיגֵן ; נִיטַגֵן
fryer *n.* (frying pan) כְּלִי טִיגוּן
2. (chicken) עוֹף לְטִיגוּן
f-stop פְּתִיחַת הַצַמצָם (בַּעֲדָשָׁה)
ft. (foot) רֶגֶל
fuck *n.* זִיוּן
doesn't give a fuck לֹא שָׂם זַיִן
fuck *vt.* זִייֵן, דָפַק
fuck off! תִזדַייֵן מִפֹּה!
fuck up קִילקֵל, חִירבֵּן ; נִכשַׁל
fucking *adj.* מְזוּייָן, מְחוּרבָּן
fuddle *n.* בִּילבּוּל
fuddle *vt.* בִּילבֵּל
fudge *n.* מַמתָק רַךְ
fudge *vt.* 1. (evade) הִתחַמֵק מ-
2. (deceive) רִימָה
fuel *n.* דֶלֶק
fossil fuel דֶלֶק מְאוּבָּנִים
fuel *vt.* הוֹסִיף דֶלֶק, תִידלֵק
fugitive *n.* אָסִיר נִמלָט
fugue *n.* פוּגָה
fulfill *vt.* 1. (bring to reality) הִגשִׁים, מִימֵשׁ
2. (carry out) בִּיצַע
3. (satisfy an obligation) מִילֵא

fulfilling *adj.* מְסַפֵּק
fulfillment *n.* 1. הַגשָׁמָה, הִתגַשׁמוּת, מִימוּש
2. בִּיצוּעַ
3. מִילוּי
full *adj.* 1. (filled to capacity) מָלֵא
2. (complete) שָׁלֵם
3. (had enough to eat) שָׂבֵעַ
full-blown מְפוּתָּח, בִּמלוֹאוֹ
full-fledged בִּמלוֹא הִתפַּתְחוּתוֹ
full-grown מְבוּגָּר
full-scale 1. (full-size) בְּגוֹדֶל טִבעִי
2. (with all resources) בְּהֶיקֵף מָלֵא
full-time (job) מִשׂרָה מְלֵאָה
to the full בִּמלוֹאוֹ
fullback *n.* (*sports*) מָגֵן
fully *adv.* לְגַמרֵי ; בִּמלוֹאוֹ
fulminate *vi.* הִתפּוֹצֵץ
fulmination *n.* הִתפּוֹצְצוּת
fumble *vt.* 1. (touch) מִישֵׁש
2. (bungle) נִכשַׁל
fume *n.* עָשָׁן, אֵד
fume *vi.* 1. (emit fume) עִישֵּׁן, הֶעֱלָה אֵדִים
2. (be angry) זָעַם
fumigate *vt.* חִיטֵא בֶּעָשָׁן/בְּאֵדִים
fumigation *n.* חִיטוּי
fumigator *n.* מְחַטֵא
fun *n.* שַׁעֲשׁוּעַ, בִּידוּר, כֵּיף
have fun הִשתַּעֲשַׁע, כִּייֵף
make fun of לִיגלֵג עַל, עָשָׂה צְחוֹק מ-
function *n.* 1. (duty) תַּפקִיד, תִּיפקוּד
2. (official ceremony) אֵירוּעַ רִשׁמִי
3. (dependent factor) פוּנקצִיָה
function *vi.* תִּיפקֵד
functional *adj.* 1. (practical) שִׁימוּשִׁי, פוּנקצִיוֹנָלִי
2. (operative) מְתַפקֵד, פּוֹעֵל
functionary *n.* נוֹשֵׂא מִשׂרָה, פוּנקצִיוֹנֶר
fund *n.* קֶרֶן נ׳ (קְרָנוֹת), הוֹן
Jewish National Fund קֶרֶן קַייֶמֶת לְיִשׂרָאֵל
mutual fund קֶרֶן נֶאֱמָנוּת
sinking fund קֶרֶן לְתַשלוּם חוֹבוֹת
slush fund קֶרֶן לְמַטָרוֹת פּוֹלִיטִיוֹת
fund *vt.* מִימֵן
fundamental *adj.* יְסוֹדִי, בְּסִיסִי
fundamentalism *n.* קִיצוֹנִיוּת דָתִית
fundamentalist *n.* קִיצוֹנִי דָתִי
fundamentals *pn.* נְתוּנֵי יְסוֹד
fundraiser *n.* מַתרִים
fundraising *n.* הַתרָמָה, אִיסוּף תְּרוּמוֹת
funeral *n.* הַלוָויָה, לְוָויָה
fungicide *n.* קוֹטֵל פִּטרִיוֹת
fungus *n.* פִּטרִייָה
funicular *n.* רַכֶּבֶל
funk *n.* 1. (fright) פַּחדָנוּת
2. (*music*) מוּזִיקַת פַנק
funky *adj.* פָּשׁוּט ; יוֹצֵא דוֹפֶן
funnel *n.* מַשׁפֵּך
funnel *vt.* הֶעֱבִיר, נִיתֵב
funny *adj.* מַצחִיק, מְשַׁעֲשֵׁעַ
fur *n.* פַּרווָה
furbish *vt.* שִׁיפֵּץ
furious *adj.* זוֹעֵם, זוֹעֵף
furl *vt.*; *vi.* קִיפֵּל ; הִתקַפֵּל
furlough *n.* חוּפשָׁה (מִצָבָא/מִבֵּית-סוֹהַר)
furnace *n.* כִּבשָׁן, כּוּר, תַּנוּר הַסָקָה
furnish *vt.* 1. (equip with furniture) רִיהֵט
2. (provide) סִיפֵּק ל-
furnishings *pn.* אֲבִיזָרֵי בַּיִת
furniture *n.* רְהִיטִים, רִיהוּט
furor *n.* הִתפָּרְצוּת זַעַם
furrow *n.* תֶּלֶם
furrow *vt.* חָרַץ, חָרַשׁ תְּלָמִים
furry *adj.* שֶׁל פַּרווָה, דְמוּי-פַּרווָה
further *adj.*; *adv.* יוֹתֵר רָחוֹק
further *vt.* קִידֵם
furthermore *adv.* יָתֵר עַל כֵּן, נוֹסָף לְכָך
furthermost *adj.* הָרָחוֹק בְּיוֹתֵר
furtive *adj.* 1. (surreptitious) חֲשָׁאִי
2. (sly) עַרמוּמִי
fury *n.* זַעַם, חֵימָה

fuse *n.* 1. (circuit breaker) נָתִיךְ
2. (detonator) מַרעוֹם, פְּתִיל
fuse *vt.*; *vi.* הִתִיךְ, מִיזֵג ; נִיתַךְ
fuselage *n.* גוּף מָטוֹס
fusillade *n.* מַטַח אֵשׁ
fusion *n.* הַתָכָה, הִיתוּךְ
fuss *n.* 1. (commotion) מְהוּמָה, הֲמוּלָה
2. (quarrel) רִיב
fuss *vi.* רָגַן, רָטַן
fussy *adj.* 1. (irritable) נִרגָן
2. (fastidious) בָּרְרָן
fustian *n.* פִּשתָן
fusty *adj.* מְעוּפָּשׁ, יָשָׁן
futile *adj.* עָקָר, חֲסַר-תוֹעֶלֶת
futility *n.* חוֹסֶר-תוֹעֶלֶת
futon *n.* מִזרָן
future *n.* עָתִיד
future *adj.* עֲתִידִי, הַבָּא
futures *pn.* סְחוֹרוֹת לִמסִירָה בֶּעָתִיד
futurism *n.* עֲתִידָנוּת
futuristic *adj.* עֲתִידָנִי
futurity *n.* הֶעָתִיד, הַבָּא בֶּעָתִיד
fuzz *n.* פְּלוּמָה, מוֹךְ
fuzziness *n.* טִישטוּשׁ, אִי-בְּהִירוּת
fuzzy *adj.* 1. (covered with fuzz) פְּלוּמָתִי
2. (unclear) מְטוּשטָשׁ, לֹא בָּרוּר
FYI (for your information) לִידִיעָתךָ

G

G הָאוֹת הַשְּׁבִיעִית בָּאָלֶפְבֵּית הָאַנְגְלִי
gab *n.* פִּיטְפּוּט
gab *vi.* פִּיטְפֵּט
gabble *n.* מִילְמוּל
gabble *vi.* מִילְמֵל
gabby *adj.* פַּטְפְּטָן
gable *n.* גַמְלוֹן
gad *vi.* שׁוֹטֵט
gadabout *n.* שׁוֹטְטָן, הוֹלֵךְ בָּטֵל
gadget *n.* מַכְשִׁיר, אֲבִיזָר
gaff *n.* צִלְצָל
gaffe *n.* טָעוּת, פְּלִיטַת פֶּה
gag *n.* 1. (mouth blocker) מַחסוֹם פֶּה
2. (joke) בְּדִיחָה
gag *vt.* 1. (block a mouth) חָסַם פֶּה, הִשְׁתִּיק
2. *vt.*; *vi.* (choke) חָנַק ; נֶחֱנַק
3. *vi.* (retch) נִיסָּה לְהָקִיא
gaggle *n.* לַהֲקַת אַוָזִים
gagster *n.* בַּדחָן
gaiety *n.* עַלִּיזוּת
gain *n.* 1. (profit) רֶוַוח
2. (increase) הִתוֹסְפוּת, הִתגַבְּרוּת
capital gain רְווחֵי הוֹן
gain *vt.* 1. (win, profit) הִרוִויחַ
2. (reach) הִשִּׂיג
3. (acquire) זָכָה בּ-
gain on הִשִּׂיג (בְּמֶרְחָק), הִתקָרֵב אֶל
gainful *adj.* רְווחִי, מַכנִיס
gainsay *vt.* הִכחִישׁ, הִפרִיךְ, סָתַר
gait *n.* אוֹפֶן הֲלִיכָה
gaiter *n.* קַרסוּלִית
gal *n.* בַּחוּרָה
gala *n.* נֶשֶׁף פְּאֵר
galactic *adj.* שֶׁל גָלַקְסִיָה
galaxy *n.* גָלַקְסִיָה, מַעֲרֶכֶת כּוֹכָבִים
gale *n.* סְעָרָה
gall *n.* 1. (bitterness) מְרִירוּת
2. (insolence) חוּצְפָּה
3. (sore) פֶּצַע מֵחִיכּוּךְ
gall *vt.* 1. (make sore) פָּצַע
2. (irritate) הִרגִיז
gallant *adj.* 1. (brave) אַמִּיץ
2. (chivalrous) אַבִּירִי
gallantry *n.* 1. אוֹמֶץ (-לֵב)
2. אַבִּירוּת
gallbladder *n.* כִּיס הַמָרָה
gallery *n.* 1. (art exhibition place) גָלֶרְיָה
2. (balcony) יָצִיעַ
3. (veranda) אַכסַדרָה
galley *n.* מִטְבָּח (בְּאוֹנִיָה/מָטוֹס)
gallon *n.* גָלוֹן
gallop *n.* דְהִירָה
gallop *vi.* דָהַר
gallows *pn.* גַרדוֹם
gallstone *n.* אֶבֶן הַמָרָה
galore *adv.* בְּשֶׁפַע, לְמַכבִּיר
galosh *n.* עַרדָל
galvanization *n.* גִילוּוּן
galvanize *vt.* גִילוְוֵן
galvanometer *n.* גַלוָנוֹמֶטֶר, מַד-זֶרֶם
gambit *n.* 1. *(chess)* פְּתִיחָה בְּשַׁחמָט
2. (ploy) תַכסִיס
gamble *n.* הִימּוּר
gamble *vi.* הִימֵר
gambler *n.* 1. (game player) קַלְפָן
2. (risk taker) מְהַמֵר
game *n.* 1. (play) מִשְׂחָק
2. (hunting animals) חַיוֹת צַיִד
play games עָשָׂה קוּנְצִים
waiting game הַמתָנָה לְהִזדַמְנוּת
game *vi.* שִׂיחֵק
gamecock *n.* תַרנְגוֹל קְרָב
gamekeeper *n.* שׁוֹמֵר צַיִד
gamester *n.* קַלְפָן

gamete *n.* תָּא מִין
gamut *n.* מִכלוֹל, הֶיקֵף מָלֵא
gander *n.* אַווָז
gang *n.* 1. (hoodlums) כְּנוּפְיָה
2. (group) חֲבוּרָה
gang up on תָּקְפוּ בְּיַחַד, חָבְרוּ נֶגֶד
gangrene *n.* נֶמֶק
gangster *n.* גַנגסְטֶר, אִיש כְּנוּפיַת פֶּשַע
gangway *n.* מַעֲבָר
gannet *n.* עוֹף יַם
gantry *n.* פִּיגוּם
gap *n.* פַּעַר, פִּירצָה
credibility gap פַּעַר אֲמִינוּת
gape *n.* פְּעִירַת פֶּה
gape *vi.* פָּעַר פֶּה
garage *n.* מוּסָך, גָרָאז׳
garage *vt.* שָׂם בְּמוּסָך
garb *n.* תִלבּוֹשֶת, לְבוּש
garb *vt.* הִלבִּיש
garbage *n.* זֶבֶל, אַשפָּה
garbanzo *n.* חִמצָה, חוּמוּס
garble *vt.* סִילֵף, סֵירֵס
garden *n.* גַן, גִינָה
zoological garden גַן חַיוֹת
gardening *n.* גִינוּן
gargle *n.* גִירגוּר
gargle *vi.* גִירגֵר
garish *adj.* צַעֲקָנִי, רוֹעֵש
garland *n.* זֵר
garlic *n.* שוּם
garment *n.* בֶּגֶד
garner *n.* אָסָם
garner *vt.* אָסַף, צָבַר
garnet *n.* נוֹפֶך
garnish *n.* קִישוּט מָזוֹן
garnish *vt.* 1. (embellish) קִישֵט, עִיטֵר
2. (confiscate) עִיקֵל
garnishment *n.* 1. קִישוּט, עִיטוּר
2. עִיקוּל
garret *n.* עֲלִיַית גַג
garrison *n.* 1. (troops) חֵיל מַצָב
2. (military post) מַחֲנֶה צְבָאִי
garrote *n.* חֲנִיקָה
garrulous *adj.* פַּטפְּטָן
garter *n.* בִּירִית
gas *n.* 1. (air-like substance) גַז
2. (gasoline) בֶּנזִין, דֶלֶק
nerve gas גַז עֲצַבִּים
tear gas גַז מַדמִיעַ
gas *vt.* הִרעִיל בְּגַז
gas up תִידלֵק
gaseous *adj.* שֶל גַז, דְמוּי-גַז
gash *n.* חֲתָך עָמוֹק
gash *vt.* חָתַך לָעוֹמֶק
gasket *n.* אֶטֶם
gaslight *n.* מְנוֹרַת גַז
gasohol *n.* גַזוֹהוֹל (תַעֲרוֹבֶת בֶּנזִין וְכוֹהֶל)
gasoline *n.* בֶּנזִין
gasp *n.* נְשִימָה כְּבֵדָה
gasp *vi.* הִתנַשֵף, הִתנַשֵם בִּכבֵדוּת
gassy *adj.* מָלֵא גַז ; דְמוּי-גַז
gastric *adj.* קֵיבָתִי, שֶל הַקֵיבָה
gastritis *n.* דַלֶקֶת קֵיבָה
gastroenteritis *n.* דַלֶקֶת מַעֲרֶכֶת הָעִיכּוּל
gastrointestinal *adj.* שֶל הַקֵיבָה וְהַמֵעַיִים
gastrology *n.* רְפוּאַת קֵיבָה
gastronomy *n.* גַסטרוֹנוֹמיָה,
אוֹמָנוּת הָאֲכִילָה
gate *n.* שַעַר
gatecrasher *n.* מִתפַּלֵחַ
gateway *n.* שַעַר כְּנִיסָה
gather *vt.* 1. (collect) אָסַף, קִיבֵּץ
2. (conclude) הִסִיק
gathering *n.* הִתאַסְפוּת, אֲסֵיפָה
gator *n.* תַנִין
gauche *adj.* חֲסַר-נִימוּסִים
gaudy *adj.* רַאַוותָנִי, רוֹעֵש
gauge *n.* 1. (measure) מַד, מוֹדֵד
2. (thickness) עוֹבִי
gauge *vt.* מָדַד, הֶעֱרִיך

gaunt *adj.* 1. (thin, haggard) רָזֶה, כָּחוּשׁ
2. (bleak) עָגוּם
gauze *n.* 1. (transparent fabric) בַּד שָׁקוּף
2. (surgical dressing) גָּזָה (לְתַחבּוֹשֶׁת)
gave *p.* give
gavel *n.* פַּטִישׁ יוֹשֵׁב רֹאשׁ
gawk *vi.* בָּהָה
gay *n.* 1. (cheerful) עַלִּיז
2. (homosexual) הוֹמוֹסֶקסוּאָל, ״גֵא״
gaze *n.* מַבָּט
gaze *vi.* נָעַץ מַבָּט, הִתבּוֹנֵן
gazebo *n.* גָּזֶבּוֹ, בֵּיתָן נוֹף
gazelle *n.* צְבִי (צְבָאִים)
gazette *n.* עִיתוֹן, כְּתַב עֵת רִשׁמִי
gazetteer *n.* מִילוֹן גֵיאוֹגרָפִי
gear *n.* 1. (toothed wheel) גַלגַל שִׁינַיִים
2. (in engine transmission) הִילוּךְ
3. (equipment) צִיוּד
landing gear מַעֲרֶכֶת גַלגַלֵי מָטוֹס
gear *vt.* הִתאִים, סִיגֵל
gear up הִתכּוֹנֵן
gearbox *n.* תֵּיבַת הִילוּכִים
gearshift *n.* מוֹט הִילוּכִים
geese *pl.* goose
geezer *n.* זָקֵן מוּזָר
geisha *n.* גֵיישָׁה
gel *n.* קָרִישׁ, גֶ׳לִי
gelatin *n.* מִקפָּא
geld *vt.* סֵירֵס
gelid *adj.* קַר מְאוֹד, קָפוּא
gem *n.* אֶבֶן חֵן
geminate *vt.*; *vi.* הִכפִּיל ; הוּכפַּל
gemination *n.* כֶּפֶל, הַכפָּלָה
Gemini *n.* מַזַל תְּאוֹמִים
gemology *n.* חֵקֶר אַבנֵי חֵן
gemstone *n.* אֶבֶן חֵן
gendarme *n.* שׁוֹטֵר צָרְפַתִי
gender *n.* מִגדָר, מִין
gene *n.* גֵן
genealogical *adj.* שֶׁל אִילַן יוּחֲסִין
genealogy *n.* חֵקֶר אִילַן יוּחֲסִין
general *n.* גֶנֶרָל
lieutenant general רַב-אַלוּף
major general אַלוּף
general *adj.* כְּלָלִי
in general בְּאוֹפֶן כְּלָלִי
generality *n.* כְּלָלִיוּת
generalization *n.* הַכלָלָה
generalize *vt.* הִכלִיל, עָשָׂה הַכלָלוֹת
generally *adv.* בְּדֶרֶךְ כְּלָל, כְּלָלִית
generate *vt.* יָצַר, חוֹלֵל, , הֵפִיק, הוֹלִיד
generation *n.* 1. (production) יִיצוּר
2. (age group, period, etc.) דּוֹר ז׳ (דּוֹרוֹת)
generative *adj.* מוֹלִיד, מְחוֹלֵל, גֶנֶרָטִיבִי
generator *n.* מְחוֹלֵל, גֶנֶרָטוֹר
generic *adj.* 1. (general) כְּלָלִי, שֶׁל כּוֹל הַקְבוּצָה
2. (lacking a trademark) לְלֹא שֵׁם מִסחָרִי
generous *adj.* 1. (magnanimous) נָדִיב
2. (ample) רַב, שׁוֹפֵעַ
generosity *n.* נְדִיבוּת, רוֹחַב-לֵב
genesis *n.* רֵאשִׁית, מוֹצָא
Genesis *n.* (*Bible*) סֵפֶר בְּרֵאשִׁית
genetic *adj.* גֶנֶטִי, תּוֹרַשְׁתִּי
genetics *n.* גֶנֶטִיקָה, מַדַּע הַתּוֹרָשָׁה
genial *adj.* יְדִידוּתִי, חָבִיב
geniality *n.* יְדִידוּתִיוּת, חֲבִיבוּת
genie *n.* שֵׁד
genital *adj.* שֶׁל אֵיבְרֵי הַמִּין
genitalia, genitals *pn.* אֵיבְרֵי הַמִּין
genitive *n.* (*gram.*) יַחֲסַת הַקִּנְיָין
genius *n.* 1. (exceptional talent) גְאוֹנוּת, גְאוֹנִיוּת
2. (talented person) גָאוֹן
genocide *n.* רֶצַח עַם, גֶנוֹסַייד
genre *n.* סוּגָה
gent *n.* גֶ׳נטֶלמֶן
genteel *adj.* מְעוּדָן, נְעִים-הֲלִיכוֹת
gentile *n.*; *adj.* גוֹי, לֹא יְהוּדִי
gentility *n.* נוֹעַם הֲלִיכוֹת

gentle *adj.* עָדִין, רַךְ
gentleman *n.* גֶ'נטֶלמֶן
gentleness *n.* עֲדִינוּת, רַכּוּת
gentrification *n.* שִׁיפּוּץ בָּתִּים מוּזנָחִים
gentrify *vt.* שִׁיפֵּץ בָּתִּים מוּזנָחִים
gentry *n.* בַּעֲלֵי-יִיחוּס
genuflect *vi.* קָד, כָּרַע בֶּרֶךְ (אַחַת)
genuflection *n.* כְּרִיעַת בֶּרֶךְ
genuine *adj.* 1. (real) אֲמִיתִי
2. (honest) כֵּן, יָשָׁר
genus *n.* מִין, סוּג
geography *n.* גֵיאוֹגרַפיָה, יְדִיעַת הָאָרֶץ
geology *n.* גֵיאוֹלוֹגיָה
geometric *adj.* גֵיאוֹמֶטרִי
geometry *n.* גֵיאוֹמֶטרִיָה, הַנדָסָה
geophysics *n.* גֵיאוֹפִיזִיקָה
geopolitical *adj.* גֵיאוֹפּוֹלִיטִי
geothermal *adj.* גֵיאוֹתֶרמִי
gerbil *n.* גֶרבִּיל
geriatrics *n.* רְפוּאַת הַזִּיקנָה
germ *n.* 1. (microbe) חַיידַק
2. (bud) נֶבֶט
wheat germ נֶבֶט חִיטָּה
German *n.*; *adj.* גֶרמָנִי
germane *adj.* קָשׁוּר, נוֹגֵעַ ל-
germicide *n.* קוֹטֵל חַיידַקִים
germinate *vi.*;*vt.* נָבַט ; הִנבִּיט
germination *n.* נְבִיטָה
gerontology *n.* חֵקֶר הַזִּיקנָה
gerund *n.* (*gram.*) שֵׁם הַפְּעוּלָה
gestation *n.* הֵירָיוֹן
gesture *n.* 1. (movement) תְּנוּעָה
2. (goodwill act) מֶחֱווָה, גֶ'סטָה
gesture *vi.* עָשָׂה הַבָּעוֹת/תְּנוּעוֹת
gesundheit! לַבְּרִיאוּת!
get *vt.* 1. (receive) קִיבֵּל
2. (catch) תָּפַס
3. (fetch) הָלַךְ לְהָבִיא
4. (comprehend) תָּפַס, הֵבִין
5. (take revenge on) הִתנַקֵם בּ-
6. (become afflicted with) קִיבֵּל, נִדבַּק בּ-
7. (cause to) הֵבִיא ל-
8 *vi.* (become) נַעֲשָׂה
9. (come to) הִגִיעַ ל-
get across הִבהִיר ; הָיָה בָּרוּר
get ahead הִתקַדֵם ; הִצלִיחַ
get along הִתקַדֵם
get along with הִסתַדֵר עִם
get around to (doing) הִתפַּנָה (לַעֲשׂוֹת)
get away בָּרַח, נִמלַט
get away with יָצָא מ- בְּלִי עוֹנֶשׁ
get back חָזַר
get back at נָקַם בּ-
get by (manage) הִסתַדֵר
get carried away נִסחַף, לֹא שָׁלַט בְּרִגשׁוֹתָיו
get down יָרַד
get down to (doing) נִיגַשׁ (לַעֲשׂוֹת)
get (someone) down דִיכֵּא
get even גָמַל ל-
get going יָצָא לַדֶרֶךְ ; הִתחִיל
get hold of הִשִּׂיג
get hold of oneself הִשתַלֵט עַל רִגשׁוֹתָיו
get in נִכנַס
get it all together הִתאַרגֵן
get lost הָלַךְ לְאִיבּוּד
get lost! תִּסתַלֵק!, עוּף מִכָּאן!
get off (a vehicle) יָרַד מ-
get on (a vehicle) עָלָה ל-
get on with הִתקַדֵם, הִמשִׁיךְ
get out יָצָא
get over הִתאוֹשֵׁשׁ מ-, הִתגַבֵּר עַל
get started הִתחִיל
get to (affect) הִשפִּיעַ עַל
get together נִפגַשׁ
get through 1. (pass) עָבַר
2. (make contact) הִשִּׂיג קֶשֶׁר
get up קָם
getaway *n.* בְּרִיחָה, הִימָלְטוּת
ghastly *adj.* מְזַעֲזֵעַ, זְווָעָתִי
gherkin *n.* מְלָפְפוֹן קָטָן

ghetto *n.*	גֶטוֹ
ghost *n.* 1. (phantom)	רוּחַ רְפָאִים
2. (shadow)	צְלָלִית
Holy Ghost	רוּחַ הַקּוֹדֶשׁ
ghostwriter *n.*	סוֹפֵר צְלָלִים
ghosty *adj.*	שֶׁל רוּחַ רְפָאִים
ghoul *n.* 1. (demon)	שֵׁד
2. (grave robber)	שׁוֹדֵד קְבָרִים
GI (government issue)	חַיָּל אָמֶרִיקָנִי
GI *see* gastrointestinal	
giant *n.*	עֲנָק
giant *adj.*	עֲנָקִי
gibber *vi.*	קִישְׁקֵשׁ
gibberish *n.*	קִישְׁקוּשׁ
gibbet *n.*	גַּרְדּוֹם, עַמּוּד תְּלִיָּיה
gibbon *n.*	קוֹף הַגִּיבּוֹן
gibbous *adj.*	גַּבְנוּנִי
gibe *n.*	לִיגְלוּג, לַעַג
gibe *vt.*	לִיגְלֵג עַל, לָעַג לְ-
giblets *pn.*	קִרְבֵי עוֹף
giddiness *n.*	סְחַרְחוֹרֶת
giddy *adj.* 1. (dizzy)	סְחַרְחַר, מְסוּחְרָר
2. (frivolous)	קַל-דַּעַת
gift *n.* 1. (present)	מַתָּנָה, שַׁי
2. (talent)	כִּישָׁרוֹן ז' (כִּישְׁרוֹנוֹת)
gifted *adj.*	מְחוֹנָן, מוּכְשָׁר
gig *n.* 1. (carriage)	כִּרְכָּרָה
2. (boat)	סִירָה
gigabyte *n.* (*comp.*)	גִּיג, מִילְיָארד בָּתִים
gigantic *adj.*	עֲנָקִי
giggle *n.*	צִיחְקוּק
giggle *vi.*	צִיחְקֵק
gigolo *n.*	גִ'יגוֹלוֹ, מְאַהֵב שָׂכוּר
gild *vt.*	הִזְהִיב, צִיפָּה בְּזָהָב
gill *n.*	זִים
gilt *adj.*	מוּזְהָב
gimcrack *n.*	חֵפֶץ חֲסַר-עֵרֶךְ
gimmick *n.*	לַהֲטוּט, פַּעֲלוּל
gimmickry *n.*	לַהֲטוּטָנוּת
gin *n.* 1. (liquor)	גִ'ין
2. (trap)	מַלְכּוֹדֶת
ginger *n.*	זַנְגְּבִיל
gingerbread *n.*	עוּגַת זַנְגְּבִיל
gingerly *adj.*	זָהִיר
gingerly *adv.*	בִּזְהִירוּת
gingivitis *n.*	דַּלֶּקֶת חֲנִיכַיִים
ginseng *n.*	צֶמַח גִ'ינְסֶנְג
giraffe *n.*	גִ'ירָפָה
gird *vt.*	חָגַר, הִקִּיף
gird one's loins	שִׁינֵּס מוֹתְנָיו
girdle *n.* 1. (woman's undergarment)	מָחוֹךְ
2. (belt, sash)	חֲגוֹרָה, אַבְנֵט
girl *n.*	יַלְדָּה, נַעֲרָה
call girl	נַעֲרַת טֶלֶפוֹן
girlfriend *n.*	חֲבֵרָה, יְדִידָה אִינְטִימִית
girlhood *n.*	יַלְדוּת
girth *n.*1. (circumference)	הֶיקֵף
2. (strap)	רְצוּעָה
gismo *n.*	מַכְשִׁיר, אֲבִיזָר
gist *n.*	עִיקָּר
give *n.* (resilience)	גְּמִישׁוּת
give *vt.*	נָתַן, מָסַר
give and take (compromise)	פְּשָׁרָה
give away 1. (grant)	הֶעֱנִיק, נָתַן בְּמַתָּנָה
2. (reveal)	גִּילָּה
give back	הֶחֱזִיר
give birth to	יָלַד(ה)
give ground	וִיתֵּר, נָסוֹג
give in	נִכְנַע, וִיתֵּר
give it to (reprimand)	נָזַף בְּ-
give off	פָּלַט
give or take	פְּלוּס אוֹ מִינוּס
give out (make public)	פִּירְסֵם, הֵפִיץ
give over	מָסַר
give rise to	הֵבִיא לְ-
give up 1. (surrender)	נִכְנַע, וִיתֵּר
2. (quit)	הִפְסִיק
give way	פִּינָּה דֶּרֶךְ, נָסוֹג
giveaway *n.*	מַתַּת חִינָּם
given *n.*	נָתוּן, הַנָּחָה

given *adj.* 1. (inclined) נוֹטֶה ל-
2. (assumed) מְשׁוֹעָר
given *pp.* give
gizzard *n.* קוּרקְבָן
glacial *adj.* קַרחוֹנִי
glacier *n.* קַרחוֹן
glad *adj.* שָׂמֵחַ, מְרוּצֶה
gladden *vt.* שִׂימַח
glade *n.* קָרַחַת יַעַר
gladiator *n.* גְלַדִיָאטוֹר
gladiola *n.* סֵיפָן
gladness *n.* שִׂמְחָה
gladsome *adj.* שָׂמֵחַ
glamor *n.* זוֹהַר
glamorization *n.* מַתַן זוֹהַר
glamorize *vt.* הִצִיג בְּאוֹר זוֹהֵר
glance *n.* מַבָּט חָטוּף
glance *vi.* הֵעִיף מַבָּט
gland *n.* בַּלוּטָה
endocrine gland בַּלוּטַת הַפרָשָׁה פְּנִימִית
pituitary gland בַּלוּטַת יוֹתֶרֶת הַמוֹחַ
glandular *adj.* שֶׁל בַּלוּטָה
glare *n.* 1. (harsh light) אוֹר מְסַנווֵר
2. (piercing/fierce look) מַבָּט נוֹקֵב/זוֹעֵף
glare *vt.* 1. (shine) הִבהִיק, סִינווֵר
2. (look) נָעַץ מַבָּט
glaring *adj.* 1. (dazzling) מְסַנווֵר, מַבהִיק
2. (fierce) זוֹעֵף
3. (obvious) גָלוּי, בָּרוּר
glass *n.* 1. (transparent substance) זְכוּכִית
2. (drinking vessel) כּוֹס נ׳ (כּוֹסוֹת)
looking glass מַרְאָה
magnifying glass זְכוּכִית מַגדֶלֶת
stained glass זְכוּכִית צִבעוֹנִית
glasses *pn.* (spectacles) מִשקָפַיִים
field glasses מִשקֶפֶת שָׂדֶה
glaucoma *n.* בַּרקִית
glaze *n.* זִיגוּג
glaze *vt.* זִיגֵג
gleam *n.* נִיצנוּץ
gleam *vi.* נִיצנֵץ
glean *vt.* אָסַף, לִיקֵט
gleanings *pn.* לֶקֶט
glee *n.* שִׂמְחָה, עוֹנֶג
glen *n.* עֵמֶק קָטָן
glide *n.* גְלִישָׁה
glide *vi.* גָלַשׁ, הֶחֱלִיק
glider *n.* 1. (gliding device) גִלשוֹן
2. (motorless airplane) דָאוֹן
hang glider גִלשוֹן ; גוֹלֵשׁ
glimmer *n.* נִיצנוּץ, הִיבהוּב ; נִיצוֹץ, שְׁבִיב
glimmer *vi.* נִיצנֵץ, הִיבהֵב
glimpse *n.* מַבָּט חָטוּף
glimpse *vi.* הֵעִיף מַבָּט
glint *n.* נִיצנוּץ, זִיק
glisten *vi.* הִבְרִיק, נָצַץ
glitch *n.* תַּקָלָה קַלָּה
glitter *n.* בָּרָק, זוֹהַר
glitter *vi.* הִבְרִיק, זָהַר
glittery *adj.* מַבְרִיק, זוֹהֵר
glitz *n.* הִידוּר רַאַוותָנִי
glitzy *adj.* נוֹצֵץ
gloaming *n.* דִמדוּמֵי עֶרֶב
gloat *vi.* הִתעַנֵג (בַּהֲנָאָה עַצמִית)
glob *n.* 1. (drop) טִיפָּה
2. (lump) גוּשׁ
global *adj.* 1. (worldwide) עוֹלָמִי
2. (comprehensive) כּוֹלֵל, מַקִיף, גְלוֹבָּלִי
globe *n.* 1. (sphere) כַּדוּר
2. (earth) כַּדוּר הָאָרֶץ
globetrotter *n.* סוֹבֵב עוֹלָם
globular *adj.* כַּדוּרִי, עָגוֹל
globule *n.* כַּדוּר קָטָן
gloom *n.* קַדרוּת, אַפלוּלִית
gloomy *adj.* קוֹדֵר, אַפלוּלִי
glorification *n.* הַאֲדָרָה, פֵּיאוּר
glorify *vt.* הֶאֱדִיר, פֵּיאֵר
glorious *adj.* מְהוּלָל, מְפוֹאָר
glory *n.* 1. (praise) תְּהִילָה, שֶׁבַח
2. (splendor) הוֹד, הָדָר

Old Glory	דֶּגֶל אַרְצוֹת הַבְּרִית
gloss *n.* 1. (luster)	בָּרָק
2. (remark)	הֶעָרַת שׁוּלַיִים
gloss *vt.* 1. (shine)	הִבְרִיק
2. (annotate)	רָשַׁם הֶעָרַת שׁוּלַיִים
gloss over	הִסְוָה, כִּיסָּה (פְּגָמִים)
glossary *n.*	מִילּוֹן מוּנָחִים
glossiness *n.*	בָּרָק
glossy *n.*	תַּצְלוּם מַבְרִיק
glossy *adj.*	מַבְרִיק
glottal *adj.*	סִדְקִי, שֶׁל סֶדֶק הַקּוֹל
glottis *n.*	סֶדֶק הַקּוֹל
glove *n.*	כְּפָפָה, כְּסָיָה
kid gloves	כְּפָפוֹת מֶשִׁי
glow *n.* 1. (light)	לַהַט
2. (brightness)	זוֹהַר
glow *vi.* 1.	לָהַט
2.	זָהַר
glucose *n.*	גְּלוּקוֹזָה, סוּכַּר פֵּירוֹת
glue *n.*	דֶּבֶק
glue *vt.*	הִדְבִּיק
glum *adj.*	עָגוּם, עָצוּב
glut *n.*	שֶׁפַע, גּוֹדֶשׁ
glut *vt.*	הֵצִיף, מִילֵּא בְּשֶׁפַע
gluten *n.*	דִּבְקִית
glutton *n.*	גַּרְגְּרָן, זַלְלָן
glutton *n.*	גַּרְגְּרָנוּת, זַלְלָנוּת
glycerin *n.*	גְּלִיצֶרִין
gnarl *n.*	סִיקוּס
gnash *vt.*	חָרַק שִׁינַּיִים
gnat *n.*	יַבְחוּשׁ
gnaw *vt.*	כִּירְסֵם
gnome *n.*	גַּמָּד אַגָּדָתִי
GNP (gross national product)	תַּלָ"ג (תּוֹצָר לְאוּמִּי גּוֹלְמִי)
go *vi.* 1. (move, leave)	הָלַךְ, עָזַב
2. (travel)	נָסַע
3. (operate)	פָּעַל
4. (say)	אָמַר
5. (become)	נֶהְפַּךְ לְ-, נַעֲשָׂה
6. (pass)	עָבַר
go after	רָדַף אַחֲרֵי
go against	יָצָא נֶגֶד, הָיָה מְנוּגָּד לְ-
go ahead	הָלַךְ קָדִימָה, הִמְשִׁיךְ
go all the way	הָלַךְ עַד הַסּוֹף
go along with	הִסְכִּים עִם, שִׁיתֵּף פְּעוּלָּה
go around 1. (walk around)	הִסְתּוֹבֵב
2. (satisfy)	הִסְפִּיק
go astray	סָטָה מִן הַדֶּרֶךְ
go at	הִתְנַפֵּל עַל, תָּקַף
go away	עָזַב, הִסְתַּלֵּק
go back on	חָזַר בּוֹ
go bad	הִתְקַלְקֵל
go-between	מְתַוֵּךְ
go beyond	חָרַג מִ-, עָבַר אֶת גְּבוּל הַ-
go by 1. (pass)	עָבַר, חָלַף
2. (rely on)	הִסְתַּמֵּךְ עַל
go by the wayside	נִדְחַק הַצִּידָּה
go down	יָרַד
go down on	הִתְנַפֵּל, יָרַד עַל
go for it	הָלַךְ עַל, נִיסָּה לְהַשִּׂיג
go in	נִכְנַס
go it alone	פָּעַל לְבַדּוֹ
go off 1. (explode)	הִתְפּוֹצֵץ
2. (buzz, ring)	צִילְצֵל
3. (leave)	עָזַב
go on 1. (proceed)	הִמְשִׁיךְ; נִמְשַׁךְ
2. (happen)	קָרָה, הִתְרַחֵשׁ
go out 1. (exit)	יָצָא
2. (become extinguished)	כָּבָה, נִכְבָּה
go out of one's way	עָשָׂה מֵעַל לַדָּרוּשׁ
go over	עָבַר עַל, עִיֵּין בְּ-
go overboard	הִגְזִים
go through 1. (examine)	עָבַר עַל, בָּדַק
2. (experience)	הִתְנַסָּה בְּ-, עָבַר עָלָיו
go through with	עָשָׂה, הִשְׁלִים
go to bed with	שָׁכַב עִם
go to great length	הִשְׁתַּדֵּל מְאוֹד
go too far	הִגְזִים, עָבַר אֶת הַמּוּתָּר
go under	נִכְשַׁל

go up עָלָה
go well with תָּאַם, הָלַם
go without saying מוּבָן מֵאֵלָיו
on the go עָסוּק, פָּעִיל
(food) to go לָקַחַת הַבַּיְתָה
goad *n.* דּוֹרְבָן ז׳ (דּוֹרְבָנוֹת), מְדַרְבֵּן
goad *vt.* דִּירְבֵּן
goal *n.* 1. (aim) מַטָּרָה, יַעַד
2. (*sports*) שַׁעַר
field goal שַׁעַר בְּעִיטָה
goalkeeper *n.* שׁוֹעֵר כַּדּוּרֶגֶל
goat *n.* עֵז, תַּיִשׁ
goatee *n.* זְקַן תַּיִשׁ
goatskin *n.* עוֹר עִיזִּים
gob *n.* גּוּשׁ
gobble *n.* קִירְקוּר תַּרְנְגוֹל הוֹדּוּ
gobble *vt.* זָלַל, בָּלַע
gobbledegook *n.* גִּיבּוּב מִילִּים
gobbler *n.* תַּרְנְגוֹל הוֹדּוּ
goblet *n.* גָּבִיעַ
goblin *n.* שֵׁדוֹן
god *n.* אֵל, אֱלִיל
God *n.* אֱלוֹהִים
God-fearing יְרֵא-שָׁמַיִם
God forbid חַס וְחָלִילָה
God willing אִם יִרְצֶה הַשֵּׁם
godchild *n.* יֶלֶד סַנְדְּקָאוּת
goddess *n.* אֵלָה, אֱלִילָה
godfather *n.* סַנְדָּק
godforsaken *adj.* עָזוּב, מוּזְנָח
godless *adj.* 1. (non-believer) כּוֹפֵר
2. (wicked) נָבָל, מְרוּשָׁע
godly *adj.* 1. (divine) אֱלוֹהִי
2. (pious) אָדוּק, יְרֵא-שָׁמַיִם
godmother *n.* סַנְדָּקִית
godsend *n.* מַתָּנָה מִשָּׁמַיִים
godson *n.* בֶּן סַנְדְּקָאוּת
goggle *n.* מַבָּט חוֹדֵר
goggles *pn.* מִשְׁקְפֵי מָגֵן
goggle *vi.* נָעַץ מַבָּט
goiter *n.* זַפֶּקֶת
gold *n.* זָהָב, פָּז
gold *adj.* (color) זָהוֹב, מוּזְהָב
golden *adj.* 1. (of gold) זָהוֹב, שֶׁל זָהָב
2. (precious) יָקָר, שֶׁל פָּז
3. (50th anniversary) יוֹבֵל חֲמִישִׁים
goldfish *n.* דַּג זָהָב
goldsmith *n.* צוֹרֵף
golf *n.* גּוֹלְף
golf *vi.* שִׂיחֵק גּוֹלְף
golfer *n.* שַׂחְקַן גּוֹלְף
gondola *n.* גּוֹנְדּוֹלָה
gondolier *n.* מֵשִׁיט גּוֹנְדּוֹלָה
gone *pp.* go
gone *adj.* 1. (lost) אָבוּד, אֵינֶנּוּ
2. (used up) נִגְמַר
3. (bygone) עָבַר, חָלַף
goner *n.* גָּמוּר, מְחוּסָל
gong *n.* תּוֹף גּוֹנְג
gonorrhea *n.* זִיבָה
goo *n.* חוֹמֶר דָּבִיק
good *n.* 1. (good thing) טוֹב, טוֹבָה
2. (benefit) תּוֹעֶלֶת
for good לְתָמִיד
for one's own good לְטוֹבָתוֹ
for the good of לְטוֹבַת, לְמַעַן
goods *pn.* (merchandise) סְחוֹרָה
capital goods נִכְסֵי יִיצוּר
consumer goods מוּצְרֵי צְרִיכָה
dry goods אֲרִיגִים וּסְדָקִית
durable goods מוּצָרִים בְּנֵי-קְיָמָא
good *adj.* 1. (of satisfactory quality) טוֹב
2. (proper) נָכוֹן, הוֹלֵם
3. (valid) בַּר-תּוֹקֶף
good-looking יָפֶה, טוֹב-מַרְאֶה
good-natured נְעִים-מֶזֶג
make good קִיֵּים, מִילֵּא הִתְחַיְּיבוּת
goodbye! שָׁלוֹם!
goodhearted *adj.* טוֹב-לֵב
goodness *n.* 1. (good quality) טוּב

2. (kindness) טוּב-לֵב
3. (good part) הַחֵלֶק הַטּוֹב
goodness! אֱלוֹהִים!
for goodness sake! לְמַעַן הַשֵּׁם!
thank goodness! תּוֹדָה לָאֵל!
goodwill *n.* רָצוֹן טוֹב
goody *n.* מַמְתָּק
goody! יוֹפִי!
goof *n.* שְׁגִיאָה טִיפְּשִׁית
goof *vi.* עָשָׂה שְׁגִיאָה טִיפְּשִׁית
goofball *n.* טִיפֵּשׁ
goon *n.* בִּרְיוֹן
goose *n.* אַוָּז
gooseneck *n.* מוֹט מְעוּקָּם
GOP (Grand Old Party) הַמִּפְלָגָה הָרֶפּוּבְּלִיקָנִית (אַרהַ״ב)
gopher *n.* סְנָאִי כִּיס
gore *n.* 1. (blood) דָּם
2. (triangular cloth) פִּיסַת בַּד מְשׁוּלֶּשֶׁת
gorge *n.* עָרוּץ, גַּיְא
gorge *vt.; vi.* זָלַל
gorgeous *adj.* יְפֵהפֶה, נֶהְדָּר
gorilla *n.* גּוֹרִילָּה
gormandize *vt.; vi.* זָלַל
gory *adj.* מְגוֹאָל בְּדָם; עָקוֹב מִדָּם
gosh! אֱלוֹהִים
goshawk *n.* נֵץ
gosling *n.* אַוָּזוֹן
gospel *n.* בְּשׂוֹרַת הַנַּצְרוּת
Gospel *n.* מִסִּפְרֵי הַבְּרִית הַחֲדָשָׁה
gossamer *n.* 1. (light fabric) בַּד קָלִיל
2. (cobwebs) קוּרֵי עַכָּבִישׁ
gossip *n.* 1. (idle talk) רְכִילוּת
2. (tattletale) רַכְלָן
gossip *vi.* רִיכֵל
gossiper *n.* רַכְלָן
got *p.; pp.* get
got to (need to) צָרִיךְ, מוּכְרָח
gouge *n.* מַפְסֶלֶת
gouge *vt.* 1. (scoop out) עָקַר
2. (swindle) הוֹנָה
goulash *n.* גּוּלָשׁ
gourd *n.* דְּלַעַת
gourmand *n.* אַכְלָן
gourmet *n.* אֲנִין-טַעַם, מוּמְחֶה לְמַאֲכָלִים מְשׁוּבָּחִים
gout *n.* צִינִית
govern *vt.* 1. (rule) מָשַׁל, שָׁלַט בְּ-
2. (regulate) הִסְדִּיר
governess *n.* אוֹמֶנֶת
government *n.* 1. (cabinet) מֶמְשָׁלָה
2. (governing authority) מִמְשָׁל, שִׁלְטוֹן
3. (political science) מַדְּעֵי הַמְּדִינָה
caretaker government מֶמְשֶׁלֶת מַעֲבָר
governmental *adj.* מֶמְשַׁלְתִּי
governor *n.* מוֹשֵׁל
gown *n.* חָלוּק
grab *n.* 1. (grasp) תְּפִיסָה בְּכוֹחַ
2. (snatch) חֲטִיפָה
up for grabs חוֹפְשִׁי לְכוֹל דוֹרֵשׁ
grab *vt.* 1. תָּפַס בְּכוֹחַ
2. חָטַף
grace *n.* 1. (charm) חֵן, חִינָנִיּוּת
2. (favor) חֶסֶד, טוֹבָה
3. (blessing at meal) בִּרְכַּת הַמָּזוֹן
His Grace הוֹד מַעֲלָתוֹ/רוֹמְמוּתוֹ
grace *vt.* הוֹסִיף חֵן; הֶעֱנִיק כָּבוֹד
graceful *adj.* רַב-חֵן
gracious *adj.* 1. (courteous) אָדִיב
2. (merciful) רַב-חֶסֶד, חַנּוּן
grackle *n.* זַרְזִיר
grad *n.* בּוֹגֵר אוּנִיבֶרְסִיטָה
gradation *n.* דֵּירוּג, מַעֲבָר הַדְרָגָתִי
grade *n.* 1. (degree) דַּרְגָּה, מַדְרֵגָה
2. (category, class) סוּג
3. (mark of achievement) צִיּוּן
4. (school's class) כִּיתָּה
5. (slope) שִׁיפּוּעַ
grade *vt.* 1. (arrange in a scale) דֵּירֵג
2. (evaluate) נָתַן צִיּוּן

3. (smooth a slope) שִׁיפֵּעַ
gradient *n.* שִׁיפּוּעַ
gradual *adj.* הַדרָגָתִי
gradually *adv.* בְּהַדרָגָה
graduate *n.* 1.(diploma holder) בּוֹגֵר מוֹסָד
2. (graduated container) מְכָל מְשׁוּנָת
graduate *vi.* סִיֵים לִימוּדִים
graduation *n.* סִיוּם לִימוּדִים
graffiti *pn.* כְּתוֹבֶת קִיר
graft *n.* שְׁתִיל, הַשׁתָלָה, הַרכָּבָה
graft *vt.* הִשׁתִיל, הִרכִּיב
graham *n.* קֶמַח מְחִיטָה מְלֵאָה
grail *n.* גָבִיעַ
grain *n.* 1. (seed) גַרעִין, דָגָן
2. (particle) גַרגֵר, גַרגִיר
3. (texture) מִרקָם סִיבִים
4. (tiny amount) קוֹרטוֹב
grainy *adj.* גַרגִירִי
gram *n.* גְרָם
grammar *n.* דִקדוּק
gramophone *n.* מָקוֹל, פָּטֵיפוֹן
grampus *n.* לִוויָתָן
granary *n.* אָסָם
grand *n.* 1. (piano) פְּסַנתֵר כָּנָף
2. (1000 dollars) אֶלֶף דוֹלָר
baby grand (piano) פְּסַנתֵר כָּנָף קָטָן
grand *adj.* 1. (great) גָדוֹל, מְפוֹאָר
2. (lofty) נַעֲלֶה, נִשׂגָב
grandchild *n.* נֶכֶד
granddaughter *n.* נֶכדָה
grandeur *n.* פְּאֵר, הוֹד
grandfather *n.* סָב, סַבָּא
grandiloquent *adj.* נִמלָץ
grandiose *adj.* מְפוֹאָר, מַרשִׁים, גְרַנדִיוֹזִי
grandma, grandmother *n.* סַבתָא
grandpa *n.* סַבָּא
grandparent *n.* סַבָּא/סַבתָא
grandson *n.* נֶכֶד
great grandson נִין
grandstand *n.* יְצִיעַ הַצוֹפִים

grange *n.* חַוָוה
granite *n.* שַׁחַם, גְרָנִיט
granny *n.* סַבתָא
granola *n.* גְרָנוֹלָה
grant *n.* מַעֲנָק, מִלגָה
grant *vt.* הֶעֱנִיק, נָתַן ל-
granted *adv.* בִּתנַאי שֶׁ-
granular *adj.* גַרגִירִי, גַרעִינִי
granulate *vt.* פּוֹרֵר לְגַרגִירִים
granulated *adj.* גַרגִירִי
granule *n.* גַרגֵר, גַרגִיר, גַרעִין
grape *n.* עֵינָב (עֲנָבִים)
sour grapes עִנְבֵי בּוֹסֶר
grapefruit *n.* אֶשׁכּוֹלִית
grapevine *n.* 1. (vine) גֶפֶן
2. (spreading information) הֲפָצַת שְׁמוּעוֹת
graph *n.* עֲקוּמָה, גְרָף
graphic *adj.* 1. (as a graph) גְרָפִי
2. (pictorial) צִיוּרִי
graphics *pn.* גְרָפִיקָה
grapnel *n.* עוֹגֶן קְרָסִים
grapple *vi.* נֶאֱבַק, הִתגוֹשֵׁשׁ
grasp *n.* 1. (hold) אֲחִיזָה, תְפִיסָה
2. (comprehension) תְפִיסָה, הֲבָנָה
grasp *vt.* תָפַס; הֵבִין
grass *n.* עֵשֶׂב, דֶשֶׁא
grasshopper *n.* חָגָב, חַרגוֹל
grassland *n.* כַּר דֶשֶׁא
grassroots *pn.* הַצִיבּוּר, אֲנָשִׁים רְגִילִים
grate *n.* שְׂבָכָה
grate *vt.* 1. (crumble) פּוֹרֵר
2. (scrape) גֵירֵד, שִׁפשֵׁף
3. (annoy) הִרגִיז
4. (make a rasping sound) חָרַק, צָרַם
grateful *adj.* אֲסִיר-תוֹדָה
gratefully *adv.* בְּהַכָּרַת תוֹדָה
gratification *n.* סִיפּוּק, נַחַת רוּחַ
gratify *vt.* 1. (please) סִיפֵּק, הִשׂבִּיעַ רָצוֹן
2. (indulge) עִינֵג, גָרַם הֲנָאָה
gratifying *adj.* מְסַפֵּק, מַשׂבִּיעַ רָצוֹן

gratis *adj.; adv.* חִינָּם ; בְּחִינָּם
gratitude *n.* הַכָּרַת תוֹדָה
gratuity *n.* תֶּשֶׁר, טִיפּ
grave *n.* קֶבֶר
grave *adj.* חָמוּר, רְצִינִי
grave *vt.* חָקַק, גִּילֵף
gravel *n.* חָצָץ
graven *adj.* חָקוּק, מְגוּלָף
gravestone *n.* מַצֵּבָה
graveyard *n.* בֵּית-קְבָרוֹת
gravid *adj.* הָרָה, מְעוּבֶּרֶת
gravitate *vi.* נִמְשַׁךְ, נָע אֶל
gravitation *n.* כּוֹחַ מְשִׁיכָה/כּוֹבֶד
gravity *n.* 1. (force) כּוֹחַ הַמְשִׁיכָה
2. (seriousness) חוּמְרָה, רְצִינוּת
center of gravity מֶרְכַּז הַכּוֹבֶד
specific gravity מִשְׁקָל סְגוּלִי
zero gravity הֶעְדֵר כּוֹחַ מְשִׁיכָה
gravure *n.* גִּילוּף, פִּיתּוּחַ
gravy *n.* רוֹטֶב בָּשָׂר
gray *adj.* 1. (color) אָפוֹר
2. (gloomy) קוֹדֵר
3. (gray-haired) כְּסוּף-שֵׂיעָר
gray *vi.; vt.* הֶאֱפִיר ; הִכְסִיף
gray area שֶׁטַח בֵּינַיִים, לֹא מוּגְדָּר
graze *n.* שִׁיפְשׁוּף, שְׂרִיטָה
graze *vt.* 1. (abrade) שִׁיפְשֵׁף, שָׂרַט
2. *vi.* (feed) רָעָה, לָחַךְ
grease *n.* 1. (fat) שׁוּמָן, שֶׁמֶן
2. (viscous lubricant) גְּרִיז, סִיכָה
elbow grease עֲבוֹדָה קָשָׁה
grease *vt.* סָךְ, שִׁימֵן
greasy *adj.* שַׁמְנוּנִי, מְשׁוּמָּן
great *n.* אָדָם דָּגוּל
great *adj.* 1. (large) גָּדוֹל, עָצוּם
2. (excellent) מְצוּיָּן
3. (eminent) רַם-מַעֲלָה, דָּגוּל
4. (splendid) נִפְלָא, נֶהְדָּר
greatcoat *n.* מְעִיל עֶלְיוֹן
greatly *adv.* בְּמִידָּה רַבָּה, לְאֵין שִׁיעוּר
greatness *n.* גְּדוּלָּה, גַּדְלוּת
greed *n.* תַּאֲוַות בֶּצַע, חַמְדָנוּת
greedy *adj.* רוֹדֵף בֶּצַע, חַמְדָן
Greek *n.; adj.* יְוָנִי
Greeks *pn.* חֲבֵרִים בַּאֲגוּדוֹת אַחִים/אֲחָיוֹת
green *adj.* 1. (color) יָרוֹק
2. (inexperienced) חֲסַר-נִיסָּיוֹן
greenery *n.* יֶרֶק
greenhorn *n.* חֲסַר-נִיסָּיוֹן, טִירוֹן
greenhouse *n.* חֲמָמָה
greet *vt.* 1. (welcome) קִידֵּם פְּנֵי-, בֵּירַךְ
2. (receive) קִיבֵּל
greeting *n.* בִּרְכַּת שָׁלוֹם
gregarious *adj.* חַבְרוּתִי, אוֹהֵב חֶבְרָה
gremlin *n.* שֵׁדוֹן
grenade *n.* רִימּוֹן יָד
grenadine *n.* תַּרְכִּיז רִימּוֹן
grew *p.* grow
grey *adj.* אָפוֹר
greyhound *n.* כֶּלֶב מֵירוֹץ
grid *n.* רֶשֶׁת, סוֹרֵג
griddle *n.* מַחֲבַת
gridlock *n.* פְּקָק תְּנוּעָה
grief *n.* צַעַר, יָגוֹן
grievance *n.* תְּלוּנָה
grieve *vi.; vi.* חָשׁ צַעַר ; צִיעֵר, גָּרַם צַעַר
grievous *adj.* מְצַעֵר
grill *n.* אַסְכָּלָה, גְּרִיל
grill *vt.* צָלָה
grille *n.* סוֹרֵג
grim *adj.* קוֹדֵר, חֲמוּר-סֵבֶר
grimace *n.* הַעֲוָיָה
grime *n.* לִיכְלוּךְ
grin *n.* גִּיחוּךְ
grin *vi.* גִּיחֵךְ
grind *n.* טְחִינָה, כְּתִישָׁה
grind *vt.* 1. (crush) טָחַן, כָּתַשׁ
2. (sharpen) הִשְׁחִיז
3. (gnash) חָרַק
grinder *n.* 1. (grinding device) מַטְחֵנָה

2. (molar) שֵׁן טוֹחֶנֶת

grindstone *n.* אֶבֶן מַשְׁחֶזֶת ; אֶבֶן רֵיחַיִים

grip *n.* 1. (hold) אֲחִיזָה, מַאֲחָז, תְּפִיסָה

2. (handle) יָדִית

grip *vt.* אָחַז, תָּפַס

come to grips with הִתְמוֹדֵד עִם

gripe *n.* תְּלוּנָה

gripe *vi.* הִתְלוֹנֵן

grisly *adj.* אָיוֹם, מַבְעִית, זַוְועָתִי

grist *n.* גַּרְעִינֵי תְּבוּאָה

grist for the mill דָּבָר מוֹעִיל

gristle *n.* סְחוּס, חַסְחוּס

grit *n.* חֲלַקִּיק אֶבֶן, חָצָץ

grit *vt.* חָרַק שִׁינַּיִים

grits *pn.* דַּיְיסָה (שֶׁל תִּירָס טָחוּן)

grizzly *n.* (bear) דּוֹב חוּם

grizzled, grizzly *adj.* אָפוֹר

groan *n.* גְּנִיחָה, אֲנָקָה

groan *vi.* גָּנַח, נֶאֱנַק

groats *pn.* גְּרִיסִים

grocer *n.* חֶנְוָנִי, בַּעַל חֲנוּת מַכּוֹלֶת

groceries *pn.* מִצְרְכֵי מַכּוֹלֶת

grocery *n.* חֲנוּת מַכּוֹלֶת

grog *n.* מַשְׁקֶה חָרִיף

groggy *adj.* מִתְנוֹדֵד, לֹא יַצִּיב

groin *n.* מִפְשָׂעָה

grommet *n.* לוּלָאָה

groom *n.* 1. (bridegroom) חָתָן

2. (horse caretaker) סַיָּיס

groom *vt.* טִיפַּח ; נִיקָּה

groove *n.* חָרִיץ

grope *vt.* מִישֵׁשׁ, גִּישֵּׁשׁ

gross *n.* 1. (income before deductions) בְּרוּטוֹ, כּוֹלֵל

2. (twelve dozens) תְּרֵיסַר תְּרֵיסָרִים

gross *vt.* הִשְׂתַּכֵּר בְּרוּטוֹ

gross out הִגְעִיל

gross *adj.* 1. (utter) מוּחְלָט

2. (disgusting) מַגְעִיל, דּוֹחֶה

grotesque *adj.* מְגוּחָךְ

grotto *n.* מְעָרָה

grouch *n.* רַטְנָן, רַגְזָן

grouchy *adj.* רוֹטֵן, נִרְגָּז

ground *n.* 1. (earth surface) קַרְקַע, אֲדָמָה

2. (designated area) מִגְרָשׁ, שֶׁטַח

3. (basis, reason) בָּסִיס, סִיבָּה

4. (*electricity*) הַאֲרָקָה

breeding ground קַרְקַע פּוֹרִיָּה

common ground בָּסִיס/מְכַנֶּה מְשׁוּתָּף

from the ground up מִן הַיְסוֹד

gain/lose ground הִתְחַזֵּק/נֶחֱלַשׁ

give ground נָסוֹג

middle ground שְׁבִיל בֵּינַיִים

off the ground בָּאֲוִויר

ground *vt.* 1. (forbid flying) קִירְקַע

2. (base) בִּיסֵּס

3. (instruct) לִימֵּד יְסוֹדוֹת

4. (restrict to home) רִיתֵּק לַבַּיִת

5. (*electricity*) הֶאֱרִיק, חִיבֵּר לָאֲדָמָה

ground *p.*; *pp.* grind

ground *adj.* טָחוּן

groundbreaking *n.* הֲנָחַת אֶבֶן פִּינָּה

groundbreaking *adj.* מְקוֹרִי

groundhog *n.* מַרְמוּטָה

groundless *adj.* חֲסַר-יְסוֹד

groundswell *n.* נַחְשׁוֹל

groundwater *n.* מֵי תְּהוֹם

groundwork *n.* עֲבוֹדַת הֲכָנָה

group *n.* קְבוּצָה

interest group קְבוּצָה אִינְטֶרֶסַנְטִית

splinter group פֶּלֶג נִפְרָד

group *vt.* סִידֵּר בִּקְבוּצָה

groupie *n.* גְּרוּפִּי, מִזְדַּנֵּב אַחֲרֵי בַּדְרָנִים

grouse *n.* תַּרְנְגוֹל בָּר

grouse *vi.* רָטַן, הִתְלוֹנֵן

grout *n.* טִיחַ (לִסְתִימַת חֲרִיצִים)

grove *n.* פַּרְדֵּס, חוֹרְשָׁה

grovel *vi.* הִשְׁתַּטֵּחַ, הִתְרַפֵּס

grow *vi.*; *vt.* 1. (get/make bigger) גָּדַל, צָמַח ; גִּידֵּל, הִצְמִיחַ

2. *vi.* (become) נַעֲשָׂה
grow into הָפַךְ ל-, נַעֲשָׂה
grow up גָּדַל, הִתְבַּגֵּר
grower *n.* מְגַדֵּל
growl *n.* נְהִימָה
growl *vi.* נָהַם
grown *pp.* grow
grownup *n.* מְבוּגָּר
growth *n.* 1. (act of growing) גְּדִילָה, צְמִיחָה
2. (increase; tumor) גִּידּוּל
grub *n.* זַחַל
grub *vt.* חָפַר, חִיטֵט בֶּעָפָר ; עָקַר
grubby *adj.* מְלוּכלָךְ
grudge *n.* טִינָה, תַּרעוֹמֶת
hold a grudge נָטַר טִינָה
gruel *n.* דַּייסָה
grueling *adj.* מַתִּישׁ, מְפָרֵךְ
gruesome *adj.* מְזַעֲזֵעַ, מַחרִיד
gruff *adj.* מְחוּספָּס, גַּס
grumble *n.* רְטִינָה, תְּלוּנָה
grumble *vi.* רָטַן, רָגַן
grumpy *adj.* רוֹטֵן, נִרגָּן
grungy *adj.* מְלוּכלָךְ, מוּזנָח
grunt *n.* חִירחוּר, נְאָקָה
grunt *vi.* חִירחֵר, נָאַק
guacamole *n.* מִמרַח אֲבוֹקָדוֹ
guarantee *n.* עֲרוּבָּה, עֵירָבוֹן
guarantee *vt.* עָרַב ל-, הִבטִיחַ
guarantor *n.* עָרֵב
guaranty *n.* עַרבוּת, עֲרוּבָּה
guard *n.* 1. (watchman) שׁוֹמֵר, זָקִיף
2. (protective device) מָגֵן
coast guard מִשמַר הַחוֹפִים
off guard לֹא מוּכָן, לֹא עָרוּךְ
on guard (alert) עֵירָנִי
prison guard סוֹהֵר
rear guard מְאַסֵּף, שׁוֹמֵר אֲחוֹרִי
security guard מְאַבטֵחַ
stand guard עָמַד עַל הַמִּשמָר
guard *vt.* שָׁמַר עַל, הִשׁגִּיחַ

guarded *adj.* 1. (protected) שָׁמוּר, מוּגָן
2. (cautious) זָהִיר
guardhouse *n.* בֵּית-מִשמָר
guardian *n.* 1. (protector) שׁוֹמֵר, מֵגֵן
2. (*law*) אַפּוֹטרוֹפּוֹס
guardianship *n.* אַפּוֹטרוֹפְּסוּת
guardsman *n.* שׁוֹמֵר
guava *n.* גוּיָאבָה
gubernatorial *adj.* שֶׁל מוֹשֵׁל
guerrilla *n.* גֵּרִילָה
guess *n.* נִיחוּשׁ, הַשׁעָרָה
wild guess נִיחוּשׁ סְתָמִי
guess *vt.* נִיחֵשׁ, שִׁיעֵר
guesswork *n.* נִיחוּשׁ
guest *n.* אוֹרֵחַ
guff *n.* שְׁטוּיוֹת
guffaw *n.* צְחוֹק פָּרוּעַ
guidance *n.* הַדרָכָה, הַנחָיָה
guide *n.* מַדרִיךְ, מַנחֶה
guide *vt.* הִדרִיךְ, הִנחָה
guidebook *n.* מַדרִיךְ, סֵפֶר הַדרָכָה
guideline *n.* קַו מַנחֶה, הַנחָיָה
guidepost *n.* תַּמרוּר
guidon *n.* דֶּגֶל
guild *n.* אִיגּוּד מִקצוֹעִי
guile *n.* עוֹרמָה, תַּכסִיס
guillotine *n.* מַעֲרֶפֶת, גִילִיוֹטִינָה
guilt *n.* אַשׁמָה
guilty *adj.* אָשֵׁם
guise *n.* מַרְאֶה חִיצוֹנִי, מַסוֶוה
guitar *n.* גִּיטָרָה
electric guitar גִּיטָרָה חַשׁמַלִית
gulag *n.* מַחֲנֶה כְּפִייָה
gulch *n.* גַּיא, עָרוּץ
gulf *n.* 1. (body of water) מִפרָץ
2. (gap) פַּעַר, תְּהוֹם
gull *n.* שַׁחַף
gull *vt.* רִימָּה
gullet *n.* וֶשֶׁט, גָּרוֹן
gullibility *n.* פְּתַיוּת, תְּמִימוּת

gullible *adj.* פֶּתִי, תָּמִים
gulp *n.* לְגִימָה , בְּלִיעָה
gulp *vt.* לָגַם בְּחִיפָּזוֹן, בָּלַע
gum *n.* 1. (sticky substances) שָׂרָף, דֶּבֶק
 2. (bases of the teeth) חֲנִיכַיִים
bubble/chewing gum גּוּמִי לְעִיסָה, מַסְטִיק
gum *vi.* נַעֲשָׂה דָּבִיק
gumbo *n.* מְרַק בַּמְיָה
gumdrop *n.* סוּכָּרִיַּית גּוּמִי
gumption *n.* תּוּשִׁיָּה ; תְּעוּזָה
gummy *adj.* דָּבִיק
gun *n.* 1. (pistol) אֶקְדָּח
 2. (cannon) תּוֹתָח
 3. (rifle) רוֹבֶה
air gun רוֹבֶה אֲוִויר
dummy gun תּוֹתַח דֶּמֶה
machine gun מַקְלֵעַ
submachine gun תַּת-מַקְלֵעַ
gun down *vt.* יָרָה בּ-
gunboat *n.* סְפִינַת תּוֹתָחִים
gunfight *n.* קְרַב יֶרִי
gunfire *n.* יֶרִי, אֵשׁ תּוֹתָחִים
gung ho *adj.* נִלְהָב
gunlock *n.* נִצְרָה
gunman *n.* אֶקְדָּחָן ; פּוֹשֵׁעַ חָמוּשׁ
gunner *n.* תּוֹתְחָן
gunnery *n.* תּוֹתְחָנוּת
gunny *n.* בַּד יוּטָה
gunnysack *n.* שַׂק יוּטָה
gunplay *n.* חִילוּפֵי יְרִיוֹת
at gunpoint *adv.* תַּחַת אִיּוּם אֶקְדָּח
gunpowder *n.* אֲבַק שְׂרֵיפָה
gunshot *n.* יְרִיָּיה
gunslinger *n.* נוֹשֵׂא נֶשֶׁק
gunsmith *n.* נַשָּׁק
gurgle *n.* גִּירְגּוּר, בִּיעְבּוּעַ
gurgle *vi.* גִּירְגֵּר, בִּיעְבֵּעַ
gurney *n.* אֲלוּנְקָה
guru *n.* גּוּרוּ
gush *n.* שֶׁטֶף, זֶרֶם
gush *vi.* פָּרַץ בְּזֶרֶם
gusher *n.* בְּאֵר נֵפְט/גַּז
gust *n.* 1. (wind blast) מַשַּׁב רוּחַ חָזָק
 2. (outburst of emotion) הִתְפָּרְצוּת רְגָשׁוֹת
gust *vi.* נָשַׁב בְּחוֹזְקָה
gustatory *adj.* שֶׁל חוּשׁ הָרֵיחַ
gusto *n.* הִתְלַהֲבוּת
gusty *adj.* סוֹעֵר, נוֹשֵׁב בְּחוֹזְקָה
gut *n.* מְעִי
guts *pn.* 1. (entrails) מֵעַיִים, קְרָבַיִים
 2. (courage) אוֹמֶץ
gutless *adj.* פַּחְדָן
gutsy *adj.* אַמִּיץ
gutter *n.* 1. (roof drainer) מַרְזֵב
 2. (street drainer) בִּיב
guttersnipe *n.* פִּרְחַח רְחוֹב
guttural *adj.* גְּרוֹנִי
guy *n.* בָּחוּר, בַּרְנָשׁ
fall guy שָׂעִיר לַעֲזָאזֵל
guzzle *vt.* סָבָא, הִרְבָּה לִשְׁתּוֹת
guzzler *n.* סוֹבֵא, מַרְבֶּה לִשְׁתּוֹת
gas guzzler רֶכֶב בַּזְבְּזָנִי (בְּדֶלֶק)
gym, gymnasium *n.* אוּלַם הִתְעַמְּלוּת
gymnastics *n.* הִתְעַמְּלוּת
gynecologist *n.* רוֹפֵא נָשִׁים, גֶּנִיקוֹלוֹג
gynecology *n.* רְפוּאַת נָשִׁים, גֶּנִיקוֹלוֹגְיָה
gyp *vt.* רִימָּה, הוֹנָה
gypper *n.* נוֹכֵל, רַמַּאי
gypsum *n.* גֶּבֶס
Gypsy *n.*; *adj.* צוֹעֲנִי
gyrate *vi.* הִסְתּוֹבֵב
gyroscope *n.* גִּירוֹסְקוֹפּ

H

H	הָאוֹת הַשְּׁמִינִית בָּאָלֶפְבֵּית הָאַנְגְלִי
Habakkuk *n.*	חֲבַקּוּק
habeas corpus	הַבֵּיאַס קוֹרְפּוּס, צַו הֲבָאָה (לְבֵית-מִשְׁפָּט), צַו זִימּוּן
haberdasher *n.*	מוֹכֵר סִדְקִית
haberdashery *n.*	סִדְקִית
habit *n.*	הֶרְגֵּל, מִנְהָג
habit-forming	מְמַכֵּר
habitat *n.*	מִשְׁכָּן, בַּיִת
habitation *n.*	מְגוּרִים
habitual *adj.*	רָגִיל
habituate *vt.*	הִרְגִּיל
habitude *n.*	הֶרְגֵּל, מִנְהָג
hack *n.*	חֲתָךְ
hack *vt.*	חָתַךְ, קָצַץ
hackamore *n.*	רֶסֶן
hacker *n.*	הָאקֶר, פּוֹרֵץ מַחְשְׁבִים
hackle *n.*	נוֹצוֹת צַוָּאר
hackney *n.*	סוּס רְכִיבָה
hackneyed *adj.*	נָדוֹשׁ
hacksaw *n.*	מַסּוֹר לְמַתֶּכֶת
had *p.*; *pp.* have	
had better	מוּטָב שֶׁ-
had it coming	מַגִּיעַ לוֹ
haddock *n.*	חֲמוֹר יָם
haft *n.*	יָדִית
hag *n.*	זְקֵנָה מִרְשַׁעַת
Haggai *n.*	חַגַּי
haggard *adj.*	תָּשׁוּשׁ, שָׁחוּק
haggle *n.*	מִיקּוּחַ
haggle *vi.*	הִתְמַקֵּחַ
hagiography *n.*	תּוֹלְדוֹת חַיֵּי קְדוֹשִׁים
Haifa *n.*	חֵיפָה
hail *n.* 1. (acclaim)	תְּרוּעָה, קְרִיאַת בְּרָכָה
2. (ice ball)	בָּרָד
hail *vt.* 1.	הֵרִיעַ לְ-
2. *vi.*	יָרַד בָּרָד
hailstone *n.*	כַּדּוּר בָּרָד
hailstorm *n.*	סוּפַת בָּרָד
hair *n.* 1. (one strand)	שַׂעֲרָה
2. (head hair)	שֵׂיעָר
hair-raising	מְסַמֵּר שֵׂיעָר, מַפְחִיד
hair-trigger	מוּפְעָל בְּקַלּוּת
white hair	שְׂעַר שֵׂיבָה
hairbreadth *adj.*	כְּחוּט הַשַּׂעֲרָה
hairbrush *n.*	מִבְרֶשֶׁת שֵׂיעָר
haircut *n.*	תִּסְפּוֹרֶת
hairdo *n.*	תִּסְרוֹקֶת
hairdresser *n.*	סַפָּר
hairiness *n.*	שְׂעִירוּת
hairline *n.* 1. (hair outline)	קַו הַשֵּׂיעָר
2. (thin line)	קַו דַּק
hairpiece *n.*	פֵּיאָה נוֹכְרִית
hairpin *n.*	סִיכַּת רֹאשׁ
hairsplitting *n.*	עִיסּוּק בְּקַטְנוּת
hairspray *n.*	תַּרְסִיס שֵׂיעָר
hairspring *n.*	קְפִיץ שָׁעוֹן
hairstyle *n.*	תִּסְרוֹקֶת
hairstyling *n.*	עִיצּוּב תִּסְרוֹקוֹת
hairstylist *n.*	מְעַצֵּב תִּסְרוֹקוֹת
hairy *adj.*	שָׂעִיר
halcyon *adj.*	שָׁלֵו, רָגוּעַ
hale *adj.*	בָּרִיא
hale *vt.*	אִילֵּץ לָלֶכֶת
half *n.*	חֵצִי, מַחֲצִית
half-and-half	חֵצִי-חֵצִי ; תַּעֲרוֹבֶת שָׁוָה
half-track	זַחְלָ"ם, זַחַל מְמוּנָּע
halfback *n.*	רָץ (בְּכַדּוּרֶגֶל)
halfhearted *adj.*	חֲסַר-הִתְלַהֲבוּת
halftime *n.*	מַחֲצִית מִשְׂחָק
halftone *n.*	הַדְפָּסָה בִּנְקוּדוֹת, גְּלוּפָה
halfway *adj.*	בְּמַחֲצִית הַדֶּרֶךְ, חֶלְקִי
halibut *n.*	דַּג פּוּטִית
halitosis *n.*	בְּאֶשֶׁת, רֵיחַ פֶּה

hall *n.*	אוּלָם ז׳ (אוּלָמוֹת)
hall of fame	מוֹעֲדוֹן מִצְטַיְּנִים
city/town hall	בִּנְיַין עִירִיָּיה
mess hall	חֲדַר-אוֹכֶל מְשׁוּתָּף
hallelujah!	הַלְלוּיָהּ!
hallmark *n.*	סִימַן הִצְטַיְּנוּת
hallow *vt.*	קִידֵּשׁ
Halloween *n.*	הָלוֹוִין, לֵיל תַּחְפּוֹשׂוֹת
hallucinate *vi.*	הָזָה
hallucination *n.*	הֲזָיָה
hallucinogenic *adj.*	גּוֹרֵם הֲזָיוֹת
hallway *n.*	מִסְדְּרוֹן, פְּרוֹזְדוֹר
halo *n.*	הִילָה
halo *vt.*	עִיטֵּר בְּהִילָה
halogen *n.*	הָלוֹגֶן
halt *n.*	עֲצִירָה
halt *vt.*	עָצַר
halva *n.*	חַלְוָוה
halve *vt.*	חָצָה, חִילֵּק לִשְׁנַיִים
ham *n.*	יֶרֶךְ חֲזִיר
hamburger *n.*	הַמְבּוּרְגֶר
hammer *n.*	פַּטִּישׁ
hammer *vt.*	הִכָּה בְּפַטִּישׁ
hammock *n.*	עַרְסָל
hamper *n.*	סַל כְּבָסִים
hamper *vt.*	עִיכֵּב, הִפְרִיעַ ל-
hamster *n.*	אוֹגֵר
hamstring *n.*	גִּיד הַבֶּרֶךְ
hand *n.* 1. (limb)	יָד נ׳ (יָדַיִים)
2. (clock pointer)	מָחוֹג
3. (worker)	עוֹבֵד
4. (help)	עֶזְרָה
hand in hand	יָד בְּיָד, בְּיַחַד
hands down	בְּקַלּוּת, לְלֹא מַאֲמָץ
hands off!	בְּלִי יָדַיִים!
hands-on	הִתְעָרְבוּת פְּעִילָה
hands up!	יָדַיִים לְמַעְלָה!
at hand	קָרוֹב, קָרוֹב לְמִימוּשׁ
first-hand	מִמָּקוֹר רִאשׁוֹן
give a hand 1. (help)	נָתַן יָד, עָזַר ל-

2. (applaud)	מָחָא כַּף
on hand	זָמִין, מָצוּי
on the one hand	מִצַּד אֶחָד
on the other hand	מִצַּד שֵׁנִי, לְעוּמַּת זֹאת
out of hand 1. (uncontrollable)	לֹא נִיתָּן לִשְׁלִיטָה
2. (immediately)	מִיָּד
second-hand (used)	מְשׁוּמָּשׁ
shake hands	לָחַץ יָדַיִים
hand *vt.*	מָסַר, נָתַן
hand down 1. (bequeath)	הוֹרִישׁ
2. (make a legal decision)	פָּסַק, גָּזַר
hand it to (give credit)	זָקַף לִזְכוּתוֹ
hand on	מָסַר, הֶעֱבִיר ל-
hand out (distribute)	חִילֵּק
hand over	מָסַר
handbag *n.*	תִּיק יָד
handball *n.*	כַּדּוּר יָד
handbill *n.*	עָלוֹן
handbook *n.*	חוֹבֶרֶת הַדְרָכָה, מַדְרִיךְ
handcart *n.*	עֶגְלַת יָד
handclasp *n.*	לְחִיצַת יָד
handcuff *n.*	אָזִיק
handcuff *vt.*	כָּבַל בַּאֲזִיקִים
handful *n.* 1. (full hand)	חוֹפֶן, מְלוֹא הַיָּד
2. (small quantity/number)	קוֹמֶץ, מְעַט
handgun *n.*	אֶקְדָּח
handicap *n.*	מִגְבָּלָה, מִכְשׁוֹל
handicap *vt.*	הִגְבִּיל, שָׂם מִכְשׁוֹל
handicapped *adj.*	נָכֶה, מוּגְבָּל
handicraft *n.*	מְלֶאכֶת יָד, אוּמָּנוּת
handiwork *n.*	עֲבוֹדַת יָד
handkerchief *n.*	מִמְחָטָה
handle *n.*	יָדִית
get a handle on	הֵבִין, תָּפַס
handle *vt.* 1. (touch)	נָגַע בּ-
2. (take care of)	טִיפֵּל בּ-
3. (cope with)	הִתְמוֹדֵד עִם
handlebar *n.*	כִּידוֹן אוֹפַנַּיִים
handler *n.*	מְאַמֵּן, מְאַלֵּף

handmade *adj.* עֲבוֹדַת יָד
handmaid *n.* מְשָׁרֶתֶת
handoff *n.* מְסִירָה
handout *n.* 1. (donation) נְדָבָה
2. (leaflet) עָלוֹן, מִנְשָׁר
handpick *vt.* בָּחַר בְּעַצְמוֹ
handrail *n.* מַעֲקֶה
handset *n.* שְׁפוֹפֶרֶת טֶלֶפוֹן
handshake *n.* לְחִיצַת יָד
handsome *adj.* יָפֶה, נָאֶה
handwork *n.* עֲבוֹדַת יָד
handwriting *n.* כְּתַב יָד
handwritten *adj.* כָּתוּב בַּיָּד
handy *n.* 1. (useful) שִׁימוּשִׁי
2. (skillful) מוּכְשָׁר
handyman *n.* כּוֹלְבּוֹיְנִיק, אִישׁ תִּיקּוּנִים
hang *vt.*; *vi.* תָּלָה ; הָיָה תָּלוּי
hang around הִסְתּוֹבֵב, שׁוֹטֵט
hang back הִיסֵּס
hang gliding גְּלִישָׁה בָּאֲוִויר
hang in/on הֶחֱזִיק מַעֲמָד
hang on to שָׁמַר עַל
hang out בִּילָה בַּמָּקוֹם
hang tough הִפְגִּין נְחִישׁוּת
hang up סָגַר אֶת הַטֶּלֶפוֹן
hangar *n.* מוּסַךְ מְטוֹסִים
hangdog *adj.* נִכְלָם
hanger *n.* קוֹלָב, מַתְלֶה
hangman *n.* תַּלְיָין
hangout *n.* מְקוֹם מִפְגָּשִׁים
hangover *n.* חֲמַרְמוֹרֶת
hank *n.* סְלִיל, פְּקַעַת
hanker *vi.* הִשְׁתּוֹקֵק
hankie, hanky *n.* מִמְחָטָה
hanky-panky 1. (mischief) שׁוֹבְבוּת, מַעֲשֵׂה קוּנְדֵס
2. (illicit sex) יַחֲסֵי מִין אֲסוּרִים
Hanukkah *n.* חֲנוּכָּה
hap *n.* מַזָּל
haphazard *adj.* מִקְרִי, לֹא מְתוּכְנָן
haphazardly *adv.* בְּאַקְרַאי
hapless *n.* בִּישׁ-מַזָּל
happen *vi.* קָרָה, הִתְרַחֵשׁ
happen to הִזְדַּמֵּן לוֹ ל-
happen to be הָיָה בְּמִקְרֶה
it so happens that בְּמִקְרֶה
happening *n.* אֵירוּעַ, הִתְרַחֲשׁוּת
happiness *n.* אוֹשֶׁר
happy *adj.* מְאוּשָּׁר, שָׂמֵחַ
harangue *n.* נְאוּם מְמוּשָּׁךְ
harangue *vt.*; *vi.* הִטְרִיד בִּנְאוּם מְמוּשָּׁךְ
harass *vt.* הִטְרִיד, הֵצִיק ל-
harassment *n.* הַטְרָדָה
sexual harassment הַטְרָדָה מִינִית
harbinger *n.* מְבַשֵּׂר
harbinger *vt.* בִּישֵּׂר
harbor *n.* נָמָל, מַעֲגָן
harbor *vt.* 1. (give shelter) נָתַן מַחֲסֶה
2. (conceal feeling) שָׁמַר בַּלֵּב
hard *adj., adv.* קָשֶׁה
hard-on זִיקְפָּה
hard-nosed מַעֲשִׂי, שָׁנוּן
hard-pressed בְּקָשַׁיִים
take it hard לָקַח לַלֵּב
hardback *n.* סֵפֶר בִּכְרִיכָה קָשָׁה
hardball *adj.* קָשׁוּחַ, נוּקְשֶׁה
hardcore *adj.* 1. (diehard) לֹא מִתְפַּשֵּׁר
2. (explicit) גָּלוּי, חַשְׂפָנִי
harden *vt.*; *vi.* הִקְשָׁה, הִקְשִׁיחַ ; הִתְקַשָּׁה
hardhat *n.* 1. (helmet) קַסְדָּה
2. (construction worker) פּוֹעֵל בִּנְיָין
hardheaded *adj.* עַקְשָׁן
hardhearted *adj.* קְשֵׁה-לֵב
hardihood *n.* אוֹמֶץ, הֶעָזָה
hardly *adv.* בְּקוֹשִׁי
hardpan *n.* קַרְקַע קָשָׁה
hardship *n.* סֵבֶל, מְצוּקָה
hardware *n.* 1. (metal tools) כְּלֵי מַתֶּכֶת
2. (computer parts) חוֹמְרָה
hardwood *n.* עֵץ קָשֶׁה

hardy *n.* 1. (sturdy) חָסוֹן, חָזָק
2. (surviving cold) עָמִיד בִּפְנֵי קוֹר
hare *n.* אַרְנָב
harebell *n.* פַּעֲמוֹנִית
harebrained *adj.* קַל-דַּעַת
harelip *n.* שָׂפָה שְׁסוּעָה
harem *n.* הַרְמוֹן
hark *vi.* הֶאֱזִין
harlot *n.* זוֹנָה, פְּרוּצָה
harlotry *n.* זְנוּת
harm *n.* נֶזֶק
harm *vt.* הִזִּיק ל-
harmful *adj.* מַזִּיק
harmless *adj.* לֹא מַזִּיק
harmonica *n.* מַפּוּחִית פֶּה
harmonious *adj.* הַרְמוֹנִי
harmonization *n.* יְצִירַת הַרְמוֹנְיָה
harmonize *vt.* יָצַר הַרְמוֹנְיָה
harmony *n.* הַרְמוֹנְיָה
harness *n.* רִתְמָה
harness *vt.* רָתַם
harp *n.* נֵבֶל
harpist *n.* נַגָּן נֵבֶל
harpoon *n.* צִלְצָל
harpsichord *n.* צֶ׳מְבָּלוֹ
harpsichordist *n.* נַגָּן צֶ׳מְבָּלוֹ
harrier *n.* כֶּלֶב צַיִד
harrow *vt.* הִכְאִיב, יִיסֵּר
harrowing *adj.* מַכְאִיב, מְיַיסֵּר
harry *vt.* הִטְרִיד, הֵצִיק ל-
harsh *adj.* קָשֶׁה, קָשׁוּחַ
harshness *n.* קְשִׁיחוּת
hart *n.* אַיָּל
harum-scarum פָּזִיז, חֲסַר-אַחֲרָיוּת
harvest *n.* קָצִיר, אָסִיף
harvest *vt.* קָצַר, אָסַף
has *see* have
has-been מִי שֶׁהָיָה, שֶׁאִיבֵּד אֶת מַעֲמָדוֹ
has to צָרִיךְ ל-
hash *n.* 1. (chopped food) קְצִיץ
2. (jumble, mess) עִירְבּוּבְיָה, אִי-סֵדֶר
hash *vt.* 1. (chop) קָצַץ
2. (discuss) דָּן בּ-
hash, hashish *n.* חֲשִׁישׁ
Hasidic *adj.* חֲסִידִי
Hasidism *n.* חֲסִידוּת
hasn't: has not
hasp *n.* בְּרִיחַ
hassle *n.* 1. (quarrel) רִיב
2. (trouble) טִירְחָה, מִיטְרָד
hassle *vt.* הִטְרִיד
hassock *n.* הֲדוֹם, כָּרִית כְּרִיעָה
haste *n.* חִיפָּזוֹן
hasten *vt.* זֵירֵז, הֵחִישׁ
hastily *adv.* בְּחִיפָּזוֹן, בִּפְזִיזוּת
hasty *adj.* חָפוּז, פָּזִיז
hat *n.* כּוֹבַע
hatch *n.* 1. (opening) אֶשְׁנָב, פֶּתַח
2. (cover) מִכְסֶה
3. (brood) דְּגִירָה, מִדְגָּר
hatch *vi.* 1. (break out of an egg) בָּקַע
2. *vt.* (cause hatching) דָּגַר, הִדְגִּיר
3. (devise) זָמַם, תִּיכְנֵן
hatchery *n.* מַדְגֵּרָה
hatchet *n.* גַּרְזֶן
hate *n.* שִׂנְאָה
hate *vt.* 1. (feel animosity, dislike) שָׂנֵא, שָׂנָא
2. (be unwilling) נִרְתַּע מ-
hateful *adj.* מָלֵא שִׂנְאָה
hater *n.* שׂוֹנֵא
hatred *n.* שִׂנְאָה
haughty *adj.* מִתְנַשֵּׂא, יָהִיר
haul *n.* 1. (act of hauling) גְּרִירָה, סְחִיבָה
2. (hauling distance) מֶרְחַק גְּרִירָה
3. (load) מִטְעָן
long/short haul תְּקוּפַת זְמַן אֲרוּכָּה/קְצָרָה
haul *vt.* 1. (pull, drag) גָּרַר, סָחַב
2. (transport) הוֹבִיל
haulage *n.* הוֹבָלָה
haunch *n.* מוֹתֶן

haunt *n.* מְקוֹם בִּיקוּרִים תְּדִירִים
haunt *vt.* 1. (visit) בִּיקֵּר, פָּקַד
2. (obsess) הִטְרִיד, רָדַף
haunted *adj.* מְכוּשָּׁף, מִשְׁכַּן רוּחוֹת וְשֵׁדִים
haunting *adj.* מַטְרִיד
haute couture אוֹפְנָה עִילִּית
haute cuisine מִטְבָּח מְעוּלֶּה
hauteur *n.* הִתְנַשְּׂאוּת
have *vt.* הָיָה לוֹ
have to צָרִיךְ ל-, חַיָּיב ל-
have (one's) eye on שָׂם עַיִן עַל
have it coming מַגִּיעַ לוֹ
have a handle on הֵבִין בָּעִנְיָין
have had it נִשְׁבַּר לוֹ, נִמְאַס לוֹ
have it in for someone זָמַם רָעָה נֶגֶד
have a nice day! (שֶׁיִּהְיֶה לְךָ) יוֹם נָעִים!
have to do with קָשׁוּר ל-
have-not חֲסַר-כֹּל
haven *n.* מִפְלָט
haversack *n.* תַּרְמִיל
havoc *n.* הֶרֶס, שַׁמּוֹת
wreak havoc עָשָׂה שַׁמּוֹת
haw *n.* עוּזְרָד
haw *vi.* הִיסֵּס בְּדִיבּוּר
hawk *n.* נֵץ
hawk-eyed חַד-עַיִן
hawkish *adj.* נִצִּי
hawksbill *n.* צַב יָם
hawser *n.* חֶבֶל גְּרִירָה
hawthorn *n.* עוּזְרָד
hay *n.* חָצִיר, שַׁחַת, מִסְפּוֹא
hayfork *n.* קִלְשׁוֹן
hayloft *n.* מַתְבֵּן
hayseed *n.* מוֹץ
haystack *n.* עֲרֵימַת שַׁחַת
haywire *adj.* מוּפְרָע, מְשׁוּגָּע
hazard *n.* סַכָּנָה, סִיכּוּן
hazardous *adj.* מְסוּכָּן
haze *n.* אוֹבֶךְ, עֲרָפֶל
haze *vi.* 1. (become hazy) הִתְאַבֵּךְ
2. *vt.* (harass) טִירְטֵר
hazel *n.* אִלְסָר
hazel *adj.* חוּם-צְהַבְהַב בָּהִיר
hazelnut *n.* אֱגוֹז הָאִלְסָר
hazing *n.* טִירְטוּר
hazy *adj.* 1. (misty) אָבִיךְ, עַרְפִּילִי
2. (vague) מְטוּשְׁטָשׁ
he *pron.* הוּא
he who מִי שֶׁ-
he'd: he had/would
he'll: he will
he's: he is
head *n.* רֹאשׁ ז. (רָאשִׁים)
head *vt.* 1. (lead) עָמַד בְּרֹאשׁ, הוֹבִיל
2. *vi.* (turn, aim) פָּנָה, הָלַךְ בְּכִיווּן
head off חָסַם, מָנַע
head over heels כּוֹל כּוּלוֹ, לְגַמְרֵי
head-on חֲזִיתִי
headache *n.* כְּאֵב רֹאשׁ
headband *n.* סֶרֶט מֵצַח
headboard *n.* לוּחַ מְרַאֲשׁוֹת
headdress *n.* כִּיסּוּי רֹאשׁ
header *n.* כּוֹתֶרֶת עִילִּית
headfirst *adv.* בְּחִיפָּזוֹן, בִּפְזִיזוּת
headgear *n.* כִּיסּוּי רֹאשׁ
headhunting *n.* 1. (cutting off heads) עֲרִיפַת רָאשִׁים
2. (recruitment) צֵיד כִּישְׁרוֹנוֹת
heading *n.* (title) כּוֹתֶרֶת
headland *n.* כֵּף
headlight *n.* פָּנָס קִדְמִי
headline *n.* כּוֹתֶרֶת
news headlines עִיקַּר הַחֲדָשׁוֹת
headlock *n.* נְעִילַת רֹאשׁ (בְּהֵיאָבְקוּת)
headlong *adj.* חָפוּז, פָּזִיז
headman *n.* רֹאשׁ, מַנְהִיג
headmaster *n.* מְנַהֵל בֵּית-סֵפֶר
headphone *n.* אוֹזְנִיָּיה
headquarters *pn.*1. (center of operations) מַטֶּה

2. (command center) מִפְקָדָה
headrest *n.* מִשְׁעֶנֶת רֹאשׁ
headroom *n.* מְרוּוָח לָרֹאשׁ
headset *n.* אוֹזְנִיּוֹת
headstand *n.* עֲמִידָה עַל הָרֹאשׁ
headstart *n.* יִתְרוֹן ז׳ (יִתְרוֹנוֹת)
headstone *n.* מַצֵּבָה
headstrong *adj.* עַקְשָׁן
headwaiter *n.* מֶלְצַר רָאשִׁי
headway *n.* הִתְקַדְּמוּת
headwind *n.* רוּחַ נֶגְדִּית
heal *vt.*; *vi.* רִיפֵּא; נִרְפָּא, הִגְלִיד
health *n.* בְּרִיאוּת
healthy *adj.* 1. (in good health) בָּרִיא
2. (sizable) גָּדוֹל
heap *n.* עֲרֵימָה
heap *vt.* 1. (pile) עָרַם
2. (fill) מִילֵּא
hear *vt.* שָׁמַע
heard *p.*; *pp.* hear
hearing *n.* 1. (detecting sound) שְׁמִיעָה
2. (*law*) שִׁימוּעַ, דִּיּוּן
hearing-impaired מוּגְבַּל-שְׁמִיעָה
hearken *vi.* הִקְשִׁיב, הֶאֱזִין
hearsay *n.* שְׁמוּעָה
hearse *n.* מְכוֹנִית קְבוּרָה
heart *n.* לֵב ז׳ (לְבָבוֹת)
bleeding-heart דּוֹאֵג לַמְקוּפָּחִים, לִיבֶּרָל "יְפֵה נֶפֶשׁ"
heart-rending מְצַעֵר
by heart בְּעַל-פֶּה
from the bottom of the heart מֵעוֹמֶק הַלֵּב
take to heart לָקַח לַלֵּב
heartache *n.* כְּאֵב לֵב
heartbeat *n.* דּוֹפֶק
heartbreak *n.* שִׁבְרוֹן לֵב
heartbroken *adj.* שְׁבוּר-לֵב
heartburn *n.* צָרֶבֶת
hearten *vt.* עוֹדֵד, חִיזֵּק אֶת רוּחוֹ
heartfelt *adj.* מֵעוֹמֶק הַלֵּב
hearth *n.* 1. (fireplace) אָח
2. (family life) חַיֵּי מִשְׁפָּחָה
heartland *n.* לֵב הָאָרֶץ
heartless *adj.* חֲסַר-לֵב
heartsick *adj.* מְדוּכְדָּךְ
heartthrob *n.* כּוֹבֵשׁ לְבָבוֹת
hearty *adj.* 1. (warm-hearted) לְבָבִי
2. (robust) חָסוֹן
3. (nourishing) מֵזִין
heat *n.* 1. (hotness) חוֹם, לַהַט
2. (sexual desire in animals) יִיחוּם
dead heat תֵּיקוּ
prickly heat חֲרָרָה
heat *vt.*; *vi.* חִימֵּם; הִתְחַמֵּם
heat up הִתְחַמֵּם, הֶחְמִיר
heated *adj.* לוֹהֵט, חָרִיף
heater *n.* מִיתְקַן חִימּוּם
space heater תַּנּוּר חִימּוּם
water heater דּוּד חִימּוּם
heath *n.* אַדְמַת בּוּר
heathen *n.* עוֹבֵד אֱלִילִים
heather *n.* אַבְרָשׁ
heating *n.* הַסָּקָה, חִימּוּם
central heating הַסָּקָה מֶרְכָּזִית
heave *vt.* 1. (lift) הֵרִים
2. (throw) זָרַק, הִשְׁלִיךְ
heaven *n.* 1. (sky) שָׁמַיִים
2. (paradise) גַּן עֵדֶן
heaver *n.* מָנוֹף
heaviness *n.* כּוֹבֶד
heavy *adj.* 1. (of great weight) כָּבֵד
2. (severe) קָשֶׁה, חָמוּר
heavy-duty לְשִׁימּוּשׁ כָּבֵד
heavy-handed קָשֶׁה, נוּקְשֶׁה
heavyset *adj.* חָסוֹן
heavyweight *n.* מִשְׁקָל כָּבֵד
Hebraic *adj.* עִבְרִי
Hebraist *n.* מוּמְחֶה לְעִבְרִית
Hebrew *n.* עִבְרִי; עִבְרִית
Hebron *n.* חֶבְרוֹן

heck! לַעֲזָאזֵל!
for the heck of it סְתָם כָּךְ
heckle *vt.* שִׁיסַע נְאוּם, הִפְרִיעַ
heckler *n.* מַפְרִיעַ
hectare *n.* הֶקְטָר
hectic *adj.* קַדַּחְתָּנִי
hector *vt.* הֵצִיק לְ-, הִתְעַמֵּר בְּ-
hedge *n.* 1. (row of shrubs) מְשׂוּכָה, גֶּדֶר שִׂיחִים
2. (barrier) סְיָיג
hedge *vt.* הִקִּיף בְּשִׂיחִים, גִּידֵּר
hedgehog *n.* קִיפּוֹד
hedgehop *vi.* הִנְמִיךְ טוּס
hedonism *n.* נֶהֱנְתָנוּת, אַהֲבַת תַּעֲנוּגוֹת
hedonist *n.* נֶהֱנְתָן, אוֹהֵב תַּעֲנוּגוֹת
heed *n.* תְּשׂוּמֶת-לֵב
heed *vt.* שָׂם לֵב לְ-, הִתְחַשֵּׁב בְּ-
hee-haw *n.* נְעִירַת חֲמוֹר
heel *n.* עָקֵב
on the heels of עֵקֶב, בְּעִקְבוֹת
well-heeled עָשִׁיר, אָמִיד
heel *vt.* 1. (furnish with a heel) הִתְקִין עָקֵב
2. (follow) עָקַב אַחֲרֵי
heft *n.* מִשְׁקָל, כּוֹבֶד
hefty *adj.* גָּדוֹל, כָּבֵד
hegemony *n.* שְׁלִיטָה, הֶגֶמוֹנְיָה
heifer *n.* עֶגְלָה
height *n.* 1. (tallness; altitude) גּוֹבַהּ
2. (peak) שִׂיא
heights *pn.* רָמָה
heighten *vt.* הִגְבִּיהַּ, הִגְבִּיר
heinous *adj.* נִתְעָב
heir *n.* יוֹרֵשׁ
heir apparent יוֹרֵשׁ חוּקִי
heir presumptive יוֹרֵשׁ עַל תְּנַאי
heiress *n.* יוֹרֶשֶׁת
heirloom *n.* נֶכֶס מִשְׁפַּחְתִּי
heist *n.* שׁוֹד
heist *vt.* שָׁדַד
held *p.*; *pp.* hold

helical *adj.* לוּלְיָינִי
helicopter *n.* מַסּוֹק, הֶלִיקוֹפְּטֶר
heliport *n.* מִנְחַת מַסּוֹקִים
helium *n.* הֶלְיוּם
helix *n.* סְלִיל
hell *n.* גֵּיהִינּוֹם
for the hell/heck of it סְתָם כָּךְ, לְלֹא סִיבָּה
raise hell הִרְעִישׁ עוֹלָמוֹת
hell! לַעֲזָאזֵל! לְכוֹל הָרוּחוֹת!
hell-bent נָחוּשׁ בְּדַעְתּוֹ
raise hell הֵקִים רַעַשׁ
the hell with! שֶׁיֵּלֵךְ לַעֲזָאזֵל!
Hellenic *adj.* יְווָנִי
Hellenism *n.* הֶלֶנִיזְם, תַּרְבּוּת יָוָון הָעַתִּיקָה
Hellenistic *adj.* הֶלֶנִיסְטִי
Hellenization *n.* הִתְיַיוְונוּת
hellhole *n.* מָקוֹם עָלוּב, "חוֹר"
hellion *n.* עוֹשֶׂה צָרוֹת
hellish *adj.* זְווָעָתִי, נוֹרָא
hello! הָלוֹ!
helm *n.* הֶגֶה; הֶגֶה הַשִּׁלְטוֹן
helmet *n.* קַסְדָּה
helmsman *n.* הַגַּאי
help *n.* 1. (assistance) עֶזְרָה
2. (helper) עוֹזֵר
help *vt.* עָזַר לְ-
help oneself to לָקַח לְעַצְמוֹ
help out הוֹשִׁיט עֶזְרָה
cannot help (it) לֹא יָכוֹל לְהִתְאַפֵּק/לְהִמָּנַע מִ-
helper *n.* עוֹזֵר
helpful *adj.* מוֹעִיל, עוֹזֵר
helping *n.* (food) מָנָה
helpless *adj.* חֲסַר-אוֹנִים
helplessness *n.* חוֹסֶר-אוֹנִים
helter-skelter *adj.* פָּזִיז, לֹא מְחוּשָּׁב
Helvetia *n.* שְׁוֵויצַרְיָה
hem *n.* מַכְפֶּלֶת, שׁוּלֵי בֶּגֶד
hem *vt.* תָּפַר מַכְפֶּלֶת
hematologist *n.* מוּמְחֶה לְדָם
hematology *n.* רְפוּאַת דָּם

hematoma *n.*	גּוּשׁ דָּם
hemisphere *n.*	חֲצִי כַּדּוּר הָאָרֶץ
Northern Hemisphere	חֲצִי הַכַּדּוּר הַצְּפוֹנִי
Southern Hemisphere	חֲצִי הַכַּדּוּר הַדְּרוֹמִי
hemline *n.*	שׁוּלֵי בֶּגֶד
hemlock *n.*	צֶמַח הָרוֹשׁ
hemophilia *n.*	דַּמֶּמֶת
hemorrhage *n.*	דִּימוּם, שֶׁטֶף דָּם
hemorrhage *vi.*	דִּימֵּם
hemorrhoids *pn.*	טְחוֹרִים
hemostat *n.*	עוֹצֵר דָּם
hemstitch *n.*	מִכְפֶּלֶת
hemstitch *vt.*	תָּפַר מִכְפֶּלֶת
hen *n.*	תַּרְנְגוֹלֶת
hence *adv.*	מִכָּאן, לָכֵן
henceforth *adv.*	מִכָּאן וְאֵילָךְ, מִפֹּה וְהָלְאָה
henchman *n.*	חָסִיד נֶאֱמָן, עוֹשֵׂה דְּבָרוֹ
henna *n.*	חִינָּה
henpeck *vt.*	הֵצִיקָה לְבַעֲלָהּ
hepatic *adj.*	שֶׁל הַכָּבֵד
hepatitis *n.*	דַּלֶּקֶת כָּבֵד
her *adj.* (possessive of *she*)	שֶׁלָּהּ
her *pron.* (objective of *she*)	אוֹתָהּ
herald *n.*	מְבַשֵּׂר, שָׁלִיחַ
herald *vt.*	בִּישֵּׂר
herb *n.*	עֵשֶׂב, עֵשֶׂב מַרְפֵּא
herbage *n.*	עֵשֶׂב
herbal *adj.*	שֶׁל עֵשֶׂב
herbarium *n.*	צְמָחִים מְיוּבָּשִׁים
herbicide *n.*	קוֹטֵל עֲשָׂבִים
herbivore *n.*	אוֹכֵל צְמָחִים
herd *n.* 1. (group of animals)	עֵדֶר
2. (crowd of people)	הָמוֹן
herd *vt.*	כִּינֵּס, קִיבֵּץ
herdsman *n.*	רוֹעֶה
here *adv.*	פֹּה, כָּאן
hereabout *adv.*	בַּסְּבִיבָה הַזֹּאת
hereafter *adv.*	מִכָּאן וָהָלְאָה
hereby *adv.*	בְּזֹאת
hereditary *adj.*	תּוֹרַשְׁתִּי
heredity *n.*	תּוֹרָשָׁה
herein *adv.*	בְּזֹאת
hereof *adv.*	שֶׁל זֶה
hereon *adv.*	בָּזֶה
heresy *n.*	כְּפִירָה, מִינוּת
heretic *n.*	כּוֹפֵר
hereto *adv.*	בְּעִנְיָין זֶה
heretofore *adv.*	עַד כֹּה
hereupon *adv.*	לְאַחַר זֹאת
herewith *adv.*	בָּזֶה
heritage *n.*	מוֹרָשָׁה, מוֹרֶשֶׁת
hermaphrodite *n.*	דּוּ-מִינִי
hermetic *adj.*	אָטוּם
hermit *n.*	נָזִיר
hermitage *n.*	מִשְׁכַּן נְזִירִים
hernia *n.*	שֶׁבֶר
hero *n.*	גִּיבּוֹר
heroic *adj.*	נוֹעָז, הֶרוֹאִי
heroics *pn.*	לָשׁוֹן מֶלוֹדְרָמָטִית
heroin *n.*	הֶרוֹאִין
heroine *n.*	גִּיבּוֹרָה
heroism *n.*	גְּבוּרָה
heron *n.*	אֲנָפָה
herpes *n.*	שַׁלְבֶּקֶת, הֶרְפֶּס
herring *n.*	מָלִיחַ, דָּג מָלוּחַ
red herring	מַסִּיחַ דַּעַת
hers *pron.*	שֶׁלָּהּ
herself *pron.*	עַצְמָהּ, בְּעַצְמָהּ
hertz *n.*	הֶרְץ (יְחִידַת תְּדִירוּת)
hesitant *adj.*	מְהַסֵּס, הַסְסָנִי
hesitate *vi.*	הִיסֵּס
heterodox *n.*	כּוֹפֵר
heterogeneous *adj.*	מְגוּוָן, לֹא אָחִיד
heterosexual *n.*	הֶטֶרוֹסֶקְסוּאָל
hew *vt.*	כָּרַת, חָצַב אֶבֶן
hex *n.*	כִּישּׁוּף
hex *vt.*	כִּישֵּׁף
hexagon *n.*	מְשׁוּשֶּׁה
hexameter *n.*	חָרוּז מְשׁוּשֶּׁה
hey!	הֵיי!

heyday *n.*	הַיָּמִים הַטּוֹבִים
hi-fi (high fidelity)	אֵיכוּת הַקְלָטָה גְבוֹהָה
hiatus *n.*	הַפְסָקָה
hibernate *vi.*	יָשֵׁן שְׁנַת חוֹרֶף
hibernation *n.*	שְׁנַת חוֹרֶף
hibiscus *n.*	שִׂיחַ הִיבִּיסְקוּס
hiccough, hiccup *n.*	שִׁיהוּק
hiccup *vi.*	שִׁיהֵק
hick *n.*	בַּעַר, תָּמִים
hickory *n.*	קַרְיָה, אֱגוֹז לָבָן
hid *p.* hide	
hidden *adj.*	חָבוּי, נִסְתָּר, כָּמוּס
hide *vt.*; *vi.*	הִסְתִּיר, הֶחְבִּיא ; הִסְתַּתֵּר,הִתְחַבֵּא
hide-and-seek	מִשְׂחַק מַחְבּוֹאִים
hideaway *n.*	מַחְבּוֹא, מָקוֹם מִסְתּוֹר
hidebound *adj.*	צַר-אוֹפֶק
hideous *adj.*	נִתְעָב, זְווֹעָתִי
hideout *n.*	מַחְבּוֹא, מָקוֹם מִסְתּוֹר
hierarchy *n.*	מִדְרָג, הִירַרְכִיָּה
hieroglyphics *pn.*	כְּתַב חַרְטוּמִים
high *adj.* 1. (tall)	גָּבוֹהַּ, רָם
2. (drugged)	מְסוּמָּם
high-rise	בִּנְיָן גָּבוֹהַּ
high-strung	מָתוּחַ, עַצְבָּנִי
high-tech	טֶכְנוֹלוֹגְיָה עִילִית, הַיי-טֶק
highball *n.*	וִיסְקִי עִם סוֹדָה
highborn *adj.*	מְיוּחָס
highbrow *adj.*	מַשְׂכִּיל, אִישׁ-תַּרְבּוּת
highchair *n.*	כִּסֵּא תִינוֹקוֹת
highland *n.*	אֵיזוֹר הֲרָרִי
highlight *n.*	עִיקָר, הַחֵלֶק הַבּוֹלֵט
highlight *vt.*	הִבְלִיט, הִדְגִּישׁ
highly *adv.*	מְאוֹד, בְּמִידָּה רַבָּה
highness *n.*	גּוֹבַהּ, רוּם
His Highness	הוֹד מַעֲלָתוֹ, הוֹד רוֹמְמוּתוֹ
highroad *n.*	דֶּרֶךְ בְּטוּחָה
hightail *vi.*	עָזַב בִּמְהִירוּת
highway *n.*	דֶּרֶךְ רָאשִׁית ; כְּבִישׁ מָהִיר
hijack *n.*	חֲטִיפָה
hijack *vt.*	חָטַף
hijacker *n.*	חוֹטֵף
hike *n.*	טִיּוּל
take a hike	הִסְתַּלֵּק
hike *vi.*	טִיֵּיל
hiker *n.*	מְטַיֵּיל
hilarious *adj.*	מְשַׁעֲשֵׁעַ, מַצְחִיק
hill *n.*	גִּבְעָה, תֵּל
hillbilly *n.*	כַּפְרִי, עַם הָאָרֶץ
hillock *n.*	גִּבְעָה קְטַנָּה
hillside *n.*	צֶלַע גִּבְעָה
hilltop *n.*	רֹאשׁ גִּבְעָה
hilt *n.*	יָדִית
him *pron.*	אוֹתוֹ
himself *pron.*	עַצְמוֹ
hind *n.*	צְבִיָּה
hind *adj.*	אֲחוֹרִי
hinder *vt.*	עִיכֵּב, הִפְרִיעַ לְ-
hindermost *adj.*	אֲחוֹרִי, הָאַחֲרוֹן
hindrance *n.*	עִיכּוּב
hindsight *n.*	מַבָּט לְאָחוֹר
Hindu *n.*; *adj.*	הוֹדִי, הִינְדוּ
hinge *n.*	צִיר
hinge *vi.*; *vi.*	תָּלָה ; הָיָה תָּלוּי בְּ-
hint *n.*	רֶמֶז, סִימָן
hint *vi.*	רָמַז
hinterland *n.*	פְּנִים הָאָרֶץ
hip *n.*	מוֹתֶן
hippie *n.*	הִיפִּי
hippo, hippopotamus *n.*	סוּס יְאוֹר
hire *n.*	שְׂכִירוּת
hire *vt.*	שָׂכַר
hired *adj.*	שָׂכִיר
hireling *n.*	פּוֹעֵל שָׂכִיר
hirsute *adj.*	שָׂעִיר
his *adj.*; *pron.*	שֶׁלּוֹ
Hispanic *n.*; *adj.*	סְפָרַדִּי, מִמּוֹצָא סְפָרַדִּי
hiss *n.*	שְׁרִיקָה
hiss *vi.*	שָׁרַק
historian *n.*	הִיסְטוֹרְיוֹן

historical *adj.* הִיסטוֹרִי
historicity *n.* אֲמִיתוּת הִיסטוֹרִית
historiography *n.* חֵקֶר הַהִיסטוֹרְיָה
history *n.* הִיסטוֹרְיָה, דִברֵי הַיָמִים
hit *n.* 1. (blow; negative impact) מַכָּה
2. (collision; reaching a target) פְּגִיעָה
3. (successful product) לָהִיט
hit *vt.* 1. הִכָּה, הִרבִּיץ ל-
2. פָּגַע בּ-
3. (reach a specific level) הִגִיעַ ל-
hit and run פָּגַע וּבָרַח
hit it off הִסתַדֵר עִם
hit on הִתעַסֵק עִם, נִיסָה "לְהַתחִיל"
hitch *n.* 1. (knot) לוּלָאָה, קֶשֶר, חִיבּוּר
2. (snag) תַקָלָה, מִכשוֹל
3. (jerk) מְשִיכָה
hitch *vt.* 1. (fasten) הִידֵק, קָשַר, חִיבֵּר
2. *vi.* (jerk) נָע בְּטִילטוּל
be hitched הִתחַתֵן
hitchhike *vi.* נָסַע בְּטרֶמפּ
hitchhiker *n.* טרֶמפִּיסט
hither *adv.* לְכָאן, הֵנָה
hitherto *adv.* עַד כֹּה
HIV (human immunodeficiency virus) נְגִיף הָאֵידס
hive *n.* כַּוֶורֶת
hives *pn.* חָרֶלֶת, פְּרִיחָה בָּעוֹר
HMO (health maintenance organization) שֵירוּת רְפוּאִי, קוּפַּת חוֹלִים
hoard *n.* מַאֲגָר, מִצבּוֹר
hoard *vt.* אָגַר, צָבַר
hoarfrost *n.* טַל קָפוּא, כְּפוֹר
hoarse *adj.* צָרוּד
hoary *adj.* אָפוֹר אוֹ לָבָן מִשֵׂיבָה ; עַתִיק
hoax *n.* תַרמִית
hoax *vt.* רִימָה
hobble *n.* צְלִיעָה
hobble *vi.* צָלַע
hobby *n.* תַחבִּיב, הוֹבִּי
hobbyist *n.* תַחבִּיבָן, בַּעַל-תַחבִּיב
hobgoblin *n.* שֵד
hobnail *n.* מַסמֵר נַעַל
hobnob *vi.* הִתיַידֵד
hobo *n.* נוֹדֵד, מְשוֹטֵט
hock *n.* מַשכּוֹן
hock *vt.* מִישכֵּן
hockey *n.* מִשׂחַק הוֹקִי
hockshop *n.* בֵּית-מַשכּוֹן
hocus-pocus הוֹקוּס פּוֹקוּס, מִילַת קֶסֶם
hod *n.* מַגַש בַּנָאִים
hodgepodge *n.* בְּלִיל, תַעֲרוֹבֶת
hoe *n.* מַעדֵר, מַכּוֹש
hog *n.* חֲזִיר
hogwash *n.* שְטוּיוֹת ; זֶבֶל
hoist *n.* מָנוֹף
hoist *vt.* הֵרִים בְּמָנוֹף
hold *n.* 1. (grasp) אֲחִיזָה
2. (control) שְלִיטָה
on hold בְּהַמתָנָה
take hold 1. (seize) תָפַס
2. (become established) הִתבַּסֵס
hold *vt.* 1. (grasp) הֶחֱזִיק
2. (conduct) עָרַך
3. (contain) הֵכִיל
4. *vi.* (remain) נִשאַר
hold back 1. (impede) עִיכֵּב
2. (restrain oneself) הִתאַפֵּק, הִבלִיג
hold it! עֲצוֹר! חַכֵּה!
hold off עִיכֵּב, עָצַר
hold on 1. (cling) נֶאֱחַז בּ-
2. (wait) חִיכָּה
3. (persist) הִתמִיד
hold one's own שָמַר עַל עֶמדָתוֹ
hold on to הֶחֱזִיק בּ-
hold out הֶחֱזִיק מַעֲמָד
hold out on מָנַע מ-
hold over הִשאִיר, עִיכֵּב
hold up 1. (rob) שָדַד
2. (delay) עִיכֵּב
3. (persevere) הֶחֱזִיק מַעֲמָד

holdings *pn.*	רְכוּשׁ, נְכָסִים
holdover *n.*	נִשְׁאַר בְּתַפְקִיד
holdup *n.* 1. (robbery)	שׁוֹד מְזוּיָּין
2. (delay)	עִיכּוּב
hole *n.*	חוֹר, גּוּמָה
water hole	בּוֹר מַיִם
hole *vt.*	נִיקֵב
hole up	הִסתַגֵּר
holler *n.*	צְעָקָה
holler *vi.*	צָעַק
holiday *n.*	חַג
holiness *n.*	קְדוּשָּׁה
His Holiness	הוֹד קְדוּשָּׁתוֹ
holistic *adj.*	הוֹלִיסטִי (שֶׁל כּוֹל הַיְשׁוּת)
hollow *n.*	חוֹר, חָלָל
hollow *adj.*	חָלוּל, רֵיק
holly *n.*	שִׂיחַ צִינִית
holocaust *n.*	שׁוֹאָה
hologram *n.*	תְּמוּנָה תְּלַת-מְמַדִית
holster *n.*	נַרתִּיק אֶקדָח
holy *adj.*	קָדוֹשׁ
holy of holies	קוֹדֶשׁ הַקוֹדָשִׁים
homage *n.*	כָּבוֹד, הַעֲרָכָה
home *n.*	בַּיִת ז׳ (בָּתִּים)
mobile home	קָרָוָאן, קְרוֹן מְגוּרִים
motor home	קְרוֹנוֹעַ
nursing home	מוֹסָד סִיעוּדִי
rest home	בֵּית-אָבוֹת, בֵּית-זְקֵנִים
home *vi.*	הִתבַּיֵּית
homebody *n.*	יוֹשֵׁב בַּיִת
homecoming *n.* 1. (returning home)	שִׁיבָה הַבַּיְתָה
2. (school ceremony)	מִפגַּשׁ בּוֹגְרִים
homeland *n.*	מוֹלֶדֶת
homeless *adj.*	חֲסַר-בַּיִת
homely *adj.*	פָּשׁוּט, לֹא נָאֶה
homemade *adj.*	תּוֹצֶרֶת בַּיִת
homemaker *n.*	עֲקֶרֶת בַּיִת
homepage *n. (comp.)*	דַף בַּיִת
homesick *adj.*	מִתגַּעֲגֵעַ הַבַּיְתָה
homespun *adj.*	פָּשׁוּט
homestead *n.*	אֲחוּזַּת בַּיִת
homestretch *n.*	קֶטַע סִיּוּם
homeward *adv.*	הַבַּיְתָה
homework *n.*	שִׁיעוּרֵי בַּיִת
homey *adj.*	בֵּיתִי, נוֹחַ
homicide *n.*	הֲרִיגָה
homily *n.*	דְּרָשָׁה, הַטָּפָה
Homo sapiens	הָאָדָם הַנָּבוֹן
homogeneous *adj.*	אָחִיד, הוֹמוֹגֵנִי
homogenize *n.*	עָשָׂה לְהוֹמוֹגֵנִי
homogeny *n.*	אֲחִידוּת, הוֹמוֹגֵנִיּוּת
homonym *n.*	הוֹמוֹנִים, מִילִים זֵהוֹת-כְּתִיב
homophobia *n.*	שִׂנְאַת הוֹמוֹסֶקסוּאָלִים
homophone *n.*	הוֹמוֹפוֹן, מִילִים זֵהוֹת-הִיגּוּי
homosexual *n.*	הוֹמוֹסֶקסוּאָל
homosexuality *n.*	הוֹמוֹסֶקסוּאָלִיּוּת
hone *n.*	אֶבֶן מַשְׁחֶזֶת
hone *vt.*	הִשׁחִיז
honest *adj.* 1. (has integrity)	יָשָׁר, הָגוּן
2. (frank)	גְּלוּי-לֵב, כֵּן, כֵּנֶה
honesty *n.* 1.	יוֹשֶׁר, הֲגִינוּת
2.	גִּילוּי לֵב, כֵּנוּת
honey *n.* 1. (sweet fluid)	דְּבַשׁ
2. (sweetie)	מוֹתֶק
honeybee *n.*	דְּבוֹרָה נ׳ (דְּבוֹרִים)
honeycomb *n.*	חַלַּת דְּבַשׁ
honeydew melon	מֶלוֹן דְּבַשׁ
honeymoon *n.*	יֶרַח דְּבַשׁ
honeymoon *vi.*	בִּילָּה יֶרַח דְּבַשׁ
honeysuckle *n.*	יַעֲרָה
honk *n.*	צְפִירַת מְכוֹנִית
honk *vi.*	צָפַר
honor *n.*	כָּבוֹד
honor *vt.* 1. (esteem)	כִּיבֵּד, חָלַק כָּבוֹד
2. (accept)	קִיבֵּל, קִיֵּים הִתחַיְּבוּת
honors (academic)	הִצטַיְּינוּת
honorable *adj.*	נִכבָּד, מְכוּבָּד
honorarium *n.*	מַעֲנָק מִקצוֹעִי

honorary *adj.* שֶׁל כָּבוֹד
hood *n.* 1. (lid) מִכְסֶה, מִכְסֵה מָנוֹעַ
2. (head covering) בַּרְדָס
hooded *adj.* מְכוּסֶה
hoodlum *n.* בִּריוֹן
hoodwink *vt.* רִימָּה
hoof *n.* פַּרְסָה, טֶלֶף
hoof and mouth disease מַחֲלַת הַפֶּה וְהַטְלָפַיִים
hook *n.* וָו
off the hook 1. (freed from an obligation) נֶחֱלָץ מֵהִתחַיְיבוּת
2. (not hung up) (טֶלֶפוֹן) פָּתוּחַ
hook *vt.* תָּפַס, לָכַד
hook up חִיבֵּר ; הִתחַבֵּר
hookah *n.* נַרגִילָה
hooked *adj.* 1. (bent) כָּפוּף, מְעוּקָל
2. (addicted) מָכוּר
hooker *n.* זוֹנָה, פְּרוּצָה
hookup *n.* הִתחַבְּרוּת, חִיבּוּר
hooligan *n.* בִּריוֹן, פִּרחָח
hooliganism *n.* בִּריוֹנוּת
hoop *n.* גַּלגַּל, חִישׁוּק
hoop *vt.* חִישֵּׁק
hoopla *n.* מְהוּמָה, רַעֲשָׁנוּת
hooray! הֵידָד!
hoot *n.* שְׁרִיקָה, צְפִירַת יַנשׁוּף
doesn't give a hoot לֹא אִיכפַּת לוֹ
hoot *vt.* צָעַק בּוּז
hootenanny *n.* מוֹפָע זְמָרֵי עַם
hop *vi.* קָפַץ, נִיתֵּר
hope *n.* תִּקווָה
hope *vi.* קִיוָּה, יִיחֵל
hopeful *adj.* מָלֵא/מְעוֹרֵר תִּקווָה
hopefully *adv.* בְּתִקווָה ; יֵשׁ לְקַווֹת שֶׁ-
hopeless *adj.* חֲסַר-תִּקווָה, אָבוּד
hopper *n.* קַפְצָן
horde *n.* הָמוֹן
horde *vi.* הִתקַהֵל
horizon *n.* אוֹפֶק
horizontal *adj.* אוֹפקִי, מְאוּזָּן
hormone *n.* הוֹרמוֹן
horn *n.* קֶרֶן נ׳ (קַרנַיִים)
French horn קֶרֶן יַעַר
horned *adj.* בַּעַל-קַרנַיִים
hornet *n.* צִרעָה
horny *adj.* חַרמָן
horoscope *n.* הוֹרוֹסקוֹפּ
horrendous, horrible, horrid *adj.* אָיוֹם, נוֹרָא
horrific *adj.* מַפחִיד
horrify *vt.* הֶחֱרִיד, זִיעֲזַע
horrifying *adj.* מַחֲרִיד, מְזַעֲזֵעַ
horror *n.* אֵימָה, זְווָעָה
hors d'oeuvre מְתַאֲבֵן
horse *n.* סוּס
dark horse מוּעֳמָד בִּלתִּי יָדוּעַ
sea horse סוּסוֹן יָם
horse *vt.* (haul) סָחַב עַל סוּס
horse around הִשׁתַּעֲשֵׁעַ
horseback *adv.* עַל גַּבֵּי סוּס
horsehide *n.* עוֹר סוּס
horseman *n.* 1. (rider) פָּרָשׁ
2. (breeder) סַיָּיס
horseplay *n.* מִשׂחָק פָּרוּעַ
horsepower *n.* כּוֹחַ סוּס
horseradish *n.* חֲזֶרֶת
horseshoe *n.* פַּרסָה
horsetail *n.* זְנַב סוּס
horsewhip *n.* שׁוֹט, מַגלֵב
hortatory *adj.* מַמרִיץ, מְעוֹדֵד
horticulture *n.* גַּנָּנוּת
horticulturist *n.* גַּנָּן
hose *n.* 1. (tube) זַרנוּק, צִינּוֹר
2. (stockings) גַּרבַּיִים
fire hose זַרנוּק כִּיבּוּי
panty hose גַּרבּוֹנִים
hose *vt.* שָׁטַף בְּצִינּוֹר
Hosea *n.* הוֹשֵׁעַ
hosiery *n.* גַּרבַּיִים

hospice *n.* אַכסַניָה
hospitable *adj.* מַכנִיס אוֹרְחִים
hospital *n.* בֵּית-חוֹלִים
hospitality *n.* הַכנָסַת אורחִים
hospitalization *n.* אִישפּוּז
hospitalize *vt.* אִישפֵּז
host *n.* 1. (one who receives guests) מְאָרֵחַ
2. (radio/TV moderator) מַנחֶה
3. (multitude) הָמוֹן
4. (army) צָבָא ז׳ (צְבָאוֹת)
host *vt.* אֵירַח
Host *n.* לֶחֶם קוֹדֶשׁ
hostage *n.* בֶּן-עֲרוּבָּה
hostel *n.* אַכסַניָה
hostess *n.* מְאָרַחַת, דַיֶילֶת
hostile *adj.* עוֹיֵן
hostility *n.* עוֹיְנוּת
hostilities *pn.* פְּעוּלוֹת אֵיבָה
hot *adj.* 1. (emitting heat) חַם
2. (spicy) חָרִיף
3. (fresh) טָרִי
4. (stolen) גָנוּב
5. (sexually excited) חַרמָן
hot-blooded חַם-מֶזֶג
feel hot חַם לוֹ
hotbed *n.* חֲמָמָה
hotdog *n.* נַקנִיקִייָה
hotel *n.* (בֵּית-)מָלוֹן
hotfoot *vi.* מִיהֵר, נֶחפַּז
hotheaded *adj.* חֲמוּם-מוֹחַ
hothouse *n.* חֲמָמָה
hotline *n.* טֶלֶפוֹן חֵירוּם
hotplate *n.* פְּלָטָה חַשמַלִית
hotshot *n.* מַצלִיחַ, מַרשִים
hound *n.* כֶּלֶב צַיִד
hound *vt.* רָדַף, הֵצִיק ל-
hour *n.* שָׁעָה
happy hour שְׁעַת שְׁתִייָה מוּזֶלֶת (בְּבָּאר)
rush hour שְׁעַת עוֹמֶס
wee hours הַשָּׁעוֹת הַקְטַנוֹת
zero hour שְׁעַת הָאֶפֶס
hourglass *n.* שְׁעוֹן חוֹל
hourly *adj.* מִדֵי שָׁעָה ; שֶׁל שָׁעָה
house *n.* בַּיִת ז׳ (בָּתִים)
House of Commons בֵּית-הַנִבחָרִים הַבְּרִיטִי
House of Lords בֵּית-הַלוֹרדִים
boarding house פֶּנסִיוֹן
clearing house מִסלָקָה
coffee house בֵּית-קָפֶה
halfway house מָעוֹן לַאֲסִירִים מְשוּחרָרִים
on the house עַל חֶשבּוֹן הָעֵסֶק, חִינָם
open house בַּיִת פָּתוּחַ לִמבַקְרִים
houseboat *n.* סְפִינַת מְגוּרִים
housebreaking *n.* פְּרִיצָה
housebroken *adj.* מְאוּלָף
household *n.* בְּנֵי הַבַּיִת, מֶשֶק בַּיִת
household *adj.* (familiar) יָדוּעַ
housekeeper *n.* מְנַהֵל מֶשֶק בַּיִת
housekeeping *n.* נִיהוּל מֶשֶק בַּיִת
housewares *pn.* כְּלֵי בַּיִת
housewarming *n.* חֲנוּכַּת בַּיִת
housewife *n.* עֲקֶרֶת בַּיִת
housework *n.* עֲבוֹדוֹת בַּיִת
housing *n.* דִיוּר, שִיכּוּן
hove *p.*; *pp.* heave
hovel *n.* בִּקתָה עֲלוּבָה
hover *vi.* רִיחֵף
hovercraft *n.* רַחֶפֶת
how *adv.* אֵיךְ, כֵּיצַד
how about מַה לְגַבֵּי, מָה עִם
how come לָמָה, אֵיךְ זֶה שֶׁ-
how far עַד הֵיכָן
how so אֵיךְ זֶה
howdah *n.* אַפִּירְיוֹן (עַל פִּיל)
however *adv.* 1. (in whatever way) בְּכוֹל אוֹפֶן
2. (nevertheless) בְּכוֹל זֹאת
howitzer *n.* תּוֹתַח הוֹבִיצֶר
howl *n.* יְלָלָה
howl *vi.* יִילֵל

howler *n.* צַעֲקָן
howsoever *adv.* בְּכוֹל אוֹפֶן שֶׁהוּא
hoyden *n.* בַּחוּרָה שׁוֹבָבָה
HQ (headquarters) מִפְקָדָה ; מַטֶּה
html (hyper text markup language) שְׂפַת סִימוּן לְהִיפֶּרְטֶקְסט
http (hyper text transfer protocol) פְּרוֹטוֹקוֹל לְהַעֲבָרַת הִיפֶּרְטֶקְסט
hub *n.* מֶרְכָּז, מוֹקֵד
hubbub *n.* הֲמוּלָה
hubby *n.* בַּעַל
hubcap *n.* צַלַּחַת גַּלְגַּל
hubris *n.* יְהִירוּת, בִּיטָּחוֹן מוּפְרָז
huckleberry *n.* אוּכְמָנִית
huckster *n.* רוֹכֵל, תַּגְרָן
huddle *n.* הָמוֹן צָפוּף
huddle *vi.* הִצְטוֹפֵף
hue *n.* גּוֹוָן
huff *vi.* נָשַׁף, הִתְנַשֵּׁף
hug *n.* חִיבּוּק
hug *vt.* חִיבֵּק
huge *adj.* עֲנָקִי, עָצוּם
hulk *n.* אָדָם מְגוּשָּׁם
hull *n.* קְלִיפָּה
hullabaloo *n.* מְהוּמָה, בַּלָּגָן
hum *n.* זִימְזוּם
hum *vi.* זִימְזֵם
human *n.* אֱנוֹשִׁי
humane *adj.* רַחֲמָן, הוּמָנִי
humanism *n.* הוּמָנִיּוּת
humanitarian *adj.* הוּמָנִיטָרִי
humanity *n.* 1. (mankind) הָאֱנוֹשׁוּת
2. (humaneness) אֱנוֹשִׁיּוּת
the humanities מַדְעֵי הָרוּחַ
humanize *vt.* הָפַךְ לֶאֱנוֹשִׁי, תִּירְבֵּת
humankind *n.* הַמִּין הָאֱנוֹשִׁי
humanoid *n.* דְּמוּי-אָדָם
humble *n.* צָנוּעַ
humble *vt.* הִשְׁפִּיל
humbug *n.* רַמָּאוּת, הוֹנָאָה
humdrum *adj.* מְשַׁעֲמֵם, חַדְגּוֹנִי
humerus *n.* עֶצֶם הַזְּרוֹעַ
humid *adj.* לַח
humidify *vt.* לִיחְלַח
humidity *n.* לַחוּת, רְטִיבוּת
humiliate *vt.* הִשְׁפִּיל
humiliation *n.* הַשְׁפָּלָה
humiliating *adj.* מַשְׁפִּיל
humility *n.* עֲנָוָה
hummingbird *n.* יוֹנֵק דְּבַשׁ
hummus, humus *n.* חוּמוּס
hummock *n.* תֵּל, גִּבְעָה
humor *n.* הוּמוֹר
humorist *n.* הוּמוֹרִיסְטָן
hump *n.* דַּבֶּשֶׁת, חַטּוֹטֶרֶת
humpback *n.* גִּיבֵּן
humus *n.* רַקְבּוּבִית
hunch *n.* 1. (hump) גִּיבֶּנֶת
2. (feeling) תְּחוּשָׁה
hunchback *n.* גִּיבֵּן
hundred *n.*; *adj.* מֵאָה
hundredth *n.* מֵאִית
hung *p.*; *pp.* hang
hunger *n.* רָעָב
hunk *n.* 1. (chunk) נֶתַח, חֲתִיכָה
2. (man) גֶּבֶר מוֹשֵׁךְ ; בַּעַל-שְׁרִירִים
hunker *vi.* הִשְׁתּוֹפֵף
hunkers *n.* מוֹתְנַיִים
hunt *n.* צַיִד, מָצוֹד
witch hunt צֵיד מְכַשְּׁפוֹת
hunt *vt.* צָד
hunter *n.* צַיָּיד
fortune hunter רוֹדֵף עוֹשֶׁר
huntsman *n.* צַיָּיד
hurdle *n.* מִכְשׁוֹל
hurdle *vt.* הִתְגַּבֵּר עַל מִכְשׁוֹל
hurl *vt.* הִשְׁלִיךְ, זָרַק
hurrah, hurrray! הֵידָד!
hurricane *n.* סוּפַת הוּרִיקָן
hurry *n.* 1. (haste) חִיפָּזוֹן

2. (urgency)	דְחִיפוּת
hurry *vi.*; *vt.*	מִיהֵר ; הֵאִיץ
hurt *n.*	כְּאֵב, פְּגִיעָה
hurt *vt.* 1. (harm)	הִזִּיק לְ-
2. (distress)	פָּגַע בְּ-
3. *vi.*; *vt.* (ache)	כָּאַב ; הִכְאִיב לְ-
hurtle *vt.*; *vi.*	הִשְׁלִיךְ/נָע בְּעוֹצְמָה
husband *n.*	בַּעַל
husbandry *n.* 1. (farming)	חַקְלָאוּת
2. (economy)	חִיסָּכוֹן
hush *n.*	שֶׁקֶט, דְּמָמָה
hush *vt.*; *vi.*	הִשְׁתִּיק ; הִשְׁתַּתֵּק
hush-hush *adj.*	סוֹדִי
hushpuppy *n.*	לְבִיבַת תִּירָס
husk *n.*	קְלִיפָּה
husk *vt.*	קִילֵּף
husky *adj.* 1. (hoarse)	צָרוּד
2. (strongly built)	חָסוֹן
hussar *n.*	פָּרָשׁ
hussy *n.*	אִישָּׁה חֲצוּפָה
hustle *n.*	הֲמוּלָּה
hustle *vt.* 1. (shove)	דָּחַף, דָּחַק
2. (urge)	זֵירֵז
3. (sell)	מָכַר בְּאַגְרֶסִיבִיּוּת
hustler *n.*	מוֹכֵר אַגְרֶסִיבִי
hut *n.*	בִּקְתָּה, צְרִיף
hutch *n.* 1. (coop)	לוּל
2. (cupboard)	אֲרוֹן אִיצְטַבָּאוֹת
hutzpah *n.*	חוּצְפָּה
hyacinth *n.*	שִׂיחַ יָקִינְטוֹן
hybrid *n.*	בֶּן-כִּלְאַיִים
hybridization *n.*	הַכְלָאָה, הַרְכָּבָה
hybridize *vt.*	הִכְלִיא, הִרְכִּיב
(fire) **hydrant** *n.*	בֶּרֶז שְׂרֵיפָה/כִּיבּוּי
hydraulic *adj.*	הִידְרָאוּלִי
hydrocarbon *n.*	פַּחְמֵימָן
hydrochloric acid	חוּמְצָה הִידְרוֹכְלוֹרִית
hydroelectric *adj.*	הִידְרוֹ-חַשְׁמַלִּי
hydrofoil *n.*	רַחֶפֶת
hydrogen *n.*	מֵימָן
hydrogenous *adj.*	מֵימָנִי
hydrophobia *n.*	בַּעַת מַיִם
hydrous *adj.*	מֵימִי
hyena *n.*	צָבוֹעַ
hygiene *n.*	גֵּהוּת, הִיגְיֵינָה
hygienic *adj.*	הִיגְיֵינִי
hygrometer *n.*	מַד-לַחוּת
hymen *n.*	קְרוּם בְּתוּלִים
hymn *n.*	הִימְנוֹן, מִזְמוֹר
hype *n.*	פִּירְסוֹמֶת צַעֲקָנִית
hype *vt.*	הִפְרִיז בְּפִירְסוֹמֶת
hyperactive *adj.*	פָּעִיל מִדַּי
hyperbole *n.*	הַגְזָמָה, הַפְרָזָה
hyperglycemia *n.*	עוֹדֶף סוּכָּר בַּדָּם
hypersensitive *adj.*	רָגִישׁ מִדַּי
hypersonic *adj.*	עַל-קוֹלִי
hypertension *n.*	לַחַץ דָּם גָּבוֹהַּ
hypertext *n.*	הִיפֶּרְטֶקְסְט
hypertrophy *n.*	גְּדִילַת-יֶתֶר
hyperventilate *vi.*	נָשַׁם בְּקֶצֶב מָהִיר
hyperventilation *n.*	נְשִׁימַת-יֶתֶר
hyphen *n.*	מַקָּף
hyphenate *vt.*	מִיקֵּף
hypnosis *n.*	הַרְדָּמָה, הִיפְּנוֹזָה
hypnotize *vt.*	הִיפְּנֵט
hypochondria *n.*	הִיפּוֹכוֹנְדְרִיָּה, פַּחַד מִמַּחֲלוֹת
hypocrisy *n.*	צְבִיעוּת
hypocrite *n.*	צָבוּעַ, דּוּ-פַּרְצוּפִי
hypodermic *adj.*	תַּת-עוֹרִי
hypoglycemia *n.*	חֶסֶר סוּכָּר בַּדָּם
hypothermia *n.*	חוֹם גּוּף נָמוּךְ
hypothesis *n.*	הַנָּחָה, הִיפּוֹתֵיזָה
hypothesize *vi.*	הִנִּיחַ הַנָּחוֹת
hypothetical *adj.*	הִיפּוֹתֵטִי, מְשׁוֹעָר
hyssop *n.*	אֵיזוֹב
hysterectomy *n.*	כְּרִיתַת רֶחֶם
hysteria *n.*	הִיסְטֶרְיָה
hysterical *adj.*	הִיסְטֶרִי

I

I הָאוֹת הַתְּשִׁיעִית בָּאָלֶפְבֵּית הָאַנְגְּלִי
ibid. (ibidem) שָׁם
IC (integrated circuit) מַעְגָּל מְשׁוּלָּב
ICBM (intercontinental ballistic missile) טִיל בֵּינְיַבַּשְׁתִּי אַנְטִי-בָּלִיסְטִי
ice *n.* קֶרַח
on thin ice בְּמַצָּב לֹא בָּטוּחַ
ice *vt.*; *vi.* הִקְפִּיא, כִּיסָּה בְּקֶרַח ; קָפָא, הִתְכַּסָּה בְּקֶרַח
iceberg *n.* קַרְחוֹן
icebound *adj.* תָּקוּעַ בְּקֶרַח
icebox *n.* 1. (cooling chest) צֵידָנִית
2. (refrigerator) מְקָרֵר
icebreaker *n.* אוֹנִיָּה בּוֹקַעַת קֶרַח
icecap *n.* כִּיפַּת קֶרַח
icicle *n.* נְטִיף קֶרַח
icing *n.* צִיפּוּי עוּגָה
icon *n.* 1. (symbol) סֵמֶל
2. (*comp.*) צַלְמִית
ICU (intensive care unit) יְחִידָה לְטִיפּוּל נִמְרָץ
icy *adj.* קָפוּא, צוֹנֵן
ID (identification card) כַּרְטִיס זִיהוּי
idea *n.* רַעְיוֹן ז׳ (רַעְיוֹנוֹת)
ideal *n.* מוֹפֵת, אִידֵיאָל
ideal *adj.* מוֹפְתִי, אִידֵיאָלִי
idealism *n.* אִידֵיאָלִיזְם
idealization *n.* אִידֵיאָלִיזַצְיָה
idealize *vt.* רָאָה כְּאִידֵיאָלִי
idem *pron.* כַּנַּ״ל
identical *adj.* זֵהֶה
identification *n.* זִיהוּי ; הִזְדַּהוּת
identifier *n.* מְזַהֶה
identify *vt.*; *vi.* זִיהָה ; הִזְדַּהָה עִם
identity *n.* זֶהוּת
ideologue *n.* אִידֵיאוֹלוֹג
ideology *n.* הַשְׁקָפַת עוֹלָם, אִידֵיאוֹלוֹגְיָה
IDF (Israel Defence Forces) צַהַ״ל, (צְבָא הֲגָנָה לְיִשְׂרָאֵל)
idiocy *n.* אֱווִילוּת, טִימְטוּם
idiom *n.* 1. (expression) בִּיטּוּי
2. (dialect) נִיב, עָגָה
idiomatic *adj.* נִיבִי, אִידְיוֹמָטִי
idiopathy *n.* מַחֲלָה שֶׁסִּיבָּתָהּ לֹא יְדוּעָה
idiosyncrasy *n.* יִיחוּדִיּוּת, תְּכוּנָה יִיחוּדִית
idiot *n.* אִידְיוֹט
idle *adj.* 1. (not working) בָּטֵל, מוּשְׁבָּת
2. (not in use) לֹא פּוֹעֵל, לֹא בְּשִׁימּוּשׁ
3. (lazy) עָצֵל, עַצְלָן
idle *vi.* 1. (avoid work) הִתְבַּטֵּל
2. (operate out of gear) פָּעַל בְּהִילּוּךְ סְרָק
idleness *n.* בַּטָּלָה, בַּטְלָנוּת
idler *adj.* בַּטְלָן, עַצְלָן
idol *n.* אֱלִיל
idolatry *n.* עֲבוֹדַת אֱלִילִים
idolization *n.* 1. (worship) הַאֲלָהָה
2. (admiration) הַעֲרָצָה מוּפְרֶזֶת
idolize *vt.* 1. הֶאֱלִיהַּ
2. הֶעֱרִיץ
idyllic *adj.* אִידִילִי
i.e. (id est) כְּלוֹמַר, דְּהַיְינוּ
if *conj.* אִם, אִילּוּ
as if כְּאִילּוּ
iffy *adj.* מוּטָל בְּסָפֵק, לֹא וַדַּאי
igneous *adj.* שֶׁל אֵשׁ
ignite *vt.*; *vi.* הִצִּית, הִדְלִיק ; הִתְלַקֵּחַ
ignition *n.* הַצָּתָה
ignoble *adj.* שָׁפָל
ignominious *adj.* בָּזוּי, מַחְפִּיר
ignominy *n.* בִּיזָיוֹן, חֶרְפָּה
ignoramus *n.* בּוּר, עַם הָאָרֶץ
ignorance *n.* בּוּרוּת, בַּעֲרוּת
ignorant *adj.* 1. (lacking education) בּוּר
2. (uninformed) לֹא בָּקִי

ignore *vt.* הִתְעַלֵּם מ-
ileitis *n.* דַּלֶּקֶת הַמְּעִי הֶעָקוֹם
ileum *n.* הַמְּעִי הֶעָקוֹם
ilk *n.* סוּג
I'll: I will
ill *n.* 1. (sickness) חוֹלִי
2. (evil) רָעָה
ill *adj.* 1. חוֹלֶה
2. רָע
ill-advised שׁוֹגֶה; מוּטְעֶה
ill at ease לֹא חָשׁ בְּנוֹחַ
ill-considered לֹא שָׁקוּל
ill-fated מוּכֵּה-גוֹרָל, בִּישׁ-מַזָּל
ill-founded חֲסַר-יְסוֹד, לֹא מְבוּסָּס
ill-mannered לֹא מְנוּמָּס
ill-natured רַע-לֵב
ill-repute שֵׁם רָע
ill-tempered רַע-מֶזֶג
ill-treat הִתְעַלֵּל בּ-
ill-treatment הִתְעַלְּלוּת
ill will עוֹיְנוּת, טִינָה
illegal *adj.* לֹא חוּקִי
illegible *n.* לֹא קָרִיא, לֹא בָּרוּר
illegitimate *adj.* 1. (illegal) לֹא חוּקִי
2. (out of wedlock) מִחוּץ לַנִּישּׂוּאִין
illiberal *adj.* צַר-אוֹפֶק
illicit *adj.* אָסוּר
illiteracy *n.* אַנאַלְפָבֵּיתִיוּת
illiterate *n.*; *adj.* אַנאַלְפָבֵּית, לֹא יוֹדֵעַ קְרוֹא וּכְתוֹב
illness *n.* מַחֲלָה, חוֹלִי
illogical *adj.* לֹא הֶגְיוֹנִי
illuminate *vt.* הֵאִיר
illumination *n.* הֶאָרָה, תְּאוּרָה
illusion *n.* אַשְׁלָיָה
optical illusion אַשְׁלָיָה אוֹפְּטִית
illusive *adj.* מַשְׁלֶה, מַטְעֶה
illusory *adj.* מַטְעֶה
illustrate *vt.* 1. (give example) הִדְגִּים
2. (draw) אִייֵּר
illustration *n.* 1. הַדְגָּמָה
2. אִיּוּר
illustrative *n.* מַדְגִּים, מַמְחִישׁ
illustrator *n.* מְאַיֵּיר
illustrious *adj.* יָדוּעַ, מְפוּרְסָם
I'm: I am
image *n.* 1. (form) דְּמוּת, צֶלֶם
2. (perception) תַּדְמִית
3. (reflection) בָּבוּאָה, הִשְׁתַּקְּפוּת
imagery *n.* דִּימּוּיִים
imaginable *adj.* שֶׁנִּיתָן לְהַעֲלוֹתוֹ עַל הַדַּעַת
imaginary *adj.* דִּמְיוֹנִי, מְדוּמֶּה
imagination *n.* דִּמְיוֹן ז. (דִּמְיוֹנוֹת)
imagine *vt.* 1. (form image) דִּמְיֵין, דִּימָּה
2. (think) חָשַׁב
3. (guess) נִיחֵשׁ, שִׁיעֵר
imaging *n.* הַצְלָמָה
imbalance *n.* חוֹסֶר אִיזּוּן
imbecile *n.* מְטוּמְטָם, מְפַגֵּר בְּשִׂכְלוֹ
imbed *vt.* קָבַע, שִׁיבֵּץ
imbroglio *n.* תִּסְבּוֹכֶת
imbue *vt.* הֶחְדִּיר
IMF (International Monetary Fund) קֶרֶן הַמַּטְבֵּעַ הַבֵּינְלְאוּמִית
imitate *vt.* חִיקָּה
imitation *n.* חִיקּוּי
imitator *n.* חַקְיָין
immaculate *adj.* לְלֹא דּוֹפִי
immaterial *adj.*1. (irrelevant) לֹא שַׁיָּיךְ לָעִנְיָין
2. (incorporeal) לֹא גַּשְׁמִי
immature *n.* חֲסַר-בַּגְרוּת, לֹא מְפוּתָּח
immaturity *n.* חוֹסֶר-בַּגְרוּת
immeasurable *adj.* בַּל יְשׁוֹעַר, לְלֹא גְּבוּל
immediacy *n.* מִיָּדִיּוּת
immediate *adj.* 1. (instant) מִיָּדִי
2. (direct) יָשִׁיר
immemorial *adj.* קָדוּם
immense *adj.* עָצוּם, כַּבִּיר
immerse *vt.* טָבַל

immersion *n.* טְבִילָה
immigrant *n.* מְהַגֵּר
immigrate *vi.* הִיגֵּר
immigration *n.* הֲגִירָה
imminent *adj.* מְמַשְׁמֵשׁ וּבָא, עוֹמֵד לִקְרוֹת
immobile *adj.* נַיָּח, חֲסַר-נַיָּידוּת
immobility *n.* נַיָּחוּת, חוֹסֶר-נַיָּידוּת
immobilization *n.* שִׁיתּוּק
immobilize *vt.* שִׁיתֵּק
immobilizer *n.* מַשְׁבֵּת, מְשַׁתֵּק
immoderate *adj.* מוּגְזָם, מוּפְרָז
immoderation *n.* הַגְזָמָה, הַפְרָזָה
immodest *adj.* 1. (indecent) לֹא צָנוּעַ
2. (arrogant) יָהִיר
immodesty *n.* 1. חוֹסֶר-צְנִיעוּת
2. יְהִירוּת
immolate *vt.* הִקְרִיב
immolation *n.* הַקְרָבָה
immoral *adj.* בִּלְתִּי-מוּסָרִי
immorality *n.* אִי-מוּסָרִיּוּת, חוֹסֶר-מוּסָר
immortal *adj.* בֶּן-אַלְמָוֶת, נִצְחִי
immortality *n.* אַלְמָוֶת, נִצְחִיּוּת
immovable *n.* קָבוּעַ, לֹא נַיָּד
immune *adj.* חָסִין
immunization *n.* חִיסּוּן
immunize *vt.* חִיסֵּן
immunodeficiency *n.* חֶסֶר חֲסִינוּת
immunological *adj.* חִיסּוּנִי
immunology *n.* מַדַּע הַחִיסּוּן
immure *vt.* סָגַר, כָּלָא
immurement *n.* סְגִירָה, כְּלִיאָה
immutable *adj.* לֹא נָתוּן לְשִׁינּוּי
imp *n.* שֵׁדוֹן
impact *n.* 1. (effect) הַשְׁפָּעָה
2. (collision) הִתְנַגְּשׁוּת
impact *vt.* 1. הִשְׁפִּיעַ עַל
2. הִתְנַגֵּשׁ בּ-
impair *vt.* הֶחֱלִישׁ, הִגְבִּיל
impairment *n.* הַחְלָשָׁה, הַגְבָּלָה
impale *vt.* נִיקֵּב, חָדַר ל-
impalement *n.* נִיקּוּב, חֲדִירָה
impalpable *adj.* לֹא נִיתָּן לְחוּשׁ
impanel *vt.* מִינָּה חֶבֶר מוּשְׁבָּעִים
impanelment *n.* מִינּוּי חֶבֶר מוּשְׁבָּעִים
impart *vt.* 1. (make known) פִּירְסֵם, הוֹדִיעַ
2. (grant) הֶעֱנִיק, נָתַן ל-
impartial *adj.* לֹא מְשׁוּחָד
impartiality *n.* אִי מַשּׂוֹא פָּנִים
impassable *adj.* לֹא עָבִיר
impasse *n.* מָבוֹי סָתוּם
impassible, impassive *adj.* חֲסַר-רֶגֶשׁ
impassioned *adj.* נִרְגָּשׁ, נִלְהָב
impassivity *n.* חוֹסֶר-רֶגֶשׁ, אֲדִישׁוּת
impatient *adj.* חֲסַר-סַבְלָנוּת
impeach *vt.* 1. (accuse) הֶאֱשִׁים
2. (discredit) עִירְעֵר אֲמִינוּת
impeachment *n.* 1. הַאֲשָׁמָה
2. עִירְעוּר אֲמִינוּת
impeccable *adj.* לְלֹא פְּגָם, לְלֹא דּוֹפִי
impecunious *adj.* דַּל-אֶמְצָעִים
impedance *n.* הִתְנַגְּדוּת (בְּמַעֲבַר זֶרֶם)
impede *vt.* עִיכֵּב, מָנַע
impediment *n.* עִיכּוּב, מִכְשׁוֹל
impel *vt.* 1. (urge) הִמְרִיץ
2. (propel) הֵנִיעַ
impending *adj.* עוֹמֵד לְהִתְרַחֵשׁ
impenetrable *adj.* בִּלְתִּי-חָדִיר
impenitent *adj.* לֹא מַבִּיעַ חֲרָטָה
imperative *n. (gram.)* צִיוּוּי
imperative *adj.* הֶכְרֵחִי, דָּרוּשׁ
imperceptible *adj.* לֹא נִתְפָּס
imperfect *adj.* לֹא מוּשְׁלָם, פָּגוּם
imperfection *n.* אִי-שְׁלֵמוּת, פְּגָם
imperial *adj.* 1. (regal) מַלְכוּתִי
2. (of an empire) קֵיסָרִי, אִימְפֶּרְיָאלִי
imperialism *n.* אִימְפֶּרְיָאלִיזְם
imperialistic *adj.* אִימְפֶּרְיָאלִיסְטִי
imperil *vt.* סִיכֵּן
imperilment *n.* סִיכּוּן
imperious *adj.* שְׁתַלְטָנִי

imperiousness *n.* שְׁתַלְטָנוּת
imperishable *adj.* עָמִיד
impermanent *adj.* אֲרָעִי, לֹא קָבוּעַ
impermeable *adj.* לֹא חָדִיר
impermissible *adj.* שֶׁאֵין לְהַרְשׁוֹתוֹ
impersonal *adj.* לֹא אִישִׁי
impersonate *vt.* הִתְחַזָּה לְ-, חִיקָּה
impersonation *n.* הִתְחַזּוּת, חִיקּוּי
impersonator *n.* מִתְחַזֶּה, חַקְיָין
impertinent *adj.* 1. (rude) גַּס, חָצוּף
2. (irrelevant) לֹא קָשׁוּר, לֹא רֶלֶוַונְטִי
impervious *adj.* אָטוּם, לֹא חָדִיר
impetigo *n.* סַעֶפֶת
impetus *n.* דַּחַף
impinge *vi.* 1. (encroach) פָּלַשׁ, הִסִּיג גְּבוּל
2. (collide) הִתְנַגֵּשׁ, פָּגַע בְּ-
impingement *n.* 1. פְּלִישָׁה, הַסָּגַת גְּבוּל
2. הִתְנַגְּשׁוּת, פְּגִיעָה
impious *adj.* כּוֹפֵר, לֹא דָּתִי
impiousness *n.* כְּפִירָה, אִי-דָּתִיּוּת
implacable *n.* שֶׁאִי-אֶפְשָׁר לְפַיְּיסוֹ
implant *n.* הַשְׁתָּלָה, אֵיבָר מוּשְׁתָּל
implant *vt.* הִשְׁתִּיל
implausible *n.* בִּלְתִּי-סָבִיר
implement *vt.* בִּיצַּע, יִישֵּׁם
implementation *n.* בִּיצּוּעַ, יִישּׂוּם
implicate *vt.* 1. (imply) רָמַז, הִשְׁתַּמֵּעַ
2. (involve) עֵירַב, סִיבֵּךְ
implication *n.* 1. הַשְׁלָכָה, הִשְׁתַּמְּעוּת
2. עֵירוּב, סִיבּוּךְ
implicit *adj.* מִשְׁתַּמֵּעַ, מְרוּמָּז
implicitly *adv.* בִּמְרוּמָּז
implode *vi.* הִתְפּוֹצֵץ פְּנִימָה, קָרַס
imploration *n.* הַפְצָרָה, תַּחֲנוּנִים
implore *vt.* הִפְצִיר בְּ-, הִתְחַנֵּן
implosion *n.* הִתְפּוֹצְצוּת פְּנִימָה, קְרִיסָה
imply *vt.* רָמַז
impolite *adj.* חֲסַר-נִימּוּס, לֹא נִימּוּסִי
impolitic *adj.* לֹא כְּדָאִי
imponderable *adj.* שֶׁאֵין לְהַעֲרִיכוֹ

import *n.* 1. (imported goods) יְבוּא
2. (importance) חֲשִׁיבוּת
3. (meaning) מַשְׁמָעוּת
import *vt.* 1. (bring in) יִיבֵּא
2. (signify) הוֹרָה עַל, צִיֵּין
important *adj.* חָשׁוּב
importation *n.* יִיבּוּא
importer *n.* יְבוּאָן
importunate *adj.* מַפְצִיר, לוֹחֵץ, מְנַדְנֵד
importune *vt.* הִפְצִיר, נִידְנֵד לְ-
impose *vt.* 1. (make mandatory) הֵטִיל, חִייֵּב
2. (force oneself on others) הֶעֱמִיס עַצְמוֹ עַל
impose on נִיצֵּל
imposing *adj.* מַרְשִׁים, רַב-רוֹשֶׁם
imposition *n.* 1. הַטָּלָה, חִיּוּב
2. מַעֲמָסָה
impossible *adj.* בִּלְתִּי-אֶפְשָׁרִי
impossible *adv.* אִי-אֶפְשָׁר, לֹא יִיתָּכֵן
impost *n.* מַס (מִיסִים), מֶכֶס
imposter *n.* מִתְחַזֶּה, נוֹכֵל
impotence *n.* 1. (sexual dysfunction) חוֹסֶר כּוֹחַ גַּבְרָא
2. (lack of strength) חוֹסֶר-אוֹנִים
impotent *adj.* 1. חֲסַר כּוֹחַ גַּבְרָא
2. חֲסַר-אוֹנִים
impound *vt.* 1. (confiscate) הֶחֱרִים
2. (confine) סָגַר, כָּלָא
impoundment *n.* 1. הַחְרָמָה
2. סְגִירָה, כְּלִיאָה
impoverish *vt.* רוֹשֵׁשׁ, דִּילְדֵּל
impoverished *adj.* מְרוּשָּׁשׁ, עָנִי
impoverishment *n.* הִתְרוֹשְׁשׁוּת, עוֹנִי
impractical *adj.* לֹא מַעֲשִׂי
imprecate *vt.* קִילֵּל, הֵבִיא קְלָלָה
imprecation *n.* קְלָלָה
imprecise *adj.* לֹא מְדוּיָּק
imprecision *n.* אִי-דִּיּוּק
impregnable *n.* אֵיתָן, בִּלְתִּי-חָדִיר
impregnate *vt.* עִיבֵּר, הִכְנִיס לְהֵירָיוֹן
impregnation *n.* עִיבּוּר

impresario *n.* אֲמַרגָן
impress *vt.* 1. (affect) הִרשִים, עָשָׂה רוֹשֶם
2. (imprint) הִטבִּיעַ סִימָן
impression *n.* 1. רוֹשֶם, הִתרַשְמוּת
2. הַטבָּעָה
3. (imitation) חִיקוּי
impressionism *n.* אִימפּרֶסיוֹנִיזם
impressive *adj.* מַרשִים
imprint *n.* חוֹתָם, סִימָן מוּטבָּע
imprison *vt.* שָׂם בְּמַעֲצָר, כָּלָא
imprisonment *n.* מַעֲצָר, כְּלִיאָה
improbability *n.* אִי-סְבִירוּת
improbable *adj.* לֹא סָבִיר
impromptu *adj.* מְאוּלתָר
improper *adj.* לֹא הוֹלֵם, לֹא הָגוּן
impropriety *n.* מַעֲשֶׂה לֹא הוֹלֵם
improve *vt.*; *vi.* שִיפֵּר, הִשבִּיחַ ; הִשתַפֵּר
improvement *n.* שִיפּוּר, הֲטָבָה, הַשבָּחָה
improvidence *n.* אִי-דְאָגָה לֶעָתִיד
improvident *adj.* שֶאֵינוֹ דוֹאֵג לֶעָתִיד, בַּזבְּזָן
improvisation *n.* אִילתוּר, אִימפּרוֹבִיזַציָה
improvise *vt.* אִילתֵר
imprudence *n.* אִי-זְהִירוּת, פְּזִיזוּת
imprudent *adj.* לֹא זָהִיר, פָּזִיז
impudence *n.* חוּצפָּה, עַזוּת מֵצַח
impudent *adj.* חָצוּף, חֲסַר-בּוּשָה
impugn *vt.* הִטִיל סָפֵק, פִּיקפֵּק בּ-
impulse *n.* דַחַף
impulsive *adj.* פָּזִיז, נִמהָר, אִימפּוּלסִיבִי
impunity *n.* פְּטוֹר מֵעוֹנֶש
impure *adj.* 1. (unclean) לֹא טָהוֹר, מְזוֹהָם
2. (religiously immoral) טָמֵא
impurity *n.* 1. זִיהוּם
2. טוּמאָה
impute *vt.* הִטִיל אַחֲרָיוּת, יִיחֵס ל-
in *prep.* בְּ-, בְּתוֹך, בִּפנִים
be in for צָפוּי ל-
in *adj.* פְּנִימִי
in *adv.* פְּנִימָה
inability *n.* אִי-יְכוֹלֶת

inaccessibility *n.* אִי-נְגִישוּת
inaccessible *adj.* לֹא נָגִיש
inaccuracy *n.* אִי-דִיוּק
inaccurate *adj.* לֹא מְדוּיָיק
inaction *n.* חוֹסֶר-פְּעוּלָה, אֶפֶס מַעֲשֶׂה
inactive *adj.* לֹא פָּעִיל
inactivity *n.* חוֹסֶר-פְּעִילוּת
inadequacy *n.* אִי-הַתאָמָה לַצְרָכִים
inadequate *adj.* לֹא מַספִּיק, לֹא מְסַפֵּק
inadmissible *adj.* לֹא קָבִיל
inadvertent *adj.* לֹא מְכוּוָן
inadvertently *adv.* לֹא בְּכַוָונָה, בְּלִי מֵשִׂים
inadvisable *adj.* לֹא רָצוּי, לֹא נָבוֹן
inalienable *adj.* שֶאֵין לִשלוֹל
inane *adj.* רֵיק מִתוֹכֶן
inanimate *adj.* חֲסַר-חַיִים, דוֹמֵם
inanition *n.* תְשִישוּת
inapplicable *adj.* לֹא יָשִׂים
inappreciable *adj.* זָעִיר, חֲסַר-עֵרֶך
inappropriate *adj.* לֹא הוֹלֵם, לֹא כַּהֲלָכָה
inapt *adj.* לֹא מַתאִים
inarticulate *adj.* עִילֵג, לֹא בָּרוּר
inasmuch as כֵּיווָן שֶ-, הֱיוֹת וְ-
inattention *n.* חוֹסֶר תְשׂוּמֶת-לֵב
inaudible *adj.* בִּלתִי-נִשמָע
inaugural *n.* נְאוּם כְּנִיסָה לְתַפקִיד
inaugurate *vt.* 1. (dedicate) חָנַך
2. (induct into office) הִשבִּיעַ
inauguration *n.* 1. חֲנוּכָּה
2. טֶקֶס הַשבָּעָה
inauspicious *adj.* מְבַשֵׂר רָע
inboard *adj.* פְּנִימִי
inborn *adj.* מוּלָד, טָבוּעַ מִלֵידָה
inbound *n.* נִכנָס, בַּדֶרֶך פְּנִימָה
inbred *adj.* מוּלָד, מִטִבעוֹ
inbreed *vt.* הִכלִיא, הִרבִּיעַ
Inc. (Incorporated) מְאוּגָד
incalculable *adj.* שֶאֵין לֶאֱמוֹד, בַּל יְשוֹעַר
incandescent *adj.* לוֹהֵט, זוֹהֵר, מְלוּבָּן
incantation *n.* לַחַש, מִילוֹת קֶסֶם

incapability *n.*	אִי-יְכוֹלֶת
incapable *adj.*	לֹא יָכוֹל, לֹא מְסוּגָל
incapacitate *vt.*	שִׁיתֵּק, שָׁלַל יְכוֹלֶת
incapacitation *n.*	שִׁיתּוּק, שְׁלִילַת יְכוֹלֶת
incapacity *n.*	אִי-יְכוֹלֶת
incarcerate *vt.*	שָׂם בְּמַעֲצָר, כָּלָא
incarceration *n.*	מַעֲצָר, כְּלִיאָה
incarnate *vt.*	גִּילֵם
incarnation *n.*	הִתגַלְמוּת, הִתגַשְׁמוּת
incautious *adj.*	פָּזִיז, נִמהָר
incautiousness *n.*	פְּזִיזוּת
incendiary *n.* 1. (arsonist)	מַצִּית בְּזָדוֹן
2. (one who stirs up strife)	מְחַרחֵר רִיב
incense *n.*	קְטוֹרֶת, נִיחוֹחַ
incense *vt.*	עוֹרֵר זַעַם
incensed *adj.*	רוֹתֵחַ מִזַּעַם
incentive *n.*	תַּמרִיץ, גּוֹרֵם מְדַרבֵּן
inception *n.*	רֵאשִׁית, הַתחָלָה
incertitude *n.*	אִי-וַדָּאוּת, סָפֵק
incessant *adj.*	בִּלתִּי-פּוֹסֵק, מְמוּשָׁךְ
incessantly *adv.*	לְלֹא הֶרֶף
incest *n.*	גִּילוּי עֲרָיוֹת
inch *n.*	אִינץ'
inch *vi.*	הִתקַדֵּם בְּאִיטִיוּת
inchoate *adj.*	בְּמַצָּב הַתחָלָתִי, לֹא מְפוּתָּח
incidence *n.* 1. (occurrence)	הִתרַחֲשׁוּת
2. (frequency of occurrence)	שְׁכִיחוּת
incident *n.*	תַּקרִית, מִקרֶה
incidental *adj.*	מִקרִי, טָפֵל
incinerate *vt.*; *vi.*	שָׂרַף ; נִשׂרַף
incineration *n.*	שְׂרֵיפָה
incinerator *n.*	מִשׂרָפָה, תַּנּוּר
incipient *adj.*	מַתחִיל, בּוֹקֵעַ
incise *vt.*	חָתַךְ
incision *n.*	חֲתָךְ
incisive *adj.*	חַד, חוֹתֵךְ, שָׁנוּן
incisiveness *n.*	חַדּוּת, שְׁנִינוּת
incite *vt.*	הֵסִית, שִׁיסָּה
incitement *n.*	הֲסָתָה, שִׁיסּוּי
inciter *n.*	מֵסִית
incivility *n.*	חוֹסֶר-נִימוּס
inclemency *n.*	חוֹסֶר-רַחֲמִים
inclement *adj.*	חֲסַר-רַחֲמִים
inclination *n.*	נְטִייָה, הַעֲדָפָה
incline *n.*	שִׁיפּוּעַ, מִדרוֹן
incline *vi.* 1. (prefer)	נָטָה ל-, הֶעֱדִיף
2. *vt.*; *vi.* (bend)	כָּפַף, הִרכִּין ; הִתכּוֹפֵף
include *vt.*	כָּלַל, הֵכִיל
inclusion *n.*	הַכלָלָה
inclusive *adj.*	כּוֹלְלָנִי
inclusive of	כּוֹלֵל
incognito *adv.*	בְּעִילוּם שֵׁם
incoherence *n.*	חוֹסֶר קֶשֶׁר הֶגיוֹנִי, בִּילבּוּל
incoherent *adj.*	חֲסַר קֶשֶׁר הֶגיוֹנִי, מְבוּלבָּל
incombustible *n.*	לֹא דָלִיק
income *n.*	הַכנָסָה
unearned income	הַכנָסָה לֹא מִשָּׂכָר
incoming *adj.*	נִכנָס, הַבָּא, הַמִּתקָרֵב
incommensurate *adj.*	חֲסַר-פְּרוֹפּוֹרציָה, לֹא נִמדָּד
incommode *vt.*	גָּרַם אִי-נְעִימוּת
incommunicado *adj.*	מְנוּתָּק, שֶׁאֵין עִמּוֹ קֶשֶׁר
incommunicative *adj.*	לֹא נוֹטֶה לְהִתקַשֵּׁר
incomparable *adj.*	שֶׁאֵין דּוֹמֶה לוֹ
incompatibility *n.*	אִי-הַתאָמָה, נִיגּוּד
incompatible *adj.*	לֹא תוֹאֵם, מְנוּגָּד ל-
incompetence *n.*	חוֹסֶר-כִּישָׁרוֹן, אִי-יְכוֹלֶת
incompetent *adj.*	חֲסַר-כִּישָׁרוֹן, לֹא מְסוּגָל
incomplete *adj.* 1. (not complete)	לֹא שָׁלֵם
2. (*football*)	(כַּדּוּר) שֶׁלֹּא נִתפַּס
incomprehensible *adj.*	לֹא מוּבָן, לֹא בָּרוּר
inconceivable *adj.*	לֹא סָבִיר, לֹא יַעֲלֶה עַל הַדַּעַת
inconclusive *adj.*	לֹא חַד-מַשְׁמָעִי, לֹא מוּחלָט
incongruous *adj.*	לֹא מַתאִים
inconsequential *adj.*	חֲסַר-חֲשִׁיבוּת
inconsiderate *adj.*	לֹא מִתחַשֵּׁב בַּזּוּלַת

inconsideration *n.* אִי-הִתְחַשְׁבוּת
inconsistency *n.* חוֹסֶר-עִקְבִיוּת
inconsistent *adj.* לֹא עִקְבִי
inconspicuous *adj.* לֹא בּוֹלֵט, לֹא נִיכָּר
inconstant *adj.* לֹא קָבוּעַ, מִשְׁתַּנֶּה
incontestable *adj.* לֹא נִיתָּן לְעִירְעוּר
incontinence *n.* אִי-שְׁלִיטָה בִּצְרָכִים
incontinent *adj.* לֹא שׁוֹלֵט בַּעֲשִׂיַּית צְרָכָיו
inconvenience *n.* אִי-נוֹחוּת, טִירְחָה
inconvenience *vt.* גָּרַם אִי-נוֹחוּת, הִטְרִיחַ
inconvenient *adj.* לֹא נוֹחַ
incorporate *vt.; vi.* אִיגֵּד ; הִתְאַגֵּד
incorporated *adj.* מוּאֲגָּד
incorrect *adj.* לֹא נָכוֹן, מוּטְעֶה
increase *n.* עֲלִיָּיה, גִידּוּל
on the increase בַּעֲלִיָּיה
increase *vi.;vt.* עָלָה, גָּדַל ; הֶעֱלָה, הִגְדִּיל
increasingly *adv.* יוֹתֵר וְיוֹתֵר
incredible *adj.* לֹא יְאוּמָן, מַפְלִיא
incredulous *adj.* סַפְקָן, לֹא מַאֲמִין
increment *n.* עֲלִיָּיה, תּוֹסֶפֶת
incriminate *vt.* הִפְלִיל
incrimination *n.* הַפְלָלָה
incriminatory *adj.* מַפְלִיל
incrust *vt.* כִּיסָּה בִּקְרוּם/בְּצִיפּוּי
incubate *vi.* 1. (hatch) דָּגַר
2. (develop) פִּיתַּח
incubation *n.* דְּגִירָה
incubator *n.* 1. (for hatching eggs) מַדְגֵּרָה
2. (for babies) חֲמָמִית, אִינְקוּבָּטוֹר
inculcate *vt.* הִשְׁרִישׁ, הֶחְדִּיר
inculcation *n.* הַשְׁרָשָׁה, הַחְדָּרָה
inculpate *vt.* הִפְלִיל
inculpation *n.* הַפְלָלָה
inculpatory *adj.* מַפְלִיל
incumbency *n.* כְּהוּנָּה
incumbent *adj.* 1. (holding office) מְכַהֵן בְּתַפְקִיד
2. (obligatory) חוֹבָה
incur *vt.* הֵבִיא/הֵמִיט עַל עַצְמוֹ

incurable *adj.* חֲשׂוּךְ-מַרְפֵּא
incuriosity *n.* אִי-סַקְרָנוּת
incurious *adj.* לֹא סַקְרָן, חֲסַר-עִנְיָין
incursion *n.* פְּלִישָׁה, חֲדִירָה, פְּשִׁיטָה
indebted *adj.* 1. (owing) חַיָּיב
2. (grateful) אֲסִיר-תּוֹדָה
indecency *n.* אִי-צְנִיעוּת, גַּסּוּת
indecent *adj.* לֹא צָנוּעַ, גַּס, מְגוּנֶּה
indecipherable *adj.* שֶׁאִי-אֶפְשָׁר לְפַעְנֵחַ
indecision *n.* חוֹסֶר-הֶחְלֵטִיּוּת, הַסְסָנוּת
indecisive *adj.* לֹא הֶחְלֵטִי, לֹא מוּחְלָט
indecorous *adj.* לֹא הוֹלֵם
indeed *adv.* אָכֵן, לְמַעֲשֶׂה, בֶּאֱמֶת
indefensible *adj.* 1. (untenable) לֹא נִיתָּן לַהֲגָנָה
2. (inexcusable) חֲסַר-צִידּוּק
indefinite *adj.* 1. (undefined) לֹא מוּגְדָּר, סְתָמִי
2. (of unlimited time) לֹא מוּגְבָּל
indefinitely *adv.* לִזְמַן בִּלְתִּי-מוּגְבָּל
indelible *adj.* לֹא נִמְחָק
indelicate *adj.* גַּס, חֲסַר-נִימּוּס
indemnify *vt.* 1. (insure) בִּיטַּח מִפְּנֵי נֶזֶק
2. (compensate) שִׁיפָּה, פִּיצָּה עַל נְזָקִים
indemnity *n.* 1. בִּיטּוּחַ
2. שִׁיפּוּי, פִּיצּוּי
indent *vt.* 1. (cut notches) שִׁינֵּן, חָרַץ שִׁינַּיִים
2. (set in from margin) הֵזִיחַ (מֵהַשּׁוּלַיִים)
indentation *n.* 1. שִׁינּוּן, חָרִיץ
2. הֲזָחָה
indenture *n.* חוֹזֶה, הֶסְכֵּם
independence *n.* עַצְמָאוּת
independent *adj.* עַצְמָאִי, בִּלְתִּי-תָּלוּי
indescribable *adj.* בַּל יְתוֹאַר
indestructible *adj.* שֶׁלֹּא נִיתָּן לְהוֹרְסוֹ
indeterminable *adj.* שֶׁאֵין לְהַגְדִּירוֹ
indeterminate *adj.* לֹא מוּגְדָּר, מְעוּרְפָּל
indetermination *n.* חוֹסֶר-הֶחְלֵטִיּוּת
index *n.* 1. (alphabetical list) מַפְתֵּחַ עִנְיָינִים
2. (measurement) מַדָּד, אִינְדֶּקְס

consumer price index מַדַּד הַמְּחִירִים לַצַּרְכָן
index *vt.* הִכְנִיס לְמַפְתֵּחַ עִנְיָנִים
indexation *n.* הַצְמָדָה לַמַּדָּד
India *n.* הוֹדוּ
Indian *n.*; *adj.* 1. (native of India) הוֹדִי
2. (native American) אִינְדְיָאנִי
indicate *vt.* הוֹרָה, הִצְבִּיעַ עַל, צִיֵּין
indication *n.* סִימָן
indicative *adj.* מֵעִיד, מַצְבִּיעַ
indict *vt.* הֶאֱשִׁים
indictment *n.* הַאֲשָׁמָה, כְּתַב אִישׁוּם
indifference *n.* אֲדִישׁוּת, שִׁוְיוֹן נֶפֶשׁ
indifferent *adj.* אָדִישׁ
indigenous *adj.* יְלִיד הַמָּקוֹם, מְקוֹמִי
indigent *adj.* עָנִי, מְרוּשָּׁשׁ
indigestible *adj.* קָשֶׁה לְעִיכּוּל
indigestion *n.* קִשְׁיֵי עִיכּוּל
indignant *adj.* כּוֹעֵס, מְמוּרְמָר
indignation *n.* כַּעַס, הִתְמַרְמְרוּת
indignity *n.* פְּגִיעָה בְּכָבוֹד
indigo *n.* צֶבַע כָּחוֹל כֵּהֶה
indirect *adj.* לֹא יָשִׁיר, עָקִיף
indiscernible *adj.* שֶׁאִי-אֶפְשָׁר לְהַבְחִין בּוֹ
indiscreet *adj.* לֹא זָהִיר בִּדְבָרָיו, לֹא דִּיסְקְרֶטִי
indiscretion *n.* אִי-זְהִירוּת, חוֹסֶר שִׁיקּוּל דַּעַת
indiscriminate *adj.* חֲסַר-הַבְחָנָה
indiscriminately *adv.* לְלֹא הַבְחָנָה
indispensable *adj.* שֶׁאִי-אֶפְשָׁר בִּלְעָדָיו
indisputable *adj.* שֶׁאֵין לַחֲלוֹק עָלָיו
indissoluble *adj.* לֹא מָסִיס, יַצִּיב
indistinct *adj.* לֹא בָּרוּר, מְעוּרְפָּל
indistinguishable *adj.* לֹא נִבְדָּל, שֶׁאִי-אֶפְשָׁר לְהַבְחִין בּוֹ
indite *vt.* כָּתַב, חִיבֵּר
individual *n.* אָדָם, פְּרָט, יָחִיד
individual *adj.* יְחִידִי, נִפְרָד
individualist *n.* אִינְדִּיבִידוּאָלִיסְט
individualization *n.* יִיחוּד
individualize *vt.* יִיחֵד
individually *adv.* בְּנִפְרָד
indivisible *adj.* לֹא נִיתָּן לַחֲלוּקָה
Indo-European הוֹדוּ-אֵירוֹפִּי
indoctrinate *vt.* הִטִּיף, הֶחְדִּיר דֵּעוֹת
indoctrination *n.* הַטָּפָה, אִינְדּוֹקְטְרִינַצְיָה
indolence *n.* עַצְלָנוּת, בַּטְלָנוּת
indolent *adj.* עַצְלָן, בַּטְלָן
indomitable *adj.* עָשׂוּי לְלֹא חַת
indoor *adj.* פְּנִימִי, שֶׁבְּתוֹךְ בִּנְיָן
indoors *adv.* בִּפְנִים, בְּתוֹךְ בִּנְיָן
induce *vt.* 1. (persuade) פִּיתָּה, שִׁידֵּל
2. (cause) הֵבִיא ל-, גָּרַם
inducement *n.* פִּיתּוּי, שִׁידּוּל
induct *vt.* 1. (admit to the military) חִיֵּיל
2. (install in office) הִכְנִיס לְתַפְקִיד
3. (admit as member) קִיבֵּל כְּחָבֵר
induction *n.* 1. חִיּוּל
2. הַכְנָסָה לְתַפְקִיד
3. קַבָּלָה כְּחָבֵר
indulge *vt.*; *vi.* סִיפֵּק תְּשׁוּקָה/מִשְׁאָלָה, פִּינֵּק ; הִתְמַסֵּר לִתְשׁוּקָה
indulgence *n.* סִיפּוּק תְּשׁוּקָה, פִּינּוּק
indulgent *adj.* 1. (indulging) מְפַנֵּק
2. (lenient) רַךְ, וַתְּרָנִי
indurate *vt.*; *vi.* הִקְשָׁה, הִקְשִׁיחַ ; הִתְקַשָּׁה, הִתְקַשֵּׁחַ
industrial *adj.* תַּעֲשִׂיָּיתִי
industrialist *n.* תַּעֲשִׂיָּין
industrialization *n.* תִּיעוּשׁ
industrialize *vt.* תִּיעֵשׁ
industrialized *adj.* מְתוּעָשׁ
industrious *adj.* חָרוּץ, שַׁקְדָן
industry *n.* 1. (manufacture) תַּעֲשִׂיָּיה
2. (diligence) חֲרִיצוּת
inebriate *n.* שִׁיכּוֹר
inebriat *vt.* שִׁיכֵּר
inedible *adj.* לֹא אָכִיל
ineffable *adj.* בַּל יְתוֹאַר, שֶׁלֹּא יֵיאָמֵר
ineffaceable *adj.* בִּלְתִּי-נִמְחָק

ineffective *adj.* לֹא יָעִיל, חֲסַר-תּוֹעֶלֶת
ineffectiveness *n.* אִי-יְעִילוּת
ineffectual *adj.* לֹא יָעִיל
inefficient *adj.* לֹא יָעִיל, לֹא חֶסכוֹנִי
inefficiency *n.* אִי-יְעִילוּת
inelegant *adj.* חֲסַר-חֵן
ineligibility *n.* אִי-זַכָּאוּת
ineligible *adj.* 1. (disqualified) לֹא זַכַּאי לְ-
2. (unfit) בִּלתִי-כָּשִׁיר, פָּסוּל
ineluctable *adj.* בִּלתִי-נִמנָע, שֶׁאֵין מָנוֹס מִמֶּנּוּ
inept *adj.* 1. (unsuitable) לֹא מַתאִים
2. (incompetent) חֲסַר-כִּישָׁרוֹן
3. (foolish) טִיפְּשִׁי, שְׁטוּתִי
ineptitude, ineptness *n.* 1. אִי-הַתאָמָה
2. חוֹסֶר-כִּישָׁרוֹן
3. טִיפְּשׁוּת, שְׁטוּת
inequality *n.* אִי-שִׁוויוֹן
inequitable *adj.* לֹא הוֹגֵן, אֵיפָה וְאֵיפָה
inequity *n.* אִי-הֲגִינוּת, אִי-צֶדֶק
inert *adj.* לֹא פָּעִיל, נַייָח
inertia *n.* כּוֹחַ הַתמָדָה, אִינֶרצִיָה
inertness *n.* אִי-פְּעוּלָה, נַייָחוּת
inescapable *adj.* שֶׁאֵין מָנוֹס מִמֶּנּוּ
inevitable *adj.* בִּלתִי-נִמנָע
inexact *adj.* לֹא מְדוּיָיק
inexactness *n.* אִי-דִיוּק
inexcusable *adj.* בִּלתִי-נִסלָח, לֹא מוּצדָק
inexhaustible *adj.* בִּלתִי-נִדלֶה
inexorable *adj.* נָחוּשׁ, שֶׁלֹּא זָז מֵעֶמדָתוֹ
inexpensive *adj.* לֹא יָקָר
inexperience *n.* חוֹסֶר-נִיסָיוֹן
inexperienced *adj.* חֲסַר-נִיסָיוֹן
inexpiable *adj.* בַּל יִיסָלַח
inexplicable *adj.* שֶׁאֵין לוֹ הֶסבֵּר, לֹא מוּבָן
inextinguishable *adj.* שֶׁאִי-אֶפשָׁר לְכַבּוֹתוֹ
inextricable *adj.* שֶׁאֵין לְהֵיחָלֵץ מִמֶּנּוּ
infallibility *n.* אִי-יְכוֹלֶת לִשגוֹת
infallible *adj.* שֶׁאֵינוֹ שׁוֹגֶה
infamous *adj.* יָדוּעַ לְשִׁמצָה
infamy *n.* חֶרפָּה, קָלוֹן
infancy *n.* יַנקוּת
infant *n.* תִּינוֹק
infanticide *n.* רֶצַח תִּינוֹקוֹת
infantile *adj.* 1. (of infants) שֶׁל תִּינוֹקוֹת
2. (childish) יַלדוּתִי
infantry *n.* חֵיל רַגלִים
infantryman *n.* חַייָל רַגלִי
infatuate *vt.* עוֹרֵר אַהֲבָה עִיווֶרֶת
infatuated *adj.* מְאוֹהָב, מוּקסָם
infatuation *n.* אַהֲבָה עִיווֶרֶת
infeasible *adj.* לֹא נִיתָן לְבִיצוּעַ
infect *vt.* הִדבִּיק (בְּמַחֲלָה)
infection *n.* אִילּוּחַ, דַּלֶּקֶת, אִינפֶקציָה
infectious *adj.* מִידַּבֵּק
infelicitous *adj.* לֹא הוֹלֵם
infer *vt.* הִסִּיק, הִקִּישׁ
inference *n.* הַסָּקַת מַסקָנָה, הֶיקֵּשׁ
inferior *adj.* 1. (of low quality) נָחוּת
2. (lower) נָמוּךְ בְּדַרגָה
inferiority *n.* נְחִיתוּת
infernal *adj.* שֶׁל גֵיהִינּוֹם
inferno *n.* גֵיהִינּוֹם, תּוֹפֶת
infertile *adj.* לֹא פּוֹרֶה, עָקָר
infertility *n.* אִי-פּוֹרִיוּת, עֲקָרוּת
infest *vt.* שָׁרַץ, פָּשַׁט בְּ-
infestation *n.* שְׁרִיצָה, פְּשִׁיטָה
infidel *n.* כּוֹפֵר
infidelity *n.* 1. (disloyalty) אִי-נֶאֱמָנוּת, בְּגִידָה
2. (religious disbelief) כְּפִירָה
infighting *n.* מְרִיבוֹת פְּנִים
infiltrate *vt.* הִסתַּנֵּן, חָדַר לְ-
infiltration *n.* הִסתַּנְּנוּת, חֲדִירָה
infiltrator *n.* מִסתַּנֵּן
infinite *adj.* אֵינסוֹפִי
infinitely *adv.* עַד אֵינסוֹף, לְלֹא גְּבוּל
infinitesimal *adj.* מִזְעָרִי
infinitive *n.* *(gram.)* מָקוֹר
infinitude, infinity *n.* אֵינסוֹף, אֵינסוֹפִיּוּת
infirm *adj.* חָלוּשׁ, לֹא בָּרִיא

infirmary *n.* מִרְפָּאָה
infirmity *n.* חוּלְשָׁה, חוֹלִי
inflame *vt.* 1. (set afire) הִבְעִיר, הִצִּית
2. (exite; incite) שִׁילְהֵב ; הִסִּית
3. (cause inflammation) גָּרַם לְדַלֶּקֶת
inflammable *adj.* 1. (combustible) דָּלִיק
2. (easily excitable) חֲמוּם-מוֹחַ
inflammation *n.* דַּלֶּקֶת
inflammatory *adj.* 1. (of inflammation) דַּלַּקְתִּי
2. (arousing passion) מְשַׁלְהֵב יְצָרִים
inflate *vt.*; *vi.* נִיפֵּחַ ; הִתְנַפֵּחַ
inflation *n.* 1. (price rise) אִינפְלַצְיָה
2. (act of inflating) נִיפּוּחַ
inflect *vt.* (*gram.*) הִטָּה
inflection *n.* הַטָּיָה, נְטִייָה
inflexibility *n.* אִי-גְמִישׁוּת
inflexible *adj.* לֹא גָמִישׁ
inflict *vt.* 1. (cause) גָּרַם
2. (impose) הִטִּיל
in-flight *adj.* בִּזְמַן הַטִּיסָה
inflorescence *n.* פְּרִיחָה, לִיבלוּב
inflorescent *adj.* פּוֹרֵחַ, מְלַבְלֵב
inflow *n.* זְרִימָה פְּנִימָה
influence *n.* הַשְׁפָּעָה
under the influence שִׁיכּוֹר
influence *vt.* הִשְׁפִּיעַ עַל
influential *adj.* בַּעַל-הַשְׁפָּעָה
influenza *n.* שַׁפַּעַת
influx *n.* זְרִימָה, נְהִירָה, זֶרֶם
info *n.* מֵידָע
infomercial *n.* תוֹכְנִית פִּירסוֹמֶת
inform *vt.* 1. (give information) הוֹדִיעַ ל-, מָסַר ל-
2. vi. (give incriminating information הִלְשִׁין
informal *adj.* לֹא רִשְׁמִי, לֹא פוֹרמָלִי
informality *n.* אִי-רִשְׁמִיּוּת, חוֹסֶר גִינוּנִים
informant *n.* מוֹדִיעַ, סַפָּק מֵידָע
information *n.* 1. (knowledge) מֵידָע, אִינפוֹרמַצְיָה
2. (public assistance) מוֹדִיעִין
informative *adj.* מְאַלֵּף, אִינפוֹרמָטִיבִי
informed *adj.* בַּעַל-מֵידָע, יוֹדֵעַ דָּבָר
informer *n.* מוֹדִיעַ, מַלְשִׁין
infraction *n.* עֲבֵירָה, הֲפָרָה
infrared *n.* אִינפְרָה-אָדוֹם
infrastructure *n.* תַּשְׁתִּית
infrequency *n.* אִי-תְדִירוּת, אִי-תְכִיפוּת
infrequent *adj.* לֹא תָדִיר, לֹא תָכוּף
infrequently *adv.* לְעִתִּים נְדִירוֹת
infringe *vt.* 1. (violate) הֵפֵר, עָבַר עַל
2. *vi.* (encroach) חָדַר ל-, הִסִּיג גְבוּל
infringement *n.* 1. הֲפָרָה, עֲבֵירָה
2. חֲדִירָה, הַסָּגַת גְבוּל
infuriate *vt.* הִכְעִיס, עוֹרֵר זַעַם
infuriated *adj.* כּוֹעֵס, זוֹעֵם
infuse *vt.* 1. (imbue) הֶחְדִיר, הֵפִיחַ
2. (soak) הִשְׁרָה, חָלַט
infusion *n.* הַזְרָמָה, הַחְדָּרָה ; אִינפוּזְיָה
ingathering of the exiles קִיבּוּץ גָלוּיוֹת
ingenious *adj.* פִּיקְחִי, מְחוּכָּם, רַב-תּוּשִׁיָּה
ingenuity *n.* פִּיקְחוּת, כּוֹשֶׁר הַמְצָאָה
ingenuous *adj.* 1. (artless) תָּמִים
2. (frank) כֵּן, כֵּנֶה, גְלוּי-לֵב
ingenuousness *n.* 1. תְּמִימוּת
2. כֵּנוּת, גִילוּי-לֵב
ingest *vt.* בָּלַע, הִכְנִיס לְגוּפוֹ
ingestion *n.* בְּלִיעָה, הַכְנָסָה לַגוּף
inglorious *adj.* מֵבִישׁ, מַחְפִּיר
ingot *n.* מְטִיל מַתֶּכֶת
ingrain *vt.* טָבַע, הִשְׁרִישׁ
ingrained *adj.* טָבוּעַ, מוּשְׁרָשׁ
ingrate *n.* כְּפוּי-טוֹבָה
ingratiate *vt.* הִתְחַנֵּף, הִתְרַפֵּס
ingratiation *n.* הִתְחַנְּפוּת, הִתְרַפְּסוּת
ingratitude *n.* כְּפִיּוּת טוֹבָה
ingredient *n.* מַרְכִּיב, רְכִיב
ingress, ingression *n.* (זְכוּת) כְּנִיסָה
ingrown *adj.* שֶׁגָּדֵל כְּלַפֵּי פְּנִים

inguinal *adj.* מִפְשָׂעָתִי
inhabit *vt.* שָׁכַן בּ- ; אִיכְלֵס
inhabitant *n.* דַּיָּיר, תּוֹשָׁב
inhalant *n.* חוֹמֶר שְׁאִיפָה
inhalation *n.* שְׁאִיפָה
inhale *vt.* שָׁאַף
inhere *vi.* הָיָה טָבוּעַ בּ-
inherent *adj.* טָבוּעַ, מַהוּתִי
inherently *adv.* מִטִּבְעוֹ, בְּמַהוּתוֹ
inherit *vt.* יָרַשׁ
inheritance *n.* יְרוּשָׁה, עִיזָּבוֹן
inheritor *n.* יוֹרֵשׁ
inhibit *vt.* 1. (restrain) עִיכֵּב, רִיסֵּן
2. (prevent) מָנַע
inhibition *n.* עַכָּבָה, מַעֲצוֹר
inhospitable *adj.* לֹא מַכְנִיס אוֹרְחִים
inhuman *adj.* לֹא אֱנוֹשִׁי, אַכְזָרִי
inhumane *adj.* חֲסַר-חֶמְלָה, לֹא הוּמָנִי
inhumanity *n.* חוֹסֶר רֶגֶשׁ אֱנוֹשִׁי, אַכְזְרִיּוּת
inimical *adj.* 1. (hostile) עוֹיֵין, לֹא יְדִידוּתִי
2. (harmful) מַזִּיק
inimitable *adj.* לֹא נִיתָּן לְחִיקּוּי
iniquity *n.* אִי-צֶדֶק, רֶשַׁע
initial *n.* אוֹת רִאשׁוֹנָה
initials *pn.* רָאשֵׁי תֵּיבוֹת
initial *adj.* רִאשׁוֹנִי, הַתְחָלָתִי
initial *vt.* חָתַם בְּרָאשֵׁי תֵּיבוֹת
initialization *n.* אִיתְחוּל
initialize *vt.* אִיתְחֵל
initially *adv.* תְּחִילָּה, בְּהַתְחָלָה
initiate *vt.* 1. (originate) יָזַם, הִתְחִיל
2. (admit as member) קִיבֵּל כְּחָבֵר
initiation *n.* 1. (start) הַתְחָלָה
2. (admission) קַבָּלָה (לְאִירְגּוּן)
initiative *n.* יוֹזְמָה
inject *vt.* הִזְרִיק
injection *n.* זְרִיקָה, הַזְרָקָה
fuel injection הַזְרָקַת דֶּלֶק (לְמָנוֹעַ)
injector *n.* מַזְרֵק
injudicious *adj.* לֹא נָבוֹן, לֹא שָׁקוּל
injudiciousness *n.* חוֹסֶר-תְּבוּנָה
injunction *n.* צַו מְנִיעָה
injure *vt.* 1. (wound) פָּצַע
2. (hurt) פָּגַע בּ-, הִזִּיק ל-
injurious *adj.* פּוֹגֵעַ, מַזִּיק
injury *n.* 1. פְּצִיעָה
2. פְּגִיעָה, נֶזֶק
injustice *n.* אִי-צֶדֶק, עָוֶל
ink *n.* דְּיוֹ
red ink גֵּירָעוֹן, הֶפְסֵד
ink *vt.* מָרַח בִּדְיוֹ
inkling *n.* רֶמֶז, מוּשָּׂג
inkwell *n.* דְּיוֹתָה
inlaid *adj.* מְשׁוּבָּץ
inland *adj.* שֶׁבִּפְנִים הָאָרֶץ
inland *adv.* אֶל פְּנִים הָאָרֶץ
in-law *n.* קָרוֹב מִנִּישׂוּאִין
in-laws *pn.* הוֹרֵי הַבַּעַל/הָאִישָּׁה
inlay *n.* שִׁיבּוּץ, מִילּוּי
inlay *vt.* שִׁיבֵּץ, קִישֵּׁט
inlet *n.* לְשׁוֹן יָם
inmate *n.* אָסִיר
inn *n.* פּוּנְדָּק, אַכְסַנְיָה
motor inn מְלוֹנוֹעַ
innards *pn.* קְרָבַיִים
innate *adj.* מוּלָד, טָבוּעַ מִלֵּידָה
inner *adj.* פְּנִימִי
innermost *adj.* פְּנִימִי/עָמוֹק בְּיוֹתֵר
inning *n.* תּוֹר בְּמִשְׂחָק
innings *pn.* שְׁעַת כּוֹשֶׁר
innkeeper *n.* פּוּנְדְּקַאי
innocence *n.* 1. (ingenuousness) תְּמִימוּת, תּוֹם-לֵב
2. (lack of guilt) חַפּוּת
innocent *adj.* 1. תָּם, תָּמִים
2. חַף מִפֶּשַׁע, זַכַּאי
innocuous *adj.* לֹא מַזִּיק, לֹא פּוֹגֵעַ
innominate *adj.* אַלְמוֹנִי, חֲסַר-שֵׁם
innovate *vt.* חִידֵּשׁ
innovation *n.* חִידּוּשׁ, הַמְצָאָה

innovative *adj.*	חַדְשָׁנִי
innovator *n.*	חַדְשָׁן, מַמְצִיא
innuendo *n.*	רֶמֶז
innumerable *adj.*	רַב, לְאֵין-סְפוֹר
inoculant *n.*	תַּרְכִּיב חִיסּוּן
inoculate *vt.*	חִיסֵן
inoculation *n.*	חִיסּוּן
inoffensive *adj.*	לֹא מַזִּיק, לֹא פּוֹגֵעַ
inoperable *adj.*	לֹא נִיתָן לְנִיתּוּחַ
inoperative *adj.*	לֹא פּוֹעֵל
inopportune *adj.*	לֹא בְּעִיתּוֹ, שֶׁלֹּא בִּזְמַנּוֹ
inordinate *adj.*	מוּגְזָם, מוּפְרָז
inpatient *n.*	חוֹלֶה מְאוּשְׁפָּז
input *n.* 1. (infusion)	הַזְרָמָה
2. (contribution)	תְּרוּמָה, הִשְׁתַּתְּפוּת
3. (*comp.*)	קֶלֶט
input *vt.*	הִזְרִים
inquest *n.*	חֲקִירַת סִיבַּת מָוֶות
inquire *vi.*	שָׁאַל, בֵּירֵר, חָקַר
inquiry *n.*	חֲקִירָה
inquisition *n.*	חֲקִירָה
The Inquisition	הָאִינְקְוִויזִיצְיָה
inquisitive *adj.*	חַקְרָנִי, חַטְטָן
inroad *n.*	פְּלִישָׁה, חֲדִירָה
inrush *n.*	נְהִירָה פְּנִימָה
insalubrious *adj.*	לֹא בָּרִיא
insane *adj.*	מְטוֹרָף, לֹא שָׁפוּי
insanity *n.*	טֵירוּף, אִי-שְׁפִיּוּת
inscribe *vt.*	כָּתַב, רָשַׁם, חָקַק
inscription *n.*	כְּתוֹבֶת
inscrutable *adj.*	שֶׁקָּשֶׁה לִבְדוֹק, לֹא מוּבָן
inseam *n.*	תֶּפֶר פְּנִימִי
insect *n.*	חֶרֶק
insecticide *n.*	קוֹטֵל חֲרָקִים
insectivore *n.*	אוֹכֵל חֲרָקִים
insecure *adj.*	חֲסַר-בִּיטָּחוֹן, לֹא בָּטוּחַ
insecurity *n.*	חוֹסֶר-בִּיטָּחוֹן
inseminate *vt.*	הִזְרִיעַ, הִפְרָה
insemination *n.*	הַזְרָעָה, הַפְרָיָה
artificial insemination	הַפְרָיָה מְלָאכוּתִית
insensate *adj.*	נְטוּל-תְּחוּשָׁה, חֲסַר-רֶגֶשׁ
insensibility *n.*	אִי-רְגִישׁוּת
insensible *adj.*	חֲסַר-תְּחוּשָׁה
insensitive *adj.*	חֲסַר-רְגִישׁוּת
insensitivity *n.*	חוֹסֶר-רְגִישׁוּת
inseparable *adj.*	בִּלְתִּי-נִפְרָד, שֶׁאֵין לְהַפְרִיד
insert *n.*	תְּחִיב
insert *vt.*	הִכְנִיס, הֶחְדִּיר, תָּחַב
insertion *n.*	הַכְנָסָה, הַחְדָּרָה
inset *n.*	שִׁיבּוּץ, נִסְפָּח
inshore *adj.*	לְיַד הַחוֹף
inside *n.*	פְּנִים
inside *prep.*	בְּתוֹךְ, בִּפְנִים
inside *adv.*	פְּנִימָה
inside out 1. (reversed)	הָפוּךְ
2. (thoroughly)	בִּיסוֹדִיּוּת
insider *n.*	שַׁיָּיךְ לַחוּג הַפְּנִימִי, מָצוּי בָּעִנְיָינִים
insidious *adj.*	חַתְרָנִי, בּוֹגְדָנִי
insidiousness *n.*	חַתְרָנוּת, בּוֹגְדָנוּת
insight *n.*	הַבְחָנָה, טְבִיעַת-עַיִן
insignia *n.*	סֶמֶל, סִימַן דַּרְגָּה
insignificance *n.*	חוֹסֶר-חֲשִׁיבוּת
insignificant *adj.*	לֹא חָשׁוּב, מְבוּטָּל, אַפְסִי
insincere *adj.*	לֹא כֵּן, צָבוּעַ
insincerity *n.*	חוֹסֶר-כֵּנוּת, צְבִיעוּת
insinuate *vi.*	רָמַז (בְּעַרְמוּמִיּוּת)
insinuation *n.*	רֶמֶז גְּנַאי, רְמִיזָה
insipid *adj.*	חֲסַר-טַעַם, תָּפֵל
insipidity *n.*	חוֹסֶר-טַעַם, תְּפֵלוּת
insist *vi.*	דָּרַשׁ בְּעַקְשָׁנוּת, עָמַד בְּתוֹקֶף עַל
insistence *n.*	דְּרִישָׁה עַקְשָׁנִית, עֲמִידָה בְּתוֹקֶף
insofar as	עַד כַּמָּה שֶׁ-, בְּמִידָה שֶׁ-
insole *n.*	מִדְרָס, סוּלְיָה פְּנִימִית
insolence *n.*	חוּצְפָּה, עַזּוּת-מֵצַח
insolent *adj.*	חָצוּף, עַז-מֵצַח
insoluble *adj.* 1. (does not dissolve)	לֹא נָמֵס
2. (insolvable)	לֹא נִיתָן לְפִתְרוֹן
insolvency *n.*	אִי-יְכוֹלֶת לִפְרוֹעַ חוֹב

insolvent *adj.* לֹא מְסוּגָל לִפְרוֹעַ חוֹב
insomnia *n.* נְדוּדֵי שֵׁינָה
insomuch as כְּכוֹל שֶׁ-
insouciant *adj.* אָדִישׁ, קַר-רוּחַ
inspect *vt.* עָרַךְ בִּיקוֹרֶת
inspection *n.* בִּיקוֹרֶת, פִּיקוּחַ
inspector *n.* מְפַקֵּחַ
inspiration *n.* הַשְׁרָאָה
inspire *vt.* הִשְׁרָה, עוֹרֵר הַשְׁרָאָה
inspiring *adj.* מְעוֹרֵר הַשְׁרָאָה
inspirit *vt.* הֵפִיחַ רוּחַ חַיִּים
instability *n.* אִי-יַצִּיבוּת
install *vt.* 1. (set for use) הִתְקִין
2. (induct) הִכְנִיס לְתַפְקִיד
installation *n.* הַתְקָנָה
installment *n.* תַּשְׁלוּם קָצוּב
instance *n.* 1. (occurrence) מִקְרֶה
2. (example) דּוּגְמָא
3. (*law*) עֶרְכָּאָה
for instance לְמָשָׁל, לְדוּגְמָא
in the first instance קוֹדֶם כּוֹל, רֵאשִׁית כּוֹל
instant *n.* רֶגַע, הֶרֶף עַיִן
instant *adj.* 1. (immediate) מִיָּדִי
2. (readily prepared) לַהֲכָנָה מִיָּדִית
instantaneous *adj.* מִיָּדִי
instantaneously *adv.* בֶּן-רֶגַע, בְּאוֹפֶן מִיָּדִי
instantly *adv.* תֵּיכֶף וּמִיָּד, כְּהֶרֶף עַיִן
instead *adv.* בִּמְקוֹם
instep *n.* קִימוּר כַּף הָרֶגֶל
instigate *vt.* עוֹרֵר, הֵסִית
instigation *n.* הֲסָתָה
instigator *n.* מֵסִית
instill *adj.* הֶחְדִּיר, הִקְנָה
instillation, instillment *n.* הַחְדָּרָה, הַקְנָיָה
instinct *n.* חוּשׁ טִבְעִי, אִינְסְטִינְקְט
instinctive *adj.* אִינְסְטִינְקְטִיבִי
institute *n.* מָכוֹן, מוֹסָד ז׳ (מוֹסָדוֹת)
institute *vt.* 1. (set up) הֵקִים, יִיסֵּד
2. (begin) הִתְחִיל, פָּתַח בּ-
institution *n.* מוֹסָד ז׳ (מוֹסָדוֹת)
institutional *adj.* מוֹסָדִי, שֶׁל מוֹסָד
institutionalization *n.* מִיסּוּד
institutionalize *vt.* מִיסֵּד
instruct *vt.* 1. (give orders) הוֹרָה ל-, הִנְחָה
2. (guide, ιeach) הִדְרִיךְ, לִימֵּד
instruction *n.* הוֹרָאָה, הַדְרָכָה
instructions *pn.* הוֹרָאוֹת, הַנְחָיוֹת
instructional *adj.* הוֹרָאָתִי, חִינּוּכִי
instructive *adj.* מְאַלֵּף
instructor *n.* מַדְרִיךְ, מוֹרֶה
instructorship *n.* מִשְׂרַת מַדְרִיךְ
instrument *n.* מַכְשִׁיר, כְּלִי
percussion instrument כְּלִי הַקָּשָׁה
wind instrument כְּלִי נְשִׁיפָה
instrumental *adj.* 1. (of an instrument) שֶׁל מַכְשִׁיר/כְּלִי
2. (as a means) אֶמְצָעִי
instrumentalist *n.* נַגָּן
instrumentation *n.* 1. (use of instruments מִיכְשׁוּר
2. (orchestration) תִּיזְמוּר
insubordinate *adj.* לֹא צַיְיתָן, מַרְדָן
insubordination *n.* אִי-צִיּוּת, מַרְדָנוּת
insubstantial *adj.* דַּל, חֲסַר-תּוֹכֶן
insufferable *adj.* בִּלְתִּי-נִסְבָּל, קָשֶׁה מִנְּשׂוֹא
insufficient *adj.* לֹא מַסְפִּיק
insufficiency *n.* 1. (deficiency) מַחְסוֹר
2. (incapacity of a bodily organ) אִי-סְפִיקָה
insular *adj.* 1. (of an island) שֶׁל אִי, תּוֹשַׁב אִי
2. (isolated) מְבוּדָד
3. (narrow-minded) צַר-אוֹפֶק, קַרְתָנִי
insularity *n.* צָרוּת אוֹפֶק
insulate *vt.* בִּידֵּד
insulation *n.* בִּידּוּד
insulin *n.* אִינְסוּלִין
insult *n.* עֶלְבּוֹן ז׳ (עֶלְבּוֹנוֹת), פְּגִיעָה
insult *vt.* הֶעֱלִיב, פָּגַע בּ-
insulting *adj.* מַעֲלִיב, פּוֹגֵעַ
insuperable *adj.* שֶׁאֵין לְהִתְגַּבֵּר עָלָיו

insupportable *adj.* 1. (unbearable) קָשֶׁה מְנַשּׂוֹא
2. (unjustified) לֹא מוּצְדָק
insurability *n.* זַכָּאוּת לְבִיטּוּחַ
insurable *adj.* זַכַּאי לְבִיטּוּחַ
insurance *n.* בִּיטּוּחַ
insure *vt.* 1. (provide insurance) בִּיטֵּחַ
2. (make sure) וִידֵּא
insurgent *n.* מוֹרֵד
insurgence, insurgency *n.* מְרִידָה
insurmountable *adj.* שֶׁאִי-אֶפְשָׁר לְהִתְגַּבֵּר עָלָיו
insurrection *n.* מְרִידָה, הִתְקוֹמְמוּת
intact *adj.* שָׁלֵם, בְּלִי פְּגָם
intaglio *n.* תַּחֲרִיט, פִּיתּוּחַ
intake *n.* 1. (opening) כְּנִיסָה, פֶּתַח
2. (taking in) קְלִיטָה, קֶלֶט
intangible *n.* נֶכֶס לֹא מוּחָשִׁי
intangible *adj.* 1. (undefinable) לֹא מוּגְדָר
2. (imperceptible) מוּפְשָׁט, לֹא מוּחָשִׁי
integer *n.* מִסְפָּר שָׁלֵם
integral *adj.* בִּלְתִּי-נִפְרָד, אִינְטֶגְרָלִי
integrate *vt.*; *vi.* שִׁילֵּב, מִיזֵּג; הִשְׁתַּלֵּב, הִתְמַזֵּג
integrated *adj.* מְשׁוּלָּב, מְמוּזָּג
integration *n.* שִׁילּוּב, מִיזּוּג, אִינְטֶגְרַצְיָה
integrity *n.* 1. (probity) יוֹשְׁרָה, הֲגִינוּת
2. (soundness) חוֹסֶן
intellect *n.* בִּינָה, שֶׂכֶל
intellectual *n.* מַשְׂכִּיל, אִישׁ רוּחַ, אִינְטֶלֶקְטוּאָל
intellectual *adj.* שִׂכְלִי, אִינְטֶלֶקְטוּאָלִי
intelligence *n.* 1. (mental capacity) מִשְׂכָּל, תְּבוּנָה, אִינְטֶלִיגֶנְצְיָה
2. (secret information) בִּיּוּן, מוֹדִיעִין
intelligent *adj.* נָבוֹן, אִינְטֶלִיגֶנְטִי
intelligentsia *n.* אִינְטֶלִיגֶנְצְיָה
intelligible *adj.* נִיתָּן לַהֲבָנָה
intemperance *n.* חוֹסֶר רִיסּוּן עַצְמִי
intemperant *adj.* חֲסַר רִיסּוּן עַצְמִי
intend *vi.* הִתְכַּוֵּן ל-
intense *adj.* עַז, חָזָק
intensification *n.* הַגְבָּרָה, חִיזּוּק
intensify *vt.*; *vi.* הִגְבִּיר, חִיזֵּק; הִתְגַּבֵּר, הִתְחַזֵּק
intensity *n.* עוֹצְמָה
intensive *adj.* מְרוּכָּז, אִינְטֶנְסִיבִי
intent *n.* כַּוָּונָה, תַּכְלִית
intent *adj.* מְרוּכָּז, שָׁקוּעַ בּ-
intention *n.* כַּוָּונָה, תַּכְלִית
intentional *adj.* מְכוּוָּן, שֶׁבְּמִתְכַּוֵּון
intentionally *adv.* בְּכַוָּונָה
inter *vt.* קָבַר
inter- בֵּין-
inter alia *adv.* בֵּין הַשְּׁאָר, בֵּין הַיֶּתֶר
interact *vi.* פָּעַל בַּהֲדָדִיּוּת
interactive *adj.* הִידּוּדִי, פּוֹעֵל בַּהֲדָדִיּוּת
interbreed *vt.* הִכְלִיא, הִצְלִיב
intercede *vi.* הִתְעָרֵב לְמַעַן, תִּיוֵּךְ
intercept *vt.* 1. (stop) עָצַר, יֵירֵט
2. (catch) תָּפַס
interception *n.* 1. יֵירוּט, עֲצִירָה
2. תְּפִיסָה
interceptor *n.* מְיַירֵט
intercession *n.* הִתְעָרְבוּת לְמַעַן, תִּיוּוּךְ
interchange *n.* 1. (exchange) הַחְלָפָה
2. (highway intersection) מֶחְלָף
interchange *vt.* הֶחֱלִיף
interchangeable *adj.* מִתְחַלֵּף
intercollegiate *adj.* בֵּין-אוּנִיבֶרְסִיטָאִי
intercom *n.* תִּקְשׁוֹרֶת פְּנִים
intercommunicate *vi.* תִּיקְשֵׁר הֲדָדִית
interconnect *vt.*; *vi.* קִישֵּׁר זֶה עִם זֶה; הִתְקַשֵּׁר
interconnection *n.* קֶשֶׁר הֲדָדִי
intercontinental *adj.* בֵּין-יַבַּשְׁתִּי
intercostal *adj.* בֵּין-צַלְעִי
intercourse *n.* 1. (communication) קֶשֶׁר
2. (coitus) מִשְׁגָּל, הִזְדַּוְּוגוּת
interdependence *n.* תְּלוּת הֲדָדִית

interdict *vt.* אָסַר, מָנַע
interdiction *n.* אִיסוּר, מְנִיעָה
interdisciplinary *adj.* בֵּין-תְחוּמִי
interest *n.* 1. (desire to know) הִתְעַנְיְינוּת, עִנְיָין
2. (benefit) אִינטֶרֶס
3. (share) חֵלֶק
4. (charge for a loan) רִיבִּית
compound interest רִיבִּית דְרִיבִּית
conflict of interest נִיגוּד אִינטֶרֶסִים
vested interest 1. (fixed interest) זְכוּת קֶבַע
2. (personal benefit) תוֹעֶלֶת אִישִית, אִינטֶרֶס אִישִי
interested *adj.* מְעוּנְיָין
interesting *adj.* מְעַנְיֵין
interface *n.* מִמְשָק
interface *vt.* מִישֵק, גִישֵר
interfaith *adj.* בֵּין-דָתִי
interfere *vi.* 1. (intervene) הִתְעָרֵב בּ-
2. (obstruct) שָׂם מִכשוֹל, הִפרִיעַ
interference *n.* 1. הִתעָרְבוּת
2. מִכשוֹל, הַפרָעָה
intergalactic *adj.* בֵּין גָלַקסִיוֹת
interim *adj.* לִתקוּפַת בֵּינַיִים
interior *n.* פְּנִים
interior *adj.* פְּנִימִי
interject *vt.* הִכנִיס לְתוֹךְ הַדְבָרִים
interjection *n.* 1. (interposition) הַכנָסָה לְתוֹךְ הַדְבָרִים
2. (*gram.*) מִילַת קְרִיאָה
interlace *vt.* שָזַר, שִילֵב
interlock *vt.*; *vi.* שִילֵב ; הִשתַלֵב
interlocutor *n.* בֶּן-שִיחַ
interlope *vi.* הִתעָרֵב בְּעִנְיְינֵי אֲחֵרִים
interlude *n.* הַפסָקָה, הֲפוּגָה, אִינטֶרלוּד
intermarriage *n.* נִישׂוּאֵי תַעֲרוֹבֶת
intermarry *vi.* הִתחַתֵן בְּנִישׂוּאֵי תַעֲרוֹבֶת
intermediary *n.* מְתַוֵוךְ
intermediate *adj.* שֶל בֵּינַיִים
interment *n.* קְבוּרָה

intermezzo *n.* אִינטֶרמֶצוֹ
interminable *adj.* אֵינסוֹפִי
intermingle *vi.* הִתעָרֵב
intermission *n.* הַפסָקָה
intermittent *adj.* מְקוּטָע, לֹא רָצוּף
intern *n.* מִתמַחֶה, סְטָאזֶ'ר
intern *vi.* 1. (train) הִתמַחָה
2. *vt.* (confine) שָׂם בְּהֶסגֵר
internal *adj.* פְּנִימִי
international *adj.* בֵּינלְאוּמִי
internationalization *n.* בִּינאוּם
internationalize *vt.* בִּינאֵם
internist *n.* רוֹפֵא פְּנִימִי
internment *n.* הֶסגֵר, מַעֲצָר
internship *n.* תְקוּפַת הִתמַחוּת, סְטָאז'
interoffice *adj.* בֵּין-מִשׂרָדִי
interpersonal *adj.* בֵּין-אִישִי
interplanetary *adj.* בֵּין-כּוֹכָבִי
interplay *n.* מִשׂחָק הֲדָדִי
interpolate *vt.* שִירבֵּב, שִיבֵּץ
interpolation *n.* שִירבּוּב, שִיבּוּץ
interpose *vt.* שִירבֵּב
interposition *n.* שִירבּוּב
interpret *vt.* בֵּיאֵר, פֵּירֵש
interpretation *n.* בֵּיאוּר, פֵּירוּש
interpretive *adj.* בֵּיאוּרִי, מְפָרֵש, מַסבִּיר
interracial *adj.* בֵּין-גִזעִי
interrelate *vi.* הָיָה בְּקֶשֶר גוֹמְלִין
interrelationship *n.* קֶשֶר גוֹמְלִין
interrogate *vt.* תִיחקֵר, תִישאֵל
interrogation *n.* תִיחקוּר, תִישאוּל
interrogative *n.* (*gram.*) מִילַת שְאֵלָה
interrogative *adj.* שֶל שְאֵלָה
interrogator *n.* חוֹקֵר
interrogatory *n.* (*law*) שְאֵלָה בִּכתָב
interrogatory *adj.* חֲקִירָתִי
interrupt *adj.* הִפסִיק, שִיסַע דְבָרִים, הִפרִיעַ
interruption *n.* הַפסָקָה, הַפרָעָה
intersect *vi.* הִצטַלֵב
intersection *n.* צוֹמֶת, הִצטַלְבוּת

intersperse *vt.* זָרָה, פִּיזֵר
interspersion *n.* זְרִייָה, פִּיזוּר
interstate *n.* בֵּין-מְדִינָתִי
interstellar *adj.* בֵּין-כּוֹכָבִי
interstice *n.* סֶדֶק, מְרוּוָח
intertwine *vt.*; *vi.* שָׁזַר ; הִשְׁתַּזֵּר
interurban *adj.* בֵּין-עִירוֹנִי
interval *n.* הַפְסָקָה, מְרוּוַח זְמַן
at intervals מִפַּעַם לְפַעַם, לְסֵירוּגִין
intervene *vi.* הִתְעָרֵב
intervention *vt.* הִתְעָרְבוּת
interview *n.* רֵיאָיוֹן ז׳ (רְאָיוֹנוֹת)
interview *vt.*; *vi.* רִיאֲיֵין ; הִתְרַאֲיֵין
interviewee *n.* מְרוּאֲיָין
interviewer *n.* מְרַאֲיֵין
intervocalic *adj.* בֵּין-תְּנוּעָתִי
interweave *vt.*; *vi.* שָׁזַר, שִׁילֵּב ; הִשְׁתַּזֵּר, הִשְׁתַּלֵּב
interwoven *adj.* שָׁזוּר, מְשׁוּלָּב
intestate *adj.* לְלֹא צַוָּואָה
intestine *n.* מְעִי ז׳ (מֵעַיִים)
large intestine הַמְּעִי הַגַּס
small intestine הַמְּעִי הַדַּק
intimacy *n.* יַחֲסֵי קִירְבָה, אִינְטִימִיּוּת
intimate *adj.* אִישִׁי, פְּרָטִי, אִינְטִימִי
intimate *vt.* הוֹדִיעַ בְּרֶמֶז
intimidate *vt.* הִפְחִיד, אִיֵּים עַל
intimidating *adj.* מַפְחִיד, מְאַיֵּים
intimidation *n.* הַפְחָדָה, אִיּוּם
into *prep.* אֶל, לְתוֹךְ
intolerable *adj.* בִּלְתִּי-נִסְבָּל, קָשֶׁה מִנְּשׂוֹא
intolerance *n.* אִי-סוֹבְלָנוּת
intolerant *adj.* לֹא סוֹבְלָנִי
intonation *n.* הַטְעָמָה, הַנְגָּנָה
intone *vi.* פִּיזֵּם
intoxicate *vt.* שִׁיכֵּר ; שִׁילְהֵב
intoxicated *adj.* שִׁיכּוֹר ; מְשׁוּלְהָב
intoxication *n.* הִשְׁתַּכְּרוּת ; הִשְׁתַּלְהֲבוּת
intractable *adj.* עִיקֵּשׁ, קָשֶׁה לְטִיפּוּל
intramural *adj.* בְּתוֹךְ כּוֹתְלֵי הַמּוֹסָד

intransigence *n.* אִי-פַּשְׁרָנוּת
intransigent *adj.* לֹא מִתְפַּשֵּׁר, בִּלְתִּי-פַּשְׁרָנִי
intransitive *adj.* (*gram.*) (פּוֹעַל) עוֹמֵד
intrastate *adj.* פְּנִים-מְדִינָתִי, בְּתוֹךְ הַמְּדִינָה
intrauterine *adj.* תּוֹךְ-רַחְמִי
intravenous *adj.* תּוֹךְ-וְרִידִי
intrepid *adj.* אַמִּיץ
intricacy *n.* סְבָךְ, מוּרְכָּבוּת
intricate *adj.* סָבוּךְ, מוּרְכָּב
intrigue *n.* 1. (plot) תְּכָכִים, קְנוּנְיָה
3. (love affair) פָּרָשַׁת אֲהָבִים סוֹדִית
intrigue *vi.* 1. (plot) זָמַם, עָשָׂה תְּכָכִים
2. (arouse curiosity) סִיקְרֵן, עוֹרֵר עִנְיָין
intriguing *adj.* מְסַקְרֵן
intrinsic *adj.* מַהוּתִי, פְּנִימִי
introduce *vt.* 1. (present) הִצִּיג
2. (bring in first time) הִכְנִיס לָרִאשׁוֹנָה
introduction *n.* 1. הַצָּגָה
2. הַכְנָסָה לָרִאשׁוֹנָה
3. (preface) הַקְדָּמָה, מָבוֹא
introductory *adj.* מַקְדִּים, מַצִּיג לָרִאשׁוֹנָה
introspection *n.* הִסְתַּכְּלוּת פְּנִימָה, בְּדִיקָה עַצְמִית
introvert *adj.* מוּפְנָם
intrude *vi.* נִדְחַק, חָדַר/הִתְפָּרֵץ לִתְחוּם הַפְּרָט, פָּלַשׁ
intruder *n.* פּוֹרֵץ, פּוֹלֵשׁ
intrusion *n.* חֲדִירָה/הִתְפָּרְצוּת לִתְחוּם הַפְּרָט, פְּלִישָׁה
intrusive *adj.* חוֹדְרָנִי, פּוֹלְשָׁנִי
intuition *n.* חוּשׁ הַבְחָנָה, אִינְטוּאִיצְיָה
inundate *vt.* הֵצִיף, שָׁטַף
inure *vt.* הִרְגִּיל
invade *vt.* פָּלַשׁ, חָדַר לְ-
invader *n.* פּוֹלֵשׁ
invalid *adj.* לֹא תָּקֵף, חֲסַר-תּוֹקֶף
invalidate *vt.* שָׁלַל תּוֹקֶף, פָּסַל
invalidation *n.* שְׁלִילַת תּוֹקֶף, פְּסִילָה
invaluable *adj.* רַב-עֵרֶךְ
invariable *adj.* קָבוּעַ, לֹא מִשְׁתַּנֶּה

invariably *adv.* בִּקְבִיעוּת, לְלֹא שִׁינּוּי
invasion *n.* פְּלִישָׁה, חֲדִירָה
invasive *adj.* חוֹדְרָנִי
invective *n.* גִּינּוּי
inveigh *vt.* תָּקַף בַּחֲרִיפוּת
inveigle *vt.* פִּיתָּה בְּעַרְמוּמִיּוּת
invent *vt.* הִמְצִיא
invention *n.* הַמְצָאָה
inventive *adj.* בַּעַל כּוֹשֶׁר הַמְצָאָה
inventor *n.* מַמְצִיא
inventory *n.* 1. (itemized list) רְשִׁימַת מְצַאי
2. (stock) מְלַאי
inverse *adj.* הָפוּךְ
inversion *n.* הִיפּוּךְ
invert *vt.* הָפַךְ
invertebrate *n.* חֲסַר-חוּלִיּוֹת
invest *vt.* הִשְׁקִיעַ
investigate *vt.* חָקַר
investigation *n.* חֲקִירָה
investment *n.* הַשְׁקָעָה
investor *n.* מַשְׁקִיעַ
inveterate *adj.* מוּשְׁרָשׁ, עָמוֹק
invidious *adj.* מְעוֹרֵר אֵיבָה
invigorate *vt.* הֵפִיחַ חַיִּים, הִמְרִיץ
invincibility *n.* אִי-פְּגִיעוּת
invincible *adj.* לֹא פָּגִיעַ
invisible *adj.* בִּלְתִּי-נִרְאֶה
invitation *n.* הַזְמָנָה
invite *vt.* הִזְמִין
invocation *n.* תְּפִילָּה לְעֶזְרָה
invoice *n.* חֶשְׁבּוֹנִית
invoice *vt.* הִגִּישׁ חֶשְׁבּוֹנִית
invoke *vt.* 1. (petition for help) בִּיקֵּשׁ עֶזְרָה
2. (implement) יִישֵּׁם, הִפְעִיל
involuntary *adj.* שֶׁלֹּא מֵרָצוֹן
involution *n.* מוּרְכָּבוּת
involve *vt.* 1. (embroil) עֵירַב, סִיבֵּךְ
2. (entail) כָּרוּךְ בּ-, דּוֹרֵשׁ
3. (contain) הֵכִיל, כָּלַל
involvement *n.* מְעוֹרָבוּת, הִסְתַּבְּכוּת

invulnerable *adj.* לֹא פָּגִיעַ
inward *adj.* פְּנִימִי
inward *adv.* פְּנִימָה, כְּלַפֵּי פְּנִים
I/O (input/output) קֶלֶט/פֶּלֶט
iodine *n.* יוֹד
iodize *vt.* שָׂם/הוֹסִיף יוֹד
ion *n.* יוֹן
ionize *vt.* הָפַךְ לְיוֹן
ionosphere *n.* יוֹנוֹסְפֵירָה
iota *n.* שֶׁמֶץ, קוּרְטוֹב
ipso facto *adv.* מֵעֶצֶם הָעוּבְדָה
IQ (intelligence quotient) מְנַת מִישְׂכָּל
IRA (individual retirement account) חֶשְׁבּוֹן פֶּנְסִיָה אִישִׁי
Iraq *n.* עִירָאק
irascible *adj.* כַּעֲסָן, חֲמוּם-מוֹחַ
irate *adj.* כּוֹעֵס
ire *n.* כַּעַס, חֲמַת זַעַם
iridescent *adj.* סַסְגּוֹנִי, מָלֵא צְבָעִים
iris *n.* 1. (flower) אִירִיס
2. (eye diaphragm) קַשְׁתִּית
irk *vt.* הִרְגִּיז
irksome *adj.* מַרְגִּיז
iron *n.* 1. (metal) בַּרְזֶל
2. (pressing appliance) מַגְהֵץ
cast iron בַּרְזֶל יְצִיקָה
wrought iron בַּרְזֶל מְחוּשָּׁל
iron *vt.* גִּיהֵץ
iron out הִסְדִּיר
ironclad *adj.* מוּצָק
ironic *adj.* אִירוֹנִי
ironstone *n.* עֲפָרַת בַּרְזֶל
ironware *n.* כְּלֵי בַּרְזֶל
ironwork *n.* עֲבוֹדַת בַּרְזֶל
irony *n.* לִיגְלוּג, אִירוֹנְיָה
irradiate *vt.* 1. (expose to radiation) חָשַׂף לְקְרִינָה
2. (radiate) הִקְרִין, הֵאִיר
irrational *adj.* לֹא הֶגְיוֹנִי
irreconcilable *adj.* לֹא נִיתָּן לְגִישּׁוּר

irrecoverable *adj.* שֶׁאִי-אֶפְשָׁר לְקַבְּלוֹ בַּחֲזָרָה
irrefutable *adj.* שֶׁאֵין לְהַפְרִיכוֹ
irregular *n.* חַיָּל לֹא סָדִיר
irregular *adj.* 1. (not usual) בִּלְתִּי-רָגִיל, יוֹצֵא דוֹפֶן
2. (uneven) לֹא אָחִיד, לֹא סִימֶטְרִי
3. (imperfect merchandise) פָּגוּם
irregularity *n.* 1. (deviation from rules) אִי-סְדָרִים
2. (constipation) עֲצִירוּת
irrelevance *n.* אִי-שַׁיָּכוּת לָעִנְיָן
irrelevant *adj.* לֹא שַׁיָּךְ לָעִנְיָן
irreligious *adj.* לֹא דָּתִי
irremissible *adj.* אֵין לוֹ מְחִילָה, לֹא יִיסָּלַח
irremovable *adj.* שֶׁאִי-אֶפְשָׁר לְהוֹצִיא
irreparable *adj.* לֹא נִיתָּן לְתִיקּוּן
irreplaceable *adj.* שֶׁאֵין לוֹ תַּחְלִיף
irrepressible *adj.* שֶׁאֵין לְדַכְּאוֹ/לְרַסְנוֹ
irreproachable *adj.* לְלֹא דּוֹפִי
irresistible *adj.* שֶׁאֵין לַעֲמוֹד בְּפָנָיו, מְפַתֶּה
irresolute *n.* חֲסַר-הֶחְלֵטִיּוּת, הַסְסָן
irresolution *n.* חוֹסֶר-הֶחְלֵטִיּוּת, הַסְסָנוּת
irrespective *adj.* מִבְּלִי לְהִתְחַשֵּׁב בּ-
irresponsibility *n.* חוֹסֶר-אַחֲרָיוּת
irresponsible *adj.* חֲסַר-אַחֲרָיוּת
irretrievable *adj.* שֶׁאֵין לַהֲשִׁיבוֹ
irreverence *n.* חוֹסֶר-כָּבוֹד, זִילְזוּל
irreversible *adj.* בִּלְתִּי-הָפִיךְ
irrevocable *adj.* שֶׁאֵין לְבַטְּלוֹ
irrigate *vt.* הִשְׁקָה
irrigation *n.* הַשְׁקָיָה
irritable *adj.* רַגְזָן, נוֹחַ לִכְעוֹס
irritant *adj.* גּוֹרֵם גֵּירוּי
irritate *vt.* 1. (annoy) הִרְגִּיז
2. (cause soreness) גָּרַם לְגֵירוּי
irritation *n.* 1. רוֹגֶז
2. גֵּירוּי
irrupt *vi.* פָּרַץ, הִתְפָּרֵץ
irruption *n.* הִתְפָּרְצוּת

is *see* be
Isaac *n.* יִצְחָק
Isaiah *n.* יְשַׁעְיָה
ISBN (International Standard Book Number) מִסְפָּר קָטָלוֹגִי
Islam *n.* אִיסְלָאם
island *n.* אִי
islander *n.* תּוֹשַׁב אִי
isle *n.* אִי
islet *n.* אִי קָטָן
isn't: is not
isolate *vt.* בּוֹדֵד
isolated *adj.* מְבוֹדָד
isolation *n.* בִּידּוּד ; הִתְבּוֹדְדוּת
isolationism *n.* בַּדְלָנוּת
isolationist *n.* בַּדְלָן
isometric *adj.* שְׁוֵוה-מִידָּה
isotope *n.* אִיזוֹטוֹפּ
Israel *n.* יִשְׂרָאֵל
Israeli, Israelite *n.*; *adj.* יִשְׂרְאֵלִי
issue *n.* 1. (subject) נוֹשֵׂא, סוּגְיָיה
2. (publication copy) גִּילָּיוֹן, מַהֲדוּרָה
3. (putting forth) הוֹצָאָה, הַנְפָּקָה
take issue with חָלַק עַל
issue *vt.* הוֹצִיא, הִנְפִּיק
issuer *n.* מוֹצִיא, מַנְפִּיק
it *pron.* 1. (subjective) הוּא
2. (objective) אוֹתוֹ
Italian *n.*; *adj.* אִיטַלְקִי
italic *n.* אוֹת נְטוּיָה
italicize *vt.* כָּתַב בְּאוֹתִיּוֹת נְטוּיוֹת
itch *n.* 1. (itching) גֵּירוּד
2. (desire) תְּשׁוּקָה
itch *vt.*; *vi.* גֵּירֵד
item *n.* 1. (article) פְּרִיט
2. (clause) סָעִיף, פִּיסְקָה
3. (news piece) יְדִיעָה חֲדָשׁוֹתִית
itemization *n.* פֵּירוּט
itemize *vt.* פֵּירֵט
iterate *vt.* חָזַר עַל

itinerant *n.* נוֹסֵעַ (מִמָּקוֹם לְמָקוֹם)

itinerary *n.* תוֹכְנִית/מַסלוּל נְסִיעָה

it's: it is

its *pron.* שֶׁלּוֹ

itself *pron.* עַצמוֹ

itty-bitty *adj.* קְטַנטַן

IUD (intrauterine device) הֶתקֵן תוֹךְ-רַחמִי

IV (intravenous) תוֹךְ-וְרִידִי

I've: I have

ivory *n.* שֶׁנהָב

ivy *n.* קִיסוֹס

J

J הָאוֹת הָעֲשִׂירִית בָּאָלֶפְבֵּית הָאַנגלִי

jab *n.* 1. (stab) דְקִירָה, נְעִיצָה

2. (blow) מַכָּה

jab *vt.* 1. דָקַר, נָעַץ

2. הִכָּה

jabber *n.* קִישקוּש

jabber *vi.* קִישקֵש, דִיבֵּר שְטוּיוֹת

jack *n.* 1. (lifting device) מַגבֵּהַּ

2. (socket) שֶקַע

jack *vt.* הֵרִים, הִגבִּיהַּ

jack off אוֹנֵן

jack up הֶעֱלָה

jackal *n.* תַּן

jackass *n.* 1. (ass) חֲמוֹר, חֲמוֹר גָרֶם

2. (blockhead) מְטוּמטָם

jacket *n.* 1. (coat) מְעִיל, גֶ'קֶט

2. (cover) עֲטִיפָה

dinner jacket מִקטוֹרֶן עֶרֶב

double-breasted jacket מְעִיל דוּ-טוּרִי

jackhammer *n.* פַּטִיש אֲוִויר

jackknife *n.* אוֹלָר

jackknife *vt.* דָקַר בְּאוֹלָר

jackpot *n.* פְּרָס גָדוֹל, זְכִייָה גְדוֹלָה

Jacob *n.* יַעֲקוֹב

Jacuzzi *n.* גָ'קוּזִי

jade *n.* יַרקָן (אֶבֶן חֵן)

jade *vt.* הִתִּיש, עִייֵף

jag *n.* 1. (projection) בְּלִיטָה, זִיז

2. (spree) בּוּלמוּס

jaguar *n.* יָגוּאָר

jail *n.* בֵּית-סוֹהַר, כֶּלֶא

jail *vt.* כָּלָא, הִכנִיס לְבֵית-סוֹהַר

jailbreak *n.* בְּרִיחָה מִכֶּלֶא

jailer *n.* סוֹהֵר

jalapeno *n.* פִּילפֵּל חָרִיף

jam *n.* 1. (fruit preserve) רִיבָּה

2. (congestion) דוֹחַק, פְּקָק

3. (predicament) צָרָה

traffic jam פְּקַק תְנוּעָה

jam *vt.*; *vi.* 1. (cram, congest) דָחַס, תָקַע; נִדחַס, נִתקַע

2. (be stuck) גָרַם לַעֲצִירָה; נֶעֱצַר, נִתקַע

3. *vt.* (disrupt radio signal) שִיבֵּש, הִפרִיעַ ל-

jamb *n.* מְזוּזַת דֶלֶת

jamboree *n.* כִּינוּס גָדוֹל, גַ'מבּוֹרִי

jangle *n.* צְלִיל צוֹרֵם

jangle *vi.* צָרַם אֶת הָאוֹזֶן

janitor *n.* שַמָש, חַצרָן

janitorial *adj.* שֶל נִיקוּי

January *n.* יָנוּאָר

jape *n.* הֲלָצָה

jape *vi.* הִתלוֹצֵץ

jar *n.* 1. (container) צִנצֶנֶת, כַּד

2. (shock) זַעֲזוּעַ

3. (harsh sound) צְלִיל צוֹרֵם

jar *vi.*; *vt.* 1. (shake) רָעַד; הִרעִיד

2. (make a harsh sound) צָרַם

jargon *n.* עָגָה, לַהַג

jasmine *n.* יַסמִין

jaundice *n.* צַהֶבֶת

jaunt *n.* טִיוּל קָצָר

jaunt *vi.* יָצָא לְטִיוּל קָצָר

jaunty *adj.* בַּעַל הוֹפָעָה נָאָה

Java *n.* (comp.) גָ'אוּוה (שְפַת תִיכנוּת)

javelin *n.* רוֹמַח

jaw *n.* לֶסֶת

jawbone *n.* עֶצֶם הַלֶסֶת

jay *n.* עוֹרבָנִי

jaywalk *vi.* חָצָה רְחוֹב שֶלֹא כַּחוֹק

jazz *n.* גֶ'ז

jazz up הִכנִיס רוּחַ חַיִים, עוֹרֵר

jazziness *n.* רַאֲוותָנוּת, הִתגַנדְרוּת

jazzy *adj.* רַאֲוותָנִי, מְגוּנדָר

JD (Juris Doctor) דוֹקטוֹר לְמִשפָּטִים

jealous *adj.* 1. (envious) מְקַנֵּא, צַר-עַיִן
2. (possessive) קַנַּאי
jealousy *n.* קִנְאָה
jean *n.* בַּד גִ׳ינס
jeans *n.* מִכנְסֵי גִ׳ינס
jeer *n.* קְרִיאַת בּוּז
jeer *vt.* קָרָא קְרִיאַת בּוּז
Jehovah *n.* יְהֹוָה, אֲדוֹנַי
jell *vt.*; *vi.* הִקרִישׁ ; נִקרַשׁ
jelly *n.* 1. (gel) מִקפָּא, גֶ׳לִי
2. (jam) רִיבָּה
petroleum jelly וָזֶלִין
jellybean *n.* סוּכָּרִיָה רַכָּה
jellyfish *n.* מְדוּזָה
jeopardize *vt.* סִיכֵּן
jeopardy *n.* סִיכּוּן
double jeopardy הַעֲמָדָה לְדִין פַּעֲמַיִים (עַל אוֹתָהּ עֲבֵירָה)
jerboa *n.* יַרבּוּעַ
jeremiad *n.* קִינָה
Jeremiah *n.* יִרמְיָה
jerk *n.* 1. (yank) דְחִיפָה, טַלטָלָה
2. (contemptible person) נִבזֶה
jerk *vt.*; *vi.* זִיעזַע, טִילטֵל ; הִזדַעֲזַע, נִיטַלטֵל
jerky *n.* בָּשָׂר מְיוּבָּשׁ
jerky *adj.* מִיטַלטֵל, מִתנוֹדֵד
jersey *n.* אֲרִיג גֶ׳רסִי
Jerusalem *n.* יְרוּשָׁלַיִם
jest *n.* הִתבַּדְחוּת, הִתלוֹצְצוּת
jest *vi.* הִתבַּדֵחַ, הִתלוֹצֵץ
jester *n.* לֵיצָן, לֵץ
Jesuit *n.* יְשׁוּעִי
Jesus *n.* יֵשׁוּ, יֵשׁוּעַ
jet *n.* סִילוֹן
jettison *vt.* זָרַק, הַשלִיךְ
Jew *n.* יְהוּדִי
jewel *n.* 1. (gem) אֶבֶן יְקָרָה
2. (piece of jewelry) תַכשִׁיט
jeweler, jeweller *n.* תַכשִׁיטָן, צוֹרֵף
jewelry *n.* תַכשִׁיטִים
costume jewelry תַכשִׁיטִים זוֹלִים
Jewish *adj.* יְהוּדִי
Jewishness *n.* יְהוּדִיוּת, יַהֲדוּת
Jewry *n.* הָעָם הַיְהוּדִי
jibe *vi.* 1. (shift) זָז מִצַד אֶל צַד
2. (be in accord) תָאַם
jiffy *n.* רֶגַע, הֶרֶף עַיִן
jig *n.* רִיקוּד
jiggle *vt.* הֵזִיז הֵנָה וְהֵנָה, טִילטֵל, נִיעֲנַע
jigsaw *n.* מַסוֹר נִימָה
jihad *n.* גִ׳יהָאד, מִלחֶמֶת קוֹדֶשׁ
jilt *vt.* נָטַשׁ (אָהוּב/אֲהוּבָה)
jimmy *n.* מוֹט פְּרִיצָה
jimmy *vt.* פָּרַץ עִם מוֹט
jingle *n.* זַמרִיר
jingle *vi.* זִימרֵר, פִּיזֵם
jinni, jinny *n.* שֵׁד
jinx *n.* מֵבִיא מַזָל רָע
jinx *vt.* הֵבִיא מַזָל רָע
jitter *vi.* הָיָה עַצבָּנִי
jitters *pn.* עַצבָּנוּת, מֶתַח
jitterbug *n.* רִיקוּד גַ׳ז
jive *n.* 1. (music) מוּזִיקַת גַ׳ז
2. (talk) דִיבּוּר מַטעֶה
Job *n.* אִיוֹב
job *n.* 1. (work) עֲבוֹדָה
2. (employment post) מִשׂרָה
3. (assignment) מְשִׂימָה, תַפקִיד
inside job עֲבוֹדָה פְּנִימִית
odd jobs עֲבוֹדוֹת מִזדַמְנוֹת
jobber *n.* 1. (wholesaler) סִיטוֹנַאי
2. (worker) עוֹבֵד בְּקַבְּלָנוּת
jobholder *n.* עוֹבֵד, מוּעֳסָק
jockey *n.* רוֹכֵב סוּסֵי מֵירוֹץ
disc jockey מַנחֶה תוֹכנִית מוּזִיקָה
jockey *vi.* 1. (ride) רָכַב עַל סוּס
2. (maneuver) תִימרֵן
jockstrap *n.* מָגֵן מִפשָׂעָה
jocular *adj.* מְבַדֵחַ, הֲלָצָתִי
Joel *n.* יוֹאֵל

jog *n.*	נִיעוּר, טִילְטוּל
jog *vt.* 1. (shake)	נִיעֵר, טִילְטֵל
2. *vi.* (run)	רָץ רִיצָה קַלָּה
jogger *n.*	רָץ
jogging *n.*	רִיצָה קַלָּה
joggle *vt.*	נִיעְנַע, נִיעֵר
john *n.* 1. (toilet)	בֵּית-שִׁימּוּשׁ
2. (prostitute's customer)	לָקוֹחַ (שֶׁל זוֹנָה)
long johns	תַּחְתּוֹנִים אֲרוּכִּים
join *vt.* 1. (put together)	חִיבֵּר, צֵירֵף
2. *vi.* (link with)	הִצְטָרֵף
joiner *n.* (carpenter)	נַגָּר
joint *n.* 1. (connection)	חִיבּוּר, מַחְבָּר
2. (of bones)	מִפְרָק
3. (place)	מָקוֹם בִּידּוּר זוֹל
4. (marijuana)	סִיגָרִיַּית מָרִיחוּאָנָה
joint *adj.*	מְשׁוּתָּף
joint *vt.*	חִיבֵּר
jointly *adv.*	בְּמְשׁוּתָּף, בְּיַחַד
joist *n.*	קוֹרָה
joke *n.*	בְּדִיחָה, הֲלָצָה
practical joke	מְתִיחָה
joke *vi.*	הִתְבַּדֵּחַ, הִתְלוֹצֵץ
joker *n.*	לֵיצָן, בַּדְחָן
joking *n.*	הִתְבַּדְּחוּת, הִתְלוֹצְצוּת
jolliness *n.*	עַלִּיזוּת
jolly *adj.*	עַלִּיז
jolt *n.*	זַעֲזוּעַ, הֶלֶם
Jonah *n.*	יוֹנָה
Jordan *n.*	יַרְדֵּן
Joseph *n.*	יוֹסֵף
josh *vt.*	קִינְטֵר, הִתְלוֹצֵץ
Joshua *n.*	יְהוֹשׁוּעַ
jostle *n.*	דְּחִיפָה
jostle *vt.*	דָּחַף, הָדַף
jot *n.*	שֶׁמֶץ, טִיפּ-טִיפָּה
jot (down) *vt.*	שִׁירְבֵּט, רָשַׁם
journal *n.* 1. (periodical)	כְּתַב עֵת
2. (newspaper)	עִיתּוֹן
3. (diary)	יוֹמָן

journalism *n.*	עִיתּוֹנָאוּת
journalist *n.*	עִיתּוֹנַאי
journalistic *adj.*	עִיתּוֹנָאִי
journey *n.*	מַסָּע ז׳ (מַסָּעוֹת), נְסִיעָה
journey *vi.*	עָרַךְ מַסָּע
joust *n.*	דּוּ-קְרָב
jovial *adj.*	עַלִּיז, מְשׁוּעֲשָׁע
jowl *n.*	לֶסֶת
joy, joyousness *n.*	שִׂמְחָה, עַלִּיזוּת
joyful, joyous *adj.*	שָׂמֵחַ, עַלִּיז
joystick *n.*	ג׳וֹיסְטִיק, מוֹט מִשְׂחֲקֵי מַחְשֵׁב
Jr. (junior)	הַצָּעִיר, הַבֵּן
jubilant *adj.*	צוֹהֵל
jubilation *n.*	צָהֳלָה
jubilee *n.*	יוֹבֵל
Judah *n.*	יְהוּדָה
Judaic *adj.*	יְהוּדִי, שֶׁל הַיַּהֲדוּת
Judaica *n.*	מַדְּעֵי הַיַּהֲדוּת, יוּדָאִיקָה
Judaism *n.*	יַהֲדוּת, הַדָּת הַיְּהוּדִית
Judea *n.*	אֶרֶץ יְהוּדָה
judge *n.*	שׁוֹפֵט
judge *vt.* 1. (evaluate)	הֶעֱרִיךְ
2. (*law*)	שָׁפַט
judgment *n.* 1. (verdict)	פְּסַק דִּין
2. (opinion)	דֵּעָה, הַעֲרָכָה
3. (abiliy to judge)	כּוֹשֶׁר שִׁיפּוּט
Last Judgment	יוֹם הַדִּין
Judges *n.* (*Bible*)	סֵפֶר שׁוֹפְטִים
judgmental *adj.*	בִּיקּוֹרְתִּי
judicature *n.*	שְׁפִיטָה, תְּחוּם שִׁיפּוּט
judicial *adj.*	שִׁיפּוּטִי
judiciary *n.*	מַעֲרֶכֶת מִשְׁפָּטִית
judicious *adj.*	בַּעַל שִׁיקּוּל דַּעַת
Judith *n.*	יְהוּדִית
judo *n.*	ג׳וּדוֹ
jug *n.*	כַּד, קַנְקַן
juggernaut *n.*	כּוֹחַ אַלִּים
juggle *vt.* 1. (do tricks)	עָשָׂה לַהֲטוּט
2. (mislead)	רִימָּה
juggler *n.* 1.	לַהֲטוּטָן

2. רַמַּאי
jugular *n.* וְרִיד הַצַּוָּאר
jugular *adj.* שֶׁל הַצַּוָּאר
juice *n.* מִיץ, עָסִיס
juicer *n.* מַסְחֵטַת מִיץ
juicy *adj.* עֲסִיסִי
jukebox *n.* תַּקְלִיטוֹמָט, אוֹטוֹמָט תַּקְלִיטִים
July *n.* יוּלִי
jumble *n.* עִירְבּוּבְיָה, בִּילְבּוּל, תִּסְבּוֹכֶת
jumble *vt.* עִירְבֵּב, בִּילְבֵּל
jumbo *n.* גַ'מְבּוֹ, עֲנָק
jump *n.* קְפִיצָה, דִּילּוּג
broad jump קְפִיצָה לְרוֹחַק
high jump קְפִיצָה לְגוֹבַהּ
jump *vi.* קָפַץ, דִּילֵּג
jump-start הִתְנִיעַ (בְּכֶבֶל חַשְׁמַל)
jumper *n.* 1. (one who jumps) קַפְצָן
2. (wire) כֶּבֶל חַשְׁמַל
3. (jacket) אֲפוּדָּה, מְעִיל
4. (*comp.*) מְמַתֵּג
jumpsuit *n.* סַרְבָּל
jumpy *adj.* עַצְבָּנִי
junction *n.* פָּרָשַׁת דְּרָכִים, הִצְטַלְּבוּת
juncture *n.* 1. (joining point) נְקוּדַּת חִיבּוּר
2. (point in time) נְקוּדַּת זְמַן, שְׁעַת מִפְנֶה
June *n.* יוּנִי
jungle *n.* ג'וּנְגֶל
junior *n.* 1. (son) בֵּן
2. (low-ranking) זוּטָר
3. (student) תַּלְמִיד שָׁנָה שְׁלִישִׁית
juniper *n.* עַרְעָר
junk *n.* גְּרוּטָאָה
junk *vt.* הִשְׁלִיךְ כִּגְרוּטָאָה
junket *n.* 1. (dessert) חֲבִיצָה
2. (trip) מַסַּע תַּעֲנוּגוֹת
junkie *n.* מָכוּר לְסַמִּים, נַרְקוֹמָן
junkman *n.* סוֹחֵר גְּרוּטָאוֹת
junkyard *n.* מִגְרַשׁ גְּרוּטָאוֹת
junta *n.* כַּת שַׁלֶּטֶת, חוּנְטָה
Jupiter *n.* כּוֹכַב צֶדֶק, יוּפִּיטֶר
Jurassic *adj.* מֵעִידַן הַיּוּרָה
jurisdiction *n.* תְּחוּם שִׁיפּוּט
jurisprudence *n.* תּוֹרַת הַמִּשְׁפָּט
jurist *n.* מִשְׁפְּטָן
juristic *n.* מִשְׁפָּטִי
juror *n.* מוּשְׁבָּע
jury *n.* חֶבֶר מוּשְׁבָּעִים
grand jury חֶבֶר מוּשְׁבָּעִים חוֹקֵר
hung jury חֶבֶר מוּשְׁבָּעִים בְּתֵיקוּ
just *adj.* 1. (right, fair) צוֹדֵק, הוֹגֵן
2. (righteous) צַדִּיק
just *adv.* 1. (merely) רַק
2. (exactly) בְּדִיּוּק
3. (a short time ago) זֶה עַתָּה, רַק עַכְשָׁיו
just about כִּמְעַט
just now זֶה עַתָּה, כָּרֶגַע
justice *n.* 1. (rightness) צֶדֶק
2. (judge) שׁוֹפֵט
justice of the peace שׁוֹפֵט שָׁלוֹם
chief justice נְשִׂיא בֵּית-מִשְׁפָּט עֶלְיוֹן
poetic justice גְּמוּל צוֹדֵק
justification *n.* צִידּוּק, הַצְדָּקָה
justified *adj.* 1. (just) מוּצְדָּק
2. (even at the margins) מְיוּשָּׁר
justify *vt.* 1. הִצְדִּיק
2. יִישֵּׁר שׁוּרוֹת
justly *adv.* בְּצֶדֶק
jut *n.* בְּלִיטָה
jut *vi.* בָּלַט
juvenile *n.* נַעַר, צָעִיר
juvenile *adj.* 1. (of the young) שֶׁל נוֹעַר
2. (childish) יַלְדוּתִי
juxtapose *vt.* שָׂם זֶה לְיַד זֶה
juxtaposition *n.* סְמִיכוּת, קִירְבָה

K

K הָאוֹת הָאַחַת-עֶשְׂרֵה בָּאָלֶפְבֵּית הָאַנגלִי
k (1000) אֶלֶף
kabob *n.* קָבָּב
kaddish *n.* קַדִּישׁ
kaffeeklatsch *n.* מִפְגָּשׁ עַל כּוֹס קָפֶה
kaiser *n.* קֵיסָר
kaleidoscope *n.* קָלֵידוֹסקוֹפּ
kangaroo *n.* קֶנגָרוּ
kaput *adj.* מְחוּסָל, גָמוּר
karaoke *n.* קָרָאוֹקֵי (שִׁירָה עִם לִיווּי)
karat *n.* קָרָאט
karate *n.* קָרָאטֶה
kayak *n.* סִירָה אֶסקִימוֹסִית
kazoo *n.* קָזוּ
keel *vi.* הִתהַפֵּךְ
keel over הִתמוֹטֵט
keen *adj.* 1. (sharp) חַד, חָרִיף, שָׁנוּן
2. (intense) חָזָק
3. (eager) מִשתוֹקֵק, לָהוּט
keep *n.* 1. (subsistence) פַּרנָסָה, מִחיָה
2. (stronghold) מְצוּדָה, מִבצָר
for keeps לְתָמִיד
keep *vt.* 1. (retain; observe) שָׁמַר
2. (protect) שָׁמַר עַל
3. (continue) הִמשִׁיךְ ל-
4. (prevent from) מָנַע מ-
5. (maintain; detain) הֶחֱזִיק
keep at הִתמִיד ב-
keep in mind זָכַר
keep in touch שָׁמַר עַל קֶשֶׁר
keep on הִמשִׁיךְ
keep off הִתרַחֵק מ-
keep up 1. (carry on) הִמשִׁיךְ
2. (maintain) תִיחזֵק, טִיפֵּל ב-
keepsake *n.* מַזכֶּרֶת
keg *n.* חָבִית
powder keg חָבִית אֲבַק שְׂרֵיפָה

kelvin *n.* קֶלוִוין, יְחִידַת טֶמפֶּרָטוּרָה
ken *n.* הֲבָנָה, יְדִיעָה
kennel *n.* מְלוּנָה (לְחַיוֹת מַחמָד)
kept *p.*; *pp.* keep
kerchief *n.* מִטפַּחַת רֹאשׁ
kernel *n.* גַרעִין, עִיקָר
kerosene *n.* נֵפט
ketchup *n.* קֶטשׁוֹפּ, רוֹטֶב עַגבָנִיוֹת
kettle *n.* קוּמקוּם
key *n.* 1. (lock device) מַפתֵחַ ז׳ (מַפתְחוֹת)
2. (keyboard button) קְלִיד, מַקָשׁ
3. (reef) שִׂרטוֹן, שׁוּנִית
off-key (*music*) לֹא בַּסוּלָם הַנָכוֹן
key *vt.* כִּיווֵן
keyboard *n.* 1. (*comp.*) מִקלֶדֶת
2. (musical instrument) כְּלִי מַקָשִׁים
keyboard *vt.* הִקלִיד
keyhole *n.* חוֹר מַנעוּל
keynote *n.* רַעיוֹן מֶרכָּזִי, עִיקָר
keypad *n.* מִקלֶדֶת סְפָרוֹת
keypunch *n.* מַכשִׁיר נִיקוּב
keystone *n.* אֶבֶן יְסוֹד
keystroke *n.* הַקָשָׁה (עַל מַקָשׁ)
kg (kilogram) קִילוֹגרָם
khaki *n.* חָאקִי
khalif *n.* כָּלִיף
khan *n.* חָאן, פּוּנדָק
kHz (kilohertz) קִילוֹהֶרץ
kibbutz *n.* קִיבּוּץ
kibitzer *n.* נוֹתֵן עֵצוֹת מְיוּתָרוֹת
kick *n.* 1. (foot blow) בְּעִיטָה
2. (pleasure) הֲנָאָה, תַעֲנוּג
kick *vt.* 1. (strike with foot) בָּעַט ב-
2. (spring back) נִרתַע
kick around הִתעַלֵל ב-
kick in 1. (contribute) תָרַם אֶת חֶלקוֹ
2. (begin) הִתחִיל

kick off הִתְחִיל (מִשְׂחָק/אֵירוּעַ)
kick out סִילֵק
kick the bucket נִפְטַר, מֵת
kick the habit נִגְמַל מֵהֶרְגֵל
kickback *n.* שׁוֹחַד
kicker *n.* בּוֹעֵט
kickoff *n.* בְּעִיטַת פְּתִיחָה, פְּתִיחָה
kid *n.* 1. (child) יֶלֶד
2. (goat) עֵז נ׳ (עִיזִים), תַּיִשׁ
kid *vt.* הִתְלוֹצֵץ, הִתְבַּדֵּחַ, קִינְטֵר
kidder *n.* בַּדְחָן
kidnap *vt.* חָטַף
kidnapper *n.* חוֹטֵף
kidney *n.* כִּלְיָה
kidskin *n.* עוֹר תַּיִשׁ
kill *n.* 1. (act of killing) הֶרֶג, הֲרִיגָה
2. (killed animal) טֶרֶף
kill *vt.* 1. (put to death) הָרַג, הֵמִית
2. (destroy) הָרַס
3. (defeat) הִכְשִׁיל
killing *n.* 1. (slaying) הֲרִיגָה
2. (large profit) רֶוַוח גָּדוֹל
mercy killing הֲמָתַת חֶסֶד
killing *adj.* 1. (fatal) קַטְלָנִי
2. (exhausting) מְעַיֵּיף, מַתִּישׁ
killjoy *n.* מַשְׁבִּית שִׂמְחָה
kiln *n.* כִּבְשָׁן
kilo *n.* קִילוֹ
kilobyte *n.* קִילוֹבַּייט
kilogram *n.* קִילוֹגְרָם
kilohertz *n.* קִילוֹהֶרְץ
kilometer *n.* קִילוֹמֶטֶר
kilowatt *n.* קִילוֹוָאט
kilt *n.* חֲצָאִית סְקוֹטִית
kimono *n.* קִימוֹנוֹ
kin *n.* קְרוֹבֵי מִשְׁפָּחָה
next of kin בֶּן-מִשְׁפָּחָה קָרוֹב
kind *n.* סוּג, מִין
all kinds of כּוֹל מִינֵי
in kind בְּאוֹתוֹ אוֹפֶן

kind of בְּמִקְצָת, בְּמִידַּת-מָה
kind *adj.* טוֹב-לֵב, נָדִיב
kindergarten *n.* גַּן-יְלָדִים
kindhearted *adj.* טוֹב-לֵב
kindle *vt.* הֵצִית, הִבְעִיר
kindling *n.* חוֹמֶר דָּלִיק
kindly *adj.* טוֹב-מֶזֶג
kindly *adv.* 1. (cordially) בַּאֲדִיבוּת
2. (please) בְּבַקָּשָׁה
kindness *n.* טוּב-לֵב
kindred *n.* קְרוֹבֵי מִשְׁפָּחָה
kindred *adj.* קָרוֹב, דוֹמֶה
kinetic *adj.* קִינֶטִי, שֶׁל תְּנוּעָה
kinfolk *pn.* קְרוֹבֵי מִשְׁפָּחָה
king *n.* מֶלֶךְ
king-size גָּדוֹל מִן הָרָגִיל, גְּדוֹל-מִידּוֹת
kingdom *n.* מַמְלָכָה
kingpin *n.* דְּמוּת מֶרְכָּזִית
Kings *(Bible)* סֵפֶר מְלָכִים
kink *n.* 1. (twist) עִיקּוּל, עִיקּוּם
2. (peculiarity) מוּזָרוּת
kinky *adj.* מוּזָר
kinship *n.* קִרְבַת מִשְׁפָּחָה
kinsman *n.* קְרוֹב מִשְׁפָּחָה
kiosk *n.* קִיוֹסְק
kipper *n.* דָּג מָלוּחַ אוֹ מְעוּשָּׁן
kismet *n.* גּוֹרָל ז׳ (גּוֹרָלוֹת)
kiss *n.* נְשִׁיקָה
kiss *vt.* נָשַׁק, נִישֵּׁק
kiss ass לִיקֵּק ל-, הִתְחַנֵּף אֶל
kit *n.* עֶרְכָּה
kitchen *n.* מִטְבָּח
soup kitchen בֵּית-תַּמְחוּי
kitchenette *n.* מִטְבָּחוֹן
kitchenware *n.* כְּלֵי מִטְבָּח
kite *n.* עֲפִיפוֹן
kith and kin מַכָּרִים וּקְרוֹבֵי מִשְׁפָּחָה
kitsch *n.* אוֹמָנוּת זוֹלָה, שְׁמַלְץ
kitten, kitty *n.* חֲתַלְתּוּל, חֲתוּלוֹנֶת
kiwi *n.* פְּרִי הַקִּיוִוי

kleptomania *n.*	גַּנֶּבֶת, דַּחַף לִגְנוֹב
kleptomaniac *n.*	גַּנְבָן
klutz *n.*	מְגוּשָׁם, מְסוּרְבָּל
km (kilometer)	קִילוֹמֶטֶר
knack *n.*	כִּישָׁרוֹן, מְיוּמָנוּת
knackwurst *n.*	נַקְנִיק
knapsack *n.*	תַּרְמִיל גַּב
knave *n.*	רַמַּאי
knead *vt.*	לָשׁ, עִיסָּה
knee *n.*	בֶּרֶךְ נ׳ (בִּרְכַּיִים)
knee-jerk	רֶפְלֶקְסִיבִי, אוֹטוֹמָטִי
bring to one's knees	הִכְנִיעַ
kneecap *n.*	פִּיקַת הַבֶּרֶךְ
kneel *n.*	כְּרִיעַת בֶּרֶךְ
kneel *vi.*	כָּרַע בֶּרֶךְ
kneepad *n.*	כָּרִית בֶּרֶךְ
knell *n.* 1. (sound of bell)	צִילצוּל פַּעֲמוֹן אֶבֶל
2. (ominous signal)	אוֹת מְבַשֵּׂר רָעוֹת
knell *vi.* 1.	הִשְׁמִיעַ צִילצוּל אֶבֶל
2.	בִּישֵּׂר רָעוֹת
knelt *p.*; *pp.* kneel	
knew *p.* know	
knickknack *n.*	קִישּׁוּט, חֵפֶץ נוֹי
knife *n.*	סַכִּין
knife *vt.*	חָתַךְ/דָּקַר בְּסַכִּין
knight *n.*	אַבִּיר
knighthood *n.*	אַבִּירוּת
knish *n.*	מַאֲפֶה מְמוּלָּא
knit *n.*	בַּד סָרוּג
double knit	אֲרִיגָה כְּפוּלָה
knit *n.*	סָרַג
knitwear *n.*	בְּגָדִים סְרוּגִים
knob *n.*	כַּדּוּר, יָדִית
knock *n.*	נְקִישָׁה, דְּפִיקָה
knock *vi.*	נָקַשׁ, דָּפַק
knock down	הִפִּיל, הוֹרִיד
knock it off!	תַּפְסִיק!
knock off (deduct)	הִפְחִית
knock out 1. (stun)	הִימֵם
2. (defeat)	הֵבִיס
knockdown *n.*	מַכָּה מְהַמֶּמֶת
knockout *n.* 1. (blow)	מַכָּה נִיצַּחַת
2. (attractive person)	אָדָם מוֹשֵׁךְ, מַקְסִים
knoll *n.*	תֵּל, גִּבְעָה
knot *n.*	קֶשֶׁר, לוּלָאָה
knot *vt.*	קָשַׁר
tie the knot	הִתְחַתֵּן
know *vt.*	יָדַע, הִכִּיר
know-how	יֶדַע
knowingly *adv.*	בְּיוֹדְעִין, בְּכַוָּונָה
knowledge *n.*	יֶדַע, יְדִיעָה
knowledgeable *adj.*	יַדְעָן
known *pp.* know	
known *adj.*	יָדוּעַ, מוּכָּר
knuckle *n.*	פֶּרֶק הָאֶצְבַּע
knuckle *vt.*	לָחַץ
knuckle under	וִיתֵּר, נִכְנַע
knucklebone *n.*	עֶצֶם פֶּרֶק הָאֶצְבַּע
knucklehead *n.*	מְטוּמְטָם
knurl *n.*	בְּלִיטָה
kohlrabi *n.*	קוֹלוֹרָבִּי
kook *n.*	אָדָם מוּזָר
Koran *n.*	קוּרְאָן
kosher *adj.*	כָּשֵׁר
kowtow *n.*	הִתְרַפְּסוּת
kowtow *vi.*	הִתְרַפֵּס
Kurd, Kurdish *n.*; *adj.*	כּוּרְדִי

L

L הָאוֹת הַשְּׁתֵּים-עֶשְׂרֵה בָּאָלֶפְבֵּית הָאַנגלִי
lab *n.* מַעבָּדָה
label *n.* 1. (tag) תָּגִית, תָּוִוית
2. (epithet) כִּינוּי
label *vt.* 1. (affix a label) תִּייֵג, הִצמִיד תָּוִוית
2. (classify) סִיוּוֵג
labial *adj.* שְׂפָתִי
labor *n.* 1. (work) עֲבוֹדָה, עָמָל
2. (body of workers) צִיבּוּר הַפּוֹעֲלִים
3. (childbirth process) צִירֵי לֵידָה
manual labor עֲבוֹדָה פִיזִית, עֲבוֹדַת כַּפַּיִים
labor *vi.* עָמַל, עָבַד קָשֶׁה
laboratory *n.* מַעבָּדָה
laborer *n.* פּוֹעֵל
laborious *adj.* מְפָרֵךְ, מְייַגֵעַ
labyrinth *n.* מָבוֹךְ
labrador *n.* כֶּלֶב לַבּרָדוֹר
lac *n.* לַכָּה
lace *n.* 1. (fabric) תַּחֲרָה
2. (string) שְׂרוֹךְ
lace *vt.* 1. (thread) הִשחִיל
2. (add to beverage) הוֹסִיף לְמַשקֶה
lacerate *vt.* קָרַע, שִׁיסַע
laceration *n.* קֶרַע, שֶׁסַע
lachrymal *adj.* שֶׁל דְּמָעוֹת
lack *n.* חוֹסֶר, הֶעדֵר
lack *vt.* הָיָה חָסֵר, חָסַר לוֹ
lackey *n.* 1. (servant) מְשָׁרֵת
2. (servile) חַנפָן, מִתרַפֵּס
lackluster *adj.* חֲסַר-בָּרָק
laconic *adj.* קָצָר, תַּמצִיתִי
lacquer *n.* לַכָּה
lacquer *vt.* צִיפָּה בְּלַכָּה
lacrimal *adj.* שֶׁל דְּמָעוֹת
lacrosse *n.* מִשׂחַק כַּדּוּר
lactic *adj.* חֲלָבִי
lacuna *n.* חָלָל רֵיק, חוֹר
lad *n.* נַעַר, בָּחוּר
ladder *n.* סוּלָּם ז׳ (סוּלָּמוֹת)
lade *vt.* טָעַן, הֶעֱמִיס
laden *adj.* טָעוּן, עָמוּס
lading *n.* טְעִינָה ; מִטעָן
bill of lading תְּעוּדַת מִטעָן
Ladino *n.* לָדִינוֹ
ladle *n.* תַּרווָד
lady *n.* גְּבֶרֶת, אִישָּׁה נ׳ (נָשִׁים)
bag lady מְשׁוֹטֶטֶת
lag *n.* פִּיגּוּר, אִיחוּר
jet lag יָעֶפֶת
lag *vi.* פִּיגֵּר, אֵיחַר
lager *n.* בִּירָה
laggard *n.* מְפַגֵּר, מְאַחֵר
laggardness *n.* פִּיגּוּר, אִיחוּר
lagoon *n.* בְּרֵיכָה, לָגוּנָה
laid *p., pp.* lay
laid-back קַר-מֶזֶג, נִינוֹחַ
lain *pp.* lie
lair *n.* מְאוּרָה
laity *n.* צִיבּוּר הַמַּאֲמִינִים
lake *n.* אֲגַם, יַמָּה
lam *n.* בְּרִיחָה בְּהוּלָה
lam *vi.* בָּרַח
lama *n.* נָזִיר טִיבֶּטִי
lamb *n.* כֶּבֶשׂ, טָלֶה
lambaste *vt.* 1. (beat) הִכָּה
2. (scold) נָזַף, גָּעַר בּ-
lambent *adj.* 1. (flickering) מְהַבהֵב
2. (brilliant) בָּהִיר, זוֹהֵר
lame *adj.* צוֹלֵעַ, חִיגֵּר
lameness *n.* צְלִיעָה, חִיגְּרוּת
lament *vt.* קוֹנֵן, הִתאַבֵּל עַל
lamentation *n.* קִינָה
Lamentations *n.* (*Bible*) אֵיכָה

laminate *n.*	חוֹמֶר לָבוּד
laminate *vt.*	רִיבֵּד
laminated *adj.*	מְרוּבָּד, לָבוּד
lamination *n.*	רִיבּוּד
lamp *n.*	מְנוֹרָה, פָּנָס
fluorescent lamp	מְנוֹרַת פְלוּרֶצֶנְט
lampblack *n.*	פִּיחַ
lampoon *n.*	סָאטִירָה עוֹקְצָנִית
lampoon *vt.*	לִיגְלֵג דֶרֶךְ סָאטִירָה
LAN (local area network)	רֶשֶׁת תִקְשׁוֹרֶת מְקוֹמִית
lance *n.*	רוֹמַח, כִּידוֹן
lancer *n.*	פָּרָשׁ נוֹשֵׂא רוֹמַח
lancet *n.*	אִזְמֵל
land *n.* 1. (earth)	אֲדָמָה
2. (country)	אֶרֶץ נ׳ (אֲרָצוֹת)
Land of Israel	אֶרֶץ יִשְׂרָאֵל
grazing land	אַדְמַת מִרְעֶה
Holy Land	אֶרֶץ הַקוֹדֶשׁ
no man's land	שֶׁטַח הֶפְקֵר
land *vi.*; *vt.* 1. (come/bring to land)	נָחַת; הִנְחִית
2. (bring to)	הֵבִיא
3. (win)	זָכָה בּ-, הִשִּׂיג
landfall *n.*	הִתְקָרְבוּת לְיַבָּשָׁה
landfill *n.*	מִזְבָּלָה
landholder *n.*	בַּעַל-קַרְקָעוֹת
landing *n.*	נְחִיתָה
crash landing	נְחִיתַת הִתְרַסְקוּת
landlady *n.*	בַּעֲלַת-בַּיִת
landlord *n.*	בַּעַל-בַּיִת
landmark *n.*	צִיּוּן דֶרֶךְ
landmass *n.*	גוּשׁ אֲדָמָה
landscape *n.*	נוֹף
landscape *vt.*	גִּינֵּן
landslide *n.* 1. (of earth)	מַפּוֹלֶת אֲדָמָה
2. (in elections)	רוֹב סוֹחֵף
lane *n.* 1. (path)	נָתִיב, מַסְלוּל
2. (street)	רְחוֹב ז׳ (רְחוֹבוֹת), סִימְטָה
fast lane	מַסְלוּל קִידּוּם מָהִיר

language *n.*	שָׂפָה, לָשׁוֹן נ׳ (לְשׁוֹנוֹת)
body language	שְׂפַת סִימָנֵי גוּף
broken language	שָׂפָה עִילֶגֶת
mother language	שְׂפַת אֵם
sign language	שְׂפַת סִימָנִים
languish *vi.* 1. (weaken)	נֶחֱלַשׁ
2. (suffer neglect)	נָמַק, נִרְקַב
lank *adj.*	דַק וְאָרוֹךְ
lanky *adj.*	גָבוֹהַּ וְרָזֶה
lantern *n.*	פָּנָס
magic lantern	פָּנָס קֶסֶם
lanyard *n.*	חֶבֶל קָצָר
lap *n.*	חֵיק
lap *vt.*	עָטַף
lapel *n.*	דַשׁ מְעִיל
lapidary *n.*	מְלַטֵּשׁ אֲבָנִים יְקָרוֹת
lapin *n.*	אַרְנָב
lapis lazuli	אֶבֶן תְכֶלֶת
lapse *n.* 1. (error)	טָעוּת, מְעִידָה
2. (decline)	הִתדַרדְרוּת, יְרִידָה
3. (loss of right)	פְּקִיעַת זְכוּת
4. (time interval)	רֶוַח זְמַן, שְׁהוּת
lapse *vi.* 1.	טָעָה, מָעַד
2.	הִתדַרדֵר, יָרַד
3.	פָּקַע, פָּג
4.	חָלַף, עָבַר (זְמַן)
laptop *n.*	מַחשֵׁב נַיָּיד
larceny *n.*	גְנֵיבָה
larch *n.*	עֵץ אַרזִית
lard *n.*	שׁוּמַן חֲזִיר
large *adj.*	גָדוֹל, רְחַב-מֵימַדִים
large-scale	בְּקְנֵה מִידָה גָדוֹל
at large 1. (free)	חוֹפְשִׁי
2. (in general)	כְּלָלִית, בְּאוֹפֶן כְּלָלִי
3. (representation)	יִיצוּג כְּלָלִי
by and large	כְּלָלִית, בְּאוֹפֶן כְּלָלִי
largely *adv.*	בְּמִידָה רַבָּה, בְּעִיקָר
lark *n.* 1. (bird)	עֶפְרוֹנִי
2. (adventure)	הַרְפַּתְקָה; תַעֲלוּל
lark *vi.*	הִשְׁתַעֲשַׁע

larva *n.* זַחַל
larval *adj.* שֶׁל זַחַל
laryngil *adj.* גְּרוֹנִי
laryngitis *n.* דַּלֶּקֶת גָּרוֹן
larynx *n.* גָּרוֹן ז׳ (גְּרוֹנוֹת)
lasagna *n.* לָזַנְיָה
lascivious *adj.* תַּאַוותָנִי, תְּשׁוּקָתִי
lasciviousness *n.* תַּאַוותָנוּת, תְּשׁוּקָה
laser *n.* לֵייזֶר
lash *n.* הַצלָפָה, מַכַּת שׁוֹט
lash *vt.* הִצלִיף, הִכָּה
lash out תָּקַף
lass *n.* בַּחוּרָה
lassitude *n.* תְּשִׁישׁוּת
lasso *n.* פְּלָצוּר
last *vi.* 1. (continue) אָרַךְ, נִמשַׁךְ
2. (survive) שָׂרַד, הֶחֱזִיק מַעֲמָד
3. (suffice) הִספִּיק
last *adj.* אַחֲרוֹן
last-ditch מוֹצָא אַחֲרוֹן
lasting *adj.* תְּמִידִי, מְמוּשָׁךְ, בַּר-קְיָמָא
latch *n.* בְּרִיחַ, תֶּפֶס
latch *vt.*; *vi.* נָעַל עַל בְּרִיחַ ; נִנעַל
late *adj.* 1. (behind in time) מְאוּחָר
2. (tardy person) מְאַחֵר
3. (recent) אַחֲרוֹן
4. (deceased) הַמָּנוֹחַ
of late בַּזְּמַן הָאַחֲרוֹן
late *adv.* מְאוּחָר
latecomer *n.* מְאַחֵר
lately *adv.* לָאַחֲרוֹנָה, בַּזְּמַן הָאַחֲרוֹן
latent *adj.* סָמוּי, כָּמוּס, לֹא נִראֶה
lateral *adj.* צְדָדִי, לָרוֹחַב
latex *n.* לֵייטֶקס
lath *n.* פַּס עֵץ
lathe *n.* מַחֲרֵטָה
lathe *vt.* חָרַט
lather *n.* קֶצֶף
lather *vt.* כִּיסָּה בְּקֶצֶף
lathery *adj.* מַקצִיף

latitude *n.* 1. (distance from equator) קַו רוֹחַב
2. (freedom of action) חוֹפֶשׁ פְּעוּלָה, מִרוָוח
latke *n.* לְבִיבָה
latrine *n.* בֵּית-שִׁימּוּשׁ צִיבּוּרִי, מַשׁתֵּנָה
latter *adj.* הַשֵּׁנִי, הָאַחֲרוֹן
latter-day שֶׁל הַזְּמַן הָאַחֲרוֹן
lattice *n.* שְׂבָכָה
laud *n.* שֶׁבַח, תְּהִילָּה
laud *vt.* שִׁיבַּח, הִילֵּל
laudatory *adj.* מְשַׁבֵּחַ, מְהַלֵּל
laugh *n.* צְחוֹק
belly laugh צְחוֹק רוֹעֵם
laugh *vi.* צָחַק
laugh at צָחַק מ-, לָעַג ל-
laugh away בִּיטֵּל בִּצחוֹק
laughable *adj.* מְגוּחָךְ
laughingstock *n.* מַטָּרָה לְלַעַג
laughter *n.* צְחוֹק
launch *n.* 1. (sending forth) שִׁיגּוּר, שִׁילּוּחַ
2. (floating a new ship) הַשָּׁקָה
3. (starting a new venture) הַתחָלָה, פְּתִיחָה
launch *vt.* 1. שִׁיגֵּר, שִׁילַּח
2. הִשִּׁיק
3. פָּתַח בּ-
launcher *n.* מַשׁגֵּר
launder *vt.* כִּיבֵּס
launder money הִלבִּין כְּסָפִים
laundromat *n.* מִכבָּסַת שֵׁירוּת עַצמִי
laundry *n.* 1. (clothing) כְּבָסִים, כְּבִיסָה
2. (laundering place) מִכבָּסָה
laureate *n.* חֲתַן פְּרָס
laurel *n.* (עֲלֵה) דַּפנָה
lavatory *n.* 1. (restroom) בֵּית-שִׁימּוּשׁ
2. (basin) כִּיּוֹר
lave *vt.*; *vi.* רָחַץ ; הִתרַחֵץ
lavender *n.* 1. (plant) אֵיזוֹבִיוֹן
2. (color) סָגוֹל בָּהִיר
lavish *adj.* שׁוֹפֵעַ, פַּזְרָנִי
lavish *vt.* נָתַן/הוֹצִיא בְּשֶׁפַע

lavishness *n.*	פַּזְרָנוּת, בִּיזְבּוּז
law *n.* 1. (rule)	חוֹק, דִּין
2. (legal code)	מִשְׁפָּט
3. (legal studies)	מִשְׁפָּטִים, מִשְׁפְּטָנוּת
law-abiding	שׁוֹמֵר חוֹק
blue law	חוֹק שַׁבָּת
canon law	חוּקֵי הַכְּנֵסִיָּיה
civil law	חוֹק אֶזְרָחִי
common law	הַמִּשְׁפָּט הַמְקוּבָּל
martial law	מִשְׁטָר צְבָאִי
Oral Law	תּוֹרָה שֶׁבְּעַל-פֶּה
lawbreaker *n.*	עֲבַרְיָין
lawful *adj.*	חוּקִי
lawfulness *n.*	חוּקִיּוּת
lawless *adj.* 1. (illegal)	לֹא חוּקִי
2. (unruly)	לְלֹא חוֹק, מוּפְקָר
lawlessness *n.*	הֶפְקֵרוּת
lawmaker *n.*	מְחוֹקֵק
lawn *n.*	מִדְשָׁאָה, דֶּשֶׁא
lawnmower *n.*	מַכְסֵחָה
lawsuit *n.*	תְּבִיעָה מִשְׁפָּטִית
lawyer *n.*	עוֹרֵךְ דִּין
lax *adj.* 1. (loose)	רָפֶה, רוֹפֵף
2. (not strict)	לֹא קַפְּדָן
laxative *n.*	חוֹמֶר מְשַׁלְשֵׁל
laxness *n.*	רִפְיוֹן ; אִי-הַקְפָּדָה
lay *adj.*	לֹא מוּמְחֶה
lay *vt.*1. (place horizontally)	הִשְׁכִּיב
2. (put down)	הִנִּיחַ, שָׂם
3. (present)	הִצִּיג
4. (drop)	הֵטִיל
5. (wager)	הִימֵּר
lay aside	שָׁמַר לֶעָתִיד
lay off	פִּיטֵּר
lay open	גִּילָּה, חָשַׂף
lay over	עָשָׂה חֲנִיַּית בֵּינַיִים
layaway *n.*	קְנִיָּיה בְּתַשְׁלוּמִים
layer *n.*	שִׁכְבָה, רוֹבֶד
layman *n.* 1. (non-professional)	לֹא מִקְצוֹעִי
2. (non-clergy)	לֹא אִישׁ כְּמוּרָה
layoff *n.*	פִּיטּוּרִים
layout *n.*	תּוֹכְנִית, מַעֲרָךְ, מִתְוֶוה
layover *n.*	חֲנִיָּיה קְצָרָה
laze *vi.*	הִתְבַּטֵּל
laziness *n.*	עַצְלָנוּת, עַצְלוּת
lazy *adj.*	עַצְלָן, עָצֵל
lazy Susan	מַגָּשׁ מִסְתּוֹבֵב
LCD (liquid crystal diode)	מַצָּג גְּבִישֵׁי נוֹזְלִי
lea *n.*	אָחוּ
leach *n.*	חִילְחוּל
leach *vt.*	חִילְחֵל, סִינֵּן
lead *n.* (metal)	עוֹפֶרֶת
lead-free	נְטוּל-עוֹפֶרֶת
lead *n.* 1. (foremost position)	מָקוֹם רִאשׁוֹן
2. (primary role)	תַּפְקִיד רָאשִׁי
3. (leader)	מוֹבִיל
4. (clue)	קְצֵה חוּט, רֶמֶז
lead-in 1. (introductory matter)	פְּתִיחַ
2. (wire)	חוּט מוֹבִיל
lead *vt.* 1. (guide)	הוֹבִיל, הִנְחָה
2. (be in command)	הִנְהִיג
3. (go at the head)	הָלַךְ בָּרֹאשׁ
4. (be a conduit)	הוֹלִיךְ
lead off	הִתְחִיל
lead on 1. (entice)	פִּיתָּה
2. (mislead)	הִטְעָה, הוֹלִיךְ שׁוֹלָל
lead up to	הוֹבִיל לִקְרַאת
leaded *adj.*	מֵכִיל עוֹפֶרֶת
leaden *adj.*	אַפְרוּרִי, עָגוּם
leader *n.* 1. (person in charge)	מַנְהִיג
2. (leading)	מוֹבִיל
leadership *n.*	מַנְהִיגוּת, הַנְהָגָה
leading *adj.*	רָאשִׁי, עִיקָּרִי, מוֹבִיל
leaf *n.* 1. (of a plant)	עָלֶה
2. (of a table)	כְּנַף שׁוּלְחָן
3. (sheet of paper)	דַּף
bay leaf	עֲלֵה דַּפְנָה
leaf *vi.* 1. (produce leaves)	הִצְמִיחַ עָלִים
2. (turn pages)	דִּיפְדֵּף
leafage *n.*	עַלְוָוה

leaflet *n.* 1. (flier) עָלוֹן
2. (small leaf) עֲלַעַל
league *n.* לִיגָה
League of Nations חֶבֶר הַלְאוּמִים
ivy league אוּנִיבֶרְסִיטָאוֹת עִילִית
major league לִיגָה רָאשִׁית
leak *n.* דְּלִיפָה ; הַדְלָפָה
take a leak הִשְׁתִּין
leak *vi.; vt.* דָּלַף ; הִדְלִיף
leakage *n.* דְּלִיפָה
lean *adj.* 1. (skinny, thin) רָזֶה, כָּחוּשׁ
2. (low-fat) דַּל-שׁוּמָן
3. (meager) דַּל
4. (thrifty) חֶסְכוֹנִי
lean *vi.* 1. (bend) הִתְכּוֹפֵף
2. (be inclined) נָטָה
3. (rest against) נִשְׁעַן
lean over backwards עָשָׂה מֵעַל לַדָּרוּשׁ
lean towards נָטָה ל-, הֶעֱדִיף
leanness *n.* רָזוֹן ; דַּלּוּת
leap *n.* 1. (jump) קְפִיצָה, זִינּוּק
2. (abrupt passage) מַעֲבָר חַד
leap in the dark קְפִיצָה אֶל הַבִּלְתִּי-נוֹדָע
leap of faith אֱמוּנָה בְּמוּפְשָׁט
by leaps and bounds בִּמְהִירוּת רַבָּה
quantum leap זִינּוּק עֲנָק
leap *vi.* קָפַץ, זִינֵּק
leapfrog *n.* מִשְׂחָק "קְפִיצַת חֲמוֹר"
leapfrog *vi.* נָע בְּדִילוּגִים
learn *vt.* 1. (acquire knowledge) לָמַד
2. (come to know) נוֹדַע לוֹ
learned *adj.* מְלוּמָּד, מַשְׂכִּיל
learner *n.* לוֹמֵד, תַּלְמִיד
learning *n.* 1. (studying) לְמִידָה
2. (knowledge) יֶדַע, הַשְׂכָּלָה
lease *n.* (חוֹזֶה) חֲכִירָה, שְׂכִירוּת
lease *vt.* 1. (get lease of) חָכַר, שָׂכַר
2. (grant lease of) הֶחְכִּיר, הִשְׂכִּיר
leasehold *n.* רְכוּשׁ חָכוּר
leaseholder *n.* חוֹכֵר

leaser *n.* מַחְכִּיר
leash *n.* רְצוּעָה
leash *vt.* קָשַׁר בִּרְצוּעָה
least *adj.* 1. (smallest) הַפָּחוֹת בְּיוֹתֵר, הַקָּטָן בְּיוֹתֵר
2. (lowest in importance) הַפָּחוֹת חָשׁוּב
least *adv.* פָּחוֹת מִכּוֹל, הֲכִי פָּחוֹת
at least לְפָחוֹת,לְכוֹל הַפָּחוֹת
leather *n.* עוֹר ז׳ (עוֹרוֹת)
leave *n.* הֶיתֵּר, רְשׁוּת
leave of absence חוּפְשָׁה לְלֹא תַּשְׁלוּם
maternity leave חוּפְשַׁת לֵידָה
on leave בְּחוּפְשָׁה, בְּשַׁבָּתוֹן
leave *vt.* 1. (go away) עָזַב
2. (let behind) הִשְׁאִיר
leave alone הִנִּיחַ ל-
leave off הִפְסִיק
leave out הִשְׁמִיט
leaven *n.* שְׂאוֹר, חוֹמֶר מַתְסִיס
leaven *vt.* הֶחְמִיץ בָּצֵק, הִתְסִיס
leavened *adj.* חָמֵץ, מוּחְמָץ
Lebanon *n.* לְבָנוֹן
lecher *n.* רוֹדֵף מִין
lecture *n.* הַרְצָאָה
lecture *vi.* הִרְצָה
LED (light emitting diode) דִּיוֹדָה פּוֹלֶטֶת אוֹר
lecturer *n.* מַרְצֶה
led *p.* lead
ledge *n.* 1. (shelf) מַדָּף
2. (cliff) צוּק
ledger *n.* סֵפֶר חֶשְׁבּוֹנוֹת
lee *n.* מַחֲסֶה
leech *n.* עֲלוּקָה
leer *n.* מַבָּט מְלוּכְסָן
leer *vi.* לִיכְסֵן מַבָּט
leery *adj.* חַשְׁדָן
leeway *n.* מֶרְחַב תִּימְרוּן
left *n.* שְׂמֹאל
left-handed אִיטֵּר, שְׂמָאלִי

left *p.*; *pp.* leave
leftism *n.* שְׂמֹאלָנוּת
leftist *n.* שְׂמֹאלָנִי
leftover *n.* שְׁיָרִים, שְׁאֵרִיוֹת
lefty *adj.* 1. (left-handed) אִיטֵר, שְׂמָאלִי
2. (on the political left) שְׂמֹאלָנִי
leg *n.* רֶגֶל נ׳ (רַגְלַיִים)
pull one's leg מָתַח, בִּילֵף
legacy *n.* 1. (bequeathal) עִיזָּבוֹן, יְרוּשָׁה
2. (heritage) מוֹרָשָׁה
legal *adj.* 1. (allowed by law) חוּקִי, מוּתָר
2. (of law) מִשְׁפָּטִי
legalism *n.* הַקְפָּדָה עַל חוּקִים
legalization *n.* הֲפִיכָה לְחוּקִי, הֶכְשֵׁר
legalize *vt.* הָפַךְ לְחוּקִי, הִכְשִׁיר
legate *n.* צִיר, שָׁלִיחַ
legation *n.* צִירוּת
legend *n.* 1. (story, person) אַגָּדָה
2. (explanatory table) מִקְרָא
legendary *adj.* אַגָּדִי, אַגָּדָתִי
legerdemain *n.* לַהֲטוּט יָדַיִים, תַחבּוּלָה
legging *n.* כִּיסּוּי שׁוֹקַיִים
leggy *adj.* בַּעַל רַגלַיִים אֲרוּכּוֹת
leghorn *n.* תַרנְגוֹלֶת לֶגהוֹרן
legibility *n.* קְרִיאוּת
legible *adj.* קָרִיא
legion *n.* 1. (army) לִגיוֹן ז׳ (לִגיוֹנוֹת)
2. (multitude) הָמוֹן
Foreign Legion לִגיוֹן הַזָּרִים
legion *adj.* רַבִּים, הָמוֹן
legionnaire *n.* לִגיוֹנֵר
legislate *vt.* חוֹקֵק
legislation *n.* חֲקִיקָה, תְחִיקָה
legislative *adj.* מְחוֹקֵק
legislature *n.* בֵּית-מְחוֹקְקִים
legitimacy *n.* חוּקִיוּת, לֶגִיטִימִיוּת
legitimate *adj.* 1. (lawful) חוּקִי, לֶגִיטִימִי
2. (justified) מוּצדָק
legitimization *n.* מַתַּן תוֹקֶף/הֶכשֵׁר
legitimize *vt.* נָתַן תוֹקֶף/הֶכשֵׁר ל-

legroom *n.* רֶוַוח לָרַגלַיִים
legume *n.* קִטנִית
leisure *n.* פְּנַאי, זְמַן חוֹפשִׁי
leisurely *adj.* נִינוֹחַ, לֹא חָפוּז
lemon *n.* לִימוֹן
lemonade *n.* לִימוֹנָדָה
lend *vt.* 1. (give money) הִלוָוה
2. (give object) הִשׁאִיל
lender *n.* מַלוֶוה
length *n.* אוֹרֶךְ, אֲרִיכוּת
focal length אוֹרֶךְ מוֹקֵד
lengthen *vt.* הֶאֱרִיךְ
lengthwise *adv.* לָאוֹרֶךְ
leniency *n.* מִידַּת הָרַחֲמִים
lenient *adj.* לֹא מַחמִיר
lens *n.* עֲדָשָׁה
contact lenses עַדשׁוֹת מַגָּע
magnifying lens עֲדָשָׁה מַגדֶּלֶת
lent *p.*; *pp.* lend
lentil *n.* עֲדָשָׁה נ׳ (עֲדָשִׁים)
Leo *n.* מַזַּל אַריֵה
leopard *n.* בַּרדְּלָס
leotard *n.* מִצרֶפֶת
leper *n.* מְצוֹרָע
leprechaun *n.* שֵׁדוֹן
leprosy *n.* צָרַעַת
lesbian *n.* לֶסבִּית
lesion *n.* פֶּצַע, חַבּוּרָה
less *n.* פָּחוֹת, כַּמּוּת קְטַנָּה יוֹתֵר
less *adj.* פָּחוֹת, מוּעָט יוֹתֵר
less *adv.* פָּחוֹת
lessee *n.* חוֹכֵר, שׂוֹכֵר
lessen *vt.*; *vi.* הִפחִית ; פָּחַת, נֶחֱלַשׁ
lesser *adj.* פָּחוֹת,יוֹתֵר קָטָן
lesson *n.* 1. (class; learning unit) שִׁיעוּר
2. (instructive example) לֶקַח
teach a lesson לִימֵּד לֶקַח
lessor *n.* מַחכִּיר, מַשֹׂכִּיר
lest *conj.* שֶׁמָּא, פֶּן
let *vt.* 1. (allow) אִיפשֵׁר, הִרשָׁה, נָתַן ל-

2. (rent) הַשְׂכִּיר
let alone לֹא כּוֹל שֶׁכֵּן, שֶׁלֹּא לְהַזְכִּיר
let down 1. (forsake) נָטַשׁ, זָנַח
2. (disappoint) אִיכְזֵב
let go 1. (release) הִרְפָּה מ-, שִׁיחְרֵר
2. (dismiss) פִּיטֵר
let out (release) שִׁיחְרֵר
let up (cease) הִפְסִיק
let us, let's הָבָה, בּוֹא(וּ)
letdown *n.* 1. נְטִישָׁה, זְנִיחָה
2. אַכְזָבָה
lethal *adj.* קַטְלָנִי
letter *n.* 1. (of the alphabet) אוֹת נ׳ (אוֹתִיּוֹת)
2. (written message) מִכְתָּב
letter-quality בְּאֵיכוּת דְפוּס
call letters אוֹתִיּוֹת זִיהוּי (שֶׁל תַּחֲנַת שִׁידוּר)
capital letter אוֹת רֵישִׁית
form letter מִכְתָּב אָחִיד/סְטַנְדַרְטִי
open letter מִכְתָּב גָּלוּי
to the letter מִילּוּלִית, כְּפִי שֶׁכָּתוּב
letter *vt.* סִימֵן בְּאוֹתִיּוֹת
letterhead *n.* כּוֹתֶרֶת נְיַיר מִכְתָּבִים
letters *n.* (literature) סִפְרוּת
lettuce *n.* חַסָּה
letup *n.* הֲפוּגָה, הַפְסָקָה
leukemia *n.* סַרְטַן דָּם
levee *n.* סוֹלְלָה, סֶכֶר
level *n.* 1. (height) גּוֹבַהּ
2. (rank) דֶּרֶג
3. (degree) דַּרְגָּה, רָמָה
4. (horizontal surface, tier) מִפְלָס, מִשְׁטָח
5. (measuring instrument) פֶּלֶס
sea level גּוֹבַהּ פְּנֵי הַיָּם
water level מִפְלַס מַיִם
level *adj.* 1. (horizontal, even) מְאוּזָּן
2. (equal) שָׁוֶה
3. (steady) יַצִּיב
level *vt.; vi.* 1. (make/be even) יִישֵׁר, אִיזֵּן; הִתְיַישֵּׁר, הִתְאַזֵּן
2. (raze) הָרַס עַד הַיְסוֹד
3. (equalize) הִשְׁוָוה
4. (aim, direct) כִּיוֵון, הִפְנָה
5. *vi.* (be frank) הָיָה גְּלוּי-לֵב
level off הִתְיַיצֵּב
levelheaded *adj.* שָׁקוּל, מְיוּשָּׁב בְּדַעְתּוֹ
lever *n.* מָנוֹף, מוֹט
leverage *n.* כּוֹחַ הַשְׁפָּעָה
leviathan *n.* לִוְויָתָן
levirate *n.* יִיבּוּם
levitate *vi.* רִיחֵף בָּאֲוִויר
levitation *n.* רִיחוּף
Leviticus *n.* (*Bible*) סֵפֶר וַיִּקְרָא
levity *n.* קַלּוּת רֹאשׁ
levy *n.* 1. (tax) מִיסּוּי, מַס
2. (conscription) גִּיוּס
levy *vt.* 1. הִטִּיל מַס, גָּבָה
2. גִּייֵּס
lewd *adj.* גַּס, תַּאַוותָנִי
lewdness *n.* גַּסּוּת, תַּאַוותָנוּת
lexicographer *n.* מִילּוֹנַאי
lexicography *n.* מִילּוֹנָאוּת
lexicon *n.* 1. (dictionary) מִילּוֹן, לֶקְסִיקוֹן
2. (vocabulary) אוֹצַר מִילִּים
liability *n.* אַחֲרָיוּת, חָבוּת
liable *adj.* אַחֲרַאי, חָב
liable to עָלוּל ל-
liaison *n.* 1. (connection) קֶשֶׁר
2. (contact person) מְקַשֵּׁר, אִישׁ-קֶשֶׁר
3. (illicit sex) יַחֲסֵי מִין אֲסוּרִים
liar *n.* שַׁקְרָן
libation *n.* נֶסֶךְ
libel *n.* לַעַז, דִּיבָּה, לְשׁוֹן הָרַע
libel *vt.* הִלְעִיז, הוֹצִיא דִּיבָּה
liberal *n.* לִיבֶּרָל, מִתְקַדֵּם
liberal *adj.* 1. (non-conservative) לִיבֶּרָלִי, רְחַב-אוֹפֶק
2. (generous) נָדִיב
3. (abundant) שׁוֹפֵעַ
4. (tolerant, not strict) סוֹבְלָנִי, לֹא מַחְמִיר
liberalization *n.* לִיבֶּרָלִיזַצְיָה, הֲקַלָּה

liberalize *vt.* הֵקֵל, הֵסִיר הַגְבָּלוֹת
liberate *vt.* שִׁיחְרֵר
liberation *n.* שִׁיחְרוּר
liberator *n.* מְשַׁחְרֵר
libertarian *n.* דוֹגֵל בְּחוֹפֶשׁ
libertine *n.* אָדָם מוּפְקָר
liberty *n.* חֵירוּת, חוֹפֶשׁ
civil liberties זְכוּיוֹת יְסוֹד, חֵירוּת הָאֶזְרָח
libido *n.* יֵצֶר הַמִּין, לִיבִּידוֹ
Libra *n.* מַזַּל מֹאזְנַיִים
librarian *n.* סַפְרָן
librarianship *n.* סַפְרָנוּת
library *n.* סִפְרִיָּיה
libretto *n.* תַּמְלִיל, טֶקְסְט אוֹפֶּרָאִי
lice *pl.* louse
license *n.* 1. (permit) רִשָּׁיוֹן ז׳ (רִישְׁיוֹנוֹת), הֵיתֵר, רְשׁוּת
 2. (licentiousness) הֶפְקֵרוּת, פְּרִיקַת עוֹל
poetic license חוֹפֶשׁ חֲרִיזָה
license *vt.* הֶעֱנִיק רִישָּׁיוֹן ל-, הִתִּיר
licensed *adj.* מוּרְשֶׁה
licensee *n.* בַּעַל-רִישָּׁיוֹן
licentious *adj.* מוּפְקָר
licentiousness *n.* הֶפְקֵרוּת, פְּרִיקַת עוֹל
licit *adj.* חוּקִי
lick *n.* 1. (tongue stroke) לִיקּוּק
 2. (blow) מַכָּה
lick *vt.* 1. לִיקֵּק
 2. הִכָּה, הֵבִיס
licorice *n.* שׁוּשׁ
lid *n.* 1. (cover) מִכְסֶה
 2. (eyelid) עַפְעַף ז׳ (עַפְעַפַּיִים)
lie *n.* שֶׁקֶר, כָּזָב
white lie שֶׁקֶר עָדִין
lie *vi.* (be untruthful) שִׁיקֵּר
lie *vi.* 1. (rest horizontally) שָׁכַב
 2. (exist) נִמְצָא
 3. (extend) הִשְׂתָּרֵעַ
lie down שָׁכַב
lien *n.* עִיכָּבוֹן, שִׁיעְבּוּד

lieu *n.* מָקוֹם ז׳ (מְקוֹמוֹת)
in lieu of בִּמְקוֹם
lieutenant *n.* 1. (deputy) סְגָן
 2. (military rank) סֶגֶן
second lieutenant סֶגֶן מִשְׁנֶה
life *n.* 1. (living state) חַיִּים
 2. (living thing) חַי, נֶפֶשׁ
 3. (liveliness) חַיּוּת
 4. (duration of existence) אוֹרֶךְ חַיִּים
 5. (biography) תּוֹלְדוֹת חַיִּים
 6. (life sentence) מַאֲסַר עוֹלָם
life-size גּוֹדֶל טִבְעִי
bring to life הֶחֱיָה
come to life הִתְעוֹרֵר
for life לְכוֹל הַחַיִּים, לְתָמִיד
for the life of me עַד כַּמָּה שֶׁאֲנִי מִשְׁתַּדֵּל
shelf life אוֹרֶךְ חַיִּים (שֶׁל חוֹמֶר)
still life תְּמוּנַת עֶצֶם דּוֹמֵם
lifeblood *n.* סַם חַיִּים
lifeboat *n.* סִירַת הַצָּלָה
lifebuoy *n.* מַצּוֹף הַצָּלָה
lifeguard *n.* מַצִּיל
lifelike *adj.* דּוֹמֶה לַמְּצִיאוּת
lifeline *n.* 1. (rope) חֶבֶל הַצָּלָה
 2. (vital supply route) עוֹרֶק חַיִּים
lifelong *adj.* לְאוֹרֶךְ הַחַיִּים
lifer *n.* אֲסִיר עוֹלָם
lifestyle *n.* סִיגְנוֹן חַיִּים
lifetime *n.* מֶשֶׁךְ/תְּקוּפַת חַיִּים
for a lifetime לְכוֹל הַחַיִּים
lifework *n.* מִפְעַל חַיִּים
lift *n.* 1. (raising) הֲרָמָה
 2. (ride) הַסָּעָה, טְרֶמְפּ
 3. (exaltation) הִתְרוֹמְמוּת רוּחַ
 4. (lifting device) מַלְגֵּז
 5. (elevator) מַעֲלִית
chair lift רַכֶּבֶל כִּיסְאוֹת
lift *vt.* 1. (raise) הֵרִים
 2. (remove, rescind) הֵסִיר, בִּיטֵּל
 3. (elate) רוֹמֵם

4. (steal) גָּנַב, "סָחַב"
liftoff *n.* זִינּוּק, הַמְרָאָה
ligament *n.* רְצוּעַת רְקָמוֹת
ligature *n.* 1. (tie) קֶשֶׁר, קִישּׁוּר
2. (*music*) קֶשֶׁת תָּווִים
light *n.* 1. (illumination) אוֹר, מָאוֹר
2. (traffic signal) רַמְזוֹר
3. (igniter) מַצִּית
light out כִּיבּוּי אוֹרוֹת
bring to light גִּילָּה, הוֹצִיא לָאוֹר
come to light הִתְגַּלָּה
traffic light רַמְזוֹר
light *adj.* 1. (not heavy) קַל
2. (not dark) בָּהִיר
3. (not serious) קַלִּיל
4. (insignificant) קַל-עֵרֶךְ
5. (agile) קַל-תְּנוּעָה
make light of לֹא יִיחֵס חֲשִׁיבוּת ל-
light *vt.* 1. (ignite) הִדְלִיק, הֵצִית
2. (illuminate) הֵאִיר
lighten *vt.*; *vi.* 1. (make/be less heavy) הֵקֵל; נַעֲשָׂה קַל
2. (make/be brighter) הֵאִיר; הִתְבַּהֵר
lighter *n.* מַצִּית, מַצֶּתֶת
lightface *n.* אוֹתִיּוֹת דְּפוּס דַּקּוֹת
lightheaded *adj.* 1. (dizzy) סְחַרְחַר
2. (silly) קַל-דַּעַת
lighthearted *adj.* שָׂמֵחַ, חֲסַר-דְּאָגוֹת
lighthouse *n.* מִגְדַּלּוֹר
lighting *n.* 1. (act of igniting) הַדְלָקָה
2. (illumination) הֶאָרָה
3. (arrangement of lights) תְּאוּרָה
lightning *n.* בָּרָק
lightweight *n.*; *adj.* קַל-מִשְׁקָל
lignin *n.* לִיגְנִין
lignite *n.* פֶּחָם חוּם
likable *adj.* חָבִיב
like *n.* (an equal) שָׁוֶה
and the like וְכַדּוֹמֶה
like *vt.* חִיבֵּב, אָהַב
would like to הָיָה רוֹצֶה ל-
like *prep.* כְּמוֹ, בְּדוֹמֶה ל-, כְּגוֹן
like *conj.* כְּאִילוּ
likelihood *n.* סְבִירוּת, אֶפְשָׁרוּת
likely *adj.* סָבִיר, אֶפְשָׁרִי
likely to עָשׂוּי ל-
liken *vt.* דִּימָּה, הִשְׁוָוה
likeness *n.* דִּמְיוֹן
likewise *adv.* 1. (same thing) אוֹתוֹ הַדָּבָר
2. (also) גַּם, כְּמוֹ כֵן
lilac *n.* לִילָךְ
lilt *n.* שִׁיר קַל/עַלִּיז
lilly *n.* שׁוֹשַׁנָּה, חֲבַצֶּלֶת
limb *n.* 1. (body part) גַּף ז׳ (גַּפַּיִים), אֵיבָר
2. (tree branch) עָנָף
out on a limb בְּמַצָּב לֹא נוֹחַ
limber *adj.* גָּמִישׁ
limberness *n.* גְּמִישׁוּת
limbo *n.* מַצָּב בֵּינַיִים
in limbo בְּאִי-וַדָּאוּת
lime *n.* 1. (fruit) לִימוֹנִית
2. (calcium) סִיד
limelight *n.* 1. (stage light) אוֹרוֹת הַבָּמָה
2. (focus of attention) מוֹקֵד הָהִתְעַנְיְינוּת
limerick *n.* חַמְשִׁיר
limestone *n.* אֶבֶן גִּיר/סִיד
limit *n.* 1. (boundary) גְּבוּל ז׳ (גְּבוּלוֹת)
2. (restriction) הַגְבָּלָה
off-limits מִחוּץ לַתְּחוּם
limit *vt.* הִגְבִּיל
limitation *n.* הַגְבָּלָה
limited *adj.* מוּגְבָּל
limitless *adj.* בִּלְתִּי-מוּגְבָּל
limn *vt.* תֵּיאֵר, צִייֵּר
limo, limousine *n.* לִימוּזִינָה
limp *n.* צְלִיעָה
limp *vi.* צָלַע
limp *adj.* רָפֶה, חַלָּשׁ
limpid *adj.* צָלוּל, שָׁקוּף
limpidity *n.* צְלִילוּת, שְׁקִיפוּת

line *n.* 1. (straight mark)	קַו
2. (row; text line)	שׁוּרָה
3. (queue)	תּוֹר
4. (cord)	חוּט, חֶבֶל
5. (lineage)	שׁוֹשֶׁלֶת
6. (occupation)	מִקְצוֹעַ ז׳ (מִקְצוֹעוֹת)
7. (in transportation)	קַו
assembly line	פַּס יִיצּוּר, סֶרֶט נָע
between the lines	בֵּין הַשִּׁיטִין
bottom line	שׁוּרָה תַּחְתּוֹנָה, עִיקָּרוֹ שֶׁל דָּבָר
demarcation line	קַו גְּבוּל
draw a line (limit)	קָבַע גְּבוּל
hard line	עֶמְדָּה קְשׁוּחָה
hard liner	קָשׁוּחַ, לֹא מִתְפַּשֵּׁר
hold the line	שָׁמַר עַל הַמַּצָּב הַקַּיָּם
in line with	בְּהֶתְאֵם ל-
in the line of duty	בְּעֵת מִילּוּי תַּפְקִיד
off-line	לֹא מְקוּוָּן, לֹא מְקוּשָּׁר
on-line	מְקוּוָּן, מְקוּשָּׁר
on the line	עַל כַּף הַמֹּאזְנַיִים
out of line	מֵעֵבֶר לַמּוּתָּר, לֹא כַּשּׁוּרָה
party line	קַו טֶלֶפוֹן מְשׁוּתָּף
picket line	מִשְׁמֶרֶת שׁוֹבְתִים
punch line	שִׂיא הַסִּיפּוּר
put on the line (risk)	סִיכֵּן
water line	סִימַן מִפְלַס הַמַּיִם
line *vt.* 1. (arrange in a line)	סִידֵּר בְּשׁוּרָה
2. (cover with lining)	בִּיטֵּן, רִיפֵּד בְּבִטְנָה
line up	סִידֵּר בְּשׁוּרָה
lineage *n.*	יִיחוּס, שׁוֹשֶׁלֶת יוּחֲסִין
lineal *adj.*	צֶאֱצָא יָשִׁיר
linear *adj.* 1. (of a line)	קַוִּוי, יָשָׁר
2. (of one dimension)	חַד-מֵימַדִי
linebacker *n.*	מָגֵן קַו (בְּכַדּוּרֶגֶל)
linen *n.*	פִּשְׁתָּן
linens *pn.*	כְּלֵי מִיטָּה
liner *n.* 1. (airplane/ship)	מָטוֹס/אוֹנִיָּיה
2. (eye makeup)	עֶפְרוֹן אִיפּוּר לָעַיִן
linesman *n.*	קַוָּון
lineup *n.* 1. (arrangement)	הֵיעָרְכוּת, מַעֲרָךְ
2. (police identificaion line)	מִסְדַּר זִיהוּי
linger *vi.* 1. (tarry)	הִתְמַהְמֵהַּ, הִשְׁתַּהָה
2. (continue to exist)	הִמְשִׁיךְ לְהִתְקַיֵּים
lingo *n.*	נִיב, עָגָה
lingua franca	שָׂפָה מְשׁוּתֶּפֶת
lingual *adj.*	לְשׁוֹנִי
linguini *n.*	אִטְרִיּוֹת
linguist *n.*	בַּלְשָׁן
linguistics *n.*	בַּלְשָׁנוּת
lining *n.*	בִּטְנָה
silver lining	סִימָן מְעוֹדֵד
link *n.* 1. (chain ring)	חוּלְיָה
2. (tie)	קֶשֶׁר
3. (*comp.*)	קִישּׁוּר
cuff link	כַּפְתּוֹר חֲפָתִים
link *vt.*	קִישֵּׁר, חִיבֵּר
linkage *n.*	קִישּׁוּר, זִיקָה
linoleum *n.*	שַׁעֲמָנִית
linseed *n.*	זֶרַע פִּשְׁתָּה
lint *n.*	מוֹךְ
lintel *n.*	מַשְׁקוֹף
lion *n.*	אַרְיֵה ז׳ (אֲרָיוֹת), לָבִיא
ant lion	אֲרִינָמָל
lioness *n.*	לְבִיאָה
lionhearted *adj.*	אַמִּיץ-לֵב
lionize *vt.*	הֶחְשִׁיב כְּאִישִׁיוּת גְּדוֹלָה
lip *n.*	שָׂפָה נ׳ (שְׂפָתַיִים)
lipid *n.*	חֵלֶב
liposuction *n.*	שְׁאִיבַת שׁוּמָן (מֵהַגּוּף)
lipstick *n.*	שְׂפָתוֹן
liqueur *n.*	לִיקֶר
liquid *n.*	נוֹזֵל
liquid *adj.* 1. (not solid)	נוֹזְלִי
2. (fluid)	נָזִיל, לֹא יַצִּיב
liquidate *vt.* 1. (annihilate)	חִיסֵּל
2. (settle debt)	סִילֵּק, פָּרַע
3. (dissolve business)	פֵּירֵק
4. (convert to cash)	הֵמִיר לִמְזוּמָּן
liquidation *n.* 1.	חִיסּוּל
2.	סִילּוּק, פֵּירָעוֹן

3. פֵּירוּק
4. הֲמָרָה לִמְזוּמָן
liquifier *n.* מְנַזֵּל
liquidity *n.* נְזִילוּת
liquify *vt.* נִיזֵּל, הָפַךְ לְנוֹזֵל
liquor *n.* מַשְׁקֶה חָרִיף
lisp *n.* שִׁיפְתוּת
lisp *vi.* שִׁיפְתֵּת
list *n.* רְשִׁימָה
dean's list רְשִׁימַת סְטוּדֶנְטִים מִצְטַיְּינִים
hit list רְשִׁימַת מוּעֲמָדִים לְחִיסּוּל
price list מְחִירוֹן, לוּחַ מְחִירִים
waiting list רְשִׁימַת מַמְתִּינִים, תּוֹר
list *vt.* 1. (register) רָשַׁם, סִידֵּר בִּרְשִׁימָה
2. *vi.* (lean) נָטָה הַצִּידָּה
listen *vi.* 1. (hear) הִקְשִׁיב, הֶאֱזִין
2. (obey) שָׁמַע בְּקוֹלוֹ שֶׁל
listen in (eavesdrop) צוֹתֵת
listener *n.* מַאֲזִין
listless *adj.* אָדִישׁ, חֲסַר-עִנְיָין
lit *p.*; *pp.* light
litany *n.* 1. (prayer) תְּפִילָּה
2. (long list) רְשִׁימָה אֲרוּכָּה
liter *n.* לִיטֶר
literacy *n.* אוֹרְיָינוּת, יְדִיעַת קְרוֹא וּכְתוֹב
literal *adj.* מִילּוּלִי
literally *adv.* בְּאוֹפֶן מִילּוּלִי, פְּשׁוּטוֹ כְּמַשְׁמָעוֹ
literary *adj.* סִפְרוּתִי
literate *n.* 1. (able to read and write) יוֹדֵעַ קְרוֹא וּכְתוֹב
2. (knowledgeable) יַדְעָן, בַּעַל-יֶדַע
literature *n.* סִפְרוּת
lithium *n.* אַבְנָן
lithography *n.* לִיתוֹגְרַפְיָה
Lithuania *n.* לִיטָא
litigant *n.* מִתְדַּיֵּין, בַּעַל-דִּין
litigate *vi.* הִתְדַּיֵּין, הֵבִיא לְדִין
litigation *n.* הִתְדַּיְּינוּת
litmus *n.* לַקְמוּס
litre *n.* לִיטֶר
litter *n.* 1. (trash) אַשְׁפָּה, פְּסוֹלֶת
2. (animal offspring) גּוּרִים
litter *vt.* הִשְׁלִיךְ אַשְׁפָּה
litterbug *n.* לַכְלְכָן
little *adj.* 1. (small in quantity) מְעַט, קְצָת
2. (small in size) קָטָן
little by little מְעַט מְעַט, בְּהַדְרָגָה
a little *adv.* מְעַט, קְצָת
littoral *adj.* חוֹפִי
liturgy *n.* פּוּלְחָן
live *vi.* 1. (be alive) חַי
2. (dwell) גָּר
live up to 1. (live according to) חַי לְפִי
2. (fulfill) הִגְשִׁים, מִימֵּשׁ
live-in שֶׁגָּר בַּמָּקוֹם/בְּיַחַד
live *adj.* 1. (alive) חַי
2. (energetic) מָלֵא מֶרֶץ
3. (real-time broadcast) בְּשִׁידּוּר חַי
4. (elecrically charged) מְחוּבָּר לַחַשְׁמַל
livelihood *n.* פַּרְנָסָה, מִחְיָה
lively *adj.* מָלֵא חַיִּים, עֵירָנִי
liven *vt.*; *vi.* הֵפִיחַ חַיִּים ; הִתְמַלֵּא חַיִּים
liver *n.* כָּבֵד
liverwurst *n.* נַקְנִיק כָּבֵד
livery *n.* 1. (uniform) מַדִּים
2. (stable) אוּרְוָוה
livestock *n.* מֶשֶׁק הַחַי
livid *adj.* 1. (bluish) כְּחַלְחַל
2. (angry) זוֹעֵם, כּוֹעֵס
living *n.* 1. (life) חַיִּים
2. (livelihood) פַּרְנָסָה
3. (way of life) אוֹרַח חַיִּים
make a living הִתְפַּרְנֵס
living *adj.* חַי
lizard *n.* לְטָאָה
llama *n.* לָאמָה
lo and behold! הִנֵּה!
load *n.* 1. (cargo) מִטְעָן, מַשָּׂא
2. (burden) מַעֲמָסָה, נֵטֶל
3. (power output) הֶסְפֵּק

loads of	הַרְבֵּה מְאוֹד, הָמוֹן
load *vt.* 1. (put cargo on)	הֶעֱמִיס, הִטְעִין
2. (weigh down)	הִטִּיל מַעֲמָסָה, הִכְבִּיד עַל
3. (charge a firearm, put into)	טָעַן
loaded *adj.* 1. (carrying load)	עָמוּס
2. (charged)	טָעוּן
3. (rich)	עָשִׁיר
loader *n.*	מַעֲמִיס, מַטְעִין
loaf *n.* 1. (of bread)	כִּיכָּר (-לֶחֶם)
2. (ground meat)	קְצִיץ (-בָּשָׂר)
loaf *vi.*	הִתְבַּטֵּל
loafer *n.*	בַּטְלָן
loam *n.*	אַדְמַת טִיט
loan *n.* 1. (money lent)	הַלְוָואָה
2. (temporary use)	שְׁאִילָה, הַשְׁאָלָה
on loan	בְּהַשְׁאָלָה
loan *vt.* 1.	הִלְוָוה
2.	הִשְׁאִיל
loansharking *n.*	הַלְוָואָה בְּרִיבִּית קְצוּצָה
loanword *n.*	מִילָּה שְׁאוּלָה
loath *adj.*	מְסָרֵב, לֹא מְעוּנְיָין
loathe *vt.*	תִּיעֵב
loathsome *adj.*	מְתוֹעָב, נִתְעָב
loaves *pl.* loaf	
lobby *n.* 1. (entrance hall)	מְבוֹאָה
2. (political group)	שְׁדוּלָה
lobby *vt.*	שִׁידֵּל, הִפְעִיל הַשְׁפָּעָה
lobbying *n.*	שַׁדְלָנוּת
lobbyist *n.*	שַׁדְלָן
lobe *n.*	אוּנָּה, תְּנוּךְ
lobotomy *n.*	כְּרִיתַת אוּנַּת הַמּוֹחַ
lobster *n.*	סַרְטַן יָם
local *n.*	בֶּן-הַמָּקוֹם
local *adj.* 1. (of a location)	מְקוֹמִי
2. (in pubic transportation)	מְאַסֵּף
3. (organization branch)	סְנִיף
locale *n.*	מְקוֹם אֵירוּעַ/הִתְרַחֲשׁוּת
locality *n.*	מָקוֹם מְסוּיָּם, אֲתַר
localization *n.*	מִיקּוּם
localize *vt.*	הִגְבִּיל לְמָקוֹם מְסוּיָּם

locate *vt.; vi.* 1. (place)	מִיקֵּם ; הִתְמַקֵּם
2. (find)	אִיתֵּר
location *n.*	מָקוֹם, אֲתַר
on location (in filming)	בַּמָּקוֹם, בָּאֲתַר עַצְמוֹ
lock *n.* 1. (locking device)	מַנְעוּל
2. (curl of hair)	קְווּצַּת שֵׂיעָר, תַּלְתַּל
combination lock	מַנְעוּל מִסְפָּרִים
lock *vt.; vi.*	נָעַל ; נִנְעַל
lock (someone) up	שָׂם בְּמַעֲצָר
locker *n.* 1. (small cabinet)	תָּא נָעִיל
2. (trunk)	אַרְגָּז
locket *n.*	מַשְׂכִּית
lockjaw *n.*	צַפֶּדֶת, טֶטָנוּס
lockout *n.*	הַשְׁבָּתָה
locksmith *n.*	מַנְעוּלָן, מְתַקֵּן מַנְעוּלִים
lockup *n.*	בֵּית-כֶּלֶא
locomotion *n.*	מַעֲבָר מִמָּקוֹם לְמָקוֹם
locomotive *n.*	קַטָּר
locust *n.*	אַרְבֶּה, חָגָב
locution *n.*	מִבְּטָא, סִיגְנוֹן דִּיבּוּר
lodestar *n.*	כּוֹכָב מַנְחֶה, כּוֹכַב הַצָּפוֹן
lodestone *n.*	אֶבֶן שׁוֹאֶבֶת
lodge *n.* 1. (cottage)	צְרִיף, בַּיִת כַּפְרִי
2. (organization branch)	סְנִיף
motor lodge	מְלוֹנוֹעַ
lodge *vi.* 1. (reside temporarily)	לָן, הִתְאַכְסֵן
2. (be stuck)	נִתְקַע
lodge a complaint	הִגִּישׁ תְּלוּנָה
lodger *n.*	דַּיָּיר, מִתְאַכְסֵן
lodging *n.*	אִיכְסוּן, מְקוֹם לִינָה
loft *n.* 1. (attic)	עֲלִיַּית גַּג
2. (gallery)	יָצִיעַ
lofty *adj.*	גָּבוֹהַּ, נִישָּׂא
log *n.* 1. (tree trunk)	בּוּל עֵץ
2. (record)	רִישּׁוּם, יוֹמָן
log *vt.* 1. (cut timber)	חָטַב עֵצִים
2. (register in a log)	רָשַׁם בְּיוֹמָן
log in/on	הִתְקַשֵּׁר לְמַעֲרֶכֶת מַחְשֵׁב
log off/out	הִתְנַתֵּק מִמַּעֲרֶכֶת מַחְשֵׁב
logarithm *n.*	לוֹגָרִיתְם

logarithmic *adj.*	לוֹגָרִיתְמִי
loge *n.*	תָּא (בְּתֵיאַטְרוֹן)
logic *n.* 1. (reason)	הִיגָּיוֹן
2. (science of reasoning)	תּוֹרַת הָהִיגָּיוֹן
logical *adj.*	הֶגְיוֹנִי, סָבִיר
logistics *n.*	לוֹגִיסְטִיקָה
logjam *n.* 1. (pile of wood)	עֲרֵימַת עֵצִים
2. (impasse)	מָבוֹי סָתוּם
logo *n.*	סַמְלִיל
logy *adj.*	כְּבַד-תְּנוּעָה
loin *n.*	מוֹתֶן ז׳ (מוֹתְנַיִים)
loiter *vi.*	שׁוֹטֵט
lollipop, lollypop *n.*	סוּכָּרִייָה עַל מַקֵּל
lone *adj.*	בּוֹדֵד, יָחִיד
loneliness *n.*	בְּדִידוּת
lonely *adj.*	בּוֹדֵד, גַּלְמוּד, עֲרִירִי
loner *n.*	מִתְבּוֹדֵד
lonesome *adj.*	בּוֹדֵד, גַּלְמוּד
long *n.*	זְמַן רַב
before long	עַד מְהֵרָה
long *adj.*	אָרוֹךְ
long ago	מִזְּמַן, לִפְנֵי זְמַן רַב
long-lived	מַאֲרִיךְ יָמִים
long-playing	אֲרִיךְ-נֶגֶן
long-range	אֲרוֹךְ-טְוָוח
long-standing	קַיָּים מִזְּמַן, מְמוּשָּׁךְ
long-term	לְמוֹעֵד אָרוֹךְ
as long as	כּוֹל עוֹד, כּוֹל זְמַן שֶׁ-
how long?	כַּמָּה זְמַן?
in the long run	בִּטְוָוח הָרָחוֹק
so long!	לְהִתְרָאוֹת!
long *vi.*	הִשְׁתּוֹקֵק, כָּמַהּ לְ-
longevity *n.*	אֲרִיכוּת יָמִים
longhorn *n.*	(בָּקָר) אֶרֶךְ-קַרְנַיִים
longing *n.*	הִשְׁתּוֹקְקוּת, כְּמִיהָה
longitude *n.*	קַו אוֹרֶךְ
longshoreman *n.*	סַוָּור
look *n.* 1. (glance)	מַבָּט
2. (expression)	הַבָּעָה
look-alike	כָּפִיל, דּוֹמֶה

looks (appearance)	מַרְאֶה, הוֹפָעָה
look *vi.* 1. (glance)	הִסְתַּכֵּל, הִבִּיט
2. (seem)	נִרְאָה
look after	טִיפֵּל בְּ-, דָּאַג לְ-
look down upon	זִילְזֵל בְּ-
look for	חִיפֵּשׂ
look forward to	יִיחֵל לְ-, צִיפָּה בְּכִלְיוֹן עֵינַיִים
look into	בָּדַק
look on	הִשְׁקִיף
look out (be careful)	נִזְהַר
look over	עָבַר עַל, סָקַר
look to	צִיפָּה
look up (search)	חִיפֵּשׂ
look up to	הֶעֱרִיץ
lookout *n.* 1. (watch)	עֲמִידָה עַל הַמִּשְׁמָר
2. (watching position)	מִצְפֶּה, עֶמְדַּת תַּצְפִּית
3. (watching person)	זָקִיף, שׁוֹמֵר
loom *n.*	נוֹל, מְכוֹנַת אֲרִיגָה
loom *vt.* 1. (weave)	אָרַג
2. *vi.* (impend)	עָמַד לְהִתְרַחֵשׁ, נִרְאָה בָּאוֹפֶק
loony *adj.*	מְטוֹרָף
loop *n.*	לוּלָאָה
loop *vt.*	עָשָׂה לוּלָאָה
loophole *n.* 1. (means of evasion)	פִּירְצָה
2. (narrow opening)	אֶשְׁנָב
loose *adj.* 1. (not tight)	רָפוּי, רוֹפֵף
2. (untied)	מְנוּתָּק, לֹא קָשׁוּר
3. (unrestrained)	חֲסַר-רֶסֶן
4. (not exact)	לֹא מְדוּיָּיק
5. (promiscuous)	מוּפְקָר
on the loose	מִסְתּוֹבֵב חוֹפְשִׁי
loosen *vt.* 1. (unfasten)	הִתִּיר, שִׁיחְרֵר
2. (make/become loose)	רוֹפֵף ; הִתְרוֹפֵף
loosen up	נִרְפָּה, הִשְׁתַּחְרֵר מִמְּתַח
loot *n.*	בִּיזָּה, שָׁלָל
loot *vt.*	בָּזַז
looter *n.*	בּוֹזֵז
lop *vt.*	גָּזַם, גָּדַע
lope *vi.*	דָּהַר בִּצְעָדִים אֲרוּכִּים
lopsided *adj.*	נוֹטֶה הַצִּידָּה, לֹא מְאוּזָּן

loquacious *adj.* דַּבְּרָן, פַּטְפְּטָן
loquacity *n.* דַּבְּרָנוּת, פַּטְפְּטָנוּת
lord *n.* 1. (master) אָדוֹן, שַׁלִּיט
2. (British title) לוֹרד
the **Lord** *n.* אֱלוֹהִים
lordship *n.* מַעֲמַד הַלוֹרד
lore *n.* יֶדַע
lorn *adj.* עָזוּב, מוּזְנָח
lorry *n.* מַשָּׂאִית
lose *vt.* 1. (mislay, miss location) אִיבֵּד
2. (cease to have; fail to win) הִפְסִיד
3. (be bereaved of) שָׁכַל
lose out הִפְסִיד, נִכְשַׁל
loser *n.* מַפְסִיד, מַפְסִידָן
loss *n.* 1. אוֹבְדָן, אֲבֵידָה
2. הֶפְסֵד
lost *p.; pp.* lose
lost *adj.* אָבוּד, אוֹבֵד
lot *n.* 1. (plot of land) מִגְרָשׁ, חֶלְקָה
2. (destiny) גּוֹרָל ז׳ (גּוֹרָלוֹת)
3. (determination by chance) הַגְרָלָה
4. (parcel of mechandise) חֲבִילָה
a lot (of), lots of הַרְבֵּה, כַּמּוּת גְּדוֹלָה
cast one's lot with קָשַׁר אֶת גּוֹרָלוֹ עִם
parking lot מִגְרַשׁ חֲנִיָּיה
lotion *n.* תַּחֲלִיב, תַּרְחִיץ
lottery *n.* הַגְרָלָה
lotto *n.* מִשְׂחַק לוֹטוֹ
lotus *n.* לוֹטוּס
loud *adj.* 1. (having high volume) רָם
2. (noisy) קוֹלָנִי, צַעֲקָנִי
3. (garish) צַעֲקָנִי, רוֹעֵשׁ
loud, loudly *adv.* בְּקוֹל רָם
loudmouth *n.* צַעֲקָן ; פַּטְפְּטָן
loudness *n.* 1. גּוֹבַהּ/רוּם קוֹל
2. קוֹלָנִיּוּת, צַעֲקָנוּת
loudspeaker *n.* רַמְקוֹל
lounge *n.*1. (room) אוּלָם אוֹרְחִים, טְרַקְלִין
2. (sofa) סַפָּה
lounge *vi.* הִתְעַצֵּל, הִתְבַּטֵּל
louse *n.* 1. (insect) כִּינָּה
2. (person) נִבְזֶה, נִתְעָב
lousy *adj.* 1. (lice-infested) שׁוֹרֵץ כִּינִּים
2. (miserable) עָלוּב, מְחוּרְבָּן
lout *n.* אָדָם מְגוּשָּׁם, גּוֹלֶם
louver, louvre *n.* חַלּוֹן רְפָפוֹת
love *n.* אַהֲבָה
for the love of לְמַעַן
in love (with) מְאוֹהָב (בְּ-)
make love הִתְעַלֵּס, הִזְדַּוֵּוג
love *vt.* אָהַב, חִיבֵּב
lovebirds *pn.* זוּג נֶאֱהָבִים
loveless *adj.* חֲסַר-אַהֲבָה
loveliness *n.* חוֹמֶד
lovelorn *adj.* כָּמֵהַּ לְאַהֲבָה
lovely *adj.* נֶחְמָד, חָבִיב
lovemaking *adj.* הִתְעַלְּסוּת, הִזְדַּוְּוגוּת
lover *n.* 1. (paramour) מְאַהֵב
2. (fond of) אוֹהֵב, חוֹבֵב, שׁוֹחֵר
low *n.* 1. (low level) רָמָה/דַּרְגָּה נְמוּכָה
2. (transmission gear) הִילּוּךְ נָמוּךְ
3. (atmospheric condition) שֶׁקַע (בָּרוֹמֶטְרִי)
4. (moo) גְּעִיָּה
low *adj.* 1. (not high) נָמוּךְ
2. (dejected) מְדוּכָּא, עָצוּב
3. (base) שָׁפָל
4. (shallow) רָדוּד
5. (weak) חַלָּשׁ
6. (inferior) יָרוּד, נָחוּת
low-down שָׁפָל, נִבְזֶה
low-key (restrained) מְאוּפָּק
low *vi.* (moo) גָּעָה
lowborn *n.* לֹא מְיוּחָס
lowbred *adj.* גַּס
lowbrow *n.* חֲסַר-תַּרְבּוּת
lowdown *n.* הָאֱמֶת כּוּלָּהּ
lower *adj.* יוֹתֵר נָמוּךְ, תַּחְתּוֹן
lower *vt.* 1. (bring down) הִנְמִיךְ, הוֹרִיד
2. (reduce) הִפְחִית, הִקְטִין

lowercase *n.* אוֹתִיּוֹת תַּחְתּוֹנוֹת (בְּמִקְלֶדֶת)
lowland *n.* שְׁפֵלָה
lowly *adj.* 1. (low in position) נָחוּת
2. (humble) צָנוּעַ, עָנָו
lowness *n.* נְמִיכוּת
lox *n.* אִלְתִּית מְעוּשֶׁנֶת
loyal *adj.* נֶאֱמָן
loyalist *n.* נֶאֱמָן לַשִּׁלְטוֹן
loyalty *n.* נֶאֱמָנוּת
lozenge *n.* לַכְסָנִית, טַבְלִית מְצִיצָה
LP (long-playing record) אֲרִיךְ-נֶגֶן
Ltd. (Limited) בְּע״מ (בְּעֵירָבוֹן מוּגְבָּל)
lube, lubricant *n.* חוֹמֶר סִיכָה
lubricate *vt.* שִׁימֵן, סָךְ
lubrication *n.* שִׁימוּן, סִיכָה
lucid *adj.* 1. (clear) בָּרוּר
2. (transparent) שָׁקוּף
lucidity *n.* 1. בְּהִירוּת
2. שְׁקִיפוּת
luck *n.* מַזָּל
luckless *adj.* בִּיש-מַזָּל
lucky *adj.* 1. (having luck) בַּר-מַזָּל
2. (bringing luck) מֵבִיא מַזָּל
lucrative *adj.* רִווחִי, מַכְנִיס
lucre *n.* רֶוַח כַּסְפִּי
lucubrate *vi.* דָּגַר, לָמַד בְּשַׁקְדָנוּת
ludicrous *adj.* מְגוּחָךְ
lug *n.* זִיז
lug *vt.* גָּרַר, סָחַב
luggage *n.* כְּבוּדָה, מִזְוָדוֹת
lukewarm *adj.* פּוֹשֵׁר
lull *n.* רְגִיעָה, הֲפוּגָה, שֶׁקֶט זְמַנִּי
lull *vt.* הִרְגִּיעַ
lullaby *n.* שִׁיר עֶרֶשׂ
lumbago *n.* מַתֶּנֶת, לוּמְבָּגוֹ
lumbar *adj.* שֶׁל הַמּוֹתְנַיִים
lumber *n.* עֵץ מְנוּסָר, קְרָשִׁים
lumber *vi.* נָע בִּכְבֵדוּת
lumberjack *n.* חוֹטֵב עֵצִים
lumberyard *n.* מִגְרָשׁ לִמְכִירַת עֵץ מְנוּסָר

luminary *n.* 1. (celestial body) מָאוֹר ז׳ (מְאוֹרוֹת)
2. (eminent person) אָדָם דָּגוּל
luminescence *n.* פְּלִיטַת אוֹר
luminous *adj.* נוֹהֵר, מַקְרִין אוֹר
lump *n.* 1. (mass) גּוּשׁ
2. (swelling) נְפִיחוּת
lump *adj.* בְּגוּשׁ אֶחָד, כּוֹלֵל
lump *vt.* כָּלַל בְּיַחַד
lunacy *n.* טֵירוּף, אִי-שְׁפִיוּת
lunar *adj.* יְרֵחִי, דְּמוּי-יָרֵחַ
lunatic *adj.* מְטוֹרָף, לֹא שָׁפוּי
lunch *n.* אֲרוּחַת צָהֳרַיִים
lunch *vi.* אָכַל אֲרוּחַת צָהֳרַיִים
luncheon *n.* אֲרוּחַת צָהֳרַיִים קַלָּה
luncheonette *n.* מִזְנוֹן
lung *n.* רֵיאָה
lunge *n.* דְּחִיפָה
lupus *n.* זְאֶבֶת (מַחֲלַת עוֹר)
lurch *n.* הִתְנוֹדְדוּת, נְטִיָּיה הַצִּידָה
in the lurch בְּמַצָּב לֹא נוֹחַ
lurch *vi.* הִתְנוֹדֵד, נָטָה הַצִּידָה
lure *n.* פִּיתּוּי, מְשִׁיכָה
lure *vt.* פִּיתָּה, מָשַׁךְ
lurid *adj.* 1. (shocking) מְזַעְזֵעַ, מַחֲרִיד
2. (shining) זוֹהֵר
lurk *vi.* 1. (lie in ambush) אָרַב
2. (sneak) הִתְגַּנֵּב
luscious *adj.* מְהַנֶּה, מְעַנֵּג
lush *adj.* שׁוֹפֵעַ, פּוֹרֶה
lust *n.* תַּאֲוָה, תְּשׁוּקָה
lust *vi.* הִשְׁתּוֹקֵק אֶל
lustre *n.* בָּרָק, זוֹהַר
lusty *adj.* מָלֵא חַיּוּת
lute *n.* קַתְרוֹס
luxuriant *adj.* פּוֹרֶה, שׁוֹפֵעַ
luxuriate *vi.* הִתְפַּנֵּק בְּמוֹתָרוֹת
luxurious *adj.* מְפוֹאָר, שֶׁל מוֹתָרוֹת
luxury *n.* מוֹתָרוֹת, לוּקְסוּס
lymph *n.* לִימְפָה

lymphatic *adj.*	לִימפָתִי
lynch *vt.*	עָשָׂה לִינץ׳, הָרַג לְלֹא מִשפָּט
lynx *n.*	חֲתוּל פֶּרֶא
lyre *n.*	נֵבֶל עַתִיק
lyric, lyrical *adj.*	פִּיוּטִי, לִירִי
lyricist *n.*	מְשוֹרֵר לִירִי
lyrics *pn.*	תַּמלִיל

M

M הָאוֹת הַשְׁלוֹשׁ-עֶשְׂרֵה בָּאָלֶפְבֵּית הָאַנגלִי
M.A. (Master of Arts) מ״א, מוּסמַך אוּנִיבֶרסִיטָה
ma'am *n.* גְבֶרֶת
macabre *adj.* מַבעִית, שֶׁל מָוֶות
macaroni *n.* אִטרִיוֹת, מָקָרוֹנִי
macaroon *n.* עוּגִית קוֹקוּס
Maccabees *pn.* הַמַכָּבִּים
mace *n.* שַׁרבִיט
Mach *n.* מָאך
machete *n.* סַכִּין רְחָבָה
machine *n.* מְכוֹנָה
adding machine מְכוֹנַת חִישׁוּב
answering machine מְשִׁיבוֹן
cash machine כַּספּוֹמָט
slot machine מְכוֹנַת הִימוּרִים
vending machine אוֹטוֹמָט מְכִירוֹת
machinery *n.* מְכוֹנוֹת
machinist *n.* מְכוֹנַאי
machismo *n.* גַברִיוּת
macho *n.* הַפגָנַת גַברִיוּת
mackerel *n.* דַג מָקָרֶל
macro *n.* מַקרוֹ
macrocosm *n.* הַיְקוּם
macroeconomics *n.* מַקרוֹ-כַּלכָּלָה
mad *adj.* 1. (crazy) מְשׁוּגָע, מְטוֹרָף
2. (angry) כּוֹעֵס, זוֹעֵם
madam *n.* 1. (lady) גְבֶרֶת
2. (brothel manager) מְנַהֶלֶת בֵּית-זוֹנוֹת
madcap *adj.* פָּזִיז, נִמהָר
madden *vt.* שִׁיגֵעַ
maddening *adj.* מְשַׁגֵעַ
made *p.* make
made-to-order לְפִי הַזמָנָה
made-up. 1. (fabricated) מְפוּבּרָק
2. (wearing makeup) מְאוּפָּר
madhouse *n.* בֵּית-מְשׁוּגָעִים
madly *adv.* עַד לְטֵירוּף
madman *n.* מְטוֹרָף, חוֹלֵה-רוּחַ
madness *n.* טֵירוּף, שִׁיגָעוֹן ז׳ (שִׁיגעוֹנוֹת)
maestro *n.* מְנַצֵחַ תִזמוֹרֶת
mafia *n.* מָאפִיָה
magazine *n.* 1. (periodical) כְּתַב עֵת
2. (storage) מַחסָן
3. (gun compartment) מַחסָנִית
magenta *n.* מָגֶנטָה, אָדוֹם-אַרגָמָן
maggot *n.* זַחַל, תוֹלַעַת
magic *n.* 1. (enchantment) קֶסֶם
2. (sorcery) כִּישׁוּף
magician *n.* 1. קוֹסֵם
2. מְכַשֵׁף
magistrate *n.* שׁוֹפֵט שָׁלוֹם
magnanimous *adj.* נָדִיב, רְחַב-לֵב
magnanimity *n.* נְדִיבוּת, רוֹחַב-לֵב
magnate *n.* אֵיל הוֹן
magnesium *n.* מַגנֶזיוּם
magnet *n.* מַגנֵט
magnetic *adj.* מַגנֵטִי
magnetism *n.* 1. (magnet power) מַגנֵטִיוּת, כּוֹחַ מְשִׁיכָה
2. (ability to attract) קֶסֶם, יְכוֹלֶת לְרַתֵק
magnetize *vt.* 1. מִיגנֵט
2. רִיתֵק, הִקסִים
magnetizer *n.* מְמַגנֵט
magnification *n.* הַגדָלָה
magnificent *adj.* נֶהדָר, נִפלָא
magnify *vt.* 1. (enlarge) הִגדִיל
2. (exaggerate) הִגזִים בּ-, הִפרִיז
magnitude *n.* עוֹצמָה, סֵדֶר גוֹדֶל
magnum *n.* בַּקבּוּק
mahogany *n.* תוֹלַעֲנָה
maid *n.* 1. (servant) מְשָׁרֶתֶת, עוֹזֶרֶת בַּיִת
2. (young woman) נַעֲרָה
maid of honor שׁוֹשְׁבִינָה

meter maid שׁוֹטֶרֶת מַדְחָנִים
old maid בְּתוּלָה זְקֵנָה
maiden *adj.* 1. (unmarried) לֹא נְשׂוּאָה
2. (first) -בְּכוֹרָה
mail *n.* דּוֹאַר
chain mail מִכְתְּבֵי שַׁרְשֶׁרֶת
junk mail דּוֹאַר פִּירְסוּמֶת
voice mail תָּא קוֹלִי
mail *vt.* שָׁלַח בַּדּוֹאַר
mailbox *n.* תֵּיבַת דּוֹאַר
mailman *n.* דַּוָּור
maim *vt.* גָּרַם נָכוּת, פָּגַם בּ-
main *n.* (pipe) צִינּוֹר רָאשִׁי
water main צִינּוֹר מַיִם רָאשִׁי
main *adj.* עִיקָּרִי, רָאשִׁי
mainframe *n.* מַחְשֵׁב מֶרְכָּזִי
mainland *n.* יַבֶּשֶׁת
mainspring *n.* מֵנִיעַ עִיקָּרִי
mainstream *n.* זֶרֶם עִיקָּרִי
mainstream *adj.* רוֹוֵחַ
maintain *vt.* 1. (sustain) קִיֵּים, הֶחֱזִיק בּ-
2. (keep in good repair) תִּיחְזֵק
3. (defend) הֵגֵן עַל
maintenance *n.* אַחְזָקָה, תַּחְזוּקָה
maize *n.* תִּירָס
maize *adj.* צְהַבְהַב
majestic *adj.* מַלְכוּתִי, בַּעַל-הוֹד
majesty *n.* מַלְכוּת, הוֹד
His Majesty הוֹד מַלְכוּתוֹ
major *n.* 1. (military rank) רַב-סֶרֶן
2. (academic specialty) חוּג לִימּוּדִים רָאשִׁי
3. (student) סְטוּדֶנְט מִתְמַחֶה
major *adj.* 1. (principal) עִיקָּרִי, רָאשִׁי
2. (large) גָּדוֹל
3. (*music*) מָז'וֹר, מָז'וֹרִי
major *vi.* לָמַד כְּמִקְצוֹעַ רָאשִׁי
majority *n.* רוֹב
make *n.* תּוֹצֶרֶת
make *vt.* 1. (create) עָשָׂה, יָצַר
2. (cause) גָּרַם, הֵבִיא לְ-
3. (compel) הִכְרִיחַ, אִילֵּץ
4. (constitute) הִיוָוה
make do הִסְתַּדֵּר (עִם מַה שֶּׁיֵּשׁ)
make it הִצְלִיחַ
make it difficult for הִקְשָׁה עַל
make it easy for הֵקֵל עַל
make it up to פִּיצָּה
make off בָּרַח, נִמְלַט
make off with גָּנַב, סָחַב
make out (neck) הִתְמַזְמֵז
make sure וִידֵּא
make the most of הֵפִיק אֶת הַמַּקְסִימוּם
make up 1. (constitute) הִיוָוה
2. (fake, invent) בָּדָה, הִמְצִיא
3. (apply cosmetics) אִיפֵּר ; הִתְאַפֵּר
4. (make good) מִילֵּא, קִיֵּים
5. (reconcile) הִשְׁלִים, הִתְפַּיֵּיס
make up one's mind הֶחְלִיט
make-believe דִּמְיוֹנִי
makeover *n.* אִיפּוּר יְסוֹדִי
makeshift *adj.* אֲרָעִי
makeup *n.* 1. (cosmetics) אִיפּוּר
2. (composition) הֶרְכֵּב, מִבְנֶה
Malachi *n.* מַלְאָכִי
maladjustment *n.* אִי-הִסְתַּגְּלוּת
malady *n.* חוֹלִי, מַחֲלָה
malaise *n.* תְּחוּשַׁת מַחֲלָה
malaria *n.* קַדַּחַת, מָלַרְיָה
male *n.* זָכָר
malediction *n.* קְלָלָה
malefaction *n.* פֶּשַׁע, מַעֲשֶׂה נִפְשָׁע
malefactor *n.* פּוֹשֵׁעַ
malevolent *adj.* רַע-לֵב, רָשָׁע
malfeasance *n.* עֲבֵירָה
malformation *n.* עִיוּוּת צוּרָה
malfunction *n.* קִילְקוּל, אִי-תִּיפְקוּד
malice *n.* רִשְׁעוּת, זָדוֹן
malign *vt.* הִשְׁמִיץ, הִלְעִיז עַל
malignancy *n.* מַמְאִירוּת
malignant *adj.* 1. (cancerous) מַמְאִיר

2. (harmful) מַזִּיק, רָע
malinger *vi.* הִתְחַלָּה
mall *n.* 1. (shopping center) קַנְיוֹן
2. (pedestrian street) מִדְרְחוֹב
malleable *adj.* חָשִׁיל, נִיתָּן לְעִיצּוּב
mallet *n.* פַּטִּישׁ עֵץ
malnourished *adj.* סוֹבֵל מִתַּת-תְּזוּנָה
malnutrition *n.* תַּת-תְּזוּנָה
malpractice *n.* רַשְׁלָנוּת מִקְצוֹעִית
malt *n.* לֶתֶת
maltose *n.* סוּכַּר לֶתֶת
maltreat *vt.* הִתְעַלֵּל בְּ-, נָהַג בְּגַסּוּת כְּלַפֵּי
maltreatment *n.* הִתְעַלְּלוּת
mama, mamma *n.* אִימָּא
mammal *n.* יוֹנֵק, מִמִּשְׁפַּחַת הַיּוֹנְקִים
mammary *adj.* שֶׁל שָׁדַיִים
mammogram *n.* שִׁיקּוּף שָׁדַיִים
mammoth *adj.* עֲנָקִי
man *n.* 1. (adult male) אִישׁ, גֶּבֶר
2. (mankind) אָדָם, בֶּן-אָדָם
best man שׁוֹשְׁבִין
con man נוֹכֵל, רַמַּאי
enlisted man חוֹגֵר
hit man רוֹצֵחַ שָׂכִיר
yes man אוֹמֵר הֵן, חַנְפָן
man *vt.* אִיֵּישׁ
manage *vt.* 1. (run, direct) נִיהֵל
2. (succeed) הִצְלִיחַ
3. *vi.* (get along) הִסְתַּדֵּר
management *n.*1. (act of managing) נִיהוּל
2. (executive body) הַנְהָלָה
3. (control) שְׁלִיטָה, טִיפּוּל
manager *n.* מְנַהֵל
managerial *adj.* נִיהוּלִי
mandarin *n.* (fruit) מַנְדָּרִינָה
mandate *n.* 1. (authorization) יִיפּוּי כּוֹחַ
2. (commission over territory) מַנְדָּאט
mandate *vt.* חִיֵּיב
mandatory *adj.* שֶׁל חוֹבָה
mandolin *n.* מַנְדּוֹלִינָה

mane *n.* רַעְמָה
manege *n.* רְכִיבָה עַל סוּסִים
maneuver *n.* תִּמְרוֹן
maneuver *vi.* תִּימְרֵן
manful *adj.* אַמִּיץ
manger *n.* אֵבוּס
mangle *n.* מַעֲגִילָה
mangle *vt.* רִיטֵשׁ, רִיסֵק
manhandle *vt.* טִיפֵּל בְּגַסּוּת
manhole *n.* פֶּתַח בּוֹר
manhood *n.* גַּבְרִיּוּת
manhunt *n.* מָצוֹד
mania *n.* שִׁיגָּעוֹן ז׳ (שִׁיגְעוֹנוֹת), טֵירוּף
maniac *n.* מְשׁוּגָּע, מְטוֹרָף
manic-depressive *adj.* חוֹלֵה טֵירוּף-דִּיכָּאוֹן
manicure *n.* מָנִיקוּר, טִיפּוּל צִיפּוֹרְנַיִים
manifest *n.* רְשִׁימַת נוֹסְעִים/מִטְעָן
manifest *vt.* גִּילָּה, הֶרְאָה, הוֹכִיחַ
manifestation *n.* גִּילּוּי, הוֹכָחָה
manifesto *n.* מִנְשָׁר, גִּילּוּי דַּעַת
manifold *n.* סַעֶפֶת
manifold *adj.* רַב-פָּנִים, מְגוּוָּן
manipulate *vt.* 1. (handle) טִיפֵּל בְּמוּמְחִיּוּת
2. (influence) הִשְׁפִּיעַ עַל, תִּימְרֵן בְּעָרְמָה
manipulation *n.* 1. טִיפּוּל בְּיָד מְאוּמֶּנֶת
2. תִּימְרוּן, נִיצּוּל עַרְמוּמִי, מָנִיפּוּלַצְיָה
manipulative *adj.* נַצְלָנִי, מָנִיפּוּלָטִיבִי
mankind *n.* הַמִּין הָאֱנוֹשִׁי, הָאֱנוֹשׁוּת
manly *adj.* גַּבְרִי
manmade *adj.* מְלָאכוּתִי, מַעֲשֵׂה אָדָם
manna *n.* מָן
mannequin *n.* בּוּבַּת אוֹפְנָה, דּוּגְמָן דֶּמֶה
manner *n.* אוֹפֶן, צוּרָה
manners *pn.* נִימּוּסִים
mannerism *n.* גִּינּוּנִים
mannish *adj.* גַּבְרִי
manor *n.* בֵּית-אֲחוּזָה
manpower *n.* כּוֹחַ אָדָם
mansard *n.* גַּג מְשׁוּפָּע

mansion *n.* אַרְמוֹן ז׳ (אַרְמוֹנוֹת), בַּיִת מְפוֹאָר
manslaughter *n.* הֲרִיגָה
mantel *n.* אֶדֶן אָח
mantle *n.* גְלִימָה
mantra *n.* מַנטרָה, מִילַת לַחַשׁ
manual *n.* מַדרִיךְ שִׁימוּשׁ, חוֹבֶרֶת הוֹרָאוֹת
manual *adj.* יְדָנִי, לֹא אוֹטוֹמָטִי
manufacture *n.* יִיצוּר, תַעֲשִׂיָיה
manufacture *vt.* 1. (make) יִיצֵר
2. (fabricate) בָּדָה, הִמצִיא
manumission *n.* שִׁיחרוּר מֵעַבדוּת
manumit *vt.* שִׁיחרֵר מֵעַבדוּת
manure *n.* זֶבֶל, דֶשֶׁן
manure *vt.* זִיבֵּל, דִישֵׁן
manuscript *n.* כְּתַב יָד
many *n.* רַבִּים, מִספָּר רַב
many *adj.* רַבִּים, הַרבֵּה
as many as 1. (up to) עַד
2. (to the extent of) כַּמָה שֶׁ-
map *n.* מַפָּה
map *vt.* 1. (draw a map) מִיפָּה, שִׂירטֵט מַפָּה
2. (plan) תִיכנֵן
maple *n.* עֵץ אֶדֶר
mar *vt.* פָּגַם, הִשׁחִית
marathon *n.* מֵירוֹץ מָרָתוֹן
maraud *vi.* שׁוֹטֵט לְשֵׁם שׁוֹד
marauder *n.* מְשׁוֹטֵט, שׁוֹדֵד
marble *n.* 1. (stone) שַׁיִשׁ
2. (small game ball) גוּלָה
March *n.* מֶרץ
march *n.* 1. (walk) מִצעָד, צְעָדָה
2. (music) שִׁיר לֶכֶת
march *vi.*; *vi.* צָעַד ; הִצעִיד
mare *n.* סוּסָה
margarine *n.* מַרגָרִינָה
margarita *n.* קוֹקטֵייל מַרגָרִיטָה
margin *n.* שׁוּלַיִים
marginal *adj.* שׁוּלִי
marginality *n.* שׁוּלִיוּת
marigold *n.* צִיפּוֹרנֵי חָתוּל (פֶּרַח)

marijuana *n.* מָרִיחוּאָנָה
marimba *n.* מָרִימבָּה
marina *n.* מַעֲגַן סִירוֹת, מָרִינָה
marinade *n.* תַחמִיץ
marinate *vt.* הִשׁרָה בְּתַחמִיץ
marine *n.* נַחַת, חַיָיל מָרִינס
marine *adj.* יַמִי
marionette *n.* בּוּבָּה
marital *adj.* שֶׁל נִישׂוּאִין
maritime *adj.* יַמִי, שֶׁל צִי
mark *n.* סִימָן, צִיוּן
beauty mark נְקוּדַת חֵן
check mark סִימַן בְּדִיקָה, הַסִימָן √
exclamation mark סִימַן קְרִיאָה
question mark סִימַן שְׁאֵלָה
quotation marks מֵרכָאוֹת
mark *vt.* סִימֵן, צִיֵין
mark down הוֹזִיל, הוֹרִיד מְחִיר
mark up הֶעֱלָה מְחִיר
markdown *n.* הוֹזָלָה, הֲנָחָה
market *n.* שׁוּק
bear market בּוּרסָה בְּשֶׁפֶל
black market שׁוּק שָׁחוֹר
bull market בּוּרסָה מְשַׂגשֶׂגֶת
common market שׁוּק מְשׁוּתָף
financial market שׁוּק הוֹן
flea market שׁוּק פִּישׁפְּשִׁים
stock market בּוּרסָה, שׁוּק מְנָיוֹת
market *vt.* שִׁיוֵוק
marketplace *n.* שׁוּק
marksman *n.* צַלָף, קַלָע
marksmanship *n.* קְלִיעָה לַמַטָרָה, כּוֹשֶׁר קְלִיעָה
markup *n.* יִיקוּר, תוֹסֶפֶת מְחִיר
marl *n.* אַדמַת סִיד
marmalade *n.* רִיבָּה
marmoreal *adj.* דְמוּי-שַׁיִשׁ
maroon *adj.* חוּם-אֲדַמדַם
maroon *vt.* נָטַשׁ בְּאִי שׁוֹמֵם
marquee *n.* אוֹהֶל גָדוֹל

marquetry *n.* עֲבוֹדַת שִׁיבּוּץ
marquis *n.* מַרְקִיז
marriage *n.* נִישׂוּאִין
civil marriage נִישׂוּאִין אֶזְרָחִיִּים
married *adj.* נָשׂוּי, נְשׂוּאָה
marrow *n.* לְשַׁד
bone marrow לְשַׁד עֲצָמוֹת
marry *vt.* הִתְחַתֵּן עִם, נָשָׂא, נִישְּׂאָה ל-
Mars *n.* מַאְדִּים
marsh *n.* בִּיצָה
marshal *n.* 1. (police chief) מְפַקֵּד מִשְׁטָרָה
2. (parade leader) רֹאשׁ טֶקֶס
3. (military rank) מַרְשָׁל
field marshal פִילְדְמַרְשָׁל
marshmallow *n.* מַרְשְׁמָלוֹ (מַמְתָּק סְפוֹגִי)
marsupial *n.* חַיַּית כִּיס
mart *n.* שׁוּק
martial *adj. 1.* (of the military) צְבָאִי
2. (relating to war) מִלְחַמְתִּי
court martial מִשְׁפָּט/בֵּית-דִין צְבָאִי
Martian *n.* אִישׁ מַאְדִּים
martin *n.* סְנוּנִית
martinet *n.* קַפְּדָן, אִישׁ מִשְׁמַעַת
martini *n.* מַשְׁקֶה מַרְטִינִי
martyr *n.* קָדוֹשׁ מְעוּנֶּה, קוֹרְבַּן דָת
martyr *vt.* עִינָּה, הָרַג בִּגְלַל אֱמוּנָה
martyrdom *n.* מוֹת קְדוֹשִׁים
marvel *n.* פֶּלֶא, דָבָר נִפְלָא
marvel *vi.* הִתְפַּלֵּא, הִתְפָּעֵל מ-
marvellous *adj.* נִפְלָא
Marxism *n.* מַרְקְסִיזְם
marzipan *n.* מַרְצִיפָּן
mascara *n.* אִיפּוּר
mascot *n.* קָמֵיעַ ז' (קְמֵיעוֹת)
masculine *n.* (*gram.*) מִין זָכָר
masculine *adj.* 1. (of the male gender) זְכָרִי
2. (mannish) גַּבְרִי
masculinity *n.* זַכְרוּת, גַּבְרִיּוּת
mash *n.* בְּלִיל, מְחִית, פִּירֶה
mash *vt.* רִיסֵּק, הָפַךְ לִמְחִית

mask *n.* מַסֵּיכָה
gas mask מַסֵּיכַת גַּז
mask *vt.* כִּיסָּה, הִסְתִּיר
masochism *n.* מָזוֹכִיזְם
masochist *n.* מָזוֹכִיסְט
mason *n.* בַּנַּאי
Free Masons הַבּוֹנִים הַחוֹפְשִׁיִּים
masonry *n.* 1. (construction) בַּנָּאוּת, בְּנִיָּיה
2. (stonework; brickwork) בְּנִיַּית אֶבֶן/לְבֵנִים
masque *n.* מַסֵּיכָה, מַסְוֶוה
masquerade *n.* תַּחְפּוֹשֶׂת; נֶשֶׁף מַסֵּיכוֹת
masquerade *vi.* הִתְחַפֵּשׂ, הִתְחַזָּה
mass *n.* 1. (body) גּוּשׁ, מַסָּה
2. (large number) הָמוֹן
3. (liturgy) מִיסָה
mass *adj.* הֲמוֹנִי
mass-production יִיצוּר הֲמוֹנִי
massacre *n.* טֶבַח
massacre *vt.* טָבַח
massage *n.* עִיסּוּי
massage *vt.* עִיסָּה
masseur *n.* עַסְיָין
masseuse *n.* עַסְיָינִית
massive *adj.* 1. (large) גָּדוֹל
2. (solid) מוּצָק, מָסִיבִי
mast *n.* תּוֹרֶן
mastectomy *n.* כְּרִיתַת שָׁד
master *n.* 1. (lord) אָדוֹן, שַׁלִּיט
2. (skilled) מוּמְחֶה
3. (original copy) עוֹתֶק מְקוֹרִי
master of ceremonies רֹאשׁ טֶקֶס, מַנְחֶה
master *vt.* 1. שָׁלַט בּ-
2. הִתְמַחָה בּ-
masterful *adj.* מוּמְחֶה, בָּקִי
mastermind *n.* מְתַכְנֵן
mastermind *vt.* תִּיכְנֵן
masterpiece *n.* יְצִירַת מוֹפֵת
masterwork *n.* עֲבוֹדַת מוֹפֵת
mastery *n.* שְׁלִיטָה, בְּקִיאוּת, מוּמְחִיוּת
masthead *n.* רֹאשׁ תּוֹרֶן

mastic *n.*	שָׂרָף
masticate *vt.*	לָעַס
mastication *n.*	לְעִיסָה
masturbate *vi.*	אוֹנֵן
masturbation *n.*	אוֹנָנוּת
mat *n.*	מַחְצֶלֶת
place mat	מַצָּעִית
matador *n.*	לוֹחֵם שְׁוָרִים
match *n.* 1. (flammable stick)	גַּפְרוּר
2. (contest)	תַּחֲרוּת
3. (counterpart)	יָרִיב שָׁקוּל, מַקְבִּיל
4. (resemblance)	דִּמְיוֹן
5. (marriage arrangement)	שִׁידּוּךְ, זִיווּג
match *vi.* 1. (correspond to)	תָּאַם, הִתְאִים ל-
2. *vt.*; *vi.* (equal)	הִשְׁוָה; הִשְׁתַּוָּה ל-
3. *vt.* (join in marriage)	שִׁידֵּךְ, זִיוֵּג
matchbook *n.*	קוּפְסַת גַּפְרוּרִים
matchless *adj.*	שֶׁאֵין דּוֹמֶה לוֹ
matchmaker *n.*	שַׁדְכָן
matchmaking *n.*	שַׁדְכָנוּת
matchstick *n.*	גַּפְרוּר
mate *n.* 1. (associate)	עָמִית, חָבֵר
2. (one of a pair)	בֶּן/בַּת-זוּג
3. (spouse)	בַּעַל, אִישָּׁה נ׳ (נָשִׁים)
first mate	חוֹבֵל
mate *vt.*; *vi.*	זִיוֵּג; הִזְדַּוֵּג
material *n.* 1. (substance)	חוֹמֶר
2. (textile)	בַּד, אָרִיג
material *adj.* 1. (consisting of matter)	חוֹמְרִי
2. (physical)	גַּשְׁמִי
3. (essential)	מַהוּתִי
materialism *n.*	חוֹמְרָנוּת, חוֹמְרִיּוּת
materialistic *adj.*	חוֹמְרָנִי
materialization *n.*	הִתְגַּשְּׁמוּת, הִתְמַמְּשׁוּת
materialize *vi.*	הִתְגַּשֵּׁם, הִתְמַמֵּשׁ
materiel *n.*	צִיּוּד
maternal *adj.* 1. (motherly)	אִימָּהִי
2. (from the mother's side)	מִצַּד הָאֵם
maternity *n.*	אִימָּהוּת
maternity *adj.*	שֶׁל הֵירָיוֹן, שֶׁל לֵידָה
math, mathematics *n.*	מָתֵמָטִיקָה
mathematical *adj.*	מָתֵמָטִי
matinee *n.*	הַצָּגָה יוֹמִית
matriarch *n.*	אֵם מִשְׁפָּחָה
matriarchal *adj.*	שֶׁל שִׁלְטוֹן הָאֵם
matricide *n.*	רֶצַח אֵם
matriculate *vt.*; *vi.*	קִיבֵּל/הִתְקַבֵּל לְמוֹסָד
matriculation *n.*	תְּעוּדַת בַּגְרוּת
matrilineal *adj.*	מִצַּד הָאֵם
matrimonial *adj.*	שֶׁל נִישּׂוּאִין
matrimony *n.*	נִישּׂוּאִין
matrix *n.*	טַבְלָה, אֵם דְּפוּס
dot matrix	מַטְרִיצָה
matron *n.*	אֵם מִשְׁפָּחָה, מַטְרוֹנִית
matte *adj.*	עָמוּם, לֹא מַבְרִיק
matter *n.* 1. (substance)	חוֹמֶר
2. (affair, subject)	עִנְיָן
3. (thing)	דָּבָר
as a matter of fact	לְמַעֲשֶׂה, בְּעֶצֶם
for that matter	עַד כַּמָּה שֶׁזֶּה נוֹגֵעַ
no matter	לֹא חָשׁוּב, לֹא מְשַׁנֶּה (מַה)
matter *vi.*	הָיָה חָשׁוּב
mattock *n.*	מַעְדֵּר, מַכּוֹשׁ
mattress *n.*	מִזְרָן, מִזְרוֹן
mature *adj.* 1. (adult)	בּוֹגֵר, מְבוּגָּר
2. (ripe)	בָּשֵׁל, מְפוּתָּח
mature *vi.* 1.	הִתְבַּגֵּר
2.	הִבְשִׁיל, הִתְפַּתֵּחַ
matza, matzo *n.*	מַצָּה
maudlin *adj.*	רַגְשָׁנִי
maudlinness *n.*	רַגְשָׁנוּת
maul *n.*	פַּטִּישׁ כָּבֵד
maul *vt.*	פָּצַע
maunder *vi.*	שׁוֹטֵט, נָדַד
mausoleum *n.*	מוֹזוֹלֵיאוּם, מִבְנֵה קֶבֶר
mauve *n.*; *adj.*	אַרְגָּמָן
maven, mavin *n.*	יַדְעָן, מֵבִין
maverick *n.* 1. (unbranded animal)	בְּהֵמָה לֹא מְסוּמֶּנֶת
2. (independent person)	אָדָם עַצְמָאִי

mawkish *adj.* רַגשָׁנִי
maxi *n.* שִׂמלָה/חֲצָאִית אֲרוּכָּה
maxilla *n.* לֶסֶת עֶליוֹנָה
maxim *n.* פִּתגָם, מֵימרָה
maximal *adj.* מֵירַבִּי, מַקסִימָלִי
maximalist *n.* דוֹרֵשׁ מַקסִימוּם
maximize *vt.* הֵבִיא לְמַקסִימוּם
maximum *n.* מֵירַב, מַקסִימוּם
may *aux.* 1. (possible) עָשׂוּי, עָלוּל, יָכוֹל ל-
2. (have permission) יָכוֹל, מוּתָר לוֹ
3. (in a wish, prayer) הַלְוַואי שֶׁ-, יְהִי רָצוֹן
May *n.* מַאי
maybe *adv.* אוּלַי, יִיתָּכֵן, יָכוֹל לִהיוֹת
mayday *n.* קְרִיאָה לְעֶזרָה
mayflower *n.* פֶּרַח מַאי
mayhem *n.* מְהוּמָה
mayonnaise *n.* מָיוֹנִית
mayor *n.* רֹאשׁ עִיר
mayoral *adj.* שֶׁל רֹאשׁ עִיר
mayorship *n.* רָאשׁוּת עִיר
maze *n.* מָבוֹך
MB (megabyte) מֶגָבַּייט
MBA (Master of Business Administration) מוּסמָך בְּמִינהַל עֲסָקִים
MD (medical doctor) רוֹפֵא
me *pron.* אוֹתִי
mead *n.* תְּמָד, מֵי דְבַשׁ
meadow *n.* אָחוּ
meager *adj.* זָעוּם, דַל
meal *n.* 1. (food) אֲרוּחָה
2. (ground grain) קֶמַח
bone meal קֶמַח עֲצָמוֹת
mean *n.* (average) מְמוּצָע
mean *adj.* 1. (middle) אֶמצָעִי
2. (malicious) אַכזָרִי, מְרוּשָׁע
mean *vt.* 1. (intend) הִתכַּוֵּון ל-
2. (denote) צִיֵּין, הוֹרָה עַל
meander *n.* פִּיתוּל
meander *vi.* 1. (wind) הִתפַּתֵּל
2. (wander) שׁוֹטֵט, הָלַך פֹּה וָשָׁם
meaning *n.* מוּבָן, מַשׁמָעוּת
meaningful *adj.* מַשׁמָעוּתִי
meaningless *adj.* חֲסַר-מַשׁמָעוּת
means *n.* 1. (medium) אֶמצָעִי
2. (resources) אֶמצָעִים
by all means בְּוַודַאי, בְּהֶחלֵט
by means of בְּאֶמצָעוּת, עַל-יְדֵי
by no means בְּשׁוּם אוֹפֶן
meant *p.; pp.* mean
meantime, meanwhile *adv.* בֵּינתַיִים
measles *pn.* חַצֶּבֶת
measly *adj.* עָלוּב, זָעוּם
measure *n.* 1. (dimension) מִידָה
2. (criterion) אַמַת מִידָה
beyond measure לְאֵין עֲרוֹך
measures *pn.* (means) אֶמצָעִים
take measures נָקַט בְּאֶמצָעִים
measure *vt.* מָדַד, אָמַד
measure up הִתאִים, עָמַד בַּדְּרִישׁוֹת
meat *n.* 1. (flesh) בָּשָׂר
2. (essence) עִיקָר
red meat בְּשַׂר בָּקָר
white meat בְּשַׂר עוֹף
meatball *n.* כַּדּוּר בָּשָׂר
meatloaf *n.* קְצִיץ בָּשָׂר
Mecca *n.* מֶכָּה
mechanic *n.* מְכוֹנַאי
mechanical *adj.* מֵיכָנִי
mechanics *pn.* מֵיכָנִיקָה
mechanism *n.* מַנגְנוֹן
mechanization *n.* מִיכּוּן
mechanize *vt.* מִיכֵּן
mechanized *adj.* מְמוּכָּן
medal *n.* עִיטוּר, מֶדַלְיָה, אוֹת כָּבוֹד
medalist *n.* בַּעַל-מֶדַלְיָה
medallion *n.* תִּליוֹן, מֶדַליוֹן
meddle *vi.* הִתעָרֵב (בְּעִניְינֵי הַזּוּלַת)
media *pn.* אֶמצְעֵי הַתִּקשׁוֹרֶת
medial *adj.* 1. (in the middle) אֶמצָעִי, תִּיכוֹן
2. (average) מְמוּצָע

median *n.* חֶצְיוֹן
median *adj.* אֶמְצָעִי
mediate *vi.* תִּיוֵּךְ
mediation *n.* תִּיווּךְ
mediator *n.* מְתַוֵּךְ
medic *n.* חוֹבֵשׁ ; תַּלְמִיד רְפוּאָה
Medicaid *n.* בִּיטּוּחַ רְפוּאִי (לִנְזְקָקִים)
medical *n.* בְּדִיקָה רְפוּאִית
medical *adj.* רְפוּאִי
medicament *n.* תְּרוּפָה
Medicare *n.* בִּיטּוּחַ רְפוּאִי (לִקְשִׁישִׁים)
medicated *vt.* מֵכִיל תְּרוּפָה
medication *n.* תְּרוּפָה
medicinal *adj.* רְפוּאִי ; תְּרוּפָתִי
medicine *n.* 1. (medical profession) רְפוּאָה
2. (drug) תְּרוּפָה
medieval *adj.* שֶׁל יְמֵי הַבֵּינַיִים
mediocre *adj.* בֵּינוֹנִי, בְּאֵיכוּת יְרוּדָה
meditate *vi.* 1. (reflect) שָׁקַע בְּהִירְהוּרִים
2. *vt.* (plan) תִּיכְנֵן, הִתְכַּוֵּון ל-
meditation *n.* הִירְהוּר, מֶדִיטַצְיָה
Mediterranean *n.* (sea) הַיָּם הַתִּיכוֹן
Mediterranean *adj.* יַם-תִּיכוֹנִי
medium *n.* אֶמְצָעִי, מֶדְיוּם
medium *adj.* בֵּינוֹנִי
medley *n.* תַּעֲרוֹבֶת, מִגְוָון
medulla *n.* לְשַׁד, מֵחַ
meek *adj.* צַיְיתָן, כָּנוּעַ
meet *vt.* 1. (get together) פָּגַשׁ, נִפְגַּשׁ עִם
2. (be introduced to) הִכִּיר
3. (greet) קִידֵּם אֶת פְּנֵי-
4. (comply with, fulfill) עָמַד בּ-, סִיפֵּק
5. *vi.* (assemble) הִתְכַּנֵּס
meet halfway הִתְפַּשֵּׁר
meeting *n.* 1. (getting together) פְּגִישָׁה
2. (session) יְשִׁיבָה
3. (point of contact) נְקוּדַּת מִפְגָּשׁ
meeting of the minds תְּמִימוּת דֵּעִים
megahertz *n.* מֶגָהֶרְץ
megalomania *n.* שִׁיגָּעוֹן גַּדְלוּת
megaphone *n.* מַגְבִּיר קוֹל
megaton *n.* מֶגָטוֹן
megawatt *n.* מֶגָוָואט
melancholic *adj.* עָצוּב, מְדוּכְדָּךְ
melancholy *n.* דִּיכְדּוּךְ, מָרָה שְׁחוֹרָה
melange *n.* תַּעֲרוֹבֶת
melanoma *n.* סַרְטַן עוֹר
meld *vt.* הֶרְאָה
meliorate *vt.*; *vi.* שִׁיפֵּר ; הִשְׁתַּפֵּר
mellifluous *adj.* מָתוֹק
mellow *adj.* 1. (soft) רַךְ
2. (sweet) מָתוֹק
3. (relaxed) נִינוֹחַ
mellow *vt.*; *vi.* רִיכֵּךְ ; הִתְרַכֵּךְ
melodious *adj.* מֶלוֹדִי, עָרֵב לָאוֹזֶן
melodrama *n.* מֶלוֹדְרָמָה
melodramatic *adj.* מֶלוֹדְרָמָטִי, רַגְשָׁנִי
melody *n.* לַחַן, נְעִימָה
melon *n.* מֶלוֹן
melt *vt.*; *vi.* 1. (liquify) הֵמִיס, הִתִּיךְ ; נָמֵס
2. *vi.* (fade) נָמוֹג
meltdown *n.* הִינָּתְכוּת (בְּכוּר גַּרְעִינִי)
member *n.* 1. (part of a group) חָבֵר
2. (body part) אֵיבָר, אֶבֶר
membership *n.* חֲבֵרוּת
membrane *n.* קְרוּם
memento *n.* מַזְכֶּרֶת
memo, memorandum *n.* מִזְכָּר, תַּזְכִּיר
memoirs *pn.* זִכְרוֹנוֹת
memorabilia *pn.* מַזְכָּרוֹת
memorable *adj.* בִּלְתִּי-נִשְׁכָּח
memorial *n.* מַצֶּבֶת זִיכָּרוֹן, אַנְדַּרְטָה
memorial *adj.* שֶׁל זִיכָּרוֹן
memorization *n.* שִׁינּוּן, שְׁמִירָה בַּזִּיכָּרוֹן
memorize *vt.* שִׁינֵּן, שָׁמַר בַּזִּיכָּרוֹן
memory *n.* זִיכָּרוֹן
in memory of לְזֵכֶר
men *p.* man
menace *n.* 1. (danger) סַכָּנָה, אִיּוּם
2. (nuisance) מַטְרָד

menace *vt.* 1. סִיכֵּן, אִיֵּם עַל
2. הִטְרִיד
menagerie *n.* בֵּיבָר
mend *n.* תִּיקּוּן
mend *vt.* תִּיקֵּן
mendacious *adj.* כּוֹזֵב, שִׁקְרִי
mendicancy *n.* קַבְּצָנוּת
mendicant *n.* קַבְּצָן
menial *adj.* נָחוּת
meningitis *n.* דַּלֶּקֶת קְרוּם הַמּוֹחַ
meninx *n.* קְרוּם הַמּוֹחַ
meniscus *n.* 1. (crescent-shaped) סַהֲרוֹן
2. (concave/convex lens) עֲדָשָׁה קְעוּרָה/קְמוּרָה
menopause *n.* בְּלוֹת, הַפְסָקַת הַוֶּסֶת
menorah *n.* מְנוֹרָה
menses *pn.* וֶסֶת
menstrual *adj.* שֶׁל וֶסֶת
menstruate *vi.* קִיבְּלָה וֶסֶת
menstruation *n.* וֶסֶת, מַחֲזוֹר חוֹדְשִׁי
mensuration *n.* מְדִידָה
mental *adj.* 1. (of the mind) שִׂכְלִי
2. (having disorder of the mind) לֹא שָׁפוּי
mentality *n.* מֶנְטָלִיּוּת
mentally-disturbed *adj.* מוּפְרָע בְּשִׂכְלוֹ
menthol *n.* מֶנְתּוֹל
mention *n.* הַזְכָּרָה
mention *vt.* הִזְכִּיר
mentor *n.* מוֹרֶה, מַדְרִיךְ
menu *n.* תַּפְרִיט
mercantile *adj.* מִסְחָרִי
mercenary *n.* שְׂכִיר חֶרֶב
mercer *n.* סוֹחֵר בַּדִּים
merchandise *n.* סְחוֹרָה
merchandising *n.* תִּיסְחוּר
merchant *n.* סוֹחֵר
merciful *adj.* רַחֲמָן
merciless *adj.* חֲסַר-רַחֲמִים, אַכְזָר
mercury *n.* כַּסְפִּית
mercy *n.* רַחֲמִים, חֶמְלָה
mere *adj.* רַק, לֹא יוֹתֵר מ-
merely *adv.* רַק, בִּלְבַד
meretricious *adj.* צַעֲקָנִי, זוֹל
merge *vt.*; *vi.* מִיזֵּג ; הִתְמַזֵּג
merger *n.* מִיזּוּג ; הִתְמַזְּגוּת
meridian *n.* 1. (longitude) קַו אוֹרֶךְ
2. (peak) שִׂיא, פִּסְגָה
meringue *n.* מִקְצֶפֶת
merit *n.* 1. (worth) עֵרֶךְ
2. (excellence) הִצְטַיְּינוּת
merit *vt.* הָיָה רָאוּי ל-, זַכַּאי ל-
merits *pn.* (factual matters) עוּבְדוֹת, גּוּפוֹ שֶׁל עִנְיָן
meritorious *adj.* רָאוּי לְשֶׁבַח
mermaid *n.* בְּתוּלַת יָם
merriment *n.* שִׂמְחָה, עַלִּיזוּת
merry *adj.* שָׂמֵחַ, עַלִּיז
merry-go-round סְחַרְחֶרֶת
merrymaking *n.* שִׂמְחָה, הִילּוּלָה
mesa *n.* הַר שׁוּלְחָן
mesh *n.* רֶשֶׁת
mesh *vt.*; *vi.* סִיבֵּךְ ; הִסְתַּבֵּךְ, נִלְכַּד בְּרֶשֶׁת
mesmerize *vt.* 1. (hypnotize) הִיפְּנֵט
2. (fascinate) רִיתֵּק, הִקְסִים
Mesopotamia *n.* אֲרַם-נַהֲרַיִים
mesquite *n.* שִׂיחַ הַיַּנְבּוּט
mess *n.* 1. (disorder) אִי-סֵדֶר, בַּלָּגָן
2. (jumble) בִּילְבּוּל, תִּסְבּוֹכֶת
3. (dirt) לִיכְלוּךְ
4. (meal) אֲרוּחָה מְשׁוּתֶּפֶת
mess *vt.* בִּילְבֵּל, סִיבֵּךְ ; לִיכְלֵךְ
mess around הִתְבַּטֵּל
mess up שִׁיבֵּשׁ, קִילְקֵל, בִּילְבֵּל
mess with הִתְעַסֵּק עִם
message *n.* מֶסֶר, הוֹדָעָה
messenger *n.* שָׁלִיחַ
messiah *n.* מָשִׁיחַ
messy *adj.* 1. (disorderly) לֹא מְסוּדָּר
2. (complicated) מְסוּבָּךְ
met *p.*; *pp.* meet

metabolism *n.*	חִילּוּף חוֹמָרִים
metal *n.*	מַתֶּכֶת
heavy metal (*music*)	מוּזִיקַת רוֹק רוֹעֶשֶׁת
metallic *adj.*	מַתַּכְתִּי
metallurgy *n.*	חֵקֶר הַמַּתָּכוֹת
metalwork *n.*	עֲבוֹדַת מַתֶּכֶת
metamorphosis *n.*	שִׁינּוּי צוּרָה
metaphor *n.*	דִּימּוּי, מֶטָפוֹרָה
metastasis *n.*	הִתְפַּשְּׁטוּת (תָּאֵי סַרְטָן)
metastasize *vi.*	הִתְפַּשֵּׁט
mete *vt.*	הִקְצָה
meteor *n.*	כּוֹכָב נוֹפֵל, מֶטֶאוֹר
meteoric *adj.*	מָהִיר, מְסַחְרֵר
meteorological *adj.*	מֶטֶאוֹרוֹלוֹגִי
meteorology *n.*	מֶטֶאוֹרוֹלוֹגְיָה, חֵקֶר הָאֲקָלִים
meter *n.* 1. (unit of length)	מֶטֶר
2. (measuring instrument)	מַד, מוֹנֶה
3. (rhythm)	מִקְצָב, מִשְׁקָל
electric meter	מוֹנֶה
light meter	מַד-אוֹר
parking meter	מַדְחָן
water meter	מוֹנֵה מַיִם, שְׁעוֹן מַיִם
meter *vt.*	מָדַד בְּמֶטְרִים
methanol *n.*	כּוֹהֶל מֶתִילִי
method *n.*	שִׁיטָה, מֶתּוֹדָה
Methodist *n.*	נוֹצְרִי מֶתּוֹדִיסְטִי
methodological *adj.*	מֶתּוֹדוֹלוֹגִי
methodology *n.*	מֶתּוֹדוֹלוֹגְיָה
meticulous *adj.*	קַפְּדָן, דַּייְקָן
meticulousness *n.*	קַפְּדָנוּת, דַּייְקָנוּת
metonymy *n.*	מַעְתָּק
metric *adj.*	שֶׁל הַשִּׁיטָה הָעֶשְׂרוֹנִית
metronome *n.*	מֶטְרוֹנוֹם
metroplex *n.*	גּוּשׁ עָרִים
metropolis *n.*	כְּרַךְ, מֶטְרוֹפּוֹלִין
mettle *n.*	אוֹמֶץ, גְּבוּרָה
mezzanine *n.*	קוֹמַת בֵּינַיִים
mezzo-soprano *n.*	מֶצוֹסוֹפְּרָן
MHz (megahertz)	מֶגָהֶרְץ
MIA (missing in action)	נֶעְדָּר מִלְחָמָה
miasma *pn.*	אֵדִים רְעִילִים
Micah *n.*	מִיכָה
mice *pl.* mouse	
micro *n.*	מִיקְרוֹ, זָעִיר
microbe *n.*	חַיידַּק
microbiology *n.*	מִיקְרוֹבִּיּוֹלוֹגְיָה
microchip *n.*	שְׁבָב
microcosm *n.*	מִיקְרוֹקוֹסְמוֹס, עוֹלָם בִּזְעֵיר אַנְפִּין
microcosmic *adj.*	מִיקְרוֹקוֹסְמִי
microelectronics *pn.*	מִיקְרוֹאֶלֶקְטְרוֹנִיקָה
microfiche *n.*	מִיקְרוֹפִישׁ
microfilm *n.*	מִיקְרוֹפִילְם
micron *n.*	מִיקְרוֹן (מִילְיוֹנִית הַמֶּטֶר)
microorganism *n.*	יְצוּר מִיקְרוֹסְקוֹפִּי
microphone *n.*	מִיקְרוֹפוֹן
microprocessor *n.*	מְעַבֵּד זָעִיר
microscope *n.*	מִיקְרוֹסְקוֹפּ
microsecond *n.*	מִילְיוֹנִית הַשְּׁנִיָּיה
microsurgery *n.*	כִּירוּרְגִיָּה זְעִירָה
microwave *n.*	מִיקְרוֹגַל
midair *n.*	בָּאֲוִויר
midday *n.*	חֲצִי הַיּוֹם, צָהֳרַיִים
midden *n.*	עֲרֵימַת אַשְׁפָּה
middle *n.*	אֶמְצַע
middle-of-the-road	שְׁבִיל בֵּינַיִים
middle *adj.*	אֶמְצָעִי, תִּיכוֹן
middleman *n.*	מְתַוֵּוךְ
middleweight *n.*	מִשְׁקַל בֵּינוֹנִי
Mideast *n.*	הַמִּזְרָח הַתִּיכוֹן
midge *n.*	יַבְחוּשׁ
midget *n.*	גַּמָּד, נַנָּס
midlife *n.*	גִּיל הָעֲמִידָה
midland *n.*	פְּנִים הָאָרֶץ
midline *n.*	קַו אֶמְצַע
midnight *n.*	חֲצוֹת הַלַּיְלָה
midpoint *n.*	נְקוּדַת הָאֶמְצַע
midriff *n.*	סַרְעֶפֶת
midshipman *n.*	צוֹעֵר צִי

midst *n.* אֶמְצַע
midst *prep.* בְּקֶרֶב, בְּתוֹךְ
midstream *n.* אֶמְצַע הַזֶּרֶם
midsummer *n.* אֶמְצַע הַקַּיִץ
midterm *n.* 1. (halfway) אֶמְצַע תְּקוּפָה
2. (test) בְּחִינַת אֶמְצַע הַסֶּמֶסְטֶר
midtown *n.* מֶרְכַּז הָעִיר
midway *n.* אֶמְצַע הַדֶּרֶךְ
midweek *n.* אֶמְצַע הַשָּׁבוּעַ
midwife *n.* מְיַלֶּדֶת
midwinter *n.* אֶמְצַע הַחוֹרֶף
midyear *n.* אֶמְצַע הַשָּׁנָה
mien *n.* הוֹפָעָה
miff *n.* כַּעַס, רוֹגֶז
miff *vt.* הִכְעִיס, הִרְגִּיז
might *n.* עוֹצְמָה, כֹּחַ
might *aux.* 1. (likely to) יָכוֹל, עָשׂוּי ל-
2. (has permission) מוּתָּר לוֹ
mighty *adj.* אַדִּיר, רַב-עוֹצְמָה
mighty *adv.* מְאוֹד
migraine *n.* מִיגְרֶנָה, כְּאֵב רֹאשׁ עַז
migrant *n.* נוֹדֵד, מְהַגֵּר
migrate *n.* נָדַד, הִיגֵּר
migration *vi.* נְדִידָה, הֲגִירָה
mike *n.* מִיקְרוֹפוֹן
mil *n.* חֵלֶק הָאֶלֶף
mild *adj.* 1. (moderate) מָתוּן
2. (gentle) עָדִין
mildew *n.* עוֹבֶשׁ, טַחַב, קִימָּחוֹן
mildew *vi.* הֶעֱבִישׁ, הִתְמַלֵּא טַחַב
mildness *n.* 1. מְתִינוּת
2. עֲדִינוּת
mile *n.* מִיל
nautical mile מִיל יַמִּי
mileage *n.* נְסוּעָה, קִילוֹמֶטְרָז׳
milepost *n.* אֶבֶן מִיל
milestone *n.* צִיּוּן דֶּרֶךְ
milieu *n.* סְבִיבָה, חוּג
militancy *n.* לוֹחְמָנוּת, מִילִיטַנְטִיּוּת
militant *adj.* לוֹחְמָנִי, מִילִיטַנְטִי
militarism *n.* מִלְחַמְתִּיּוּת, מִילִיטָרִיזְם
militaristic *adj.* מִילִיטָרִיסְטִי
militarize *vt.* נָתַן אוֹפִי צְבָאִי; הֵכִין לְמִלְחָמָה
military *n.* צָבָא
military *adj.* צְבָאִי
militate *vi.* הִפְעִיל הַשְׁפָּעָה
militia *n.* מִילִיצְיָה, מִשְׁמַר עַם
milk *n.* חָלָב
milk *vt.* חָלַב
milkman *n.* חַלְבָּן
milksop *n.* גֶּבֶר רַכְרוּכִי
milky *adj.* חֲלָבִי
mill *n.* 1. (grinding machinery) טַחֲנָה, מַטְחֵנָה
2. (factory) בֵּית-חֲרוֹשֶׁת
millennium *n.* אֶלֶף שָׁנָה
milliard *n.* מִילְיַארְד, אֶלֶף מִילְיוֹן
milligram *n.* מִילִיגְרָם
milliliter *n.* מִילִילִיטֶר
millimeter *n.* מִילִימֶטֶר
million *n.*; *adj.* מִילְיוֹן
millionaire *n.* מִילְיוֹנֵר
millionth *n.* הַחֵלֶק הַמִּילְיוֹן
millipede *n.* מַרְבֵּה רַגְלַיִים
millisecond *n.* אַלְפִּית הַשְּׁנִיָּיה
millstone *n.* אֶבֶן רֵיחַיִים
milt *n.* זֶרַע דָּג
mime *n.* 1. (body art) פַּנְטוֹמִימָה
2. (performer) פַּנְטוֹמִימַאי, חַקְיָין
mime *vt.* חִיקָּה
mimeograph *n.* מְכוֹנַת שִׁיכְפּוּל
mimic *n.* חַקְיָין
mimic *vt.* חִיקָּה
mimicry *n.* חַקְיָינוּת
minaret *n.* צְרִיחַ מִסְגָּד
minatory *adj.* מְאַיֵּים
mince *vt.* קָצַץ
mincer *n.* מַקְצֵצָה
mind *n.* 1. (mental capacity) שֵׂכֶל
2. (opinion) דֵּעָה
3. (memory) זִיכָּרוֹן

mind-blowing	מְהַמֵּם
mind-boggling	מַדהִים ; מְבַלבֵּל
mind-set	דְפוּס חֲשִׁיבָה
bring to mind	הִזכִּיר
lose one's mind	הִשתַגֵעַ
mind *vt.* 1. (care about)	אִיכפַּת לוֹ
2. (pay attention)	שָׂם לֵב
3. (tend)	הִשגִיחַ עַל, טִיפֵּל בּ-
never mind	אֵין דָבָר, לֹא חָשוּב
mindful *adj.*	מוּדָע ל-
mindless *adj.*	לֹא הֶגיוֹנִי, נְטוּל-מַחֲשָבָה
mine *n.* 1. (excavation)	מִכרֶה ז׳ (מִכרוֹת)
2. (explosive device)	מוֹקֵש
mine *vt.* 1.	כָּרָה
2.	מִיקֵש
mine *pron.*	שֶׁלִי
minefield *n.*	שְׂדֵה מוֹקשִים
miner *n.*	כּוֹרֶה
mineral *n.*	מֶחצָב
mineral *adj.*	מִינֶרָלִי
minesweeper *n.*	שוֹלַת מוֹקשִים
mingle *vt.*; *vi.*	עֵירַב ; הִתעָרֵב בֵּין
mini *n.*	מִינִי, חֲצָאִית/שִׂמלָה קְצַרצָרָה
miniature *n.*	מִזעֶרֶת, מִינִיָאטוּרָה
miniature *adj.*	מִזעָרִי, מִינִיָאטוּרִי
minibike *n.*	קַטנוֹעַ
minibus *n.*	מִינִיבּוּס
minimal *adj.*	מִזעָרִי, מִינִימָלִי
minimalist *n.*	מִסתַפֵּק בְּמִינִימוּם
minimarket *n.*	מַרכּוֹלִית
minimize *vt.*	מִיזעֵר, צִימצֵם לְמִינִימוּם
minimum *n.*	מִזעָר, מִינִימוּם
miniscule *adj.*	זָעִיר
miniseries *n.*	סִידרַת טֶלֶבִיזיָה
miniskirt *n.*	חֲצָאִית מִינִי
minister *n.* 1. (cabinet member)	שָׂר
2. (clergy)	כּוֹמֶר
minister without portfolio	שָׂר בְּלִי תִיק
defense minister (Israel)	שָׂר בִּיטָחוֹן
finance minister	שַׂר אוֹצָר
foreign minister	שַׂר חוּץ
minister *vi.*	עָסַק בִּכמוּרָה
ministry *n.* 1.	מִשׂרַד מֶמשָׁלָה
2.	כְּמוּרָה
mink *n.* 1. (animal)	חוֹרְפָּן
2. (fur)	פַּרוַת חוֹרְפָּן
minor *n.* 1. (person under age)	קַטִין
2. (academic specialty)	חוּג מִשנִי
minor *adj.* 1. (small)	קָטָן
2. (secondary)	מִשנִי, שוּלִי
3. (under age)	קַטִין
4. (*music*)	מִינוֹרִי
minor *vi.*	לָמַד בְּחוּג מִשנִי
minority *n.*	מִיעוּט
minstrel *n.*	זַמָר נוֹדֵד
mint *n.* 1. (plant)	נַעֲנָע, מֶנתָה
2. (coin factory)	מִטבָּעָה
mint *vt.*	טָבַע
mint *adj.*	בְּמַצָב חָדָש
minty *adj.*	בְּטַעַם מֶנתָה
minuet *n.*	מִינוּאֶט
minus *n.* 1. (subtraction sign)	סִימַן מִינוּס
2. (deficiency)	חִיסָרוֹן ז׳ (חֶסרוֹנוֹת), מִגרַעַת
minus *adj.*	שְׁלִילִי
minus *prep.*	פָּחוֹת
minute *n.*	דַקָה
minutes *pn.* (record)	פְּרוֹטוֹקוֹל, זִיכרוֹן דְבָרִים
minute *adj.*	זָעִיר
minuteman *n.*	חַיָל (בְּמִלחֶמֶת הָעַצמָאוּת שֶׁל אַרהַ״ב)
minx *n.*	נַעֲרָה חוּצפָּנִית
miracle *n.*	נֵס
mirage *n.*	חֶזיוֹן שָווא
mire *n.*	בּוֹץ, רֶפֶש
mirror *n.*	רְאִי, מַראָה
mirror *vt.*	שִיקֵף
mirth *n.*	עַלִיזוּת, עַלִיצוּת
misadventure *n.*	חוֹסֶר-מַזָל ; צָרָה
misapprehend *vt.*	לֹא הֵבִין נָכוֹן

misapprehension *n.* אִי-הֲבָנָה
misappropriate *vt.* מָעַל בּ-
misappropriation *n.* מְעִילָה
misbehave *vi.* לֹא הִתְנַהֵג כַּהֲלָכָה
misbehavior *n.* הִתְנַהֲגוּת לֹא הוֹלֶמֶת
miscalculate *vt.* לֹא חִישֵׁב נָכוֹן
miscalculation *n.* חִישׁוּב מוּטְעֶה
miscarriage *n.* 1. (loss of fetus) הַפָּלָה
2. (failure) כִּישָּׁלוֹן ז׳ (כִּישְׁלוֹנוֹת)
miscarriage of justice עִיווּת דִּין
miscarry *vt.* 1. הִפִּילָה
2. נִכְשַׁל
miscellaneous *adj.* מְגוּוָן, מִמִּינִים שׁוֹנִים
miscellany *n.* קוֹבֶץ, אוֹסֶף
mischance *n.* תַּקָּלָה
mischief *n.* 1. (annoyance) שׁוֹבְבוּת, תַּעֲלוּל
2. (damage) נֶזֶק
mischievous *vt.* 1. שׁוֹבָב
2. מַזִּיק
misconceive *vt.* לֹא הֵבִין נָכוֹן
misconception *n.* תְּפִיסָה מוּטְעֵית
misconduct *n.* הִתְנַהֲגוּת לֹא הוֹלֶמֶת
misconstrue *vt.* פֵּירֵשׁ לֹא נָכוֹן
miscount *vt.* סָפַר לֹא נָכוֹן
miscue *vt.* הֶחֱטִיא
misdeed *n.* מַעֲשֶׂה רַע, עֲבֵירָה
misdemeanor *n.* עֲבֵירָה קַלָּה
misdirect *vt.* כִּיוּוֵן לֹא נָכוֹן
misdo *vt.* לֹא עָשָׂה נָכוֹן, קִילְקֵל
miser *n.* קַמְצָן
miserable *adj.* אוּמְלָל, מִסְכֵּן
misery *n.* מְצוּקָה, סֵבֶל
misfire *vi.* לֹא יָרָה
misfit *n.* לֹא מַתְאִים, לֹא מִשְׁתַּלֵּב
misfortune *n.* מַזָּל רָע; צָרָה
misgiving *n.* חֲשָׁשׁ, דְּאָגָה
misguide *vt.* הִתְעָה, הִטְעָה
misguided *adj.* מוּטְעֶה
mishandle *vt.* לֹא טִיפֵּל כָּרָאוּי
mishap *n.* תַּקָּלָה, תַּקְרִית

mishmash *n.* אִי-סֵדֶר, בַּלָּגָן
misinform *vt.* מָסַר מֵידָע לֹא נָכוֹן
misinformation *n.* מֵידָע לֹא נָכוֹן
misinterpret *vt.* פֵּירֵשׁ לֹא נָכוֹן
misinterpretation *n.* פֵּירוּשׁ מוּטְעֶה
misjudge *vt.* טָעָה בַּשִּׁיפּוּט, הֶעֱרִיךְ לֹא נָכוֹן
misjudgment *n.* שִׁיפּוּט מוּטְעֶה, הַעֲרָכָה לֹא נְכוֹנָה
mislead *vt.* הִטְעָה, הוֹלִיךְ שׁוֹלָל
misleading *adj.* מַטְעֶה
mismanage *vt.* נִיהֵל בְּצוּרָה כּוֹשֶׁלֶת
mismanagement *n.* נִיהוּל כּוֹשֵׁל
mismatch *n.* אִי-הַתְאָמָה
misnomer *n.* שֵׁם לֹא הוֹלֵם
misplace *vt.* שָׂם בְּמָקוֹם הַלֹּא נָכוֹן; אִיבֵּד
misprint *n.* טָעוּת דְּפוּס
misprint *vt.* הִדְפִּיס לֹא נָכוֹן
mispronounce *vt.* הָגָה לֹא נָכוֹן
mispronunciation *n.* טָעוּת הֲגִיָּיה
misquotation *n.* צִיטוּט מוּטְעֶה
misquote *vt.* צִיטֵט לֹא נָכוֹן
misread *vt.* קָרָא לֹא נָכוֹן
misrepresent *vt.* סִילֵּף
misrepresentation *n.* סִילּוּף
Miss *n.* גְּבֶרֶת, עַלְמָה
miss *n.* הַחְטָאָה, פִּיסְפּוּס
miss *vt.* 1. (fail to hit) הֶחֱטִיא, פִּיסְפֵּס
2. (lose) הִפְסִיד, הֶחְמִיץ
3. (fail to attend) הֶחְסִיר, נֶעְדַּר מ-
4. (feel the absence of) הִתְגַּעְגֵּעַ אֶל
miss out on הֶחְמִיץ
missile *n.* טִיל
antiballistic missile טִיל נֶגֶד טִילִים
ballistic missile טִיל בָּלִיסְטִי
cruise missile טִיל שִׁיוּט
guided missile טִיל מוּנְחֶה
intercontinental missile טִיל בֵּינְיַבַּשְׁתִּי
missing *adj.* 1. (lacking) חָסֵר לוֹ
2. (absent) נֶעְדָּר
3. (lost object) חָסֵר, אֵינֶנּוּ

mission *n.* 1. (task) שְׁלִיחוּת
2. (delegation) מִשְׁלַחַת
3. (church missionaries) מִיסְיוֹן
missionary *n.* מִיסְיוֹנֶר
missionary *adj.* מִיסְיוֹנֶרִי
missive *n.* אִיגֶּרֶת
misspeak *vt.* טָעָה בְּדִיבּוּר
misspell *vt.* לֹא אִיֵּית נָכוֹן
misspelling *n.* שְׁגִיאַת כְּתִיב
misspoke *p.* misspeak
misstate *vt.* סִילֵּף
misstatement *n.* סִילּוּף
misstep *n.* צַעַד לֹא נָכוֹן
mist *n.* עֲרָפֶל, אֵד
mistake *n.* טָעוּת, שְׁגִיאָה
mistake *vt.* טָעָה, שָׁגָה; חָשַׁב בְּטָעוּת
mistaken *adj.* טוֹעֶה
mistakenly *adv.* בְּטָעוּת, בְּשׁוֹגֵג
Mister *n.* מַר, אָדוֹן
mistletoe *n.* צֶמַח הַדִּבְקוֹן
mistook *p.* mistake
mistreat *vt.* לֹא הִתְיַיחֵס כָּרָאוּי; הִתְעַלֵּל בּ-
mistreatment *n.* יַחַס רַע; הִתְעַלְּלוּת
mistress *n.* 1. (extramarital lover) פִּילֶגֶשׁ
2. (woman of authority) מְנַהֶלֶת, בּוֹסִית
head mistress מְנַהֶלֶת בֵּית-סֵפֶר
mistrial *n.* מִשְׁפָּט פָּסוּל
mistrust *n.* אִי-אֵימוּן, חֲשָׁד
mistrust *vt.* חָשׁ אִי-אֵימוּן כְּלַפֵּי, חָשַׁד בּ-
misty *adj.* מְעוּרְפָּל
misunderstand *vt.* לֹא הֵבִין נָכוֹן
misunderstanding *n.* אִי-הֲבָנָה
misuse *n.* שִׁימּוּשׁ לְרָעָה
misuse *vt.* הִשְׁתַּמֵּשׁ לְרָעָה בּ-
mite *n.* 1. (insect) קַרְצִית
2. (small amount of money) סְכוּם זָעוּם
3. (tiny creature/object) יְצוּר/דָּבָר זָעִיר
miter *n.* 1. (headdress) מִצְנֶפֶת
2. (beveled joint) מַחְבָּר אֲלַכְסוֹנִי
mitigate *vt.* הֵקֵל, הִמְתִּיק עוֹנֶשׁ
mitigation *n.* הֲקַלָּה, הַמְתָּקַת עוֹנֶשׁ
mitten *n.* כְּפָפָה
mix *n.* תַּעֲרוֹבֶת
mix *vt.; vi.* עֵירַב, עִירְבֵּב; הִתְעָרֵב, הִתְעַרְבֵּב
mix up 1. (confuse) בִּילְבֵּל
2. (implicate) סִיבֵּךְ, עֵירַב
mixed-up *adj.* מְבוּלְבָּל
mixer *n.* מְעַרְבֵּל, מִיקְסֶר
mixture *n.* תַּעֲרוֹבֶת, בְּלִיל
mixup *n.* בִּילְבּוּל, תִּסְבּוֹכֶת
MK (Knesset Member) ח״כ (חֲבֵר כְּנֶסֶת)
ml (milliliter) *n.* מ״ל (מִילִילִיטֶר)
mm (millimeter) *n.* מ״מ (מִילִימֶטֶר)
mnemonic *adj.* שֶׁל זִיכָּרוֹן
moan *n.* אֲנָחָה
moan *vi.* נֶאֱנַח
moat *n.* תְּעָלָה
mob *n.* 1. (crowd) הָמוֹן, אֲסַפְסוּף
2. (criminals) כְּנוּפְיַית פֶּשַׁע מְאוּרְגָּן
mob *vt.* הִתְקַהֵל, הִתְנַפֵּל עַל
mobile *n.* נַיָּיד
mobilization *n.* גִּיּוּס
mobilize *vt.* גִּיֵּיס
mobster *n.* אִישׁ כְּנוּפְיָה
moccasin *n.* נַעַל אִינְדִיָאנִית
mocha *n.* מוֹקָה
mock *n.* 1. (ridicule) לַעַג, לִיגְלוּג
2. (imitation) חִיקּוּי
mock *vt.* 1. לָעַג לְ-, לִיגְלֵג עַל
2. חִיקָּה
mock *adj.* מְדוּמֶּה
mockingbird *n.* (צִיפּוֹר) חַקְיָינִית
mockup *n.* דֶּגֶם
mod *adj.* חָדִישׁ, אוֹפְנָתִי
modal *adj.* אוֹפְנִי, מוֹדָלִי
modality *n.* אוֹפְנוּת, מוֹדָלִיוּת
mode *n.* 1. (manner) אוֹפֶן, דֶּרֶךְ
2. (style) סִיגְנוֹן
3. (*comp.*) מַצָּב
model *n.* 1. (replica; design) דֶּגֶם

2. (example) דּוּגְמָה
3. (poser for art or fashion) דּוּגְמָן, דּוּגְמָנִית
model *vi.* דִּיגְמֵן
modem *n.* מוֹדֶם
moderate *adj.* 1. (not extreme) מָתוּן
2. (average in quantity) מְמוּצָּע
3. (mediocre) בֵּינוֹנִי
4. (calm) רָגוּעַ
moderate *vt.* 1. (make less extreme) מִיתֵּן
2. (preside over) הִנְחָה, נִיהֵל דִּיּוּן
moderation *n.* מְתִינוּת
moderator *n.* מַנְחֶה
modern *adj.* חָדִישׁ, מוֹדֶרְנִי
modernism *n.* חַדְשָׁנוּת, מוֹדֶרְנִיזְם
modest *adj.* צָנוּעַ
modesty *n.* צְנִיעוּת
modification *n.* שִׁינּוּי
modifier *n.* (*gram.*) מַגְדִּיר
modify *vt.* 1. (change) שִׁינָּה
2. (qualify meaning) הִגְדִּיר מַשְׁמָעוּת
modish *adj.* אוֹפְנָתִי
modular *adj.* מוֹדוּלָרִי, מוּרְכָּב מִיחִידוֹת
modulate *vt.* אִיפְנֵן
modulation *n.* אִיפְנוּן
modulator *n.* מְאַפְנֵן
module *n.* רְכִיב
command module תָּא פִּיקּוּד (בַּחֲלָלִית)
modus operandi מוֹדוּס אוֹפֶּרַנְדִּי, דֶּרֶךְ פְּעוּלָּה
modus vivendi מוֹדוּס וִיוֶנְדִּי, הֶסְדֵּר לְדוּ-קִיּוּם
mohair *n.* בַּד מוֹהֵר
mogul *n.* אֵיל הוֹן
moil *vi.* עָבַד קָשֶׁה, עָמַל
moist *adj.* לַח, לַחְלוּחִי
moisten *vt.*; *vi.* לִיחְלֵחַ, הִרְטִיב; נַעֲשָׂה לַח
moisture *n.* רְטִיבוּת, לַחוּת
moisturizer *n.* קְרֶם לַחוּת
molar *n.* שֵׁן טוֹחֶנֶת
molasses *pn.* דִּבְשָׁה, סִירוֹפּ
mold *n.* 1. (pattern) תַּבְנִית
2. (character) אוֹפִי, טֶבַע
3. (fungus) עוֹבֶשׁ, רַקְבּוּבִית
mold *vt.* 1. (shape) עִיצֵּב, נָתַן צוּרָה
2. *vi.* (become moldy) הֶעֱבִישׁ, הֶעֱלָה עוֹבֶשׁ
moldy *adj.* מְעוּפָּשׁ, מָלֵא עוֹבֶשׁ
mole *n.* 1. (skin blemish) שׁוּמָה
2. (animal) חֲפַרְפֶּרֶת
3. (spy) סוֹכֵן כָּפוּל, "חֲפַרְפֶּרֶת"
molecule *n.* פְּרוּדָה, מוֹלֶקוּלָה
molest *vt.* הִתְעַלֵּל מִינִית בְּ-
molestation *n.* הִתְעַלְּלוּת מִינִית
molester *n.* מִתְעַלֵּל
moll *n.* בַּת-זוּג שֶׁל פּוֹשֵׁעַ
mollification *n.* הַרְגָּעָה, שִׁיכּוּךְ
mollify *vt.* הִרְגִּיעַ, שִׁיכֵּךְ
molt *vi.*; *vt.* נָשַׁר; הִשִּׁיר
molten *adj.* מוּתָּךְ
mom *n.* אִימָּא
moment *n.* רֶגַע
momentary *adj.* רִגְעִי
momentous *adj.* רַב-חֲשִׁיבוּת
momentum *n.* תְּנוּפָה
monarch *n.* מֶלֶךְ
monarchial *adj.* מְלוּכָנִי
monarchy *n.* מְלוּכָנוּת, מִשְׁטָר מַלְכוּתִי
monastery *n.* מִנְזָר
monastic *adj.* נְזִירִי, מִתְנַזֵּר, שֶׁל מִנְזָר
monaural *adj.* 1. (of one ear) חַד-אוֹזְנִי
2. (single track) מוֹנוֹ
Monday *n.* יוֹם שֵׁנִי
monetary *adj.* מוֹנִיטָרִי, כַּסְפִּי
monetization *n.* טְבִיעַת מַטְבְּעוֹת
monetize *vt.* טָבַע מַטְבְּעוֹת
money *n.* כֶּסֶף
hush money דְּמֵי שְׁתִיקָה
protection money דְּמֵי חָסוּת
raise money גִּייֵּס כֶּסֶף
moneylender *n.* מַלְוֶה בְּרִיבִּית
moneymaking *n.* עֲשִׂיַּית הוֹן, הִתְעַשְּׁרוּת

monger *n.* מְחַרְחֵר
mongoose *n.* נְמִייָה
mongrel *n.* מְעוֹרָב, בֶּן-כִּלְאַיִים
monition *n.* אַזהָרָה
monitor *n.* 1. (observer) מַשגִיחַ, פַּקָּח
2. (display screen) צַג, מָסָךְ
3. (checking device) מַשגוֹחַ
4. (teacher's assistant) תַּלמִיד תּוֹרָן
monitor *vt.* 1. (observe) הִשגִיחַ עַל
2. (follow, check) נִיטֵר, עָקַב אַחֲרֵי
monitory *adj.* שֶׁל אַזהָרָה
monk *n.* נָזִיר
monkey *n.* קוֹף
monkeyshine *n.* תַּחבּוּלָה
monochrome *n.* חַד-צִבעִי, שָׁחוֹר-לָבָן
monocle *n.* מִשקָף, מוֹנוֹקל
monocular *adj.* חַד-עֵינִי, שֶׁל עַיִן אַחַת
monocultural *adj.* חַד-תַּרבּוּתִי
monogamous *adj.* עִם בֶּן-זוּג אֶחָד
monogamy *n.* נִישׂוּאִין לְאֶחָד
monogram *n.* מִשלֶבֶת, מוֹנוֹגרָמָה
monograph *n.* מוֹנוֹגרַפיָה,
חִיבּוּר חַד-נוֹשׂאִי
monolingual *adj.* חַד-לְשׁוֹנִי
monolingualism *n.* חַד-לְשׁוֹנִיוּת
monolith *n.* גּוּשׁ אֶבֶן
monolithic *adj.* מוֹנוֹלִיטִי, אָחִיד
monologue *n.* חַד-שִׂיחַ, מוֹנוֹלוֹג
monomania *n.* שִׁיגָּעוֹן לְדָבָר אֶחָד
monomaniac *n.* מְשׁוּגָּע לְדָבָר אֶחָד
monophonic *adj.* חַד-קוֹלִי
monoplane *n.* מָטוֹס חַד-כְּנָפִי
monopolistic *adj.* מוֹנוֹפּוֹלִיסטִי
monopolize *vt.* שָׁלַט בִּבלעָדִית בּ-
monopoly *n.* שְׁלִיטָה בִּבלעָדִית, מוֹנוֹפּוֹל
monorail *n.* 1. (single track) חַד-מְסִילָה
2. (train) מוֹנוֹרֵייל, רַכֶּבֶת חַד-מְסִילָתִית
monosyllabic *adj.* חַד-הֲבָרָתִי
monotheism *n.* חַד-אֱלוֹהוּת, מוֹנוֹתֵיאִיזם
monotheistic *adj.* חַד-אֱלוֹהִי, מוֹנוֹתֵיאִיסטִי
monotone *n.* צְלִיל חַדגוֹנִי
monotonous *adj.* חַדגוֹנִי, מוֹנוֹטוֹנִי
monoxide *n.* תַּחמוֹצֶת
carbon monoxide דּוּ-תַּחמוֹצֶת הַפַּחמָן
monsieur *n.* מָר, אָדוֹן
monsignor *n.* מוֹנסִינִיוֹר (תּוֹאַר כְּמוּרָה)
monsoon *n.* סוּפַת מוֹנסוּן
monster *n.* מִפלֶצֶת
monstrocity *n.* זְווָעָה
monstrous *adj.* מִפלַצתִּי, זְווָעתִי
montage *n.* מִצרָף, מוֹנטָז'
month *n.* חוֹדֶשׁ, יֶרַח
monthly *n.* (publication) יַרחוֹן
monthly *adj.* חוֹדשִׁי
monthly *adv.* מִדֵּי חוֹדֶשׁ, פַּעַם בְּחוֹדֶשׁ
monument *n.* מַצֶּבֶת זִיכָּרוֹן, אַנדַּרטָה
monumental *adj.* אַדִּיר, עָצוּם, מוֹנוּמֶנטָלִי
moo *n.* גְּעִייַת פָּרָה
moo *vi.* גָּעָה
mood *n.* 1. (state of mind) מַצַּב רוּחַ
2. (*gram.*) מוֹדָלִיוּת
moodiness *n.* מַצַּב רוּחַ רָע
moody *adj.* מְצוּבְרָח
moon *n.* יָרֵחַ
harvest moon יָרֵחַ מָלֵא שֶׁל סְתָיו
moon *vi.* 1. (act dreamily) הִתנַהֵג כְּסַהֲרוּרִי
2. (expose one's buttock) חָשַׂף אֶת עַכּוּזוֹ
moonbeam *n.* קֶרֶן יָרֵחַ
moonlight *n.* אוֹר יָרֵחַ
moonshine *n.* 1. (empty talk) דִּברֵי הֶבֶל
2. (illegal liquor) מַשקֶה חָרִיף לֹא חוּקִי
moonstone *n.* אֶבֶן חֵן שְׁקוּפָה
moonstricken, moonstruck *adj.* סַהֲרוּרִי
moor *n.* אַדמַת בּוּר
moose *n.* אַיָּיל גָּדוֹל
moot *adj.* נָתוּן לְוִיכּוּחַ, שָׁנוּי בְּמַחֲלוֹקֶת
moot *vt.* הֵבִיא לְדִיוּן
mop *n.* סְחָבָה, מַקֵּל סְפּוֹנגָ'ה
mop *vt.* נִיגֵּב בִּסחָבָה
mop up טִיהֵר

mope *vi.* שָׁקַע בְּדִיכְדּוּךְ
moral *n.* 1. (ethics) מוּסָר
2. (lesson) מוּסַר הַשֵּׂכֶל, לֶקַח
moral *adj.* מוּסָרִי
morale *n.* מַצַּב רוּחַ, מוֹרָל
moralist *n.* רוֹדֵף מוּסָר
morality *n.* מוּסָרִיּוּת
moralization *n.* הַטָּפַת מוּסָר
moralize *vi.* הִטִּיף מוּסָר
moratorium *n.* הַשְׁעָיָה, מוֹרָטוֹרִיוּם
morbid *adj.* 1. (of a disease) מַחֲלָתִי
2. (gloomy) מְדוּכְדָּךְ, עָצוּב
morbidity *n.* תַּחֲלוּאָה
mordant *adj.* עוֹקְצָנִי, לַגְלְגָנִי, סַרְקַסְטִי
more *n.* יוֹתֵר, עוֹד
more *adj.*; *adv.* יוֹתֵר
more or less פָּחוֹת אוֹ יוֹתֵר
morel *n.* פִּטְרִיָּה
moreover *adv.* יָתֵר עַל כֵּן, נוֹסָף עַל כָּךְ
mores *pn.* מִידּוֹת מוּסָר, מִנְהָגִים
morgue *n.* חֲדַר-מֵתִים
moribund *adj.* גּוֹסֵס, נוֹטֶה לָמוּת
morning *n.* בּוֹקֶר
Moroccan *n.*; *adj.* מָרוֹקָאִי; מָרוֹקָנִי
moron *n.* מְפַגֵּר
morose *adj.* קוֹדֵר, עָצוּב
morpheme *n.* צוּרָן, מוֹרְפֵימָה
morphine *n.* מוֹרְפְיוּם
morphological *adj.* מוֹרְפוֹלוֹגִי
morphology *n.* תּוֹרַת הַצּוּרוֹת, מוֹרְפוֹלוֹגְיָה
morsel *n.* נֶתַח, נְגִיסָה
mortal *n.* בֶּן-תְּמוּתָה
mortal *adj.* קַטְלָנִי, אָנוּשׁ, שֶׁל מָוֶת
mortality *n.* תְּמוּתָה
mortar *n.* 1. (plaster) טִיחַ
2. (gun) מַרְגֵּמָה
mortarboard *n.* 1. (mason's tool) כַּף טַיָּיחִים
2. (academic hat) כּוֹבַע אֲקָדֶמָאִי
mortgage *n.* מַשְׁכַּנְתָּה, מַשְׁכּוֹן

mortgage *vt.* מִישְׁכֵּן
mortgagee *n.* נוֹתֵן הַמַּשְׁכַּנְתָּא, מַלְוֶה
mortgager *n.* לוֹוֶה, מְמַשְׁכֵּן
mortician *n.* קַבְּרָן, מְנַהֵל בֵּית-לְוָיוֹת
mortify *vt.* 1. (humiliate) הִשְׁפִּיל
2. *vi.* (practice self-denial) הִסְתַּגֵּף
mortuary *n.* חֲדַר-מֵתִים
mosaic *n.* פְּסֵיפָס, מוֹזָאִיקָה
Moses *n.* מֹשֶׁה
Moslem *n.*; *adj.* מוּסְלְם; מוּסְלְמִי, אִיסְלָמִי
mosque *n.* מִסְגָּד
mosquito *n.* יַתּוּשׁ
moss *n.* טַחַב
peat moss טַחַב כָּבוּל
most *n.* הֲכִי הַרְבֵּה
most *adj.* 1. (majority of) רוֹב
2. (to the highest degree) בְּיוֹתֵר, הֲכִי
most *adv.* הֲכִי הַרְבֵּה
at most לְכוֹל הַיּוֹתֵר
mostly *adv.* לָרוֹב, עַל-פִּי רוֹב
mot *n.* אִימְרָה שְׁנוּנָה
mote *n.* גַּרְגֵּר, גַּרְגִּיר
motel *n.* מְלוֹנִית, מְלוֹנוֹעַ, מוֹטֶל
motet *n.* (*music*) מוֹטֶט
moth *n.* עָשׁ
mothball *n.* כַּדּוּר נַפְטָלִין
mother *n.* אֵם נ׳ (אִימָּהוֹת), אִימָּא
mother-in-law חוֹתֶנֶת
mother-of-pearl צִדְפָּה
mother superior אֵם מִנְזָר
surrogate mother אֵם פּוּנְדְקָאִית
mother *vt.* טִיפְּלָה כְּאֵם
motherland *n.* אֶרֶץ מוֹלֶדֶת
motherly *adj.* אִימָּהִי
mothproof *adj.* חָסִין מִפְּנֵי עָשׁ
motif *n.* מוֹטִיב, נוֹשֵׂא מֶרְכָּזִי
motile *adj.* נַיָּיע
motility *n.* נַיָּיעוּת
motion *n.* 1. (movement) תְּנוּעָה
2. (proposal) הַצָּעָה לְדִיּוּן

3. (*law*) בַּקָּשָׁה, פְּנִיָּיה

set in motion הִפְעִיל, נָתַן דַּחַף ל-

motivate *vt.* הֵנִיעַ, הִמְרִיץ

motivation *n.* מוֹטִיבַצְיָה, גּוֹרֵם מֵנִיעַ

motive *n.* מֵנִיעַ, גּוֹרֵם

motley *adj.* מְגוּוָּן, רַבְגּוֹנִי

motor *n.* מָנוֹעַ

motor *adj.* מֵנִיעַ, שֶׁל תְּנוּעָה

motorbike *n.* אוֹפַנּוֹעַ

motorboat *n.* סִירַת מָנוֹעַ

motorcade *n.* שַׁיֶּירֶת מְכוֹנִיּוֹת

motorcar *n.* מְכוֹנִית

motorcycle *n.* אוֹפַנּוֹעַ

motorist *n.* נֶהָג, נַהָג

motorized *adj.* מְמוּנָּע

mottle *vt.* נִימֵּר

motto *n.* מוֹטוֹ, סִיסְמָה נ׳ (סִיסְמָאוֹת)

mound *n.* תֵּל, עֲרֵימָה

mount *n.* 1. (mountain) הָר, גִּבְעָה

2. (setting) מִסְגֶּרֶת

3. (riding animal) בְּהֵמַת רְכִיבָה

mount *vt.* 1. (set) קָבַע, הִרְכִּיב

2. (frame) שָׂם בְּמִסְגֶּרֶת

3. (organize) אִירְגֵּן

4. *vi.* (go up, climb) עָלָה, טִיפֵּס

mountain *n.* הָר

mountaineer *n.* מְטַפֵּס הָרִים

mountainous *adj.* הֲרָרִי

mountainside *n.* צֶלַע הָר

mountaintop *n.* פִּסְגַּת הָר

mountebank *n.* רוֹפֵא אֱלִיל; נוֹכֵל

mounting *adj.* הוֹלֵךְ וְגוֹבֵר

mourn *vi.*; *vt.* הִתְאַבֵּל עַל

mourner *n.* אָבֵל

mournful *adj.* עָצוּב; אָבֵל

mourning *n.* אֵבֶל

mouse *n.* עַכְבָּר

mousetrap *n.* מַלְכּוֹדֶת עַכְבָּרִים

mousse *n.* 1. (whipped dessert) מִקְצֶפֶת

2. (hair foam) מוּס, קֶצֶף שֵׂיעָר

moustache *n.* שָׂפָם

mouth *n.* פֶּה ז׳ (פִּיּוֹת)

mouth *vt.* הִבִּיעַ, בִּיטֵּא

mouthful *n.* מְלוֹא הַפֶּה

mouthpiece *n.* 1. (instrument part) פִּיָּה, פּוּמִית

2. (spokesperson) דּוֹבֵר, ״שׁוֹפָר״

mouthwash *n.* תַּשְׁטִיף פֶּה

mouthwatering *adj.* מְעוֹרֵר תֵּיאָבוֹן

mouthy *adj.* פַּטְפְּטָן

movable *adj.* זָחִיחַ

move *n.* 1. (motion) תְּנוּעָה

2. (step) צַעַד

move *vi.*; *vt.* 1. (change position) זָז, נָע; הֵזִיז,הֵנִיעַ

2. (transfer) עָבַר; הֶעֱבִיר

3. *vi.* (change residence) עָבַר, עָבַר דִּירָה

4. (propose) הִצִּיעַ

move in נִכְנַס לָגוּר

move out עָזַב (מְקוֹם מְגוּרִים)

move over זָז

move up 1. (rise; raise) עָלָה; הֶעֱלָה

2. (advance in time) הִקְדִּים

on the move פָּעִיל, מַרְבֶּה לִנְסוֹעַ

movement *n.* 1. (motion) תְּנוּעָה

2. (shift) תְּזוּזָה

3. (trend) מְגַמָּה

4. (working parts) מַנְגָּנוֹן

5. (organized activities or effort) תְּנוּעָה

6. (*music*) פֶּרֶק

bowel movement הַפְרָשַׁת צוֹאָה

mover *n.* מוֹבִיל

movie *n.* סֶרֶט קוֹלְנוֹעַ

feature movie סֶרֶט בְּאוֹרֶךְ מָלֵא

silent movie סֶרֶט אִילֵּם

moving *adj.* מְרַגֵּשׁ, נוֹגֵעַ לַלֵּב

mow *vt.* כִּיסַּח, קָצַץ

mow down קָצַר, חִיסֵּל

mower *n.* מַכְסֵחָה

MP (military police) מ״צ (מִשְׁטָרָה צְבָאִית)

Mr. *n.* מָר, אָדוֹן
Mrs., Ms. *n.* גְּבֶרֶת
MSRP (manufacturer's suggested retail price) מְחִיר מוּצָע
much *n.*; *adj.* הַרְבֵּה
as much as כְּכוֹל שֶׁ- ; כַּמָּה שֶׁ-
muck *n.* 1. (dung) זֶבֶל, גְּלָלִים
2. (mud) בּוֹץ
3. (filth) טִינוֹפֶת
muckrake *vi.* חָשַׂף שְׁחִיתוּת
mucosa *n.* קְרוּם רִירִי
mucus *n.* רִיר, לֵחַ
mud *n.* בּוֹץ, רֶפֶשׁ
muddle *n.* אִי-סֵדֶר, עִירְבּוּבְיָה
muddle *vt.* בִּילְבֵּל, שִׁיבֵּשׁ
mudslinger *n.* מַכְפִּישׁ, מַשְׁמִיץ
mudslinging *n.* הַכְפָּשָׁה, הַשְׁמָצָה
muff *n.* יְדוֹנִית, גְּלִיל פַּרְוָה (לַיָּדַיִים)
muffin *n.* לַחְמָנִיָּה מְתוּקָה
muffle *vt.* עִמֵּם, הִשְׁתִּיק
muffler *n.* 1. (noise absorber) עַמָּם
2. (scarf) צָעִיף
mug *n.* 1. (cup) סֵפֶל
2. (face) פָּנִים, פַּרְצוּף
mug *vt.* שָׁדַד
mugginess *n.* לַחוּת וְחוֹם
muggy *adj.* לַח וְחַם
Muhammad *n.* מוּחַמַד
mulatto *n.* בֶּן-תַּעֲרוֹבֶת (שָׁחוֹר-לָבָן)
mulberry *n.* תּוּת עֵץ
mulch *n.* רַקְבּוּבִית
mulct *n.* קְנָס ז׳ (קְנָסוֹת)
mulct *vt.* קָנַס
mule *n.* פֶּרֶד
mull *vt.* הִירְהֵר בּ-
mullet *n.* מוּלִית
multicolored *adj.* רַב-צְבָעִים, סַסְגּוֹנִי
multicultural *adj.* רַב-תַּרְבּוּתִי
multidimensional *adj.* רַב-מְמַדִּי
multidirectional *adj.* רַב-כִּיווּנִי
multidisciplinary *adj.* רַב-תְּחוּמִי
multifaceted *adj.* רַב-פָּנִים
multifamily *adj.* רַב-מִשְׁפַּחְתִּי
multifarious *adj.* רַבְגּוֹנִי
multifunctional *adj.* רַב-תַּכְלִיתִי
multilateral *adj.* רַב-צְדָדִי
multilevel *adj.* רַב-קוֹמָתִי, רַב-מִפְלַסִּי
multilingual *adj.* רַב-לְשׁוֹנִי
multimedia *n.* מוּלְטִימֶדְיָה
multimillionaire *n.* מוּלְטִימִילְיוֹנֵר
multinational *adj.* רַב-לְאוּמִי
multiple *n.* כְּפוּלָה
multiple *adj.* מְכוּפָּל, רַב
multiple-choice מֵכִיל תְּשׁוּבוֹת לִבְחִירָה
multiplex *n.* בִּנְיָן רַב-אֲגַפִּי
multiplex *adj.* 1. (multi-part) רַב-חֶלְקִי
2. (simultaneous transmission) שִׁידּוּר סִימוּלְטָנִי, חַד-עֲרוּצִי
multiplication *n.* כֶּפֶל
multiplicity *n.* רִיבּוּי
multiplier *n.* כּוֹפֵל, מַכְפִּיל
multiply *vt.*; *vi.* כָּפַל, הִכְפִּיל ; הִתְרַבָּה, הוּכְפַּל
multipurpose *adj.* רַב-תַּכְלִיתִי, רַב-שִׁימוּשִׁי
multiracial *adj.* רַב-גִּזְעִי
multistory *adj.* רַב-קוֹמָתִי
multitude *n.* הָמוֹן, קָהָל
multivalence *n.* רַב-עֶרְכִּיּוּת
multivalent *adj.* רַב-עֶרְכִּי
multivitamin *adj.* רַב-וִיטָמִינִים
mum *n.* חַרְצִית
mum *adj.* שָׁקֵט, דּוֹמֵם
keep mum שָׁמַר עַל שְׁתִיקָה
mumble *vt.* מִילְמֵל
mumbo jumbo קִישְׁקוּשׁ, דִּבְרֵי הֶבֶל
mummer *n.* שַׂחְקָן ; פַּנְטוֹמִימַאי
mummify *vt.* חָנַט
mummy *n.* מוּמְיָה, חָנוּט
mumps *n.* חַזֶּרֶת
munch *vt.*; *vi.* לָעַס בְּקוֹל
mundane *adj.* 1. (common) רָגִיל

2. (of this world) שֶׁל הָעוֹלָם הַזֶּה
municipal *adj.* עִירוֹנִי, מוּנִיצִיפָּלִי
municipality *n.* עִירִייָה
munition *n.* צִיּוּד מִלְחָמָה
mural *n.* צִיּוּר קִיר
mural *adj.* שֶׁל קִיר
murder *n.* רֶצַח
murder *vt.* רָצַח
murderer *n.* רוֹצֵחַ
murderous *adj.* רַצְחָנִי
murk *n.* אֲפֵילָה, קַדְרוּת
murky *adj.* אָפֵל, קוֹדֵר
murmur *n.* אִיוּושָׁה, רִישְׁרוּשׁ, מִילְמוּל
murmur *vi.* רִישְׁרֵשׁ, מִילְמֵל, לִיחֵשׁ
muscle *n.* שְׁרִיר
muscular *adj.* שְׁרִירִי
muse *n.* הַשְׁרָאָה, מוּזָה
museum *n.* מוּזֵיאוֹן
mush *n.* עִיסָה, דַּייסָה
mush *vt.* רִיסֵק, הָפַךְ לְדַייסָה
mushroom *n.* פִּטְרִייָה
mushroom *vi.* צָמַח/הִתְפַּשֵּׁט בִּמְהִירוּת
mushy *adj.* דַּייסָתִי, רַךְ
music *n.* מוּזִיקָה, מוּסִיקָה
chamber music מוּזִיקָה קָמֶרִית
classical music מוּזִיקָה קְלָאסִית
country music מוּזִיקָה כַּפְרִית
folk music מוּזִיקָה עֲמָמִית
gospel music מוּזִיקָה דָּתִית נוֹצְרִית
pop music מוּזִיקַת פּוֹפ
musical *n.* מַחֲזֶמֶר
musical *adj.* מוּזִיקָלִי
musician *n.* מַלְחִין, נַגָּן
musicologist *n.* מוּזִיקוֹלוֹג
musicology *n.* מוּזִיקוֹלוֹגְיָה
musk *n.* מוּשְׁק
muslin *n.* בַּד מוּסְלִין
muss *n.* אִי-סֵדֶר, בָּלָגָן
muss *vt.* גָּרַם לְאִי-סֵדֶר, עָשָׂה בָּלָגָן
must *n.* חוֹבָה, הֶכְרֵחַ
must *aux.* חַיָּיב, מוּכְרָח ל-
mustache *n.* שָׂפָם
mustang *n.* סוּס מוּסְטַנְג
mustard *n.* חַרְדָּל
muster *n.* הִתְכַּנְּסוּת, מִפְקָד (צְבָאִי)
muster *vt.* קָרָא ל-, הִזְעִיק, גִּייֵס
mustn't: must not
musty *adj.* מְעוּפָּשׁ, מְיוּשָׁן
mutant *n.* מוּטַנְט
mutate *vi.*; *vt.* עָבַר/גָּרַם מוּטַצְיָה
mutation *n.* מוּטַצְיָה, עִיוּות גֶּנֶטִי
mute *adj.* אִילֵּם
mute *vt.* הִשְׁתִּיק, הִשְׁקִיט
muteness *n.* אִילְּמוּת
mutilate *vt.* 1. (dismember) בִּיתֵּר
2. (disfigure) הִשְׁחִית צוּרָה
mutilation *n.* 1. בִּיתּוּר
2. הַשְׁחָתָה
mutiny *n.* מֶרֶד, הִתְמָרְדוּת
mutiny *vi.* מָרַד, הִתְמָרֵד
mutter *n.* מִילְמוּל
mutter *vt.* מִילְמֵל
mutton *n.* בְּשַׂר כֶּבֶשׂ
mutual *adj.* הֲדָדִי
mutuality *n.* הֲדָדִיּוּת
muzzle *n.* 1. (animal restrainer) זְמָם
2. (animal's head) חַרְטוֹם
3. (firearm opening) לוֹעַ
muzzle *vt.* חָסַם, הִשְׁתִּיק
my *adj.* שֶׁלִּי
myocardial *adj.* שֶׁל שְׁרִיר הַלֵּב
myocardium *n.* שְׁרִיר הַלֵּב
myopia *n.* קוֹצֶר רְאִייָה
myriad *n.* מִסְפָּר רַב
myrrh *n.* מוֹר
myrtle *n.* הֲדַס
myself *pron.* עַצְמִי, בְּעַצְמִי
mysterious *adj.* מִסְתּוֹרִי
mystery *n.* תַּעֲלוּמָה, מִסְתּוֹרִין
mystic *n.* מִיסְטִיקָן, עוֹסֵק בַּנִּסְתָּר

mystical *adj.*	מִיסְטִי
mysticism *n.*	מִיסְטִיקָה, תּוֹרַת הַנִּסְתָּר
Jewish mysticism	קַבָּלָה
mystify *vt.*	הִתְמִיהַּ
mystique *n.*	מִסְתּוֹרִין
myth *n.*	אַגָּדָה, מִיתוֹס
mythology *n.*	מִיתוֹלוֹגְיָה

N

N הָאוֹת הָאַרְבַּע-עֶשְׂרֵה בָּאָלֶפְבֵּית הָאַנגלִי

nab *vt.* תָּפַס, לָכַד

Nablus *n.* שְׁכֶם

nachos *pn.* טוּגָנִים בְּטַעַם מֶקְסִיקָנִי

nacre *n.* צֶדֶף

nadir *n.* נְקוּדַּת הַשֶּׁפֶל

nag *n.* נַדְנְדָן, נוּדְנִיק

nag *vt.* נִידְנֵד, הֵצִיק ל-

Nahum *n.* נַחוּם

nail *n.* 1. (spike) מַסמֵר

2. (claw) צִיפּוֹרֶן נ׳ (צִיפּוֹרנַיִים)

nail *vt.* 1. (fasten) מִיסמֵר

2. (catch) תָּפַס

naive *adj.* תָּמִים, נָאִיבִי

naiveté *n.* תְּמִימוּת, נָאִיבִיוּת

naked *adj.* עָרוֹם

nakedness *n.* עֵירוֹם, מַעֲרוּמִים

name *n.* שֵׁם

name-dropper זוֹרֵק שֵׁמוֹת (לְשֵׁם רוֹשֶׁם)

brand name שֵׁם מוּתָג

Christian name שֵׁם פְּרָטִי/נוֹצרִי

family name שֵׁם מִשׁפָּחָה

given name שֵׁם פְּרָטִי

maiden name שֵׁם נְעוּרִים

pen name כִּינּוּי סִפרוּתִי

trade name שֵׁם מִסחָרִי

name *vt.* 1. (call) כִּינָּה, קָרָא בְּשֵׁם

2. (appoint) מִינָּה

nameless *adj.* אַלמוֹנִי, חֲסַר-שֵׁם

namely *adv.* כְּלוֹמַר

namesake *n.* בַּעַל אוֹתוֹ שֵׁם

nanny *n.* אוֹמֶנֶת, מְטַפֶּלֶת

nap *n.* תְּנוּמָה קַלָּה, נִימנוּם

nap *vi.* נִימנֵם

nape *n.* עוֹרֶף

naphthalin *n.* נַפטָלִין

napkin *n.* מַפִּית

sanitary napkin כָּרִית וֶסֶת

narcissism *n.* הַעֲרָצָה עַצמִית

narcissist *n.* מַעֲרִיץ אֶת עַצמוֹ

narcissus *n.* נַרקִיס

narcosis *n.* קֵהוּת חוּשִׁים, נִימנוּם, נַרקוֹזָה

narcotic *adj.* מְמַכֵּר, נַרקוֹטִי

narrate *vt.* סִיפֵּר, קִירייֵן

narration *n.* סִיפּוּר, קַרייָנוּת

narrative *n.* תֵּיאוּר עֲלִילָה

narrator *n.* מְסַפֵּר

narrow *adj.* צַר, מְצוּמצָם

narrow-minded צַר-אוֹפֶק

narrowly *adv.* בְּקוֹשִׁי

narrowness *n.* צָרוּת

NASA (National Aeronautics and Space Administration) סוֹכנוּת הֶחָלָל הָאָמֵרִיקָנִית

nasal *adj.* אַפִּי

nasally *adv.* דֶּרֶךְ הָאַף

nascent *adj.* מִתהַוֶּה, בְּמַצַּב הִתפַּתְּחוּת

nasty *adj.* 1. (filthy) מְטוּנָּף

2. (repellent) מַגעִיל

3. (indecent) מְגוּנֶּה, חֲסַר-בּוּשָׁה

4. (bad) רָע, מְרוּשָׁע

natality *n.* יְלוּדָה

nation *n.* אוּמָּה, עַם

League of Nations חֶבֶר הַלְאוּמִּים

United Nations הָאוּמּוֹת הַמְאוּחָדוֹת

national *n.* נָתִין, אֶזרָח

national *adj.* לְאוּמִּי

nationalism *n.* לְאוּמִּיוּת

nationalistic *adj.* לְאוּמָּנִי

nationality *n.* לְאוֹם, נְתִינוּת

nationalization *n.* הַלְאָמָה

nationalize *vt.* הִלְאִים

nationhood *n.* מַעֲמָד שֶׁל מְדִינָה

nationless *adj.* חֲסַר-לְאוֹם

nationwide *adj.* כְּלַל-אַרצִי

native *n.* יָלִיד, בֶּן-הַמָּקוֹם
native *adj.* 1. (indigenous) מְקוֹמִי
2. (innate) מוֹלָד
3. (place of origin) מְקוֹם מוֹצָא
nativity *n.* מוֹלָד
NATO (North Atlantic Treaty Organization) נָאטוֹ (הַבְּרִית הַצְּפוֹן-אַטְלַנְטִית)
natty *adj.* נָאֶה, מְסוּדָּר
natural *adj.* טִבְעִי
naturalization *n.* אִיזְרוּחַ; הִתְאַזְרְחוּת
naturalize *vt.; vi.* אִיזְרֵחַ; הִתְאַזְרֵחַ
naturally *adv.* 1. (in a natural way) בְּטִבְעִיּוּת, בְּאוֹפֶן טִבְעִי
2. (of course) כַּמּוּבָן
nature *n.* 1. (material world) טֶבַע
2. (character) אוֹפִי, טֶבַע
3. (temperament) מֶזֶג
4. (kind) סוּג, טִיפּוּס
by nature מִטֶּבַע הַדְּבָרִים
naught *n.* (לֹא) כְּלוּם, אֶפֶס
naughtiness *n.* שׁוֹבְבוּת
naughty *adj.* שׁוֹבָב
nausea *n.* בְּחִילָה
nauseate *vt.* עוֹרֵר בְּחִילָה
nauseous *adj.* 1. (causing nausea) מַבְחִיל, מַגְעִיל
2. (feeling nausea) חָשׁ בְּחִילָה/גוֹעַל
nautical *adj.* שֶׁל סַפָּנוּת, יַמִּי
naval *adj.* יַמִּי, שֶׁל חֵיל יָם
nave *n.* אוּלָם מֶרְכָּזִי (שֶׁל כְּנֵסִיָּיה)
navel *n.* טַבּוּר
navigate *vt.* נִיוֵוט
navigation *n.* נִיווּט
navy *n.* חֵיל יָם, צִי מִלְחָמָה
nay *n.* שְׁלִילָה, הַצְבָּעָה שְׁלִילִית
Nazi *n.; adj.* נָאצִי
Nazism *n.* נָאצִיזְם
N.B. (nota bene) נ.ב. (נִכְתַּב בַּצַּד)
Neanderthal *n.* נֵיאַנְדֶּרְתָּלִי
near *adj.* 1. (close) קָרוֹב
2. (almost) כִּמְעַט
come near הִתְקָרֵב אֶל
near *prep.* עַל-יַד, לְיַד
near *vi.* הִתְקָרֵב
nearby *adj.* קָרוֹב, סָמוּךְ ל-
nearby *adv.* בְּקִרְבַת מָקוֹם
nearly *adv.* כִּמְעַט
nearness *n.* קִירְבָה
nearsighted *adj.* קְצַר-רְאִיָּה
nearsightedness *n.* קוֹצֶר רְאִיָּה
neat *adj.* 1. (orderly) מְסוּדָּר, נָקִי
2. (terrific) נֶהְדָּר
3. (undiluted) לֹא מָהוּל
neatness *n.* סֵדֶר, נִיקָּיוֹן
neb *n.* מַקּוֹר
nebula *pn.* עַרְפִּילִית
nebular *adj.* עַרְפִּילִי
nebulous *adj.* מְעוּרְפָּל, מְטוּשְׁטָשׁ
necessary *adj.* נָחוּץ, דָּרוּשׁ
necessitate *vt.* הִצְרִיךְ, דָּרַשׁ
necessitous *adj.* עָנִי, נִזְקָק
necessity *n.* צוֹרֶךְ, הֶכְרֵחַ
neck *n.* צַוָּאר
neck and neck בְּמַצַּב שִׁוְויוֹן
neck of the woods סְבִיבָה
neck *vi.* הִתְמַזְמֵז
neckerchief *n.* מִטְפַּחַת צַוָּאר
necklace *n.* עֲנָק, מַחֲרוֹזֶת
neckline *n.* קַו צַוָּאר
necktie *n.* עֲנִיבָה
necrology *n.* רְשִׁימַת נִפְטָרִים
necrophilia *n.* נֶקְרוֹפִילְיָה, מִשְׁכַּב גוּפוֹת
necropolis *n.* בֵּית-קְבָרוֹת עַתִּיק
necrosis *n.* נֶמֶק
nectar *n.* צוּף, מַשְׁקֶה ז׳ (מַשְׁקָאוֹת)
need *n.* 1. (necessity) צוֹרֶךְ
2. (distress) מְצוּקָה
if need be אִם יִהְיֶה צוֹרֶךְ
need *vt.* צָרִיךְ; הִצְטָרֵךְ, הִזְדַּקֵּק ל-
needful *adj.* דָּרוּשׁ, נָחוּץ

needle *n.* מַחַט
darning needle מַחַט תִּיקּוּנִים
needlepoint, needlework *n.* רִיקְמָה
needless *adj.* מְיוּתָּר, לֹא נָחוּץ
needlessly *adv.* לְלֹא צוֹרֶךְ
needn't: need not
needy *adj.* נִצְרָךְ, עָנִי
nefarious *adj.* מְרוּשָּׁע
nefariousness *n.* רִשְׁעוּת
negate *vt.* 1. (nullify) שָׁלַל
2. (deny) הִכְחִישׁ
negation *n.* 1. שְׁלִילָה
2. הַכְחָשָׁה
negative *n.* 1. (expression of negativity) שְׁלִילָה
2. (*photog.*) תַּשְׁלִיל, נֶגָטִיב
3. (*gram.*) מִילַּת שְׁלִילָה
double negative שְׁלִילָה כְּפוּלָה
negative *adj.* שְׁלִילִי
negativism *n.* שְׁלִילִיּוּת
negativist *n.* דוֹגֵל בִּשְׁלִילִיּוּת
negator *n.* שׁוֹלֵל, מִתְנַגֵּד
neglect *n.* הַזְנָחָה
neglect *vt.* הִזְנִיחַ
neglectful *adj.* זַנְחָן, רַשְׁלָן
negligee *n.* חָלוּק שָׁקוּף
negligence *n.* 1. (neglect) הַזְנָחָה
2. (carelessness) רַשְׁלָנוּת, אִי-זְהִירוּת
negligent *adj.* 1. מַזְנִיחַ
2. רַשְׁלָנִי, לֹא זָהִיר
negligible *adj.* לֹא מַשְׁמָעוּתִי, זָעוּם
negotiable *adj.* 1. (open to negotiation) פָּתוּחַ לְמַשָּׂא וּמַתָּן
2. (transferable) עָבִיר, סָחִיר
negotiate *vt.* נָשָׂא וְנָתַן עַל
negotiation *n.* מַשָּׂא וּמַתָּן
negotiator *n.* אִישׁ מַשָּׂא וּמַתָּן
Negro *n.* כּוּשִׁי, שָׁחוֹר
Nehemiah *n.* נְחֶמְיָה
neigh *n.* צָהֳלַת סוּס
neigh *vi.* צָהַל
neighbor *n.* שָׁכֵן
neighbor *vt.* הָיָה סָמוּךְ לְ-, גָּבַל בְּ-
neighborhood *n.* שְׁכוּנָה
in the neighborhood of בִּסְבִיבוֹת
neighborly *adj.* שֶׁל שְׁכֵנוּת טוֹבָה
neither *adj.*; *pron.* אַף אֶחָד לֹא, לֹא... וְלֹא ...
nemesis *n.* אוֹיֵב מוּשְׁבָּע
neoclassical *adj.* נֵיאוֹ-קְלָאסִי
neocolonialism *n.* נֵיאוֹ-קוֹלוֹנְיָאלִיזְם
neologism *n.* חִידּוּשׁ לְשׁוֹנִי
neon *n.* נֵיאוֹן
neonate *n.* יִילּוֹד
neoplasm *n.* גִּידּוּל
neoplastic *adj.* גִּידּוּלִי
neoprene *n.* גּוּמִי סִינְתֵטִי
nephew *n.* אַחְיָין, בֶּן אָח/אָחוֹת
nephritis *n.* דַּלֶּקֶת כְּלָיוֹת
nepotism *n.* הַעֲדָפַת קְרוֹבֵי מִשְׁפָּחָה
nerd *n.* טִיפּוּס חִיוֵּר
nerve *n.* 1. (neuron) עָצָב
2. (courage) אוֹמֶץ, הֶעָזָה
3. (impudence) חוּצְפָּה
nerve-racking/wracking מוֹרֵט עֲצַבִּים
get on someone's nerves עָלָה עַל הָעֲצַבִּים
nervous *adj.* 1. (of nerves) שֶׁל עֲצַבִּים
2. (tense) עַצְבָּנִי, מָתוּחַ
nervousness *n.* עַצְבָּנוּת
nervy *adj.* חָצוּף
nest *n.* קֵן
nest *vi.* קִינֵּן
nestle *vi.* הִתְרַפֵּק
nestling *n.* גּוֹזָל
net *n.* 1. (mesh) רֶשֶׁת, מִכְמוֹרֶת
2. (remainder after deductions) נֶטוֹ, נָקִי
3. (internet) אִינְטֶרְנֶט
net *vt.* הִרְוִיחַ נֶטוֹ
nether *adj.* תַּחְתּוֹן
Netherlands *n.* הוֹלַנְד
nethermost *adj.* הַנָּמוּךְ בְּיוֹתֵר, שֶׁבַּתַּחְתִּית

netting *n.* רִישׁוּת
nettle *n.* סִרְפָּד
nettle *vt.* הִרְגִּיז, הִקְנִיט
nettlesome *adj.* טַרְדָן, מַצִּיק
network *n.* רֶשֶׁת
networking *n.* הִתְקַשְּׁרוּת, הִתְחַבְּרוּת קְבוּצָתִית
neural *adj.* שֶׁל עֲצַבִּים
neuralgia *n.* כְּאֵב עֲצַבִּים
neurasthenia *n.* חוּלְשַׁת עֲצַבִּים
neuritis *n.* דַּלֶּקֶת עֲצַבִּים
neurological *adj.* שֶׁל הָעֲצַבִּים
neurologist *n.* רוֹפֵא עֲצַבִּים
neurology *n.* רְפוּאַת עֲצַבִּים
neuron *n.* תָּא עֲצַבִּים, נֵיוּרוֹן
neurosis *n.* הַפְרָעָה נַפְשִׁית, נֶבְרוֹזָה
neurotic *adj.* נֶבְרוֹטִי, עַצְבָּנִי, מְתוּסְבָּךְ
neuter *adj.* חֲסַר-מִין
neuter *vt.* סֵירֵס
neutral *n.* (gear) הִילּוּךְ סְרָק
neutral *adj.* נֵייטְרָלִי
neutralism *n.* מְדִינִיּוּת נֵייטְרָלִית
neutrality *n.* נֵייטְרָלִיּוּת
neutralization *n.* נִיטְרוּל
neutralize *vt.* נִיטְרֵל
neutron *n.* נוֹטְרוֹן
never *adv.* אַף פַּעַם, מֵעוֹלָם (-לֹא)
never-ending אֵינְסוֹפִי
nevermore *adv.* לֹא עוֹד
nevertheless *adv.* בְּכוֹל זֹאת, אַף עַל-פִּי כֵן
nevus *n.* סִימַן לֵידָה
new *adj.* חָדָשׁ
brand-new חָדָשׁ לְגַמְרֵי
new *adv.* לָאַחֲרוֹנָה
newborn *n.* יִילּוֹד, רַךְ נוֹלָד
newcomer *n.* 1. (who came lately) בָּא לָאַחֲרוֹנָה, חָדָשׁ בַּמָּקוֹם
2. (immigrant to Israel) עוֹלֶה חָדָשׁ
newfangled *adj.* חֲדִשָׁנִי
newfound *adj.* שֶׁנִּתְגַּלָּה לָאַחֲרוֹנָה
newly *adv.* 1. (lately) לָאַחֲרוֹנָה
2. (anew) מֵחָדָשׁ
newlywed *n.* זוּג נְשׂוּי חָדָשׁ
news *n.* 1. (recent events; media report) חֲדָשׁוֹת
2. (piece of information) יְדִיעָה, חֲדָשָׁה
newsbreak *n.* מִבְזַק חֲדָשׁוֹת
newscast *n.* שִׁידּוּר חֲדָשׁוֹת
newscaster *n.* קַרְיַין חֲדָשׁוֹת
newsletter *n.* עֲלוֹן חֲדָשׁוֹת
newsman *n.* עִיתּוֹנַאי
newspaper *n.* עִיתּוֹן
daily newspaper יוֹמוֹן, עִיתּוֹן יוֹמִי
newsreel *n.* יוֹמַן חֲדָשׁוֹת
newsstand *n.* דּוּכַן עִיתּוֹנִים
newsworthy *n.* חֲדָשׁוֹתִי, רָאוּי לְפִירְסוּם
next *adj.* הַבָּא, הַקָּרוֹב
next to עַל-יַד
next *adv.* אַחַר כָּךְ, בַּפַּעַם הַבָּאָה
nexus *n.* קֶשֶׁר
nib *n.* חוֹד עֵט
nibble *n.* נְגִיסָה, כִּירְסוּם
nibble *vt.* נָגַס בּ-, כִּירְסֵם
nice *adj.* נָאֶה, נֶחְמָד
nicely *adv.* יָפֶה, הֵיטֵב
niceties *pn.* גִינּוּנִים
nicety *n.* 1. (exactness) דִּיּוּק, דַּייקָנוּת
2. (fine distinction) אַבְחָנָה דַּקָּה
niche *n.* 1. (recess) גּוּמְחָה
2. (suitable place) מָקוֹם מַתְאִים
nick *n.* חָרִיץ
nickel *n.* 1. (metal) נִיקֶל
2. (U.S. coin) חֲמִישָּׁה סֶנְטִים
nickelodeon *n.* 1. (jukebox) תֵּיבַת נְגִינָה
2. (early cinema) בֵּית-קוֹלְנוֹעַ יָשָׁן
nicker *vi.* צָהַל
nicknack *n.* חֵפֶץ נוֹי
nickname *n.* כִּינּוּי, שֵׁם חִיבָּה
nickname *vt.* כִּינָּה
nicotine *n.* נִיקוֹטִין

niece *n.*	אַחְיָנִית, בַּת אָח/אָחוֹת
nifty *adj.*	מְצוּיָּן
night *n.*	לַיְלָה, לַיִל ז׳ (לֵילוֹת)
Friday night	לֵיל שַׁבָּת
Saturday night	מוֹצָאֵי שַׁבָּת
night *adj.*	לֵילִי
nightclub *n.*	מוֹעֲדוֹן לַיְלָה
nightfall *n.*	רֶדֶת הַחֲשֵׁכָה
nightgown *n.*	כּוּתוֹנֶת לַיְלָה
nighthawk *n.*	תַּחְמָס
nightingale *n.*	זָמִיר
nightlife *n.*	חַיֵּי לַיְלָה
nightly *adj.*	לֵילִי, שֶׁל הַלַּיְלָה
nightly *adv.*	מִדֵּי לַיְלָה
nightmare *n.*	סִיּוּט, חֲלוֹם בַּלָּהוֹת
nightmarish *adj.*	סִיּוּטִי
nightspot *n.*	מְקוֹם בִּידּוּר לֵילִי
nightstand *n.*	שִׁידַּת מִיטָּה
nighttime *n.*	שְׁעַת לַיְלָה
nihilism *n.*	נִיהִילִיזְם, כְּפִירָה בָּעֲרָכִים
nil *n.*	כְּלוּם, אֶפֶס
Nile *n.*	הַנִּילוּס
nimble *adj.*	זָרִיז, קַל-תְּנוּעָה
nimbus *n.*	הִילָה, זוֹהַר
nincompoop *n.*	מְטוּמְטָם, טִיפֵּשׁ
nine *n.*; *adj.*	תֵּשַׁע, תִּשְׁעָה
nineteen *n.*; *adj.*	תְּשַׁע-עֶשְׂרֵה, תִּשְׁעָה-עָשָׂר
nineteenth *adj.*	הַתְּשַׁע-עֶשְׂרֵה
ninetieth *adj.*	הַתִּשְׁעִים
ninety *n.*; *adj.*	תִּשְׁעִים
ninth *n.*	תְּשִׁיעִית, חֵלֶק תְּשִׁיעִי
ninth *adj.*	תְּשִׁיעִי
nip *n.* 1. (pinch)	צְבִיטָה
2. (sip)	לְגִימָה
3. (frost bite)	מַכַּת קוֹר
nip *vt.* 1.	צָבַט
2.	לָגַם
nipple *n.*	פִּטְמָה
nippy *adj.*	חַד
nirvana *n.*	נִירְוָונָה, שַׁלְוָוה

NIS (new Israeli shekel)	שׁ״ח (שֶׁקֶל חָדָשׁ)
nit *n.*	בֵּיצַת כִּינִים
nitpick *vi.*	חִיטֵּט, חִיפֵּשׂ פְּגָמִים
nitrate *n.*	חַנְקָה
nitrogen *n.*	חַנְקָן
nitty-gritty *n.*	פְּרָטִים קְטַנִּים
nitwit *n.*	מְטוּמְטָם
nix *vt.*	דָּחָה ; הִטִּיל וֶטוֹ
no *adv.*	לֹא
no-fault	לְלֹא הַטָּלַת אַשְׁמָה
no longer	לֹא יוֹתֵר
no-no	אָסוּר
no-return	אַל-חֲזוֹר
no sooner than	מִיָּד כְּשֶׁ-
no way	בְּשׁוּם אוֹפֶן לֹא
nobility *n.* 1. (noble class)	אֲצוּלָה
2. (noble character)	אֲצִילוּת
noble *adj.*	אָצִיל
nobleman *n.*	אָצִיל, אִישׁ אֲצוּלָה
nobody *n.*	כְּלוּמְנִיק
nobody *pron.*	אַף אֶחָד
nocturnal *n.*	לֵילִי, שֶׁל הַלַּיְלָה
nod *n.*	נִיד רֹאשׁ
nod *vi.*	נָד בְּרֹאשׁוֹ, הִינְהֵן
node *n.* 1. (intersection)	צוֹמֶת, מִסְעָף
2. (swelling)	בְּלִיטָה
lymph node	בַּלּוּטַת לִימְפָה
nodule *n.*	גּוּשִׁישׁ, בְּלִיטָה קְטַנָּה
Noel *n.*	חַג הַמּוֹלָד
noise *n.*	רַעַשׁ
white noise	רַעַשׁ בִּקְלִיטַת שִׁידּוּר
noisemaker *n.*	רַעֲשָׁן
noisiness *n.*	רַעֲשָׁנוּת
noisome *adj.*	דּוֹחֶה, מַגְעִיל
noisy *adj.*	רוֹעֵשׁ, רַעֲשָׁנִי
nom de guerre	כִּינּוּי מַחְתַּרְתִּי
nom de plume	שֵׁם עֵט, כִּינּוּי סִפְרוּתִי
nomad *n.*	נַוָּד
nomadic *adj.*	נַוָּדִי
nomenclature *n.*	מִינּוּחַ

nominal *adj.* 1. (of a name or a noun) שֵׁמָנִי
2. (of face value) נוֹמִינָלִי
3. (insignificant) פְּחוּת-עֵרֶךְ, זָעוּם
nominate *vt.* הִצִּיעַ מוּעֳמָד
nomination *n.* הַצָּעַת מוּעֳמָד
nominative *n. (gram.)* יַחֲסַת הַיָּשָׁר
nominee *n.* מוּעֳמָד
nonage *n.* קַטִינוּת
nonagenarian *n.* בִּשְׁנוֹת הַתִּשְׁעִים לְחַיָּיו
nonagon *n.* מְתוּשָּׁע
nonaggression *n.* אִי-הַתְקָפָה
nonalcoholoic *adj.* (מַשְׁקֶה) לֹא חָרִיף
nonaligned *adj.* בִּלְתִּי-מִזְדַּהֶה
nonalignment *n.* אִי-הִזְדַּהוּת
nonbeliever *n.* לֹא מַאֲמִין, כּוֹפֵר
nonbinding *adj.* לֹא מְחַיֵּיב
nonbreakable *adj.* בִּלְתִּי-שָׁבִיר
nonce *n.* הָרֶגַע הַזֶּה
nonchalant *adj.* קַר-רוּחַ, אָדִישׁ
noncombatant *n.* לֹא לוֹחֵם
noncommittal *adj.* לֹא מְחַיֵּיב
nonconformist *n.* לֹא מְקַבֵּל מוּסְכָּמוֹת
nondescript *adj.* חֲסַר-יִיחוּד, לֹא מוּגְדָּר
none *pron.* אַף (לֹא) אֶחָד
none *adv.* בִּכְלָל לֹא, בְּשׁוּם אוֹפֶן
nonentity *n.* 1. (non-existent) לֹא קַיָּים
2. (insignificant) חֲסַר-חֲשִׁיבוּת
nonesuch *n.* שֶׁאֵין דּוֹמֶה לוֹ
nonetheless *adv.* בְּכוֹל זֹאת
non-existent *adj.* לֹא קַיָּים
nonfat *adj.* נְטוּל-שׁוּמָן
nonfeasance *n.* אִי-בִּיצוּעַ
nonfiction *n.* סִפְרוּת לֹא בִּדְיוֹנִית
nonintervention *n.* אִי-הִתְעָרְבוּת
nonmetal *n.* אַלְמַתֶּכֶת
nonpareil *adj.* שֶׁאֵין כָּמוֹהוּ
nonperson *n.* אִישִׁיּוּת נִשְׁכַּחַת
nonplus *vt.* בִּילְבֵּל
nonproliferation *n.* אִי-הֲפָצָה, אִי-תְפוּצָה
nonsense *n.* שְׁטוּיוֹת, הֲבָלִים
nonstop *adj.* (without a pause) רָצוּף, לְלֹא הֶפְסֵק
2. (without a stop en route) יָשִׁיר
nonviolence *n.* אִי-אַלִּימוּת
nonviolent *adj.* בִּלְתִּי-אַלִּים
noodle *n.* אִטְרִיָּה
nook *n.* גּוּמְחָה
noon *n.* צָהֳרַיִים
noontime *n.* שְׁעַת צָהֳרַיִים
noose *n.* לוּלָאָה, עֲנִיבַת חֶנֶק
nope *adv.* לֹא
nor *conj.* גַּם לֹא
norm *n.* תֶּקֶן, נוֹרמָה
normal *adj.* רָגִיל, נוֹרמָלִי, תָּקִין
normalization *n.* נִירמוּל, נוֹרמָלִיזַצְיָה
normalize *vt.* נִירמֵל
normally *adv.* (usually) בְּדֶרֶךְ כְּלָל
normative *adj.* תִּקְנִי, נוֹרמָטִיבִי
north *n.; adj.* צָפוֹן
north *adv.* צָפוֹנָה
northeast *n.* צְפוֹן-מִזְרָח
northerly, northern *adj.* צְפוֹנִי
northward *adv.* צָפוֹנָה
northwest *n.* צְפוֹן-מַעֲרָב
northwestern *adj.* צְפוֹן-מַעֲרָבִי
nose *n.* אַף, חוֹטֶם
on the nose בְּדִיּוּק
snub nose אַף סוֹלֵד
nose *vt.* רִיחְרֵחַ
nosebleed *n.* דִּימוּם אַף
nosedive *n.* צְלִילָה, נְפִילָה
nosedive *vi.* צָלַל, נָפַל
nosegay *n.* זֵר פְּרָחִים
nosh *n.* חָטִיף
nosh *vi.* אָכַל חָטִיף, חָטַף מַשֶּׁהוּ לֶאֱכוֹל
nosiness *n.* חַטְטָנוּת
nostalgia *n.* נוֹסטַלגְיָה, גַּעגּוּעִים
nostalgic *adj.* נוֹסטַלגִי
nostril *n.* נְחִיר ז׳ (נְחִירַיִים)
nostrum *n.* תְּרוּפַת אֱלִיל

nosy *adj.* חַטְטָן, תּוֹחֵב אֶת אַפּוֹ
not *adv.* לֹא
notable *n.* נִכְבָּד, אִישִׁיוּת חֲשׁוּבָה
notable *adj.* רָאוּי לְצִיּוּן
notably *adv.* בְּיִיחוּד
notarization *n.* אִישּׁוּר נוֹטַרְיוֹנִי
notarize *vt.* נָתַן אִישּׁוּר נוֹטַרְיוֹנִי
notary (public) *n.* נוֹטַרְיוֹן (צִיבּוּרִי)
notation *n.* 1. (symbols) סִימּוּן, סְמָלִים
2. (note) הֶעָרָה
notch *n.* 1. (cut) חָרִיץ, שֶׁנֶת
2. (level) דַּרְגָּה
notch *vt.* חָרַץ, חָתַךְ
note *n.* 1. (brief letter or record) פֶּתֶק
2. (comment) הֶעָרָה
3. (paper money) שְׁטָר
4. (attention) תְּשׂוּמֶת לֵב
5. (distinction) הִצְטַיְּינוּת
6. (*music*) תָּו, צְלִיל
promissory note שְׁטַר הִתְחַיְּיבוּת
notes *pn.* רְשִׁימוֹת
compare notes הֶחְלִיף דֵּעוֹת
note *vt.* 1. (write down) רָשַׁם
2. (comment, remark) הֶעִיר, צִיֵּין
3. (notice) שָׂם לֵב
notebook *n.*1. (writing book) מַחְבֶּרֶת, פִּנְקָס
2. (computer) מַחְשֵׁב נַיָּיד
noted *adj.* יָדוּעַ, מְפוּרְסָם
noteworthy *adj.* רָאוּי לְצִיּוּן
nothing *n.* כְּלוּם, שׁוּם דָּבָר, מְאוּמָה
for nothing לַשָּׁווְא ; בְּחִינָּם
nothingness *n.* חָלָל רֵיק, כְּלוּם
notice *n.* 1. (announcement) הוֹדָעָה
2. (warning) הַתְרָאָה
3. (attention) תְּשׂוּמֶת לֵב
4. (review) מַאֲמַר בִּיקּוֹרֶת
take notice שָׂם לֵב, רָשַׁם לְעַצְמוֹ
notice *vt.* 1. (observe) הִבְחִין בּ-, שָׂם לֵב ל-
2. (mention) הִזְכִּיר
noticeable *adj.* נִיכָּר, בּוֹלֵט

notification *n.* הוֹדָעָה
notify *vt.* הוֹדִיעַ ל-
notion *n.* 1. (idea) מוּשָּׂג
2. (opinion) דֵּעָה
notions *pn.* סִדְקִית
notoriety *n.* שֵׁם רַע, פִּירְסוּם שְׁלִילִי
notorious *adj.* יָדוּעַ לְשִׁמְצָה
notwithstanding *prep.* לַמְרוֹת, עַל אַף
notwithstanding *adv.* בְּכוֹל זֹאת
nought *n.* אֶפֶס, כְּלוּם
noun *n.* שֵׁם עֶצֶם
collective noun שֵׁם קִיבּוּצִי
common noun שֵׁם עֶצֶם כְּלָלִי
proper noun שֵׁם עֶצֶם פְּרָטִי
verbal noun שֵׁם פְּעוּלָה
nourish *vt.* 1. (feed) הֵזִין
2. (foster) טִיפַּח
nourishment *n.* 1. (act of nourishing) הֲזָנָה
2. (food) מָזוֹן ז׳ (מְזוֹנוֹת)
nouveau riche מִתְעַשֵּׁר חָדָשׁ
nova *n.* נוֹבָה, כּוֹכָב פּוֹרֵץ
novel *n.* רוֹמָן
novel *adj.* מִסּוּג חָדָשׁ, בִּלְתִּי-רָגִיל
novelist *n.* סוֹפֵר, מְחַבֵּר רוֹמָנִים
novella *n.* רוֹמָן קָצָר, נוֹבֶלָה
novelty *n.* חִידּוּשׁ
November *n.* נוֹבֶמְבֶּר
novice *n.* טִירוֹן, מַתְחִיל
novitiate *n.* טִירוֹנוּת
now *adv.* עַכְשָׁיו, עַתָּה
just now זֶה עַתָּה
now and again/then מִדֵּי פַּעַם
from now on מֵעַתָּה וָהָלְאָה, מִכָּאן וָאֵילָךְ
nowadays *adv.* כַּיּוֹם, בְּיָמִים אֵלֶּה
noway, nowise *adv.* בְּשׁוּם אוֹפֶן
nowhere *adv.* בְּשׁוּם מָקוֹם
noxious *adj.* מַזִּיק
nozzle *n.* זַרְבּוּבִית, פִּי צִינּוֹר
NRP (National Religious Party) הַמַּפְדָּ״ל (הַמִּפְלָגָה הַדָּתִית לְאוּמִּית)

NTSC (National Television System Committee) אֶן.טִי.אֶס.סִי. (שִׁיטַת שִׁידוּר)
nuance *n.* הֶבְדֵל דַק
nub *n.* 1. (gist) עִיקָר, תַמְצִית הָעִנְיָין
2. (bulge) בְּלִיטָה
nubile *n.* בְּשֵׁלָה לְנִישׂוּאִין
nuclear *adj.* גַרְעִינִי
nucleus *n.* גַרְעִין
nude *n.* עֵירוֹם
nude *adj.* עָרוֹם
nudge *n.* דְחִיקַת מַרְפֵּק
nudge *vt.* דָחַק בַּמַרְפֵּק
nudism *n.* נוּדִיזם, עֵירוֹם
nudist *n.* נוּדִיסְט
nudity *n.* עֵירוֹם
nugatory *adj.* חֲסַר-עֵרֶךְ
nugget *n.* גוּשׁ
nuisance *n.* מְטָרֵד
nuke *n.* נֶשֶׁק גַרְעִינִי
nuke *vt.* תָקַף בְּנֶשֶׁק גַרְעִינִי
null *adj.* בָּטֵל, חֲסַר-תוֹקֶף
null and void בָּטֵל וּמְבוּטָל
nullification *n.* בִּיטוּל
nullify *vt.* בִּיטֵל
numb *adj.* חֲסַר-תְחוּשָׁה, רָדוּם
numb *vt.* הִרְדִים
number *n.* 1. (mathematical unit) מִסְפָּר
2. (in entertainment) שִׁיר, קֶטַע
call number מִסְפַּר קָטָלוֹגִי
cardinal number מִסְפָּר יְסוֹדִי
compound number מִסְפָּר מוּרְכָּב
even number מִסְפָּר זוּגִי
odd number מִסְפָּר לֹא זוּגִי
ordinal number מִסְפָּר סוֹדֵר
prime number מִסְפָּר יְסוֹדִי
serial number מִסְפָּר סִידוּרִי
whole number מִסְפָּר שָׁלֵם
number *vt.* מִיסְפֵּר
numbered *adj.* 1. (marked with numbers) מְמוּסְפָּר
2. (counted) סָפוּר
numberless *adj.* לְאֵין סְפוֹר
Numbers *n.* (*Bible*) סֵפֶר בְּמִדְבָּר
numbness *n.* חוֹסֶר-תְחוּשָׁה
numeracy *n.* כִּישָׁרוֹן מָתֵמָטִי
numeral *n.* סִיפְרָה
Arabic numerals הַסְפָרוֹת 0-9
Roman numerals סְפָרוֹת רוֹמִיּוֹת
numeral *adj.* מִסְפָּרִי
numerate *vt.* סָפַר, מָנָה
numeration *n.* סְפִירָה
numerator *n.* מוֹנֶה
numeric, numerical *adj.* מִסְפָּרִי
numerically *adv.* בְּמִסְפָּרִים
numerology *n.* גִימַטְרִיָּה
numerous *adj.* מְרוּבֶּה, רַב
numismatist *n.* אַסְפָן מַטְבְּעוֹת
numskull *n.* טִיפֵּשׁ, מְטוּמְטָם
nun *n.* נְזִירָה
nuncio *n.* נְצִיג הָאַפִּיפְיוֹר
nunnery *n.* מִנְזָר
nuptial *adj.* שֶׁל נִישׂוּאִין
nurse *n.* אָחוֹת
male nurse אָח
practical nurse אָחוֹת מַעֲשִׂית
registered nurse אָחוֹת מוּסְמֶכֶת
wet nurse מֵינִיקָה
nurse *vt.* 1. (take care of) טִיפֵּל בּ-
2. (breast-feed) הֵינִיקָה
nursemaid *n.* מְטַפֶּלֶת
nursery *n.* 1. (children's room) חֲדַר-יְלָדִים
2. (school) פָּעוֹטוֹן
3. (plant-growing place) מִשְׁתָלָה
day nursery מְעוֹן יוֹם
nursing *n.* 1. (caring) סִיעוּד
2. (breast-feeding) הֲנָקָה
nursling *n.* 1. (infant) עוֹלָל
2. (nurtured person) בֶּן-טִיפּוּחִים
nurture *vt.* טִיפַּח
nut *n.* 1. (fruit) אֱגוֹז

2. (metal)	אוֹם
3. (crazy)	מְשׁוּגָע, מוּפְרָע
4. (testicle)	בֵּיצָה
go nuts	הִשְׁתַּגֵּעַ, הִתְפָּרֵעַ
nutcracker *n.*	מַפְצֵחַ אֱגוֹזִים
nutmeat *n.*	גַרְעִין הָאֱגוֹז
nutmeg *n.*	אֱגוֹז מוּסְקָט
nutrient *n.*	חוֹמֶר מֵזִין
nutrition *n.*	תְזוּנָה
nutritional *adj.*	תְזוּנָתִי

nutritious *adj.*	מֵזִין
nutshell *n.*	קְלִיפַּת אֱגוֹז
in a nutshell	בְּקִיצוּר, בִּקְצָרָה
nutty *adj.*	מְשׁוּגָע
nuzzle *vt.*	חִיכֵּךְ/נָגַע בְּאַפּוֹ
nylon *n.*	נַיילוֹן
nymph *n.*	נִימְפָה
nymphomania *n.*	יַחְמָנוּת, נִימְפוֹמָנְיָה
nymphomaniac *n.*	יַחְמָנִית, נִימְפוֹמָנִית

O

O הָאוֹת הַחֲמֵשׁ-עֶשְׂרֵה בָּאָלֶפְבֵּית הָאַנגלִי
oaf *n.* כְּסִיל, גוֹלֶם
oak *n.* אַלוֹן
oar *n.* מָשׁוֹט
oasis *n.* נְוֵוה מִדבָּר
oat *n.* שִׁיבּוֹלֶת שׁוּעָל
oath *n.* שְׁבוּעָה
oatmeal *n.* קֶמַח שִׁיבּוֹלֶת שׁוּעָל
Obadiah *n.* עוֹבַדיָה
obdurate *adj.* 1. (hardhearted) קְשֵׁה-לֵב
2. (intractable) עִיקֵשׁ
obedience *n.* צַייתָנוּת
obedient *adj.* צַייתָן
obese *n.* שָׁמֵן מְאוֹד
obesity *n.* שְׁמֵנוּת מוּפרֶזֶת
obey *vt.* צִייֵת, נִשׁמַע ל-
obfuscate *vt.* עִירפֵּל, טִישׁטֵשׁ
obfuscation *n.* עִירפּוּל, טִישׁטוּשׁ
obituary *n.* הוֹדָעַת פְּטִירָה
object *n.* 1. (thing) עֶצֶם, אוֹבּייֶקט
2. (goal) מַטָרָה
3. *(gram.)* מוּשָׂא
direct object (*gram.*) מוּשָׂא יָשִׁיר
indirect object (*gram.*) מוּשָׂא עָקִיף
object *vi.* הִתנַגֵד ל-
objection *n.* הִתנַגְדוּת
objectionable *adj.* מְעוֹרֵר הִתנַגְדוּת
objective *n.* 1. (goal) מַטָרָה, יַעַד
2. (lens) עַצמִית, עֲדָשָׁה
objective *adj.* אוֹבּייֶקטִיבִי, לֹא מְשׁוּחָד
objectivity *n.* אוֹבּייֶקטִיבִיוּת, אִי מַשׂוֹא פָּנִים
objector *n.* מִתנַגֵד
conscientious objector מִתנַגֵד מַצפּוּנִי
objurgate *vt.* נָזַף, גָעַר בּ-
objurgation *n.* נְזִיפָה, גְעָרָה
oblation *n.* מִנחָה
obligate *vt.* חִייֵב
obligated *adj.* 1. (compelled) מְחוּייָב
2. (grateful) אֲסִיר-תוֹדָה
obligation *n.* חוֹבָה, הִתחַייְבוּת
obligatory *adj.* מְחַייֵב, שֶׁל חוֹבָה
oblige *vt.* 1. (compel) חִייֵב
2. (do a favor) עָשָׂה טוֹבָה
oblique *adj.* 1. (slanted) מְשׁוּפָּע, אֲלַכסוֹנִי
2. (indirect) עָקִיף, לֹא יָשִׁיר
obliterate *vt.* 1. (destroy) הִשׁמִיד, הִכחִיד
2. (erase) מָחַק
obliteration *n.* 1. הַשׁמָדָה, הַכחָדָה
2. מְחִיקָה
oblivion *n.* שִׁיכחָה, תְהוֹם הַנְשִׁייָה
oblivious *adj.* 1. (unaware) לֹא מוּדָע
2. (forgetful) שַׁכחָן
oblong *n.* מַלבֵּן
oblong *adj.* מַלבֵּנִי
obnoxious *adj.* דוֹחֶה, מַגעִיל
oboe *n.* אַבּוּב
oboist *n.* נַגַן אַבּוּב
obscene *adj.* גַס, מְגוּנֶה
obscenity *n.* 1. (act) גַסוּת, תוֹעֵבָה
2. (speech) נִיבּוּל פֶּה
obscure *adj.* 1. (unclear) מְעוּרפָּל, מְטוּשׁטָשׁ
2. (unknown) לֹא יָדוּעַ, סָתוּם
3. (dark) חָשׁוּךְ, עָמוּם
obscure *vt.* עִירפֵּל, טִישׁטֵשׁ
obsequious *adj.* מִתרַפֵּס
observance *n.* 1. (keeping law) שְׁמִירַת חוֹק
2. (keeping religious customs) קִיוּם מִצווֹת
3. (ceremony) טֶקֶס
observant *adj.* 1. (alert) חַד-עַיִן, עֵרָנִי
2. (one who keeps laws) שׁוֹמֵר חוֹק/מִצווֹת
observation *n.* 1. (watch) הִסתַכְּלוּת, הִתבּוֹנְנוּת, הַשׁגָחָה
2. (comment) הֶעָרָה

under observation תַּחַת הַשגָחָה/מַעֲקָב

observatory *n.* מִצפֵּה כּוֹכָבִים

observe *vt.* 1. (watch) צָפָה, הִבחִין בּ-

2. (keep) שָמַר, קִייֵם

observer *n.* מַשקִיף

obsess *vt.* אָחַז בּ-, הִטרִיד (מַחֲשָבָה)

obsessed *adj.* מְשוּגָע לַדָבָר, אוֹבּסֶסִיבִי

obsession *n.* טֵירָדוֹן, אוֹבּסֶסיָה, דִיבּוּק

obsessive *adj.* כְּפִייָתִי

obsolesce *vi.* הִתייַשֵן

obsolescence *n.* הִתייַשְנוּת

obsolescent *adj.* מִתייַשֵן

obsolete *adj.* מְיוּשָן, לֹא בְּשִימוּש

obstacle *n.* מִכשוֹל

obstetrician *n.* רוֹפֵא מְייַלֵד

obstetrics *pn.* מְייַלְדוּת

obstinate *adj.* עַקשָן, קְשֵה-עוֹרֶף

obstruct *vt.* חָסַם, מָנַע

obstruction *n.* מִכשוֹל, חֲסִימָה, מְנִיעָה

obstruction of justice שִיבּוּש הֲלִיכֵי מִשפָּט

obtain *n.* קִיבֵּל, הִשִׂיג

obtrude *vi.* נִדחַק, דָחַף אֶת עַצמוֹ

obtrusive *adj.* נִדחָק, שֶדוֹחֵף אֶת עַצמוֹ

obtuse *adj.* 1. (blunt) קֵהֶה

2. (dumb) סָתוּם

obverse *n.* פְּנֵי הַמַטבֵּעַ

obviate *vt.* מָנַע

obvious *adj.* בָּרוּר, בּוֹלֵט, מוּבָן מֵאֵלָיו

obviously *adv.* כַּמוּבָן, בְּאוֹפֶן בָּרוּר

occasion *n.* 1. (happening) אֵירוּעַ, מִקרֶה

2. (opportunity) הִזדַמְנוּת

3. (reason) סִיבָּה, עִילָה

on occasion לְעִתִים, מִדֵי פַּעַם

occasional *adj.* מִזדַמֵן, מֵעֵת לְעֵת

Occident *n.* מְדִינוֹת הַמַעֲרָב

occidental *adj.* מַעֲרָבִי

occlude *vt.* סָגַר, חָסַם

occlusion *n.* סְגִירָה, חֲסִימָה

occult *adj.* עַל-טִבעִי, נִסתָר

occupancy *n.* תְּפוּסָה

occupant *n.* דַייָר

occupation *n.* 1. (conquest) כִּיבּוּש, תְּפִיסָה

2. (vocation) מִקצוֹעַ ז׳ (מִקצוֹעוֹת), עִיסוּק

occupy *vt.* 1. (fill up) מִילֵא

2. (dwell in) גָר, הִתגוֹרֵר בּ-

3. (keep busy) הֶעֱסִיק

4. (conquer) כָּבַש, תָּפַס

5. (hold) הֶחֱזִיק בּ-

occupied *adj.* 1. (busy) עָסוּק

2. (in use) תָּפוּס, בְּשִימוּש

3. (conquered, seized) כָּבוּש, מוּחזָק

occupier *n.* (conquerer) כּוֹבֵש

occur *vi.* 1. (happen) קָרָה, הִתרַחֵש

2. (come to mind) עָלָה עַל הַדַעַת

occurrence *n.* הִתרַחֲשוּת, אֵירוּעַ

ocean *n.* אוֹקייָנוֹס

Atlantic Ocean הָאוֹקייָנוֹס הָאַטלַנטִי

Indian Ocean הָאוֹקייָנוֹס הָהוֹדִי

Pacific Ocean הָאוֹקייָנוֹס הַשָקֵט

oceanography *n.* חֵקֶר הָאוֹקייָנוֹס

o'clock *adv.* הַשָעָה, בְּשָעָה

OCR (optical character recognition) זִיהוּי תָּווִים אוֹפּטִי

octagon *n.* מְתוּמָן

octal *adj.* שֶל הַסִיפְרָה 8

octane *n.* אוֹקטָן

octant *n.* שְמִינִית מַעְגָל

octave *n.* אוֹקטָבָה

octet *n.* שְמִינִייָה

October *n.* אוֹקטוֹבֶּר

octogenarian *n.* בִּשנוֹת הַשְמוֹנִים לְחַיָיו

octopus *n.* תְּמָנוּן

ocular *adj.* שֶל הָעַיִן, שֶל רְאִייָה

oculist *n.* רוֹפֵא עֵינַיִים

odd *adj.* 1. (strange) מוּזָר, לֹא רָגִיל

2. (not even number) לֹא זוּגִי, פֶּרֶט

oddball *n.* אָדָם יוֹצֵא דוֹפֶן, מוּזָר

oddity *n.* מוּזָרוּת, דָבָר מְשוּנֶה

oddment *n.* שְאֵרִית, דָבָר נוֹתָר

odds *pn.* סִיכּוּיִים, הִסתַבְּרוּת

odds and ends — שְׁיָרִים, כּוֹל מִינֵי דְבָרִים
at odds — בְּמַחֲלוֹקֶת
ode *n.* — שִׁיר תְּהִילָה
odic *adj.* — שֶׁל שִׁיר תְּהִילָה
odious *adj.* — מְעוֹרֵר סְלִידָה, דוֹחֶה
odometer *n.* — מַד-מֶרְחָק
odontology *n.* — חֵקֶר הַשִּׁינַיִים
odor *n.* — רֵיחַ
odyssey *n.* — מַסַע הַרְפַּתְקָאוֹת
OEM (original equipment manufacturer) — יַצְרָן מְקוֹרִי
of *prep.* 1. (belonging to) — שֶׁל
2. (from) — מִן, מ-
3. (on the part of) — מִצִּדּוֹ
as of — הָחֵל מ-
off *adj.* 1. (not operating) — סָגוּר, כָּבוּי
2. (canceled) — מְבוּטָל
3. (inaccurate; incorrect) — לֹא מְדוּיָּיק ; טוֹעֶה
4. (eccentric) — מוּזָר, מְשׁוּנֶה
off *adv.* 1. (away from) — מִחוּץ ל-, בְּמֶרְחָק מ-
2. (from) — מִן, מ-
3. (below) — מִתַּחַת ל-
4. (by means of) — בְּאֶמְצָעוּת
off and on — לְסֵירוּגִין
off year — שָׁנָה לְלֹא בְּחִירוֹת
off *vi.* — עָזַב
offbeat *adj.* — לֹא רָגִיל, לֹא שִׁיגְרָתִי
offend *vt.* — הֶעֱלִיב
offense *n.* 1. (insult) — עֶלְבּוֹן, פְּגִיעָה
2. (violation) — עֲבֵירָה
3. (attack) — הַתְקָפָה
offensive *n.* — מִתְקָפָה
offensive *adj.* 1. (insulting) — מַעֲלִיב, פּוֹגֵעַ
2. (repugnant) — דוֹחֶה
3. (of an attack) — הֶתְקֵפִי, אוֹפֶנְסִיבִי
offer *n.* — הַצָּעָה
offer *vt.* 1. (propose) — הִצִּיעַ
2. (present) — הִגִּישׁ
offering *n.* 1. (proposal) — הַצָּעָה
2. (oblation) — מִנְחָה
offhand *adv.* — כִּלְאַחַר יָד
offhanded *adj.* — מְאוּלְתָּר
office *n.* 1. (business place) — מִשְׂרָד
2. (position) — מִשְׂרָה
box office *n.* — קוּפָּה
post office — בֵּית-דוֹאַר
good offices — עֶזְרָה
officeholder *n.* — בַּעַל-מִשְׂרָה
officer *n.* 1. (military person) — קָצִין
2. (policeman) — שׁוֹטֵר
3. (official) — פָּקִיד
commissioned officer — מְפַקֵּד קָצִין
noncommissioned officer — מַשַּׁ"ק (מְפַקֵּד שֶׁאֵינוֹ קָצִין)
petty officer — סַמָּל צִי
official *n.* — בַּעַל-תַּפְקִיד, פָּקִיד רִשְׁמִי
official *adj.* — רִשְׁמִי
officiate *vt.* — כִּיהֵן בְּתַפְקִיד
officiation *n.* — כְּהוּנָּה
officious *adj.* — מִתְעָרֵב, לָהוּט לָתֵת עֵצוֹת
offing *n.* — אוֹפֶק הַיָּם
in the offing — בָּאוֹפֶק, בֶּעָתִיד הַקָּרוֹב
offprint *n.* — תַּדְפִּיס
offset *n.* 1. (compensation) — קִיזּוּז, פִּיצּוּי
2. (printing process) — אוֹפְסֶט
offset *vt.* 1. — קִיזֵּז, פִּיצָּה
2. — הִדְפִּיס בְּאוֹפְסֶט
offshoot *n.* — נֵצֶר, שְׁלוּחָה
offshore *adv.* — מֵעֵבֶר לַחוֹף, בַּיָּם
offside *adj.* (*sports*) — מִחוּץ לַשֶּׁטַח
offspring *n.* — צֶאֱצָא, נֵצֶר
offstage *n.* — מִחוּץ לַבָּמָה, מֵאֲחוֹרֵי הַקְּלָעִים
often, oftentimes *adv.* — לְעִתִּים קְרוֹבוֹת
ogle *n.* — מַבָּט מִתְגָּרֶה
ogle *vt.* — נָעַץ מַבָּט מִתְגָּרֶה
ogre *n.* — מִפְלֶצֶת
oh! — הוֹי! אָהּ!
ohm *n.* — אוֹהם
oil *n.* 1. (viscous liquid) — שֶׁמֶן
2. (petroleum) — נֵפְט

castor oil שֶׁמֶן קִיק
mineral oil שֶׁמֶן מִנֶרָלִי, מְשֻׁלְשָׁל
snake oil תְּרוּפַת אֱלִיל
oil *vt.* שִׁימֵן
oilskin *n.* בַּד חֲסִין-מַיִם
oily *adj.* שַׁמְנוּנִי, חֲלַקְלַק
oink *n.* נְחִירַת חֲזִיר
ointment *n.* מִשְׁחָה
OK (okay) *adv.* בְּסֵדֶר
OK *vt.* אִישֵׁר, הִסְכִּים ל-
okra *n.* בָּמְיָה
old *adj.* 1. (long-living) זָקֵן
2. (long-existing) יָשָׁן
3. (of a specific age) בֶּן/בַּת-, בְּגִיל-
4. (of long experience/acquaintance) וָתִיק
old-fashioned 1. (outdated) מְיוּשָּׁן, לֹא בָּאוֹפְנָה
2. (conservative) שַׁמְרָנִי
olden *adj.* יָשָׁן, מִן הֶעָבָר
oldie *n.* שִׁיר/סֶרֶט יָשָׁן
oldness *n.* יוֹשֶׁן
oldster *n.* קָשִׁישׁ
oleaginous *adj.* שַׁמְנוּנִי
oleander *n.* הַרְדּוּף
oleo *n.* מַרְגָרִינָה
olfaction *n.* חוּשׁ הָרֵיחַ
olfactory *adj.* שֶׁל חוּשׁ הָרֵיחַ
oligarchy *n.* אוֹלִיגַרְכְיָה, שִׁלְטוֹן מִיעוּט
olive *n.* זַיִת, עֵץ זַיִת
Olympics *pn.* הַמִּשְׂחָקִים הָאוֹלִימְפִּיִּים
ombudsman *n.* נְצִיב תְּלוּנוֹת, אוֹמְבּוּדְסְמָן
omelette *n.* חֲבִיתָה
omen *n.* סִימָן, אוֹת לַבָּאוֹת
ominous *adj.* מְבַשֵּׂר רָעוֹת, מְאַיֵּם
omission *n.* הַשְׁמָטָה ; מֶחְדָּל
omit *n.* הִשְׁמִיט
omnibus *n.* אוֹטוֹבּוּס
omnidirectional *adj.* רַב-כִּיווּנִי
omnipotence *n.* יְכוֹלֶת בִּלְתִּי-מוּגְבֶּלֶת
omnipotent *adj.* כּוֹל-יָכוֹל
omnipresent *adj.* מָצוּי בְּכוֹל מָקוֹם
omnivorous *n.* אוֹכֵל הַכּוֹל
on *prep.* 1. (over; about) עַל
2. (in a location; at a time) בְּ-
3. (at the expense of) עַל חֶשְׁבּוֹן
on *adj.* (operating) דָּלוּק, פּוֹעֵל, בִּפְעוּלָה
on and off לְסֵירוּגִין
on and on לְלֹא הֶפְסֵק, בִּרְצִיפוּת
once *n.*; *adv.* 1. (one time) פַּעַם, פַּעַם אַחַת
2. (as soon as, when) מִיָּד כְּשֶׁ-, כַּאֲשֶׁר
once and for all אַחַת וּלְתָמִיד
once in a while מְדֵי פַּעַם
at once 1. (immediately) מִיָּד
2. (simultaneously) בְּבַת אַחַת
oncology *n.* אוֹנְקוֹלוֹגְיָה, רְפוּאַת הַגִּידוּלִים
oncoming *n.* הִתְקָרְבוּת
oncoming *adj.* מִתְקָרֵב, מְמַשְׁמֵשׁ וּבָא
one *n.*; *adj.* 1. (single) אַחַת, אֶחָד
2. (person) אָדָם, מִישֶׁהוּ
one-eyed עִיוֵּר בְּעַיִן אַחַת
one-liner בְּדִיחָה/עֲקִיצָה קְצָרָה
one-on-one אֶחָד כְּנֶגֶד אֶחָד
one-parent חַד-הוֹרִי
one-shot חַד-פַּעֲמִי
one-sided חַד-צְדָדִי
one-time לְשֶׁעָבַר, קוֹדֵם
one-way חַד-סִטְרִי
no one אַף אֶחָד
oneness *n.* אַחְדוּת
oneself *pron.* עַצְמוֹ
onetime *adj.* חַד-פַּעֲמִי
ongoing *adj.* נִמְשָׁךְ, מִתְמַשֵּׁךְ
onion *n.* בָּצָל
onionskin *n.* קְלִיפַּת בָּצָל
onlooker *n.* צוֹפֶה מִן הַצַּד, מַשְׁקִיף
only *adj.* יָחִיד
only *adv.* רַק, בִּלְבָד
onrush *n.* נְהִירָה, הִסְתַּעֲרוּת
onset *n.* 1. (beginning) הַתְחָלָה
2. (attack) הַתְקָפָה

onshore *adj.*	עַל הַחוֹף
onslaught *n.*	הַתקָפָה
onto *pron.*	עַל, מֵעַל ל-
ontology *n.*	חֵקֶר הַהֲוָיָה
onus *n.*	נֵטֶל, אַחֲרָיוּת
onward(s) *adv.*	קָדִימָה
onyx *n.*	שׁוֹהַם
ooze *n.*	בּוֹץ, רֶפֶשׁ
ooze *vi.*	נָזַל, נָטַף
opal *n.*	לֶשֶׁם
opalescent *adj.*	דְמוּי-לֶשֶׁם, נוֹצֵץ בְּשֶׁלַל צְבָעִים
opaque *adj.* 1. (not transparent)	אָטוּם, לֹא שָׁקוּף
2. (unintelligible)	מְעוּרפָּל, סָתוּם
opaqueness *n.* 1.	אֲטִימוּת, אִי-שְׁקִיפוּת
2.	עִירפּוּל
OPEC (Organization of Petroleum Exporting Countries)	אוֹפֶּ״ק (אִירגוּן הַמְדִינוֹת הַמְיַצְאוֹת נֵפט)
open *n.*	מָקוֹם פָּתוּחַ
open *vt.*; *vi.* 1. (unclose)	פָּתַח ; נִפתַח
2. (begin)	פָּתַח בּ-, הִתחִיל
open-and-shut	בָּרוּר, שֶׁקַל לִפסוֹק בּוֹ
open-ended 1. (unrestricted)	לֹא מוּגבָּל
2. (inconclusive)	לֹא מוּחלָט, לֹא מוּגדָר
open-minded	מְגַלֶה פְּתִיחוּת, לֹא מְשׁוּחָד
open *adj.* 1. (not closed)	פָּתוּחַ
2. (uncovered)	גָלוּי
3. (available)	פָּנוּי
opener *n.*	פּוֹתֵחַ
can opener	פּוֹתחָן
eye opener	תַגלִית מַפתִיעָה
openhanded *adj.*	נָדִיב
openhearted *adj.*	גְלוּי-לֵב
opening *n.* 1. (unclosing)	פְּתִיחָה
2. (hole, open space)	פֶּתַח
3. (start)	הַתחָלָה
4. (job vacancy)	מִשׂרָה פְּנוּיָה
5. (opportunity)	הִזדַמְנוּת
openly *adv.*	בְּגָלוּי
openness *n.*	פְּתִיחוּת
opera *n.*	אוֹפֶּרָה
soap opera	אוֹפֶּרַת סַבּוֹן, מֶלוֹדרָמָה טֶלֶבִיזיוֹנִית
operable *adj.*	שֶׁאֶפשָׁר לְנַתֵחַ
operate *vi.*; *vt.* 1. (work)	פָּעַל ; הִפעִיל, תִיפעֵל
2. (perform surgery)	נִיתַח
operation *n.* 1.	פְּעוּלָה, תִיפעוּל
2.	נִיתוּחַ
3. (military action or mission)	מִבצָע
sting operation	מַלכּוֹדֶת מִשׁטַרתִית
operative *n.* 1. (skilled worker)	עוֹבֵד מְיוּמָן
2. (secret agent)	סוֹכֵן חֲשָׁאִי
operative *adj.*	פּוֹעֵל, בְּתוֹקֶף, מְתַפקֵד
operator *n.* 1. (operates equipment)	מַפעִיל
2. (switchboard worker)	מֶרכָּזָן, מֶרכָּזָנִית
ham operator	חוֹבֵב רַדיוֹ
operetta *n.*	אוֹפֶּרֶטָה
ophthalmology *n.*	רְפוּאַת עֵינַיִים
opiate *n.*	סַם הַרגָעָה
opiate *vt.*	הִקהָה חוּשִׁים, הִרדִים
opinion *n.*	דֵעָה, הַשׁקָפָה
opinionated *adj.*	עוֹמֵד עַל דַעתוֹ
opium *n.*	אוֹפִּיוּם
opponency *n.*	יְרִיבוּת
opponent *n.*	יָרִיב, מִתנַגֵד
opportune *adj.*	מַתאִים, בַּזְמַן הַנָכוֹן
opportunism *n.*	אוֹפּוֹרטוּנִיזם, סְתַגְלָנוּת
opportunist *n.*	אוֹפּוֹרטוּנִיסט, סְתַגְלָן
opportunity *n.* 1. (occasion)	הִזדַמְנוּת
2. (favorable condition to act)	שְׁעַת כּוֹשֶׁר
oppose *vt.*	הִתנַגֵד ל-
as opposed to	לְעוּמַת, בְּנִיגוּד ל-
opposite *n.*	דָבָר מְנוּגָד, הֵיפֶךְ
opposite *adj.*	נֶגדִי, מְנוּגָד
opposite *pron.*	נֶגֶד, מוּל
opposition *n.* 1. (objection)	הִתנַגְדוּת
2. (party not in power)	אוֹפּוֹזִיצְיָה

oppress *vt.* דִיכֵּא, עָשַק
oppression *n.* דִיכּוּי, עוֹשֶק
oppressive *adj.* שֶל דִיכּוּי, עֲרִיצִי
oppressor *n.* מְדַכֵּא, עָרִיץ
opt *vi.* בָּחַר, הֶעֱדִיף
optic *adj.* אוֹפּטִי, שֶל רְאִייָה
fiber optics אוֹפּטִיקָה סִיבִית, הַעֲבָרַת אוֹר דֶרֶך סִיבִים
optical *adj.* אוֹפּטִי
optician *n.* אוֹפּטִיקַאי
optics *n.* אוֹפּטִיקָה
optimal *adj.* אוֹפּטִימָלִי, מֵיטָבִי
optimism *n.* אוֹפּטִימִיוּת
optimization *n.* מִיטוּב
optimize *vt.* מִיטֵב
optimum *n.* מַצָב מֵיטָבִי, יָעִיל בְּיוֹתֵר
option *n.* בְּרֵירָה, אוֹפּצִיָה
optometrist *n.* אוֹפּטוֹמֶטרִיסט, מוּמחֶה לִרְאִייָה
opulence *n.* שֶפַע
opulent *adj.* שוֹפֵעַ
opus *n.* אוֹפּוּס
or *conj.* אוֹ
or else אַחֶרֶת
oracle *n.* מַגִיד עֲתִידוֹת
oral *n.* בְּחִינָה בְּעַל-פֶּה
oral *adj.* 1. (spoken) שֶבְּעַל-פֶּה
 2. (of the mouth) שֶל הַפֶּה, אוֹרָלִי
orange *n.* תַפּוּז
orange *adj.* (color) כָּתוֹם
orangeade *n.* מַשקֶה תַפּוּזִים, אוֹרַנזָ'דָה
orate *vi.* נָאַם
oration *n.* נְאוּם
orator *n.* נוֹאֵם
oratorio *n.* אוֹרָטוֹרִיָה
oratory *n.* אוֹמָנוּת הַנְאוּם
orbit *n.* מַסלוּל בֶּחָלָל
orbit *vt.* נָע בְּמַסלוּל מִסָבִיב ל-
orchard *n.* פַּרדֵס, בּוּסתָן
orchestra *n.* תִזמוֹרֶת
chamber orchestra תִזמוֹרֶת קָמֶרִית
symphony orchestra תִזמוֹרֶת סִימפוֹנִית
orchestral *adj.* תִזמוֹרתִי
orchestrate *vt.* 1. (arrange) סִידֵר, עִיבֵּד
 2. (*music*) תִיזמֵר
orchestration *n.* 1. סִידוּר, עִיבּוּד
 2. תִיזמוּר
orchid *n.* סַחלָב
ordain *vt.* 1. (authorize) הִסמִיך
 2. (decree) צִיוָוה
ordained *adj.* מוּסמָך
ordainment *n.* הַסמָכָה
ordeal *n.* חֲוָויָה קָשָה
order *n.* 1. (arrangement) סֵדֶר
 2. (command) פְּקוּדָה, צַו
 3. (request to buy) הַזמָנָה
 4. (condition) מַצָב
 5. (fraternal organization) מִיסדָר
court order צַו בֵּית-מִשפָּט
in order בְּסֵדֶר
in order to כְּדֵי ל-
mail order הַזמָנָה בַּדוֹאַר
money order הַמחָאַת כֶּסֶף
on order בְּהַזמָנָה
on the order of בְּסֵדֶר גוֹדֶל שֶל
made to order לְפִי הַזמָנָה
restraining order צַו מְנִיעָה
order *vt.* 1. (command) צִיוָוה, פָּקַד עַל
 2. (request to buy) הִזמִין
orderly *adj.* מְסוּדָר
ordinal *adj.* סוֹדֵר, סִידוּרִי
ordinance *n.* תַקָנָה
ordinarily *adv.* בְּדֶרֶך כְּלָל, כָּרָגִיל
ordinary *adj.* רָגִיל
ordination *n.* הַסמָכָה
ordnance *n.* אַפסְנָאוּת
ordure *n.* צוֹאָה, טִינוֹפֶת
ore *n.* עַפרָה
oregano *n.* תַבלִין אוֹרֶגָנוֹ
organ *n.* 1. (body part) אֵבֶר, אֵיבָר

2. (musical instrument) עוּגָב
3. (publication) בִּיטָאוֹן
organdy *n.* אוֹרגַנדִי, אֲרִיג שָׁקוּף
organic *adj.* 1. (of the living) אוֹרגָנִי, שֶׁל הַחַי
2. (grown naturally) לְלֹא חוֹמָרִים מְלָאכוּתִיִים
3. (fundamental) בְּסִיסִי, מַהוּתִי
organism *n.* אוֹרגָנִיזם, יְצוּר חַי
organist *n.* נַגָן עוּגָב
organization *n.* אִירגוּן
organizational *adj.* אִירגוּנִי
organize *vt.* 1. (put together) אִירגֵן
2. (put in order) סִידֵר
organizer *n.* מְאַרגֵן
orgasm *n.* אוֹרגַזמָה, פּוּרקָן מִינִי
orgy *n.* אוֹרגִיָה, מִין קְבוּצָתִי
Orient *n.* הַמִזרָח, אַסיָה
orient *vt.* 1. (direct) כִּיוֵון, הִפנָה
2. (inform) הִקנָה מֵידָע
Oriental *n.*; *adj.* מִזרָחִי, אַסייָתִי
orientation *n.* 1. כִּיווּן, אוֹרייֶנטַציָה
2. הַקנָיַית מֵידָע
orifice *n.* פֶּתַח בַּגוּף
origin *n.* מָקוֹר ז׳ (מְקוֹרוֹת), מוֹצָא
original *adj.* מְקוֹרִי
originate *vi.* יָצָא מ-, נָבַע מ-
origination *n.* מָקוֹר ז׳ (מְקוֹרוֹת), הַתחָלָה
ornament *n.* קִישׁוּט
ornate *adj.* מְקוּשָׁט
orphan *n.* יָתוֹם
orphanage *n.* בֵּית-יְתוֹמִים
orthodontics *n.* יִישׁוּר שִׁינַיִים
orthodox *n.*; *adj.* אָדוּק, אוֹרתוֹדוֹקסִי
orthography *n.* אוֹרתוֹגרַפיָה, כְּתִיב נָכוֹן
orthopedic *adj.* אוֹרתוֹפֶּדִי
oscillate *vi.* הִתנוֹדֵד
oscillation *n.* תְנוּדָה
oscillator *n.* מַתנֵד
oscilloscope *n.* מַשׁקֵף תְנוּדוֹת
osculate *vt.* נִישֵׁק

ossify *vi.* הִתגָרֵם, הָפַךְ לְעֶצֶם
ostensible *adj.* כַּנִראֶה, לִכאוֹרָה
ostensibly *adv.* כִּבְיָכוֹל, לְמַרְאִית עַיִן
ostentation *n.* יוּמרָנוּת, רַאַוותָנוּת
ostentatious *adj.* יוּמרָנִי, רַאַוותָנִי
osteopathy *n.* אוֹסטֶיאוֹפַּתיָה, טִיפּוּל עֲצָמוֹת וּשְׁרִירִים
osteoporosis *n.* הִתנַוְונוּת עֲצָמוֹת
ostracize *vt.* נִידָה, הֶחֱרִים
ostracized *adj.* מְנוּדֶה
ostrich *n.* יָעֵן, בַּת-יַעֲנָה
OT (Old Testament) הַתָנָ״ךְ, הַבְּרִית הַיְשָׁנָה
other *adj.* 1. (else) אַחֵר, שׁוֹנֶה
2. (additional) נוֹסָף
other *pron.* מִישֶׁהוּ אַחֵר
other than מִלְבַד, זוּלַת
each other זֶה אֶת זֶה, אֶחָד אֶת הַשֵׁנִי
otherwise *adv.* אִם לֹא, אַחֶרֶת
otherworldly *adj.* שֶׁלֹא מִן הָעוֹלָם הַזֶה
otter *n.* כֶּלֶב מַיִם
Ottoman *n.*; *adj.* (Turk) עוֹתוֹמָנִי
ottoman *n.* 1. (sofa) סַפָּה
2. (footstool) הֲדוֹם
ouch! אוֹי!
ought *aux.* צָרִיךְ ל-
ounce *n.* אוּנקִייָה
fluid ounce אוּנקִיַית נוֹזֵל
our *adj.*, ours *pron.* שֶׁלָנוּ
oust *vt.* סִילֵק
ouster *n.* סִילוּק
out *adj.* 1. (outer) חִיצוֹנִי
2. (at a loss) מוּפסָד
lights out כִּיבּוּי אוֹרוֹת
out *adv.* בַּחוּץ ; הַחוּצָה
out of 1. (because of; from within) מִתוֹךְ
2. (lacking) חָסֵר לוֹ, נִגמַר לוֹ
3. (beyond) מִחוּץ ל-
out of it מְטוּשׁטָשׁ, לֹא מֵבִין מַה קוֹרֶה
out to מִתכַּוֵון ל-
made out of עָשׂוּי מ-

on the outs בְּרִיב, בְּמַחֲלוֹקֶת
out *vi.* יָצָא, הִתְגַּלָּה
outage *n.* 1. (lack) מַחסוֹר
 2. (stoppage) הַפסָקָה
power outage הַפסָקַת חַשמַל
outback *n.* מָקוֹם נִידָּח
outbid *vt.* הִצִּיעַ מְחִיר גָּבוֹהַּ מ-
outbound *adj.* יוֹצֵא
outbreak *n.* הִתפָּרְצוּת, אֵירוּעַ פִּתאוֹמִי
outburst *n.* הִתפָּרְצוּת, שֶׁטֶף
outcast *n.* מְנוּדֶּה
outcome *n.* תּוֹצָאָה
outcry *n.* זְעָקָה, מְחָאָה
outdated *adj.* מְיוּשָּׁן, שֶׁעָבַר זְמַנּוֹ
outdid *p.* outdo
outdo *vt.* עָלָה עַל, עָשָׂה יוֹתֵר מ-
outdoors *n.* מָקוֹם פָּתוּחַ
outdoors *adv.* בַּחוּץ, בַּאֲוִויר הַצַּח
outer *adj.* 1. (external) חִיצוֹנִי
 2. (farther out) מְרוּחָק, קִיצוֹנִי
outermost *adj.* הַמְרוּחָק בְּיוֹתֵר
outfall *n.* שֶׁפֶךְ
outfit *n.* 1. (equipment) צִיוּד
 2. (clothing) תִּלבּוֹשֶׁת
 3. (group) חֲבוּרָה
outfit *vt.* צִייֵד
outflank *vt.* אִיגֵּף
outfox *vt.* הֶעֱרִים עַל
outgoing *adj.* 1. (leaving) יוֹצֵא
 2. (friendly) יְדִידוּתִי
outgrow *vt.* 1. (become too large for) נַעֲשָׂה גָּדוֹל מִדַּי בִּשבִיל
 2. (discard a habit) נִגמַל מ-
outgrowth *n.* תּוֹלָדָה, תּוֹצָאָה
outguess *vt.* 1. (guess correctly) חָזָה נָכוֹן
 2. (outwit) הֶעֱרִים עַל, הָיָה יוֹתֵר חָכָם מ-
outhouse *n.* בֵּית-שִׁימוּשׁ חִיצוֹנִי
outing *n.* טִיוּל
outland *n.* אֶרֶץ זָרָה
outlandish *adj.* מוּזָר, מְשוּנֶּה

outlast *vt.* הֶאֱרִיךְ יָמִים, הִתקַיֵּים יוֹתֵר מ-
outlaw *n.* עֲבַריָין
outlaw *vt.* אָסַר, הוֹצִיא אֶל מִחוּץ לַחוֹק
outlay *n.* הוֹצָאָה כַּספִּית
outlet *n.* 1. (passage out) מוֹצָא
 2. (release) פּוּרקָן
 3. (electric receptacle) שֶׁקַע חַשמַלִּי
 4. (store) חֲנוּת מִפעָל
outline *n.* 1. (contour) מִתאָר, תַּרשִׁים
 2. (summary) תַּמצִית ,סִיכּוּם, סְקִירָה כְּלָלִית
outline *vt.* 1. רָשַׁם מִתאָר, שִׂירטֵט
 2. תִּימצֵת, סִיכֵּם, סָקַר
outlive *vt.* חַי יוֹתֵר מ-
outlook *n.* 1. (prospect) תַּשקִיף ; סִיכּוּי
 2. (viewpoint) הַשקָפָה
 3. (view) מַראֶה ז׳ (מַראוֹת)
outmaneuver *vt.* הֶעֱרִים עַל
outmoded *adj.* מְיוּשָּׁן, שֶׁיָּצָא מֵהָאוֹפנָה
outnumber *vt.* עָלָה בְּמִספָּרוֹ עַל
outpace *vt.* הִשִּׂיג, עָבַר אֶת
outpatient *n.* חוֹלֶה לֹא מְאוּשפָּז
outplay *vt.* שִׂיחֵק יוֹתֵר טוֹב מ-
outpost *n.* מוּצָב, עֶמדָּה
output *n.* 1. (production) תְּפוּקָה, הֶספֵּק
 2. (*comp.*) פֶּלֶט
outrage *n.* 1. (scandal) שַׁעֲרוּרִייָה
 2. (anger) זַעַם
outrage *vt.* הִכעִיס
outraged *adj.* זוֹעֵם, מְזוּעזָע
outrageous *adj.* שַׁעֲרוּרִייָתִי, מֵבִישׁ
outreach *n.* הוֹשָׁטַת יָד, סִיוּעַ
outrigger *n.* קוֹרָה לְיִיצוּב סִירָה
outright *adj.* מוּחלָט, גָּמוּר
outright *adv.* לְגַמרֵי, לַחֲלוּטִין
outsell *vt.* מָכַר יוֹתֵר מ-
outset *n.* הַתחָלָה, רֵאשִׁית
outshine *vt.* זָהַר יוֹתֵר מ-
outside *n.* חוּץ
outside *adj.* חִיצוֹנִי

outside *adv.* בַּחוּץ, הַחוּצָה

outsider *n.* אָדָם מִבַּחוּץ, לֹא מִשְׁתַּיֵּךְ לַחוּג

outsize *n.* גּוֹדֶל לֹא רָגִיל

outskirt(s) *n.* שׁוּלֵי הָעִיר, פַּרְבָּרִים

outsmart *vt.* הֶעֱרִים עַל

outspend *vt.* הוֹצִיא יוֹתֵר כֶּסֶף מ-

outspoken *adj.* גְּלוּי-לֵב, מְדַבֵּר גְּלוּיוֹת

outstanding *adj.* 1. (superb) מְעוּלֶּה, מְצוּיָּן

2. (unpaid) בַּר-פֵּירָעוֹן, שֶׁטֶּרֶם שׁוּלַּם

3. (unresolved) תָּלוּי וְעוֹמֵד

outstrip *vt.* עָבַר אֶת, עָלָה עַל

outvote *vt.* הֵבִיס בְּהַצְבָּעָה

outward *adj.* חִיצוֹנִי ; פּוֹנֶה הַחוּצָה

outward *adv.* כְּלַפֵּי חוּץ

outweigh *vt.* עָלָה בְּמִשְׁקָלוֹ עַל

outwit *vt.* הֶעֱרִים עַל

oval *adj.* סְגַלְגַּל, אֶלִיפְּטִי

ovarian *adj.* שַׁחַלְתִּי

ovary *n.* שַׁחֲלָה

ovate *adj.* דְּמוּי-בֵּיצָה, סְגַלְגַּל

ovation *n.* מְחִיאוֹת כַּפַּיִים, תְּשׁוּאוֹת

oven *n.* תַּנּוּר, כִּבְשָׁן

Dutch oven סִיר בִּישׁוּל

microwave oven תַּנּוּר מִיקְרוֹגַל

over *adj.* (finished) נִגְמַר, הִסְתַּיֵּים, גָּמוּר

over *prep.* 1. (above) עַל, מֵעַל ל-

2. (during) בְּמֶשֶׁךְ

3. (about, concerning) עַל, אוֹדוֹת

4. (via) דֶּרֶךְ, בְּאֶמְצָעוּת

5. (more than) יוֹתֵר מ-, מֵעַל ל-

6. (in excess) יוֹתֵר מִדַּי, מֵעַל לַדָּרוּשׁ

over *adv.* 1. (across) מֵעֵבֶר ל-

2. (again) שׁוּב, עוֹד פַּעַם

3. (in a two-way radio) עֲבוֹר

all over בְּכוֹל, עַל כּוֹל, בְּכוֹל מָקוֹם

overact *vt.; vi.* פָּעַל/שִׂיחֵק בְּהַגְזָמָה

overage *n.* עוֹדֶף

overage *adj.* מֵעַל לַגִּיל

overalls *n.* סַרְבָּל

overall *adj.* כּוֹלֵל, מַקִּיף

overall *adv.* בְּאוֹפֶן כְּלָלִי

overbear *vt.* הִשְׁתַּלֵּט עַל, הִכְרִיעַ

overbearing *adj.* שְׁתַלְטָנִי, יָהִיר

overbite *n.* שִׁינַּיִים לֹא חוֹפְפוֹת (בִּסְגִירָה)

overblown *adj.* מְנוּפָּח, מוּגְזָם

overboard *adv.* מִן הַסִּיפּוּן אֶל הַיָּם

go overboard הִגְזִים, הִפְרִיז

overbook *vt.* מָכַר יוֹתֵר מִדַּי כַּרְטִיסִים

overbuild *vi.* בָּנָה יוֹתֵר מִדַּי

overcame *p.* overcome

overcast *adj.* מְעוּנָּן

overcharge *n.* מְחִיר מוּפְרָז

overcharge *vt.* 1. (charge excessively) הִפְקִיעַ מְחִיר

2. (overload) הִטְעִין/הֶעֱמִיס יָתֵר עַל הַמִּידָּה

overcoat *n.* 1. (jacket) מְעִיל עֶלְיוֹן

2. (coating) שִׁיכְבָה עֶלְיוֹנָה

overcome *vt.* הִתְגַּבֵּר עַל, הִכְרִיעַ

overcook *vt.* בִּישֵּׁל יָתֵר עַל הַמִּידָּה

overcrowded *adj.* צָפוּף מִדַּי

overcrowding *n.* צְפִיפוּת-יֶתֶר

overdo *vt.* 1. (exaggerate) הִגְזִים, הִפְרִיז

2. (cook too long) בִּישֵּׁל יָתֵר עַל הַמִּידָּה

overdone *adj.* 1. מוּגְזָם, מוּפְרָז

2. מְבוּשָּׁל מִדַּי

overdose *n.* מְנַת-יֶתֶר

overdraft *n.* מְשִׁיכַת-יֶתֶר

overdraw *vt.* עָשָׂה מְשִׁיכַת-יֶתֶר

overdrawn *adj.* בְּיִתְרַת חוֹבָה, בְּגֵירָעוֹן

overdrive *n.* הִילּוּךְ נוֹסָף

overdue *adj.* 1. (not paid) עָבַר זְמַן פֵּרָעוֹנוֹ

2. (late) מְאוּחָר, עָבַר זְמַנּוֹ

overexpose *vt.* חָשַׂף יָתֵר עַל הַמִּידָּה

overexposure *n.* חֲשִׂיפַת-יֶתֶר

overflow *n.* גְּלִישָׁה, שִׁיטָּפוֹן

overflow *vi.* גָּלַשׁ, עָלָה עַל גְּדוֹתָיו

overgrow *vi.* גָּדַל/צָמַח יָתֵר עַל הַמִּידָּה

overgrown *adj.* מְגוּדָּל מִדַּי

overhand *adv.* מֵעַל לַכָּתֵף

overhang *n.* בְּלִיטָה
overhang *vt.; vi.* תָּלָה ; הָיָה תָלוּי מֵעַל ל-
overhaul *n.* שִׁיפּוּץ, אוֹבֶרוֹל
overhaul *vt.* שִׁיפֵּץ, עָשָׂה אוֹבֶרוֹל
overhead *n.* (expenses) הוֹצָאוֹת כְּלָלִיּוֹת
overhead *adv.* מֵעַל לָרֹאשׁ
overhear *vt.* שָׁמַע בְּמִקְרֶה
overheat *vt.;vi.* חִימֵּם/הִתְחַמֵּם יוֹתֵר מִדַּי
overjoy *vi.* הִתְמַלֵּא שִׂמְחָה
overkill *n.* 1. (excessive killing) קֶטֶל-יֶתֶר
2. (excess) הַגְזָמָה, הַפְרָזָה
overland *adj.* יַבַּשְׁתִּי
overlap *n.* חֲפִיפָה
overlap *vt.* חָפַף
overlay *n.* צִיפּוּי, רוֹבֶד
overlay *vt.* צִיפָּה, כִּיסָּה
overlook *vt.* 1. (look over) הִשְׁקִיף עַל
2. (ignore) הִתְעַלֵּם מ-
3. (supervise) הִשְׁגִּיחַ עַל
overly *adv.* יָתֵר עַל הַמִּידָה, יוֹתֵר מִדַּי
overmaster *vt.* הִתְגַּבֵּר עַל, הִכְנִיעַ
overmuch *adj.; adv.* יוֹתֵר מִדַּי
overnight *adj.* 1. (of a night) שֶׁל לַיְלָה אֶחָד
2. (sudden) פִּתְאוֹמִי
overnight *adv.* (for a night) בְּמֶשֶׁךְ לַיְלָה, לְלַיְלָה אֶחָד
2. (suddenly) בִּן-לַיְלָה, פִּתְאוֹם
overpass *n.* גֶּשֶׁר, צוֹמֶת עִילִית
overpay *vt.* שִׁילֵּם יוֹתֵר מִדַּי
overplay *vt.* הִגְזִים בּ-
overpopulation *n.* אִיכְלוּס-יֶתֶר, צְפִיפוּת
overpower *vt.* גָּבַר עַל, הִכְנִיעַ
overqualified *adj.* שֶׁכִּישּׁוּרָיו מֵעַל לַדָּרוּשׁ
overrate *vt.* הִגְזִים בְּהַעֲרָכָה
overreach *vt.* הִשְׁתָּרֵעַ/נִיסָּה מֵעַל לִיכוֹלְתּוֹ
override *n.* בִּיטּוּל
manual override הַפְעָלָה יְדָנִית
override *vt.* בִּיטֵּל
overriding *adj.* חָשׁוּב בְּיוֹתֵר, מַכְרִיעַ
overrule *vt.* דָּחָה, פָּסַק נֶגֶד
overrun *vt.* פָּשַׁט, הֵצִיף
overscale *adj.* מֵעַל לַמִּידָה
overseas *adj.; adv.* מֵעֵבֶר לַיָּם
oversee *vt.* פִּיקֵּחַ, הִשְׁגִּיחַ עַל
overseer *n.* מְפַקֵּחַ, מַשְׁגִּיחַ
oversexed *adj.* בַּעַל תַּאֲווֹת מִין מוּפְרֶזֶת
overshadow *vt.* הֶעֱמִיד בַּצֵּל, הֶאֱפִיל עַל
overshoe *n.* עַרְדָּל
overshoot *vt.* יָרָה מֵעֵבֶר ל-, עָבַר עַל
oversight *n.* 1. (omission) חוֹסֶר תְּשׂוּמֶת לֵב, מֶחְדָּל
2. (supervision) הַשְׁגָּחָה, פִּיקּוּחַ
oversize *n.; adj.* גָּדוֹל מִדַּי
oversleep *vi.* יָשַׁן יוֹתֵר מִדַּי
overstate *vt.* הִגְזִים, הִפְרִיז בְּתֵיאוּר
overstatement *n.* לְשׁוֹן הַגְזָמָה, הַפְרָזָה
overstay *vt.* נִשְׁאַר יוֹתֵר מִדַּי זְמַן
overstep *vt.* חָרַג מ-, הִרְחִיק לֶכֶת
overstuff *vt.* מִילֵּא יוֹתֵר מִדַּי
overt *adj.* גָּלוּי
overtake *vt.* 1. (catch up with) הִשִּׂיג
2. (pass) עָקַף, עָבַר
overtax *vt.* הֵטִיל מִסִּים גְּבוֹהִים מִדַּי
overthrow *n.* הַדָּחָה, הֲפִיכָה
overthrow *vt.* הֵדִיחַ, הִפִּיל
overtime *n.* שָׁעוֹת נוֹסָפוֹת
overtime *adv.* מֵעֵבֶר לַזְּמַן
overtone *n.* רֶמֶז, נִימַת לְוַואי
overtop *vt.* עָלָה עַל
overture *n.* 1. (musical prelude) פְּתִיחָה
2. (initiating offer) הַצָּעַת גִּישּׁוּשׁ
overturn *vt.; vi.* 1. (turn over) הָפַךְ ; הִתְהַפֵּךְ
2. (invalidate) בִּיטֵּל
overview *n.* סְקִירָה כְּלָלִית
overweening *adj.* יָהִיר, מִתְנַשֵּׂא
overweigh *vt.* עָלָה בְּמִשְׁקָלוֹ/בַּחֲשִׁיבוּתוֹ עַל
overweight *n.* עוֹדֶף מִשְׁקָל
overweight *adj.* שָׁמֵן, בַּעַל מִשְׁקָל עוֹדֵף
overwhelm *vt.* 1. (overpower) הִכְנִיעַ, גָּבַר עַל

2. (sweep)	סָחַף, הֵצִיף
3. (stun)	הָמַם, הִדהִים
overwhelmed *adj.*	הָמוּם, נִדהָם
overwhelming *adj.*	מַכרִיעַ
overwhelmingly *adv.*	בְּאוֹפֶן מַכרִיעַ
overwork *vi.; vt.*	עָבַד/הֶעֱבִיד קָשֶׁה מִדַּי
overwrought *adj.*	נִרגָשׁ, מָתוּחַ
oviduct *n.*	צִינוֹר הַשַּׁחֲלָה
oviparity *n.*	הַטָּלַת בֵּיצִים
oviparous *adj.*	מַטִילָה בֵּיצִים
ovoid *adj.*	דְמוּי-בֵּיצָה
ovular *adj.*	שֶׁל בֵּיצָה
ovulate *vi.*	בִּייֵצָה
ovulation *n.*	בִּיוּץ
ovulatory *adj.*	שֶׁל בִּיוּץ
ovum *n.*	בֵּיצִית
owe *vt.*	הָיָה חַייָב
owing *adj.*	מַגִיעַ, לֹא שׁוּלָם
owing to	בִּגלַל, בְּשֶׁל
owl *n.*	יַנשׁוּף
owlet *n.*	יַנשׁוּפוֹן
own *adj.*	שֶׁלוֹ
hold one's own	שָׁמַר עַל כּוֹחוֹ
of one's own	מִשֶּׁלוֹ
on one's own	בְּעַצמוֹ
own *vt.* 1. (possess)	הָיָה הַבְּעָלִים שֶׁל, הָיָה לוֹ
2. (acknowledge)	הוֹדָה בּ-
owner *n.*	בַּעַל, בְּעָלִים
ownership *n.*	בַּעֲלוּת
ox *n.*	שׁוֹר (שְׁווָרִים)
oxbow *n.*	עוֹל
oxen *pl.* ox	
oxidation *n.*	חִימצוּן, הִתחַמצְנוּת
oxide *n.*	תַּחמוֹצֶת
zinc oxide	תַּחמוֹצֶת אָבָץ
oxidize *vt.; vi.*	חִימצֵן ; הִתחַמצֵן
oxygen *n.*	חַמצָן
oxygenic *adj.*	חַמצָנִי
oxymoron *n.*	צֶמֶד הֲפָכִים
oz. (ounce)	אוּנקִייָה
oyster *n.*	צְדָפָה
ozone *n.*	אוֹזוֹן

P

P הָאוֹת הַשֵּׁשׁ-עֶשְׂרֵה בָּאָלֶפְבֵּית הָאַנגלִי
PAC (political action committee) שְׁדוּלָה פּוֹלִיטִית
pace *n.* 1. (tempo) קֶצֶב
 2. (step) צַעַד
pace *vt.*; *vi.* 1. (step) צָעַד, פָּסַע
 2. (measure) מָדַד
pacemaker *n.* (heart instrument) קוֹצֵב לֵב
pacification *n.* פִּיּוּס
pacifier *n.* (for baby) מוֹצֵץ
pacifism *n.* פָּצִיפִיזְם
pacifist *n.* פָּצִיפִיסְט
pacify *vt.* הִרְגִּיעַ, פִּיֵּס
pack *n.* חֲפִיסָה, חֲבִילָה
pack *vt.* 1. (wrap up) אָרַז
 2. (cram) דָּחַס
package *n.* חֲבִילָה; אֲרִיזָה
package *vt.* אָרַז
packer *n.* אוֹרֵז
packet *n.* חֲבִילָה
packsaddle *n.* אוּכַּף מַשָּׂא
pact *n.* אֲמָנָה, בְּרִית
pad *n.* 1. (cushion) רְפִידָה
 2. (writing paper) דַּפְדָּף, בְּלוֹק כְּתִיבָה
launch pad כַּן שִׁילוּחַ
pad *vt.* רִיפֵּד
paddle *n.* 1. (oar) מָשׁוֹט
 2. (racket) מַחְבֵּט
paddle *vi.* חָתַר
paddock *n.* מִרְעֶה סוּסִים
padlock *n.* מַנְעוּל תְּלִיָּיה
padre *n.* כּוֹמֶר
pagan *n.* עוֹבֵד אֱלִילִים
paganism *n.* עֲבוֹדַת אֱלִילִים
page *n.* 1. (leaf) עַמּוּד
 2. (attendant) נַעַר שָׁלִיחַ
front page עַמּוּד רִאשׁוֹן
op-ed page עַמּוּד מַאַמְרֵי מַעֲרֶכֶת
yellow pages דַּפֵּי זָהָב
page *vt.* קָרָא לְ-, זִימֵּן
pageant *n.* מוֹפָע, טֶקֶס
pageboy *n.* נַעַר שָׁלִיחַ
pager *n.* זִימּוּנִית, אִיתּוּרִית
paginate *vt.* עִימֵּד
pagination *n.* עִימּוּד
pagoda *n.* פָּגוֹדָה
pail *n.* דְּלִי
pain *n.* כְּאֵב
pain in the ass "קוֹץ בַּתַּחַת"
pain in the neck "עֶצֶם בַּגָּרוֹן"
pains מַאֲמָץ גָּדוֹל
pain *vt.* הִכְאִיב
painful *adj.* כּוֹאֵב, מַכְאִיב
painkiller *n.* מְשַׁכֵּךְ כְּאֵבִים
painless *adj.* חֲסַר-כְּאֵב, לֹא מַכְאִיב
painstaking *adj.* קַפְּדָנִי, שַׁקְדָנִי
paint *n.* צֶבַע
paint *vt.* 1. (cover with paint) צָבַע
 2. (make a picture) צִיֵּיר
paintbrush *n.* מִכְחוֹל, מִבְרֶשֶׁת צֶבַע
painter *n.* 1. (worker) צַבָּע
 2. (artist) צַיָּיר
painting *n.* (art work) צִיּוּר, תְּמוּנָה
pair *n.* זוּג ז׳ (זוּגוֹת)
pair *vt.* זִיוּוֵג
pajama *n.* נַמְנָמָה, פִּיגָ׳מָה
PAL (phase alternation line) פַּל (שִׁיטַת שִׁידּוּר)
pal *n.* חָבֵר, יָדִיד
pen pal חָבֵר לָעֵט
palace *n.* אַרְמוֹן ז׳ (אַרְמוֹנוֹת)
palatable *adj.* 1. (tasty) טָעִים
 2. (pleasant) נָעִים
palatal *adj.* חִכִּי

palate *n.* חֵך
palatial *adj.* מְפוֹאָר, דוֹמֶה לְאַרמוֹן
palaver *n.* פִּיטפּוּט, קִישקוּש
pale *adj.* חִיווֵר
pale *vi.* הֶחווִיר
paleness *n.* חִיווָרוֹן
paleography *n.* חֵקֶר כְּתָב קָדוּם
palaeo-Hebrew *n.* הַכְּתָב הָעִברִי הַקָדוּם
paleontologist *n.* חוֹקֵר מְאוּבָּנִים
paleontology *n.* חֵקֶר מְאוּבָּנִים
Palestine *n.* פָּלֶסטִין, פָּלֶסטִינָה, אֶרֶץ יִשׂרָאֵל
palette *n.* לוּחִית צְבָעִים
palimony *n.* דְמֵי מְזוֹנוֹת
palisade *n.* גָדֵר נ׳ (גְדֵרוֹת)
palisades *pn.* רֶכֶס צוּקִים
pall *n.* אֲרוֹן מֵתִים; כִּיסוּי לָאָרוֹן
pall *vi.* נַעֲשָׂה מְשַׁעֲמֵם/תָפֵל
pallbearer *n.* נוֹשֵׂא אֲרוֹן (-מֵתִים)
pallet *n.* מִזרַן קַש
palliate *vt.* שִׁיכֵּךְ, הֵקֵל
palliation *n.* שִׁיכּוּךְ, הֲקָלָה
pallid *adj.* חִיווֵר, חֲסַר-חַיוּת
pallor *n.* חִיווָרוֹן
palm *n.* 1. (of a hand) כַּף יָד
2. (tree) דֶקֶל
palm *vt.* הִסתִיר בַּיָד
palm off הוֹנָה, רִימָה
palmistry *n.* קְרִיאַת כַּף הַיָד
palmy *adj.* מְשַׂגשֵׂג
palomino *n.* סוּס פָּלוֹמִינוֹ
palpable *adj.* נִיתָן לְמִישׁוּשׁ
palpate *vt.* מִישֵׁשׁ
palpation *n.* מִישׁוּשׁ
palpitate *vi.* 1. (quiver) רָטַט, רָעַד
2. (beat) פָּעַם, דָפַק
palpitation *n.* 1. רֶטֶט, רַעַד
2. דְפִיקוֹת לֵב, דוֹפֶק מָהִיר
palsy *n.* שִׁיתוּק
cerebral palsy שִׁיתוּק מוֹחִי
palter *vi.* 1. (mislead) הוֹלִיךְ שׁוֹלָל
2. (haggle) הִתמַקֵחַ
paltry *adj.* חֲסַר-עֵרֶךְ
pamper *vt.* פִּינֵק
pamphlet *n.* חוֹבֶרֶת
pan *n.* מַחֲבַת
frying pan מַחֲבַת טִיגוּן
pan *vt.* סוֹבֵב מַצלֵמָה
panacea *n.* תְרוּפַת פֶּלֶא
panache *n.* נוֹצַת קִישׁוּט
pancake *n.* חֲמִיטָה, פַּנקֵייק
panchromatic *adj.* פַּנכרוֹמָטִי, רָגִישׁ לְכוֹל הַצְבָעִים
pancreas *n.* לַבלָב
pancreatic *adj.* שֶׁל הַלַבלָב
pancreatitis *n.* דַלֶקֶת הַלַבלָב
panda *n.* דוֹב פַּנדָה
pandemic *adj.* נָפוֹץ
pandemonium *n.* מְהוּמָה, הֲמוּלָה
pander *n.* סַרסוּר
pander *vi.* סִיפֵּק, פָּנָה לַיֵצֶר
pandowdy *n.* פַּשטִידַת פֵּירוֹת
pane *n.* שִׁמשָׁה
panegyric *n.* דִברֵי הַלֵל, שֶׁבַח
panel *n.* 1. (board) לוּחַ ז׳ (לוּחוֹת)
2. (wall covering) סָפִין, פָּנֶל
3. (discussion group) צֶוֶות דִיוּן
control panel לוּחַ בַּקָרָה
panel *vt.* צִיפָּה בְּפָּנֶלִים
panelist *n.* חֲבֵר צֶוֶות דִיוּן
pang *n.* כְּאֵב עַז
panhandle *n.* רְצוּעַת אֲדָמָה צָרָה
panhandle *vi.* קִיבֵּץ נְדָבוֹת
panhandler *n.* קַבְּצָן
panic *n.* בֶּהָלָה, פָּנִיקָה
panic *vi.* נִתקַף בְּבֶהָלָה
panicky *adj.* מְבוֹהָל, אֲחוּז-בֶּהָלָה
panoply *n.* חֲלִיפַת שִׁריוֹן
panorama *n.* פָּנוֹרָמָה, מַראֶה רָחָב
panoramic *adj.* פָּנוֹרָמִי
panpipe *n.* חֲלִיל קָנִים

pansy *n.* אַמנוֹן וְתָמָר
pant *vi.* הִתנַשֵּׁם
pantheon *n.* מִקדָּשׁ אֱלִילִים
panther *n.* פַּנתֵּר
pantomime *n.* פַּנטוֹמִימָה
pantomimist *n.* פַּנטוֹמִימַאי
pantry *n.* מְזָוֶוה
pants *pn.* מִכנָסַיִים
pantsuit *n.* חֲלִיפַת מִכנָסַיִים
panties *pn.* תַּחתּוֹנִים
pantyhose *n.* גַרבּוֹנִים, גַרבֵּי מִכנָס
pantywaist *n.* חֲלִיפַת תִּינוֹק
pap *n.* 1. (nipple) פִּטמָה
2. (mash) דַּייסָה
papa *n.* אַבָּא
papacy *n.* אַפִּיפיוֹרוּת
papal *adj.* שֶׁל הָאַפִּיפיוֹר
papaya *n.* פַּפָּאיָה
paper *n.* 1. (substance) נְיָיר ז׳ (נְיָירוֹת)
2. (newspaper) עִיתּוֹן
3. (composition) חִיבּוּר, מַאֲמָר
carbon paper נְייַר הַעתָקָה
construction paper נְייַר עִיצוּב
crepe paper נְייַר קְרֶפּ
on paper 1. (written down) בִּכתָב
2. (in theory) לַהֲלָכָה, תֵּיאוֹרֶטִית
term paper עֲבוֹדָה סֶמִינַריוֹנִית
toilet paper נְייַר טוּאָלֶט
walking papers כְּתַב פִּיטוּרִין
paper *vt.* צִיפָּה בִּניָיר קִיר
paperback *n.* כְּרִיכָה רַכָּה
paperboard *n.* קַרטוֹן
paperweight *n.* מַכבֵּדָה
paperwork *n.* נַייֶרֶת, עֲבוֹדַת מִשֹׂרָד
papilla *n.* פִּטמָה, גַבשׁוּשִׁית
paprika *n.* פַּפּרִיקָה
papyrus *n.* פַּפִּירוּס, גוֹמֶא
par *n.* 1. (equality) שִׁוויוֹן
2. (value) שׁוֹוִי, עֵרֶך
par excellence הַטּוֹב בְּיוֹתֵר

parable *n.* מָשָׁל, חִידָה
parabola *n.* פָּרָבּוֹלָה
parachute *n.* מַצנֵחַ
parachute *vi.* צָנַח
parachutist *n.* צַנחָן
parade *n.* תַּהֲלוּכָה, מִצעָד
hit parade מִצעַד פִּזמוֹנִים
parade *vi.; vt.* 1. (march) צָעַד בְּתַהֲלוּכָה; הִצעִיד
2. (flaunt) הִפגִין
paradigm *n.* תַּבנִית, פָּרָדִיגמָה
paradise *n.* גַן עֵדֶן
fool's paradise גַן עֵדֶן שֶׁל שׁוֹטִים
paradox *n.* סְתִירָה, פָּרָדוֹקס
paradoxical *adj.* פָּרָדוֹקסָלִי
paraffin *n.* פָּרָפִין
paragon *n.* מוֹפֵת, דָּבָר מוּשׁלָם
paragraph *n.* פִּיסקָה, קֶטַע
parakeet *n.* תּוּכִּי
paralegal *n.* שׁוּלִיַת עוֹרֵך דִּין
parallax *n.* הֶיסֵט
parallel *n.* 1. (line) קַו מַקבִּיל
2. (latitude) קַו רוֹחַב
3. (comparison) הַקבָּלָה
parallel *adj.* מַקבִּיל
parallel *vt.* הִקבִּיל ל-
parallelism *n.* תִּקבּוֹלֶת
parallelogram *n.* מַקבִּילִית
paralysis *n.* שִׁיתּוּק
paralytic *adj.* שִׁיתּוּקִי; מְשׁוּתָק
paralyzation *n.* שִׁיתּוּק
paralyze *vt.* שִׁיתֵּק
paralyzed *adj.* מְשׁוּתָק
paramedic *n.* חוֹבֵשׁ
parameter *n.* 1. (boundary) תְּחוּם
2. (variable) מִשׁתַּנֶּה
paramilitary *adj.* צְבָאִי לְמֶחֱצָה
paramnesia *n.* זִיכָּרוֹן מְסוּלָּף
paramount *adj.* עֶליוֹן, רָאשִׁי
paramour *n.* מְאַהֵב

paranoia *n.* פָּרָנוֹיָה, תַּסבִּיךְ רְדִיפָה
paranoid *adj.* סוֹבֵל מִתַּסבִּיךְ רְדִיפָה
paranormal *adj.* עַל-טִבעִי
parapet *n.* מַעֲקֶה ; חוֹמַת מָגֵן
paraphernalia *pn.* צִיוּד, כֵּלִים
paraphrase *n.* פָּרַפרָזָה, נִיסוּחַ שׁוֹנֶה
paraphrase *vt.* נִיסַח בְּמִילִים אֲחֵרוֹת
paraplegic *adj.* מְשׁוּתָּק בְּרַגלָיו
parasite *n.* טַפִּיל, פָּרָזִיט
parasitic *adj.* טַפִּילִי
parasitology *n.* חֵקֶר טַפִּילִים
parasol *n.* שִׁמשִׁייָה
paratrooper *n.* צַנחָן
parboil *vt.* בִּישֵׁל לְמֶחֱצָה
parcel *n.* 1. (package) חֲבִילָה
2. (plot of land) חֶלקַת אֲדָמָה
parcel *vt.* חִילֵק
parch *vt.* יִיבֵּשׁ
parchment *n.* קְלָף
pardon *n.* 1. (forgiveness) סְלִיחָה, מְחִילָה
2. (amnesty) חֲנִינָה
pardon *vt.* 1. סָלַח ל-
2. חָנַן
pare *vt.* קִילֵף
paregoric *n.* חוֹמֶר הַרגָּעָה
parent *n.* 1. (father/mother) הוֹרֶה
2. (origin) מוֹצָא, מָקוֹר
parent *vt.* גִּידֵל יְלָדִים
parentage *n.* מוֹצָא
parental *adj.* הוֹרִי, שֶׁל הוֹרִים
parentheses *pn.* סוֹגרַיִים
parenthetic *adj.* מוּסגָר
parenthood *n.* הוֹרוּת
parenting *n.* גִּידוּל יְלָדִים
paresis *n.* שִׁיתוּק חֶלקִי
par excellence *adj.* מְעוּלֶה
parfait *n.* פַּרפֶּרֶת
pari-mutuel *n.* הִימוּר סוּסִים
pariah *n.* מְנוּדֶּה
parish *n.* 1. (congregation) קְהִילָה
2. (county) מָחוֹז
parishioner *n.* חֲבֵר קְהִילָה
parity *n.* שִׁוויוֹן
park *n.* גַּן צִיבּוּרִי, פָּארק
amusement park גַּן שַׁעֲשׁוּעִים, לוּנָה פָּארק
industrial park אֵיזוֹר תַּעֲשִׂייָה
theme park גַּן שַׁעֲשׁוּעִים (בַּעַל מוֹטִיב)
trailer park חֶניוֹן קְרוֹנוֹעִים
park *vi.*; *vt.* חָנָה ; הֶחֱנָה
parking *n.* חֲנִייָה, חֲנָיָה
parkway *n.* כְּבִישׁ מְגוּנָּן
parlance *n.* נִיב, אוֹפֶן דִּיבּוּר
parlay *n.* הִימוּר
parlay *vt.* הִימֵר עַל
parley *n.* דִּיוּן, מַשָּׂא וּמַתָּן
parliament *n.* בֵּית-נִבחָרִים, פַּרלָמֶנט
parliamentary *adj.* פַּרלָמֶנטָרִי
parlor *n.* טְרַקלִין, סָלוֹן
beauty parlor מְכוֹן יוֹפִי
parlous *adj.* מְסוּכָּן
parochial *adj.* 1. (of a parish) מְחוֹזִי, קְהִילָתִי
2. (provincial) קַרתָנִי, צַר-אוֹפֶק
parochialism *n.* קַרתָנוּת
parody *n.* פָּרוֹדיָה, חִיקּוּי הִיתוּלִי
parole *n.* שִׁיחרוּר עַל תְּנַאי
parole *vt.* שִׁיחרֵר עַל תְּנַאי
parolee *n.* מְשׁוּחרָר עַל תְּנַאי
parquet *n.* רִצפַּת עֵץ
parricide *n.* רֶצַח בְּנֵי-מִשפָּחָה
parrot *n.* תּוּכִּי
parrot *vt.* חִיקָּה
parry *n.* הֲדִיפָה, הִתחַמְקוּת
parry *vt.* הָדַף, הִתחַמֵּק מ-
parse *vt.* פִּיצֵל, נִיתַּח מִשפָּט
parsimonious *adj.* חַסכָן, קַמצָן
parsimony *n.* חַסכָנוּת, קַמצָנוּת
parsley *n.* פֶּטרוֹזִילִיָה
parsnip *n.* גֶּזֶר לָבָן
parson *n.* כּוֹמֶר

part *n.* 1. (portion)	חֵלֶק
2. (role)	תַּפְקִיד
part-time	חֶלְקִי
for the most part	לָרוֹב, עַל פִּי רוֹב
in part	בְּאוֹפֶן חֶלְקִי, בְּמִידַּת-מָה
on the part of	מִצַּד
private parts	אֶבְרֵי הַמִּין
spare part	חֵלֶף, חֵלֶק חִילּוּף
take part	נָטַל חֵלֶק, הִשְׁתַּתֵּף
part *vt.* 1. (divide)	חִילֵּק
2. (take apart)	פֵּירֵק
3. *vi.* (separate)	נִפְרַד
part with	וִיתֵּר עַל
partake *vi.*	הִשְׁתַּתֵּף
partial *n.* 1. (incomplete)	חֶלְקִי
2. (not objective)	מְשׁוּחָד, חַד-צְדָדִי
partiality *n.*	אַפְלָיָה, מַשּׂוֹא פָּנִים
participant *n.*	מִשְׁתַּתֵּף
participate *vi.*	הִשְׁתַּתֵּף
participation *n.*	הִשְׁתַּתְּפוּת
participle *n.* (*gram.*)	בֵּינוֹנִי
active participle	בֵּינוֹנִי פּוֹעֵל
passive participle	בֵּינוֹנִי פָּעוּל
particle *n.* 1. (tiny piece)	חֶלְקִיק
2. (*gram.*)	מִילִּית
particular *n.*	פְּרָט
in particular	בִּפְרָט, בִּמְיוּחָד
particular *adj.* 1. (specific)	מְסוּיָּם, מוּגְדָּר
2. (fussy)	דַּקְדְּקָן, קַפְּדָן
particularly *adv.*	בִּפְרָט, בִּמְיוּחָד
partisan *n.* 1. (supporter)	תּוֹמֵךְ, חָסִיד
2. (guerrilla)	פַּרְטִיזָן, לוֹחֵם גֵּרִילָה
partisan *adj.*	חַד-צְדָדִי, סִיעָתִי
partisanship *n.*	חַד-צְדָדִיּוּת, סִיעָתִיּוּת
partita *n.*	פַּרְטִיטָה
partition *n.* 1. (division)	חֲלוּקָּה
2. (divider)	מְחִיצָּה
partition *vt.*	חִילֵּק
partner *n.*	שׁוּתָּף
partnership *n.*	שׁוּתָּפוּת

partridge *n.*	חוֹגְלָה
parturition *n.*	לֵידָה
partway *adv.*	חֵלֶק מֵהַדֶּרֶךְ, חֶלְקִית
party *n.* 1. (social gathering)	מְסִיבָּה
2. (political group)	מִפְלָגָה
3. (participant)	שׁוּתָּף
4. (side in a dispute/agreement)	צַד (צְדָדִים)
5. (group)	קְבוּצָה
party *vi.*	בִּילָּה בִּמְסִיבָּה
pass *n.* 1. (passage)	מַעֲבָר
2. (permit)	רְשׁוּת, הֶיתֵּר
3. (free ticket)	כַּרְטִיס חִינָּם
4. (grade)	צִיּוּן "עוֹבֵר"
5. (*sports*)	מְסִירָה
bring to pass	הֵבִיא לְ-
come to pass	קָרָה
make a pass at	נִיסָּה "לְהַתְחִיל" עִם
mountain pass	מַעֲבַר הָרִים
pass/fail	(צִיּוּן) עוֹבֵר/נִכְשָׁל
pass *vi.*; *vt.*	עָבַר ; הֶעֱבִיר
pass as	נֶחְשַׁב לְ-
pass away/on (die)	מֵת, נִפְטַר
pass by	עָבַר/חָלַף עַל-פְּנֵי
pass out 1. (faint)	הִתְעַלֵּף
2. (distribute)	הֵפִיץ
pass over (leave out)	פָּסַח, דִּילֵּג עַל
pass up	לֹא נִיצֵּל
passable *adj.*	עָבִיר
passage *n.* 1. (pass; path)	מַעֲבָר
2. (segment)	קֶטַע
passageway *n.*	מַעֲבָר
passbook *n.*	פִּנְקַס חִיסָּכוֹן
passé *adj.*	מְיוּשָּׁן, שֶׁעָבַר זְמַנּוֹ
passenger *n.*	נוֹסֵעַ
passerby *n.*	עוֹבֵר אוֹרַח
passim *adv.*	פֹּה וָשָׁם
passing *adj.* 1. (moving; elapsing)	עוֹבֵר, חוֹלֵף
2. (momentary)	רִגְעִי
3. (satisfactory)	(צִיּוּן) עוֹבֵר

passion *n.* 1. (desire) תְּשׁוּקָה, תַּאֲוָה
2. (emotion) רֶגֶשׁ, לַהַט
3. (enthusiasm) הִתלַהֲבוּת
passionate *adj.* 1. מָלֵא תְּשׁוּקָה
2. נִרגָשׁ, לוֹהֵט
3. נִלהָב
passive *adj.* 1. (inactive) פַּסִיבִי, אָדִישׁ
2. (*gram.*) סָבִיל
passivity *n.* פַּסִיבִיוּת, סְבִילוּת
passkey *n.* מַפתֵּחַ רָאשִׁי
Passover *n.* חַג הַפֶּסַח
passport *n.* דַרכּוֹן
password *n.* סִיסמָה
past *n.* הֶעָבָר
past *adj.* 1. (that passed) שֶׁעָבַר
2. (previous) קוֹדֵם
past *pron.* מֵעֵבֶר ל-
pasta *n.* אִטרִיוֹת, פַּאסטָה
paste *n.* 1. (adhesive) דֶבֶק
2. (creamy food) מִמרָח
3. (dough) בָּצֵק
paste *vt.* 1. (glue) הִדבִּיק
2. (cover with paste) מָרַח
pasteboard *n.* קַרטוֹן
pastel *n.* 1. (crayon) עֶפרוֹן צֶבַע
2. (soft hue) פַּסטֶל, גָוֶון רַךְ
pasteurization *n.* פִּיסטוּר, חִיטוּי
pasteurize *vt.* פִּיסטֵר, חִיטֵא
pasteurized *adj.* מְפוּסטָר
pastime *n.* בִּילוּי, בִּידוּר
pastor *n.* כּוֹמֶר, רוֹעֶה רוּחָנִי
pastoral *adj.* 1. (serene) שָׁלֵו, רָגוּעַ
2. (rural) כַּפרִי
3. (of shepherds) שֶׁל רוֹעִים
pastorship *n.* כְּמוּרָה
pastrami *n.* פַּסטרָמָה, בָּשָׂר מְעוּשָׁן
pastry *n.* דִברֵי מַאֲפֶה
Danish pastry עוּגַת שְׁמָרִים
pasture *n.* אַדמַת מִרעֶה
pat *n.* טְפִיחָה
stand pat עָמַד עַל שֶׁלוֹ
pat *vt.* טָפַח עַל
patch *n.* 1. (piece of cloth) טְלַאי
2. (plot of land) חֶלקָה
patch *vt.* הִטלִיא
patch up (settle) יִישֵׁב, סִידֵר
patchwork *n.* עֲבוֹדַת טְלָאִים
patchy *adj.* עָשׂוּי טְלָאִים ; לֹא אָחִיד
pate *n.* קוֹדקוֹד, רֹאשׁ
patella *n.* פִּיקַת הַבֶּרֶךְ
patent *n.* פָּטֶנט
patent *vt.* רָשַׁם פָּטֶנט
patent *adj.* בָּרוּר, גָלוּי לָעַיִן
paterfamilias *n.* רֹאשׁ מִשפָּחָה
paternal *n.* 1. (fatherly) אַבָּהִי
2. (on the father's side) מִצַד הָאָב
paternalism *n.* פָּטֶרנָלִיזם, שִׁלטוֹן אָב
paternity *n.* אַבהוּת
path *n.* שְׁבִיל, נָתִיב
pathetic *adj.* פָּתֶטִי, מְעוֹרֵר חֶמלָה
pathfinder *n.* חָלוּץ, סַיָיר
pathogen *n.* גוֹרֵם מַחֲלָה
pathogenesis *n.* הִיוָצְרוּת מַחֲלָה
pathological *adj.* פָּתוֹלוֹגִי
pathologist *n.* פָּתוֹלוֹג
pathology *n.* פָּתוֹלוֹגיָה, חֵקֶר מַחֲלוֹת
pathos *n.* פָּתוֹס, שִׁילהוּב רְגָשׁוֹת
pathway *n.* שְׁבִיל, דֶרֶךְ, נָתִיב
patience *n.* סַבלָנוּת
patient *n.* מְטוּפָּל, חוֹלֶה
patient *adj.* סַבלָנִי
patio *n.* פַּטִיוֹ, חָצֵר מְרוּצֶפֶת
patina *n.* חֲלוּדַת נְחוֹשֶׁת
patriarch *n.* 1. (family head) רֹאשׁ בֵּית-אָב
2. (church head) פַּטרִיאַרךְ
Patriarchs *pn.* (Bible) הָאָבוֹת
patriarchal *adj.* פַּטרִיאַרכָלִי
patriarchy *n.* פַּטרִיאַרכיָה, שִׁלטוֹן הָאָב/הַגֶבֶר
patrician *n.* בֶּן-אֲצוּלָה, אָרִיסטוֹקרָט

patricide *n.* רֶצַח אָב

patrilineal *adj.* מִצַּד הָאָב

patrimony *n.* יְרוּשָׁה (מִצַּד הָאָב)

patriot *n.* פַּטְרִיוֹט, נֶאֱמָן לַמּוֹלֶדֶת

patriotic *adj.* פַּטְרִיוֹטִי

patriotism *n.* פַּטְרִיוֹטִיוּת, אַהֲבַת הַמּוֹלֶדֶת

patristic *adj.* שֶׁל אֲבוֹת הַכְּנֵסִיָּה

patrol *n.* סִיוּר

police patrol סִיוּר מִשְׁטַרְתִּי

patrol *vt.* סִיֵּר בּ-, פִּיטְרֵל

patrolman *n.* שׁוֹטֵר מָקוֹף

patron *n.* 1. (customer) לָקוֹחַ ז׳ (לָקוֹחוֹת)

2. (supporter) פַּטְרוֹן, תּוֹמֵךְ, נוֹתֵן חָסוּת

patronage *n.* 1. לָקוֹחוֹת

2. פַּטְרוֹנוּת, חָסוּת

3. (political appointments) מִינּוּי לְמִשְׂרוֹת פּוֹלִיטִיּוֹת

patronize *vt.* 1. (sponsor) נָתַן חָסוּת

2. (be a customer) בִּיקֵּר כְּלָקוֹחַ

3. (look down at) נָהַג בְּהִתְנַשְּׂאוּת כְּלַפֵּי

patronizing *adj.* מִתְנַשֵּׂא

patronymic *adj.* לְפִי שֵׁם הָאָב

patsy *adj.* פֶּתִי

patter *vi.* טָפַף

pattern *n.* 1. (design) תַּבְנִית, צוּרָה

2. (model) דֶּגֶם, דוּגְמָה

3. (characteristic form) מַתְכּוֹנֶת, דְּפוּס

pattern *vt.* עָשָׂה לְפִי דוּגְמָה

patty *n.* 1. (ground beef) קְצִיצָה

2. (pie) תַּמְלִיא, פַּשְׁטִידָה

paucity *n.* מַחְסוֹר

paunch *n.* כָּרֵס, כֶּרֶס

paunchy *adj.* כַּרְסְתָנִי

pauper *n.* אֶבְיוֹן, רָשׁ

pauperize *vt.* רוֹשֵׁשׁ

pause *n.* הַפְסָקָה קְצָרָה, אַתְנַחְתָּה

pause *vt.* הִפְסִיק לְרֶגַע, עָצַר

pavane *n.* רִיקּוּד חָצֵר

pave *vt.* סָלַל, רִיצֵּף

pavement *n.* מִדְרָכָה ; שֶׁטַח מְרוּצָּף

pavilion *n.* 1. (small structure) בִּיתָן

2. (large tent) אוֹהֶל מוֹפָעִים

paw *n.* כַּפָּה, כַּף רֶגֶל (שֶׁל חַיָּה)

paw *vt.* בָּטַשׁ, רָקַע בָּרֶגֶל

pawl *n.* זִיז בְּלִימָה

pawn *n.* 1. (guaranty) מַשְׁכּוֹן, עֵירָבוֹן

2. (chess piece) פִּיוֹן, רַגְלִי

3. (hostage) בֶּן-עֲרוּבָּה ; כְּלִי מִשְׂחָק

pawnbroker *n.* מַשְׁכּוֹנַאי

pawnshop *n.* בֵּית-עֲבוֹט

pawpaw *n.* פָּפָיָה

pay *n.* תַּשְׁלוּם, שָׂכָר

back pay תַּשְׁלוּם רֶטְרוֹאַקְטִיבִי

base pay שְׂכַר יְסוֹד

severance pay פִּיצּוּיֵי פִּיטּוּרִין

pay *vt.* 1. (give money) שִׁילֵּם

2. *vi.* (be worthwhile) הִשְׁתַּלֵּם

pay off 1. (pay debt) פָּרַע (חוֹב)

2. (bribe) נָתַן שׁוֹחַד

3. (yield a return) הִשְׁתַּלֵּם

pay out הוֹצִיא (כֶּסֶף)

pay up שִׁילֵּם בִּמְלוֹאוֹ

payable *adj.* לְתַשְׁלוּם, בַּר-פֵּירָעוֹן

payback *n.* תַּגְמוּל

paycheck *n.* הַמְחָאַת מַשְׂכּוֹרֶת

payee *n.* מוּטָב, מְקַבֵּל הַתַּשְׁלוּם

payer *n.* מְשַׁלֵּם

payload *n.* מִטְעָן

paymaster *n.* שַׁלָּם

payment *n.* 1. (pay) תַּשְׁלוּם

2. (requital) גְּמוּל

payoff *n.* 1. (repayment) סִילּוּק חוֹב

2. (retribution) גְּמוּל

3. (bribe) שׁוֹחַד

payola *n.* שׁוֹחַד מִסְחָרִי

payroll *n.* רְשִׁימַת מְקַבְּלֵי מַשְׂכּוֹרֶת

PC (personal computer) פִּי.סִי (מַחְשֵׁב אִישִׁי)

PE (physical education) חִינּוּךְ גּוּפָנִי

pea *n.* אֲפוּנָה

peace *n.* 1. (absence of war) שָׁלוֹם

2. (tranquility)	שֶׁקֶט, שַׁלְוָוה
peaceable *adj.*	רוֹדֵף שָׁלוֹם
peaceful *adj.* 1. (tranquil)	שָׁקֵט, רָגוּעַ
2. (peaceable)	רוֹדֵף שָׁלוֹם
peacekeeping *n.*	שְׁמִירָה עַל הַשָּׁלוֹם
peacemaker *n.*	מַשְׁכִּין שָׁלוֹם
peacemaking *n.*	הַשְׁכָּנַת שָׁלוֹם
peacetime *n.*	עֵת שָׁלוֹם
peach *n.*	אֲפַרְסֵק
peachy *adj.*	בְּצֶבַע אֲפַרְסֵק
peacock *n.*	טַווָס
peak *n.*	שִׂיא, פִּסגָה
off-peak	לֹא בְּשעוֹת הַשִּׂיא
peak *vi.*	הִגִיעַ לְשִׂיא
peal *n.*	צִילצוּל פַּעֲמוֹנִים
peal *vi.*	צִילצֵל, רָעַם
peanut *n.*	בּוֹטֶן, אֱגוֹז אֲדָמָה
peanuts (little money)	סְכוּם זָעוּם
pear *n.*	אַגָס
prickly pear	צַבָּר
pearl *n.*	פְּנִינָה נ׳ (פְּנִינִים)
peasant *n.* 1. (farmer)	אִיכָּר ; בֶּן-כְּפָר
2. (uneducated)	בּוּר, עַם הָאָרֶץ
peasantry *n.*	מַעֲמַד הָאִיכָּרִים
peat *n.*	כָּבוּל
pebble *n.*	חַלוּק אֶבֶן, חָצָץ
pebbly *adj.*	מְכוּסֶה חָצָץ
pecan *n.*	אֱגוֹז פֶּקָאן
peccadillo *n.*	חֵטא קַל
peccary *n.*	חֲזִיר בָּר
peck *n.*	נִיקוּר
peck *vt.*	נִיקֵר
pectoral *adj.*	שֶׁל הֶחָזֶה
peculate *vi.*	מָעַל בּ-
peculation *n.*	מְעִילָה
peculiar *adj.* 1. (unusual)	מוּזָר, בִּלתִי-רָגִיל
2. (unique)	מְיוּחָד בְּמִינוֹ
peculiarity *n.*	יִיחוּד, יִיחוּדִיוּת
pecuniary *n.*	כַּספִּי
pedagogical *adj.*	פֶּדָגוֹגִי
pedagogy *n.*	פֶּדָגוֹגְיָה, מִקצוֹעַ הָהוֹרָאָה
pedal *n.*	דַוושָׁה
pedal *vi.*	דִיוֵושׁ, הִפעִיל דַוושָׁה
pedantic *adj.*	קַפְּדָנִי, דַקדְקָנִי
pedantry *n.*	קַפְּדָנוּת, דַקדְקָנוּת
peddle *vt.*	מָכַר
peddler *n.*	מוֹכֵר, רוֹכֵל
pedestal *n.*	כַּן, בָּסִיס
pedestrian *n.*	הוֹלֵךְ רֶגֶל
pediatrician *n.*	רוֹפֵא יְלָדִים
pediatrics *n.*	רְפוּאַת יְלָדִים
pedicel *n.*	גִבעוֹל
pedicure *n.*	פֶּדִיקוּר, טִיפּוּחַ רַגלַיִים
pedigree *n.*	שַׁלשֶׁלֶת יוּחֲסִין
pediment *n.*	גַמלוֹן
pedometer *n.*	מַד-צַעַד
pee *n.*	שֶׁתֶן, פִּיפִּי
pee *vi.*	הִשתִין, עָשָׂה פִּיפִּי
peek *n.*	הֲצָצָה
peek *vi.*	הֵצִיץ בּ-
peekaboo!	קוּקוּ!
peel *n.*	קְלִיפָּה
peel *vt.; vi.*	קִילֵף ; הִתקַלֵף
peeler *n.*	מַקלֵף
peen *n.*	חוֹד פַּטִישׁ
peep *n.*	הֲצָצָה
peep *vi.*	הֵצִיץ
peephole *n.*	חוֹר הֲצָצָה
peeping tom	מְצִיצָן
peer *n.* 1. (of equal standing)	שְׁוֵוה-מַעֲמָד
2. (nobleman)	אִישׁ-אֲצוּלָה
peer *vi.*	לָטַשׁ עֵינַיִים
peerage *n.*	אֲצוּלָה
peerless *adj.*	שֶׁאֵין שָׁוֶוה לוֹ
peeve *n.*	רוֹגֶז
peeve *vt.*	הִרגִיז
peevish *adj.*	נִרגָז, כַּעֲסָן
peewee *n.*	קְטַנטַן, גַמָד
peg *n.*	פִּין, יָתֵד
peg *vt.*	הִידֵק

pejorative *n.* מִילַת גְּנַאי
pekoe *n.* תֵּה שָׁחוֹר
pelagic *adj.* שֶׁל אוֹקְיָינוּס
pelf *n.* עוֹשֶׁר (מִמָּקוֹר מְפוּקְפָּק)
pelican *n.* שַׂקְנַאי
pellet *n.* כַּדּוּר, קָלִיעַ
pellmell *adv.* בְּאִי-סֵדֶר
pellucid *adj.* צָלוּל
pelt *n.* עוֹר חַיָּה
pelt *vt.* 1. (attack) תָּקַף
2. (hurl) זָרַק, הִשְׁלִיךְ
pelvic *adj.* שֶׁל אַגַּן יְרֵכַיִים
pelvis *n.* אַגַּן יְרֵכַיִים
pen *n.* 1. (writing instrument) עֵט
2. (enclosure) מִכְלָאָה, דִּיר
ballpoint pen עֵט כַּדּוּרִי
fountain pen עֵט נוֹבֵעַ
penal *adj.* שֶׁל עוֹנְשִׁין
penalization *n.* עֲנִישָׁה
penalize *vt.* עָנַשׁ, הֶעֱנִישׁ
penalty *n.* 1. (punishment) עוֹנֶשׁ
2. (fine) קְנָס ז׳ (קְנָסוֹת)
penance *n.* סִיגּוּפֵי חֲרָטָה
pence *n.* פֶּנִי, פְּרוּטָה
penchant *n.* מְשִׁיכָה, נְטִיָּה
pencil *n.* עִיפָּרוֹן ז׳ (עֶפְרוֹנוֹת)
pendant *n.* תַּלְיוֹן
pendent *adj.* תָּלוּי
pending *adj.* עוֹמֵד לִקְרוֹת; תָּלוּי וְעוֹמֵד
pending *prep.* עַד ל-
pendulous *adj.* תָּלוּי בְּרִפְיוֹן
pendulum *n.* מְטוּטֶלֶת
penetrable *adj.* חָדִיר
penetrate *vt.* חָדַר ל-
penetration *n.* חֲדִירָה
penguin *n.* פִּנְגְּוִוין
penicillin *n.* פֶּנִיצִילִין
penile *adj.* שֶׁל הַזַּיִן
peninsula *n.* חֲצִי אִי
penis *n.* זַיִן, אֵבֶר הַמִּין הַזְּכָרִי

penitent *n.* מִתְחָרֵט, חוֹזֵר בִּתְשׁוּבָה
penitentiary *n.* בֵּית-סוֹהַר
penknife *n.* אוֹלָר
penlight *n.* פַּנַּס כִּיס זָעִיר
penman *n.* אִישׁ עֵט, סוֹפֵר
penmanship *n.* אוֹמָנוּת כְּתַב הַיָּד, כְּתִיבָה תַּמָּה
pennant *n.* דֶּגֶל
penniless *adj.* חֲסַר-פְּרוּטָה
pennon *n.* דֶּגֶל
penny *n.* פֶּנִי; פְּרוּטָה
pennyroyal *n.* צֶמַח מִנְתָּה
pennywise *adj.* חַסְכָן
penology *n.* נִיהוּל בָּתֵּי-סוֹהַר
pension *n.* קִיצְבָּה, פֶּנְסְיָה
pensioner *n.* גִּימְלַאי, פֶּנְסְיוֹנֶר
pensive *adj.* מְהוּרְהָר
pentacle, pentagram *n.* כּוֹכָב מְחוּמָשׁ
pentagon *n.* מְחוּמָשׁ
Pentateuch *n.* חוּמָשׁ
penthouse *n.* דִּירַת גַּג, פֶּנְטְהָאוּז
penultimate *adj.* 1. (next to last) לִפְנֵי הָאַחֲרוֹן
2. (*gram.*) מִלְעֵילִי
penurious *adj.* 1. (stingy) קַמְצָן
2. (destitute) עָנִי מָרוּד
penury *n.* 1. קַמְצָנוּת
2. עוֹנִי
peon *n.* פּוֹעֵל, שְׂכִיר בְּחַוָּוה
people *n.* 1. (persons) אֲנָשִׁים, בְּנֵי-אָדָם
2. (citizens of a nation) עַם, אוּמָּה
boat people פְּלִיטֵי יָם
pep *n.* מֶרֶץ, הִתְלַהֲבוּת
pepper *n.* פִּלְפֵּל
bell pepper פִּלְפֵּל יָרוֹק
peppermint *n.* מִנְתָּה
pepperoni *n.* פֶּפֶּרוֹנִי (נַקְנִיק אִיטַלְקִי)
peppy *adj.* בַּעַל-מֶרֶץ, מָלֵא חַיִּים
peptic *adj.* שֶׁל מַעֲרֶכֶת הָעִיכּוּל
per *prep.* לְכוֹל

per annum לְשָׁנָה
per capita לְגוּלגוֹלֶת, לְאָדָם
per diem לְיוֹם
per se לְכשֶׁעַצמוֹ
perambulate *vt.* סִייֵר
perambulator *n.* עֶגלַת תִינוֹק
percale *n.* בַּד לסדִינִים
perceive *vt.* רָאָה, הֵבִין, תָפַס
percent *n.* אָחוּז
percentage *n.* אָחוּז, אָחוּז מֵהַכְּלָל
percentile *n.* מֵאוֹן
perceptible *adj.* מוּחָשִׁי
perception *n.* תְפִיסָה, תְחוּשָׁה
perceptive *adj.* מְהִיר-תְפִיסָה, שָׁנוּן
perceptual *adj.* תְפִיסָתִי
perch *n.* 1. (branch) עָנָף
2. (position) עֶמדָה
3. (fish) דַג אוֹקוּנוֹס
perch *vi.* יָשַׁב עַל עָנָף
perchance *adv.* אוּלַי, אֶפשָׁר
percipience *n.* תְפִיסָה, הֲבָנָה
percipient *adj.* מְהִיר-תְפִיסָה
percolate *vt.* 1. (filter) סִינֵן, חִילחֵל
2. (brew coffee) חָלַט קָפֶה
percolation *n.* סִינוּן, חִילחוּל
percolator *n.* פֶּרקוֹלָטוֹר, מַרתִיחַ קָפֶה
percussion *n.* 1. (strike) נְקִישָׁה, הַקָשָׁה
2. (musical instruments) כְּלֵי הַקָשָׁה
percussionist *n.* נַגַן כְּלֵי הַקָשָׁה
perdition *n.* אֲבַדוֹן
peregrination *n.* מַסָע ז׳ (מַסָעוֹת)
peremptory *adj.* פַּסקָנִי
perennial *adj.* רַב-שְׁנָתִי
perennially *adv.* לְכוֹל הַשָׁנָה
perfect *adj.* מוּשלָם, לְלֹא פְּגָם
perfect *vt.* הִשלִים, הֵבִיא לִשלֵימוּת
perfection *n.* שְׁלֵימוּת
perfectionist *n.* שׁוֹאֵף לִשְׁלֵימוּת
perfectly *adv.* 1. (in a perfect way) בְּצוּרָה מוּשלֶמֶת
2. (wholly) לַחֲלוּטִין, לְגַמרֵי
perfidious *adj.* בּוֹגדָנִי
perfidy *n.* בּוֹגדָנוּת
perforate *vt.* נִיקֵב
perforation *n.* נִיקוּב ; נֶקֶב
perforce *adv.* בְּהֶכרֵחַ, בְּכוֹרַח הַנְסִיבּוֹת
perform *vt.* 1. (carry out) בִּיצַע, עָרַךְ
2. (present) הִצִיג
performance *n.* 1. בִּיצוּעַ
2. הַצָגָה
performer *n.* 1. (entertainer) בַּדרָן
2. (musician) נַגָן
perfume *n.* בּוֹשֶׂם
perfumery *n.* תַמרוּקִיָה, חֲנוּת תַמרוּקִים
perfunctory *adj.* חֲסַר-עִניָין, נַעֲשָׂה כִּלאַחַר-יָד
pergola *n.* פֶּרגוֹלָה, סְכָכַת צְמָחִים
perhaps *adv.* אוּלַי, יִיתָכֵן
pericardium *n.* כִּיס הַלֵב
peril *n.* סַכָּנָה
perilous *adj.* מְסוּכָּן
perimeter *n.* הֶיקֵף
perimetric *adj.* הֶיקֵפִי
period *n.* 1. (era) תְקוּפָה
2. (season) עוֹנָה
3. (punctuation mark) נְקוּדָה, סוֹף פָּסוּק
4. (menstruation) וֶסֶת, מַחֲזוֹר חוֹדשִׁי
5. (time unit at school) שִׁיעוּר
grace period אַרכָּה, תוֹסֶפֶת זְמַן
periodic *adj.* תְקוּפָתִי
periodical *n.* כְּתַב עֵת
periodical *adj.* מַחֲזוֹרִי ; תְקוּפָתִי
periodically *adv.* 1. (cyclically) בְּמַחֲזוֹרִיוּת
2. (occasionally) מִדֵי פַּעַם
periodicity *adj.* תְקוּפָתִיוּת, עוֹנָתִיוּת
periodontal *adj.* מִסָבִיב לַשֵׁן
peripatetic *adj.* מְשׁוֹטֵט, נוֹדֵד
peripheral *adj.* הֶיקֵפִי, שׁוּלִי
peripherals *pn.* (*comp.*) צִיוּד הֶיקֵפִי
periphery *n.* הֶיקֵף, גְבוּל חִיצוֹנִי

periscope *n.* פֶּרִיסקוֹפּ

perish *vi.* 1. (die) מֵת, נִסְפָּה

2. (decay) הִתקַלקֵל, נִרקַב

perishable *n.* מָזוֹן שֶׁמִתקַלקֵל

peristalsis *n.* הִתכַּוְוצוּת כְּלֵי הָעִיכּוּל

peristyle *n.* שׁוּרַת עַמוּדִים

peritoneum *n.* צֶפֶק

peritonitis *n.* דַלֶקֶת הַצֶפֶק

periwig *n.* פֵּיאָה נוֹכרִית

perjure *vt.* שִׁיקֵר בִּשׁבוּעָה

perjury *n.* עֵדוּת/שְׁבוּעַת שֶׁקֶר

perk *n.* הֲטָבָה, פְּרִיבִילֶגיָה

perk *vt.*; *vi.* עוֹרֵר, עוֹדֵד ; הָיָה עֵירָנִי, הִתעוֹדֵד

perk up הִתאוֹשֵׁשׁ

perky *adj.* עֵירָנִי, מָלֵא חַיִים

perm, permanent *n.* סִילסוּל תְּמִידִי

permanence *n.* תְּמִידוּת, קְבִיעוּת

permanent *adj.* תְּמִידִי, קָבוּעַ

permeable *adj.* חָדִיר

permeate *vt.* חָדַר לְ-, הִתפַּשֵׁט

permeation *n.* חֲדִירָה, הִתפַּשְׁטוּת

permissible *adj.* מוּתָר

permission *n.* רְשׁוּת, הֶיתֵר

permissive *adj.* מַתִירָנִי

permissiveness *n.* מַתִירָנוּת

permit *n.* רִישָׁיוֹן ז׳ (רִישׁיוֹנוֹת), הֶיתֵר

permit *vt.* הִרשָׁה, הִתִיר

pernicious *adj.* קַטלָנִי, הַרסָנִי

peroxide *n.* מֵי חַמצָן

perpendicular *adj.* מְאוּנָךְ, נִיצָב

perpetrate *vt.* בִּיצַע

perpetration *n.* בִּיצוּעַ

perpetrator *n.* מְבַצֵעַ (עֲבֵירָה), עֲבַריָין

perpetual *adj.* תְּמִידִי, נִצחִי

perpetuate *vt.* הִנצִיחַ

perpetuation *n.* הַנצָחָה

perpetuity *n.* 1. (eternity) נֶצַח

2. (indefinite annuity) קִיצבָּה תְּמִידִית

perplex *vt.* הֵבִיךְ, בִּילבֵּל

perplexed *adj.* נָבוֹךְ, מְבוּלבָּל

perplexity *n.* מְבוּכָה

perquisite *n.* הֲטָבָה, בּוֹנוּס

persecute *vt.* רָדַף, עָשַׁק

persecution *n.* רְדִיפָה, עוֹשֶׁק

persecutor *n.* רוֹדֵף, עוֹשֵׁק

perseverance *n.* הַתמָדָה, עַקשָׁנוּת

persevere *vi.* הִתמִיד

Persia *n.* פָּרַס

persiflage *n.* הִתבַּדְחוּת

persimmon *n.* אֲפַרסְמוֹן

persist *vi.* הִתמִיד, הִתעַקֵשׁ

persistence *n.* הַתמָדָה, עַקשָׁנוּת

persistent *adj.* מַתמִיד, עַקשָׁן

persnickety *adj.* מַקפִּיד עַל קְטַנוֹת

person *n.* 1. (human being) אָדָם, אִישׁ (אֲנָשִׁים)

2. (*gram.*) גוּף

in person אִישִׁית

persona *n.* אִישִׁיוּת ; דְמוּת

persona non grata אִישִׁיוּת בִּלתִי-רְצוּיָה

personable *adj.* חָבִיב, נָעִים

personage *n.* אָדָם חָשׁוּב

personal *n.* יְדִיעָה אִישִׁית (בְּעִיתוֹן)

personal *adj.* אִישִׁי, פְּרָטִי

personality *n.* אִישִׁיוּת

split personality אִישִׁיוּת מְפוּצֶלֶת

personalization *n.* הֲפִיכָה לְעִניָין אִישִׁי

personalize *vt.* 1. (make personal) הָפַךְ לְעִניָין אִישִׁי

2. (mark with one's name) סִימֵן אֶת שְׁמוֹ

personification *n.*

1. (embodiment) הִתגַלְמוּת

2. (attributing human qualities) הַאֲנָשָׁה

personify *vt.* 1. גִילֵם

2. הֶאֱנִישׁ

personnel *n.* סֶגֶל

perspective *n.* תַּשקוֹפֶת, פֶּרספֶּקטִיבָה

perspicacious *adj.* חַד-תְּפִיסָה

perspicacity *n.* חַדוּת תְּפִיסָה

perspicuity *n.* בְּהִירוּת

perspicuous *adj.* בָּהִיר, בָּרוּר
perspiration *n.* הֲזָעָה, זֵיעָה
perspire *vi.* הֵזִיעַ
persuade *vt.* שִׁיכְנֵעַ
persuasion *n.* 1. (convincement) שִׁיכְנוּעַ
2. (religious belief) אֱמוּנָה, דָּת
persuasive *adj.* מְשַׁכְנֵעַ
pert *adj.* 1. (stylish) אוֹפְנָתִי, נָאֶה
2. (lively) מָלֵא חַיִּים
pertain *vi.* הָיָה שַׁיָּיךְ, קָשׁוּר ל-
pertinacious *adj.* עַקְשָׁן
pertinacity *n.* עַקְשָׁנוּת
pertinence *n.* שַׁיָּיכוּת, קֶשֶׁר
pertinent *adj.* שַׁיָּיךְ, קָשׁוּר לָעִנְיָין
perturb *vt.* הִדְאִיג
peruse *vt.* קָרָא בְּעִיּוּן
pervade *vt.* פָּשַׁט בּ-, חָדַר ל-
pervasion *n.* הִתְפַּשְּׁטוּת
pervasive *adj.* מִתְפַּשֵּׁט, חוֹדֵר
perverse *adj.* סוֹטֶה
perversion *n.* סְטִיָּיה
pervert *n.* סוֹטֶה
pervert *vt.* סִילֵּף, עִיוֵּות
pervious *adj.* חָדִיר
peskiness *n.* טוֹרְדָנוּת
pesky *adj.* טוֹרְדָנִי
pessimism *n.* פֶּסִימִיּוּת, רְאִיַּית שְׁחוֹרוֹת
pessimist *n.* פֶּסִימִיסְט, רוֹאֶה שְׁחוֹרוֹת
pessimistic *adj.* פֶּסִימִי
pest *n.* 1. (nuisance) טַרְדָן, מְטָרֵד
2. (insect) מַזִּיק, חֶרֶק
pester *vt.* הִטְרִיד
pesticide *n.* קוֹטֵל חֲרָקִים
pestiferous *adj.* גּוֹרֵם מַחֲלוֹת
pestilence *n.* מַגֵּיפָה קַטְלָנִית
pestilent *adj.* קַטְלָנִי
pestle *n.* עֱלִי
pestle *vt.* כָּתַשׁ
pet *n.* 1. (animal) חַיַּית בַּיִת/מַחְמָד
2. (a favorite) חָבִיב, מוּעֲדָף
pet *vt.* לִיטֵּף
peter *vi.* דָּעַךְ
petite *adj.* קְטַנָּה, דַּקַּת-גִּיזְרָה
petition *n.* 1. (request) עֲצוּמָה
2. (*law*) עֲתִירָה
petition *vt.* 1. הִגִּישׁ עֲצוּמָה
2. עָתַר
petitioner *n.* עוֹתֵר
petrification *n.* הִתְאַבְּנוּת
petrified *adj.* מְאוּבָּן
petrify *vt.* 1. (turn into stone) אִיבֵּן
2. (stun) הִימֵם, שִׁיתֵּק
petrochemical *adj.* פֶּטְרוֹכִימִי
petrodollars *pn.* הַכְנָסָה מִנֵּפְט
petrol *n.* בֶּנְזִין, דֶּלֶק
petroleum *n.* נֵפְט
petrologist *n.* מוּמְחֶה לַאֲבָנִים
petrology *n.* חֵקֶר אֲבָנִים
petticoat *n.* תַּחְתּוֹנִית
pettiness *n.* קַטְנוּנִיּוּת
pettish *adj.* נִרְגָּז
petty *adj.* קַטְנוּנִי
petulance *n.* רַגְזָנוּת
petulant *adj.* רַגְזָן
petunia *n.* פֶּטוּנְיָה
pew *n.* סַפְסָל, מוֹשָׁב
pewter *n.* נֶתֶךְ בְּדִיל וְעוֹפֶרֶת
phantom *n.* רוּחַ רְפָאִים, פַנְטוֹם
Pharaoh *n.* פַּרְעֹה
Pharisees *pn.* פְּרוּשִׁים
pharmaceutical *adj.* שֶׁל רוֹקְחוּת
pharmaceutics *n.* רוֹקְחוּת
pharmacist *n.* רוֹקֵחַ
pharmacology *n.* חֵקֶר תְּרוּפוֹת
pharmacy *n.* בֵּית-מִרְקַחַת
pharyngeal *adj.* לוֹעִי, גְּרוֹנִי
pharynx *n.* לוֹעַ
phase *n.* שָׁלָב
phase (in) *vt.* בִּיצֵּעַ בִּשְׁלַבִּים
phase out בִּיטֵּל בְּהַדְרָגָה

Ph.D. (Doctor of Philosophy)	ד״ר (דוֹקְטוֹר לְפִילוֹסוֹפְיָה)
pheasant n.	עוֹף פַּסְיוֹן
phenomenal adj.	יוֹצֵא מִן הַכְּלָל, פֶּנוֹמֶנָלִי
phenomenon n.	תּוֹפָעָה
phial n.	צִנְצֶנֶת
philander vi.	נָאַף
philanderer n.	נוֹאֵף
philanthropic adj.	נַדְבָנִי, פִילַנְתְרוֹפִּי
philanthropist n.	נַדְבָן
philanthropy n. 1. (charity)	נַדְבָנוּת, פִילַנְתְרוֹפְיָה
2. (love of mankind)	אַהֲבַת הַבְּרִיּוֹת
philately n.	בּוּלָאוּת
philharmonic adj.	פִילְהַרְמוֹנִי
Philippines n.	הַפִילִיפִּינִים
Philistine n.; adj.	פְּלִשְׁתִי
philologist n.	פִילוֹלוֹג, בַּלְשָׁן
philology n.	פִילוֹלוֹגְיָה, תּוֹרַת הַלָּשׁוֹן
philosopher n.	פִילוֹסוֹף, הוֹגֶה דֵעוֹת
philosophical adj.	פִילוֹסוֹפִי
philosophize vi.	הִתְפַּלְסֵף
philosophy n.	פִילוֹסוֹפְיָה
philter n.	שִׁיקוּי אַהֲבָה
phlebitis n.	דַלֶּקֶת וְרִידִים
phlebotomy n.	הַקָזַת דָם
phlegm n. 1. (mucus)	לֵיחָה, כִּיחַ
2. (sluggishness)	אִיטִיּוּת, כְּבֵדוּת
phlegmatic adj.	כְּבַד-תְנוּעָה, פְלֶגְמָטִי
phobia n.	בַּעַת
phoenix n.	עוֹף הַחוֹל
phone n.	טֶלֶפוֹן
phone-tapping	צִיתוּת לְטֶלֶפוֹן
speaker phone	דִיבּוּרִית
phone vt.	טִילְפֵּן, צִילְצֵל אֶל
phoneme n.	פוֹנֵימָה
phonetics n.	פוֹנֶטִיקָה
phonic adj.	קוֹלִי
phonograph n.	מָקוֹל, פָּטִיפוֹן
phonological adj.	פוֹנוֹלוֹגִי

phonology n.	תּוֹרַת הַהֶגֶה, פוֹנוֹלוֹגְיָה
phony adj.	מְזוּיָיף
phosphate n.	זַרְחָה, פוֹסְפַט
phosphor n.	זַרְחָן
phosphorous adj.	זַרְחָנִי
photic adj.	שֶׁל אוֹר
photo n.	תַצְלוּם, תְמוּנָה
photocopier n.	מְכוֹנַת צִילוּם
photocopy n.	הֶעְתֵק מְצוּלָם
photocopy vt..	צִילֵם (בִּמְכוֹנַת צִילוּם)
photoelectric adj.	חַשְׁמַלוֹרִי
photoengrave vt.	פִּיתַח בָּאוֹר
photoflash n.	מַבְזֵק
photogenic adj.	פוֹטוֹגֶנִי
photograph n.	תַצְלוּם, תְמוּנָה
photograph vt.	צִילֵם
photographer n.	צַלָם
photographic adj.	שֶׁל צִילוּם ; מְצוּלָם
photography n.	צִילוּם
photojournalism n.	עִיתוֹנוּת מְצוּלֶמֶת
photometry n.	פוֹטוֹמֶטְרְיָה, מְדִידַת אוֹר
photomontage n.	פוֹטוֹמוֹנְטָזׁ׳
photoplay n.	מַחֲזֶה מְצוּלָם
photosensitive adj.	רָגִישׁ לָאוֹר
photoshop n.	חֲנוּת צִילוּם
photosynthesis n.	פוֹטוֹסִינְתֵיזָה
phrasal adj.	שֶׁל צֵירוּף מִילִים
phrase n.	צֵירוּף מִילִים, בִּיטוּי
phrase vt.	נִיסַח
phraseology n.	נִיסוּחַ
phylactery n.	תְפִילִין, טוֹטָפוֹת
physical n.	בְּדִיקָה רְפוּאִית
physical adj. 1. (of the body)	גוּפָנִי
2. (material)	גַשְׁמִי, פִיזִי
physician n.	רוֹפֵא
physicist n.	פִיזִיקַאי
physics n.	פִיזִיקָה
physiology n.	פִיזִיוֹלוֹגְיָה
physique n.	מִבְנֵה גוּף
phytogenesis n.	הִתְפַּתְחוּת הַצְמָחִים

PI (private investigator)	בַּלָּשׁ/חוֹקֵר פְּרָטִי
pianissimo *n.*	פְּיָאנִיסִימוֹ (נְגִינָה שְׁקֵטָה)
pianist *n.*	פְּסַנְתְּרָן
piano *n.*	פְּסַנְתֵּר
grand piano	פְּסַנְתֵּר כָּנָף
player piano	פְּסַנְתֵּר אוֹטוֹמָטִי
upright piano	פְּסַנְתֵּר זָקוּף
pica *n.*	פִּיקָה, מִידַּת דְּפוּס
piccolo *n.*	פִּיקוֹלוֹ, חָלִיל קָטָן
pick *n.* 1. (choice)	בְּחִירָה
2. (digging tool)	מַכּוֹשׁ
3. (best)	מֵיטָב
ice pick	דּוֹקְרָן
tooth pick	קֵיסָם
pick *vt.* 1. (choose)	בָּחַר
2. (harvest)	קָטַף
3. (pluck)	תָּלַשׁ, מָרַט
4. (pierce)	נִיקֵּב
pick one's nose	חִיטֵּט בָּאַף
pick on	נִטְפַּל אֶל, הִקְנִיט
pick out 1. (select)	בָּחַר
2. (distinguish)	הִבְחִין בּ-
pick up 1. (take)	לָקַח, אָסַף
2. (lift)	הֵרִים
3. (accelerate)	קִיבֵּל תְּאוּצָה, הִתְגַּבֵּר
pickax *n.*	מַכּוֹשׁ
picket *n.* 1. (stake)	יָתֵד נ׳ (יְתֵדוֹת)
2. (striker)	שׁוֹבֵת
picket *vt.*	הִפְגִּין
pickle *n.*	מְלָפְפוֹן חָמוּץ/כָּבוּשׁ
pickle *vt.*	כָּבַשׁ, שִׁימֵּר בְּחוֹמֶץ/בְּמֶלַח
pickled *adj.*	כָּבוּשׁ
pickpocket *n.*	כַּיָּיס
pickproof *adj.*	חָסִין מִפְּנֵי גְּנֵיבָה
pickup *n.* 1. (automobile)	מְכוֹנִית טֶנְדֶּר
2. (acceleration)	הָאָצָה
picky *adj.*	בַּרְרָן
picnic *n.*	פִּיקְנִיק, טִוּוּזִיג
picnic *vi.*	יָצָא לְפִּיקְנִיק
picot *n.*	לוּלָאָה קְטַנָּה
pictograph *n.*	כְּתַב צִיּוּרִים
pictorial *n.*	כְּתַב עֵת מְצוּלָּם
pictorial *adj.*	מְצוּלָּם, מְצוּיָּיר
picture *n.* 1. (image)	תְּמוּנָה, צִיּוּר
2. (movie)	סֶרֶט
motion picture	סֶרֶט קוֹלְנוֹעַ
picture *vt.*	תֵּיאֵר
picturesque *adj.*	צִיּוּרִי
pidgin *n.*	שָׂפָה מְעוֹרֶבֶת
pie *n.*	תַּמְלִיא, פַּשְׁטִידָה
piece *n.*	חֲתִיכָה, קֶטַע
piece of one's mind	דִּבְרֵי בִּיקּוֹרֶת
conversation piece	נוֹשֵׂא לְשִׂיחָה
go to pieces	נִשְׁבַּר, הִתְמוֹטֵט
piece *vt.*	חִיבֵּר חֲתִיכוֹת, הִרְכִּיב
piecemeal *adv.*	בַּחֲתִיכוֹת; בְּכַמּוּיוֹת קְטַנּוֹת
piecework *n.*	עֲבוֹדָה קַבְּלָנִית
pier *n.*	רָצִיף, מֵזַח
pierce *vt.* 1. (puncture)	נִיקֵּב
2. (penetrate)	חָדַר ל-
piety *n.*	אֲדִיקוּת
piffle *n.*	שְׁטוּיוֹת
pig *n.*	חֲזִיר
guinea pig	שְׁפַן נִיסָּיוֹן
pig out *vt.*	זָלַל
pigeon *n.*	יוֹנָה
carrier pigeon	יוֹנַת דּוֹאַר
stool pigeon	מַלְשִׁין, מוֹדִיעַ מִשְׁטַרְתִּי
pigeonhole *n.*	תָּא נְיָירוֹת
piggish *adj.*	חֲזִירִי
piggy *n.*	חֲזִירוֹן
piggyback *adv.*	עַל הַגַּב/הַכְּתֵפַיִים
pigheaded *adj.*	עַקְשָׁן
piglet *n.*	חֲזִירוֹן
pigment *n.*	צִבְעָן
pigmentation *n.*	צְבִיעָה (בְּצִבְעָן)
pigpen, pigsty *n.*	דִּיר חֲזִירִים
pigskin *n.*	עוֹר חֲזִיר
pigtail *n.*	שֵׂיעָר קָלוּעַ, זְנַב סוּס
pike *n.*	חֲנִית, רוֹמַח

piker *n.* קַמְצָן
pilaf, pilau *n.* תַּבְשִׁיל אוֹרֶז
pilaster *n.* עַמּוּד מְרוּבָּע
pile *n.* עֲרֵימָה
pile *vt.*; *vt.* עָרַם ; נֶעֱרַם
pile up צָבַר ; נִצְבַּר
pileup *n.* 1. (accumulation) הִצְטַבְּרוּת
2. (traffic accident) תְּאוּנַת שַׁרְשֶׁרֶת
pilfer *vt.* גָּנַב, סָחַב
pilferage *n.* גְּנֵיבָה, סְחִיבָה
pilgrim *n.* צַלְיָין, עוֹלֶה רֶגֶל
pilgrimage *n.* צַלְיָינוּת, עֲלִיָּיה לְרֶגֶל
pill *n.* גְּלוּלָה, כַּדּוּר
contraceptive pill גְּלוּלָה לְמְנִיעַת הֵירָיוֹן
sleeping pill גְּלוּלַת שֵׁינָה
pillage *n.* בִּיזָּה
pillage *vt.* בָּזַז
pillar *n.* עַמּוּד
pillbox *n.* (fortification) מְצָדִית
pillion *n.* מוֹשָׁב אֲחוֹרִי (בְּאוֹפַנּוֹעַ)
pillory *n.* סַד
pillory *vt.* 1. (put in a pillory) שָׂם בְּסַד
2. (ridicule) שָׂם לְלַעַג
pillow *n.* כַּר
pillowcase *n.* צִיפִּית
pilot *n.* 1. (flyer) טַיָּיס
2. (ship guide) נַתָּב
3. (TV program) תּוֹכְנִית הֲרָצָה
4. (igniter) מַבְעֵר
pilot *vt.* 1. (fly) הֵטִיס
2. (guide) הִנְחָה, הִדְרִיךְ
pimento *n.* פִּילְפֵּל
pimp *n.* סַרְסוּר
pimple *n.* פִּצְעוֹן, פֶּצַע בַּגְּרוּת
pin *n.* 1. (sharp fastener) סִיכָּה
2. (peg) יָתֵד, פִּין
bobby pin סִיכַּת רֹאשׁ
laundry pin אֶטֶב, מְהַדֵּק כְּבִיסָה
rolling pin מַעֲרוֹךְ
safety pin סִיכַּת בִּיטָחוֹן
pin *vt.* הִידֵּק בְּסִיכָּה
pin down 1. (force) אִילֵּץ
2. (clarify) הִבְהִיר
3. (force down) לָחַץ לָרִצְפָּה
pin on הִטִּיל אַשְׁמָה
pinball *n.* מִשְׂחַק פִּינְבּוֹל
pincers *pn.* צְבָת, מֶלְקָחַיִים
pinch *n.* 1. (pinching) צְבִיטָה
2. (distress) מְצוּקָה, כְּאֵב
3. (emergency) מַצָּב דָּחוּף
4. (small amount) קַמְצוּץ
pinch *vt.* צָבַט
pincushion *n.* כָּרִית סִיכּוֹת
pine *n.* אוֹרֶן
pine *vi.* עָרַג, הִשְׁתּוֹקֵק ל-
pineapple *n.* אֲנָנָס
ping *n.* צְלִיל חַד
ping-pong *n.* טֶנִיס שׁוּלְחָן, פִּינְג-פּוֹנְג
pinhead *n.* רֹאשׁ סִיכָּה
pinhole *n.* נֶקֶב זָעִיר
pinion *n.* 1. (wing) כָּנָף נ׳ (כְּנָפַיִים)
2. (feather) נוֹצַת קָצֶה
3. (cogwheel) גַּלְגַּל שִׁינַּיִים
pink *adj.* וָרוֹד
pinkeye *n.* דַּלֶּקֶת הַלַּחְמִית
pinkie, pinky *n.* זֶרֶת
pinkish *n.* וְרַדְרַד
pinnace *n.* סִירַת מִפְרָשׂ
pinnacle *n.* 1. (turret) צְרִיחַ
2. (peak) שִׂיא, פִּסְגָּה
pinnate *adj.* דְּמוּי-נוֹצָה
pinpoint *n.* חוֹד סִיכָּה
pinpoint *adj.* מְדוּיָּיק
pinpoint *vt.* אִיתֵּר בְּדִיּוּק
pinprick *n.* דְּקִירַת סִיכָּה
pinstripe *n.* בַּד מְפוּסְפָּס
pint *n.* שְׁמִינִית הַגָּלוֹן
pintail *n.* בַּרְוָז
pinto *n.* סוּס מְנוּמָּר
pinup *n.* תְּמוּנַת אִישָּׁה סֶקְסִית

pinwheel *n.* גַּלְגַּל רוּחַ
pinworm *n.* תּוֹלַעַת טַפִּילִית
pioneer *n.* חָלוּץ
pioneer *vt.* הָיָה חָלוּץ/רִאשׁוֹן בּ-
pious *adj.* 1. (reverent) אָדוּק
2. (hypocritical) צָבוּעַ
pip *n.* חַרְצָן, גַּלְעִין
pipe *n.* 1. (tube) צִינּוֹר ז׳ (צִינּוֹרוֹת)
2. (smoking device) מִקְטֶרֶת
3. (musical instrument) חָלִיל
pipes *pn.* חֶמֶת חֲלִילִים
pipe *vt.* הִזְרִים
pipeline *n.* 1. (transport pipes) קַו צִינּוֹרוֹת
2. (supply route) קַו אַסְפָּקָה
piper *n.* חֲלִילָן
piquancy *n.* חֲרִיפוּת, פִּיקַנְטִיוּת
piquant *n.* חָרִיף, פִּיקַנְטִי
pique *n.* תַּרְעוֹמֶת
piracy *n.* 1. (sea robbery) שׁוֹד יָם
פִּירָטִיוּת
2. (theft) גְּנֵיבַת פָּטֶנְט
pirate *n.* שׁוֹדֵד יָם, פִּירָט
pirate *vt.* שָׁדַד; הֶעְתִּיק לְלֹא רְשׁוּת
piscatorial, piscatory *adj.* שֶׁל דַּיִג
Pisces *n.* מַזַּל דָּגִים
pismire *n.* נְמָלָה נ׳ (נְמָלִים)
piss *vi.* הִשְׁתִּין
piss someone off הִרְגִּיז
pissed (-off) *adj.* מְרוּגָּז
pistachio *n.* פִּיסְתּוּק
pistol *n.* אֶקְדָּח
pistol-whip *vt.* הִכָּה בְּאֶקְדָּח
piston *n.* בּוּכְנָה
pit *n.* 1. (hole) בּוֹר ז׳ (בּוֹרוֹת), שֶׁקַע
2. (fruit kernel) גַּלְעִין
pit *vt.* 1. (remove pits) גִּילְעֵן, הוֹצִיא גַּלְעִינִים
2. (make holes) נִיקֵּב חוֹרִים
3. (place in opposition to) הֶעֱמִיד נֶגֶד
pita *n.* לֶחֶם פִּיתָּה
pitch *n.* 1. (tone) גּוֹבַהּ צְלִיל
2. (throw) זְרִיקָה
pitch-dark *adj.* חָשׁוּךְ מְאוֹד
pitch *vt.* 1. (set up) הֵקִים
2. (throw) זָרַק
3. *vi.* (fall) נָפַל
pitch in תָּרַם אֶת חֶלְקוֹ
pitcher *n.* 1. (container) כַּד
2. (*baseball*) זוֹרֵק הַכַּדּוּר
pitchfork *n.* קִלְשׁוֹן
piteous *adj.* מְעוֹרֵר רַחֲמִים
pitfall *n.* מַלְכּוֹדֶת, סַכָּנָה סְמוּיָה
pith *n.* תַּמְצִית
pithy *adj.* תַּמְצִיתִי, מָלֵא תּוֹכֶן
pitiable, pitiful *adj.* מְעוֹרֵר חֶמְלָה
pittance *n.* קִיצְבָּה קְטַנָּה; סְכוּם זָעוּם
pity *n.* רַחֲמִים, חֶמְלָה
pity *vt.* רִיחֵם עַל
pivot *n.* צִיר
pivotal *adj.* מֶרְכָּזִי, עִיקָּרִי
pixel *n.* נְקוּדָה
pizza *n.* פִּיצָה
pizzazz *n.* רַאֲוְותָנוּת, בָּרָק
pizzeria *n.* פִּיצֶרִיָּה
pizzicato *n.* פִּיצִיקָטוֹ
placable *adj.* סוֹבְלָנִי
placard *n.* כְּרָזָה
placate *vt.* פִּיֵּיס, הִרְגִּיעַ
placation *n.* פִּיּוּס, הַרְגָּעָה
place *n.*1. (location; space) מָקוֹם ז׳ (מְקוֹמוֹת)
2. (city square) כִּיכָּר
in the first place קוֹדֶם כּוֹל
take place קָרָה, הִתְרַחֵשׁ
place *vt.* שָׂם, הִנִּיחַ, מִיקֵּם
placebo *n.* תְּרוּפַת דֶּמֶה
placement *n.* מִיקּוּם
placenta *n.* שִׁלְיָה
placid *adj.* שָׁקֵט, שָׁלֵו
placidity *n.* שֶׁקֶט, שַׁלְוָה
placket *n.* שֶׁסַע בַּחֲצָאִית/בְּשִׂמְלָה
plagiarism *n.* גְּנֵיבָה סִפְרוּתִית

plagiarist *n.*	גוֹנֵב יְצִירוֹת
plagiarize *vt.*	גָּנַב יְצִירָה, הֶעְתִּיק
plague *n.*	מַגֵּיפָה
plague *vt.* 1. (pester)	הִטְרִיד
2. (afflict)	גָּרַם סֵבֶל, פָּגַע בּ-
plaid *n.*	בַּד מְשׁוּבָּץ
plain *n.*	מִישׁוֹר, עֲרָבָה
plain *adj.* 1. (clear)	בָּרוּר
2. (simple)	פָּשׁוּט
3. (ordinary)	רָגִיל
4. (utter)	מוּחלָט, גָמוּר
5. (not beautiful)	לֹא יָפֶה
plainclothes *pn.*	בְּגָדִים אֶזרָחִיִים
plainspoken *adj.*	בּוֹטֶה, גָלוּי
plaint *n.* 1. (complaint)	תְלוּנָה
2. (lament)	קִינָה
plaintiff *n.*	תוֹבֵעַ, מַאֲשִׁים
plait *n.* 1. (braid)	מִקלַעַת
2. (pleat)	קֶפֶל, קִיפּוּל, קֶמֶט
plait *vt.* 1.	קָלַע
2.	קִיפֵּל, קִימֵט
plan *n.*	תוֹכנִית
floor plan	תוֹכנִית בִּניָין
plan *vt.*	תִיכנֵן
planar *adj.*	שָׁטוּחַ
plane *n.* 1. (flat surface)	מִשׁטָח, מִישׁוֹר
2. (airplane)	מָטוֹס
3. (wood-smoothing tool)	מַקצוּעָה
stealth plane	מָטוֹס חַמקָן
planer *n.*	מַקצוּעָה
planet *n.*	כּוֹכַב לֶכֶת
planetarium *n.*	מִצפֵּה כּוֹכָבִים
planetary *n.*	שֶׁל כּוֹכַב לֶכֶת
plangent *adj.*	עָצוּב
plank *n.* 1. (lumber)	קֶרֶשׁ
2. (political platform)	סָעִיף בְּמַצַע מִפלָגָה
plank *vt.* 1. (cover)	כִּיסָה בְּקֶרֶשׁ
2. (serve food)	הִגִישׁ צְלִי עַל קֶרֶשׁ
planner *n.* 1. (one who plans)	מְתַכנֵן
2. (organizer)	לוּחַ פְּגִישׁוֹת
plant *n.* 1. (vegetation)	צֶמַח
2. (industrial business)	מִפעָל, בֵּית-חֲרוֹשֶׁת
power plant	תַחֲנַת כּוֹחַ
plant *vt.*	שָׁתַל, נָטַע
plantation *n.* 1. (cultivated area)	מַטָע
2. (farming estate)	אֲחוּזַת מַטָעִים
planter *n.*	אֲדָנִית, עָצִיץ
plaque *n.* 1. (tablet)	לוּחִית, טַבלָה
2. (film on teeth)	אֶבֶן שִׁינַיִים
plash *n.*	שִׁיכשׁוּךְ
plash *vt.*	שִׁיכשֵׁךְ, הִתִיז
plasma *n.*	פְּלַסמָה
plaster *n.*	גֶבֶס, טִיחַ
plaster *vt.*	טִייַח
plasterboard *n.*	לוּחַ גֶבֶס
plastic *n.*	פְּלַסטִיק
plasticity *adj.*	גְמִישׁוּת, פְּלַסטִיוּת
plate *n.* 1. (dish)	צַלַחַת
2. (tablet, thin sheet)	לוּחִית, לוּחַ, פְּלָטָה
3. (coat of metal)	צִיפּוּי
4. (book illustration)	תְמוּנָה, אִיוּר
hot plate	כִּירַיִים
plate *vt.*	צִיפָּה מַתֶכֶת
plateau *n.*	רָמָה, מִישׁוֹר גָבוֹהַּ
platen *n.*	גָלִיל
platform *n.* 1. (stage)	בָּמָה, דוּכָן
2. (political principles)	מַצָע
platinum *n.*	פְּלָטִינָה
platitude *n.*	אִימרָה נְדוֹשָׁה
platonic *adj.*	אַפּלָטוֹנִי, לֹא גַשׁמִי, לֹא גוּפָנִי
platoon *n.*	מַחלָקָה צְבָאִית
platter *n.*	מַגָשׁ
on a silver platter	עַל מַגַשׁ כֶּסֶף
plaudit *n.*	תְשׁוּאוֹת
plausible *adj.*	סָבִיר, מִתקַבֵּל עַל הַדַעַת
play *n.* 1. (game)	מִשׂחָק
2. (literary drama)	מַחֲזֶה ז׳ (מַחֲזוֹת)
fair play	מִשׂחָק הוֹגֵן
foul play	מַעֲשֵׂה אַלִימוּת ; עִניָין חָשׁוּד
word play	מִשׂחַק מִילִים

play *vt.* 1. (act; do a game) שִׂיחֵק
2. (perform music) נִיגֵן
3. (run an audio/video machine) הִפְעִיל
4. (sound a recording) הִשְׁמִיעַ
play along, play ball שִׁיתֵף פְּעוּלָה
play back הִשְׁמִיעַ הַקְלָטָה
play down הִמְעִיט בַּחֲשִׁיבוּת
play for time הִתְמַהְמֵהַּ
play out מִיצָה
play up הִדְגִישׁ
play up to הִתְחַנֵּף אֶל
playback *n.* הַשְׁמָעַת הַקְלָטָה
playbill *n.* כְּרָזָה (שֶׁל הַצָּגָה)
playboy *n.* רוֹדֵף תַּעֲנוּגוֹת, פְּלֵייבּוֹי
player *n.* 1. (in plays, games) שַׂחְקָן
2. (musician) נַגָּן
record player מָקוֹל, פָּטִיפוֹן
tape player מַכְשִׁיר טֵייפּ
playful *adj.* עַלִּיז, אוֹהֵב לְהִשְׁתַּעֲשֵׁעַ
playgirl *n.* נַעֲרַת שַׁעֲשׁוּעִים
playground *n.* מִגְרַשׁ מִשְׂחָקִים
playmate *n.* חָבֵר לְמִשְׂחָק
playoff *n.* מִשְׂחָק חוֹזֵר
playpen *n.* לוּל תִּינוֹקוֹת
playroom *n.* חֲדַר-מִשְׂחָקִים
plaything *n.* צַעֲצוּעַ
playwright *n.* מַחֲזַאי
plaza *n.* כִּיכָּר נ׳ (כִּיכְּרוֹת), רְחָבָה
plea *n.* 1. (appeal) בַּקָּשָׁה
2. (allegation) טַעֲנָה
plea-bargain *vi.* עָשָׂה עִיסְקַת טִיעוּן
plead *vi.* 1. (claim) טָעַן
2. (beg) הִתְחַנֵּן
pleasant *adj.* נָעִים
pleasantness *n.* נְעִימוּת
pleasantry *n.* 1. (jest) הֲלָצָה, צְחוֹק
2. (courteous remark) הֶעָרָה אֲדִיבָה
please *vt.* הִשְׂבִּיעַ רָצוֹן, גָּרַם סִיפּוּק
please *adv.* בְּבַקָּשָׁה, נָא, אָנָּא
pleased *adj.* מְרוּצֶה, שְׂבַע-רָצוֹן

pleaser *n.* גּוֹרֵם סִיפּוּק
pleasing *adj.* מַשְׂבִּיעַ רָצוֹן, נָעִים, מְהַנֶּה
pleasurable *adj.* מְהַנֶּה
pleasure *n.* תַּעֲנוּג, הֲנָאָה
pleat *n.* קֶפֶל, קֶמֶט
pleat *vt.* קִיפֵּל, קִימֵּט
plebeian *adj.* אָדָם פָּשׁוּט
plebiscite *n.* מִשְׁאַל עַם
plectrum *n.* מַפְרֵט
pledge *n.* הִתְחַיְּיבוּת, הַבְטָחָה
pledge *vt.* הִתְחַיֵּיב, הִבְטִיחַ
plenary *adj.* מָלֵא
plenitude *n.* שֶׁפַע, גּוֹדֶשׁ
plentiful *adj.* שׁוֹפֵעַ, רַב
plenty *n.* שֶׁפַע, הַרְבֵּה
plethora *n.* עוֹדֶף דָּם
plexus *n.* רֶשֶׁת
pliable, pliant *adj.* גָּמִישׁ, קַל לְהַשְׁפִּיעַ עָלָיו
pliers *pn.* צְבָת
plight *n.* סֵבֶל
plinth *n.* כַּן, בָּסִיס
plod *n.* הִילּוּךְ כָּבֵד
plod *vi.* הִילֵּךְ בִּכְבֵדוּת
plosive *n.*; *adj.* פּוֹצֵץ
plot *n.* 1. (scheme) קְנוּנְיָה, קֶשֶׁר, מְזִימָה
2. (story) עֲלִילָה
3. (piece of land) מִגְרָשׁ, חֶלְקָה
plot *vt.* זָמַם, קָשַׁר קֶשֶׁר
plotter *n.* 1. (planner of a scheme) קוֹשֵׁר
2. (computer device) תַּוְויָן
plough, plow *n.* מַחֲרֵשָׁה
plow *vt.* חָרַשׁ
plowshare *n.* לַהַב מַחֲרֵשָׁה
ploy *n.* תַּכְסִיס, תַּחְבּוּלָה
pluck *vt.* 1. (pull out) מָרַט, תָּלַשׁ
2. (play a string) פָּרַט עַל
plug *n.* 1. (stopper) פְּקָק
2. (electric connector) תֶּקַע
3. (publicity comment) הֶעָרַת פִּירְסוֹמֶת
plug and play (*comp.*) תְּקַע וְהַפְעֵל

spark plug — מַצֶּת
plug *vt.* — סָתַם
plug in — חִיבֵּר לְחַשְׁמַל
plug into — הִתְחַבֵּר אֶל
plum *n.* — שְׁזִיף
plumage *n.* — נוֹצוֹת
plumb *n.* — אֲנָךְ
plumb *vt.* — בָּדַק/יִישֵּׁר עִם אֲנָךְ
plumb *adj.* — מְאוּנָּךְ
plumber *n.* — שְׁרַבְרַב, אִינסטֶלָטוֹר
plumbing *n.* 1. (plumber's work) — שְׁרַבְרָבוּת
2. (system of pipes) — צַנֶּרֶת
plume *n.* — נוֹצָה
plummet *vi.* — נָפַל, צָנַח
plump *adj.* — שְׁמַנְמַן
plunder *n.* — שָׁלָל, בִּיזָּה
plunder *vt.* — שָׁלַל, בָּזַז
plunge *vi.* — קָפַץ לְתוֹךְ, צָלַל
plunger *n.* (tool) — פּוֹמְפָּה
plunk *vt.* 1. (throw down) — הִשְׁלִיךְ
2. (play a string) — פָּרַט עַל
plural *n.* (*gram.*) — רִיבּוּי, רַבִּים
pluralism *n.* — פְּלוּרָלִיזְם, גִּיוּון חֶבְרָתִי
pluralistic *adj.* — פְּלוּרָלִיסְטִי
plurality *n.* 1. (being plural) — רִיבּוּי
2. (majority) — רוֹב
3. (majority vote) — רוֹב קוֹלוֹת
pluralization *n.* — רִיבּוּי
pluralize *vt.* — הָפַךְ לְרִיבּוּי
plus *n.* — פְּלוּס
plush *n.* — קְטִיפָה
plush *adj.* — מְפוֹאָר
plutocracy *n.* — שִׁלְטוֹן הָעֲשִׁירִים
plutonium *n.* — פְּלוּטוֹנְיוּם
pluvial *adj.* — שֶׁל גֶּשֶׁם
ply *n.* — שִׁיכְבָה
plywood *n.* — עֵץ לָבוּד
p.m. (post meridiem) — אחה"צ (אַחֲרֵי הַצָּהֳרַיִים)
PM (prime minister) — ר״מ (רֹאשׁ מֶמְשָׁלָה)

PMS (pre-menstrual syndrome) — תִּסְמוֹנֶת קֹדֶם-וֶסֶת
pneumonia *n.* — דַּלֶּקֶת רֵיאוֹת
poach *vt.* 1. (cook in water) — שָׁלַק
2. (hunt) — צָד (בְּאוֹפֶן לֹא חוּקִי)
3. (trespass) — הִסִּיג גְּבוּל
poacher *n.* 1. — סִיר שְׁלִיקָה
2. — צַיָּיד לֹא מוּרְשֶׁה
P.O.B. (post office box) — ת״ד (תָּא דוֹאַר)
pock *n.* — אֲבַעְבּוּעָה
pocket *n.* — כִּיס
pocket *adj.* — הִכְנִיס לַכִּיס, הִרְוִיחַ
pocketbook *n.* — אַרְנָק
pocketful *n.* — מְלוֹא הַכִּיס
pocketknife *n.* — אוֹלָר
podiatrist *n.* — רוֹפֵא רַגְלַיִים
podium *n.* — בָּמָה, דּוּכָן
poem *n.* — שִׁיר, פּוֹאֶמָה
poet *n.* — מְשׁוֹרֵר, פַּייטָן
poet laureate — מְשׁוֹרֵר חָצֵר
poetaster *n.* — מְחַבֵּר שִׁירָה זוֹלָה
poetess *n.* — מְשׁוֹרֶרֶת
poetic *adj.* — פִּיּוּטִי, פּוֹאֶטִי
poetry *n.* — שִׁירָה, פִּיּוּט
pogrom *n.* — פְּרָעוֹת, פּוֹגְרוֹם
poignant *adj.* 1. (incisive) — חַד, נוֹקֵב
2. (distressing) — מְצַעֵר, מַכְאִיב
point *n.* 1. (dot; counting unit) — נְקוּדָה
2. (sharp end) — חוֹד
3. (sense, reason) — טַעַם
4. (main argument) — טַעֲנָה עִיקָּרִית
point-blank 1. (straight) — יְשִׁירוּת
2. (from a short range) — מִטְוָוח קָצָר
point of origin — נְקוּדַּת מוֹצָא
point of view — נְקוּדַּת הַשְׁקָפָה
beside the point — מִחוּץ לָעִנְיָין, לֹא קָשׁוּר
cardinal point — אַחַת מֵרוּחוֹת הַשָּׁמַיִים
decimal point — נְקוּדָה עֶשְׂרוֹנִית
focal point — נְקוּדַּת מוֹקֵד
freezing point — נְקוּדַּת קִיפָּאוֹן

melting point	נְקוּדַת הִיתּוּךְ
to the point	לָעִנְיָן, לְגוּפוֹ שֶׁל דָּבָר
turning point	נְקוּדַת מִפְנֶה
vantage point	נְקוּדַת מַבָּט
point *vt.* 1. (aim)	כִּיוֵּן
2. (sharpen)	חִידֵּד
3. *vi.* 1. (indicate)	הִצְבִּיעַ עַל
point out	צִיֵּין
pointed *adj.*	מְחוּדָּד
pointer *n.*	מַחֲוָן
pointillism *n.*	צִיּוּר בִּנְקוּדוֹת
pointless *adj.*	חֲסַר-תַּכְלִית
pointy *adj.*	מְחוּדָּד
poise *n.* 1. (balance)	שִׁיוּוּי מִשְׁקָל, יַצִּיבוּת
2. (composure)	קוֹר רוּחַ
poise *vt.*; *vi.*	אִיזֵּן; הִתְאַזֵּן
poison *n.*	רַעַל
poison *vt.*	הִרְעִיל
poisonous *adj.*	אַרְסִי, רָעִיל
poke *n.*	דְּחִיפָה
poke *vt.* 1. (push)	דָּחַף
2. (pry)	חִיטֵּט
poke fun at	לִיגְלֵג עַל
poker *n.* 1. (rod)	מַחְתָּה, מוֹט גֶּחָלִים
2. (game)	פּוֹקֶר
poky *adj.* 1. (slow)	אִיטִי
2. (cramped)	צָפוּף
Poland *n.*	פּוֹלִין, פּוֹלַנְיָה
polar *adj.*	שֶׁל הַקּוֹטֶב, קוֹטְבִּי
Polaris *n.*	כּוֹכַב הַצָּפוֹן, פּוֹלָרִיס
polarity *n.*	קוֹטְבִּיּוּת
polarization *n.*	קִיטּוּב
polarize *vt.*	קִיטֵּב
Pole *n.*	פּוֹלָנִי
pole *n.* 1. (stick)	מוֹט, עַמּוּד
2. (earth axis)	קוֹטֶב
telephone pole	עַמּוּד טֶלֶפוֹן
North Pole	הַקּוֹטֶב הַצְּפוֹנִי
South pole	הַקּוֹטֶב הַדְּרוֹמִי
polemical *adj.*	וַכְּחָנִי, פּוּלְמוּסִי
polemicist *n.*	וַכְּחָן, מִתְפַּלְמֵס
polemics *pn.*	פּוּלְמוּס
police *n.*	מִשְׁטָרָה
police *vt.*	שִׁיטֵּר, הִשְׁגִּיחַ עַל
policeman *n.*	שׁוֹטֵר
plainclothes policeman	שׁוֹטֵר חֶרֶשׁ
policy *n.* 1. (course of action)	מְדִינִיּוּת
2. (insurance contract)	פּוֹלִיסָה
policyholder *n.*	בַּעַל פּוֹלִיסַת בִּיטּוּחַ
policymaker *n.*	קוֹבֵעַ מְדִינִיּוּת
policymaking *n.*	קְבִיעַת מְדִינִיּוּת
polio *n.*	שִׁיתּוּק יְלָדִים
polish *n.* 1. (gloss)	בָּרָק
2. (glossing substance)	חוֹמֶר הַבְרָקָה, פּוֹלִישׁ
polish *vt.*	צִיחְצֵחַ, הִבְרִיק
polite *adj.*	אָדִיב, מְנוּמָּס
politeness *n.*	אֲדִיבוּת, נִימוּס
politic *adj.*	מְמוּלָּח, עַרְמוּמִי
political *adj.*	פּוֹלִיטִי
politician *n.*	פּוֹלִיטִיקַאי
politicize *vt.*	הָפַךְ לְעִנְיָן פּוֹלִיטִי
politics *n.*	פּוֹלִיטִיקָה
politicking *n.*	עַסְקָנוּת פּוֹלִיטִית
polity *n.*	מִמְשָׁל
poll *n.* 1. (voting)	הַצְבָּעָה
2. (public opinion survey)	מִשְׁאָל, סֶקֶר
3. (number of votes)	קוֹלוֹת
4. (head)	רֹאשׁ
polls (voting place)	קַלְפִּי
poll *vt.* 1. (sample opinions)	עָרַךְ מִשְׁאָל
2. *vi.* (vote)	הִצְבִּיעַ
pollen *n.*	אַבְקַת פְּרָחִים
pollinate *vt.*	הֶאֱבִיק, הִפְרָה
pollination *n.*	הַאֲבָקָה, הַפְרָיָה
pollster *n.*	עוֹרֵךְ מִשְׁאָל
pollutant *n.*	חוֹמֶר מְזַהֵם
pollute *vt.*	זִיהֵם
pollution *n.*	זִיהוּם
polo *n.*	מִשְׂחַק פּוֹלוֹ

water polo כַּדּוּר מַיִם
poltergeist *n.* שֵׁד, רוּחַ רְפָאִים
poltroon *n.* מוּג-לֵב
polyandry *n.* רִיבּוּי בְּעָלִים
polychrome *adj.* רַב-צְבָעִים
polyclinic *n.* מִרְפָּאָה לְמַחֲלוֹת כְּלָלִיּוֹת
polydipsia *n.* צִימָּאוֹן מוּפְרָז
polyester *n.* בַּד פּוֹלִיאֶסְטֶר
polygamist *n.* מַרְבֶּה נָשִׁים
polygamy *n.* רִיבּוּי נָשִׁים
polygenetic *adj.* מִמּוֹצָא מְשׁוּלָּב
polyglot *n.* בָּקִי בְּשָׂפוֹת
polyglot *adj.* רַב-לְשׁוֹנִי
polygon *n.* מְצוּלָּע
polygraph *n.* מְכוֹנַת אֱמֶת
polygyny *n.* רִיבּוּי נָשִׁים
polymath *n.* מְלוּמָּד
polyp *n.* פּוֹלִיפּ, גִידּוּל
polyphonic *adj.* רַב-קוֹלִי
polyphony *n.* רִיבּוּי קוֹלוֹת
polysyllabic *adj.* רַב-הֲבָרָתִי
polytheism *n.* רַב-אֱלִילוּת, פּוֹלִיתֵיאִיזם
polyvalent *adj.* רַב-עֶרְכִּי
pomade *n.* מִשְׁחַת שֵׂיעָר
pomegranate *n.* רִימּוֹן
pommel *n.* גּוּלַּת חֶרֶב/אוּכָּף
pomp *n.* הָדָר, פְּאֵר
pompadour *n.* תִסְרוֹקֶת גְבוֹהָה
pomposity *n.* יְהִירוּת, הִתְנַשְּׂאוּת
pompous *adj.* יָהִיר, מִתְנַשֵּׂא, מְנוּפָּח
pond *n.* בְּרֵיכָה
ponder *vi.* הִירְהֵר, חָשַׁב
ponderous *adj.* 1. (heavy) כָּבֵד
2. (unwieldy) מְגוּשָּׁם
3. (dull) מְשַׁעֲמֵם
pone *n.* לֶחֶם תִּירָס
poniard *n.* פִּגְיוֹן ז׳ (פִּגְיוֹנוֹת)
pontiff *n.* הָאַפִּיפְיוֹר
pontificate *vi.* דִּיבֵּר בְּהִתְנַשְּׂאוּת
pontoon *n.* סִירַת גֶּשֶׁר

pony *n.* סוּס פּוֹנִי
ponytail *n.* זְנַב סוּס
pooch *n.* כֶּלֶב
poodle *n.* פּוּדֶל
pool *n.* 1. (for swimming) בְּרֵיכָה
2. (puddle) שְׁלוּלִית
3. (billiard) מִשְׂחַק בִּילְיָארד
4. (mutual fund) קוּפָּה מְשׁוּתֶּפֶת
5. (combined resources) מַאֲגָר מְשׁוּתָּף
car pool הַסָּעָה בְּתוֹרָנוּת
swimming pool בְּרֵיכַת שְׂחִיָּיה
pool *vt.* צֵירֵף יַחַד
poolroom *n.* אוּלַם בִּילְיָארד
poop *n.* חָרָא, צוֹאָה
poop *vt.* 1. (cause fatigue) עִייֵּף
2. *vi.* (defecate) חִירְבֵּן
pooped *adj.* עָייֵף, תָּשׁוּש
poor *adj.* 1. (lacking money) עָנִי
2. (pitiful, unfortunate) מִסְכֵּן
3. (inferior) נָחוּת, יָרוּד
poorhouse *n.* בֵּית-מַחֲסֶה
poorly *adv.* בְּצוּרָה עֲלוּבָה
poormouth *vt.* הִשְׁמִיץ
pop *n.* 1. (explosive sound) פִּיצְפּוּץ, קוֹל נֶפֶץ
2. (soda) מַשְׁקֶה תוֹסֵס, גָּזוֹז
3. (father) אַבָּא
soda pop מַשְׁקֵה סוֹדָה
pop *adj.* פּוֹפּוּלָרִי, עֲמָמִי
pop *vt.*; *vi.* 1. (burst) פּוֹצֵץ ; הִתְפּוֹצֵץ
2. (make sound) פִּיצְפֵּץ, הִשְׁמִיעַ קוֹל נֶפֶץ
3. (appear suddenly) הוֹפִיעַ פִּתְאוֹם
4. (protrude) (עֵינַיִים) יָצְאוּ מֵחוֹרֵיהֶן
pop the question הִצִּיעַ נִישּׂוּאִין
pop up צָץ לְפֶתַע, קָפַץ, הִזְדַּקֵּר
popcorn *n.* תִּירָס קָלוּי
pope *n.* אַפִּיפְיוֹר
popeyed *adj.* בַּעַל עֵינַיִים בּוֹלְטוֹת
popgun *n.* אֶקְדַּח פְּקָקִים
poplar *n.* עֵץ צַפְצָפָה
poplin *n.* בַּד פּוֹפְּלִין

popover *n.* תְּפוּחִית
popper *n.* מַקְלֶה תִירָס
poppy *n.* פֶּרֶג
poppycock *n.* שְׁטוּיוֹת
popsicle *n.* שַׁלְגּוֹן
populace *n.* הֶהָמוֹן
popular *adj.* 1. (widely liked) פּוֹפּוּלָרִי
2. (prevalent) נָפוֹץ, שָׁכִיחַ
3. (of the people) עֲמָמִי
popularity *n.* פּוֹפּוּלָרִיּוּת
popularize *vt.* עָשָׂה לְפּוֹפּוּלָרִי
populate *vt.* אִיכְלֵס
population *n.* אוּכְלוּסִיָּה ; אִיכְלוּס
populism *n.* פּוֹפּוּלִיזְם, סִיפּוּק רְצוֹן הָעָם
populous *adj.* מְאוּכְלָס בִּצְפִיפוּת
porcelain *n.* חַרְסִינָה
porch *n.* מִרְפֶּסֶת
porcine *adj.* חֲזִירִי, שֶׁל חֲזִיר
porcupine *n.* קִיפּוֹד, דּוֹרְבָּן
pore *n.* נַקְבּוּבִית
pore *vi.* 1. (read) קָרָא בְּעִיּוּן
2. (ponder) הִירְהֵר, שָׁקַע בְּמַחֲשָׁבוֹת
pork *n.* חֲזִיר
porn, pornography *n.* פּוֹרְנוֹגְרַפְיָה
porno, pornographic *adj.* פּוֹרְנוֹגְרָפִי
porosity *n.* נַקְבּוּבִיּוּת
porous *adj.* נַקְבּוּבִי
porphyry *n.* סֶלַע אָדוֹם
porridge *n.* דַּיְיסָה
port *n.* 1. (harbor) נָמֵל, נָמָל
2. (city) עִיר נָמָל
3. (wine) פּוֹרְט, יֵין אָדוֹם
4. (computer connection) נְקוּדַת חִיבּוּר
port arms הִצִּיג נֶשֶׁק
portable *adj.* נַיָּיד, נִישָּׂא
portage *n.* הוֹבָלָה
portal *n.* 1. (gate) שַׁעַר
2. (entrance) כְּנִיסָה
3. (internet site) אֲתַר שֵׁירוּת
portend *vt.* בִּישֵּׂר רָעוֹת

portent *n.* אוֹת, סִימָן לַבָּאוֹת
portentous *adj.* מְבַשֵּׂר רָעוֹת
porter *n.* נוֹשֵׂא מִזְוָודוֹת ; שׁוֹעֵר
porterhouse *n.* נֶתַח בָּשָׂר
portfolio *n.* תִּיק
investment portfolio תִּיק הַשְׁקָעוֹת
porthole *n.* אֶשְׁנָב
portico *n.* אַכְסַדְרָה
portiere *n.* וִילוֹן דֶּלֶת
portion *n.* 1. (part) חֵלֶק
2. (share) מָנָה
3. (dowry) נְדוּנְיָה
portly *adj.* בַּעַל-גּוּף
portrait *n.* דְּיוֹקָן , פּוֹרְטְרֶט
portraiture *n.* צִיּוּר דְּיוֹקָנִים
portray *vt.* 1. (describe) תֵּיאֵר
2. (play a character) גִּילֵּם
portrayal *n.* תֵּיאוּר, גִּילּוּם
pose *n.* תְּנוּחָה, פּוֹזָה
pose *vi.* 1. (assume a position) תָּפַס תְּנוּחָה
2. (put forth) הִצִּיג
pose as הִתְחַזָּה לְ-
posh *adj.* מְהוּדָּר, מְפוֹאָר
posit *vt.* הִנִּיחַ
position *n.* 1. (stance; military post) עֶמְדָה
2. (location) מָקוֹם, מִיקּוּם
3. (situation) מַצָּב
4. (job) מִשְׂרָה
5. (rank) מַעֲמָד
6. (posture) תְּנוּחָה, פּוֹזָה
position of strength עֶמְדַת כּוֹחַ
fetal position תְּנוּחַת עוּבָּר
military position עֶמְדָה צְבָאִית
position *vt.* הִצִּיב, הֶעֱמִיד
positive *n.* (film) פּוֹזִיטִיב
positive *adj.* 1. (affirmative) חִיּוּבִי
2. (explicit) מְפוֹרָשׁ
3. (certain) בָּטוּחַ
4. (absolute) מוּחְלָט
possess *vt.* 1. (own) יֵשׁ/הָיָה לוֹ, הֶחֱזִיק בְּ-

possession ↔ pothook

2. (control) שָׁלַט בּ-
possession *n.* 1. (holding) הַחְזָקָה
2. (property) רְכוּשׁ, נֶכֶס
3. (dominion) שֶׁטַח חֲסוּת, דוֹמִינְיוֹן
4. (*law*) חֲזָקָה
possessive *n.* (*gram.*) קִנְיָן
possessive *adj.* שְׁתַלְטָנִי
possessor *n.* בְּעָלִים
possibility *n.* אֶפְשָׁרוּת
possible *adj.* אֶפְשָׁרִי
possibly *adv.* אוּלַי
possum *n.* אוֹפּוֹסוּם
post *n.* 1. (pole) עַמּוּד
2. (mail) דּוֹאַר
3. (military position) עֶמְדָּה
4. (position of employment) מִשְׂרָה
observation post עֶמְדַּת תַּצְפִּית
trading post חֲנוּת
post *vt.* 1. (display) הִצִּיג, פִּירְסֵם
2. (mail) שָׁלַח בַּדּוֹאַר
post- בָּתַר-, לְאַחַר
postage *n.* בִּיּוּל, דְּמֵי דּוֹאַר
postal *adj.* שֶׁל דּוֹאַר
postcard *n.* גְּלוּיָה
postdate *vt.* רָשַׁם תַּאֲרִיךְ דָּחוּי
postdoctoral *adj.* פּוֹסְט-דוֹקְטוֹרָט
poster *n.* 1. (placard) כְּרָזָה, שֶׁלֶט
2. (picture) תְּמוּנָה, פּוֹסְטֶר
posterior *n.* אֲחוֹרַיִים, יַשְׁבָן
posterior *adj.* אֲחוֹרִי
posterity *n.* צֶאֱצָאִים, הַדּוֹרוֹת הַבָּאִים
postern *n.* כְּנִיסָה אֲחוֹרִית
postgraduate *adj.* לְאַחַר תּוֹאַר רִאשׁוֹן
posthaste *adv.* בְּחִיפָּזוֹן
posthumous *adj.* לְאַחַר הַמָּוֶת
postman *n.* דַּוָּר
postmark *n.* חוֹתֶמֶת דּוֹאַר
postmark *vt.* הֶחְתִּים בְּחוֹתֶמֶת דּוֹאַר
postmaster *n.* מְנַהֵל דּוֹאַר
postmortem *adj.* שֶׁלְּאַחַר הַמָּוֶת
postnasal *adj.* שֶׁל אֲחוֹרֵי הָאַף
postnatal, postpartum *adj.* שֶׁלְּאַחַר לֵידָה
postoperative *adj.* שֶׁלְּאַחַר נִיתּוּחַ
postpaid *adj.* דְּמֵי דּוֹאַר שׁוּלְמוּ
postpone *vt.* דָּחָה
postponement *n.* דְּחִיָּיה
postscript *see* P.S.
postulate *n.* 1. (assumption) הַנָּחַת יְסוֹד
2. (principle) עִקָּרוֹן יְסוֹד
postulate *vt.* הִנִּיחַ (לְשֵׁם דִּיּוּן)
posture *n.* 1. (bodily position) תְּנוּחָה
2. (stance) עֶמְדָּה
postwar *adj.* שֶׁלְּאַחַר מִלְחָמָה
posy *n.* זֵר פְּרָחִים
pot *n.* 1. (cooking utensil) סִיר
2. (flowerpot) עָצִיץ
3. (marijuana) מָרִיחוּאָנָה
melting pot כּוּר הִיתּוּךְ
potable *adj.* רָאוּי לִשְׁתִיָּיה
potash *n.* אַשְׁלָג
potassium *n.* אַשְׁלְגָן
potation *n.* שְׁתִיָּיה
potato *n.* תַּפּוּחַ אֲדָמָה
couch potato מָכוּר לַטֶּלֶבִיזְיָה
potbelly *n.* כָּרֵס, כֶּרֶס
potboiler *n.* יְצִירָה גְּרוּעָה
potency *n.* 1. (strength) כּוֹחַ ז׳ (כּוֹחוֹת), אוֹן
2. (male sexual ability) כּוֹחַ גַּבְרָא
3. (ability to affect) יְכוֹלֶת הַשְׁפָּעָה
potent *adj.* 1. חָזָק, בַּעַל-אוֹן
2. בַּעַל כּוֹחַ גַּבְרָא
3. (chemically active) פָּעִיל
potential *n.* יְכוֹלֶת, פּוֹטֶנְצְיָאל
potential *adj.* פּוֹטֶנְצְיָאלִי
potentially *adv.* בְּכוֹחַ, בְּפּוֹטֶנְצְיָה
pothead *n.* מְעַשֵּׁן מָרִיחוּאָנָה
pother *n.* מְהוּמָה
potholder *n.* כָּרִית לְסִיר חַם
pothole *n.* מַהֲמוֹרָה, בּוֹר ז׳ (בּוֹרוֹת)
pothook *n.* אַנְקוֹל (לִתְלִיַּית סִיר)

potion *n.*	שִׁיקּוּי
potlatch *n.*	חֲגִיגָה אִינְדִיָאנִית
potluck *n.*	אֲרוּחָה מְשׁוּתֶּפֶת
potpie *n.*	פַּשְׁטִידַת סִיר
potpourri *n.*	תַּעֲרוֹבֶת פִּרְחֵי בּוֹשֶׂם מְיוּבָּשִׁים
potshard, potsherd *n.*	שֶׁבֶר חֶרֶס
potshot *n.*	יְרִיַּת אַקְרַאי
pottage *n.*	מָרָק סָמִיךְ
potter *n.*	קַדָּר
pottery *n.*	כְּלֵי חֶרֶס
potty *n.*	סִיר לַיְלָה
pouch *n.*	פּוּנְדָּה, נַרְתִּיק
pouch *vt.*	שָׂם בַּכִּיס
poultice *n.*	רְטִיָּיה
poultry *n.*	בְּשַׂר עוֹף
pounce *n.*	הִתְנַפְּלוּת, הִסְתַּעֲרוּת
pounce *vi.*	הִתְנַפֵּל, הִסְתַּעֵר
pound *n.* 1. (currency)	לִירָה
2. (weight unit)	לִיטְרָה, פָּאוּנְד
3. (enclosure)	מִכְלָאָה
4. (blow)	מַכָּה, מַהֲלוּמָה, חֲבָטָה
dog pound	כַּלְבִּיָּיה
pound *vt.* 1. (strike)	הִכָּה, הָלַם, חָבַט בּ-
2. (crush)	כָּתַשׁ
3. *vi.* (throb)	פָּעַם, דָּפַק
4. (walk heavily)	הִילֵּךְ בִּכְבֵדוּת
pour *vt.* 1. (decant)	יָצַק, שָׁפַךְ
2. *vi.* (flow)	זָרַם
pourboire *n.*	דְּמֵי שֵׁירוּת
pout *vi.*	עִיוּוֵת שְׂפָתַיִים ; הֶחְמִיץ פָּנִים
poverty *n.*	עוֹנִי, דַּלּוּת
poverty-stricken	מוּכֵּה-עוֹנִי
POW (prisoner of war)	שְׁבוּי מִלְחָמָה
powder *n.*	אַבְקָה, פּוּדְרָה
baking powder	אַבְקַת אֲפִיָּיה
gun powder	אֲבַק שְׂרֵיפָה
talcum powder	אַבְקַת טַלְק
powder *vt.*	אִיבֵּק, שָׂם פּוּדְרָה
powdery *adj.*	דְּמוּי-אַבְקָה
power *n.* 1. (force, strength)	כּוֹחַ ז׳ (כּוֹחוֹת)
2. (ability)	יְכוֹלֶת
3. (authority)	סַמְכוּת
4. (powerful country)	מַעֲצָמָה
5. (*math*)	חֶזְקָה
power of attorney	יִיפּוּי כּוֹחַ
nuclear power 1. (energy)	אֶנֶרְגְיָה גַּרְעִינִית
2. (country)	מַעֲצָמָה גַּרְעִינִית
will power	כּוֹחַ רָצוֹן
power *vt.*	הֵנִיעַ, סִיפֵּק כּוֹחַ
powerboat *n.*	סִירַת מָנוֹעַ
powerful *adj.*	רַב-עוֹצְמָה, חָזָק
powerhouse *n.* 1. (power plant)	תַּחֲנַת כּוֹחַ
2. (one that has great force)	בַּעַל-עוֹצְמָה
powerless *adj.*	חֲסַר-אוֹנִים
pox *n.*	אֲבַעְבּוּעוֹת
PR (public relations)	יַחצ״נוּת, יַחֲסֵי צִיבּוּר
practicable *adj.*	נִיתָּן לְבִיצּוּעַ
practical *adj.*	מַעֲשִׂי, שִׁימּוּשִׁי, פְּרַקְטִי
practicality *n.*	מַעֲשִׂיּוּת, שִׁימּוּשִׁיּוּת
practically *adv.* 1. (in a practical way)	בְּאוֹפֶן מַעֲשִׂי, מַעֲשִׂית
2. (virtually)	לְמַעֲשֶׂה, בְּעֶצֶם
3. (nearly)	כִּמְעַט
practice *n.* 1. (custom)	הֶרְגֵּל, מִנְהָג
2. (exercise)	אִימּוּן, תִּירְגּוּל
3. (occupation)	עִיסּוּק בְּמִקְצוֹעַ, פְּרַקְטִיקָה
practice *vt.* 1.	נָהַג לְפִי
2.	הִתְאַמֵּן בּ-, תִּירְגֵּל
3.	עָסַק בְּמִקְצוֹעַ
practicum *n.*	לִימּוּד מַעֲשִׂי
practitioner *n.*	עוֹסֵק בְּמִקְצוֹעַ
general practitioner	רוֹפֵא כְּלָלִי
pragmatic *adj.*	מַעֲשִׂי, פְּרַגְמָטִי
pragmatism *n.*	מַעֲשִׂיּוּת, פְּרַגְמָטִיּוּת
pragmatist *n.*	דּוֹגֵל בִּפְרַגְמָטִיּוּת
prairie *n.*	עֲרָבָה
praise *n.*	שֶׁבַח, תְּהִילָּה
praise *vt.*	שִׁיבַּח, הִילֵּל
praiseworthy *adj.*	רָאוּי לְשֶׁבַח
praline *n.*	מַמְתָּק בּוֹטְנִים/אֱגוֹזִים

pram *n.* עֶגְלַת תִּינוֹק
prance *n.* קְפִיצָה, נִיתּוּר
prance *vi.* קָפַץ, נִיתֵּר
prank *n.* תַּעֲלוּל, מַעֲשֶׂה קוּנְדֵס
prankster *n.* תַּעֲלוּלָן, שׁוֹבָב
prate *vi.* פִּיטְפֵּט
pratfall *n.* נְפִילָה עַל הָעַכּוּז
prattle *n.* פִּיטְפּוּט
prattle *vi.* פִּיטְפֵּט
pray *vi.* הִתְפַּלֵּל
prayer *n.* תְּפִילָּה
pre- קְדַם-
pre-empt *vt.* הִקְדִּים
pre-emptive *adj.* מַקְדִּים, מוֹנֵעַ
preach *vt.* הִטִּיף
preacher *n.* מַטִּיף
preadolescence *n.* קְדַם-בַּגְרוּת
preamble *n.* הַקְדָּמָה, מָבוֹא
preamplifier *n.* קְדַם-מַגְבֵּר
prearrange *vt.* סִידֵּר מֵרֹאשׁ
prearrangement *n.* סִידּוּר מֵרֹאשׁ
precancerous *adj.* קְדַם-סַרְטָנִי
precarious *adj.* מְסוּכָּן, לֹא בָּטוּחַ
precariousness *n.* סַכָּנָה, אִי-בִּיטָּחוֹן
precaution *n.* אֶמְצָעֵי זְהִירוּת
precautionary *adj.* שֶׁל זְהִירוּת
precede *vt.* קָדַם לְ-, הִקְדִּים
precedence *n.* זְכוּת קְדִימָה
precedent *n.* תַּקְדִּים
preceding *adj.* קוֹדֵם
precept *n.* 1. (rule) כְּלָל, עִיקָּרוֹן
2. (*law*) צַו
preceptor *n.* מוֹרֶה, מַדְרִיךְ
precinct *n.* 1. (city subdivision) רוֹבַע
2. (police station) תַּחֲנַת מִשְׁטָרָה
3. (boundary) תְּחוּם
preciosity *n.* דַּקְדְּקָנוּת, קַפְּדָנוּת-יֶתֶר
precious *n.* 1. (valuable) יָקָר, רַב-עֵרֶךְ
2. (beloved) אָהוּב
precipice *n.* צוּק, סֶלַע תָּלוּל
precipitant *adj.* חָפוּז, נִמְהָר
precipitate *n.* מִשְׁקָע
precipitate *vt.* 1. (cause) גָּרַם
2. (hurl) הִשְׁלִיךְ
3. *vt.*; *vi.* (condense) עִיבָּה ; הִתְעַבָּה
precipitation *n.* מִשְׁקָעִים, כַּמּוּת הַגֶּשֶׁם
precipitous *adj.* תָּלוּל
precise *adj.* מְדוּיָּק
precisely *adv.* בְּדִיּוּק
precision *n.* דִּיּוּק
preclude *vt.* מָנַע, שָׁלַל אֶפְשָׁרוּת
preclusion *n.* מְנִיעָה, שְׁלִילַת אֶפְשָׁרוּת
precocious *adj.* מְפוּתָּח מִן הָרָגִיל
precocity *n.* הִתְפַּתְּחוּת מוּקְדֶּמֶת
preconceive *vt.* גִּיבֵּשׁ דֵּעָה מֵרֹאשׁ
preconception *n.* דֵּעָה מוּקְדֶּמֶת
precondition *n.* תְּנַאי מוּקְדָּם
precondition *vt.* הִכְשִׁיר מֵרֹאשׁ
precook *vt.* בִּישֵּׁל מֵרֹאשׁ
precursor *n.* 1. (predecessor) קוֹדֵם
2. (harbinger) מְבַשֵּׂר, מוֹדִיעַ
predacious *adj.* חַמְסָן, גַּזְלָן
predate *vt.* קָדַם לְ-, הִקְדִּים בְּתַאֲרִיךְ
predator *n.* חַיַּית טֶרֶף
predatory *adj.* 1. (that preys) טוֹרֵף
2. (plunderer) חַמְסָן, גַּזְלָן
predecessor *n.* קוֹדֵם בְּתַפְקִיד
predestination *n.* גּוֹרָל, קְבִיעָה מֵרֹאשׁ
predestine *vt.* קָבַע מֵרֹאשׁ
predestined *adj.* נוֹעָד לְ-
predetermination *n.* קְבִיעָה/הַחְלָטָה מֵרֹאשׁ
predetermine *vt.* קָבַע/הֶחְלִיט מֵרֹאשׁ
predicament *n.* צָרָה, מַצָּב קָשֶׁה
predicate *n.* (*gram.*) נָשׂוּא
predicate *vt.* 1. (base on) בִּיסֵּס עַל
2. (relate) יִיחֵס לְ-
predication *n.* בִּיסּוּס
predicative *adj.* (*gram.*) נְשׂוּאִי
predict *vt.* צָפָה מֵרֹאשׁ, חָזָה

predictable *adj.* צָפוּי מֵרֹאשׁ
predictably *adv.* כַּצָּפוּי
prediction *n.* חִיזּוּי
predigest *vt.* עִיכֵּל חֶלְקִית
predigestion *n.* עִיכּוּל חֶלְקִי
predilection *n.* הַעֲדָפָה
predispose *vt.* 1. (prepare) הֵכִין מֵרֹאשׁ
2. (make susceptible) חָשַׂף לְ-
predisposition *n.* נְטִיָּה מוּקְדֶּמֶת
predominance *n.* 1. (ascendancy) שְׁלִיטָה, עֶלְיוֹנוּת
2. (prevalence) שְׁכִיחוּת
predominant *adj.* 1. שׁוֹלֵט; עֶלְיוֹן
2. שָׁכִיחַ, נָפוֹץ, בּוֹלֵט
predominate *vt.* שָׁלַט בְּ-; עָלָה עַל
preeminence *n.* עֶלְיוֹנוּת
preeminent *adj.* דָּגוּל; עֶלְיוֹן
preempt *vt.* 1. (supplant) תָּפַס מָקוֹם
2. (forestall) מָנַע מֵרֹאשׁ
preemptive *adj.* מַקְדִּים, מוֹנֵעַ, שֶׁל מֶנַע
preen *vt.* 1. (clean feathers) נִיקָּה נוֹצוֹת
2. *vi.* (primp) הִתְגַּנְדֵּר, הִתְקַשֵּׁט
preexist *vi.* הָיָה קַיָּים קוֹדֶם
preexistence *n.* קִיּוּם קוֹדֵם
prefab *n.* בִּנְיָין טְרוֹמִי
prefabricate *vt.* יִיצֵּר/בָּנָה מֵרֹאשׁ
prefabricated *adj.* טְרוֹמִי, בָּנוּי מֵרֹאשׁ
prefabrication *n.* בְּנִיָּיה טְרוֹמִית
preface *n.* הַקְדָּמָה, מָבוֹא
preface *vt.* הִקְדִּים מָבוֹא
prefatory *adj.* מַקְדִּים, שֶׁל הַקְדָּמָה
prefect *n.* פָּקִיד/קָצִין בָּכִיר
prefer *vt.* הֶעֱדִיף
preferable *adj.* עָדִיף
preference *n.* הַעֲדָפָה, עֲדִיפוּת
preferential *adj.* מוּעֲדָף
preferment *n.* קִידּוּם, הַעֲלָאָה בְּדַרְגָּה
prefix *n.* תְּחִילִית, קִידּוֹמֶת
prefixal *adj.* שֶׁל תְּחִילִית
preflight *adj.* שֶׁלִּפְנֵי טִיסָה

pregnable *adj.* שֶׁנִּיתָּן לִכְבּוֹשׁ
pregnancy *n.* הֵירָיוֹן
pregnant *adj.* 1.(expecting) הָרָה, מְעוּבֶּרֶת
2. (full of meaning) רַב-מַשְׁמָעוּת
preheat *vt.* חִימֵּם תְּחִילָּה
prehensile *adj.* שֶׁנִּיתָּן לִלְפּוֹת
prehistoric *adj.* פְּרֶה-הִיסְטוֹרִי
prehistory *n.* פְּרֶהִיסְטוֹרְיָה
prejudge *vt.* קָבַע עֶמְדָּה/שָׁפַט מֵרֹאשׁ
prejudgment *n.* שִׁיפּוּט מֵרֹאשׁ
prejudice *n.* 1. (bias) דֵּעָה קְדוּמָה
2. (damage) פְּגִיעָה, נֶזֶק
prejudice *vt.* הִטָּה דֵּעָה
prejudicial *adj.* 1. שֶׁל דֵּעָה קְדוּמָה
2. פּוֹגֵעַ, מַזִּיק
preliminary *adj.* מוּקְדָּם
prelude *n.* 1. (preface) הַקְדָּמָה, פְּתִיחָה
2. (*music*) פְּרֶלוּד
premarital *adj.* לִפְנֵי הַנִּישּׂוּאִין
premature *adj.* לִפְנֵי הַמּוֹעֵד, מוּקְדָּם מִדַּי
prematurely *adv.* בְּטֶרֶם עֵת, לִפְנֵי הַזְּמַן
premed *n.* תַּלְמִיד/לִימּוּדֵי קְדַם-רְפוּאָה
premeditate *vt.* תִּיכְנֵן מֵרֹאשׁ
premeditated *adj.* בְּכַוָּונָה תְּחִילָּה, מְתוּכְנָן מֵרֹאשׁ
premeditation *n.* כַּוָּונָה תְּחִילָּה
premenstrual *adj.* שֶׁלִּפְנֵי הַוֶּסֶת
premier *n.* רֹאשׁ מֶמְשָׁלָה
premier *adj.* רָאשִׁי, עִיקָּרִי
premiere *n.* הַצָּגַת בְּכוֹרָה
premiere *vi.* הוֹפִיעַ/הוּצַג לָרִאשׁוֹנָה
premiership *n.* רָאשׁוּת מֶמְשָׁלָה
premise *n.* הַנָּחָה, הַנָּחַת יְסוֹד
premise *vt.* הִנִּיחַ
premises *pn.* אֲתָר, שֶׁטַח מִבְנִים
premium *n.* 1. (bonus) תּוֹסֶפֶת, בּוֹנוּס
2. (insurance payment) דְּמֵי בִּיטּוּחַ, פְּרֶמְיָה
3. (high value) עֵרֶךְ, חֲשִׁיבוּת
premonition *n.* תְּחוּשָׁה רָעָה, אַזְהָרָה
premonitory *adj.* מַזְהִיר

prenatal *adj.* שֶׁלִּפְנֵי הַלֵּידָה

preoccupation *n.* מַחֲשָׁבָה מַטְרִידָה, עִיסוּק-יֶתֶר

preoccupy *vt.* הִטְרִיד מַחֲשָׁבוֹת, הֶעֱסִיק

prepackage *vt.* אָרַז מֵרֹאשׁ

prepaid *adj.* מְשׁוּלָּם מֵרֹאשׁ

preparation *n.* 1. (making ready) הֲכָנָה

2. (medical substance) תַּכְשִׁיר

preparatory *adj.* מֵכִין, מַכְשִׁיר

prepare *vt.*; *vi.* הֵכִין; הִתְכּוֹנֵן, הָיָה עָרוּךְ

prepared *adj.* מוּכָן

preparedness *n.* מוּכָנוּת

prepay *vt.* שִׁילֵּם מֵרֹאשׁ

prepayment *n.* תַּשְׁלוּם מֵרֹאשׁ

preponderance *n.* עֶלְיוֹנוּת, עֲדִיפוּת

preponderant *adj.* עֶלְיוֹן, עָדִיף

preponderate *vi.* הָיָה עָדִיף, עָלָה עַל

preposition *n.* (*gram.*) מִילַּת יַחַס

prepositional *adj.* שֶׁל מִילַּת יַחַס

prepossess *vt.* הִרְשִׁים

preposterous *adj.* מְגוּחָךְ

prepotent *adj.* שׁוֹלֵט, מַכְרִיעַ

preppie *n.* תַּלְמִיד מְכִינָה

prepuce *n.* עוֹרְלָה

prerecord *vt.* הִקְלִיט מֵרֹאשׁ

prerecorded *adj.* מוּקְלָט מֵרֹאשׁ

prerequisite *n.* תְּנַאי מוּקְדָם

prerogative *n.* זְכוּת

presage *n.* אוֹת מְבַשֵּׂר רָעָה, סִימָן לַבָּאוֹת

presage *vt.* בִּישֵּׂר רָעוֹת, נִיבָּא

presbyter *n.* כּוֹמֶר

preschool *n.* גַּן יְלָדִים

preschooler *n.* יֶלֶד בְּגִיל הַגַּן

prescience *n.* רְאִיַּית הַנּוֹלָד

prescient *adj.* חוֹזֶה, רוֹאֶה אֶת הַנּוֹלָד

prescribe *vt.* 1. (order medication) רָשַׁם תְּרוּפָה

2. (lay down rules) קָבַע כְּלָלִים

prescription *n.* 1. מִרְשָׁם

2. קְבִיעָה, כְּלָל

preselect *vt.* בָּחַר מֵרֹאשׁ

preselection *n.* בְּחִירָה מֵרֹאשׁ

presence *n.* נוֹכְחוּת

present *n.* 1. (current time) הוֹוֶה

2. (gift) מַתָּנָה

at present בַּזְּמַן הַזֶּה

for the present בֵּינְתַיִים

present *adj.* 1. (existing) קַיָּם

2. (in attendance) נוֹכֵחַ

present-day נוֹכְחִי

present *vt.* 1. (show, introduce) הִצִּיג

2. (offer, submit) הִגִּישׁ

presentable *adj.* יִיצוּגִי, רָאוּי לְהַצִּיג

presentation *n.* 1. מַצֶּגֶת

2. הַגָּשָׁה

presenter *n.* מַצִּיג, מַגִּישׁ

presently *adv.* כָּעֵת, בַּזְּמַן הַזֶּה

preservation *n.* שִׁימּוּר

preservative *n.* חוֹמֶר מְשַׁמֵּר

preserve *n.*1. (natural reserve) שְׁמוּרַת טֶבַע

2. (canned fruits) שִׁימּוּרִים

preserve *vt.* שִׁימֵּר

preserver *n.* מְשַׁמֵּר; שׁוֹמֵר

life preserver עוֹגֶן הַצָּלָה

preset *vt.* קָבַע מֵרֹאשׁ

preshrunk *adj.* לֹא מִתְכַּוֵּוץ (בַּכְּבִיסָה)

preside *vi.* יָשַׁב בָּרֹאשׁ

presidency *n.* נְשִׂיאוּת

president *n.* נָשִׂיא

presidential *adj.* נְשִׂיאוּתִי

presort *vt.* מִיֵּין מֵרֹאשׁ

press *n.* 1. (pressure) לַחַץ

2. (newspapers) עִיתוֹנוּת

3. (printing machine) דְּפוּס

4. (publishing company) הוֹצָאַת סְפָרִים

5. (pressing device) מַכְבֵּשׁ

press charges הִגִּישׁ תְּבִיעָה/תְּלוּנָה

permanent press לְלֹא גִיהוּץ

printing press מַכְבֵּשׁ דְּפוּס

vanity press הוֹצָאָה עַל חֶשְׁבּוֹן הַמְּחַבֵּר

press *vt.* 1. (apply pressure) לָחַץ עַל
2. (urge) הֵאִיץ, דָּחַק בּ-
3. (iron) גִּיהֵץ
pressing *adj.* דּוֹחֵק, דָּחוּף
pressman *n.* עִיתּוֹנַאי
pressroom *n.* חֲדַר-עִיתּוֹנוּת
pressure *n.* לַחַץ
air pressure לַחַץ אֲוִויר ; לַחַץ אַטְמוֹסְפֵרִי
blood pressure לַחַץ דָּם
pressure *vt.* לָחַץ עַל
pressurization *n.* וִיסּוּת לַחַץ אֲוִויר
pressurize *vt.* וִיסֵּת לַחַץ אֲוִויר ; לָחַץ
prestidigitation *n.* לַהֲטוּטָנוּת
prestige *n.* יוּקְרָה, פְּרֶסְטִיזָ'ה
prestigious *adj.* יוּקְרָתִי
presto *adv.* מַהֵר
presumable *adj.* מְשׁוֹעָר
presumably *adv.* כְּפִי הַנִּרְאֶה
presume *vt.* הִנִּיחַ, שִׁיעֵר
presumption *n.* הַנָּחָה, הַשְׁעָרָה
presumptive *adj.* מְשׁוֹעָר, סָבִיר
presumptuous *adj.* יוּמְרָנִי, יָהִיר
presuppose *vt.* הִנִּיחַ מֵרֹאשׁ
presupposition *n.* הַנָּחָה מֵרֹאשׁ
preteen *adj.* לִפְנֵי גִּיל הָעֶשׂרֵה
pretend *vt.* 1. (feign) הֶעֱמִיד פָּנִים, הִתְחַזָּה
2. (claim) טָעַן, הִתְיַימֵּר
pretender *n.* 1. (dissembler) מַעֲמִיד פָּנִים
2. (claimant to a throne) תּוֹבֵעַ כֵּס מַלְכוּת
pretense *n.* 1. (sham) הַעֲמָדַת פָּנִים
2. (claim) טַעֲנָה
pretension *n.* טַעֲנָה, תְּבִיעָה
pretentious *adj.* יוּמְרָנִי ; רַאַוותָנִי
preterit, preterite *n.* (*gram.*) זְמַן עָבָר
preternatural *adj.* עַל-טִבְעִי
pretext *n.* תֵּירוּץ, אֲמַתְלָה
prettification *n.* יִיפּוּי
prettify *vt.* יִיפָּה
prettiness *n.* יוֹפִי
pretty *adj.* יָפֶה
pretty *adv.* לְמַדַּי, מְאוֹד
pretty much פָּחוֹת אוֹ יוֹתֵר
pretzel *n.* כַּעַךְ, פְּרֶצֶל
prevail *vi.* 1. (triumph) נִיצַּח
2. (be widespread) הָיָה שָׁכִיחַ/נָפוֹץ
prevail on שִׁיכְנֵעַ
prevalence *n.* שְׁכִיחוּת
prevalent *adj.* שָׁכִיחַ, נָפוֹץ, רוֹוֵחַ
prevaricate *vi.* שִׁיקֵּר, דִּיבֵּר חֲצִי אֱמֶת
prevarication *n.* שֶׁקֶר
prevent *vt.* מָנַע
preventable *adj.* שֶׁאֶפְשָׁר לִמְנוֹעַ
prevention *n.* מְנִיעָה
preventive *adj.* מוֹנֵעַ
preview *n.* הַצָּגָה מוּקְדֶּמֶת
sneak preview הַקְרָנָה מוּקְדֶּמֶת
preview *vt.* חָזָה בְּהַקְרָנָה מוּקְדֶּמֶת
previous *adj.* קוֹדֵם
previously *adv.* לִפְנֵי כֵן, קוֹדֶם לָכֵן
prevision *n.* רְאִיָּה מֵרֹאשׁ, תַּחֲזִית
previsionary *adj.* תַּחֲזִיתִי
prewar *adj.* מִלִּפְנֵי הַמִּלְחָמָה
prey *n.* 1. (hunted animal) טֶרֶף
2. (victim) קוֹרְבָּן ז׳ (קוֹרְבָּנוֹת)
prey on/upon *vi.* 1. (devour) טָרַף
2. (exploit) נִיצֵּל
price *n.* מְחִיר
list price מְחִיר רָשׁוּם, מְחִירוֹן
price *vt.* קָבַע מְחִיר, תִּימְחֵר
priceless *adj.* יְקַר-עֵרֶךְ
pricey *adj.* יָקָר
prick *n.* 1. (piercing) דְּקִירָה
2. (thorn) קוֹץ, עוֹקֶץ
3. (penis) שְׁמוֹק, זַיִן
prick *vt.* דָּקַר
prickle *n.* קוֹץ
prickle *vt.* דָּקַר, עָקַץ
prickly *adj.* דּוֹקְרָנִי, עוֹקְצָנִי
pride *n.* גַּאֲוָה
pride *vt.* הִתְגָּאָה בּ-

priest *n.* כּוֹמֶר, כּוֹהֵן דָּת
priesthood *n.* כְּמוּרָה
priestly *adj.* שֶׁל כְּמוּרָה
prig *n.* קַפְּדָן
priggery *n.* קַפְּדָנוּת
prim *adj.* דַּקְדְּקָן
prima ballerina רַקְדָנִית בָּלֶט רָאשִׁית
prima donna 1. (singer) זַמֶּרֶת רָאשִׁית
2. (conceited person) אָדָם יָהִיר
prima facie לִכְאוֹרָה
primacy *n.* 1. (highest position) בְּכוֹרָה
2. (archbishop) אַרְכִיבִּישׁוֹף
primal *adj.* 1. (primeval) קַדְמוֹן, רִאשׁוֹנִי
2. (of first importance) רִאשׁוֹן בְּמַעֲלָה
primaries *pn.* בְּחִירוֹת מֻקְדָּמוֹת, פְּרַיימָרִיס
primarily *adv.* בָּרֹאשׁ וּבָרִאשׁוֹנָה
primary *adj.* 1. (principal) רָאשִׁי, עִיקָּרִי
2. (preliminary) מוּקְדָּם
3. (basic) יְסוֹדִי, בְּסִיסִי
4. (earliest) רִאשׁוֹנִי
primate *n.* 1. (mammal) יוֹנֵק עִילָּאִי
2. (archbishop) אַרְכִיבִּישׁוֹף
prime *n.* 1. (best part) מֵיטָב, מִבְחָר
2. (earliest stage) שַׁחַר, רֵאשִׁית
3. (peak) שִׂיא
prime *adj.* 1. (chief) רָאשִׁי, עִיקָּרִי, עֶלְיוֹן
2. (fundamental) יְסוֹדִי, בְּסִיסִי
prime *vt.* 1. (prepare) הֵכִין
2. (undercoat) כִּיסָּה בְּשִׁכְבָה תַּחְתּוֹנָה
primer *n.* 1. (paint) צֶבַע בְּסִיסִי
2. (textbook) סֵפֶר לְמַתְחִילִים
primeval *adj.* בְּרֵאשִׁיתִי, קַדְמוֹן, קַמָּאִי
primitive *adj.* 1. (earliest) קַדְמוֹן
2. (crude) פְּרִימִיטִיבִי, פָּשׁוּט
primitivity *n.* פְּרִימִיטִיבִיּוּת
primogeniture *n.* בְּכוֹרָה
primordial *adj.* רִאשׁוֹנִי, מְקוֹרִי
primp *vi.* הִתְגַּנְדֵּר
prince *n.* נָסִיךְ
prince charming נְסִיךְ חֲלוֹמוֹת
crown prince יוֹרֵשׁ עֶצֶר
princely *adj.* 1. (of a prince) נְסִיכוּתִי
2. (magnificent) מְפוֹאָר
princess *n.* נְסִיכָה
principal *n.* 1. (schoolmaster) מְנַהֵל בֵּית-סֵפֶר
2. (fund) קֶרֶן נ׳ (קְרָנוֹת)
principal *adj.* רָאשִׁי, עִיקָּרִי
principality *n.* נְסִיכוּת
principally *adv.* בְּעִיקָּר
principle *n.* עִיקָּרוֹן ז׳ (עֶקְרוֹנוֹת)
principled *adj.* בַּעַל-עֶקְרוֹנוֹת
prink *vi.* הִתְקַשֵּׁט, הִתְגַּנְדֵּר
print *n.* 1. (printed material) דְּפוּס
2. (mark) טְבִיעָה, סִימָן
3. (photograph) תַּדְפִּיס, הַדְפָּסָה
fine print אוֹתִיּוֹת קְטַנּוֹת
in print בְּהַדְפָּסָה ; נִמְצָא לִמְכִירָה
out of print אָזַל
print *vt.* 1. הִדְפִּיס
2. טָבַע, הִטְבִּיעַ
3. (write in print letters) כָּתַב בְּאוֹתִיּוֹת דְּפוּס
print out הִדְפִּיס מִמַּחְשֵׁב
printer *n.* 1. (printing person) מַדְפִּיס
2. (computer printing device) מַדְפֶּסֶת
dot-matrix printer מַדְפֶּסֶת נְקוּדוֹת
printout *n.* תַּדְפִּיס
prior *adj.* קוֹדֵם
prior to לִפְנֵי
prioritize *vt.* קָבַע סֵדֶר עֲדִיפוּיוֹת
priority *n.* עֲדִיפוּת, זְכוּת קְדִימָה
prism *n.* מִנְסָרָה, פְּרִיזְמָה
prismatic *adj.* (colorful) סַסְגּוֹנִי
prison *n.* בֵּית-סוֹהַר, כֶּלֶא
prisoner *n.* אָסִיר
prisoner of war שְׁבוּי-מִלְחָמָה
prissiness *n.* קַפְּדָנוּת, דַּקְדְּקָנוּת
prissy *adj.* קַפְּדָן, דַּקְדְּקָן
pristine *adj.* 1. (pure) טָהוֹר
2. (original) בְּמַצָּב מְקוֹרִי

privacy *n.* פְּרָטִיוּת
private *n.* טוּרַאי
private first class טוּרַאי רִאשׁוֹן
private *adj.* פְּרָטִי, אִישִׁי
privation *n.* מַחסוֹר
privatization *n.* הַפְרָטָה
privatize *vt.* הִפְרִיט
privet *n.* שִׂיחַ לִיגוּסטרוּם
privilege *n.* חִיסָיוֹן, זְכוּת-יֶתֶר
executive privilege חִיסָיוֹן מֶמשַׁלתִּי, זְכוּת הַמִימשָׁל לִשמוֹר עַל חֲשָׁאִיוּת (ארה״ב)
privileged *adj.* בַּעַל זְכוּיוֹת-יֶתֶר
privy *n.* בֵּית-שִׁימוּשׁ חִיצוֹנִי
privy *adj.* שׁוּתָף לְסוֹד
prize *n.* פְּרָס
consolation prize פְּרַס תַנחוּמִים/נִיחוּמִים
door prize הַגרָלַת פְּרָסִים
Nobel Prize פְּרַס נוֹבֶּל
prize *vt.* הוֹקִיר, הֶעֱרִיךְ
prizewinner *n.* זוֹכֶה, חֲתַן פְּרָס
pro *n.* מִקצוֹעָן, מִקצוֹעִי
pro *adv.* (in favor of) פְּרוֹ-, בְּעַד
pro-choice בְּעַד זְכוּת הַהַפָּלָה
pro-life נֶגֶד הַפָּלוֹת
pro bono לְלֹא תַשלוּם
pro forma כְּעִניָין פוֹרמָלִי; לָצֵאת יְדֵי חוֹבָה
pro rata יַחֲסִית
pro tem (pro tempore) בְּאוֹפֶן זְמַנִי
probability *n.* סְבִירוּת
probable *adj.* סָבִיר
probably *adv.* כְּפִי הַנִראֶה, קָרוֹב לְוַדַאי
probate *n.* אִישׁוּר צַוָואָה
probate *vt.* אִישֵׁר צַוָואָה
probation *n.* 1.(testing period) תְקוּפַת מִבחָן
2. (suspension of sentence) עַל תְנַאי
probational, probationary *adj.* שֶׁל מִבחָן
probe *n.* 1. (investigation) חֲקִירָה, בְּדִיקָה
2. (instrument) מַכשִׁיר בְּדִיקָה
probe *vt.* חָקַר, בָּדַק
probity *n.* יוֹשֶׁר, אֲמִינוּת
problem *n.* בְּעָיָה
problematic *adj.* בְּעָייָתִי
procedural *adj.* נוֹהֳלִי
procedure *n.* נוֹהַל, הָלִיךְ, פְּרוֹצֶדוּרָה
proceed *vi.* 1. (go on) הִמשִׁיךְ, הִתקַדֵם
2. (*law*) הִגִישׁ תְבִיעָה
proceedings *pn.* 1. (record) פְּרוֹטוֹקוֹל
2. (*law*) הֲלִיכִים
proceeds *pn.* פִּדיוֹן, הַכנָסָה
process *n.* תַהֲלִיךְ
due process הָלִיךְ חוּקִי
process *vt.* עִיבֵּד
processing *n.* עִיבּוּד
data processing עִיבּוּד נְתוּנִים
word processing עִיבּוּד תַמלִילִים
procession *n.* תַהֲלוּכָה
processor *n.* מְעַבֵּד
food processor מְעַבֵּד מָזוֹן
word processor מְעַבֵּד תַמלִילִים
proclaim *vt.* הִצהִיר, הִכרִיז
proclamation *n.* הַצהָרָה, הַכרָזָה
proclamatory *adj.* הַצהָרָתִי
proclivity *n.* נְטִייָה
proconsul *n.* נָצִיב
procrastinate *vi.*; *vt.* דָחָה, מָשַׁךְ עִניָינִים
procrastination *n.* דְחִייָה, סַחֶבֶת
procreate *vt.* הוֹלִיד, יָצַר
procreation *n.* הוֹלָדָה, יְצִירָה
proctor *n.* מַשׁגִיחַ, מְפַקֵחַ
proctor *vt.* הִשׁגִיחַ, פִּיקֵחַ עַל
procure *vt.* הִשִׂיג
procurement *n.* הַשָׂגָה
prod *n.* 1. (jab) דְחִיפָה
2. (goad) מַלמָד
prod *vt.* דָחַף, דִירבֵּן
prodigal *adj.* בַּזבְּזָן
prodigality *n.* בַּזבְּזָנוּת
prodigious *adj.* עָצוּם
prodigy *n.* עִילוּי
child prodigy יֶלֶד פֶּלֶא

produce *n.* פֵּירוֹת וִירָקוֹת
produce *vt.* 1. (make) יִיצֵר
2. (yield; make a film/show) הֱפִיק
3. (present) הִצִּיג
producer *n.* 1. יַצְרָן
2. מֵפִיק
product *n.* מוּצָר, תוֹצֶרֶת
production *n.* יִיצוּר ; תְּפוּקָה
productive *adj.* יַצְרָנִי, פּוֹרֶה
productivity *n.* פּוֹרִיּוּת, פִּרְיוֹן עֲבוֹדָה
prof *n.* פְּרוֹפֶסוֹר
profanation *n.* חִילּוּל קוֹדֶשׁ
profane *adj.* 1. (secular) חִילוֹנִי
2. (irreverent) מְחַלֵּל קוֹדֶשׁ, כּוֹפֵר
3. (obscene) גַּס
profanity *n.* 1. (irreverence) חִילּוּל קוֹדֶשׁ
2. (obscenity) נִיבּוּל פֶּה
profess *vt.* 1. (proclaim) טָעַן
2. (pretend) הֶעֱמִיד פָּנִים
profession *n.* מִקְצוֹעַ ז׳ (מִקְצוֹעוֹת)
professional *n.* (engaged in a learned profession) בַּעַל מִקְצוֹעַ חוֹפְשִׁי
2. (expert) אִישׁ מִקְצוֹעַ, מוּמְחֶה
professional *adj.* מִקְצוֹעִי
professionalism *n.* מִקְצוֹעִיּוּת
professor *n.* פְּרוֹפֶסוֹר
professorial *adj.* פְּרוֹפֶסוֹרִי
professorship *n.* פְּרוֹפֶסוּרָה
proffer *n.* הַצָּעָה מוּקְדֶּמֶת
proficiency *n.* מְיוּמָנוּת, בְּקִיאוּת
proficient *adj.* מְיוּמָן, בָּקִי
profile *n.* 1. (side view) דְּיוֹקָן, פְּרוֹפִיל
2. (biographical sketch) קַוִּים בִּיוֹגְרָפִיִּים
high profile הַפְגָּנַת נוֹכְחוּת
low profile הִצְטַנְּעוּת
profile *vt.* שִׂירְטֵט דְּיוֹקָן
profit *n.* רֶוַח
profit *vi.* הִרְוִיחַ, עָשָׂה רֶוַח
profitability *n.* רְווֹחִיּוּת
profitable *adj.* רְווֹחִי

profiteer *n.* סַפְסָר
profiteer *vi.* סִיפְסֵר, הִפְקִיעַ מְחִיר
profligacy *n.* הֶפְקֵרוּת, הוֹלְלוּת
profligate *adj.* מוּפְקָר, הוֹלֵל
profound *adj.* עָמוֹק, עַז
profundity *n.* עוֹמֶק מַחְשָׁבָה
profuse *adj.* שׁוֹפֵעַ
profusion *n.* שֶׁפַע
progenitor *n.* אָב קַדְמוֹן
progeny *n.* צֶאֱצָאִים
progesterone *n.* פְּרוֹגֶסְטֶרוֹן
prognathous *adj.* בַּעַל לְסָתוֹת בּוֹלְטוֹת
prognosis *n.* תַּחֲזִית, פְּרוֹגְנוֹזָה
prognostic *n.* אוֹת לַבָּאוֹת
prognosticate *vt.* חָזָה מֵרֹאשׁ, צָפָה
prognostication *n.* חִיזּוּי
program *n.* תּוֹכְנִית
program *vt.* תִּיכְנֵת
programmable *n.* נִיתָּן לְתִיכְנוּת
programmer *n.* מְתַכְנֵת
progress *n.* 1. (advance) הִתְקַדְּמוּת
2. (social advances) קִידְמָה
progress *vi.* הִתְקַדֵּם
progression *n.* הִתְקַדְּמוּת
progressive *adj.* 1. (proceeding gradually) הַדְרָגָתִי, מִתְקַדֵּם בְּהַדְרָגָה
2. (favoring progress or reform) מִתְקַדֵּם, פְּרוֹגְרֶסִיבִי
prohibit *vt.* אָסַר, מָנַע
prohibition *n.* אִיסּוּר, מְנִיעָה
the **Prohibition** *n.* תְּקוּפַת הָאִיסּוּר עַל מַשְׁקָאוֹת חֲרִיפִים (ארה״ב)
prohibitive *adj.* 1. (forbidding) מוֹנֵעַ, אוֹסֵר
2. (not affordable) מֵעַל לַיְּכוֹלֶת
project *n.* 1. (plan) תּוֹכְנִית
2. (undertaking) מֵיזָם, פְּרוֹיֶקְט
housing project שִׁיכּוּן
project *vt.* 1. (cast an image) הִקְרִין
2. (predict) חָזָה
3. (attribute) יִיחֵס

4. *vi.* (protrude) בָּלַט
projectile *n.* קָלִיעַ
projection *n.* 1. הַקְרָנָה
2. תַּחֲזִית
3. יִיחוּס
4. בְּלִיטָה
projectionist *n.* מַקְרִין
projector *n.* 1. (spotlight) זַרְקוֹר
2. (image thrower) מַקְרֵן
proletarian *adj.* שֶׁל מַעֲמַד הַפּוֹעֲלִים
proletariat *n.* מַעֲמַד הַפּוֹעֲלִים, פְּרוֹלֶטַרְיוֹן
proliferate *vi.* הִתְרַבָּה, נָפוֹץ
proliferation *n.* תְּפוּצָה, הִתְרַבּוּת
prolific *adj.* שׁוֹפֵעַ, פּוֹרֶה
prolificacy *n.* שֶׁפַע, פּוֹרִיּוּת
prologue *n.* מָבוֹא, הַקְדָּמָה
prolong *vt.* הֶאֱרִיךְ
prom *n.* נֶשֶׁף סִיּוּם לִימוּדִים
promenade *n.* 1. (walk) טִיּוּל
2. (walking place) טַיֶּלֶת
promenade *vi.* טִיֵּיל
prominence *n.* חֲשִׁיבוּת, הִתְבַּלְּטוּת
prominent *adj.* חָשׁוּב, בּוֹלֵט
promiscuity *n.* הֶפְקֵרוּת מִינִית
promiscuous *adj.* מוּפְקָר
promise *n.* הַבְטָחָה
promise *vt.* הִבְטִיחַ
promising *adj.* מַבְטִיחַ
promissory *adj.* מְחַיֵּיב
promo *n.* קְדִימוֹן
promontory *n.* צוּק
promote *vt.* 1. (raise rank) הֶעֱלָה בְּדַרְגָּה
2. (advance) קִידֵּם
3. (encourage) עוֹדֵד
promoter *n.* יַזָּם, מְקַדֵּם
promotion *n.* 1. הַעֲלָאָה בְּדַרְגָּה
2. קִידּוּם
3. עִידּוּד
promotional *adj.* שֶׁל קִידּוּם/עִידּוּד
prompt *adj.* מִיָּדִי, לְלֹא דִּיחוּי
prompt *vt.* 1. (impel) הֵנִיעַ, הִמְרִיץ, דָּחַף
2. (cue) רָמַז, לָחַשׁ (לְשַׂחְקָן)
prompter *n.* לַחֲשָׁן
promptness *n.* זְרִיזוּת, מְהִירוּת
promulgate *vt.* הִכְרִיז עַל, הִצְהִיר בְּרַבִּים
promulgation *n.* הַכְרָזָה, הַצְהָרָה
prone *adj.* מוּעָד ל-, נוֹטֶה ל-
prong *n.* חוֹד ; שֵׁן מַזְלֵג
pronoun *n.* כִּינּוּי
demonstrative pronoun כִּינּוּי רֶמֶז
personal pronoun כִּינּוּי גוּף
relative pronoun כִּינּוּי זִיקָה
pronounce *vt.* 1. (utter) הָגָה, בִּיטֵּא
2. (declare) הִצְהִיר
pronounced *adj.* בָּרוּר
pronouncement *n.* הַצְהָרָה, הִתְבַּטְּאוּת
pronto *adv.* מַהֵר
pronunciation *n.* הִיגּוּי, מִבְטָא
proof *n.* 1. (evidence) הוֹכָחָה, רְאָיָה
2. (alcoholic strength) אֲחוּז הָאַלְכּוֹהוֹל (בְּמַשְׁקֶה חָרִיף)
3. (*photog.*) תַּדְפִּיס נִיסְיוֹנִי
4. (*print*) תַּדְפִּיס הַגָּהָה
-proof עָמִיד, חָסִין
proofread *vt.* הִגִּיהַּ
proofreader *n.* מַגִּיהַּ
prop *n.* 1. (support) מִשְׁעֶנֶת
2. (stage gadget) אֲבִיזַר בִּימָה
3. (propeller) מַדְחֵף
prop *vt.* הִשְׁעִין, תָּמַךְ בּ-
propaganda *n.* תַּעֲמוּלָה
propagandist *n.* תַּעֲמוּלָן
propagandistic *adj.* תַּעֲמוּלָתִי
propagandize *vi.* עָשָׂה תַּעֲמוּלָה
propagate *vt.*; *vi.*1. (reproduce) הִרְבָּה, הִפְרָה ; הִתְרַבָּה
2. (disseminate) הֵפִיץ
propagation *n.* הִתְרַבּוּת
propane *n.* גַּז בִּישׁוּל
propel *vt.* הֵנִיעַ, דָּחַף

propellant *n.* חוֹמֶר דַחַף (לְטִילִים)
propeller *n.* מַדחֵף
propensity *n.* נְטִייָה טִבעִית
proper *adj.* 1. (fitting) הוֹלֵם, מַתאִים
2. (right) נָכוֹן
3. (exclusive) בִּלעָדִי, ייִחוּדִי
properly *adv.* כַּהֲלָכָה, כַּהוֹגֶן
property *n.* 1. (possessions) רְכוּשׁ
2. (real estate) נִכסֵי מְקַרקְעִין
3. (attribute) תְּכוּנָה, סְגוּלָה
community property רְכוּשׁ מְשׁוּתָף
prophecy *n.* נְבוּאָה
prophesy *vi.* נִיבָּא, הִתנַבֵּא
prophet *n.* נָבִיא
prophetic *adj.* נְבוּאִי
prophylactic *n.* אֶמצְעֵי מְנִיעָה
propinquity *n.* קִירבָה
propitiate *vt.* פִּייֵס
propitiation *n.* פִּיוּס
propitious *adj.* 1. (auspicious) מְבַשֵּׂר טוֹבוֹת
2. (timely) בְּעִיתּוֹ, בַּזְּמַן הַנָּכוֹן
propjet *n.* מַדחֵף סִילוֹן
proponent *n.* תּוֹמֵךְ, חָסִיד
proportion *n.* 1. (relation, ratio) יַחַס, פְּרוֹפּוֹרציָה
2. (part) חֵלֶק
3. (dimension) מֵימַד
proportional, proportionate *adj.* יַחֲסִי
proposal *n.* הַצָּעָה
propose *vt.* 1. (suggest) הִצִּיעַ
2. *vi.* (offer marriage) הִצִּיעַ נִישּׂוּאִין
proposition *n.* הַצָּעָה
proposition *vt.* הִצִּיעַ יַחֲסֵי מִין
propound *vt.* הִגִּישׁ לְעִיוּן
proprietary *adj.* 1. (of an owner) קִניָינִי
2. (under a trademark) בַּעַל שֵׁם מִסחָרִי
proprietor *n.* בְּעָלִים, בַּעַל הַמָּקוֹם
proprietorial *adj.* קִניָינִי
proprietorship *n.* בַּעֲלוּת
propriety *n.* הִתנַהֲגוּת הוֹלֶמֶת

propulsion *n.* הֲנָעָה, דַּחַף
prorate *vt.* חִילֵּק בְּאוֹפֶן יַחֲסִי
proration *n.* חֲלוּקָה יַחֲסִית
prosaic, prosy *adj.* פְּרוֹזָאִי, מְשַׁעֲמֵם
proscribe *vt.* 1. (condemn) גִּינָּה, הוֹקִיעַ
2. (prohibit) אָסַר
3. (banish) גֵּירֵשׁ
proscription *n.* 1. גִּינּוּי, הוֹקָעָה
2. אִיסּוּר
3. גֵּירוּשׁ
prose *n.* סִיפּוֹרֶת, פְּרוֹזָה
prosecute *vt.* 1. (put on trial) הֶעֱמִיד לְדִין
2. (carry on) נִיהֵל, בִּיצַּע
prosecution *n.* 1. תְּבִיעָה
2. בִּיצּוּעַ
prosecutor *n.* תּוֹבֵעַ
proselyte *n.* גֵּר
proselytization *n.* גִּיּוּר
proselytize *vt.* גִּייֵּר
prosody *n.* תּוֹרַת הַמִּשׁקָל
prospect *n.* 1. (probability) סִיכּוּי, אֶפשָׁרוּת
2. (view) מַרְאֶה ז׳ (מַרְאוֹת)
3. (potential customer) לָקוֹחַ פּוֹטֶנציָאלִי
prospect *vi.* חִיפֵּשׂ מַחצָבִים
prospective *adj.* צָפוּי
prospector *n.* מְחַפֵּשׂ מַחצָבִים
prospectus *n.* תַּשׁקִיף, פְּרוֹספֶּקט
prosper *vi.* שִׂיגשֵׂג
prosperity *n.* שִׂיגשׂוּג, שֶׁפַע
prosperous *adj.* מְשַׂגשֵׂג
prostate *n.* עַרמוֹנִית, פְּרוֹסטָטָה
prostatectomy *n.* כְּרִיתַת הָעַרמוֹנִית
prosthesis *n.* תּוֹתָב, פְּרוֹתֵזָה
prostitute *n.* זוֹנָה, פְּרוּצָה
prostitution *n.* זְנוּת
prostrate *vt.* הִשׁתַּטֵּחַ
protagonist *n.* 1. (leading character) שַׂחקָן רָאשִׁי
2. (proponent) תּוֹמֵךְ, מְצַדֵּד
protean *adj.* מַחֲלִיף צוּרָה

protect *vt.* הֲגֵן עַל
protection *n.* 1. (safequard) הֲגָנָה, מִיגּוּן
2. (extorted money) דְּמֵי חָסוּת
protectional *adj.* הֲגַנָּתִי
protectionism *n.* הֲגָנָה עַל תּוֹצֶרֶת מְקוֹמִית
protective *adj.* מֵגֵן, מְגוֹנֵן
protector *n.* מָגֵן, מֵגֵן
protectorate *n.* אֶרֶץ חָסוּת
protein *n.* חֶלְבּוֹן
protégé *n.* בֶּן-טִיפּוּחִים, בֶּן-חָסוּת
protest *n.* מְחָאָה
protest *vt.* 1. (object) מָחָה עַל, קָבַל נֶגֶד
2. (affirm) הִצְהִיר עַל
protestant *n.* פְּרוֹטֶסְטַנְטִי
protestation *n.* 1. מְחָאָה
2. הַצְהָרָה
protester *n.* מוֹחֶה, מַפְגִּין נֶגֶד
protocol *n.* 1. (record) פְּרָטֵי-כּוֹל, פְּרוֹטוֹקוֹל
2. (code of correct conduct) תַּקָּנוֹן, נוֹהַג
3. (plan for medical treatment) דֶּרֶךְ טִיפּוּל
proton *n.* פְּרוֹטוֹן
prototype *n.* אַבְטִיפּוּס
protract *vt.* הֶאֱרִיךְ, מָשַׁךְ
protracted *adj.* מְמוּשָׁךְ
protraction *n.* הַאֲרָכָה, מְשִׁיכָה
protractor *n.* מַד-זָוִוית
protrude *vi.* בָּלַט
protrusion, protuberance *n.* בְּלִיטָה
proud *adj.* גֵּא, גֵּאֶה
provable *adj.* נִיתָּן לְהוֹכָחָה
prove *vt.* 1. (show proof) הוֹכִיחַ
2. (verify) אִימֵּת
3. *vi.* (turn out) יָצָא, הִתְבָּרֵר
proven *adj.* מוּכָח, בָּדוּק
provenance *n.* מָקוֹר, מוֹצָא
provender *n.* מִסְפּוֹא
proverb *n.* מָשָׁל, פִּתְגָּם
proverbial *adj.* 1. (of a proverb) שֶׁל פִּתְגָּם
2. (well-known) יָדוּעַ, נוֹדָע
Proverbs *n.* (*Bible*) סֵפֶר מִשְׁלֵי

provide *vt.* 1. (supply) סִיפֵּק ל-
2. *vi.* (supply subsistence) פִּירְנֵס
provided *conj.* בִּתְנַאי שֶׁ-
providence *n.* דְּאָגָה לֶעָתִיד
Providence *n.* הַהַשְׁגָּחָה הָעֶלְיוֹנָה, אֱלוֹהִים
provident *adj.* דּוֹאֵג מֵרֹאשׁ
provider *n.* מְפַרְנֵס
province *n.* מָחוֹז
provinces *pn.* עָרֵי שָׂדֶה
provincial *adj.* 1. (of a province) מְחוֹזִי
2. (unsophisticated) קַרְתָּנִי, פְּרוֹבִינְצְיָאלִי
provinciality *n.* קַרְתָּנוּת
provision *n.* 1. (providing) הַסְפָּקָה, מַתָּן
2. (prearrangement) סִידּוּר מֵרֹאשׁ
3. (stipulation) תְּנַאי
provisions *pn.* אַסְפָּקַת מָזוֹן
provisional *adj.* 1. (temporary) זְמַנִּי, אֲרָעִי
2. (conditional) עַל תְּנַאי
proviso *n.* תְּנַאי
provocateur *n.* מֵסִית, פְּרוֹבוֹקָטוֹר
provocation *n.* הִתְגָּרוּת, פְּרוֹבוֹקַצְיָה
provocative *adj.* מִתְגָּרֶה, פְּרוֹבוֹקָטִיבִי
provoke *vt.* 1. (stir anger) הִתְגָּרָה בּ-, הִרְגִּיז
2. (incite) הֵסִית
3. (evoke) עוֹרֵר, גָּרַם
provolone *n.* גְּבִינָה אִיטַלְקִית
provost *n.* פְּרוֹבוֹסְט, רֹאשׁ מִכְלָלָה
prow *n.* חַרְטוֹם סְפִינָה
prowess *n.* 1. (skill) כִּישָׁרוֹן, יְכוֹלֶת
2. (bravery) גְּבוּרָה
prowl *n.* שׁוֹטְטוּת
prowl *vi.* שׁוֹטֵט בְּהֶסְתֵּר
prowler *n.* מְשׁוֹטֵט
proximity *n.* קִירְבָה, סְמִיכוּת
proxy *n.* בָּא-כּוֹחַ
prude *n.* מִתְחַסֵּד
prudence *n.* שִׁיקּוּל דַּעַת, תְּבוּנָה, זְהִירוּת
prudent *adj.* שָׁקוּל, נָבוֹן, זָהִיר
prudery *n.* הִתְחַסְּדוּת, הִצְטַנְּעוּת
prune *n.* שְׁזִיף מְיוּבָּשׁ

prune *vt.* גָּזַם, קָצַץ
prurient *adj.* תַּאַוותָנִי
pry *vi.* 1. (inquire) חִיטֵט
2. *vt.* (force open) פָּתַח בְּכוֹחַ
P.S. (postscript) נ.ב. (נִזְכַּר בַּסּוֹף)
PSA (prostate specific antigen) נוֹגְדָן הָעַרמוֹנִית
psalm *n.* מִזמוֹר
Psalms *n.* (*Bible*) תְּהִילִים
pseudo- מְדוּמֶה, כִּבְיָכוֹל
pseudonym *n.* שֵׁם בָּדוּי
PSI (pounds per square inch) לִיטרָה לְאִינץ' מְרוּבָּע
psoriasis *n.* סַפַּחַת
psyche *n.* 1. (spirit) נֶפֶשׁ נ' (נְפָשׁוֹת), נְשָׁמָה
2. (mind) הַמִּבנֶה הַנַּפשִׁי
psychedelic *adj.* פְּסִיכוֹדֶלִי
psychiatric *adj.* פְּסִיכִיָאטרִי
psychiatrist *n.* רוֹפֵא נֶפֶשׁ, פְּסִיכִיָאטוֹר
psychiatry *n.* רְפוּאַת נֶפֶשׁ, פְּסִיכִיָאטרִיָּה
psychic *n.* מֶדיוּם, בַּעַל יְכוֹלֶת עַל-טִבעִית
psychoanalysis *n.* פְּסִיכוֹאָנָלִיזָה
psychoanalyst *n.* פְּסִיכוֹאָנָלִיסט
psychoanalyze *vt.* עָשָׂה פְּסִיכוֹאָנָלִיזָה
psycho *n.* מְטוֹרָף, פְּסִיכִי
psychological *adj.* פְּסִיכוֹלוֹגִי, נַפשִׁי
psychologist *n.* פְּסִיכוֹלוֹג
psychology *n.* פְּסִיכוֹלוֹגְיָה
psychometric *adj.* פְּסִיכוֹמֶטרִי
psychopath *n.* פְּסִיכוֹפָּת, חוֹלֵה נֶפֶשׁ
psychosis *n.* פְּסִיכוֹזָה, נִיתוּק מִן הַמְּצִיאוּת
psychosomatic *adj.* פְּסִיכוֹסוֹמָטִי
psychotherapy *n.* פְּסִיכוֹתֶרַפְּיָה
psychotic *n.*; *adj.* פְּסִיכוֹתִי
PTA (parent-teacher association) אִירגוּן הוֹרִים וּמוֹרִים, וַעַד הוֹרִים
ptarmigan *n.* שֶׂכווִי הַיַּעַר
pub *n.* מִסבָּאָה, פָּאבּ
puberty *n.* בַּגרוּת מִינִית
pubic *adj.* עֶרוָותִי
public *n.* צִיבּוּר, קָהָל
in public בְּפוּמבֵּי, בְּגָלוּי
go public פִּירסֵם בָּרַבִּים
public *adj.* (of the community) צִיבּוּרִי
2. (in the open) פּוּמבִּי
publication *n.* 1. (publishing) הוֹצָאָה לָאוֹר
2. (printed material) פִּירסוּם ; כְּתַב עֵת
publicist *n.* סוֹכֵן פִּירסוּם
publicity *n.* פִּירסוּם
publicize *vt.* פִּירסֵם
publicly *adv.* בְּפוּמבֵּי, בְּגָלוּי
publish *vt.* פִּירסֵם, הוֹצִיא לָאוֹר
publishable *adj.* רָאוּי לְפִירסוּם
publisher *n.* מוֹצִיא לָאוֹר
puck *n.* דִּיסקוּס
pucker *n.* קֶמֶט
pucker *vt.*; *vi.* קִימֵט ; הִתקַמֵּט
puddle *n.* 1. (of water) שְׁלוּלִית
2. (wet clay) טִיט
pudgy *adj.* גּוּץ
pueblo *n.* כְּפָר אִינדִיָאנִי
puerile *adj.* יַלדוּתִי
puerperal *adj.* שֶׁל לֵידָה
puff *n.* 1. (short emission) נְשִׁיפָה, פְּלִיטָה
2. (soft pad) כָּרִית
puff *vt.*; *vi.* נָשַׁף, פָּלַט ; הִתנַשֵּׁף, הִתנַשֵּׁם
2. (swell) נִיפַּח ; הִתנַפֵּחַ
3. (praise) שִׁיבַּח בְּהַגזָמָה
puffery *n.* שְׁבָחִים מוּגזָמִים
puffiness *n.* תְּפִיחוּת, נְפִיחוּת
puffy *adj.* תָּפוּחַ, נָפוּחַ
pug *n.* 1. (dog) כֶּלֶב סִינִי
2. (snub nose) אַף סוֹלֵד
pug *vt.* מִילֵּא בְּחֵימָר
pugilism *n.* אִיגרוּף, הִתאַגרְפוּת
pugnacious *adj.* תּוֹקפָּנִי, בַּר-מָדוֹן
pugnacity *n.* תּוֹקפָּנוּת, אַהֲבַת מָדוֹן
puissance *n.* כּוֹחַ ז' (כּוֹחוֹת), עוֹצמָה
puissant *adj.* בַּעַל-כּוֹחַ, רַב-עוֹצמָה
puke *n.* קִיא, הֲקָאָה

puke *vi.*; *vt.* הֵקִיא
pulchritude *n.* יוֹפִי, חֵן
pule *vi.* יִילֵל, יִיבֵּב
pull *n.* 1. (drag) מְשִׁיכָה, סְחִיבָה, גְרִירָה
2. (influence) הַשְׁפָּעָה
3. (handle) יְדִית מְשִׁיכָה
pull *vt.* 1. (drag) מָשַׁךְ, סָחַב, גָרַר
2. (extract) עָקַר
3. (draw out a weapon) שָׁלַף
pull back (retreat) נָסוֹג
pull down הוֹרִיד
pull oneself together הִשְׁתַּלֵּט עַל רִגְשׁוֹתָיו
pull off בִּיצַע
pull out (leave) עָזַב, יָצָא; נָסוֹג
pull over עָצַר בְּצַד הַדֶּרֶךְ
pull through יָצָא מִן הָעִנְיָן
pull up עָצַר
pullback *n.* נְסִיגָה
pulley *n.* גַלְגֶּלֶת
pullout *n.* נְסִיגָה
pullover *n.* אֲפוּדָּה
pulmonary *adj.* שֶׁל הָרֵיאוֹת
pulp *n.* 1. (of a fruit) צִיפָּה, בְּשַׂר הַפְּרִי
2. (moist mass) עִיסָה
pulp *vt.* הָפַךְ לְעִיסָה
pulpit *n.* דוּכַן הַמַּטִיף
pulpwood *n.* עֵץ רַךְ (לְתַעֲשִׂיַּת נְיָיר)
pulsar *n.* פּוּלְסָר (גֶרֶם שְׁמֵימִי)
pulsate *vi.* רָטַט
pulsation *n.* רֶטֶט
pulse *n.* דוֹפֶק, פְּעִימָה
pulse *vi.* דָפַק, פָּעַם
pulverization *n.* כְּתִישָׁה, שְׁחִיקָה
pulverize *vt.* כָּתַשׁ, שָׁחַק
pumice *n.* אֶבֶן נַקְבּוּבִית
pummel *vt.* חָבַט בְּאֶגְרוֹף
pump *n.* מַשְׁאֵבָה
pump *vt.* 1. (draw) שָׁאַב
2. (inflate) נִיפַּח
pump iron הֵרִים מִשְׁקוֹלוֹת
pump out רוֹקֵן בְּמַשְׁאֵבָה, שָׁאַב
pump up 1. (inflate) נִיפַּח
2. (excite) הִלְהִיב
pumpernickel *n.* לֶחֶם שִׁיפוֹן
pumpkin *n.* דְלַעַת
pun *n.* מִשְׂחַק מִילִים
punch *n.* 1. (blow) מַכַּת אֶגְרוֹף
2. (piercing tool) מַקֵּב
3. (vigor) מֶרֶץ
4. (beverage) פּוּנְץ' (מַשְׁקֵה פֵּירוֹת)
punch *vt.* 1. (hit) הִכָּה
2. (perforate) נִיקֵּב
puncheon *n.* חָבִית
puncher *n.* בּוֹקֵר, קָאוּבּוֹי
punchy *adj.* 1. (dazed) הָמוּם
2. (vigorous) נִמְרָץ
punctilio *n.* דַקְדְקָנוּת
punctilious *adj.* דַקְדְקָנִי
punctual *adj.* דַיְיקָן, דַיְיקָנִי
punctuality *n.* דַיְיקָנוּת
punctuate *vt.* פִּיסֵּק
punctuation *n.* פִּיסּוּק
puncture *n.* נֶקֶב, נֶקֶר
puncture *vt.* נִיקֵּב, נִיקֵּר
pundit *n.* מוּמְחֶה, מְלוּמָּד
pungency *n.* חֲרִיפוּת, חַדּוּת
pungent *adj.* חָרִיף, חַד
punish *vt.* הֶעֱנִישׁ
punishable *adj.* רָאוּי לְעוֹנֶשׁ
punishment *n.* עוֹנֶשׁ, עֲנִישָׁה
capital punishment עוֹנֶשׁ מָוֶת
corporal punishment עוֹנֶשׁ מַלְקוֹת
punitive *adj.* מַעֲנִישׁ, שֶׁל עוֹנְשִׁין
punk *n.* 1. (hoodlum) פִּרְחָח, פּוּשְׁטָק
2. (worthless) חֲסַר־עֵרֶךְ
3. (bizarre style) אוֹפְנַת פַּנְק
punster *n.* מְשַׂחֵק בְּמִילִים
punt *n.* (*football*) בְּעִיטַת כַּדּוּר
punt *vt.* בָּעַט בְּכַדּוּר
puny *adj.* חָלוּשׁ, מְגוּמָּד

pupil *n.*	תַּלְמִיד
pupil of the eye	בָּבַת עַיִן, אִישׁוֹן
puppet *n.*	בּוּבָּה
puppeteer *n.*	מַפְעִיל בּוּבּוֹת
puppetry *n.*	אוֹמָנוּת הַבּוּבּוֹת
puppy *n.*	כְּלַבְלָב, גּוּר כְּלָבִים
purblind *adj.*	קְשֵׁה-רְאִיָּה, עִיוֵּר לְמֶחֱצָה
purchase *n.*	קְנִיָּה, רְכִישָׁה
purchase *vt.*	קָנָה, רָכַשׁ
pure *adj.* 1. (untainted)	טָהוֹר, נָקִי
2. (utter)	מוּחְלָט
purée *n.*	מְחִית
purebred *adj.*	גִּזְעִי
purely *adv.*	לְגַמְרֵי
purgation *n.*	טִיהוּר
purgative *adj.*	מְטַהֵר
purge *n.* 1. (cleansing)	טִיהוּר, נִיקּוּי
2. (political riddance)	טִיהוּר, עֲרִיפַת רָאשִׁים
purge *vt.* 1. (cleanse)	טִיהֵר, נִיקָּה
2. (empty bowels)	הֵרִיק מֵעַיִים, שִׁילְשֵׁל
purification *n.*	טִיהוּר, זִיכּוּךְ, הִיטָּהֲרוּת
purifier *n.*	מְטַהֵר
purify *vt.*	טִיהֵר, זִיכֵּךְ
Purim *n.*	פּוּרִים
purism *n.*	טַהֲרָנוּת
purist *n.*	טַהֲרָן
puritan *n.*	פּוּרִיטָן, מַחֲמִיר בְּמוּסָר
purity *n.*	טוֹהַר
purl *n.*	סְרִיגָה הֲפוּכָה
purl *vt.* 1. (knit)	סָרַג עַיִן הֲפוּכָה
2. *vi.* (flow)	זָרַם, פִּיכְּפֵּךְ
purlieu *n.*	פַּרְבָּר
purloin *vi.*	גָּנַב
purple *adj.*	סָגוֹל, בְּצֶבַע אַרְגָּמָן
purport *n.*	כַּוָּונָה
purport *vt.* 1. (claim)	טָעַן
2. (intend)	הִתְכַּוֵּון ל-
purpose *n.* 1. (objective)	מַטָּרָה, תַּכְלִית
2. (determination)	נְחִישׁוּת, הֶחְלֵטִיּוּת

all-purpose	רַב-שִׁימוּשִׁי
on purpose	בְּכַוָּונָה
purpose *vt.*	הִתְכַּוֵּון ל-
purposeful *adj.*	תַּכְלִיתִי
purposeless *adj.*	חֲסַר-תַּכְלִית
purposely *adv.*	בְּכַוָּונָה
purr *n.*	נְהִימָה
purr *vi.*	נָהַם
purse *n.* 1. (handbag)	אַרְנָק
2. (money)	כֶּסֶף, כְּסָפִים
pursuance *n.*	בִּיצוּעַ, מִימּוּשׁ
pursuant *adj.*	מַמְשִׁיךְ
pursuant to	לְפִי, בְּהֶתְאֵם ל-
pursue *vt.* 1. (chase)	רָדַף אַחֲרֵי
2. (strive)	שָׁאַף ל-
3. (proceed; engage in)	הִמְשִׁיךְ ; עָסַק בּ-
pursuer *n.*	רוֹדֵף
pursuit *n.* 1.	רְדִיפָה, מִרְדָּף
2.	שְׁאִיפָה
3.	עִיסּוּק
hot pursuit	מִרְדָּף חַם
purulence *n.*	מוּגְלָה
purulent *adj.*	מוּגְלָתִי
purvey *vt.*	סִיפֵּק (סְחוֹרָה)
purveyor *n.*	סַפָּק
purview *n.*	תְּחוּם, הֶיקֵּף פְּעוּלָּה/רְאִיָּה
pus *n.*	מוּגְלָה
push *n.* 1. (shove)	דְּחִיפָה
2. (effort)	מַאֲמָץ
3. (drive)	דַּחַף
push *vt.* 1. (shove)	דָּחַף
2. (press)	לָחַץ
push drugs	מָכַר/הֵפִיץ סַמִּים
push one's luck	לָקַח סִיכּוּן
push around	הִתְעַמֵּר בּ-
push for	לָחַץ לְמַעַן
push on	הִמְשִׁיךְ
pushbutton *n.*	לַחְצָן
pushcart *n.*	עֲגָלַת יָד
pusher *n.*	סוֹחֵר סַמִּים

pushover *n.* (easy deed) הֶישֵּׂג קַל
pushup *n.* שְׁכִיבַת סְמִיכָה
pushy *adj.* דוֹחֵף אֶת עַצמוֹ, אַגרֶסִיבִי
pusillanimous *adj.* פַּחדָן
puss *n.* חָתוּל
pussy *n.* 1. (cat) חָתוּל, חֲתַלתוּלָה
2. (vulva) כּוּס
pussycat *n.* חֲתַלתוּלָה
pussyfoot *vi.* הִתגַנֵב, נָע בְּהִיסוּס
pustule *n.* מוּרסָה
put *vt.* 1. (place) שָׂם, הִנִיחַ
2. (express) הִבִּיעַ, בִּיטֵא
put aside שָׂם/שָׁמַר בַּצַד
put away (lock up) נָעַל בְּמוֹסָד, אִישפֵּז
put back הֶחֱזִיר לִמקוֹמוֹ
put down 1. (place down) הוֹרִיד, הִנִיחַ
2. (write down) רָשַׁם
3. (repress) דִיכֵּא
4. (belittle) הִשפִּיל, זִילזֵל בּ-
5. (pay as a deposit) הִפקִיד, שִׁילֵם עַל הַחֶשבּוֹן
put forth הִצִיג, הֵבִיא
put forward הִצִיעַ
put off דָחָה
put on לָבַשׁ
put-on הַעֲמָדַת פָּנִים
put to death הוֹצִיא לַהוֹרֵג
put together הִרכִּיב
put out 1. (extinguish) כִּיבָּה
2. (publish) הוֹצִיא לָאוֹר
put up 1. (erect) הֵקִים
2. (lodge) אִיכסֵן
put up for sale הִצִיעַ לִמכִירָה
put up with גִילָה סוֹבלָנוּת כְּלַפֵּי, סָבַל אֶת
put upon הֶעֱמִיס עַל
putative *adj.* מְשׁוֹעָר
putdown *n.* זִילזוּל, הַשׁפָּלָה
putrefaction *n.* רִיקָבוֹן
putrefy *vt.*; *vi.* הִרקִיב; נִרקַב
putrid *adj.* רָקוּב
putridity *n.* רִיקָבוֹן
putsch *n.* נִיסיוֹן הֲפִיכָה
putt *n.* חֲבָטַת גוֹלף קַלָה
putt *vt.* חָבַט קַלוֹת
putter *n.* אַלַת גוֹלף
putter *vi.* הִתבַּטֵל
putty *n.* מֶרֶק, טִיט
puzzle *n.* חִידָה
crossword puzzle תַשׁבֵּץ
jigsaw puzzle תַצרֵף
puzzle *vt.* הִתמִיהַּ, הִפלִיא
puzzlement *n.* מְבוּכָה, פְּלִיאָה
pygmy *n.* נַנָס, גַמָד
pylon *n.* עַמוּד חַשׁמַל
pyorrhea *n.* דַלֶקֶת חֲנִיכַיִים
pyramid *n.* פִּירָמִידָה
Pyrex *n.* פֵּיירֶקס (זְכוּכִית חֲסִינַת אֵשׁ)
pyromania *n.* שִׁיגָעוֹן הַצָתָה
pyrrhic victory נִיצָחוֹן יָקָר
python *n.* נְחַשׁ פִּיתוֹן

Q

Q הָאוֹת הַשְּׁבַע-עֶשְׂרֵה בָּאָלֶפְבֵּית הָאַנְגְּלִי
Q&A (questions and answers) שְׁאֵלוֹת וּתְשׁוּבוֹת
qt. (quart) רֶבַע גָּלוֹן
quack *n.* 1. (duck sound) גִּיעְגּוּעַ
2. (physician) רוֹפֵא מִתְחַזֶּה
quack *vi.* גִּיעְגַּע
quackery *n.* הִתְחַזּוּת, הוֹנָאָה
quadrangle *n.* (courtyard) רְחָבָה מְרוּבַּעַת
quadraphonic *adj.* (קוֹל) אַרְבַּע-עֲרוּצִי
quadrennial *adj.* אַרְבַּע-שְׁנָתִי
quadrennium *n.* אַרְבַּע שָׁנִים
quadrilateral *adj.* אַרְבַּע-צְדָדִי
quadrille *n.* רִיקּוּד לְאַרְבָּעָה זוּגוֹת
quadriplegia *n.* שִׁיתּוּק
quadriplegic *adj.* מְשׁוּתָּק
quadruped *n.* הוֹלֵךְ עַל אַרְבַּע
quadruple *vt.*; *vi.* הִכְפִּיל בְּאַרְבַּע; גָּדַל פִּי אַרְבַּע
quadruplet *n.* רְבִיעִיָּיה
quadruplicate *n.* אֶחָד מֵרְבִיעִיָּיה
quadruplicate *vt.* הִכְפִּיל אַרְבַּע פְּעָמִים
quaff *vt.* גָּמַע, סָבָא
quagmire *n.* בִּיצָה
quail *n.* שְׂלָיו
quaint *adj.* מוּזָר, יוֹצֵא דּוֹפֶן
quaintness *n.* מוּזָרוּת
quake *n.* 1. (shake) רְעִידָה, רַעַד
2. (earthquake) רְעִידַת אֲדָמָה
quake *vi.* רָעַד, רָטַט
qualification *n.* 1. (ability) כִּישּׁוּר, כְּשִׁירוּת
2. (restriction) הַגְבָּלָה
qualified *adj.* 1. כָּשִׁיר, מוּסְמָךְ
2. מוּגְבָּל, מְסוּיָּיג
qualify *vt.* 1. (make eligible) הִכְשִׁיר, הִסְמִיךְ
2. (limit) סִיֵּיג, הִגְבִּיל
3. (describe) הִגְדִּיר, אִיפְיֵין
4. *vi.* (be fit) הִתְאִים, הָיָה כָּשִׁיר ל-
qualitative *adj.* תְּכוּנָתִי, אֵיכוּתִי
quality *n.* 1. (characteristic) תְּכוּנָה, אֵיכוּת, טִיב
2. (excellence) אֵיכוּת מְעוּלָּה
quality *adj.* אֵיכוּתִי
qualm *n.* נְקִיפוֹת מַצְפּוּן, חֲרָטָה
quandary *n.* מְבוּכָה, אִי-וַדָּאוּת
quantification *n.* קְבִיעַת כַּמּוּת
quantify *n.* קָבַע כַּמּוּת
quantitative *adj.* כַּמּוּתִי
quantity *n.* כַּמּוּת, מִידָּה
quantum *n.* כַּמּוּת
quantum *adj.* פִּתְאוֹמִי
quarantine *n.* בִּידּוּד, הֶסְגֵּר
quarantine *vt.* בּוֹדֵד, הֶחֱזִיק בְּהֶסְגֵּר
quarrel *n.* רִיב, קְטָטָה, סִיכְסוּךְ
quarrel *vi.* רָב, הִתְקוֹטֵט
quarry *n.* 1. (excavation) מַחְצָבָה
2. (hunted animal) חַיָּה נִרְדֶּפֶת
quarry *vt.* חָצַב
quart *n.* רֶבַע גָּלוֹן
quarter *n.* 1. (one fourth) רֶבַע
2. (year's fourth) רְבִיעַ
3. (city section) רוֹבַע, שְׁכוּנָה
4. (coin) רֶבַע דּוֹלָר
quarters *pn.* מְקוֹם מְגוּרִים
at close quarters מִטְּוָוח קָרוֹב
quarterback *n.* קַפְּטֶן הַקְּבוּצָה (בְּכַדּוּרֶגֶל)
quarterly *n.* רִבְעוֹן
quarterly *adj.* תְּלַת-חוֹדְשִׁי
quarterly *adv.* כּוֹל רֶבַע שָׁנָה
quartermaster *n.* אַפְסְנַאי
quartet *n.* רְבִיעִיָּיה
quartz *n.* קְוַנְאַרְץ
quasar *n.* קְוֵויזָר (גֶּרֶם שְׁמֵימִי דְּמוּי-כּוֹכָב)

quash *vt.* דִּיכֵּא
quasi *adj.* דְּמוּי-, מֵעֵין
quaternary *adj.* אֶחָד מֵאַרְבָּעָה
quaver *n.* רַעַד, רְעָדָה, רֶטֶט
quaver *vi.* רָעַד, רָטַט
quay *n.* רְצִיף, מֵזַח
queasiness *n.* בְּחִילָה
queasy *adj.* חָשׁ בְּחִילָה ; מַבְחִיל
queen *n.* מַלְכָּה
queer *n.* 1. (weird) מוּזָר, תִּמְהוֹנִי
2. (homosexual) הוֹמוֹסֶקְסוּאָל
quell *vt.* 1. (suppress) דִּיכֵּא, הִכְנִיעַ
2. (quiet) הִשְׁקִיט, הִרְגִּיעַ
quench *vt.* 1. (quell) שִׁיכֵּךְ, הִרְגִּיעַ
2. (satisfy thirst) הִרְוָה צִימָּאוֹן
querulous *adj.* נִרְגָּן, רַטְנוּנִי
query *n.* שְׁאֵלָה, קוּשְׁיָה
query *vt.* 1. (ask) שָׁאַל, הִקְשָׁה
2. (doubt) פִּיקְפֵּק בּ-, הֵטִיל סָפֵק
quest *n.* חִיפּוּשׂ, בִּיקּוּשׁ
question *n.* שְׁאֵלָה
call into question הֶעֱלָה סָפֵק
in question הַנִּידוֹן, שֶׁנָּתוּן בְּדִיוּן
leading question שְׁאֵלָה מְכוּוֶנֶת
out of the question לֹא בָּא בְּחֶשְׁבּוֹן
question *vt.* 1. (ask) שָׁאַל
2. (interrogate) חָקַר, תִּיחְקֵר
3. (doubt) פִּיקְפֵּק בּ-, הֵטִיל סָפֵק
questionable *adj.* 1. (doubtful) מוּטָל בְּסָפֵק
2. (dubious) מְפוּקְפָּק
questionnaire *n.* שְׁאֵלוֹן
queue *n.* 1. (line) תּוֹר
2. (braid) צַמָּה
quibble *n.* 1. (petty criticism) בִּיקּוֹרֶת קַטְנוּנִית
2. (evasion of issue) הִתְפַּלְפְּלוּת, הִתְחַמְּקוּת
quibble *vi.* 1. מָתַח בִּיקּוֹרֶת קַטְנוּנִית
2. הִתְפַּלְפֵּל, הִתְחַמֵּק מֵהַנּוֹשֵׂא
quiche *n.* קִישׁ, פַּשְׁטִידָה

quick *adj.* 1. (fast) מָהִיר
2. (agile) זָרִיז
quick-tempered מְהִיר-חֵימָה
quick-witted חָרִיף, מְהִיר-תְּפִיסָה
quicken *vt.* זֵירֵז, הֵאִיץ, הֵחִישׁ
quickie *n.* מַעֲשֶׂה מָהִיר
quickly *adv.* מַהֵר, בִּמְהִירוּת
quicksand *n.* חוֹל טוֹבְעָנִי
quicksilver *n.* כַּסְפִּית
quickstep *n.* רִיקּוּד
quid *n.* טַבַּק לְעִיסָה
quid pro quo תְּמוּרָה שָׁוָה
quiescence *n.* מְנוּחָה, חוֹסֶר-תְּנוּעָה
quiescent *adj.* נָח, חֲסַר-תְּנוּעָה
quiet *n.* שֶׁקֶט, שַׁלְוָה
quiet *vi.*; *vt.* שָׁקַט ; הִשְׁקִיט
quiet *adj.* שָׁקֵט, שָׁלֵו
quietness *n.* שֶׁקֶט, שַׁלְוָה
quietude *n.* שֶׁקֶט, רוֹגַע
quietus *n.* הִיפָּטְרוּת
quill *n.* קְנֵה נוֹצָה
quilt *n.* שְׂמִיכַת פּוּךְ, כֶּסֶת
quilt *vt.* תָּפַר שְׂמִיכַת פּוּךְ
quince *n.* חַבּוּשׁ
quinsy *n.* מוּגְלָה
quintessence *n.* עִיקָּר ; הִתְגַּלְּמוּת מוּשְׁלֶמֶת
quintet *n.* חֲמִישִׁיָּיה
quintuple *adj.* מְחוּמָּשׁ, פִּי חָמֵשׁ
quintuple *vt.* הִכְפִּיל פִּי חָמֵשׁ
quintuplet *n.* (babies) חֲמִישִׁיַּית תִּינוֹקוֹת
quip *n.* חִידּוּד לָשׁוֹן, עֲקִיצָה
quirk *n.* הִתְנַהֲגוּת מוּזָרָה
quirt *n.* שׁוֹט, מַגְלֵב
quisling *n.* מְשַׁתֵּף פְּעוּלָּה, בּוֹגֵד
quit *vt.* 1. (stop) הִפְסִיק, חָדַל
2. (leave) עָזַב, וִיתֵּר
3. (resign) הִתְפַּטֵּר
quite *adv.* 1. (rather) לְמַדַּי
2. (completely) לְגַמְרֵי, בְּהֶחְלֵט

quits *adj.*	בְּמַצָּב שָׁוֶה, לֹא חַיָּב
call it quits	הִפְסִיק
quittance *n.*	סִילּוּק חוֹב
quitter *n.*	וַתְרָן, נִכְנָע בְּקַלּוּת
quiver *n.*	רְעָדָה, רֶטֶט
quiver *vi.*	רָעַד, רָטַט
quiz *n.*	בּוֹחַן ; חִידוֹן
quiz *vt.*	בָּחַן
quoin *n.*	אֶבֶן פִּינָּה
quondam *adj.*	קוֹדֵם, לְשֶׁעָבַר
quorum *n.*	מִניַין דָרוּשׁ
quota *n.*	מִיכְסָה
quotation *n.*	צִיטָטָה, צִיטוּט, מוּבָאָה
quote *n.* 1. (repetition)	צִיטוּט, צִיטָטָה
2. (stating price)	הַצָּעַת מְחִיר
quote *vt.* 1.	צִיטֵט
2.	נָקַב בִּמְחִיר
quotidian *adj.*	יוֹמִי, יוֹמְיוֹמִי
quotient *n.* (*math*)	מָנָה (בְּחִילּוּק)

R

R הָאוֹת הַשְּׁמוֹנֶה עֶשְׂרֵה בָּאָלֶפְבֵּית הָאַנְגְּלִי

rabbi *n.* רַב, רַבִּי

rabbinate *n.* רַבָּנוּת

rabbinic *adj.* רַבָּנִי

rabbit *n.* אַרְנָב, אַרְנֶבֶת

rabble *n.* אֲסַפְסוּף

rabid *adj.* 1. (afflicted by rabies) נָגוּעַ בְּכַלֶּבֶת

2. (fanatical) קִיצוֹנִי, קַנָּאִי

3. (raging) זוֹעֵם

rabies *n.* כַּלֶּבֶת

raccoon *n.* דְּבִיבוֹן

race *n.* 1. (human group) גֶּזַע

2. (contest) מֵירוֹץ, תַּחֲרוּת

drag race מֵירוֹץ מְכוֹנִיּוֹת

race *vi.* 1. (speed) דָּהַר

2. (compete) הִשְׁתַּתֵּף בְּמֵירוֹץ

racehorse *n.* סוּס מֵירוֹץ

racetrack *n.* מַסְלוּל מֵירוֹצִים

racial *adj.* 1. (based on race) גִּזְעִי

2. (prejudicial) גִּזְעָנִי

racism *n.* גִּזְעָנוּת

racist *n.* גִּזְעָנִי

rack *n.* 1. (shelf) מַדָּף, כַּן

2. (anguish) סֵבֶל, יִיסּוּרִים

rack *vt.* עִינָּה, יִיסֵּר

rack up צָבַר

racket *n.* 1. (noise) רַעַשׁ

2. (illegal activity) הוֹנָאָה

3. (paddle) מַחְבֵּט

racketeer *n.* אִישׁ כְּנוּפְיַת פֶּשַׁע

racketeering *n.* פְּשִׁיעָה מְאוּרְגֶּנֶת

raconteur *n.* מְסַפֵּר סִיפּוּרִים

racquetball *n.* מִשְׂחַק כַּדּוּר

racy *adj.* 1. (lively) מָלֵא חַיִּים

2. (piquant) חָרִיף

radar *n.* (radio detection and ranging) מַכָּ״ם, (מְגַלֶּה כִּיוּוּן/מֶרְחָק), רָדָאר

radarscope *n.* מָסַךְ מַכָּ״ם

radial *adj.* רַדְיָאלִי

radiance *n.* קְרִינָה, זוֹהַר

radiant *adj.* קוֹרֵן, זוֹהֵר

radiate *vi.*; *vt.* קָרַן; הִקְרִין

radiation *n.* קְרִינָה, הַקְרָנָה

radiative *adj.* מַקְרִין, שֶׁל קְרִינָה

radiator *n.* מַצְנֵן, רַדְיָאטוֹר

radical *adj.* קִיצוֹנִי, רָדִיקָלִי

radicalism *n.* קִיצוֹנִיּוּת, רָדִיקָלִיּוּת

radicalization *n.* הַקְצָנָה

radicalize *vt.* הִקְצִין

radio *n.* רַדְיוֹ

ham radio רַדְיוֹ חוֹבְבִים

radio *vt.* שִׁידֵּר בְּרַדְיוֹ

radioactive *adj.* רַדְיוֹאַקְטִיבִי

radioactivity *n.* רַדְיוֹאַקְטִיבִיּוּת

radiologist *n.* רַדְיוֹלוֹג

radiology *n.* רַדְיוֹלוֹגְיָה, טִיפּוּל בְּהַקְרָנָה

radiophone *n.* רַדְיוֹ-טֶלֶפוֹן

radiophonic *adj.* רַדְיוֹפוֹנִי

radiosonde *n.* מַשְׁדֵּר מֶטֶאוֹרוֹלוֹגִי

radiotelegraph *n.* רַדְיוֹ-טֶלֶגְרָף

radiotherapy *n.* טִיפּוּל בְּהַקְרָנָה

radish *n.* צְנוֹן, צְנוֹנִית

radium *n.* רַדְיוּם

radius *n.* קוֹטֶר, רַדְיוּס

raffle *n.* הַגְרָלָה

raffle *vt.* הִגְרִיל

raft *n.* רַפְסוֹדָה

rafter *n.* קוֹרָה

rag *n.* סְמַרְטוּט, מַטְלִית

rage *n.* זַעַם, חֵימָה

rage *vi.* זָעַם, הִשְׁתּוֹלֵל

ragged *adj.* מְרוּפָּט

ragtag *adj.* פָּרוּעַ

ragtime *n.* מוּזִיקַת גֵ׳ז

ragweed *n.* עֵשֶׂב
raid *n.* פְּשִׁיטָה, הַתְקָפָה
air raid הַתְקָפָה אֲוִירִית
raid *vt.* פָּשַׁט עַל, תָּקַף
raider *n.* פּוֹשֵׁט, תּוֹקֵף
rail *n.* 1. (banister) מַעֲקֶה
2. (railroad track) פַּס רַכֶּבֶת
railing *n.* מַעֲקֶה
railroad, railway *n.* מְסִילַת בַּרְזֶל
railroad *vt.* 1. (transport by rail) הוֹבִיל בְּרַכֶּבֶת
2. (push hastily) דָּחַף, הֵאִיץ בּ-
raiment *n.* לְבוּשׁ
rain *n.* גֶּשֶׁם, מָטָר
acid rain גֶּשֶׁם חוּמְצָתִי
rain *vi.* 1. (fall as rain) יָרַד גֶּשֶׁם
2. *vt.* (shower) הִמְטִיר עַל
rain out בִּיטֵל בִּגְלַל גֶּשֶׁם
rainbow *n.* קֶשֶׁת
raincoat *n.* מְעִיל גֶּשֶׁם
raindrop *n.* טִיפַּת גֶּשֶׁם
rainfall *n.* כַּמּוּת הַגֶּשֶׁם
rainless *adj.* שָׁחוּן
rainmaker *n.* מוֹרִיד גֶּשֶׁם
rainstorm *n.* סוּפַת גֶּשֶׁם
rainwater *n.* מֵי גֶּשֶׁם
rainy *adj.* גָּשׁוּם
for a rainy day לְעֵת הַצּוֹרֶךְ
raise *n.* הַעֲלָאָה
raise *vt.* 1. (lift) הֵרִים, הִגְבִּיהַּ
2. (increase) הֶעֱלָה, הִגְדִּיל
3. (erect) הֵקִים
4. (rear) גִּידֵּל
5. (bring about) גָּרַם, הֵבִיא ל-
6. (stir up) עוֹרֵר
raisin *n.* צִימּוּק
raison d'être סִיבַּת הַקִּיּוּם
rake *n.* 1. (raking tool) מַגְרֵפָה
2. (slant) נְטִיָּה, שִׁיפּוּעַ
rake *vt.* גָּרַף
rake-off חֵלֶק מֵרְוָחִים
rake up חָשַׂף, גִּילָּה
rally *n.* 1. (gathering) עֲצֶרֶת, הִתְכַּנְּסוּת
2. (recovery) הִתְאוֹשְׁשׁוּת
3. (stock market rise) עֲלִיַּית הַבּוּרְסָה
rally *vt.*; *vi.* אָסַף, גִּיבֵּשׁ ; הִתְאַסֵּף
RAM (random-access memory) זִיכְרוֹן גִּישָׁה בְּמַחְשֵׁב
ram *n.* 1. (male sheep) אַיִל
2. (forcing device) מַגָּח, כְּלִי נְגִיחָה
ram *vt.* נָגַח, דָּחַף בְּכוֹחַ
ramble *n.* שׁוֹטְטוּת
ramble *vi.* שׁוֹטֵט, הִסְתּוֹבֵב לְלֹא מַטָּרָה
rambunctious *adj.* קוֹלָנִי, רוֹעֵשׁ
ramification *n.* 1. (consequence) תּוֹצָאָה
2. (branch) עָנָף, הִסְתָּעֲפוּת
ramify *vi.* הִסְתָּעֵף
ramjet *n.* מַגַּח סִילוֹן
ramp *n.* 1. (inclined surface) סוֹלְלָה, שִׁיפּוּעַ
2. (mobile staircase) כֶּבֶשׁ
rampage *n.* הִשְׁתּוֹלְלוּת
rampage *vi.* הִשְׁתּוֹלֵל
rampant *adj.* נָפוֹץ, גָּדֵל פֶּרֶא
rampart *n.* סוֹלְלַת מָגֵן
ramshackle *adj.* רָעוּעַ, רוֹפֵף
ran *p.* run
ranch *n.* חַוַּת בְּהֵמוֹת
rancher *n.* בַּעַל-חַוָּה
rancid *adj.* מַסְרִיחַ, מְעוּפָּשׁ
rancor *n.* טִינָה, מְרִירוּת
rancorous *adj.* שׁוֹמֵר טִינָה
random *adj.* מִקְרִי
at random בְּאַקְרַאי, בְּאוֹפֶן מִקְרִי
randomize *vt.* סִידֵּר בְּאַקְרַאי
randy *adj.* מָלֵא תְּשׁוּקָה, תַּאַוְתָן
rang *p.* ring
range *n.* 1. (extent) טְוָח
2. (shooting site) מִטְוָח
3. (cooking stove) תַּנּוּר בִּישּׁוּל
mountain range רֶכֶס הָרִים

range *vi.* 1. (vary)	נָע
2. (roam)	נָדַד, הִשְׂתָּרֵעַ
rangefinder *n.*	מַד-טְוָוח
ranger *n.*	שׁוֹטֵר סַיֶּירֶת
rank *n.* 1. (grade)	דַּרְגָּה
2. (standing)	מַעֲמָד
3. (row, line)	שׁוּרָה, טוּר
rank and file	(אֲנָשִׁים) מִן הַשּׁוּרָה
close ranks	הִתְלַכֵּד
rank *vt.* 1. (classify)	דֵּירֵג
2. *vi.* (hold a rank)	הָיָה בְּדַרְגָּה שֶׁל
rank *adj.*	מַסְרִיחַ
ranking *adj.*	רַם-דֶּרֶג
rankle *vt.*	הִרְגִּיז
ransack *vt.*	עָשָׂה חִיפּוּשׂ בּ-, "הָפַךְ", בָּזַז
ransom *n.*	כּוֹפֶר
rant *vi.*	דִּיבֵּר בְּזַעַם
rap *n.* 1. (blow)	מַכָּה
2. (punishment)	עוֹנֶשׁ
3. (conversation)	שִׂיחָה
4. (*music*)	מוּזִיקַת רָאפּ
bum rap	עוֹנֶשׁ לֹא הוֹגֵן
rap *vt.* 1. (strike)	הִכָּה בְּחַדּוּת
2. (blame)	הֶאֱשִׁים
rapacious *adj.*	גַּזְלָנִי, חַמְסָן
rapacity *n.*	גַּזְלָנוּת
rape *n.*	אוֹנֶס
rape *vt.*	אָנַס
rapid *adj.*	מָהִיר
rapidity *n.*	מְהִירוּת
rapine *n.*	שׁוֹד, בִּיזָּה
rapist *n.*	אַנָּס
rapper *n.*	זַמַּר רָאפּ
rapport *n.*	יַחֲסֵי קִירְבָה
rapprochement *n.*	הִתְפַּייְסוּת
rapscallion *n.*	נָבָל
rapt *adj.*	שָׁקוּעַ, מְרוּתָּק
rapture *n.*	הִתְלַהֲבוּת, אֶקְסְטָזָה
rare *adj.* 1. (uncommon)	נָדִיר
2. (lightly cooked)	נָא, צָלוּי מְעַט

rarefaction *n.*	דְּלִילוּת, קְלִישׁוּת
rarefy *vt.*; *vi.*	דִּילֵּל; הִתְדַּלֵּל
rarely *adv.*	לְעִיתִּים נְדִירוֹת
rarity *n.*	נְדִירוּת
rascal *adj.* 1. (playful)	שׁוֹבָב
2. (scoundrel)	נוֹכֵל, מְנוּוָל
rase *vt.*	הָרַס, הֶחֱרִיב
rash *n.*	פְּרִיחָה בָּעוֹר
rasp *n.*	מַשּׁוֹף
rasp *vt.*	חָרַק, גֵּירֵד
raspberry *n.*	פֶּטֶל
raspy *adj.*	מְחוּסְפָּס, צוֹרֵם
rat *n.*	עַכְבְּרוֹשׁ, חוּלְדָּה
ratchet *n.*	גַּלְגַּל שִׁינַּיִים
rate *n.* 1. (relative level)	שִׁיעוּר
2. (pace)	קֶצֶב
3. (relative price)	שַׁעַר, מְחִיר יַחֲסִי
4. (rank)	דַּרְגָּה
at any rate	בְּכוֹל אוֹפֶן, עַל כּוֹל פָּנִים
birth rate	שִׁיעוּר יְלוּדָה
exchange rate	שַׁעַר חֲלִיפִין
first-rate	סוּג א׳, מְעוּלֶּה
mortality rate	שִׁיעוּר תְּמוּתָה
prime rate	שִׁיעוּר רִיבִּית בְּסִיסִית
second-rate	סוּג ב׳, בֵּינוֹנִי
tax rate	שִׁיעוּר מַס
rate *vt.* 1. (rank)	דֵּירֵג
2. (estimate value)	הֶעֱרִיךְ
rather *adv.* 1. (to some extent)	בְּמִידַּת מָה
2. (preferably)	עָדִיף שֶׁ-
3. (on the contrary)	דַּוְוקָא
4. (more exactly)	לְיֶתֶר דִּיּוּק
would rather	מַעֲדִיף ל-
ratification *n.*	אִישְׁרוּר
ratify *vt.*	אִישְׁרֵר
rating *n.* 1. (ranking)	דֵּירוּג
2. (broadcast popularity)	מִידְרוּג, רֵייטִינְג
ratio *n.*	יַחַס
ratiocinate *vi.*	נִימֵּק לְפִי הָהִיגָּיוֹן
ratiocination *n.*	נִימּוּק הֶגְיוֹנִי

ration *n.* מָנָה
ration *vt.* הִנְהִיג קִיצוּב
rational *adj.* שִׂכְלְתָנִי, רַציוֹנָלִי
rationale *n.* בָּסִיס הֶגְיוֹנִי
rationalism *n.* שִׂכְלְתָנוּת, רַציוֹנָלִיזם
rationalization *n.* הַתְרָצָה, רַציוֹנָלִיזַציָה
rationalize *vt.* הִתְרִיץ
rattan *n.* דֶּקֶל
rattle *n.* 1. (percussive sound) שִׁיקְשׁוּק
2. (noise maker) רַעֲשָׁן
rattle *vi.* 1. (make sound) שִׁיקְשֵׁק
2. (chatter) פִּיטְפֵּט, קִישְׁקֵשׁ
saber rattling צִיחצוּחַ חֲרָבוֹת
rattler, rattlesnake *n.* עַכְסָן
rattletrap *n.* מְכוֹנִית רְעוּעָה, טָרַנְטָה
ratty *adj.* שׁוֹרֵץ עַכְבָּרִים
raucous *adj.* צוֹרְמָנִי, קוֹלָנִי
raunchiness *n.* גַּסוּת; טִינּוֹפֶת
raunchy *adj.* גַּס; מְטוּנָּף
ravage *n.* הֶרֶס, חוּרְבָּן
ravage *vt.* הָרַס, הֶחֱרִיב
rave *vi.* דִּיבֵּר בְּטֵירוּף
ravel *vt.* 1. (disentangle threads) פָּרַם, הִתִּיר
2. (complicate) סִיבֵּךְ
raven *n.* עוֹרֵב
raven *vt.* טָרַף, זָלַל
ravenous *adj.* רְעַבְתָּן
ravine *n.* גַּיא ז׳ (גֵּיאָיוֹת), וָאדִי ז׳ (וָאדִיוֹת)
ravioli *n.* רַבִּיוֹלִי
ravish *vt.* 1. (snatch) חָטַף
2. (rape) אָנַס
3. (enrapture) הִלְהִיב
ravishing *adj.* מַרְהִיב בְּיוֹפְיוֹ
raw *adj.* 1. (uncooked) לֹא מְבוּשָּׁל
2. (not processed) גּוֹלְמִי, לֹא מְעוּבָּד
3. (indelicate) גַּס
4. (unfinished) לְלֹא גִימּוּר
rawboned *adj.* כָּחוּשׁ, רָזֶה
rawhide *n.* עוֹר לֹא מְעוּבָּד
ray *n.* קֶרֶן נ׳ (קַרְנַיִים), זִיק
alpha ray קֶרֶן אַלְפָא
cosmic rays קַרְנַיִים קוֹסְמִיּוֹת
rayon *n.* אֲרִיג רָיוֹן
raze *vt.* 1. (tear down) הָרַס עַד הַיְסוֹד
2. (scrape) גֵּירֵד, גִּילַּח
razor *n.* סַכִּין גִּילּוּחַ
razz *vt.* לָעַג ל-
razzle-dazzle *n.* רַאַוותָנוּת מְסַנְוֶורֶת
R&D (research and development) מֶחקָר וּפִיתּוּחַ
re- 1. (anew) מֵחָדָשׁ
2. (back) בַּחֲזָרָה
re *n.* (*music*) רֶה
re *prep.* (regarding) בְּקֶשֶׁר ל-, בְּעִנְיַין-
re-count *vt.* סְפִירָה מֵחָדָשׁ
re-create *vt.* יָצַר מֵחָדָשׁ; שִׁיחזֵר
re-entry *n.* כְּנִיסָה מֵחָדָשׁ; חֲזָרָה לְכַדּוּר הָאָרֶץ
reach *n.* 1. (reaching) הַשָּׂגָה, הֶישֵּׂג-יָד
2. (range; expanse) טְוָוח; מֶרְחָב
out of reach מִחוּץ לְהֶישֵּׂג יָד, מִחוּץ לַטְוָוח
within reach בְּהֶישֵּׂג יָד
reach *vt.* 1. (arrive at) הִגִּיעַ ל-
2. (achieve) הִשִּׂיג
3. (extend) הִשְׂתָּרֵעַ
reach out הוֹשִׁיט יָד
react *vi.* הֵגִיב
reaction *n.* 1. (response) תְּגוּבָה
2. (extreme conservatism) רֵיאַקציָה
3. (chemical change) רֵיאַקציָה (כִּימִית)
chain reaction תְּגוּבַת שַׁרְשֶׁרֶת
reactionary *n.; adj.* רֵיאַקציוֹנֶר
reactor *n.* כּוּר
nuclear reactor כּוּר גַּרְעִינִי
read *vt.* 1. (understand writing) קָרָא
2. (comprehend) הֵבִין, תָּפַס
3. (interpret) פֵּירֵשׁ
4. (show) הֶרְאָה
readable *adj.* קָרִיא
reader *n.* 1. (one who reads) קוֹרֵא

2. (textbook) מִקְרָאָה
3. (examiner of text) בּוֹדֵק
4. (teaching assistant) עוֹזֵר הוֹרָאָה
readership *n.* קְהַל קוֹרְאִים
readily *adv.* 1. (willingly) בְּרָצוֹן
2. (promptly) מִיָּד
3. (easily) בְּקַלּוּת
readiness *n.* נְכוֹנוּת
reading *n.* קְרִיאָה
readjust *vt.*; *vi.* כִּיוֵונֵן ; הִסְתַּגֵּל מֵחָדָשׁ
readjustment *n.* כִּיווּנוּן ; הִסְתַּגְּלוּת מֵחָדָשׁ
readout *n.* קְרִיאָה
readymade *adj.* מִן הַמּוּכָן
real *adj.* 1. (true, genuine) אֲמִיתִּי
2. (actual) מַמָּשִׁי
for real אֲמִיתִּי, עַל בֶּאֱמֶת
realism *n.* מְצִיאוּתִיּוּת, רֵיאָלִיזְם
realist *n.* רֵיאָלִיסְטָן
realistic *adj.* מְצִיאוּתִי, רֵיאָלִי
reality *n.* מְצִיאוּת
in reality לְמַעֲשֶׂה
virtual reality מְצִיאוּת וִירְטוּאָלִית/מְדוּמָּה
realization *n.* 1. (understanding) הֲבָנָה
2. (fulfillment) הַגְשָׁמָה, הַמְחָשָׁה
realize *vt.* 1. הֵבִין, נוֹכַח לָדַעַת
2. הִגְשִׁים, מִימֵּשׁ
3. (obtain) הִשִּׂיג
really *adv.* בֶּאֱמֶת
realm *n.* תְּחוּם
realpolitik *n.* רֵיאַלְפּוֹלִיטִיק
realtor *n.* סוֹכֵן מְקַרְקְעִין
realty *n.* מְקַרְקְעִין, נִכְסֵי דְּלָא נָיְידֵי
ream *n.* חֲבִילַת נְיָיר (500 גִּילְיוֹנוֹת)
reap *vt.* קָצַר
reappraisal *n.* הַעֲרָכָה מְחוּדֶּשֶׁת
reappraise *vt.* הֶעֱרִיךְ מֵחָדָשׁ
rear *n.* 1. (back) אָחוֹר, עוֹרֶף
2. (buttocks) אֲחוֹרַיִים, יַשְׁבָן
rear *adj.* אֲחוֹרִי
rear *vt.* 1. (bring up) גִּידֵּל
2. *vt.*; *vi.* (lift) הֵרִים ; הִתְרוֹמֵם
rearmost *adj.* אֲחוֹרִי בְּיוֹתֵר
rearward *adv.* אֲחוֹרָה
reason *n.* 1. (cause) סִיבָּה
2. (logic) הִיגָּיוֹן
by reason of בִּגְלַל, מֵחֲמַת
stand to reason הִתְקַבֵּל עַל הַדַּעַת
within reason בִּגְבוּל הַהִיגָּיוֹן
reason *vi.* חָשַׁב בְּהִיגָּיוֹן
reason with הִתְוַוכֵּחַ בְּהִיגָּיוֹן עִם
reasonable *adj.* 1. (logical) הֶגְיוֹנִי, סָבִיר
2. (fair) הוֹגֵן
reassurance *n.* הַבְטָחָה מֵחָדָשׁ
reassure *vt.* 1. (restore confidence) הֶחֱזִיר אֵימוּן/בִּיטָּחוֹן
2. (assure again) הִבְטִיחַ מֵחָדָשׁ
reassuring *adj.* מַשְׁרֶה בִּיטָּחוֹן, מַרְגִּיעַ
rebate *n.* הֶחְזֵר (עַל קְנִיָּיה)
rebate *vt.* נָתַן הֶחְזֵר
rebel *n.* מוֹרֵד
rebellion *n.* מֶרֶד
rebellious *adj.* מַרְדָּנִי
rebirth *n.* תְּחִיָּיה
reborn *adj.* נוֹלַד מֵחָדָשׁ
rebound *n.* הִתְאוֹשְׁשׁוּת
rebound *vi.* חָזַר לְקַדְמוּתוֹ, הִתְאוֹשֵׁשׁ
rebuff *n.* דְּחִיָּיה
rebuff *vt.* דָּחָה
rebuke *n.* נְזִיפָה
rebuke *vt.* נָזַף בּ-
rebut *vt.* הִפְרִיךְ, טָעַן נֶגֶד
rebuttal *n.* טִיעוּן נֶגְדִּי
recalcitrance *n.* הִתְמָרְדוּת
recalcitrant *n.* מַרְדָן
recall *n.* 1. (remembrance) הִיזָּכְרוּת
2. (return) הַחְזָרָה
3. (revocation) בִּיטּוּל
recall *vt.* 1. נִזְכַּר בּ-
2. הֶחֱזִיר
3. בִּיטֵּל

recant *vt.* חָזַר בּוֹ מ-
recap *vt.* 1. (summarize) סִיכֵּם
2. (recondition a tire) שִׁיפֵּץ צְמִיג
recapitulate *vt.* סִיכֵּם
recapitulation *n.* סִיכּוּם
recapture *n.* לְכִידָה/לְקִיחָה מֵחָדָשׁ
recapture *vt.* 1. (retake) לָכַד/לָקַח מֵחָדָשׁ
2. (recall) נִזְכַּר בּ-
recede *vi.* נָסוֹג
receipt *n.* קַבָּלָה
receivable *adj.* בַּר-פֵּירָעוֹן
receive *vt.* 1. (get) קִיבֵּל
2. (welcome guests) אֵירַח, קִיבֵּל פְּנֵי-
3. (demodulate) קָלַט
receiver *n.* 1. (one that receives) מְקַבֵּל
2. (radio/TV) מַקְלֵט
3. (telephone handset) שְׁפוֹפֶרֶת טֶלֶפוֹן
4. (legal administrator) כּוֹנֵס נְכָסִים
receivership *n.* כִּינּוּס נְכָסִים
recent *adj.* שֶׁל הַזְּמַן הָאַחֲרוֹן
recently *adv.* לָאַחֲרוֹנָה
receptacle *n.* 1. (container) כְּלִי קִיבּוּל
2. (socket) שֶׁקַע
reception *n.* 1. (act of receiving) קַבָּלָה
2. (social function) קַבָּלַת פָּנִים
3. (electronic transmission) קְלִיטָה
receptionist *n.* פְּקִיד קַבָּלָה
receptive *adj.* מוּכָן לְקַבֵּל/לְהַסְכִּים
receptor *n.* קוֹלֵט
recess *n.* 1. (short break) הַפְסָקָה
2. (long break) פַּגְרָה
3. (alcove) גּוּמְחָה, שֶׁקַע
recess *vt.* שִׁיקֵּעַ
recession *n.* מִיתּוּן, שֵׁפֶל כַּלְכָּלִי
rechargeable *adj.* טָעִין
recidivist *n.* עֲבַרְיָן מוּעָד
recipient *n.* מְקַבֵּל
reciprocal *adj.* הֲדָדִי
reciprocate *vi.* גָּמַל, הֶחֱזִיר טוֹבָה
reciprocity *n.* הֲדָדִיּוּת, יַחֲסֵי גּוֹמְלִין
recision *n.* בִּיטּוּל
recital *n.* רְסִיטָל
recitation *n.* דִּיקְלוּם ; סִיפּוּר
recitative *n.* (*music*) רֶצִ'יטָטִיב
recite *vt.* 1. (declaim) דִּיקְלֵם
2. (narrate) סִיפֵּר
reckless *adj.* פָּזִיז, לֹא זָהִיר
recklessness *n.* פְּזִיזוּת, אִי-זְהִירוּת
reckon *vt.* 1. (calculate) חִישֵּׁב
2. (regard) חָשַׁב ל-, הֶעֱרִיךְ כּ-
3. (think) חָשַׁב
reckon with הִתְחַשֵּׁב בּ-
reclaim *vt.* 1. (prepare land) הִכְשִׁיר לְעִיבּוּד
2. (restore) שִׁיחְזֵר, הֶחְזִיר (לְמַצָּב שָׁמִישׁ)
reclamation *n.* 1. הַכְשָׁרַת קַרְקַע
2. הַחְזָרָה
recline *vi.*; *vt.* נִשְׁעַן ; הִשְׁעִין
recliner *n.* כִּיסֵּא נִשְׁכָּב
recluse *n.*; **reclusive** *adj.* מִתְבּוֹדֵד
recognition *n.* 1. (recognizing) הַכָּרָה
2. (acknowledgment) הַבָּעַת הַעֲרָכָה
recognizable *adj.* נִיתָּן לְהַכִּיר, מוּכָּר
recognizance *n.* עַרְבוּת
recognize *vt.* 1. (identify) זִיהָה
2. (accept existence or validity) הִכִּיר בּ-
3. (permit to speak) נָתַן רְשׁוּת הַדִּיבּוּר
4. (express appreciation) הִבִּיעַ הַעֲרָכָה
recoil *n.* רְתִיעָה, רֶתַע
recoil *vi.* נִרְתַּע, נָסוֹג
recoilless *adj.* לְלֹא רֶתַע
recollect *vt.* נִזְכַּר בּ-
recollection *n.* הִיזָּכְרוּת, זִיכָּרוֹן
recommend *vt.* הִמְלִיץ עַל
recommendation *n.* הַמְלָצָה
recompense *n.* פִּיצּוּי
recompense *vt.* פִּיצָּה, שִׁילֵּם פִּיצּוּיִים
reconcile *vt.* 1. (settle) יִישֵּׁב
2. *vi.* (restore good relations) הִתְפַּיֵּיס, הִשְׁלִים
3. (make compatible) הִתְאִים

reconciliation *n.* הִתְפַּיְּסוּת
recondite *adj.* סָתוּם, נִסְתָּר
recondition *vt.* שִׁיפֵּץ
reconnaissance *n.* סִיוּר
reconsider *vt.* שָׁקַל מֵחָדָשׁ
reconsideration *n.* עִיוּן מְחוּדָּשׁ
reconstruct *vt.* 1. (rebuild) בָּנָה מֵחָדָשׁ
2. (restore) שִׁיחְזֵר
reconstruction *n.* 1. שִׁיקּוּם, בְּנִיָּיה מֵחָדָשׁ
2. שִׁיחְזוּר
record *n.* 1. (written account) רְשִׁימָה, רְשׁוּמָה
2. (peak performance) שִׂיא
3. (recorded disc) תַּקְלִיט
4. (file) תִּיק
for the record לְתִיעוּד
go on record הִתְבַּטֵּא בְּפוּמְבֵּי
off-the-record לֹא לְפִירְסוּם, לֹא לְצִיטוּט
on record מְתוֹעָד, יָדוּעַ
police record תִּיק מִשְׁטַרְתִּי
track record גִּילָּיוֹן הֶישֵּׂגִים
record *adj.* שֶׁל שִׂיא
record *vt.* 1. (write down) רָשַׁם
2. (register on tape/disc) הִקְלִיט
recorder *n.* 1. (recording clerk) רַשָּׁם
2. (recording device) מַכְשִׁיר הַקְלָטָה
3. (flute) חָלִיל
tape recorder רְשַׁמְקוֹל, טֵייפּ
videocassette recorder מַכְשִׁיר וִידֵאוֹ
recording *n.* הַקְלָטָה
recount *n.* סְפִירָה חוֹזֶרֶת
recount *vt.* 1. (enumerate) סָפַר, מָנָה מֵחָדָשׁ
2. (tell) סִיפֵּר, תֵּיאֵר
recoup *vt.* קִיבֵּל בַּחֲזָרָה
recoupment *n.* קַבָּלָה בַּחֲזָרָה
recourse *n.* מִפְלָט, מוֹצָא מִבְּעָיָה
recover *vt.* 1. (get back) קִיבֵּל בַּחֲזָרָה, הֶחֱזִיר לְעַצְמוֹ
2. *vi.* (regain former condition) הִתְאוֹשֵׁשׁ
3. (recuperate) הֶחֱלִים
recovery *n.* 1. קַבָּלָה בַּחֲזָרָה
2. הִתְאוֹשְׁשׁוּת
3. אַחְלָמָה
recreant *adj.* 1. (cowardly) פַּחְדָן, מוּג-לֵב
2. (disloyal) לֹא נֶאֱמָן
recreate *vt.* שִׁיחְזֵר
recreation *n.* בִּידּוּר, בִּילּוּי, נוֹפֶשׁ
recreational *adj.* בִּידּוּרִי, שֶׁל שְׁעוֹת הַפְּנַאי
recriminate *vt.* הֵטִיחַ הַאֲשָׁמָה נֶגְדִּית
recrimination *n.* הַאֲשָׁמַת-נֶגֶד
recruit *n.* מְגוּיָּיס, טִירוֹן
recruit *vt.* גִּייֵּס
recruiter *n.* מְגַייֵּס
recruitment *n.* גִּיּוּס
rectal *adj.* שֶׁל חַלְחוֹלֶת
rectangle *n.* מַלְבֵּן
rectangular *adj.* מַלְבֵּנִי
rectification *n.* תִּיקּוּן
rectifier *n.* (*electricity*) מְיַישֵּׁר זֶרֶם
rectify *vt.* תִּיקֵּן
rectilinear *adj.* יְשַׁר-קַוִּוים
rectitude *n.* יוֹשֶׁר
rector *n.* 1. (clergy) כּוֹמֶר
2. (university head) רֶקְטוֹר
rectum *n.* חַלְחוֹלֶת
recumbent *adj.* שָׁכוּב
recuperate *vi.* הֶחֱלִים, הִבְרִיא
recuperation *n.* אַחְלָמָה
recur *vi.* נִשְׁנָה, קָרָה שׁוּב
recurrence *n.* הִישָּׁנוּת
recurrent *adj.* חוֹזֵר וְנִשְׁנֶה
recycle *vt.* מִיחְזֵר
red *n.*; *adj.* אָדוֹם
red-faced סָמוּק
red-handed עַל חַם
in the red בְּמַאֲזָן שְׁלִילִי
redden *vi.*; *vt.* הֶאְדִּים
reddish *adj.* אֲדַמְדַּם
redeem *vt.* 1. (exchange) פָּדָה

2. (save) גָּאַל
redeemer *n.* גוֹאֵל
redemption *n.* 1. פִּדיוֹן
2. גְאוּלָה
redhead *n.* אַדמוֹנִי, גִ'ינגִ'י
redness *n.* אוֹדֶם, אַדמוּמִית
redo *vt.* 1. (do again) עָשָׂה מֵחָדָשׁ
2. (renovate) שִׁיפֵּץ
redolent *adj.* רֵיחָנִי
redoubt *n.* בִּיצוּר
redound *vi.* הִשפִּיעַ, תָּרַם
redress *n.* תִּיקוּן הַמְעוּוָת
redress *vt.* תִּיקֵן אֶת הַמְעוּוָת
reduce *vt.* הִפחִית, צִימצֵם
reduction *n.* הַפחָתָה, צִימצוּם
redundancy *n.* כְּפִילוּת
redundant *adj.* 1. (repetitive) חוֹזֵר עַל עַצמוֹ
2. (superfluous) מְיוּתָּר
reduplicate *vt.* הִכפִּיל
reduplication *n.* הַכפָּלָה
redwood *n.* עֵץ הַסֶקוֹיָה
reed *n.* קְנֵה סוּף
reedy *adj.* מָלֵא קָנִים
reef *n.* שִׂרטוֹן, שׁוּנִית
barrier reef שִׂרטוֹן אַלמוּגִים
reek *n.* סֵירָחוֹן, צַחֲנָה
reeky *adj.* מַסרִיחַ
reel *n.* סְלִיל
reel *vt.* גָּלַל, כָּרַך
reel off דִיקלֵם, אָמַר בְּשֶׁטֶף
reevaluate *vt.* שִׁיעֲרֵך, הֶעֱרִיך מֵחָדָשׁ
reevaluation *n.* שִׁיעֲרוּך, הַעֲרָכָה מֵחָדָשׁ
refectory *n.* חֲדַר-אוֹכֶל
refer *vt.* 1. (direct) הִפנָה
2. *vi.* (make reference) אִיזכֵּר, הִתייַחֵס לְ-
referee *n.* שׁוֹפֵט, בּוֹרֵר
reference *n.* 1. (mention) אִיזכּוּר, הִתייַחֲסוּת
2. (recommendation) הַמלָצָה
3. (recommending person) מַמלִיץ
4. (footnote) הֶעָרַת שׁוּלַיִים, מַרְאֵה מָקוֹם
in reference to בְּיַחַס לְ-, בְּעִניְיַן-
referendum *n.* מִשאַל עַם
referral *n.* הַפנָיָה
refill *n.* מִילוּי
refill *vt.* מִילֵא מֵחָדָשׁ
refine *vt.* עִידֵן, זִיקֵק
refinement *n.* עִידוּן, זִיקוּק
refinery *n.* בֵּית-זִיקוּק
reflect *vt.*; *vi.* שִׁיקֵף ; הִשתַקֵף
reflect on הִירהֵר בְּ-
reflection *n.* 1. (mirroring) הִשתַקְפוּת
2. (thought) הִירהוּר
reflective *adj.* 1. (making reflection) מְשַׁקֵף
2. (thoughtful) מְהוּרהָר
reflector *n.* מַחֲזִירוֹר, רֶפלֶקטוֹר
reflex *n.* רֶפלֶקס
reflexive *adj.* רֶפלֶקסִיבִי
reforest *vt.* יִיעֵר מֵחָדָשׁ
reforestation *n.* יִיעוּר מֵחָדָשׁ
reform *n.* רֶפוֹרמָה, תִּיקוּן
reform *vt.* תִּיקֵן, עָרַך רֶפוֹרמָה
reformation *n.* רֶפוֹרמַצִיָה
reformative *adj.* מְתַקֵן
reformer *n.* רֶפוֹרמָטוֹר
refract *vt.* הִטָה, שָׁבַר אוֹר
refraction *n.* הִשתַבְּרוּת
refractory *adj.* מִתנַגֵד
refrain *n.* פִּזמוֹן חוֹזֵר
refrain *vi.* נִמנַע מִ-
refresh *vt.* רִיעֲנֵן
refreshing *adj.* מְרַעֲנֵן
refreshment(s) *n.* כִּיבּוּד
refrigerant *n.* חוֹמֶר קֵירוּר
refrigerate *vt.* קֵירֵר
refrigeration *n.* קֵירוּר
refrigerator *n.* מְקָרֵר, מַקרֵר
refuge *n.* מִפלָט, מַחֲסֶה
refugee *n.* פָּלִיט
refulgence *n.* קְרִינָה, זוֹהַר

refulgent *adj.*	קוֹרֵן, זוֹהֵר
refund *n.*	הֶחזֵר
refund *vt.*	הֶחֱזִיר
refundable *adj.*	שֶׁנִיתָן לְקַבֵּל בַּחֲזָרָה
refurbish *vt.*	חִידֵשׁ, שִׁיפֵּץ
refurbished *adj.*	מוּחְדָשׁ
refusal *n.*	סֵירוּב
refuse *n.*	פְּסוֹלֶת, אַשְׁפָּה
refutal *n.*	הַפְרָכָה
refute *vt.*	הִפְרִיךְ
regain *vt.*	הִשִּׂיג מֵחָדָשׁ
regal *adj.*	מַלְכוּתִי
regale *vt.*	בִּידֵר
regalement *n.*	בִּידוּר
regalia *pn.*	בִּגְדֵי שְׂרָד, מַדֵּי תַפְקִיד
regality *n.*	מַלְכוּתִיוּת
regard *n.* 1. (respect)	כָּבוֹד, הוֹקָרָה
2. (thought)	מַחֲשָׁבָה
as regards	בְּעִנְיַין-
in/with regard to	בְּקֶשֶׁר לְ-
regard *vt.*	רָאָה כְּ-, הֶחְשִׁיב
regarding *prep.*	בְּקֶשֶׁר לְ-, בְּנוֹגֵעַ לְ-
regardless *adv.*	בְּכוֹל זֹאת
regardless of	עַל אַף
regency *n.*	מִשְׂרַת הָעוֹצֵר
regenerate *vt.*; *vi.*	חִידֵשׁ ; הִתְחַדֵּשׁ
regeneration *n.*	חִידּוּשׁ ; הִתְחַדְּשׁוּת
regent *n.* 1. (board member)	חֲבֵר הַנְהָלָה
2. (acting royalty)	עוֹצֵר
reggae *n.*	מוּזִיקַת רֶגֵיי
regime *n.*	מִשְׁטָר, שִׁלְטוֹן
regimen *n.*	מִשְׁטָר
regiment *n.*	גְדוּד
region *n.*	אֵיזוֹר
regional *adj.*	אֲזוֹרִי
register *n.* 1. (list, record)	רְשִׁימָה, רִישּׁוּם
2. (air flow controller)	וַסָּת
3. (*music*)	מִשְׁלָב
cash register	קוּפָּה רוֹשֶׁמֶת
register *vt.*; *vi.*	רָשַׁם ; נִרְשַׁם
registrar *n.*	רַשָּׁם, פְּקִיד רִישּׁוּם
registration *n.*	הַרְשָׁמָה, רִישּׁוּם
registry *n.*	מִשְׂרַד רִישּׁוּם, מִרְשָׁם
regress *vi.*	חָזַר לְאָחוֹר, נָסוֹג
regression *n.*	חֲזָרָה לְאָחוֹר, נְסִיגָה
regressive *adj.*	נָסוֹג
regret *n.* 1. (sorrow)	צַעַר
2. (remorse)	חֲרָטָה
regret *vt.* 1.	הִצְטַעֵר
2.	הִתְחָרֵט
regretful *adj.*	מָלֵא צַעַר ; מְצַעֵר
regretfully *adv.*	בְּצַעַר
regrettable *adj.*	מְצַעֵר
regroup *vt.*; *vi.*	עָרַךְ/נֶעֱרַךְ מֵחָדָשׁ
regular *adj.*	רָגִיל, סָדִיר
regularity *n.*	סְדִירוּת
regularize *vt.*	הִסְדִיר
regularization *n.*	הַסְדָרָה
regularly *adv.*	כָּרָגִיל, בְּדֶרֶךְ כְּלָל
regulate *vt.*	וִיסֵת, הִסְדִיר
regulation *n.* 1. (rule)	תַּקָּנָה, חוֹק
2. (adjustment)	וִיסוּת, הַסְדָרָה
regulator *n.*	וַסָּת
regulatory *adj.*	מַסְדִיר
regurgitate *vi.*	הֶעֱלָה גֵירָה
rehabilitate *vt.*	שִׁיקֵּם
rehabilitation *n.*	שִׁיקּוּם
rehash *vt.*	עִיבֵּד מֵחָדָשׁ
rehearsal *n.*	חֲזָרָה
dress rehearsal	חֲזָרָה כְּלָלִית
rehearse *vt.*	עָרַךְ חֲזָרָה, הִתְאַמֵּן בְּ-
reign *n.*	שִׁלְטוֹן
reign *vi.*	שָׁלַט
reimburse *vt.*	הֶחֱזִיר הוֹצָאוֹת
reimbursement *n.*	הֶחְזֵר הוֹצָאוֹת
rein *n.*	רֶסֶן, מוֹשְׁכוֹת
rein *vt.*	רִיסֵן
reincarnate *vt.*; *vi.*	גִּילֵּם/הִתְגַּלֵּם בְּגוּף חָדָשׁ
reincarnation *n.*	גִּילְגּוּל נְשָׁמוֹת
reindeer *n.*	אַיָּל

reinforce *vt.* 1. (strengthen) חִיזֵּק
2. (add support) תִּיגְבֵּר
reinforcement *n.* 1. חִיזּוּק
2. תִּיגְבּוֹרֶת, תִּיגְבּוּר
reinstate *vt.* הֶחֱזִיר, הֵשִׁיב עַל כַּנּוֹ
reinstatement *n.* הַחְזָרָה
reiterate *vt.* חָזַר עַל
reiteration *n.* חֲזָרָה
reject *vt.* 1. (refuse) דָּחָה, סֵירֵב לְ-
2. (disqualify) פָּסַל
rejection *n.* דְּחִיָּה, סֵירוּב
rejoice *vi.* שָׂמַח, עָלַץ
rejoin *vt.* הִצְטָרֵף שׁוּב, חָזַר אֶל
rejuvenate *vt.* הֵשִׁיב נְעוּרִים, רִיעֲנֵן
rejuvenation *n.* הֲשָׁבַת נְעוּרִים, רִיעֲנוּן
relapse *n.* הִתְדַּרְדְּרוּת לְמַצָּב קוֹדֵם
relapse *vi.* הִתְדַּרְדֵּר
relate *vt.*; *vi.* יִיחֵס ; הִתְיַיחֵס אֶל
related *adj.* קְרוֹב מִשְׁפָּחָה
relation *n.* יַחַס
blood relation קִרְבַת מִשְׁפָּחָה
public relations יַחֲסֵי צִיבּוּר, יַחְצָ״נוּת
relationship *n.* 1. (connection) קֶשֶׁר
2. (personal involvement) יְחָסִים
3. (kinship) קִרְבַת מִשְׁפָּחָה
relative *n.* קָרוֹב, קְרוֹב מִשְׁפָּחָה
relative *adj.* יַחֲסִי
relativity *n.* יַחֲסוּת
theory of relativity תּוֹרַת הַיַּחֲסוּת
relax *vt.*; *vi.* הִרְפָּה, הִרְגִּיעַ ; נִרְפָּה, נִרְגַּע
relaxant *n.* חוֹמֶר הַרְגָּעָה
relaxation *n.* הַרְפָּיָה, רְגִיעָה
relaxed *adj.* רָגוּעַ
relay *n.* מִמְסָר
relay *vt.* הֶעֱבִיר
release *n.* 1. (discharge) שִׁיחְרוּר
2. (permission) הֶיתֵּר
3. (issuance) הוֹצָאָה לַשּׁוּק
4. (relinquishment) וִיתּוּר (עַל זְכוּיוֹת)
5. (mechanical device) תֶּפֶס הַתָּרָה
press release הוֹדָעָה לָעִיתּוֹנוּת
release *vt.* 1. שִׁיחְרֵר
2. הִתִּיר
3. הוֹצִיא לַשּׁוּק
relegate *vt.* 1. (transfer) הֶעֱבִיר, מָסַר
2. (banish) הִגְלָה, גֵּירֵשׁ
relegation *n.* 1. הַעֲבָרָה, מְסִירָה
2. הַגְלָיָה, גֵּירוּשׁ
relent *vi.* הִתְרַכֵּךְ, נַעֲשָׂה נוֹחַ
relentless *adj.* 1. (persistent) עַקְשָׁנִי
2. (strict) קַפְּדָן, נוּקְשֶׁה
relevance, relevancy *n.* שַׁיָּיכוּת, נְגִיעָה לָעִנְיָין
relevant *adj.* נוֹגֵעַ, שַׁיָּיךְ לָעִנְיָין, רֶלֶבַנְטִי
reliability *n.* אֲמִינוּת, מְהֵימָנוּת
reliable *adj.* אָמִין, מְהֵימָן
reliance *n.* תְּלוּת
reliant *adj.* תָּלוּי בְּ-, סוֹמֵךְ עַל
relic *n.* 1. (memento) מַזְכֶּרֶת
2. (surviving thing) שָׂרִיד
religious relics דִּבְרֵי קְדוּשָּׁה
relief *n.* 1. (alleviation) הֲקָלָה, שִׁיכּוּךְ
2. (release) שִׁיחְרוּר
3. (public assistance) סַעַד
4. (sculptured surface) תַּבְלִיט
relieve *vt.* הֵקֵל, שִׁיכֵּךְ
relieve oneself עָשָׂה צְרָכָיו
reliever *n.* מְשַׁכֵּךְ
religion *n.* דָּת
religious *adj.* דָּתִי
religiousness, religiosity *n.* דָּתִיּוּת
relinquish *vt.* וִיתֵּר עַל
relinquishment *n.* וִיתּוּר
reliquary *n.* תֵּיבָה לְדִבְרֵי קְדוּשָּׁה
relish *n.* 1. (enjoyment) הֲנָאָה
2. (condiment) תַּבְלִין
relish *vt.* נֶהֱנָה מִ-
relive *vt.* חָוָה מֵחָדָשׁ
relocate *vt.*; *vi.* הֶעֱבִיר ; עָבַר, שִׁינָּה מִיקוֹם
relocation *n.* הַעֲבָרָה, שִׁינּוּי מָקוֹם

reluctance *n.*	אִי-רָצוֹן, חוֹסֶר-עִנְיָין
reluctant *adj.*	חֲסַר-רָצוֹן, לֹא מְעוּנְיָין
rely *vi.*	סָמַךְ עַל
remain *vi.*	נִשְׁאַר
remainder *n.*	שְׁאֵרִית, יִתְרָה
remains *pn.* (corpse)	גוּפָה
remand *vt.*	הֶחֱזִיר לְמַעֲצָר
remandment *n.*	הַחזָרָה לְמַעֲצָר
remark *n.*	הֶעָרָה
remark *vi.*	הֵעִיר
remarkable *adj.*	יוֹצֵא מִן הַכְּלָל
remedial *adj.* 1. (medicinal)	תְרוּפָתִי
2. (correcting)	מְתַקֵן
remedy *n.* 1. (medication)	תְרוּפָה
2. (correction)	תִיקוּן
3. (*law*)	תִיקוּן הַמְעוּוָת ; פִּיצוּי
remedy *vt.* 1.	רִיפֵּא
2.	תִיקֵן
3.	תִיקֵן אֶת הַמְעוּוָת
remember *vt.*	זָכַר
remembrance *n.*	זִיכָּרוֹן
remind *vt.*	הִזכִּיר
reminder *n.*	תִזכּוֹרֶת
reminisce *vi.*	הֶעֱלָה זִכרוֹנוֹת
reminiscent *adj.*	מַזכִּיר, מַעֲלֶה בַּזִיכָּרוֹן
remiss *adj.*	רַשלָנִי
remission *n.* 1. (subsidence)	הֲפוּגָה, הֲקָלָה
2. (forgiveness)	מְחִילָה
remit *vt.* 1. (forgive)	מָחַל
2. (exempt)	פָּטַר
3. (transfer money)	שִילֵם, הֶעֱבִיר כְּסָפִים
remittance *n.*	תַשלוּם, הַעֲבָרַת כְּסָפִים
remnant *n.*	שְׁאֵרִית
remodel *vt.*	שִיפֵּץ
remonstrate *vt.*	מָחָה עַל
remonstration *n.*	מְחָאָה
remorse *n.*	חֲרָטָה
remorseful *adj.*	מָלֵא חֲרָטָה
remote *adj.*	רָחוֹק, מְרוּחָק
remoteness *n.*	רִיחוּק

removable *adj.*	נִיתָן לְהָסִיר
removal *n.*	הֲסָרָה, סִילוּק
remove *vt.* 1. (take off)	הֵסִיר,סִילֵק, הוֹרִיד
2. (take away)	לָקַח
3. (dismiss from office)	סִילֵק, פִּיטֵר
remunerate *vt.*	פִּיצָה
remuneration *n.*	פִּיצוּי
renaissance *n.*	תְחִיָיה, רֶנֶסָאנס
renal *adj.*	כִּלְיָיתִי
rend *vt.*	קָרַע, תָלַש
render *vt.* 1. (make, turn into)	עָשָׂה, הָפַך ל-
2. (submit)	הִגִיש
3. (depict)	תֵיאֵר, יִיצֵג
4. (translate)	תִירגֵם
rendezvous *n.*	פְּגִישָׁה
rendition *n.*	בִּיצוּעַ
renegade *n.*	עָרִיק
renege *vi.*	הִתכַּחֵש ל-, הֵפֵר
renew *vt.*; *vi.*	חִידֵש ; הִתחַדֵש
renewal *n.*	חִידוּש ; הִתחַדְשוּת
urban renewal	שִיקוּם עָרִים
renounce *vt.*	וִיתֵר עַל
renouncement *n.*	וִיתוּר
renovate *vt.*	שִיפֵּץ
renovation *n.*	שִיפּוּץ
renown *n.*	פִּירסוּם, מוֹנִיטִין
renowned *adj.*	מְפוּרסָם, בַּעַל-מוֹנִיטִין
rent *n.*	דְמֵי שְׂכִירוּת
for rent	לְהַשׂכָּרָה
rent *vt.* 1. (get possession)	שָׂכַר
2. (give possession)	הִשׂכִּיר
rentability *n.*	רווֹחִיוּת
rental *n.*	שְׂכִירוּת
renter *n.*	שׂוֹכֵר
renunciation *n.*	וִיתוּר
reorganization *n.*	אִירגוּן מֵחָדָש
reorganize *vt.*	אִירגֵן מֵחָדָש
rep *n.*	נָצִיג
repair *n.* 1. (fix)	תִיקוּן
2. (condition)	מַצָב

repair *vt.* תִּיקֵן
repairable *adj.* נִיתָּן לְתִיקּוּן
repairman *n.* מְתַקֵּן, אִישׁ תַּחֲזוּקָה
reparation *n.* פִּיצּוּי
reparatory *adj.* מְפַצֶּה
repartee *n.* תְּשׁוּבָה שְׁנוּנָה
repast *n.* אֲרוּחָה, סְעוּדָה
repatriate *vt.* הֶחֱזִיר לַמּוֹלֶדֶת
repatriation *n.* הַחְזָרָה לַמּוֹלֶדֶת
repay *vt.* 1. (pay back) פָּרַע, שִׁילֵּם בַּחֲזָרָה
2. (do in return) גָּמַל
repayment *n.* 1. פֵּירָעוֹן
2. גְּמוּל
repeal *n.* בִּיטּוּל
repeal *vt.* בִּיטֵּל (חוֹק)
repeat *n.* חֲזָרָה
repeat *vt.* חָזַר עַל
repeatedly *adv.* שׁוּב וָשׁוּב
repel *vt.* 1. (drive back) הָדַף
2. (resist) דָּחָה
3. (disgust) הִגְעִיל, עוֹרֵר סְלִידָה
repellant *n.* חוֹמֶר דּוֹחֶה
repent *vi.* 1. (regret) הִתְחָרֵט
2. (disavow sin) חָזַר בִּתְשׁוּבָה
repentance *n.* 1. חֲרָטָה
2. חֲזָרָה בִּתְשׁוּבָה
repentant *n. 1.* מִתְחָרֵט
2. חוֹזֵר בִּתְשׁוּבָה
repercussion *n.* 1. (effect) הַשְׁלָכָה
2. (echo) תְּהוּדָה
repertoire *n.* רֶפֶּרְטוּאָר, מְלַאי הוֹפָעוֹת
repertory *n.* תֵּיאַטְרוֹן רֶפֶּרְטוּאָרִי
repetition *n.* חֲזָרָה, הִישָּׁנוּת
repetitious *adj.* חוֹזֵר וְנִשְׁנֶה; מְשַׁעֲמֵם
repetitive *adj.* חוֹזֵר עַל עַצְמוֹ
rephrase *vt.* נִיסַּח מֵחָדָשׁ
repine *vi.* הִתְלוֹנֵן, רָטַן
replace *vt.* הֶחֱלִיף, תָּפַס אֶת הַמָּקוֹם שֶׁל
replaceable *adj.* נִיתָּן לְהַחְלָפָה
replacement *n.*1. (act of replacing) הַחְלָפָה
2. (substitute) תַּחֲלִיף
replay *n.* מִשְׂחָק חוֹזֵר; הַצָּגָה חוֹזֶרֶת
replay *vt.* שִׂיחֵק/הִשְׁמִיעַ/הִצִּיג מֵחָדָשׁ
replenish *vt.* חִידֵּשׁ מְלַאי
replenishment *n.* חִידּוּשׁ מְלַאי
replete *adj.* מָלֵא, גָּדוּשׁ
replica *n.* הֶעְתֵּק
replicate *vt.* הֶעְתִּיק
replication *n.* הַעְתָּקָה
reply *n.* תְּשׁוּבָה, מַעֲנֶה
reply *vi.* הֵשִׁיב, עָנָה
report *n.* 1. (account) דּוּחַ ז׳ (דּוּחוֹת), דו״ח, דִּין וְחֶשְׁבּוֹן
2. (news item) יְדִיעָה
report *vt.* 1. (present account) דִּיוַוח
2. (complain about) הִתְלוֹנֵן עַל
reportage *n.* כַּתָּבָה
reportedly *adv.* כְּפִי שֶׁנִּמְסַר
reporter *n.* כַּתָּב, עִיתּוֹנַאי
repose *n.* מְנוּחָה, הֵירָגְעוּת
repose *vi.* נָח, נִרְגַּע
repository *n.* מַחְסָן
repossess *vt.* לָקַח בַּחֲזָרָה
repossession *n.* לְקִיחָה בַּחֲזָרָה
reprehend *vt.* גִּינָּה
reprehensible *adj.* רָאוּי לְגִינּוּי
reprehension *n.* גִּינּוּי
represent *vt.* 1. (speak for) יִיצֵּג
2. (symbolize) סִימֵּל
3. (portray) גִּילֵּם
representation *n.* 1. יִיצּוּג
2. סִימּוּל
3. גִּילּוּם
representative *n.* 1. (agent) נָצִיג, בָּא-כּוֹחַ
2. (delegate) צִיר, חֲבֵר בֵּית-נִבְחָרִים
house of representatives בֵּית-נִבְחָרִים
representative *adj.* מְיַיצֵּג, טִיפּוּסִי, יִיצּוּגִי
repress *vt.* דִּיכֵּא
repressive *adj.* מְדַכֵּא
reprieve *n.* דְּחִיַּית עוֹנֶשׁ

reprieve *vt.* דָּחָה
reprimand *n.* נְזִיפָה
reprimand *vt.* נָזַף בּ-
reprint *n.* הַדְפָּסָה חֲדָשָׁה, תַּדְפִּיס
reprint *vt.* הִדְפִּיס מֵחָדָשׁ
reprisal *n.* פְּעוּלַּת תַּגְמוּל
reprise *n.* חֲזָרָה
reproach *n.* גִּינּוּי, נְזִיפָה
beyond reproach לְלֹא דּוֹפִי
reproach *vt.* גִּינָּה, נָזַף בּ-
reprobate *n.; adj.* מוּשְׁחָת, מְרוּשָׁע
reprobate *vt.* גִּינָּה
reproduce *vt.* 1. (duplicate) שִׁיעְתֵּק
2. (generate offspring) הוֹלִיד
3. (recreate) שִׁיחְזֵר
4. *vi.* (propagate) הִתְרַבָּה
reproduction *n.* 1. שִׁיעְתּוּק, רֶפְּרוֹדוּקְצְיָה
2. הוֹלָדָה
3. שִׁיחְזוּר
4. רְבִיָּיה, הִתְרַבּוּת
reproductive *adj.* שֶׁל רְבִיָּיה
reproof *n.* נְזִיפָה, בִּיקּוֹרֶת
reprove *vt.* נָזַף בּ-, מָתַח בִּיקּוֹרֶת עַל
reptile *n.* זוֹחֵל
reptilian *adj.* שֶׁל זוֹחֲלִים
republic *n.* רֶפּוּבְּלִיקָה
republican *n.; adj.* רֶפּוּבְּלִיקָנִי
repudiate *vt.* 1. (reject) דָּחָה
2. (disown) הִתְכַּחֵשׁ ל-
repudiation *n.* 1. דְּחִיָּיה
2. הִתְכַּחֲשׁוּת
repugnance *n.* סְלִידָה, גּוֹעַל נֶפֶשׁ
repugnant *adj.* דּוֹחֶה, מַגְעִיל
repulse *n.* דְּחִיָּיה, הֲדִיפָה
repulse *vt.* דָּחָה, הָדַף
repulsion *n.* 1. (repulse) דְּחִיָּיה
2. (aversion) שְׁאָט נֶפֶשׁ
repulsive *adj.* דּוֹחֶה, מַגְעִיל
reputable *adj.* בַּעַל שֵׁם טוֹב
reputation *n.* שֵׁם, מוֹנִיטִין
repute *n.* מוֹנִיטִין
repute *vt.* חָשַׁב ל-
reputed *adj.* יָדוּעַ כּ-
request *n.* בַּקָּשָׁה
by request לְפִי בַּקָּשָׁה
request *vt.* בִּיקֵּשׁ
requiem *n.* רֶקְוִויאֶם, תְּפִילַּת אַשְׁכָּבָה
require *vt.* 1. (demand) דָּרַשׁ
2. (compel) חִיֵּיב
3. (need) הִצְרִיךְ, דָּרַשׁ
requirement *n.* דְּרִישָׁה ; חוֹבָה
requisite *n.* נְחִיצוּת
requisite *adj.* נָחוּץ, דָּרוּשׁ
requisition *n.* הַפְקָעָה לְצוֹרֶךְ
requital *n.* גְּמוּל
requite *vt.* גָּמַל ל-
rerun *n.* שִׁידּוּר חוֹזֵר
rerun *vt.* הִצִּיג בְּשִׁידּוּר חוֹזֵר
rescind *vt.* בִּיטֵּל
rescindment, rescission *n.* בִּיטּוּל
rescue *n.* הַצָּלָה, חִילּוּץ
rescue *vt.* הִצִּיל, חִילֵּץ
rescuer *n.* מַצִּיל
research *n.* מֶחְקָר
research *vt.* חָקַר
researcher *n.* חוֹקֵר
resection *n.* נִיתּוּחַ, הוֹצָאַת חֵלֶק
resemblance *n.* דִּמְיוֹן
resemble *vt.* דָּמָה ל-
resent *vt.* הִתְרַעֵם עַל, חָשׁ רוֹגֶז כְּלַפֵּי
resentful *adj.* מָלֵא תַּרְעוֹמֶת, מְרוּגָּז
resentment *n.* תַּרְעוֹמֶת, רוֹגֶז
reservation *n.* 1. (reserved land) שְׁמוּרָה
2. (booking) הַזְמָנַת מָקוֹם/כַּרְטִיס
3. (misgiving) הִסְתַּיְּיגוּת
reserve *n.* 1. (assets kept aside) רֶזֶרְבָה
2. (stock) מְלַאי
3. (reserved land) שְׁמוּרָה
4. (military force) מִילּוּאִים
5. (self-restraint) הִתְאַפְּקוּת

reserve *vt.* שָׁמַר
reserved *adj.* 1. (kept) שָׁמוּר
2. (self-restrained) מְאוּפָּק
reservist *n.* אִישׁ מִילוּאִים
reservoir *n.* 1. (water storage) מַאֲגָר
2. (container) מְכָל, מֵיכָל
reside *vi.* גָּר, חַי
residence *n.* מָעוֹן, מְקוֹם מְגוּרִים
residency *n.* 1. (residence) מְגוּרִים
2. (training period) סְטָאז׳,תְקוּפַת הִתמַחוּת
resident *n.* 1. (inhabitant) תוֹשָׁב, דַיָּיר
2. (medical trainee) סְטָאזֶ׳ר,רוֹפֵא מִתמַחֶה
residential *adj.* שֶׁל מְגוּרִים
residue *n.* מִשקָע, שְׁאֵרִית
residual *adj.* נוֹתָר, שֶׁנִשׁאַר
resign *vt.* 1. (quit) הִתפַּטֵר
2. (submit to, accept) הִשׁלִים עִם
resignation *n.* 1. הִתפַּטְרוּת
2. הַשׁלָמָה
resilience *n.* גְמִישׁוּת, יְכוֹלֶת הִתאוֹשְׁשׁוּת
resilient *adj.* גָמִישׁ, מְסוּגָל לְהִתאוֹשֵׁשׁ
resin *n.* שְׂרָף
resist *vt.* 1. (oppose) הִתנַגֵד ל-
2. (refrain) הִתאַפֵּק, נִמנַע מ-
3. (withstand) עָמַד בִּפנֵי
resistance *n.* הִתנַגְדוּת
resistant *adj.* עָמִיד בִּפנֵי, חָסִין
resistor *n.* נַגָד
resolute *adj.* הֶחלֵטִי, אֵיתָן בְּדַעתּוֹ
resoluteness *n.* הֶחלֵטִיוּת
resolution *n.* 1. (decision) הַחלָטָה
2. (solution) פִּיתרוֹן ז׳ (פִּיתרוֹנוֹת)
3. (determination) הֶחלֵטִיוּת
4. (optical sharpness) חַדוּת, רֶזוֹלוּצְיָה
resolve *vt.* 1. הֶחלִיט
2. פָּתַר
resonance *n.* תְהוּדָה
resonant *adj.* מְהַדהֵד
resonate *vi.* הִידהֵד
resort *n.* אֲתַר נוֹפֶשׁ
resort *vi.* פָּנָה ל-, נָקַט בּ-
resound *vi.* הִידהֵד
resource *n.* מַשׁאָב, אֶמצָעִי
resourceful *adj.* בַּעַל-תוּשִׁיָיה
respect *n.* יַחַס כָּבוֹד, הוֹקָרָה
pay respect חָלַק כָּבוֹד
with respect to בְּקֶשֶׁר ל-, בְּעִניַין-
respect *vt.* כִּיבֵּד
respectable *adj.* מְכוּבָּד
respectful *adj.* רוֹחֵשׁ כָּבוֹד
respective *adj.* שֶׁל כּוֹל אֶחָד בְּנִפרָד, מְיוּחָד ל-
respectively *adv.* בְּאוֹתוֹ סֵדֶר
respiration *n.* הַנשָׁמָה, נְשִׁימָה
artificial respiration הַנשָׁמָה מְלָאכוּתִית
respirator *n.* מַכשִׁיר הַנשָׁמָה
respiratory *adj.* שֶׁל נְשִׁימָה
respire *vi.* נָשַׁם
respite *n.* דְחִיָיה, אַרכָּה
resplendent *adj.* זוֹהֵר, מַברִיק
respond *vi.* 1. (reply) הֵשִׁיב, עָנָה ל-
2. (react favorably) נַעֲנָה
respondent *n.* 1. (one who responds) מֵשִׁיב
2. (defendant) נִתבָּע, מֵשִׁיב לְתבִיעָה
response *n.* 1. תְשׁוּבָה
2. הֵיעָנוּת
responsibility *n.* אַחֲרָיוּת
responsible *adj.* 1. (accountable) אַחֲרַאי
2. (reliable) מְהֵימָן, אַחֲרַאי
responsive *adj.* מֵגִיב בְּחִיוּב, אוֹהֵד
rest *n.* 1. (remainder) שְׁאָר, יֶתֶר
2. (repose) מְנוּחָה
3. (absence of motion) תְנוּחָה
4. (supporting device) מִשׁעָן, מִסעָד
5. (*music*) הֶפסֵק
lay/put to rest 1. (bury) הֵבִיא לִקבוּרָה
2. (settle) יִישֵׁב (עִניָין)
rest *vi.* 1. (repose) נָח
2. (be located) נִמצָא
3. *vt.* (place, lean) הֵנִיחַ, הִשׁעִין

4. (*law*) סִיֵּם אֶת הַטִּיעוּן
restaurant *n.* מִסְעָדָה
restaurateur *n.* מִסְעָדָן
restful *adj.* נִינוֹחַ
restitution *n.* פִּיצּוּי
restive *adj.* עַקְשָׁן, קָשֶׁה לְשׁלִיטָה
restless *adj.* חֲסַר-מְנוּחָה, עַצְבָּנִי
restlessness *n.* אִי-מְנוּחָה, עַצְבָּנוּת
restoration *n.* שִׁיחזוּר
restore *vt.* 1. (give back) הֵשִׁיב, הֶחֱזִיר
2. (return to original condition) שִׁיחזֵר, הֶחֱזִיר לְקַדמוּתוֹ
restrain *vt.* רִיסֵן, בָּלַם
restraint *n.* הַבלָגָה, הִתאַפְּקוּת
self-restraint רִיסוּן עַצמִי, הִתאַפְּקוּת
restrict *vt.* הִגבִּיל
restriction *n.* הַגבָּלָה
restrictive *adj.* מַגבִּיל
restroom *n.* בֵּית-שִׁימוּשׁ, חֲדַר-שֵׁירוּתִים
restructure *vt.* אִירגֵן מֵחָדָשׁ
result *n.* תוֹצָאָה
result *vi.* 1. (originate from) נָבַע מ-
2. (bring about) הֵבִיא ל-
resultant *adj.* תוֹצָאָתִי
résumé *n.* תַקצִיר קוֹרוֹת חַיִים
resume *vt.* הִתחִיל מֵחָדָשׁ, הִמשִׁיךְ, חִידֵשׁ
resumption *n.* הַתחָלָה מֵחָדָשׁ, חִידוּשׁ
resurface *vi.* הוֹפִיעַ מֵחָדָשׁ
resurgence *n.* הִתחַדְשׁוּת, תְחִייָה
resurgent *adj.* קָם מֵחָדָשׁ, מִתעוֹרֵר
resurrect *vt.* 1. (bring back to life) הֶחֱיָה
2. (revive the dead) הֵקִים לִתחִייָה
resurrection *n.* 1. הַחֲיָאָה
2. תְחִייַת הַמֵתִים
resuscitate *vt.* הֶחֱיָה
resuscitation *n.* הַחֲייָאָה
retail *n.* קִמעוֹנוּת
retailer *n.* קִמעוֹנַאי
retain *vt.* 1. (keep) שָׁמַר
2. (hire an attorney) שָׂכַר
retainer *n.* מִקדָמָה לְעוֹרֵךְ דִין
retake *n.* צִילוּם חוֹזֵר
retake *vt.* 1. (take back) לָקַח בַּחֲזָרָה
2. (*photog.*) צִילֵם שוּב
retaliate *vt.* הֵגִיב, בִּיצַע פְּעוּלַת גְמוּל
retaliation *n.* תַגמוּל, פְּעוּלַת גְמוּל
retaliatory *adj.* שֶׁל תַגְמוּל
retard *vt.* עִיכֵּב
retardant *n.* מְעַכֵּב
retardation *n.* 1. (delay) עִיכּוּב
2. (underdevelopment) פִּיגוּר
mental retardation פִּיגוּר שִׂכלִי
retarded *adj.* מְפַגֵר (בְּשִׂכלוֹ)
retch *vi.* נִיסָה לְהָקִיא
retention *n.* שְׁמִירָה, הַחזָקָה
retentive *adj.* מַחֲזִיק, שׁוֹמֵר
rethink *vt.* שָׁקַל מֵחָדָשׁ
reticence *n.* אִיפּוּק
reticent *adj.* מְאוּפָּק
retina *n.* רִשׁתִית
retinal *adj.* שֶׁל רִשׁתִית
retinitis *n.* דַלֶקֶת הָרִשׁתִית
retinue *n.* פָּמַלְיָה, מְלַווִים
retire *vi.* 1. (leave a job) פָּרַשׁ
2. (end working career) יָצָא לְגִימלָאוֹת
3. (go to sleep) הָלַךְ לִישׁוֹן
4. *vt.* (withdraw) מָשַׁךְ, הוֹצִיא
retiree *n.* גִימלַאי, פֶּנסיוֹנֵר
retirement *n.* פְּרִישָׁה, יְצִיאָה לְגִימלָאוֹת
retort *n.* 1. (reply) תְשׁוּבָה קוֹלַעַת
2. (glass vessel) אַבִּיק
retort *vi.* נָתַן תְשׁוּבָה קוֹלַעַת
retouch *n.* רֶטוּשׁ, שִׁיפּוּר
retouch *vt.* רִיטֵשׁ, שִׁיפֵּר
retrace *vt.* שִׁיחזֵר
retracement *n.* שִׁיחזוּר
retract *vt.* חָזַר בּוֹ מ-
retraction *n.* חֲזָרָה מִדְבָרִים
retread *vt.* חִידֵשׁ צָמִיג
retreat *n.* 1. (withdrawal) נְסִיגָה

2. (place of seclusion) מְקוֹם הִתבּוֹדְדוּת

retreat *vi.* נָסוֹג

retrench *vt.* 1. (reduce) קִיצֵץ, הִפחִית

2. *vi.* (economize) חָסַך

retrenchment *n.* 1. קִיצוּץ, הַפחָתָה

2. חִיסָּכוֹן

retrial *n.* מִשפָּט חוֹזֵר

retribution *n.* עוֹנֶש, גְמוּל

retrieval *n.* 1. (recovery) הַחזָרָה

2. (*comp.*) אִיחזוּר

retrieve *vt.* 1. (regain) הֵשִיב לְעַצמוֹ

2. (restore) הֶחֱזִיר

3. (fetch) הֵבִיא

4. (*comp.*) אִיחזֵר

retriever *n.* כֶּלֶב רֶטרִיבֶר

retroactive *adj.* רֶטרוֹאַקטִיבִי

retroactively *adv.* לְמַפרֵעַ

retrofit *vt.* שִיפֵּץ

retrogradation *n.* נְסִיגָה לְאָחוֹר

retrograde *vi.* נָסוֹג אֲחוֹרָה

retrogress *vi.* נָסוֹג לְמַצָּב קוֹדֵם

retrogression *n.* נְסִיגָה לְמַצָּב קוֹדֵם

retrogressive *adj.* נָסוֹג

retrorocket *n.* רָקֶטָה בּוֹלֶמֶת

retrospect *n.* מַבָּט לְאָחוֹר

retrospective *adj.* פּוֹנֶה לֶעָבָר, רֶטרוֹספֶּקטִיבִי

retrospectively *adv.* לְמַפרֵעַ

retry *vt.* 1. (try again) נִיסָּה שוּב

2. (*law*) עָרַך מִשפָּט חוֹזֵר

return *n.* 1. (coming back) חֲזָרָה

2. (giving back) הַחזָרָה, הֲשָבָה

3. (reply) תְשוּבָה

4. (yield) תְשוּאָה, רֶווַח

election returns סְפִירַת קוֹלוֹת

in return בִּתמוּרָה

tax return דוּחַ מַס הַכנָסָה

return *vi.*; *vt.* חָזַר, שָב ; הֶחֱזִיר, הֵשִיב

reunion *n.* (act of reuniting) אִיחוּד מֵחָדָש

2. (gathering) מִפגָש, כֶּנֶס

reunite *vt.*; *vi.* אִיחֵד/הִתאַחֵד מֵחָדָש

reusable *adj.* נִיתָן לְשִימוּש חוֹזֵר

reuse *vt.* הִשתַמֵש שוּב בּ-

rev *n.* סִיבּוּב מָנוֹעַ

rev *vt.* הִגבִּיר מְהִירוּת

revaluation *n.* יִיסוּף

revalue *vt.* יִיסֵף

revamp *vt.* אִירגֵן מֵחָדָש, שִיפֵּר

reveal *vt.* גִילָה, חָשַף

revealing *adj.* חוֹשׂפָנִי

reveille *n.* תְרוּעַת הַשכָּמָה

revel *vi.* שָׂמַח, הִתהוֹלֵל

revelation *n.* גִילוּי, הִתגַלוּת

revelry *n.* שִׂמחָה, הִילוּלָה

revenge *n.* נְקָמָה

blood revenge נִקמַת דָם

revenge *vt.* נָקַם

revengeful *adj.* נַקמָנִי

revenue *n.* הַכנָסָה

reverberate *vi.* הִידהֵד

reverberation *n.* הִידהוּד, תְהוּדָה

revere *vt.* הֶעֱרִיץ, כִּיבֵּד

reverence *n.* הַעֲרָצָה, כָּבוֹד

reverend *n.* כּוֹמֶר

reverent *adj.* נִכבָּד, מְכוּבָּד

reverie *n.* חֲלוֹם בְּהָקִיץ

reversal *n.* הֲפִיכָה, הִיפּוּך

reverse *n.* הֵיפֶך

in reverse לְהֵיפֶך, בִּמהוּפָּך

reverse *vt.*; *vi.* הָפַך ; הִתהַפֵּך

reverse *adj.* 1. (backward) אֲחוֹרִי

2. (opposite) נֶגדִי, מְנוּגָד

reversible *adj.* הָפִיך

reversion *n.* חֲזָרָה

revert *vi.* חָזַר (לְמַצָּבוֹ הַקוֹדֵם)

review *n.* 1. (critical report) בִּיקוֹרֶת

2. (survey) סְקִירָה

3. (re-examination) בְּחִינָה מֵחָדָש

4. (going over studied material) חֲזָרָה

5. (musical show) רֶבִיוּ, הוֹפָעָה מוּזִיקָלִית

review *vt.* 1. כָּתַב בִּיקוֹרֶת
2. סָקַר
3. בָּחַן מֵחָדָשׁ
4. חָזַר עַל
reviewer *n.* מְבַקֵּר, כּוֹתֵב בִּיקוֹרֶת
revile *vt.* גִּידֵּף
revilement *n.* גִּידּוּף
revise *vt.* שִׁינָּה, תִּיקֵּן, עָרַךְ מֵחָדָשׁ
revision *n.* שִׁינּוּי, תִּיקּוּן, עֲרִיכָה מֵחָדָשׁ
revisionism *n.* רֶבִיזְיוֹנִיזְם
revisionist *n.* רֶבִיזְיוֹנִיסְט
revitalization *n.* הַחֲיָאָה, הִתְחַדְּשׁוּת
revitalize *vt.* הֶחֱיָה, הִכְנִיס רוּחַ חַיִּים בּ-
revival *n.* 1. (rebirth) תְּחִיָּה
2. (renewal) הִתְחַדְּשׁוּת
3. (religious awakening) הִתְעוֹרְרוּת
revive *vt.* 1. הֶחֱיָה
2. חִידֵּשׁ
revocation *n.* שְׁלִילָה, בִּיטּוּל
revoke *vt.* שָׁלַל, בִּיטֵּל
revolt *n.* מֶרֶד, הִתְמָרְדוּת
revolt *vi.* מָרַד, הִתְמָרֵד
revolution *n.* 1. (overthrow of government; drastic change) מַהְפֵּכָה
2. (turn) סִיבּוּב
revolutionary *adj.* מַהְפְּכָנִי
revolutionist *n.* מַהְפְּכָן
revolutionize *vt.* חוֹלֵל מַהְפֵּכָה
revolve *vt.*; *vi.* סוֹבֵב ; הִסְתּוֹבֵב
revolver *n.* אֶקְדָּח
revue *n.* הַצָּגַת רֶבִיוּ
revulsion *n.* בְּחִילָה
reward *n.* גְּמוּל, פְּרָס
reward *vt.* גָּמַל ל-, נָתַן פְּרָס
reword *vt.* נִיסַּח מֵחָדָשׁ
rewrite *vt.* כָּתַב מֵחָדָשׁ
rhapsody *n.* רַפְסוֹדְיָה
rheostat *n.* רֵיאוֹסְטָט, מְכַוֵּון זֶרֶם
rhetoric *n.* רֶטוֹרִיקָה ; מִילִּים נְבוּבוֹת
rhetorical *adj.* רֶטוֹרִי

rheumatism *n.* שִׁיגָּרוֹן
rhinestone *n.* יַהֲלוֹם מְלָאכוּתִי
rhino, rhinoceros *n.* קַרְנַף
rhombus *n.* מְעוּיָּן
rhyme *n.* חָרוּז
rhyme *vt.*; *vi.* חָרַז, כָּתַב בַּחֲרוּזִים ; הִתְחָרֵז
rhythm *n.* קֶצֶב, מִקְצָב, רִיתְמוּס
rhythmic *adj.* קִצְבִּי, רִיתְמִי
rib *n.* צֵלָע נ׳ (צְלָעוֹת)
ribald *adj.* גַּס
ribbon *n.* סֶרֶט, רְצוּעָה
blue ribbon פְּרָס רִאשׁוֹן
rice *n.* אוֹרֶז
rich *adj.* 1. (wealthy) עָשִׁיר
2. (abundant) שׁוֹפֵעַ
strike it rich הִתְעַשֵּׁר לְפֶתַע
riches *pn.* עוֹשֶׁר, הוֹן
richness *n.* עוֹשֶׁר ; שֶׁפַע
rick *n.* גָּדִישׁ, עֲרֵימַת שַׁחַת
rickety *adj.* רָעוּעַ, רוֹפֵף
ricksha, rickshaw *n.* רִיקְשָׁה
ricochet *n.* נֶתֶז
ricochet *vi.* נִיתַּז, נִיתַּר
rid *vt.* פָּטַר, שִׁיחְרֵר
get rid of נִפְטַר מ-
riddance *n.* הִיפָּטְרוּת
good riddance! בָּרוּךְ שֶׁפְּטָרָנוּ!
riddle *n.* חִידָה
riddle *vt.* נִיקֵּב
ride *n.* 1. (on an animal) רְכִיבָה
2. (in a vehicle) נְסִיעָה
joy ride סִיבּוּב בִּמְכוֹנִית
take for a ride (deceive) רִימָּה
ride *vi.*; *vt.* 1. רָכַב עַל
2. נָסַע בּ-
ride high נָחַל הַצְלָחָה
rider *n.* 1. (one that rides) רוֹכֵב
2. (amendment) נִסְפָּח, תּוֹסֶפֶת
ridership *n.* מִסְפַּר הַנּוֹסְעִים
ridge *n.* 1. (mountain chain) רֶכֶס

2. (line)	תֶּלֶם
ridicule *vt.*	לָעַג ל-
ridiculous *adj.*	מְגוּחָךְ, נִלְעָג
rife *adj.*	נָפוֹץ, מָצוּי בְּשֶׁפַע
riffraff *n.*	אֲסַפְסוּף
rifle *n.*	רוֹבֶה
assault rifle	רוֹבֶה סַעַר
riflery *n.*	רוֹבָאוּת
rifle *vt.*	שָׁדַד, בָּזַז
rift *n.*	קֶרַע, בֶּקַע
rift *vi.*	נִבְקַע, הִתְפַּצֵּל
rig *n.* 1. (equipment)	צִיּוּד
2. (truck)	מַשָּׂאִית
oil rig	מִתְקַן קִידוּחַ
rig *vt.* 1. (equip)	צִיֵּיד
2. (fake)	זִיֵּיף
right *n.* 1. (opposite left)	יָמִין
2. (justness)	צֶדֶק
3. (entitlement)	זְכוּת
by right	בִּזְכוּת
civil rights	זְכוּיוֹת אֶזְרָח
right *adj.* 1. (opposite side of left)	יְמָנִי
2. (just)	צוֹדֵק
3. (correct)	נָכוֹן
right away	מִיָּד
right-handed	יְמָנִי
right-on	נָכוֹן מְאוֹד
all right	בְּסֵדֶר גָּמוּר
right *vt.* 1. (redress)	תִּיקֵן
2. (put upright)	זָקַף, יִישֵּׁר
right *adv.* 1. (to the right)	יְמִינָה
2. (correctly)	נָכוֹן, נְכוֹנָה
righteous *adj.*	צַדִּיק, יָשָׁר
righteousness *n.*	צַדִּיקוּת, יוֹשֶׁר
rightful *adj.*	חוּקִי
rightist *n.*	יְמָנִי
rightly *adv.*	בְּצֶדֶק
rigid *adj.* 1. (stiff)	נוּקְשֶׁה, קָשׁוּחַ
2. (fixed)	קָבוּעַ
3. (strict)	קַפְּדָנִי, חָמוּר
rigmarole *n.*	בִּילְבּוּל, תִּסְבּוֹכֶת
rigor *n.* 1. (strictness)	קַפְּדָנוּת, אִי-גְמִישׁוּת
2. (hardship)	מְצוּקָה, קוֹשִׁי
rigorous *adj.*	קַפְּדָנִי, מַחְמִיר
rile *vt.*	הִרְגִּיז
rill *n.*	פֶּלֶג מַיִם
rim *n.*	קָצֶה ז׳ (קְצָווֹת), שָׂפָה
rime *n.*	כְּפוֹר
rind *n.*	קְלִיפָּה
ring *n.* 1. (finger band)	טַבַּעַת
2. (circle)	מַעְגָּל
3. (group)	חֲבוּרָה, כְּנוּפְיָה
4. (arena)	זִירָה
5. (sound)	צִילְצוּל
wedding ring	טַבַּעַת נִישּׂוּאִין
ring *vt.*	צִילְצֵל
ring a bell	הִזְכִּיר
ring up	רָשַׁם בַּקּוּפָּה
ringer *n.*	מְצַלְצֵל, צַלְצְלָן
ringleader *n.*	רֹאשׁ כְּנוּפְיָה
ringlet *n.*	תַּלְתַּל
ringmaster *n.*	מְנַהֵל זִירָה
ringside *n.*	מָקוֹם קָרוֹב לַזִּירָה
ringworm *n.*	גַּזֶּזֶת
rink *n.*	מִשְׁטַח הַחְלָקָה
rinse *n.*	שְׁטִיפָה
rinse *vt.*	שָׁטַף
riot *n.* 1. (disturbance)	הִתְפָּרְעוּת, מְהוּמָה
2. (funny thing)	דָּבָר מַצְחִיק
rioter *n.*	מִתְפָּרֵעַ
RIP (rest in peace)	מְנוּחָתוֹ עֵדֶן
rip *n.*	קֶרַע
rip *vt.*	קָרַע
rip into	תָּקַף
rip-off	רַמָּאוּת; פְּשִׁיטַת עוֹר
rip off	רִימָּה; פָּשַׁט עוֹר
ripcord *n.*	חוּט מַצְנֵחַ
ripe *adj.*	בָּשֵׁל
ripen *vi.*	הִבְשִׁיל
ripple *n.*	אַדְווָה, גַּל קָטָן

ripple *vi.*	יָצַר גַּלִּים קְטַנִּים
ripsaw *n.*	מַסּוֹר
rise *n.*	עֲלִייָה
give rise to	הֵבִיא ל-
rise *vi.* 1. (ascend; increase)	עָלָה
2. (stand up)	עָמַד
risen *pp.* rise	
risible *adj.*	מַצְחִיק
risk *n.*	סִיכּוּן
risk *vt.*	סִיכֵּן
risky *adj.*	מְסוּכָּן
rite *n.*	טֶקֶס
last rites	טֶקֶס פְּטִירָה
ritual *n.*	פּוּלְחָן
ritual *adj.*	פּוּלְחָנִי
ritzy *adj.*	מְהוּדָּר, נוֹצֵץ
rival *n.*	יָרִיב; מִתְחָרֶה
rival *vt.*	הִתְחָרָה בּ-
rivalry *n.*	יְרִיבוּת; תַּחֲרוּת
rive *vt.*	קָרַע, שִׁיסַּע
river *n.*	נָהָר
riverboat *n.*	סְפִינַת נָהָר
riverside *n.*	גְּדוֹת נָהָר
rivet *n.*	מַסְמֶרֶת
rivulet *n.*	פֶּלֶג מַיִם
roach *n.*	תִּיקָן, ג'וּק
road *n.*	דֶּרֶךְ, כְּבִישׁ
down the road (later)	מְאוּחָר יוֹתֵר, בֶּעָתִיד
high road	כְּבִישׁ רָאשִׁי
hit the road	יָצָא לַדֶּרֶךְ
on the road	בִּנְסִיעָה, בְּסִיּוּר
roadbed *n.*	תַּשְׁתִּית כְּבִישׁ
roadblock *n.* 1. (barricade)	מַחְסוֹם
2. (obstruction)	מִכְשׁוֹל
roadrunner *n.*	קוּקִיָּיה
roadside *n.*	צַד הַדֶּרֶךְ
roadster *n.*	מְכוֹנִית פְּתוּחָה
roadway *n.*	כְּבִישׁ
roam *vi.*	שׁוֹטֵט
roar *n.*	שְׁאָגָה
roar *vi.*	שָׁאַג
roast *n.*	צְלִי
pot roast	צְלִי בָּשָׂר (בְּסִיר)
roast *vt.*	צָלָה
rob *vt.*	שָׁדַד, גָּזַל
robber *n.*	שׁוֹדֵד
robbery *n.*	שׁוֹד
robe *n.*	חָלוּק, גְּלִימָה
robin *n.*	אֲדוֹם הֶחָזֶה (צִיפּוֹר)
robot *n.*	רוֹבּוֹט
robust *n.*	אֵיתָן, יַצִּיב
rock *n.*	סֶלַע
rock bottom	תַּחְתִּית
rock 'n' roll	רוֹקֶנְרוֹל
on the rocks (drink)	(מַשְׁקֶה) עִם קֶרַח
punk rock	מוּזִיקַת פַּנְק
rockbound *adj.*	גּוֹבֵל בִּסְלָעִים
rocker *n.* 1. (chair)	כִּיסֵּא נַדְנֵדָה
2. (singer)	זַמַּר רוֹק
rocket *n.*	טִיל, רָקֶטָה
rocketry *n.*	מַדַּע הַטִּילִים
rocky *adj.* 1. (containing rocks)	סַלְעִי
2. (unsteady)	רָעוּעַ, לֹא יַצִּיב
rococo *n.*	סִיגְנוֹן רוֹקוֹקוֹ
rod *n.*	מוֹט, מַקֵּל
fishing rod	מוֹט חַכָּה
hot rod	מְכוֹנִית מְהִירָה
lightning rod	כּוֹלֵא בָּרָק
rode *p.* ride	
rodent *n.*	מְכַרְסֵם
roe *n.* 1. (deer)	אַיָּלָה
2. (fish eggs)	בֵּיצֵי דָּגִים
roger! (radio code)	רוּת, עָבוֹר! (בָּאַלְחוּט)
rogue *n.*	נוֹכֵל; נָבָל
roguery *n.*	נוֹכְלוּת; נְבָלוּת
roil *vt.*	הִדְלִיחַ
role *n.*	תַּפְקִיד
roll *n.* 1. (act of rolling)	גִּילְגּוּל
2. (cylinder)	גָּלִיל
3. (name list)	רְשִׁימַת שֵׁמוֹת

4. (bread)	לַחמָנִייָה
5. (trill)	סִילסוּל קוֹל
egg roll	לְפִיף סִינִי
on a roll	בִּתנוּפַת הַצלָחָה
roll *vt.*; *vi.* 1. (turn)	גָּלַל, גִּילגֵּל ; הִתגַּלגֵּל
2. *vi.* (run)	דָּהַר
roll back	הוֹרִיד מְחִירִים
roll over 1. (turn over)	הִתהַפֵּךְ
2. (*finance*)	דָּחָה תַּשלוּם ; הִשקִיעַ מֵחָדָש
roll up	הִפשִׁיל
rollback *n.* (of price)	הוֹרָדַת מְחִיר
roller *n.* 1. (flattening tool)	מַכבֵּש
2. (cylinder)	גָּלִיל
roller coaster	רַכֶּבֶת שֵׁדִים
roller skate	הֶחֱלִיק עַל גַּלגִּילִיּוֹת
rollick *vi.*	הִשתּוֹבֵב
rollover *n.* 1. (overturn)	הִתהַפְּכוּת
2. (reinvestment)	גִּילגּוּל כְּסָפִים
ROM (read only memory)	זִיכרוֹן קְרִיאָה
romaine *n.*	חַסָּה
Roman *n.*; *adj.*	רוֹמָאִי
romance *n.* 1. (heroic narrative)	רוֹמָן
2. (love affair)	פָּרָשַׁת אֲהָבִים, רוֹמָן
3. (romantic sentiment)	רוֹמַנטִיקָה
4. (medieval narrative)	רוֹמַנסָה
romantic *adj.*	רוֹמַנטִי
romanticism *n.*	הַתְּנוּעָה הָרוֹמַנטִית
romanticize *vt.*	נָתַן צִביוֹן רוֹמַנטִי
romp *n.* 1. (frolic)	הִשתּוֹבְבוּת
2. (easy success)	הַצלָחָה קַלָּה
romp *vi.* 1.	הִשתּוֹבֵב, שִׂיחֵק בְּקוֹלָנִיּוּת
2.	הִצלִיחַ בְּקַלּוּת
rondo *n.*	רוֹנדוֹ
rood *n.*	צְלָב
roof *n.*	גַּג
roof *vt.*	כִּיסָּה בְּגַג, הִתקִין גַּג
roofer *n.*	מַתקִין גַּגּוֹת
roofless *adj.*	חֲסַר-גַּג
rooftop *n.*	מִשטַח גַּג
rook *n.*	עוֹרֵב
rook *vt.*	רִימָּה
rookie *n.*	טִירוֹן
room *n.* 1. (chamber)	חֶדֶר
2. (space; opportunity)	מָקוֹם, מֶרחָב
boiler room	חֲדַר-מְכוֹנוֹת
delivery room	חֲדַר-לֵידָה
dining room	חֲדַר-אוֹכֶל
dressing room	חֲדַר-הַלבָּשָׁה
fitting room	חֲדַר-מְדִידָה
living room	חֲדַר-אוֹרְחִים, סָלוֹן
locker room	מֶלתָּחָה
powder room	חֲדַר-שֵׁירוּתִים לְנָשִׁים
show room	אוּלַם תְּצוּגָה
study room	חֲדַר-עֲבוֹדָה
waiting room	חֲדַר-הַמתָּנָה
roommate *n.*	שׁוּתָּף לְחֶדֶר/לְדִירָה
roomy *adj.*	מְרוּוָּח
roost *n.*	מַקֵל ז׳ (מַקלוֹת), מוֹט ז׳ (מוֹטוֹת)
roost *vi.*	(עוֹף) יָשֵׁן עַל מוֹט
rooster *n.*	תַּרנְגוֹל
root *n.*	שׁוֹרֶש
square root	שׁוֹרֶש רִיבּוּעִי
take root	הִכָּה שׁוֹרֶש
root *vt.*; *vi.*	שֵׁירֵש, הִשׁרִיש ; הִשתָּרֵש
root out	עָקַר מִן הַשּׁוֹרֶש
rootless *adj.*	חֲסַר-שׁוֹרָשִׁים
rootstock *n.*	שׁוֹרֶש, מָקוֹר
rope *n.*	חֶבֶל
rope *vt.*	קָשַׁר בְּחֶבֶל
rosary *n.*	תְּפִילָּה קָתוֹלִית
rose *n.*	וֶרֶד, שׁוֹשַׁנָּה
rose *adj.*	וָרוֹד
rose *p.* rise	
Rosh Hashana	רֹאשׁ הַשָּׁנָה
rosin *n.*	נֶטֶף
roster *n.*	לוּחַ/רְשִׁימַת שֵׁמוֹת
rostrum *n.*	דוּכַן נוֹאֲמִים
rosy *adj.* 1. (pink)	וָרוֹד
2. (promising)	מַבטִיחַ
rot *n.*	רֶקֶב, רִיקָּבוֹן

rot *vt.; vi.* הִרְקִיב ; נִרְקַב
rotary *adj.* סִיבּוּבִי
rotate *vt.; vi.* סוֹבֵב ; הִסתוֹבֵב
rotation *n.* 1. (turn) סִיבּוּב ; הִסתוֹבְבוּת
2. (taking turns) רוֹטַצְיָה
rote *n.* שִׁינּוּן
rotisserie *n.* תַּנּוּר צְלִיָּיה
rotor *n.* חוּגָה
rotten *adj.* 1. (decayed) רָקוּב
2. (despicable) נִבְזֶה
rottweiler *n.* כֶּלֶב רוֹטְווַיילֶר
rotund *adj.* מְעוּגָּל, עֲגַלְגַּל
rotunda *n.* מִבְנֶה עָגוֹל
rouge *n.* אוֹדֶם
rough *adj.* 1. (coarse) מְחוּספָּס
2. (difficult) קָשֶׁה
3. (not gentle) גַּס
4. (not refined) לֹא מְעוּבָּד
5. (violent) אַלִּים
roughage *n.* חוֹמֶר סִיבִי, סוּבִּין
roughen *vt.; vi.* חִיספֵּס ; הִתחַספֵּס
roughly *adv.* 1. (in a rough manner) בְּגַסוּת
2. (approximately) בְּעֵרֶךְ
roughneck *n.* בִּריוֹן
roulette *n.* רוּלֶטָה
Russian roulette רוּלֶטָה רוּסִית, הִימּוּר מְסוּכָּן
round *n.* סֶבֶב, סִיבּוּב
round *vt.* עִיגֵּל
round up אָסַף, קִיבֵּץ
round *adj.* עָגוֹל
round-the-clock יוֹמָם וָלַיְלָה, לְלֹא הֶפסֵק
roundabout *adj.* עָקִיף, עוֹקֵף
roundtable *n.* קְבוּצַת דִּיוּן
roundup *n.* 1. (gathering) אִיסּוּף
2. (summary) סִיכּוּם, תַּקצִיר
rouse *vt.; vi.* עוֹרֵר ; הִתעוֹרֵר
roustabout *n.* פּוֹעֵל לֹא מְיוּמָּן
rout *n.* 1. (flight) מְנוּסָה
2. (defeat) תְּבוּסָה
rout *vt.* 1. הֵנִיס
2. הֵבִיס
3. (force out) הוֹצִיא בְּכוֹחַ
route *n.* מַסלוּל, נָתִיב, דֶּרֶךְ
en route בַּדֶּרֶךְ
route *vt.* נִיתֵּב
router *n.* מְעַבֵּד עֵץ
routine *n.* שִׁיגרָה
routine *adj.* שִׁיגרָתִי
rove *vi.* שׁוֹטֵט
rover *n.* מְשׁוֹטֵט, נוֹדֵד
row *n.* 1. (line) שׁוּרָה
2. (act of rowing) חֲתִירָה
3. (quarrel) מְרִיבָה, קְטָטָה
death row תָּא הַנִּידוֹנִים לְמָוֶות
in a row זֶה אַחַר זֶה
skid row שְׁכוּנַת שַׁתיְינִים
row *vi.* חָתַר
rowboat *n.* סִירַת מְשׁוֹטִים
rowdiness *n.* גַּסוּת
rowdy *adj.* גַּס, פָּרוּעַ
rowel *n.* גַּלגַּל דּוֹרבָן
royal *adj.* מַלכוּתִי
royalist *n.* מְלוּכָנִי
royalty *n.* 1. (of royal lineage) בֶּן-מַלכוּת
2. (payment) תַּמלוּגִים
RPM (revolutions per minute) סִיבּוּבִים לְדַקָּה
RSVP (repondez s'il vous plait) נָא לְהָשִׁיב
rub *n.* שִׁיפשׁוּף
rub *vt.* שִׁיפשֵׁף
rub down עִיסָּה
rub in חָזַר וְהִזכִּיר (עִניָין לֹא נָעִים)
rub out מָחַק
rubber *n.* גּוּמִי
rubberize *vt.* צִיפָּה בְּגוּמִי
rubberstamp *n.* חוֹתֶמֶת גּוּמִי
rubbery *adj.* גָּמִישׁ, אֶלַסטִי
rubbish *n.* 1. (garbage) זֶבֶל, אַשׁפָּה
2. (nonsense) שְׁטוּיוֹת

rubble *n.*	שִׁבְרֵי אֲבָנִים ; הֲרִיסוֹת
rubdown *n.*	עִיסּוּי, מָסַאז׳
rube *n.*	כַּפְרִי פָּשׁוּט
rubella *n.*	אַדֶּמֶת
rubicund *adj.*	אַדמוּמִי, סָמוּק
rubric *n.* 1. (title)	כּוֹתֶרֶת
2. (category)	קָטֶגוֹרְיָה
ruby *n.*	אֶבֶן אוֹדֶם
rucksack *n.*	תַּרְמִיל גַּב
ruckus *n.*	מְהוּמָה
rudder *n.*	לַהַב הֶגֶה (שֶׁל מָטוֹס/אוֹנִיָּה)
ruddiness *n.*	אַדמוּמִיוּת
ruddy *adj.*	אַדמוּמִי
rude *adj.*	גַּס, לֹא מְנוּמָּס
rudeness *n.*	גַּסוּת, חוֹסֶר-נִימוּס
rudiment *n.*	עִיקָּרוֹן בְּסִיסִי
rudimentary *adj.*	בְּסִיסִי, יְסוֹדִי, לֹא מְפוּתָּח
rue *n.*	חֲרָטָה
rue *vi.*	הִתְחָרֵט
ruff *n.*	צַוָּארוֹן מְצוּיָּץ
ruffian *n.*	פִּרְחָח, בִּרְיוֹן
ruffle *n.* 1. (fabric strip)	סִילְסוּל בַּד
2. (irritation)	הַרְגָּזָה
ruffle *vt.* 1. (pleat)	עָשָׂה קְפָלִים
2. (annoy)	הִרְגִּיז
3. (erect feathers)	זָקַף נוֹצוֹת
rufous *adj.*	אֲדַמְדַּם
rug *n.*	שָׁטִיחַ
rugby *n.*	מִשְׂחַק רוּגְבִּי
rugged *adj.* 1. (rough)	מְחוּסְפָּס
2. (sturdy)	חָזָק, חָסוֹן
3. (wrinkled)	מְקוּמָּט
ruin *n.*	הֶרֶס, חוּרְבָּן
ruins *pn.*	הֲרִיסוֹת
ruin *vt.* 1. (destroy)	הָרַס, הֶחֱרִיב
2. (spoil)	קִילְקֵל
ruinous *adj.*	הַרְסָנִי
rule *n.* 1. (government)	שִׁלְטוֹן ז׳ (שִׁלְטוֹנוֹת)
2. (dominance)	שְׁלִיטָה
3. (regulation)	כְּלָל, תַּקָּנָה
ground rule	כְּלַל יְסוֹד
slide rule	סַרְגֵל חִישּׁוּב
rule *vt.* 1. (govern)	מָשַׁל בּ-
2. (dominate)	שָׁלַט בּ-
3. (decide)	פָּסַק
4. (mark line)	סִימֵן בְּסַרְגֵל
rule out	הוֹצִיא מִכְּלַל אֶפְשָׁרוּת
ruler *n.* 1. (sovereign)	שַׁלִּיט
2. (drawing tool)	סַרְגֵל
rum *n.*	רוּם
rumba *n.*	רִיקּוּד רוּמְבָּה
rumble *n.* 1. (sound)	רַעַם
2. (fight)	קְטָטָה
rumble *vi.*	רָעַם
ruminant *n.*	מַעֲלֶה גֵירָה
ruminate *vi.*	הֶעֱלָה גֵירָה
rummage *n.*	אוֹסֶף חֲפָצִים
rummage *vi.*	חִיטֵט, חִיפֵּשׂ
rumor *n.*	שְׁמוּעָה
rump *n.*	אֲחוֹרַיִים
rumple *n.*	קֶפֶל
rumple *vt.*	קִיפֵּל, קִימֵט
rumpus *n.*	מְהוּמָה, רַעַשׁ
run *n.* 1. (fast walk)	רִיצָה
2. (unraveling in stocking)	״רַכֶּבֶת״
on the run	בִּמְנוּסָה, בִּבְרִיחָה
run *vi.* 1. (walk fast)	רָץ
2. (compete)	הִתְמוֹדֵד
3. (flow)	זָרַם
4. (pass)	עָבַר
5. (drip)	טִיפְטֵף, נָזַל
6. *vi.*; *vt.* (operate)	פָּעַל ; הִפְעִיל, הֵרִיץ
7. *vt.* (manage)	נִיהֵל
run away	בָּרַח, נִמְלַט
run-down 1. (dilapidated)	מוּזְנָח, רָעוּעַ
2. (exhausted)	תָּשׁוּשׁ
run-in	וִיכּוּחַ, רִיב
run into	נִתְקַל בּ-
run off 1. (duplicate)	שִׁיכְפֵּל
2. (run away)	בָּרַח

run out אָזַל, נִגמַר
run out of נִגמַר לוֹ
run over דָרַס
runaround *n.* הִתחַמְקוּת
runaway *n.* נִמלָט, בּוֹרֵחַ
runaway *adj.* (rampant) מִשתוֹלֵל
rundown *n.* תַקצִיר, סְקִירָה קְצָרָה
rung *pp.* ring
rung *n.* שָלָב בְּסוּלָם, מַדרֵגָה
runlet, runnel *n.* נַחַל קָטָן
runner *n.* 1. (racer) אָצָן, רָץ
2. (rug) שָטִיחַ צַר
runner-up בְּמָקוֹם שֵנִי (בְּתַחֲרוּת)
runny *adj.* נוֹזֵל, מְטַפטֵף
runoff *n.* 1. (overflow) זְרִימָה, גְלִישָה
2. (repeated competition) סִיבּוּב חוֹזֵר
runt *n.* חַיָה קְטַנָה
runway *n.* מַסלוּל הַמרָאָה
rupture *n.* קֶרַע
rupture *vt.*; *vi.* קָרַע, בִּיתֵק; נִקרַע, בּוּתַק
rural *adj.* כַּפרִי
ruse *n.* תַכסִיס, תַחבּוּלָה
rush *n.* 1. (haste) חִיפָּזוֹן
2. (leap) זִינוּק
3. (onslaught) הִתנַפְּלוּת, הִסתָעֲרוּת
4. (marsh plant) קְנֵה סוּף
gold rush הַבֶּהָלָה לְזָהָב
rush *vi.*; *vt.* מִיהֵר, הִזדָרֵז; זֵירֵז
Russia *n.* רוּסיָה
russet *adj.* חוּם-אֲדַמדַם
rust *n.* חֲלוּדָה
rust *vi.*; *vt.* הֶחֱלִיד
rustic *adj.* כַּפרִי
rusticate *vi.* עָבַר לִכְפָר
rustle *n.* רִישרוּש
rustle *vi.* רִישרֵש
rusty *adj.* חָלוּד
rut *n.*1. (sexual heat) יִיחוּם
2. (track) תֶלֶם, מַסלוּל
ruthless *adj.* חֲסַר-רַחֲמִים, אַכזָרִי
ruthlessness *n.* אַכזָרִיוּת
RV (recreational vehicle) מְעוֹנוֹעַ, קְרוֹנוֹעַ
Rx *n.* מִרשָם, תְרוּפָה
rye *n.* שִיפוֹן

S

S הָאוֹת הַתְּשַׁע עֶשְׂרֵה בָּאָלֶפְבֵּית הָאַנגלִי
Sabbath *n.* שַׁבָּת
sabbatical *n.* שַׁבָּתוֹן
saber *n.* חֶרֶב נ׳ (חֲרָבוֹת)
sabotage *n.* חַבָּלָה
sabotage *vt.* חִיבֵּל בּ-
saboteur *n.* מְחַבֵּל, חַבְּלָן
Sabra *n.* צַבָּר, יְלִיד יִשְׂרָאֵל
sac *n.* שַׁלְפּוּחִית, שַׂקִּית
saccharine *n.* סָכָרִין
sachet *n.* שַׂקִּית בְּשָׂמִים
sack *n.* 1. (bag) שַׂק, תַּרְמִיל
2. (dismissal) פִּיטוּרִים
3. (plunder) שׁוֹד, בִּיזָּה
sack *vt.* 1. שָׂם/אָרַז בְּשַׂק
2. פִּיטֵּר
3. שָׁדַד, בָּזַז
4. (*football*) בָּלַם
sack out יָשֵׁן
sackcloth *n.* בֶּגֶד שַׂק
sacrament *n.* טֶקֶס דָּתִי, פּוּלְחָן
sacramental *adj.* פּוּלְחָנִי
sacred *adj.* קָדוֹשׁ, מְקוּדָּשׁ
sacredness *n.* קְדוּשָּׁה
sacrifice *n.* 1. (offering) קוֹרְבָּן
2. (forfeiture of valuables) הַקְרָבָה
sacrifice *vt.* הִקְרִיב
sacrificial *adj.* שֶׁל קוֹרְבָּן
sacrilege *n.* חִילּוּל קוֹדֶשׁ
sacrilegious *adj.* שֶׁל חִילּוּל קוֹדֶשׁ
sacrosanct *adj.* קָדוֹשׁ וּמְקוּדָּשׁ
sacrum *n.* צוֹלָב
sad *adj.* עָצוּב
sadden *vt.* הֶעֱצִיב
saddle *n.* אוּכָּף
saddlebag *n.* תַּרְמִיל
sadism *n.* סָדִיזְם, אַכְזָרִיּוּת
sadist *n.* סָדִיסְט, אַכְזָר
sadistic *adj.* סָדִיסְטִי, אַכְזָרִי
sadly *adv.* לְמַרְבֵּה הַצַּעַר
sadness *n.* עַצְבוּת, עֶצֶב
sadomasochism *n.* סָדוֹמָזוֹכִיזְם
safari *n.* מַסַּע צַיִד, סָפָארִי
safe *n.* כַּסֶּפֶת
safe *adj.* 1. (secure) בָּטוּחַ
2. (free of danger) לֹא מְסוּכָּן
safe-conduct מַעֲבָר בָּטוּחַ
safe and sound בָּרִיא וְשָׁלֵם
safecracker *n.* מְפַצֵּחַ קוּפּוֹת
safeguard *n.* אֶמְצְעֵי בִּיטָּחוֹן
safeguard *vt.* שָׁמַר עַל, אִיבְטֵחַ
safekeeping *n.* שְׁמִירָה
safelight *n.* אוֹר פִּיתּוּחַ
safely *adv.* בְּשָׁלוֹם, בְּבִיטָּחוֹן
safety *n.* בִּיטָּחוֹן, בְּטִיחוּת
safflower *n.* חָרִיעַ
saffron *n.* זְעַפְרָן
sag *n.* שְׁקִיעָה, רִפְיוֹן
sag *vi.* שָׁקַע, הִתְרוֹפֵף
saga *n.* עֲלִילָה, סִיפּוּר גְבוּרָה
sagacious *adj.* חָכָם, נָבוֹן
sagacity *n.* חוֹכְמָה, בִּינָה
sage *n.* 1. (wise person) חָכָם
2. (plant) מַרְוָה
sagebrush *n.* לַעֲנָה
Sagittarius *n.* מַזַּל קֶשֶׁת
said *p.*; *pp.* say
sail *n.* 1. (fabric) מִפְרָשׂ
2. (trip) שַׁיִט
sail *vi.* 1. (travel on a boat) שָׁט
2. (begin a journey) הִפְלִיג
sailboard *n.* גַּלְשׁוֹן מִפְרָשׂ
sailboat *n.* מִפְרָשִׂית, סְפִינַת מִפְרָשׂ
sailor *n.* מַלָּח

saint *n.* קָדוֹשׁ, צַדִּיק

patron saint קָדוֹשׁ מָגֵן

sainthood *n.* מַעֲמָד שֶׁל קְדוּשָּׁה

sake *n.* 1. (benefit) תּוֹעֶלֶת

2. (purpose) מַטָּרָה, תַּכְלִית

for the sake of לְמַעַן, לְשֵׁם

for God's sake! לְמַעַן הַשֵּׁם!

salacious *adj.* שֶׁל מִין, תַּאַוְותָנִי

salacity *n.* תַּאַוְותָנוּת, זִימָּה

salad *n.* סָלָט

chef's salad סָלָט יְרָקוֹת

salamander *n.* דָּג סָלָמַנדְרָה

salami *n.* נַקְנִיק, סָלָאמִי

salary *n.* מַשְׂכּוֹרֶת

sale *n.* מְכִירָה

clearance/closeout sale מְכִירַת חִיסּוּל

garage sale מְכִירָה בֵּיתִית

on sale בְּמִבְצָע, בִּמְחִיר מוּזָל

white sale מְכִירָה שֶׁל כְּלֵי מִיטָּה

salesclerk *n.* זַבָּן, מוֹכֵר

salesman *n.* מוֹכֵר, זַבָּן; סוֹכֵן מְכִירוֹת

salesmanship *n.* אוֹמָנוּת הַמְּכִירָה

salient *adj.* בּוֹלֵט

saline *n.* תְּמִיסַת מֶלַח

saline *adj.* מָלוּחַ, מֵכִיל מֶלַח

salinity *n.* מְלִיחוּת

saliva *n.* רִיר

salivary *adj.* רִירִי

salivation *n.* הַפְרָשַׁת רִיר

sallow *adj.* צָהוֹב חוֹלָנִי

sally *n.* גִּיחָה

sally *vi.* הֵגִיחַ, פָּרַץ

salmon *n.* אִלְתִּית

salmonella *n.* סַלְמוֹנֶלָּה (חַיְידַּק מֵעַיִים)

salon *n.* חֲדַר-אוֹרְחִים, סָלוֹן

saloon *n.* בֵּית-מַרְזֵחַ, מִסְבָּאָה

salsa *n.* רוֹטֶב סַלְסָה

salt *n.* מֶלַח

salt *vt.* הִמְלִיחַ

saltine *n.* רָקִיק מָלוּחַ

saltiness *n.* מְלִיחוּת

saltshaker *n.* מִלְחִיָּה

saltwater *adj.* שֶׁל מַיִם מְלוּחִים

salty *adj.* מָלוּחַ

salubrious *adj.* מַבְרִיא, מֵבִיא בְּרִיאוּת

salubrity *n.* בְּרִיאוּת

salutary *adj.* טוֹב לַבְּרִיאוּת

salute *n.* 1. (military greeting) הַצְדָּעָה

2. (welcome) בִּרְכַּת שָׁלוֹם

3. (honorary gunfire) מַטַּח כָּבוֹד

salute *vt.* הִצְדִּיעַ לְ-

salvage *n.* הַצָּלָה

salvage *vt.* הִצִּיל

salvation *n.* יְשׁוּעָה, הַצָּלָה

salve *n.* מִשְׁחָה רְפוּאִית

salve *vt.* שִׁיכֵּךְ, הִרְגִּיעַ

salvo *n.* מַטָּח

Samaria *n.* שׁוֹמְרוֹן

Samaritan *n.*; *adj.* שׁוֹמְרוֹנִי

Good Samaritan מֵיטִיב עִם הַזּוּלַת

samba *n.* רִיקּוּד סַמְבָּה

same *adj.* זֵהֶה, אוֹתוֹ הַ-

the same אוֹתוֹ הַדָּבָר

samovar *n.* מֵיחָם

sample *n.* דּוּגְמָא, מִדְגָּם

sample *vt.* בָּדַק לְדוּגְמָא

sampler *n.* 1. (embroidery sample) דּוּגְמַת רִיקְמָה

2. (assortment) מִבְחָר, מִגְוָון

Samson *n.* שִׁמְשׁוֹן

Samuel *n.* שְׁמוּאֵל

samurai *n.* סָמוּרָאִי

sanatarium *n.* בֵּית-מַרְפֵּא

sanctification *n.* קִידּוּשׁ

sanctify *vt.* קִידֵּשׁ

sanctimonious *adj.* מִתְחַסֵּד

sanctimony *n.* הִתְחַסְּדוּת

sanction *n.* 1. (permission) רְשׁוּת, אִישּׁוּר

2. (penalty) עוֹנֶשׁ

sanctions *pn.* עִיצוּמִים, סַנְקְצִיּוֹת

sanction *vt.* הִרשָׁה, אִישֵׁר
sanctity *n.* קְדוּשָׁה
sanctuary *n.* 1. (holy place) מָקוֹם קָדוֹשׁ
2. (refuge) מִקלָט, מַחֲסֶה
sanctum *n.* מָקוֹם קָדוֹשׁ ; מָקוֹם פְּרָטִי
sand *n.* חוֹל
sand *vt.* 1. (spread sand) זָרָה חוֹל
2. (polish) לִיטֵשׁ (בִּנייַר זְכוּכִית)
sandal *n.* סַנדָל
sandbag *n.* שַׂק חוֹל
sandbag *vt.* בִּיצֵר בְּשַׂק חוֹל
sandbar *n.* שִׂרטוֹן
sandblast *n.* סִילוֹן חוֹל
sandblast *vt.* נִיקָה בְּסִילוֹן חוֹל
sandbox *n.* אַרגַז חוֹל
sander *n.* כְּלִי לִיטוּשׁ
sandhog *n.* חוֹפֵר מִנהָרוֹת
sandpaper *n.* נְייַר זְכוּכִית
sandstone *n.* אֶבֶן חוֹל
sandstorm *n.* סוּפַת חוֹל
sandwich *n.* כָּרִיךְ, סַנדוִיץ׳
club sandwich כָּרִיךְ כָּפוּל
sandy *adj.* חוֹלִי
sane *adj.* שָׁפוּי
saneness *n.* שְׁפִיוּת (-דַעַת)
sang *p.* sing
sangria *n.* סַנגרִייָה (מַשקֶה חָרִיף)
sanguinary *adj.* 1. (bloody) עָקוֹב מִדָם
2. (bloodthirsty) צְמֵא דָם
sanguine *adj.* 1. (reddish) אֲדַמדַם
2. (optimistic) אוֹפּטִימִי
sanitarium *n.* בֵּית-מַרפֵּא
sanitary *adj.* הִיגייֵנִי, נָקִי
sanitation *n.* תַברוּאָה, סָנִיטַצְיָה
sanitization *n.* חִיטוּי
sanitize *vt.* חִיטֵא
sanity *n.* שְׁפִיוּת
sank *p.* sink
sans *prep.* בְּלִי, לְלֹא
sans serif גוֹפָן חֲסַר-תָגִים

Santa Claus סַנטָה קְלָאוּס
sap *n.* 1. (fluid) לֶשֶׁד
2. (vitality) חִיוּת
sapience *n.* חוֹכמָה, בִּינָה
sapient *adj.* חָכָם, נָבוֹן
sapphire *n.* סַפִּיר
sappy *adj.* מָלֵא חִיוּת
saran *n.* פְּלַסטִיק שָׁקוּף
sarcasm *n.* עוֹקצָנוּת, לִיגלוּג
sarcastic *adj.* עוֹקצָנִי, לַגלְגָנִי
sarcoma *n.* גִידוּל מַמאִיר
sarcophagus *n.* אֲרוֹן קְבוּרָה
sardine *n.* סַרדִין
sardonic *adj.* לַגלְגָנִי, עוֹקצָנִי
sartorial *adj.* שֶׁל חַייָט/חַייָטוּת
sash *n.* 1. (ribbon) רְצוּעָה, אַבנֵט
2. (frame) מִסגֶרֶת חַלוֹן/דֶלֶת
sashay *vi.* טָפַף
sass *n.* הִתחַצְפוּת
sass *vt.* הִתחַצֵף אֶל
sassy *adj.* 1. (stylish) אוֹפנָתִי
2. (impudent) חָצוּף
SAT (Scholastic Assessment Test) בְּחִינָה פְּסִיכוֹמֶטרִית
Satan *n.* הַשָּׂטָן
satanic *adj.* שְׂטָנִי
satchel *n.* תַרמִיל
sate, satiate *vt.* הִשׂבִּיעַ, סִיפֵּק
satellite *n.* לַוויָן
communications satellite לַוויַין תִקשוֹרֶת
satiety *n.* שׂוֹבַע
satin *n.* בַּד מֶשִׁי
satire *n.* סָאטִירָה
satirical *adj.* סָאטִירִי
satirist *n.* סָאטִירִיקָן
satirize *vt.* לִיגלֵג בְּסָאטִירָה
satisfaction *n.* 1. (contentment) סִיפּוּק, שְׂבִיעוּת רָצוֹן
2. (compensation) פִּיצוּי
satisfactory *adj.* מְסַפֵּק, מַשׂבִּיעַ רָצוֹן

satisfied *adj.*	מְרוּצֶה
satisfy *vt.*	סִיפֵּק, הִשְׂבִּיעַ רָצוֹן
saturate *vt.*	הִרְוָוה
saturation *n.*	רְוָויָה
Saturday *n.*	שַׁבָּת
Saturn *n.*	שַׁבְּתַאי
sauce *n.*	רוֹטֶב
saucepan *n.*	אִלְפָּס
saucer *n.*	צַלַּחַת, צְלוֹחִית
flying saucer	צַלַּחַת מְעוֹפֶפֶת
sauciness *n.*	חוּצְפָּה
saucy *adj.*	חָצוּף
sauerkraut *n.*	כְּרוּב כָּבוּשׁ
Saul *n.*	שָׁאוּל
sauna *n.*	מֶרְחָץ אֵדִים
saunter *n.*	טִיּוּל
saunter *vi.*	טִיֵּיל
sausage *n.*	נַקְנִיקִיָּה, נַקְנִיק
sauté *adj.*	מְטוּגָן
savage *adj.* 1. (wild)	פֶּרֶא, פִּרְאִי
2. (cruel)	אַכְזָרִי
savagery *n.*	פְּרָאוּת, אַכְזָרִיּוּת, בַּרְבָּרִיּוּת
savanna *n.*	מִישׁוֹר דֶּשֶׁא
savant *n.*	מְלוּמָד, מַשְׂכִּיל
save *vt.* 1. (rescue)	הִצִּיל
2. (conserve)	חָסַךְ
3. (safeguard)	שָׁמַר עַל
save *prep.* (except for)	מִלְּבַד, חוּץ מ-
savings *pn.*	חֶסְכוֹנוֹת, חִיסָּכוֹן
savings and loan	הַלְוָואָה וְחִיסָּכוֹן
savior *n.*	מוֹשִׁיעַ, גּוֹאֵל
savoir-faire	הִתְנַהֲגוּת הוֹלֶמֶת, טַקְט
savor *n.* 1. (taste)	טַעַם
2. (quality)	תְּכוּנָה
savor *vt.*	נֶהֱנָה מ-
savory *adj.*	טָעִים, עָרֵב לַחֵךְ
savvy *n.*	הֲבָנָה, יְדִיעָה
savvy *vt.*	הֵבִין, יָדַע
savvy *adj.*	יַדְעָן
saw *n.*	מַסּוֹר
chain saw	מַסּוֹר שַׁרְשֶׁרֶת
circular saw	מַסּוֹר סִיבּוּבִי
saw *vt.*	נִיסֵּר
saw *p.* see	
sawbuck *n.*	שׁוּלְחַן נִיסּוּר
sawdust *n.*	נְסוֹרֶת
sawed-off *adj.*	מְנוּסָּר, קָטוּעַ
sawfish *n.*	דַּג מַסּוֹר
sawhorse *n.*	כַּן נִיסּוּר
sawmill *n.*	מִנְסָרָה
sawyer *n.*	נַסָּר
sax, saxophone *n.*	סַקְסוֹפוֹן
saxophonist *n.*	נַגַּן סַקְסוֹפוֹן
say *n.* 1. (right to speak)	זְכוּת דִּיבּוּר
2. (influence)	כּוֹחַ הַשְׁפָּעָה
say *vt.* 1. (pronounce)	אָמַר
2. (assume)	הִנִּיחַ
that is to say	כְּלוֹמַר, בְּמִילִּים אֲחֵרוֹת
saying *n.*	אִימְרָה, פִּתְגָּם
scab *n.*	גֶּלֶד, צַלֶּקֶת
scabbard *n.*	נְדָן
scabby *adj.*	מְצוּלָּק
scabrous *adj.*	מְחוּסְפָּס
scaffold *n.*	פִּיגּוּם
scald *n.*	כְּווִיָּה
scald *vt.*	כָּוָוה, צָרַב
scale *n.* 1. (measure)	קְנֵה מִידָּה
2. (extent)	מִידָּה
3. (measuring marks)	סְקָאלָה
4. (flaky skin)	קַשְׂקַשׂ
5. (balance)	מֹאזְנַיִים
Richter scale	סוּלַּם רִיכְטֶר
scale *vt.* 1. (climb)	טִיפֵּס עַל
2. (weigh)	שָׁקַל
3. (adjust to scale)	קָבַע לְפִי קְנֵה מִידָּה
scallion *n.*	בָּצָל יָרוֹק
scallop *n.*	צִדְפָּה
scalp *n.*	קַרְקֶפֶת
scalp *vt.*	קִירְקֵף
scalper *n.*	סַפְסָר

scaly *adj.* קַשְׂקַשִׂי, מְכוּסֶה קַשְׂקַשִׂים
scam *n.* תַּרְמִית, מַעֲשֵׂה הוֹנָאָה
scam *vt.* רִימָּה, הוֹנָה
scamp *n.* שׁוֹבָב
scamper *n.* רִיצָה מְהִירָה
scamper *vi.* רָץ מַהֵר
scan *n.* סְרִיקָה
scan *vt.* סָרַק
scandal *n.* שַׁעֲרוּרִיָּה, סְקַנְדָל
scandalize *vt.* פָּגַע בַּמּוּסָר
scandalous *adj.* שַׁעֲרוּרִיָּתִי
Scandinavia *n.* סְקַנְדִינָבְיָה
scanner *n.* סוֹרֵק
flatbed scanner סוֹרֵק שָׁטוּחַ
scant, scanty *adj.* דָּלִיל, מוּעָט, לֹא מַסְפִּיק
scape *n.* נוֹף
scapegoat *n.* שָׂעִיר לַעֲזָאזֵל
scapula *n.* עֶצֶם הַשֶּׁכֶם
scar *n.* צַלֶּקֶת
scar *vt.* גָּרַם צַלֶּקֶת
scarab *n.* חִיפּוּשִׁית
scarce *adj.* נָדִיר, לֹא מָצוּי
scarcely *adv.* בְּקוֹשִׁי
scarcity *n.* נְדִירוּת, מַחְסוֹר
scare *n.* בֶּהָלָה
scare *vt.* הִבְהִיל, הִפְחִיד
scarecrow *n.* דַּחְלִיל
scarf *n.* צָעִיף
scarification *n.* חִיתּוּךְ
scarify *vt.* חָתַךְ בָּעוֹר
scarlet *adj.* אָדוֹם בָּהִיר
scary *adj.* מַבְהִיל, מַפְחִיד
scatology *n.* עִיסּוּק בְּצוֹאָה
scatter *vt.*; *vi.* פִּיזֵּר, הֵפִיץ ; הִתְפַּזֵּר
scatterbrain *n.* מְפוּזָּר
scavenge *vt.* נָבַר, חִיטֵּט בָּאַשְׁפָּה
scavenger *n.* 1. (person) מְחַטֵּט בְּאַשְׁפָּה
2. (animal) אוֹכֵל נְבֵלוֹת
scenario *n.* תַּרְחִישׁ
scene *n.* תְּמוּנָה, סְצֵינָה
behind the scenes מֵאֲחוֹרֵי הַקְּלָעִים
make a scene עָשָׂה שַׁעֲרוּרִיָּה
scenery *n.* 1. (landscape view) נוֹף, מַרְאֶה
2. (stage backdrops) תַּפְאוּרָה
scenic *adj.* יְפֵה-נוֹף
scent *n.* רֵיחַ, נִיחוֹחַ
scent *vt.* הֵרִיחַ
scentless *adj.* חֲסַר-רֵיחַ
scepter *n.* שַׁרְבִיט
sceptic *n.* סַפְקָן
sceptical *adj.* סַפְקָנִי
scepticism *n.* סַפְקָנוּת
schedule *n.* לוּחַ זְמַנִּים
schedule *vt.* קָבַע (מוֹעֵד)
schema *n.* תַּרְשִׁים
schematic *adj.* בְּקַוִּים כְּלָלִיִּים
scheme *n.* 1. (plan) תּוֹכְנִית
2. (plot) מְזִימָה
scheme *vi.*; *vt.* 1. תִּיכְנֵן
2. זָמַם
scherzo *n.* סְקֶרְצוֹ
schilling *n.* שִׁילִינְג
schism *n.* שֶׁסַע, קֶרַע, פִּילּוּג
schismatic *adj.* פַּלְגָנִי
schizophrenia *n.* שַׁסַעַת, סְכִיזוֹפְרֶנְיָה
schizophrenic *adj.* חוֹלֵה שַׁסַעַת, סְכִיזוֹפְרֶנִי
schlemiel *n.* שְׁלוּמִיאֵל
schlep *vt.* סָחַב
schmaltz *n.* רַגְשָׁנוּת, שְׁמָאלְץ
schmuck *n.* שְׁמוֹק
schnitzel *n.* כְּתִיתָה, שְׁנִיצֶל
scholar *n.* מְלוּמָּד, חוֹקֵר
scholarly *adj.* לַמְדָנִי
scholarship *n.* 1. (scholarly qualities) לַמְדָנוּת
2. (grant) מִילְגָה, מַעֲנָק
scholastic *adj.* שֶׁל בֵּית-סֵפֶר, אָקָדֵמִי
school *n.* 1. (learning institution) בֵּית-סֵפֶר
2. (group of thinkers or artists) אַסְכּוֹלָה

school of fish לַהֲקַת דָּגִים
boarding school פְּנִימִיָּה
elementary/grade school בֵּית-סֵפֶר יְסוֹדִי
junior high or middle school חֲטִיבַת בֵּינַיִים
nursery school גַּנּוֹן
parochial school בֵּית-סֵפֶר דָּתִי
prep/preparatory school מְכִינָה
primary school בֵּית-סֵפֶר יְסוֹדִי
public school בֵּית-סֵפֶר צִיבּוּרִי
reform school בֵּית-סֵפֶר לַעֲבַרְיָינִים צְעִירִים
school *vt.* חִינֵּךְ
schooling *n.* חִינּוּךְ
schoolmaster *n.* מְנַהֵל בֵּית-סֵפֶר
schwa *n.* שְׁוָא
sci-fi *n.* מַדָּע בִּדְיוֹנִי
science *n.* מַדָּע
political science מַדְּעֵי הַמְּדִינָה
social science מַדְּעֵי הַחֶבְרָה
scientific *adj.* מַדָּעִי
scientist *n.* מַדְּעָן, אִישׁ מַדָּע
scintilla *n.* זִיק, נִיצוֹץ
scintillant *adj.* נוֹצֵץ
scintillate *vi.* נִיצְנֵץ
scintillation *n.* נִיצְנוּץ
scion *n.* צֶאֱצָא
scirocco *n.* רוּחַ קָדִים
scissor *vt.* גָּזַר
scissors *pn.* מִסְפָּרַיִים
sclera *n.* לוֹבֶן הָעַיִן
sclerosis *n.* טָרֶשֶׁת
multiple sclerosis טָרֶשֶׁת נְפוֹצָה
sclerotic *adj.* טָרַשְׁתִּי
scoff *n.* לָעַג ל-, לִיגְלֵג עַל
scofflaw *n.* סַרְבָן חוֹק
scoliosis *n.* עוֹקֶם עַמּוּד הַשִּׁדְרָה
scoop *n.* 1. (utensil) כַּף נ׳ (כַּפּוֹת)
2. (news item) יְדִיעָה בִּלְעָדִית
scoop *vt.* גָּרַף
scoot *vi.* מִיהֵר
scoot over זָז הַצִּידָּה
scooter *n.* קַטְנוֹעַ
scope *n.* הֶיקֵּף, טְוָוח
scorch *n.* כְּוִויָּה
scorch *vt.*; *vi.* חָרַךְ, כָּוָה ; נֶחֱרַךְ, נִכְוָה
scorcher *n.* יוֹם חַם
score *n.* 1. (points) נִיקּוּד, נְקוּדוֹת
2. (twenty) עֶשְׂרִים
3. (debt) חֶשְׁבּוֹן ז׳ (חֶשְׁבּוֹנוֹת)
4. (*music*) תָּווִים, פַּרְטִיטוּרָה
scores (many) עֶשְׂרוֹת, מִסְפָּר גָּדוֹל
score *vt.* 1. (gain) זָכָה בְּ-
2. (succeed) הִצְלִיחַ
3. (*music*) תִּיזְמֵר
scoreboard *n.* לוּחַ תּוֹצָאוֹת
scorn *n.* לַעַג, לִיגְלוּג, בּוּז
scorn *vt.* לָעַג ל-, לִיגְלֵג עַל, בָּז ל-
scornful *adj.* לַגְלְגָנִי, מָלֵא בּוּז
Scorpio *n.* מַזַּל עַקְרָב
scorpion *n.* עַקְרָב
scotch *vt.* חִיסֵּל, שָׂם קֵץ ל-
Scot, Scotch, Scottish *n.*; *adj.* סְקוֹטִי
scoundrel *n.* נוֹכֵל, נָבָל
scour *vt.* 1. (clean) שִׁיפְשֵׁף, צִיחְצֵחַ
2. (search) סָרַק
scourge *n.* 1. (calamity) פּוּרְעָנוּת
2. (whip) שׁוֹט
scourge *vt.* 1. הֵבִיא פּוּרְעָנוּת
2. הִלְקָה
scout *n.* סַיָּיר, גַּשָּׁשׁ
Boy/Girl Scout תְּנוּעַת הַצּוֹפִים
scout *vi.* 1. (reconnoiter) סִיֵּיר
2. (search) חִיפֵּשׂ
scoutmaster *n.* מַדְרִיךְ צוֹפִים
scowl *n.* מַבָּט זוֹעֵף
scowl *vi.* הִזְעִיף מַבָּט
scrabble *n.* שִׁירְבּוּט, קִישְׁקוּשׁ
scrabble *vt.* 1. (scribble) שִׁירְבֵּט, קִישְׁקֵשׁ
2. (scratch) גֵּירֵד ; שָׂרַט
scram *vi.* הִסְתַּלֵּק
scramble *n.* 1. (climb) טִיפּוּס מָהִיר, עֲלִיָּה

2. (struggle) מַאֲבָק
scramble *vi.* 1. (mix) עִירְבֵּב, טָרַף (בֵּיצָה)
2. (struggle) נֶאֱבַק
3. (garble radio signal) שִׁיבֵּשׁ
scrap *n.* 1. (fragment) רְסִיס, חֲתִיכָה
2. (discarded material) גְרוּטָאוֹת
scraps *pn.* שְׁיָרִים, שְׁאֵרִיוֹת
scrap *vt.*1. (discard) הִשְׁלִיךְ, הָפַךְ לִגְרוּטָאָה
2. (quarrel) רָב, הִתְקוֹטֵט
scrape *n.* שִׁיפְשׁוּף, גֵירוּד
scrape *vt.* 1. (scour) שִׁיפְשֵׁף, גֵירֵד
2. (economize) חָסַךְ
scraper *n.* מַגְרֵד, גוֹרֵד
sky scraper גוֹרֵד שְׁחָקִים
scrappy *adj.* 1. (fragmented) מְקוּטָע, עָשׂוּי חֲתִיכוֹת
2. (quarrelsome) אוֹהֵב מָדוֹן
scratch *n.* 1. (cut) שְׂרִיטָה
2. (scrape) גֵירוּד
from scratch מִן הַהַתְחָלָה, מִן הַיְסוֹד
scratch *vt.* 1. שָׂרַט
2. גֵירֵד
3. (erase) מָחַק
scratchy *adj.* 1. (having or making scratches) שָׂרוּט ; שׂוֹרֵט
2. (making harsh sound) צוֹרְמָנִי
scrawl *n.* שִׁירְבּוּט, קִישְׁקוּשׁ
scrawl *vt.* שִׁירְבֵּט, קִישְׁקֵשׁ
scrawny *adj.* כָּחוּשׁ, רָזֶה
scream *n.* צְעָקָה, צְרִיחָה
scream *vi.; vt.* צָעַק, צָרַח
screamer *n.* צַעֲקָן, צַרְחָן
screech *n.* צְוָוחָה ; חֲרִיקָה
screech *vt.; vi.* צָוַוח ; חָרַק
screechy *adj.* צַווחָנִי ; חוֹרֵק
screen *n.*1. (projection surface) מָסָךְ, מִרְקָע
2. (mesh) רֶשֶׁת
3. (partition) מְחִיצָה, מָסָךְ
4. (sieve) כְּבָרָה, מְסַנֶּנֶת
off-screen מִחוּץ לַמָּסָךְ

screen *vt.* 1. (shelter) סוֹכֵךְ עַל, הֵגֵן
2. (show movie) הִקְרִין
3. (sift, sort) נִיפָּה, סִינֵן
4. (test for disease) בָּדַק, עָרַךְ בְּדִיקוֹת
screenplay *n.* תַּסְרִיט
screenwriter *n.* תַּסְרִיטַאי
screw *n.* בּוֹרֶג
screw *vt.* 1. (fasten) הִבְרִיג
2. (cheat) דָּפַק, סִידֵּר
3. (have intercourse) זִיֵּין, דָּפַק
screw around הִתְבַּטֵּל
screw up קִילְקֵל, דָּפַק
screwball *n.* אָדָם מוּזָר, שִׁגְיוֹנִי
screwdriver *n.* מַבְרֵג
screwed up *adj.* דָּפוּק
screwy *adj.* דָּפוּק בַּשֵּׂכֶל
scribble *n.* שִׁירְבּוּט, קִישְׁקוּשׁ
scribble *vt.* שִׁירְבֵּט, קִישְׁקֵשׁ
scribe *n.* לַבְלָר, סוֹפֵר
scrimmage *n.* (*football*) תַּחֲרוּת, מִשְׂחָק
line of scrimmage קַו הַהַפְרָדָה (בְּכַדּוּרֶגֶל)
scrimp *vt.* חָסַךְ, קִימֵּץ
scrimshaw *n.* גִילּוּף
scrip *n.* שְׁטָר זְמַנִּי
script *n.* 1. (writing system) כְּתָב
2. (handwriting) כְּתַב יָד
3. (text) תַּסְרִיט
scripture *n.* סֵפֶר קוֹדֶשׁ
Hebrew Scriptures סִפְרֵי הַתָּנָ"ךְ
Holy Scriptures כִּתְבֵי הַקּוֹדֶשׁ
scriptwriter *n.* תַּסְרִיטַאי
scriptwriting *n.* כְּתִיבַת תַּסְרִיטִים
scrivener *n.* לַבְלָר
scroll *n.* מְגִילָּה
scroll *vt.* גָּלַל
scrooge *n.* קַמְצָן
scrotum *n.* כִּיס הָאֲשָׁכִים
scrounge *vt.* קִיבֵּץ, שְׁנוֹרֵר
scrub *n.* סְבַךְ שִׂיחִים
scrub *vt.* קִירְצֵף, שִׁיפְשֵׁף

scrubber *n.* מִבְרֶשֶׁת קִירצוּף
scrubby *adj.* מְכוּסֶה שִׂיחִים
scruff *n.* עוֹרֶף
scruffy *adj.* מְרוּפָּט, מוּזְנָח
scrumptious *adj.* נֶהְדָר ; עָרֵב לַחֵךְ
scrunch *vt.* מָעַךְ, סָחַט
scruple *n.* נְקִיפַת מַצְפּוּן
scruple *vi.* הִיסֵס מִטַּעֲמֵי מַצְפּוּן
scrupulous *adj.* 1. (conscientious) מַצְפּוּנִי
2. (precise) דַּייקָן, דַּייקָנִי
scrutinize *vt.* בָּדַק בְּקַפְּדָנוּת
scrutiny *n.* בְּדִיקָה קַפְּדָנִית
scuba *n.* סְקוּבָּה, מִתְקָן נְשִׁימָה לְצוֹלְלָנִים
scud *n.* תְּנוּעָה מְהִירָה
scud *vi.* נָע בִּמְהִירוּת
scuff *n.* 1. (worn spot) סִימָן שָׁחוּק
2. (slipper) נַעַל-בַּיִת
scuff *vt.* 1. (scrape) שָׁחַק, שִׁיפְשֵׁף
2. (shuffle) גֵּרֵר רַגְלַיִים
scuffle *n.* תִּגְרָה, קְטָטָה, רִיב
scuffle *vi.* הִתְקוֹטֵט, רָב
scull *n.* 1. (oar) מָשׁוֹט
2. (boat) סִירַת מְשׁוֹטִים
scull *vi.* חָתַר בְּסִירָה
scullery *n.* חֲדַר-כֵּלִים
sculpt *vt.* פִּיסֵל
sculptor *n.* פַּסָּל
sculpture *n.* פֶּסֶל
sculpture *vt.* פִּיסֵל
scum *n.* חֶלְאָה, טִינּוֹפֶת
scurf *n.* קַשְׂקַשׂ
scurrilous *adj.* גַּס
scurry *vi.* אָץ
scurviness *n.* נִבְזוּת
scurvy *adj.* נִבְזֶה
scuttle *vi.* נֶחְפַּז, רָץ
scythe *n.* חֶרְמֵשׁ
scythe *vt.* קָצַר בְּחֶרְמֵשׁ
sea *n.* יָם
Dead Sea יַם הַמֶּלַח
deep sea מַעֲמַקֵּי הַיָּם
high seas לֵב יָם
Mediterranean Sea הַיָּם הַתִּיכוֹן
Red Sea יַם סוּף
seabed *n.* קַרְקָעִית הַיָּם
seaboard *n.* (אֵיזוֹר) חוֹף יָם
seacoast *n.* חוֹף יָם
seafarer *n.* יַמַּאי, מַלָּח
seafood *n.* מַאַכְלֵי יָם
seagull *n.* שַׁחַף
seal *n.* 1. (signet, emblem) חוֹתָם
2. (gasket) אֶטֶם, סֶתֶם
3. (adhesive) דֶּבֶק
4. (animal) כֶּלֶב יָם
seal *vt.* חָתַם
seal off אָטַם
sealant *n.* חוֹמֶר אִיטּוּם
seam *n.* תֶּפֶר, חִיבּוּר
seam *vt.* תָּפַר, חִיבֵּר
seaman *n.* יַמַּאי, מַלָּח
seamanship *n.* יַמָּאוּת
seamstress *n.* תּוֹפֶרֶת
seamy *adj.* שָׁפָל, נִתְעָב
seaplane *n.* מְטוֹס יָם
seaport *n.* נָמֵל, נָמָל
sear *vt.* חָרַךְ, צָרַב
search *n.* חִיפּוּשׂ
search *vt.* עָרַךְ חִיפּוּשׂ בּ-, בָּדַק
search for חִיפֵּשׂ
search me! אֵין לִי מוּשָּׂג!
strip search הִפְשִׁיט לְשֵׁם חִיפּוּשׂ
searchlight *n.* זַרְקוֹר
seascape *n.* נוֹף יָם
seashell *n.* צֶדֶף
seashore *n.* חוֹף יָם
seasick *adj.* סוֹבֵל מִמַּחֲלַת יָם
seasickness *n.* מַחֲלַת יָם
seaside *n.* שְׂפַת יָם
season *n.* עוֹנָה, תְּקוּפָה
off season עוֹנָה לֹא פְּעִילָה

out of season לֹא בְּעוֹנָה, לֹא בַּזְּמַן הַנָּכוֹן
season *vt.* 1. (spice) תִּיבֵּל
2. (prepare) הִכשִׁיר, הֵכִין
seasonal *adj.* עוֹנָתִי
seasoning *n.* תִּיבּוּל, תַּבלִין
seat *n.* 1. (chair) כִּיסֵא, מוֹשָׁב
2. (place) מָקוֹם, מְקוֹם מוֹשָׁב
3. (buttocks) יַשׁבָן
love seat סַפָּה זוּגִית
seat *vt.* 1. (place on a seat) הוֹשִׁיב
2. (accommodate) הֵכִיל
back seat מוֹשָׁב אֲחוֹרִי
bucket seat מוֹשַׁב מְכוֹנִית נִפרָד
ejection seat כִּיסֵא מַפלֵט
hot seat מַצָּב לֹא נוֹחַ
seating *n.* סִידוּר מְקוֹמוֹת יְשִׁיבָה
seawall *n.* סֶכֶר, מַחסוֹם
seaward *adv.* כְּלַפֵּי הַיָּם, הַיָּמָּה
seawater *n.* מֵי יָם
seaway *n.* נְתִיב יַמִּי
seaweed *n.* אַצָּה, עֵשֶׂב יָם
seaworthy *adj.* כָּשִׁיר לְהַפלָגָה
seborrhea *n.* זִיבַת חֵלֶב
secede *vi.* פָּרַשׁ
secession *n.* פְּרִישָׁה
seclude *vt.* בּוֹדֵד, הִפרִיד
secluded *adj.* בּוֹדֵד, מְבוּדָּד
seclusion *n.* בְּדִידוּת, הִתבּוֹדְדוּת
seclusive *adj.* מִתבּוֹדֵד, מִסתַגֵּר
second *n.* 1. (time unit) שְׁנִיָּיה
2. (moment) רֶגַע
3. (helper) עוֹזֵר
split second שַׁברִיר שְׁנִיָּיה
second *adj.* שֵׁנִי
second-class 1.(second-rate) מִמַּדרֵגָה שְׁנִיָּיה
2. (accommodations) מַחלָקָה שְׁנִיָּיה
second-guess מָתַח בִּיקּוֹרֶת לְאַחַר מַעֲשֶׂה
second-rate סוּג ב׳
second *vt.* (support) תָּמַךְ בּ-
second(ly) *adv.* שֵׁנִית

secondary *adj.* מִשנִי, טָפֵל
secondhand *adj.* יָד שְׁנִיָּיה, מְשׁוּמָּשׁ
secrecy *n.* סוֹדִיּוּת, חֲשָׁאִיּוּת
secret *n.* סוֹד ז׳ (סוֹדוֹת)
open secret סוֹד גָּלוּי
top-secret סוֹדִי בְּיוֹתֵר
secret *adj.* 1. (concealed) סוֹדִי, חֲשָׁאִי
2. (mysterious) מִסתוֹרִי
secretarial *adj.* מַזכִּירוּתִי ; מִשׂרָדִי
secretariat *n.* מַזכִּירוּת
secretary *n.* מַזכִּיר
secretary-general מַזכִּיר כְּלָלִי
secrete *vt.* הִפרִישׁ
secretion *n.* הַפרָשָׁה
secretive *adj.* שׁוֹמֵר סוֹדִיּוּת
sect *n.* כַּת, כִּיתָּה
sectarian *adj.* 1. (of a sect) כִּיתָּתִי
2. (narrow-minded) צַר-אוֹפֶק
section *n.* 1. (part) קֶטַע, חֵלֶק
2. (incision) חֲתָךְ, חִיתּוּךְ
cesarean section נִיתּוּחַ קֵיסָרִי
section *vt.* חִילֵּק לִקטָעִים, חָתַךְ
sectional *adj.* מוּרכָּב מֵחֲלָקִים
sector *n.* גִּיזרָה, מִגזָר, סֶקטוֹר
sectorial *adj.* גִּיזרָתִי
secular *adj.* חִילּוֹנִי
secularity *n.* חִילּוֹנִיּוּת
secularization *n.* חִילּוּן
secularize *vt.* חִילֵּן, הָפַךְ לְחִילּוֹנִי
secure *adj.* בָּטוּחַ
secure *vt.* הִבטִיחַ, אִיבטֵחַ
securities *pn.* נְיָירוֹת עֵרֶךְ
security *n.* 1. (safety) בִּיטָּחוֹן
2. (guarantee) עֵירָבוֹן, עֲרֵבוּת
social security בִּיטּוּחַ לְאוּמִּי
sedan *n.* מְכוֹנִית נוֹסְעִים
sedate *adj.* רָגוּעַ, מְיוּשָּׁב בְּדַעתּוֹ
sedate *vt.* נָתַן סַם הַרגָּעָה, הִרגִּיעַ
sedation *n.* הַרגָּעָה
sedative *n.* סַם הַרגָּעָה

sedative *adj.*	מַרְגִּיעַ ; מַרְדִּים
sedentary *adj.*	כָּרוּךְ בִּישִׁיבָה
Seder *n.*	סֵדֶר (פֶּסַח)
sedge *n.*	צֶמַח הַכָּרִיךְ
sediment *n.*	מִשְׁקָע
sedimentary *adj.*	שֶׁל מִשְׁקָעִים
sedimentation *n.*	הִצְטַבְּרוּת מִשְׁקָעִים
sedition *n.*	הֲסָתָה לְמֶרֶד
seditious *adj.*	מֵסִית
seduce *adj.*	פִּיתָּה, שִׁידֵּל
seducer *n.*	מְפַתֶּה
seduction *n.*	פִּיתּוּי, שִׁידּוּל
seductive *adj.*	מְפַתֶּה
sedulous *adj.*	שַׁקְדָן, מַתְמִיד
see *n.*	כֵּס/כְּהוּנַּת בִּישׁוֹף
Holy See	הַכֵּס הַקָּדוֹשׁ
see *vt.* 1. (view)	רָאָה
2. (make sure)	וִידֵּא
3. (escort)	לִיוָּה
see after	טִיפֵּל בּ-
see about	בֵּירֵר
see into	בָּדַק
see out	לִיוָּה הַחוּצָה
see-through	שָׁקוּף
see to it	וִידֵּא
see you!	לְהִתְרָאוֹת!
seed *n.* 1. (propagative part of life)	זֶרַע
2. (pip)	חַרְצָן, גַּרְעִין
3. (offspring)	צֶאֱצָא
seed *vt.*	זָרַע
seedling *n.*	שְׁתִיל
seek *vt.* 1. (search for)	חִיפֵּשׂ
2. (attempt)	הִשְׁתַּדֵּל, נִיסָּה ל-
seem *vi.*	נִרְאָה, נִדְמָה
seemingly *adv.*	לִכְאוֹרָה, כְּאִילּוּ
seen *pp.* see	
seep *vi.*	חִילְחֵל, דָּלַף, חָדַר
seepage *n.*	חִילְחוּל, דְּלִיפָה
seer *n.*	חוֹזֶה, נָבִיא
seesaw *n.*	נַדְנֵדָה
seethe *vi.*	תָּסַס
segment *n.*	קֶטַע, חֵלֶק
segment *vt.*	חִילֵּק לִקְטָעִים
segmental *adj.*	שֶׁל קֶטַע, חֶלְקִי
segmentation *n.*	חֲלוּקָה
segregate *vt.*	הִפְרִיד
segregation *n.* 1. (separation)	הַפְרָדָה
2. (racial separation)	הַפְרָדָה גִּזְעִית
segue *vi.*	עָבַר אֶל
seine *n.*	מִכְמוֹרֶת
seismic *adj.*	שֶׁל רְעִידַת אֲדָמָה
seismograph *n.*	מַד-רַעַשׁ
seismology *n.*	סֵייסְמוֹלוֹגְיָה, חֵקֶר רְעִידוֹת אֲדָמָה
seize *vt.* 1. (grasp, capture)	תָּפַס
2. (confiscate)	עִיקֵּל
seizure *n.* 1. (sudden attack)	הֶתְקֵף
2. (confiscation)	עִיקּוּל
seldom *adv.*	לְעִתִּים רְחוֹקוֹת
select *adj.*	נִבְחָר, מוּבְחָר
select *vt.*	בָּחַר
selection *n.*	בְּחִירָה
selective *adj.*	בַּרְרָנִי, סֶלֶקְטִיבִי
selectivity *n.*	בַּרְרָנוּת, סֶלֶקְטִיבִיּוּת
self *n.*	עֶצֶם, עַצְמִיּוּת
self *adj.*	עַצְמִי
self-addressed	מְמוּעָן לַשּׁוֹלֵחַ
self-appointed	שֶׁמִּינָּה אֶת עַצְמוֹ
self-centered	מְרוּכָּז בְּעַצְמוֹ
self-confidence	בִּיטָּחוֹן עַצְמִי
self-conscious	חָשׁ לֹא בְּנוֹחַ
self-containment	בְּלִימָה עַצְמִית
self-control	שְׁלִיטָה עַצְמִית
self-deception	הוֹנָאָה עַצְמִית
self-defeating	מְנוּגָּד לַכַּוָּונָה
self-defense	הֲגָנָה עַצְמִית
self-destruction	הֶרֶס עַצְמִי
self-determination	הַגְדָּרָה עַצְמִית
self-discipline	מִשְׁמַעַת עַצְמִית
self-employed	עַצְמָאִי

self-esteem	הַעֲרָכָה עַצְמִית
self-evident/explanatory	מוּבָן מֵאֵלָיו
self-fulfillment	הַגשָׁמָה עַצְמִית
self-gratification	סִיפּוּק עַצְמִי
self-hatred	שִׂנאָה עַצְמִית
self-help	עֶזרָה עַצְמִית
self-image	תַדמִית עַצְמִית
self-improvement	שִׁיפּוּר עַצְמִי
self-incrimination	הַפלָלָה עַצְמִית
self-indulgence	פִּינוּק עַצְמִי
self-inflicted	שֶׁגָרַם לְעַצמוֹ
self-interest	אִינטֶרֶס עַצְמִי
self-knowledge	יֶדַע עַצְמִי
self-made	הִצלִיחַ בִּזכוּת עַצמוֹ
self-pity	חֶמלָה עַצְמִית
self-portrait	דְיוֹקָן עַצְמִי
self-preservation	שְׁמִירָה עַל הַקִיוּם
self-proclaimed	שֶׁהִכרִיז עַל עַצמוֹ
self-propulsion	הֲנָעָה עַצְמִית
self-reliance	אִי-תְלוּת
self-respect	כָּבוֹד עַצְמִי
self-restraint	אִיפּוּק
self-righteous	צִדקָנִי
self-sacrifice	הַקרָבָה עַצְמִית
self-satisfaction	הֲנָאָה עַצְמִית
self-service	שֵׁירוּת עַצְמִי
self-serving	מְשָׁרֵת אֶת עַצמוֹ
self-styled	שֶׁמְכַנֶה אֶת עַצמוֹ
self-sufficient	מְסַפֵּק אֶת צְרָכָיו
self-support	תְמִיכָה עַצְמִית
selfish *adj.*	אָנוֹכִיִי, אֶגוֹאִיסט
selfishness *n.*	אָנוֹכִיוּת, אֶגוֹאִיזם
selfless *adj.*	לֹא אָנוֹכִיִי
selfsame *adj.*	הוּא עַצמוֹ, זֵהֶה
sell *n.*	מְכִירָה
sell *vt.*; *vi.*	מָכַר ; נִמכַּר
sell off	מָכַר בְּזוֹל
sell out 1. (sell all)	מָכַר בִּמכִירָה כְּלָלִית
2. (betray)	בָּגַד בּ-
sell short	לֹא הֶעֱרִיךְ נָכוֹן

seller n.	מוֹכֵר
best seller	רַב-מֶכֶר
selloff *n.*	מְכִירָה הֲמוֹנִית
sellout *n.* 1.	מְכִירָה כְּלָלִית
2.	בְּגִידָה
seltzer *n.*	מַיִם תוֹסְסִים
semantic *adj.*.	סֶמַנטִי
semantics *n.*	סֶמַנטִיקָה, מַשמָעוּת מִילִים
semaphore *n.*	אִיתוּת בִּדגָלִים/בִּזרוֹעוֹת
semblance *n.*	חָזוּת, מַראִית עַיִן
semen *n.*	זֶרַע
semester *n.*	סִימֶסטֶר
semi-	דְמוּי-, לְמֶחֱצָה
semiannual *adj.*.	חֲצִי-שְׁנָתִי
semiautomatic *adj.*.	חֲצִי-אוֹטוֹמָטִי
semicircle *n.*	חֲצִי-עִיגוּל
semicolon *n.*	נְקוּדָה וּפְסִיק
semiconductor *n.*	מוֹלִיךְ לְמֶחֱצָה
semifinal *n.*	חֲצִי-גְמָר
semifinalist *n.*	מִתחָרֶה בַּחֲצִי-גְמָר
semimonthly *adv.*	פַּעֲמַיִים בְּחוֹדֶשׁ
seminal *adj.* 1. (original)	מְקוֹרִי, חַדשָׁנִי
2. (of semen or seed)	שֶׁל זֶרַע
seminar *n.*	סֶמִינָר
seminary *n.*	מִכלָלָה דָתִית
semiotics *n.*	סֶמִיוֹטִיקָה, חֵקֶר סִימָנֵי תִקשׁוֹרֶת
semiprivate (room)	(חֶדֶר) זוּגִי
Semitic *adj.*	שֵׁמִי
semitrailer *n.*	מַשָׂאִית סֶמִיטרֵיילֶר
semivowel *n.*	חֲצִי-תְנוּעָה
semiweekly *adj.*	חֲצִי-שְׁבוּעִי
semiyearly *adj.*	חֲצִי-שְׁנָתִי
semolina *n.*	סוֹלֶת
senate n.	סֶנָאט
senator *n.*	סֶנָאטוֹר
send *vt.*	שָׁלַח, שִׁיגֵר
send for	זִימֵן
sender *n.*	שׁוֹלֵחַ
sendoff *n.*	אִיחוּלֵי הַצלָחָה

senescence *n.* הִזְדַּקְנוּת

senescent *adj..* מִזְדַּקֵּן

senile *adj..* סֶנִילִי

senility *n.* סֶנִילִיוּת, הִתְנַוְּנוּת מִזִּיקְנָה

senior *n.* (student) תַּלְמִיד הַשָּׁנָה הָאַחֲרוֹנָה

senior *adj.* 1. (of higher rank) בָּכִיר

2. (of longer service) וָתִיק

3. (old) מְבוּגָּר

seniority *n.* 1. בְּכִירוּת

2. וֶתֶק

sensation *n.* 1. (feeling) תְּחוּשָׁה

2. (excitement) סֶנְסַצְיָה, הִתְרַגְּשׁוּת

sensational *adj..* מַרְעִישׁ, סֶנְסַצְיוֹנִי

sensationalism *n.* רְדִיפַת סֶנְסַצְיוֹת

sensationalize *vt.* הָפַךְ לְסֶנְסַצְיָה

sense *n.* 1. (one of the faculties) חוּשׁ

2. (feeling) תְּחוּשָׁה, הַרְגָּשָׁה

3. (logic) הִיגָּיוֹן

4. (meaning) מוּבָן, מַשְׁמָעוּת

common sense הִיגָּיוֹן, שֵׂכֶל יָשָׁר

make sense נִשְׁמַע הֶגְיוֹנִי, הִתְקַבֵּל עַל הַדַּעַת

talk sense דִּיבֵּר בְּהִיגָּיוֹן

sense *vt.* חָשׁ, הִרְגִּישׁ

senseless *adj..* חֲסַר-הִיגָּיוֹן, חֲסַר-טַעַם

sensibility *n.* 1. (capacity to feel) יְכוֹלֶת לָחוּשׁ, רְגִישׁוּת

2. (responsiveness) הֵיעָנוּת

sensible *adj..* 1. (reasonable) הֶגְיוֹנִי

2. (cognizant) מוּדָע

3. (perceptible) מוּחָשׁ, מוּרְגָּשׁ

sensitive *adj..* רָגִישׁ

sensitivity *n.* רְגִישׁוּת

sensitization *n.* הֲפִיכָה לְרָגִישׁ

sensitize *vt.* הָפַךְ לְרָגִישׁ

sensor *n.* חַיְישָׁן

sensory *adj.* חוּשִׁי, תְּחוּשָׁתִי

sensual *adj..* חוּשָׁנִי

sensuous *adj.* חוּשִׁי

sent *p.; pp.* send

sentence *n.* 1. (grammatical unit) מִשְׁפָּט

2. (court judgment) גְּזַר דִּין

complex sentence מִשְׁפָּט מוּרְכָּב

compound sentence מִשְׁפָּט מְחוּבָּר

conditional sentence מִשְׁפַּט תְּנַאי

death sentence גְּזַר דִּין מָוֶת

declarative sentence מִשְׁפַּט חִיוּוִי

serve a sentence רִיצָּה עוֹנֶשׁ

sentence *vt.* דָּן, גָּזַר

sententious *adj.* מְנוּפָּח בִּמְלִיצוֹת

sentient *adj.* בַּעַל-תְּחוּשָׁה

sentiment *n.* 1. (feeling) תְּחוּשָׁה

2. (emotion) רֶגֶשׁ ז׳ (רְגָשׁוֹת), סֶנְטִימֶנְט

sentimental *adj.* רַגְשָׁנִי, סֶנְטִימֶנְטָלִי

sentimentality *n.* רַגְשָׁנוּת, סֶנְטִימֶנְטָלִיּוּת

sentinel *n.* שׁוֹמֵר, זָקִיף

sentry *n.* שׁוֹמֵר

sepal *n.* גָּבִיעַ, גִּבְעוֹל

separable *adj.* נִיתָּן לְהַפְרָדָה

separate *vt.;vi.* 1. (disconnect) הִפְרִיד ; נִפְרַד

2. (differentiate) הִבְדִּיל, הִבְחִין

separately *adv.* בְּנִפְרָד

separation *n.* 1. הַפְרָדָה ; הִיפָּרְדוּת

2. הַבְדָּלָה

separatism *n.* בַּדְלָנוּת

separatist *n.* בַּדְלָן

Sephardi *n.; adj.* סְפָרַדִּי

sepia *n.* חוּם כֵּהֶה

sepsis *n.* אֶלַח

September *n.* סֶפְּטֶמְבֶּר

septic *adj.* אָלוּחַ

Septuagint *n.* תַּרְגּוּם הַשִּׁבְעִים

sepulcher *n.* קֶבֶר

sequel *n.* הֶמְשֵׁךְ

sequence *n.* רֶצֶף, סִידְרָה

sequencing *n.* הַרְצָפָה

sequential *adj.* רָצוּף, עוֹקֵב

sequester *vt.* בּוֹדֵד, הִפְרִיד

sequestration *n.* בִּידּוּד, הַפְרָדָה

sere *adj.* יָבֵשׁ

serenade *n.* סֶרֶנָדָה

serenade *vt.* שָׁר סֶרֶנָדָה לְ-
serene *adj.* 1. (calm) רָגוּעַ, שָׁלֵו
2. (royalty title) הוֹד רוֹמְמוּתוֹ
serenity *n.* רוֹגַע, שַׁלְוָה
sergeant *n.* סַמָּל
sergeant at arms מְמוּנֶּה עַל הַסֵּדֶר
first sergeant סַמָּל רִאשׁוֹן
master sergeant רַסָּ״ר, רַב-סַמָּל רִאשׁוֹן
serial *n.* סִידְרָה, עֲלִילָה בְּהֶמְשֵׁכִים
serial *adj..* סִידְרָתִי
serialization *n.* פִּירְסוּם בְּהֶמְשֵׁכִים
serialize *vt.* פִּירְסֵם בְּהֶמְשֵׁכִים
series *n.* סִידְרָה
serif *n.* תַּג דְּפוּס
serious *adj.* 1. (earnest) רְצִינִי
2. (grave) חָמוּר
seriousness *n.* 1. רְצִינוּת
2. חוּמְרָה
sermon *n.* דְּרָשָׁה
sermonize *vi.* נָשָׂא דְּרָשָׁה
serologist *n.* מוּמְחֶה לְדָם
serology *n.* חֵקֶר הַדָּם
serous *adj.* שֶׁל נַסְיוּב
serpent *n.* נָחָשׁ
serpentine *adj.* עֲקַלְתוֹן, מִתְפַּתֵּל
serrate *adj.* מְשׁוּנָּן
serum *n.* נַסְיוּב
servant *n.* מְשָׁרֵת
civil servant עוֹבֵד מְדִינָה
public servant עוֹבֵד צִיבּוּר
serve *vt.* 1. (do service) שֵׁירֵת
2. (offer food) הִגִּישׁ
3. (deliver) מָסַר
4. *vi.* (hold office) כִּיהֵן
5. (have use as) שִׁימֵּשׁ כְּ-
serve one right מַגִּיעַ לוֹ
server *n.* שָׁרָת
service *n.* 1. (beneficial act; utility; public department) שֵׁירוּת ז.
2. (worship) תְּפִילָּה, טֶקֶס דָּתִי
3. (set of dishes) מַעֲרֶכֶת כְּלֵי אוֹכֶל, סֶט
civil service שֵׁירוּת הַמְּדִינָה
lip service מַס שְׂפָתַיִים
memorial service טֶקֶס אַזְכָּרָה
secret service שֵׁירוּת חֲשָׁאִי
wire service סוֹכְנוּת יְדִיעוֹת
service *vt.* תִּיחְזֵק, עָשָׂה תִּיקּוּנִים
serviceman *n.* 1. (maintenance man) אִישׁ תַּחֲזוּקָה
2. (military man) אִישׁ צָבָא, חַיָּיל
servile *adj..* מִתְרַפֵּס, כָּנוּעַ
servility *n.* הִתְרַפְּסוּת, כְּנִיעוּת
servitude *n.* 1. (slavery) עַבְדוּת
2. (forced labor) עֲבוֹדַת כְּפִיָּיה
servomotor *n.* מָנוֹעַ מְסַיֵּיעַ
sesame *n.* שׁוּמְשׁוּם
sesquicentennial *adj..* יוֹבֵל 150 שָׁנָה
sesquipedalian *n.* מִילָּה אֲרוּכָּה
session *n.* 1. (meeting) יְשִׁיבָה
2. (series of meetings) מוֹשָׁב
jam session מִפְגַּשׁ נַגָּנִים
plenary session יְשִׁיבַת מְלִיאָה
sestet *n.* שִׁיר בֶּן שֵׁשׁ שׁוּרוֹת
set *n.* 1. (group of objects) מַעֲרֶכֶת, סֶט
2. (group of people) קְבוּצָה, חוּג
3. (broadcast receiver) מַקְלֵט
4. (filming site) אֲתַר הַסְרָטָה
jet set חוּג הַסִּילוֹן
television set מַקְלֵט טֶלֶבִיזְיָה
set *adj.* 1. (fixed) קָבוּעַ
2. (ready) מוּכָן
set *vt.* 1. (place) שָׂם, הִנִּיחַ
2. (fix) קָבַע
3. (prepare) הֵכִין
set apart הִפְרִיד, הִבְדִּיל
set aside הִקְצָה, הִפְרִישׁ
set back עִיכֵּב
set forth הִצִּיג, הִצִּיעַ
set in הִתְבַּסֵּס
set off 1. (explode) פּוֹצֵץ

2. (cause) חוֹלֵל, הֵבִיא לְ-
set out 1. (start a journey) יָצָא לַדֶּרֶךְ
2. (undertake) נָטַל עַל עַצְמוֹ
3. (display) הִצִּיג
set up 1. (establish) הֵקִים, הִרְכִּיב
2. (entrap) טָמַן מַלְכּוֹדֶת
setback *n.* 1. (delay) עִיכּוּב
2. (defeat) מַפָּלָה, כִּישָּׁלוֹן ז׳ (כִּישְׁלוֹנוֹת)
settee *n.* סַפְסָל; סַפָּה
setter *n.* כֶּלֶב צַיִד
setting *n.* סְבִיבָה, מִסְגֶּרֶת
settle *vt.* 1. (put into order) סִידֵּר
3. (resolve) פָּתַר, יִישֵּׁב
2. *vt.;vi.* (establish residence) יִישֵּׁב; הִתְיַישֵּׁב
settle down 1.(become established) הִסְתַּדֵּר, הִשְׁתַּקֵּעַ
2. (relax) נִרְגַּע
settle for הִסְכִּים לְ-, הִסְתַּפֵּק בְּ-
settlement *n.* 1. (community) יִישּׁוּב
2. (dispute resolution) הֶסְדֵּר
settler *n.* מִתְיַישֵּׁב
setup *n.* 1. (arrangement) אִירְגּוּן, סִידּוּר
2. (entrapment) מַלְכּוֹדֶת
3. (*comp.*) הַתְקָנָה
seven *n.; adj.* שֶׁבַע, שִׁבְעָה
seventeen *n.; adj.* שְׁבַע-עֶשְׂרֵה, שִׁבְעָה-עָשָׂר
seventh *n.* שְׁבִיעִית
seventh *adj.* שְׁבִיעִי
seventies *pn.* שְׁנוֹת הַשִּׁבְעִים
seventy *n.; adj.* שִׁבְעִים
sever *vt.* 1. (separate) הִפְרִיד
2. (cut off) כָּרַת
3. (break off) נִיתֵּק
several *adj.* 1. (a few) אֲחָדִים, שׁוֹנִים, כַּמָּה
2. (separate) נִפְרָד
severalty *n.* רְכוּשׁ הַיָּחִיד
severance *n.* נִיתּוּק, קְטִיעָה
severe *adj..* חָמוּר, רְצִינִי
severity *n.* חוּמְרָה
sew *vt.* תָּפַר

sewage *n.* שְׁפָכִים, מֵי בִּיוּב
sewer *n.* בִּיוּב
sewn *adj..* תָּפוּר
sex *n.* 1. (gender) מִין
2. (intercourse) יַחֲסֵי מִין
sexagenarian *adj.* בִּשְׁנוֹת הַשִּׁישִּׁים לְחַיָּיו
sexagesimal *adj.* שֶׁל שִׁישִּׁים
sexiness *n.* סֶקְסִיּוּת
sexism *n.* סֶקְסִיזְם, אַפְלָיָה מִינִית
sexist *n.* סֶקְסִיסְט, מַפְלֶה נָשִׁים
sexless *adj.* חֲסַר-מִינִיּוּת
sextant *n.* מַד-זָווִית
sextet *n.* שִׁישִׁיָּה
sextuple *vt.* כָּפַל בְּשֵׁשׁ
sextuplet *n.* שִׁישִׁיָּה
sexual *adj.* מִינִי
sexuality *n.* מִינִיּוּת
sexy *adj.* סֶקְסִי, מְגָרֶה
shabbiness *n.* דַּלּוּת, רִיפּוּט
shabby *adj.* דַּל, מְרוּפָּט, בָּלוּי
shack *n.* צְרִיף, בִּקְתָּה
shack *vi.* גָּר
shack up חַי בְּיַחַד
shackle *n.* אֲזִיק
shackle *vt.* כָּבַל בַּאֲזִיקִים
shade *n.* 1. (lack of sunlight) צֵל (צְלָלִים)
2. (cover) סוֹכֵךְ, תְּרִיס
3. (variety in color) גָּוֶון
shade *vt.* הֵצֵל
shaded *adj.* מוּצָל
shadow *n.* צֵל ז. (צְלָלִים)
eye shadow אִיפּוּר עַפְעַפַּיִים
shadow *vt.* 1. (shade) הֵצֵל
2. (make gloomy) הֵעִיב
3. (trail) עָקַב אַחֲרֵי
shadowy *adj.* מְעוּרְפָּל, חֲסַר-מַמָּשׁוּת
shady *adj.* 1. (shaded) מוּצָל
2. (dubious) מְפוּקְפָּק
shaft *n.* 1. (bar) מוֹט ז׳ (מוֹטוֹת)
2. (machine part) גַּל

drive shaft צִיר הֲנָעָה
elevator shaft אֲרוּבַּת מַעֲלִית
shag *n.* דַּבלוּל
shaggy *adj.* מְדוּבלָל
shah *n.* שַׁח
shake *n.* זַעֲזוּעַ, רְעִידָה
fair shake יַחַס הוֹגֵן
milk shake מִילקשֵׁיק, מַשׁקֶה גְלִידָה
shake *vt.*; *vi.* 1. (tremble) זִיעזַע, הִרעִיד; הִזדַעֲזַע, נִרעַד
2. (agitate) נִיעֵר
shake off נִפטַר מ-
shake up 1. (shock) זִיעזַע
2. (reorganize) אִירגֵן מֵחָדָשׁ
shaken *adj.* מְזוּעזָע
shaker *n.* מְנַעֵר
salt shaker מִמלָחָה, מִלחִייָה
shakeup *n.* 1. (reorganization) אִירגוּן מֵחָדָשׁ
2. (reshuffle of personnel) חִילוּפֵי גַברֵי
shakiness *n.* אִי-יַצִיבוּת
shaky *adj.* 1.(unstable) רָעוּעַ, רוֹפֵף, לֹא יַצִיב
2. (trembling) רוֹעֵד
shale *n.* צִפחָה
shall *aux.* צִיוּן זְמַן עָתִיד
shallot *n.* בָּצָל יָרוֹק
shallow *adj.* 1. (lacking depth) לֹא עָמוֹק
3. (intellectually superficial) שִׁטחִי
shallowness *n.* חוֹסֶר-עֲמִקוּת, שִׁטחִיוּת
shallows *pn.* מַיִם רְדוּדִים
shamble *n.* גְרִירַת רַגלַיִים
shambles *pn.* הֶרֶס, תוֹהוּ וָבוֹהוּ
shamble *vi.* הִשׁתָּרֵךְ, גָרַר רַגלַיִים
shame *n.* בּוּשָׁה, חֶרפָּה
shame *vt.* בִּייֵשׁ, הֵמִיט קָלוֹן
shameful *adj..* מֵבִישׁ, מַחפִּיר
shameless *adj.* חֲסַר-בּוּשָׁה, מַחפִּיר
shampoo *n.* 1. (cleaner) שַׁמפּוּ
2. (wash) חֲפִיפָה, נִיקוּי
shampoo *vt.* 1. (wash hair) חָפַף
2. (clean) נִיקָה בְּשַׁמפּוּ
shamrock *n.* תִּלתָּן
shan't: shall not
shank *n.* שׁוֹק נ׳ (שׁוֹקַיִים)
shanty *n.* בִּקתָה
shape *n.* 1. (form) צוּרָה
2. (condition) מַצָּב
take shape קִיבֵּל צוּרָה, הִתגַבֵּשׁ
shape *vt.*; *vi.* עִיצֵב, גִיבֵּשׁ; הִתגַבֵּשׁ, הִתפַּתֵּחַ
shapeless *adj.* חֲסַר-צוּרָה
shapely *adj.* מְחוּטָב
shard *n.* שֶׁבֶר
share *n.* 1. (part) חֵלֶק, מָנָה
2. (stock) מְנָיָה
lion's share חֵלֶק הָאֲרִי
share *vt.* הִתחַלֵק בּ-, הִשׁתַּתֵּף
shared *adj.* מְשׁוּתָּף
shareholder *n.* בַּעַל-מְנָיוֹת
shareware *n.* שׁוּתפָה
shark *n.* 1. (fish) כָּרִישׁ
2. (greedy person) חַמדָן
loan shark מַלוֶוה בְּרִיבִּית קְצוּצָה
sharp *adj.* 1. (having a fine point) חַד
2. (pungent; acute) חָרִיף
3. (in focus, clear) חַד, בָּרוּר
4. (smart) פִּיקֵחַ
5. (*music*) נָסֵק, דִיאֶז
sharpen *vt.* חִידֵד, הִשׁחִיז
sharpener *n.* 1. (for a pencil) מְחַדֵד
2. (for a blade) מַשׁחֶזֶת
sharply *adv.* בַּחֲרִיפוּת
sharpness *n.* חַדוּת; חֲרִיפוּת
sharpshooter *n.* צַלָּף
shatter *vt.*; *vi.* נִיפֵּץ, רִיסֵק; הִתנַפֵּץ, הִתרַסֵק
shatterproof *adj.* בִּלתִּי-מִתנַפֵּץ
shave *n.* 1. (hair removal) גִילוּחַ
2. (thin slice) פְּרוּסָה דַקָּה
close shave גִילוּחַ חָלָק
shave *vt.*; *vi.* 1. גִילֵחַ; הִתגַלֵחַ
2. פָּרַס, גֵירֵד
shaven *adj.* מְגוּלָח

shaver *n.* מְכוֹנַת גִילוּחַ
shawl *n.* צָעִיף
she *pron.* הִיא
sheaf *n.* צְרוֹר ז׳ (צְרוֹרוֹת), חֲבִילָה
shear *vt.* 1. (cut) חָתַךְ, גָּזַר
2. (fleece) גָּזַז
sheath *n.* נָדָן, נַרְתִּיק
sheathe *vt.* שָׂם בְּנָדָן/בְּנַרְתִּיק
shebang *n.* עִנְיָן, עֵסֶק
shed *n.* סְכָכָה
storage shed מַחסָן
shed *vi.*; *vt.* נָשַׁר ; הִשִּׁיר
shed blood שָׁפַךְ דָּם
shed light הִבהִיר
shed tears הִזִּיל דְמָעוֹת
sheen *n.* בָּרָק, זוֹהַר
sheep *n.* כֶּבֶשׂ, צֹאן
black sheep כִּבשָׂה שְׁחוֹרָה
sheepdog *n.* כֶּלֶב רוֹעִים
sheepskin *n.* עוֹר כֶּבֶשׂ
sheer *adj.*. 1. (transparent) שָׁקוּף
2. (utter) מוּחלָט, גָּמוּר
sheet *n.* 1. (paper) דַף
2. (bed cover) סָדִין
balance sheet מַאֲזָן
sheetrock *n.* לוּחַ גֶּבֶס
sheik *n.* שֵׁייךְ
shekel *n.* שֶׁקֶל
shelf *n.* מַדָּף
continental shelf מַדַּף יַבֶּשֶׁת
shell *n.* 1. (clam covering) צֶדֶף
2. (fruit/vegetable/egg covering) קְלִיפָּה
3. (firearm cartridge) תַּרמִיל
4. (projectile) קְלִיעַ, פָּגָז
shell *vt.* 1. (remove covering) קִילֵף
2. (bombard) הִפגִיז
shell out שִׁילֵם
shellac *n.* לַכָּה
shellfire *n.* אֵשׁ תּוֹתָחִים
shellfish *n.* רַכִּיכָה
shelter *n.* מִקלָט, מַחֲסֶה
tax shelter מַחֲסֶה מִתַּשלוּם מַס
shelter *vt.* נָתַן מַחֲסֶה ; סוֹכֵךְ עַל
shelve *vt.* 1. (arrange on a shelf) סִידֵר עַל מַדָּף
2. (put aside) דָּחָה, הִשְׁעָה
shenanigan *n.* תַּעֲלוּל
shepherd *n.* רוֹעֶה
shepherd *vt.* רָעָה
sherbet *n.* גְלִידַת פֵּירוֹת
sherd *n.* שֶׁבֶר חֶרֶס
sheriff *n.* שֶׁרִיף
sherry *n.* מַשׁקֶה שֶׁרִי
shield *n.* מָגֵן
David's Shield מָגֵן דָּוִיד
shield *vt.* הֵגֵן, סוֹכֵךְ עַל
shift *n.* 1. (change) מַעֲבָר, שִׁינוּי
2. (scheduled period of work) מִשׁמֶרֶת
stick shift הִילּוּכִים יְדָנִיִּים
shift *vi.*; *vt.* עָבַר ל- ; הֶעֱבִיר
shiftless *adj.* חֲסַר-שְׁאִיפוֹת
shifty *adj.* עַרמוּמִי
Shiite *n.*; *adj.* שִׁיעִי
shill *n.* שׁוּתָּף שֶׁל מְהַמֵּר
shillelagh *n.* אַלָּה
shilling *n.* שִׁילִינג
shilly-shally *vi.* הִיסֵס, הִתחַמֵּק מֵהַחלָטָה
shim *n.* לוּחִית דַקָּה
shimmer *n.* נִיצנוּץ, הִיבהוּב
shimmer *vi.* נִיצנֵץ, הִיבהֵב
shimmy *vi.* הִתנוֹדֵד
shin *n.* שׁוֹק נ׳ (שׁוֹקַיִים)
shine *n.* בָּרָק, זוֹהַר
shine *vt.* 1. (polish) צִיחצֵחַ
2. *vi.* (emit light) זָהַר, הִבְרִיק
shiner *n.* ״פָּנָס״ בָּעַיִן
shingle *n.* 1. (roofing piece) רַעַף
2. (sign) שֶׁלֶט
3. (pebbles) חַלּוּקֵי אֲבָנִים
shingles *pn.* (disease) שַׁלבֶּקֶת חוֹגֶרֶת

shiny *adj.* מַבְרִיק, זוֹהֵר
ship *n.* אוֹנִיָּיה
ship *vt.* שָׁלַח/הוֹבִיל בְּאוֹנִיָּיה
shipmaster *n.* רַב-חוֹבֵל
shipmate *n.* חָבֵר לָאוֹנִיָּיה
shipment *n.* מִשְׁלוֹחַ
shipper *n.* סוֹכֵן מִשְׁלוֹחַ
shipshape *adj.* מְסוּדָּר, מְצוּחְצָח
shipwreck *n.* שִׁבְרֵי אוֹנִיָּיה
shipyard *n.* מִסְפָּנָה
shire *n.* מָחוֹז (בְּאַנְגְלִיָּה)
shirk *vt.* הִתְחַמֵּק מ-, הִשְׁתַּמֵּט
shirt *n.* חוּלְצָה, כּוּתוֹנֶת
dress shirt חוּלְצַת עֶרֶב
shish kebab שִׁישְׁלִיק
shit *n.* חָרָא
shit *vi.* חִירְבֵּן
shiver *n.* צְמַרְמוֹרֶת, רַעַד
shiver *vi.* רָעַד, חָשׁ צְמַרְמוֹרֶת
schmaltz *n.* רַגְשָׁנוּת, שְׁמָאלְץ
shmuck *n.* שְׁמוֹק
schnapps *pn.* שְׁנַפְּס, מַשְׁקֶה חָרִיף
shoal *n.* 1. (shallow water) מַיִם רְדוּדִים
2. (school of fish) לַהֲקַת דָּגִים
shock *n.* זַעֲזוּעַ, הֶלֶם
electric shock מַכַּת חַשְׁמַל, הֶלֶם חַשְׁמַלִּי
shock *vt.* זִיעְזַע
shocker *n.* דָּבָר מְזַעֲזֵעַ
shocking *adj.*. מְזַעֲזֵעַ
shoddy *adj.*. 1. (of inferior quality) זוֹל, בַּעַל אֵיכוּת יְרוּדָה
2. (shabby) בָּלוּי
shoe *n.* 1. (footware) נַעַל נ׳ (נַעֲלַיִים)
2. (horseshoe) פַּרְסָה
3. (braking device) סַנְדָּל
dress shoes נַעֲלֵי עֶרֶב
shoe *vt.* הִנְעִיל; פִּירְזֵל
shoehorn *n.* כַּף לְנַעֲלַיִים
shoelace, shoestring *n.* שְׂרוֹךְ נַעַל
on a shoestring בְּצִימְצוּם

shoemaker *n.* סַנְדְּלָר
shofar *n.* שׁוֹפָר ז׳ (שׁוֹפָרוֹת)
shone *p.* shine
shoo *vt.* גֵּירֵשׁ חַיּוֹת
shook *p.* shake
shoot *n.* (sprout) נֶבֶט, נֵצֶר
shoot *vt.* 1. (fire) יָרָה בּ-
2. (take photo, movie) צִילֵּם
3. (inject) הִזְרִיק
shoot down הִפִּיל, הוֹרִיד
shoot for שָׁאַף ל-, חָתַר ל-
shoot up 1. (go up) עָלָה, הִתְרוֹמֵם
2. (grow) צָמַח, גָּדַל
3. (riddle with bullets) נִיקֵּב בִּירִיּוֹת
shooter *n.* יוֹרֶה
shooting *n.* יֶרִי
shootout *n.* קְרַב יְרִיּוֹת
shop *n.* 1. (store) חֲנוּת
2. (workshop) בֵּית-מְלָאכָה
body shop מוּסָךְ לְפַחָחוּת רֶכֶב
coffee shop בֵּית-קָפֶה
thrift shop חֲנוּת לִסְחוֹרָה מְשׁוּמֶּשֶׁת
shop *vi.* עָשָׂה/עָרַךְ קְנִיּוֹת
shopkeeper *n.* חֶנְוָנִי, בַּעַל-חֲנוּת
shoplift *vt.* גָּנַב מֵחֲנוּת
shoplifter *n.* גּוֹנֵב מֵחֲנוּיוֹת
shopper *n.* קוֹנֶה
shopping *n.* קְנִיּוֹת
window shopping הֲצָצָה בְּחַלּוֹנוֹת רַאֲוָה
shoptalk *n.* שִׂיחָה בְּעִנְיְינֵי מִקְצוֹעַ
shopworn *adj.*. דָּהוּי, בָּלוּי
shore *n.* 1. (coast) חוֹף, שָׂפָה
2. (support) תְּמוֹכָה
shore *vt.* תָּמַךְ בּ-
shoreline *n.* קַו חוֹף
short *adj.* 1. (not long) קָצָר
2. (not tall) נָמוּךְ
short for קִיצּוּר שֶׁל
short-handed חֲסֵרִים לוֹ עוֹבְדִים
short-lived קְצַר-חַיִּים

short of 1. (lacking)	חָסֵר לוֹ
2. (other than)	חוּץ מ-
short on	חָסֵר לוֹ
short-range	קְצַר-טְוָוח
short-tempered	קְצַר-רוּחַ
short-term	קְצַר-מוֹעֵד
in short	בְּקִיצוּר
shortage *n.*	מַחֲסוֹר
shortbread *n.*	עוּגִייָה פְּרִיכָה
shortcake *n.*	עוּגַת פֵּירוֹת
shortchange *vt.*	רִימָּה
shortcoming *n.*	פְּגָם, לִיקּוּי
shortcut *n.*	קִיצוּר דֶרֶךְ
shorten *vt.*; *vi.*	קִיצֵּר ; הִתקַצֵּר
shortening *n.* 1. (shortened form)	קִיצוּר
2. (fat)	שׁוּמָן
shortfall *n.*	מַחֲסוֹר, גֵּירָעוֹן
shorthand *n.*	קַצרָנוּת
shortly *adv.* 1. (soon)	בְּקָרוֹב
2. (concisely)	בְּקִיצוּר
shortness *n.*	קוֹצֶר
shorts *pn.*	מִכְנָסַיִים קְצָרִים
shortsighted *adj.*	קְצַר-רְאִייָה
shortsightedness *n.*	קוֹצֶר-רְאִייָה
shortwave *adj.*	בְּגַלִּים קְצָרִים
shot *n.*	יְרִייָה
big shot	אָדָם חָשׁוּב, בַּעַל-הַשׁפָּעָה
booster shot	זְרִיקַת דַּחַף
call the shots	קָבַע עִנייָנִים
cheap shot	הֶעָרָה לֹא הוֹגֶנֶת
long shot	הִימּוּר/מְשִׂימָה עִם סִיכּוּי קָטָן
mug shot	תַּצלוּם מִשׁטַרתִּי
shot *p.*; *pp.* shoot	
shotgun *n.*	רוֹבֵה צַיִד
should *aux.*	צָרִיךְ, חַייָב ל-
shoulder *n.* 1. (body part)	כָּתֵף נ׳ (כְּתֵפַיִים)
2. (roadway edge)	שׁוּלַיִים, שְׂפַת כְּבִישׁ
cold shoulder	קְרִירוּת, הִתעַלְּמוּת
rub shoulders	הִתרוֹעֵעַ
shoulder to shoulder	זֶה לְצַד זֶה
shoulder *vt.* 1. (carry)	נָשָׂא עַל הַכְּתֵפַיִים
2. (assume)	נָטַל עַל עַצמוֹ
shouldn't: should not	
shout *n.*	צְעָקָה, צְרִיחָה
shout *vi.*	צָעַק, צָרַח
shout down	הִשׁתִּיק בִּצעָקָה
shouter *n.*	צַעֲקָן
shove *n.*	דְּחִיפָה
shove *vt.*	דָּחַף
shovel *n.*	אֵת, יָעֶה
show *n.* 1. (performance)	הַצָּגָה, מוֹפָע
2. (radio/TV program)	תּוֹכנִית
3. (exhibition)	תַּעֲרוּכָה
4. (ostentatious display)	רַאֲוָוה
floor show	הַצָּגָה בְּמוֹעֲדוֹן לַיְלָה
road show	הַצָּגָה נוֹדֶדֶת
talk show	תּוֹכנִית מֶלֶל, מִשׁדַּר שִׂיחַ
variety show	הַצָּגַת בִּידוּר מְגוּוֶנֶת
show *vt.* 1. (display)	הֶראָה
2. (exhibit)	הִצִּיג
3. (indicate)	הֶראָה, הִצבִּיעַ עַל
4. *vi.* (be visible)	נִראָה
show off	הִתרַברֵב
show up	הוֹפִיעַ
it shows	רוֹאִים אוֹתוֹ
showbiz *n.*	עִסקֵי שַׁעֲשׁוּעִים
showboat *n.*	סְפִינַת שַׁעֲשׁוּעִים
showcase *n.*	אֲרוֹן תְּצוּגָה
showdown *n.*	עִימּוּת
shower *n.* 1. (spray bath)	מִקלַחַת
2. (rain)	גֶּשֶׁם, מִמטָר
3. (gift party)	מְסִיבַּת מַתָּנוֹת
shower *vi.* 1. (wash)	הִתקַלֵּחַ, הִתרַחֵץ
2. (give abundantly)	הִמטִיר, הִרעִיף
showman *n.*	אִישׁ בִּידוּר
showmanship *n.*	כִּישׁרוֹן בִּידוּר
shown *pp.* show	
showoff *n.*	רַברְבָן
showpiece *n.*	מוּצָג לְמוֹפֵת
showplace *n.*	אֲתַר בִּיקּוּרִים

showroom *n.* אוּלַם תְּצוּגָה
showstopper *n.* הוֹפָעָה מְרַתֶּקֶת
showy *adj.* מַרְהִיב ; רַאַוותָנִי
shrank *p.* shrink
shrapnel *n.* רְסִיס
shred *n.* פִּיסָה, קֶרַע
shred *vt.* קָרַע לִגְזָרִים
shredder *n.* מַגְזֵרָה
shrew *n.* אִישָׁה סוֹרֶרֶת
shrewd *adj..* פִּיקֵחַ, שָׁנוּן
shrewdness *n.* פִּיקְחוּת, שְׁנִינוּת
shriek *n.* צְווָחָה
shriek *vi.* צָווַח
shrift *n.* וִידּוּי/מְחִילָה עַל חֵטְא
shrill *adj..* צַרְחָנִי, חַד
shrimp *n.* חֲסִילוֹן, שְׁרִימְפּ
shrine *n.* 1. (holy place) מָקוֹם קָדוֹשׁ
2. (reliquary) תֵּיבָה לְדִבְרֵי קוֹדֶשׁ
shrink *n.* 1. (shrinkage) הִתְכַּוְּוצוּת
2. (psychiatrist) פְּסִיכִיאָטֶר
shrink *vt.*; *vi.* כִּיוֵּוץ ; הִתְכַּוֵּוץ
shrinkage *n.* הִתְכַּוְּוצוּת
shrive *vt.* שָׁמַע וִידּוּי
shrivel *vi.* הִצְטַמֵּק, הִתְייַבֵּשׁ
shroud *n.* תַּכְרִיךְ
shroud *vt.* אָפַף, עָטַף
shrub *n.* שִׂיחַ
shrubbery *n.* שִׂיחִים
shrubby *adj.* מְכוּסֶה שִׂיחִים
shrug *n.* מְשִׁיכַת כְּתֵפַיִים
shrug *vt.* מָשַׁךְ בִּכְתֵפָיו
shrug off הִתְייַחֵס בְּבִיטּוּל
shrunken *adj.* מְכוּוָּץ
shuck *n.* קְלִיפָּה
shuck *vt.* קִילֵּף
shudder *n.* רַעַד, צְמַרְמוֹרֶת
shudder *vi.* רָעַד
shuffle *vi.* 1. (walk) הִשְׁתָּרֵךְ, גָּרַר רַגְלַיִים
2. (intermix cards) טָרַף, עִירְבֵּב
shun *vt.* הִתְרַחֵק מ-

shunt *vt.* הֵסִיט, הֵזִיז
shush *vt.* הִשְׁתִּיק
shut *vt.* 1. (close) סָגַר
2. (lock) נָעַל
shut down הִפְסִיק פְּעוּלָּה
shut in הִקִּיף, סָגַר
shut off סָגַר, חָסַם
shut out מָנַע כְּנִיסָה, הִשְׁאִיר בַּחוּץ
shut up שָׁתַק, סָתַם אֶת הַפֶּה
shut *adj.* סָגוּר
shutdown *n.* 1. (cessation) סְגִירָה, הַשְׁבָּתָה
2. (*comp.*) הַדְמָמָה
shutter *n.* תְּרִיס
shutterbug *n.* חוֹבֵב צִילּוּם
shuttle *n.* 1. (vehicle) מַעְבּוֹרֶת
2. (travel back and forth) נְסִיעָה הָלוֹךְ וָשׁוֹב
space shuttle מַעְבּוֹרֶת חָלָל
shuttle *vi.* נָסַע הָלוֹךְ וָשׁוֹב
shy *adj.* 1. (bashful) בַּיְישָׁן
2. (lacking) פָּחוֹת מ-, חָסֵר
shy *vi.* נִרְתַּע
shyness *n.* בַּיְישָׁנוּת
shyster *n.* עוֹרֵךְ דִּין נוֹכֵל
sibilant *n.* עִיצּוּר שׁוֹרֵק
sibling *n.* אָח/אָחוֹת
sick *adj.* 1. (ill) חוֹלֶה
2. (nauseated) חָשׁ בְּחִילָה
sick and tired of נִמְאַס לוֹ, נִשְׁבַּר לוֹ מ-
sickbed *n.* מִיטַּת חוֹלִי
sicken *vt.* הֶחֱלָה, עוֹרֵר בְּחִילָה
sickening *adj.* מַבְחִיל, מְעוֹרֵר סְלִידָה
sickle *n.* מַגָּל
sickly *adj.* חוֹלָנִי
sickness *n.* מַחֲלָה, חוֹלִי
air sickness *n.* בְּחִילָה בְּטִיסָה
motion sickness בְּחִילָה בִּנְסִיעָה
sickout *n.* שְׁבִיתַת מַחֲלָה
side *n.* צַד (צְדָדִים)
side by side זֶה לְיַד זֶה
take sides תָּמַךְ בְּצַד אֶחָד

side *adj.* צְדָדִי
sideboard *n.* מִזנוֹן
sideburns *pn.* פֵּיאוֹת
sidecar *n.* סִירַת אוֹפַנוֹעַ
sidekick *n.* עוֹזֵר
sidelight *n.* אוֹר צְדָדִי
sideline *n.* 1. (side boundaries) שׁוּלַיִים
2. (side activity) עִיסוּק צְדָדִי
sidelong *adj.* אֲלַכסוֹנִי
sideman *n.* נַגָן מִשׁנֶה
sidereal *adj.* כּוֹכָבִי, מִן הַכּוֹכָבִים
sidesaddle *n.* אוּכַּף צַד
sideshow *n.* הַצָגָה מִשׁנִית
sidestep *vt.* פָּסַח עַל, דִילֵג
sidestroke *n.* שְׂחִיַית צַד
sideswipe *n.* 1. (side blow) מַכָּה בַּצַד
2. (gibe) הֶעָרָה לַגלְגָנִית
sidetrack *vi.; vt.* נָטָה, סָטָה ; הִטָה, הֵסִיט
sidewalk *n.* מִדרָכָה
sidewall *n.* צַד הַצָמִיג
sideway(s) *adv.* הַצִידָה
sidewinder *n.* נְחַשׁ פַּעֲמוֹנִים
siding *n.* צִיפּוּי קִיר חִיצוֹנִי
sidle *vi.* הִתגַנֵב, נָע בְּחַמקָנוּת
siege *n.* מָצוֹר
siege *vt.* שָׂם בְּמָצוֹר, צָר עַל
sierra *n.* שַׁרשֶׁרֶת הָרִים
siesta *n.* מְנוּחַת אַחַר הַצָהֳרַיִים
sieve *n.* כְּבָרָה
sieve *vt.* נִיפָּה, סִינֵן
sift *vt.* נִיפָּה, סִינֵן, בָּרַר
sigh *n.* אֲנָחָה
sigh of relief אַנחַת רְוָוחָה
sigh *vi.* נֶאֱנַח
sight *n.* 1. (seeing) רְאִייָה
2. (view) מַראֶה ז׳ (מַראוֹת), מַחֲזֶה ז׳ (מַחֲזוֹת)
3. (aiming device) כַּוֶונֶת
sight unseen לְלֹא בְּדִיקָה מוּקדֶמֶת
sight-reading בִּיצוּעַ לְלֹא הֲכָנָה
on sight מִיָד, בַּמָקוֹם
out of sight מְצוּיָין, נֶהדָר
sight *vt.* 1. (see) רָאָה
2. (aim) כִּיוֵון
sighted *adj.* בַּעַל כּוֹשֶׁר רְאִייָה
sightless *adj.* עִיוֵור
sightly *adj.* נָעִים לְמַראֶה
sightseeing *n.* סִיוּר, תִיוּר
sign *n.* 1. (mark) סִימָן, אוֹת נ׳ (אוֹתוֹת)
2. (placard) שֶׁלֶט, כְּרָזָה
3. (omen) סִימָן לַבָּאוֹת
equal sign סִימַן הַשׁוויוֹן =
vital signs סִימָנֵי חַיִים
sign *vi.; vt.* חָתַם עַל ; הֶחתִים
sign in רָשַׁם/נִרשַׁם בַּכְּנִיסָה
sign off סִיֵים שִׁידוּר
sign out רָשַׁם/נִרשַׁם בַּיְצִיאָה
sign over חָתַם עַל הַעֲבָרָה
sign up 1. (register) נִרשַׁם
2. (enlist) הִתגַיֵיס
signal *n.* סִימָן, אוֹת נ׳ (אוֹתוֹת)
signal *vi.; vt.* סִימֵן, אוֹתֵת
signaler *n.* אַתָת, קַשָׁר
signalize *vt.* צִיֵין, סִימֵן
signally *adv.* בְּצוּרָה בּוֹלֶטֶת
signatory *n.* חוֹתֵם, חָתוּם עַל
signature *n.* חֲתִימָה
signboard *n.* שֶׁלֶט
signer *n.* חוֹתֵם
signet *n.* חוֹתָם
signet *vt.* הִטבִּיעַ חוֹתָם
significance *n.* מַשׁמָעוּת, חֲשִׁיבוּת
significant *adj.* מַשׁמָעוּתִי, חָשׁוּב
signifier *n.* מְצַיֵין, מְסַמֵן
signify *vt.* צִיֵין, הוֹרָה עַל
signpost *n.* תַמרוּר, שֶׁלֶט
silage *n.* מִספּוֹא
silence *n.* 1. (absence of speech) שְׁתִיקָה
2. (absence of sound) שֶׁקֶט, דְמָמָה
silence *vt.* הִשׁתִיק
silencer *n.* מַשׁתִיק קוֹל

silent *n.* 1. (not speaking)	שׁוֹתֵק
2. (quiet)	שָׁקֵט, דוֹמֵם
silently *adv.*	בְּשֶׁקֶט
silhouette *n.*	צְלָלִית
silica *n.*	דוּ-תַחמוֹצֶת הַצוֹרָן
silicon *n.*	סִילִיקוֹן
silk *n.*	מֶשִׁי
silken *adj.*	עָשׂוּי מֶשִׁי, דְמוּי-מֶשִׁי
silkworm *n.*	תוֹלַעַת מֶשִׁי
silky *adj.*	רַךְ/חָלָק כְּמֶשִׁי
sill *n.*	אֶדֶן חַלוֹן
silliness *n.*	טִיפְּשׁוּת
silly *adj.* 1. (person)	טִיפֵּשׁ
2. (thing)	טִיפּשִׁי
silo *n.*	סִילוֹ
silt *n.*	סְחוֹפֶת, מִשקַע טִיט
silvan *adj.*	שֶׁל יַעַר
silver *n.*	כֶּסֶף
silverfish *n.*	דַג כֶּסֶף
silversmith *n.*	צוֹרֵף כֶּסֶף
silverware *n.*	כְּלֵי אוֹכֶל, סַכּוּ״ם
silvery *adj.*	כָּסוּף, מוּכסָף
simian *adj.*	שֶׁל קוֹף
similar *adj.*	דוֹמֶה
similarity, similitude *n.*	דִמיוֹן
simmer *n.*	רְתִיחָה אִיטִית
simmer *vi.*; *vt.*	רָתַח/הִרתִיחַ לְאַט
simmer down	שָׁקַט, נִרגַע
simper *n.*	חִיוּךְ אֱווִילִי
simple *adj.* 1. (uncomplicated)	פָּשׁוּט
2. (unsophisticated)	תָמִים
simple-minded	תָמִים, פָּשׁוּט בְּשִׂכלוֹ
simpleton *n.*	שׁוֹטֶה, פֶּתִי
simplicity *n.*	פַּשטוּת
simplification *n.*	פִּישׁוּט
simplify *vt.*	פִּישֵׁט
simulate *vt.*	הִדמָה, חִיקָה
simulation *n.*	הַדמָיָה, סִימוּלַציָה
simulator *n.*	מַכשִׁיר הַדמָיָה
simulcast *n.*	שִׁידוּר בּוֹ-זְמַנִי
simultaneous *adj.*	בּוֹ-זְמַנִי, סִימוּלטָנִי
simultaneously *adv.*	בְּעֵת וּבעוֹנָה אַחַת
sin *n.*	חֵטא, עָווֹן
sin *vi.*	חָטָא
since *prep.*; *adv.* (from then)	מֵאָז
since *conj.* (because)	הֱיוֹת וְ-, מִכֵּיווָן שֶׁ-
sincere *adj.*	כֵּן, כֵּנֶה
sincerely *adv.*	בַּהֲגִינוּת
sincerely yours (in letters)	בְּכָבוֹד רַב, שֶׁלךָ
sincerity *n.*	כֵּנוּת
sine *n.*	סִינוּס
sinecure *n.*	מִשׂרָה קַלָה
sinew *n.* 1. (tendon)	גִיד
2. (strength)	כּוֹחַ ז׳ (כּוֹחוֹת) , אוֹן
sinful *adj.*	חוֹטֵא, לֹא מוּסָרִי
sing *vt.*	שָׁר, זִימֵר
sing-along	שִׁירָה בְּצִיבּוּר
singe *n.*	כְּווִיָה, צְרִיבָה
singe *vt.*	כָּווָה, צָרַב
singer *n.*	זַמָר
folk singer	זַמַר עַם
single *n.*; *adj.* 1. (one)	יָחִיד
2. (lone)	בּוֹדֵד
3. (unmarried)	רַווָק
4. (one song)	חַדשִׁיר
single-handedly	לְלֹא עֶזרָה
single-minded	דָבֵק בְּמַטָרָה אַחַת
single (out) *vt.*	בָּחַר מִתוֹךְ אֲחָדִים
singleton *n.*	יָחִיד, קְלָף יָחִיד
singly *adv.*	בְּנִפרָד, לְבַד
singsong *n.*	צְלִיל מוֹנוֹטוֹנִי
singular *n.*	יָחִיד
singular *adj.*	יָחִיד בְּמִינוֹ
singularity *n.*	יִיחוּד
singularly *adv.*	בְּאוֹפֶן מְיוּחָד
sinister *adj.*	מְבַשֵׂר רָעוֹת
sink *n.*	כִּיוֹר
sink *vi.*; *vt.*	טָבַע, שָׁקַע ;הִטבִּיעַ, הִשקִיעַ
sinkhole *n.*	שֶׁקַע אֲדָמָה
sinner *n.*	חוֹטֵא

sinuosity *n.*	עִיקוּל, פִּיתוּל
sinuous *adj.*	מְעוּקָל, מְפוּתָּל
sinus *n.*	גַּת, סִינוּס
sinusitis *n.*	דַּלֶּקֶת סִינוּס
sip *n.*	לְגִימָה
sip *vt.*	לָגַם
siphon *n.*	סִיפוֹן
siphon *vt.*	שָׁאַב בְּצִינוֹר
Sir *n.* 1. (form of address)	אֲדוֹנִי
2. (title)	סֵר
sire *n.* 1. (father)	אָב ז׳ (אָבוֹת)
2. (form of address)	הוֹד מַעֲלָתְךָ
siren *n.*	צוֹפָר אַזְעָקָה
sirloin *n.*	בְּשַׂר מוֹתֶן
sirocco *n.*	רוּחַ מִזְרָחִית
sis *n.*	אָחוֹת
sissy *n.* 1. (effeminate male)	גֶּבֶר נָשִׁי
2. (coward)	פַּחְדָן, רַכְרוּכִי
sister *n.*	אָחוֹת
sister-in-law	גִּיסָה
sisterhood *n.*	אֲגוּדַּת נָשִׁים
sisterly *adj.*	שֶׁל אָחוֹת
sit *vi.*	יָשַׁב
sit down	יָשַׁב, הִתְיַישֵּׁב
sit-in	שְׁבִיתַת שֶׁבֶת
sit in on	בִּיקֵּר, הָיָה נוֹכֵחַ בּ-
sit through	יָשַׁב עַד הַסּוֹף
sit up	יָשַׁב זָקוּף
sitar *n.*	סִיטָאר
sitcom *n.*	קוֹמֶדְיַת מַצָּבִים
site *n.*	אֲתָר, מָקוֹם
sitter *n.* 1. (baby sitter)	שְׁמַרְטַף
2. (model)	דּוּגְמָן, מוֹדֶל
situate *vt.*	מִיקֵּם, הִצִּיב
situation *n.*	מַצָּב
six *n.*; *adj.*	שֵׁשׁ, שִׁישָּׁה
six-pack	חֲבִילַת שֵׁשׁ (פַּחִיּוֹת/בַּקְבּוּקִים)
six-shooter	אֶקְדָּח תּוּפִּי
sixpence *n.*	שִׁישָּׁה פֶּנִי
sixteen *n.*; *adj.*	שֵׁשׁ-עֶשְׂרֵה, שִׁישָּׁה-עָשָׂר
sixth *n.*	שִׁישִּׁית
sixth *adj.*	שִׁישִּׁי
sixties *pn.*	שְׁנוֹת הַשִּׁישִּׁים
sixty *n.*; *adj.*	שִׁישִּׁים
size *n.*	גּוֹדֶל, מִידָּה
size *vt.*	קָבַע גּוֹדֶל/מִידָּה
size up	הֶעֱרִיךְ
sizeable *adj.*	גָּדוֹל, נִיכָּר
sizzle *vi.*	לָהַט, רָחַשׁ
sizzling *adj.*	לוֹהֵט, רוֹחֵשׁ
skate *n.*	גַּלְגִּילָה, מַחֲלִיק
ice skates	מַחֲלִיקַיִים, נַעֲלֵי הַחְלָקָה
roller skates	גַּלְגִּילִיּוֹת
skateboard *n.*	גַּלְגֶּשֶׁת
skateboard *vi.*	הֶחֱלִיק עַל גַּלְגֶּשֶׁת
skater *n.*	מַחֲלִיק עַל קֶרַח
skating *n.*	הַחְלָקָה
figure skating	רִיקּוּד עַל קֶרַח
ice skating	הַחְלָקָה עַל קֶרַח
skeet *n.*	קְלִיעָה בָּאֲוויר
skein *n.*	פְּקַעַת חוּטִים
skeletal *adj.*	שֶׁל שֶׁלֶד, מִסְגַּרְתִּי
skeleton *n.*	שֶׁלֶד
skeptic *n.*	סַפְקָן
skeptical *adj.*	סַפְקָנִי
skepticism *n.*	סַפְקָנוּת
sketch *n.* 1. (drawing)	רִישּׁוּם, תַּרְשִׁים
2. (outline)	תֵּיאוּר כְּלָלִי, תַּמְצִית
3. (skit)	מַעֲרְכוֹן
sketch *vt.*	רָשַׁם, שִׂירְטֵט
sketchy *adj.*	שִׁטְחִי, כְּלָלִי
skew *n.*	עִיקּוּם, לִיכְסוּן
skew *vi.*	פָּנָה, סָטָה
skewer *n.*	שַׁפּוּד
ski *n.*	מִגְלָשׁ
water ski	מִגְלְשֵׁי מַיִם
ski *vi.*	גָּלַשׁ
skid *n.*	הַחְלָקָה
skid *vi.*	הֶחֱלִיק
skier *n.*	גּוֹלֵשׁ

skiff *n.* סִירָה קְטַנָּה
skill *n.* מְיוּמָּנוּת, מוּמְחִיּוּת
skills *pn.* כִּישׁוּרִים
skillet *n.* מַחֲבַת
skillful *adj.* מְיוּמָּן, מוּמְחֶה
skim *vt.* 1. (remove from surface) גָּרַף
2. (pass lightly over) רִיחֵף, רִיפְרֵף מֵעַל
3. (read superficially) קָרָא בְּרִיפְרוּף
skimp *vt.* צִימְצֵם, קִימֵּץ בּ-
skimpy *adj.* זָעוּם, מְצוּמְצָם
skin *n.* 1. (body covering) עוֹר ז׳ (עוֹרוֹת)
2. (rind) קְלִיפָּה
skin *vt.* פָּשַׁט עוֹר
skinflint *n.* קַמְצָן
skink *n.* לְטָאָה
skinless *adj.* בְּלִי עוֹר/קְלִיפָּה
skinny *adj.* רָזֶה, כָּחוּשׁ
skinny-dipping שְׂחִיָּה בְּעֵירוֹם
skip *n.* דִּילּוּג, פְּסִיחָה
skip *vi.* 1. (hop, pass over) דִּילֵּג, פָּסַח עַל
2. (leave hastily) הִסְתַּלֵּק, בָּרַח
skipper *n.* רַב-חוֹבֵל
skirmish *n.* קְטָטָה, תִּגְרָה
skirt *n.* 1. (clothing) חֲצָאִית
2. (edge) קָצֶה ז׳ (קְצָווֹת), שָׂפָה
skirt *vt.* 1. (pass by) הָלַךְ לְיַד
2. (bypass) עָקַף
skit *n.* מַעֲרָכוֹן
skitter *vi.* חָלַף בִּמְהִירוּת
skulk *vi.* חָמַק, הִתְגַּנֵּב
skull *n.* גּוּלְגּוֹלֶת
skullcap *n.* כִּיפָּה
skullduggery *n.* תַּחְבּוּלָה, עוֹרְמָה
skunk *n.* בּוֹאֵשׁ
sky *n.* שָׁמַיִם, רָקִיעַ
sky-high כְּגוֹבַהּ הַשְּׁחָקִים
skycap *n.* סַבָּל (בִּשְׂדֵה תְּעוּפָה)
skydiving *n.* צְנִיחָה חוֹפְשִׁית
skyjacker *n.* חוֹטֵף מָטוֹס
skyjacking *n.* חֲטִיפַת מָטוֹס
skylark *n.* עֶפְרוֹנִי
skylight *n.* צוֹהַר תִּקְרָה
skyline *n.* קַו הָרָקִיעַ
skyrocket *vi.* הִרְקִיעַ שְׁחָקִים
skyscraper *n.* גּוֹרֵד שְׁחָקִים
skyward *adv.* אֶל עַל, לַשְּׁחָקִים
S&L (savings and loan) הַלְוָאָה וְחִיסָּכוֹן
slab *n.* לוּחַ ז׳ (לוּחוֹת), טַבְלָה
slack *n.* דָּבָר כָּבֵד/רָפֶה
slack *adj.* 1. (sluggish) אִיטִי, כָּבֵד
2. (loose) רָפֶה
slacks *pn.* מִכְנָסַיִים
slacken *vt.; vi.* רוֹפֵף ; הִתְרוֹפֵף
slacker *n.* עַצְלָן, מִשְׁתַּמֵּט
slag *n.* סִיג מַתֶּכֶת
slain *pp.* slay
slake *vt.* הִרְוָה, הִשְׂבִּיעַ
slalom *n.* הַחְלָקָה בְּזִיגְזָג
slam *n.* טְרִיקָה
slam *vt.* 1. (shut forcefully) טָרַק
2. (strike) הִכָּה
grand slam זְכִיָּיה כּוֹלֶלֶת
slammer *n.* בֵּית-סוֹהַר
slander *n.* הַשְׁמָצָה, דִּיבָּה
slander *vt.* הִשְׁמִיץ, הוֹצִיא דִּיבָּה
slanderer *n.* מַשְׁמִיץ
slanderous *adj.* שֶׁל דִּיבָּה
slang *n.* עָגָה, סְלֶנְג
slant *n.* 1. (slope) נְטִיָּיה, שִׁיפּוּעַ
2. (bias) דֵּעָה קְדוּמָה
slant *vi.; vt.* 1. נָטָה ; הִטָּה
2. עִיוֵּות, הִצִּיג בְּצוּרָה מְשׁוּחֶדֶת
slanted *adj.* 1. (leaning) מְלוּכְסָן
2. (biased) מְשׁוּחָד
slantwise *adv.* בְּשִׁיפּוּעַ
slap *n.* סְטִירָה
slap *vt.* סָטַר ל-
slapdash *adj.* חִפּוּז, פָּזִיז
slaphappy *adj.* קַל-דַּעַת
slapstick *n.* קוֹמֶדְיָה פְּרוּעָה

slash *n.* 1. (cut)	חֲתָךְ, שֶׁסַע
2. (reduction)	קִיצוּץ, הוֹרָדָה
3. (virgule)	קַו נָטוּי, לוֹכְסָן
slash *vt.* 1.	חָתַךְ, שִׁיסַע
2.	קִיצֵץ, הוֹרִיד
slat *n.*	פְּסִיס, לוּחַ דַּק
slate *n.* 1. (rock)	צִפְחָה
2. (list)	רְשִׁימַת מוּעֲמָדִים
slate *vt.*	קָבַע מוֹעֵד, הוֹעִיד
slattern *n.*	אִישָּׁה מְרוּשֶּׁלֶת
slaughter *n.*	שְׁחִיטָה, טֶבַח
slaughter *vt.*	שָׁחַט, טָבַח
slaughterer *n.*	שׁוֹחֵט
slaughterhouse *n.*	בֵּית-מִטְבָּחַיִים
slave *n.*	עֶבֶד
slave *vi.*	עָבַד בְּפֶרֶךְ
slavery *n.*	עַבְדוּת, שִׁיעְבּוּד
white slavery	סַחַר זוֹנוֹת
slaw *n.*	סָלַט כְּרוּב
slay *vt.*	הָרַג, רָצַח
slayer *n.*	רוֹצֵחַ
sleaze *n.*	טִינוֹפֶת
sleazy *adj.*	מְלוּכְלָךְ, עָלוּב
sled *n.*	מִזְחֶלֶת, מִגְרֶרֶת
sledge *n.*	רֶכֶב שֶׁלֶג
sledgehammer *n.*	מַקֶּבֶת
sleek *adj.* 1. (smooth)	חָלָק
2. (well-groomed)	מְטוּפָּח
3. (well-shaped)	מְעוּצָּב יָפֶה
sleep *n.*	שֵׁינָה, תַּרְדֵּמָה
sleep *vi.*	יָשֵׁן
sleep around	שָׁכַב עִם רַבִּים
sleep with	שָׁכַב עִם
sleep on it	עִיכֵּב הַחְלָטָה
sleep over	הִתְאָרֵחַ לַלַּיְלָה
sleeper *n.* 1. (sleeping person)	יָשֵׁן, נַמְנְמָן
2. (unexpected success)	הַצְלָחָה לֹא צְפוּיָה
sleepiness *n.*	נִימְנוּם
sleepless *adj.*	לְלֹא שֵׁינָה
sleepwalk *vi.*	הִתְהַלֵּךְ בִּשְׁנָתוֹ
sleepy *adj.*	מְנוּמְנָם, יַשְׁנוּנִי
sleet *n.*	תַּעֲרוֹבֶת גֶּשֶׁם וְשֶׁלֶג
sleeve *n.* 1. (arm cover)	שַׁרְווּל
2. (disk case)	עֲטִיפַת תַּקְלִיט
sleeveless *adj.*	חֲסַר-שַׁרְווּלִים
sleigh *n.*	מִזְחֶלֶת
sleight *n.*	לַהֲטוּט, תַּחְבּוּלָה
slender *adj.*	דַּק-גִּיזְרָה
slept *p.* sleep	
sleuth *n.*	בַּלָּשׁ
sleuthhound *n.*	כֶּלֶב גִּישׁוּשׁ
slew *p.* slay	
slice *n.* 1. (flat cut)	חֲתִיכָה, נֶתַח
2. (piece of bread)	פְּרוּסָה
slice *vt.*	חָתַךְ, פָּרַס
slick *adj.* 1. (slippery)	חָלָק, חֲלַקְלַק
2. (sly)	עַרְמוּמִי
slid *p.* slide	
slide *n.* 1. (skid)	גְּלִישָׁה, הַחְלָקָה
2. (sliding surface)	מַגְלֵשָׁה
3. (transparency)	שְׁקוּפִית
slide *vi.*	גָּלַשׁ, הֶחֱלִיק
slight *adj.*	מוּעָט, קָלוּשׁ
slight *vt.*	זִילְזֵל בּ-
slim *adj.* 1. (slender)	רָזֶה
2. (meager)	קָלוּשׁ, זָעוּם
slime *n.*	רֶפֶשׁ
slimy *adj.*	מְטוּנָּף, מַצְחִין
sling *n.*	קֶלַע
sling *vt.*	זָרַק, הֵטִיל בְּקֶלַע
slingshot *n.*	קֶלַע
slink *vi.*	חָמַק, הִתְגַּנֵּב
slinky *adj.*	חַמְקָנִי
slip *n.* 1. (slide)	מְעִידָה
2. (error)	טָעוּת
3. (undergarment)	תַּחְתּוֹנִית
4. (strip of paper)	פֶּתֶק, פִּיסַת נְיָיר
slip of the tongue	פְּלִיטַת פֶּה
slip-on	בֶּגֶד קַלִּיל
slip *vi.* 1. (slide)	מָעַד, הֶחֱלִיק

2. (move quietly, elude) חָמַק
3. (slide out) זָז, יָצָא מֵהַמָּקוֹם
4. (err) טָעָה
5. (fall behind) פִּיגֵּר
6. *vt.* (pass) הֶעֱבִיר
7. (put on) לָבַשׁ

slipcover *n.* כִּיסּוּי
slippage *n.* הַחלָקָה
slipper *n.* נַעַל בַּיִת
slippery *adj.* חֲלַקְלַק
slipshod *adj.* מְרוּשָּׁל, מוּזְנָח
slit *n.* חֲתָךְ, שֶׁסַע
slit *vt.* חָתַךְ, שִׁיסֵּף
slither *vi.* הֶחֱלִיק
slithery *adj.* חֲלַקְלַק
sliver *n.* רְסִיס, שְׁבָב
slob *n.* אָדָם מְרוּשָּׁל, לֹא מְסוּדָּר
slobber *vi.* נָטַף רִיר
slogan *n.* סִיסמָה
sloganeer *n.* מַפְרִיחַ סִיסמָאוֹת
sloop *n.* סְפִינָה
slope *n.* מִדרוֹן, שִׁיפּוּעַ
slope *vi.* הִשְׁתַּפֵּעַ, נָטָה בְּמִדרוֹן
sloped *adj.* מְשׁוּפָּע
sloppiness *n.* רִישּׁוּל
sloppy *adj.* מְרוּשָּׁל
slosh *n.* שֶׁלֶג נָמֵס, רֶפֶשׁ
slot *n.* 1. (slit) חָרִיץ, סֶדֶק
2. (place) מִשׁבֶּצֶת, מָקוֹם
slot *vt.* חָרַץ, עָשָׂה סֶדֶק
sloth *n.* עַצלוּת
slouch *vi.* הָלַךְ/עָמַד בְּרִישּׁוּל
sloven *adj.* רַשְׁלָן, מְרוּשָּׁל
slow *adj.* 1. (lacking speed) אִיטִי
2. (mentally behind) קְשֵׁה-תְּפִיסָה
3. (boring) מְשַׁעֲמֵם
4. (inaccurate watch/clock) מְפַגֵּר
slow (down) *vi.*; *vt.* הֵאֵט
slowdown *n.* הֶאָטָה
slowly *adv.* לְאַט, בְּאִיטִיּוּת
slowness *n.* אִיטִיּוּת
slowpoke *adj.* כְּבַד-תְּנוּעָה
sludge *n.* בּוֹץ ; מִשׁקָע
slue *n.* סִיבּוּב
slue *vt.* סוֹבֵב
slug *n.* 1. (snail) חִילָזוֹן
2. (token) אֲסִימוֹן
3. (bullet) כַּדּוּר
4. (shot of liquor) לְגִימָה
slug *vt.* הִכָּה, הִרבִּיץ ל-
sluggard *adj.* עַצלָן
sluggish *adj.* אִיטִי, רָפֶה
sluggishness *n.* אִיטִיּוּת, רִפיוֹן
sluice *n.* תְּעָלָה
slum *n.* שְׁכוּנַת עוֹנִי
slumber *n.* שֵׁינָה, תְּנוּמָה
slumber *vi.* יָשַׁן, נִימְנֵם
slumlord *n.* בַּעַל-בַּיִת בִּשְׁכוּנַת עוֹנִי
slump *n.* יְרִידָה חַדָּה, מַפּוֹלֶת
slump *vi.* צָנַח, נָפַל
slung *p.*; *pp.* sling
slur *n.* 1. (insult) עֶלבּוֹן ז׳ (עֶלבּוֹנוֹת), הַשׁמָצָה
2. (speech defect) דִּיבּוּר עִילֵּג
slur *vi.* 1. (disparage) הֶעֱלִיב, הִשׁמִיץ
2. (speak indistinctly) הִבלִיעַ מִילִּים
slurp *n.* לְעִיסָה/שְׁתִיָּיה רַעֲשָׁנִית
slurp *vi.* לָעַס/שָׁתָה בְּרַעַשׁ
slush *n.* שֶׁלֶג נָמֵס ; רֶפֶשׁ
slut *n.* 1. (untidy woman) אִישָּׁה מְרוּשֶּׁלֶת
2. (promiscuous) אִישָּׁה מוּפקֶרֶת
sly *adj.* עַרמוּמִי
slyness *n.* עַרמוּמִיּוּת
SM (sado-masochism) סָדוֹמָזוֹכִיזם
smack *n.* 1. (strike) מַכָּה, סְטִירָה
2. (loud kiss) נְשִׁיקָה קוֹלָנִית
smack *vt.* 1. הִכָּה, סָטַר
2. נִישֵּׁק בְּקוֹל
3. (close and open lips) מִיצְמֵץ בִּשְׂפָתָיו
small *adj.* 1. (little) קָטָן
2. (petty) קַטנוּנִי

small-minded צַר-אוֹפֶק
small-time מוּגבָּל בַּחֲשִׁיבוּתוֹ
smallness *n.* קַטנוּת
smallpox *n.* אֲבַעבּוּעוֹת
smarmy *adj.* חֲלַקלַק
smart *adj.* 1. (clever) פִּיקֵחַ
2. (bright) מַברִיק
3. (elegant) הָדוּר, אֶלֶגַנטִי
smart aleck מִתחַכֵּם ; יָהִיר
smart *vi.* גָּרַם כְּאֵב
smarten *vi.* הֶחכִּים
smash *n.* 1. (breakage) רִיסוּק, נִיפּוּץ
2. (great success) הַצלָחָה גְדוֹלָה
smash *vt.* רִיסֵק, נִיפֵּץ
smashing *adj.* נִפלָא, נֶהדָר
smashup *n.* הִתנַגשׁוּת
smear *n.* 1. (spot) כֶּתֶם
2. (defamation) הַשׁמָצָה, הַכפָּשָׁה
Pap smear בְּדִיקַת סַרטָן
smear *vt.* 1. הִכתִים, מָרַח, לִיכלֵך
2. הִכפִּישׁ, הִשׁמִיץ
smell *n.* רֵיחַ
smell *vt.* הֵרִיחַ
smelly *adj.* מַסרִיחַ
smelt *vt.* הִתִיך
smelter *n.* כּוּר הִיתוּך
smile *n.* חִיוּך
smile *vi.* חִייֵך
smiley, smily *adj.* חַייכָנִי
smirch *n.* כֶּתֶם
smirch *vt.* הִכתִים
smirk *n.* חִיוּך מְעוּשֶׂה
smirk *vi.* חִייֵך חִיוּך מְעוּשֶׂה
smite *vt.* 1. (inflict a blow) הִכָּה, הָלַם בּ-
2. (destroy) הִשׁמִיד
smith *n.* נַפָּח
smithereens *pn.* רְסִיסִים
smithy *n.* נַפָּחִיָה
smitten *pp.* smite
smock *n.* סַרבָּל

smog *n.* עַרפִּיחַ
smoke *n.* עָשָׁן
go up in smoke עָלָה בַּלֶהָבוֹת/בָּאֵשׁ
smoke *vt.* 1. (use tobacco) עִישֵׁן
2. *vi.* (emit smoke) הֶעֱלָה עָשָׁן
smokeless *adj.* לְלֹא עָשָׁן
smoker *n.* (stove) תַּנוּר
chain smoker מְעַשֵׁן בְּשַׁרשֶׁרֶת
smokestack *n.* אֲרוּבָּה
smoky *adj.* עָשֵׁן
smolder *vi.* בָּעַר (לְלֹא לֶהָבָה)
smooch *vi.* הִתנַשֵׁק
smooth *adj.* חָלָק
smooth *vt.* הֶחֱלִיק
smoothness *n.* חֲלָקוּת
smorgasbord *n.* אֲרוּחָה מְגוּוֶנֶת
smote *p.* smite
smother *vt.* הֶחֱנִיק
smudge *n.* כֶּתֶם
smudge *vt.* הִכתִים, מָרַח
smug *adj.* מְרוּצֶה מֵעַצמוֹ
smuggle *vt.* הִברִיחַ
smuggler *n.* מַברִיחַ
smugly *adv.* בִּשׂבִיעוּת רָצוֹן עַצמִית
smut *n.* פִּיחַ, לִיכלוּך
smutty *adj.* מְפוּיָח, מְלוּכלָך
snack *n.* חָטִיף, אֲרוּחָה קַלָה
snack *vi.* אָכַל חָטִיף
snaffle *n.* מֶתֶג (שֶׁל סוּס)
snafu *n.* בָּלָגָן, עִירבּוּביָה
snag *n.* 1. (protuberance) בְּלִיטָה
2. (obstacle) מִכשׁוֹל
snail *n.* חִילָזוֹן, שַׁבלוּל
snake *n.* נָחָשׁ
snap *n.* 1. (cracking sound) פִּיצפּוּץ
2. (sudden movement) קְפִיצָה
3. (fastener) לַחצָנִית
4. (effortless act) מַעֲשֶׂה קַל
snap *vt.* 1. (make sound) פִּיצפֵּץ
2. (move) קָפַץ

3. (bite) נָשַׁךְ
4. (take a photo) צִילֵם בַּחֲטָף, "הִרְבִּיץ" תְּמוּנָה
5. *vi.* (lose control) אִיבֵּד שְׁלִיטָה
snap out of יָצָא מ-
snap *adj.* (sudden) פִּתְאוֹמִי
snappish *adj.* קְצַר-רוּחַ, כַּעֲסָן
snappy *adj.* אוֹפְנָתִי, מְהוּדָר
make it snappy הִזְדָרֵז
snapdragon *n.* לוֹעַ הָאֲרִי (פֶּרַח)
snapshot *n.* תַּצלוּם חֲטָף
snare *n.* 1. (trap) מַלכּוֹדֶת
2. (drum string) מֵיתָר
snare *vt.* לָכַד
snarl *n.* פְּקַעַת, תִסבּוֹכֶת
snarl *vi.* נָהַם, חָשַׂף שִׁינַּיִים
snatch *n.* חֲטִיפָה
snatch *vt.* חָטַף
snatcher *n.* חוֹטֵף, חַטְפָן
snazzy *adj.* מְגוּנדָר
sneak *n.* מִתגַנֵב
sneak *vt.*; *vi.* הִגנִיב; הִתגַנֵב, הִתחַמֵק
sneaker *n.* נַעַל סְפּוֹרט
sneaky *adj.* עַרמוּמִי; מִתגַנֵב
sneer *n.* הַבָּעַת בּוּז
sneer *vi.* הִבִּיעַ בּוּז
sneeze *n.* הִתעַטְשׁוּת
sneeze *vi.* הִתעַטֵשׁ
sneeze at זִילְזֵל בּ-
snicker *n.* צִיחקוּק לַעֲגָנִי
snicker *vi.* צִיחקֵק בְּלַעַג
snide *adj.* מַעֲלִיב, מַשׁפִּיל
sniff *n.* רִיחרוּחַ
sniff *vi.*; *vt.* רִיחרֵחַ
sniff at בָּז ל-
sniffle *n.* מְשִׁיכָה בַּנְחִירַיִים
sniffle *vi.* מָשַׁךְ בַּנְחִירַיִים
snifter *n.* גָבִיעַ
snigger *n.* צְחוֹק כָּבוּשׁ
snip *vt.* גָזַר, גָזַם
snipe *vi.* צָלַף בּ-
sniper *n.* צַלָף
snippy *adj.* מְקוּטָע
snit *n.* רוֹגֶז
snitch *n.* 1. (thief) גַנָב
2. (informer) מַלשִׁין, מוֹדִיעַ
snitch *vt.* 1. גָנַב
2. *vi.* הִלשִׁין עַל
snivel *vi.* הִתיַיפֵּחַ
snob *n.* יָהִיר, סְנוֹבּ
snobbery *n.* יְהִירוּת, סְנוֹבִּיוּת
snobbish *adj.* יָהִיר, סְנוֹבִּי
snooker *n.* מִשׂחַק סְנוּקֶר, בִּילְיָארד
snoop *n.* חִיטוּט, רִיחרוּחַ
snoop *vi.* חִיטֵט, רִיחרֵחַ
snooper *n.* חַטְטָן
snoopy *adj.* חַטְטָנִי
snoot *n.* אַף, חוֹטֶם
snooty *adj.* יָהִיר, סְנוֹבּ
snooze *n.* תְּנוּמָה קַלָה
snooze *vi.* חָטַף תְּנוּמָה קַלָה
snore *n.* נְחִירָה
snore *vi.* נָחַר
snorer *n.* נַחֲרָן
snorkel *n.* צַנרָן
snorkel *vi.* צָנַר
snort *n.* חִירחוּר, נַחֲרָה
snort *vi.* חִירחֵר, נָחַר
snort drug שָׁאַף סַם
snot *n.* לֵיחָה, רִיר אַף
snotty *adj.* יָהִיר, שַׁחצָן
snout *n.* חוֹטֶם
snow *n.* שֶׁלֶג
snow *vi.* יָרַד שֶׁלֶג
snowball *n.* כַּדוּר שֶׁלֶג
snowball *vi.* הָלַךְ וְגָדַל, הִתגַלגֵל
snowbound *adj.* תָקוּעַ בַּשֶׁלֶג
snowdrift *n.* גוּשׁ שֶׁלֶג
snowfall *n.* כַּמוּת/יְרִידַת שְׁלָגִים
snowflake *n.* פְּתִית שֶׁלֶג

snowman *n.* אִישׁ שֶׁלֶג
abominable snowman אִישׁ שֶׁלֶג אַגָּדִי
snowmobile *n.* מְכוֹנִית שֶׁלֶג
snowplow *n.* רֶכֶב פִּילוּס, מְפַנֶּה שֶׁלֶג
snowstorm *n.* סוּפַת שֶׁלֶג
snowy *adj.* מוּשְׁלָג
snub *n.* הַשְׁפָּלָה, זִילְזוּל
snub *vt.* הִשְׁפִּיל, זִילְזֵל בּ-
snuck *p.*; *pp.* sneak
snuff *n.* (tobacco) טַבַּק הֲרָחָה
snuff *vt.* הֵרִיחַ, רִיחְרֵחַ
snuff out דִּיכֵּא, מָחַץ
snuffle *vi.* מָשַׁךְ בִּנְחִירַיִים
snug *n.* 1. (cozy) חָמִים, נוֹחַ
2. (fitting) מַתְאִים, בַּמִּידָּה הַנְּכוֹנָה
snuggle *vi.* הִתְרַפֵּק, הִתְחַבֵּק
so *adv.* 1. (thus) כָּךְ, כָּכָה
2. (so much) כּוֹל כָּךְ
3. *conj.* (in order that) כְּדֵי שֶׁ-
so as to כְּדֵי ל-
so be it יְהִי כֵן, שֶׁיִּהְיֶה כָּךְ
so long as כּוֹל עוֹד
so that כָּךְ שֶׁ, כְּדֵי שֶׁ-
so-called הַמְּכוּנֶה
so-so כָּכָה-כָּכָה
soak *vt.* 1. (immerse) הִשְׁרָה, טָבַל
2. (absorb) סָפַג
soaker *n.* צִינּוֹר הַשְׁקָיָה
soap *n.* סַבּוֹן
soap *vt.* סִיבֵּן
soapbox *n.* 1. (soap package) סַבּוֹנִיָּיה
2. (speaker's platform) דּוּכַן נוֹאֲמִים
soar *vi.* הִמְרִיא, הִרְקִיעַ שְׁחָקִים
sob *vi.* הִתְיַיפְּחוּת, יְבָבָה
sob *vi.* הִתְיַיפֵּחַ, יִיבֵּב
sober *adj.* 1. (not drunk) פִּיכֵּחַ, לֹא שִׁיכּוֹר
2. (temperate) מְאוּפָּק
3. (serious) רְצִינִי
sober *vi.* הִתְפַּכֵּחַ
sobriety *n.* פִּיכְּחוּת; צְלִילוּת דַּעַת
sobriquet *n.* כִּינּוּי
soccer *n.* כַּדּוּרֶגֶל
sociability *n.* חַבְרוּתִיּוּת
sociable *adj.* חַבְרוּתִי
social *adj.* חֶבְרָתִי, סוֹצְיָאלִי
socialism *n.* סוֹצְיָאלִיזם
socialist *n.* סוֹצְיָאלִיסט
socialite *n.* אִישׁ חֶבְרָה
socialization *n.* 1. חִיבְרוּת
socialize *vt.*; *vi.* 1. (make/be sociable) חִיבְרֵת; הִתְעָרָה
2. *vt.* (make socialistic) עָשָׂה לְסוֹצְיָאלִיסְטִי
societal *adj.* חֶבְרָתִי
society *n.* 1. (the public) חֶבְרָה
2. (association) אֲגוּדָּה, עֲמוּתָה
socioeconomic *adj.* חֶבְרָתִי-כַּלְכָּלִי
sociological *adj.* סוֹצְיוֹלוֹגִי
sociologist *n.* סוֹצְיוֹלוֹג
sociology *n.* סוֹצְיוֹלוֹגְיָה, מַדְעֵי הַחֶבְרָה
sociopath *n.* שׂוֹנֵא חֶבְרָה
sock *n.* 1. (stocking) גֶּרֶב ז׳ (גַּרְבַּיִים)
2. (punch) מַכָּה, מַהֲלוּמָה
sock *vt.* הִיכָּה, הָלַם בּ-
socket *n.* בֵּית-נוּרָה
sod *n.* גּוּשׁ דֶּשֶׁא
sod *vt.* כִּיסָּה בְּגוּשׁ דֶּשֶׁא
soda *n.* 1. (sodium) סוֹדָה
2. (carbonated drink) מַשְׁקֶה מוּגָז
baking soda סוֹדָה לַאֲפִיָּיה
sodium *n.* נַתְרָן
sodomize *vt.* בִּיצַּע מַעֲשֵׂה סְדוֹם בּ-
sodomy *n.* מַעֲשֵׂה סְדוֹם
sofa *n.* סַפָּה
sofabed *n.* סַפַּת מִיטָּה
soft *adj.* 1. (not hard) רַךְ, עָדִין
2. (weak) רַכְרוּכִי, חַלָּשׁ
soft-core צָנוּעַ, לֹא גַּס
soft-spoken בַּעַל דִּיבּוּר רַךְ, עָדִין
softball *n.* כַּדּוּר בָּסִיס
soften *vt.* רִיכֵּךְ

softener *n.* חוֹמֶר רִיכּוּךְ
softheaded *adj.* חֲסַר שִׁיקּוּל דַּעַת
softhearted *adj.* רַךְ-לֵב
softness *n.* רַכּוּת, רוֹךְ
software *n.* תּוֹכְנָה
softwood *n.* עֵץ רַךְ
softy *adj.* רַכְרוּכִי
sogginess *n.* רְטִיבוּת
soggy *n.* רָטוֹב, סָפוּג מַיִם
soil *n.* 1. (earth) אֲדָמָה, עָפָר
2. (filth) לִיכְלוּךְ, טִינּוֹפֶת
soil *vt.* לִיכְלֵךְ, טִינֵּף
soiree *n.* מְסִיבַּת עֶרֶב
sojourn *n.* שְׁהִיָּה זְמַנִּית
sojourn *vi.* שָׁהָה זְמַנִּית
sol *n.* (*music*) סוֹל
solace *n.* נֶחָמָה
solace *vt.* נִיחֵם
solar *adj.* סוֹלָרִי, שֶׁל הַשֶּׁמֶשׁ
solarium *n.* חֲדַר-שֶׁמֶשׁ
solarization *n.* חֲשִׂיפָה לְקַרְנֵי הַשֶּׁמֶשׁ
solarize *vt.* חָשַׂף לְקַרְנֵי הַשֶּׁמֶשׁ
sold *p.*; *pp.* sell
solder *n.* חוֹמֶר הַלְחָמָה
solder *vt.* הִלְחִים
soldier *n.* חַיָּל, אִישׁ צָבָא
foot soldier חַיָּל רַגְלִי
soldiery *n.* אַנְשֵׁי צָבָא
sole *n.* סוֹלְיָה
sole *adj.* יָחִיד
solecism *n.* שִׁיבּוּשׁ לָשׁוֹן; שְׁגִיאָה
solely *adv.* בִּלְבַד, אַךְ וְרַק
solemn *adj.* 1. (serious) רְצִינִי
2. (ceremonious) טִקְסִי
3. (gloomy) קוֹדֵר
solemnize *vt.* עָרַךְ טֶקֶס
solemnly *adv.* בְּכוֹבֶד רֹאשׁ
solemnly swear נִשְׁבַּע בְּהֵן צֶדֶק
solicit *vt.* 1. (seek) בִּיקֵּשׁ
2. (entreat) הִפְצִיר בּ-
3. (lure) שִׁידֵּל, פִּיתָּה
solicitation *n.* 1. בִּיקּוּשׁ
2. הַפְצָרָה
3. שִׁידּוּל, פִּיתּוּי
solicitor *n.* (attorney) פְּרַקְלִיט
solicitous *n.* מוּדְאָג, חָרֵד
solicitude *n.* דְּאָגָה, חֲרָדָה
solid *adj.* 1. (not liquid) מוּצָק
2. (firm, sound) אֵיתָן, מוּצָק
3. (not hollow) מָלֵא, לֹא חָלוּל
4. (pure material) טָהוֹר
solid-state פּוֹעֵל עַל טְרַנְזִיסְטוֹרִים
solidarity *n.* הִזְדַּהוּת, סוֹלִידָרִיּוּת
solidification *n.* גִּיבּוּשׁ, חִיזּוּק
solidify *vt.* גִּיבֵּשׁ, חִיזֵּק
solidity *n.* מוּצָקוּת
soliloquist *n.* מְדַבֵּר אֶל עַצְמוֹ
soliloquy *n.* חַד-שִׂיחַ, מוֹנוֹלוֹג
solitaire *n.* 1. (game) מִשְׂחַק קְלָפִים לְיָחִיד
2. (single diamond) יַהֲלוֹם בּוֹדֵד
solitary *adj.* 1. (sole) שֶׁל יָחִיד
2. (secluded) מְבוּדָּד
solitude *n.* בְּדִידוּת
solo *n.* סוֹלוֹ, יָחִיד
soloist *n.* סוֹלָן, סוֹלִיסְט
Solomon *n.* שְׁלֹמֹה
solon *n.* מְחוֹקֵק
solstice *n.* מִפְנֵה הַשֶּׁמֶשׁ (הַיּוֹם הָאָרוֹךְ/הַקָּצָר בְּיוֹתֵר)
soluble *adj.* 1. (dissolveable) מָסִיס
2. (solvable) נִיתָּן לְפִיתְרוֹן
solute *n.* חוֹמֶר מוּמָס
solution *n.* 1. (problem solving) פִּיתְרוֹן ז׳ (פִּיתְרוֹנוֹת)
2. (mixture) תְּמִיסָה, תַּשְׁרִית
solvable *adj.* נִיתָּן לְפִיתְרוֹן
solve *vt.* פָּתַר
solvency *n.* יְכוֹלֶת פֵּירָעוֹן
solvent *n.* חוֹמֶר מְמוֹסֵס
solvent *adj.* 1. (able to dissolve) מְמוֹסֵס

2. (able to pay debt) מְסוּגָל לִפְרוֹעַ חוֹב
solver *n.* פּוֹתֵר
somatic *adj.* גּוּפָנִי
somber *adj.* עָגוּם, קוֹדֵר
somberness *n.* עַגְמוּמִיוּת, קַדְרוּת
sombrero *n.* כּוֹבַע סוֹמבְּרֶרוֹ
some *adj.* (unspecified) אֵיזֶה, אֵיזֶשֶׁהוּ ; כַּמָּה, אֲחָדִים
and then some וְיוֹתֵר מִזֶּה
some *adv.* (approximately) בְּעֵרֶךְ
somebody *n.* מִישֶׁהוּ
someday *vt.* בְּיוֹם מִן הַיָּמִים
somehow *adv.* אֵיכשֶׁהוּ, בְּאוֹפֶן כּוֹלשֶׁהוּ
someone *n.* מִישֶׁהוּ
someplace *n.* בְּמָקוֹם כּוֹלשֶׁהוּ, אֵי-שָׁם
somersault *n.* גִּילגּוּל בָּאֲוִויר, סַלְטָה
something *n.* מַשֶּׁהוּ
something of בְּמִידַּת-מָה
sometime *adv.* מָתַי שֶׁהוּא
sometimes *adv.* לִפְעָמִים, לְעִתִּים
someway *adv.* אֵיכשֶׁהוּ
somewhat *vt.* בְּמִקְצָת, בְּמִידַּת-מָה
somewhere *adv.* אֵי-שָׁם
somnambulate *vi.* הִילֵּךְ תּוֹךְ שֵׁינָה
somnambulism *n.* סַהֲרוּרִיוּת, הֲלִיכָה תּוֹךְ שֵׁינָה
somnolence *n.* יַשְׁנוּנִיוּת, נִימנוּם
somnolent *adj.* 1. (drowsy) רָדוּם, מְנוּמְנָם
2. (inducing sleep) מַרְדִּים
son *n.* בֵּן
son-in-law חָתָן
son of a bitch בֶּן-כַּלְבָּה, בֶּן-זוֹנָה
sonar *n.* סוֹנָר
sonata *n.* סוֹנָטָה
song *n.* שִׁיר
Song of Songs (*Bible*) שִׁיר הַשִּׁירִים
folk song שִׁיר עַם
theme song שִׁיר מְזַהֶה, לַחַן רָאשִׁי (בְּהַצָּגָה)
songbird *n.* צִיפּוֹר שִׁיר
songster *n.* זַמָּר ; מַלְחִין
songwriter *n.* מַלְחִין, תַּמלִילָן
sonic *adj.* קוֹלִי ; שֶׁל מְהִירוּת הַקּוֹל
sonnet *n.* סוֹנֶטָה
sonogram *n.* תְּמוּנַת אוּלטְרָסָאוּנד
sonority *n.* עוֹמֶק צְלִיל
sonorous *adj.* בַּעַל צְלִיל עָשִׁיר
soon *adv.* 1. (shortly) בְּהֶקְדֵּם, בְּקָרוֹב
2. (promptly) מַהֵר, מִיָּד
3. (readily) בְּרָצוֹן
as soon as בְּרֶגַע שֶׁ-, מִיָּד כְּשֶׁ-
as soon as possible בְּהֶקְדֵּם הָאֶפְשָׁרִי
sooner or later בְּמוּקְדָּם אוֹ בִּמְאוּחָר
soot *n.* פִּיחַ
soothe *vt.* שִׁיכֵּךְ, הִרְגִּיעַ
soothing *adj.* מְשַׁכֵּךְ, מַרְגִּיעַ
soothsayer *n.* מַגִּיד עֲתִידוֹת
sooty *adj.* מְפוּיָּח
sop *n.* שׁוֹחַד
sop *vt.* הִשְׁרָה
sophisticated *adj.* מְתוּחְכָּם
sophistication *n.* תִּיחכּוּם
sophistry *n.* הִתְפַּלְפְּלוּת, טִיעוּן כּוֹזֵב
sophomore *n.* תַּלְמִיד שָׁנָה שְׁנִיָּה
sophomoric *adj.* חֲסַר-בַּגְרוּת
soporific *adj.* מַרְדִּים
sopping *adj.* סָפוּג מַיִם, רָטוֹב
soprano *n.* סוֹפְּרָן
sorcerer *n.* מְכַשֵּׁף, קוֹסֵם
sorcery *n.* כִּישׁוּף, מַעֲשֵׂה כְּשָׁפִים
sordid *adj.* שָׁפָל, נִתְעָב, מְטוּנָּף
sordidness *n.* שִׁפְלוּת, טִינּוֹפֶת
sore *n.* 1. (wound) פֶּצַע
2. (painful matter) עִנְיָן כָּאוּב
canker sore כִּיב פֶּה וּשְׂפָתַיִם
cold sore שַׁלְבֶּקֶת שְׂפָתַיִם
sore *adj.* 1. (painful) כּוֹאֵב ; מַכְאִיב
2. (annoyed) נִרְגָּז, מְרוּגָּז
sorely *adv.* מְאוֹד, בְּיוֹתֵר
soreness *n.* כְּאֵב
sorghum *n.* דּוּרָה

sorority *n.* אֲגוּדַּת אֲחָיוֹת
sorrel *n.* חֻמְצִיץ
sorrow *n.* עֶצֶב, צַעַר
sorrowful *adj.* עָצוּב, מְצֻעָר
sorry *adj.* 1. (feeling sorrow/regret) מִצְטַעֵר
2. (wretched) עָלוּב
sort *n.* סוּג, מִין
sort of בְּמִידַּת-מָה
all sorts of כּוֹל מִינֵי
sort *vt.* סִיוּוֵג, מִיֵּין
sorter *n.* מְמַיֵּין
sortie *n.* גִּיחָה, יְצִיאָה
SOS *n.* אֶס.אוֹ.אֶס. (קְרִיאָה לְעֶזְרָה)
sot *n.* שַׁתְיָין
soufflé *n.* סוּפְלֶה
sough *vi.* רִישְׁרֵשׁ
sought *p.*; *pp.* seek
soul *n.* נֶפֶשׁ נ׳ (נְפָשׁוֹת), נְשָׁמָה
sound *n.* קוֹל ז׳ (קוֹלוֹת), צְלִיל
sound *adj.* 1. (healthy) בָּרִיא
2. (firm, secure) אֵיתָן, בָּטוּחַ
3. (logical) הֶגְיוֹנִי
sound *vt.* 1. (make sound) הִשְׁמִיעַ
2. (seem) נִשְׁמַע
soundless *adj.* דּוֹמֵם, חֲסַר-קוֹל
soundproof *adj.* אָטוּם לְקוֹל
soundtrack *n.* פַּסְקוֹל
soup *n.* מָרָק
soupy *adj.* דְּמוּי-מָרָק
sour *adj.* 1. (acidy) חָמוּץ
2. (displeased) מְמוּרְמָר, נִרְגָּז
sour *vt.*; *vi.* 1. (make/become sour) הֶחְמִיץ
2. (spoil) קִילְקֵל
source *n.* מָקוֹר ז׳ (מְקוֹרוֹת), מוֹצָא
sourdough *n.* שְׂאוֹר
sourish *adj.* חֲמַצְמַץ
sourness *n.* חֲמִיצוּת
sourpuss *n.* חֲמוּץ-פָּנִים, זַעֲפָן
souse *vt.* טָבַל, הִשְׁרָה
south *n.* דָּרוֹם
southeast *n.* דְּרוֹם מִזְרָח
southeastern *adj.* דְּרוֹם מִזְרָחִי
southerly, southern *adj.* דְּרוֹמִי
southerner *n.* בֶּן-הַדָּרוֹם
southpaw *adj.* שְׂמָאלִי
southward *adv.* דָּרוֹמָה
southwest *n.* דְּרוֹם מַעֲרָב
southwestern *adj.* דְּרוֹם מַעֲרָבִי
souvenir *n.* מַזְכֶּרֶת
sovereign *n.* רִיבּוֹן, שַׁלִּיט
sovereign *adj.* רִיבּוֹנִי
sovereignty *n.* רִיבּוֹנוּת
Soviet Union בְּרִית הַמּוֹעָצוֹת
sow *vt.* 1. (seed) זָרַע
2. (scatter) פִּיזֵּר
sown *pp.* sow
sox *pn.* גַּרְבַּיִים
soy *n.* סוֹיָה
soybean *n.* פּוֹל סוֹיָה
spa *n.* 1. (resort) מַעְיַין מַרְפֵּא
2. (tub) אַמְבָּט
space *n.* 1. (expanse) חָלָל, מֶרְחָב
2. (area) שֶׁטַח
3. (empty/blank area) רֶוַוח
deep/outer space הֶחָלָל הַחִיצוֹן
space *vt.* רִיוּוֵחַ, פִּיזֵּר בִּרְוָוחִים
spaced-out *adj.* מְטוּשְׁטָשׁ, מְבוּלְבָּל
spacecraft, spaceship *n.* חֲלָלִית
spacer *n.* מַקַּשׁ רֶוַוח
spacey, spacy *adj.* מְטוּשְׁטָשׁ, מְבוּלְבָּל
spacial *adj.* מֶרְחָבִי
spacious *adj.* מְרוּוָח, נִרְחָב
spade *n.* 1. (tool) אֵת חֲפִירָה
2. (play card) עָלֶה
call a spade a spade קָרָא לַדָּבָר בִּשְׁמוֹ
spaghetti *n.* אִטְרִיּוֹת, סְפָּגֶטִי
Spain *n.* סְפָרַד
span *n.* 1. (extent) אוֹרֶךְ
2. (time period) מֶשֶׁךְ, פֶּרֶק זְמַן
3. (space between supports) מִפְתָּח

wing span מוֹטַת כְּנָפַיִים
span *vt.* הִקִּיף
spangle *n.* נַצְנַץ
Spaniard *n.* סְפָרַדִּי, בֶּן-סְפָרַד
Spanish *n.; adj.* סְפָרַדִּי
spank *n.* מַכָּה בַּיַּשְׁבָן
spank *vt.* הִכָּה בַּיַּשְׁבָן
spar *n.* מוֹט ז׳ (מוֹטוֹת), קוֹרָה
spare *n.* (tire) גַלְגַל/צְמִיג רֶזֶרְבִי
spare *adj.* 1. (reserve, extra) רֶזֶרְבִי, נוֹסָף
2. (meager) זָעוּם, דַל
spare *vt.* 1. (refrain from harming) חָס עַל
2. (save) חָסַךְ ל-
to spare (extra) מְיוּתָר
sparing *adj.* חַסְכָנִי
spareribs *pn.* צַלְעוֹת חֲזִיר
sparingly *adv.* בְּצִימְצוּם
spark *n.* נִיצוֹץ ז׳ (נִיצוֹצוֹת), זִיק
spark *vt.* הֵצִית, עוֹרֵר
sparkle *n.* נִיצוֹץ, נִיצְנוּץ, בָּרָק
sparkle *vi.* 1. (glitter) נִיצְנֵץ, הִבְרִיק
2. (bubble) תָּסַס
sparkling *adj.* 1. נוֹצֵץ, מַבְרִיק
2. תּוֹסֵס
sparrow *n.* דְרוֹר
sparse *adj.* דָלִיל, לֹא צָפוּף
sparsity *n.* דְלִילוּת
Spartan *n.* 1. (self-disciplined) בַּעַל מִשְׁמַעַת עַצְמִית
2. (austere) מִסְתַּפֵּק בְּמוּעָט
spasm *n.* עֲווִית, הִתְכַּוְּוצוּת
spastic *adj.* עֲווִיתִי
spat *p.* spit
spat *n.* 1. (quarrel) רִיב קַל
2. (gaiter) קַרְסוּלִית
spat *vi.* רָב
spate *n.* שִׁיטָפוֹן
spatial *adj.* מֶרְחָבִי
spatter *n.* נֶתֶז
spatter *vt.* הִתִּיז

spatula *n.* מָרִית, כַּף מְרִיחָה
spawn *n.* בֵּיצֵי דָגִים
spawn *vt.* יִיצֵר, הוֹלִיד
spay *vt.* עִיקֵר
speak *vi.; vt.* 1. (talk) דִיבֵּר
2. (give a speech) נָאַם
3. (give a lecture) הִרְצָה, נָתַן הַרְצָאָה
4. (express) הִבִּיעַ
speak down to דִיבֵּר בְּזִילְזוּל
speak one's mind דִיבֵּר בְּגִילוּי לֵב
speak up הִגְבִּיהַּ קוֹלוֹ, דִיבֵּר בְּקוֹל רָם
so to speak אִם לוֹמַר כָּךְ
nothing to speak of לֹא (שָׁוֶוה) הַרְבֵּה, מְעַט
speaker *n.* 1. (one who speaks) דוֹבֵר
2. (one who gives a speech) נוֹאֵם
3. (one who lectures) מַרְצֶה
4. (loudspeaker) רַמְקוֹל
5. (president of parliament) יוֹשֵׁב רֹאשׁ
keynote speaker מַרְצֶה/נוֹאֵם רָאשִׁי
spear *n.* רוֹמַח, חֲנִית
spear *vt.* דָקַר בַּחֲנִית, שִׁיפֵּד
spearhead *n.* חוֹד חֲנִית
spearhead *vt.* הוֹבִיל, הָלַךְ בְּרֹאשׁ
spearmint *n.* מֶנְתָה
special *n.* דָבָר מְיוּחָד ; תּוֹכְנִית מְיוּחֶדֶת
special *adj.* מְיוּחָד, יָחִיד בְּמִינוֹ
specialist *n.* מוּמְחֶה
speciality *n.* יִיחוּד
specialization *n.* הִתְמַחוּת
specialize *vi.* הִתְמַחָה בּ-
specially *adv.* בְּיִיחוּד, בִּמְיוּחָד
specialty *n.* 1. (special skill) מוּמְחִיוּת
2. (distinction) יִיחוּד
3. (of superior quality) בְּטִיב מְעוּלֶה
specie *n.* מַטְבֵּעַ ז׳ (מַטְבְּעוֹת)
species *pn.* מִין, זַן
specific *adj.* מְסוּיָּם, מְפוֹרָשׁ, סְפֶּצִיפִי
specifically *adv.* בִּמְיוּחָד, בִּמְפוֹרָשׁ
specification *n.* מִפְרָט, תֵּיאוּר
specificity *n.* יִיחוּדִיּוּת

specifics *pn.* פְּרָטִים
specify *vt.* צִיֵּן בִּמְפוֹרָשׁ, פֵּירֵט, הִגְדִּיר
specimen *n.* מִדְגָּם
specious *adj.* אֲמִיתִּי כִּבְיָכוֹל
speck, speckle *n.* 1. (a bit) שֶׁמֶץ
2. (spot) כֶּתֶם
speck *vt.* זָרָה כְּתָמִים
spectacle *n.* מַרְאֶה, חִיזָּיוֹן
spectacles *pn.* מִשְׁקָפַיִים
spectacular *adj.* מַרְהִיב, מַרְשִׁים
spectator *n.* צוֹפֶה
specter *n.* רוּחַ רְפָאִים ; מַרְאֶה רָע
spectrum *n.* 1. (range) טְוָוח
2. (broad sequence) מִגְוָון, קֶשֶׁת רְחָבָה
speculate *vi.* 1. (guess) נִיחֵשׁ, שִׁיעֵר
2. (do risky business) סִיפְסֵר
speculation *n.* נִיחוּשׁ, הַשְׁעָרָה, סְפֶּקוּלַצְיָה
speculative *adj.* סְפֶּקוּלָטִיבִי
speculator *n.* סְפֶּקוּלַנְט
speculum *n.* רְאִי, מַרְאָה
sped *p.* speed
speech *n.* 1. (talk) דִּיבּוּר
2. (address) נְאוּם
free speech חוֹפֶשׁ דִּיבּוּר
deliver a speech נָשָׂא נְאוּם
parts of speech חֶלְקֵי הַדִּיבֵּר
speechless *adj.* מוּכֵּה-אֵלֶם, נְטוּל-דִּיבּוּר
speed *n.* 1. (swiftness) מְהִירוּת
2. (film sensitivity) רְגִישׁוּת
3. (drug) סַם, סְפִּיד
full speed מְלוֹא הַמְּהִירוּת
speed *vi. vt.* הָלַךְ/נָסַע מַהֵר ; הֵאִיץ
speed (up) *vt.* זֵירֵז ; הִגְבִּיר מְהִירוּת
speedboat *n.* סִירַת מֵירוֹץ
speedily *adv.* מַהֵר, בִּמְהֵרָה
speedometer *n.* מַד-מְהִירוּת
speedup *n.* הָאָצָה
speedway *n.* מַסְלוּל מֵירוּצִים
speedy *adj.* מָהִיר
spell *n.* 1. (magic) כִּישּׁוּף, לַחַשׁ
2. (fascination) קֶסֶם, מְשִׁיכָה
3. (period) תְּקוּפָה
4. (attack) הֶתְקֵף
breathing spell זְמַן רְגִיעָה, אֶפְשָׁרוּת לָנוּחַ
cast a spell כִּישֵּׁף
spell *vt.* 1. (write) אִיֵּית, כָּתַב
2. (mean) פֵּירוּשׁוֹ, מוּבָנוֹ הָיָה
spell out פֵּירֵט, צִיֵּן בִּמְפוֹרָשׁ
spellbind *vt.* הִקְסִים, רִיתֵּק
spellbound *adj.* מוּקְסָם, מְרוּתָּק
speller *n.* (book) סֵפֶר אִיוּת
spelling *n.* כְּתִיב, אִיוּת
spelt *n.* חִיטָּה
spend *vt.* 1. (pay out) הוֹצִיא
2. (pass time) בִּילָּה
3. (squander) בִּיזְבֵּז, פִּיזֵּר
spender *n.* בַּזְבְּזָן, פַּזְרָן
spending *n.* (money) הוֹצָאַת כְּסָפִים
deficit spending הוֹצָאָה בִּתְנָאֵי גֵּירָעוֹן
spendthrift *n.* בַּזְבְּזָן, פַּזְרָן
spent *p.*; *pp.* spend
sperm *n.* זֶרַע, תָּא זֶרַע
spermicide *n.* קוֹטֵל זֶרַע
spermous *adj.* שֶׁל זֶרַע
spew *vi.* הֵקִיא
sphere *n.* 1. (ball) כַּדּוּר
2. (heavenly body) גֶּרֶם שְׁמֵימִי, סְפֵירָה
3. (domain) תְּחוּם
spherical *adj.* 1. כַּדּוּרִי
2. שְׁמֵימִי
spheroid *n.* כַּדּוּר אֶלִיפְּטִי
sphincter *n.* שְׁרִיר טַבַּעְתִּי
sphinx *n.* סְפִינְקְס
spic-and-span נָקִי מְאוֹד, מְצוּחְצָח
spice *n.* תַּבְלִין
spice *vt.* תִּיבֵּל
spicy *adj.* חָרִיף, מְפוּלְפָּל
spider *n.* עַכָּבִישׁ
spiel *n.* נְאוּם אָרוֹךְ
spiffy *adj.* הָדוּר, מְצוּחְצָח

spigot *n.* 1. (plug) פְּקָק, מְגוּפָה
2. (faucet) בֶּרֶז
spike *n.* 1. (sharp-pointed piece) דֶּקֶר, חוֹד
2. (big nail) מַסמֵר גָּדוֹל
3. (ear of grain) שִׁיבּוֹלֶת
spike *vt.* 1. (fasten) סִימרֵר, הִידֵק
2. (pierce) דָּקַר
3. (add alcohol) הוֹסִיף אַלכּוֹהוֹל
spiky *adj.* מְחוּדָּד, דוֹקרָנִי
spill *n.* שְׁפִיכָה, דְּלִיפָה
spill *vt.; vi.* שָׁפַךְ; נִשׁפַּךְ
spill over גָּלַשׁ
spillage *n.* שְׁפִיכָה
spillway *n.* מִברָץ, תְּעָלַת נִיקוּז
spin *n.* 1. (rotation) סִיבּוּב
2. (spiral dive) סִיחרוּר
3. (short ride) סִיבּוּב, נְסִיעָה קְצָרָה
4. (opinion) דֵּעָה מְשׁוּחֶדֶת
spin *vt.; vi.* 1. (twirl) סוֹבֵב, סִיחרֵר; הִסתּוֹבֵב, הִסתַּחרֵר
2. (twist into yarn) טָוָוה, שָׁזַר
spinach *n.* תֶּרֶד
spinal *adj.* שֶׁל עַמּוּד הַשִּׁידרָה
spindle *n.* כִּישׁוֹר
spindly *adj.* דַּק וְאָרוֹךְ
spine *n.* 1. (backbone) עַמּוּד הַשִּׁידרָה
2. (back of a book) גַּב סֵפֶר
spineless *adj.* 1. (lacking backbone) חֲסַר-שִׁידרָה
2. (lacking willpower) חֲלַשׁ-אוֹפִי
spinet *n.* פְּסַנתֵּר קָטָן
spinnaker *n.* מִפרָשׂ גָּדוֹל
spinner *n.* מְכוֹנַת טְוִויָּה
spinoff *n.* תּוֹלָד
spinster *n.* רַוָּוקָה מְבוּגֶּרֶת
spiny *adj.* קוֹצָנִי, דוֹקרָנִי
spiracle *n.* נְחִיר, פֶּתַח נְשִׁימָה
spiral *n.* 1. (winding curve) סְלִיל
2. (helix) גּוּף לוּלייָנִי
3. (increase and decrease) עֲלִייָה וִירִידָה
spiral *adj.* לוּלייָנִי, מִתפַּתֵּל
spiral *vt.* 1. (coil) הִסתַּלסֵל
2. (rise and fall) עָלָה וְיָרַד
spirant *adj.* חוֹכֵךְ
spire *n.* מִגדָּל מְחוּדָּד
spirit *n.* 1. (soul) נְשָׁמָה, נֶפֶשׁ נ׳ (נְפָשׁוֹת)
2. (supernatural being) רוּחַ נ׳ (רוּחוֹת)
spirits *n.* 1. (mood) מַצַּב רוּחַ
2. (alcohol) מַשׁקֶה חָרִיף, אַלכּוֹהוֹל
spirited *adj.* מָלֵא מֶרֶץ
spiritless *adj.* חֲסַר-הִתלַהֲבוּת
spiritual *n.* שִׁיר דָּתִי
spiritual *adj.* 1. (nonphysical) רוּחָנִי
2. (deific) אֱלוֹהִי
spiritualism *n.* סְפִּירִיטוּאָלִיזם
spirituality *n.* רוּחָנִיוּת
spiritualize *vt.* הָפַךְ לְרוּחָנִי
spirituous *adj.* מֵכִיל אַלכּוֹהוֹל
spirochete *n.* שַׁלשֶׁלֶת, חַיידַּק
spirometer *n.* מַד-נְשִׁימָה
spit *n.* 1. (saliva) רוֹק
2. (expectoration) יְרִיקָה
3. (roasting rod) שַׁפּוּד
spit *vt.* יָרַק, רָקַק; פָּלַט
spit up הֵקִיא
spite *n.* זָדוֹן, רוֹעַ לֵב
in spite of עַל אַף, לַמרוֹת
spite *vt.* הִתייַחֵס בְּרִשׁעוּת אֶל
spiteful *adj.* זְדוֹנִי, רַע-לֵב
spittle *n.* רוֹק
spittoon *n.* מִרקָקָה
splash *n.* הַתָּזָה, שִׁיכשׁוּךְ
splash *vt.* הִתִּיז, שִׁיכשֵׁךְ
splash down נָחַת בַּמַּיִם
splashy *adj.* הַפגָּנָתִי, רַאַוותָנִי
splat *n.* 1. (board) לוּחַ מִסעָד
2. (sound) קוֹל שִׁיכשׁוּךְ
splatter *vt.* הִתִּיז
splay *vi.* הִשׂתָּרֵעַ
spleen *n.* טְחוֹל

splendid *adj.*	נֶהדָר, נִפלָא
splendor *n.*	הָדָר, הוֹד
splice *n.*	שִׁיחבּוּר, אִיחוּי
splice *vt.*	שִׁיחבֵּר, אִיחָה
splicer *n.*	מַכשִׁיר אִיחוּי
splinter *n.*	קֵיסָם, שְׁבָב
splinter *vt.*	פִּיצֵל לִשׁבָבִים
split *n.*	פִּיצוּל, פִּילוּג
split *vt.*; *vi.* 1. (divide)	פִּיצֵל, פִּילֵג ; הִתפַּצֵל, הִתפַּלֵג
2. *vi.* (leave)	הִסתַלֵק, עָזַב
split hairs	הִתפַּלפֵּל
splitter *n.*	מַפלֵג
splotch *n.*	כֶּתֶם
splurge *vi.*	הִתעַנֵג ; בִּיזבֵּז עַל רַאֲוָוה
spoil(s) *n.*	שָׁלָל, בִּיזָה
spoil *vt.* 1. (ruin)	קִילקֵל
2. (pamper)	פִּינֵק
spoiled *adj.* (pampered)	מְפוּנָק
spoiler *n.*	קַלקְלָן, מְקַלקֵל
spoilsport *n.*	מַשׁבִּית שִׂמחָה
spoke *n.*	חִישׁוּר
spoke *p.* speak	
spoken *adj.*	מְדוּבָּר
spokesman *n.*	דוֹבֵר
spoliation *n.*	שׁוֹד, בִּיזָה
sponge *n.*	סְפוֹג
spongy *adj.*	סְפוֹגִי
sponsor *n.* 1. (patron)	פַּטרוֹן
2. (advertiser)	מְפַרסֵם
sponsor *vt.*	נָתַן חָסוּת
sponsorship *n.*	חָסוּת
spontaneity *n.*	סְפּוֹנטָנִיוּת
spontaneous *adj.*	סְפּוֹנטָנִי
spoof *n.*	מַהֲתָלָה
spook *n.*	רוּחַ רְפָאִים, שֵׁד
spook *vt.*	הִפחִיד
spooky *adj.*	מַפחִיד
spool *n.*	סְלִיל
spooler *n.* (*comp.*)	נָתַב הַדפָּסָה

spoon *n.*	כַּף נ׳ (כַּפּוֹת), כַּפִּית
spoon-feed	הֶאֱכִיל בְּכַפִּית
spoonerism *n.*	חִילוּפֵי אוֹתִיוֹת
spoonful *n.*	מְלוֹא הַכַּף
spoor *n.*	עִקבוֹת חַיָה
sporadic *adj.*	לֹא סָדִיר
spore *n.*	נֶבֶג
sport *n.*	סְפּוֹרט
sport *vt.* (show off)	הִצִיג לְרַאֲוָוה
sportscaster *n.*	שַׁדרָן סְפּוֹרט
sportsman *n.*	סְפּוֹרטַאי
sportsmanship *n.*	רוּחַ סְפּוֹרטִיבִית
sporty *adj.*	סְפּוֹרטִיבִי
spot *n.* 1. (stain)	כֶּתֶם
2. (place)	מָקוֹם ז׳ (מְקוֹמוֹת)
3. (dot)	נְקוּדָה
hot spot	מְקוֹם בִּילוּי פּוֹפּוּלָרִי
on the spot	בַּמָקוֹם, מִיָד
weak spot	נְקוּדַת תוּרפָּה
spot *vt.* 1. (stain)	הִכתִים
2. (locate, detect)	אִיתֵר, הִבחִין בּ-
spotless *adj.*	לְלֹא רְבָב
spotlight *n.*	זַרקוֹר
spotted *adj.*	מְנוּמָר
spotty *adj.*	מוּכתָם
spousal *adj.*	שֶׁל בֶּן-זוּג
spouse *n.*	בַּעַל אוֹ אִישָׁה, בֶּן/בַּת זוּג
spout *n.*	זַרבּוּבִית
spout *vt.*; *vi.*	הִתִיז ; נִיתַז
sprain *vt.*	נָקַע
sprang *p.* spring	
sprawl *vi.*	הִשׂתָרֵעַ, הִתפָּרֵס
spray *n.* 1. (discharge)	תַרסִיס, רֶסֶס
2. (branch)	עָנָף קָטָן
spray *vt.*	רִיסֵס
sprayer *n.*	מַרסֵס, מַזלֵף
spread *n.* 1. (expansion)	הִתפַּשְׁטוּת
2. (dissemination)	הֲפָצָה, פִּיזוּר
3. (paste)	מִמרָח
4. (expanse)	מֶרחָב, שֶׁטַח

5. (cloth cover) כִּיסוּי
spread *vt.*; *vi.* פָּרַשׂ; הִתְפַּשֵּׁט, הִשְׂתָּרֵעַ
2. הֵפִיץ, פִּיזֵּר; נָפוֹץ, הִתְפַּזֵּר
3. מָרַח
4. (spread out) פִּישֵּׂק
spreader *n.* מְפַזֵּר
spreadsheet *n.* דַּף חֶשְׁבּוֹנוֹת (מְמוּחְשָׁב)
spree *n.* בּוּלְמוּס
sprig *n.* חוֹטֶר, עָנָף קָטָן
spring *n.* 1. (season) אָבִיב
2. (metal coil) קְפִיץ
3. (water source) מַעְיָן ז׳ (מַעְיָנוֹת)
spring *vi.* קָפַץ, נִיתֵּר
spring up צָץ, הוֹפִיעַ
springboard *n.* מַקְפֵּצָה, קֶרֶשׁ קְפִיצָה
springtime *n.* אָבִיב, עוֹנַת הָאָבִיב
springy *adj.* קְפִיצִי
sprinkle *n.* (light rain) גֶּשֶׁם קַל, טִיפְטוּף
sprinkle *vt.* הִתִּיז
sprinkler *n.* מַמְטֵרָה
sprint *n.* מֵירוֹץ, זִינּוּק
sprit *n.* מוֹט ז׳ (מוֹטוֹת), קוֹרָה
sprite *n.* שֵׁדוֹן
spritz *n.* רֶסֶס, שְׁפְּרִיץ
spritz *vt.* רִיסֵּס
sprocket *n.* גַּלְגַּל שַׁרְשֶׁרֶת
sprout *n.* נֶבֶט
sprout *vi.* נָבַט, צָמַח
spruce *n.* אַשׁוּחִית
spruce *adj.* מְסוּדָּר, מְצוּחְצָח
spruce (up) *vt.* סִידֵּר, צִיחְצַח
sprung *p.*; *pp.* spring
spry *adj.* קַל-תְּנוּעָה
spud *n.* 1. (potato) תַּפּוּחַ אֲדָמָה
2. (spade) מַעְדֵּר
spume *n.* קֶצֶף
spunk *n.* אוֹמֶץ
spur *n.* 1. (spike) דּוֹרְבָן ז׳ (דּוֹרְבָנוֹת)
2. (stimulus) תַּמְרִיץ, דַּחַף
spur *vt.* דִּירְבֵּן, הִמְרִיץ
spurious *adj.* מְזוּיָּף, מְלָאכוּתִי
spurn *vt.* דָּחָה בְּבוּז
spurt *n.* שֶׁטֶף, פֶּרֶץ
sputter *n.* הִתִּיז, יָרַק
spy *n.* מְרַגֵּל
spy *vi.* רִיגֵּל
spymaster *n.* רַב-מְרַגְּלִים
squab *n.* גּוֹזַל יוֹנִים
squabble *n.* רִיב, קְטָטָה
squabble *vi.* רָב, הִתְקוֹטֵט
squad *n.* כִּיתָּה, חוּלְיָה
death/hit squad חוּלְיַת חִיסּוּל
firing squad כִּיתַּת יוֹרִים
squadron *n.* 1. (air-force unit) טַיֶּיסֶת
2. (navy unit) שַׁיֶּיטֶת
3. (army unit) יְחִידָה, פְּלוּגָה
squalid *adj.* מְטוּנָּף, מְזוֹהָם
squall *n.* צְעָקָה
squall *vi.* צָעַק
squalor *n.* טִינּוֹפֶת, זוֹהֲמָה
squamous *adj.* מְכוּסֶּה קַשְׂקַשִּׂים
squander *n.* בַּזְבְּזָנוּת, פַּזְרָנוּת
squander *vt.* בִּיזְבֵּז
square *n.* 1. (rectangle) רִיבּוּעַ; מִשְׁבֶּצֶת
2. (open intersection) כִּיכָּר נ׳ (כִּיכָּרוֹת), רְחָבָה
3. (*math*) רִיבּוּעַ/חֶזְקָה
square one הַתְחָלָה
square *adj.* 1. (four-sided) מְרוּבָּע
2. (fair) הוֹגֵן
3. (conservative) שַׁמְרָנִי, "מְרוּבָּע"
square *vt.* 1. (make square) רִיבֵּעַ
2. (straighten) יִישֵּׁר, יִישֵּׁב
3. (pay off) פָּרַע חוֹב
4. (*math*) הֶעֱלָה בְּרִיבּוּעַ
square *adv.* 1. (fairly) בַּהֲגִינוּת
2. (straight) יָשָׁר
square off הִתְכּוֹנֵן לַקְּרָב
squarely *adv.* בַּהֲגִינוּת
squash *n.* 1. (vegetable) דְּלַעַת
2. (act of squashing) מְעִיכָה

3. (game)	סְקוֹוש
squash *vt.*; *vi.* 1. (crush)	מָעַךְ, מָחַץ ; נִמְעַךְ, נִמְחַץ
2. (suppress)	דִיכֵּא
squashy *adj.*	מָעִיךְ, רַךְ
squat *adj.*	גוּץ
squat *vi.* 1. (sit on heels)	יָשַב שְפוּף
2. (occupy illegally)	פָּלַש
squatter *n.*	פּוֹלֵש
squawk *n.*	צְרִיחָה
squawk *vi.*	צָרַח
squeak *n.*	חֲרִיקָה
squeak *vi.*	חָרַק
squeaky *adj.*	חוֹרֵק, חוֹרקָנִי
squeal *n.*	צְרִיחָה
squeal *vi.*	צָרַח
squeamish *adj.* 1. (sensitive)	רָגִיש
2. (fastidious)	בַּרְרָן, דַקדְקָן
squeegee *n.*	מַגָב
squeegee *vt.*	נִיגֵב בְּמַגָב
squeeze *n.* 1. (extraction)	סְחִיטָה
2. (pressure)	לַחַץ
3. (cram)	דְחִיסָה, דוֹחַק
put the squeeze	הִפעִיל לַחַץ
squeeze *vt.*1.	סָחַט
2.	לָחַץ
3.	דָחַס, דָחַק
squeeze through	הִצלִיחַ בְּקוֹשִי
squeezer *n.*	מַסחֵטָה
squelch *n.*	תְשוּבָה מוֹחֶצֶת
squib *n.*	אִימרָה שְנוּנָה
squid *n.*	דְיוֹנוּן
squiggle *n.*	שִירבּוּט, קִישקוּש
squint *n.* 1. (look)	מִיצמוּץ
2. (cross-eye)	פְּזִילָה
squint *vi.* 1.	מִיצמֵץ
2.	פָּזַל
squire *n.* 1. (landlord)	בַּעַל-אֲחוּזָה
2. (nobleman)	אָצִיל
3. (escort)	בֶּן-לְוָויָה

squire *vt.*	לִיוָוה אִישָה
squirm *vi.*	הִתפַּתֵל
squirmy *adj.*	מִתפַּתֵל
squirrel *n.*	סְנָאִי
squirt *vt.*	הִתִיז
squish *vt.*	מָעַךְ
squishy *adj.*	רַךְ, סְפוֹגִי
Sr. (senior)	הָאָב
S.S. (steamship)	אוֹנִיַית קִיטוֹר
SSN (Social Security number)	מִספַּר זִיהוּי (אַרהַ״ב)
stab *n.*	דְקִירָה
stab *vt.*	דָקַר
stab in the back	תָקַע סַכִּין בַּגַב, בָּגַד בּ-
stability *n.*	יַצִיבוּת
stabilization *n.*	יִיצוּב
stabilize *vt.*; *vi.*	יִיצֵב ; הִתייַצֵב
stabilizer *n.*	מְייַצֵב
stable *n.*	אוּרוָוה
stable *adj.*	יַצִיב
staccato *adj.*	סְטָקָטוֹ, מְקוּטָע
stack *n.*	עֲרֵימָה, מִצבּוֹר
stacks *pn.*	מַדְפֵּי סְפָרִים
stack *vt.*; *vi.*	עָרַם ; נֶעֱרַם
stack up	הִשתַוָוה ל-
stackable *adj.*	שֶנִיתָן לַעֲרוֹם
stadium *n.*	אִיצטַדיוֹן
staff *n.* 1. (personnel)	סֶגֶל, חֶבֶר עוֹבְדִים
2. (military command)	מַטֶה ז׳ (מַטוֹת)
3. (stick)	מַקֵל ז׳ (מַקלוֹת), מוֹט ז׳ (מוֹטוֹת)
chief of staff	רַמַטכָּ״ל, רֹאש מַטֶה כְּלָלִי
general staff	מַטכָּ״ל, מַטֶה כְּלָלִי
staff *vt.*	אִייֵש
staffer *n.*	אִיש סֶגֶל
stag *n.*	צְבִי
stag *adj.*	לִגבָרִים בִּלבַד
stag *adv.*	לְלֹא בַּת-זוּג
stage *n.* 1. (elevated platform)	בָּמָה, בִּימָה
2. (phase)	שָלָב
set the stage	הֵכִין אֶת הַקַרקַע

stage *vt.* הִצִּיג, בִּיֵּים
stagecoach *n.* כִּרְכָּרָה
stagflation *n.* מִיתּוּן עִם אִינפלַצְיָה
stagger *vi.* הִתְנוֹדֵד
stagnant *adj.* 1. (motionless) לְלֹא תְזוּזָה, קוֹפֵא עַל שְׁמָרָיו
2. (sluggish) לֹא פָּעִיל, רָפֶה
stagnate *vi.* דָּרַךְ בַּמָּקוֹם
stagnation *n.* קִיפָּאוֹן, דְּרִיכָה בַּמָּקוֹם
stagy *adj.* מְבוּיָּים, מְלָאכוּתִי
staid *adj.* שָׁקֵט, רְצִינִי
stain *n.* כֶּתֶם ; צֶבַע
stain *vt.* הִכְתִּים ; צָבַע
stainless *adj.* 1. (unblemished) לְלֹא דוֹפִי
2. (rust-proof) אַל-חֶלֶד, לֹא מַחֲלִיד
stair *n.* מַדְרֵגָה
staircase, stairway *n.* גֶּרֶם מַדְרֵגוֹת
stairwell *n.* חֲדַר-מַדְרֵגוֹת
stake *n.* 1. (post) יָתֵד נ׳ (יְתֵדוֹת)
2. (interest) אִינטֶרֶס, חֵלֶק (בְּעִנְיָין)
at stake עַל כַּף הַמֹּאזְנַיִים
raise the stakes הֶעֱלָה אֶת הַסִּיכּוּן
stake *vt.* 1. (fasten) קָשַׁר בְּיָתֵד
2. (gamble) הִימֵּר עַל, סִיכֵּן
stake out שָׂם תַּחַת מַעֲקָב
stalactite *n.* סְטָלַגְטִיט
stalagmite *n.* סְטָלַגְמִיט
stale *adj.* לֹא טָרִי, מְעוּפָּשׁ
stalemate *adj.* קִיפָּאוֹן, מָבוֹי סָתוּם
stalk *n.* גִּבְעוֹל
stalk *vt.* עָקַב אַחֲרֵי
stalker *n.* אוֹרֵב
stall *n.* 1. (compartment) תָּא
2. (booth) בִּיתָן, דוּכָן
3. (animal shelter) אוּרְוָה
stall *vt.*; *vi.* 1. (delay) עִיכֵּב, הִשְׁהָה ; הִתְעַכֵּב, הִשְׁתַּהָה
2. *vi.* (stop running) נִכְבָּה, הִשְׁתַּתֵּק
stallion *n.* סוּס הַרְבָּעָה
stalwart *n.* (supporter) חָסִיד, תּוֹמֵךְ

stalwart *adj.* (strong) חָזָק, מוּצָק
stamina *n.* כּוֹשֶׁר עֲמִידָה
stammer *n.* גִּימְגּוּם
stammer *vi.* גִּימְגֵּם
stamp *n.* 1. (for postage) בּוּל
2. (for imprinting) חוֹתֶמֶת
3. (seal) חוֹתָם
food stamp תְּלוּשׁ מָזוֹן
stamp *vt.* 1. בִּיֵּיל
2. הֶחְתִּים, הִטְבִּיעַ חוֹתֶמֶת
3. (trample) דָּרַךְ, רָקַע
stampede *n.* מְנוּסָה הֲמוֹנִית
stance *n.* 1. (standing) עֲמִידָה
2. (position, viewpoint) עֶמְדָה, הַשְׁקָפָה
stanch *vt.*; *vi.* עָצַר, הִפְסִיק
stanchion *n.* עַמּוּד, קוֹרָה
stand *n.* 1. (position) עֶמְדָה
2. (halt) עֲצִירָה
3. (counter) דּוּכָן
4. (rack) כַּן
5. (taxi stop) תַּחֲנַת מוֹנִיּוֹת
stand aside עָמַד מִן הַצַּד, (-מִנֶּגֶד)
stand-in כָּפִיל, מְמַלֵּא מָקוֹם
concession stand דּוּכַן מְכִירוֹת
one-night stand מִשְׁגָּל חַד-לֵילִי
take a stand נָקַט עֶמְדָה
witness stand דּוּכַן עֵדִים
stand *vi.*; *vt.* 1. (be/put upright) עָמַד ; הֶעֱמִיד
2. vi. (be stationary) נֶעֱמַד, לֹא זָז
3. *vt.* (bear) נָשָׂא, סָבַל
stand by 1. (wait) הִמְתִּין
2. (support) תָּמַךְ בּ-
stand for 1. (represent) מְיַיצֵּג
2. (tolerate) סָבַל
stand in מִילֵּא מָקוֹם
stand out בָּלַט
stand up 1. (get up) קָם, נֶעֱמַד
2. (remain valid) נִשְׁאַר בְּתוֹקֶף
3. (fail to keep a date) לֹא הוֹפִיעַ לִפְגִישָׁה
stand up for הֵגֵן עַל

stand up to התייַצֵב מול, הִתעַמֵת עִם
standard *n.* 1. (benchmark) תֶקֶן, קְנֵה מִידָה
2. (level) רָמָה
3. (flag) דֶגֶל
standard of living רָמַת חַיִים
standard-bearer נוֹשֵׂא דֶגֶל
double standard מוּסָר כָּפוּל, אֵיפָה וְאֵיפָה
standard *adj.* 1. (according to norm) תִקְנִי, סְטַנדַרטִי
2. (regular) רָגִיל
standardization *n.* קְבִיעַת תֶקֶן אָחִיד
standardize *vt.* קָבַע תֶקֶן אָחִיד
standby *n.* 1. (waiting traveler) בְּהַמתָנָה
2. (ready to substitute) בְּכוֹנְנוּת
standing *n.* מַעֲמָד
standoff *n.* תֵיקוּ, קִיפָּאוֹן
standout *n.* אָדָם בּוֹלֵט, מִשְׁכְמוֹ וָמַעְלָה
standpoint *n.* הֶיבֵּט, נְקוּדַת רְאוּת
standstill *n.* קִיפָּאוֹן, חוֹסֶר תְזוּזָה
stank *p.* stink
stanza *n.* בַּיִת (שֶׁל שִׁיר)
staple *n.* סִיכַּת הִידוּק
staple *vt.* הִידֵק
stapler *n.* מְהַדֵק
star *n.* כּוֹכָב
Stars and Stripes דֶגֶל אַרצוֹת הַבְּרִית
all-star מָלֵא/שׁוֹפֵעַ כּוֹכָבִים
star *vi.* כִּיכֵּב
starch *n.* עֲמִילָן
starchy *adj.* מְעוּמלָן
stardom *n.* מַעֲמָד שֶׁל כּוֹכָב
stare *n.* מַבָּט חוֹדֵר
stare *vi.* נָעַץ מַבָּט
starfish *n.* כּוֹכַב יָם
stargaze *vi.* צָפָה בַּכּוֹכָבִים
stark *adj.* 1. (blunt) בּוֹטֶה, קָשֶׁה
2. (utter) מוּחלָט, לְגַמרֵי
starlet *n.* כּוֹכבָנִית
starlight *n.* אוֹר כּוֹכָבִים

starling *n.* זַרזִיר
starlit *adj.* מוּאָר בְּאוֹר כּוֹכָבִים
starry *adj.* 1. (glittering) נוֹצֵץ
2. (star-like) דְמוּי-כּוֹכָב
starry-eyed בַּעַל חֲלוֹמוֹת רוֹמַנטִיִים
start *n.* הַתחָלָה
false start (*sports*) זִינוּק מוּקדָם
head start יִתרוֹן עַל מִתחָרִים
start *vt.* 1. (begin) הִתחִיל
2. (activate) הִפעִיל
3. (turn on an engine) הִתנִיעַ
starter *n.* מַתנֵעַ
for starters קוֹדֶם כּוֹל
startle *vt.* הִדהִים, הִפתִיעַ
startling *adj.* מַדהִים, מַפתִיעַ
startup *n.* 1. (*comp.*) אִיתחוּל
2. (new company) חֶברַת הֶזנֵק
starvation *n.* רָעָב, מָוֶות מֵרָעָב
starve *vi.*; *vt.* רָעַב, מֵת מֵרָעָב; הִרעִיב
stash *n.* מַחבּוֹא
stash *vt.* הֶחבִּיא
state *n.* 1. (political entity) מְדִינָה
2. (condition) מַצָּב
state of mind הֲלַךְ רוּחַ
state of the art חָדִישׁ, הַמִילָה הָאַחֲרוֹנָה
construct state (*gram.*) סְמִיכוּת
satellite state מְדִינָה גְרוּרָה
United States אַרצוֹת הַבְּרִית
vegetative state בְּמַצָּב שֶׁל צֶמַח
welfare state מְדִינַת סַעַד
state *adj.* מַמלַכתִי
state *vt.* הִצהִיר, בִּיטֵא
statehood *n.* מַעֲמָד שֶׁל מְדִינָה
statehouse *n.* בֵּית-מְחוֹקְקִים
stateless *adj.* חֲסַר-נְתִינוּת
stateliness *n.* פְּאֵר
stately *adj.* מְפוֹאָר, מַרשִׁים
statement *n.* 1. (declaration) הַצהָרָה
2. (financial account) חֶשׁבּוֹן
stateroom *n.* תָא פְּרָטִי (בְּאוֹנִייָה/בְּרַכֶּבֶת)

stateside *adj.* שֶׁל/בְּתוֹךְ אַרְצוֹת הַבְּרִית
statesman *n.* מְדִינַאי
statesmanship *n.* כּוֹשֶׁר מְדִינָאוּת
static *n.* רַעַשׁ אֶלֶקטְרוֹנִי
static *adj.* נַיָּח, סְטָטִי
station *n.* 1. (stopping place; post) תַּחֲנָה
2. (position) עֶמְדָּה
broadcast station תַּחֲנַת שִׁידּוּר
filling/gas station תַּחֲנַת דֶּלֶק
fire station תַּחֲנַת כִּיבּוּי אֵשׁ
way station תַּחֲנַת בֵּינַיִים
weather station תַּחֲנָה מֶטֶאוֹרוֹלוֹגִית
station *vt.* הִצִּיב, מִיקֵּם
stationary *adj.* נַיָּח, קָבוּעַ
stationery *n.* מַכְשִׁירֵי כְּתִיבָה
statistical *n.* סְטָטִיסְטִי
statistician *n.* סְטָטִיסְטִיקָן
statistics *n.* סְטָטִיסְטִיקָה
vital statistics נְתוּנֵי תְּנוּעָה טִבְעִית
stative *adj.* שֶׁל מַצָּב
statuary *n.* פִּיסּוּל, פְּסָלִים
statue *n.* פֶּסֶל
statuesque *adj.* דְּמוּי-פֶּסֶל
statuette *n.* פִּסְלוֹן
stature *n.* קוֹמָה
status *n.* מַעֲמָד, סְטָטוּס
status quo סְטָטוּס קְווֹ, הַמַּצָּב הַקַּיָּים
statute *n.* חוֹק, תַּקָּנָה
statute of limitations חוֹק הִתְיַישְּׁנוּת
statutory *adj.* לְפִי חוֹק, קָבוּעַ בַּחוֹק
staunch *adj.* חָזָק, אֵיתָן
stave *n.* פַּס עֵץ
stave *vt.* שָׁבַר
stave off מָנַע, הָדַף
stay *n.* 1. (suspension) הַשְׁעָיָה
2. (sojourn) שְׁהִיָּה זְמַנִּית
stay 1. *vt.* הִשְׁעָה
2. *vi.* שָׁהָה
3. (remain) נִשְׁאַר
stay put נִשְׁאַר בַּמָּקוֹם
stay the course הֶחֱזִיק מַעֲמָד, הִתְמִיד
stead *n.* מָקוֹם ז׳ (מְקוֹמוֹת)
steadfast *adj.* אֵיתָן, יַצִּיב
steadily *adv.* בְּהַתְמָדָה
steadiness *n.* יַצִּיבוּת, קְבִיעוּת, הַתְמָדָה
steady *adj.* יַצִּיב, קָבוּעַ
go steady יָצָא בִּקְבִיעוּת (עִם בֶּן/בַּת זוּג)
steak *n.* אוּמְצָה, סְטֵייק
steal *n.* 1. (theft) גְּנֵיבָה
2. (bargain) מְצִיאָה
steal *vt.* גָּנַב
stealer *n.* גַּנָּב
stealth *n.* הִתְגַּנְּבוּת, חַמְקָנוּת
steam *n.* אֵד, קִיטוֹר
steam *vi.* 1. (emit steam) הֶעֱלָה אֵדִים
2. (show anger) רָתַח מִזַּעַם
3. *vt.* (cook with steam) בִּישֵּׁל בְּאֵדִים
steamboat *n.* סְפִינַת קִיטוֹר
steamer *n.* כְּלִי אִידּוּי
steaming *adj.* מַהֲבִיל
steamroller *n.* מַכְבֵּשׁ
steamroller *vt.* מָחַץ
steamship *n.* אוֹנִיַּית קִיטוֹר
steamy *adj.* 1. (emitting steam) מַעֲלֶה אֵדִים
2. (erotic) אֶרוֹטִי
steed *n.* סוּס
steel *n.* פְּלָדָה
steel-belted בַּעַל חֲגוֹרַת פְּלָדָה
stainless steel פְּלָדַת אַל-חֶלֶד
steely *adj.* דְּמוּי-פְּלָדָה
steep *adj.* 1. (precipitous) תָּלוּל
2. (exorbitant) מוּפְרָז
steeple *n.* צְרִיחַ חֲרוּטִי
steepness *n.* תְּלִילוּת
steer *n.* שׁוֹר צָעִיר
steer *vt.* כִּיווֵּן הֶגֶה, הִטָּה, נִיוֵּוט
steerage *n.* הִיגּוּי, נִיוּוּט
stein *n.* סֵפֶל בִּירָה
stellar *adj.* 1. (of stars) כּוֹכָבִי
2. (outstanding) רִאשׁוֹן בְּמַעֲלָה; בּוֹלֵט

stem *n.* 1. (stalk)	גִבעוֹל, קָנֶה
2. (word form)	גֶזַע (שֶל מִילָה)
from stem to stern	מִקָצֶה אֶל קָצֶה
stem *vt.* 1. (block out)	חָסַם, בָּלַם
2. *vi.* (originate)	נָבַע
stemware *n.*	גְבִיעַ גִבעוֹל
stench *n.*	סֵירָחוֹן, צַחֲנָה
stencil *n.*	שַעֲוָונִית
stenographer *n.*	קַצרָן
stenography *n.*	קַצרָנוּת
stentorian *adj.*	רַם-קוֹל
step *n.* 1. (pace)	צַעַד
2. (stage)	שָלָב
3. (degree)	דַרגָה, מַדרֵגָה
step by step	בְּהַדרָגָה
out of step (off-rhythm)	לֹא בַּקֶצֶב הַנָכוֹן
step *vi.*	צָעַד
step down	הִתפַּטֵר
step in	הִתעָרֵב, נִכנַס לָעִניָין
step on it	מִיהֵר, הִזדָרֵז
step out	יָצָא לְרֶגַע
step up	הִגבִּיר
stepbrother *n.*	אָח חוֹרֵג
stepchild *n.*	יֶלֶד חוֹרֵג
stepdaughter *n.*	בַּת חוֹרֶגֶת
stepfather *n.*	אָב חוֹרֵג
stepladder *n.*	דְרַגרַג
stepmother *n.*	אֵם חוֹרֶגֶת
stepparent *n.*	הוֹרֶה חוֹרֵג
steppe *n.*	עֲרָבָה
steppingstone *n.*	קֶרֶש קְפִיצָה
stepsister *n.*	אָחוֹת חוֹרֶגֶת
stepson *n.*	בֵּן חוֹרֵג
stere *n.*	מֶטֶר מְעוּקָב
stereo *n.*	סְטֶרֵיאוֹ
stereo, stereophonic *adj.*	סְטֶרֵיאוֹפוֹנִי
stereoscope *n.*	סְטֶרֵיאוֹסקוֹפּ
stereotype *n.*	הֶטפֵּס, סְטֶרֵיאוֹטִיפּ
stereotype *vt.*	הִדבִּיק תָווִית
sterile *adj.* 1. (free from bacteria)	מְחוּטָא

2. (unable to reproduce)	עָקָר, מְעוּקָר
sterility *n.*	עֲקָרוּת
sterilization *n.* 1.	חִיטוּי
2.	עִיקוּר
sterilize *vt.* 1.	חִיטֵא
2.	עִיקֵר
sterilizer *n.*	מְחַטֵא; מְעַקֵר
sterling *n.*	סְטֶרלִינג
sterling *adj.*	מְעוּלֶה, מְצוּיָין
stern *n.*	אֲחוֹרֵי הַסְפִינָה
stern *adj.*	חָמוּר, קָשוּחַ
sternum *n.*	עֶצֶם הֶחָזֶה
sternness *n.*	חוּמרָה, קְשִיחוּת
steroid *n.*	סְטֶרוֹאִיד
stethoscope *n.*	מַסכֵּת, סְטֶטוֹסקוֹפּ
stevedore *n.*	סַוָור
stew *n.*	תַבשִיל בָּשָׂר
stew *vt.*; *vi.*	בִּישֵל, הִתבַּשֵל
steward *n.* 1. (attendant)	דַייָל
2. (manager)	מְנַהֵל (אֲחוּזָה)
stewardess *n.*	דַייֶלֶת
stewardship *n.*	הַנהָגָה
stick *n.*	מַקֵל ז׳ (מַקְלוֹת)
stick *vt.* 1. (push into, pierce)	תָקַע, נָעַץ
2. *vi.* (impose)	הֵטִיל
3. (jam)	נִתקַע
4. *vt.*; *vi.* (glue)	הִדבִּיק; נִדבַּק
stick around	נִשאַר בַּסְבִיבָה, הִשתַהָה
stick it to	לֹא הִתייַחֵס יָפֶה אֶל
stick out 1. (push out)	הוֹצִיא
2. (be prominent)	בָּלַט
stick to (adhere)	דָבַק בּ-, נִצמַד אֶל
stick together	הִתלַכֵּד, שָמַר עַל אַחדוּת
stick up	שָדַד
stick up for	הֵגֵן עַל, תָמַך בּ-
sticker *n.*	מַדבֵּקָה
bumper sticker	מַדבֵּקַת פָּגוֹש
stickiness *n.*	דְבִיקוּת
stickler *n.*	עַקשָן, עוֹמֵד עַל דַעתוֹ
stickup *n.*	שוֹד

sticky *adj.* 1. (adhesive) דָּבִיק
2. (difficult) קָשֶׁה
stiff *adj.* 1. (rigid) קָשֶׁה, קָשׁוּחַ, לֹא גָמִיש
2. (excessive) מוּפְרָז
stiff-necked קְשֵׁה-עוֹרֶף
stiffen *vt.* הִקְשָׁה
stiffness *n.* קַשְׁיוּת, קְשִׁיחוּת, אִי-גְמִישׁוּת
stifle *vt.* 1. (smother) חָנַק
2. (curb) רִיסֵן, מָנַע
stigma *n.* כֶּתֶם, אוֹת קָלוֹן, סְטִיגְמָה
stigmatize *vt.* הִכְפִּישׁ, הִדְבִּיק תָּוִית
stile *n.* מַדְרֵגוֹת
stiletto *n.* פִּגְיוֹן
still *n.* 1. (silence) שֶׁקֶט, דְּמָמָה
2. (photograph) תְּמוּנָה, סְטִיל
still *adj.* 1. (motionless) נַיָּיח, חֲסַר-תְּנוּעָה
2. (quiet) שָׁקֵט, דּוֹמֵם
still *adv.* 1. (yet) עֲדַיִין
2. (nevertheless) בְּכוֹל זֹאת
3. (motionlessly) לְלֹא תְּנוּעָה
stillbirth *n.* לֵידַת מֵת
stillborn *adj.* 1. (dead at birth) שֶׁנוֹלַד מֵת
2. (abortive) כּוֹשֵׁל, -נֵפֶל
stilt *n.* 1. (walking stick) קַב ז׳ (קַבַּיִים)
2. (supporting post) כְּלוֹנָס, עַמּוּד
stimulant *n.* חוֹמֶר מְעוֹרֵר, תַּמְרִיץ
stimulate *vt.* עוֹרֵר, הִמְרִיץ, דִּירְבֵּן
stimulation *n.* הַמְרָצָה, דִּירְבּוּן
stimulative *adj.* מְעוֹרֵר, מַמְרִיץ, מְדַרְבֵּן
stimulus *n.* תַּמְרִיץ, דְּחִיפָה
sting *n.* 1. (act of stinging) עֲקִיצָה
2. (insect's piercing point) עוֹקֶץ
sting *vt.* 1. (pierce) עָקַץ
2. (pain) צָרַב, הִכְאִיב
stingern *n.* עוֹקֶץ
stinginess *n.* קַמְצָנוּת
stingray *n.* דַּג טְרִיגוֹן
stingy *adj.* קַמְצָן
stink *n.* סֵירָחוֹן
make a stink הֵקִים רַעַשׁ
stink *vi.; vt.* הִסְרִיחַ
stinker *n.* מַגְעִיל, נִבְזֶה
stinky *adj.* מַסְרִיחַ
stint *n.* 1. (allotted work) מִכְסָה
2. (restriction) הַגְבָּלָה
stipend *n.* מִילְגָה, סְטִיפֶּנְדְיָה
stipple *vt.* נִימֵּר, מִילֵּא בִּנְקוּדוֹת
stipulate *vt.* הִתְנָה, קָבַע כִּתְנַאי
stipulation *n.* הַתְנָיָה, תְּנַאי
stipulatory *adj.* שֶׁל תְּנַאי
stir *n.* 1. (agitation) בְּחִישָׁה
2. (commotion) מְהוּמָה, הִתְרַגְּשׁוּת
stir-fry טִיגֵּן בִּבְחִישָׁה
stir *vt.* 1. (agitate, mix) בָּחַשׁ, עִירְבֵּב
2. (rouse) עוֹרֵר
stirrup *n.* מִשְׁוֶורֶת
stitch *n.* תֶּפֶר
stitch *vt.* תָּפַר
stitchery *n.* תְּפִירָה
stock *n.* 1. (supply) מְלַאי
2. (share) מְנָיָה
3. (breed) גֶּזַע, מִין
4. (livestock) מֶשֶׁק הַחַי
5. (broth) מָרָק
6. (raw material) חוֹמֶר גֶּלֶם
take stock in (trust) בָּטַח בּ-, סָמַךְ עַל
stocks *pn.* (punishing device) סַד
stock *vt.* הֶחֱזִיק בְּמְלַאי, צָבַר
stock up צָבַר מְלַאי
stockade *n.* 1. (fence) גָּדֵר נ׳ (גְּדֵרוֹת)
2. (prison) כֶּלֶא
stockbroker *n.* סוֹכֵן מְנָיוֹת, בְּרוֹקֶר
stockbrokerage *n.* סוֹכְנוּת מְנָיוֹת
stockholder *n.* בַּעַל-מְנָיוֹת
stocking *n.* גֶּרֶב ז׳ (גַּרְבַּיִים)
stockpile *n.* מְלַאי, מַאֲגָר
stockpile *vt.* צָבַר, אָגַר
stocky *adj.* חָסוֹן
stockyard *n.* מִכְלָאָה
stodgy *adj.* מְשַׁעֲמֵם

stoke *vt.* לִיבָּה, הֵזִין אֵש, הִסִּיק
stoker *n.* מַסִּיק
stole *p.* steal
stolen *pp.* steal
stolen *adj.* גָּנוּב
stolid *adj.* חֲסַר-רְגָשׁוֹת, אָדִישׁ
stoma *n.* פֶּתַח
stomach *n.* 1. (digestive sac) קֵיבָה
2. (belly) בֶּטֶן
stomach *vt.* נָשָׂא, סָבַל
stomachache *n.* כְּאֵב בֶּטֶן
stomp *n.* רִיקּוּד רְקִיעוֹת
stomp *vt.*; *vi.* רָקַע בְּרַגלוֹ, דָּרַךְ
stone *n.* אֶבֶן נ׳ (אֲבָנִים)
precious stone אֶבֶן יְקָרָה, אֶבֶן חֵן
stone *vt.* רָגַם, סָקַל
stoned *adj.* מְסוּמָם
stonewall *vi.* עִיכֵּב ; הִתחַמֵּק
stoneware *n.* כְּלֵי חֶרֶס
stony *adj.* שֶׁל אֶבֶן, דְמוּי-אֶבֶן
stood *p.*; *pp.* stand
stooge *n.* 1. (entertainer) בַּדְרָן
2. (puppet) כְּלִי שָׁרֵת
stool *n.* 1. (seat) שְׁרַפרַף
2. (feces) צוֹאָה
stoop *n.* רְכִינָה, הִתכּוֹפְפוּת
stoop *vi.* 1. (bend) הִתכּוֹפֵף
2. (lower oneself) הִשפִּיל עַצמוֹ, יָרַד
stop *n.* 1. (halt) עֲצִירָה
2. (cessation) הַפסָקָה
3. (stay) שְׁהִיָּה
4. (plug) פְּקָק, מַסתֵם
5. (punctuation mark) נְקוּדָה
bus stop תַּחֲנַת אוֹטוֹבּוּס
full stop 1. (halt) עֲצִירָה מוּחלֶטֶת
2. (dot) נְקוּדָה
glottal stop עִיצוּר סִדקִי
whistle stop עֲצִירָה בְּעִיר קְטַנָּה
stop *vt.*; *vi.* 1. עָצַר, בָּלַם
2. הִפסִיק
3. שָׁהָה
4. סָתַם
stopgap *n.* תַּחֲלִיף
stoplight *n.* אוֹר בַּלָּם
stopover *n.* חֲנִיַּית בֵּינַיִים
stoppage *n.* עֲצִירָה
stopped-up *adj.* סָתוּם
stopper *n.* פְּקָק, מְגוּפָה
stopwatch *n.* שְׁעוֹן עֶצֶר, סְטוֹפֶּר
storage *n.* 1. (act of storing) אִיחסוּן
2. (storing place) מַחסָן
3. (storing charges) דְּמֵי אִיחסוּן
store *n.* 1. (shop) חֲנוּת
2. (warehouse) מַחסָן
3. (stock) מְלַאי
4. (abundance) שֶׁפַע
chain stores רֶשֶׁת חֲנוּיוֹת
convenience store חֲנוּת מַכּוֹלֶת
department store חֲנוּת כּוֹלבּוֹ
dime store חֲנוּת צֶנַע
discount store חֲנוּת הֲנָחָה
in store (expected) צָפוּי, עָתִיד לִקרוֹת
variety store חֲנוּת חֲפָצִים זוֹלִים
store *vt.* 1. (put in storage) אִיחסֵן
2. (reserve) שָׁמַר, אָגַר
3. (supply) סִיפֵּק
storefront *n.* חֲזִית חֲנוּת
storehouse *n.* מַחסָן
storekeeper *n.* חֶנוָנִי, בַּעַל-חֲנוּת
storeroom *n.* חֲדַר-אִיחסוּן, מַחסָן
storied *adj.* מְהוּלָל, מְפוּרסָם
stork *n.* חֲסִידָה
storm *n.* סְעָרָה, סוּפָה
storm *vt.* 1. (attack) הִסתָעֵר עַל, הִתקִיף
2. *vi.* (rush angrily) הִתפָּרֵץ בְּזַעַם
stormy *adj.* סוֹעֵר, גוֹעֵשׁ
story *n.* 1. (tale) סִיפּוּר
2. (level, floor) קוֹמָה
cover story כַּתָּבַת שַׁעַר
detective story סִיפּוּר בַּלָּשִׁי

fish story	סִיפּוּר לֹא סָבִיר
storyteller *n.*	מְסַפֵּר
stout *adj.* 1. (resolute)	הֶחלֵטִי, תַּקִיף
2. (sturdy)	חָזָק, אֵיתָן
3. (fat)	שָׁמֵן
stove *n.*	תַּנוּר, כִּירַיִים
stovepipe *n.*	אֲרוּבַּת תַּנוּר
stow *vt.*	אָרַז, אִיחסֵן
stowaway *n.*	נוֹסֵעַ סָמוּי
strabismal *adj.*	פּוֹזֵל
strabismus *n.*	פְּזִילָה
straddle *vi.*	יָשַׁב בְּפִישׂוּק רַגלַיִים
strafe *vt.*	הִפצִיץ
straggle *vi.*	תָּעָה, סָטָה מִן הַדֶּרֶךְ
straight *adj.* 1. (unbent)	יָשָׁר
2. (direct)	יָשִׁיר
3. (continuous)	רָצוּף
4. (undiluted)	לֹא מָהוּל
5. (heterosexual)	הֶטֶרוֹסֶקסוּאָלִי
straight *adv.*	יָשָׁר, יְשִׁירוֹת
straightaway *adj.*	יָשָׁר
straightedge *n.*	סַרגֵל יִישׁוּר
straighten *vt.*; *vi.*	יִישֵׁר ; הִתיַישֵׁר
straighten out	הִבהִיר ; הִתבַּהֵר
straightforward *adj.*	יָשִׁיר, גָלוּי
straightforward *adv.*	יְשִׁירוֹת, גְלוּיוֹת
straightway *adv.*	מִיָּד
strain *n.* 1. (stretch, stress)	מֶתַח
2. (overexertion)	מַאֲמָץ-יֶתֶר
3. (wrench)	נְקִיעָה
4. (pressure)	לַחַץ
5. (tune)	צְלִיל
6. (breed)	מִין, גֶזַע
7. (trait)	תְּכוּנָה, מְאַפיֵין
strain *vt.* 1.	מָתַח
2.	אִימֵץ
3.	נָקַע
4. (filter)	סִינֵן
strainer *n.*	מְסַנֵן, מְסַנֶנֶת
strait *n.* 1. (water channel)	מֵיצַר
2. (distress)	מְצוּקָה
straitjacket *n.*	מְעִיל רִיסוּן
straiten *vt.*	הִכנִיס לְצָרָה
strand *n.* 1. (shore)	חוֹף
2. (filament)	גְדִיל חוּטִים/שֵׂיעָר, סִיב
strand *vt.*	הֶעֱלָה עַל שִׂרטוֹן, תָּקַע
stranded *adj.*	תָּקוּעַ
strange *adj.* 1. (odd)	מוּזָר, מְשׁוּנֶה
2. (unfamiliar)	לֹא מוּכָּר
stranger *n.* 1. (unknown person)	זָר
2. (foreigner)	נוֹכרִי
strangle *vt.*	חָנַק, הֶחֱנִיק
stranglehold *n.*	אֲחִיזַת חֶנֶק
strangler *n.*	חַנָק, חוֹנֵק
strangulate *vt.* 1. (strangle)	חָנַק
2. (obstruct)	חָסַם, שִׁינֵק
strangulation *n.*	חֲנִיקָה
strap *n.*	רְצוּעָה
strap *vt.*	קָשַׁר בִּרצוּעָה
strapless *adj.*	לְלֹא כְּתֵפִיּוֹת
stratagem *n.*	תַּכסִיס
strategic *adj.*	אֶסטרָטֶגִי
strategy *n.*	אֶסטרָטֶגיָה
stratification *n.*	רִיבּוּד
stratify *vt.*	רִיבֵּד
stratosphere *n.*	סְטרָטוֹספֵירָה
stratum *n.*	שִׁכבָה, רוֹבֶד
stratus *n.*	עָנָן נָמוּךְ
straw *n.*	קַשׁ
last straw	"הַקַשׁ שֶׁשָׁבַר אֶת גַב הַגָמָל"
strawberry *n.*	תּוּת שָׂדֶה
stray *vi.* 1. (deviate)	סָטָה
2. (be lost)	תָּעָה
3. (wander)	שׁוֹטֵט, נָדַד
stray *adj.*	תּוֹעֶה ; מְשׁוֹטֵט
streak *n.* 1. (line)	קַו, פַּס
2. (trace)	עֲקֵבוֹת, סִימָן
3. (unbroken series)	סִידרָה
streak *vt.* 1. (mark a streak)	סִימֵן פַּס
2. *vi.* (rush)	מִיהֵר, רָץ

3. (run in the nude) רָץ בְּעֵירוֹם
streaky *adj.* מְפוּסְפָּס
stream *n.* זֶרֶם
stream *vi.* זָרַם
streamer *n.* 1. (flag) דֶּגֶל
2. (ribbon) סֶרֶט, רְצוּעָה
3. (ray) קֶרֶן נ׳ (קַרְנַיִים)
streamline *vt.* פִּישֵׁט, יִיעֵל
street *n.* רְחוֹב ז׳ (רְחוֹבוֹת)
dead-end street רְחוֹב לְלֹא מוֹצָא
streetcar *n.* חַשְׁמַלִּית
streetwalker *n.* יַצְאָנִית
strength *n.* חוֹזֶק, כּוֹחַ
strengthen *vt.* חִיזֵּק
strenuous *adj.* 1. (requiring exertion) מְאַמֵּץ
2. (vigorous) נִמְרָץ
streptococcus *n.* חַיידַק סְטְרֶפְּטוֹקוֹקוּס
stress *n.* 1. (tension) מֶתַח, לַחַץ נַפְשִׁי
2. (emphasis) דָּגֵשׁ, הַדְגָּשָׁה
stress *vt.* 1. גָּרַם לְמֶתַח
2. הִדְגִּישׁ, הִטְעִים
stressed out *adj.* מָתוּחַ, בִּמְצוּקָה נַפְשִׁית
stressful *adj.* גּוֹרֵם מֶתַח, לוֹחֵץ
stretch *n.* 1. (stretching) מְתִיחָה
2. (extent) הֶיקֵּף, מֶשֶׁךְ זְמַן
3. (expanse) מֶרְחָב, מִשְׁטָח
stretch *vt.*; *vi.* 1. (pull to length) מָתַח; נִמְתַּח
2. (extend) הוֹשִׁיט
3. *vi.* (spread out) הִשְׂתָּרֵעַ
stretcher *n.* אֲלוּנְקָה
strew *vt.* 1. (scatter) פִּיזֵּר, זָרָה
2. (cover) כִּיסָּה
stria *n.* חָרִיץ דַּק, פַּס
stricken *pp.* strike
stricken *adj.* מוּכֶּה, נָגוּעַ בּ-
strict *adj.* 1. (stringent) מַחְמִיר, קַפְּדָן
2. (absolute) מוּחְלָט
3. (precise) מְדוּיָּק
stricture *n.* 1. (restriction) הַגְבָּלָה
2. (criticism) בִּיקּוֹרֶת

stride *n.* 1. (step) צַעַד אָרוֹךְ
take in stride הִתְמוֹדֵד (עִם בְּעָיָה) בְּקוֹר רוּחַ
stride *vi.* צָעַד, פָּסַע
stridence *n.* צְרִימָה
strident *adj.* צוֹרְמָנִי, צוֹרֵם
strife *n.* סִיכְסוּךְ, מְרִיבָה
strike *n.* 1. (blow) מַכָּה, מַהֲלוּמָה
2. (attack) הַתְקָפָה
3. (discovery) גִּילּוּי
4. (walkout) שְׁבִיתָה
wildcat strike שְׁבִיתָה פְּרָאִית
strike *vt.* 1. הִכָּה, הָלַם בּ-
2. תָּקַף, הִתְקִיף
3. גִּילָּה
4. *vi.*; *vt.* שָׁבַת; הִשְׁבִּית
5. *vt.* (cancel) בִּיטֵּל
strike down הִפִּיל
strike out (erase) מָחַק
strike up הֵחֵל בּ-
strikebreaking *n.* הֲפָרַת שְׁבִיתָה
striker *n.* שׁוֹבֵת
striking *adj.* מַרְשִׁים
string *n.* 1. (fiber cord) חוּט, שְׂרוֹךְ
2. (instrument cord) מֵיתָר
3. (threaded objects) מַחֲרוֹזֶת
4. (series) סִידְרָה
strings *pn.* (musical instruments) כְּלֵי מֵיתָר
no strings attached לְלֹא תְּנָאִים
string *vt.* 1. (tie) קָשַׁר
2. (thread) חָרַז, הִשְׁחִיל
string up תָּלָה
stringency *n.* קַפְּדָנוּת, הַחְמָרָה
stringent *adj.* קַפְּדָן, מַחְמִיר
strip *n.* 1. (band) רְצוּעָה, פַּס
strip-mining כְּרִייָה פְּתוּחָה
comic strip סִידְרַת קָרִיקָטוּרוֹת
Gaza Strip רְצוּעַת עַזָּה
landing strip מַסְלוּל נְחִיתָה
median strip פַּס הַפְרָדָה בִּכְבִישׁ
strip *vt.* 1. (take away) לָקַח

2. (take off clothes) פָּשַׁט ; הִפְשִׁיט

3. (remove) הֵסִיר

stripe *n.* 1. (band) פַּס, רְצוּעָה

2. (chevron) סִימַן דַרְגָּה

pin stripe בַּד מְפוּספָּס

stripe *vt.* סִימֵן בְּפַסִים

striped *adj.* מְפוּספָּס

stripling *n.* נַעַר, בָּחוּר

stripper *n.* 1. (stripteaser) חַשְׂפָן, חַשְׂפָנִית

2. (stripping tool) מֵסִיר צֶבַע

striptease *n.* חַשְׂפָנוּת, סְטְרִיפְּטִיז

striptease *vi.* עָשָׂה חַשְׂפָנוּת

strive *vi.* 1. (make effort) הִשְׁתַּדֵל, חָתַר

2. (struggle) נֶאֱבַק

strobe *n.* אוֹר מְהַבְהֵב

strode *p.* stride

stroke *n.* 1. (blow) מַכָּה, מַהֲלוּמָה

2. (blood blockage) שָׁבָץ

3. (movement) תְּנוּעָה, תְּנוּפָה

heat stroke מַכַּת חוֹם

stroll *n.* טִיוּל רַגלִי

stroll *vi.* טִיֵיל בָּרֶגֶל

stroller *n.* 1. (walker) מְטַיֵיל

2. (baby carriage) עֶגלַת תִינוֹק

strong *adj.* 1. (powerful) חָזָק

2. (intense) עַז

3. (sound) אֵיתָן

strong-minded חֲזַק-אוֹפִי

strongbox *n.* כַּסֶפֶת

stronghold *n.* מָעוֹז, מִבצָר

strongly *adv.* בְּאוֹפֶן נִמרָץ, בְּתוֹקֶף

strongman *n.* רוֹדָן, שַׁלִיט יָחִיד

strop *n.* רְצוּעַת הַשׁחָזָה

strove *p.* strive

struck *p.*; *pp.* strike

structural *adj.* מִבנִי

structure *n.* מִבנֶה, בִּניָין

structure *vt.* בָּנָה, עִיצֵב

strudel *n.* כְּרוּכִית, שְׁטרוּדֶל

struggle *n.* 1. (fight) מַאֲבָק

2. (effort) מַאֲמָץ

struggle *vi.* 1. נֶאֱבַק

2. הִתאַמֵץ

strum *vt.* פָּרַט

strumpet *n.* פְּרוּצָה

strung *p.*; *pp.* string

strut *n.* 1. (support) תְּמוֹכָה

2. (arrogant walk) הִילוּךְ יָהִיר

strut *vi.* הִילֵךְ בְּיְהִירוּת

strychnine *n.* רַעַל סְטרִיכנִין

stub *n.* 1. (remaining end) בְּדָל

2. (tree stump) גֶדֶם

stubble *n.* 1. (stump) שֶׁלֶף

2. (facial hair) זִיפֵי זָקָן

stubborn *adj.* עִיקֵשׁ, עַקשָׁן

stubbornness *n.* עִיקְשׁוּת, עַקשָׁנוּת

stubby *adj.* קָצָר וְעָבֶה

stucco *n.* כִּיסוּי טִיחַ

stucco *vt.* כִּיסָה בְּטִיחַ

stuck *p.*; *pp.* stick

stuck *adj.* תָקוּעַ

stuck-up יָהִיר

stud *n.* 1. (nail) מַסמֵר, נַעַץ

2. (button) כַּפתוֹר קִישׁוּט

3. (construction post) קוֹרָה

4. (breeding stallion) סוּס הַרבָּעָה

studded *adj.* זָרוּעַ, מָלֵא בּ-

student *n.* 1. (pupil) תַלמִיד, סְטוּדֶנט

2. (researcher) חוֹקֵר

graduate student תַלמִיד תוֹאַר שֵׁנִי/שְׁלִישִׁי

medical student סְטוּדֶנט לִרפוּאָה

undergraduate student תַלמִיד תוֹאַר רִאשׁוֹן

studied *adj.* (deliberate) מְכוּוָן, לֹא מִקרִי

studio *n.* אוּלפָּן, סְטוּדִיוֹ

studious *adj.* שַׁקדָן, מַתמִיד

studiousness *n.* שַׁקדָנוּת, הַתמָדָה

study *n.* 1. (learning) לִימוּד, לִימוּדִים

2. (research) מֶחקָר, חֵקֶר

3. (room) חֲדַר-עֲבוֹדָה

study *vt.* 1. לָמַד

2. חָקַר, בָּדַק
stuff *n.* 1. (material) חוֹמֶר
2. (matter) דָּבָר
3. (belongings) חֲפָצִים, דְּבָרִים
stuff *vt.* מִילֵּא, דָּחַס
stuffing *n.* מִילּוּי
stuffy *adj.* 1. (unventilated) מַחֲנִיק, דָּחוּס
2. (stopped-up) סָתוּם
stultify *vt.* 1. (ridicule) שָׂם לְלַעַג
2. (cripple) הִכְשִׁיל
stumble *n.* מְעִידָה
stumble *vi.* מָעַד, נִכְשַׁל
stump *n.* גֶּדֶם, גֶּזַע כָּרוּת
stump *vt.* 1. (baffle) בִּילְבֵּל, הֵבִיךְ
2. *vi.* (walk heavily) צָעַד בִּכְבֵדוּת
stun *vt.* הִדְהִים, הִימֵּם
stung *p.*; *pp.* sting
stunk *p.* stink
stunned *adj.* הָמוּם, נִדְהָם
stunning *adj.* מְהַמֵּם, מַדְהִים
stunt *n.* פַּעֲלוּל
stuntman *n.* פַּעֲלוּלָן
stupefaction *n.* תַּדְהֵמָה
stupefy *vt.* 1. (dull senses) הִקְהָה חוּשִׁים
2. (astonish) הִדְהִים
stupendous *adj.* עָצוּם, כַּבִּיר
stupid *adj.* מְטוּמְטָם
stupidity *n.* טִימְטוּם
stupor *n.* קֵהוּת חוּשִׁים
sturdiness *n.* חוֹזֶק, אֵיתָנוּת
sturdy *adj.* חָזָק, אֵיתָן
stutter *n.* גִּימְגּוּם
stutter *vi.* גִּימְגֵּם
stutterer *n.* גַּמְגְּמָן
sty, stye *n.* 1. (pigpen) דִּיר חֲזִירִים
2. (eyelid swelling) שְׂעוֹרָה בָּעַפְעַף
style *n.* 1. (manner) סִיגְנוֹן
2. (fashion) אוֹפְנָה
style *vt.* סִיגְנֵן, עִיצֵּב
stylish *adj.* אוֹפְנָתִי

stylize *vt.* עִיצֵּב כַּמְקוּבָּל
stylus *n.* 1. (engraver) חֶרֶט
2. (phonograph needle) מַחַט פָּטִיפוֹן
stymie, stymy *vt.* סִיכֵּל, מָנַע
styptic *adj.* עוֹצֵר דִּימוּם
styrofoam *n.* קַלְקַל
suave *adj.* מְנוּמָּס, אָדִיב
suaveness, suavity *n.* נִימוּס, אֲדִיבוּת
sub *n.* צוֹלֶלֶת
sub- תַּת-, -מִשְׁנֶה
subcommittee *n.* וַעֲדַת מִשְׁנֶה
subcompact *n.* מְכוֹנִית קְטַנָּה
subconscious *adj.* תַּת-הַכָּרָתִי
subconsciousness *n.* תַּת-הַכָּרָה
subcontinent *n.* תַּת-יַבֶּשֶׁת
subcontractor *n.* קַבְּלָן מִשְׁנֶה
subculture *n.* תַּת-תַּרְבּוּת
subcutaneous *adj.* תַּת-עוֹרִי
subdirectory *n.* (*comp.*) תַּת-מָדוֹר
subdivide *vt.* חִילֵּק לְתַת-חֲלָקִים
subdivision *n.* 1. (dividing) חֲלוּקַת-מִשְׁנֶה
2. (subdivided section) תַּת-מַחְלָקָה
3. (land) חֶלְקוֹת אֲדָמָה (לִבְנִיָּיה)
subdue *vt.* 1. (subjugate) הִכְנִיעַ, כָּבַשׁ
2. (tone down) רִיכֵּךְ, עִימֵּם
subdued *adj.* עָמוּם ; מְאוּפָּק, עָצוּר
subentry *n.* עֵרֶךְ-מִשְׁנֶה
subgroup *n.* תַּת-קְבוּצָה
subhead *n.* כּוֹתֶרֶת-מִשְׁנֶה
subhuman *adj.* תַּת-אֱנוֹשִׁי
subject *n.* 1. (topic) נוֹשֵׂא
2. (citizen) נָתִין, אֶזְרָח
3. (*gram.*) נוֹשֵׂא
subject *adj.* 1. (being under) כָּפוּף לְ-
2. (exposed to) חָשׂוּף לְ-
3. (dependent upon) מוּתְנֶה/תָּלוּי בְּ-
subject *vt.* 1. (expose to) חָשַׂף לְ-
2. (subdue) הִכְנִיעַ, דִּיכֵּא
subjection *n.* 1. חֲשִׂיפָה לְ-
2. הַכְנָעָה, דִּיכּוּי

subjective *adj.* סוּבּייֶקטִיבִי, אִישִׁי
subjectivity *n.* סוּבּייֶקטִיבִיוּת
subjoin *vt.* צֵירֵף תּוֹסֶפֶת
subjugate *vt.* 1. (conquer) כָּבַשׁ
2. (enslave) שִׁיעְבֵּד
subjugation *n.* 1. כִּיבּוּשׁ
2. שִׁיעְבּוּד
subjugator *n.* מְשַׁעְבֵּד
subjunctive *n.* (*gram.*) דֶּרֶךְ הַתְּנַאי
sublease *n.* שְׂכִירוּת-מִשְׁנֶה
sublease, sublet *vt.* הִשְׂכִּיר לְדַיַּיר-מִשְׁנֶה
sublimate *vt.* הִטָּה
sublime *adj.* 1. (supreme) נַעֲלֶה, נִשְׂגָּב
2. (inspiring awe) מְעוֹרֵר יִרְאַת כָּבוֹד
subliminal *adj.* תַּת-הַכָּרָתִי
submarine *n.* צוֹלֶלֶת
submerge *vt.*; *vt.* צָלַל, שָׁקַע; שִׁיקַּע (בְּמַיִם)
submergence *n.* צְלִילָה, שְׁקִיעָה
submerse *vt.* שִׁיקַּע, טָבַל
submersible *adj.* שֶׁנִּיתָּן לִטְבּוֹל
submersion *n.* צְלִילָה, שְׁקִיעָה
submission *n.* 1. (surrender) כְּנִיעָה
2. (presentation) הַגָּשָׁה
submissive *n.* כָּנוּעַ, צַייְתָן
submissiveness *n.* כְּנִיעוּת, צַייְתָנוּת
submit *vt.* 1.(present) הִגִּישׁ
2. (contend) טָעַן
3. *vi.* (give in) נִכְנַע
subordinate *n.* פָּקוּד
subordinate *adj.* 1. (of a lower rank) נָחוּת, כָּפוּף לְמָרוּת
2. (*gram.*) טָפֵל, מְשׁוּעְבָּד
subordinate *vt.* 1. (lower rank) שָׂם בְּמַעֲמָד נָחוּת, שָׂם בִּכְפִיפוּת ל-
2. (subdue) הִכְנִיעַ
subordination *n.* כְּפִיפוּת
suborn *vt.* הֵדִּיחַ לְעֵדוּת שֶׁקֶר
subornation *n.* הַדָּחָה לְעֵדוּת שֶׁקֶר
subplot *n.* עֲלִילַת-מִשְׁנֶה
subpoena *n.* צַו זִימּוּן לְבֵית-מִשְׁפָּט
subpoena *vt.* זִימֵּן לְבֵית-מִשְׁפָּט
sub rosa בַּחֲשַׁאי
subscribe *vi.* 1. (sign up) חָתַם כְּמָנוּי
2. (approve of) צִידֵּד, תָּמַךְ בּ-
subscriber *n.* מָנוּי
subscript *n.* כְּתָב תַּחְתִּי
subscription *n.* חֲתִימָה כְּמָנוּי
subsequent *adj.* שֶׁלְּאַחַר מִכֵּן
subsequently *adv.* לְאַחַר מִכֵּן
subservient *adj.* 1. (subordinate) כָּפוּף
2. (servile) מִתְרַפֵּס
subset *n.* תַּת-מַעֲרֶכֶת
subside *vi.* שָׁכַךְ, נִרְגַּע
subsidence *n.* שְׁכִיכָה, רְגִיעָה
subsidiary *n.* חֶבְרַת-בַּת
subsidization *n.* סִיבְּסוּד
subsidize *vt.* סִיבְּסֵד
subsidy *n.* סוּבְּסִידְיָה
subsist *vt.*; *vi.* קִייֵּם; הִתְקַייֵּם, חַי
subsistence *n.* קִיּוּם, פַּרְנָסָה, מִחְיָה
subsonic *adj.* תַּת-קוֹלִי
substance *n.* 1. (matter, material) חוֹמֶר
2. (gist) עִיקָּר, תּוֹכֶן
controlled substance סַמִּים תַּחַת פִּיקּוּחַ
substandard *adj.* תַּת-תִּקְנִי, נָחוּת
substantial *adj.* נִיכָּר, מַמָּשִׁי
substantiate *vt.* הוֹכִיחַ, אִימֵּת
substantiation *n.* הוֹכָחָה, אִימּוּת
substantive *adj.* 1. (actual) מַמָּשִׁי
2. (*gram.*) שֵׁם עֶצֶם
substation *n.* תַּחֲנַת-מִשְׁנֶה
substitute *n.* 1. (replacement) תַּחֲלִיף
2. (one who fills in) מַחֲלִיף, מְמַלֵּא מָקוֹם
substitute *vt.* 1. הֶחֱלִיף, הֵמִיר
2. מִילֵּא מָקוֹם
substitution *n.* הַחְלָפָה, הֲמָרָה
substratum *n.* תַּת-שִׁכְבָה, תַּשְׁתִּית
substructure *n.* תַּת-מִבְנֶה
subsume *vt.* כָּלַל
subterfuge *n.* תַּכְסִיס, תַּחְבּוּלָה

subterranean *adj.* תַּת-קַרְקָעִי
subtext *n.* מוּבָן, מַשְׁתָּמֵעַ
subtitle *n.* 1. (secondary title) כּוֹתֶרֶת-מִשְׁנֶה
2. (caption) כְּתוּבִית
subtitle *vt.* כָּתַב כְּתוּבִית
subtle *n.* 1. (refined) עָדִין, דַּק
2. (crafty) עַרמוּמִי
subtlety *n.* עֲדִינוּת
subtotal *n.* סִיכּוּם בֵּינַיִים
subtotal *vt.* עָשָׂה סִיכּוּם בֵּינַיִים
subtract *vt.* הֶחסִיר, הִפחִית
subtraction *n.* חִיסוּר, הַפחָתָה
subtrahend *n.* מְחַסֵּר
subtropical *adj.* סוּבּטרוֹפִּי
suburb *n.* פַּרבָּר
suburban *adj.* פַּרבָּרִי
suburbanite *n.* תּוֹשַׁב פַּרבָּרִים
suburbia *n.* חַיֵּי פַּרבָּרִים
subvention *n.* מַעֲנָק
subversion *n.* חַתרָנוּת, חֲתִירָה
subversive *adj.* חַתרָנִי
subvert *vt.* חָתַר תַּחַת
subway *n.* רַכֶּבֶת תַּחתִּית
succeed *vi.* 1. (be successful) הִצלִיחַ
2. *vt.* (follow) בָּא אַחֲרֵי, יָרַשׁ מָקוֹם
success *n.* הַצלָחָה
successful *adj.* מַצלִיחַ, מוּצלָח
succession *n.* 1. (sequence) רֶצֶף, רְצִיפוּת
2. (taking another's position) יְרוּשַּׁת מָקוֹם
successive *adj.* זֶה אַחַר זֶה
successor *n.* הַבָּא אַחֲרֵי, יוֹרֵשׁ
succinct *adj.* תַּמצִיתִי
succinctness *n.* תַּמצִיתִיוּת
succor *n.* עֶזרָה, סִיּוּעַ
succor *vt.* עָזַר, סִייַּע ל-
succotash *n.* תַּבשִׁיל תִּירָס וּשְׁעוּעִית
succulence *n.* עֲסִיסִיּוּת
succulent *adj.* עֲסִיסִי
succumb *vi.* 1. (submit) נִכנַע
2. (die) מֵת, נִפטַר

such *adj.* כָּזֶה, כָּאֵלֶּה
such as לְמָשָׁל
such *adv.* כּוֹל כָּךְ
suchlike *adj.* כָּזֶה, מֵאוֹתוֹ סוּג
suck *n.* 1. (squeeze with lips and tongue) מְצִיצָה
2. (drawing of liquid by mouth) יְנִיקָה
3. (drawing by vacuum) שְׁאִיבָה
suck *vt.* 1. מָצַץ
2. יָנַק
3.
suck in נִיצֵל; רִימָה
sucker *n.* 1. (one that sucks) יוֹנֵק, מוֹצֵץ
2. (easily cheated) פְרַייֶר, פֶּתִי
3. (plant shoot) יוֹנְקָה
suckle *vi.*; *vt.* יָנַק; הֵינִיקָה
suckling *n.* יוֹנֵק, תִּינוֹק
sucrose *n.* סוּכַּר קָנִים
suction *n.* *see* suck
sudden *adj.* פִּתאוֹמִי
all of a sudden לְפֶתַע פִּתאוֹם
suddenly *adv.* פִּתאוֹם, לְפֶתַע
suddenness *n.* פִּתאוֹמִיּוּת
suds *pn.* קֶצֶף, בּוּעוֹת סַבּוֹן
sue *vt.* תָּבַע לְדִין
suede *n.* זַמשׁ
suer *n.* תּוֹבֵעַ
suet *n.* חֵלֶב כְּלָיוֹת
suffer *vi.* סָבַל
sufferance *n.* 1. (suffering) סֵבֶל
2. (permission) הֶיתֵּר, רְשׁוּת
sufferer *n.* סוֹבֵל
suffice *vt.* הִספִּיק
sufficiency *n.* סְפִיקָה
sufficient *adj.* מַספִּיק
suffix *n.* סִיוֹמֶת
suffix *vt.* הוֹסִיף סִיוֹמֶת
suffocate *vt.*; *vi.* חָנַק; נֶחֱנַק
suffocation *n.* חֲנִיקָה, חֶנֶק
suffrage *n.* זְכוּת בְּחִירָה

suffuse *vt.* הִתְפַּשֵּׁט, כִּיסָּה
suffusion *n.* הִתְפַּשְּׁטוּת, כִּיסּוּי
sugar *n.* סוּכָּר
sugarcoat *vt.* צִיפָּה בְּסוּכָּר, הִמְתִּיק
sugarless *adj.* נְטוּל-סוּכָּר
sugarplum *n.* סוּכָּרִייָה
sugary *adj.* מֵכִיל סוּכָּר, מְמוּתָּק, מְתַקְתַּק
suggest *vt.* 1. (offer) הִצִּיעַ
2. (imply) רָמַז, הוֹרָה עַל
suggestion *n.* הַצָּעָה
suggestive *adj.* מְרַמֵּז
sui generis *adj.* יָחִיד בְּמִינוֹ
suicidal *adj.* נוֹטֶה/מֵבִיא לְהִתְאַבְּדוּת
suicide *n.* הִתְאַבְּדוּת, אִיבּוּד לָדַעַת
suit *n.* 1. (clothing) חֲלִיפָה
2. (courtship) חִיזּוּר
3. (game cards) סִידְרַת קְלָפִים
4. (*law*) תְּבִיעָה (מִשְׁפָּטִית)
bathing suit בֶּגֶד יָם, בֶּגֶד רַחְצָה
follow suit נָהַג כָּמוֹהוּ, הָלַךְ בְּעִקְבוֹתָיו
wet suit חֲלִיפַת צְלִילָה
suit *vt.* 1. (fit) הִתְאִים לְ-, הָלַם
2. (satisfy) גָּרַם סִיפּוּק
suitability *n.* הַתְאָמָה
suitable *adj.* מַתְאִים, הוֹלֵם
suitcase *n.* מִזְווָדָה
suite *n.* 1. (hotel rooms) מָדוֹר, סְוִויטָה
2. (set of furniture) מַעֲרֶכֶת רְהִיטִים
3. (*music*) סְווִיטָה
suitor *n.* מְחַזֵּר
Sukkoth *n.* סוּכּוֹת
sulfa *n.* תְּרוּפַת סוּלְפָה
sulfate *n.* גּוֹפְרָה
sulfur *n.* גּוֹפְרִית
sulfuric, sulfurous *adj.* גּוֹפְרִיתִי
sulk *vi.* שָׁתַק מִכַּעַס
sulky *adj.* רוֹגֵז
sullen *adj.* עָגוּם, קוֹדֵר
sully *vt.* לִיכְלֵךְ, הִכְפִּישׁ
sultan *n.* סוּלְטָן

sultry *adj.* 1. (hot) חַם, מַחֲנִיק
2. (sensual) חוּשָׁנִי
sum *n.* 1. (amount) סְכוּם
2. (total) סַךְ הַכּוֹל
3. (summary) סִיכּוּם
lump sum סְכוּם כּוֹלֵל
sum *vt.* סִיכֵּם
summarization *n.* סִיכּוּם
summarize *vt.* סִיכֵּם, תִּימְצֵת
summary *n.* סִיכּוּם, תַּמְצִית, קִיצּוּר
summation *n.* סִיכּוּם
summer *n.* קַיִץ
summerhouse *n.* מְעוֹן קַיִץ
summerly *adj.* קֵיצִי
summertime *n.* עוֹנַת קַיִץ
summit *n.* 1. (peak) שִׂיא, פִּסְגָּה
2. (highest-level conference) (וְעִידַת) פִּסְגָּה
summon *vt.* זִימֵּן
summons *pn.* זִימּוּן
sumo *n.* הֵיאָבְקוּת יַפָּנִית
sump *n.* מַאֲגָר
sumptuous *adj.* מְפוֹאָר
sun *n.* שֶׁמֶשׁ נ׳ (שְׁמָשׁוֹת)
sun *vt.* חָשַׂף לַשֶּׁמֶשׁ
sunbath *n.* שִׁיזּוּף
sunbathe *vi.* הִשְׁתַּזֵּף
sunbeam *n.* קֶרֶן שֶׁמֶשׁ
sunbelt *n.* דְּרוֹם אַרְצוֹת הַבְּרִית
sunburn *n.* כְּווִייַת שֶׁמֶשׁ
sunburn *vi.* נִכְוָה בַּשֶּׁמֶשׁ
sunburst *n.* פְּרִיצַת קַרְנֵי הַשֶּׁמֶשׁ
sundae *n.* גְּלִידַת פֵּירוֹת
Sunday *n.* יוֹם רִאשׁוֹן
Palm Sunday יוֹם רִאשׁוֹן שֶׁלִּפְנֵי הַפַּסְחָא
sunder *vt.* נִיתֵּק, הִפְרִיד
sunderance *n.* נִיתּוּק, הַפְרָדָה
sundial *n.* שְׁעוֹן שֶׁמֶשׁ
sundown *n.* שְׁקִיעַת הַשֶּׁמֶשׁ
sundry *adj.* שׁוֹנִים, אֲחָדִים
sunflower *n.* חַמָּנִיָּה

sung *p.; pp.* sing
sunglasses *pn.* מִשקְפֵי שֶׁמֶשׁ
sunk *p.; pp.* sink
sunken *adj.* 1. (submerged) טָבוּעַ
2. (fallen in) שָׁקוּעַ
sunlight *n.* אוֹר שֶׁמֶשׁ
sunlit *adj.* מוּצָף שֶׁמֶשׁ
Sunni *n.; adj.* סוּנִי
sunny *adj.* בָּהִיר, מוּצָף שֶׁמֶשׁ
sunrise *n.* זְרִיחַת הַשֶּׁמֶשׁ
sunroof *n.* גַג שֶׁמֶשׁ (בְּמכוֹנִית)
sunscreen *n.* מִשחַת שִׁיזוּף
sunset *n.* שְׁקִיעַת הַשֶּׁמֶשׁ
sunshade *n.* שִׁמשִׁייָה
sunshine *n.* אוֹר שֶׁמֶשׁ
sunspot *n.* כֶּתֶם שֶׁמֶשׁ
sunstroke *n.* מַכַּת שֶׁמֶשׁ
suntan *n.* שִׁיזוּף
suntanned *adj.* שָׁזוּף
sunup *n.* זְרִיחָה
sup *n.* לְגִימָה
sup *vt.* לָגַם
super *adj.* מְעוּלֶה
super- סוּפֶּר-, עַל-
superabundant *adj.* שׁוֹפֵעַ
superb *adj.* מְעוּלֶה
supercilious *adj.* יָהִיר, שַׁחצָן
superficial *adj.* שִׁטחִי
superficiality *n.* שִׁטחִיוּת
superfine *adj.* 1. (excellent) מְצוּיָין
2. (refined) מְעוּדָן
superfluous *adj.* עוֹדֵף, מְיוּתָר
superhighway *n.* כְּבִיש מָהִיר
superhuman *adj.* עַל-אֶנוֹשִׁי
superimpose *vt.* הוֹסִיף מֵעַל, גִיבֵּב
superimposition *n.* הוֹסָפָה, גִיבּוּב
superintend *vt.* פִּיקֵחַ עַל
superintendent *n.* מְפַקֵּחַ
superior *n.* מְמוּנֶה, גָבוֹהַּ בְּדַרגָה
superior *adj.* עֶליוֹן, עוֹלֶה עַל
superiority *n.* עֶליוֹנוּת
superlative *n.* שִׂיא
superlative *adj.* 1. (highest) עֶליוֹן, מוּפלָג
2. (*gram.*) עֵרֶךְ הַהַפלָגָה
superman *n.* אָדָם עֶליוֹן, סוּפֶּרמֶן
supermarket *n.* מַרכּוֹל, סוּפֶּרמַרקֶט
supernal *adj.* שְׁמֵימִי
supernatural *adj.* עַל-טִבעִי
superpower *n.* מַעֲצָמַת-עָל
superscribe *vt.* כָּתַב מֵעַל לָאוֹת
superscript *n.* כְּתָב עִילִי
supersede *vt.* בָּא בִּמקוֹם, הֶחֱלִיף
supersession *n.* הַחלָפָה
supersonic *adj.* עַל-קוֹלִי
superstar *n.* כּוֹכַב-עָל
superstardom *n.* מַעֲמָד שֶׁל כּוֹכַב-עָל
superstition *n.* אֱמוּנָה טְפֵלָה
superstitious *adj.* בַּעַל אֱמוּנוֹת טְפֵלוֹת
superstructure *n.* בִּניַין-עָל
supertanker *n.* מֵיכָלִית-עֲנָק
supervene *vi.* נוֹסַף, בָּא כְּתוֹסֶפֶת
supervise *vt.* פִּיקֵחַ, הִשׁגִיחַ עַל
supervision *n.* פִּיקוּחַ, הַשׁגָחָה
supervisor *n.* מְפַקֵּחַ, מַשׁגִיחַ, מְנַהֵל
supervisory *adj.* פִּיקוּחִי
supine *adj.* פְּרַקדָן
supper *n.* אֲרוּחַת עֶרֶב
supplant *vt.* הֶחֱלִיף, תָּפַס מָקוֹם שֶׁל
supple *adj.* גָמִישׁ
supplement *n.* נִספָּח, תּוֹסֶפֶת
supplement *vt.* הוֹסִיף לְ-, הִשׁלִים
supplementary *adj.* נוֹסָף, מַשׁלִים
supplementation *n.* הוֹסָפָה
suppleness *n.* גְמִישׁוּת
supplicate *vi.* הִתחַנֵּן
supplication *n.* תְּחִינָה
supplier *n.* סַפָּק
supplies *pn.* צִיּוּד
supply *n.* 1. (thing supplied) אַספָּקָה, הֵיצֵעַ
2. (stock) מְלַאי

supply and demand הֶיצֵעַ וּבִיקוּשׁ
supply *vt.* סִיפֵּק ל-, צִייֵד
support *n.* 1. (assistance) תְּמִיכָה
2. (livelihood) פַּרְנָסָה
3. (prop) מִשְׁעֶנֶת, תּוֹמְכָה
support *vt.* תָּמַךְ בּ-, צִידֵּד בּ-
2. פִּירְנֵס
3. (bear) נָשָׂא
supporter *n.* תּוֹמֵךְ, אוֹהֵד
supportive *vt.* תּוֹמֵךְ
suppose *vt.* הִנִּיחַ, שִׁיעֵר
supposed *adj.* 1. (presumed) מְשׁוֹעָר
2. (expected) צָפוּי, אָמוּר ל-
supposedly *adv.* לִכְאוֹרָה, לְפִי הַהֲנָחָה
supposition *n.* הֲנָחָה, הַשְׁעָרָה
suppositional *adj.* מְשׁוֹעָר
suppository *n.* פְּתִילָה
suppress *vt.* דִּיכֵּא, הִכְנִיעַ
suppressant *n.* חוֹמֶר מְשַׁכֵּךְ, מַרְגִּיעַ
suppression *n.* דִּיכּוּי, הַכְנָעָה
suppressive *adj.* מְדַכֵּא
suppurate *vi.* הִפְרִישׁ מוּגְלָה
suppuration *n.* הַפְרָשַׁת מוּגְלָה
supranational *adj.* עַל-לְאוּמִי
supremacist *n.* דּוֹגֵל בְּעֶלְיוֹנוּת גֶּזַע
supremacy *n.* עֶלְיוֹנוּת
supreme *adj.* עֶלְיוֹן
surcease *vt.* הִפְסִיק
surcharge *n.* תּוֹסֶפֶת מְחִיר
surcharge *vt.* גָּבָה תּוֹסֶפֶת
surcingle *n.* אַבְנֵט
sure *adj.* 1. (doubtless; confident) בָּטוּחַ
2. (certain) וַדָּאִי
3. (reliable) מְהֵימָן, אָמִין
4. (inevitable) בִּלְתִּי-נִמְנָע
for sure בְּלִי סָפֵק
make sure וִידֵּא
sure *adv.* בְּוַודַּאי
sure enough כַּמְצוּפֶּה
surefooted *adj.* יַצִּיב

surely *adv.* בְּוַודַּאי
surety *n.* 1. (guarantee) עַרְבוּת, עֵירָבוֹן
2. (guarantor) עָרֵב
surf *n.* גַּלֵּי יָם, קֶצֶף גַּלִּים
surf *vi.* גָּלַשׁ
surface *n.* פְּנֵי שֶׁטַח, מִשְׁטָח
surface *vt.* 1. (apply surface) צִיפָּה, כִּיסָּה
2. *vi.* (emerge) צָף וְעָלָה, הוֹפִיעַ
surfboard *n.* גַּלְשָׁן
surfeit *n.* 1. (overeating) זְלִילָה
2. (excess) גּוֹדֶשׁ, עוֹדֶף
surfeit *vt.* הִשְׂבִּיעַ, הִלְעִיט
surfer *n.* גּוֹלֵשׁ
surge *n.* 1. (burst) הִתְפָּרְצוּת
2. (sharp rise) עֲלִיָּיה חַדָּה
3. (wavelike rush) נַחְשׁוֹל
surge *vi.* 1. פָּרַץ
2. עָלָה לְפֶתַע
surgeon *n.* רוֹפֵא מְנַתֵּחַ, כִּירוּרג
surgery *n.* נִיתּוּחַ
surgical *adj.* נִיתּוּחִי, כִּירוּרגִי
surly *adj.* רַגְזָן
surmise *vi.* שִׁיעֵר, נִיחֵשׁ
surmount *vt.* הִתְגַּבֵּר עַל
surname *n.* שֵׁם מִשְׁפָּחָה
surpass *vt.* עָלָה עַל
surplice *n.* גְּלִימָה
surplus *n.* עוֹדֶף
surprise *n.* הַפְתָּעָה
surprise *vt.* הִפְתִּיעַ
surreal *adj.* לֹא מְצִיאוּתִי, סוּרְיָאלִיסְטִי
surrealism *n.* סוּרְיָאלִיזְם
surrealistic *adj.* סוּרְיָאלִיסְטִי
surrender *n.* 1. (capitulation) כְּנִיעָה
2. (delivery) מְסִירָה
3. (relinquishment) וִיתּוּר, נְטִישָׁה
surrender *vi.* 1. נִכְנַע
2. *vt.* מָסַר
3. וִיתֵּר עַל
4. (turn oneself in) הִסְגִּיר עַצְמוֹ

surreptitious *adj.* חֲשָׁאִי
surreptitiousness *n.* חֲשָׁאִיּוּת
surrey *n.* כִּרְכָּרָה
surrogate *n.* מְמַלֵּא מָקוֹם
surround *vt.* 1. (encircle) הִקִּיף
2. (cut off by encirclement) כִּיתֵּר
surrounded *adj.* מוּקָּף
surroundings *pn.* סְבִיבָה
surtax *n.* מַס יֶסֶף
surveillance *n.* מַעֲקָב, פִּיקוּחַ
survey *n.* 1. (study) סֶקֶר
2. (overview) סְקִירָה, תַּסְקִיר
3. (land measurement) מְדִידָה
survey *vt.* 1, 2. עָרַךְ סֶקֶר, סָקַר
3. מָדַד
surveyor *n.* מוֹדֵד
survivability *n.* יְכוֹלֶת הִישָּׂרְדוּת
survival *n.* הִישָּׂרְדוּת
survive *vi.* 1. (continue to exist) שָׂרַד
2. *vt.* (live through) עָבַר
3. (outlive) חַי יוֹתֵר מ-
survivor *n.* נִיצוֹל, שָׂרִיד
Holocaust survivor נִיצוֹל שׁוֹאָה
susceptibility *n.* רְגִישׁוּת, פְּגִיעוּת
susceptible *adj.* רָגִישׁ ל-, חָשׂוּף ל-, פָּגִיעַ
suspect *n.* חָשׁוּד
suspect *vt.* חָשַׁד בּ-
suspend *vt.* 1. (hang) תָּלָה
2. (defer) דָּחָה, הִשְׁהָה
3. (interrupt) הִפְסִיק לִזְמַן-מָה
4. (remove from office) הִשְׁעָה
suspenders *pn.* כְּתֵפוֹת
suspense *n.* מֶתַח
suspenseful *adj.* מוֹתֵחַ, מָלֵא מֶתַח
suspension *n.* 1. תְּלִיָּיה
2. דְּחִיָּה, הַשְׁהָיָה
3. הַפְסָקָה
4. הַשְׁעָיָה
suspicion *n.* חֲשָׁד
suspicious *adj.* 1. (causing suspicion) חָשׁוּד
2. (distrustful) חַשְׁדָן, חַשְׁדָנִי
sustain *vt.* 1. (maintain) קִיֵּים
2. (support) תָּמַךְ בּ-
3. (suffer) סָבַל
4. (accept validity) קִיבֵּל, אִישֵּׁר
sustainable *adj.* נִיתָּן לְקַיֵּים
sustainment *n.* קִיּוּם ; תְּמִיכָה
sustenance *n.* מִחְיָה, פַּרְנָסָה
suture *n.* אִיחוּי, תְּפִירָה
SUV (sport utility vehicle) מְכוֹנִית נוֹסְעִים
swab *n.* סְפוֹגִית
swaddle *vt.* עָטַף, חִיתֵּל
swagger *vi.* הִתְהַלֵּךְ בְּגַאַוְותָנוּת
swain *n.* 1. (beau) מְחַזֵּר, מַעֲרִיץ
2. (country fellow) בֶּן-כְּפָר
swallow *n.* 1. (bird) סְנוּנִית
2. (swallowing) בְּלִיעָה, לְגִימָה
swallow *vt.* בָּלַע
swam *p.* swim
swamp *n.* בִּיצָה
swamp *vt.* הֵצִיף
swampy *adj.* בִּיצָתִי
swan *n.* בַּרְבּוּר
swank *adj.* 1. (fashionable) אֶלֶגַנְטִי, אוֹפְנָתִי
2. (pretentious) יוּמְרָנִי, רַבְרְבָנִי
swap *n.* הֶחְלֵף
swap *vt.*; *vi.* הֶחֱלִיף ; הִתְחַלֵּף
sward *n.* אַדְמַת דֶּשֶׁא
swarm *n.* 1. (mass) הָמוֹן
2. (of insects) נְחִיל
swarm *vi.* 1. (congregate) נָהַר, הִתְקַהֵל
2. (be crowded) שָׁרַץ
3. (fly) עָף בִּנְחִיל
swarthy *adj.* כֵּהֶה
swash *vt.*; *vi.* שִׁיכְשֵׁךְ ; הִשְׁתַּכְשֵׁךְ
swashbuckler *n.* הַרְפַּתְקָן
swastika *n.* צְלַב קֶרֶס
SWAT (special weapons and tactics team) כּוֹחַ מַחַץ מִשְׁטַרְתִּי

swat *n.* מַכָּה חֲזָקָה
swat *vt.* הִכָּה
swatch *n.* פִּיסַת בַּד
swath *n.* שֶׁטַח קָצוּר
swathe *n.* עֲטִיפָה, תַחְבּוֹשֶׁת
swathe *vt.* עָטַף, חָבַשׁ
swatter *n.* מַחְבֵּט זְבוּבִים
sway *n.* 1. (motion) נִידְנוּד ; הִתְנַדְנְדוּת
2. (influence) הַשְׁפָּעָה
sway *vt.*; *vi.* 1. (swing) נִידְנֵד ; הִתְנַדְנֵד
2. (incline) נָטָה ; הִטָּה
3. (influence) הִשְׁפִּיעַ
swear *vi.*; *vt.* 1. (take/administer oath) נִשְׁבַּע ; הִשְׁבִּיעַ
2. (use profanity) קִילֵל, נִיבֵּל פִּיו
swear at קִילֵל
swear by נִשְׁבַּע בּ-
swear in הִשְׁבִּיעַ
swear off הִבְטִיחַ לְוַותֵר עַל
sweat *n.* זֵיעָה, הֲזָעָה
no sweat בְּלִי קוֹשִׁי
sweat *vi.* הֵזִיעַ
sweater *n.* סְווֶדֶר
sweatshirt *n.* מֵיזָע
sweatshop *n.* חֲנוּת יֶזַע
sweaty *adj.* מֵזִיעַ
Sweden *n.* שְׁווֶדְיָה
sweep *n.* 1. (cleaning) טִיאטוּא
2. (swinging motion) תְּנוּפָה
3. (extent) הֶיקֵף, טְווָח
4. (total win) זְכִייָה בַּכּוֹל
chimney sweep מְנַקֵּה אֲרוּבּוֹת
sweep *vt.* 1. (clean) טִיאטֵא
2. (carry) סָחַף, שָׁטַף
3. (win all) זָכָה בַּכּוֹל, סָחַף
sweep away סָחַף
sweeper *n.* מְטַאֲטֵא, מְנַקֶּה
sweeping *adj.* סוֹחֵף, מַקִּיף
sweepstakes *pn.* הַגְרָלָה
sweet *adj.* מָתוֹק
sweetbriar *n.* שִׂיחַ וְרָדִים
sweeten *vt.* הִמְתִּיק
sweetener *n.* מַמְתִּיק
sweetheart *n.* אָהוּב, מוֹתֶק
sweets *pn.* מַמְתַּקִּים
swell *vi.* הִתְנַפֵּחַ, תָּפַח
swelling *n.* נְפִיחוּת
swelter *vi.* הֵזִיעַ
swept *p.* sweep
swerve *n.* סְטִייָה
swerve *vi.* סָטָה
swift *adj.* מָהִיר
swiftness *n.* מְהִירוּת
swig *n.* לְגִימָה
swill *n.* 1. (animal food) מַאֲכַל חַיּוֹת
2. (garbage) זֶבֶל, אַשְׁפָּה
swill *vt.* גָּמָא, סָבָא
swim *vi.* שְׂחִייָה
swim *vi.* שָׂחָה
swimmer *n.* שַׂחְיָן
swimsuit *n.* בֶּגֶד יָם
swindle *vt.* רִימָּה, הוֹנָה
swindler *n.* רַמַּאי, נוֹכֵל
swine *n.* חֲזִיר
swing *n.* 1. (swaying) נִידְנוּד, טִילְטוּל
2. (suspended seat) נַדְנֵדָה
swing *vt.*; *vi.* 1. (sway) נִידְנֵד ; הִתְנַדְנֵד
2. *vi.* (have fun) בִּילָה בְּתַעֲנוּגוֹת
3. (*music*) סְווִינְג
swinger *n.* בַּלְיָין, אוֹהֵב בִּילוּיִים
swipe *n.* מַכָּה
swipe *vi.* הִכָּה
swirl *n.* מְעַרְבּוֹלֶת, סִיחְרוּר
swirl *vi.* הִסְתַּחְרֵר
swish *n.* 1. (whistle) שְׁרִיקָה
2. (rustle) רִישְׁרוּשׁ
swish *vi.* 1. הִשְׁמִיעַ שְׁרִיקָה
2. רִישְׁרֵשׁ
Switzerland *n.* שְׁווֵיצַרְיָה, שְׁווַיְיץ
switch *n.* 1. (shift) הַחְלָפָה ; הִתְחַלְּפוּת

2. (change)	שִׁינּוּי
3. (electric circuit device)	מֶתֶג, מַפְסֵק
4. (rod)	מוֹט ז׳ (מוֹטוֹת), מַקֵל ז׳ (מַקְלוֹת)
toggle switch	מֶתֶג פִּינִי
switch *vt.; vi.*	הֶחֱלִיף ; הִתחַלֵף
2. *vt.*	שִׁינָּה
3.	מִיתֵג
4. (whip)	הִצלִיף, הִכָּה
switch off	כִּיבָּה, סָגַר
switch on	הִדלִיק
switch to	עָבַר ל-
switchblade *n.*	אוֹלָר קְפִיצִי
switchboard *n.*	מֶרכָּזִייָה
swivel *n.*	צִיר
swivel *vt.; vi.*	סוֹבֵב ; הִסתוֹבֵב
swollen *adj.*	נָפוּחַ, תָּפוּחַ
swoon *n.*	הִתעַלְפוּת
swoon *vi.*	הִתעַלֵף
swoop *n.*	נְחִיתָה, עִיטָה
swoop *vi.*	נָחַת, עָט
sword *n.*	חֶרֶב נ׳ (חֲרָבוֹת)
double-edged sword	חֶרֶב פִּיפִיּוֹת
swordfish *n.*	דַג הַחֶרֶב
swordsman *n.*	סַייָף
swordsmanship *n.*	סִיוּף
swore *p.* swear	
sworn *adj.*	מוּשבָּע
sworn *pp.* swear	
sycamore *n.*	שִׁקמָה
sycophancy *n.*	חַנפָנוּת, הִתרַפְּסוּת
sycophant *n.*	חַנפָן, מִתרַפֵּס
syllabic *adj.*	הֲבָרָתִי
syllable *n.*	הֲבָרָה
syllabus *n.*	תוֹכנִית שִׁיעוּר
sylvan *adj.*	שֶׁל יַעַר
symbiosis *n.*	סִימבִּיוֹזָה, קִיוּם מְשוּתָף
symbol *n.*	סֵמֶל
status symbol	סֵמֶל מַעֲמָדִי
symbolic *adj.*	סִמלִי
symbolism *n.*	סִמלִיּוּת
symbolization *n.*	סִימוּל
symbolize *vt.*	סִימֵל
symmetric, symmetrical *adj.*	סִימֶטרִי
symmetry *n.*	סִימֶטרִייָה
sympathetic *adj.*	אוֹהֵד
sympathize *vi.*	חָשׁ אֲהָדָה ; הִשתַתֵף בְּצַעַר
sympathizer *n.*	אוֹהֵד, תוֹמֵך
sympathy *n.*1. (affection)	אֲהָדָה, סִימפַּטְיָה
2. (sharing sorrow)	הִשתַתְּפוּת בְּצַעַר
symphony *n.*	סִימפוֹנְיָה
symposium *n.*	סִימפּוֹזיוֹן, כֶּנֶס
symptom *n.*	סִימפּטוֹם, סִימָן
symptomatic *adj.*	טִיפּוּסִי, סִימפּטוֹמָטִי
synagogue *n.*	בֵּית-כְּנֶסֶת
sync *n.*	תֵיאוּם
out of sync	לֹא מְתוֹאָם
synchronize *vt.*	תֵיאֵם, תִיזמֵן
synchronization *n.*	סִינכרוֹנִיזַציָה, תִיזמוּן
synchronous *adj.*	סִינכרוֹנִי, בּוֹ-זְמַנִי
syncretism *n.*	מִיזוּג אֱמוּנוֹת
syndicate *n.* 1. (association)	אִיגוּד, סִינדִיקָט
2. (newspaper chain)	רֶשֶׁת עִיתוֹנִים
3. (organized crime)	פֶּשַׁע מְאוּרגָן
syndicate *vt.* 1. (distribute)	הֵפִיץ לִמכִירָה
2. (in broadcast)	מָכַר לְתַחֲנוֹת שִׁידוּר
syndication *n.*	הֲפָצָה, מְכִירָה
syndrome *n.*	תִסמוֹנֶת
Down's syndrome	תִסמוֹנֶת דָאוּן
synod *n.*	מוֹעֶצֶת רָאשֵׁי כְּנֵסִייָה
synonym *n.*	מִילָּה נִרדֶפֶת
synonymous *adj.*	שָׁוֶוה, מַקבִּיל ל-
synopsis *n.*	תַקצִיר, תַמצִית
syntactic *adj.*	תַחבִּירִי
syntax *n.*	תַחבִּיר
synthesis *n.*	סִינתֵזָה, מִיזוּג
synthesize *vt.*	מִיזֵג, עָשָׂה סִינתֵזָה
synthesizer *n.*	סִינתֵסַייזֶר
synthetic *adj.*	סִינתֵטִי

synthetics *pn.* חוֹמָרִים סִינתֵטִיִים
syphilis *n.* עַגֶבֶת
syphon *n.* סִיפוֹן
syphon *vt.* שָׁאַב
syringe *n.* מַזרֵק
syrup *n.* תַרכִּיז מִיץ, סִירוּפּ
system *n.* 1. (interrelated elements) מַעֲרֶכֶת
2. (method) שִׁיטָה
delivery system מַעֲרֶכֶת שִׁיגוּר
digestive system מַעֲרֶכֶת הָעִיכּוּל
immune system מַעֲרֶכֶת הַחִיסוּן
nervous system מַעֲרֶכֶת הָעֲצַבִּים
operating system מַעֲרֶכֶת הַפעָלָה
solar system מַעֲרֶכֶת הַשֶמֶש
systematic *adj.* שִׁיטָתִי
systematize *vt.* סִידֵר לְפִי שִׁיטָה
systemic *adj.* שֶׁל מַעֲרֶכֶת ; שֶׁל כּוֹל הַגוּף
systole *n.* הִתכַּווְצוּת הַלֵב
systolic *adj.* סִיסטוֹלִי, שֶׁל הִתכַּווְצוּת הַלֵב

T

T הָאוֹת הָעֶשְׂרִים בָּאָלֶפְבֵּית הָאַנְגְּלִי

tab *n.* 1. (flap) דַּשׁ, תָּג

2. (bill) חֶשְׁבּוֹן ז׳ (חֶשְׁבּוֹנוֹת)

tab *vt.* תִּיֵּג

tabernacle *n.* אֹהֶל מוֹעֵד, סוּכָּה

table *n.* 1. (furniture) שׁוּלְחָן ז׳ (שׁוּלְחָנוֹת)

2. (flat surface) לוּחַ ז׳ (לוּחוֹת)

3. (list, chart)) טַבְלָה

table of content תּוֹכֶן עִנְיָנִים

cocktail/coffee table שׁוּלְחַן סָלוֹן/קָפֶה

dressing table שׁוּלְחַן אִיפּוּר

end table שׁוּלְחָן צְדָדִי

water table מִפְלַס מֵי תְּהוֹם

table *vt.* 1. (place on table) הֵנִיחַ עַל הַשּׁוּלְחָן

2. (lay aside) שָׂם בַּצַּד, דָּחָה דִּיּוּן

tablecloth *n.* מַפַּת שׁוּלְחָן

tableland *n.* רָמָה, מִישׁוֹר גָּבוֹהַּ

tablespoon *n.* כַּף נ׳ (כַּפּוֹת)

tablespoonful *adj.* מְלוֹא הַכַּף

tablet *n.* 1. (drug) טַבְלִיָּה

2. (slab) לוּחַ ז׳ (לוּחוֹת)

3. (writing pad) בְּלוֹק כְּתִיבָה

tableware *n.* כְּלֵי שׁוּלְחָן

tabloid *n.* צְהוּבּוֹן, עִיתּוֹן סֶנְסַצְיוֹנִי

taboo *n.* אִיסּוּר

taboo *adj.* אָסוּר, שֶׁאֵין לְהַזְכִּיר

taboo *vt.* הֵטִיל אִיסּוּר

tabooli *n.* סָלָט טַבּוּלִי

tabular *adj.* 1. (flat) שָׁטוּחַ

2. (arranged in a table) מְסוּדָּר בְּטַבְלָה

tabulate *vt.* סִידֵּר בְּטַבְלָה

tabulation *n.* סִידּוּר בְּטַבְלָה

tabulator *n.* טַבְלָר, טַבּוּלָטוֹר

tachometer *n.* טָכוֹמֶטֶר, מַד סִיבּוּבִים

tacit *adj.* מְרוּמָּז, לְלֹא מִילִּים

tacitly *adv.* בְּרֶמֶז

taciturn *adj.* שַׁתְקָן

tack *n.* 1. (nail) נַעַץ

2. (harness) רִיתְמָה

tack *vt.* הִידֵּק בְּנַעַץ

tackiness *n.* הֲמוֹנִיּוּת, טַעַם זוֹל

tackle *n.* 1. (equipment) צִיּוּד

2. (pulley) גַּלְגֶּלֶת

3. (*football*) בְּלִימָה

tackle *vt.* 1. (wrestle with) הִתְמוֹדֵד עִם

2. (*football*) בָּלַם

tacky *adj.* 1. (distasteful) הֲמוֹנִי, גַּס

2. (sticky) דָּבִיק

taco *n.* טָאקוֹ

tact *n.* טַקְט, הִתְנַהֲגוּת הוֹלֶמֶת

tactful *adj.* בַּעַל-טַקְט

tactic *n.* טַקְטִיקָה

tactical *adj.* טַקְטִי

tactician *n.* טַקְטִיקָן

tactile *adj.* שֶׁל חוּשׁ הַמִּישׁוּשׁ

tactless *adj.* חֲסַר-טַקְט

tad *n.* יַלְדוֹן

taffeta *n.* אֲרִיג מֶשִׁי

taffy *n.* סוּכָּרִיַּת טוֹפִי

tag *n.* תָּוִית, תָּג

tag *vt.* תִּיֵּג

tagged *adj.* מוּתָּג

tahini *n.* טְחִינָה

tail *n.* זָנָב ז׳ (זְנָבוֹת)

tail *vt.* הִזְדַּנֵּב, הָלַךְ אַחֲרֵי

tailgate *n.* דֶּלֶת אֲחוֹרִית

tailgate *vt.* נִצְמַד לָרֶכֶב שֶׁלְּפָנָיו

tailless *adj.* חֲסַר-זָנָב

taillight *n.* אוֹר/פָּנָס אֲחוֹרִי

tailor *n.* חַיָּט

tailor-made לְפִי מִידָּה

tailor *vt.* תָּפַר

tailpipe *n.* צִינּוֹר מַפְלֵט

tailspin *n.* צְלִילָה, נְפִילַת סִיחְרוּר

taint *n.* פְּגָם, כֶּתֶם
taint *vt.* הִכְתִּים, הִכְפִּיש
take *n.* 1. (act of taking) לְקִיחָה
2. (money) הַכְנָסָה
3. (filming/recording) הַסְרָטָה/הַקְלָטָה
4. (perspective) נְקוּדַת מַבָּט
(be) on the take לָקַח שׁוֹחַד
take *vt.* 1. (seize; grasp) לָקַח
2. (require) דָּרַשׁ
take after דָּמָה ל- (צֶאֱצָא)
take apart פֵּירֵק
take away from נָטַל, שָׁלַל מ-
take back 1. (return) הֶחֱזִיר ; לָקַח בַּחֲזָרָה
2. (retract) חָזַר בּוֹ
take down 1. (bring down) הוֹרִיד
2. (write) רָשַׁם, כָּתַב
take for (regard as) חָשַׁב ל-
take for granted חָשַׁב כְּמוּבָן מֵאֵלָיו
take in 1. (let in) הִכְנִיס
2. (deceive) רִימָּה
3. (comprehend) הֵבִין, קָלַט
take into account/consideration לָקַח בְּחֶשְׁבּוֹן
take it (endure) נָשָׂא, סָבַל
take lightly לֹא לָקַח בִּרְצִינוּת
take it out on הוֹצִיא כַּעֲסוֹ עַל
take off 1. (remove) פָּשַׁט, הֵסִיר
2. (rise) הִמְרִיא
3. (depart) עָזַב
take on 1. (undertake) נָטַל עַל עַצְמוֹ
2. (confront) הִתְמוֹדֵד, הִתְעַמֵּת עִם
3. (employ) הֶעֱסִיק
take out 1. (remove) הוֹצִיא
2. (destroy) חִיסֵּל
3. (set out) הִתְחִיל
take over 1. (took control) הִשְׁתַּלֵּט עַל
2. (assume management) נָטַל נִיהוּל
take to 1. (go to) יָצָא אֶל
2. (develop affinity for) נִמְשַׁךְ אֶל
take up 1. (raise) הֶעֱלָה
3. (consume) צָרַךְ
4. (absorb) סָפַג
5. (get into) הִתְחִיל לַעֲסוֹק בּ-
taken *adj.* תָּפוּס
takeoff *n.* 1. (rise) הַמְרָאָה, זִינּוּק
2. (imitation) חִיקּוּי
takeout *adj.* (food) אֲרוּחַת קַח וָלֵךְ
takeover *n.* הִשְׁתַּלְּטוּת
taker *n.* לַקְחָן
talc *n.* טַלְק
tale *n.* סִיפּוּר, מַעֲשִׂיָּיה
fairy tale אַגָּדָה, סִיפּוּר דִּמְיוֹנִי
folk tale סִיפּוּר עַם
talebearer *adj.* רַכְלָן
talebearing *n.* רַכְלָנוּת
talent *n.* כִּישָׁרוֹן ז׳ (כִּישְׁרוֹנוֹת)
talented *adj.* מוּכְשָׁר
talentless *n.* חֲסַר-כִּישָׁרוֹן
talisman *n.* קָמֵיעַ
talk *n.* 1. (speech) דִּיבּוּר
2. (conversation) שִׂיחָה
3. (lecture) הַרְצָאָה
double talk כֶּפֶל לָשׁוֹן, דִּיבּוּר דּוּ-מַשְׁמָעִי
fast talk לָשׁוֹן חֲלַקְלַקָּה
pep talk נְאוּם עִידּוּד
sweet talk דִּבְרֵי חֲנוּפָּה
talk *vi.* דִּיבֵּר
talk back הִתְחַצֵּף
talk big הִתְרַבְרֵב
talk down דִּיבֵּר בְּזִילְזוּל
talk out דָּן בְּאוֹפֶן מְמַצֶּה
talk over דָּן, שׂוֹחַח
talk shop דִּיבֵּר עַל עִנְיְינֵי עֲבוֹדָה
talk someone into שִׁיכְנֵעַ (לַעֲשׂוֹת)
talk someone out of שִׁיכְנֵעַ (לֹא לַעֲשׂוֹת)
talkative *adj.* דַּבְּרָן, אִישׁ שִׂיחָה
talker *n.* פַּטְפְּטָן, דַּבְּרָן
fast talker חֲלַק-לָשׁוֹן
tall *adj.* 1. (high) גָּבוֹהַּ
2. (tall person) גְּבַהּ-קוֹמָה, גָּבוֹהַּ
3. (of specific height) בְּגוֹבַהּ שֶׁל

4. (exaggerated) מוּגזָם
tallow *n.* חֵלֶב
tally *n.* חִישוּב
tally *vt.* חִישֵב
Talmud *n.* תַלמוּד
tamarind *n.* תָמָר הוֹדִי
tamarisk *n.* אֶשֶל
tambourine *n.* תוֹף מִרְיָם
tame *adj.* 1. (domesticated) מְאוּלָף
2. (submissive) צַייתָן
tame *vt.* אִילֵף
tamp *vt.* דָחַס
tamper *vi.* שִׂיחֵק בּ-, הִתעַסֵק עִם
tampon *n.* טַמפּוֹן
tan *n.* שִיזוּף
tan *vt.* שִיזֵף
tandem *n.* אוֹפַנַיִים דוּ-מוֹשָבִיִים
tandem *adv.* אֶחָד מֵאֲחוֹרֵי הַשֵנִי
tang *n.* טַעַם/רֵיחַ חָרִיף
tangent *n.* מַשִיק
tangerine *n.* מַנדָרִינָה
tangible *adj.* 1. (touchable) מוּחָשִי
2. (of monetary value) בַּעַל עֵרֶךְ כַּספִּי
tangle *n.* תִסבּוֹכֶת
tangle *vt.*; *vi.* סִיבֵּךְ ; הִסתַבֵּךְ
tango *n.* רִיקוּד טַנגוֹ
tank *n.* 1. (armored vehicle) טַנק
2. (container) מְכָל, מֵיכָל
septic tank בּוֹר שוֹפְכִין
think tank קְבוּצַת מֶחקָר
tank *vi.* *(lose)* הִפסִיד
tankard *n.* סֵפֶל גָדוֹל
tanker *n.* מְכָלִית
tanned *adj.* שָזוּף, חוּם
tanner *n.* מְעַבֵּד עוֹרוֹת
tannery *n.* מִפעָל לְעִיבּוּד עוֹרוֹת
tantalization *n.* גֵירוּי
tantalize *vt.* גֵירָה, הִתגָרָה בּ-
tantalizing *adj.* מְגָרֶה
tantamount *adj.* שָוֶוה ל-, בְּבחִינַת-
tantrum *n.* הֶתקֵף זַעַם
tap *n.* 1. (faucet) בֶּרֶז
2. (knock) נְקִישָה
water tap בֶּרֶז מַיִם
tap *vt.* 1. (knock) נָקַש
2. (make use of) נִיצֵל
3. (wiretap) צוֹתֵת
tape *n.* סֶרֶט
friction tape סֶרֶט בִּידוּד
red tape סַחֶבֶת
tape *vt.* 1. (fasten, bind) הִידֵק, קָשַר בְּסֶרֶט
2. (record) הִקלִיט
taper *vt.*; *vi.* חִידֵד ; הִתחַדֵד
taper off הָלַךְ וּפָחַת
tapestry *n.* שְטִיחַ קִיר, טַפֵּט
taproom *n.* מִסבָּאָה
taproot *n.* שוֹרֶש רָאשִי
tar *n.* זֶפֶת
tar *vt.* זִיפֵּת, מָרַח בְּזֶפֶת
tarantula *n.* עַכָּבִיש טָרַנטוּלָה
tardiness *n.* אִיחוּר
tardy *adj.* מְאַחֵר
tare *n.* טָרָה
target *n.* מַטָרָה, יַעַד
on target מְדוּייָק, בְּדִיוּק
target *vt.* 1. (make a target of) שָׂם לְמַטָרָה
2. (aim) כִּיוֵון אֶל
tariff *n.* 1. (duty) מֶכֶס
2. (price list) תַעֲרִיף
tarmac *n.* מַסלוּל הַמרָאָה
tarn *n.* אֲגַם הָרִים קָטָן
tarnish *n.* כֶּתֶם
tarnish *vt.* הִכתִים
tarpaulin *n.* בְּרֶזֶנט
tarry *vi.* הִתמַהמֵהַּ
tarry *adj.* מְזוּפָּת
tarsus *n.* קַרסוֹל
tart *n.* פַּשטִידַת פֵּירוֹת
tart *adj.* חָרִיף
tartan *n.* בַּד מְשוּבָּץ

tartar *n.* 1. (deposit on teeth) אֶבֶן שִׁינַיִים
2. (wine sediment) טַרטָר
task *n.* מְשִׂימָה, מַטָּלָה
bring/take to task נָזַף בּ-, גִּינָּה
tassel *n.* צִיצִית
taste *n.* טַעַם
a taste of קוּרטוֹב, מְעַט
taste *vt.* טָעַם
tasteful *adj.* 1. (tasty) טָעִים
2. (having good taste) בַּעַל טַעַם טוֹב
tastefully *adv.* בְּטוּב טַעַם
tasteless *adj.* חֲסַר-טַעַם, תָּפֵל
taster *n.* טוֹעֵם
tasty *adj.* טָעִים
tat *vt.* רָקַם תַּחֲרָה
tatter *n.* סְמַרטוּט, סְחָבָה
tatterdemalion *n.* לָבוּשׁ סְחָבוֹת
tatting *n.* תַּחֲרָה
tattle *n.* רְכִילוּת, פִּיטפּוּט
tattle *vi.* רִיכֵל, פִּיטפֵּט
tattletale *n.* רַכלָן, פַּטפְּטָן
tattoo *n.* כְּתוֹבֶת קַעֲקַע
tattoo *vt.* קִיעֲקֵעַ
taught *p.*; *pp.* teach
taunt *n.* לִיגלוּג
taunt *vt.* לִיגלֵג עַל
taupe *n.* חוּם-אָפוֹר
Taurus *n.* מַזַּל שׁוֹר
taut *adj.* מָתוּחַ
tautology *n.* חֲזָרָה עַל דְּבָרִים
tavern *n.* מִסבָּאָה, בֵּית-מַרזֵחַ
tawdry *adj.* צַעֲקָנִי וְזוֹל
tawny *adj.* חוּם-צָהוֹב
tax *n.* מַס ז. (מִיסִים)
income tax מַס הַכנָסָה
inheritance tax מַס עִיזָּבוֹן
poll tax מַס גּוּלגּוֹלֶת
sales tax מַס קְנִייָּה
sin tax מַס סִיגָרִיוֹת וְאַלכּוֹהוֹל
value-added tax מַס עֵרֶךְ מוּסָף
withholding tax נִיכּוּי מַס בַּמָּקוֹר
tax *vt.* הִטִּיל מַס עַל
taxable *adj.* חַייָּב מַס
taxation *n.* מִיסּוּי
taxi *n.* מוֹנִית, טַקסִי
taxi *vi.* נָע עַל הַמַּסלוּל
taxicab *n.* מוֹנִית
taxidermist *n.* עוֹשֶׂה פּוּחלָצִים
taxidermy *n.* פִּיחלוּץ
taxonomy *n.* מִיוּן אוֹרגָנִיזמִים
taxpayer *n.* מְשַׁלֵּם מִיסִים
TB (tuberculosis) *n.* שַׁחֶפֶת
tea *n.* תֵּה
teach *vt.* לִימֵּד
teacher *n.* מוֹרֶה
homeroom teacher מְחַנֵּךְ כִּיתָּה
teaching *n.* 1. (instruction) הוֹרָאָה
2. (doctrine) תּוֹרָה
teacup *n.* סֵפֶל תֵּה
teak *n.* עֵץ טִיק
team *n.* 1. (group) צֶוֶות, קְבוּצָה
2. (*sports*) קְבוּצָה, נִבחֶרֶת
team (up) *vi.* הִתחַבֵּר, הִצטָרֵף יַחַד
teammate *n.* חָבֵר לְצֶוֶות/לִקבוּצָה
teamster *n.* נֶהָג מַשָּׂאִית
teamwork *n.* עֲבוֹדַת צֶוֶות
teapot *n.* קוּמקוּם
tear *n.* דִּמעָה
crocodile tears דִּמעוֹת תַּנִּין, צְבִיעוּת
tear *vi.* דָּמַע
tear *n.* קֶרַע
tear *vt.* קָרַע
tear down הָרַס
tear into תָּקַף בְּכוֹחַ
tear off תָּלַשׁ
tear up קָרַע לִגזָרִים
teardrop *n.* דִּמעָה
tearful *adj.* דּוֹמֵעַ, בּוֹכֶה
tearjerker *n.* סוֹחֵט דְּמָעוֹת
teary *adj.* דּוֹמֵעַ, בּוֹכֶה

tease *n.* קִינטוּר; גֵירוּי, הִתגָרוּת
tease *vt.* קִינטֵר; גֵירָה, הִתגָרָה בּ-
teaser *n.* קַנטְרָן; גַרייָן
teaspoon *n.* כַּפִּית
teaspoonful *adj.* מְלוֹא הַכַּפִּית
teat *n.* פִּטמָה
technical *adj.* טֶכנִי
technicality *n.* עִניָין טֶכנִי
technician *n.* טֶכנַאי
technique *n.* טֶכנִיקָה, שִיטָה
technocracy *n.* טֶכנוֹקרַטיָה
technocrat *n.* טֶכנוֹקרָט
technological *adj.* טֶכנוֹלוֹגִי
technology *n.* טֶכנוֹלוֹגיָה
tedious *adj.* מַלֶאה, מְשַעֲמֵם
tedium *n.* לֵאוּת, שִיעֲמוּם
tee *n.* גַבשוּשִית
teem *vi.* הָיָה מָלֵא, מְשוּפָּע בּ-
teen *n.* בֶּן-הָעֶשׂרֵה
teenage *adj.* שֶל גִיל הָעֶשׂרֵה
teenager *n.* בֶּן-הָעֶשׂרֵה, נַעַר
teens *pn.* גִיל הָעֶשׂרֵה
teeny *adj.* זָעִיר, קְטַנטַן
teepee *n.* אוֹהֶל אִינדיָאנִי
teeter *vi.* הִתנַדנֵד
teethe *vi.* הִצמִיחַ שִינַיִים
teflon *n.* טֶפלוֹן
Tel Aviv *n.* תֵל אָבִיב
telecast *n.* שִידוּר טֶלֶבִיזיָה
telecast *vt.* שִידֵר בַּטֶלֶבִיזיָה
telecommunication *n.* טֶלֶקוֹמוּנִיקַציָה
teleconference *n.* כֶּנֶס בְּמַעֲגָל סָגוּר
telegenic *adj.* טֶלֶגֶנִי, נִראֶה טוֹב בַּטֶלֶבִיזיָה
telegram *n.* מִברָק
telegraph *n.* אַלחוּט, טֶלֶגרָף
telegraph *vt.* הִברִיק, טִילגרֵף
telemarketing *n.* שִיווּק טֶלֶפוֹנִי
telepathy *n.* טֶלֶפַּתיָה
telephone *n.* טֶלֶפוֹן
cellular telephone טֶלֶפוֹן סֶלוּלָרִי
cordless phone טֶלֶפוֹן אַלחוּטִי
telephone *vt.* טִילפֵן ל-, צִילצֵל
telephoto *n.* צִילוּם מְמֶרחָק
teleplay *n.* מַחֲזֶה טֶלֶבִיזיוֹנִי
teleprompter *n.* מַקרֵאָה, טֶלֶפּרוֹמפּטֶר
telescope *n.* טֶלֶסקוֹפּ
telescope *vi.* הִתקַפֵּל
telethon *n.* מָרָתוֹן טֶלֶבִיזיוֹנִי
televise *vt.* שִידֵר בַּטֶלֶבִיזיָה
television *n.* טֶלֶבִיזיָה
cable television טֶלֶבִיזיָה בְּכַבָלִים
public television טֶלֶבִיזיָה צִיבּוּרִית/חִינוּכִית
telex *n.* טֶלֶקס
tell *vt.* 1. (give an account) סִיפֵּר ל-
2. (say) אָמַר
3. (discern) הִבחִין
4. (inform) הוֹדִיעַ ל-
tell off נָזַף בּ-
tell on הִלשִין עַל
teller *n.* 1. (narrator) מְסַפֵּר
2. (bank employee) קוּפַּאי
telling *adj.* 1. (effective) בַּעַל-מִשקָל, יָעִיל
2. (revealing) מְאַלֵף
there is no telling אֵין לָדַעַת
telltale *n.* רַכלָן
temerity *n.* פְּזִיזוּת
temper *n.* 1. (disposition) מֶזֶג, אוֹפִי
2. (angry outburst) הִתפָּרְצוּת זַעַם
3. (mood) מַצַב רוּחַ
temper *vt.* 1. (moderate) מִיתֵן
2. (toughen) חִיזֵק
tempera *n.* צִבעֵי צִיוּר
temperament *n.* מֶזֶג
temperamental *adj.* בַּעַל-מֶזֶג, הֲפַכפַּך
temperance *n.* 1. (restraint) רִיסוּן עַצמִי
2. (abstinence) הִתנַזְרוּת מִמַשקָאוֹת
temperate *adj.* מְאוּפָּק, מָתוּן
temperature *n.* חוֹם, טֶמפֶּרָטוּרָה
run a temperature סָבַל מֵחוֹם

tempest *n.* סוּפָה, סְעָרָה

tempestuous *adj.* סוֹעֵר

template *n.* דּוּפָס

temple *n.* 1. (place of worship) מִקְדָּשׁ

2. (side of head) רַקָּה, צֶדַע

Biblical Temple בֵּית-הַמִּקְדָּשׁ

tempo *n.* קֶצֶב

temporal *adj.* 1. (of time) שֶׁל זְמַן

2. (passing) זְמַנִּי, חוֹלֵף

3. (secular) חִילוֹנִי

temporary *adj.* זְמַנִּי

temporize *vi.* הִתְמַהְמֵהַּ, מָשַׁךְ זְמַן

tempt *vt.* פִּיתָּה

temptation *n.* פִּיתּוּי

tempura *n.* טֶמְפּוּרָה (מַאֲכַל יָם מְטוּגָּן)

ten *n.*; *adj.* עֶשֶׂר, עֲשָׂרָה

tenable *adj.* מַחֲזִיק מַעֲמָד

tenacious *n.* עַקְשָׁן, לֹא מַרְפֶּה

tenacity *n.* עַקְשָׁנוּת

tenancy *n.* שְׂכִירוּת

tenant *n.* דַּיָּיר

tend *vi.* 1. (be inclined) נָטָה ל-

2. *vt.* (care for) טִיפֵּל בּ-

tendency *n.* מְגַמָּה, נְטִיָּיה

tendentious *adj.* מְגַמָּתִי, מְשׁוּחָד

tender *n.* הַצָּעָה

tender *adj.* 1. (soft) רַךְ

2. (delicate) עָדִין

3. (painful) כּוֹאֵב

tender *vt.* הִגִּישׁ, הִצִּיעַ

tenderfoot *n.* חֲסַר-נִיסָּיוֹן

tenderize *vt.* רִיכֵּךְ

tenderizer *n.* מְרַכֵּךְ בָּשָׂר

tenderloin *n.* בְּשַׂר מוֹתֶן

tenderness *n.* 1. רַכּוּת, עֲדִינוּת

2. כְּאֵב

tendinitis *n.* דַּלֶּקֶת גִּידִים

tendon *n.* גִּיד

tendril *n.* קְנוֹקֶנֶת

tenement *n.* בִּנְיַין דִּירוֹת מוּזְנָח

tenet *n.* עִיקָּרוֹן

tennis *n.* טֶנִיס

table tennis טֶנִיס שׁוּלְחָן, פִּינְג-פּוֹנְג

tenon *n.* שֶׁגֶם, מְחַבֵּר עֵץ

tenor *n.* 1. (voice) טֶנוֹר

2. (course) מַסְלוּל, כִּיווּן

3. (intent) מְגַמָּה, כַּוָּונָה

tenpin *n.* בַּקְבּוּק כַּדּוֹרֶת

tense *n.* (*gram.*) זְמַן

tense *adj.* מָתוּחַ

tensile *adj.* נִיתָּן לִמְתִיחָה

tension *n.* מְתִיחוּת, מֶתַח

tent *n.* אוֹהֶל

pitch a tent נָטָה אוֹהֶל

tentacle *n.* זְרוֹעַ

tentative *adj.* זְמַנִּי, לֹא סוֹפִי

tentatively *adv.* לְפִי שָׁעָה

tenth *n.* עֲשִׂירִית

tenth *adj.* עֲשִׂירִי

tenuity *n.* דְּקִיקוּת, קְלִישׁוּת

tenuous *adj.* דַּקִּיק, קָלוּשׁ

tenure *n.* 1. (period) תְּקוּפַת כְּהוּנָּה, מֶשֶׁךְ שֵׁירוּת

2. (permanent employment) קְבִיעוּת

tepid *adj.* פּוֹשֵׁר

tequila *n.* מַשְׁקֶה טֶקִילָה

tercentenary *n.* יוֹבֵל שְׁלוֹשׁ מֵאוֹת

term *n.* 1. (period) תְּקוּפָה

2. (designated time) מוֹעֵד

3. (tenure in office) קָדֶנְצִיָּה

4. (word) מוּנָּח

terms *pn.* (conditions) תְּנָאִים

come to terms 1. (agree) הִגִּיעַ לְהַסְכָּמָה

2. (reconcile) הִשְׁלִים

in terms of בְּיַחַס ל-

not on speaking terms בְּרוֹגֶז

term *vt.* כִּינָּה, קָרָא ל- ; הִגְדִּיר

termagant *n.* אִישָּׁה סוֹרֶרֶת

terminal *n.* מָסוֹף

terminal *adj.* סוֹפָנִי

terminate *vt.*; *vi.* 1. (end) סִיֵּם, הִפְסִיק ; הִסְתַּיֵּם, נִפְסַק
2. (dismiss) פִּיטֵּר
termination *n.* 1. סִיּוּם, הַפְסָקָה
2 פִּיטוּרִין
terminology *n.* מִינּוּחַ, טֶרְמִינוֹלוֹגְיָה
terminus *n.* קָצֶה ; תַּחֲנָה סוֹפִית
termite *n.* טֶרְמִיט, נְמָלָה לְבָנָה
terra cotta חֶרֶס אֲדַמְדַּם
terrace *n.* 1. (raised level) מִדְרָג, טֶרָסָה
2. (balcony) מִרְפֶּסֶת
terrain *n.* פְּנֵי קַרְקַע
terrestrial *adj.* שֶׁל כַּדּוּר הָאָרֶץ
terrible *adj.* נוֹרָא, אָיוֹם
terribly *adv.* מְאוֹד
terrific *adj.* 1. (wonderful) נֶהְדָּר
2. (terrible) אָיוֹם
terrify *vt.* הֵטִיל אֵימָה, הִפְחִיד
terrifying *adj.* מַטִּיל אֵימָה, מַפְחִיד
territorial *adj.* טֶרִיטוֹרְיָאלִי
territory *n.* טֶרִיטוֹרְיָה, שֶׁטַח אֲדָמָה
terror *n.* 1. (fear) אֵימָה, פַּחַד
2. (terrorism) טֶרוֹר
terrorism *n.* טֶרוֹרִיזְם, טֶרוֹר
terrorist *n.* מְחַבֵּל, טֶרוֹרִיסְט
terrorize *vt.* הֵטִיל אֵימָה עַל
terse *adj.* קָצָר, תַּמְצִיתִי
tertiary *adj.* שְׁלִישִׁי
tessellate *vt.* שִׁיבֵּץ בִּפְסֵיפָס
test *n.* 1. (examination) מִבְחָן
2. (checkup) בְּדִיקָה
litmus test מִבְחָן מַכְרִיעַ
screen test מִבְחַן בַּד
test *vt.* 1. בָּחַן
2. בָּדַק
testament *n.* 1. (testimony) עֵדוּת
2. (will) צַוָּואָה
New Testament הַבְּרִית הַחֲדָשָׁה
Old Testament הַבְּרִית הַיְשָׁנָה, הַתָּנָ״ךְ
testamentary *adj.* 1. שֶׁל עֵדוּת
2. צַוָּואָתִי
testate *n.* בַּעַל-צַוָּואָה
tester *n.* בּוֹחֵן, בּוֹדֵק
testicle *n.* אֶשֶׁךְ, בֵּיצָה
testify *vi.* הֵעִיד
testimonial *adj.* הַמְלָצָה
testimony *n.* עֵדוּת
testis *n.* אֶשֶׁךְ
testy *adj.* רַגְזָנִי, חֲסַר-סַבְלָנוּת
tetanus *n.* צַפֶּדֶת
tether *n.* חֶבֶל
text *n.* טֶקְסְט, מִילִּים, נוֹסַח
textbook *n.* סֵפֶר לִימּוּד
textile *n.* אָרִיג, טֶקְסְטִיל
textual *adj.* שֶׁל טֶקְסְט
texture *n.* מִרְקָם
than *conj.* מִ-, מֵאֲשֶׁר
thank *vt.* הוֹדָה לְ-
thankful *adj.* אֲסִיר-תּוֹדָה
thankless *adj.* כְּפוּי-טוֹבָה
thanks *pn.* תּוֹדָה
thanks to הוֹדוֹת לְ-
thanksgiving *n.* הוֹדָיָה
that *pron.*; *adj.* 1. (opposite *this*) הַהוּא
2. *pron.* (which, who, whom) שֶׁ-, אֲשֶׁר
3. *adv.* (that much) כּוֹל כָּךְ
that is זֶה
that *conj.* שֶׁ-
that is to say כְּלוֹמַר, זֹאת אוֹמֶרֶת
thatch *n.* גַּג קַשׁ, סְכָךְ
thaw *vt.*; *vi.* הִפְשִׁיר
the *definite article* הַ-, סִימַן הַיִּידּוּעַ
the *adv.* כַּמָּה שֶׁ-, כְּכוֹל שֶׁ-
theater *n.* 1. (art of acting) תֵּיאַטְרוֹן
2. (auditorium) אוּלַם תֵּיאַטְרוֹן
3. (cinema) בֵּית-קוֹלְנוֹעַ
4. (arena) זִירָה
theatric, theatrical *adj.* תֵּיאַטְרָלִי
theatrics *pn.* הִתְנַהֲגוּת דְּרָמָטִית
thee *pron.* אוֹתְךָ

theft *n.*	גְנֵיבָה
their *adj.*, **theirs** *pron.*	שֶׁלָּהֶם
theism *n.*	אֱמוּנָה בָּאֵל
theist *n.*	מַאֲמִין בָּאֵל
them *pron.*	אוֹתָם
thematic *adj.*	תֵּימָטִי, נוֹשְׂאִי
theme *n.* 1. (topic)	נוֹשֵׂא
2. (motif)	מוֹטִיב, נוֹשֵׂא מֶרְכָּזִי
themselves *pron.*	עַצְמָם
then *adv.* 1. (at that time)	אָז
2. (afterwards)	אַחַר-כָּךְ
since then	מֵאָז
thence *adv.*	מִשָּׁם
thenceforth *adv.*	מֵאוֹתוֹ זְמַן
theocracy *n.*	תֵּיאוֹקְרַטְיָה, שִׁלְטוֹן הַדָּת
theocratic *adj.*	תֵּיאוֹקְרָטִי
theologian *n.*	תֵּיאוֹלוֹג, חוֹקֵר דָּת
theological *adj.*	תֵּיאוֹלוֹגִי
theology *n.*	תֵּיאוֹלוֹגְיָה, חֵקֶר הַדָּת
theoretical *adj.*	תֵּיאוֹרֵטִי, עִיּוּנִי
theoretician *n.*	תֵּיאוֹרֵטִיקָן
theorize *vi.*	שִׁיעֵר, הִנִּיחַ תֵּיאוֹרְיָה
theory *n.*	תֵּיאוֹרְיָה
therapeutic *adj.*	שֶׁל מַרְפֵּא
therapist *n.*	מְרַפֵּא
therapy *n.*	רִיפּוּי
occupational therapy	רִיפּוּי בְּעִיסוּק
there *adv.*	שָׁם
there is/are	יֵשׁ
there is/are not	אֵין
thereabout(s) *adv.*	בְּעֵרֶךְ, קָרוֹב לְשָׁם
thereafter *adv.*	לְאַחַר מִכֵּן
thereat *adv.*	שָׁם, בְּאוֹתוֹ מָקוֹם
thereby *adv.*	עַל-יְדֵי כָּךְ
therefore *adv.*	לָכֵן
therefrom *adv.*	מִשָּׁם
therein *adv.*	בָּזֶה, בְּזֹאת
thereinafter *adv.*	לְהַלָּן
thereof *adv.*	מִזֶּה, מִכָּךְ
thereon *adv.*	עַל כָּךְ
theretofore *adv.*	עַד אָז
thereupon *adv.*	כְּתוֹצָאָה מִכָּךְ
therewith *adv.*	עִם זֹאת
therm *n.*	תֶּרֶם (יְחִידַת חוֹם)
thermal *adj.*	תֶּרְמִי, שֶׁל חוֹם
thermodynamics *n.*	תֶּרְמוֹדִינָמִיקָה
thermometer *n.*	מַדְחוֹם
thermonuclear *adj.*	תֶּרְמוֹ-גַרְעִינִי
thermos *n.*	שְׁמַרְחוֹם
thermostat *n.*	וַסַּת חוֹם
thesaurus *n.*	אֶגְרוֹן, אוֹצַר מִילִים
these *pron.*; *adj.*	אֵלֶּה, אֵלּוּ
thesis *n.*	תֵּיזָה, הַנָּחָה
thew *n.*	שְׁרִירִים
thewy *adj.*	שְׁרִירִי
they *pron.*	הֵם, הֵן
they'd: they had; they would	
they'll: they will	
they're: they are	
they've: they have	
thick *adj.* 1. (not thin)	עָבֶה
2. (dense)	סָמִיךְ
thick-witted	מְטוּמְטָם, סָתוּם
thicken *vt.*; *vi.* 1.	עִיבָּה ; הִתְעַבָּה
2.	עָשָׂה/נַעֲשָׂה סָמִיךְ
thicket *n.*	סְבַךְ שִׂיחִים
thickness *n.*	עוֹבִי
thickset *adj.* 1. (solidly built)	מוּצָק
2. (close together)	צָפוּף
thief *n.*	גַּנָּב
thievery *n.*	מַעֲשֵׂה גְנֵיבָה
thigh *n.*	יָרֵךְ נ׳ (יְרֵכַיִים)
thighbone *n.*	עֶצֶם הַיָּרֵךְ
thimble *n.*	אֶצְבָּעוֹן
thin *adj.* 1. (not thick)	דַּק
2. (skinny)	רָזֶה
3. (sparse)	דָּלִיל
thing *n.* 1. (object)	דָּבָר
2. (matter)	עִנְיָן
for one thing	קוֹדֶם כּוֹל

things *pn.* (belongings) חֲפָצִים, דְבָרִים
think *vi.* חָשַׁב
think over הִתְעַשֵּׁת, שָׁקַל בַּדָּבָר
come to think of it בְּעֶצֶם, לְמַעֲשֶׂה
thinker *n.* הוֹגֶה דֵעוֹת
thinking *n.* חֲשִׁיבָה
wishful thinking מִשְׁאֶלֶת לֵב
thinner *n.* חוֹמֶר מְדַלֵּל
third *n.* שְׁלִישׁ
third *adj.* שְׁלִישִׁי
thirst *n.* צָמָא, צִימָּאוֹן
thirst *vi.* צָמֵא, חָשׁ צִימָּאוֹן
thirsty *adj.* צָמֵא
thirteen *n.; adj.* שְׁלוֹשׁ-עֶשְׂרֵה, שְׁלוֹשָׁה-עָשָׂר
thirteenth *adj.* הַשְׁלוֹשׁ-עֶשְׂרֵה
thirties *pn.* שְׁנוֹת הַשְׁלוֹשִׁים
thirty *n.; adj.* שְׁלוֹשִׁים
this *pron.; adj.* זֶה, זֹאת
thistle *n.* קוֹץ
thither *adv.* לְשָׁם, שָׁמָּה
thong *n.* רְצוּעַת עוֹר
thorax *n.* בֵּית-הֶחָזֶה
thorn *n.* קוֹץ
thorny *adj.* 1. (spiny) דוֹקְרָנִי
2. (annoying) מַטְרִיד
thorough *adj.* יְסוֹדִי, מְדוּקְדָּק
thoroughbred *n.* גִזְעִי
thoroughfare *n.* דֶּרֶךְ רָאשִׁית
thoroughness *n.* יְסוֹדִיּוּת, דַּקְדְּקָנוּת
those *pron.; adj.* אֵלֶּה, אֵלּוּ
though *conj.* (although) אַף-עַל-פִּי שֶׁ-, אִם כִּי, לַמְרוֹת שֶׁ-
as though כְּאִילוּ
though *adv.* (nevertheless) בְּכוֹל זֹאת
thought *n.* 1. (product of thinking) מַחֲשָׁבָה
2. (idea) רַעְיוֹן, דֵּעָה
3. (consideration) הִתְחַשְּׁבוּת
thought *p.; pp.* think
thoughtful *adj.* מִתְחַשֵּׁב
thoughtless *adj.* פָּזִיז, לֹא מִתְחַשֵּׁב

thousand *n.; adj.* אֶלֶף
thrall *n.* 1. (slave) עֶבֶד
2. (bondage) עַבדוּת
thrash *vt.* חָבַט בּ-
thread *n.* 1. (cord) חוּט
2. (spiral ridge) הַבְרָגָה
thread *vt.* 1. הִשְׁחִיל
2. הִבְרִיג
threader *n.* מַשְׁחִיל
threat *n.* אִיּוּם ; סַכָּנָה
threaten *vt.* 1. (make a threat) אִיֵּם עַל
2. (endanger) סִיכֵּן
three *n.; adj.* שָׁלוֹשׁ, שְׁלוֹשָׁה
three-dimensional *adj.* תְּלַת-מְמַדִי
threescore *adj.* שִׁישִּׁים
threesome *n.* שְׁלִישִׁיָּה, שְׁלָשָׁה
threnody *n.* קִינָה, שִׁיר אֵבֶל
thresh *vt.* דָּשׁ
threshold *n.* סַף, מִפְתָּן
threw *p.* throw
thrice *adv.* 1. (three times) שָׁלוֹשׁ פְּעָמִים
2. (threefold) פִּי שְׁלוֹשָׁה
thrift *n.* חַסכָנוּת
thrifty *adj.* חַסכָן, חַסכָנִי
thrill *n.* רֶטֶט, הִתְרַגְשׁוּת
thrill *vt.* הִרְטִיט, רִיגֵשׁ
thrilled *adj.* נִרגָשׁ
thriller *n.* 1. (book) מוֹתְחָן
2. (movie) סֶרֶט מֶתַח
thrilling *adj.* מַרְטִיט, מְרַגֵּשׁ
thrive *vi.* שִׂיגְשֵׂג
throat *n.* גָּרוֹן
throb *n.* פְּעִימָה
throb *vi.* פָּעַם
throe *n.* עֲווִית כְּאֵב
thrombosis *n.* פַּקֶּקֶת, קְרִישׁ דָּם
coronary thrombosis פַּקֶּקֶת כְּלִילִית
throne *n.* כֵּס, כֵּס מַלכוּת
throng *n.* הָמוֹן
throng *vi.* הִתְקַהֵל

throttle *n.* מַשְׁנֵק
through *adj.* 1. (finished) גָּמַר
2. (direct) יָשִׁיר
3. (washed-up) גָּמוּר, מְחוּסָל
through *prep.* 1. (by means of) בְּאֶמְצָעוּת
2. (by way of) דֶּרֶךְ
3. (to the end of) עַד
throughout *prep.* 1. (in every part) בְּכוֹל
2. (during) בְּמֶשֶׁךְ כּוֹל
throughway *n.* כְּבִישׁ מָהִיר
throve *p.* thrive
throw *n.* זְרִיקָה
throw *vt.* זָרַק
throw away זָרַק לָאַשְׁפָּה, הִשְׁלִיךְ
throw in הוֹסִיף
throw off (distract) הֵסִיחַ
throw out זָרַק הַחוּצָה, הִשְׁלִיךְ
throw stones יִידָּה אֲבָנִים
throw up הֵקִיא
thrown *pp.* throw
thrum *vi.* פָּרַט (עַל מֵיתָר)
thrust *n.* 1. (propelling force) כּוֹחַ דַּחַף
2. (essence) עִיקָּר
thrust *vt.* דָּחַף
thruway *n.* כְּבִישׁ רָאשִׁי
thud *n.* חֲבָטָה עֲמוּמָה
thug *n.* בִּרְיוֹן
thuggery *n.* בִּרְיוֹנוּת
thumb *n.* בּוֹהֶן
green thumb מוּמְחֶה לְגַנָּנוּת
rule of thumb כְּלָל מַנְחֶה
thumb *vt.* (soil) הִכְתִּים, לִיכְלֵךְ
thumb one's nose לָעַג, בָּז ל-
thumbs down אִי-הַסְכָּמָה, דְּחִיָּיה
thumbs up הַסְכָּמָה, שְׂבִיעוּת רָצוֹן
thumbnail *n.* 1. (nail) צִיפּוֹרֶן הַבּוֹהֶן
2. (small picture) תְּמוּנָה זְעִירָה
thumbtack *n.* נַעַץ
thump *n.* חֲבָטָה
thump *vt.* חָבַט בּ-

thunder *n.* רַעַם
thunder *vi.* רָעַם, הִרְעִים
thunderbolt *n.* בָּרָק
thundercloud *n.* עָנָן כֵּהֶה
thunderous *adj.* רוֹעֵם
thundershower *n.* גֶּשֶׁם רְעָמִים
thunderstorm *n.* סוּפַת רְעָמִים
thunderstruck *n.* הָמוּם, מוּכֵּה-הֶלֶם
Thursday *n.* יוֹם חֲמִישִׁי
thus *adv.* כָּךְ, מִשּׁוּם כָּךְ
thus far עַד כֹּה
thwack *n.* חֲבָטָה
thwack *vt.* חָבַט בּ-
thwart *vt.* סִיכֵּל
thwart *adj.* רוֹחְבִּי
thy *adj.* שֶׁלְּךָ
thyroid (gland) *n.* בַּלּוּטַת הַתְּרִיס
tiara *n.* כֶּתֶר
tic *n.* הִתְכַּוְּוצוּת שְׁרִירִים
tick *n.* 1. (click) תִּיקְתּוּק
2. (insect) קַרְצִית
tick *vi.* תִּיקְתֵּק
tick off הִרְגִּיז
ticker *n.* טִיקֶר, קוֹלֵט מֵידָע
ticket *n.* 1. (paper slip, card) כַּרְטִיס
2. (legal summons) דּוּחַ, רַפּוֹרְט
3. (label, tag) תָּווִית, תָּג
4. (list of candidates) רְשִׁימַת מוּעֲמָדִים
season ticket כַּרְטִיס מָנוּי
ticket *vt.* 1. נָתַן כַּרְטִיס
2. רָשַׁם דּוּחַ
3. תִּייֵג
tickle *n.* דִּיגְדּוּג, גֵּירוּי
tickle *vt.* דִּיגְדֵּג, גֵּירָה
ticklish *adj.* רָגִישׁ לְדִיגְדּוּג
tidal *adj.* שֶׁל גֵּיאוּת/שֶׁפֶל
tidbit *n.* פֵּירוּר
tide *n.* 1. (water movement) גֵּיאוּת/שֶׁפֶל
2. (tendency) נְטִיָּיה
high tide גֵּיאוּת

low tide	שֵׁפֶל
neap tide	גֵיאוּת יָם נְמוּכָה
tidewater *n.*	מֵי גֵיאוּת/שִׁיטָּפוֹן
tidiness *n.*	סֵדֶר, נִיקָּיוֹן
tidy *adj.*	מְסוּדָּר, נָקִי
tie *n.* 1. (link)	קֶשֶׁר
2. (necktie)	עֲנִיבָה
3. (equal scores)	תֵּיקוּ
tie *vt.*	קָשַׁר
tie down	הִגְבִּיל, עִיכֵּב
tie the knot	הִתְחַתֵּן
tie up 1. (tie, connect)	קָשַׁר
2. (keep busy)	הֶעֱסִיק
3. (occupy)	תָּפַס
tier *n.*	נִדְבָּךְ, מַדְרֵגָה
tiff *n.*	רִיב, קְטָטָה
tiger *n.*	נָמֵר
tight *adj.* 1. (firmly fastened)	הָדוּק
2. (stretched)	מָתוּחַ
3. (impervious)	אָטוּם, לֹא חָדִיר
4. (narrow)	צַר
5. (stingy)	קַמְצָן
sit tight	חִיכָּה בְּסַבְלָנוּת
tight *adv.*	בְּהִידּוּק, בְּחוֹזְקָה
tighten *vt.*; *vi.*	הִידֵּק ; הִתְהַדֵּק
tightfisted *adj.*	קַמְצָן
tightlipped *adj.*	שַׁתְקָן
tightrope *n.*	חֶבֶל לוּלְיָינִים
tights *pn.*	מִכְנָסַיִים צְמוּדִים
tigress *n.*	נְמֵרָה
tile *n.* 1. (floor cover)	מַרְצֶפֶת
2. (roof cover)	רַעַף
till *vt.*	הִכְשִׁיר קַרְקַע
till *prep.*	עַד
tillage *n.*	הַכְשָׁרַת קַרְקַע
tiller *n.*	מְעַבֵּד אֲדָמָה
tilt *n.*	נְטִייָה, שִׁיפּוּעַ
tilt *vi.*; *vt.*	נָטָה ; הִטָּה
tilth *n.*	אֲדָמָה מְעוּבֶּדֶת
timber *n.*	עֵץ

timberline *n.*	גְבוּל גְדִילַת עֵצִים
timbre *n.*	גוֹן קוֹל
time *n.* 1. (duration, interval)	זְמַן
2. (period)	תְקוּפָה
3. (instance, occasion)	פַּעַם
times *prep.* (multiplied by)	כָּפוּל
time and again	שׁוּב וָשׁוּב
time-consuming	גוֹזֵל זְמַן
time-honored	נִשְׁמָר מִיָּמִים יָמִימָה
time-lapse	דִילוּג זְמַן
time off	הַפְסָקָה
time-out 1. (break)	פֶּסֶק זְמַן
2. (*comp.*)	תְפוּגַת זְמַן
time-release	שִׁיחְרוּר (חוֹמֶר) בְּהַדְרָגָה
time-sharing	שִׁיתּוּף בְּשִׁימּוּשׁ
time will tell	יָמִים יַגִּידוּ
(it is) about time	הִגִּיעַ הַזְּמַן
ahead of time	לִפְנֵי הַמּוֹעֵד, מֵרֹאשׁ
all-time	בְּכׇל הַזְּמַנִּים
at the same time (nevertheless)	בְּכׇל זֹאת
at the time	בִּזְמַנּוֹ, אָז
at times	לִפְעָמִים, לְעִתִּים
behind the times	מְפַגֵּר בִּזְמַן, מְיוּשָּׁן
big time *adv.*	בְּגָדוֹל
daylight-saving time	שְׁעוֹן קַיִץ
do/serve time	רִיצָּה עוֹנֶשׁ מַאֲסָר
for all times	לְתָמִיד, לָנֶצַח
for the time being	לְעֵת עַתָּה, בֵּינְתַיִים
from time to time	מִדֵּי פַּעַם
have a good time	בִּילָּה בִּנְעִימִים
have a hard time	הָיָה לוֹ קָשֶׁה
(it is) high time	הִגִּיעַ הַזְּמַן
in good time	בַּזְּמַן הַקָּרוֹב, בְּהֶקְדֵּם
in no time	תּוֹךְ זְמַן קָצָר
in time (eventually)	בְּבוֹא הַזְּמַן
many a time	לְעִיתִּים קְרוֹבוֹת
on time	בַּזְּמַן
once upon a time	פַּעַם, הָיֹה הָיָה
one at a time	אֶחָד אֶחָד
play for time	נִיסָּה לְהַרְוִיחַ זְמַן

prime time שְׁעַת שִׂיא
real time זְמַן אֱמֶת
spare time זְמַן פָּנוּי, שְׁעוֹת פְּנַאי
universal time שְׁעוֹן גְרִינִיץ'
what time is it? מָה הַשָּׁעָה?
umpteenth time הַפַּעַם הַמִּי יוֹדֵעַ כַּמָּה
time *vt.* תִּיזמֵן, קָבַע/מָדַד זְמַן
timecard *n.* כַּרְטִיס עֲבוֹדָה
timekeeper *n.* בּוֹדֵק זְמַן
timeless *adj.* נִצחִי, קָבוּעַ
timely *adj.* בִּזְמַן הַנָּכוֹן
timepiece *n.* שָׁעוֹן
timer *n.* מַד-זְמַן
timetable *n.* לוּחַ זְמַנִים
timeworn *adj.* בָּלוּי, מְרוּפָּט
timid *adj.* 1. (shy) בַּיְישָׁן
2. (insecure) חֲסַר-בִּיטָחוֹן
timidity *n.* בַּיְישָׁנוּת
timing *n.* עִיתּוּי
timorous *adj.* פַּחְדָן
timorousness *n.* פַּחְדָנוּת
tin *n.* פַּח
tin *vt.* צִיפָּה בְּפַח
tincture *vt.* 1.(drug solution) תְּמִיסָה, תַּשְׁרִית
2. (vestige) שֶׁמֶץ
tinder *n.* חוֹמֶר דָלִיק
tinderbox *n.* חֲבִית אֲבַק שְׂרֵיפָה
tine *n.* חוֹד, שֵׁן נ׳ (שִׁינַיִים)
tinfoil *n.* נְיַיר מַתֶּכֶת
tinge *n.* גָּוֶון
tinge *vt.* צָבַע, נָתַן גָּוֶון
tingle *n.* דְּקִירָה
tingle *vi.* חָשׁ דְקִירָה
tinker *vi.* נִיסָּה לְתַקֵּן, שִׂיחֵק בּ-
tinkle *n.* צִילצוּל קַל
tinkle *vi.* צִילצֵל
tinny *adj.* מַתַּכְתִּי
tinsel *n.* קִישּׁוּט נוֹצֵץ
tinsmith *n.* פֶּחָח, פַּחָח
tint *n.* צֶבַע, גָּוֶון
tint *vt.* צָבַע, נָתַן גָּוֶון
tiny *adj.* זָעִיר, קְטַנְטַן
tip *n.* 1. (end, edge) חוֹד, קָצֶה
2. (gratuity) תֶּשֶׁר, טִיפּ
3. (advice) עֵצָה
4. (light blow) נְקִישָׁה, מַכָּה קַלָּה
5. (information) מֵידָע
tip *vi.*; *vt.* 1. (tilt) נָטָה ; הִטָּה
2. (overturn) הָפַךְ
3. (give a gratuity) נָתַן תֶּשֶׁר/טִיפּ
tip off (give information) מָסַר מֵידָע חָסוּי
tip over הָפַךְ ; הִתהַפֵּךְ
tippet *n.* צָעִיף
tipple *vi.* שָׁתָה לִיקֶר
tipster *n.* יוֹעֵץ בְּהִימוּרִים
tipsy *adj.* 1. (drunk) שָׁתוּי
2. (unstable) מִתנוֹדֵד
tiptoe *vi.* הָלַךְ עַל קְצוֹת הָאֶצְבָּעוֹת
tiptop *n.* פִּיסגָּה
tiptop *adj.* מְעוּלֶּה, מְצוּיָּן
tiptop *adv.* בְּצוּרָה מְעוּלָּה
tirade *n.* בִּיקוֹרֶת קָשָׁה, דִּבְרֵי תוֹכֵחָה
tire *n.* צְמִיג
tire *vt.*; *vi.* עִייֵּף ; הִתעַייֵּף
tired *adj.* 1. (fatigued) עָייֵף
2. (hackneyed) נָדוֹשׁ
tiredness *n.* עֲייֵפוּת
tireless *adj.* בִּלְתִּי-נִלְאֶה
tirelessly *adv.* לְלֹא לֵיאוּת
tiresome *adj.* מְעַייֵּף, מַלְאֶה
tissue *n.* 1. (cells) רִיקְמָה
2. (paper) מַגְבּוֹן
tissular *adj.* תָּאִי
tit for tat עַיִן תַּחַת עַיִן, מִידָּה כְּנֶגֶד מִידָּה
tits *pn.* שָׁדַיִים, צִיצִים
titan *n.* עֲנָק
titanic *adj.* עֲנָקִי, עָצוּם
titanium *n.* טִיטַנִיוּם
tithe *n.* מַעֲשֵׂר
titillate *vt.* גֵּירָה

titillation *n.*	גֵירוּי
title *n.* 1. (name)	שֵׁם
2. (heading)	כּוֹתֶרֶת
3. (appellation)	תוֹאַר
4. (right to possession)	זְכוּת קִנְיָן, בַּעֲלוּת
title *vt.*	כִּינָה, נָתַן שֵׁם/כּוֹתֶרֶת
titter *n.*	צִיחקוּק, צְחוֹק עָצוּר
titter *vi.*	צִיחקֵק
tittle *n.*	נְקוּדָה; קַמצוּץ
titular *adj.*	שֶׁל תוֹאַר, נוֹמִינָלִי
tizzy *n.*	הִתרַגְשׁוּת, עַצבָּנוּת
TM (trade mark)	סֵמֶל מִסחָרִי
TNT (trinitrotoluene) *n.*	טנ״ט, חוֹמֶר נֶפֶץ
to *prep.* 1. (in the direction of)	לְ-, אֶל
2. (for the purpose of)	לְ-
3. (until, as far as)	עַד
to and fro	הָלוֹךְ וָשׁוֹב
to-be	שֶׁעָתִיד לִהיוֹת
as to	בַּאֲשֶׁר לְ-
toad *n.*	קַרפָּד
toady *n.*	חַנפָן
toady *vi.*	הִתחַנֵף
toast *n.* 1. (bread)	לֶחֶם קָלוּי, טוֹסט
2. (raising a glass)	הֲרָמַת כּוֹסִית
toast *vt.*; *vi.* 1.	קָלָה; נִקלָה
2.	הֵרִים כּוֹסִית
toaster *n.*	מַצנֵם, טוֹסטֶר
toaster-oven	תַנוּרוֹן
toasty *adj.*	חָמִים
tobacco *n.*	טַבָּק
toccata *n.*	טוֹקָטָה
tocsin *n.*	פַּעֲמוֹן אַזעָקָה
today *n.*; *adv.*	הַיוֹם
toddle *vi.*	דִידָה
toddler *n.*	פָּעוֹט ז׳ (פָּעוֹטוֹת)
toddy *n.*	לִיקֶר תְמָרִים
toe *n.*	בּוֹהֶן הָרֶגֶל
on one's toes	דָרוּךְ
toe *vt.*	נָגַע בְּבוֹהֶן הָרֶגֶל

toe the line/mark	הָלַךְ בַּתֶלֶם
toenail *n.*	צִיפּוֹרֶן הָרֶגֶל
toffee *n.*	סוּכָּרִיַית טוֹפִי
tofu *n.*	טוֹפוּ
together *adv.*	יַחַד, בְּיַחַד
togetherness *n.*	יַחֲדוּת, הֱיוֹת יַחַד
toggle *n.*	מֶתֶג חַשמַלִי
toggle *vi.*	הֵזִיז הָלוֹךְ וָשׁוֹב
toil *n.*	עֲבוֹדָה מְפָרֶכֶת, עָמָל
toil *vi.*	עָבַד קָשֶׁה, עָמַל
toilet *n.* 1. (restroom)	בֵּית-שִׁימוּשׁ
2. (bowl)	אַסלָה
toiletry *n.*	תַמרוּקִים
token *n.* 1. (sign)	אוֹת נ׳ (אוֹתוֹת), סִימָן
2. (semi-coin)	אֲסִימוֹן
by the same token	בְּאוֹתוֹ אוֹפֶן
in token of	לְאוֹת-
tokenism *n.*	מַעֲשֶׂה סִמלִי
told *p.*; *pp* tell.	
tolerance *n.* 1. (acceptance)	סוֹבלָנוּת
2. (endurance)	כּוֹחַ עֲמִידָה
3. (deviation from a standard)	סְטִיָיה
tolerant *adj.*	סוֹבלָנִי
tolerate *vt.* 1. (allow)	הִרשָׁה, הִתִיר
2. (endure)	נָשָׂא, סָבַל
toleration *n.*	סוֹבלָנוּת
toll *n.* 1. (fee)	אַגרָה
2. (loss)	אֲבֵידָה
death toll	אֲבֵידוֹת בְּנֶפֶשׁ
tollbooth *n.*	בִּיתָן לְתַשלוּם אַגרָה
tollgate *n.*	מַחסוֹם אַגרָה
tom-tom *n.*	תוֹף טוֹם-טוֹם
tomahawk *n.*	גַרזֶן אִינדְיָאנִי
tomato *n.*	עַגבָנִיָיה
cherry tomato	עַגבָנִיַית דוּבדְבָן
tomb *n.*	קֶבֶר
tomboy *n.*	נַעֲרָה גַברִית
tombstone *n.*	מַצֵבָה
tomcat *n.*	חָתוּל זָכָר
tome *n.*	סֵפֶר עַב-כֶּרֶס

tomfoolery *n.* טִפְּשׁוּת, שְׁטוּתִיּוּת
tomography *n.* טוֹמוֹגְרַפְיָה (צִילוּם הַגּוּף)
tomorrow *n.; adv.* מָחָר
ton *n.* טוֹן
tonal *adj.* צְלִילִי
tonality *n.* צְלִילִיּוּת
tone *n.* 1. (sound) צְלִיל, טוֹן
2. (tint) גּוֹוֶן, צִבְיוֹן
dial tone צְלִיל חִיּוּג
tone *vt.* הֶעֱנִיק צְלִיל/גּוֹוֶן
tone down מִיתֵּן
toner *n.* דְּיוֹ מַדְפֶּסֶת
tongs *pn.* מֶלְקָחַיִים
tongue *n.* 1. (taste organ) לָשׁוֹן נ׳ (לְשׁוֹנוֹת)
2. (language) לָשׁוֹן, שָׂפָה
tongue-in-cheek הֶעָרָה עוֹקְצָנִית
tongue-tied לְלֹא יְכוֹלֶת דִּיבּוּר
mother tongue לְשׁוֹן/שְׂפַת אֵם
tonic *n.* נוֹזֵל מְרַעֲנֵן
tonight *adv.* הַלַּיְלָה, הָעֶרֶב
tonnage *n.* תְּפוּסָה בְּטוֹנוֹת
tonsil *n.* שָׁקֵד (בַּלּוֹעַ)
tonsillar *adj.* שֶׁל שְׁקֵדִים
tonsillectomy *n.* כְּרִיתַת שְׁקֵדִים
tonsorial *adj.* שֶׁל סַפָּרוּת
tonsure *n.* גִּילּוּחַ רֹאשׁ
tony *adj.* אוֹפְנָתִי, מְהוּדָּר
too *adv.* 1. (also) גַּם כֵּן, גַּם
2. (excessively) יוֹתֵר מִדַּי
took *p.* take
tool *n.* כְּלִי, מַכְשִׁיר
tool *vt.* עִיבֵּד
tool up צִיֵּיד בְּכֵלִים
toot *n.* צְפִירָה, שְׁרִיקָה
toot *vi.* צָפַר, שָׁרַק
tooth *n.* שֵׁן נ׳ (שִׁינַּיִים)
baby tooth שֵׁן חָלָב
sweet tooth אַהֲבַת מַמְתַקִּים
wisdom tooth שֵׁן בִּינָה
toothache *n.* כְּאֵב שִׁינַּיִים

toothbrush *n.* מִבְרֶשֶׁת שִׁינַּיִים
toothless *adj.* חֲסַר-שִׁינַּיִים
toothpaste *n.* מִשְׁחַת שִׁינַּיִים
toothpick *n.* מַחְצֵצָה, קֵיסָם שִׁינַּיִים
toothy *adj.* מָלֵא שִׁינַּיִים
top *n.* 1. (head) רֹאשׁ (רָאשִׁים)
2. (uppermost part) שִׂיא, פִּסְגָּה
3. (lid, cover) מִכְסֶה, כִּיסּוּי
on top of 1. (in addition to) בְּנוֹסָף ל-
2. (be in control) שָׁלַט בּ-
top *vt.* 1. (surpass) עָלָה עַל
2. (cover) כִּיסָּה בּ-, שָׂם עַל
3. (reach the top) הִגִּיעַ לַשִּׂיא/לַפִּסְגָּה
top *adj.* רָאשִׁי, עֶלְיוֹן
topaz *n.* טוֹפָּז
topcoat *n.* מְעִיל עֶלְיוֹן
toper *n.* שַׁתְיָין
topic *n.* נוֹשֵׂא
topical *adj.* 1. (local) מְקוֹמִי
2. (of current interest) אַקְטוּאָלִי
topless *adj.* 1. (without a top) לְלֹא רֹאשׁ
2. (without a bra) לְלֹא חֲזִייָה
topmost *n.* עֶלְיוֹן
topnotch *adj.* מְעוּלֶּה, מִמַּדְרֵגָה רִאשׁוֹנָה
topographic *adj.* טוֹפּוֹגְרָפִי
topography *n.* טוֹפּוֹגְרַפְיָה, פְּנֵי הַקַּרְקַע
topping *n.* צִיפּוּי
topple *vt.; vi.* הִפִּיל, מוֹטֵט; נָפַל, הִתְמוֹטֵט
toque *n.* כּוֹבַע פַּרְוָוה
Torah *n.* הַתּוֹרָה
torch *n.* לַפִּיד, אֲבוּקָה
torch *vt.* הִצִּית
tore *p.* tear
toreador *n.* לוֹחֵם שְׁוָורִים
torment *n.* סֵבֶל, יִיסּוּרִים
torment *vt.* גָּרַם סֵבֶל, יִיסֵּר
torn *pp.* tear
tornado *n.* סוּפַת טוֹרְנָדוֹ
torpedo *n.* טוֹרְפֶּדוֹ
torpedo *vt.* טִירְפֵּד

torpid *adj.* 1. (sluggish)	אִיטִי, כְּבַד-תְּנוּעָה
2. (apathetic)	אָדִיש
torpidity, torpor *n.* 1.	אִיטִיוּת
2.	אֲדִישׁוּת
torque *n.*	מוֹמֶנְט סִיבּוּב
torrent *n.* 1. (stream)	זֶרֶם עַז
2. (deluge)	מַבּוּל
torrential *adj.*	עַז, סוֹחֵף
torrid *adj.*	לוֹהֵט
torsion *n.*	סִיבּוּב, פִּיתּוּל
torso *n.*	טוֹרְסוֹ (גוּף לְלֹא רֹאשׁ וְגַפַּיִים)
tort *n.*	גְּרִימַת נֶזֶק
tortilla *n.*	טוֹרְטִיָּה, פִּיתָה מֶקְסִיקָנִית
tortoise *n.*	צָב (צַבִּים)
tortuous *adj.*	מְפוּתָּל, מִתְפַּתֵּל
torture *n.*	עִינּוּי, יִיסּוּרִים, סֵבֶל
torture *vt.*	עִינָּה, יִיסֵּר
torturous *adj.*	מְעַנֶּה
torus *n.*	קִימוּר, טַבַּעַת
toss *n.*	זְרִיקָה, הַטָּלָה
toss *vt.*	זָרַק, הֵטִיל
toss a coin	הֵטִיל מַטְבֵּעַ
tossup *n.*	הַטָּלַת מַטְבֵּעַ; הִזְדַּמְּנוּת שָׁוָה
tot 1. (child)	יֶלֶד קָטָן
2. (small portion)	מָנָה קְטַנָּה
total *n.*	סַךְ הַכֹּל
total *adj.*	שָׁלֵם, מוּחְלָט
total *vt.* 1. (add up)	סִיכֵּם; הִסְתַּכֵּם בּ-
2. (wreck)	הָרַס לְגַמְרֵי
totalitarian *adj.*	רוֹדָנִי, טוֹטָלִיטָרִי
totality *n.*	כְּלָל, מִכְלוֹל
totally *adv.*	לְגַמְרֵי
tote *n.*	תִּיק יָד
tote *vt.*	נָשָׂא, סָחַב
totem *n.*	סֵמֶל אִינְדְיָאנִי
totter *vi.*	מָט לִיפּוֹל, הִתְנוֹדֵד
tottery *adj.*	מִתְנוֹדֵד
touch *n.*	נְגִיעָה, מַגָּע, מִישּׁוּשׁ
a touch of	קוּרְטוֹב שֶׁל
in touch	בְּקֶשֶׁר

get in touch	הִתְקַשֵּׁר
out of touch	מְנוּתָּק
stay in touch	שָׁמַר עַל קֶשֶׁר
touch *vt.*	נָגַע בּ-
touch down	נָחַת
touch off	עוֹרֵר, הִצִּית
touch on/upon	הִזְכִּיר בְּקִיצּוּר
touch up	עָשָׂה שִׁיפּוּץ קַל
touchdown *n.* 1. (landing)	נְחִיתָה
2. (*football*)	שַׁעַר
touching *adj.*	נוֹגֵעַ לַלֵּב
touchstone *n.*	אֶבֶן בּוֹחַן
touchup *n.*	שִׁיפּוּץ קַל
touchy *adj.*	רָגִישׁ
tough *adj.* 1. (hard)	קָשֶׁה
2. (strong)	חָזָק
3. (unyielding)	קָשׁוּחַ, נוּקְשֶׁה
4. (severe)	חָמוּר, רְצִינִי
tough it out	הֶחֱזִיק מַעֲמָד
toughen *vt.*	הִקְשָׁה; הִתְקַשָּׁה
toughness *n.*	קְשִׁיוּת, קוֹשִׁי, קְשִׁיחוּת
toupee *n.*	פֵּאָה (-נוֹכְרִית)
tour *n.*	סִיּוּר
tour *vt.*	סִיֵּר בּ-
tour de force	הֶישֵּׂג כַּבִּיר
tour of duty	תְּקוּפַת שֵׁירוּת צְבָאִי
tourism *n.*	תַּיָּירוּת
tourist *n.*	תַּיָּיר
tournament *n.*	טוּרְנִיר, סִידְרַת תַּחֲרוּיוֹת
tourney *vi.*	הִשְׁתַּתֵּף בְּטוּרְנִיר
tourniquet *n.*	חוֹסֵם עוֹרְקִים
tousle *vt.*	פָּרַע שֵׂיעָר
tout *vt.* 1. (solicit)	שִׁידֵּל
2. (promote)	עָשָׂה פִּירְסוֹמֶת ל-, קִידֵּם
tow *n.*	גְּרִירָה
tow *vt.*	גָּרַר, סָחַב
toward(s) *prep.*	לִקְרַאת, כְּלַפֵּי, לְעֵבֶר
towboat *n.*	סְפִינַת גְּרָר
towel *n.*	מַגֶּבֶת
towel *vt.*	נִיגֵּב

tower *n.*	מִגְדָּל
fire tower	תַּצְפִּית שְׂרֵיפוֹת
control tower	מִגְדַּל פִּיקּוּחַ
ivory tower	מִגְדַּל שֵׁן
towering *adj.*	רָם, מִשְׁכְמוֹ וָמַעְלָה
towhead *n.*	בְּלוֹנְדִי, בְּלוֹנְדִינִי
town *n.*	עִיר, עֲיָרָה
development town	עֲיָרַת פִּיתּוּחַ
ghost town	עִיר רְפָאִים
townhouse *n.*	קוֹטֶג'
township *n.*	עִיר ; תַּת-מָחוֹז
toxemia *n.*	הַרְעָלַת דָּם
toxic *adj.*	רָעִיל
toxicity *n.*	רְעִילוּת
toxicology *n.*	חֵקֶר רְעָלִים
toxin *n.*	רַעֲלָן
toy *n.*	צַעֲצוּעַ
toy *vi.*	הִשְׁתַּעֲשֵׁעַ בּ-
trace *n.*	סִימָן, עֲקֵבוֹת, זֵכֶר
trace *vt.* 1. (follow)	עָקַב אַחֲרֵי
2. (locate)	אִיתֵּר
3. (sketch)	שִׂירְטֵט
tracer *n.*	עוֹקֵב, נוֹתֵב
trachea *n.*	קְנֵה הַנְּשִׁימָה
track *n.* 1. (path)	שְׁבִיל, מַסְלוּל, נָתִיב
2. (mark)	עֲקֵבוֹת
3. (rail)	מְסִילָה
4. (recording channel)	עֲרוּץ הַקְלָטָה
track and field	אַתְלֵטִיקָה קַלָּה
fast track	מַסְלוּל הִתְקַדְּמוּת מָהִיר
keep track of	עָקַב אַחֲרֵי
lose track	אִיבֵּד קֶשֶׁר
railroad tracks	פַּסֵּי רַכֶּבֶת, מְסִילַת בַּרְזֶל
track *vt.*	עָקַב אַחֲרֵי
trackball *n.* (*comp.*)	כַּדּוּר עֲקִיבָה
tracker *n.*	גַּשָּׁשׁ
tract *n.* 1. (land)	חֶלְקָה, שֶׁטַח אֲדָמָה
2. (pamphlet)	חוֹבֶרֶת
3. (anatomical system)	מַעֲרֶכֶת
digestive tract	מַעֲרֶכֶת הָעִיכּוּל
respiratory tract	מַעֲרֶכֶת הַנְּשִׁימָה
traction *n.*	כּוֹחַ גְּרִירָה
tractor *n.*	טְרַקְטוֹר
tradable *adj.*	סָחִיר
trade *n.*	סַחַר, מִסְחָר
trade-in	מְכִירָה/קְנִיָּיה בַּהֲמָרָה
free trade	סַחַר חוֹפְשִׁי
trade *vi.* 1. (buy and sell)	סָחַר בּ-
2. *vt.* (exchange)	הֶחֱלִיף
trade in	הֵמִיר בְּחָדָשׁ
trademark *n.*	סֵמֶל מִסְחָרִי
tradeoff *n.*	עִיסְקַת חֲלִיפִין
trader, tradesman *n.*	סוֹחֵר
tradition *n.*	מָסוֹרֶת
traditional *adj.*	מָסוֹרְתִּי
traditionally *adv.*	לְפִי הַמָּסוֹרֶת
traduce *vt.*	הִשְׁמִיץ
traducement *n.*	הַשְׁמָצָה
traffic *n.* 1. (vehicle movement)	תְּנוּעָה, תַּעֲבוּרָה
2. (trade)	סַחַר
traffic *vi.*	סָחַר בּ-
trafficker *n.*	סוֹחֵר סַמִּים
tragedy *n.*	טְרָגֶדְיָה
tragic *adj.*	טְרָגִי
tragicomedy *n.*	טְרָגִיקוֹמֶדְיָה
trail *n.*	נָתִיב, שְׁבִיל
trail *vt.* 1. (drag)	גָּרַר
2. (follow)	הָלַךְ בְּעִקְבוֹת
3. (lag)	פִּיגֵּר אַחֲרֵי
trailblazer *n.*	חָלוּץ
trailer *n.* 1. (transport vehicle)	נִגְרָר, עוֹקֵב
2. (caravan)	קְרוֹנוֹעַ
3. (movie strip)	קֶטַע מִסֶּרֶט
train *n.* 1. (railroad cars)	רַכֶּבֶת
2. (convoy)	שַׁיָּירָה
3. (sequence)	רֶצֶף, סִידְרָה, הִשְׁתַּלְשְׁלוּת
wagon train	שַׁיֶּירֶת עֲגָלוֹת
train *vt.*	אִימֵּן, אִילֵּף, הִכְשִׁיר
trainee *n.*	מִתְאַמֵּן, חָנִיךְ

trainer *n.* מְאַמֵן, מַדְרִיךְ
training *n.* הַכשָרָה, אִימוּנִים
basic training טִירוֹנוּת, אִימוּן בְּסִיסִי
traipse *vi.* שׁוֹטֵט
trait *n.* תְכוּנָה
traitor *n.* בּוֹגֵד
traitorous *adj.* בּוֹגדָנִי
trajectory *n.* מַסלוּל קָלִיעַ
tram *n.* חַשמַלִית
trammel *vt.* עִיכֵּב, עָצַר
tramp *n.* 1. (vagrant) נַוָד, מְשׁוֹטֵט
2. (marching sound) קוֹל צְעִידָה
3. (prostitute) יַצאָנִית
tramp *vi.* 1. (trudge) הָלַךְ בִּכבֵדוּת
2. (trample) רָמַס
trample *vt.* רָמַס, דָרַךְ עַל
trampoline *n.* מַקפֵּצָה, טְרַמפּוֹלִינָה
trance *n.* טְרַנס (הִתעַמְקוּת הִיפּנוֹטִית)
tranquil *adj.* שָׁלֵו, רָגוּעַ
tranquility *n.* שַׁלוָה
tranquilize *vt.* הִרגִיעַ
tranquilizer *n.* סַם הַרגָעָה
transact *vt.* בִּיצַע, נִיהֵל
transaction *n.* עִיסקָה
transatlantic *adj.* טְרַנסאַטלַנטִי
transceiver *n.* מַשדֵר-מַקלֵט
transcend *vt.* 1. (go beyond) עָבַר, הָיָה מֵעֵבֶר ל-
2. (surpass) עָלָה עַל
transcendent *adj.* נִשׂגָב, מֵעֵבֶר לַבִּינָה
transcendental *adj.* טְרַנסֶנדֶנטַלִי, מוּפשָׁט
transcontinental *n.* בֵּין-יַבַּשׁתִי
transcribe *vt.* תִיכתֵב
transcript *n.* 1. (copy) תַעתִיק
2. (academic record) גִילָיוֹן צִיוּנִים
transcription *n.* תִיכתוּב
transducer *n.* מַתמֵר
transfer, transferal *n.* הַעֲבָרָה, טְרַנספֶר
transfer *vt.*; *vi.* הֶעֱבִיר ; עָבַר
transferrable *adj.* נִיתָן לְהַעֲבָרָה

transfiguration *n.* שִׁינוּי צוּרָה
transfigure *vt.* שִׁינָה צוּרָה
transfix *vt.* 1. (pierce) דָקַר, נִיקֵב
2. (paralyze) שִׁיתֵק
transfixion *n.* 1. דְקִירָה, נִיקוּב
2. שִׁיתוּק
transform *vt.* שִׁינָה צוּרָה
transformation *n.* שִׁינוּי צוּרָה
transformer *n.* שַׁנַאי
transfuse *vt.* עֵירָה
transfusion *n.* עֵירוּי
blood tranfusion עֵירוּי דָם
transgress *vi.* בִּיצַע עֲבֵירָה, חָרַג מ-
transgression *n.* עֲבֵירָה, חֲרִיגָה
transgressor *n.* עֲבַריָין
tranship *vt.* שִׁיטְעֵן
transient *n.*; *adj.* אֲרָעִי, שׁוֹהֶה זְמַנִית
transistor *n.* טְרַנזִיסטוֹר
transistorized *adj.* מֵכִיל טְרַנזִיסטוֹרִים
transit *n.* 1. (passage) מַעֲבָר
2. (transportation) תַחבּוּרָה
rapid transit רַכֶּבֶת עִירוֹנִית
transition *n.* מַעֲבָר
transitional *adj.* שֶׁל מַעֲבָר, זְמַנִי
transitory *adj.* אֲרָעִי, חוֹלֵף
translate *vt.* תִירגֵם
translation *n.* תִירגוּם
translator *n.* מְתַרגֵם, תוּרגְמָן
transliterate *vt.* תִיעתֵק
transliteration *n.* תַעתִיק
translucent *adj.* שָׁקוּף לְמֶחֱצָה
transmigrate *vi.* הִתגַלגֵל (לְגוּף אַחֵר)
transmigration *n.* גִילגוּל נְשָׁמוֹת
transmission *n.* 1. (conveyance) מְסִירָה, הַעֲבָרָה
2. (broadcast) שִׁידוּר
3. (mechanical gear) תִמסוֹרֶת
transmit *n.* 1. מָסַר, הֶעֱבִיר
2. שִׁידֵר
transmitter *n.* מַשדֵר

transmutation *n.* שִׁינּוּי צוּרָה

transmute *vt.* שִׁינָּה צוּרָה

transnational *adj.* עַל-לְאוּמִי

transoceanic *adj.* שֶׁמֵּעֵבֶר לָאוֹקְיָינוּס

transparence *n.* שְׁקִיפוּת

transparency *n.* שְׁקוּפִית

transparent *adj.* שָׁקוּף

transpiration *n.* פְּלִיטָה

transpire *vi.* 1. (occur) קָרָה, הִתְרַחֵשׁ

2. (become known) נוֹדַע

3. *vt.* (give off) פָּלַט

transplant *n.* הַשְׁתָּלָה

transplant *vt.* הִשְׁתִּיל

transponder *n.* מַשְׁדֵּר-מַקְלֵט

transport *n.* הוֹבָלָה, תּוֹבָלָה

transport *vt.* הוֹבִיל

transportation *n.* תַּחְבּוּרָה, הוֹבָלָה

transporter *n.* מוֹבִיל

transpose *vt.* הֶחֱלִיף מָקוֹם אוֹ סֵדֶר

transposition *n.* שִׁינּוּי, הַחְלָפָה

transsexual *adj.* קוֹקְסִינֶל

transship *vt.* שִׁיטְעֵן

transshipment *n.* שִׁיטְעוּן

transverse *adj.* רוֹחְבִּי, חוֹצֶה

transvestite *n.* טְרַנְסְוֶסְטִיט, לוֹבֵשׁ בִּגְדֵי הַמִּין הַשֵּׁנִי

trap *n.* מַלְכּוֹדֶת

booby trap חֵפֶץ מְמוּלְכָּד

speed trap מַכְמוֹנֶת מְהִירוּת

trap *vt.*; *vi.* לָכַד ; נִלְכַּד

trapeze *n.* טְרַפֶּז

trappings *pn.* קִישּׁוּטִים

trash *n.* אַשְׁפָּה, פְּסוֹלֶת

trash *vt.* 1. (vandalize) הִשְׁחִית

2. (litter) זָרַק אַשְׁפָּה

3. (slander) הִכְפִּישׁ

trashy *adj.* חֲסַר-עֵרֶךְ, זוֹל

trauma *n.* טְרָאוּמָה ; הֶלֶם נַפְשִׁי

traumatize *vt.* גָּרַם לִטְרָאוּמָה

travail *n.* 1. (toil) עָמָל, עֲבוֹדַת פֶּרֶךְ

2. (tribulation) סֵבֶל, יִיסּוּרִים

3. (childbirth labor) חֶבְלֵי לֵידָה

travel *n.* נְסִיעָה, מַסָּע

travel *vi.* 1. (journey) נָסַע

2. (move) נָע, עָבַר

traveler *n.* נוֹסֵעַ

travelogue *n.* תֵּיאוּר מַסָּע

traverse *n.* חוֹצֶה

traverse *vt.* חָצָה, עָבַר לָרוֹחַב

traverse *adj.* רוֹחְבִּי, לָרוֹחַב

travesty *n.* סִילּוּף, עִיוּוּת

travesty of justice עִיוּוּת דִּין

trawl *n.* מִכְמוֹרֶת

trawl *vt.* דָּג בְּמִכְמוֹרֶת

trawler *n.* סְפִינַת דַּיִג

tray *n.* מַגָּשׁ

treacherous *adj.* בּוֹגְדָנִי

treachery *n.* בּוֹגְדָנוּת

tread *n.* 1. (act of stepping) צְעִידָה, הֲלִיכָה

2. (trampling) דְּרִיכָה

3. (tire surface) פְּנֵי צְמִיג

tread *vi.* 1. דָּרַךְ, צָעַד

2. דָּרַךְ

tread water שָׁחָה שְׁחִיָּה זְקוּפָה

treadle *n.* דַּוְשָׁה

treadmill *n.* (exerciser) הֲלִיכוֹן

treason *n.* בְּגִידָה (בַּמּוֹלֶדֶת)

treasure *n.* אוֹצָר ז׳ (אוֹצָרוֹת)

hidden treasure מַטְמוֹן

treasure *vt.* 1. (cherish) הוֹקִיר

2. (store away) הִטְמִין

treasurer *n.* גִּזְבָּר

treasury *n.* אוֹצַר מְדִינָה

treat *n.* 1. (paid for by another) כִּיבּוּד

2. (delight) תַּעֲנוּג

Dutch treat עַל חֶשְׁבּוֹן הַמִּשְׁתַּתֵּף

treat *vt.* 1. (give care) טִיפֵּל בּ-

2. (behave toward) הִתְיַיחֵס אֶל, הִתְנַהֵג כְּלַפֵּי

3. (pay for someone) כִּיבֵּד בּ-

treatable *adj.*	נִיתָן לְטִיפּוּל
treatise *n.*	חִיבּוּר, מַסָּה
treatment *n.* 1. (care)	טִיפּוּל
2. (behavior toward)	יַחַס
treaty *n.*	חוֹזֶה, אֲמָנָה
treble *n.* (*music*)	צְלִיל גָּבוֹהַּ
treble *vt.*	שִׁילֵּשׁ
tree *n.*	עֵץ
Christmas tree	עֵץ אַשּׁוּחַ
family tree	אִילַן יוּחֲסִין
trefoil *n.*	תִּלְתָּן
trek *n.*	מַסָּע קָשֶׁה
trellis *n.*	שְׂבָכָה
tremble *n.*	רַעַד
tremble *vi.*	רָעַד
tremendous *adj.*	עָצוּם
tremendously *adv.*	בְּמִידָּה רַבָּה
tremor *n.*	רְעִידָה, זַעֲזוּעַ
tremulous *adj.*	רוֹעֵד, רוֹעֵד מִפַּחַד
trench *n.*	שׁוּחָה, חֲפִירָה
trenchancy *n.*	שְׁנִינוּת, חֲרִיפוּת
trenchant *adj.*	שָׁנוּן, חָרִיף
trend *n.*	מְגַמָּה, נְטִיָּיה
trendy *adj.*	אוֹפְנָתִי
trepidation *n.*	פַּחַד, חֲרָדָה
trespass *n.*	הַסָּגַת גְּבוּל
trespass *vi.*	הִסִּיג גְּבוּל
trespasser *n.*	מַסִּיג גְּבוּל
tress *n.*	תַּלְתַּל, קְווּצַּת שֵׂיעָר
trestle *n.*	מִסְגֶּרֶת
triad *n.*	שְׁלִישִׁיָּיה
triage *n.*	מִיּוּן נִפְגָּעִים
trial *n.* 1. (attempt)	נִיסָּיוֹן ז׳ (נִיסְיוֹנוֹת)
2. (legal proceeding)	מִשְׁפָּט
3. (trouble)	צָרָה
field trial	מִשְׁפַּט שָׂדֶה
on trial	עוֹמֵד לְדִין
triangle *n.*	מְשׁוּלָּשׁ
triangular *adj.*	מְשׁוּלָּשׁ
triangulate *vt.*	חִילֵּק לִמְשׁוּלָּשִׁים
triathlon *n.*	תַּחֲרוּת סְפּוֹרְט
tribal *adj.*	שִׁבְטִי
tribe *n.*	שֵׁבֶט
tribesman *n.*	בֶּן-שֵׁבֶט
tribulation *n.*	מְצוּקָה, סֵבֶל
tribunal *n.*	בֵּית-מִשְׁפָּט
tribune *n.*	סַנֵּיגוֹר הַצִּיבּוּר
tribute *n.* 1. (token of esteem)	אוֹת הַעֲרָכָה
2. (tax)	מַס ז. (מִיסִים)
pay tribute	הִבִּיעַ הַעֲרָכָה
trice *n.*	רֶגַע
in a trice	כְּהֶרֶף עַיִן, בֶּן-רֶגַע
tricentennial *n.*	יוֹבֵל שְׁלוֹשׁ מֵאוֹת
tricep *n.*	שְׁרִיר תְּלַת-רָאשִׁי
trick *n.*	תַּחְבּוּלָה, תַּכְסִיס
trick *vt.*	רִימָּה
tricker *n.*	אִישׁ-תַּחְבּוּלוֹת
trickery *n.*	רַמָּאוּת
trickle *n.*	טִיפְטוּף ; זֶרֶם קַל
trickle *vi.*	טִיפְטֵף ; זָרַם
trickster *n.*	רַמַּאי, נוֹכֵל
tricky *adj.* 1. (sly)	עַרְמוּמִי
2. (requiring skill)	מְסוּבָּךְ, דּוֹרֵשׁ מְיוּמָּנוּת
tricorn *adj.*	תְּלַת-פִּינָּתִי
tricot *n.*	אֲרִיג טְרִיקוֹ
tricycle *n.*	תְּלַת-אוֹפַן
trident *n.*	קִלְשׁוֹן
tridentate *adj.*	תְּלַת-שִׁינִּי
triennial *adj.*	תְּלַת-שְׁנָתִי
triennially *adv.*	מִדֵּי שָׁלוֹשׁ שָׁנִים
trifle *n.*	דָּבָר פָּעוּט
trifle *vi.*	הִשְׁתַּעֲשֵׁעַ
trifocal *adj.*	תְּלַת-מוֹקְדִי
trig *n.*	נָקִי, אֶלֶגַנְטִי
trigger *n.* 1. (gun lever)	הֶדֶק
2. (precipitator)	גּוֹרֵם
trigger *vt.*	גָּרַם, הִפְעִיל
trigonometry *n.*	טְרִיגוֹנוֹמֶטְרִיָּה
trill *n.*	סִילְסוּל
trillion *n.*	טְרִילְיוֹן, אֶלֶף מִילְיָארְד

trilogy *n.*	טְרִילוֹגְיָה, יְצִירָה מְשׁוּלֶשֶׁת
trim *n.* 1. (clipping)	קְצִיצָה, גְזִיזָה
2. (embellishment)	קִישׁוּט
3. (fitness)	כְּשִׁירוּת גוּפָנִית
trim *adj.*	מְטוּפָּח, מְסוּדָּר
trim *vt.* 1.	קָצַץ, גָּזַז
2.	קִישֵּׁט
trimester *n.*	טְרִימֶסְטֶר
trimmer *n.*	מַגְזֵזָה
trimmings *pn.* 1. (scraps)	שְׁאֵרִיוֹת
2. (extras)	תוֹסָפוֹת
trinity *n.*	שִׁילוּשׁ, שְׁלָשָׁה
the Trinity *n.*	הַשִּׁילוּשׁ הַקָּדוֹשׁ
trinket *n.*	תַּכְשִׁיט פְּחוּת-עֵרֶךְ
trio *n.*	שְׁלִישִׁיָּה
trip *n.*	נְסִיעָה; טִיּוּל
ego trip	סִיפּוּק הָאֶגוֹ
field trip	טִיּוּל לִימוּדִים
round trip	נְסִיעָה הָלוֹךְ וָשׁוֹב
shuttle trip	מַסַּע דִּילוּגִים
trip *vi.* 1. (stumble)	מָעַד
2. (release)	שִׁיחְרֵר, מָשַׁךְ בּ-
tripartite *adj.*	תְּלַת-חֶלְקִי
triple *vt.*	שִׁילֵּשׁ
triplet *n.*	שְׁלִישִׁיָּה
triplex *n.*	בַּיִת תְּלַת-מִשְׁפַּחְתִּי
triplicate *vt.*	שִׁילֵּשׁ
triplication *n.*	שִׁילּוּשׁ
tripod *n.*	חֲצוּבָּה
tripwire *n.*	חוּט מַלְכּוֹדֶת
trisect *n.*	חִילֵּק לִשְׁלוֹשָׁה
trisection *n.*	חֲלוּקָה לִשְׁלוֹשָׁה
trite *adj.*	נָדוֹשׁ
triumph *n.*	נִיצָּחוֹן ז׳ (נִיצְחוֹנוֹת)
triumph *vi.*	נִיצֵּחַ
triumphant *adj.*	מְנַצֵּחַ; חוֹגֵג נִיצָּחוֹן
trivet *n.*	חֲצוּבָּה
trivia *pn.*	דְּבָרִים קַלֵּי-עֵרֶךְ
trivial *adj.*	קַל-עֵרֶךְ
triviality *n.*	חוֹסֶר-עֵרֶךְ
trivialize *vt.*	הָפַךְ לְקַל-עֵרֶךְ
trod *p.* tread	
troglodyte *n.*	שׁוֹכֵן מְעָרוֹת
troll *vt.* 1. (sing)	שָׁר
2. (fish)	דָּג
trolley *n.*	חַשְׁמַלִּית
trombone *n.*	טְרוֹמְבּוֹן
trombonist *n.*	נַגַּן טְרוֹמְבּוֹן
troop *n.*	קְבוּצַת אֲנָשִׁים
troops *pn.*	חַיָּילִים
troop *vi.*	הִתְאַסֵּף, הִתְקַהֵל
trooper *n.*	שׁוֹטֵר
storm trooper	אִישׁ פְּלוּגַת סַעַר
trope *n.*	מְלִיצָה
trophy *n.* 1. (prize)	פְּרָס
2. (booty)	שָׁלָל
tropic *n.*	חוּג
tropical *adj.*	טְרוֹפִּי
trot *n.*	טְפִיפָה, הֲלִיכָה אִיטִית
trot *vi.*	טָפַף, הָלַךְ בְּאִיטִיּוּת
troth *n.*	נֶאֱמָנוּת
troubadour *n.*	טְרוּבָּדוּר
trouble *n.* 1. (distress)	צָרָה
2. (difficulty)	קוֹשִׁי
3. (inconvenience)	טִירְחָה
trouble *vt.* 1. (disturb)	הִדְאִיג, הִטְרִיד
2. (inconvenience)	הִטְרִיחַ
troubled *adj.*	מוּדְאָג, מוּטְרָד
troublemaker *n.*	עוֹשֶׂה צָרוֹת
troubleshooting *n.*	אִיתּוּר תַּקָּלוֹת
troublesome *adj.*	מַדְאִיג, מְעוֹרֵר דְּאָגָה
trough *n.*	תְּעָלָה
trounce *vt.*	הֵבִיס, הִכָּה
troupe *n.*	לַהֲקָה
trousers *pn.*	מִכְנָסַיִים
trousseau *n.*	חֶפְצֵי הַכַּלָּה
trout *n.*	דַּג הַשֶּׁמֶךְ
trowel *n.*	כַּף סַיָּידִים, שְׁפַּכְטֶל
troy *n.*	מִידַּת מִשְׁקָל
truancy *n.*	הֵיעָדְרוּת

truant *n.*	נֶעדָר
truce *n.*	הֲפוּגָה, הַפסָקַת אֵש
truck *n.*	מַשָׂאִית
fire truck	כַּבָּאִית, מְכוֹנִית כִּיבּוּי
dump truck	מַשָׂאִית רְכִינָה
trucking *n.*	הוֹבָלָה בְּמַשָׂאִית
trucker *n.*	נֶהַג מַשָׂאִית
truckle *vi.*	הִתרַפֵּס
truculence *n.*	אַכזָרִיוּת
truculent *adj.*	אַכזָרִי
trudge *vi.*	הָלַךְ בִּכבֵדוּת
true *adj.* 1. (real, genuine)	אֲמִיתִי
2. (faithful)	נֶאֱמָן
3. (correct)	נָכוֹן
true-blue	נֶאֱמָן, מָסוּר
come true	הִתמַמֵש, הִתגַשֵׁם
truffle *n.*	פִּטרִייָה
truly *adv.* 1.	בֶּאֱמֶת
2.	בְּנֶאֱמָנוּת
truism *n.*	אֲמִיתָּה
trump (card) *n.*	קְלַף נִיצָּחוֹן
trump up *vt.*	תִּיכְנֵן בְּמִרמָה
trumpery *n.*	שְׁטוּיוֹת, הֲבָלִים
trumpet *n.*	חֲצוֹצְרָה
trumpeter *n.*	חֲצוֹצְרָן
truncate *vt.*	קִיצֵּץ
truncation *n.*	קִיצּוּץ
truncheon *n.*	אַלָּה
trundle *n.*	גַלגַל
trundle *vt.*; *vi.*	גִילגֵל; הִתגַלגֵל
trunk *n.* 1. (tree stem)	גֶזַע
2. (elephant's snout)	חֶדֶק
3. (storage box)	אַרגָז
4. (car's luggage compartment)	תָּא מִטעָן
5. (torso)	גוּף (לְלֹא רֹאש וְגַפַּיִים)
trunks *pn.* (shorts)	מִכְנְסֵי הִתעַמְלוּת
trust *n.* 1. (confidence)	אֵימוּן
2. (custody)	פִּיקָדוֹן ז׳ (פִּיקדוֹנוֹת)
3. (monopoly)	מוֹנוֹפּוֹל
trust *vt.*	בָּטַח בּ-, סָמַךְ עַל
trustee *n.*	אַפּוֹטרוֹפּוֹס, נֶאֱמָן
trusteeship *n.*	שֶׁטַח נֶאֱמָנוּת
trustful *n.*	אָמִין
trustworthy *adj.*	רָאוּי לְאֵימוּן
trusty *adj.*	אָמִין
truth *n.*	אֱמֶת
truthful *adj.* 1. (honest)	כֵּן, כֵּנֶה, דוֹבֵר אֱמֶת
2. (true)	אֲמִיתִי
truthfulness *n.* 1.	כֵּנוּת
2.	אֲמִיתוּת
try *n.*	נִיסָיוֹן ז׳ (נִיסיוֹנוֹת)
try *vt.* 1. (attempt)	נִיסָּה
2. (test)	בָּדַק
3. (put on trial)	הֶעֱמִיד לְדִין
4. *vi.* (make an effort)	הִשתַּדֵּל
try on (clothes)	מָדַד
try out 1. (test)	בָּדַק, נִיסָּה
2. (compete)	נִיגַש לִבחִינָה תַּחֲרוּתִית
trying *adj.*	קָשֶׁה
tryout *n.*	מִבחָן כְּשִׁירוּת
T-shirt *n.*	חוּלצַת טִי
tub *n.* 1. (laundry vessel)	גִיגִית
2. (bathtub)	אַמבָּט
tuba *n.*	טוּבָּה
tubby *adj.*	גוּץ
tube *n.*	צִינוֹר ז׳ (צִינוֹרוֹת) , אַבּוּב
eustachian tube	חֲצוֹצֶרֶת הַשֶּׁמַע
fallopian tube	צִינוֹר הַשַּׁחֲלָה
picture tube	שְׁפוֹפֶרֶת טֶלֶבִיזיָה
test tube	מַבחֵנָה
vacuum tube	שְׁפוֹפֶרֶת וָאקוּם, מְנוֹרָה
tuberculosis *n.*	שַׁחֶפֶת
tubing *n.*	צַנֶּרֶת
tubist *n.*	נַגַּן טוּבָּה
tubular *adj.*	צִינוֹרִי
tuck *n.*	קֶפֶל
tuck *vt.* 1. (put into)	הִכנִיס
2. (fold)	קִיפֵּל
Tuesday *n.*	יוֹם שְׁלִישִׁי
tuft *n.*	גְדִיל

tug *n.*	גְרִירָה
tug *vt.*	גָרַר
tug of war	תַחֲרוּת מְשִׁיכַת חֶבֶל
tugboat *n.*	סְפִינַת גְרָר
tuition (fee) *n.*	שְׂכַר לִימוּד
tulip *n.*	פֶּרַח
tumble *n.*	נְפִילָה, הִתמוֹטְטוּת
tumble *vi.*	נָפַל, הִתמוֹטֵט
tumbledown *adj.*	רָעוּעַ
tumbler *n.* 1. (drinking glass)	כּוֹס נ׳ (כּוֹסוֹת)
2. (part of a lock)	נִצרַת מַנעוּל
tumbleweed *n.*	עֵשֶׂב מִתגַלגֵל
tumescence *n.*	תְפִיחָה, נְפִיחוּת
tumescent *adj.*	תָפוּחַ, נָפוּחַ
tumid *adj.*	נָפוּחַ, מְנוּפָּח
tumidity *n.*	נְפִיחוּת, תְפִיחוּת
tummy *n.*	בֶּטֶן
tumor *n.*	גִידוּל, שְׂאֵת
tumult *n.*	רַעַשׁ, הֲמוּלָה
tumultuous *adj.*	סוֹעֵר, רוֹעֵשׁ
tun *n.*	חָבִית גְדוֹלָה
tuna *n.*	דַג טוּנָה
tune *n.* 1. (melody)	נְעִימָה,לַחַן
2. (agreement)	הַתאָמָה
to the tune of	בְּסכוּם שֶׁל
tune *vt.* (adjust)	כִּיוֵון, כִּיווֵן
tune in	כִּיוֵון לְתַחֲנַת שִׁידוּר
tune out	הִתנַתֵק (מֵהַמִתרַחֵשׁ סְבִיבו)
tune-up	כִּיוונוּן מָנוֹעַ
tuner *n.*	מַקלֵט רַדיוֹ/טֶלֶבִיזיָה
tunnel *n.*	מִנהָרָה
wind tunnel	מִנהֶרֶת רוּחַ
turban *n.*	מִצנֶפֶת, טוּרבָּן
turbid *adj.*	דָלוּחַ, עָכוּר
turbidity *n.*	דְלִיחוּת, עֲכִירוּת
turbine *n.*	טוּרבִּינָה
turbojet *n.*	טוּרבּוֹ סִילוֹן
turbulence *n.*	סְעָרָה, מְעַרבּוֹלֶת ; אִי-שֶׁקֶט
turbulent *adj.*	סוֹעֵר, רוֹגֵשׁ
tureen *n.*	קְעָרָה
turf *n.* 1. (layer of grass)	מִשטַח דֶשֶׁא
2. (territory)	שֶׁטַח, תְחוּם
turgid *adj.*	מְנוּפָּח, נִמלָץ
Turkey *n.*	תוּרכִּיָה
turkey *n.* (bird)	תַרנְגוֹל הוֹדוּ
turmeric *n.*	כּוּרכּוּם
turmoil *n.*	אִי-שֶׁקֶט, מְהוּמָה
turn *n.* 1. (rotation)	סִיבּוּב
2. (change of direction)	פְּנִייָה
3. (one's time to do something)	תוֹר
take turns	הִתחַלֵף (לְפִי תוֹר)
turn *vt.*; *vi.* 1.	סוֹבֵב ; הִסתוֹבֵב
2.	פָּנָה ; הִפנָה
turn a blind eye	הֶעלִים עַיִן
turn around	סוֹבֵב ; הִסתוֹבֵב
turn away	דָחָה
turn back	חָזַר ; הֶחֱזִיר
turn down 1. (lower)	הוֹרִיד, הִנמִיךְ
2. (reject)	דָחָה
turn in	מָסַר, הִגִישׁ
turn oneself in	הִסגִיר אֶת עַצמוֹ
turn into	הָפַךְ ל-
turn off 1. (shut off)	כִּיבָּה, סָגַר
2. (repulse)	דָחָה
turn on 1. (activate)	הִדלִיק, הִפעִיל
2. (excite)	הִלהִיב, גֵירָה (מִינִית)
turn-on	דָבָר מַלהִיב/מְגָרֶה
turn one's back on	הִפנָה עוֹרֶף ל-
turn out 1. (shut off)	כִּיבָּה
2. (increase)	הִגבִּיר
3. (produce)	יִיצֵר
4. (show up)	הוֹפִיעַ
5. (found to be)	יָצָא, יָצָא שֶׁ-
6. (end up)	הִסתַיֵים בּ-
turn over 1. *vt.*; *vi.* (overturn)	הָפַךְ ; הִתהַפֵּךְ
2. (hand over)	מָסַר
turn up 1. (appear)	הוֹפִיעַ, הִתגַלָה
2. (happen)	קָרָה
3. (increase)	הִגבִּיר
turnabout *n.*	שִׁינוּי כִּיווּן

turnaround *n.* תַּפְנִית
turncoat *n.* מַחֲלִיף מִפְלָגָה
turnip *n.* לֶפֶת
turnkey *n.* סוֹהֵר, מַחֲזִיק מַפְתְּחוֹת
turnout *n.* נוֹכְחוּת
turnover *n.* תַּחֲלוּפָה
turnpike *n.* כְּבִישׁ אַגְרָה
turnstile *n.* שַׁעַר סִיבּוּבִי
turntable *n.* 1. (rotating tray) מַגָּשׁ מִסְתּוֹבֵב
2. (phonograph) מָקוֹל, פָּטֵיפוֹן
turpentine *n.* טֶרְפֶּנְטִין
turpitude *n.* שִׁפְלוּת
turquoise *n.* טוּרְקִיז
turret *n.* צְרִיחַ
turtle *n.* צָב
turtleneck *n.* צַוָּארוֹן גוֹלְף
tusk *n.* נִיב, שֵׁן הַפִּיל
tussock *n.* צִיצַת דֶּשֶׁא
tutelage *n.* הַדְרָכָה
tutor *n.* מוֹרֶה פְּרָטִי
tutor *vt.* לִימֵּד, נָתַן שִׁיעוּרִים פְּרָטִיִּים
tutorial *n.* שִׁיעוּר, הַדְרָכָה
tutti-frutti *n.* גְּלִידַת פֵּירוֹת
tux, tuxedo *n.* מִקְטוֹרֶן סְמוֹקִינְג
TV (television) טֶלֶבִיזְיָה
twaddle *n.* פִּיטְפּוּט שְׁטוּתִי
twaddle *vi.* פִּיטְפֵּט שְׁטוּיוֹת
twain *adj.*; *n.* שְׁנַיִים
twang *n.* 1. (plucking sound) צְלִיל פְּרִיטָה
2. (nasal sound) אִינְפּוּף
tweak *n.* צְבִיטָה
tweak *vt.* צָבַט
tweed *n.* אֲרִיג צֶמֶר
tweet *n.* צִיּוּץ
tweet *vi.* צִיֵּיץ
tweeter *n.* רַמְקוֹל רַם-צְלִילִי
tweeze *vt.* לִיקֵּט
tweezers *pn.* מַלְקֵט, פִּינְצֶטָה
twelfth *adj.* הַשְּׁתֵּים-עֶשְׂרֵה
twelve *n.* שְׁתֵּים-עֶשְׂרֵה, שְׁנֵים-עָשָׂר
twenties *pn.* שְׁנוֹת הָעֶשְׂרִים
twentieth *adj.* הָעֶשְׂרִים
twenty *n.*; *adj.* עֶשְׂרִים
twenty-twenty רְאִיָּיה חַדָּה
twice *adv.* פַּעֲמַיִים
twiddle *vi.* הִשְׁתַּעֲשֵׁעַ
twig *n.* זֶרֶד, זְמוֹרָה
twilight *n.* דִּמְדוּמִים
twin *n.* תְּאוֹם
twin-engined דּוּ-מְנוֹעִי
Siamese twins תְּאוֹמֵי סִיאַם
twine *n.* חוּט שָׁזוּר
twine *vt.* שָׁזַר
twinge *n.* כְּאֵב עַז
twinge *vi.*; *vt.* חָשׁ/גָּרַם כְּאֵב
twinkle *n.* נִיצְנוּץ
twinkle *vi.* נִיצְנֵץ
twirl *n.* סִיבּוּב
twirl *vt.*; *vi.* סוֹבֵב ; הִסְתּוֹבֵב
twist *n.* 1. (squirm) פִּיתּוּל
2. (distortion) עִיוּוּת, עִיקּוּם
3. (thread, yarn) חוּט שָׁזוּר, פְּתִיל
4. (dance) רִיקּוּד טְוִויסְט
5. (sudden change) שִׁינּוּי מַפְתִּיעַ
twist *vt.* 1. פִּיתֵּל
2. עִיוֵּות, עִיקֵּם
3. *vt.*; *vi.* (turn) סוֹבֵב ; הִסְתּוֹבֵב
twister *n.* (storm) סוּפַת טוֹרְנָדוֹ
tongue twister מִילִּים "שׁוֹבְרוֹת שִׁינַּיִים"
twit *vt.* לִיגְלֵג עַל
twitch *n.* עֲוִוית, מְשִׁיכָה
twitch *vi.* עָשָׂה עֲוִוית
twitter *n.* צִיּוּץ
twitter *vi.* צִיֵּיץ
two *n.*; *adj.* שְׁתַּיִים, שְׁנַיִים
in two בִּשְׁנֵי חֲלָקִים
two-dimensional *adj.* דּוּ-מְמַדִּי
two-faced *adj.* דּוּ-פַּרְצוּפִי
two-ply *adj.* כְּפוּל-עוֹבִי
two-way *adj.* דּוּ-סִטְרִי

twosome *n.*	זוג, צֶמֶד
tycoon *n.*	אֵיל הוֹן
tyke *n.*	זַאֲטוּט
type *n.* 1. (kind)	סוּג, מִין, טִיפּוּס
2. (printing letters)	אוֹתִיוֹת דְפוּס, סְדָר
type *vt.*	תִיקְתֵק, הִקְלִיד
typecast *vt.*	נָתַן תַפְקִיד אוֹפְיָינִי
typeface *n.*	צוּרַת גוּפָן
typeset *vt.*	סִידֵר בִּדפוּס
typewrite *vt.*	הִדפִּיס/תִיקְתֵק בִּמְכוֹנַת כְּתִיבָה
typewriter *n.*	מְכוֹנַת כְּתִיבָה
typewritten *adj.*	מוּדפָּס
typhoid *n.*	טִיפוּס מֵעַיִים
typhoon *n.*	סוּפַת טַייפוּן
typhus *n.*	טִיפוּס
typical *adj.*	אוֹפְיָינִי, טִיפּוּסִי
typifier *n.*	מְאַפְיֵין
typify *vt.*	אִיפְיֵין, יִיצֵג
typist *n.*	כַּתבָן, כַּתבָנִית
typo *n.*	שְׁגִיאַת דְפוּס
typography *n.*	טִיפּוֹגרַפְיָה
tyrannical *adj.*	רוֹדָנִי
tyrannosaur *n.*	טִירָנוֹזָאוּרוּס
tyranny *n.*	רוֹדָנוּת, עֲרִיצוּת
tyrant *n.*	רוֹדָן, עָרִיץ
tyro *n.*	טִירוֹן, מַתחִיל

U

U הָאוֹת הָעֶשְׂרִים וְאַחַת בָּאָלֶפְבֵּית הָאַנְגְּלִי
ubiquitous *adj.* מָצוּי בְּכׇל מָקוֹם
udder *n.* עָטִין
UFO (unidentified flying object) עַבָּ"ם (עֶצֶם בִּלְתִּי-מְזוּהֶה)
Ugaritic *n.* אוּגָרִיתִית
ugliness *n.* כִּיעוּר
ugly *adj.* מְכוֹעָר
UHF (ultrahigh frequency) תֶּדֶר אוּלְטְרָה-גָּבוֹהַּ
UK (United Kingdom) הַמַּמְלָכָה הַמְאוּחֶדֶת
ulcer *n.* כִּיב, אוּלְקוּס
peptic ulcer כִּיב קֵיבָה, אוּלְקוּס
ulceration *n.* הִתְכַּיְּיבוּת
ulcerate *vi.* הִתְכַּיֵּיב
ulterior *adj.* נִסְתָּר, כָּמוּס
ultimate *adj.* 1. (final) סוֹפִי, אַחֲרוֹן
2. (decisive) מוּחְלָט
3. (fundamental) בְּסִיסִי
4. (unsurpassed) אֵין מֵעָלָיו
ultimately *adv.* בְּסוֹפוֹ שֶׁל דָּבָר
ultimatum *n.* אוּלְטִימָטוּם
ultraconservative *n.* שַׁמְרָן קִיצוֹנִי
ultramarine *adj.* כָּחוֹל
ultramodern *adj.* אוּלְטְרָה-מוֹדֶרְנִי
ultrasonic *adj.* עַל-קוֹלִי
ultrasound *n.* אוּלְטְרָסָאוּנְד
ultraviolet *adj.* אוּלְטְרָה-סְגוּלִי
ululate *vi.* יִיבֵּב, יִילֵּל
ululation *n.* יִיבּוּב, יְלָלָה
umber *n.* חוּם כֵּהֶה
umbilical *n.* טַבּוּרִי, שֶׁל הַטַּבּוּר
umbilicus *n.* טַבּוּר
umbrella *n.* מְטְרִיָּיה
umpire *n.* 1. (mediator) בּוֹרֵר, פּוֹסֵק
2. (*sports*) שׁוֹפֵט
umpteen *adj.* הַרְבֵּה מְאוֹד

UN (United Nations) או"ם (הָאוּמוֹת הַמְאוּחָדוֹת)
unabashed *adj.* לֹא חָשׁ בּוּשָׁה
unabated *adj.* לְלֹא הֶפְסֵק
unabbreviated *adj.* לֹא מְקוּצָּר
unable *adj.* לֹא יָכוֹל, לֹא מְסוּגָּל
unabridged *adj.* לֹא מְקוּצָּר
unaccented *adj.* לֹא מוּטְעָם
unacceptable *adj.* לֹא קָבִיל
unaccompanied *adj.* בְּלִי לִיוּוּי
unaccountable *adj.* 1. (inexplicable) שֶׁאֵין לוֹ הֶסְבֵּר
2. (not responsible) לֹא אַחֲרַאי
unaccounted-for *adj.* נֶעְדָּר, חָסֵר
unaccredited *adj.* לֹא מוּסְמָךְ
unaccustomed *adj.* לֹא רָגִיל לְ-
unacquainted *adj.* לֹא מַכִּיר
unadulterated *adj.* טָהוֹר, לֹא מָהוּל
unaesthetic *adj.* לֹא אֶסְתֶּטִי, לֹא יָפֶה
unaffiliated *adj.* לֹא קָשׁוּר, לֹא מְסוּנָּף לְ-
unafraid *adj.* לֹא פּוֹחֵד
un-American *adj.* מְנוּגָּד לַעֲרָכִים הָאֲמֶרִיקָנִיִּים
unanimity *n.* תְּמִימוּת דֵּעִים
unanimous *adj.* פֶּה אֶחָד
unannounced *adj.* לְלֹא הוֹדָעָה מֵרֹאשׁ
unarmed *adj.* לֹא חָמוּשׁ
unassailable *adj.* אֵיתָן, שֶׁאֵין לְהַפְרִיכוֹ
unattached *adj.*
1. (unconnected) לֹא מְחוּבָּר
2. (not involved romantically) פָּנוּי
unattended *adj.* לְלֹא הַשְׁגָּחָה
unavailing *adj.* חֲסַר-תּוֹעֶלֶת
unavoidable *adj.* בִּלְתִּי-נִמְנָע
unaware *adj.* לֹא מוּדָע
unbalanced *adj.* 1. (lacking balance) לֹא מְאוּזָּן

2. (mentally deranged) לֹא שָׁפוּי
unbearable *adj.* קָשֶׁה מִנְשׂוֹא, בִּלְתִּי-נִסְבָּל
unbeatable *adj.* שֶׁאֵין לְנַצְּחוֹ
unbeaten *adj.* בִּלְתִּי-מְנוּצָּח
unbecoming *adj.* לֹא הוֹלֵם
unbeknown *adj.* לֹא יָדוּעַ ל-, לְלֹא יְדִיעַת-
unbelief *n.* אִי-אֱמוּנָה
unbelievable *adj.* לֹא יְאוּמַן
unbeliever *n.* לֹא מַאֲמִין, כּוֹפֵר
unbend *vt.* 1. (straighten) יִישֵּׁר
2. (relax, loosen) הִרְפָּה
unbending *adj.* נוּקְשֶׁה, לֹא מְוַותֵּר
unbiased *adj.* לֹא מְשׁוּחָד
unbind *vt.* הִתִּיר, שִׁיחְרֵר
unblemished *adj.* לְלֹא פְּגָם, לְלֹא דּוֹפִי
unborn *adj.* שֶׁטֶּרֶם נוֹלַד
unbosom *vt.* סִיפֵּר סוֹד, הִשְׁתַּפֵּךְ
unbreakable *adj.* בִּלְתִּי-שָׁבִיר
unbridled *adj.* חֲסַר-מַעֲצוֹרִים
unbroken *adj.* 1. (intact) שָׁלֵם ; לֹא מוּפָר
2. (continuous) רָצוּף, מְמוּשָׁךְ
unbuckle *vt.* הִתִּיר חֲגוֹרָה
unbutton *n.* הִתִּיר כַּפְתּוֹרִים
uncalled-for *adj.* לֹא הוֹלֵם, לֹא מוּצְדָּק
uncanny *adj.* מִסְתּוֹרִי ; עַל-טִבְעִי
unceasing *adj.* בִּלְתִּי-פּוֹסֵק
unceremonious *adj.* חֲסַר-רִשְׁמִיּוּת
uncertain *adj.* לֹא בָּטוּחַ, בְּסָפֵק
uncertainty *n.* אִי-וַדָּאוּת
unchangeable *adj.* לֹא נִיתָּן לְשִׁינּוּי
uncharitable *adj.* לֹא נָדִיב
unchristian *adj.* מְנוּגָּד לְעֶרְכֵּי הַנַּצְרוּת
uncircumcised *adj.* עָרֵל, לֹא נִימּוֹל
uncivil *adj.* לֹא מְנוּמָּס
uncivilized *adj.* לֹא תַּרְבּוּתִי
unclad *adj.* לֹא לָבוּשׁ
unclasp *vt.* שִׁיחְרֵר, הִתִּיר
uncle *n.* דּוֹד
Uncle Sam הַדּוֹד סָם (מֶמְשֶׁלֶת ארה"ב)
unclean *adj.* 1. (dirty) מְלוּכְלָךְ
2. (impure) לֹא טָהוֹר, טָמֵא
unclear *adj.* לֹא בָּרוּר, לֹא מוּבָן
uncomfortable *adj.* לֹא נוֹחַ
uncommitted *adj.* לֹא מְחוּיָּיב
uncommon *adj.* לֹא שָׁכִיחַ, לֹא רָגִיל
unconditional *adj.* לְלֹא תְּנַאי
unconquerable *adj.* לֹא נִיתָּן לְכִיבּוּשׁ
unconscionable *adj.*
1. (unscrupulous) חֲסַר-מַצְפּוּן
2. (excessive) מוּפְרָז
unconscious *adj.* חֲסַר-הַכָּרָה
unconstitutional *adj.* נוֹגֵד אֶת הַחוּקָּה
uncontrollable *adj.* לֹא נִיתָּן לִשְׁלִיטָה
unconventional *adj.* בִּלְתִּי-קוֹנְבֶנְצְיוֹנָלִי
uncork *vt.* חָלַץ פְּקָק
uncouple *vt.* נִיתֵּק
uncouth *adj.* גַּס
uncover *vt.* גִּילָּה, חָשַׂף
unction *n.* מְשִׁיחָה בְּשֶׁמֶן
unctuosity *n.* חֲלַקְלַקּוּת
unctuous *adj.* חֲלַקְלַק
uncut *adj.* 1. (not cut) לֹא חָתוּךְ
2. (not shortened) לֹא מְקוּצָּר
undaunted *adj.* לֹא נִרְתָּע
undecided *adj.* שֶׁלֹּא הוּכְרַע
undeniable *adj.* שֶׁאֵין לְהַכְחִישׁוֹ
under *prep.* 1. (below, beneath) תַּחַת, מִתַּחַת ל-
2. (less than) פָּחוֹת מ-, מִתַּחַת ל-
3. (in accordance with) עַל-פִּי, בְּהֶתְאֵם ל-
under-the-counter בְּאוֹפֶן לֹא חוּקִי
under- (lower in position) תַּת-
under *adv.* לְמַטָּה
underachiever *n.* בַּעַל הֶישֵּׂגִים נְמוּכִים
underage *adj.* קָטִין
underarm *n.* בֵּית-הַשֶּׁחִי
underbelly *n.* בֶּטֶן רַכָּה, חֵלֶק חַלָּשׁ
underclothes *pn.* בְּגָדִים תַּחְתּוֹנִים
undercover *n.* חֲשָׁאִי
undercurrent *n.* זֶרֶם תַּחְתִּי ; מְגַמָּה נִסְתֶּרֶת

undercut *vt.*1. (undermine) עִירְעֵר, חָתַר תַּחַת
2. (sell for less) מָכַר בְּזוֹל יוֹתֵר
underdeveloped *adj.* לֹא מְפוּתָּח
underdog *n.* צָפוּי לְהַפְסִיד, בְּעֶמְדָה נְחוּתָה
underestimate *vt.* הִפְחִית בְּהַעֲרָכָה, מִיעֵט בְּעֶרֶךְ שֶׁל
underexpose *vt.* חָשַׂף (לָאוֹר) פָּחוֹת מִדַּי
underexposure *n.* חֲשִׂיפָה לֹא מַסְפֶּקֶת
undergarment *n.* בֶּגֶד תַּחְתּוֹן
undergo *vt.* עָבַר, הִתְנַסָּה בּ-
undergraduate *n.* סְטוּדֶנְט לְתוֹאַר רִאשׁוֹן
underground *n.* 1. (clandestine organization) מַחְתֶּרֶת
2. (subway) רַכֶּבֶת תַּחְתִּית
underground *adj.* 1. (below ground) תַּת-קַרְקָעִי
2. (clandestine) חֲשָׁאִי, מַחְתַּרְתִּי
underground *adv.* 1. מִתַּחַת לָאֲדָמָה
2. בַּמַּחְתֶּרֶת
undergrowth *n.* שִׂיחִים נְמוּכִים
underhand *adj.* עַרְמוּמִי, מְפוּקְפָּק
underlie *vi.* הָיָה מוּנָח בִּיסוֹדוֹ שֶׁל
underline *vt.*1. (draw a line) מָתַח קַו תַּחַת-
2. (emphasize) הִדְגִּישׁ
underling *n.* כָּפוּף לְמָרוּת, זוּטָר
underlying *adj.* מוּנָח מִתַּחַת, יְסוֹדִי
undermine *vt.* עִירְעֵר, חָתַר תַּחַת
undermost *adj.* הַנָּמוּךְ בְּיוֹתֵר
underneath *prep.* מִתַּחַת ל-
underneath *adv.* לְמַטָּה
undernourishment *n.* תַּת-תְּזוּנָה
underpaid *adj.* מִשְׂתַּכֵּר פָּחוֹת מִדַּי
underpass *n.* מַעֲבָר תַּחְתִּי
underpay *vt.* שִׁילֵּם פָּחוֹת מֵהַמַּגִּיעַ
underpayment *n.* תַּשְׁלוּם נָמוּךְ מִדַּי
underplay *vt.* הִמְעִיט בַּחֲשִׁיבוּת שֶׁל
underprivileged *adj.* מְקוּפָּח
underrate *vt.* הִמְעִיט בָּעֶרֶךְ שֶׁל
underscore *vt.* הִדְגִּישׁ
undersea *adj.* תַּת-יַמִּי

undersecretary *n.* תַּת-מַזְכִּיר, תַּת-שַׂר
undersell *vt.* מָכַר בְּזוֹל יוֹתֵר
undershirt *n.* גּוּפִיָּיה
underside *n.* תַּחְתִּית, צַד תַּחְתּוֹן
undersized *adj.* קָטָן מִדַּי
underskirt *n.* תַּחְתּוֹנִית
understaffed *adj.* לֹא מְאוּיָּשׁ דַּיּוֹ
understand *vt.* הֵבִין, תָּפַס
understanding *n.* הֲבָנָה, תְּפִיסָה
understandable *adj.* מוּבָן
understate *vt.* הִבִּיעַ בְּאִיפּוּק
understatement *n.* לְשׁוֹן הַמְעָטָה
understood *adj.* 1. (implied) מוּבָן, מִשְׁתַּמֵּעַ
2. (agreed on) מוּסְכָּם
undertake *vt.* לָקַח עַל עַצְמוֹ, הִתְחַיֵּיב
undertaker *n.* קַבְּרָן
undertaking *n.* מְשִׂימָה, הִתְחַיְּיבוּת
undervaluation *n.* הַעֲרָכָה נְמוּכָה מִדַּי
undervalue *vt.* הֶעֱרִיךְ פָּחוֹת מִדַּי
underwater *adj.* תַּת-מֵימִי
underwater *adv.* מִתַּחַת לַמַּיִם
underwear *n.* לְבָנִים
underweight *adj.* יָרוּד בְּמִשְׁקָל
underworld *n.* 1. (the criminals) הָעוֹלָם הַתַּחְתּוֹן
2. (world of the dead) שְׁאוֹל
underwrite *vt.* עָרַב ל-, בִּיטַּח
underwriter *n.* עָרֵב, חַתָּם
undesirable *adj.* לֹא רָצוּי
undies *pn.* תַּחְתּוֹנִים
undo *vt.* 1. (annul) בִּיטֵּל
2. (ruin) הָרַס
3. (untie) הִתִּיר
undoubtedly *adv.* לְלֹא סָפֵק
undress *vt.*; *vi.* הִפְשִׁיט; הִתְפַּשֵּׁט
undue *adj.* מוּפְרָז, לֹא הוֹלֵם
undulant *adj.* גַּלִּי
undulate *vi.* נָע כְּגַל
undulation *n.* תְּנוּעָה גַּלִּית
unduly *adv.* בְּאוֹפֶן מוּגְזָם

unearth *vt.* חָשַׂף, גִּילָה
unearthly *adj.* עַל-טִבְעִי
uneasiness *n.* אִי-נוֹחוּת
uneasy *adj.* לֹא נוֹחַ
uneducated *adj.* לֹא מְחוּנָּךְ, חֲסַר-הַשְׂכָּלָה
unemployed *adj.* מוּבְטָל, מְחוּסַר-עֲבוֹדָה
unemployment *n.* אַבְטָלָה
unequal *adj.* לֹא שָׁוֶה
unequivocal *adj.* חַד-מַשְׁמָעִי
UNESCO (United Nations Educational, Scientific & Cultural Organization) אוּנֶסְקוֹ
unessential *adj.* לֹא חִיּוּנִי, לֹא נָחוּץ
uneven *adj.* 1. (not uniform) לֹא אָחִיד
2. (not straight) לֹא יָשָׁר, לֹא חָלָק
3. (odd number) לֹא זוּגִי
uneventful *adj.* חֲסַר-אֵירוּעִים, שִׁיגְרָתִי
unexpected *adj.* לֹא צָפוּי
unfair *adj.* לֹא הוֹגֵן, לֹא צוֹדֵק
unfairness *n.* חוֹסֶר-הֲגִינוּת
unfaithful *adj.* לֹא נֶאֱמָן
unfaithfulness *n.* אִי-נֶאֱמָנוּת
unfamiliar *adj.* 1. (not acquainted) לֹא מַכִּיר
2. (not known) לֹא מוּכָּר
unfavorable *adj.* שְׁלִילִי
unfeeling *adj.* חֲסַר-רֶגֶשׁ
unfetter *vt.* שִׁיחְרֵר
unfit *adj.* לֹא מַתְאִים, לֹא כָּשִׁיר
unflappable *adj.* קַר-רוּחַ
unfold *vt.; vi.* פָּתַח, פָּרַשׂ ; נִפְתַּח, נִפְרַשׂ
unforgettable *adj.* בִּלְתִּי-נִשְׁכָּח
unforgivable *adj.* בִּלְתִּי-נִסְלָח
unforseen *adj.* בִּלְתִּי-צָפוּי
unfortunate *adj.* 1. (having bad luck) חֲסַר-מַזָּל
2. (regrettable) מְצָעֵר
unfortunately *adv.* לְרוֹעַ הַמַּזָּל ; לְמַרְבֵּה הַצַּעַר
unfounded *adj.* לֹא מְבוּסָּס, חֲסַר-יְסוֹד
unfriendliness *n.* עוֹיְנוּת
unfriendly *adj.* לֹא יְדִידוּתִי, עוֹיֵן
unfulfilled *adj.* שֶׁלֹּא הוּגְשַׁם
unfurl *vt.; vi.* פָּרַשׂ ; נִפְרַשׂ
ungainly *adj.* חֲסַר-חֵן
ungodly *adj.* כּוֹפֵר
ungovernable *adj.* לֹא נִיתָּן לִשְׁלִיטָה
ungracious *adj.* גַּס, חֲסַר-חֵן
ungrateful *adj.* כְּפוּי-טוֹבָה
unguarded *adj.* 1. (unprotected) לֹא מוּגָן
2. (not cautious) לֹא זָהִיר, חֲסַר תְּשׂוּמֶת לֵב
unguent *n.* מִשְׁחָה
ungulate *adj.* 1. (having hoofs) בַּעַל-פַּרְסָה
2. (hooflike) דְּמוּי-פַּרְסָה
unhappy *adj.* 1. (sorrowful) עָצוּב, אוּמְלָל
2. (dissatisfied) לֹא מְרוּצֶה
unhealthy *adj.* לֹא בָּרִיא, מַזִּיק לַבְּרִיאוּת
unheard *adj.* לֹא נִשְׁמָע
unheard-of שֶׁלֹּא נִשְׁמַע כָּמוֹהוּ, חֲסַר-תַּקְדִּים
unhinge *vt.* 1. (remove from hinges) הֵסִיר מִצִּירִים
2. (derange) שִׁיגֵּעַ, הוֹצִיא מִדַּעְתּוֹ
unholy *adj.* מוּשְׁחָת, לֹא מוּסָרִי
unhook *adj.* הֵסִיר, הִתִּיר, שִׁיחְרֵר
UNICEF (United Nations International Children's Emergency Fund) יוּנִיצֶף
unicellular *adj.* חַד-תָּאִי
unicorn *n.* חַד-קֶרֶן
unicycle *n.* חַד-אוֹפָן
unification *n.* אִיחוּד
unified *adj.* מְאוּחָד
uniform *n.* מַדִּים
uniform *adj.* אָחִיד
uniformity *n.* אֲחִידוּת
unify *vt.* אִיחֵד
unilateral *adj.* חַד-צְדָדִי
uninhibited *adj.* חוֹפְשִׁי, חֲסַר-מַעֲצוֹרִים
unintelligible *adj.* לֹא קָרִיא, לֹא מוּבָן
uninterested *adj.* לֹא מְעוּנְיָין
uninviting *adj.* לֹא מוֹשֵׁךְ, דּוֹחֶה
union *n.* אִיגּוּד, אִיחוּד
labor union אִיגּוּד עוֹבְדִים

trade union — אִיגּוּד מִקְצוֹעִי
unionist *n.* — חָבֵר בְּאִיגּוּד מִקְצוֹעִי
unionization *n.* — הִתְאַגְּדוּת מִקְצוֹעִית
unionize *vt.; vi.* — אִירְגֵן/הִתְאַרְגֵן בְּאִיגּוּד מִקְצוֹעִי
unique *adj.* — יָחִיד בְּמִינוֹ, יִיחוּדִי
uniqueness *n.* — יִיחוּד
unisex *adj.* — מַתְאִים לִשְׁנֵי הַמִּינִים
unison *n.* — אַחְדוּת קוֹלוֹת
in unison — פֶּה אֶחָד, בְּיַחַד
unit *n.* — יְחִידָה
unitary *adj.* — יְחִידָתִי
unite *vt.* — אִיחֵד
united *adj.* — מְאוּחָד
unity *n.* — אַחְדוּת
univalent *adj.* — חַד-עֶרְכִּי
universal *adj.* — כְּלַל-עוֹלָמִי, אוּנִיבֶרְסָלִי
universalism *n.* — אוּנִיבֶרְסָלִיּוּת
universe *n.* — תֵּבֵל, יְקוּם
university *n.* — אוּנִיבֶרְסִיטָה
unjust *adj.* — לֹא צוֹדֵק
unkempt *adj.* — מוּזְנָח, לֹא מְסוּדָּר, פָּרוּעַ
unkind *adj.* — קָשׁוּחַ, חֲסַר-רַחֲמִים
unknown *adj.* — לֹא יָדוּעַ, לֹא מוּכָּר
unlawful *adj.* — בִּלְתִּי-חוּקִי
unleaded *adj.* — נְטוּל-עוֹפֶרֶת
unleash *vt.* — הִתִּיר, שִׁיחְרֵר
unleavened *adj.* — לְלֹא שְׂאוֹר
unless *conj.* — אֶלָּא אִם כֵּן
unlettered *adj.* — חֲסַר-הַשְׂכָּלָה
unlicensed *adj.* — לֹא מוּרְשֶׁה, חֲסַר-רִישָּׁיוֹן
unlike *prep.; adj.* — שׁוֹנֶה מ- ; לֹא אוֹפְיָינִי ל-
unlikelihood *n.* — אִי-סְבִירוּת
unlikely *adj.* — לֹא סָבִיר
unlimited *adj.* — בִּלְתִּי-מוּגְבָּל
unload *vt.* 1. (remove load, discharge) — פָּרַק
2. (get rid of) — נִפְטַר מ-
3. (express feelings) — הִשְׁתַּפֵּךְ, שִׁיחְרֵר רְגָשׁוֹת
unlock *vt.* 1. (open) — פָּתַח
2. (release) — שִׁיחְרֵר
unluckiness *n.* — חוֹסֶר-מַזָּל
unlucky *adj.* — בִּישׁ-מַזָּל
unmannered *adj.* — חֲסַר-נִימוּס
unmask *vt.* — חָשַׂף
unmentionable *adj.* — בַּל-יִיזָּכֵר
unmerciful *adj.* — חֲסַר-רַחֲמִים
unmindful *adj.* — לֹא מִתְחַשֵּׁב
unmistakable *adj.* — בָּרוּר, לֹא מוּטָל בְּסָפֵק
unmistakably *adv.* — בְּבֵירוּר, לְלֹא סָפֵק
unnatural *adj.* — לֹא טִבְעִי
unnecessarily *adv.* — לְלֹא צוֹרֶךְ
unnecessary *adj.* — מְיוּתָּר, לֹא נָחוּץ
unnerve *vt.* — הִדְאִיג, גָּרַם עַצְבָּנוּת
unoccupied *adj.* 1. (not in use) — פָּנוּי
2. (uninhabited) — לֹא מְיוּשָּׁב
unorganized *adj.* 1. (lacking order) — לֹא מְסוּדָּר
2. (not unionized) — לֹא מְאוּרְגָּן
unpack *vt.* — פָּרַק, רוֹקֵן
unparalleled *adj.* — שֶׁאֵין שָׁוֶה לוֹ
unpleasant *adj.* — לֹא נָעִים
unpleasantness *n.* — אִי-נְעִימוּת
unplug *vt.* — נִיתֵּק, הוֹצִיא מֵהַשֶּׁקַע
unpopular *adj.* — לֹא אָהוּד, לֹא פּוֹפּוּלָרִי
unprecedented *adj.* — חֲסַר-תַּקְדִּים
unpredictable *adj.* 1. (cannot be foretold) — לֹא נִיתָּן לְנִיחוּשׁ
2. (unstable) — לֹא יַצִּיב, הֲפַכְפַּךְ
unprepared *adj.* — לֹא מוּכָן
unpreparedness *n.* — חוֹסֶר-הֲכָנָה
unpretentious *adj.* — לֹא יוּמְרָנִי
unprincipled *adj.* — חֲסַר-עֲרָכִים, חֲסַר-מוּסָר
unprintable *adj.* — לֹא רָאוּי לִדְפוּס
unprofessional *adj.* — לֹא מִקְצוֹעִי
unprofitable *adj.* — לֹא רְווֹחִי
unqualified *adj.* — לֹא כָּשִׁיר
unquestionable *adj.* — וַדָּאִי, לֹא מוּטָל בְּסָפֵק
unquestionably *adv.* — בְּוַדָּאוּת, לְלֹא סָפֵק
unquote *n.* — סוֹף צִיטָטָה

unravel *vt.*; *vi.* 1. (separate) פָּרַם ; נִפְרַם
2. (solve, clarify) פָּתַר ; נִפְתַּר, הִתְבָּרֵר
unreadable *adj.* 1. (illegible) לֹא קָרִיא
2. (unsuitable for reading) לֹא רָאוּי לִקְרִיאָה
unreal *adj.* לֹא אֲמִיתִּי, דִּמְיוֹנִי
unrealistic *adj.* לֹא מְצִיאוּתִי
unreasonable *adj.* לֹא הֶגְיוֹנִי
unrelenting *adj.* לֹא מַרְפֶּה, לֹא מְוַתֵּר
unreliable *adj.* לֹא מְהֵימָן
unremitting *adj.* מַתְמִיד, עַקְשָׁן
unrequited *adj.* לְלֹא גְּמוּל
unreserved *adj.* לֹא מְסוּיָּג
unrest *n.* אִי-שֶׁקֶט, תְּסִיסָה
unrestrained *adj.* חֲסַר-מַעֲצוֹרִים,לֹא מוּגְבָּל
unrivaled *adj.* שֶׁאֵין לוֹ מִתְחָרִים
unroll *vt.* פָּרַשׂ, גּוֹלֵל
unruffled *adj.* שָׁקֵט, רָגוּעַ
unruly *adj.* פָּרוּעַ
unsaid *adj.* שֶׁלֹּא נֶאֱמַר
unsavory *adj.* דּוֹחֶה, מַגְעִיל
unscientific *adj.* לֹא מַדָּעִי
unscramble *vt.* פִּיעֲנַח
unscrew *vt.* הוֹצִיא בּוֹרֶג
unscrupulous *adj.* חֲסַר-מַצְפּוּן
unseal *vt.* הֵסִיר חוֹתָם
unseasonable *adj.* לֹא עוֹנָתִי
unseat *vt.* הֵדִיחַ
unseemly *adj.* לֹא נָאוֹת
unselfish *adj.* לֹא אָנוֹכִיִי
unselfishness *n.* חוֹסֶר-אָנוֹכִיּוּת
unsettle *vt.* 1. (disturb) שִׁיבֵּשׁ, עִירְעֵר
2. (cause concern) הִדְאִיג
unshakable *adj.* בִּלְתִּי-מְעוּרְעָר
unsightly *adj.* מְכוֹעָר
unskilled *adj.* לֹא מְיוּמָּן, לֹא מִקְצוֹעִי
unsociable *adj.* לֹא חֲבֵרוּתִי
unsophisticated *adj.* לֹא מְתוּחְכָּם, פָּשׁוּט
unspeakable *adj.* בַּל יֵיאָמֵר, בַּל יְתוֹאַר
unspoken *adj.* שֶׁלֹּא נֶאֱמַר
unstable *adj.* לֹא יַצִּיב
unsteady *adj.* רָעוּעַ, לֹא יַצִּיב
unstick *vt.* שִׁיחְרֵר, הִפְרִיד
unstoppable *adj.* שֶׁלֹּא נִיתָּן לַעֲצוֹר
unstrung *adj.* מְעוּצְבָּן
unsubstantial *adj.* 1. (flimsy) קָלוּשׁ
2. (baseless) חֲסַר-בָּסִיס
unsubstantiated *adj.* לֹא מְאוּמֶּתֶת אוֹ מוּכָח
unsuccessful *adj.* לֹא מוּצְלָח, כּוֹשֵׁל
unsuitable *adj.* לֹא מַתְאִים
unsupervised *adj.* לְלֹא הַשְׁגָּחָה
unsure *adj.* לֹא בָּטוּחַ
unsurpassed *adj.* שֶׁאֵין מֵעָלָיו
unsympathetic *adj.* לֹא אוֹהֵד
untangle *vt.* הִתִּיר סְבָךְ
unthankful *adj.* כְּפוּי-טוֹבָה
unthinkable *adj.* לֹא מִתְקַבֵּל עַל הַדַּעַת
untidiness *n.* רִישׁוּל, אִי-סֵדֶר
untidy *adj.* מְרוּשָּׁל, לֹא מְסוּדָּר
untie *vt.* הִתִּיר, שִׁיחְרֵר
until *prep.* עַד
until *adv.* עַד שֶׁ-
untimely *adj.* לֹא בְּעִתּוֹ
untitled *adj.* לְלֹא כּוֹתֶרֶת
unto *prep.* 1. (to) לְ-, אֶל
2. (until) עַד
untold *adj.* 1. (not told) שֶׁלֹּא סוּפַּר
2. (incalculable) בַּל יְשׁוֹעַר
untouchable *n.* מְנוּדֶּה, טָמֵא
untouchable *adj.* 1. (not to be touched) שֶׁאֵין לִנְגּוֹעַ בּוֹ
2. (beyond harm) לֹא פָּגִיעַ
3. (loathsome) מַגְעִיל, נִתְעָב
untoward *adj.* 1. (unfavorable) לֹא נוֹחַ
2. (improper) לֹא נָאוֹת
untrue *adj.* 1. (false) לֹא נָכוֹן, שִׁקְרִי
2. (unfaithful) לֹא נֶאֱמָן
unused *adj.* לֹא מְשׁוּמָּשׁ
unusual *adj.* בִּלְתִּי-רָגִיל
untrustworthy *adj.* לֹא רָאוּי לְאֵימוּן
unveil *vt.* חָשַׂף, גִּילָּה

unwanted *adj.*	לֹא רָצוּי
unwarranted *adj.*	לֹא מוּצְדָּק
unwell *adj.*	חוֹלֶה
unwieldy *adj.*	מְגוּשָּׁם
unwilling *adj.*	מְסָרֵב, מְמָאֵן
unwillingly *adv.*	בְּאִי-רָצוֹן
unwillingness *n.*	אִי-רָצוֹן, סֵירוּב
unwind *vt.* 1. (wind off)	הִתִּיר
2. (relax)	הִתְרַגֵּעַ
unwise *adj.*	לֹא נָבוֹן
unworldly *adj.*	רוּחָנִי
unworthy *adj.*	לֹא רָאוּי, לֹא שָׁוֶה
unwound *p.*; *pp.* unwind	
unwritten *adj.*	לֹא כָּתוּב
up *adj.* 1. (standing)	עוֹמֵד
2. (awake)	עֵר
up against	עָמַד בִּפְנֵי
up-and-coming	מַבְטִיחַ
up-front 1. (in advance)	מֵרֹאשׁ
2. (candid)	גְּלוּי-לֵב
up to 1. (devising)	מְתַכֵּן, עוֹמֵד לַעֲשׂוֹת
2. (capable)	מְסוּגָּל ל-
3. (dependent on)	תָּלוּי בּ-
4. (until; no more than)	עַד, עַד ל-
up-to-date	מְעוּדְכָּן
ups and downs	עֲלִיּוֹת וִירִידוֹת
what's up?	מַה נִשְׁמָע? אֵיךְ הָעִנְיָנִים?
up *vt.*	הֶעֱלָה, הִגְבִּיהַּ
up *adv.*	לְמַעְלָה
upbeat *adj.* 1. (optimistic)	אוֹפְּטִימִי
2. (happy)	שָׂמֵחַ
upbraid *vt.*	נָזַף בּ-
upbringing *n.*	חִינּוּךְ, גִּידּוּל יְלָדִים
upcoming *adj.*	הַבָּא, הַקָּרוֹב
update *n.*	עִידְכּוּן
update *vt.*	עִידְכֵּן
upgrade *n.*	שִׁידְרוּג
upgrade *vt.*	שִׁידְרֵג
upheaval *n.*	הִתְפָּרְצוּת
uphill *adj.* 1. (going up)	עוֹלֶה
2. (laborious)	מְיַיגֵּעַ, מְפָרֵךְ
uphill *adv.*	בְּמַעֲלֵה גִּבְעָה
uphold *vt.* 1. (support)	תָּמַךְ בּ-
2. (affirm)	אִישֵּׁר
upholster *vt.*	רִיפֵּד
upholstery *n.*	רִיפּוּד
upkeep *n.*	תַּחֲזוּקָה
upland *n.*	רָמָה
uplift *n.*	הֲרָמָה, הַעֲלָאָה
uplift *vt.*	הֵרִים, הֶעֱלָה
upload *vt.*	הֶעֱלָה מִמַּחְשֵׁב, שָׁלַח
upmost *adj.*	הָעֶלְיוֹן, הַגָּבוֹהַּ בְּיוֹתֵר
upon *prep.*	עַל
upper *adj.*	עֶלְיוֹן
uppercase *n.*	אוֹתִיּוֹת עֶלְיוֹנוֹת (בְּמִקְלֶדֶת)
uppercut *n.*	מַכָּה בַּסַּנְטֵר
uppermost *adj.*	הָעֶלְיוֹן, הַגָּבוֹהַּ בְּיוֹתֵר
uppity *adj.*	יוּמְרָנִי, יָהִיר
upraise *vt.*	הֵרִים, הִגְבִּיהַּ
upright *adj.*	זָקוּף, בְּמַצַּב עֲמִידָה
uprising *n.*	הִתְקוֹמְמוּת
uproar *n.*	מְהוּמָה, הֲמוּלָה
uproot *adj.*	עָקַר
upscale *adj.*	לְבַעֲלֵי הַכְנָסָה גְּבוֹהָה
upset *adj.*	מְעוּצְבָּן
upset *vt.* 1. (agitate)	עִיצְבֵּן
2. (disrupt)	שִׁיבֵּשׁ
3. (overturn)	הָפַךְ
upshot *n.*	תּוֹצָאָה, תּוֹלָדָה
upside *n.* 1. (upper side)	חֵלֶק עֶלְיוֹן
2. (positive side)	צַד חִיּוּבִי
turn upside down	הָפַךְ ; הִתְהַפֵּךְ
upside down	הָפוּךְ
upstage *vt.*	עָלָה עַל, הֶאֱפִיל עַל
upstairs *adj.*	בְּקוֹמָה עֶלְיוֹנָה
upstairs *adv.*	לְמַעְלָה
upstart *n.*	אָדָם שֶׁעָלָה לִגְדוּלָּה
upstart *adj.*	מַתְחִיל
upstate *n.*	צְפוֹן הַמְּדִינָה
upstream *adv.*	בְּמַעֲלֵה הַנָּהָר

upsurge *n.* עֲלִיָּה מְהִירָה
upswing *n.* עֲלִיָּה נִיכֶּרֶת, תְּנוּפָה
uptake *n.* הֲבָנָה, תְּפִיסָה
uptempo *n.* מִקְצָב מָהִיר
uptight *adj.* מָתוּחַ, עַצְבָּנִי
uptown *n.* צְפוֹן הָעִיר
upturn *n.* מְגַמַּת עֲלִיָּה
upturn *vi.* עָלָה
upward *adv.* כְּלַפֵּי מַעְלָה
upward of יוֹתֵר, לְמַעְלָה מִ-
uranium *n.* אוּרַנְיוּם
urban *adj.* עִירוֹנִי
urbane *n.* אָדִיב, מְנוּמָּס
urbanite *n.* תּוֹשַׁב עִיר
urbanity *n.* אֲדִיבוּת, נִימוּס
urbanization *n.* עִיוּר
urbanize *vt.* עִייֵּר
urchin *n.* יֶלֶד שׁוֹבָב
ureter *n.* שׁוֹפְכָן, צִינוֹר הַשֶּׁתֶן
urethra *n.* שׁוֹפְכָה נ. (שְׁפָכוֹת)
urethral *adj.* שֶׁל הַשׁוֹפְכָה
urge *n.* דַּחַף
urge *vt.* הֵאִיץ בְּ-, הִפְצִיר
urgency *n.* דְּחִיפוּת
urgent *adj.* דָּחוּף
urinal *n.* מִשְׁתָּנָה
urinalysis *n.* בְּדִיקַת שֶׁתֶן
urinary *adj.* שֶׁל שֶׁתֶן
urinate *vi.* הִשְׁתִּין
urine *n.* שֶׁתֶן
urological *adj.* שֶׁל דַּרְכֵי הַשֶּׁתֶן
urologist *n.* אוּרוֹלוֹג, מוּמְחֶה לְדַרְכֵי הַשֶּׁתֶן
urology *n.* אוּרוֹלוֹגְיָה, רְפוּאַת דַּרְכֵי הַשֶּׁתֶן
USA (United States of America) אַרהַ"ב, (אַרְצוֹת הַבְּרִית)
usability *n.* שְׁמִישׁוּת, שִׁימוּשִׁיּוּת
usable *adj.* שָׁמִישׁ
usage *n.* שִׁימוּשׁ
use *n.* 1. (usage) שִׁימוּשׁ
2. (advantage) תּוֹעֶלֶת
no use אֵין טַעַם
make use of נִיצֵּל, הֵפִיק תּוֹעֶלֶת מִ-
use *vt.* 1. (utilize) הִשְׁתַּמֵּשׁ בְּ-
2. (exploit) נִיצֵּל
use up כִּילָה, גָּמַר
used *adj.* מְשׁוּמָּשׁ
used to רָגִיל לְ-, מוּרְגָּל לְ-
useful *adj.* מוֹעִיל, שִׁימוּשִׁי
usefulness *n.* תּוֹעֶלֶת, שִׁימוּשִׁיּוּת
useless *adj.* חֲסַר-תּוֹעֶלֶת
uselessness *adj.* חוֹסֶר-תּוֹעֶלֶת
user *n.* מִשְׁתַּמֵּשׁ
user-friendly קַל לְשִׁימוּשׁ
usher *n.* סַדְרָן, מְלַוֶּוה
usher *vt.* 1. (act as an usher) שִׁימֵּשׁ כִּמְלַוֶּוה
2. (herald) בִּישֵּׂר, הוֹבִיל לְ-
usual *adj.* רָגִיל
as usual כָּרָגִיל
usually *adv.* כָּרָגִיל, בְּדֶרֶךְ כְּלָל
usufruct *n.* זְכוּת שִׁימּוּשׁ
usurer *n.* מַלְוֶוה בְּרִיבִּית קְצוּצָה
usurp *vt.* גָּזַל, לָקַח בְּכוֹחַ
usurpation *n.* גְּזֵילָה, גֶּזֶל
usury *n.* רִיבִּית קְצוּצָה, נֶשֶׁךְ
utensil *n.* כְּלִי מִטְבָּח
uterine *adj.* רַחְמִי
uterus *n.* רֶחֶם
utile *adj.* מוֹעִיל
utilitarianism *n.* תּוֹעַלְתִּיּוּת
utility *n.* 1. (usefulness) תּוֹעֶלֶת
2. (public service) שֵׁירוּת צִיבּוּרִי
3. (*comp.*) תּוֹכְנַת שֵׁירוּת
utilization *n.* שִׁימּוּשׁ, נִיצּוּל
utilize *vt.* הִשְׁתַּמֵּשׁ בְּ-, נִיצֵּל
utmost *n.* מֵירַב, מַקְסִימוּם
utmost *adj.* מֵירַבִּי, מַקְסִימָלִי
utopia *n.* אוּטוֹפְּיָה, דִּמְיוֹן
utopian *adj.* אוּטוֹפִּי, דִּמְיוֹנִי
utter *vt.* בִּיטֵּא, הִבִּיעַ
utter *adj.* מוּחְלָט, גָּמוּר

utterance *n.* בִּיטוּי
utterly *adv.* לְגַמרֵי, לַחֲלוּטִין
uttermost *adj.* מֵירַבִּי, מַקסִימָלִי
U-turn סִיבּוּב/פְּנִייַת פַּרסָה
UV (ultra violet) אוּלטְרָה סְגוּלִי
uvula *n.* ענְבָּל
uvular *n.* עִיצוּר עִנבָּלִי
uxorious *adj.* מָסוּר לְאִשתוֹ

V

V הָאוֹת הָעֶשְׂרִים וּשְׁתַּיִם בָּאָלֶפְבֵּית הָאַנגלִי
vacancy 1. (unoccupied place) מָקוֹם פָּנוּי
2. (available position) מִשְׂרָה פְּנוּיָה
vacant *adj.* 1. (not occupied) פָּנוּי
2. (empty) רֵיק
vacate *vt.* פִּינָה
vacation *n.* חוּפשָׁה, נוֹפֶש
vacationer *n.* נוֹפֵש
vaccinate *vt.* חִיסֵן
vaccination *n.* חִיסוּן
vaccine *n.* תַרכִּיב חִיסוּן
vacillate *vi.* 1. (sway) הִתנוֹדֵד
2. (be indecisive) הִיסֵס
vacillation *n.* 1. הִתנוֹדְדוּת
2. הִיסוּס
vacuous *adj.* רֵיק
vacuousness *n.* רֵיקָנוּת
vacuum *n.* חָלָל רֵיק, וָאקוּם
vacuum *vt.* נִיקָה בְּשׁוֹאֵב אָבָק
vagabond *n.* נַוָד, מְשׁוֹטֵט
vagary *n.* גַחֲמָה, קַפּרִיזָה
vagina *n.* נַרתִיק, עֶרוַת הָאִישָׁה
vaginally *adv.* דֶרֶךְ הַנַרתִיק
vagrancy *n.* שׁוֹטְטוּת
vagrant *n.* מְשׁוֹטֵט
vague *adj.* לֹא בָּרוּר, מְעוּרפָּל
vagueness *n.* אִי-בְּהִירוּת, עִירפּוּל
vain *adj.* 1. (worthless) חֲסַר-עֵרֶךְ, שֶׁל הֶבֶל
2. (conceited) יָהִיר
in vain לַשָׁווא
vainglorious *adj.* שַׁחצָן
vainglory *n.* שַׁחצָנוּת
valance *n.* וִילוֹן קָצָר
vale *n.* עֵמֶק
valediction *n.* נְאוּם פְּרֵידָה
valedictorian *n.* נוֹאֵם בְּטֶקֶס סִיוּם
valedictory *n.* נְאוּם סִיוּם
valence *n.* עֶרכִּיוּת
valentine *n.* 1. (card) כַּרטִיס בְּרָכָה
2. (sweetheart) אָהוּב/אֲהוּבָה
valet *n.* מְשָׁרֵת, חַדרָן
valet *vi.* עָבַד כִּמשָׁרֵת
valiance *n.* אוֹמֶץ לֵב, גְבוּרָה
valiant *adj.* אַמִיץ, גִיבּוֹר
valid *adj.* 1. (legally binding) תָקֵף, בַּר-תוֹקֶף
2. (logical) הֶגיוֹנִי
validate *vt.* נָתַן תוֹקֶף
validation *n.* מַתַן תוֹקֶף
validity *n.* תְקֵפוּת, תוֹקֶף
valise *n.* מִזווָדָה קְטַנָה
valley *n.* עֵמֶק, בִּקעָה
valor *n.* גְבוּרָה
valuable *adj.* בַּעַל-עֵרֶךְ
valuables *pn.* חֶפצֵי עֵרֶךְ
valuate *vt.* הֶעֱרִיךְ, אָמַד
valuation *n.* הַעֲרָכָה, אוֹמדָן
valuator *n.* מַעֲרִיךְ, שַׁמַאי
value *n.* עֵרֶךְ, שׁוֹוִי
at face value כִּפשׁוּטוֹ, כְּפִי שֶׁהוּא
book value עֵרֶךְ רָשׁוּם, לְפִי מְחִירוֹן
nominal value עֵרֶךְ נָקוּב
value *vt.* הֶעֱרִיךְ
valueless *adj.* חֲסַר-עֵרֶךְ
valve *n.* שַׁסתוֹם
valvular *adj.* שַׁסתוֹמִי
vamp *n.* 1. (shoe front) חַרטוֹם נַעַל
2. (seductive woman) אִישָׁה מְפַתָה
3. (*music*) לִיוּוּי מְאוּלתָר
vamp *vt.* 1. (patch up) הִטלִיא, תִיקֵן
2. (improvise) אִילתֵר
vampire *n.* עַרפָּד
van *n.* 1. (passenger car) מְכוֹנִית נוֹסְעִים
2. (truck) מַשָׂאִית מִטעָן
vandal *n.* מַשחִית, וַנדָל

vandalism *n.* הַשְׁחָתַת רְכוּשׁ, וַנְדָלִיוּת
vandalize *vt.* הִשְׁחִית
vane *n.* שַׁבְשֶׁבֶת
vanguard *n.* חָלוּץ
vanilla *n.* שֶׁנֶף, וָנִיל
vanish *vi.* נֶעֱלַם
vanity *n.* 1. (worthlessness) הֶבֶל
2. (conceit) יְהִירוּת
3. (bathroom cabinet) אֲרוֹן אִיפּוּר
vanquish *vt.* הֵבִיס, הִכְנִיעַ, הִתְגַּבֵּר עַל
vantage *n.* יִתְרוֹן ז׳ (יִתְרוֹנוֹת)
vapid *adj.* תָּפֵל, מְשַׁעֲמֵם
vapor *n.* אֵד
vaporization *n.* אִיּוּד ; הִתְאַדּוּת
vaporize *vt.*; *vi.* אִידָּה, אִייֵּד ; הִתְאַדָּה
vaporizer *n.* מְאַייֵּד, מְאַדֶּה
vaporous *adj.* מַהְבִּיל, מַעֲלֶה אֵדִים
variable *n.* מִשְׁתַּנֶּה
variable *adj.* מִשְׁתַּנֶּה, לֹא קָבוּעַ
variance *n.* שׁוֹנִי, הֶבְדֵּל
variant *n.* צוּרָה שׁוֹנָה, נוּסַח שׁוֹנֶה
variant *adj.* שׁוֹנֶה
variation *n.* 1. (difference) שׁוֹנִי, הֶבְדֵּל
2. (*music*) וָרִיאַצְיָה
varicolored *adj.* רַבְגּוֹנִי, סַסְגּוֹנִי
varicose *adj.* נָפוּחַ
varicosity *n.* נְפִיחוּת
varied *adj.* שׁוֹנֶה, מְגוּוָן
variegate *vt.* גִּיוֵּן
variegation *n.* גִּיוּוּן
varietal *adj.* מְגוּוָן
variety *n.* מְגוּוָן, מִבְחָר
various *adj.* 1. (different) שׁוֹנֶה
2. (several) אֲחָדִים
varlet *n.* מְשָׁרֵת
varmint *n.* שֶׁרֶץ
varnish *n.* לַכָּה, צִיפּוּי
varsity *n.* קְבוּצַת סְפּוֹרְט אוּנִיבֶרְסִיטָאִית
vary *vi.* הִשְׁתַּנָּה, הִתְחַלֵּף
vascular *adj.* שֶׁל כְּלֵי הַדָּם

vase *n.* אֲגַרְטָל
vasectomy *n.* כְּרִיתַת צִינּוֹר הַזֶּרַע
vasodilation *n.* הִתְרַחֲבוּת כְּלֵי הַדָּם
vassal *n.* אָרִיס
vast *adj.* גָּדוֹל, נִרְחָב
vastness *n.* מֶרְחָב
VAT (value added tax) מַע״מ (מַס עֵרֶךְ מוּסָף)
vat *n.* מֵיכָל, חָבִית
vatic, vatical *adj.* נְבוּאִי
Vatican *n.* הַוָתִיקָן
vaudeville *n.* הַצָּגַת בִּידּוּר
vault *n.* 1. (arch) קֶשֶׁת, קִימּוּר
2. (safe) כַּסֶּפֶת
3. (leap) קְפִיצָה
vault *vt.* 1. (cover with a vault) כִּיסָּה בְּקֶשֶׁת
2. (jump) קָפַץ מֵעַל
vaulted *adj.* קָמוּר, מְקוּמָּר
vaunt *n.* הִתְפָּאֲרוּת, הִתְרַבְרְבוּת
vaunt *vi.* הִתְפָּאֵר, הִתְרַבְרֵב
VCR (video cassette recorder) מַכְשִׁיר וִידֵאוֹ
VD (venereal disease) מַחֲלַת מִין
veal *n.* בְּשַׂר עֵגֶל
vealer *n.* עֵגֶל לִשְׁחִיטָה
vector *n.* 1. (disease carrier) נַשָּׂא מַחֲלוֹת
2. (*math*) וֶקְטוֹר, כַּמּוּת
3. (airplane course) נְתִיב מָטוֹס
vector *vt.* הִנְחָה
veep *n.* סְגַן נָשִׂיא
veer *vi.* סָטָה
vegetable *n.* יָרָק, יֶרֶק ז׳ (יְרָקוֹת)
vegetarian *n.* צִמְחוֹנִי
vegetarianism *n.* צִמְחוֹנוּת
vegetate *vi.* 1. (grow) צָמַח
2. (be inactive) הִתְבַּטֵּל
vegetation *n.* צִמְחִיָּה
vegetative *adj.* צִמְחִי
vehemence *n.* תַּקִּיפוּת, חֲרִיפוּת
vehement *adj.* תַּקִּיף, חָרִיף

vehicle *n.* רֶכֶב
motor vehicle רֶכֶב מְנוֹעִי
vehicular *adj.* שֶׁל רֶכֶב
veil *n.* רְעָלָה, צָעִיף
veil *vt.* כִּיסָּה, הִסתִיר
veiled *adj.* 1. (covered with a veil) רָעוּל
2. (hidden) נִסתָר
vein *n.* וָרִיד
varicose vein דְלִיוּת
veinal *adj.* וְרִידִי
velar *adj.* וִילוֹנִי
velcro *n.* צַמדָן, וֶלקרוֹ
veld *n.* עֲרָבָה אַפרִיקָנִית
velocity *n.* מְהִירוּת
velour *n.* אָרִיג קְטִיפָתִי
velum *n.* חֵך רַך
velvet *n.* קְטִיפָה
velveteen *n.* כּוּתנָה קְטִיפָתִית
velvety *adj.* קְטִיפָתִי
venal *adj.* מוּשחָת, מְעוֹרָב בְּשוֹחַד
vend *vt.* מָכַר
vendor *n.* מוֹכֵר, רוֹכֵל
vendetta *n.* סִיכסוּך דָם
veneer *n.* עֵץ מְצוּפֶּה
venerable *adj.* נִכבָּד, נַעֲרָץ
venerate *vt.* הִתיַיחֵס בְּכָבוֹד, הֶעֱרִיץ
veneration *n.* כָּבוֹד, הַעֲרָצָה
venerator *n.* מַעֲרִיץ
venereal *adj.* מִינִי
vengeance *n.* נְקָמָה
with vengeance בְּעוֹצמָה, בְּכוֹחַ רַב
vengeful *adj.* נַקמָנִי, נוֹקֵם
vengefulness *n.* נַקמָנוּת
venial *adj.* נִסלָח, רָאוּי לִמחִילָה
venison *n.* בְּשַׂר צְבִי
venom *n.* אֶרֶס
venomous *adj.* אַרסִי
venous *adj.* וְרִידִי
vent *n.* פֶּתַח אִיוורוּר
vent *vt.* 1. (release) נָתַן פּוּרקָן
2. (provide a vent) הִתקִין פֶּתַח
ventilate *vt.* אִיווֵרֵר
ventilation *n.* אִיוורוּר
ventilator *n.* מְאַוורֵר
ventral *adj.* שֶׁל הַבֶּטֶן
ventricle *n.* חֲדַר-לֵב
ventricular *adj.* שֶׁל חַדרֵי הַלֵב
ventriloquism *n.* דִיבּוּר מֵהַבֶּטֶן
ventriloquist *n.* מְדַבֵּר מֵהַבֶּטֶן
venture *n.* יוֹזמַת סִיכּוּן
venture *vt.*; *vi.* סִיכֵּן ; הִסתַכֵּן
venturous *adj.* כָּרוּך בְּסִיכּוּן
venue *n.* מְקוֹם מִשפָּט
Venus *n.* 1. (planet) נוֹגַהּ
2. (goddess) וֶנוּס
veracious *adj.* דוֹבֵר אֱמֶת
veracity *n.* כֵּנוּת
veranda *n.* מִרפֶּסֶת
verb *n.* פּוֹעַל
auxiliary verb פּוֹעַל עֵזֶר
intransitive verb פּוֹעַל עוֹמֵד
transitive verb פּוֹעַל יוֹצֵא
verbal *adj.* 1. (oral) עַל-פֶּה
2. (of words) מִילוּלִי
3. (of a verb) פּוֹעֲלִי
verbalization *n.* הַבָּעָה בְּמִילִים
verbalize *vt.* הִבִּיעַ בְּמִילִים
verbally *adv.* בְּעַל-פֶּה
verbatim *adj.* מִילָה בְּמִילָה
verbiage *n.* גִיבּוּב מִילִים
verbose *adj.* מַרבֵּה מִילִים
verbosity *n.* מֶלֶל, גִיבּוּב מִילִים
verboten *adj.* אָסוּר
verdant *adj.* מוֹרִיק, יָרוֹק
verdict *n.* פְּסַק דִין
verge *n.* קָצֶה ז׳ (קְצָווֹת), שׁוּלַיִים
on the verge of עַל סַף
verge *vi.* גָבַל בּ-
verifiable *adj.* נִיתָן לְווִידוּא
verification *n.* אִימוּת, אִישוּר

verify *vt.* 1. (prove the truth of) אִימֵת
2. (ascertain) וִידֵא
verisimilitude *n.* אֱמֶת לִכְאוֹרָה
veritable *adj.* אֲמִיתִּי
verity *n.* אֲמִיתָּה
vermicelli *n.* אִטְרִיּוֹת דַּקּוֹת
vermicide *n.* קוֹטֵל תּוֹלָעִים
vermiform *adj.* דְּמוּי-תּוֹלַעַת
vermilion *n.* שָׁנִי, אָדוֹם מַבְרִיק
vermin *n.* שֶׁרֶץ
verminous *adj.* שׁוֹרֵץ כִּינִים
vermouth *n.* וֶרְמוּט
vernacular *n.* שְׂפַת הַמָּקוֹם, לְשׁוֹן דִּיבּוּר
vernal *adj.* אֲבִיבִי
versatile *adj.* רַב-תַּכְלִיתִי, רַב-שִׁימוּשִׁי
versatility *n.* רַב-תַּכְלִיתִיּוּת, רַב-שִׁימוּשִׁיּוּת
verse *n.* 1. (line) חָרוּז
2. (stanza) בַּיִת ז׳ (בָּתִּים)
free verse חֲרִיזָה חוֹפְשִׁית
versed *adj.* בָּקִי
versification *n.* חֲרִיזָה
versify *vt.* חָרַז
version *n.* גִּירְסָה, נוּסָח
versus *prep.* נֶגֶד, לְעוּמַּת
vertebra *n.* חוּלְיָה
vertebrate *adj.* בַּעַל-חוּלְיוֹת
vertex *n.* שִׂיא, פִּיסְגָּה, קוֹדְקוֹד
vertical *n.* נִיצָּב, אֲנָךְ
vertical *adj.* מְאוּנָּךְ, אֲנָכִי
vertiginous *adj.* מְסַחְרֵר
vertigo *n.* סִיחְרוּר, סְחַרְחוֹרֶת
verve *n.* חִיּוּת, חִיּוּנִיּוּת
very *adj.* (selfsame) אוֹתוֹ, עַצְמוֹ
very *adv.* (extremely) מְאוֹד
vesicle *n.* שַׁלְחוּף
vesicular *adj.* שַׁלְחוּפִי
vespers *pn.* תְּפִילַּת עַרְבִית
vessel *n.* 1. (utensil) כְּלִי קִיבּוּל
2. (ship) כְּלִי שַׁיִט
3. (duct) צִינּוֹר ז׳ (צִינּוֹרוֹת)
blood vessels כְּלֵי דָם
vest *n.* חֲזִיַּית גֶּבֶר
vest *vt.* 1. (put in the control of) הִפְקִיד בִּידֵי
2. (endow with) הֶעֱנִיק, הִקְנָה
vested *adj.* קָבוּעַ, מוּחְלָט
vestibule *n.* מָבוֹא, פְּרוֹזְדוֹר
vestige *n.* שֶׁמֶץ, סִימָן, שָׂרִיד
vestment *n.* בֶּגֶד שְׂרָד
vesture *n.* לְבוּשׁ
vet *n.* 1. (veterinarian) וֶטֶרִינָר, רוֹפֵא חַיּוֹת
2. (veteran) יוֹצֵא צָבָא
vet *vt.* בָּדַק
veteran *n.* 1. (old-timer) וָתִיק
2. (ex-soldier) יוֹצֵא צָבָא
veterinarian *n.* וֶטֶרִינָר, רוֹפֵא חַיּוֹת
veterinary *adj.* וֶטֶרִינָרִי
veto *n.* וֶטוֹ
veto *vt.* הֵטִיל וֶטוֹ
vex *vt.* הִרְגִּיז
vexatious *adj.* מַרְגִּיז
VHF (very high frequency) תֶּדֶר גָּבוֹהַּ מְאוֹד
VHS (video home system) שִׁיטַת VHS בְּוִידֵאוֹ
via *prep.* דֶּרֶךְ, בְּאֶמְצָעוּת
viability *n.* יְכוֹלֶת קִיּוּם
viable *adj.* 1. (able to live) בַּר-קִיּוּם
2. (feasible) מַעֲשִׂי
vial *n.* בַּקְבּוּקוֹן, צְלוֹחִית
vibes *pn.* תְּחוּשָׁה, רֶטֶט
vibrance, vibrancy *n.* חִיּוּת, רֶטֶט
vibrant *adj.* מָלֵא חַיִּים, רוֹטֵט
vibraphone *n.* וִיבְּרָפוֹן, כְּלִי הַקָּשָׁה
vibrate *vt.*; *vi.* הִרְטִיט, הִרְעִיד; רָטַט, רָעַד
vibration *n.* רֶטֶט, רַעַד
vibrato *n.* (*music*) תַּרְטִיט
vibrator *n.* רַטָּט, וִיבְּרָטוֹר
viburnum *n.* מוֹרָן
vicar *n.* כּוֹמֶר
vicarious *adj.* בִּמְקוֹם הַזּוּלַת
vice- סְגַן-

vice *n.* מִנְהָג מְגוּנֶה
vice *prep.* בִּמְקוֹם
vice versa לְהֵיפֶךְ
vicennial *adj.* מִדֵּי עֶשְׂרִים שָׁנָה
viceroy *n.* מִשְׁנֶה לַמֶּלֶךְ
vicinity *n.* סְבִיבָה
vicious *adj.* מְרוּשָׁע, אַכְזָרִי
viciousness *n.* רִשְׁעוּת, אַכְזָרִיּוּת
vicissitude *n.* שִׁינּוּי, תְּמוּרָה
victim *n.* קוֹרְבָּן ז׳ (קוֹרְבָּנוֹת)
victimization *n.* הֲפִיכָה לְקוֹרְבָּן
victimize *vt.* עָשָׂה עָוֶל ל-
victor *n.* מְנַצֵּחַ
victorious *adj.* מְנַצֵּחַ, עֲטוּר-נִיצָּחוֹן
victory *n.* נִיצָּחוֹן ז׳ (נִיצְחוֹנוֹת)
victuals *pn.* מִצְרְכֵי מָזוֹן
video *n.* וִידֵאוֹ
videocassette *n.* קַלֶּטֶת וִידֵאוֹ
videodisc *n.* דִּיסְקִית וִידֵאוֹ
videotape *n.* סֶרֶט וִידֵאוֹ
videotape *vt.* הִקְלִיט בְּוִידֵאוֹ
vie *vi.* הִתְחָרָה
view *n.* 1. (sight) מַרְאֶה ז׳ (מַרְאוֹת)
2. (look) מַבָּט
3. (scenery) נוֹף
4. (opinion) הַשְׁקָפָה
bird's-eye view מִמְּעוֹף הַצִּיפּוֹר
in view of לְאוֹר, עֵקֶב
view *vt.* 1. (see) רָאָה, הִשְׁקִיף עַל
2. (watch an event) צָפָה בּ-
3. (consider) חָשַׁב ל-
4. (inspect) בָּדַק
viewer *n.* 1. (watcher) צוֹפֶה
2. (optical device) מַשְׁקֵף
viewfinder *n.* כַּוֶּונֶת
viewpoint *n.* נְקוּדַת הַשְׁקָפָה
vigesimal *adj.* שֶׁל עֶשְׂרִים, הָעֶשְׂרִים
vigil *n.* אִי-שֵׁינָה, שִׁימּוּרִים
vigilance *n.* עֵירָנוּת, דְּרִיכוּת
vigilant *adj.* עֵירָנִי, עוֹמֵד עַל הַמִּשְׁמָר
vigilante *n.* מִתְנַדֵּב, אִישׁ מִשְׁמָר אֶזְרָחִי
vignette *n.* 1. (design) עִיטּוּר (בְּסֵפֶר)
2. (shaded-off picture) דְּיוֹקָן נָמוֹג
vigor *n.* מֶרֶץ, חוֹסֶן
vigorous *adj.* נִמְרָץ, חָסוֹן
vile *adj.* שָׁפָל, מְתוֹעָב
vilification *n.* הַכְפָּשָׁה, הַשְׁמָצָה
vilify *vt.* הִשְׁמִיץ
villa *n.* חֲוִילָה, וִילָה
village *n.* כְּפָר
villager *n.* בֶּן-כְּפָר
villain *n.* נָבָל
villainy *n.* נְבָלָה, נִבְזוּת
vim *n.* חִיּוּת, מֶרֶץ
vinaigrette *n.* רוֹטֶב מְתוּבָּל
vincible *adj.* פָּגִיעַ
vindicate *vt.* 1. (clear of blame) זִיכָּה מֵאַשְׁמָה
2. (justify) הִצְדִּיק
vindication *n.* 1. זִיכּוּי מֵאַשְׁמָה
2. הַצְדָּקָה, צִידּוּק
vindictive *adj.* נַקְמָנִי
vindictiveness *n.* נַקְמָנוּת
vine *n.* 1. (grapevine) גֶּפֶן
2. (climbing plant) צֶמַח מְטַפֵּס
vinegar *n.* חוֹמֶץ
vineyard *n.* כֶּרֶם
viniculture *n.* גִּידּוּל עֲנָבִים
vintage *n.* בָּצִיר
vintage *adj.* (best) מְעוּלֶּה, טוֹב בְּיוֹתֵר
vintner *n.* סוֹחֵר יֵינוֹת
vinyl *n.* וִינִיל
viola *n.* וִיוֹלָה
violate *vt.* 1. (breach) הֵפֵר, עָבַר עַל
2. (desecrate) חִילֵּל
3. (rape) אָנַס
violation *n.* 1. הֲפָרָה
2. חִילּוּל
violator *n.* מֵפֵר חוֹק
violence *n.* אַלִּימוּת

domestic violence	אַלִימוּת בַּמִשְפָּחָה
violent *adj.*	אַלִים
violet *n.* (plant)	סִיגָלִית
violet *adj.* (color)	סָגוֹל
violin *n.*	כִּינוֹר ז׳ (כִּינוֹרוֹת)
violinist *n.*	כַּנָר
violist *n.*	וְיוֹלָן
violoncello *n.*	צֶ׳לוֹ
VIP (very important person)	אָחַ״ם (אָדָם חָשׁוּב מְאוֹד)
viper *n.*	צֶפַע
viral *adj.*	נְגִיפִי
virgin *n.*	בְּתוּלָה, בָּתוּל
virginal *adj.*	בְּתוּלִי, טָהוֹר
virginity *n.*	בְּתוּלִים
Virgo *n.*	מַזַל בְּתוּלָה
virgule *n.*	קַו נָטוּי
viridescent *adj.*	יְרַקְרַק
virile *adj.* 1. (manly)	גַּבְרִי
2. (sexually potent)	בַּעַל כּוֹחַ גַּבְרָא
virility *n.* 1.	גַּבְרִיוּת
2.	אוֹנוּת, כּוֹחַ גַּבְרָא
virology *n.*	חֵקֶר נְגִיפִים
virtual *adj.*	וִירְטוּאָלִי, דִמְיוֹנִי
virtually *adv.* 1. (practically)	לְמַעֲשֶׂה
2. (almost)	בְּקֵירוּב
virtue *n.*	מִידָה טוֹבָה, מַעֲלָה
by virtue of	בְּתוֹקֶף, עַל סְמַךְ
virtuosity *n.*	וִירְטוּאוֹזִיוּת, בִּיצוּעַ מְעוּלֶה
virtuoso *n.*	וִירְטוּאוֹז, אוֹמָן מְעוּלֶה
virtuous *adj.*	מוּסָרִי, בַּעַל מִידוֹת טוֹבוֹת
virulence *n.*	אַרְסִיוּת, שִׂנְאָה עַזָּה
virulent *adj.*	אַרְסִי, מָלֵא שִׂנְאָה
virus *n.*	נָגִיף, וִירוּס
vis-a-vis *prep.*	כְּלַפֵּי, לְעוּמַת, בְּיַחַס ל-
visa *n.*	אַשְׁרָה, וִיזָה
visage *n.*	פַּרְצוּף, מַרְאֶה
viscera *pn.*	קְרָבַיִים
viscid *adj.*	דָּבִיק
viscidity *n.*	דְּבִיקוּת

viscose *adj.*	צָמִיג
viscosity *n.*	צְמִיגוּת
viscount *n.*	וִיקוֹנְט
vise *n.*	מֶלְחָצַיִים
visibility *n.*	רְאוּת
visible *adj.*	נִרְאֶה לָעַיִן, גָּלוּי
vision *n.* 1. (eyesight)	רְאִיָּה
2. (foresight)	רְאִיַּת הַנּוֹלָד
3. (imaginary view)	חָזוֹן, מָעוֹף
tunnel vision	רְאִיָּה צָרָה
visionary *n.*	אִישׁ חָזוֹן
visionary *adj.*	דִּמְיוֹנִי, הֲזָיָתִי
visit *n.*	בִּיקוּר
pay a visit	עָרַךְ בִּיקוּר
visit *vt.*; *vi.* 1. (call on)	בִּיקֵר, בִּיקֵר אֵצֶל
2. (afflict)	פָּקַד
visitant *n.*	מְבַקֵּר
visitation *n.* 1. (visit)	בִּיקוּר
2. (divine punishment)	עוֹנֶשׁ מִשָּׁמַיִים
3. (right to visit children)	זְכוּת בִּיקוּרִים
visitor *n.*	מְבַקֵּר, אוֹרֵחַ
visor *n.* 1. (sunshield)	מָגֵן שֶׁמֶשׁ
2. (face shade)	מִצְחִיָּה
vista *n.*	מַרְאֶה ז׳ (מַרְאוֹת)
visual *adj.*	חֲזוּתִי, שֶׁל הָרְאִיָּה
visualization *n.*	רְאִיָּה בַּדִּמְיוֹן
visualize *vt.*	דִּימְיֵין, רָאָה בְּדִמְיוֹנוֹ
visually *adv.*	בְּצוּרָה חֲזוּתִית
vita *n.*	קוֹרוֹת חַיִּים
vital *adj.*	חִיּוּנִי
vitality *n.*	חִיּוּת, חִיּוּנִיּוּת
vitalize *vt.*	הֵפִיחַ רוּחַ חַיִּים
vitamin *n.*	וִיטָמִין
vitiate *vt.* 1. (impair)	פָּגַם, פָּגַע בּ-
2. (corrupt)	הִשְׁחִית
3. (invalidate)	בִּיטֵּל
viticulture *n.*	גִּידּוּל גְּפָנִים
vitreous *adj.*	זְגוּגִי, דְּמוּי-זְכוּכִית
vitrification *n.*	זִיגּוּג; הִזְדַּגְּגוּת
vitrine *n.*	חַלּוֹן רַאֲוָה

vitrify *vt.; vi.*	זִיגֵג ; הִזדַגֵג
vitriol *n.*	חוּמצָה גוֹפרִיתִית
vitriolic *adj.*	עוֹקצָנִי, צוֹרֵב
vituperate *vt.*	גִינָה, הִשמִיץ, גִידֵף
vituperation *n.*	גִינוּי, הַשמָצָה, גִידוּף
viva!	יְחִי!
vivace *adv.* (*music*)	בְּעֵירָנוּת
vivacious *adj.*	נִלהָב, מָלֵא חַיִים
vivacity *n.*	הִתלַהֲבוּת, עַלִיזוּת
vivid *adj.* 1. (full of life)	חַי, מָלֵא חַיִים
2. (brilliant)	מַברִיק, בָּהִיר
vividness *n.* 1.	חַיוּת
2.	בְּהִירוּת
vivify *vt.*	הֵפִיחַ רוּחַ חַיִים
viviparous *adj.*	(חַיָה) מַמלִיטָה
vixen *n.* 1. (female fox)	שוּעָלָה
2. (malicious woman)	מִרשַעַת
vizier *n.*	וָזִיר
V-neck	צַוָארוֹן V
vocabulary *n.*	אוֹצַר מִילִים
vocal *adj.*1. (of voice)	קוֹלִי
2. (outspoken)	גְלוּי-לֵב
vocalic *adj.*	קוֹלִי
vocalist *n.*	זַמָר
vocalization *n.* (in Hebrew)	נִיקוּד
vocalize *vt.* 1. (articulate)	בִּיטֵא
2. (mark Hebrew vowels)	נִיקֵד
vocalized *adj.*	מְנוּקָד
vocally *adv.*	בְּקוֹל, בְּאוֹפֶן קוֹלִי
vocation *n.*	מִקצוֹעַ, מִשלַח יָד
vocational *adj.*	מִקצוֹעִי
vocative *adj.* (*gram.*)	יַחֲסַת הַפְּנִייָה
vociferate *vi.*	זָעַק, צָעַק
vociferation *n.*	זְעָקָה, צְעָקָה
vociferous *adj.*	צַעֲקָנִי
vogue *n.*	אוֹפנָה
voguish *adj.*	אוֹפנָתִי
voice *n.*	קוֹל ז׳ (קוֹלוֹת)
voice *vt.*	הִשמִיעַ, הִבִּיעַ
voice-over	קַרייָנוּת רֶקַע
voiced *adj.*	צְלִילִי
voiceless *adj.*	חֲסַר-קוֹל
voiceprint *n.*	טְבִיעַת קוֹל
void *n.*	חָלָל רֵיק
void *adj.*	בָּטֵל
void *vt.* 1. (invalidate)	בִּיטֵל תוֹקֶף
2. (empty)	רוֹקֵן
voile *n.*	אָרִיג שָקוּף
volatile *adj.* 1. (unstable)	לֹא יַצִיב, הֲפַכפַּךְ
2. (evaporates easily)	נָדִיף
volatility *n.* 1.	אִי-יַצִיבוּת, הֲפַכפָּכוּת
2.	נְדִיפוּת
volcanic *adj.*	ווּלקָנִי
volcano *n.*	הַר גַעַש
vole *n.* (rodent)	נַברָן
volition *n.*	רָצוֹן, בְּחִירָה
volitional *adj.*	רְצוֹנִי
volley *n.* 1. (firearm discharge)	מַטָח
2. (tennis)	מַכַּת יַעַף
volleyball *n.*	כַּדוּר עָף
volt *n.*	ווֹלט
voltage *n.*	ווֹלטָאג׳
voltaic *adj.*	שֶל ווֹלט
voltmeter *n.*	מַד-מֶתַח
volubility *n.*	רְהִיטוּת, שֶטֶף דִיבּוּר
voluble *adj.*	רָהוּט, שוֹטֵף בְּדִיבּוּרוֹ
volume *n.* 1. (book)	כֶּרֶךְ
2. (bulk)	נֶפַח
3. (quantity)	כַּמוּת
4. (loudness)	עוֹצמַת קוֹל
voluntarily *adv.*	מֵרָצוֹן, בְּהִתנַדְבוּת
voluntary *adj.*	רְצוֹנִי, מֵרָצוֹן
volunteer *n.*	מִתנַדֵב
volunteer *vt.; vi.*	נִידֵב, הִצִיעַ ; הִתנַדֵב
voluptuary *n.*	רוֹדֵף תַעֲנוּגוֹת
volute *n.*	קִישוּט מְסוּלסָל
vomit *n.*	קִיא
vomit *vi.; vt.*	הֵקִיא
voodoo *n.*	פּוּלחַן קְסָמִים
voracious *adj.*	זָלְלָן, רְעַבתָן

voracity *n.*	זְלְלָנוּת, רְעַבְתָנוּת
vortex *n.*	מְעַרְבּוֹלֶת, קַלַּחַת
votary *n.*	אָדוּק
vote *n.*	הַצְבָּעָה, קוֹל
cast a vote	הִצְבִּיעַ
straw vote	הַצְבָּעָה לֹא רִשְׁמִית
vote *vi*	הִצְבִּיעַ
voter *n.*	בּוֹחֵר, מַצְבִּיעַ
votive *adj.*	לְקִיּוּם נֶדֶר
vouch *vi.*	עָרַב ל-
voucher *n.*	שׁוֹבֵר
travel voucher	שׁוֹבֵר נְסִיעָה
vow *n.*	נֶדֶר, הַבְטָחָה
vow *vi.*	נָדַר, הִבְטִיחַ
vowel *n.*	תְּנוּעָה
voyage *n.*	מַסָּע ז׳ (מַסָּעוֹת)
maiden voyage	מַסָּע/הַפְלָגַת בְּכוֹרָה

voyager *n.*	נוֹסֵעַ
voyeur *n.*	מְצִיצָן
voyeurism *n.*	מְצִיצָנוּת
VP (vice president)	סְגַן נָשִׂיא
vulcanization *n.*	גִּיפּוּר
vulcanize *vt.*	גִּיפֵּר
vulgar *adj.*	גַּס, וּולְגָרִי
vulgarian *n.*	אָדָם הֲמוֹנִי
vulgarism *n.*	בִּיטּוּי הֲמוֹנִי
vulgarity *n.*	גַּסּוּת, וּולְגָרִיּוּת
vulgarization *n.*	מַתַּן צוּרָה גַּסָּה
vulgarize *vt.*	הָפַךְ לְגַס
vulnerability *n.*	פְּגִיעוּת
vulnerable *adj.*	פָּגִיעַ
vulpine *adj.*	עַרְמוּמִי
vulture *n.*	עַיִט
vulva *n.*	פּוֹת, עֶרְוַת הָאִשָּׁה

W

W הָאוֹת הָעֶשְׂרִים וְשָׁלוֹשׁ בָּאָלֶפְבֵּית הָאַנגלִי
wacky *adj.* מְשׁוּגָּע, מוּזָר
waddle *n.* הִילּוּךְ בַּרווָז
waddle *vi.* הִתנוֹדֵד כְּבַרווָז
wade *vi.* הָלַךְ בְּמַאֲמָץ
wade in/into הִתנַפֵּל עַל
wadi *n.* וָאדִי ז׳ (וָאדִיּוֹת), נַחַל
wafer *n.* אֲפִיפִית, רָקִיק
waffle *n.* 1. (cake) וָפֶל
2. (chatter) פִּיטפּוּט, קִישקוּשׁ
waffle *vi.* פִּיטפֵּט, קִישקֵשׁ שְׁטוּיוֹת
waft *n.* נִיחוֹחַ; מַשָּׁב קַל
waft *vt.* נָשָׂא בָּאֲווִיר
wag *n.* 1. (wagging motion) כִּישכּוּשׁ, נִיעֲנוּעַ
2. (witty person) בַּדחָן
wag *vi.* כִּישכֵּשׁ, נִיעֲנַע
wage(s) *n.* 1. (pay) שָׂכָר
2. (reward) גְּמוּל
wage-earner שָׂכִיר; מְפַרנֵס
wage *vt.* נִיהֵל, עָרַךְ
wager *n.* הִתעָרְבוּת, הִימּוּר
wager *vi.* הִתעָרֵב, הִימֵּר
waggery *n.* לֵיצָנוּת
waggish *adj.* לֵיצָנִי, בַּדחָנִי
waggle *vi.* הִתנוֹדֵד, הִתנַעֲנַע
wagon *n.* (horse-drawn cart) עֲגָלָה, כִּרכָּרָה
2. (car) מְכוֹנִית
wagon-lit קְרוֹן שֵׁינָה
chuck wagon עֶגלַת אוֹכֶל
station wagon מְכוֹנִית סְטֵיישֶׁן
wagoner *n.* עֶגלוֹן
wagtail *n.* נַחלִיאֵלִי
wah-wah *n.* קוֹל חֲצוֹצְרָה
W.C. (water closet) בֵּית-שִׁימּוּשׁ
waif *n.* 1. (homeless) חֲסַר-בַּיִת; עָזוּב
2. (abandoned object) חֵפֶץ עָזוּב
wail *vi.* יִילֵּל, קוֹנֵן

wailing *n.* יְלָלָה, קִינָה
waist *n.* מוֹתֶן נ׳ (מוֹתנַיִים)
waistband *n.* חֲגוֹרַת מוֹתנַיִים
waistcoat *n.* חֲזִייַת גְּבָרִים
waistline *n.* קַו הַמּוֹתנַיִים
wait *n.* הַמתָּנָה
lie in wait הִמתִּין בְּמַאֲרָב
wait *vi.* חִיכָּה, הִמתִּין
wait on/upon שֵׁירֵת
wait out (a storm) חִיכָּה שֶׁהַסְּעָרָה תַּחֲלוֹף
wait up חִיכָּה לְמִישֶׁהוּ
waiter *n.* מֶלצַר
waitress *n.* מֶלצָרִית
waive *vt.* וִיתֵּר (עַל זְכוּת)
waiver *n.* 1. (relinquishment) וִיתּוּר
2. (exemption) פְּטוֹר
wake *n.* 1. (track) עֲקֵבוֹת, שׁוֹבֶל
2. (vigil) לֵיל שִׁימּוּרִים
in the wake of בְּעִקבוֹת
wake, wake up *vt.*; *vi.* הֵעִיר, עוֹרֵר; הִתעוֹרֵר
wakeful *adj.* עֵר, עֵירָנִי
waken *vt.*; *vi.* הֵעִיר; הִתעוֹרֵר
wale *n.* רְצוּעָה
walk *n.* 1. (act of walking) הֲלִיכָה
2. (stroll) טִיּוּל רַגלִי
3. (distance) מֶרחַק הֲלִיכָה
walk of life מִקצוֹעַ; מַעֲמָד חֶברָתִי
walk *vi.*; *vt.* הָלַךְ בָּרֶגֶל, צָעַד; הוֹלִיךְ, הִצעִיד
walk about הִסתּוֹבֵב, שׁוֹטֵט בּ-
walk away עָזַב
walk by עָבַר עַל-יַד, חָלַף עַל-פְּנֵי
walk in נִכנַס
walk off with 1. (win) זָכָה בּ-
2. (steal) גָּנַב, "סָחַב"
walk out 1. (leave) יָצָא, עָזַב
2. (go on strike) שָׁבַת

walk out on עָזַב, נָטַשׁ
walk over דָּרַךְ עַל
walk someone to (escort) לִיוְוָה
walk through סִיֵּיר, עָשָׂה סִיּוּר בּ-
walk up to נִיגַּשׁ אֶל
walkaway *n.* נִיצָּחוֹן קַל
walker *n.* הוֹלֵךְ בָּרֶגֶל, הַלְכָן
walkie-talkie *n.* מַכְשִׁיר קֶשֶׁר, ווֹקִי-טוֹקִי
walkout *n.* עֲזִיבַת מְחָאָה; שְׁבִיתָה
walkway *n.* שְׁבִיל, מִשְׁעוֹל
wall *n.* 1. (divider) קִיר ז׳ (קִירוֹת), כּוֹתֶל
2. (surrounding structure) חוֹמָה
off-the-wall מוּזָר, לֹא נוֹרמָלִי
Wailing/Western Wall הַכּוֹתֶל הַמַּעֲרָבִי
wall *vt.* סָגַר בְּקִיר, הִקִּיף בְּחוֹמָה
wallaby *n.* קַנגָרוּ קָטָן
wallboard *n.* לוּחַ צִיפּוּי
walled *adj.* מוּקָף חוֹמָה
wallet *n.* אַרנָק
walleye *n.* עַיִן לַבקָנִית; עֵין דָּג
walleyed *adj.* בַּעַל עַיִן לַבקָנִית
wallop *n.* מַכָּה חֲזָקָה, חֲבָטָה
wallop *vt.* הִיכָּה בְּחוֹזקָה, חָבַט בּ-
wallow *vi.* 1. (roll about) הִתפַּלֵּשׁ
2. (indulge) הִתעַנֵּג
wallpaper *n.* טַפֵּט, נְיַיר צִיפּוּי
wallpaper *vt.* כִּיסָּה בְּטַפֵּט
walnut *n.* אֱגוֹז
waltz *n.* וָאלס
waltz *vi.* רָקַד וָאלס
wan *adj.* חַלָּשׁ, רָפֶה
wand *n.* מוֹט ז׳ (מוֹטוֹת), שַׁרבִיט
magic wand מַטֵּה קֶסֶם
wander *vi.* נָדַד, שׁוֹטֵט
wanderer *n.* נוֹדֵד, מְשׁוֹטֵט
wanderlust *n.* בּוּלמוּס נְסִיעוֹת
wane *n.* דְּעִיכָה, הִתמַעֲטוּת
on the wane בִּירִידָה
wane *vi.* דָּעַךְ, הִתמַעֵט, פָּחַת וְהָלַךְ
wangle *vt.* הִשִּׂיג בְּמִרמָה, הוֹנָה

want *n.* 1. (lack of) הֶעְדֵר, חוֹסֶר
2. (need) צוֹרֶךְ
3. (poverty) מַחֲסוֹר, עוֹנִי
want *vt.* 1. (desire) רָצָה
2. (need) הִזדַּקֵּק ל-
want in רָצָה לְהִצטָרֵף
want out רָצָה לַעֲזוֹב
wanted *adj.* מְבוּקָּשׁ
wanting *adj.* חָסֵר, לָקוּי
wanton *adj.* 1. (malicious) מְרוּשָׁע, זְדוֹנִי
2. (lascivious) תַּאַוותָנִי, מוּפקָר
wantonly *adv.* בְּזָדוֹן
wantonness *n.* 1. רִשעוּת, זְדוֹנִיוּת
2. תַּאַוותָנוּת, הֶפקֵרוּת מִינִית
war *n.* מִלחָמָה
civil war מִלחֶמֶת אֶזרָחִים
holy war מִלחֶמֶת קוֹדֶשׁ
war *vi.* נִלחַם
warble *n.* סִילסוּל קוֹל
warble *vi.* סִילסֵל קוֹלוֹ
ward *n.* 1. (city division) רוֹבַע
2. (department) מַחלָקָה
3. (guardianship) אַפּוֹטרוֹפְּסוּת
maternity ward מַחלֶקֶת יוֹלְדוֹת
ward off *vt.* הָדַף, מָנַע
-ward בְּכִיווּן, לְעֵבֶר
warden *n.* סוֹהֵר, מְנַהֵל בֵּית-סוֹהַר
wardrobe *n.* מֶלתָּחָה, אֲרוֹן בְּגָדִים
ware *n.* סְחוֹרָה
warehouse *n.* מַחסַן סְחוֹרוֹת
warehouse *vt.* אִיחסֵן
warfare *n.* לוֹחֲמָה
warhead *n.* רֹאשׁ חֵץ
warhorse *n.* סוּס מִלחָמָה
warily *adv.* בִּזהִירוּת
wariness *n.* זְהִירוּת
warlike *adj.* מִלחַמתִּי
warlock *n.* מְכַשֵּׁף
warlord *n.* מְפַקֵּד צָבָא
warm *adj.* חָמִים, חַם

warm-blooded בַּעַל דָּם חַם
warm-hearted חַם-לֵב
warm (up) *vt.*; *vi.* חִימֵם ; הִתחַמֵם
warmer *n.* מְחַמֵם
warmheartedly *adv.* בַּחֲמִימוּת
warming *n.* חִימוּם ; הִתחַמְמוּת
global warming הִתחַמְמוּת כַּדוּר הָאָרֶץ
warmonger *n.* מְחַרחֵר מִלחָמָה
warmth *n.* חֲמִימוּת
warmup *n.* הִתחַמְמוּת
warn *vt.* הִזהִיר, הִתרָה בּ-
warning *n.* אַזהָרָה, הַתרָאָה
warp *n.* עִיקוּם, עִיווּת
warp *vt.*; *vi.* עִיקֵם, עִיוֵות ; הִתעַקֵם, הִתעַוֵות
warplane *n.* מְטוֹס קְרָב
warrant *n.* 1. (authorization) הַרשָׁאָה
2. (order) צַו, פְּקוּדָה
bench warrant פְּקוּדַת מַעֲצָר
search warrant צַו חִיפּוּשׂ
warrant *vt.* 1. (guarantee) עָרַב ל-, הִבטִיחַ
2. (justify) הִצדִיק
warranter *n.* עָרֵב
warranty *n.* אַחֲרָיוּת
warren *n.* שְׁפָנִייָה ; מָקוֹם צָפוּף
warrior *n.* לוֹחֵם
warship *n.* אוֹנִייַת מִלחָמָה
wart *n.* יַבֶּלֶת
wartime *n.* עֵת מִלחָמָה
wary *adj.* זָהִיר
was *vi.* הָיָה, נִמצָא
wash *n.* 1. (act of washing) רְחִיצָה
2. (clothes) כְּבִיסָה
wash *vt.*; *vi.* 1. (clean with water) רָחַץ ; הִתרַחֵץ
2. *vt.* (clean clothes) כִּיבֵּס
3. *vt.*; *vi.* (sweep away) סָחַף ; נִסחַף
wash-and-wear כַּבֵּס ולְבַש
wash down 1. (clean) שָׁטַף
2. (drink) שָׁתָה (לְאַחַר אֲכִילָה)
wash one's hands of הִתנַעֵר מ-
wash out (remove) הֵסִיר בִּשׁטִיפָה
wash up 1. (wash hands) רָחַץ יָדַיִים
2. (exhaust) הִתִיש
washable *adj.* רָחִיץ ; כָּבִיס
washbasin, washbowl *n.* כִּיוֹר רַחְצָה
washcloth *n.* מַטלִית רְחִיצָה
washed-out *adj.* 1. (faded) דָהוּי
2. (exhausted) תָשׁוּשׁ
washed-up *adj.* גָמוּר, מְחוּסָל
washer *n.* 1. (washing machine) מְכוֹנַת כְּבִיסָה
2. (flat ring) דִיסקִית
washout *n.* 1. (erosion) סַחַף
2. (failure) כִּישָׁלוֹן ז׳ (כִּישלוֹנוֹת)
washroom *n.* בֵּית-שִׁימוּשׁ, שֵׁירוּתִים
washstand *n.* כַּן רַחצָה
washtub *n.* גִיגִית
washerwoman *n.* כּוֹבֶסֶת
washy *adj.* תָפֵל, חַלָש
wasn't: was not
WASP (white Anglo-Saxon Protestant) אַנגלוֹ-סַקסִי פּרוֹטֶסטַנטִי לָבָן
wasp *n.* צִרעָה, דַבּוּר
waspish *n.* 1. (like a wasp) דְמוּי-צִרעָה
2. (peevish) כַּעֲסָן
waspishness *n.* כַּעֲסָנוּת
waste *n.* 1. (squander) בִּיזבּוּז
2. (refuse) אַשׁפָּה, פְּסוֹלֶת
3. (desolation) שְׁמָמָה
go to waste הִתבַּזבֵּז
lay waste הָרַס
waste *vt.* 1. (squander) בִּיזבֵּז
2. (kill) הָרַג, חִיסֵל
wastebasket *n.* סַל אַשׁפָּה
wasteful *n.* בַּזבְּזָנִי
wastefulness *n.* בַּזבְּזָנוּת
wasteland *n.* שְׁמָמָה
wastepaper *n.* פְּסוֹלֶת נְיָיר
wastepipe *n.* צִינוֹר שׁוֹפְכִין
wastrel *n.* בַּזבְּזָן

watch *n.* 1. (guard) שְׁמִירָה
2. (surveillance) מַעֲקָב
3. (timepiece) שָׁעוֹן
wrist watch שְׁעוֹן יָד
watch *vt.* 1. (look) צָפָה בּ-, הִתְבּוֹנֵן
2. (guard) שָׁמַר עַל
3. (be attentive) פָּקַח עַיִן, שָׂם לֵב
watch it! הִזָּהֵר!
watch one's step נִזְהַר בְּמַעֲשָׂיו
watch out נִזְהַר
watch over הִשְׁגִּיחַ עַל
watchband *n.* רְצוּעַת שָׁעוֹן
watchdog *n.* כֶּלֶב שְׁמִירָה
watcher *n.* צוֹפֶה
watchful *adj.* עֵירָנִי, קַשּׁוּב
watchfulness *n.* עֵירָנוּת
watchmaker *n.* שֶׁעָן, שָׁעָן
watchman *n.* שׁוֹמֵר
watchtower *n.* מִגְדַּל שְׁמִירָה
water *n.* מַיִם
water-cool צִינֵּן בְּמַיִם
water-repellant דּוֹחֶה מַיִם, לֹא נִרְטָב
water-resistant עָמִיד בִּפְנֵי מַיִם
water under the bridge שַׁיָּיךְ לֶעָבָר, מַה שֶּׁהָיָה הָיָה
by water בְּדֶרֶךְ הַיָּם
ground water מֵי תְהוֹם
murky water מַיִם עֲכוּרִים
shallow water מַיִם רְדוּדִים
toilet water מֵי בּוֹשֶׂם
water *vt.* הִשְׁקָה
water down דִּילֵּל
waterbed *n.* מִזְרַן מַיִם
waterborne *n.* מוּבָל דֶּרֶךְ הַיָּם
waterbug *n.* תִּיקָן, ג׳וּק
watercolor *n.* צֶבַע מַיִם
waterfall *n.* מַפַּל מַיִם
waterfowl *n.* צִיפּוֹר מַיִם
waterfront *n.* שֶׁטַח חוֹף
waterlogged *adj.* מוּצָף, מָלֵא מַיִם
watermark *n.* 1. (impression) טְבִיעַת מַיִם
2. (water level) סִימַן גּוֹבַהּ הַמַּיִם
watermelon *n.* אֲבַטִּיחַ
waterproof *adj.* חֲסִין-מַיִם
watershed *n.* 1. (dividing ridge) קַו פָּרָשַׁת הַמַּיִם
2. (turning point) נְקוּדַת מִפְנֶה
waterspout *n.* זַרְבּוּבִית
watertight *adj.* 1. (impervious to water) אָטוּם לְמַיִם
2. (irrefutable) מוּצָק, שֶׁאֵין לְהַפְרִיכוֹ
waterway *n.* מַעֲבַר יָם
waterworks *n.* מַעֲרֶכֶת אַסְפָּקַת מַיִם
watery *adj.* 1. (consisting of water) מֵימִי
2. (full of water) מָלֵא מַיִם
3. (insipid) תָּפֵל, דָּלִיל
watt *n.* וָאט
wattage *n.* הֶסְפֵּק חַשְׁמַלִּי
wave *n.* 1. (ridge of water; upsurge) גַּל
2. (hand gesture) נִיפְנוּף
3. (curve) סִילְסוּל
make waves הֵקִים רַעַשׁ
sound waves גַּלֵּי קוֹל
tidal wave גַּל שִׁיטָּפוֹן
wave *vi.* 1. נָע כְּגַל
2. *vt.; vi.* נוֹפֵף, נִיפְנֵף ; הִתְנוֹפֵף
3. סִילְסֵל ; הִסְתַּלְסֵל
waveband *n.* תְּדִירוּיוֹת רַדְיוֹ
wavelength *n.* אוֹרֶךְ גַּל
wavelet *n.* גַּל קָטָן
waver *vi.* 1. (sway) הִתְנוֹדֵד
2. (hesitate) הִיסֵס
3. (become unsteady) הִתְעַרְעֵר
wavy *adj.* גַּלִּי ; מְסוּלְסָל
wax *n.* שַׁעֲוָה, דּוֹנַג
wax *vt.* 1. (paste or polish) מָרַח/הִבְרִיק בְּשַׁעֲוָה
2. *vi.* (grow) גָּדַל
waxwork *n.* דְּמוּת שַׁעֲוָה
waxy *adj.* שַׁעֲוָנִי, רַךְ

way *n.* 1. (road, path) דֶּרֶךְ
2. (manner) אוֹפֶן, אוֹרַח
3. (method) שִׁיטָה, אוֹפֶן
4. (direction) כִּיווּן
way-out *adj.* חָרִיג, לֹא רָגִיל
ways and means אֶמְצְעֵי מִימּוּן
all the way 1. (the whole distance) כּוֹל הַדֶּרֶךְ
2. (to the end) עַד הַסּוֹף
be in one's way חָסַם דַּרְכּוֹ, הִפְרִיעַ לוֹ
by the way דֶּרֶךְ אַגַּב
by way of דֶּרֶךְ-, בְּאֶמְצָעוּת
either way כָּךְ אוֹ כָּךְ, בְּכוֹל מִקְרֶה
get/have one's way הִשִּׂיג אֶת מְבוּקָשׁוֹ, עָשָׂה כִּרְצוֹנוֹ
give way וִיתֵּר, נָסוֹג
go out of one's way הִשְׁתַּדֵּל מְאוֹד
have a way with הָיָה מוּכְשָׁר בּ-, הִצְלִיחַ עִם/בּ-
in a way בְּמִידַּת-מָה
in every way בְּכוֹל הַמּוּבָנִים, מִכּוֹל הַבְּחִינוֹת
make way פִּינָּה דֶּרֶךְ
Milky Way שְׁבִיל הֶחָלָב
no way בְּשׁוּם אוֹפֶן (-לֹא)
two-way דּוּ-סִטְרִי, דּוּ-כִּיווּנִי
under way בַּדֶּרֶךְ, בְּתַהֲלִיךְ בִּיצּוּעַ
way *adv.* בְּמִידָּה רַבָּה, בְּמֶרְחָק רַב
wayfarer *n.* נוֹדֵד, הֵלֶךְ
waylay *vi.* אָרַב
waylayer *n.* אוֹרֵב
wayside *n.* צַד הַכְּבִישׁ, שׁוּלֵי הַדֶּרֶךְ
wayward *adj.* סוֹרֵר
we *pron.* אֲנַחְנוּ, אָנוּ
we'll: we will
we're: we are
we've: we have
weak *adj.* חַלָּשׁ, רָפֶה
weak-kneed רַכְרוּכִי
weak-minded חֲלַשׁ-אוֹפִי
weaken *vt.*; *vi.* הֶחֱלִישׁ ; נֶחֱלַשׁ
weakling *n.* חֲלַשְׁלוּשׁ
weakness *n.* 1. (lack of strength) חוּלְשָׁה
2. (defect) פְּגָם
3. (excessive fondness) חוּלְשָׁה ל-
weal *n.* 1. (well-being) רְוָוחָה
2. (welt) חַבּוּרָה
wealth *n.* 1. (riches) עוֹשֶׁר, הוֹן
2. (abundance) שֶׁפַע
wealthy *adj.* עָשִׁיר, אָמִיד
wean *vt.* גָּמַל
weapon *n.* נֶשֶׁק
conventional weapon נֶשֶׁק קוֹנְבֶנְצְיוֹנָלִי
nuclear weapon נֶשֶׁק גַּרְעִינִי
weapons of mass destruction נֶשֶׁק לְהַשְׁמָדָה הֲמוֹנִית
weaponry *n.* כְּלֵי נֶשֶׁק
wear *n.* 1. (clothing) לְבוּשׁ, הַלְבָּשָׁה
2. (erosion, deterioration) בְּלַאי, שְׁחִיקָה
wear and tear בְּלַאי, הִתְבַּלּוּת
wear *vt.* 1. (put on clothes) לָבַשׁ
2. (put on glasses) הִרְכִּיב
3. (put on a hat) חָבַשׁ
4. (put on jewelry) עָנַד
5. (put on makeup) הִתְאַפֵּר
6. (put on shoes) נָעַל
7. *vi.* (deteriorate) בָּלָה, נִשְׁחַק
wear down הִתִּישׁ, עִייֵּף
wear off נָמוֹג, חָלַף
wear out בִּילָּה, שָׁחַק ; הִתְבַּלָּה, הִשְׁתַּחֵק
wear thin נֶחֱלַשׁ, הִתְמַסְמֵס
wearable *adj.* לָבִישׁ
wearer *n.* לוֹבֵשׁ
weariness *n.* עֲיֵיפוּת, תְּשִׁישׁוּת
wearing, wearisome *adj.* מְעַייֵּף, מַתִּישׁ
weary *adj.* עָייֵף
weary *vt.*; *vi.* עִייֵּף ; הִתְעַייֵּף
weasel *n.* סַמּוּר
weasel *vi.* הִתְחַמֵּק, הִשְׁתַּמֵּט
weather *n.* מֶזֶג אֲוִויר
weather-beaten פָּגוּעַ מִמֶּזֶג הָאֲוִויר
weather-bound תָּקוּעַ בִּגְלַל מֶזֶג הָאֲוִויר

under the weather — לֹא בְּקַו הַבְּרִיאוּת

weather *vt.* 1. (expose to weather) — חָשַׂף לְמֶזֶג הָאֲוִויר

2. (survive) — עָמַד בִּפְנֵי, הֶחֱזִיק מַעֲמָד

weathercock *n.* — שַׁבְשֶׁבֶת תַּרְנְגוֹל

weathering *n.* — הִישָּׁחֲקוּת סְלָעִים

weatherman *n.* — חַזַּאי

weatherproof *adj.* — עָמִיד בִּפְנֵי מֶזֶג הָאֲוִויר

weatherstrip *n.* — רְצוּעַת אִיטּוּם

weathervane *n.* — שַׁבְשֶׁבֶת

weave *vt.* — אָרַג

weaver *n.* — אוֹרֵג

web *n.* 1. (fabric) — אָרִיג, מַאֲרָג

2. (network) — רֶשֶׁת

3. (spider's filaments) — קוּרִים

4. (trap) — מַלְכּוֹדֶת

spider's web — קוּרֵי עַכָּבִישׁ

worldwide web — רֶשֶׁת הָאִינְטֶרְנֶט

web *vt.* — כִּיסָּה בְּרֶשֶׁת

webworm *n.* — זַחַל קוּרִים

wed *vt.* — הִתְחַתֵּן עִם, נִישָּׂא ל-

wedding *n.* — חֲתוּנָּה

wedge *n.* — יָתֵד, טְרִיז

wedge *vt.* — תָּקַע יָתֵד/טְרִיז

wedlock *n.* — נִישּׂוּאִין

out of wedlock — מִחוּץ לַנִּישּׂוּאִין

Wednesday *n.* — יוֹם רְבִיעִי

wee *adj.* — קָטָן

weed *n.* — עֵשֶׂב שׁוֹטֶה

weed *vt.* — נִיכֵּשׁ, עָקַר

weed out — נִיפָּה, סִילֵּק

weeder *n.* — מְנַכֵּשׁ עֲשָׂבִים

weedy *n.* — מְכוּסֶּה עֵשֶׂב שׁוֹטֶה

week *n.* — שָׁבוּעַ ז׳ (שָׁבוּעוֹת)

weekday *n.* — יוֹם חוֹל

weekend *n.* — סוֹפְשָׁבוּעַ

weekly *n.* — שְׁבוּעוֹן

weekly *adj.* — שְׁבוּעִי

weekly *adv.* — פַּעַם בְּשָׁבוּעַ, מִדֵּי שָׁבוּעַ

weep *n.* — בְּכִי, בֶּכִי

weep *vi.* — בָּכָה

weeper *n.* — בַּכְיָין

weepy *adj.* — בַּכְיָינִי

weft *n.* — חוּט הָעֵרֶב (הָרוֹחַב)

weigh *vt.* — שָׁקַל

weigh down on — הִכְבִּיד עַל

weight *n.* — מִשְׁקָל, כּוֹבֶד

paper weight — מִכְבָּדָה

weightless *n.* — חֲסַר-מִשְׁקָל

weightlessness *n.* — חוֹסֶר-מִשְׁקָל

weightlifter *n.* — מֵרִים מִשְׁקָלוֹת

weighty *adj.* — כְּבַד-מִשְׁקָל

weir *n.* — סֶכֶר

weird *adj.* — מוּזָר, מְשׁוּנֶּה, לֹא טִבְעִי

weirdness *n.* — מוּזָרוּת

weirdo *n.* — טִיפּוּס מוּזָר

welcome *n.* — קַבָּלַת פָּנִים

welcome *vt.* 1. (receive with pleasure) — קִידֵּם בִּבְרָכָה

2. (greet) — קִיבֵּל פְּנֵי-

welcome *adj.* — מִתְקַבֵּל בִּבְרָכָה, רָצוּי

Welcome! — בָּרוּךְ הַבָּא!

weld *vt.* — רִיתֵּךְ

welder *n.* — רַתָּךְ

welfare *n.* 1. (well-being) — רְוָוחָה

2. (aid for the needy) — סַעַד

we'll: we will

well *n.* — בְּאֵר נ׳ (בְּאֵרוֹת)

well *adj.* 1. (in good condition) — בְּסֵדֶר, בְּמַצָּב טוֹב

2. (in good health) — בָּרִיא, בְּקַו הַבְּרִיאוּת

well-adjusted — מְעוּרֶה, מְשׁוּלָּב הֵיטֵב

well-appointed — מְצוּיָּיד הֵיטֵב

well-balanced — מְאוּזָּן

well-behaved — בַּעַל הִתְנַהֲגוּת יָפָה

well-being — רְוָוחָה, טוֹבָה

well-born — מְיוּחָס, בַּעַל-יִיחוּס

well-bred — מְחוּנָּךְ

well-built — חָסוֹן

well-connected — בַּעַל קְשָׁרִים

well-deserved	רָאוּי ל-, מַגִּיעַ לוֹ
well-disposed	נוֹטֶה לְהַסְכִּים, תּוֹמֵךְ
well-done (food)	מְבוּשָּׁל הֵיטֵב
well done!	יִישַׁר כּוֹחֲךָ!
well-dressed	לָבוּשׁ הֵיטֵב
well-fed	נִיזּוֹן כָּרָאוּי
well-founded	מְבוּסָּס
well-groomed	מְטוּפָּח, מְצוּחצָח
well-grounded 1. (versed)	בָּקִי, יַדְעָן
2. (having a sound basis)	מְבוּסָּס הֵיטֵב
well-heeled	עָשִׁיר
well-informed	יוֹדֵעַ דָּבָר, מוּסמָךְ
well-intentioned	בַּעַל כַּוָּונוֹת טוֹבוֹת
well-kept	מְטוּפָּח
well-knit	בָּנוּי יָפֶה
well-known	מְפוּרסָם, יָדוּעַ
well-mannered	מְנוּמָּס
well-meaning	בַּעַל כַּוָּונוֹת טוֹבוֹת
well-nigh	כִּמְעַט
well-off	אָמִיד, מְבוּסָּס
well-paid	מִשְׂתַּכֵּר הֵיטֵב
well-preserved	מְשׁוּמָּר הֵיטֵב
well-read	מַרבֶּה לִקרוֹא
well-rounded 1. (balanced)	מְאוּזָּן, סִימֶטרִי
2. (shapely)	חָטוּב
well-spoken	רָהוּט בְּדִיבּוּרוֹ
well-taken	הֶגיוֹנִי, מְשַׁכנֵעַ
well-thought-of	בַּעַל שֵׁם טוֹב, מְכוּבָּד
well-timed	בְּעִיתּוֹ, בָּעִיתּוּי הַנָּכוֹן
well-to-do	אָמִיד, עָשִׁיר
well-wisher	מְאַחֵל טוֹבוֹת
well-worn 1. (worn-out)	בָּלוּי, שָׁחוּק
2. (trite)	נָדוֹשׁ
well *adv.*	הֵיטֵב, טוֹב, כַּשּׁוּרָה
as well	גַּם, גַּם כֵּן
as well as	כְּמוֹ, כְּמוֹ כֵן
do well	הִצלִיחַ, הִסתַּדֵּר הֵיטֵב
get well	הִברִיא
go well with	הוֹלֵם אֶת
well *vi.*	נָבַע, זָרַם
wellhead *n.*	מָקוֹר, מַעייָן
welsh *vi.*	הִשׁתַּמֵּט מֵהִתחַייְבוּת
welt *n.*	חַבּוּרָה
welter *n.*	עִירבּוּביָה, בִּילבּוּל
welter *vi.*	הִתגּוֹלֵל, הִתפַּלֵּשׁ
welterweight *n.*	מִתאַגרֵף בְּמִשקָל בֵּינוֹנִי
wen *n.*	שַׁלחוּף
wench *n.*	נַעֲרָה
wend *vi.*	הָלַךְ בְּדַרכּוֹ
went *p.* go	
wept *p.* weep	
were *p.* are	
weren't: were not	
werewolf *n.*	אָדָם-זְאֵב
west *n.*	מַעֲרָב
Wild West	הַמַּעֲרָב הַפָּרוּעַ
west *adj.*	מַעֲרָבִי
west *adv.*	מַעֲרָבָה
westbound *adj.*	נוֹסֵעַ מַעֲרָבָה
westerly *adj.*	מִמַּעֲרָב, כְּלַפֵּי מַעֲרָב
western *adj.*	מַעֲרָבִי
western *n.* (movie)	מַעֲרָבוֹן
Westerner *n.*	בֶּן-הַמַּעֲרָב
westernization *n.*	מִיערוּב
westernize *vt.*	מִיעֲרֵב
westernized *adj.*	מְמוּעֲרָב
westward *adv.*	מַעֲרָבָה, בְּכִיווּן מַעֲרָב
wet *adj.*	רָטוֹב
wet *vt.*	הִרטִיב
wetland *n.*	אַדמַת בִּיצוֹת
wetness *n.*	רְטִיבוּת
whack *n.*	מַכָּה, מַהֲלוּמָה
out of whack	לֹא פּוֹעֵל, לֹא מְתַפקֵד
take a whack at	נִיסָּה (לַעֲשׂוֹת)
whack *vt.*	הִיכָּה, הָלַם בּ-
whack off	אוֹנֵן
whale *n.*	לִוויָתָן
whaler *n.*	צַייַּד לִוויְתָנִים
wham *n.*	קוֹל חֲבָטָה
wharf *n.*	רָצִיף, מֵזַח

wharfage *n.* דְּמֵי רָצִיף
what *pron.* 1. (the nature of) מָה
2. (that which) מַה שֶׁ-
what about מַה עִם, מַה לְגַבֵּי
what for? לְשֵׁם מָה?
what have you וְכוּלֵי, כּוֹל הַשְּׁאָר
what is it? מָה הָעִנְיָין?
what's up? תָּה נִשְׁמָע? אֵיךְ הָעִנְייָנִים?
what it takes מַה שֶּׁדָּרוּשׁ
what on earth? מַה לְכוֹל הָרוּחוֹת?
WYSIWYG (what you see is what you get) מַה שֶּׁאַתָּה רוֹאֶה הוּא מַה שֶּׁתְּקַבֵּל
what *adj.* (which) אֵיזֶה
whatever *pron.* מַה שֶׁ-, מַה שֶּׁיִּהְיֶה
whatsoever *pron.* בִּכְלָל, כּוֹלְשֶׁהוּ
wheat *n.* חִיטָּה
wheedle *vt.* שִׁידֵּל, פִּיתָּה
wheel *n.* גַּלְגַּל, אוֹפַן
balance wheel גַּלְגַּל אִיזּוּן
behind the wheel מֵאֲחוֹרֵי הַהֶגֶה, אוֹחֵז בַּהֶגֶה
Ferris wheel גַּלְגַּל עֲנָק (בְּלוּנָה פָּארְק)
fifth wheel (unnecessary) מִישֶׁהוּ/מַשֶּׁהוּ מְיוּתָּר
spinning wheel גַּלְגַּל טְוִויָּיה
steering wheel הֶגֶה
wheel *vi.*; *vt.* פָּנָה, הִסְתּוֹבֵב; הִפְנָה, סוֹבֵב
wheelbarrow *n.* מְרִיצָה
wheelbase *n.* רוֹחַק הַסְּרָנִים
wheelchair *n.* כִּיסֵּא גַּלְגַּלִּים
wheeled *adj.* בַּעַל-גַּלְגַּלִּים
wheeler-dealer *n.* עוֹסֵק בְּסַחַר-מֶכֶר
wheelhouse *n.* תָּא הַהִיגּוּי (בִּסְפִינָה)
wheeling and dealing סַחַר-מֶכֶר
wheelwright *n.* יַצְרָן/ מְתַקֵּן גַּלְגַּלִּים
wheeze *n.* נְשִׁימָה כְּבֵדָה
wheeze *vi.* נָשַׁם בִּכְבֵדוּת
whelk *n.* שַׁבְּלוּל יַמִּי
whelm *vt.* הִטְבִּיעַ, הֵצִיף
whelp *n.* גּוּר
whelp *vt.* הִמְלִיטָה
when *adv.* (at what time?) מָתַי
when *conj.* (at the time that) כְּשֶׁ-, כַּאֲשֶׁר
whence *adv.* מִמָּקוֹם שֶׁ-
whenever *pron.* 1. (every time that) בְּכוֹל פַּעַם שֶׁ-
2. (at any time) בְּכוֹל זְמַן שֶׁ-, מָתַי שֶׁ-
where *n.* מָקוֹם ז׳ (מְקוֹמוֹת)
where *adv.* אֵיפֹה, הֵיכָן
from where מֵאַיִן
to where לְאָן
where *conj.* בְּמָקוֹם שֶׁ-, אֵיפֹה שֶׁ-
whereabouts *n.* מְקוֹם הִימָּצְאוּת
whereas *conj.* 1. (while) בְּעוֹד שֶׁ-
2. (since, in view of) הוֹאִיל וְ-
whereby *conj.* שֶׁלְּפִיו
wherein *conj.* שֶׁבּוֹ, הֵיכָן שֶׁ-
whereof *conj.* שֶׁאוֹדוֹתָיו
whereto *adv.* לְאָן שֶׁ-
whereupon *conj.* שֶׁעָלָיו
wherever *adv.* אֵיפֹה שֶׁ-, בְּכוֹל מָקוֹם שֶׁ-
wherewithal *n.* אֶמְצָעִים
whet *vt.* 1. (hone) הִשְׁחִיז
2. (stimulate) הִמְרִיץ
whether *conj.* אִם
whetstone *n.* אֶבֶן מַשְׁחֶזֶת
whey *n.* מֵי גְּבִינָה
which *pron.* 1. (what one?) אֵיזֶה
2. (that) אֲשֶׁר, שֶׁ-
whichever *pron.* אֵיזֶה שֶׁ-
whiff *n.* מַשַּׁב רוּחַ קַל
while *n.* (a period of time) פֶּרֶק זְמַן
a while זְמַן-מָה
while *conj.* 1. (at the time that) כְּשֶׁ-, כַּאֲשֶׁר
2. (even though) אִם כִּי, אַף עַל פִּי שֶׁ-
3. (as long as) כּוֹל עוֹד
while *vt.* הֶעֱבִיר אֶת הַזְּמַן
whim *n.* גַּחְמָה, קַפְּרִיזָה
whimper *n.* יְבָבָה
whimper *vi.* יִיבֵּב

whimsical *adj.* גַחֲמָנִי, קַפְּרִיזִי
whine *vi.* בָּכָה, הִתלוֹנֵן, קִיטֵר
whiner *n.* בַּכיָין, קַטרָן
whinny *vi.* צָהַל
whiny *adj.* בַּכייָנִי
whip *n.* 1. (lash) שׁוֹט
2. (blow) צְלִיפָה
3. (party official) מַצלִיף
whip *vt.* 1. (lash) הִצלִיף ב-, הִלקָה
2. (defeat) הֵבִיס, נִיצַח
3. (mix) הִקצִיף
whip up עוֹרֵר
whiplash *n.* 1. (blow) הַצלָפַת שׁוֹט
2. (spinal injury) פְּגִיעָה בַּצַוָואר
whippersnapper *n.* יָהִיר, רַברְבָן
whippet *n.* כֶּלֶב מֵירוֹץ
whir *n.* זִימזוּם
whir *vi.* חָלַף בְּזִימזוּם
whirl *n.* מְעַרבּוֹלֶת, סִיחרוּר
whirl *vi.* הִסתוֹבֵב בִּמהִירוּת, הִסתַחרֵר
whirligig *n.* סְבִיבוֹן
whirlpool *n.* מְעַרבּוֹלֶת
whirlwind *n.* סוּפַת מְעַרבּוֹלֶת
whirlwind *adj.* בָּזָק
whisk *n.* מַקצֵף
whisk *vt.* 1. (whip) הִקצִיף
2. (move rapidly) הֵזִיז בִּמהִירוּת
whiskbroom *n.* מַטאֲטֵא קָטָן
whiskers *pn.* 1. (hair on cheeks) זְקַן לְחָיַיִם
2. (animal brisles) זִיפִים
whiskey *n.* וִיסקִי
whisper *n.* לְחִישָׁה, לַחַשׁ
whisper *vi.* 1. (speak softly) לָחַשׁ
2. (gossip) רִיכֵל, רִינֵן, הִתלַחֵשׁ
whisperer *n.* לַחשָׁן
whistle *n.* 1. (sound) שְׁרִיקָה
2. (instrument) מַשרוֹקִית
whistle *vi.* שָׁרַק
whistleblower *n.* מַלשִׁין (עַל שְׁחִיתוּת)
whistler *n.* שַׁרקָן

whit *n.* שֶׁמֶץ
white *n.* 1. (of an egg) חֶלבּוֹן
2. (of an eye) לוֹבֶן
white *adj.* לָבָן
white-faced חִיוֵור
white-hot מְלוּבָּן
off-white לָבָן-אֲפַרפַּר
whitewash *n.* 1. (lime) סִיד
2. (coverup) טִיוּחַ, חִיפּוּי, הַסוָואָה
whitewash *vt.* 1. סִייֵד
2. טִייַח, חִיפָּה, הִסוָוה
whitecap *n.* גַל מַקצִיף
whiten *vt.*; *vi.* הִלבִּין ; נַעֲשָׂה לָבָן
whitener *n.* חוֹמֶר הַלבָּנָה
whiteness *n.* לוֹבֶן
whither *adv.* לְאָן
whitish *adj.* לְבַנבַּן
whittle *vt.* גִילֵף
whiz *n.* 1. (hiss) שְׁרִיקָה חוֹלֶפֶת
2. (expert) אַשָּׁף, מוּמחֶה
whiz *vi.* חָלַף בִּשרִיקָה
who *pron.* 1. (which person?) מִי
2. (that) שֶׁ-, אֲשֶׁר
who'd: who would
who'll: who will
who's: who is
who's who מִי וָמִי
whodunit (who done it) מוֹתְחָן, סִיפּוּר בַּלָשִׁי
whoever *pron.* מִי שֶׁ-
whole *n.* שְׁלֵמוּת, כְּלָלוּת
as a whole בִּכלָלוּתוֹ, בְּאוֹפֶן כְּלָלִי
on the whole בְּאוֹפֶן כְּלָלִי, בְּסַךְ הַכּוֹל
whole *adj.* 1. (complete, intact) שָׁלֵם, מָלֵא
2. (entire) כּוּלוֹ
wholefood *n.* מָזוֹן טִבעִי
wholeheartedly *adv.* מִכּוֹל הַלֵב, בְּלֵב שָׁלֵם
wholeness *n.* שְׁלֵמוּת
wholesale *n.* סִיטוֹנוּת, מְכִירָה סִיטוֹנִית
wholesale *adj.* 1. (sold in quantity) סִיטוֹנִי
2. (indiscriminate) לְלֹא אַבחָנָה

wholesaler *n.* סִיטוֹנַאי
wholesome *adj.* בָּרִיא, טוֹב לַבְּרִיאוּת
wholly *adv.* לְגַמְרֵי, לַחֲלוּטִין
whom *pron.* 1. (sentence object) אֶת מִי
2. (relative pronoun) שֶׁ-, שֶׁאוֹתוֹ
whomever *pron.* אֶת מִי שֶׁ-
whoop *n.* 1. (cry) קְרִיאָה, צְעָקָה
2. (gasp) גְּנִיחָה
whoop *vi.* 1. קָרָא, צָעַק
2. גָּנַח
whop *vt.* הִכָּה
whopper *n.* דָּבָר גָּדוֹל, עֲנָק
whopping *adj.* עָצוּם, עֲנָקִי
whore *n.* זוֹנָה, פְּרוּצָה
whoring *n.* עִיסוּק בִּזְנוּת
whorish *adj.* זְנוּתִי
whose *pron.*1. (of whom?) שֶׁל מִי
2. (that his) שֶׁהַ...שֶׁלּוֹ
whosoever *pron.* כּוֹל מִי שֶׁ-
why *adv.* לָמָה, מַדּוּעַ
why *conj.* הַסִּיבָּה שֶׁ-
wick *n.* פְּתִיל
wicked *adj.* מְרוּשָׁע, זְדוֹנִי
wickedness *n.* רִשְׁעוּת, זְדוֹנִיּוּת
wicker *n.* זֶרֶד, נֵצֶר
wicker *adj.* קָלוּעַ, עָשׂוּי מִנְצָרִים
wicket *n.* פֶּתַח, שַׁעַר
wide *adj.* 1. (broad) רָחָב
2. (of a specific width) בְּרוֹחַב שֶׁל
wide-angle רְחַב-זָווִית
wide-awake עֵר לְגַמְרֵי
wide-ranging מַקִּיף, נִרְחָב
wide *adv.* לִרְוָוחָה
wide-open פָּתוּחַ לִרְוָוחָה
widely *adv.* בְּהֶיקֵּף נִרְחָב, בְּמִידָּה רַבָּה
widen *vt.*; *vi.* הִרְחִיב ; הִתְרַחֵב
widespread *adj.* נָפוֹץ, רוֹוֵחַ
widow *n.* אַלְמָנָה
widower *n.* אַלְמָן
widowhood *n.* אַלְמְנוּת

width *n.* רוֹחַב
wield *vt.* הִפְעִיל, הִשְׁתַּמֵּשׁ בּ-
wiener *n.* נַקְנִיקִיָּיה
wife *n.* אִישָׁה נ׳ (נָשִׁים), רַעְיָה
common-law wife יְדוּעָה בַּצִּיבּוּר
wifely *adj.* שֶׁל אִישָּׁה
wig *n.* פֵּיאָה (-נוֹכְרִית)
wiggle *n.* נִידְנוּד
wiggle *vt.*; נִידְנֵד, הֵנִיעַ מִצַּד לְצַד ;
vi. הִתְנוֹדֵד
wiggly *adj.* מִתְנוֹדֵד
wiglet *n.* פֵּיאָה קְטַנָּה
wild *n.* אֵיזוֹר טֶבַע
in the wild בַּסְּבִיבָה הַטִּבְעִית
wild *adj.* 1. (uncultivated) פֶּרֶא, פְּרָאִי, שֶׁל בָּר
2. (uncontrolled) פָּרוּעַ, סוֹעֵר, מִשְׁתוֹלֵל
wild-eyed (scared) נִפְחָד
go wild הִשְׁתוֹלֵל
wildcat *n.* חָתוּל פֶּרֶא
wilderness *n.* מִדְבָּר, שְׁמָמָה
wildfire *n.* אֵשׁ מִשְׁתוֹלֶלֶת
wildflower *n.* פֶּרַח בָּר
wildlife *n.* חַיּוֹת בַּטֶּבַע
wildly *adv.* בִּפְרָאוּת
wile *n.* תַּחְבּוּלָה
will *n.* 1. (desire) רָצוֹן ז׳ (רְצוֹנוֹת)
2. (determination) נְחִישׁוּת, כּוֹחַ רָצוֹן
3. (bequeathal document) צַוָּואָה
at will כִּרְצוֹנוֹ
free will רָצוֹן חוֹפְשִׁי
living will צַוָּואָה בַּחַיִּים
will *vt.* 1. (desire) רָצָה
2. (bequeath) הוֹרִישׁ (בְּצַוָּואָה)
will *aux.* פּוֹעַל עֵזֶר (לְצִיּוּן הֶעָתִיד)
willful *adj.* מְכוּוָּן, מְחוּשָּׁב
willfully *adv.* בְּכַוָּונָה, בְּמֵזִיד
willfulness *n.* נְכוֹנוּת
willies *pn.* צְמַרְמוֹרֶת, עַצְבָּנוּת
willing *adj.* מוּכָן לְ- ; פּוֹעֵל מֵרָצוֹן
willingly *adv.* בְּרָצוֹן, בְּחֵפֶץ לֵב

willingness *n.*	רָצוֹן, הַסכָּמָה
willow *n.*	עֵץ עֲרָבָה
weeping willow	עֲרָבָה בּוֹכִייָה
willowy *adj.*	דַק וְגָמִיש
willy-nilly *adv.*	מֵרָצוֹן אוֹ שֶׁלֹּא מֵרָצוֹן
wilt *vi.*	נָבַל, כָּמַש
wily *adj.*	עַרמוּמִי
wimp *n.*	אָדָם חַלָש, רַכרוּכִי
wimple *n.*	כִּיסוּי רֹאש (לְנזִירוֹת)
wimpy *adj.*	חַלָש, רַכרוּכִי
win *n.* 1. (gain)	זְכִייָה
2. (victory)	נִיצָחוֹן
win *vt.* 1.	זָכָה בּ-, הִשִׂיג
2. *vi.*; *vt.*	נִיצַח
win hands down	נִיצַח בְּקַלוּת
win out	הִצלִיחַ
win someone over	הִשִׂיג תְמִיכָתוֹ שֶׁל
wince *n.*	הִתכַּוְוצוּת, רְתִיעָה
wince *vi.*	הִתכַּוֵוץ, נִרתַע
winch *n.*	כַּנֶנֶת, מָנוֹף
winch *vt.*	מָשַך בְּכַנֶנֶת, הֵרִים בְּמָנוֹף
wind *n.* 1. (moving air)	רוּחַ נ׳ (רוּחוֹת)
2. (breath)	נְשִׁימָה
head wind	רוּחַ נֶגדִית
pass wind	הִפלִיץ
wind *n.* (turn)	סִיבּוּב, לִיפּוּף
wind *vt.* 1. (wrap around)	לִיפֵּף, גָלַל
2. (tighten a spring)	מָתַח
3. *vi.* (twine around)	הִתפַּתֵל, הִסתוֹבֵב
wind down 1. (diminish)	נֶחֱלַש
2. (relax)	נִרגַע
wind up 1. (end)	סִייֵם; הִסתַייֵם
2. (arrive at)	הִגִיעַ ל-
windbreak *n.*	שׁוֹבֵר רוּחַ
windbreaker *n.*	מְעִיל רוּחַ
windbag *n.*	פַּטפְּטָן
winder *n.*	מוֹתֵחַ קְפִיצִים
windfall *n.* 1. (fallen fruit)	פְּרִי שֶׁנָשַר
2. (unexpected profit)	רֶווַח לֹא צָפוּי
windmill *n.*	טַחֲנַת רוּחַ

window *n.*	חַלוֹן ז׳ (חַלוֹנוֹת)
bay window	חַלוֹן בּוֹלֵט
windowpane *n.*	שִׁמשָה, זְגוּגִית
windowsill *n.*	אֶדֶן חַלוֹן
windpipe *n.*	קְנֵה נְשִׁימָה
windshield *n.*	שִׁמשָה קִדמִית, מָגֵן רוּחַ
windsock *n.*	שַׁרווּל רוּחַ
windstorm *n.*	סַעֲרַת רוּחַ
windsurfing *n.*	גְלִישָה בְּגַלשָן רוּחַ
windswept *adj.*	נִסחָף בָּרוּחַ
windup *n.*	סִיוּם
windward *adv.*	לְעֵבֶר הָרוּחַ
windy *adj.*	שֶׁנוֹשֶׁבֶת בּוֹ רוּחַ; חָשׂוּף לָרוּחַ
wine *n.*	יַיִן ז׳ (יֵינוֹת)
dry wine	יַיִן לֹא מָתוֹק
wineglass *n.*	כּוֹסִית יַיִן, גָבִיעַ
winegrower *n.*	יוֹקֵב
winery *n.*	יֶקֶב
wing *n.* 1. (flying organ)	כָּנָף נ׳ (כְּנָפַיִים)
2. (section)	אֲגַף
in the wings	עוֹמֵד לִקרוֹת
right wing	אֲגַף יְמָנִי; מַחֲנֵה הַיָמִין
wing *vi.*	עָף; טָס
wing it	אִילתֵר
wingding *n.*	חֲגִיגָה
wingspan, wingspread *n.*	מוּטַת כְּנָפַיִים
wink *n.*	מִיצמוּץ, קְרִיצָה
wink *vi.*	מִיצמֵץ, קָרַץ
wink at (ignore)	הֶעֱלִים עַיִן
winner *n.* 1. (gainer)	זוֹכֶה
2. (victor)	מְנַצֵחַ
winnow *vt.* 1. (blow)	זֵרָה
2. (sift out)	נִיפָּה
wino *n.*	שַׁתיָין
winsome *adj.*	מַקסִים, מְצוֹדֵד
winter *n.*	חוֹרֶף
winter *vi.*	בִּילָה חוֹרֶף
winterization *n.*	הֲכָנָה לַחוֹרֶף
winterize *vt.*	הֵכִין לַחוֹרֶף
wintertime *n.*	עוֹנַת הַחוֹרֶף

wintry *adj.* חוֹרְפִּי
wipe *n.* נִיגּוּב
wipe *vt.* נִיגֵּב
wipe off מָחַק
wipe off the map מָחָה מֵעַל פְּנֵי הָאֲדָמָה
wipe out חִיסֵּל
wiper *n.* מַגָּב
windshield wiper מַגַּב שִׁמָּשׁוֹת
wire *n.* 1. (metallic strand) חוּט, תַּיִל
2. (telegram) מִבְרָק
barbed wire תַּיִל דוֹקְרָנִי
chicken wire תַּיִל לְגִידוּר
high wire חֶבֶל לוּלְיָינוּת
wire *vt.* 1. (connect) חִיבֵּר לְחַשְׁמַל
2. (telegraph) הִבְרִיק, שָׁלַח מִבְרָק
wireless *n.* אַלְחוּט
wireless *adj.* אַלְחוּטִי
wiretap *n.* צִיתוּת, הַאֲזָנַת סֵתֶר
wiretap *vt.* צוֹתֵת, הֶאֱזִין בַּסֵּתֶר
wisdom *n.* חוֹכְמָה, תְּבוּנָה
wise *n.* דֶּרֶךְ, אוֹפֶן
wise *adj.* חָכָם, נָבוֹן
wise up *vi.* הִתְפַּקֵּחַ
wisecrack *n.* הִתְחַכְּמוּת, הֶעָרָה שְׁנוּנָה
wisecrack *vi.* הִתְחַכֵּם
wisecracker *n.* מִתְחַכֵּם
wisely *adv.* בְּחוֹכְמָה, בִּתְבוּנָה
wish *n.* רָצוֹן, מִשְׁאָלָה
wish *vt.* 1. (want) רָצָה, יִיחֵל ל-
2. (express a desire) אִיחֵל ל-
wishbone *n.* עֶצֶם בְּרִיחַ שֶׁל עוֹף
wishful *adj.* מִשְׁתּוֹקֵק
wishy-washy *adj.* לֹא הֶחְלֵטִי
wisp *n.* קוֹמֶץ
wispy *adj.* קָלוּשׁ
wit *n.* 1. (mental ability) כּוֹשֶׁר שִׂכְלִי
2. (clever remarks) שְׁנִינוּת
to wit כְּלוֹמַר
witch *n.* 1. (sorceress) מְכַשֵּׁפָה
2. (hag) זְקֵנָה מְרֻשַּׁעַת
witchcraft *n.* כִּישׁוּף
with *prep.* עִם ; בּ-
withdraw *vi.* 1. (retreat) נָסוֹג ; יָצָא ; פָּרַשׁ
2. *vt.* (take back) לָקַח בַּחֲזָרָה ; הֵסִיר
3. (take out money) מָשַׁךְ
withdrawal *n.* 1. נְסִיגָה ; יְצִיאָה ; פְּרִישָׁה
2. לְקִיחָה בַּחֲזָרָה ; הֲסָרָה
3. מְשִׁיכָה
4. (quitting drugs) גְּמִילָה
withdrawn *adj.* מִסְתַּגֵּר
withdrew *p.* withdraw
wither *vi.* נָבַל, קָמַל
withheld *p.* withhold
withhold *vt.* 1. (hold back) עִיכֵּב, מָנַע
2. (deduct) נִיכָּה
within *n.* פְּנִים
from within מִבִּפְנִים
within *adv.* בִּפְנִים, פְּנִימָה
within *prep.* 1. (inside) בְּתוֹךְ, בִּפְנִים, בְּקֶרֶב
2. (inside the limits of) בִּתְחוּם, בְּמִסְגֶּרֶת
without *adv.* בַּחוּץ, מִחוּץ ל-
without *prep.* בְּלִי, לְלֹא
withstand *vt.* עָמַד בּ-, נָשָׂא
withstood *p.* withstand
witless *adj.* טִיפֵּשׁ, טִיפְּשִׁי
witness *n.* עֵד
witness *vt.*; *vi.* רָאָה, הָיָה עֵד ל- ; הֵעִיד
wittiness *n.* שְׁנִינוּת, חֲרִיפוּת
witting *adj.* מְכוּוָּן
wittingly *adv.* בְּכַוָּונָה, בְּיוֹדְעִין
witty *n.* שָׁנוּן, חָרִיף
wizard *n.* מְכַשֵּׁף, אַשָּׁף
wizardry *n.* כִּישׁוּף, כְּשָׁפִים
w/o (without) בְּלִי
wobble *n.* הִתְנוֹדְדוּת
wobble *vi.* הִתְנוֹדֵד
wobbly *adj.* מִתְנוֹדֵד,לֹא יַצִּיב
woe *n.* 1. (distress) צַעַר, יָגוֹן
2. (calamity) אָסוֹן ז׳ (אֲסוֹנוֹת), צָרָה
woeful *adj.* עָצוּב

wok *n.*	ווֹק, סִיר סִינִי
woke *p.* wake	
woken *pp.* wake	
wold *n.*	אַדמַת מִישוֹר
wolf *n.* 1. (animal)	זְאֵב
2. (womanizer)	רוֹדֵף נָשִׁים
wolfhound *n.*	כֶּלֶב צַיִד
wolfish *adj.*	דְמוּי-זְאֵב
woman *n.*	אִישָׁה נ׳ (נָשִׁים)
womanhood *n.*	נָשִׁיוּת ; כְּלַל הַנָשִׁים
womanize *vi.*	רָדַף נָשִׁים
womanizer *n.*	רוֹדֵף נָשִׁים
womankind *n.*	הַמִין הַנָשִׁי
womanly *adj.*	נָשִׁי
womb *n.*	רֶחֶם
women *pn.*	נָשִׁים
won *p.* win	
won't: will not	
wonder *n.* 1. (marvel)	פֶּלֶא
2. (astonishment)	פְּלִיאָה, הִשתָאוּת
wonder *vi.* 1. (be amazed)	הִתפַּלֵא
2. (be curious)	תָמַהּ
3. (doubt)	פִּיקפֵּק
wonderful *adj.*	נִפלָא, נֶהדָר
wonderland *n.*	אֶרֶץ פְּלָאוֹת
wonderment *n.*	פְּלִיאָה
wondrous *adj.*	מַפלִיא
wont *n.*	מִנהָג, נוֹהַג
wonton *n.*	כּוּפתַת בָּצֵק
woo *vt.*	חִיזֵר אַחֲרֵי
wood *n.*	עֵץ
woods *pn.*	יַעַר, חוֹרֶשׁ
woodcarving *n.*	גִילוּף עֵץ
woodcraft *n.*	אוֹמָנוּת הַגִילוּף
woodcut *n.*	גְלוּפַת עֵץ
wooded *adj.*	מְיוּעָר, מְכוּסֶה עֵצִים
wooden *adj.* 1. (made of wood)	עָשׂוּי מֵעֵץ
2. (stiff)	נוּקשֶׁה, חֲסַר-הַבָּעָה
woodland *n.*	אַדמַת יַעַר
woodpecker *n.*	נַקָר
woodsman *n.*	יַעֲרָן
woodwind *n.*	כְּלִי נְשִׁיפָה
woodwork *n.*	עֲבוֹדוֹת עֵץ
woody *adj.*	עֵצִי, דְמוּי-עֵץ
woof *n.*	עֵרֶב (בְּאָרִיג)
woofer *n.*	ווּפֶר (רַמקוֹל תֶדֶר נָמוּךְ)
wool *n.*	צֶמֶר
woolen *adj.*	צַמרִי
woolgathering *n.*	חֲלוֹמוֹת בְּהָקִיץ
wooziness *n.* 1. (confusion)	בִּילבּוּל
2. (dizziness)	סְחַרחוֹרֶת
woozy *adj.* 1.	מְבוּלבָּל
2.	סְחַרחַר
word *n.*	מִילָה
word *vt.*	נִיסַח, בִּיטֵא בְּמִילִים
take one's word	הֶאֱמִין ל-, בָּטַח בּ-
wordage *n.*	מֶלֶל
wordbook *n.*	מִילוֹן, לֶקסִיקוֹן
wording *n.*	נִיסוּחַ
wordless *adj.*	לְלֹא מִילִים
wordy *adj.*	רַב-מֶלֶל
wore *p.* wear	
work *n.* 1. (labor)	עֲבוֹדָה
2. (occupation)	מְלָאכָה, מִקצוֹעַ
3. (creation)	יְצִירָה
work of art	יְצִירַת אוֹמָנוּת
work-study	הַעֲסָקַת סְטוּדֶנטִים
in the works	בַּהֲכָנָה
out of work	מוּבטָל, מְחוּסַר-עֲבוֹדָה
public works	עֲבוֹדוֹת צִיבּוּרִיוֹת
relief work	עֲבוֹדַת דְחָק
social work	עֲבוֹדָה סוֹצִיָאלִית
work *vi.* 1. (labor)	עָבַד
2. *vi.; vt.* (operate)	פָּעַל ; הִפעִיל
work out 1. (solve)	פָּתַר
2. (succeed)	הִצלִיחַ
3. (exercise)	הִתעַמֵל
workable *adj.*	בַּר-בִּיצוּעַ, מַעֲשִׂי
workaholic *n.*	מָכוּר לַעֲבוֹדָתוֹ
workbench *n.*	שׁוּלחַן עֲבוֹדָה

workbook *n.* סֵפֶר תַּרְגִילִים
workday *n.* יוֹם עֲבוֹדָה
worker *n.* 1. (employee) עוֹבֵד
2. (laborer) פּוֹעֵל
construction worker פּוֹעֵל בִּנְיָן
miracle worker עוֹשֵׂה נִסִּים
social worker עוֹבֵד סוֹצְיָאלִי
workhorse *n.* סוּס עֲבוֹדָה
workhouse *n.* מוֹסָד לַעֲבַרְיָנִים
workload *n.* עוֹמֶס עֲבוֹדָה
workman *n.* פּוֹעֵל, עוֹבֵד
workmanship *n.* אוּמָנוּת, מְיוּמָנוּת
workout *n.* הִתְעַמְּלוּת, אִימוּן גּוּפָנִי
workplace *n.* מְקוֹם עֲבוֹדָה
workroom *n.* חֲדַר-עֲבוֹדָה
workshop *n.* סַדְנָה (סַדְנָאוֹת), בֵּית-מְלָאכָה
workstation *n.* מֶרְכָּזִיַּת מַחְשְׁבִים
workup *n.* בְּדִיקָה רְפוּאִית יְסוֹדִית
workweek *n.* שְׁבוּעַ עֲבוֹדָה
world *n.* עוֹלָם ז׳ (עוֹלָמוֹת), תֵּבֵל
out of this world יוֹצֵא מִן הַכְּלָל, מְעוּלֶה
worldliness *n.* גַּשְׁמִיּוּת, חַיֵּי הָעוֹלָם הַזֶּה
worldly *adj.* גַּשְׁמִי, שֶׁל הָעוֹלָם הַזֶּה
worldwide *adj.* כְּלַל-עוֹלָמִי
worldwide *adv.* בְּרַחֲבֵי הָעוֹלָם
worm *n.* תּוֹלַעַת נ׳ (תּוֹלָעִים)
worm *vi.* 1. (crawl) זָחַל, הִזְדַּחֵל
2. (be devious) נָהַג בְּעַרְמוּמִיּוּת
3. *vt.* (cure of worms) חִיסֵּל תּוֹלָעִים
wormy *adj.* מְתוּלָע, אֲכוּל-תּוֹלָעִים
worn *pp.* wear
worn *adj.* 1. (overused) בָּלוּי, שָׁחוּק
2. (exhausted) תָּשׁוּשׁ, סָחוּט
worn-out בָּלוּי
worried *adj.* מוּדְאָג
worrisome *adj.* מַדְאִיג, מְעוֹרֵר דְּאָגָה
worry *n.* דְּאָגָה
worry *vi.*; *vt.* דָּאַג; הִדְאִיג
worrywart *n.* דַּאֲגָן
worse *adj.* יוֹתֵר גָּרוּעַ

worse off בְּמַצָּב יוֹתֵר גָּרוּעַ
worsen *vi.*; *vt.* הוּרַע; גָּרַם לַהֲרָעָה, הֶחְמִיר
worship *n.* 1. (revrence for deity) עֲבוֹדַת הָאֵל; פּוּלְחָן, תְּפִילָּה
2. (adoration) הַעֲרָצָה
worship *vt.* 1. עָבַד אֶת; הִתְפַּלֵּל אֶל-
2. הֶעֱרִיץ
worshipper *n.* מִתְפַּלֵּל
worst *adj.* רַע/גָּרוּעַ בְּיוֹתֵר
worsted *adj.* (צֶמֶר) סָרוּק
worth *n.* שׁוֹוִי, עֵרֶךְ
worth *adj.* שָׁוֶה
for what it's worth אִם יֵשׁ לָזֶה עֵרֶךְ
worthiness *n.* עֵרֶךְ
worthless *adj.* חֲסַר-עֵרֶךְ
worthwhile *adj.* כְּדָאִי, מִשְׁתַּלֵּם
worthy *adj.* בַּעַל-עֵרֶךְ
worthy of רָאוּי ל-
would *p.* will
would-be שׁוֹאֵף לִהְיוֹת
wound *n.* פֶּצַע
wound *vt.* פָּצַע
wound *p.* wind
wounded *adj.* פָּצוּעַ, פָּגוּעַ
wove *p.* אָרַג
woven *adj.* אָרוּג
wrack *n.* הֶרֶס
wrack *vt.* הָרַס
wraith *n.* רוּחַ רְפָאִים
wrangle *n.* רִיב, הִתְנַצְּחוּת
wrangle *vi.* 1. (argue) רָב, הִתְנַצֵּחַ
2. *vt.* (herd) אָסַף עֵדֶר
wrangler *n.* בּוֹקֵר, קָאוּבּוֹי
wrap *n.* עֲטִיפָה
wrap *vt.* עָטַף
wrap up סִיכֵּם
wrapped up in שָׁקוּעַ בּ-
gift-wrap עָטַף מַתָּנָה
wraparound *n.* מַעֲטֶפֶת
wrath *n.* זַעַם, חֵימָה

wreak *vt.* חוֹלֵל, הִנְחִית
wreath *n.* זֵר
wreathe *vt.* עִיטֵר, הִקִּיף
wreck *n.* 1. (destruction) הֶרֶס
2. (ruined object) שֶׁבֶר כְּלִי, הֲרִיסוֹת
3. (traffic collision) הִתְנַגְּשׁוּת
4. (broken person) שֶׁבֶר אָדָם
wreck *vt.; vi.* הָרַס ; נֶהֱרַס
wreckage *n.* הֲרִיסוֹת, שְׂרִידִים
wrecker *n.* (vehicle) מְכוֹנִית חִילּוּץ
wrench *n.* 1. (twist) פִּיתּוּל
2. (sprain) נְקִיעָה
3. (tool) מַפְתֵּחַ בְּרָגִים
wrench *vt.* 1. פִּיתֵּל
2. נָקַע
wrest *vt.* 1. (pull by force) מָשַׁךְ בְּכוֹחַ
2. (distort) סִילֵּף
wrestle *vt.* נֶאֱבַק, הִתְגוֹשֵׁשׁ
wrestler *n.* מִתְאַבֵּק
wrestling *n.* הֵיאָבְקוּת, הִתְגוֹשְׁשׁוּת
wretched *adj.* 1. (miserable) אוּמְלָל, מִסְכֵּן
2. (despicable) נִבְזֶה, שָׁפָל
wriggle *n.* הִתְפַּתְּלוּת
wriggle *vi.* הִתְפַּתֵּל
wring *vt.* 1. (twist) עִיקֵּם
2. (squeeze) סָחַט
wringer *n.* מַסְחֵטָה
wrinkle *n.* קֶמֶט
wrinkle *vt.* קִימֵּט
wrinkle-free אַל-קֶמֶט
wrinkled *adj.* מְקוּמָּט
wrist *n.* פֶּרֶק יָד
wristband *n.* שַׁרְווּלִית
wristwatch *n.* שְׁעוֹן יָד
writ *n.* צַו
write *vt.* 1. (inscribe) כָּתַב, רָשַׁם
2. (author) חִיבֵּר
write down רָשַׁם
write off מָחַק, בִּיטֵּל
write out כָּתַב בִּמְלוֹאוֹ
write up רָשַׁם
writer *n.* 1. כּוֹתֵב
2. סוֹפֵר, מְחַבֵּר
writhe *vi.* הִתְפַּתֵּל
writing *n.* כְּתִיבָה, כְּתָב
written *pp.* write
wrong *n.* אִי-צֶדֶק, עָוֶול
wrong *adj.* 1. (incorrect) לֹא נָכוֹן, מוּטְעֶה
2. (unjust) לֹא צוֹדֵק, לֹא מוּצְדָּק
3. (mistaken) טוֹעֶה, לֹא צוֹדֵק
go wrong הִשְׁתַּבֵּשׁ, לֹא הָלַךְ כַּשּׁוּרָה
wrong *vt.* עָשָׂה עָוֶול
wrong *adv.* לֹא נָכוֹן, לֹא בְּסֵדֶר
wrongdoer *n.* עֲבַרְיָין, חוֹטֵא
wrongdoing *n.* מַעֲשֶׂה עֲבֵירָה, חֵטְא
wrongful *adj.* בִּלְתִּי-חוּקִי
wrongly *adv.* לֹא כַּדִּין, לֹא בְּצֶדֶק
wrote *p.* write
wrought *adj.* מְעוּבָּד, מְחוּשָׁל
wrung *p.* wring
wry *adj.* 1. (twisted) מְעוּוָּת, מְעוּקָּם
2. (ironic) לַגְלְגָנִי, אִירוֹנִי
wryness *n.* 1. עִיוּוּת, עִיקּוּם
2. לִיגְלוּג, אִירוֹנְיָה
wt. (weight) מִשְׁקָל
wunderkind *n.* יֶלֶד פֶּלֶא
wurst *n.* נַקְנִיק
WWI (World War One) מִלְחֶמֶת הָעוֹלָם הָרִאשׁוֹנָה
WWII (World War Two) מִלְחֶמֶת הָעוֹלָם הַשְּׁנִיָּיה
WWW (World Wide Web) רֶשֶׁת הָאִינְטֶרְנֶט

X

X	הָאוֹת הָעֶשְׂרִים וְאַרְבַּע בָּאָלֶפְבֵּית הָאַנגלִי
xenophobia *n.*	שִׂנְאַת זָרִים
xenophobic *adj.*	שׂוֹנֵא זָרִים
xeric *adj.*	מַתְאִים לְיוֹבֶשׁ
xericity *n.*	יוֹבֶשׁ
xerography *n.*	צִילוּם מִסמָכִים
Xerox *vt.*	צִילֵם מִסמָךְ
Xerxes *n.*	אֲחַשׁוֵרוֹשׁ
XL (extra large)	גָּדוֹל פְּלוּס
Xmas (Christmas) *n.*	חַג הַמּוֹלָד
X-number *n.*	מִספָּר לֹא מוּגדָר
X-rated *adj.*	מֵכִיל מִין ; לִמבוּגָרִים בִּלבַד
X-ray *n.*	קַרנֵי רֶנטגֶן
X-ray *vt.*	צִילֵם בְּרֶנטגֶן, עָשָׂה שִׁיקּוּף
xylophone *n.*	קְסִילוֹפוֹן, מַקּוֹשִׁית
xylophonist *n.*	נַגַּן קְסִילוֹפוֹן

Y

Y הָאוֹת הָעֶשְׂרִים וְחָמֵשׁ בָּאָלֶפְבֵּית הָאַנגלִי
yacht *n.* יַאכטָה
yahoo *n.* אָדָם גַס, חֲסַר-תַרבּוּת
yak *n.* 1. (ox) שׁוֹר הַיָאק
 2. (chatter) פִּיטפּוּט, קִישקוּשׁ
yak *vi.* פִּיטפֵּט, קִישקֵשׁ
yam *n.* בָּטָטָה, תַפּוּחַ אֲדָמָה מָתוֹק
yammer *vi.* 1. (scream) צָרַח
 2. (whine) הִתלוֹנֵן, קִיטֵר
yank *n.* מְשִׁיכָה חֲזָקָה
yank *vt.* מָשַׁךְ בְּחוֹזקָה
Yank, Yankee *n.* יָאנקִי, אֲמֶרִיקָאִי
yap *n.* נְבִיחָה
yap *vi.* נָבַח
yard *n.* 1. (ground) חָצֵר נ׳ (חֲצֵרוֹת), מִגרָשׁ
 2. (measure) יָארד
junk yard מִגרַשׁ גְרוּטָאוֹת
yardage *n.* אוֹרֶךְ בְּיָארדִים
yardman *n.* פּוֹעֵל מְסִילַת בַּרזֶל
yardstick *n.* קְנֵה מִידָה
yarmulke *n.* יַרמוּלקָה, כִּיפָּה
yarn *n.* 1. (strand) חוּט
 2. (tale) סִיפּוּר הַרפַּתקָאוֹת
yaw *vi.* סָטָה מִן הַמַסלוּל
yawn *n.* פִּיהוּק
yawn *vi.* פִּיהֵק
ye *pron.* אַתֶּם
yea *n.* (affirmative) הֵן, הַצבָּעָה חִיוּבִית
yea, yeah *adv.* (yes) כֵּן
year *n.* שָׁנָה נ׳ (שָׁנִים)
year-round שֶׁנִמשָׁךְ כּוֹל הַשָּׁנָה
fiscal year שְׁנַת כְּסָפִים
leap year שָׁנָה מְעוּבֶּרֶת
lunar year שְׁנַת לְבָנָה
solar year שְׁנַת חַמָּה
yearbook *n.* 1. (year's information) שְׁנָתוֹן, סֵפֶר שָׁנָה
 2. (school book) סֵפֶר מַחֲזוֹר
yearling *n.* חַיָה בַּת שָׁנָה
yearlong *adj.* שֶׁנִמשָׁךְ שָׁנָה
yearly *adj.* שְׁנָתִי
yearly *adv.* מִדֵי שָׁנָה, פַּעַם בְּשָׁנָה
yearn *vi.* הִתגַעגֵעַ, כָּמַהּ אֶל
yearning *n.* גַעֲגוּעִים, כְּמִיהָה, כִּיסוּפִים
yeast *n.* שְׁמָרִים
yeasty *adj.* מֵכִיל שְׁמָרִים, תוֹסֵס
yell *n.* צְעָקָה, צְרִיחָה
yell *vi.* צָעַק, צָרַח
yeller *n.* צַעֲקָן, צַרחָן
yellow *adj.* צָהוֹב
yellow *vt.*; *vi.* הִצהִיב
yellowish *adj.* צְהַבהַב
yellowness *n.* צוֹהַב
yelp *n.* יְלָלָה
yelp *vi.* יִילֵל
Yemen *n.* תֵימָן
yep *adv.* כֵּן
yes *adv.* כֵּן, הֵן
yes-man אוֹמֵר הֵן, מִתרַפֵּס
yeshiva *n.* יְשִׁיבָה
yesterday *n.*; *adv.* אֶתמוֹל
yesteryear *n.* הַשָּׁנָה שֶׁעָבְרָה, אֶשׁתָקַד
yet *adv.* עוֹד, עֲדַיִן
as yet עַד כֹּה, עַד עַתָּה
not yet עוֹד לֹא, טֶרֶם
yet *conj.* עִם זֹאת, לַמרוֹת זֹאת
yew *n.* עֵץ טַקסוּס
Yiddish *n.* יִידִישׁ, אִידִישׁ
yield *n.* 1. (farm produce) יְבוּל, תְנוּבָה
 2. (return on investment) תְשׁוּאָה
 3. (giving way) וִיתוּר
yield *vt.* 1. הֵנִיב, נָתַן יְבוּל
 2. נָתַן תְשׁוּאָה
 3. וִיתֵר, נָתַן זְכוּת קְדִימָה

yielding *adj.*	וַתְּרָן
yip *n.*	נְבִיחָה חַדָּה
yip *vi.*	נָבַח
yippee!	יוֹפִּי!
yodel *n.*	שִׁיר יוֹדֶל
yodel *vi.*	שָׁר שִׁיר יוֹדֶל
yoga *n.*	יוֹגָה
yoghurt, yogurt *n.*	יוֹגוּרט, לֶבֶּן
yogi *n.*	מוּמחֶה לְיוֹגָה
yoke *n.*	עוֹל
yoke *vt.*	שָׂם עוֹל עַל
yolk *n.*	חֶלמוֹן
Yom Kippur	יוֹם כִּיפּוּר
yonder *adj.*	הַהוּא, מַה שֶּׁשָּׁם
yonder *adv.*	שָׁמָּה, שָׁם
yoo-hoo!	הֵי!
you *pron.* 1. (as a subject)	אַתָּה
2. (as an object)	אוֹתְךָ
you bet!	בֶּטַח!
you'd: you would	
you'll: you will	
you're: you are	
you've: you have	
young *adj.*	צָעִיר
youngness *n.*	צְעִירוּת
youngster *n.*	צְעִירוֹן, יֶלֶד
your *adj.*, yours *pron.*	שֶׁלְּךָ
yourself *pron.*	עַצמְךָ, בְּעַצמְךָ
youth *n.* 1. (young age)	נְעוּרִים, צְעִירוּת, עֲלוּמִים
2. (young people)	נוֹעַר
3. (young person)	נַעַר, צָעִיר
youthful *adj.*	מָלֵא נְעוּרִים
yowl *n.*	יְלָלָה
yowl *vi.*	יִילֵל
yo-yo *n.* 1. (toy)	צַעֲצוּעַ יוֹ-יוֹ
2. (unstable person)	הַסְסָן, לֹא יַצִּיב
yuck!	אִיכְס! גּוֹעַל נֶפֶשׁ!
yucky *adj.*	מַגעִיל
yule, yuletide *n.*	תְּקוּפַת חַג הַמּוֹלָד
yummy *adj.*	טָעִים
yuppie *n.*	יַאפִּי, צָעִיר מִקצוֹעָנִי מַצלִיחַ

Z

Z הָאוֹת הָעֶשְׂרִים וָשֵׁשׁ בָּאָלֶפְבֵּית הָאַנגלִי
zaniness *n.* לֵיצָנוּת
zany *adj.* לֵיצָן, מוּקיוֹן
zap *n.* מֶרֶץ ; כּוֹחַ
zap *vt.* הִשמִיד, חִיסֵל בְּמַכָּה אַחַת
zapper *n.* 1. (destructive tool) כְּלִי מַשחִית
2. (remote control) שַׁלָט רָחוֹק
zappy *adj.* נִמרָץ, תּוֹסֵס
zeal *n.* לַהַט, קַנָאוּת
zealot *n.* קַנַאי, קִיצוֹנִי
zealotry *n.* קַנָאוּת, קִיצוֹנִיוּת
zealous *adj.* לָהוּט, קַנַאי
zebra *n.* זֶבּרָה
zebu *n.* שׁוֹר זֶבּוּ
Zechariah *n.* זְכַריָה
Zeitgeist *n.* רוּחַ הַזְּמַן
zenith *n.* 1. (celestial point) זֶנִית
2. (peak) שִׂיא
Zephaniah *n.* צְפַניָה
zephyr *n.* צֶפִּרִיר, רוּחַ קַלָּה
zeppelin *n.* צֶפֶּלִין, סְפִינַת אֲוִויר
zero *n.* אֶפֶס
ground zero מַטרַת הַפגָּזָה
point zero נְקוּדַת הָאֶפֶס
zero *vt.* אִיפֵּס, כִּיווֵן
zero in 1. (aim) כִּיווֵן אֶל, הִתבַּיֵּית עַל
2. (close in) הִתקָרֵב אֶל, סָגַר עַל
zest *n.* 1. (flavor) טַעַם, תַּבלִין
2. (gusto) הִתלַהֲבוּת
zestful, zesty *adj.* 1. מָלֵא טַעַם
2. נִלהָב
zigzag *n.* זִיגזַג
zigzag *vi.* נָע בְּזִיגזַג
zilch *n.* כְּלוּם, אֶפֶס
zills *pn.* מְצִלתַּיִים (לְאֶצבָּעוֹת)
zillion *n.* מִספָּר עָצוּם
zinc *n.* אָבָץ
zinc *vt.* צִיפָּה בְּאָבָץ
zing *n.* 1. (sound) שְׁרִיקָה חַדָּה
2. (zest) תַּבלִין, טַעַם
Zion *n.* צִיּוֹן
Zionism *n.* צִיּוֹנוּת
Zionist *n.* צִיּוֹנִי
ZIP (zone improvement program) מִיקוּד
zip *n.* 1. (sound) קוֹל שְׁרִיקָה
2. (vigor) מֶרֶץ
zip *vt.* רָכַס
zipper *n.* רוֹכסָן, רִיצ'רָץ'
zippy *adj.* מָלֵא מֶרֶץ
zit *n.* פִּצעוֹן, פֶּצַע בַּגרוּת
zither *n.* צִיתָר
zodiac *n.* גַלגַל הַמַּזָּלוֹת
zombie *n.* מֵת-חַי ; סַהֲרוּרִי
zonal *adj.* אֲזוֹרִי
zonate *adj.* מְחוּלָק לַאֲזוֹרִים
zone *n.* אֵיזוֹר, שֶׁטַח
buffer zone אֵיזוֹר חַיִץ
demilitarized zone אֵיזוֹר מְפוּרָז
end zone חֲזִית הַשַּׁעַר (בְּכַדּוּרֶגֶל)
time zone אֵיזוֹר שָׁעוֹן
zone *vt.* חִילֵק לַאֲזוֹרִים
zonk *vt.* הִימֵם, סִימֵם
zonked *adj.* מְסוּמָם, מַסטוּל
zoo *n.* גַן חַיּוֹת
zoological *adj.* זוֹאוֹלוֹגִי
zoology *n.* זוֹאוֹלוֹגיָה, חֵקֶר בַּעֲלֵי-חַיִּים
zoom *n.* 1. (rapid climb) נְסִיקָה מְהִירָה
2. (photo lens) עֲדָשַׁת זוֹם
3. (buzzing sound) זִימזוּם רָם
zoom *vi.* 1. (climb rapidly) נָסַק בִּמהִירוּת
2. *vt.* (*photo.*) מִיקֵד בַּעֲדָשַׁת זוֹם
zoom by עָבַר בִּיעָף
zoom in/out קֵירֵב/הִרחִיק בַּעֲדָשַׁת זוֹם
zucchini *n.* קִישׁוּא